大沼保昭先生記念論文集

国際法学の地平

歴史、理論、実証

中川淳司／寺谷広司

［編］

東信堂

執筆者一覧 (執筆順)

菅波	英美	(すがなみ ひでみ)	Professor, University of Wales, Aberystwyth
齋藤	民徒	(さいとう たみとも)	金城学院大学准教授
井上	達夫	(いのうえ たつお)	東京大学教授
篠田	英朗	(しのだ ひであき)	広島大学准教授
植木	俊哉	(うえき としや)	東北大学教授
岩沢	雄司	(いわさわ ゆうじ)	東京大学教授
豊田	哲也	(とよだ てつや)	国際教養大学講師
朴	培根	(Park Pae-Keun)	釜山大学校教授
川副	令	(かわぞえ れい)	日本大学助教
長谷川	正国	(はせがわ まさくに)	福岡大学教授
寺谷	広司	(てらや こうじ)	東京大学准教授
阿部	浩己	(あべ こうき)	神奈川大学教授
申	惠丰	(Shin Hae Bong)	青山学院大学教授
山下	泰子	(やました やすこ)	文京学院大学教授
髙木	健一	(たかぎ けんいち)	弁護士
中川	淳司	(なかがわ じゅんじ)	東京大学教授
中谷	和弘	(なかたに かずひろ)	東京大学教授
吾郷	眞一	(あごう しんいち)	九州大学教授
児矢野	マリ	(こやの まり)	北海道大学教授
田中	則夫	(たなか のりお)	龍谷大学教授
山本	良	(やまもと りょう)	埼玉大学教授
王	志安	(Wang Zhi-an)	駒澤大学教授
河野	真理子	(かわの まりこ)	早稲田大学教授
佐藤	宏美	(さとう ひろみ)	防衛大学校准教授
米田	富太郎	(よねだ とみたろう)	中央学院大学客員教授

はじめに

　大沼保昭先生は、2006年3月に還暦を迎えられた。また、1970年4月に法学部助手として奉職されて以来、40年近くにわたり研究教育に励んでこられた東京大学を2009年3月に退職される。

　本書に論文を寄せた25名は、この間、講義や研究会、学会、市民運動などを通じて、直接・間接に先生から薫陶を受けた。先生は現在も盛んに研究を進められており、先生のご業績を振り返るには尚早の感もあるが、実質的には「還暦記念」、「退職記念」という性格を持たせた記念論文集を出版するという形で、これまでのご学恩に報いたいと考えた。

　助手論文「『平和に対する罪』の形成過程」をはじめとする「大沼国際法学」の膨大なご業績については、本書巻末の著作目録をご参照いただくとして、ここでは、本書の編者として、われわれが関係者に執筆を呼びかけるに当たって送った手紙から以下の一節を引用して、われわれの「大沼国際法学」に対する見方の一端を示すこととしたい。

　　論題は自由に選定していただきます。
　　ただし、記念論文集の性質上、基本的には大沼先生の御業績とある程度対応する論文集を編みたいと考えております。大沼先生の主要業績からテーマを拾いますと、戦争責任・戦後責任、在日外国人問題、国際法史（学説史、国際法と文明）、国際人権法、国際法基礎理論などの分野が考えられます。また、上記のようにやや変則的な記念論文集になること、また、特に理論的問題に強い関心を寄せられている先生の御学風からも、できれば時節ものは避けていただけるとありがたいと思っております。

テーマ設定については執筆者が自由に選定するという方針を掲げた。これは、大沼先生が折に触れて強調されてこられた「学問の自由」と深く関わる。昨今の記念論文集は執筆者にテーマを割り振る形が少なくないが、そういう形式は避けたいと考えた。学問とはもとより個々人の懐く問題意識を開花させる営みであることからすれば、これはごく当然の方針である。他方で、執筆者が自由にテーマを設定した結果として、本書の内容に統一感が欠けているという印象を持たれるかもしれない。

　しかし、大沼先生のご業績と真剣に向き合い、対話を重ねた上で寄せられた多数の力作が寄せられたことで、読者は本書を通じてある種の一貫した感覚を持たれるに違いないと考えている。すなわち、大沼先生がわれわれに与え続けてこられた学問的影響の反映である。

　幸いに、われわれの呼びかけに応えて、大沼先生のご業績と真剣に向き合い、対話を重ねた多数の論文が寄せられた。ご提稿いただいたすべての方に心より感謝したい。寄せられた論文は、「大沼国際法学」の裾野の広がりと深みを反映して、内容もテーマも多岐にわたる。これらを、文明・正義・理論、歴史、人権、経済・労働・環境、紛争解決・国際裁判・戦争責任の5つに分類して配列し、全体のタイトルを『国際法学の地平――歴史、理論、実証――』と名づけた。大沼先生の薫陶を受けた私どもが「大沼国際法学」に真剣に向き合った結果を読み取っていただければ幸いである。

　編者としては、本書の諸論文によって提起された問題が、より多くの読者を巻き込みつつ、あるべき相互批判へと繋がることが大沼先生のご学恩に応えることだと思っている。また、実際にそうなることを願ってやまない。

　本書の編集に当たり、宇佐美百合さんの懇切なご助力をいただいた。また、昨今の厳しい出版事情の中、出版を快くお引き受け頂いた東信堂社長下田勝司氏と二宮義隆氏には温かいご理解とご援助をいただいた。心より感謝を申し上げたい。

　執筆者一同、大沼先生の益々のご活躍を祈念しつつ、この著作を捧げたい。

2008年9月

執筆者を代表して
中川淳司
寺谷広司

大沼保昭先生記念論文集
国際法学の地平——歴史、理論、実証／目次

はしがき ……………………………………………………………… i
　略語一覧（x）

第1部　文明、正義、理論 …………………………………… 3

大沼保昭の「文際的視点」について ……………………菅波　英美… 5
　はじめに (5)
　Ⅰ　国際法における西欧中心主義 (7)
　Ⅱ　「文際的視点」から語る国際法の歴史とその目的 (9)
　Ⅲ　「文際的視点」から見た国際人権法 (12)
　Ⅳ　「文際的視点」、「文際的正統性」の問題点 (14)
　おわりに (18)
　　注 (19)

国際法認識をめぐって——世界を「翻訳」する国際法—— …齋藤　民徒…22
　はじめに (22)
　Ⅰ　国際法の認識——「法源」の射程—— (24)
　Ⅱ　国際法による認識——国際法を通して世界を見る—— (26)
　Ⅲ　国際法の認識ふたたび (31)
　　——わたしたちはいつ国際法を語っているのか？——
　Ⅳ　要点と含意 (35)
　　注 (38)

グローバルな正義はいかにして可能か ……………………井上　達夫…49
　序　グローバル化批判の基礎としてのグローバルな正義 (49)
　Ⅰ　国際社会に「正義の情況」は存在するか (54)
　Ⅱ　「安定性」は正義に優越するか (61)
　Ⅲ　グローバルな正義の構築に向けて (73)
　　注 (84)

「国際法学の国内モデル思考」批判の射程： ………………篠田　英朗…87
　——その可能性と限界——
　はじめに (87)

Ⅰ　「国内モデル思考」論文の視座 (88)
　Ⅱ　「国内モデル思考」批判の主要な標的 (91)
　Ⅲ　「国内モデル思考」と政治的現実主義 (94)
　Ⅳ　「国内モデル思考」をこえた分析の視座 (97)
　おわりに (102)
　　注 (103)

国際法学における「国内モデル思考」「裁判中心的思考」批判と国際組織 ………………………………………… 植木　俊哉 … 107
　　──国際法学における「国際組織」分析の方法論をめぐって──

　はじめに (107)
　Ⅰ　国際法学における「国内モデル思考」：その問題性と不可避性 (107)
　Ⅱ　「国際社会の組織化」現象の理論的把握の前提としての「国内モデル思考」：「国内私法類推」の方法論 (109)
　Ⅲ　「国際社会の組織化」現象に対する国際法学の分析枠組に関する「国内モデル思考」(111)
　Ⅳ　「国際法関与者」概念の提示と「国際法主体」「国際法人格」概念批判：国際組織をめぐる分析概念とその評価 (113)
　Ⅴ　国際法学における「裁判中心主義的思考」批判と国際組織におけるその検証 (117)
　おわりに (119)
　　注 (119)

国際義務の多様性──対世的義務を中心に── ……………… 岩沢　雄司 … 123

　はじめに (123)
　Ⅰ　国際司法裁判所の判例 (124)
　Ⅱ　国連国際法委員会の作業 (133)
　Ⅲ　国際義務の多様性 (140)
　Ⅳ　対世的義務の意味 (146)
　　注 (162)

第2部　歴　史 ……………………………………………………… 171

中世キリスト教神学における正戦論の非国家的性格について ……………………………… 豊田　哲也 … 173
　　──誰の戦い (bellum) を正当化するものなのか──

　はじめに (173)

Ⅰ　古代ローマの正戦（iustum bellum）概念の影響 (177)
　　Ⅱ　グラティアヌスの正戦概念 (181)
　　Ⅲ　古典的な正戦論の形成 (186)
　　Ⅳ　トマスの正戦概念の再検討 (190)
　　Ⅴ　正戦論の国家化 (198)
　　おわりに：国際法思想史の研究史の観点からの補足 (203)
　　　注 (205)

朝中商民水陸貿易章程についての素描……………………朴　　培根…216
　　――東アジアにおける国際法の受容と朝鮮の国際法的地位の観点から――
　　はじめに (216)
　　Ⅰ　華夷秩序と朝鮮の地位 (217)
　　Ⅱ　章程議定以前の朝鮮の地位問題 (219)
　　Ⅲ　章程議定の背景と経過 (228)
　　Ⅳ　章程の法的意義 (235)
　　おわりに (242)
　　　注 (243)

J.L. ブライアリの戦時国際法論 ………………………………川副　　令…250
　　――その歴史的位相と思想的立脚点――
　　Ⅰ　問題の所在 (250)
　　Ⅱ　戦時占領法講義（1943年）の政治的問題関心 (260)
　　Ⅲ　戦争法論（1940年）の戦争認識 (266)
　　Ⅳ　国際刑事裁判所不要論（1927年）の人間観 (277)
　　Ⅴ　結びに代えて (284)
　　　注 (286)

ダン・オコーネルにおける国際法の基礎理論…………………長谷川正国…295
　　はじめに (295)
　　Ⅰ　オコーネルによる古典研究の概要とスアレス評価の要点 (298)
　　Ⅱ　スアレス理論の現代的展開と現代国際法論批判 (308)
　　おわりに (320)
　　　注 (323)

第3部　人　権 …………………………………………………………329

排除された人々と国際法 ……………………………寺谷　広司…331
　——世界化する民主主義に対し、人権には何が可能か——
　序　問題の所在 (331)
　Ⅰ　民主主義への懐疑と排除の構造 (338)
　Ⅱ　排除と国民国家 (nation=state) (348)
　Ⅲ　排除と法 (357)
　結　び (366)
　　注 (369)

「人間」の終焉——国際法における〈再びの19世紀〉——……阿部　浩己…377
　Ⅰ　テロリズムという記号が動員されるとき (377)
　Ⅱ　弛緩する拷問禁止規範——「非人間化」の力学——(380)
　Ⅲ　消し去られる「彼ら」、生き残る「私たち」(385)
　Ⅳ　「北」に覆われる世界の風景 (390)
　　　——変容する自衛権、改変される人権法／制度——
　Ⅴ　リベラリズムと一元化の力学 (394)
　Ⅵ　国際人権法の可能性 (396)
　　注 (399)

国際人権法の国内規範性とその影響 …………………………申　　惠丰…409
　——「国際人権の論理と国内人権の論理」批判——
　はじめに (409)
　Ⅰ　国際人権法の国内規範性 (412)
　Ⅱ　日本の人権保障における国際人権法の意義 (421)
　Ⅲ　憲法秩序における国際人権法の位置づけ (432)
　おわりに——「国際法＝外圧」観の脱却に向けて——(437)
　　注 (438)

国際人権と国内人権：女性差別撤廃条約の
　国内的適用 ………………………………………………山下　泰子…447
　はじめに——国際人権と国内人権：問題の所在——(447)
　Ⅰ　国際人権の私人間効力 (449)
　Ⅱ　フェミニズム国際法学の視座 (451)
　Ⅲ　女性差別撤廃条約の締約国の義務 (453)
　Ⅳ　女性差別撤廃委員会におけるレポート審議と日本 (455)
　Ⅴ　女性差別撤廃条約選択議定書批准の必要性 (461)

おわりに——女性差別撤廃条約の国内的適用——(466)
　注 (467)

日本に対する戦後補償運動の経緯と展望 ……………………髙木　健一…471
　Ⅰ　概　観 (471)
　Ⅱ　サハリン残留韓国・朝鮮人問題 (472)
　Ⅲ　戦後補償運動と成果 (474)
　Ⅳ　戦後補償の展望 (476)

第4部　経済、労働、環境 ……………………………………………479

国際経済法の実現における私人・私企業の「関与」……中川　淳司…481
　——WTO紛争解決手続と紛争投資仲裁を中心に——
　はじめに (481)
　Ⅰ　WTO紛争解決手続における私人・私企業の「関与」(482)
　Ⅱ　投資紛争仲裁における私企業の「関与」(490)
　Ⅲ　国際経済法の実現における私人・私企業の「関与」の意義 (500)
　おわりに——「国際法関与者」概念の意義と限界——(514)
　　注 (515)

国際債務問題と国際法 ………………………………………中谷　和弘…528
　はじめに (528)
　Ⅰ　国家債務不履行への対処に関連する国際法ルール (529)
　Ⅱ　パリ・クラブによる国家債務問題の処理 (537)
　　——その国際法上の特徴——
　Ⅲ　odious debt と国際法 (543)
　おわりに (551)
　　注 (552)

労働CSRと国際労働立法 …………………………………吾郷　眞一…557
　はじめに (557)
　Ⅰ　労働CSR (558)
　Ⅱ　国際労働法と労働CSR (561)
　Ⅲ　民間労働CSRの意義とその問題性 (569)
　おわりに (572)
　　注 (573)

多国間環境条約の執行確保と複数の条約間の調整 ……児矢野マリ…576
　　──「ダニューブ・デルタ事件」の分析を中心に──
　はじめに (576)
　　Ⅰ　ダニューブ・デルタ事件の概要 (578)
　　Ⅱ　ダニューブ・デルタ事件における問題処理過程の分析 (590)
　　Ⅲ　ダニューブ・デルタ事件が示唆するもの (611)
　　　　──環境条約の執行確保と複数条約間の調整──
　おわりに (621)
　　注 (623)

国際法における海洋保護区の意義 ……………………田中　則夫…634
　はじめに──海洋保護区とは何か──　(634)
　　Ⅰ　海洋保護区の国際法的基盤 (637)
　　Ⅱ　公海における海洋保護区設定の動向 (658)
　おわりに──海洋保護区の国際法的インパクト──　(674)
　　注 (679)

第5部　紛争解決、国際裁判、戦争責任 …………………687

紛争の平和的解決と対抗措置の行使に関する一考察 …山本　良…689
　　──紛争の平和的解決手続の「前置」をめぐる問題を中心として──
　　Ⅰ　問題の所在 (689)
　　Ⅱ　復仇行使の要件の定式化と紛争の平和的解決の前置の「誕生」(691)
　　Ⅲ　国連憲章体制下における対抗措置の行使と紛争の平和的解決
　　　　に関する議論の展開 (695)
　結びに代えて (713)
　　注 (714)

国際裁判と途上国の受諾・利用 ……………………王　　志安…722
　　──その文化的意義を適切に捉えるために──
　　Ⅰ　問題意識と分析の視点 (722)
　　Ⅱ　国際裁判の捉え方と国内モデル思考 (724)
　　Ⅲ　国際裁判への途上国の合流と文際的視点 (729)
　結びに代えて (740)
　　注 (740)

国際司法裁判所の紛争解決機能に関する一試論 ………河野真理子…745
    Ⅰ　判決の履行における当事国の対応 (746)
    Ⅱ　ICJ での手続と並行する当事国間の交渉 (755)
    Ⅲ　当事国間の紛争解決を理由とする訴訟の取り下げ (757)
  おわりに (760)
   注 (761)

国家行為免責の理論──ニュルンベルクと現在── ………佐藤　宏美…766
  はじめに (766)
    Ⅰ　国家免除（主権免除）(768)
    Ⅱ　上官命令抗弁 (773)
  おわりに (777)
   注 (778)

大沼保昭『戦争責任論序説』：
  そのアンソロジー的書評 …………………………………米田富太郎…783
  簡潔なプロローグ (783)
    Ⅰ　理想＝国家による暴力の規制から廃絶へ (785)
    Ⅱ　理論＝歴史的な見方の有効性と課題 (792)
    Ⅲ　簡潔なエピローグ＝国際法学研究に与えた影響 (802)
   注 (804)

大沼保昭先生略歴 ……………………………………………………809
大沼保昭先生著作目録 ………………………………………………811

略語一覧

AFDI	Annuaire français de droit international
AIDI	Annuaire de l'Institut de Droit International
AJIL	American Journal of International Law
ALR	Australian Law Reports
BYIL	British Year Book of International Law
EELR	European Environment Law Review
EJIL	European Journal of International Law
EPIL	Encyclopedia of Public International Law
EWCA	England and Wales Court of Appeal
GYIL	German Yearbook of International Law
HILJ	Harvard International Law Journal
ICJ Reports	International Court of Justice, Reports of Judgments, Advisory Opinions and Orders
ICLQ	International and Comparative Law Quarterly
ILM	International Legal Materials
JIEL	Journal of International Economic Law
LQR	Law Quarterly Review
ÖZöRV	Österreichische Zeitschrift für öffentliches Recht und Völkerrecht
PCIJ Ser. A	Publication of the Permanent Court of International Justice, Series A, Collection of judgments (Recueil des arrêts)
PCIJ Ser. B	Publication of the Permanent Court of International Justice, Series B, Collection of advisory opinions (Recueil des avis consultatifs)
RCADI	Recueil des Cours de l'Académie de Droit International
RECIEL	Review of European Community and International Environmental Law
RIAA	United Nations Reports of International Arbitral Awards
S.C.R.	Supreme Court of Canada, *Supreme Court Reports*
UKHL	United Kingdom House of Lords
Vanderbilt JTL	Vanderbilt Journal of Transnational Law
YECHR	Yearbook of the European Convention on Human Rights
YILC	Yearbook of the International Law Commission

大沼保昭先生記念論文集
国際法学の地平——歴史、理論、実証

第1部　文明、正義、理論

大沼保昭の「文際的視点」について

菅波　英美

はじめに

　現代の世界社会を多文化、あるいは多文明、が共存する社会空間と考えることはごく一般的である[1]。サミュエル・ハンティントンの「文明は衝突する」という誇張された危機感に懐疑的であるのは誤った態度とはいいがたいし、彼の議論の立て方に批判的に接することは正しい[2]。しかし、文明・文化の違いが現代国際政治の諸主体の自己認識に時折大きな影響を与えるように見受けられることは否定できない。また、そういった自己認識がそれらの主体間におきるいろいろな事件の展開になんらかの影響を与えるだろうことも否定しがたい。

　こういった事情を背景として、世界の秩序と正義の問題に深い関心を抱いている人たちの中には、ヨーロッパ国際社会にその歴史的起源を持ち、現在では世界的規模のものとなった国際社会が、より純正に多文化的な世界市民的文化によって補強されなければならない、と主張する学者が何人かいる。国際関係論で「英国学派」といわれる人たちの主導的地位にあったヘドリー・ブルはその最もよい例である[3]。彼は主著、*The Anarchical Society* で以下のように述べている。

　　地理的には小規模で、文化的にもより均質であった、過去のいくつかの国際社会には、それぞれその基盤に世界市民的文化といえるものの支えがあったのだが、今日の国際社会の将来も、その基盤となる世界市民的文化の保持と拡大に依存しているところがある。そういった世界市民的

文化は、共通の考え方と共通の価値観の双方を包括しつつ、また社会の指導層だけではなく、社会一般に基盤を持つものでなければならない。……今日芽生えつつある世界市民的文化は、それが支えている国際社会と同様に、西洋文化によってより強い影響を受けていることを、我々は認識せねばならない。世界的国際社会と同じように、それが依拠する世界市民的文化が、真に普遍的なものとなり、普遍的国際社会の基盤となるためには、今日の世界市民的文化の中に非西洋的な要素をよりいっそう取り入れていく必要があるのではなかろうか[4]。

これは理にかなった主張であるかと思われる。しかし、西洋文明が優勢だったこれまでの世界市民的文化に非西洋的要素をよりいっそう導入するということが、具体的にどのようなことを意味するものなのかについて全く説明されていない。しかも、いったい誰が、どんな人たちが、そういった発展に関与する可能性、権力、そしてそれに伴う責任を持っているのかが明らかにされていない。これらの問題に取り組まないままでは、「より純正に多文化的な世界市民的文化が形成されなければならない」というブルのもっともな議論も、空疎なスローガンに終わってしまう。

大沼保昭の一連の著作はこの点でことに興味が持たれる。彼は自らが「文際的視点」と名づけた世界の見方の重要性を強調することで知られている。しかしこの視点から国際現象を見ることによって、ブルが越えることができなかった限界を乗り越える一歩を踏み出すことが、いかにして可能なのであろうか。より根本的には、大沼のいう「文際的視点」とはそもそもどのような内容を持つものなのだろうか。これを明らかにするために、以下の3つのテーマに沿って話を進めたいと思う。

(1) 大沼が批判する「国際法における西欧中心主義」の具体的な意味。
(2) 国際法の歴史的解説において一般に流布する西欧中心主義を乗り越えようとする彼の試みとその目的。
(3) 国際人権法の分野で大沼がその不可欠性をとなえる「文際的視点」に立つことの実質的な意味。

I　国際法における西欧中心主義

　1981年のアメリカ国際法学会年次大会における報告で、すでに大沼は支配的な西欧・西洋中心主義に批判を加えていた。この報告は、アメリカのロー・スクールで一般に実践されている国際法の教え方・学び方に対する批判を主な論点とするものだった[5]。

　ここで彼は、非西洋社会の諸政府や学者たちが国際法の内容に関してどのような考えを持っているかについて、国際法を学ぶ学生たちに教えることは不可欠である、と強調した。非西洋社会の諸政府や学者たちが現在抱いている国際法的見解は、法としての十分な妥当性を持つものとは限らない。しかし、彼らの考えには、現在の国際法の認識根拠を提供するものもあれば、将来法的妥当性を持つに至るものもある。そして、学生たちに、彼らの研究対象がダイナミックなものであることを教えることが大切である、と大沼は論じた。彼はまた、国際法を学ぶ学生は非西洋諸国の言語と文化を学ぶべきであり、国際法教育は「国際法における西欧中心主義の批判的再評価」[6]を内包すべきであると強調した。非西洋文化と言語を学ぶことによって、非西洋諸国の主張の源泉にあるものが何なのかより深く理解できるようになるであろうし、さらに、異なった文化圏に属する諸国間の紛争についても、より公平な判断を下すことができるようになるであろう、と考えられるからである。こういった考え方は納得ができる。もっとも、異なった文化圏に属する国々の紛争が多くの場合文化の違いに根ざしていると考えることは勿論必ずしも妥当ではない[7]。

　この短い「報告」では、「国際法における西欧中心主義」が厳密に何を意味するものなのかについて、大沼はその批判的再評価を促しながらも、詳述はしなかった。しかし、「国際法を学ぶ際の西欧中心主義」が、国際法についての非西欧文明圏からの主張を無視した一方的な「(それが)『知識』(であるという) 主張 (knowledge claims)」を意味するものであることは明らかである。

　大沼は、自らが編集したグロティウスに関する研究書の補遺において、「西欧中心主義」について再び語っている。これは「国際法の歴史における西欧

中心主義」と題されている。そこでも彼の強調するのは西欧中心主義から脱却しなければならないということではあるが、ここでは、「国際法を学ぶ際の西欧中心主義的態度」ではなく、「国際法に歴史的に内包された西欧中心性」が実質的には何を意味しているのかについての彼の見解がより明確に示されている[8]。

　大沼によれば、世界的規模で複数国家間の関係を規制するようになったものは、もともと西欧諸国の国際法であった、という否定できない歴史的事実を事実として認めることは勿論「西欧中心主義」とはいえない[9]。彼はさらに次のように述べている。「我々はその歴史的事実を受け入れ、それを理解することが必要である。単に恣意的な『非西欧中心的』観点に頼ったり、あるいは国際法の諸観念や制度について非西欧文明が与えた出発点・影響・貢献などを過大評価することは、本当の意味で西欧中心主義から我々を解放することにはならない[10]。」それでは、ヨーロッパ国際法が世界的規模のものとなっていく歴史的過程を客観的に理解することによってのみ我々が脱却できる、と大沼が主張している「西欧中心主義」とはいったい厳密には何なのであろうか。

　彼の論述を読みすすむと、国際法の歴史の中で彼が批判的にとりあつかっている「西欧中心主義」が何であるかが明らかとなる。それは西欧諸国が世界の他の部分を支配するに至る過程で、ヨーロッパ国際法がそれを補助し、それが当然のことのようにみせかけるという、イデオロギーとしての役割を果たしたということである。大沼が脱却すべきであると強調する、国際法における、つまり国際法に歴史的に内包された、西欧中心主義（より正確にいえば、西欧中心性）とは、ヨーロッパ国際法が植民地支配の過程で果たしたこのイデオロギー性を指している。ヨーロッパ国際法がそういった役割を果たした点に鑑み、大沼はそれを「近代西欧中心主義的国際法[11]」と呼び、「近代西欧文明のイデオロギー[12]」であると性格づけている。これは確かに英国学派の著作には見出しがたい解釈であり、大沼の考え方と英国学派の主な主張に共通する部分が多いだけに、その分よりいっそう、彼が英国学派の歴史観に強い違和感を感じているらしいことには納得がいく[13]。

　大沼によれば、ヨーロッパ国際法のイデオロギー的役割は、ロックの考え

方に依拠し、多大な影響力を持ったヴァッテルの著書に受容され、西欧の植民地開拓者たちが原住民の土地は「無主の地」であるとみなすことを可能にした(14)。彼は、さらに諸国民平等を根本原則として掲げたヴィトリアの著作にも検討を加え、欧州列強と世界のほかの部分の人々との間の経済力・軍事力の顕著な格差にもかかわらず、世界諸国民をフォーマルな意味で平等であるとする原則が、「地理的発見」以降の四世紀の間に果たした、イデオロギー的役割を批判している(15)。そして大沼は以下のように結論する。

> もし、中国が世界を制覇していたなら、あるいは、イスラーム文明が世界のほかの文明を屈服させていたとしたら、儒教主義に基づく中国の国家関係観念の上下関係的で差別的な構造を批判し、あるいは、ジハードの考えをその中心に据えた布教目的の熱狂的なイスラームの国際関係理論に批判的にならざるをえなかったであろう。……それがどんな理論であれ、支配的な権力と結びつく考え方はイデオロギー的な役割を果たさざるを得ない。歴史的にみるとヨーロッパには威光に輝く業績もあれば醜悪な部分もある。そして今日われわれが希望と絶望とを同時に抱えながら生きて行くこの世界は、その偉大であると同時に劣悪な部分も隠せないヨーロッパが主な母胎となって生み出したものである。近代国際法は、この偉大であると同時に醜悪な「近代」というものから切り離すことのできないその一要素をなしているのである(16)。

II 「文際的視点」から語る国際法の歴史とその目的

　国際法の研究から西欧中心主義を除去しようとする努力の一環として、大沼は国際法の起源に関する重要な論文を発表した。これは "When was the Law of International Society Born?— An Inquiry of the History of International Law from an Intercivlizational Perspective（「国際社会の法はいつ生まれたのか？―文際的視点から見た国際法の歴史の研究」）" と題するものである。彼によれば、これは、それまでほとんど例外なく「近代ヨーロッパ国際法の歴史」として書かれて

きた「国際法の歴史」を書き改める、より大規模な著作への下準備として書かれた論文である[17]。そこで彼は、中国を中心とした東アジアの朝貢システム、イスラーム世界、そして封建制度のもとのキリスト教世界のそれぞれの地域的歴史的規範体系に詳しく言及し、欧州列強がアフリカを植民地化していった過程も含めて、19世紀にヨーロッパ国際法が世界的規模のものに拡大していった過程を説明する。

この論文の内容について詳しく解説を加え評価することは私のここでの目的ではない。私は、ヨーロッパ以外の地域を無視した、単にヨーロッパ国際法の成長過程としての歴史よりは、非ヨーロッパ諸制度の解説をも含めた多文明的国際法史の方が原則としてよりすぐれていると考え、大沼に賛同している。

私がそう考える理由は、後者の形態をとった歴史の方が単により多くの情報を提供しているからというわけではない。それは、そういった歴史的叙述の方が、世界変容の過程をより深く理解させることができるからである。ヨーロッパ国際法の拡大過程とは、逆に見れば当然ヨーロッパ外の人々がその体制を受け入れていった過程である。従って、世界変容の過程をより十分に理解するためには、ヨーロッパ国際法がどのように受容されていったかを解明することが必要であり、またそのためには、ヨーロッパ国際法が大々的に受容されるに至る以前に、ヨーロッパ外の人々がどのような規範制度の下で生活していたかを知ることは不可欠である。

大沼の詳細に及ぶ歴史的解説を見れば、国際法の歴史を叙述する際に彼が「文際的視点」を取ることの必要性を強調する理由はほぼ同じところにその出発点があることが納得できる。彼は以下のように述べている。

> ヨーロッパ国際法が複数の地域的歴史的規範体系のひとつに過ぎなかったことを今日我々は勿論認識している。また、ヨーロッパ以外の世界の人々は彼ら独自の世界イメージを持ち、そしてその世界イメージにのっとった規範体系を持っていたことも我々は知っている。しかしながら、それらの人々の主導者たち、況やそれらの人々自身が、お互いをどのように受け止めていたかについては、我々はほとんど無知である。我々は、

異なった体系間の関係をその双方がどのようにして規制しようとしたのか、また、主導者たちが彼らの支配下にある人々に、あるいは第三者に対して、体系間の関係をどのように説明したかについても無知である。今日に至るまでの著作を見て知ることができるのは、ヨーロッパ国際法の主体だった人々が非ヨーロッパ地域の諸体系の主体たちをどのように受取ったかということに概ね限定されている。相手側から見た歴史、あるいは双方がお互いをどのように見て取ったかに関する研究はほとんど無いに等しい[18]。

従って、ヨーロッパ国際規範体系が地球規模化した歴史を書くのではなく、以前は地域的な諸規範体系のもとに生活していた人類が、今日世界的規模の統一された国際規範体系のもとに生活を営むようになった世界史的過程を研究の対象とすべきであるというのが、大沼の主張である。しかしながら、大沼がこういったスケールのより大きい研究の必要性を強調する理由は、単に（客観的事実として彼も認める）ヨーロッパ国際法が世界化した過程をよりいっそう深く理解するという知的要請だけにあるのではない。彼がこの論文の最終部分で次のように述べている点は注目すべきである。

国際法が、その正統性を、世界中の人々から自主的に受け入れられるという意味で、本当にグローバルなものになるためには、それが単に現存する諸国家すなわち諸政府によってのみでなく、異なった文明的背景を持つ諸国民に受け入れられるものでなければならない。たとえある政府が政治的理由から国際法の何らかの規則や諸原則に合意したとしても、一般の庶民は彼らの要求が満足されていないと感じたり、また、犠牲になっていると感じて、欲求不満のままでいつづけるかもしれない。こういった否定的な感情を克服するためには、国際法は常に自分自身を再構築し、その性格を再考することによって、過去の過ちをただし、世界の新しい現実に対応していかなければならない。こうしたゆまぬ努力を通して初めて国際法は世界中の人々から自主的に受け入れられるグローバルな国際法になることができるのである[19]。

ヨーロッパ国際法が過去に犯したいくつかの過ちのうちで大沼が最も重大だと考えているものは、それがヨーロッパ列強が非ヨーロッパ世界を植民地化する過程を正当化するイデオロギー的機能を果たした、その歴史的役割にある。彼の試みる国際法の歴史的解説は、ヨーロッパ国際法の有害であった側面に読者の注意を喚起する目的を持ったものである。そしてさらに、そういった「書き改められた」歴史（的叙述）が一般に流布することによって、西欧文明圏と非西欧文明圏との間にある、加害者・被害者関係にありがちな、認識不足と（しかもそれによっていっそう強化される）疎外感が軽減され、それによって国際法の世界的規範体系としての信頼性がいくらか高まるであろうという配慮がうかがわれるのである。

こういった倫理観・政治性は、英国学派の著作には少なくとも顕著ではない[20]。しかし、ヨーロッパに発し現在は世界規模化した国際法が、より純正な正統性を得るためには、その正統性が、世界各国政府だけが支持するものではなく、一般の庶民によっても認められたものでなければならない、とする大沼の基本的見解は、英国学派、ことにブルが行っている主張と近いもののように思われる。しかしながら、すでに指摘したように、英国学派の主張には曖昧でほとんど空疎な部分が見られた。大沼の「文際的視点」を取り入れることによって英国学派のこの限界を乗り越えることができるのであろうか。これを検討するために、次に、彼の人権に関する主要著書を基にした "Towards an Intercivilizational Approach to Human Rights: For Universalization of Human Rights Through Overcoming of a Westcentric Notion of Human Rights（「人権への『文際的』アプローチにむけて：西洋中心的人権観念を克服することによって人権を普遍化するために」）" と題された論文を検討してみたい[21]。

III 「文際的視点」から見た国際人権法

大沼の究極の倫理的・政治的目的は、世界のすべての人間の精神的な、そしてまた物質的な、福祉の向上に貢献することにある。この目的のためには、

彼の考えによれば、いくつかの手段があり、人権という制度、そして、人権の国際法的保障は、現代の世界の状況においては特に適切な方法ではあるが、使用することの可能ないくつかのメカニズムのうちのひとつであるに過ぎない[22]。また、国際人権法について語るときの大沼の基本的な姿勢は、現存する国際法の解釈者・解説者としての役割を主なものとしている。そして、彼の中心的な主張は、人権が国際法によってより有効に保護されるためには、国際人権法が多文明世界に生きる全人類から尊重されるものでなければならないという点にある[23]。

当然のことながら、国際人権法は次の２つの基本的な質問に答えなければならない。(1)「人権」とはいったいどんな具体的内容を持つものなのか。(2)どの人権がほかの人権よりもより重要なものであるのか。この分野で国際法の解釈・解説をする法学者の最も基本的な役割はこの２つの質問に納得のいく答えを提示することにある。ここで「納得のいく」答えに到着する過程で大沼が取る基本的姿勢は（「国際的」・「民際的」正統性と並び）「文際的正統性」の要求を可能な限り大きく満たす解釈を支持するということにある。より具体的にいえば、（他の条件が同一である場合）より多くの異なった文明圏を代表する諸国の合意に基づいた国際人権法の方が（そうでないものよりも）上記の２つの質問に対するよりよい判断基準となるということに帰着する[24]。これに加えて、西洋文明だけでなく非西洋文明にも造詣の深い世界的な哲学者・思想家たちの見解・理論も参考にすることが、文際的正統性の要求をより高度に満たす法解釈を提示するのに有益であると、大沼は考えているようである[25]。

従って、大沼が提唱する「人権への文際的アプローチ」とは、主として現行の国際人権法の解釈の一方法であり、それは基本的には、現存する複数の文明圏に広く支持され、副次的には、多文化性に敏感な哲学者・思想家たちの見解にも照らし合わせたものを、より適切な解釈として提示するものである。もっとも、ここで現存の国際人権法を解釈する作業に焦点を当てて理解した「文際的アプローチ」の具体的意味は、国際法を将来に向けて作り変えていったり、あるいは、人権が各国でどの程度保護されているかを判断する作業などに関連しても、当然当てはまるものであるといえる。

このように見てくると、英国学派が検討を加えなかった質問に大沼が部分的な答えを提供していることが理解できる。非西洋的要素を世界市民的文化に導入するということはどういうことなのか、そしてそれを行う力と責任を持つのは誰なのかという質問である。大沼は現行国際法の解釈者としての立場から自らの見解を表明し、国際法の現在の役割とそれが将来発展していく過程にいくらかの影響力を持つであろう世界的専門的知識クラスの一員として発言を行っている。ここに彼の力と責任が定礎されている。彼は、以上に要約したような見解を自ら公表することにおいて、そしてそうすることで、国際法学者が世界社会の発展にいくらかの影響力と責任を持っている、ということを前提し、また示唆しているのである[26]。しかも以上に解説したような意味で「文際的アプローチ」を人権に関するディスコースに取り入れることを主張することによって、現在の国際社会を基礎づける世界市民的文化の中に非西洋的要素を取り入れるということが具体的にいったいどんなことを意味しうるのかのひとつの試案を提供していると考えることができる。

Ⅳ 「文際的視点」、「文際的正統性」の問題点

大沼保昭の西欧・西洋中心主義批判および「文際的視点」の提唱は以下の3つの要求に要約することができる。

(1) 国際法がどんな内容を持つか、またどんな内容を持つべきか、について研究・教育するに当たって、それがあたかも国際法に関する正当な知識の源泉のすべてであるかのように西洋諸国の主張のみを重視するのは誤りであり、国際法教育・研究におけるそういった支配的傾向から脱却せねばならない。

(2) 国際法の歴史を書くに当たっては、複数の歴史的・地域的規範体系がどのような経路を経て現在の統一された世界的規範体系に変っていったかを研究すべきである。そして、その過程を解説する際に、ヨーロッパ国際法が非ヨーロッパ世界を植民地化するためのイデオロギー的役割を

果たしたことを忘れてはならない。
(3) 国際法がより純正な意味で世界的に受容されるためには国際法の「文際的正統性」を高めなければならない。このことは世界全土で人権を国際法的に保護するためにことに不可欠なことである。人権が何であり、国際法的に保護されるべき人権が何であるかについて判断するためには、この基本的な要請を念頭において議論を立てなければならない。

　国際法の研究にこの3原則を適用することによって、大沼は英国学派が乗り越えなかったいくつかの問題点に重要な貢献をしているといえる。これらの問題点には、より西洋中心的でない世界市民的文化がどのように構築されるかについての理解が未発達であったことに加え、英国学派の主導者たちが非西洋文明について比較的無知であったこと、ヨーロッパ国際法のイデオロギー的役割に敏感でなかったこと、などが挙げられる[27]。
　しかしながら、大沼の「文際的視点」論には、いくらかの不明瞭さが残ることは否定できない。この研究ノートを終えるに当たって、「文際的視点」という言葉とその意味にまつわるいくつかの問題点に触れてみたい。
　まず「文際的」という言葉が持つ最も基本的な問題として、諸「文明圏」を実体化せずに「文際的」という表現を用いることが論理的に可能なのかという疑問がある。大沼は、「文際的」という自らの造語を英訳して、もともとは、'intercivilizational' とし、最近はこれを 'transcivilizational' としている[28]。しかし、どちらの接頭辞も、文明を空間的に「際」のあるものと前提しなければ使うことが適切とはいえず、そのことは「文『際』的」という表現においても明らかである[29]。
　「諸文明圏」というものを、相互にかなり明確な質的差異があり、勿論いくらかの重なり合いはあるが、基本的には地域的にも分けることのできるものと前提している、と解釈した方が大沼の論述を理解しやすい部分はある。しかし、「文明圏」と通称されているものは一枚岩的なものではなく、また一人一人の人間をとっても、その個人のアイデンティティーは複合的なものである場合が多い。大沼自身それを十分認識している[30]。とすれば、国境によって（ほとんどの場合明確に）区切られた空間を基盤にした「国際的」とい

う言葉をモデルにした「文際的」という表現を用いることには、少なくとも誤解を招きやすいという点において、問題が残る。より根本的には、「文際的」という表現自身が論理的に前提せざるを得ないと思われる複数の「文明圏」を、大沼が現代世界社会のコンテクストの中でどの程度まで実体的なものとして捉えているのか、ということに興味がのこる。

　ともかく、「文明圏」という考え方が今日世界の多くの人々の認識枠組みの一環をなしているというのが、大沼が（世界社会現象を理解する上で）「文際的視点」の不可欠性を強調する根拠になっている。また、そういった現実があるからこそ、国際的な意見の相違や紛争に際して皆が納得のいく解決を提示するには、その具体的な解決案の「文際的正統性」を高める必要がある、と力説しているのである[31]。

　しかし、この「文際的正統性」というものも、それがいったい何を意味しているものなのか、一考に価する。ブルは西洋文明と非西洋文明との間に食い違いがあることを認めた上で、これまで、西洋的価値観が優勢だった世界市民的文化に非西洋的要素をよりいっそう取り入れることを、漠然とではあるが、提唱した。ここでブルがどのようなものを想定していたのかは明らかでないが、異なる文化圏を背景としたお互いに食い違いのある諸見解を融合する新しい価値観のような実質的なものを念頭に置いていたとしても不思議ではない。ブルが漠然とした提唱をするにとどまらざるを得なかったのも、彼が考えていたより純正な世界市民的文化というものの実質的内容が非常に把握し難いものだったことにその理由のひとつがあるかもしれない。

　しかし、大沼が強調する「文際的正統性」の要求は、国際的な意見の相違や紛争に対する解決案が、必ずしも、そこまで実質的な合意を内包していることを必要視するものではないように思われる。極端にいえばではあるが、異なった文明圏（と一般にいわれているもの）に属する（と主張し、あるいはそのようにみなされている）多くの国々の賛成票が得られた解決案であれば、その実質的内容はともあれ、少なくとも形式的、手続き的には「文際的正統性」を有したものであると判断しうる。もっとも、単に形式的、手続き的なレベルでも、（「異なった文明圏」に属する）多くの諸国の合意を受けるのは、易しいことではないし、そういった合意はその解決策に説得性を与えるものであ

ることには疑いない。解決案が明白に西洋中心主義的な内容のものであるならば、それが国際社会一般から合意をうける可能性も低いであろう。ただ、そのような合意を得た解決案が、どの程度、純正な実質的な意味においても、「文際的正統性」のあるものと考えることが正しいかは、具体例に即して一つ一つ解釈されるべき問題である[32]。

　大沼の論述を読んで、私が最後まで気になるひとつの疑問は、彼の「文際的視点」論とハンティントンの「文明の衝突」論は根本的にどこが違うのか、ということにある。大沼は、ハンティントンの論述に対し、「文明の衝突」という表現が「扇情的」であり、また議論の立て方が杜撰で、しかも「文明」を「過度に」実体概念として扱っていることを批判する[33]。しかし、「文明という言葉で語らなければ多くの人が納得できない問題が冷戦の終結とともに顕在化し」たことをハンティントンは「巧みに捉えた」として、彼に積極的な評価も与えている[34]。しかも、文明を実体概念として取り扱うことそれ自身が問題なのではなく、「過度に」そうすることがいけない、というのであれば、その点では、両者の違いは程度の差という見方も出てくるであろう。

　実際、大沼によれば、「国際的視点」が国家間の関係に焦点を置く見方であり、「民際的視点」が非国家主体に焦点を据える観点であるのに対して、「文際的視点」は「歴史上巨大な影響力を有してきた近代欧州文明、イスラーム文明、東アジア文明、ヒンドゥー文明などの規定要因たる宗教や言語に着目し、その共通性を元に多様な宗教的・文化的・言語的要因に基づく集団の発想、あり方、活動をとらえるものである」という[35]。彼は、ハンティントンとちがって、今後文際的視点だけがことに重要になるといっているのではない。しかし、大沼の「文際的視点」が前提するものは、ハンティントンの「文明の衝突」の根底にあるものと近似している[36]。

　それでは、両者の考えを明確に分ける点は何か。それは、私見では、ハンティントンが「文際的敵対主義」に立つのに対し、大沼が「文際的協調主義」をうったえていることにある。大沼によれば、「文明の問題を過度に実体化された文明間の対立の図式でなく、文明自身の相対性と文明相互間の交流・変容の歴史を踏まえて捉える視点[37]」を確保することが必要である。しかも

彼は、「文明の衝突」を避けるには、「文明の併存を明確に自覚化した視点が求められる」と主張する[38]。とすれば、大沼のいう「文際的視点」とは、単に世界現象の分析・解明に当たって、諸文明圏（といわれるもの）の存在を念頭の入れるべきであるとするだけでなく、文明相互間の交流・変容の歴史を踏まえた上で、諸文明圏のより友好的共存を推奨すべきであるという、一種の協調主義でもあることが理解される。これは、ハンティントンの異文明不信論と相反するものであり、そこに両者の根本的な姿勢の違いを見ることができる。

従って、一般に使われる「国際的視点」という言葉に、分析・解説の枠組みとして「国家間関係に焦点を当てる」という意味以上に、「国際協調主義的」という意味合いがあるのと同じように、大沼のいう「文際的視点」にも、「文明協調主義的」な意味合いがすでに内包されていることに注意すべきである。

おわりに

以上、大沼保昭のいくつかの著作を通して、彼のいう「国際法における西欧中心主義」とは何か、彼の推奨する「『文際的視点』から語る国際法の歴史」の目的はどこにあるのか、「人権の国際法的保護にむけての『文際的』アプローチ」とはどのような事柄をさしているのか、の３つの質問に焦点を当てながら、簡単な解説と分析を行った。彼の見解には英国学派の国際社会論と通じるところが多くある。しかし、英国学派が最終的に脱却し得なかった西洋中心主義にはじめから批判的であった大沼は、ヨーロッパ国際法のイデオロギー性を批判した。また、彼の学問的姿勢は、現代世界社会で国際法がより高い正統性を享受できるようにするには、そしてそのことによって、少しでも人類の至福に貢献するには、法学者としてどのような議論を立てることが望ましいか、といった倫理的・政治的な目的意識に根ざしたものである点で、特筆に価する。

なお、多文化社会と一般にみなされている現代社会空間において、「文際的正統性」なしにはことに地球規模での正統性はない、とする考え方には基

本的には賛同できるが、そこでいわれている「文際的正統性」にはどのような類型のものが含まれているのか、また、社会のエリート階級に属する人々と、一般庶民、さらに社会的マイノリティーの間で、正統性についての考え方がどのように違うのかなど、これからより深く究明されなければならない問題もいくつか残されている。

〔注〕

(1) 「文化 (culture)」は「文明 (civilization)」よりも小さな単位であると一般に考えられている。しかし本稿では「文明」と「文化」を特に峻別せずに使う。
(2) Huntington, S., "Clash of Civilizations?" *Foreign Affairs*, Vol. 72, No. 3 (1993), pp.22–49.
(3) 英国学派の国際関係論については、Linklater, A. and Suganami, H., *The English School of International Relations: A Contemporary Reassessment* (2006) 参照。
(4) Bull, H., *The Anarchical Society: A Study of Order in World Politics*, 3rd ed. (2002), p.305.
(5) Onuma, Y., *"Remarks," Promoting Training and Awareness—The Tasks of Education in International Law, Proceedings of the 75th Anniversary Convocation of the American Society of International Law, April 23-25, 1981* (1983), pp.163–167.
(6) *Ibid.*, p.167.
(7) 大沼がこの「報告」でそのように前提していたとはいえない。しかし、彼の発言が異文明・異文化間の言語・思考形態の違いにかなりの重点を置いたものであったことは確かである。
(8) Onuma, Y., "Eurocentrism in the History of International Law," in Onuma, Y. (ed.), *A Normative Approach to War: Peace, War, and Justice in Hugo Grotius* (1993), pp.371–386.
(9) *Ibid.*, p.373. 英国学派のブルとワトソンは大沼と同一の見解を述べ、ヨーロッパの「国際社会」という制度が拡大し世界化したというのは歴史的事実であり、その事実を事実として認める我々(編集者・執筆者たち)の観点は、西欧中心主義的とはいえない、と述べている。しかし大沼は彼らの見解には鋭く批判的である。Bull, H. and Watson, A. (eds.), *The Expansion of International Society* (1984), p.2 と Onuma, Y., "When was the Law of International Society Born?—An Inquiry of the History of International Law from an Intercivilizational Perspective," *Journal of the History of International Law,* Vol. 2 (2000), pp.1–66, at p.5–6 を参照。
(10) Onuma, *supra* note 8, p.373.
(11) *Ibid.*, p.360.
(12) *Ibid.*, p.375.
(13) 英国学派の西洋中心主義については、Suganami, H., "British Institutionalists, or the English School, 20 Years On," *International Relations*, Vol. 17, No. 3 (2003), pp.253–271.
(14) Onuma, *supra* note 8, pp.380–381.

⒂　*Ibid.*, pp.382-386.
⒃　*Ibid.*, p.386. しかしながら、東アジアやイスラーム圏に発達した規範体系よりもヨーロッパで育成された近代国際法の方が、おそらくより望ましく、国民国家が共存する時代には、ともかくより適切な規範体系であると、大沼は認めている。これは近代ヨーロッパ国際法が倫理的によりすぐれたものであるということとは必ずしも同一ではないが、諸国家が共存する現代社会に少なくとも機能的にはより適切であるということである。*Ibid.*, p.378.
⒄　Onuma, *supra* note 9, at p.54.
⒅　*Ibid.*, p.62.
⒆　*Ibid.*, p.66.
⒇　南北関係において、先進諸国が低開発諸国の正当な要求を受け入れることは、西欧のリベラリズムの伝統に合致するものであり、また、西欧文明の歴史的所産である国際社会という制度・秩序を強化することになる、というブルの発言は興味深い。Bull, H., "Justice in International Relations," in Alderson, K. and Hurrell, A. (eds.), *Hedley Bull on International Society* (2000), pp.206-245.
(21)　より詳しくは、大沼保昭『人権、国家、文明——普遍主義的人権観から文際的人権観へ』（筑摩書房、1998年）参照。
(22)　Onuma, Y., "Towards an Intercivilizational Approach to Human Rights—For Universalization of Human Rights Through Overcoming of a Westcentric Notion of Human Rights," *Asian Yearbook of International Law,* Vol. 7 (2001), pp.21-81 at pp.28, 63-64.
(23)　*Ibid.*, p.37.
(24)　*Ibid.*, pp.56, 70-73.
(25)　*Ibid.*, pp.70, 80.
(26)　また、より明示的には、以下のようにも述べている。「国際法学者の言説それ自体が国際法実現過程の一環をなしており、完全に価値中立的ではあり得ない。わたし自身、それを意識して、『戦後責任』『単一民族の神話』『文際的視点』などのことばを用いて社会の支配的発想を変える努力を重ねてきた。」大沼保昭『国際法：はじめて学ぶ人のための』（東信堂、2005年）、156頁、注30参照。こういった発言とは対照的に、英国学派は、学問の社会的役割、ことに学者が価値中立的であるべきか、またそうありうるか、に関して不明瞭な姿勢をとる傾向が強い。Linklater and Suganami, *supra* note 3, Chapter 3 参照。
(27)　より詳しくは、Suganami, *supra* note 13 参照。
(28)　注9と22に記された大沼論文は両方とも 'intercivilizational' という表現を使っているが、注26で引用されている著書は、*International Law from International, Transnational and Transcivilizational Perspectives* とその表紙に記されている。下記の注30も参照されたい。
(29)　しかも、'transcivilizational' は、'transnational' が「脱国家的」と訳されるように、「脱

文明(圏)的」と訳されるべきであるとすれば、それは、文明圏内部の主体があたかも文明の違いがないもののように、他文明圏内の主体とかかわりを持つ、という意味になると考えられ、大沼のいう「文際的」とは意味が異なるのではないかと思われる。

(30) 大沼、前掲書(注21)、334-335、345-346頁、注62、および、Onuma, *supra* note 22, pp.30-31参照。これは、2004年 Cambridge 大学 Clare Hall における "Transcivilizational Perspective on Global Issues" と題する Ashby Lecture の質疑応答で、彼が明らかにしていた点でもある。

(31) 大沼保昭「国際法における文際的視点―歴史、人権、安全保障の問題を中心に」日本国際連合学会編『国連研究』第4号 (2003年)、11-37頁参照。

(32) 大沼、前掲書(注21)、332-333頁参照。また大沼は、同上論文(注31)、26-28頁で、「文際的正統性」が比較的高いものの例として1993年に採択されたウィーン人権宣言を、それをある程度確保できたものの例として1991年の「湾岸戦争」の際の一連の安保理の決議を、そして、政策担当者達が自国の行動に文際的正統性があることの、あるいは少なくともそういった印象を与えることの、重要性を理解していることを物語る例として、2001年の対アフガニスタン軍事行動と2002年の対イラク攻撃を挙げている。大沼が重要視する「文際的正統性」の高低は、いかに多くの「文化圏」の国々が賛同しているかという数量的な違いだけでなく、合意の内容の実質的な違いにも左右されるものと考えられるが、この点に関しては、より深い考察が必要と思われる。

(33) 大沼、前掲論文 (注31)、20頁。

(34) 同上論文。

(35) 同上論文、21頁。

(36) 勿論両者は同一ではない。しかし、両者の違いをあまり強調すると「文際的視点」という言葉の意味や存在理由が薄れるように思われる。

(37) 大沼、前掲論文 (注31)、20頁。

(38) 大沼「21世紀文明と人権―文際的視点から見た『人権の普遍性』」(未発表原稿)、7頁。Onuma, *supra* note 22, p.31 も参照されたい。

国際法の認識をめぐって
——世界を「翻訳」する国際法——

齋藤　民徒

> ああ　まだ　こんななの
> たくさんの風
> たくさんの星座のめぐり
> たくさんの哀しみが流れていったのに
> ——茨木のり子「幾千年」

はじめに

　空を飛ぶ鳥たちは国境を知るだろうか。海を泳ぐ魚たちは領海を知るだろうか。わたしたちは、国境を知り、領海を知っている。現代の国際社会において、国境も領海も、単なる実力や歴史的経緯だけでは定まっていない。そこには確固たる国際法の働きがある。そうだとすれば、わたしたちが国境や領海を知る瞬間にも、国際法を認識していると言えないだろうか。

　もっとも、それは、従来の国際法学に言う「法源」を通した国際法の認識とは必ずしも一致しないように見える。それは少なくとも、条約や慣習といった国際法規が認識対象として明示的に意識されるような認識とは限らない。とすれば、それはどのような意味において国際法の認識と言えるのだろうか。従来の法源論で語られてこなかったとすれば、それはどのように語りうるのだろうか。

　現代の地球に生きるわたしたちは、生まれながらに国際法のもとで暮らしている。しかし、世界中のほとんどの子供たちは専門家のように国際法を語ることはない。おそらくは多くの大人たちも同じである。専門家として国際

法に関わる人はほんのわずかである。それでもしかし、世界中のひとびとは、国々の戦争と外交を語り、平和と人権を語り、国連を語る。

　国際法は専門家だけのものであろうか。国際法の専門家と呼ばれるひとびとの関わりだけが国際法の「現場」なのだろうか。現代の地球に生きる市井のひとびとの暮らしは、ほとんど常に、意識的であれ、無意識的であれ、国際法と関わり、否応なく国際法の影響を被っている。そして、おそらくは、国際法の維持と再生産とを、「無権的」かもしれないし、微力かもしれないが、しかし圧倒的な多数をもって、日々の暮らしを通じて担っている。そこでは、国際法の認識も、国際法の作動自体も、日々の具体的実践の中に埋め込まれている。

　もっとも、そのような国際法の認識について、従来の国際法学は必ずしも多くを語らない。現代の地球に生きるわたしたちの日々の暮らしに含まれる国際法の認識を自覚し、語ることはどのようにして可能であろうか。

　わたしたちの日々の暮らしの中で働き、用いられている国際法。本稿は、この「生きている国際法」を、国際法の認識という切り口から語る試みである。もっとも、従来の法源論に囚われたまま、その手がかりを見出すことは必ずしも容易ではない。そこでまず、以下の本論では、現代の国際法学における法源論の射程をたしかめる。裁判規範／行為規範の規範類型論、そして、この二分論を補う法使用類型論に依拠しながら、司法的適用の想定をはじめ、従来の法源論に付随してきたさまざまな前提を相対化し、「生きている国際法」を把握するための理論的課題を明らかにする。

　これをふまえ、次に、従来の法源論では語られてこなかった国際法の認知的側面に関する試論を展開する。法はひとつのものの見方である。国際法は、世界のひとつの語り方としてひとびとの暮らしの中で働き続けている。このことは、もっぱら専門家を中心とする従来の国際法言説では見失われがちである。それを改めて意識化させる手がかりを、本稿では、「地図としての国際法」、「翻訳としての国際法」といった新たなメタファーに求める。これらのメタファーを通して、ひとびとの日々の実践に不可分に埋め込まれた国際法の認識を見出す論理を獲得するとともに、最終的には、地球上のひとびと

の秩序形成活動＝社会生活実践に「国際法」なる現象を見出してやまない国際法学の実践自体を語り直す地点にまで歩みを進める。

　国際法とは、ある固有の世界把握のスタイルを言う。さまざまな迂回路をたどる本稿のめざす終着点は、この自明とも言え、すべての出発点にすぎないとも言えるテーゼを見出し、現代の国際法学に再帰性をもたらすひとつの契機となること、ただそれだけである[1]。

I　国際法の認識──「法源」の射程──

　国際法の認識という主題が現代の国際法学において正面から語られることは必ずしも多くはない。

　この言明は奇妙に映るかもしれない。とりわけ従来の国際法学の理解を前提にして、「国際法の認識」という主題が、法源に依拠した国際法の判別と置き換えられてしまうのであれば、むしろ国際法学においては頻繁に語られているからである[2]。

　つまり、上の言明は、「国際法の認識という主題」にいかなる意味を込めているか明らかにしなければ意味をなさない。あえて言えば、本稿では、「国際法の認識という主題」に、従来の国際法学の法源論に尽くされない独自の意味を込める。その差を明示することが本節の課題である。

1　国際法認識の文脈依存性──裁判規範／行為規範

　従来の法源論では、国際法の認識という主題は尽くされていない。それは、国際法認識の一部を語るにとどまる。このような従来の法源論の部分的性格を、現代の国際法学において規範の類別という形で明快に問い直しているのは、裁判規範／行為規範の二分論である[3]。この議論の新しさは、支配的な言説が意識的・無意識的に裁判を志向していることを批判するために、裁判規範を独立にカテゴライズしつつ、対比的に行為規範をカテゴリーとして明確に打ち出したことにある[4]。その中心的なテーゼは、実際の国際関係における裁判の限定的役割に応じて、国際法の重要部分を占めているのは、裁判

で用いられるような裁判規範ではなく、むしろ行為規範ではないかとする点にある[5]。

　もちろん、実際に裁判を遂行する立場にあれば、裁判で通用する事柄にさしあたり集中することは当然である[6]。その限りでは、裁判規範——とりわけICJ規程38条1項を筆頭とする裁判準則——を念頭に置く法源論の意義を疑えない[7]。しかし、国際法に関わる誰もにとって、またあらゆる場面において、正式な国際法廷で通用しうる国際法だけが重要ではないのではないか[8]。裁判を離れた国際法の認識はないのだろうか[9]。そのような認識を語るために従来の法源論で間に合うのだろうか[10]。支配的言説が暗黙裡に裁判を念頭に置いているとしても、必要なことは、その事態を前提に、当の言説の射程を冷静に見極めること以外にない[11]。

　問題はむしろ、認識の文脈を明示的に問題としない法源論の構えだけでは、そのような支配的理解の射程を意識することも議論することも難しいことにある。従来の国際法学において、法源論自体を再帰的に主題化する営み——とりわけ、法源を語るということが、いかなる前提を持つ、いかなる営為であるのか、法源論の置かれた文脈を問い直すこと——は稀少である[12]。従来の支配的な法源論が認識の文脈について語らないということは、認識の文脈がないことを意味するわけではない。また、そのような法源論があらゆる認識の文脈に汎用性を有していることを意味するわけでもない。前提を語らないことは前提がないということを保証しない。それは、しばしば、一定の文脈を意識的・無意識的に前提としているというにとどまる[13]。

　ここに、裁判規範／行為規範の二分論の意義がある。この区別を通して、支配的理解に「外部」がもたらされることによって、相対化の一歩をふみだすことができる。

2　客体から実践へ

　裁判規範／行為規範論は、暗黙に裁判を志向しやすい従来の議論に伴う制約を回避し、「生きている国際法」へと視野を広げる試みとして重要である。それは本稿の主題である国際法の認識をめぐる支配的な語り口を問い直すことにも直結している。国際法が認識される文脈は、裁判フォーラムに限られ

ない。外交交渉、国際行政、マスメディアの論説、社会運動など、公式の裁判で通用するかどうかが厳密に問われることなく——とすれば裁判における認識と同じとは限らない仕方で——、国際法規範が用いられる場面は無数にある[14]。

　国際法の認識は、どこで、誰によって、どのように行われるのか。この問いに対する支配的見解——裁判フォーラムにおいて、裁判官によって、ICJ規程38条1項を中心とする法源論に依拠した形で行われるという暗黙の想定——からの解放は、まさに裁判規範から行為規範へという重心移動によって成し遂げられる。

　もっとも、国際法の認識を把握するために、この二分論にも留意すべき点がある。この議論は、従来の国際法学における裁判中心主義批判を主眼とし、批判の焦点を絞って裁判規範とそれ以外という規範類型論として提示されているため、従来の法源論と通底するところも少なくない。まず、裁判規範も行為規範も、いずれも独立の実体を想定させる表現である。そのため、法認識を論じる場合にも、従来の法源論と同じく、認識対象を実体視する構図を招きやすい。また、対審的裁決を想定する従来の法源論のみならず、この二分論においても、紛争当事者間の対決的な構図が描かれがちである[15]。

　国際法が生きて働いている日々の現場を捉えようとするならば、紛争時のみならず、平常時にも目を向ける必要がある。それはまた同時に、官僚や専門家の日常業務はもちろん、市井のひとびとの日々の暮らしへのまなざしも含むはずである。しかし、そのとき、実体的・対決的な構図そのものに伴う限界が問題となる。

　国際法の認識を論じるうえで、裁判中心主義は支配的な不可視の制約をなしている。そうである以上、行為規範／裁判規範論の説く通り、まずは行為規範へと一歩をふみださなければならない。しかし、「生きている国際法」、とりわけその認識実践を把握するためには、さらに歩みを進めなければならない。

II　国際法による認識——国際法を通して世界を見る——

1 適用から参照へ

　そもそも、行為規範／裁判規範論の利点は、国際法過程の「現象」をめぐる文脈依存性について明晰な理解を導くことにある。ともすれば実体視されがちな規範分類という見かけを超えて把握すれば、裁判規範／行為規範論の核心にあるのは、フォーラムの多様性の問題である。規範の違いは、その核心の具体的現れのひとつにとどまる。その核心を法使用類型論に依拠して語り直すことによって、この二分論が切り拓く相対化の歩みを進めることができる[16]。これは、「適用」、「援用」、「参照」という法使用の3類型をもって、従来の司法過程中心の概念枠組を補う試みである。この類型論は、法使用に関与するアクターの構造的関係に着目し、従来もっぱら想定されてきた司法的な「適用」をひとつの類型としながら、これまであまり論じられることのなかった当事者間の法の「援用」という類型を加え、さらには、当事者単独における法の「参照」という類型も付加して、法が使われ、働く多様な場面を整理していこうとするものである[17]。以下、各類型について簡単に説明を加えておく。

(1)「適用」(第三者モード)

　この類型論における「適用」とは、三者間関係における第三者による法使用を言う。典型的には、裁判フォーラムにおける裁判官による争訟事件に対する法の適用、すなわち、法的紛争で対立する当事者を前に、中立的な第三者が法に則って紛争を一刀両断に裁定するという法の使用形態である。この点、法の「適用」は日常用語でもあり、しばしば法利用あるいは法実現一般を意味するが、ここでは、理念型として限定的に用いる。

(2)「援用」(二者間モード)

　理念型としての「援用」とは、二者間関係において、相手方に対して規範を提示する行為を言う。この「援用」類型を独自の法使用類型として概念化する理論的意義は、法適用と強制的実現とが不可分に想定される支配的傾向に抗して、権力的な結果実現といったん切り離し、非権力的な――ときに無力な――法使用を包摂して概念化しておくことにより、さまざまなアクターのもとにおける多様な法関連行動に対して視野を拡げうることにある。

(3)「参照」(単独モード)

「参照」は、一者による法使用を概念化するものである。これは日常的な法の使われ方・働き方の多くを占める。法が自発的参照を通して実現されることは、法の日常的な作動として枢要な位置を占めながらも、法が裁判所の判決に登場したり、あるいは、対他的に援用される場合に比べて目立ちにくい。それも、法が効果的に作用し、内面化されればされるほど、あらかじめ当事者の行動の選択肢を即自的に——当人の意識にのぼることなく——制約することになるため、余計に目立たなくなる。このような法関連行動を捕捉することに、「参照」類型を独自の法使用類型として概念化する理論的意義がある。

以上の「適用」／「援用」／「参照」という法使用類型論の実用性は、関連主体が法に関与する形態として、第三者による司法的適用のみならず、二者間の援用もあり、さらには単独の参照もある、という形で、理論的視野を段階的に拡張していくことにある。このような理論的な重点移動を通して、法関連行動総体において、司法的適用は重要ではあるが一部を占めるにとどまること、しかも国際法過程においてはかなり限定的にならざるをえないのに対して、援用と参照、特に参照こそ法の日常的な作動に密接に関わる法使用類型であることを示しうる[18]。

国際法の認識は、どこで、誰によって、どのように行われるのか。以上の法使用類型を用いて、改めて課題を語り直すことができる。従来の法源論は、法使用類型に言う「適用」における法認識を規整する言説であった。このように裁判を念頭に置いた支配的理解を批判する裁判規範／行為規範論は、裁判外の「援用」を対置し、その視線の偏りを照射した。しかしながら問題はその先にある。圧倒的多数の庶民はすでに与えられたカテゴリーを通して受動的に、しかし、カテゴリーを維持・再生産し流通させるという意味では能動的に、国際法過程を担っている[19]。ここでの課題は、明示的な規範認識という構えが通用しなくなる瞬間、かといって、認識がないと言うことがためらわれる瞬間を語ることである。つまり、事態認知と表裏一体をなす国際法の「参照」、とりわけ、必ずしも明示的・意識的ではない「参照」を語る方途を模索することである。

2 地図と翻訳

(1)「地図としての国際法」

ここまでの議論においては、従来の法源論によって語られることが少なかった国際法の認識が遠景に浮かび上がったにすぎず、それを直接に語ることは課題として提起されたにとどまっている。これを正面から意識し、言葉にする手がかりとなるのは、「地図としての法」というメタファーである。法は言わば地図であり、その縮尺、その投影法、その記号表現、それぞれにおいて取捨選択と強調とを伴い、多かれ少なかれ「現実」の誤読を誘うものである[20]。

国際法においては、どのような地図が描かれているのだろうか。近代国際法の特徴は、「国家」、「領域／管轄」、「条約」といった基礎的な抽象概念、さらには「主権平等」といった独自の関係像にある。地球上を諸国家に区切り、国家間の関係を観念する、そのような世界図を描くという営為そのものに、常に国際法が働いている[21]。わたしたちは、「地図としての国際法」を参照しながら、日々の社会的実践を遂行する。ここにおいて、国際法は、直接には表象できない地球上の人間集団の諸関係の規整を可能にする実践的な地図である。

従来の国際法学においては、国際法を通して世界を見ること、すなわち、国際法が世界の見方を規定するという捉え方自体が流布していない。わたしたちにとって身近で具体的なイメージを喚起しうる「地図としての法」というメタファーは、このような国際法の働き方を具象性とともに把握する手がかりとなる。

(2)「翻訳としての国際法」

もっとも、「地図」もまた固定的に実体視されるとすれば、議論の核心が失われかねない。国際法を地図に喩えるとしても、誰もが常に同じ地図を使っているわけではない。どのような地図が用いられるかは実践的な文脈に依存する。それは世界地図の複数性と同様である。世界地図には北半球を中心とする地図のみならず、南半球を中心とする地図もある。海図もあれば天気図もある[22]。

実践の文脈によって地図が変わり、地図の同一性が保証されないのだとす

れば、あたかも独立して手段としうるかのような実体を指定する物言いは必ずしも適切ではない。「地図」というメタファーの核心は、現実の省略と強調とが伴わざるをえないということにある。そうだとすれば、直接には見えないものを見立てる社会的事実の維持・再生産の技法そのものを正面から語ることはできないのか。そのために再度、客体中心の議論から主体的な営為の語りへと重心を移すべきではないだろうか。行為規範・裁判規範論から使用類型論へ向かう運動と同じように。

　ここでは、実体視を回避する把握を、「翻訳」というメタファーに求める[23]。これにより、「地図」という把握によって顕在化した捨象・強調作用をふまえながら、国際法の認識を含みこむ実践的認識について語ることも可能となる。国際法は、近現代における地球大の社会関係を了解可能（ときに操作可能）とするための不断の「翻訳」実践のひとつの仕方、しかも支配的な仕方である。

(3) 国際法は現実を翻訳し続ける

　このように2つのメタファーには、それぞれ従来の理論を補完する役割がある。一方で、「地図」として見立てるメタファーは、国際法過程における現実の構成——とりわけ強調や捨象——を捉える手がかりとなる。他方で、「翻訳」として見立てるメタファーは、ともすれば固定的な客体として想起されかねない「地図」の具象性に抗い、またひとつの具体的実践のイメージを喚起することによって、国際法過程における絶えざる「描写」を示唆する。

　以上のメタファーの助けをかりて、わたしたちは、ひとびとの国際法認識について、ようやく語ることができる。国際法は現実を翻訳し続ける。濃淡に差はあれども、個々人それぞれに現象する〈世界〉の翻訳において国際法は働き続ける。このロジックにより、ひとびとの日々の生活にまで、国際法の認識を見出しうることになる。法はひとつのものの見方である。国際法は、世界のひとつの語り方としてひとびとの暮らしの中で働き続けている。ここにおいて、国際法は、一定の事実を捨象し、強調し、世界像を再生産し続ける営為そのものであり、ある固有の世界把握のスタイルである。

III 国際法の認識ふたたび
——わたしたちはいつ国際法を語っているのか？——

1 もうひとつの「翻訳」——国際法の参照を見出す視線

　法はひとつのものの見方であり、世界のひとつの語り方である。国際法は、世界の語り方としてひとびとの暮らしの中で働き続けている。このような事態を把握するため、前節では、「地図としての国際法」、「翻訳としての国際法」といった新たなメタファーに手がかりを求めた。

　これらによって語られているのは、ひとりひとりの社会生活に溶け込んでいる「国際法」の働きであり、日々継起している国際法の認識である。これは、従来の法源論によって語られてきた国際法の認識とは異なる、もうひとつの国際法の認識である。もっとも、国際法が日常生活のあらゆる場面に浸透しているかのような語り方は、直感的には不自然きわまりない。本人の自覚していない本人の認識を語るのである。むしろ、このような見立ては、ひとつの擬制と言うべきではないのか。

　前節で提示した「翻訳」は、ひとびとが国際法を通して一定の捨象と強調とを伴う世界像を描き続けるということを説くものであった。自らの暮らす直接的な共同体を超える世界に対する「翻訳」は、広狭の差はあれ、それを間接的・部分的に認識するほかない人間が常に行ってきたことである[24]。しかし、そのような「翻訳」をあえて「国際法」と特定し、ひとびとの世界の語り方に国際法の作動を認識するということは、地球上に国際法がうごめく「地図」を描くということである。ここには、わたしたちの社会関係の生成を一定の仕方と語法とで了解しようとする意図的な試みがある。つまりは、もうひとつの「翻訳」実践がある[25]。

　法はひとつのものの見方であり、世界のひとつの語り方である。国際法は、世界の語り方としてひとびとの暮らしの中で働き続けている。これは単なる事態の記述ではない。わたしたちの日常的な実践に、当事者が明確に意識もせず言語化もしていないような国際法の働きをあえて見出すという学問的実践をまって初めて生まれる表現である。ならば、どのような世界の語り方が

国際法の現れなのか。その範囲をどこまで広げるのか。誰が、何のために見出すのか。ここに至って、国際法を見出す視線こそ問題となる。

2 国際法をめぐる通時的・共時的翻訳

本稿で追究してきた国際法の認識という主題の拡張を、ここで共時的拡張と通時的拡張とに分けるとすれば、共時的拡張にあたるのは、国際法の作動を裁判外の場に見出す営為、あるいは非専門家の活動に見出す営為である。これに対して、通時的拡張は、歴史を軸にして国際法の認識を探究する営為である。国際法をいつの時代に見出すのか。ふたたび「翻訳」のメタファーに仮託すれば、国際法という言語を用いてひとびとは世界をいつから構成しているのか。まさにここで、地球の表面に国際法を見出す視線が鋭く問われることになる。

その具体的な現れは、「国際社会の法がいつ誕生したのか」という問いをめぐり、大沼保昭が提示する国際法史を契機として交わされた議論に見ることができる[26]。大沼は、伝統的な国際法観——近代の西欧諸国間の実行に支えられて誕生した「国際法」が徐々に世界に拡張し、現代に至るまで連綿と歴史を紡いできたかのような見方——に対して、かなり近時に至るまで、欧州中心の秩序及び世界観の他にも、イスラム圏や東アジアの華夷秩序といった自己中心的な部分的秩序が地球上に存在し、それぞれが並立し拮抗していた史実を描き出すことを通して、一般的な「国際社会」が存在していなかったことを強調する。したがって同時に、その時期までは、国際社会の法である「国際法」もまた見出すことができず、欧州中心の秩序が優位となり普遍化して初めて、欧州国際法を出自とする「国際社会の法」が誕生したとしている。

このような大沼の議論に関して、示唆的な対照を見せているのが Fisch と Anand による応答である。両者は、それぞれ別のルートをたどり、大沼と異なる見方を提示している。

Fisch は、「欧州国際法」の世界化は、欧州の勝利によって説明できるものではないとする。そもそも、植民地支配によって世界化されたのは、帝国の「国内法」である。当時の「国際法」の主体は欧米諸国に限定されていた。

逆説的ではあるが、「国際法」の世界化は、欧州による植民地支配の崩壊をまたねばならなかった。したがって、国際法誕生の時期は大幅に遅くなる。Fisch はまた、「欧州国際法」の世界化という見方さえ疑う。植民地支配の崩壊によって誕生した「国際法」には欧州的なものが失われてしまっていた。欧州が望んでいたのは、非欧州の者たちとの平等な関係ではない。できれば服従させておきたかった。世界化した「国際法」は、欧州自身の望んだものではなく、欧州が否定してやまなかった特異な観念上の平等を宿した「別物」であった[27]。

これに対して Anand は、大沼が描くように19世紀末に「国際社会」が世界的に共有されたとしても、その時点においてアジア・アフリカに暮らす大多数のひとびとは「国際法」から疎外されていたことを指摘している。そして、それ以降も、日本は格別、中国でさえ植民地とされており国際法の主体として加わっていなかったのであるから、依然として「欧州国際法」でしかなく、世界の人々を包含する「国際社会」の法などではなかったとする。このようにして、Anand は、欧州の衰弱などをまち、植民地解放及び多数の新独立国の参加を経て、欧州国際法を基盤としながらも大きく変化を遂げ、今も変化を遂げつつある「グローバルな国際法」が現れたとしている[28]。

ここに至って、わたしたちは、国際法の誕生をめぐるさまざまな歴史観に出会う。一方に、中立的な「国際法」が欧州に始まり連綿と歴史を紡いできたかのような伝統的な見方、他方に、それは欧州中心の見方にすぎず、地球上には他にも自己中心的な規範秩序が並立し、それらを駆逐することによって初めて「国際社会」とその法が誕生したという説（大沼）、さらには、その時点でさえ、世界の大部分が疎外された「欧州」国際法でしかなかったのであり、植民地解放によって初めて「国際法」が生じたとする説（Anand）、同じく植民地解放（植民地喪失）によって「国際法」が生じたとしても、その瞬間にもはや「欧州」国際法は失われてしまったとする説（Fisch）。

これらそれぞれに論者の抱く「国際法」の理解があり、定義がある[29]。ここでの焦点は、「誰にとっての国際法か」ということである。そもそも大沼の問題提起は、従前の欧州中心の支配的言説において不可視とされてきた非欧州の規範的秩序の併存を描き切ることによって、「どの立場から語るのか」

という点を鋭く問い直すものであった。これに対して、Anand は、大沼が「国際社会の法」の誕生を指摘する瞬間を捉え、それは「我々の国際法」ではなかったとする。むしろ植民地人民を抑圧し、解放を阻む「やつらの法」であった。逆に、Fisch には、植民地解放とともに誕生した「国際法」は、良かれ悪しかれ「我々の法」ではない。欧州を中心とせず、世界中に平等な関係を保障する「法」など、すでに「我々」の意図を超えている[30]。

　これらの対立に十分に現れているように、国際法の誕生をいつ見出すかということには、今を生きるわたしたちの過去の描き方をめぐる争いがある。一定の時代と地域において人々が構成していた部分的な規範秩序も、あるいは、現代に至ってひとびとが構成し続けている地球化した規範秩序も、それぞれの世界観、それぞれの「翻訳」、それぞれの作法とスタイルを通して成立している。そのどれを「国際法」と名づけるのか。どこまでが「我々の法」で、どこからが「やつらの法」か。何に繋がりを認めて引き受け、何に断絶を見出し拒むのか[31]。誰が、いつどこで、何を背負って語るのか。国際法学者の描く国際法史においても、国際法の認識に否応なく立場が伴い、強調と捨象が伴っている。つまりは、もうひとつの「翻訳」がある[32]。

　以上は、歴史的な秩序のどこに国際法を見出すかという通時的翻訳である。ひるがえって、歴史的な秩序形成自体、その過程を現に生きるひとびととの同時的な翻訳と表裏一体に進行している。「国際社会の法」の誕生過程には、それまで異なる世界観を保持していた部分的秩序が崩壊し、あるいは浸食され、欧州人が見るように世界を見るといった世界観の変容を伴っていた。それは例えば幕末・開国期における日本や同時期の朝鮮・中国による近代国際法の「受容」に顕著である[33]。このような秩序観の競合そして変遷こそ、大沼の描く国際法史の強調点でもあった。しかも、これは歴史的に一過的なプロセスではなく、それ以来、日々わたしたちが現代の地球に生きる存在として繰り返している認識プロセスである[34]。幕末の志士たちが近代国家建設を念じながら舶来の書を繙いたように、今日も未来の外交官たちが法学部で現代の国際法を学んでいる[35]。

IV 要点と含意

1 要点

　国際法を認識する。

　この単純明快とも見える一行に、本稿では、3つの異なる事態を重ね、意味の多層性を持たせようとしてきた。

　第1は、法源論に依拠しながら国際法規を見出そうとする営為。現代の国際法学者であれば、冒頭の1行からまずこのような理解に至るだろう。そのとき、現代国際法学においては、裁判にあたる裁判官や、あたかも裁判官のように考えようとする専門家による法規の認識が想定されることが少なくない。

　第2は、この地球上に暮らす何十億というひとびとによる国際法の認識。物心がつき、隣の国、遠い国のことを思い、語るとき、そのまさに地球上の人間集団の諸関係を国境で分かち、諸国家に分割して考えることに含まれる、現代世界に暮らすひとびとの日々の生活実践に埋め込まれた国際法の認識である。

　第3は、ひとびとが地球上の諸関係を日々作り上げ、秩序を生み出していく、近現代の地球大に拡がる社会関係のあり方に、国際法の働きを看取する営為。

　第1の国際法の認識と第2の国際法の認識の間の隔たりは大きい。両者は、認識対象として法規が独立に観念されているか、認識態度として自覚的かといった点で異なる。そして何より、関与主体が専門家から地球上の庶民一般へと一気に拡張されている。そのため、第1の認識に焦点を合わせる専門家の言説を離れ、第2の庶民の認識を見出すには、ひとつの理論的飛躍を必要とする。本稿で模索してきたメタファーやテーゼの役割はそこにある。そして、そのようにして見出された第2の認識から折り返す形で照射されるのが——本来的には第2の認識を見出すことに常に伴っているのが——、地球上のひとびとの関係構築の一定のスタイルに国際法を見出そうとする営為、すなわち第3の国際法の認識である。

2 含 意

　国際法学における国際法の認識をめぐる言説が一次的に専門家の言語とされていること自体が直ちに問題であるわけではない。ましてや、基本的に裁判フォーラムを前提とする語り口であることは、それだけで適切であるとも不適切であるとも言い難い。それらはこの地球上で国際法実践を可能にする根拠そのものである。

　問題はむしろ、国際法の認識を把握するにあたって、誰がどこで語るのかが所与の前提とされたまま、明確に言葉にされてこなかったことにある。専門家による「法源」に依拠した国際法規の認識の相対的位置が判明しなければ、その射程が画定されることもない。とすれば、その相対性を自覚することも、そのコンティンジェンシーを省みることも、必要以上に予断を下さない学問的慎重さを得ることも難しい。

　現代の地球に生きるわたしたちは、生まれながらに国際法のもとで暮らしている。専門家であれ庶民であれ、ひとりひとり、それぞれの現場で、それぞれの仕方で、国際法を語り継ぐことを通して、地球を過去から受け継ぎ、今ここで担い、未来へと受け渡している。

　一方で圧倒的多数の声なき民は、黙々と――文字通り――、国際法を語り継ぐ。他方で圧倒的少数の専門家は、幸か不幸か、そのプロセスにおいて特別な位置を占める。権力を伴う言説であるからこそ意味があるとさえ言える瞬間。ひとつの決断が何千何万というひとびとの命に関わり、一瞬のためらいが何千何万というひとびとを救う。その可能性もまた担う権限に応じて高まっていく。

　専門家としての国際法学者による学問的営為そのものが、学問的言語の使用というひとつの実践を通して、国際法が編み込まれた地球上のひとびとの暮らしを左右する。日々の学問的実践には、自覚するかどうかにかかわりなく、さまざまな選択の契機が含まれている。何を見出し、何から目を逸らすのか。国際法学という名のもと、専門家中心の教科書的言説を奉じ、反復し、自己と他者の逸脱を監視し続けるのか。庶民の規範意識と離隔した国際法言

説を今日もまた同じように語り継ぐことによって、その隔絶を維持し、強化するのか(36)。それとも抽象的な法言説による捨象を庶民の暮らしの具体性から問い直す姿勢を保持しようと努めるのか。さらには、国際法全体の病理をも問題化し、自らの学問的営為がその一端を担う可能性を自省しうる構えを保持し続けようと試みるのか。

そのひとつひとつ、一瞬一瞬が選択であり、日々問われ続けている。無数の選択を自覚的に行うためには、まず、選択が賭けられた自己の実践を省みることのできる言葉を獲得することから始める必要がある(37)。

この地球に暮らす圧倒的多数のひとびとが自覚的に国際法を認識しているわけではない——少なくとも専門家のように国際法を語ることはない——ということもまた、ひとつの事実である。しかし、だからといって、それらのひとびとの国際法への関与が必然的に消えてなくなるわけではない。当事者の自覚の有無にかかわらず——当事者における言語化如何を離れて——、当事者の認識を語り直すことは不可能ではない(38)。当事者の表象と言語体系を引き写すことだけが学問的営為ではない(39)。

専門家が国際法の認識を語るときにもまた、自覚の有無に関わりなく、選択は問われ続け、選択は行われ続けている。地球に暮らす何十億というひとびとを国際法過程の担い手と認め、ひとりひとりの現場における実践的関与を語りうる構えをとるのかどうか。同時に、そのような無数の関与に照らして、圧倒的少数であり続ける国際法学者自身の専門的営為を省みる構えをとるのかどうか。

客体中心の「法源」論の語りを脱し、認識主体を含みうる語り方を模索すること。認識主体の想定を拡張し、認識実践を主題とし、専門家の認識実践の反省にまで至ること。そうすることで、専門的な客体中心の語りに、実践としての色をもたせ、自省と躊躇とをもたらす一助となること。

国際法学は誰の営為か。誰による誰のための営為なのか。国際法の認識という主題を通して、国際法学の実践に日々賭けられている選択を対自化しうるメタファーを提起し、か弱くとも「折り返す視線」を、か細くとも「再帰的な回路」を、「この世界」に文字情報として投げ込む実践、それが本稿である。

〔注〕

(1) 本稿は、筆者がすでに発表した論文に基づく記述も多く、論旨が重複する部分は引用を省略したため、参考文献の詳細は各拙稿を参照されたい。本稿で語りえた中身は、ほぼすべて、法哲学を始め、古今東西、さまざまな意匠で繰り返し論じられてきたことであり、隅々まで数々の先人の思考に負っている。以後の注に掲げることのできた文献はほんの一部にすぎない。近時の国際法学の一例としては、Boyle, J., "Ideals and Things: International Legal Scholarship and the Prison–House of Language," *HILJ*, Vol.26-3 (1985), pp.327-359 が、従来の法源論に対する批判的検討も含め、本稿の主題と重なる。また、Allott, P., *Eunomia: New Order for a New World* (1990) にも関連する議論を多く見出すことができる（後注34参照）。本稿の独自性がかろうじてあるとすれば、それはただひとつ、現代の国際法学において、「国際法の認識」に絡めて正面から考察を試みていることにある（その成否は読者の批判をまつほかないが、「国際法の認識」という主題のもとに本稿のように3つの認識を並列し段階的に論じる考察は他に見あたらない）。

　もっとも、認識を各主体における実践に位置づけて捉え返そうとする本稿の趣旨からすれば、本当は新しさなど何ひとつ必要ないと言っておくべきかもしれない。必要なことはそれぞれの「現場」において必要なだけ繰り返さなければならないし、受け継がなければならない。そしてまた、本当は何ひとつ同じ繰り返しなどないとも言っておくべきかもしれない。この論文を誰がどこでどのように目にするかはそれぞれが1回限りのことであって、そこで起こる想念のさざ波もそれぞれ固有のものである。何ひとつ同じではない。それらのことを「同種の反復」とまとめて葬り去ろうとする営為のひとつひとつもまた、この地球上の歴史に投げ込まれる固有の実践である。

(2) See, Koskenniemi, M., "Introduction," Koskenniemi, M.(ed.), *The Sources of International Law* (2000), pp.xi-xxviii. 近時の展開については、藤田久一「国際法の法源論の新展開」山手治之・香西茂編『国際社会の法構造』（東信堂、2003年）、47-87頁参照。

(3) 20世紀から現在に至る国際法学においては、国際法を「法源」に依拠して認識するという理解が支配的である。しかも、20世紀後半からは、これが国際司法裁判所規程38条1項に依拠して語られることが通例である。この傾向に対して、裁判規範と行為規範との区別をふまえ、同条は「ICJという裁判所が適用する裁判規範（裁判所が紛争解決に際して適用すべき規範）を規定したもの」であって、国際法がICJ規程38条1項に基づく裁判規範として登場することは、現実にはきわめて稀である以上、「ICJ規程38条の『法源』を論じるだけでは、国際・国内社会で現実に機能している国際法を包括的に論じることにはならない」と批判する大沼保昭『国際法：はじめて学ぶ人のための』（東信堂、2005年）、60-61，64頁を参照。この二分論に関して、国際秩序の構築における行為規範の役割を強調して論じているのは、最上敏樹「国際法における行為規範と裁判規範―国際法システムの脱仮想化のために」国際法学会編『国際社会

の法と政治』(三省堂、2001年)、91-122頁。
(4) この定式化は、裁判規範／行為規範の二分論に依拠して直接に ICJ 規程38条1項を問い直した Onuma, Y., "The ICJ: An Emperor Without Clothes?" Ando, N. *et al.* (eds.), *Liber Amicorum Judge Shigeru Oda*, Vol.1 (2002), pp.191-212 に依拠している。もっとも、近時の著作において大沼は、行為規範、正当化規範というカテゴリーを指摘するのみならず、「国際法はこのほかに、国家や国際組織などの組織を基礎づける組織規範、国家や国際組織の行動を法の観点から評価する評価規範、国際法の観念が人々の発想を規定して、人々が物事を考える際に意識的にまた無意識的に国際法の観念を用いて構成する構成規範としても、機能する」と付加している（大沼、前掲書（注3)、60頁）。国際法制度が担いうる機能の多様性を指摘するために、「……規範として機能する」という語法をここまで多用するとすれば、ほとんど実体化できないほどに、ここでカテゴライズされた数々の「規範」が重なりあうことになる。それはまた、当初の二分論にあったわかりやすさ――これはまた実体化による多くの誤解を生むものであったが――、それゆえの支配的通念への批判の鋭さを減じているように見える。もっともそれは国際法過程の動態を捉えるうえで、いかなる語法を用いるかという点の違いにとどまる。（その名づけ方はともかく）語られている核心で言えば、本稿で展開する大筋は、畢竟、大沼が「構成規範」として表現したことを別の形で述べているにすぎないとさえ言える。なお、近時、北米を中心とする国際法学においてしばしば「構成主義」への言及が見られるが、構成主義「を」語ることは容易であるけれども――「構成主義」と銘打った言説を流行として繰り返せばよい――、構成主義「で」（あるいは構成主義的に）国際法過程を語ることは必ずしも容易ではない。本稿は、とりわけ地球上に暮らす多数の庶民に着目しながら、後者を試みるものであると言うこともできる。しかし、その場合、語られる内容こそ重要であって、それに関する表面的なレッテル（「〇〇主義」）はほとんど意味を持たない。
(5) 日本の国際法学において、国際法過程における裁判の相対的位置を理論的問題として提起した嚆矢である河西（奥脇）直也「国際紛争の平和的解決と国際法」寺沢一ほか編『国際法学の再構築』(東京大学出版会、1978年)、51-105頁参照。なお、近年の展開について奥脇直也「現代国際法と国際裁判の法機能―国際社会の法制度化と国際法の断片化」『法学教室』281号 (2004年)、29-37頁も参照。
(6) 国際法学における裁判中心主義批判として、Onuma, *supra* note 4 を参照。もっとも、「裁判中心主義」と「裁判への志向性」との間には距離がある。法実務や法学における裁判への志向性が一概に論難されるべきものではないことは言うまでもない。ここであえて「志向性」とするのも、それが一定の目的のために必要な前提であって、一概に論難する対象にはならないからである。例えば、裁判志向における裁判の想定は、実際に司法実務に携わるものにとっては動かしえない前提である。しかし、法過程総体を把握する際、裁判の場面のみに着目するとすれば、それに正当な理由がない限り、過度の裁判志向（すなわち「裁判中心主義」）として回避されるべきものであろう。こ

の点で、上記文献をはじめとする大沼の裁判中心主義批判の理論的含意が冷静に読み出されてきたとは必ずしも言い難い。そのためにも、「裁判規範 vs. 行為規範」という二項対立――対抗色に彩られた二分論――を超えて、各種フォーラムにおいて、国際法規範が現れる（読み出しうる）際の主体と客体の関わりのあり方を冷静に把握する記述的な枠組が好ましく、本稿の依拠する法使用類型論はまさにこれを意図している。このような大沼の議論の補足的理解については、拙稿「国際法と国際規範」『社会科学研究』54巻5号（2003年）、67頁以下を参照。

(7) Koskenniemi, *supra* note 2, pp.xi–xxviii. そもそも、支配的な法源論の依拠する国際司法裁判所規程38条1項が、直接には国際司法裁判所の裁判準則を定める文言であることは、暗黙の前提を介した飛躍的推論を避けるためにも、あえて繰り返し確認しておくべきことである。ICJ規程38条1項が裁判準則のみならず、実際に法認識のルール（の記述）として、裁判以外のフォーラムにおいて、どこまで利用され、どこまで通用しているかということは、通り一遍の確信や断言――国際法一般の最も有権的な表明であるという「解釈」や専門家間の了解など――で済ませられることではなく、あくまでも、暗黙の想定を除外して、社会学的に確かめられるべきことである（なお、支配的な「ルール思考」に立って法の確定性をある程度標榜するのであれば、裁判規範などという幅のある概念よりも「裁判準則」の方が適している。同種の規定としては、海洋法裁判所の適用可能法規を定める国連海洋法条約293条や国際刑事裁判所における適用可能法規を定めるローマ規程21条などを挙げることができる。See, Pellet, A., "Applicable Law," Cassese, A. *et al.* (eds.), *The Rome Statute of the International Criminal Court: a Commentary*, Vol. II (2002), pp.1051–1084）。

(8) この問いかけにしても、「国際法に関わる」という関与主体の範囲如何で答えが異なる。裁判への関与を直ちに前提としてよいのか。裁判外の外交交渉や国内立法にあたる専門家まで含めるのか。それとも一般市民にまで拡げるのか。ここでは、一義的な答えを導くことよりも、暗黙の想定のまま済ませてしまうことを避けることこそ肝要である。いずれにしても、フォーラム（場面）の想定と、主体（及び認識客体である規範類型）の想定とは連動している。例えば、裁判フォーラムにおいては、主体としての裁判官はその要素である。法使用類型を通したこのような理解については本文IIの1で後述する。また、後注15及びそれに伴う本文も参照。

(9) しばしば指摘されるように「法源」という概念自体が一義的ではなく、その語義の確定問題がつきまとうため、問題は複雑である。ここでは本稿全体にわたって関連する3つの論点が絡み合っている。(i)まず、「法源」を裁判準則に限って理解するかどうかが問題となる。限らないとすれば、裁判準則以外についても語りうる「法源」論が必要となる（本稿は、「法源」論の再構成には立ち入らないため、この点については関知しない）。See, Riedel, E, "Standards and Sources. Farewell to the Exclusivity of the Sources Triad in International Law?" *EJIL*, Vol.2 (1991), pp.58–84. (ii)次に、(i)が狭い理解のままの場合――これが支配的見解である――、「法の認識」を「法源」に依拠した認

識に限って理解するかどうかが問題となる。限らないとすれば、「法源」に依拠した認識以外の認識を語りうる論理が必要となる。本稿はこの論理を模索するものである。その結論は、支配的な法源論に依拠した国際法の語り方が、(重要ではあるが) 国際法のあくまでもひとつの語り方であるということである。(iii)さらに根源的に、国際法に依拠せずに世界を語りうるかどうかが問題となる。本稿はこの論点を正面から採り上げるものではないが、本稿の提示する「国際法を通した世界の翻訳」という把握は、通時的のみならず、共時的にも、国際法を通した世界の語り方が、(重要ではあるが) 世界のあくまでもひとつの語り方にとどまることを前提としている。

(10) 実のところ、この類の指摘は必ずしも目新しいものではない。See, Fitzmaurice, G., "Some Problems Regarding the Formal Sources of International Law," van Asbeck, F.M. et al.(eds.), *Symbolae Verzijl* (1958), pp.153-176（ICJ規程38条1項について、国際法の法源が実際に何であるかの一般的言明ではなく、国際司法裁判所に持ち込まれた事件を決するために何を適用すべきなのか裁判所に向けて指示するものにすぎないこと、そしてまた同条が国際法の法源の抽象的な言明を含みまたは反映しようと意図する限り、さまざまな欠点を抱えざるをえないことを指摘する).

(11) 従来の法源論で語られてきたようなルールは、そもそも裁判という手続を可能にする——秩序構築のための資源が稀少な国際社会において、人為的な裁判実践なる特定の社会的現象が、この世に現出しうる——根拠である。批判と称した観念的な全否定は失当である (そもそも現実にそぐわない)。必要なのは現実の批判的認識であり、射程の画定である。前注6及び8を参照。

(12) See, Onuf, N.G., "Global Law-Making and Legal Thought," Onuf (ed.), *Law-Making in the Global Community* (1982), pp.1-81. 法理解における文脈の重要性については、Twining, W., *Law in Context: Enlarging a Discipline* (1997), ch.3 ("Reflections on Law in Context") を参照。近代の法言説・法思考における脱文脈化と再文脈化については、和田仁孝「モダン法思考の限界と法の再文脈化」井上達夫他編『法の臨界I』(東京大学出版会、1999年)、27-52頁、同『法社会学の解体と再生』(弘文堂、1996年) 等を参照。国際法学においては、Koskenniemi, *supra* note 2, pp. xi-xxviii; See also, Balkin, J. M., "Understanding Legal Understanding: The Legal Subject and the Problem of Legal Coherence," *Yale Law Journal,* Vol.103 (1993), pp.105-175. 国際法学における二次言語の必要性については、McDougal, M.S. and Reisman, M.W., "International Law in Policy-Oriented Perspective," McDonald, St. J. and Johnston, D. M. (eds.), *The Structure and Process of International Law* (1983), pp.114-115 (観察者と参与者の区別を指摘しつつ、学問としては別の特殊な言語を必要とするという見解を明示している).

(13) 意識的な限定傾向が顕著な例として、曖昧さがつきまとう法源論を精緻に展開するため、司法判決を筆頭に厳格な法認定の証拠に特化する方向で帰納的な法同定を試みたシュワルツェンバーガー等の議論を挙げることができよう (International Law as "Applied by International Courts and Tribunals"!)。もちろん、これは国際法の認識をくま

なく論じようとするよりも、むしろきわめて限定された文脈を前提にして、認識の精度を高めるために多様な認識のあり方をそぎ落とす方向の議論である。Cf. Schwarzenberger, G., *The Inductive Approach to International Law* (1965).

⒁　国際行政法や国際組織法（国際機構法）といった国際法に対する機能主義的把握がなされやすい分野において、裁判外における法の働きは大前提をなす。山本草二「国際行政法の存立基盤」『国際法外交雑誌』67巻5号（1969年）、32-66頁、横田洋三『新国際機構論』（国際書院、2005年）、最上敏樹「国連法体系の展望」同『国際立憲主義の時代』（岩波書店、2007年）、第8章、小森光夫「国際公共利益の制度化に伴う国際紛争の複雑化と公的対応」『国際法外交雑誌』103巻2号（2004年）、1-30頁を参照。それはまた例えば、環境法や宇宙法といったさまざまな「現場」にも言えることである。環境法について中谷和弘「環境法の国際的視点」『法学教室』269号（2003年）、42-47頁、児矢野マリ『国際環境法における事前協議制度』（有信堂高文社、2006年）、宇宙法について青木節子『日本の宇宙戦略』（慶應義塾大学出版会、2006年）参照。

⒂　"parties with a conflict" という表現をとるのは、Onuma, *supra* note 4, p.211. このような構図は、主体の限定も招きかねない。行為規範に依拠した判断の正当化や奪正当化が行われることが強調されるのであれば、たとえ裁判外であっても、法を援用しうる専門的知識を携えた関与が想定されやすい。同時に行為規範が規制的な意味を帯びることになれば、行為者の認識対象として実体視された法規範が措定される構えはさらに促進されることになる。その他、この二分論に関する批判的検討として、前掲拙稿（注6）73-74頁を参照。

⒃　国際法学に即した試論的展開として、前掲拙稿（注6）、72頁以下を参照。本節の記述は、この類型論の概要を説く拙稿「国際法の援用と参照」『社会科学論集』92巻（2007年）、150-154頁に基づく。

⒄　この類型論は、「法使用」を類型化するものであるが、単独行為者における法使用を概念化する「参照」の議論にもあるように、日常生活にも埋め込まれた無意識的な「使用」をも包含するように拡張されている。そのため、従来想定されてきた「法適用」を相対化するという意味も込めつつ、論述の便宜上、「法使用」の類型論との見出しのもとに議論を進めているが、より正確には、若干こなれない表現となるものの「法使用／法作用」の類型論、あるいは「法関連行動」の類型論と表現できる。

⒅　もちろん、各類型の割合や重要性は、具体的文脈に即して社会学的に実証されるべき事柄である。もっとも、原理的には、ルールの使用／作用の類型としては、「参照」類型が基底的な位置を占めると言える。そもそも、「適用」も「援用」も、「参照」を前提としている。また、具体的実践においても、「参照」が原則、「適用」・「援用」が例外的位置を占める。後者についてスポーツにおけるルールを例にとれば、ルールの「参照」を通してスポーツがスムーズに遂行されるときにスポーツが実現している。何か問題が起こって対立するプレーヤーにおいてルールが持ち出されるとき（「援用」）、あるいはルールに沿って審判が裁断したりするとき（「適用」）は、すでに本来的なスポー

ツ活動は止まっている。

(19) このように捉えること自体、一定の前提がなければ成立しない記述ではないかという点、後に本文Ⅳで論じる。なお、国際法と市民との関係について、松井芳郎「国際法と市民の暮らし―万国公法時代から現代生活まで」『書斎の窓』478号 (1998年)、12-16頁、また松井芳郎『国際法から世界を見る―市民のための国際法入門(第2版)』(東信堂、2004年)、第3章、第12章を参照。

(20) See, Santos, B. S., *Toward a New Legal Common Sense* (2002), Ch.8 ("Law: A Map of Misreading"); Twining, W., *Globalization and Legal Theory* (2000), esp. pp.233-244. なお、比喩や類比をもって、法という営みの根本に位置づける議論に、松浦好治『法と比喩』(弘文堂、1992年) がある。

(21) 国際法言説は、仮構された主権国家単位の国際関係を司る法としての建前をとり、国家相互あるいは国家の内外にわたるさまざまな差異を感知しにくい抽象度の高い構造を保持しながら、良かれ悪しかれ数々の社会的・事実的差異を捨象し、あるいは誇張した世界像を描いてきている。それは、国際法の無力が語られる瞬間にさえ働いているとさえ言える基底的な働きである。当事者が境界を争うためには、争いの対象となる境界が必要である。逆説的な表現ではあるが、争っている当事者は、境界を争っていることについて「協力」しなければ、「それ」を争うことすら不可能である。関与するアクターが一定の「境界」を地球の表面に見出し、関与する抗争をまさに「境界紛争」として意味づけ、そのようなものとして行動する際、事態の認知・構成という最も基底的なレベルにおいて、領域・境界を構築する国際法が働き続けている。以上の記述は、拙稿「国際法学における文化」『社会科学研究』57巻1号 (2005年)、103-107頁による。

(22) 地図の実践目的に応じた可変性、及び地図に示される世界観を簡明に説く森田喬『神の眼 鳥の眼 蟻の目―地図は自分さがしの夢空間』(毎日新聞社、1999年) 参照。

(23) そのようなダイナミズムを保持するためには、ここで言う「翻訳」も、原典の「表象」としての翻訳ではなく、動態的にそれぞれの主体における翻訳という「実践」として理解される必要がある。翻訳の概念と構図の整理については、山内志朗「創作としての翻訳」市川浩他編『翻訳』(岩波書店、1990年)、263-334頁参照。人類学・地域研究における他文化理解、他者理解の問題意識とともに、メタファーとしての「翻訳」の可能性と問題点とを概観しているのは、真島一郎「翻訳論―喩の権利づけをめぐって」同編『だれが世界を翻訳するのか』(人文書院、2005年)、9-57頁。

(24) See, Boulding, K.E., *The Image: Knowledge in Life and Society* (1956). そもそも、「直接的」な生命世界(「環世界」)の認識でさえ、捨象や強調の伴う「翻訳」と言うこともできる。一例として、日高敏隆『動物と人間の世界認識』(筑摩書房、2003年) 参照。

(25) ここに至り、国際法は、実践の当事者が認識する対象の謂いでもあり、そのような実践によって形成される諸関係の謂いでもある。この点、従前の国際法学に倣って、前者を国際法規範とし、後者を国際法制度と呼べば一応の区別は可能である。しかし、

もはや問題はそれほど簡単ではなくなっている。前者に関して言えば、実践の当事者が必ずしも意識していないにもかかわらず、国際法の認識を見出すことになっており、そうすると、どのような当事者の実践が国際法の認識を含んでいるかはそれを見出す観察者の側の何らかの判断に依存することになっているからである。その判断こそ、いかなる秩序形成活動に国際法を見出すかという、もうひとつの認識問題を抱えている。ここに至ってわたしたちは、比較法学者、法人類学者と同様の問いに遭遇することになる。結局のところ、ある時点から我々は法を語るのをやめて単に社会秩序一般を記述しているにすぎないのではなかろうか。その記述された秩序のどこに「法」があると言うのか (See, Merry, S.E., "Legal Pluralism," *Law and Society Review*, Vol.22 (1988), pp.878-879). そこでは、表象が実践に編み込まれた法現象の記述について、とりわけ、(i)秩序形成活動に対する「法」の投影と(ii)「法」による秩序形成との同時性をめぐり、理論的にいかなる記述が可能か、国際法に即して言えば、(i)地球大の秩序形成活動に国際法を見出すことと、(ii)国際法を見出しながら秩序を形成することとの同時性をいかに解きほぐしうるかが課題となる。

(26) Onuma, Y., "When was the Law of International Society Born?—An Inquiry of the History of International Law from an Intercivilizational Perspective," *Journal of the History of International Law*, Vol.2 (2002), pp.1-66. 当該論文のレビュー特集が同誌 Vol. 6 で組まれている。

(27) Fisch, J., "Power or Weakness? On the Causes of the Worldwide Expansion of European International Law," *Journal of the History of International Law*, Vol.6 (2004), pp. 21-25.

(28) Anand, R.P., "Review Article," *Journal of the History of International Law*, Vol.6 (2004), pp.1-13.

(29) この点について鋭い問題提起をしているのは Jouannet である。Jouannet はまず、「学説史」と「(制度実践としての)国際法史」との区別を行う(これは、グロティウスを始め、著名な学者が何を言い、何を書いたかということを並べただけでは、この惑星上でひとびとや国々が「国際法」と呼ばれる規範的実践をどのように行ってきたかということの記述にはなりにくいということも意味する)。そのうえで、国際法の誕生を論じるためには、事実としての規範的実践を前提としつつも、いつそれが「国際法」として観念されるようになったのか問わねばならないと言う。いかなる規範的秩序が地球上に並立し、抗争し、服従したかといった規範的実践の記述だけでは、人々が抱く観念が関わる「国際法」の誕生のストーリーにはならない。部分的秩序の並立が崩壊し、「国際社会」が一般化しても、つまり社会秩序の生成における世界化が達成されたとしても、観念としての「国際法」が直ちについて来るわけではない。そもそも、「国際法」がいつ誕生したかという問いは、誕生した時期が見極められるべき当の「国際法」を特定しなければ意味のある問いとはならないはずである。Jouannet, E., "Comment," *Journal of the History of International Law*, Vol.6 (2004), pp.27-31, esp. pp.30-31. この Jouannet の論理からすれば、大沼論文は「国際社会」の一般化(誕生)を論じるものであっても、「国

際法」の誕生を十分に論じていないということになろう。もっとも、このような明確な問題提起のもとで、Jouannet 自身が「法的なもの」を求めて結果的に「欧州的なもの」に言及するとき、大沼のような緊張感あふれる「立場」の問い直しがどこまであるのかはまた別問題である。むしろ、このような支配的理解の滑り込みを回避する趣旨から、大沼は、「国際社会の法」という題目をはじめ、社会生成と法とをさしあたり等値する論理（「社会あるところに法あり（*ubi societas ibi ius*）」）に依拠して、あえて「法」の特定（Jouannet によれば "definition" を含む）を回避しながら論述を進めているとも読める（See, Onuma, *supra* note 26, esp. pp.5-7）。なお、大沼自身の法理解については、Onuma, Y., "International Law in and with International Politics: The Functions of. International Law in International Society," *EJIL*, Vol.14 (2003), pp.123-124.

(30) もちろん、ここで「我々」とは過去の欧州のひとびとという意味である。「欧州」を純化するひとびとには、欧州国際法は植民地解放によって普遍化したのではない。むしろそれが否定されたものと映る。本文に触れた見解の「対立」の直接の契機は、大沼論文の問題提起をめぐるものであるが、同じ構造を持つ見解の相違はこれまでにもさまざまな形で現れてきている。その一例として、シュミットらの議論をたどる藤田久一「東洋諸国への国際法の適用：19世紀国際法の性格」関西大学法学部編『法と政治の理論と現実・上 関西大学法学部100周年記念論文集』（有斐閣、1987年）、135-173頁、特に169-173頁を参照。なお、シュミットの国際法理解に関連して、最上敏樹「国際立憲主義とは何か」同、前掲書（注14）、第1章も参照。

(31) もっとも、このような立場（主体）の多元性を記述するにあたっては、その規範的な評価（及び対立の強化）に留意せねばならない（この点、国際法学において文化／文明を語る意義を見出しつつも、それに伴う危険の回避策を探る試みとして、前掲拙稿（注21）を参照）。とりわけ問題となるのは、文明の並立という図式（しかも対「欧州」という対抗図式）を前提に、（欧州出自の）国際法に関しても過度に対抗的な立場が強調されることである。

　実体化された「我々」と「やつら」との対立（「文明の衝突」？）をもってなされる、「『我々』の法ではない」＝「『やつら』の作り上げた悪しき秩序」という言い切りが、自らと切り離された「他者」の心地よい断罪に堕するとすれば、かかる責任感と加担意識の欠如は、むしろ事態の再生産を招き、改善への回路を遮断しかねない。

　21世紀初頭の地球において、「これこそ『やつら（米国？）の秩序』だ」といった世界を描き続ける者たちは絶えない。かれらには、「やつらの法」を語る欧米中心の国際法学は猜疑の対象でしかない。それこそ、実体的な「味方－敵」の対抗図式の爽快さの方が魅力的であろう。しかし、そのような「対抗理論」は、しばしば「悪しき」秩序の相補物であり、それ自体もまた現代世界の抱えるひとつの病である。

　「法」をこの惑星上に暮らす人間たちの社会的な秩序形成の営みとして限りなく大きく捉える法政策学派のマイケル・リースマンは、「21世紀の国際法」と題された2007年のハーグアカデミー夏期一般講義において、若い世代を多く含む聴講者を前にして、

人身売買にせよ、民族虐殺にせよ、わたしたちの現在生きる地球大の秩序は酷い状況にある。それを引き継ぐ21世紀の「国際法」は君たちが担い続けるとして、一貫して清濁合わせた「引き受け」を呼びかけ続けていた。そこでは良かれ悪しかれ国際法は「わたしたちの秩序」である。どのような酷い国際秩序すなわち国際法であっても、我々が日々作り上げている以上、心ある者たちは、ときに嘆き哀しみながらも（「ああまだこんななの」）、次の瞬間にはそれをぐっと呑み込み、それぞれの現場で、それぞれができることを通して改善を図っていくほかない。国際法の認識という切り口を通し、国際法の担い手をミクロに探し続けてそれを言葉にしようと試みる本稿の意図は、ひとえにそのような「引き受け」を、明示的な理論的営為に依拠して促すことにある。後注37及び39も参照。

(32) この意味の「翻訳」と密接に関連する法哲学上の考察として、矢崎光圀による一連の考察がある。その簡潔な紹介として、角田猛之「矢崎法哲学と法文化」『法の理論』26号（2007年）、133-148頁、特に140-144頁を参照。また矢崎には、本稿の主題とも重なる日常生活における法の位置に関する法哲学上の考察もある。矢崎光圀『日常世界の法構造』（みすず書房、1987年）を参照。

(33) Onuma, *supra* note 26, pp.51-54 のほか、田中忠、小和田恒、松井芳郎、坂元茂樹、柳原正治、明石欽司によるものなど、関連文献は多数にのぼる。これら日本の国際法学における関連研究の詳しいレビューとして韓相熙「19世紀東アジアにおけるヨーロッパ国際法の受容（一）―日本の学者達の研究を中心に―」『法政研究』74巻1号（2007年）、1-31頁を参照。狭義の国際法学を離れ、「世界観」の変容にも触れるものとしては、佐藤慎一『近代中国の知識人と文明』（東京大学出版会、1996年）、第1章「文明と万国公法」を参照。また、松本健一「世界へのまなざし 幕末の『万国公法』をめぐって」同『歴史の現場 幕末から近・現代まで』（五柳書院、1998年）、139-154頁も参照。

(34) 支配的理解のごとく近現代国際法なる統一的な何かがあるとして、本稿のように関与主体の多元性を最大限広くとるならば――大沼のように文明の多元性を真剣に捉える場合にも同様の論理があてはまる――、その近現代国際法がそれぞれの磁場を帯びた主体のもとで「生きる」とき、国際法はローカルな、つまり身近な法理解の投影を含まざるをえない（ときに「国際法のコモンロー的理解／大陸法的理解」などといった言及も見られるが、それに限ることなく幾百、幾千の多元的な法理解を念頭に置くべきであろう）。これは、世界のひとびとが国際法なる事柄を了解し、実践する存立基盤をなす「翻訳」である（その意味で国際法学者が理論的に警戒すべき「国内法類推」に限られない）。同様の事態は、「国際法」なる事柄の、各国家語への翻訳の瞬間に（そしてよりミクロには人々の母語への翻訳の瞬間に）常に生じている。

　国際法の生命は、具体的なひとびとに担われる（とりわけ翻訳され＝読まれる）ことでしか持続できない。逆に言えば、国際法が「生きる」瞬間にはローカルな実践の一環とならざるをえない（国際法を限定し、専門家限りの秘伝とすれば事態は異なるようにも思えるが、多様な専門家に担われて「生きる」とき、いずれにしても同様の

文脈化は生じるだろう）。地域生活に根ざした実践知として「法」を捉え、各地に暮らすひとびとの世界解釈の複数性・多元性を探究し、「法」を通した「正しさ」の思い描き方の違いを看取した人類学者のギアツの把握は、以上のロジックを通して国際法にも例外なく及ぶ。See, Geertz, C., *Local Knowledge* (1983), ch.8 ("Local Knowledge: Fact and Law in Comparative Perspective"). 国際法観念の多元的理解については、拙稿「国際社会における『法』観念の多元性」『社会科学研究』56巻5・6号（2005年）、165-195頁を参照。ロジックは異なるが、本稿全体にも関わる個人と国際法との関係とを透徹して描き出す議論として、Allott, *supra* note 1 がある（特に ch.16、中でも段落番号 16.4, 16.8-9, 16.16-17, 16.30-32, 16.48-50, 16.53, 16.55, 16.64-66, 16.79 etc.）。

(35) 日本の近代外交制度創設期における主要人物の具体的実践を描くものとして、犬塚孝明『ニッポン青春外交官：国際交渉から見た明治の国づくり』（日本放送出版協会、2006年）参照。

(36) 専門家とマスコミは遠い国の「空爆」を語る。しかし、「空爆」の下には、「空襲」を見上げて逃げまどい、瓦礫とともに嘆く民がいる。現在の地球上で、人間集団の諸関係を規整する主要なルールとされる専門家の語る国際法と、政府指導者でもなく専門家でもない、ひとりひとりの庶民の規範意識とは、まだまだかけ離れている。この点、「現行国際法」における「平和に対する権利」や「民衆法廷」の扱いに顕著である。前者について、最上敏樹「平和に対する権利」同、前掲書（注14）、第9章、後者について、さしあたり前田朗『民衆法廷の思想』（現代人文社、2004年）を参照。

(37) なぜ、専門的言説においてほとんど見過ごされるほかない庶民の国際法関与をあえて言葉にする必要があるのか。主として専門家に読まれることを想定した本稿の文脈を離れ、庶民としての立場から考えれば、また違った必要性を語ることができるだろう。それはもうひとつの根源的疎外からの回復を企てるためである。庶民の暮らしを日々支えながらも、ときにそれを一瞬にして破壊しうる「国際法」をひとりひとりが引き受けるために。自らのことをまるで存在しないかのように、自らの関与がまるで存在しないかのように進められる専門家の言説を遮断する機会もなく、日々の生活実践に埋め込まれたまま「国際法」を語り継ぐことから抜け出すために。わたしたちの規範意識とかけ離れたまま進められてゆく、専門家に預けていた「国際法」の作動をわたしたち自身の手へと取り戻すために。召集令状が届いて嘆く日に至るまでのどこかでその流れを変えるために。最後の点につき、大沼保昭「国家、戦争そして人間——戦争責任論としての不服従の思想」同『東京裁判、戦争責任、戦後責任』（東信堂、2007年）、71-116頁参照。

(38) イデオロギー批判の核心はまさにそこにある。国際法学上の試みのひとつとして、Marks, S., "Big Brother is Bleeping Us—With the Message that Ideology Doesn't Matter," *EJIL*, Vol.12 (2001), pp.109-124 を参照。

(39) 国際法に対する庶民の関与の読み出しにあたっては「法」観念も拡張されている。このこと自体は、地球上の人民が国際法を（現時点では誤認とともに）構成している

という大雑把な見立ての反復にすぎないようにも見える（See, Allott, P., *The Health of Nations* (2002), esp. ch.2 & ch.10）。しかし本稿で問題にしてきたのは、「構成」の有無ではなく、「構成」のされ方である。地球大の規範関係の形成において、庶民は支配的な近代国際法の影響を否応なく受けるが国際法過程から疎外されている——あるいはあえて専門家集団が国際法過程から庶民を排斥する——というのであれば、それはそれとして言葉にする必要がある。とりわけ、（「能動的主体」／「受動的主体」なる観念を語り継ぐなどの営為を通して）専門家が何らかの必要に応じてあえて庶民からの距離をとるのであれば、そのことを暗黙の了解で済ませることなく、責任をもって明示すべきである。ここで一貫して賭けられているのは、自己の専門的営為を意識的なものとする試み、すなわち対自化する試みである。その結果、国際法の意識的運用を信託された専門家は、庶民の規範意識との乖離を凝固する作用を不必要に担うべきではないということになれば、日々の抽象的な——脱文脈化された——学問的実践に幾許かの繊細さがもたらされることになる。

グローバルな正義はいかにして可能か

井上　達夫

序　グローバル化批判の基礎としてのグローバルな正義

1　グローバル化の欺瞞をいかに超えるか

　国境を越えて妥当し、世界秩序全体の公正性の規範的指針となる「グローバルな正義」なるものを語ることは、いかにして、あるいは、そもそも可能だろうか。

　グローバル化が世界中の多数の人々の生活に、彼らが統制できない深刻な破壊的影響を与え、それに対する批判的反動が昂ってきている現在、グローバルな正義を語ることは、危険であると同時に、必要性を高めてもいる。危険であるというのは、グローバル化により権力強化と利益増進に成功した者たちが、グローバル化によって犠牲にされている人々に対する支配や搾取を合理化するイデオロギー装置として、グローバルな正義の言説が容易に利用され、またその種の「勝者の正義」論としてこの言説は断罪されやすいからである。必要性を高めているというのは、かかる「勝者の正義」の欺瞞を暴いて、グローバル化が跋扈させている権力や搾取構造を統制し是正するためにこそ、その指針たる規範的理念としてグローバルな正義を再定位することが、いまや焦眉の課題になっているからである。

　グローバルな正義を語ることは危険であっても、グローバル化が生み出している福利と不正とを識別同定し、不正を是正する指針を提示するためには避けて通ることはできない。グローバルな正義など、欧米中心主義、米国の覇権、国際金融資本と多国籍企業の支配等々の合理化装置にすぎないとして

切り捨ててしまうなら、これらに対する批判を貫徹するための規範的立脚点を失い、現状への事大主義的順応に陥るか、「力には力を」式の実力闘争に訴えて「こちらが勝てば、こちらが正義」と居直り、批判対象と同じ穴のムジナになるか、いずれかの道を辿るしかない。シニカルな相対主義は「勝者の正義」を批判的に克服するものではなく、それの受忍か是認に終わるのである。

　たしかに、グローバルな価値秩序の強要には、シニシズムを助長する欺瞞が孕まれている。著名な経済学者ジョゼフ・シュティグリッツが世界銀行顧問を務めた自己の経験に基づき指摘している[1]ように、ワシントン合意以降、IMFがケインズ主義から「市場原理主義 (market fundamentalism)」に転換して主導したグローバルな経済政策の帰結として、多くの途上国は経済発展に必要な資源を失い、その国民は慢性的な失業と貧困の泥沼に沈み込まされる一方、少数の先進諸国（特に米国）の金融業界と、経済発展を始めた一部の途上国の政治的指導者とその取り巻きがコストを途上国民に転嫁して巨利を貪るという問題も現出している。経済発展への離陸に成功した途上国もあるが、世界全体としては、南北格差は経済的グローバル化により拡大している。また、米国主導の近年のイラク侵略が鮮明に例証しているように、グローバルな安全保障や、人権保障・民主化という「普遍的」価値の名においてなされる軍事介入は、国際社会における法の支配を蹂躙し、超大国の恣意の支配をそれに置き換えている。

　市民的・政治的人権のような価値のグローバル化に対し、特殊欧米的な価値をアジア諸国に押し付け、その経済発展を阻害する欧米の文化帝国主義としてこれを批判する「アジア的価値」論が台頭したが、かかる反発を示すアジアの諸政府に、グローバル化の上述のような暗部は、一定の政治的梃子を提供した。例えば、アジア的価値論の主唱国であった中国やマレーシアなどはIMFによる市場原理主義の押し付けに抵抗し、1997年から98年にかけての東アジア経済危機に対して自国の経済を守ることに一定の成果を収め、これをもって、「アジアの流儀」の実践を正当化する根拠の一つとしている。

　しかし、IMFの市場原理主義政策の強力な批判者であるシュティグリッツが、「マハティール首相のレトリックや人権政策は遺憾なところが多い (leave much to be desired)が、その経済政策は正しかった」という留保つきの言い方で、東アジア経済危機に際してのIMF政策の受容を拒否した中国とマレーシアの措置を正当と評価していること[2]が示すように、IMFの経済政策を批判することは、アジア的価値論の正当性を承認することを含意しない。アジア的価値論への批判は旧稿で展開している[3]ので、ここでは立ち入らないが、IMFの政策の欠陥は、市場原理を普遍的価値として押し付けた点にではなく、逆に、普遍主義を裏切る仕方で市場原理を操作している点にあることを強調しておきたい。

シュティグリッツの新ケインズ主義的経済理論に与しない者も、IMFの「市場原理主義」は理論的一貫性をもって貫徹されていないという彼の指摘[4]は承認できよう。巨大な資金投入によりロシアやブラジルなどの外国為替市場に当該政府をして介入させ、投機家に巨利を貪らせて終わるようなIMFの措置は、「適正な為替レートは市場よりも我々の方がよく知っている」という専断に基づくものであり、市場原理主義とは相容れないはずである。しかし、より根本的な問題は、IMFが支援対象たるアジア・アフリカ・南米等の途上国に対し、市場原理を貫徹する制度・政策の採用を支援条件(conditionality)として強要し、これらの諸国が保護主義政策のみならず、将来競争力を獲得する発展的ポテンシャルのある産業を育成する開発主義的な経済政策をとることをも阻止してきたことである。しかも、先進諸国は農業等への保護主義政策や輸出補助金による競争力の政治的底上げや、さらには先端技術産業を育成する開発主義政策の実行を妨げられていないのである[5]。

ここで、開発主義の普遍性を指摘した村上泰亮の議論[6]がシュティグリッツの議論を補強するものとして想起されてよい。村上によれば、開発主義は日本を含む一部のアジア諸国に特有な逸脱事例ではなく、経済発展の一般モデルとして理論的に普遍化できるのみならず、欧米先進諸国によってもその資本主義的経済発展過程において採用されてきたもので、歴史的にも普遍化できる。経済発展が十分達成された後は、開発主義的産業政策は「日没」させるべきものであるが、実際には欧米先進諸国は政治的・戦略的考慮から、適用対象産業を変えながら、これを存続させている。

以上の点を踏まえて言えば、IMFが主導してきたグローバルな政治経済体

制は、市場原理主義的政策の受容を途上国にのみ選択的に押し付け、欧米先進諸国が歴史的に実行し現在も続行を許されている保護主義政策や開発主義政策を途上国が採用することを妨げている。市場原理の規律をより厳格に課されるべき先進諸国には市場経済への政治的・戦略的介入を容認しながら、農業保護や産業育成を先進諸国以上に必要としている途上国には、かかる介入を禁じているのである。

　このあからさまな二重基準は、「普遍的価値」の押し付けであるどころか、むしろ普遍主義を蹂躙するものである。この不当な二重基準実践を批判する根拠となる価値原理は普遍主義的な正義理念である。この正義理念の核心は普遍化不可能な差別の排除であり、二重基準の排除はその規範的含意の一部をなす[7]。IMFの政策決定者たちが被支援国に対して政治的答責性をもたないだけでなく、欧米諸国の内部からの批判的公論に対しても制度的に防御されていることが、かかる不正な二重基準を途上国に対し厳しい経済的サンクションの威嚇によって押し付ける専制権力をIMFが行使することを可能にすると同時に、自らの政策の失敗からそれが学ぶ動機付けを弱めさせている[8]。

2　「アジア的価値」から「アジアの声」へ

　以上の例が示すように、現在のグローバル化の在り方には重大な欠陥があるが、それを剔抉し克服するためには、アジア的価値論のように、文化相対主義や本質主義的な文明対立図式に訴えることは的確ではなく、普遍主義を標榜しながらそれを裏切る欺瞞的実践を、普遍主義を真に貫徹することにより批判し、是正することが必要である。開発主義をアジア的価値の名において擁護するような試みは、欧米中心主義を超えるものであるどころか、その欺瞞の隠蔽合理化に加担するものでしかない。普遍を自己の特権の合理化装置として濫用する欧米中心主義の欺瞞に対する批判は、ご都合主義を排した真摯性をもって普遍を探求することによってのみ可能なのである。

　アジア的価値なるものをアジアの諸社会の内部的多様性や葛藤を捨象して措定したり、さらには政府指導者によるその権威主義的公定を是認さえしたりする点ではアジア的価値論は斥けられるべきであるとしても、欧米先進諸国の既得権益や特権を超えた普遍主義的公平性をもつ価値原理を探求し、そ

れに依拠してグローバルな秩序を構想し形成するグローバルな熟議過程に、アジアの人々が他の非欧米世界の人々とともに自らの「声」を投入する実質的な機会を欧米と対等にもつべきだとする立場としてその主張を再解釈するならば、これは真理の核を含む。欧米先進諸国による普遍主義的言説の欺瞞的操作を普遍主義の貫徹によって批判し克服するには、普遍主義的言説形成過程に非欧米世界の声が参与することが必要不可欠だからである。

　アジア的価値論のこのような再定位は、「アジア的価値 (Asian values) からアジアの声 (Asian voices) へ」という標語で表現できるだろう。「アジアの声」が対等な尊重を受けるべきなのは、アジアの文化的・文明的本質に還元される特定の価値内容をそれが表出しているからではない。「アジアの声」の内容は「欧米の声」と同様に多様性と葛藤を内包している。「声」の多様性と葛藤はアジアと欧米の間にではなく、両者を横断して存在している。アジアの声が対等に尊重さるべきなのは、ひとえに、声の主体たるアジアの人々が、グローバルな人類社会の対等なメンバーであるという理由による。さらに、普遍主義とは、対立競合する声の一つを普遍の体現として予め特権化して他に押し付ける思想ではない。それは普遍を標榜するいかなる声に対しても、対立する他の声によって、その普遍主義的正当化可能性（自己と他者の視点を反転させたとしてもなお受容しうべき理由による正当化可能性）を批判的に吟味される試練を経ることなしには、正統性の認知を拒否する思想である。グローバルな価値の言説は欺瞞的に操作されやすいからこそ、その普遍主義的正当化可能性の批判的吟味のプロセスに、欧米のみならずアジアの人々も実効的に参与する機会が確保されなければならない。

　大沼保昭は、アジア的価値論に一定の共鳴を示しながら、文化相対主義に終わることなく、「文際的 (intercivilizational)」な妥当性をもった価値原理による国際法秩序の再編発展の必要性を強調する[9]。彼の議論は、「アジア的価値」を権威主義体制の自己正当化装置を超えたものとして再編する狙いと、グローバルな射程をもった価値形成過程における「アジアの声」の表出・投入の強化の狙いとをもつ。私は前者については批判的留保をもちつつも、後者については全面的に賛同する。本稿では、グローバルな正義について、欧米の地理学用語で「極東アジア」と呼ばれる地域の一隅に生きる一人の法哲学

者としての私の声を表出することにより、グローバルな価値形成の欧米中心主義的歪みの是正に永年学問的情熱を傾注してきた大沼のプロジェクトに、ささやかな側面支援の提供を試みたい。

I 国際社会に「正義の情況」は存在するか

　グローバルな正義の可能性については、グローバル化の現在の歪んだ在り方が生むシニシズムに基づく否定論だけでなく、法哲学・政治哲学の観点からの根源的な懐疑に基づき、これを原理的に否定する見方や、原理なき妥協によりその射程を著しく縮減する立場が存在し、強い影響力をもっている。価値相対主義のような、正義理念自体の客観性を否定する立場もあるが、ここでは正義批判一般ではなく、グローバルな正義の可能性に特に関わる否定論・縮減論に焦点を合わせたい。国際社会における「正義の情況」の不在を根拠にする議論と、正義に対する安定性の優位に依拠する議論がここで問題となる。本節で前者を、次節で後者を検討したい。

1　正義の情況

　いつ、いかなる場合でも、正義を語ることに意味があるわけではない。例えば、誰でも、自分が欲するもの、必要とするものが、念じさえすれば天から贈られる世界では、分配的正義を論じる意味はない。現実の世界で分配的正義が重要な問題であり続けるのは、現実世界においては、この可能的世界とは異なり、人々の欲求・必要をすべて満たすだけの資源がないという「資源の相対的希少性」の条件が定常的に存在しているからである。生産力が向上して豊かになっても、人々の欲求・必要も高度化するから、この条件はなくならない。無階級共産社会においては生産力が爆発的に向上するから、「各人へはその欲求に応じて」分配すればよく、分配的正義を論じる意味がなくなるとするマルクシズムの予言の誤りは、計画指令経済の欠陥を見なかったこと以上に、人間の欲求昂進と生産力向上の相関性を見なかったことにある。

　このような条件は、人間とその世界の構造的特性に関わる根深いものであ

るが、論理必然的に成立するものではない。あくまで、我々が生きる現実世界の、執拗ではあるが「偶発的 (contingent)」な特徴に根ざす条件である。偶発的というのは、それが欠如した事態も論理的に可能である、その拘束から免れた可能的世界は存在するという意味である。

このように、正義を論じることに意味がある、すなわち必要かつ可能であると人々が考えるのは、自明視されているため普段意識されることは少ない「人間の生の事実」をなす一群の諸条件を前提している。このような条件はロールズによって「正義の情況 (the circumstances of justice)」と呼ばれている。資源の相対的希少性以外に、「限られた利他性 (limited altruism)」、能力の「近似的平等 (approximate equality)」などが挙げられている[10]。

正義の情況は国家の内部では通常成立していると考えられているが、グローバルな場面においても当然そうであるとみなされているわけではない。資源の相対的希少性はグローバルにも成立していることは疑いないが、限られた利他性と能力の近似的平等については問題になる。国際政治におけるリアリズムは、以下のように、グローバルな場での正義の情況の欠如の主張として再構成できるだろう。

2　限られた利他性と国益優位論

限られた利他性とは、利他性が皆無ということではなく、限られた程度しか期待できないということである。この条件によれば、正義によって行動を規律することが意味をもつ主体は、際限なく他者を犠牲にして自己利益を増進しようとする無限の利己性はないが、自己を際限なく犠牲にして他者に尽すような無限の利他性ももたない、すなわち、悪魔でもなければ天使でもなく、その中間の存在である。誰もが「悪魔」なら、正義の義務を課すことは不可能であり、誰もが「天使」なら、正義の義務を課す必要がない。

「天使」たちの社会に正義の義務を課す必要がないのは、愛による相互的献身が支配するからであることは理解しやすいであろう。「悪魔」たちの社会に正義の義務を課すことが不可能なのはなぜか。他者利益を自己利益と同様に配慮することが長期的には自己利益の最大化にも資するという「啓発された私利 (enlightened self-interest)」に基づいて、利己主義者たちも正義の義務

を打算的に受容することは可能なのではないかと思われるかもしれない。しかし、これは不可能である。完全な利己主義者たちには「啓発された私利」をもたらす手段としての相互協力ができないからである。相手に協力させながら自分が裏切る場合の方が相互協力の場合より自己の利得が高く、かつ、相手に裏切られた場合には自分も裏切った方がそうしない場合より自己の利得が高い場合は、結局、自己利益最大化のみを求める主体は裏切らざるをえず、相互協力がもたらすはずの啓発された私利を放棄した事態に帰着するからである。ゲーム理論で言うところの「囚人のディレンマ」である。反復ゲームでは、最初は協力し、相手が裏切ったら自分も裏切るという「しっぺ返し (tit for tat)」戦略で相互協力が均衡点になりうるが、裏切った相手と同じゲームを反復する必要がなく「食い逃げ」ができる情況では、この均衡は成立しない。

　国家権力を樹立すれば、裏切り戦略をとった主体に対して強制的に制裁を課して利得構造を変えてしまうことにより、囚人のディレンマを解決できるというホッブズ以来の想定があるが、これは解決になってはいない。完全な利己主義者たちのみから成る社会では、国家の強制装置の管理者たちが自己利益のため人々を搾取する手段としてこの強制装置を使用する可能性が排除できず、また人々に管理者の善意を信じることを期待できない以上、人々は制裁の回避以外に服従動機をもたない。しかし、制裁を加える権力の実効性は裸の暴力だけでは安定的に維持できず、社会の相当部分が自発的に服従することを前提している[11]から、この情況では、制裁の蓋然性自体が低下する。比喩的に言えば、社会契約は無効化し自然状態に復帰せざるをえない。

　したがって、正義理念による義務付けが可能であるためには、完全な利他性には達しなくとも、他者との協力を可能にする程度には自己の利己性を自制しうるような限られた利他性を社会の少なくとも多数部分が有していることが必要である。国内的文脈においては、この限られた利他性の条件は通常満たされている、あるいは、そう信じられている。もちろん、国内的文脈においてもこの条件の成立を疑う立場もありうるが、社会的協力が常にではなくとも概して成立しているという経験的事実によって反駁されるだろう。いずれにせよ、ここでは、その検討には立ち入らない。ここでは、この条件

国内的文脈において成立するとしても、グローバルな場では成立しないとして、グローバルな正義の可能性を否定する批判を問題にしたい。

　この批判の前提をなすのは、国内的正義の規律対象たる個人は限られた利他性をもつとしても、グローバルな正義の中心的な規律対象たる国家にそれを期待することはできないという主体の非対称性の主張である。この立場によれば、国家は自然人たる個人とは異なり、専らその国民の利益保護のために創出された人為的な装置であり、自国民利益最大化がその存在理由をなす。他国民の利益のために自国民利益を犠牲にするのは、国家が国民の信託を裏切るものであり、許されない。

　これは国益優位論であるが、人民利益を犠牲にして支配層の利益を国益の名で追求する権威主義体制と結合した国家理性論ではなく、諸個人が自己の自由・所有・安全等の権利の保護のために結合して国家を設立したとする近代社会契約説や、国民主権と国家主権を結合する民主主義の視点から唱えられうるものであり、権威主義に対する批判をもって、この立場を斥けることはできない[12]。国益優先は支配集団の利己心に由来するのではなく、国家の自国民に対する政治道徳的責務（国民の権利ないし利益の保護責任）に基づく。

　国益優先原理を支配集団に属する諸個人の利己心に還元するなら、限られた利他性の条件の成否に関する個人と国家の非対称性というこの立場の前提が崩れるから、この還元をこの立場は否定せざるをえない。個人の利己性が主体の自然的性向として想定されるのに対し、国家の国益優先性が国家の政治道徳的責務として想定されるという非対称性のゆえに、前者が否定されても後者は否定されないというこの立場の主張が成り立つのである。リアリズムの国益優位論は一見、没規範的な主張に見えるが、国家の国益優先性が経験的仮説としてではなくア・プリオリな公理として措定される場合、これは国家の自国民に対する政治道徳的責務という規範的根拠に暗黙に依拠した主張と解釈すべきである。

　しかし、まさに、国益優先性の根拠が国家の政治道徳的責務であることが、国益優先性の規範的限界をも含意する。国家は保護責任を自国民に対してのみ負い、他国民に対しては負わないという「責任の境界」が仮に認められるとしても、それが何らかの政治道徳的根拠――何らかの自然権原理と結合し

た社会契約説であれ、各国家を自国民の保護に専念させることが人々の利益保護の全般的効率の向上に資するとする功利主義的な「割り当て責任」論[13]であれ——によって正当化される限り、同じ原理に基づいて他の国家がその国民を保護する責任を負うことを国家は承認しなければならない。これを否定するなら、その国家の自国民保護責任とその権限を他国が無視することも拒否できず、国家が自国民を保護する責任をもつという主張自体が破綻する。

したがって、国家は自国民保護を優先させうるとしても、他国家が同様な保護責任をそれぞれの国民に対して果たすことを可能にする限りでしか、自国民保護のための国益追求をなしえない。国益追求のために他国を放縦に侵略するような国家行動は、他国に同様な行動をとらせることにより自国の国益をも危うくするという機能的な自壊性だけでなく、自らの国益追求の正当化根拠を否定するという規範論理的な自壊性をもつ。限られた利他性を国家について否定するために援用される規範的根拠が逆にこの条件を要請するのである。

3　脆弱性の共有と国力格差

正義の情況を構成する条件の中で、国家間について成立をしばしば否定されるもう一つのものは、主体間の能力の近似的平等である。諸個人の間にも事実的（精神的・身体的）能力の格差はあるが、その差は、「優越者」が「劣等者」を力のみで支配し続けられるほど大きいものではない。ホッブズはこの事態を「最も弱い者も最も強い者をいかに容易に殺せることか」と直截に要約し、これを「自然的平等 (natural equality)」と名づけた[14]。この条件は「脆弱性の共有 (shared vulnerability)」とも呼んだ方がより趣旨が明確になるだろう。暴君といえども不眠不休で活動し続けることはできず、睡眠中に、小姓に寝首を搔かれうるような脆弱性をもつ。だからこそ、純粋な暴力的強制のみで権力を維持することはできず、何らかの程度の正統性調達が必要不可欠であり、そのためには最小限、正義を配慮する姿勢を権力者も示さなければならない。

逆に、ある主体Xが他の諸主体に対し脆弱性を一切もたず、かつ他の諸主体はXの攻撃や圧力に対して全く抵抗力を欠くほど脆弱な場合を想定するな

ら、このような情況においてＸと他の主体の間の関係を正義によって規律することは不可能であろう。Ｘが悪意の場合は言うまでもないが、善意の場合でも、自らは一切不利益を受ける恐れなく他者を意のままに搾取できる情況で善意を持ち続けることを期待するのは、神ならざる主体に対しては難しい。仮に善意をＸが持ち続けたとしても、他者から実効的な批判的抵抗を受けない以上、Ｘの善意が偏狭な独善や恣意的な偏愛・差別等々でないか否か、すなわち正義にかなうものか否かをチェックすることはできない。指につけて回転させると透明人間になれる指輪を発見した者が、この指輪を使って、自由に宮廷に侵入して君主を殺し、后を我が物とし云々と、放縦に欲望を追求し他者を支配する「ギュゲスの指輪」の神話が、プラトンによって、幸福と正義の関係を論じる文脈で言及されている[15]が、この神話は脆弱性の共有の条件が欠けた場合に正義の規律を課すことの不可能性を示唆するものでもある。

　「最強者といえども最弱者に殺されうる」というような脆弱性の共有は、諸個人の間では成立しても、巨象と巨象に踏み潰される虫ほどの軍事的・経済的な実力格差が存在する国家の間では存在しない、そう考えるなら、国家間で正義を語ることは無意味であるとみなされるだろう。これは国際政治を赤裸々なパワー・ポリティックスの場とみなすリアリズムの主張のもう一つの根拠でもある。たしかに、国連は存在しても、その「剣」たる武力制裁の発動を決定する安保理は、拒否権をもつ常任理事国である五大国に支配されている。米国のような軍事・経済両面における超大国やロシア（旧ソ連）のような軍事的超大国は、自ら制裁を受けることを恐れることなく、気に入らぬ政権・体制をもつ外国を侵略して自己の権益と合致した政権・体制を押し付けることができる。このような現実は、正義の情況の欠如を証明しているかに見える。

　たしかに、現在の諸国家の国力格差は大きい。しかし、超大国は弱小国に対して全く脆弱性をもたないことを自明視はできない。経済的グローバル化は、経済発展への離陸ができていない途上国と先進諸国との経済力格差を拡大したが、それと同時に、途上国の労働力供給・原料供給・消費市場等への先進諸国の依存性も高めている。しかし、より重要なのは軍事的要因、特に

核兵器へのアクセスが弱小国にも開かれてきたことにある。弱小国も核保有するなら超大国に対しても脅威を与えうるし、現実に核兵器を保有していなくても、その開発ポテンシャルを有するだけで、超大国に対する交渉力を高めることができる。核不拡散体制を既存の核保有国が維持しようとするなら、非保有国に対して、核開発を自制する見返りとして安全保障上の利益や経済的支援等を提供する必要があるだけでなく、自ら核軍縮を段階的に遂行して、非保有国の「不公平感」をガス抜きし、核開発インセンティヴを高めさせないようにすることが要請される[16]。

　要するに、超大国といえども、一方的な抑圧や搾取を一部の弱小国に短期的に加えることはできても、すべての弱小国に長期的に加えることは困難であり、もし、そうするなら自己の安全をも危うくする。以上の経済的軍事的次元の問題だけでなく、さらに、次の二点を考慮に加える必要がある。

　第一に、超大国がグローバルな秩序形成に指導的影響力を振るいうるのは、経済的軍事的な実力のみによってではなく、秩序形成の課題と指針についての人々の認知的・評価的判断枠組を決定するソフト・パワーにも依存することがつとに指摘されている[17]。裸の力ではなく、力を正当化する意味秩序の支配力としてのソフト・パワーはまさに「覇権」そのものであり、超大国の特権や専横を合理化する方向に人々の判断を歪曲誘導する作用をもちうるが、他方で、ソフト・パワーへの依存は、一方的強制だけではなく国際世論の支持と諸国の協力の調達が超大国の指導性にとって不可欠であること、したがって支持と協力を提供する諸国の政府と国民の正義観念を完全に無視することはできないことを含意している。

　第二に、超大国が民主的政治体制を持つ場合には、仮に対外的脆弱性を十分もたないとしても、その国家の政権担当者は国内世論の批判的統制を受け、民主的政治過程を通じて政権から追放されうるという意味で内部的脆弱性をもつ。超大国の専横な対外行動に対する国際世論の批判に対する高い感応性を当該国家の国内世論や対抗政治勢力がもつなら、国際社会が超大国の民主的政治過程を媒介にしてその対外的専横を制御する可能性がある。国際世論への感応性が弱くとも、自国政府の対外戦略の不公正が長期的には自国の国際的な権威と信用を失墜させ国益を損なうと判断する国内の内発的批判が

高まるなら、その政府の対外行動が国内の民主的政治過程を通じて統制される可能性がある。「巨大な島国」とも言われる米国のように、民主的政治体制は確立していても、一般国民の間で国際問題に関する知識・関心が低く、外部からの批判を受けつけない独善的な自己正当化傾向が強い超大国においては、この可能性は十分高いとは言えないが、皆無と断じることも誤りである。ベトナム戦争を当初支持した米国世論もその泥沼化を知るにつれ反対する方向に転化したし、今般のイラク侵略でも同様な変化が起こりつつある。

　正義の情況の一条件を表現する「近似的平等」や「自然的平等」という言葉を文字通り受け取るなら、国家間には、これが全く欠けているように見えるだろう。しかし、この条件の核心が、脆弱性の共有に、すなわち、いかなる主体も脆弱性を完全に免れてはいないことにあるのを理解するなら、グローバルな秩序形成に与える影響力の格差がきわめて大きい諸国家の間にも、正義の情況は欠如しているわけではないことが承認されるだろう。

II 「安定性」は正義に優越するか

　国家は、暴力装置を完全に独占してはいなくても、多かれ少なかれ実効的に集中管理している。それができなければ「破綻国家 (a failed state)」であり、国家として存立しているとは言えない。しかし、実効的に存立している国家においてさえ、内部対立の激化が内乱など武力抗争を招く危険は伏在しており、この危険の現実化を回避するために、秩序の安定性が正義実現に優先するという主張が様々な形でなされてきた。暴力装置の集中管理体制が確立しておらず、戦争・武力衝突の危険がはるかに高く、絶えず現実化もしている国際社会においては、まさに秩序が一層不安定なゆえに、その安定化の要請が正義の要請に優先するという見方がより根強い支配力をもっている。この見方は正義理念に対する明示的な否定論として現れることもあれば、正義の要請を希薄化しその規範的な牙を抜く議論として現れることもある。以下、かかる議論を検討したい。

1 諦観的平和主義——「正義に対する平和の優位」の虚妄

　正義は紛争を公正に解決するための理念として追求されてきたが、現実には、歴史上、あらゆる戦争や内乱の当事者はいずれも正義は我が方にありと主張してきた。そこから、正義への固執こそ独善と狂信を生み流血闘争をもたらす原因であるとする根本的な懐疑論、いわば「正義の原罪」批判が、正義に対するイデオロギー批判の一形態として展開されてきた。法哲学者長尾龍一は、「最も正しい戦争より最も不正な平和を選ぶ」とするキケロの主張や「真理ではなく権威が法を作る」としたホッブズの主張、さらにはハンス・ケルゼンの価値相対主義的法実証主義に依拠して、正義に対するこのようなイデオロギー批判を遂行し、正義理念を捨てて平和を優先させるべきことを主張し、この立場を「諦観的平和主義」と呼んだ[18]。

　諦観的平和主義の「正義よりも平和を」という主張は、「悪しき秩序も無秩序に優る」とし「法的安定性」を正義に優先させる点で法実証主義の一形態であるが、欧米の法哲学の文脈を超えて古今東西、広い影響力をもっている。例えば、イスラム世界でもアッバース朝のウラマーたちは「六〇年間の暴政も一時間の内乱に優る」という主張を根拠にカリフの専制的権力を擁護した[19]。

　この議論は、内乱回避のために国内的圧政の受忍を要求する根拠としてだけでなく、戦争回避のために強国の支配を弱小国に受忍させる根拠としても援用される。Pax Romana、Pax Britanica、Pax Americana など、覇権的支配が「平和」の名で擁護されてきたことは、このことと関わっている。内乱が強国の干渉によって収拾され、強国に支援された勢力の政府が実効的な国内的支配力を獲得する場合には、国内的な諦観的平和主義は国際的な諦観的平和主義と不可分に連接することになる。私は旧稿で、この諦観的平和主義が情緒的アピールをもつものの、論理的には破綻していることを示した[20]。そこでの議論は、多少パラフレーズした上で要約するなら、次のようなものである。

　この立場は正義のみならず価値理念一般の「好戦性」の批判的克服を意味する脱規範化解釈と、平和という価値理念の規範的優越性の積極的擁護を意味する規範的解釈とを許す両義性をもつが、いずれの解釈をとっても自己論駁性をもつ。脱規範化解釈によるなら、それは価値相対主義にコミットする

ことになるがゆえに、「正義よりも平和を」という選好の正当化根拠を示せず、「平和よりも正義を」という反対の選好や、さらには「正義でも平和でもなく没規範的闘争状態を」という選好を実存的決断として保持することを許容せざるをえない。また、規範的解釈によるなら、領土・資源等の分配の現状が不正であると不満をもつ国家（あるいは国内の反政府勢力）に対し、武力に訴えて現状の変更を企てることを禁止することの代償として、武力によらない公正な紛争解決手続を設定する必要があり、この立場は何らかの「手続的正義 (procedural justice)」の理念[21]にコミットせざるをえない。手続的正義をも斥けて、端的に現状の受忍を要求するなら、武力によって変更された新たな現状の受忍も要求することになり、この立場はそれが禁止しているはずの武力行使による現状変更を結局追認し、かえって武力行使の誘因を高めることになる。したがって、この立場は手続的正義という正義原理に回帰して論理的に自己破綻するか、武力行使の放縦化をもたらして機能的に自壊することになる。

　本稿では、さらに次の一点を付け加えておきたい。この立場は、手続的正義のみならず、何らかの「実体的正義 (substantive justice)」の構想にも依拠せざるをえない。「最も正しい戦争より最も不正な平和が望ましい」とか「六〇年間の暴政も一時間の内乱に優る」という表現が示唆するように、「正義よりも平和を」という主張は価値の比較衡量をしている。この価値衡量は、不正の受忍と不正への反撃・反抗の道徳的な損益分析をしている。問題を分かりやすくするために、事柄を単純化して、この価値衡量の構造を示そう。

　いま、成功した反撃・反抗の道徳的利益を b とする。これは、この反撃・反抗が不正な権力行使の主体を打倒することにより回復した不正の被害者たちの道徳的権利の価値の総量である。しかし、成功した反撃・反抗もその闘争過程に巻き込まれた人々の生命・身体・財産等への権利の犠牲を伴う。この道徳的損失を c とする。失敗した反撃・反抗の場合は闘争過程における犠牲だけでなく、不正な権力主体による抑圧の反動的強化という道徳的損失が加わりうるが、両者の総和を d とする。不正を受忍する場合、不正な現状において侵害されている人々の道徳的権利が放置されるが、このことによる道徳的損失を e とする。反撃・反抗が成功する確率を p $(0 \leq p \leq 1)$ とする。

以上のような場合、「正義よりも平和を」という主張、すなわち、不正への反撃・反抗としての戦争・内乱よりもその受忍による平和が望ましいという主張は、次の不等式で示される価値衡量をしていることになる。

$$p(c-b) + (1-p)d > e$$

この不等式は、不正の受忍は不正への反撃・反抗に比し「より小さな害悪 (lesser evil)」であるという主張にほかならない。現実の情況における価値衡量はもっと多様な要素を考慮する複雑なものであるが、この不等式は「正義より平和を」という価値衡量の基本的な道徳的構造を明らかにしている。確率 p の査定は戦略的判断であるが、b, c, d, e の値の割り当ては、いかなる人々がいかなるウエイトをもったいかなる道徳的権利を有しているかという道徳的権利分配を規定する何らかの実体的正義の構想に依拠せざるをえない。「正義より平和が望ましい」という価値衡量は正義理念を超えるものではなく、きわめて論争的な正義構想にコミットしているのである。

諦観的平和主義は、論理的かつ機能的に自壊することなしには正義理念を放棄できない。それが平和への倫理的コミットメントを真摯に貫徹するなら、手続的正義のみならず実体的正義の構想を自己の主張の正当化根拠として提示し、擁護しなければならない。

2　ロールズの「諸人民の法」──正義の「政治的」縮減

諦観的平和主義のように秩序の安定性の名において正義の要請を根本的に斥けるわけではないが、安定性への志向からグローバルな秩序形成において正義の要請を希薄化させるアプローチとして、晩年のロールズの「諸人民の法 (the law of peoples)」と呼ばれる国際正義論の立場がある[22]。

ロールズのこの立場の理論的背景をなすのは、後期における「政治的リベラリズム (political liberalism)」への彼の転向[23]である。前期の『正義論』においてロールズは、反基礎付け主義に立脚しながらも、原初状態モデルとして再編された社会契約説や種々の理論資源を駆使して正義の二原理の哲学的正当化を試みた。しかし後期において彼は、この正義論が志向するリベラルな

政治社会においては、宗教や人生観など「善き生の諸構想」のみならず、哲学的な原理をも含む「包括的諸教説 (comprehensive doctrines)」の多元的分裂が不可避であるがゆえに、このような多元的社会において正義原理が安定的に受容されうるためには、「寛容原理を哲学に適用する」こと、すなわち、論争的な哲学的問題に関する特定の立場にコミットすることなく受容されうるような「正義の政治的構想 (a political conception of justice)」の提示が必要であるとした。そして立憲民主主義体制の伝統をもつ政治社会においては、「適理的 (reasonable)」な包括的諸教説は単一ではなく対立競合するという「適理的な多元主義の事実」が不可避ではあるが、かかる適理的な包括的諸教説は哲学的な正当化根拠を異にしつつも、かかる社会の「公共的政治文化」に埋め込まれた立憲民主主義の基本原理たる「立憲的精髄 (constitutional essentials)」を共通に受容するという「重合的合意 (overlapping consensus)」が成立するとし、これに正義の政治的構想の支柱を求めた。

かかる政治的リベラリズムの視点を国際正義の問題に適用した帰結が、ロールズの「諸人民の法」の教説である。リベラルな立憲民主主義体制を擁護する自己の正義構想の哲学的・普遍的妥当要求を放棄し、逆に、立憲民主主義社会の政治文化に根ざすものとしてこの正義構想を文脈的に相対化した結果として、彼の説く「諸人民の法」なる国際正義構想は、リベラルな立憲民主主義社会のみならず、階層的な差別構造をもった社会をも国際社会の正統なメンバーとして認知するほどに希薄化されている。「諸人民の法」を構成するものとして、ロールズは、①諸人民の自由と独立、②条約・協定遵守義務、③諸人民の平等、④不干渉義務、⑤諸人民の自衛権および諸人民の戦争開始権 (jus ad bellum) の自衛への限定、⑥人権の尊重、⑦戦争遂行方法制限事項 (jus in bello) の遵守義務、⑧正義適合的ないし節度ある体制を維持できない不利な条件下の他国人民への援助義務という八つの原理を呈示している[24]が、諸個人の自由と平等を制約する階層社会を許容する方向での正義の要請の希薄化が特に明らかなのは、⑥の人権の内容の解釈においてである。

自衛目的を超えて国益拡張のために他国を侵略したり民族浄化的な集団虐殺を遂行したりするような「無法国家 (outlaw states)」には正統性が否認され、被侵略国または集団的安全保障体制による制裁の発動が承認されるが、彼が

「無法国家」と区別して「節度ある階層社会（decent hierarchies）」と呼ぶものについては、リベラルな立憲民主主義体制において承認される個人の諸権利が一定程度制約されていても、⑥の人権尊重義務は満たすとみなされて正統性が承認され、外部からの干渉や圧力行使は禁止される。節度ある階層社会とは、対外的な非侵略性に加え、国内体制が次の二条件を満たす社会である。第一に、「良心の平等な自由」はないが、限られた「良心の自由」は存在する。すなわち、政教分離がなく国教が存在し、一定の政治的地位を国教徒に限定するなど国教徒と非国教との間に階層的差別が設けられているが、非国教徒に対しても国教の特権的地位を侵害しない範囲での信仰生活の自由は認められている。第二に、選挙による為政者の交代などの民主的制度はないが、社会各層が集団的に組織され、集団の代表者が自集団の利害・不満を為政者に対して代弁し考慮を要請する「階層的諮問制（consultation hierarchy）」が存在する。ロールズは節度ある階層社会の例としてカザニスタンという仮想のイスラーム国家を描写しているが、これは、国教たるイスラーム教以外のいくつかの宗教の信奉者たちにも、それぞれの共同体の内部で自己の宗教に従った信仰生活を送ることを認めたオスマン・トルコの体制と、身分的・職能的な諸団体の代表の交渉で政治的意思形成がなされるヘーゲルのコーポラティスト国家体制を結合させたものである[25]。

　以上のように、ロールズにおいて国際正義原則としての人権は奴隷状態からの自由や、大量虐殺・ジェノサイドからの民族集団の安全保障、国教の特権性を否定しない限りで承認される制限的な良心の自由など、最小限の切迫した保護要求に関わる権利に限定され、民主的な参政権保障や、宗教的差別やそれと関わる身分差別などを廃する平等権は含まれない[26]。言論の自由も階層社会の国教の特権的地位や為政者の身分的特権を批判する言論の制約を許容するように切り詰められることになる。さらに、国内的文脈で諸個人の間の資源分配の公正化を要請する分配的正義原則を、諸国家間の資源・領土配分に適用することは否定され、貧困その他の不利な条件のゆえに「節度ある階層社会」にすらなりえない「重荷を負う社会（burdened societies）」に対して、その不利な条件を克服するのに必要な限度で支援する義務を他の社会が負うことに国際的な分配措置の要請は限定され、しかもこの「必要な限度」は資源・

領土の乏しさ自体の補償を要請しないレヴェルに設定されている[27]。

ロールズが国際正義原則としての人権原理をこのように切り詰めたのは、政治的リベラリズムが正義の「政治的構想」の支柱とする「重合的合意」を国際社会において人権原理について調達するためには、リベラルな立憲民主主義体制をもたないが対外的侵略性がなく国内的抑圧性も少ない諸国も受容しうる程度までその内容を縮減することが必要だと考えたからである。さらに、合意調達がここで求められるのは、国際秩序の持続的な安定化のためである。国益のために国際秩序の現状の武力による変更を企て安定性を阻害する「無法国家」に対しては、国際秩序形成のための合意調達のパートナーとしての資格は否定され、一時的な戦略的妥協たる「暫定協定 (modus vivendi)」を結ぶことはあるとしても、情勢が有利になればいつでも武力制裁を発動することが承認される。

このような「諸人民の法」においては、国際秩序の持続的な安定化の要請が基底に据えられ、人権原理はそれと両立する範囲内に縮減されて承認されるにすぎない。国内的文脈で寛容原理を宗教から哲学に拡大適用したロールズの政治的リベラリズムは、国際的文脈においては、国内的文脈ではなお「政治的」に (脱哲学的に) 保持されたリベラルな立憲民主主義の原理自体に寛容原理をさらに拡大適用し、「ある程度の不寛容さと差別とに対する寛容」を要請して、「不寛容に対する不寛容」と「差別に対する不寛容」を寛容の限界としたリベラリズムの根本的な規範的コミットメントを棚上げしてしまった。

政治的リベラリズムの国際的正義への拡大適用として意図されたこの「諸人民の法」は、多元性の事実の下での公正な共存枠組として正義を位置づける彼の根本動機に由来するものではあるが、この根本動機を結局裏切っている。政治的リベラリズムそのものが自壊性と欺瞞性をもつこと、対立を隠蔽した「重合的合意」の偽装により、自らの論争的な哲学的コミットメントを密輸入し、論証責任を回避しながらこれを独断的に押し付けていることについては、別稿で詳述した[28]。「諸人民の法」においては、この自壊性・欺瞞性はさらに露わになっている。以下では、「諸人民の法」について特に問題になる点にしぼって検討したい。

第一に、論争的な問題を棚上げする政治的リベラリズムの「回避の戦略」

は合意をもたらすどころか、権利縮減的立場を権利強化的立場に対して偏重することにより、合意を破綻させることを上記別稿で指摘した[29]が、「諸人民の法」が示す人権原理の縮減による国際的合意調達の試みは、この欠陥をより深刻な形で露呈している。

　人権に関する二つの倫理的な最小限主義 (minimalism) をここで区別することが必要である。「少なくともこの権利群 (*at least* this set of rights) は人権として尊重すべきである」という主張を「開放的最小限主義 (open minimalism)」、「この権利群のみ (*only* this set of rights) を人権として尊重すべきである」という主張を「排除的最小限主義 (exclusive minimalism)」と呼ぼう。排除的最小限主義は開放的最小限主義よりも論理的意味において「強い」[30]、したがって異論の余地のより大きい主張である。開放的最小限主義に同意する者は当の権利群以外に人権が存在するという自己の主張を放棄することなく、その権利群の人権としての妥当性を承認しうる以上、排除的最小限主義には反対することが可能であるだけでなく、反対するのが通常である。ロールズの「諸人民の法」が示す人権の最小限リストは、開放的最小限主義の主張として呈示されるなら広範な国際的合意を調達しうるだろうが、排除的最小限主義の主張として呈示されるなら、このような合意は破綻する。しかし、ロールズはこの最小限リスト以上の人権を否認する「節度ある階層社会」の正統性の国際的認知を要求することによって排除的最小限主義にコミットしている。これが広範な国際的合意を調達しうるとロールズが主張するとき、彼は開放的最小限主義と排除的最小限主義を混同するか、あるいは、意識的に摩り替えることにより、前者が調達しうる国際的合意を後者に不当利得的に享受させているのである。

　為政者を民主的に選任し統制する制度を欠き、国教徒と非国教徒の差別が厳然として存在する「節度ある階層社会」が、侵略戦争・民族浄化・魔女狩り的迫害等をせず、階層的に序列化された諸集団の指導者を通じて「民草の苦情に耳を貸す」システムをもつというだけで、その正統性を認知すべきか否かは、立憲民主主義社会の人々の間ではきわめて論争的な問題である。政府の態度も、どの政治勢力が政権を担当するかによって変わるだろう。立憲民主主義国の政府が「節度ある階層社会」と友好関係を結ぶとしても、正統性

を認知しているというより、自国の権益や勢力圏を確保する地政学的考慮から、そうしている場合が少なくないだろう。しかし、最大の問題は、節度ある階層社会の体制をこの社会の支配層は受容しているとしても、この体制の下で生きる人々が単なる受忍を超えてこの体制の正統性を受容していると言えるか否かである。人権を排除的最小限主義によって限定することの利益を享受する支配層だけでなく、かかる限定によって実効的政治参加の機会の制約や差別的待遇を受ける人々もまた、この体制の正統性を承認しているはずだと想定することは、控え目に言って「根拠なき楽観」であり、率直に言えば「御用学的お追従」である。

第二に、この内部的対立の無視に関わる点だが、ロールズは、節度ある階層社会の支配層と民衆の視点の対立、さらに、民衆の間でも身分・地位・権利において差別化された様々な人々の間の視点の対立を問題化すること自体を拒否する理論戦略をとっている。このことは、リベラルな立憲民主主義社会と節度ある階層社会とで、原初状態モデルの使用が差別化されている点に現われている。すなわち、前者においては、国内的正義原理を諸個人が選択する第一段階と、その代表が他の社会の代表とともに国際的正義原理を選択する第二段階とで、二度、原初状態モデルが使用されるのに対し、後者においては、原初状態モデルは国内的正義原理選択の第一段階には適用されず、この社会の代表が参加する国際的正義原理選択の第二段階についてのみ一度だけ使用可能だとされる。原初状態モデル使用のこの差別化の根拠としては、第一段階の国内的文脈における原初状態モデルの使用は社会契約説の構想であり、リベラルな観念であるため、節度ある階層社会には適用できないという主張を示すのみである[31]。

しかし、この主張はきわめて恣意的な独断というほかない。対外的には、正義原理に服する主体の平等を主張して国際的正義原理の社会契約説的正当化を求める「節度ある階層社会」の代表が、対内的には、宗教的・民族的少数者の平等な地位を否定して国内的正義の社会契約説的正当化の必要を否定するのは、倫理的な矛盾である。この矛盾を糊塗しているのは、節度ある階層社会をその体制の正統性につき内部対立のない一体的または融和的な集合体とみなす見解であるが、これは、この社会の支配層・特権層にとって都合

のいい虚構にすぎない。この体制の下で差別・排除される人々、「節度ある抑圧」を受ける人々の視点から見て、この体制が公正として受容しうるものか否かという問いは、この体制が正統性を真に認知されうるためには、抑圧されてはならない問いである。この問いが問われるなら、リベラルな立憲民主主義体制が選択されるだろうから、この問いを問わせないというのは本末転倒である。節度ある階層社会がリベラルな立憲民主主義体制に対抗しうる固有の正統性をもつことを誠実に主張しうるためには、この問いに対して自己を弁証することができなければならない。社会契約やら原初状態やらの理論装置は、この問いを問うためのレトリックの一種にすぎない。このレトリックとともに核心的なこの問い自体を棚上げしてしまうとき、ロールズは、非リベラルな体制へのリベラルな寛容原理の拡張適用の名の下に、かかる体制において不利に扱われる人々の異議を隠蔽抑圧する権力者の欺瞞的自己合理化に加担し、正義の要請に背を向けているのである。

　これに関連して付言すれば、ロールズは、節度ある階層社会はリベラルな正義構想とは異なる「共通善的正義観念 (a common good idea of justice)」に導かれていると主張する。その内容は不明確にしか語られていないが、重要なのは、それは階層的諮問手続を管理する司法官や他の官吏たちが法適用・法執行において従うべき指針とされ[32]、さらに、これらの官吏等に対する人々の異議申し立ては「共通善的正義観念の基本枠組の内部にある限りで許容可能である」[33]とされていることである。すなわち、この「共通善的正義観念」は権力機構を担う官吏たちが受容する指針にすぎず、人々の異議申し立てはその枠内にとどめられ、この枠自体が本当にすべての人々の共通善にかなっていると言えるのか否かを人々が争うことは許されていない。共通善的正義観念なるものは、それによって不利に扱われる人々に対する公正さという観点から人々がそれを批判的に吟味し再定義するプロセスを排除して執行されるものである以上、それは正義を標榜することができない[34]だけでなく、権力者の独善的自己正当化を超えた共通善をそれが実現すると信ずべき保証もない。

　第三に、リベラルな寛容原理を宗教から哲学に拡大適用することからさらに進んで、節度ある階層社会に対する寛容にまで拡張することは、政治的リ

ベラリズムの自壊性を一層露わにしている。政治的リベラリズムは、対立競合する適理的な包括的諸教説の信奉者たちの公正な共生枠組を確保するために、特定の包括的教説から独立した正義の政治的構想を設定する必要を説き、リベラルな立憲民主主義体制の基本原理（立憲的精髄）にそれを求め、これを受容することを包括的教説の適理性の条件にしている。しかし、良心の平等な自由を否定し、国教に特権的地位を与える節度ある階層社会は、国教化された特定の包括的教説に政治社会の基本原理を依存させている。かかる階層社会の正統性を承認することは、正義の政治的構想から特定の包括的教説の優位へと逆行することであり、政治的リベラリズムの根本動機を自ら放棄するものである。ロールズは節度ある階層社会の体制を「十全に反適理的なものと十全に適理的なものとの間の空間 (a space between the fully unreasonable and the fully reasonable)」にあるとして擁護している[35]が、このような、是認されているのか否か不明な怪しげな規範的「リンボー (limbo)」にこの体制を送り込むことは、自己の立場の崩壊を隠すどころか自認するに等しい。

　ロールズがかくまでして、節度ある階層社会の正統性を認知しようとするのは、リベラルな立憲民主主義の立場からかかる社会を批判することが、その人民を侮蔑して自尊の基盤を否認し、武力介入を含む圧力によってリベラルな人権観念を押し付ける文化帝国主義に導き、これが非リベラルな社会の反発を引き起こして世界秩序を不安定化させると考えるからである[36]。市民的政治的人権を欧米の政治文化に固有なものとみなしてその普遍性を否定し、それと抵触する非欧米世界の文化・伝統を尊重することで欧米中心主義から脱却しようとする歴史的文脈主義が近年の欧米の法哲学・政治哲学において台頭しているが、ロールズの立場もこの潮流に棹差すものである。この傾向は非欧米世界の文化・伝統に対する寛容と謙譲というその表面的な構えに反して、非欧米世界をステロタイプ的に「他者」として差異化することで欧米社会のアイデンティティを浄化・聖別しようとする欧米中心的な知的覇権装置としてのオリエンタリズムに根ざしている。この点の批判的検討は別稿で行った[37]ので、ここでは立ち入らないが、この点を別としても、リベラリズムの帝国主義化に対するロールズの懸念・批判は種々の混同・混乱を含む。

第一に、節度ある階層社会の体制に対する批判をその人民に対する侮蔑と同視するのは不当な摩り替えである。この摩り替えは、この体制を批判免疫化して固守しようとする支配層の常套手段である。この体制の下で差別され周辺化されている人々にとっては、平等・公正・民主化等の観点からのこの体制への批判は、彼らの尊厳回復の要請を意味する。この体制の下で相対的に優遇されている主流派民衆は、自己の社会の体制の不正に対する批判を自己の人格に対する侮辱と峻別し、かかる批判は、彼らが自己の自尊の基盤の尊重を要求するのとまさに同じ理由によって、非主流派の人々の同じ要求の尊重を求めるものであることを承認する倫理的責任がある。

第二に、節度ある階層社会の体制の正統性を否認することは、武力等の強制的手段による介入の容認を当然には含意しない。この体制の正統性を否認しつつ、政治的変革によって正統な体制を樹立する権限と責任がこの社会の人民自身に帰属することを承認すること、この意味で人民の政治的自律性を尊重することは完全に可能である。それどころか、外部勢力による介入は、介入主体の利己的動機を正義の名で粉飾合理化する濫用を招きやすく、さらに介入主体が善意である場合も、軍事的・経済的・政治的資源投入のコミットメントに限界があるため介入が中途半端に終わり、圧制を無政府状態に変えるだけという一層大きな害悪をもたらすことが少なくないこと、持続可能な体制改革は何よりも当の社会の人民のイニシアティヴとコミットメントに依存することを考えるなら、体制の正統性否認をその体制の下の人民の政治的自律性の尊重と結合させることは必要不可欠である。強制的介入はジェノサイドの防止など緊急逼迫の場合に限られるべきである。

しかし、節度ある階層社会に対し国際社会は強制的介入を自制すべきだということから、この社会の体制の正統性を国際社会が承認すべきだという結論を引き出すのは不当な「飛躍論証 (*non sequitur*)」である。国際社会がこの社会の宗教的・身分的差別や非民主性を批判する国際世論の圧力を高め、この社会の内部の改革勢力に対する弾圧を監視することは許されるし、必要である。経済制裁はそのダメージがこの社会の支配層よりも、差別・排除されている人々を含む一般民衆に及びやすいため自制さるべきであるが、この社会の政府が差別の解消や民主化に向けた改革を行うことを経済支援の条件にす

るなどのポジティブ・インセンティヴを国際社会が与えることは許されるし、望ましい。驚くべきことに、ロールズはこのようなインセンティヴの供与をも、それが強制的介入とみなされ国際紛争を招きうるという理由で排除している[38]が、ここには紛争リスクの不当な誇張が見られるだけでなく、人民の政治的自律の尊重と彼らを支配する体制の尊重との混同が露呈している。

　ロールズは節度ある階層社会の正統性を承認することで政治体制間の衝突を宥和しようとする自己の「諸人民の法」の構想を「現実主義的ユートピア」と称している。しかし、以上において検討したように、それは体制間対立の問題に目を向けるだけで、体制内対立の問題から目をそむけている点で、人間的葛藤の問題に対して本当に現実主義的であるとは言えない。また、かかる階層社会において差別され周辺化された人々の人権救済への夢をつぶしている点で、ユートピアの名にも値しない。

III　グローバルな正義の構築に向けて

　以上において、グローバルな正義に対する原理的否定論と無原則な妥協による縮減論を批判的に検討してきた。これはグローバルな正義を積極的に構築する道を開くための前提作業である。残された紙幅は既に乏しく、積極的構築のための突っ込んだ議論展開は別稿に委ねざるをえないが、基本的方向だけ提示して本稿を結びたい。

　正義の問題領域はアリストテレス以来、伝統的に、権利・資源の分配の正・不正の基準を示す「分配的正義 (distributive justice)」と、権利が侵害された場合に、いかにしてそのが是正さるべきかを示す「匡正的正義 (corrective justice)」とに区別されてきた。この区別に即して、グローバルな正義の問題領域も「グローバルな分配的正義」と「グローバルな匡正的正義」とに一応大別できる。この二つの問題群に取り組むための基本的視点を以下に示したい。

1　グローバルな匡正的正義

　グローバルな匡正的正義の中心問題は戦争の正義である。戦争という国家

行為は正当な制裁を発動させる原因とみなされるにせよ、正当な制裁の発動そのものとみなされるにせよ、国際社会における匡正的正義の実現をめぐって最も深刻で凄惨な対立を惹起する。

戦争の正義論は二つの座標軸によって類型化される。第一の座標軸は、正しい戦争と不正な戦争を規範的に差別化するか否かに関わり、差別化する理論と無差別化する理論をと分かつ。第二の座標軸は、何であれ目的が正当ないし許容可能とされさえすれば、それを実現する手段として戦争が正当化されるとするか否かに関わり、これを肯定して戦争を手段化する理論と手段化を否定ないし制約する理論とを分かつ。この二つの座標軸の交差によって成立する四つの象限に対応して、戦争の正義論の四類型を図表のように規定できる。

戦争の正議論の四類型

	(−) 無差別化	(+) 差別化
(+) 手段化	[Ⅱ] **無差別戦争観**(政治的プラグマティズム) 戦争＝国益追求の政治的手段 戦争原因不問化・戦争遂行方法の規制 jus in bello	[Ⅰ] **積極的正戦論**(聖戦論) 戦争＝世界の道徳的改善手段 自衛目的以外への正当戦争原因拡張 aggressive jus ad bellum
(−) 非手段化	[Ⅲ] **絶対平和主義** 戦争＝原因を問わず不正な暴力行使 非暴力抵抗への正義回復手段の限定 絶対的戦争放棄	[Ⅳ] **消極的正戦論** 戦争＝国民の自衛権行使 自衛への正当戦争原因限定 passive jus ad bellum

積極的正戦論は、十字軍、ジハード、宗教改革以後の三十年戦争などの宗教戦争に限らず、ソ連によるハンガリー侵攻・チェコ侵攻・アフガン戦争、米国によるベトナム戦争やカリブ海諸国への軍事干渉など、冷戦期のイデオロギー対立に基づく干渉戦争、さらには2003年のイラク攻撃など冷戦後の米国の一方主義的な軍事干渉の基盤にもなっている。「正義こそ戦争の原因」とする諦観的平和主義の批判がまさに「当たっている」立場であるが、この立場だけを念頭において正義を断罪するのが誤りであることは、上記図表が示す他の諸類型の存在が明らかにしている。

無差別戦争観は戦争を国益追求手段として是認するが、「戦争は他の手段をもってする政治の継続である」とするクラウゼヴィッツの格言に示されるように、宗教的・イデオロギー的な狂信から切り離された冷徹な政治的損益計算の合理性によって戦争というカードの使用を制御する面があり、さらに、中立の第三国や非戦闘員に対する攻撃の禁止、捕虜の殺戮・虐待の禁止など、戦争遂行方法を公正化する規律 (jus in bello) を課すことにより、積極的正戦論の放縦な好戦性を限定する機能をもった。しかし、このことは相対的な勢力均衡があった19世紀ヨーロッパ地域秩序内部で妥当するにすぎず、無差別戦争観はヨーロッパ諸国のアジア・アフリカへの植民地主義侵略を放縦化しただけでなく、帝国主義と帝国主義の戦争としての第一次世界大戦の破局へとヨーロッパ自身を駆り立てた。

　第一次大戦後、無差別戦争観がもたらした破局への反省に基づいて締結されたパリ不戦条約は国益追求手段・紛争解決手段としての戦争を一般的に違法化し、正当戦争原因を自衛に限定する消極的正戦論の足場を提供した。またヨーロッパの帝国主義に対する植民地の独立闘争の過程で、ガンディーの非暴力抵抗思想とその実践のような、絶対平和主義に接近する動向も見られた。後者は決して主流にはならず、消極的正戦論も、第二次大戦中の「ファシズム対民主主義」の対決から冷戦期の「資本主義対共産主義」のイデオロギー対立と続く状況において積極的正戦論の現代版の支配に押されてきた。しかし脱冷戦期において、1990年の湾岸戦争などを契機に、集団的安全保障体制の原理として再浮上した。しかし、2003年のイラク攻撃に端的に示されるような米国の一方主義的軍事行動により、再び消極的正戦論の原理は侵食されつつある。

　戦争の正義論の四類型を規範的に査定するなら、まず好戦的衝動を放縦化させる積極的正戦論は却下される。正義が過剰なためではなく、暴力を規制する正義の規範的な牙が抜かれているからである。積極的正戦論は、他者の視点からの自己の主張の公正さの批判的吟味という普遍主義的正義理念の根本的要請を無視し、独善的な力の支配を横行させる。他方、無差別戦争観は戦争をいわば国家間の「決闘」とみなし、「決闘」のマナーを公正化する「戦争における正義 (jus in bello)」にコミットしている点では評価さるべきであり、

この部分は継承さるべきであるが、戦争原因の規範的不問化は正義の観点からは受容不可能である。

　絶対平和主義は倫理的純潔性に最も強くこだわる立場であり、諦観的平和主義がもつ正義に対するシニシズムとは無縁で、不正な支配に忍従せず、これを打倒するための非暴力抵抗を要請する。「殺されても殺すことなく闘う」ことを要請するこの立場は、「道徳的英雄（a moral hero）」の倫理である。この要請は「義務以上の務め（supererogation）」を求めるものであり、それを果たすことができる者は賞賛に値するが、そこまでの自己犠牲を払うことができず、自己を殺そうとする暴力に対して暴力による自衛に訴える人を「不正」と批判することはできない。絶対平和主義の理想は、国民が自衛権を行使する戦争をも不正化する主張としてではなく、「良心的兵役拒否（conscientious objection）」への個人の人権の保障を要請する主張として再定式化するなら受容可能となるだろう。

　結局、自衛権行使手段としての戦争を承認しつつ正当戦争原因をそれに限定する消極的正戦論が、上記の三つの立場の問題点を克服する戦争の正義論として最も的確であると言える。もちろん戦争原因限定に加え、戦争遂行方法規制や良心的兵役拒否権保障もこの立場に組み込むことが必要である。しかし、この立場にも応答し克服すべき問題点がある。

　第一に、消極的正戦論は積極的正戦論のような独善的・狂信的干渉を自制するという長所はあるが、その反面、対外侵略さえなければ、他国の民が専制や内乱でいかに苦しんでいようと放置する酷薄さをもつという批判がある。

　しかし、軍事介入により他国の民を救済することは膨大かつ長期的な人的・物的資源の投入へのコミットメントを伴い、このようなコミットメントのない中途半端な介入は救済さるべき他国民の窮状をかえって悪化させるだけに終わること、必要な資源投入を充分行うだけのコミットメントをすることは、自国兵の犠牲の増大や税負担の増大に有権者が拒否反応を示しやすい立憲民主主義諸国にとって必ずしも容易ではないことをまず自覚すべきである。

　この点をまず指摘した上で、先の批判に応答すれば、消極的正戦論が干渉戦争の自制を要請するのは、既存秩序の安定化を正義に優越させるからでは

なく、不正な体制を変革する権能と責任はその体制の下で生きる人民自身に帰属するという意味での人民の政治的自律を尊重するからである。したがって、体制変革主体としての人民を抹殺するジェノサイドのような蛮行を止めるための「人道的干渉 (humanitarian intervention)」は、人民の政治的自律の尊重と両立するのみか、むしろそれによって要求されるものとして、消極的正戦論の立場からも是認されうる。しかし、かかる人道的干渉においても、干渉主体が一時的な軍事的勝利ですますことなく、虐殺行為反復の根を絶ち、政治的交渉で平和裏に体制変革を人民が遂行できる条件を確立するのに充分なコミットメントを持続的にする責任を負うことが条件であることが強調されなければならない[39]。この条件の確保は近年、伝統的な「戦争における正義 (jus in bello)」と「戦争への正義／権利 (jus ad bellum)」の対置図式を超えた「戦後の正義 (jus post bellum)」の問題として論議されている。例えば、コソヴォ紛争における NATO の空爆は安保理の事前承認を欠いたという問題に加え、このようなコミットメントが充分ないままに遂行されたという点で「戦後の正義」に反するものとして批判されている[40]。

　第二に、消極的正戦論は被侵略国に自衛のための交戦権を承認するが、被侵略国の軍事力が侵略国に大きく劣る場合には、単なる個別的自衛権の保障だけでは救いにならず、侵略抑止効果もない。消極的正戦論に実効性を与えるためには、何らかの集団安全保障体制の構築が不可欠である。しかし、暴力装置を集権的に管理する世界政府が存在しない条件の下で、しかもかかる世界政府は極限的な専制化の危険をもつがゆえに望ましくもない[41]という条件の下で、いかなる集団安全保障体制が消極的正戦論の原理を最も公正かつ実効的に担保できるかという問題は大きな困難を抱えている。

　冷戦後に一国覇権的地位を占めようとしている米国が主導してアド・ホックに同盟国を動員する集団的制裁が、米国の権益保護や地政学的利害に左右される二重基準・三重基準の恣意性・不公正性をもち信頼できないことはすでに明らかである[42]。覇権国の恣意を抑制することを期待されている国連も、安全保障理事会が常任理事国たる五大国の拒否権によって機能不全をきたしており、とりわけ米国の専横を抑制する上で無力で、逆にその機能不全が米国の一方主義的専横を許す口実にさえされている。

この状況を打開する代替案として、EU加盟諸国やカナダ、オーストラリアなど「人権優等生」を自任する諸国が「有志連合 (a coalition of the willing)」とも呼ばれる独自の集団的安全保障機構を組織して侵略行為に対する制裁や人道的干渉を実行する方法が近年提唱されている[43]が、この「自己任命的 (self-chosen)」な「有志連合」が、米国と同様にその制裁権力を自分たちの利害を優先させる仕方で恣意的・選択的に発動しないと信頼できる保証はどこにもない。さらに、それが米国の専横を抑制する上で国連以上の実効性をもちうるとは考えにくく、国連をバイパスする点で、国際的正統性に関して米国主導体制と同様な欠陥をもつ。

結局、様々な欠点をもつとはいえ、国連は国際的正統性を調達し、諸国家・諸地域連合体・国際的市民団体など多様なアクターの連携協力と多様なイニシアティヴの調整を図る上で、現在利用可能な場のうちで最も広範な包含力と信用をもつ以上、安全保障理事会常任理事国の拒否権の段階的な廃止などの国連改革を積み上げて、国連主導の安全保障体制の実効性を高めてゆくことが、時間はかかってもたしかな改善をもたらす道だろう。もちろん、この点については種々論議があるところである。しかし、安全保障体制をいかに設計するにせよ、それが国際的正統性をもつために満たすべき最低限の規範的必要条件が存在する。正義構想が国内社会以上に鋭く分裂し対立する国際社会において、この必要条件を規定するのは、対立競合する「正義構想 (conceptions of justice)」に通底し共通の制約をなす「正義概念 (the concept of justice)」としての普遍主義的要請、すなわち普遍化不可能な差別の排除の要請が含意する以下の二原理である[44]。

第一に、いかなる集団安全保障体制にせよ、国際的正統性をもつには、〈一貫した実施可能性〉をもつことが要請される。これは基底的な正義概念の含意の一部である二重基準排除要請に即応する。紛争当事国がどれであるか、とりわけ大国・超大国ないしそれらの同盟国・庇護国であるか、大国・超大国の敵対国であるかに応じて、選択的に発動されたり発動方式を異にしたりする集団安全保障体制は忍従されても正統性を認知されることはなく、実施コスト負担の協力を広範かつ充分にとりつけることができないだけでなく、不満の鬱積がテロリズム等の抵抗を再生産し、実効性を獲得することも困難

になるだろう。

　第二に、〈権力は義務付ける (*pouvoir oblige*)〉という標語で表現すべき原理がある。この標語は察知されるように、「貴族的地位 (特権) は義務付ける (*noblesse oblige*)」という格言の翻案である。この格言は特権が特別の責務を含むことを意味すると同時に、特別の責務を果たすことが特権保有の正当化根拠になることを意味している。いわゆる覇権安定理論は、覇権国が国際公共財供給という特別の重い責務を果たすがゆえに国際政治において覇権的地位を承認されるとするが、これは「特権は義務付ける」という格言の発想に依拠している。しかし実際には、米国のような覇権国は集団的制裁の発動に関する意志決定権力は独占しながら、その決定の実施コストについては他国に負担共有を求め、応じない国を集団安全保障に「ただ乗り」していると批判する。この場合、真のフリー・ライダーは自己の権益を確保する体制の維持コストを他国に転嫁している米国自身である。

　基底的な正義概念が含意するフリー・ライダー排除要請はこのような「権力者のただ乗り的権力享受」を排除しており、〈権力は義務付ける〉という原理は、この点を明確にするものである。集団的安全保障体制は正統性を保持するためには、その発動の決定に影響力を行使した大国がかかる影響力をもたない諸国にコスト転嫁することを許すものであってはならず、かかる大国に自らそのコストを十全に引き受けさせなければならない。この条件の確保は、大国の政府が一方主義的専横を自制するインセンティヴを高め、さらに犠牲・負担が最終的に帰着する大国の国民が、その政府のかかる専横を抑止するインセンティヴを強める機能ももつ。

　これらの二つの原理は最小限の要請であるが、それでも決して達成が容易であるわけではない。しかし正統性条件はあくまで規範的な条件であって、現実をそのまま合理化するものではなく、現実の改革の指針となりうるものでなければならない。この二原理は、かかる改革への持続的な意志を広範に調達しうるだけの規範的な権威と実践的重要性をもつと考える。

2　グローバルな分配的正義

　グローバルな分配的正義の問題は先進産業諸国の「豊かさの既得権」を脅

かす含意をもちかねないがゆえに、グローバルな匡正的正義と同様、あるいはそれ以上に論争的な主題である。先進諸国の国民（知識人も含む）の自己欺瞞や開き直りも作用しやすい。能力格差による境遇格差は道徳的観点からは恣意的だとして、最も恵まれない層の境遇を最善化する格差原理を国内的正義原理として提唱したロールズが、国際的正義においてはこのような分配的正義原理が適用されないことを、その根拠を説得的に示さず議論の公理的な出発点として措定していることは、この種の欺瞞ないし開き直りの象徴的事例と言えるかもしれない。もはや与えられた紙幅は尽きているので、この問題について最も基本的な論点だけ簡潔に列挙して筆を擱きたい。

　第一に、グローバルな分配的正義に対する主要なアプローチとして、二つの立場が区別できる。一つを利他的支援義務論、他を構造的加害賠償義務論と呼んでおく。利他的支援義務論は「良きサマリア人の義務」を国際関係に適用したものであり、先進諸国は貧しい途上国の現状に加害責任はないとしても、不当に重い負担や犠牲を自らに課すことなく途上国の貧民を破滅的な苦境から救済できる場合は、その範囲内で援助を与える利他的貢献の責務を負うとする。これに対し、構造的加害賠償義務論によれば、途上国の貧困は、先進諸国が途上国に押し付けているグローバルな政治経済体制によって構造的に再生産されているものであり、先進諸国は途上国の人々の悲惨な境遇に対し構造的・制度的な加害責任を有し、これを賠償する責務として、再分配や他の措置によって彼らの境遇を改善する義務を負う。賠償義務は科罰による制裁と並んで匡正的正義の問題とされてきたから、この立場はグローバルな分配的正義を先進諸国が途上国の人民に対して負う匡正的正義の責務として捉えていると言ってよい。

　グローバルな分配的正義論は、いかなる分配基準を採るかによって通常は区別されているが、どの基準を採るにせよ、それを利他的支援義務を解除する「不当に重い負担・犠牲」の基準線とみなすか、構造的加害責任の「加害」を判定するための基準線とみなすかで、その規範的意義は大きく異なる。ここで検討する二つのアプローチは、この分配基準の対立を貫通する基底的な問題に関わっている。

　利他的支援義務論は、かかる支援の義務化を排し自発的慈善に委ねるリバ

タリアンを除いて、一応広く受容されうるものであるが、自らが加害責任を負うわけではない他者の窮状を救済する責務を課すものであるから、自己利害に対する規範的制約力はそれほど強くなく、「不当に重い負担・犠牲なしに」という条件が支援義務を減免する方向で解釈されやすい。他方、構造的加害賠償義務論は、もし構造的加害の事実が認定されるなら、リバタリアンですら認めざるをえない強い規範的根拠と、負担の重さを責任減免の口実にすることを許さない厳しい制約力とをこの義務に付与する。それだけに、構造的加害事実の認定については「加害者」とされる先進諸国の間で異論・反論も強い。

　この対比から明らかなように、先進諸国民の間では利他的支援義務論の方が構造的加害賠償義務論より、「良心と財布への負荷」を軽くしてくれるため、支持されやすい。近年、トーマス・ポッゲは先進諸国民のこの点での倫理的欺瞞性を鋭く批判し、構造的加害賠償義務論を擁護し強化するする論陣を張っている[45]。ただ、利他的支援義務と構造的加害賠償義務は論理的には相互排除的でないことに注意する必要がある。良きサマリア人の義務の存在は加害者の責任を免除しない。利他的支援義務と構造的加害賠償義務とは同時に成立することが可能である。前者の承認を後者の否定の根拠にすることはできないし、後者の承認をもって前者を不要とすることもできない。グローバルな分配的正義の問題に対してはこの二つのアプローチを同時に発展させる必要がある。

　第二に、グローバルな分配的正義の問題に関する先進諸国民の自己欺瞞を克服するには、規範的議論の展開だけでなく、事実認識の不足や歪曲を正すことが必要である。利他的支援義務論について言えば、これを規範的に骨抜きする根拠として、例えば、「焼け石に水」論がいまなお横行している。これは、世界人口の多くを占める貧困諸国の現状はあまりにひどいため、多少の援助では効果がなく、効果的援助をするには先進諸国民が自己の生活を耐えがたくするほどの「不当に重い負担」を負わなければならないが、そこまでする義務は先進諸国民にはないとする見解である。しかし、毎年約1,800万人（1日あたり約5万人、そのうち約2万9千人が5歳以下の幼児）が貧困原因の死（食糧・医療供給で回避可能な餓死・病死）を強いられているが、購買力換算で所得1日

約2米ドルという世界銀行の「苛酷貧困線 (severe poverty line)」以下で暮らす25億余の人々へ、世界総消費の約8割を占める約10億人の先進諸国国民から、その消費支出の70分の1を移転するだけで、このような苛酷貧困状態を解消するのに充分であると試算されている[46]。大量の貧困死の大幅な削減という大きな効果をもつ分配措置を先進諸国民のわずかな負担で実施することが可能なのである。

　構造的加害賠償義務論についても、その規範的根拠よりも構造的・制度的加害という「要件事実」が否定されやすい。しかし、本稿序節で紹介したシュティグリッツの批判が示すように、IMF主導のグローバルな経済体制が途上国経済に与えた破壊的影響の認識は広まりつつある。開発主義的産業政策を「日没」させて市場的規律をより厳格に受け入れるべき先進諸国がその責任を回避しながら、かかる開発主義政策を切実に必要としている途上国にそれを禁止するこの経済体制は、構造化・制度化された不正な加害の顕著な事例である。先進諸国間の関税障壁よりも、先進諸国が途上国からの輸入製品に対して課す関税障壁の方が4倍も高く、後者を前者と同水準に下げたとしたら途上国が輸出増によって得られるであろう経済的利益、すなわち途上国の「逸失利益」は年間7千億ドルになるとする国連貿易開発会議 (UNCTAD) の試算もある[47]。

　さらに、経済制度だけでなく、現行国際法秩序の基本原則が、途上国の着実な経済発展を阻害する内乱・内紛等の内政的問題の解決を困難にし、さらにかかる問題の再生産の誘因とさえなっているという批判がなされている。これに関してはポッゲが指摘した「国際的資源特権 (international resource privilege)」や「国際的借款特権 (international borrowing privilege)」の問題が重要である。現行国際法の実効性原則の下では、クー・デタ等により民主的政府を打倒した軍事独裁政権も実効的支配力をもてば正統政府として承認され、かかる政権担当勢力に、国民の財産である国土の自然資源を売って利潤を独占する国際資源特権と、国民に最終的な支払いの付けを回した借金により自己の軍事的支配力を保持するための資金調達をする国際借款特権を付与している。これは軍事独裁政権を打倒した民主勢力に重い経済的負担を課して彼らが民主的体制を確立安定させることを困難にするだけでなく、「独裁権力の

うまみ」を求める軍事勢力に絶えず暴力的政権奪取を企てるインセンティヴを与えるため、内政上の不安定性を抱える途上国が自立的な経済的発展のために不可欠な政治的安定性を獲得することを阻害しているという批判をポッゲが展開し、この問題を解決するための制度改革を提言している[48]。彼のこの議論は構造的加害事実を否定する人々に対しても、真剣に検討さるべき問題を提起している。

第三に、グローバルな分配的正義と国内的なそれとの関係が問題になる。豊かな先進諸国がグローバルな分配的正義の要請として貧しい途上国に負う利他的支援義務と構造的加害賠償義務よりもさらに強い配慮義務を国内の恵まれない境遇の人々に対して負うような分配原理（例えばロールズの格差原理）を採用することはありうるが、それが国際的正統性をもつためには次の二つの条件を満たさなければならない。

第一条件：グローバルな分配的正義の義務の遂行は、それよりも「篤厚」な国内的分配原理の実現に優先する。先進国政府が前者の義務を無視することにより留保された資源によって自国民に追加的利益供与をすることは、それによって国内的支持調達力を高めることができるとしても、国際的不正を犯すものである。途上国に対する構造的加害によって得られた経済的利益を国内的分配に充当する場合には、特にその不正度は高い。

第二条件：「篤厚」な国内的分配原理を実現するために貧しい途上国からの移民を規制することがあってはならない。領土・資源等の分配の大きな国家間格差を是正する権力をもった世界政府が存在しない状況において、かかる格差が人々にもたす条件の有利・不利の差を埋める重要な方途が移住機会の保障である以上、世界総所得の8割を世界人口の6分の1以下の先進諸国民が享受する現状において、先進諸国民が豊かさの既得権を独占し続けるために移民規制をすることは不当である[49]。とりわけ高い能力・資格・熟練をもつエリート移民のみ受け入れるような規制は「頭脳流出」効果をもち、途上国が切実に必要としている人的資源を途上国から剥奪するものであり、構造的加害の一種である。先進諸国は一般労働力市場を開放するとともに、先進国で能力・資格・熟練を形成する機会を得た途上国移民の一部が出身国に帰国しても貢献できる場を出身国が提供できるようにするための支援をする

ことも必要である。

　グローバルな分配的正義については、他にも論ずべき問題は多くあり、上に触れた論点についても敷衍すべき問題が多く残されているが、以上の議論でこの問題に取り組むための基本的視角は示した。それは次のようなものである。グローバルな分配的正義について、この理念をシニカルに否定せず、夢想的ラディカリズムに耽溺することも避けて、「現実主義的ユートピア」の構想を提示しようとするなら、グローバルな分配的正義の要請を過度に膨張させず先進諸国民も否定しがたい強い規範的根拠をもった責務に限定すると同時に、このように限定された要請については、先進諸国の国内的配慮に優先する制約力を付与することが必要である。

　本稿では、グローバルな正義に対する原理的否定論と原理無き妥協論とを批判し、正義の理念をグローバルな場に適用する可能性と必要性を示すとともに、この理念の実現構想を積極的に構築するための基本視角の素描を試みた。本稿の議論がどこまで読者に支持されるかはともかく、本稿が提起した問題に対する主体的・批判的考察へ読者を挑発することができたとすれば、本稿の目的は果たされたと言える。

〔注〕

(1) Cf. Stiglitz, J., *Globalization and Its Discontents* (2003).
(2) Cf. *ibid.*, pp.122-126.
(3) 井上達夫『普遍の再生』(岩波書店、2003年)、第2章参照。
(4) Cf. Stiglitz, *supra* note 1, pp.195-213.
(5) Cf. *ibid.*, pp.23-132.
(6) 村上泰亮『反古典の政治経済学 (上・下)』(中央公論社、1992年) 参照。
(7) 普遍主義的正義理念の意義については、井上達夫『共生の作法―会話としての正義』(創文社、1986年)、第2-3章、同『法という企て』(東京大学出版会、2003年)、第1章、第9章参照。
(8) Cf. Stiglitz, *supra* note 1, pp.214-241.
(9) 大沼保昭『人権、国家、文明―普遍主義的人権観から文際的人権観へ』(筑摩書房、1998年)。
(10) 「正義の情況」という用語はロールズが採用したものだが、その実質的内容は、H・L・A・ハートが「自然法の最小限の内容」を人間社会の存続という目的から導出する

ことを可能にする一群の事実的条件として、ヒュームの議論を取り込んで構成したものから成っている。ロールズの独自の貢献は、ヒューム＝ハート的な条件を「正義の客観的情況」と位置づけ、これとは別に、善き生の諸構想の多元的分裂の事実を「正義の主観的情況」として摘出したことである。Cf. Hart, H.L.A., *The Concept of Law,* 1st ed. (1960), pp.189-195; Rawls, J., *A Theory of Justice* (1971), pp.26-130.

(11) 井上達夫「何のための法の支配か―法の闘争性と正統性」日本法哲学会編『現代日本社会における法の支配』(『法哲学年報2005』)(有斐閣、2006年)、58-70頁、所収、参照。

(12) 社会契約説が孕む国益優先論的契機を指摘し批判するものとして、cf. Buchanan, A., *Justice, Legitimacy, and Self-Determination: Moral Foundations for International Law* (2004), pp.98-105.

(13) ロバート・グッディンによって展開されたこの議論の解説と応用として、安藤馨『統治と功利―功利主義リベラリズムの擁護』(勁草書房、2007年)、240-241、277-280頁参照。

(14) Cf. Hobbes, T., *De Cive: The English Version*, ed. by Warrender, H. (1984), Ch. 1, §3.

(15) プラトン(藤沢令夫訳)『国家』(プラトン全集第11巻)(岩波書店、1976年)、110-112頁参照。

(16) 核不拡散条約体制が正統性を失い不安定化している原因を核保有国の核軍縮の怠慢に求め、これを批判するものとして、cf. Falk, R., *Predatory Globalization: A Critique* (1999), pp.83-91.

(17) ジョゼフ・ナイ(久保伸太郎訳)『不滅の大国アメリカ』(読売新聞社、1990年)参照。

(18) 長尾龍一『遠景の法学』(木鐸社、1982年)参照。

(19) 中村廣治郎『イスラム―思想と歴史』(東京大学出版会、1977年)、195-231頁参照。

(20) 井上『法という企て』(前掲注7)、5-7頁参照。

(21) 手続的正義の諸類型の区別と分析については、cf. Rawls, *supra* note 10.

(22) Cf. Rawls, J., *The Law of Peoples, with "The Idea of Public Reason Reconsidered"* (1999) (中山竜一訳『万民の法』(岩波書店、2006年))。

(23) Cf. Rawls, J., *Political Liberalism* (1993).

(24) Cf. Rawls, *supra* note 22, p.37.

(25) Cf. *ibid.*, pp.59-78.

(26) Cf. *ibid.*, pp.78-88.

(27) Cf. *ibid.*, pp.113-119.

(28) 井上達夫「憲法の公共性はいかにして可能か」井上達夫編『岩波講座憲法 1 立憲主義の哲学的問題地平』(岩波書店、2007年)、307-313頁参照。

(29) 同上論文、309-311頁参照。

(30) 命題pが命題qより論理的に強い(同じことを逆に言えば、qがpより論理的に弱い)のは、pがqを論理的に含意し、かつqがpを論理的に含意しないとき、かつそのときのみである。これはpとqの主張内容における強さに関わっており、pがqよりも

強い論拠によって支持されているという意味ではない。もちろん、pがqより強い主張内容を含む場合は、pはqより強い論拠によって支持されることを要請しているといえるが、この要請が満たされているか否かは別である。論拠となりうる命題の妥当性に関して人々の見解が対立する状況においては、論理的により強いpの方がより弱いqよりも合意調達がより困難になる。

(31) Cf. Rawls, *supra* note 22, p.70.
(32) Cf. *ibid.*, pp.66, 71-72.
(33) *Ibid.*, p.72.
(34) 正義の標榜(正義要求)が、実定法化された正義構想を絶えず批判的に吟味する正義審査への原権利を法服従主体に承認することを含意することについて、井上『法という企て』(前掲注7)、第1章、同、前掲論文(注11)参照。
(35) Cf. Rawls, *supra* note 22, p.74.
(36) Cf. *ibid.*, pp.59-62, 121-123.
(37) 井上、前掲書(注3)、第2章参照。
(38) Cf. Rawls, *supra* note 22, pp.84-85.
(39) 国連の役割を否定する議論を批判しつつ、人道的干渉を経済支援を含む国際社会の多層的・持続的関与と結合させた上で限定的に承認するものとして、cf. Doyle, M., "The New Interventionism," in Pogge T. (ed.), *Global Justice* (2001), pp.204-241.
(40) この点の批判として、cf. Walzer, M., *Arguing About War* (2005), pp.99-103.
(41) この点の論証として、井上、前掲書(注3)、133-136頁参照。
(42) この点について同上書、序文、v-x頁参照。
(43) 例えば、cf. Buchanan, *supra* note 12, pp.446-456.
(44) この二原理の意義と機能、および本稿で触れた戦争の正義論の問題一般に関するより立ち入った分析として、cf. Inoue, T., "How Can Justice Govern War and Peace: A Legal-Philosophical Reflection," in Kühnhardt, L. and Takayama, M. (eds.), *Menschenrechte, Kulturen, und Gewalt* (Schriften des Zentrum für Europäische Integrationsforschung) (2005), pp.277-296.
(45) Cf. Pogge, T., *World Poverty and Human Rights: Cosmopolitan Responsibilities and Reforms,* 2nd ed. (2008)(1st ed., 2002).
(46) Cf. *ibid.*, pp.2-3.
(47) Cf. *ibid.*, p.20.
(48) Cf. *ibid.*, pp.118-261.
(49) 領土資源の分配の公正化にまで国際的な分配的正義を貫徹することの政治的不可能性に対する代償措置の一貫として移住権保障の重要性を強調するものとして、cf. Buchanan, *supra* note 12, pp.193-194, 206-207。

「国際法学の国内モデル思考」批判の射程
―― その可能性と限界 ――

篠田　英朗

はじめに

　大沼保昭は、「国際法学の国内モデル思考―その起源、根拠そして問題性―」と題された論文において[1]、国際法学における「国内モデル思考」について精緻な分析を加えるとともに、無意識的な「国内モデル思考」の蔓延に対する徹底した批判を行った。1991年に行われたこの作業は、日本における国際法学のみならず、国際政治学などの関連分野を見渡しても、類例を見ないものであった。イギリスの国際関係学においては、ヘドリー・ブル以来、「国内類推(domestic analogy)」の問題が持つ広い射程は、強く認識されてきたと言ってよい[2]。しかし大沼が行った仕事は、そのような先行研究を乗り越える緻密さを持っており、しかも国際法学のあり方そのものを問い直す形で問題提起した点で、時代を画する意味を持っていた。この「国内モデル思考」論文の水準の高さは、すでに各方面で広範囲にわたって認識されていると言ってよいだろう。

　しかしそのような認識にもかかわらず、大沼論文の放ったインパクトは、必ずしも他の研究者によって発展的に受け継がれ、深く理解されているとは言えない。大沼はその後の著作の中で、「裁判規範中心主義」批判など、「国内モデル思考」論文の成果を随所で生かした仕事を行ってきている[3]。ある意味で「国内モデル思考」批判論は、大沼の学問的立場の大きな一要素を説明するものだと言える。とはいえ必ずしも「国内モデル思考」が持つ問題性を、さらに体系的な形で大々的に議論しているわけではない。

　そこで本稿は、大沼の「国内モデル思考」論文が捉えた問題領域の広さを

捉えつつ、その批判が持っていた意味を国際法学の文脈の中であらためて問い直す作業を行う。その上で、「国内モデル思考」論文が扱った題材を、さらに広い視点の中で論じ直すための準備作業を行うことを試みる。

I 「国内モデル思考」論文の視座

「国内モデル思考」論文は、国際法学に内在的な問題意識によって書かれた論文である。大沼は次のような書き出しで、論文を始めている。「国際法学は……意識的にも無意識的にも国内法を範型とすることが多い。……他面において、国際法は覇権的地位にある国家の主張と実行に大きく左右される。このため、国際法はその時代の大国の国内法の概念、理論、さらに当該大国で支配的な思潮や観念、諸々の制度などの影響を直接的に受けやすい。国際法学が自立した、常に自己の立場を相対化しうる学として存立するためには、こうした国内（法）モデル思考の実態とその問題性への絶えざる自覚がなければならない[4]。」したがって、この「国内モデル思考」論文は、直接的には国際法学の自己反省を深めることを目的にして執筆されたものであった。

大沼は、国際法が「国内モデル思考」に影響されること自体は、何ら否定されるべきものではないとする。むしろ人々の自然な感覚にもとづいている（国内法は国際法よりも一般の人々の生活感覚に近い）という点で、多くの場合には肯定されるべきものであるとも述べる。しかしそれでも大沼は、国際法から自己反省の契機を奪い、発展を阻害してしまう危険性も内包しているという理由で、無意識的に「国内モデル思考」を前提とするような発想法を問題視するのであった。

大沼はそこで「今日の国際法学の用語、概念、理論構成が各々歴史的背景を異にするいくつもの支配的学説、思潮の重層的構造として成り立っているという事実に由来する」、「国内モデル思考のさまざまな形」の類型化を試みる。そして第1に「主にローマ法上の概念や理論の国際法への導入」（グロティウス、ヴァッテル）、第2に「国家を擬人化し、国家間に妥当する法を個人間に妥当する法と類比して捉える枠組」（ホッブズ、プーフェンドルフ、ヴォルフ、

ヴァッテル、19世紀から20世紀初頭の法実証主義的国際法学者、今日の国際法学者）、第3に「法学を抽象的な権利義務の体系として、しかも国際私法を全法学分野のモデルとして構築しようとする考え方」(19世紀から20世紀初めにかけて強い国際的影響力を持ったドイツ法学)、第4に「いわゆる国際社会の組織化、とくに国際連盟、国際連合の成立により、国際社会にも国内社会に生じたのと同じように公共的利益・価値を処理する体制の漸進的な一元化が認められるとする発想」、第5に「これらの一切の発想に根底にあるものとして、およそ人が法について考える場合、国内法に依拠するのが自然かつ一般的であるという事情」を、「国内モデル思考」の「さまざま形」であるとした[5]。大沼はこの「国内モデル思考」の類型化によって、これらの5つの「形」に即した、さらに精緻な議論を展開する。大沼の深い歴史的造詣によって裏付けられた各類型の分析は、読者に対して大沼の議論の深みを知らしめるものである。

　しかし大沼の類型化をよく見ると、そこに見られる重複許容の問題に気付かざるを得ない。たとえばヴァッテルは、第1の「形」と同時に、第2の「形」においても、代表的な著作家として言及されている。また第2の「形」の性質とされる「国家擬人説」にもとづいた国家間の法と個人間の法の「類比」は、第3の「形」の性質である「抽象的な権利義務の体系」としての法学が「国内私法を全法学分野のモデル」とする考え方と、果たしてどこまで類型的に異なったものとして扱われるべきなのかは、必ずしも判然としない。さらに言えば、「これら一切の発想に根底にある」ものの「形」は、もし本当に「一切の発想に根底にある」とすれば、並列的に扱われるべき「形」ではなく、より包括的な「国内モデル思考」全体の特徴づけとして扱われるべきなのではないかという疑問が残る。

　しかしこうした直感的な疑問にもかかわらず、それぞれの「形」に対応した各節での大沼の議論が極めて明快かつ深いレベルで展開していくのは、それらがいずれも法学史における確固たる学派または学術的思潮に対応しているからだと言ってよい。「近代国際法生成期におけるローマ法と国内法の役割」、「国家の擬人化と自然法の国家間関係への適用（法実証主義）」、「国家の基本権の理論（ドイツ法学）」、「国際社会の組織化」は、「国内モデル思考」の観点から見て重複しているかどうかにかかわらず、別個に扱われるべき独立

性を有していることが間違いない巨大な学派群だからである。

したがって大沼が「形」を列挙したことの意味は、理論的に見たときに相互に区別しあう明確な「国内モデル思考」のサブカテゴリーを示すことではなかった。むしろより正確に言えば、それぞれの「形」は、「国内モデル思考」が、これまでの国際法学の歴史の中でどのように立ち現れてきたかを例示するものだと言ってよい。そして最後の「一切の発想に根底にある」ものこそが、超歴史的に「国内モデル思考」を形作る要素として、大沼が認識しているものにほかならない。

したがって大沼の論文の意義を理解するためには、まず以下の諸点を確認しておくことは肝要になる。

第1に、大沼は、「国内モデル思考」それ自体が扱う問題領域を広く設定した。つまり「国内社会の法をはじめとする諸々の制度、関係、正当性原理あるいは国内社会そのものを範型とする思考様式」なるものが、「国内モデル思考」の源泉であるとした。

第2に、しかし論文において実際に取り扱ったのは、「国内モデル思考」が「国際法学」において作り出してきた軌跡であり、その意味である。あるいは換言すれば、グロティウス、ホッブズなど、必ずしも国際法学者であると断言する必要はない思想家たちの著作に見ることができる「国内モデル思考」の痕跡を、「国際法学」における問題としてみなして、論述の対象とした。

第3に、結果として、「国内法」と「国際法」の二分化が自明の前提とされただけではなく、一方的に影響を与え続ける「国内法」から一方的に影響を受け続ける「国際法」への影響力の流れが、「一切の発想に根底にある」ものとして、つまり超時代的な人間の思考枠組みとして、提示されているかのような議論の構造になっている。つまり「国内モデル思考」論文が扱うのは、この「国内法」から「国際法」への影響力の流れであり、それを「国際法学者」がどう受け止めるか、という点が問題提起の核心になっている。

言うまでもなく、もし大沼の論旨にこのような議論の枠組みが存在するとすれば、それはあらためて議論の俎上に載せて検討してよい枠組みであろう。

II 「国内モデル思考」批判の主要な標的

　大沼は、「国内モデル思考とその問題性」と題した中心的な節を、「国際法は法か？」という「繰り返し問われてきた問題」をあらためて問い直すことから始めた。そして「オースティン等の法＝強制説の立場に立つかなりの者が、これに否定的解答を与えてきたことは周知の通りである」として、「国内モデル思考」問題の焦点の1つが、「国際法の法的性質」にかかわるものであることを明らかにしている。さらに大沼は一歩進み、「基本的に法＝強制説の立場に立ちつつ国際法の法的性質を説いた代表がケルゼンであり、素朴な法＝強制説自体を批判しつつ国際法の法的性質を説いた代表がハートといってよかろう」とすることによって、「国内モデル思考」を論じることが、国際法学のあり方にかかわる大きな問いに直結することを示した[6]。

　大沼の基本的な立場は、「オースティン等の……否定的解答」を拒絶しつつ、さらにはある意味でその延長線上にあるケルゼンを批判し、両者と対照的に参照されるハートに一定の評価を与えるというものである。大沼の立場は、それ自体としては極めて説得力のあるものである。しかし「国内モデル思考」問題の観点から大沼の論旨をたどっていくと、幾つかの点で奇妙な論述があることがわかる。

　たとえば大沼は国際法の法的性質の自明性を論じた箇所で、「国際法という言葉は少なくとも一五〇年以上の歴史をもち、現代世界で確固たる市民権をもつ言葉である。それを最初から除外して概念構成した上で『国際法は法か』と問うのは、方法論上の問題を含んでいる」として、国際法の法的性質を疑う立場の衒学的色彩を指摘した。しかし大沼がH・L・A・ハートにならって国際法の法的性質否定論の代表者としたジョン・オースティン (John Austin) は、19世紀初頭のイギリスに生きた法理学 (jurisprudence) 者、あるいは「憲法学」者である[7]。1991年執筆の論文において、「一五〇年以上の歴史」を持ち出して論駁しようとすることは、少なくともせいぜいベンサムより少し後に生まれたに過ぎないオースティンにとって[8]、非常に不条理なことであるのは、間違いない[9]。

もちろんここには、単に大沼がオースティンを不条理に扱った、ということ以上の問題が潜んでいる。なぜなら大沼が、「国際法は法か？」という問いの背後に、「国際法は近代国内法、とくに近代欧米型の国内法的意味において法であるか」、という見方があることを暴露しようとしているからである。つまり大沼は、「国内モデル思考」が1つの誤った帰結として、国際法の存在基盤を揺り動かす見方をもたらしてしまうことに警鐘を鳴らす。「国内モデル思考」を反省的に捉えなおすことの1つの目的は、国際法の存在基盤が疑われてしまうのを防ぐことなのである。

　だがそのような大沼の問題意識にもかかわらず、大沼の類型化によって抽出された「国内モデル思考」の「形」には、「国際法 (international law)」という概念が存在していないと言ってよい時代 (ローマ法の導入や自然法全盛の時代) の思想家 (グロティウス、ヴァッテル、ホッブズ) たちが多く登場しており、「一五〇年以上の国際法の歴史」とは直接的には結びつかない部分が多々見られる。また「国家の基本権」について言えば、言及されている何人かのうちサヴィニー、イェーリンクなどは、明らかに「国際法学者」ではない。そのように考えると、大沼が「一切の発想に根底にある」とした「人が法について考える場合、国内法に依拠するのが自然かつ一般的であるという事情」は、一定の留保を付して見てみなければならないことになる。なぜなら大沼がそうした観察を導き出すために参照した人々が、単に国際法が存在していない時代の人々であったり (国内法と国際法の区別が存在していなかったり)、単に国際法学者ではない人々であったとすれば、そうした思想家の言説の検証は、必ずしも「国際法学における国内法モデル思考」の証左にはならないはずだからである。

　むしろ大沼が問題にしたかったのは、そうした国内法と国際法の区分がなかった時代の思想家たちや、国内法学者の理論を、19世紀末以降の「国際法学者」たちが、「国内法と国際法の区分」を自明の前提として設定した上で、いわば人工的な後付けのやり方で、「導入」しようとしたことであったはずである。問題なのは、ヴァッテルが「国際法学における国内モデル思考」に陥ったことではなく、ヴァッテルを今日の意味での「国際法学者」として理解した人々が、無意識的に再生産し続けている「国際法学における国内モデ

ル思考」のはずである。つまりいわゆる「法実証主義的国際法学者」である。またここで問題とされるのはイェーリンクの法学説それ自体ではなく、「国家の基本権」を援用しながら修正して「国際法学」の体系を築き上げた人々が無意識的に持ち続けた「国際法学における国内モデル思考」のはずである。つまりラウターパクトであり、ケルゼンであり、国際社会の組織化において「裁判規範中心主義」に陥った人々である(10)。

　大沼の議論は、国際法学史に関する深い造詣に裏付けられた重いものであると同時に、20世紀以降の国際法学への批判的視座も含みこんだものであった。前者にかかわる分析論に目を奪われて、「国内モデル思考」論文が持つ鋭い問題提起の側面を見失ってはならないだろう。この論文が主要な標的としているのは、20世紀以降の「法実証主義者」であり、「裁判規範中心主義者」であり、ケルゼンであり、ラウターパクトなのである(11)。

　われわれは「国内モデル思考」論文における大沼の議論の流れを、20世紀の国際法学の主要な潮流に対して、原理的次元で批判的視座を提示するという意図において、深く理解することができる。これによって大沼とともにわれわれは、安易な「国内モデル思考」によって国際法の存立基盤が不当に疑われるような事態を回避することができる。そしてもちろんそれだけではなく、機械的な「国内モデル思考」によっては見失われてしまう「行為規範」などの「裁判規範」以外の国際法における重要な諸要素を、慎重に摘み取っていくための理論的な準備をすることができるのである。

　しかし同時に残される疑問は、果たして大沼が論じた問題は、本来、ケルゼンやラウターパクトの批判だけで終わるべき問題なのかどうか、である。もちろん20世紀以降の「法実証主義者」や「裁判規範中心主義者」の無意識的な「国際法における国内モデル思考」を、繰り返し検討の対象にしていくことは、国際法学において、今後も必要なことであろう。しかし「国内モデル思考」が、果たして国際法をめぐる問題だけに収斂するものなのかどうかは、より原理的に考えるならば、大きな疑問として残る。つまり果たしてそれが、より大きな文脈で捉えるべき国内秩序と国際秩序をめぐる思想の連関性の問題を垣間見せるような論点ではないかどうかが、疑問として残る。

　もちろんこのような問いは、大沼の「国内モデル思考」論文の意図を超え

ていくものであるかもしれない。しかし大沼が提示した問題を、さらに大きな問題へと発展させていくことには、一定の意義があるかもしれない。次節ではそこでそうした発展性について、まず国際政治学に焦点をあててみることによって、考察してみたい。

III 「国内モデル思考」と政治的現実主義

　「国内モデル思考」は、国際法学にのみ見られる問題ではない。国際法学の隣接分野である国際政治学（国際関係学）においても、「国内モデル思考」は1つの大きな問題である。ただしその表れ方は、国際法学と国際政治学においては、大きく異なる。

　大沼が言及したホッブズが、国際政治学における「現実主義」の代表格として扱われることが多い思想家であるという事実は[12]、「国内モデル思考」と国際政治学における「現実主義」との親近性を物語る。そもそも国際関係は無秩序な「アナーキー」状態であるという国際政治学によく見られる認識は、中央政府の下で秩序が保たれている国内社会のイメージとの対比によって、よりいっそう明確になるのである。

　国際政治学において「国内モデル思考」の問題性を指摘することは、ケルゼンやラウターパクトではなく、モーゲンソーを標的にすることを意味する。モーゲンソーの「政治的現実主義」は、国際関係を、国益を追求する諸国が作り出す権力闘争の場として描き出した。それは国際関係が国際関係である限り抜け出すことができない所与の条件として設定される。なぜならモーゲンソーによれば、国際関係には中央政府が存在せず、つまり国内社会とは異なるので、必然的に無秩序にならざるを得ないからであった。

　大沼の議論における「国際法」の部分を「国際秩序」に置き換えてみると、そして「国内法」の部分を「国内秩序」に置き換えてみると、「国内モデル思考」を国際政治学において問い直すことの意味も見えてくる。モーゲンソーの立場は、大沼がオースティンとケルゼンに与えた立場に対応している。モーゲンソーは、国際関係には、国内社会の秩序に相応する秩序がないので、「国

際秩序」と言えるようなものを認めることはできないと考えた。モーゲンソーが持っていた「国内モデル思考」が、「国際秩序」の存在を否定させたのであった。またモーゲンソーは、無秩序状態を突破するためには、究極的には世界政府を樹立するしかない、と考えていた。モーゲンソーは無意識的に、国際的な秩序を作り出すためには、国内社会における秩序に似た秩序を作り出す必要があると考えていたがゆえに、どんなに実現困難であっても「世界国家のような超国家的組織」を目標として考察せざるを得ないと論じていたのである。権力闘争に彩られた「政治的現実主義」を標榜しながら、「政治世界の範囲と同じ広がりを持つ国家なくしては永続的な国際平和はあり得ない」としたモーゲンソーの「悲劇主義的」立場は[13]、恐らくは彼の人生の屈折を考えることなくしては、理解できないようなものであろう[14]。結局のところ、モーゲンソーが持っていた「国内モデル思考」が、彼の国際秩序構想を固定的かつ狭隘なものにしたのである。

「法＝強制説の立場に立つ」がゆえにオースティンやケルゼンが「国内モデル思考」の弊害に陥ったとすれば、モーゲンソーもまた「秩序＝法的強制力の有無」の見解に依拠して自らの「政治的現実主義」を理論化したがゆえに、「国内モデル思考」に陥穽にはまり込んだ。亡命ユダヤ人であったモーゲンソーは、もともとは「ドイツ法学」全盛の時代に研究者としての業績を打ち立てた「国際法学者」であった[15]。国際法学におけるケルゼンの影響力が圧倒的なものであった時代に学生時代を過ごし、カール・シュミットと接触して絶賛され、将来を嘱望された新進気鋭の「若手国際法学者」が、モーゲンソーであった。しかしナチスの台頭によって、「国際法学者・モーゲンソー」の将来は、無残にも打ち砕かれた。ナチスの迫害を逃れ、流浪の後、米国に亡命し、窮乏の中、九死に一生を得て、モーゲンソーはやっとの思いでブルックリン・カレッジでの時給3.5ドルの劣悪な環境下での「政治学者」としての職を得ることになる。ブルックリンで、そしてその後のカンサスで、日夜慣れない英語での政治学の講義の準備を続ける中で、モーゲンソーの「政治的現実主義」は生まれた。モーゲンソーの「政治的現実主義」は、挫折して裏返しにされたケルゼンの世界観の反映であり、シュミットの理論を用いてシュミットのイデオロギーに対抗するようなものであった[16]。

類似の世界観を違う形で吐露したのが、ゲオルグ・シュワルツェンバーガーであったと言ってよいだろう。やはりドイツに生まれながら、ナチスを忌み嫌い、チャーチルを英雄視したユダヤ人として、シュワルツェンバーガーは、モーゲンソーと同じような思想傾向を持っていた。シュワルツェンバーガーの『力の政治 (Power Politics)』は[17]、モーゲンソーの『諸国家の政治 (Politics among Nations)』と同様に、徹底的に「力」の要素に着目し、権力闘争としての国際政治の分析を主眼としたものであった[18]。シュワルツェンバーガーは結局、望まれるのは、アメリカ合衆国あるいは米州機構、英コモンウェルスと帝国、そしてヨーロッパ連合からなり、ソ連圏に対抗する「大西洋連合」であるとした。そしてこの「大西洋連合」が、「全ての構成国における、外交政策、防衛、民主制度の擁護、法の支配、人権の機能を遂行すること」を切望した[19]。シュワルツェンバーガーによれば、「大西洋連合は困難な目標だが、これ以外の何者も偽装した、あるいは剥き出しの、力の世界政治にふさわしい代替はない」のであった[20]。シュワルツェンバーガーの場合、より具体的な政策論を提唱したものの、権力闘争の国際政治を乗り越えるためには超国家的連邦が必要となると考えた点では、モーゲンソーと全く同じであった。

　しかし1930年代半ば以降イギリスで国際法学者としての職にとどまり続けたシュワルツェンバーガーは、学者としての自己意識の面では、モーゲンソーとは異なっていた。モーゲンソーが米国への亡命と同時に国際法学者から国際政治学者に「転向」して『諸国家の政治』を執筆したのに対して、シュワルツェンバーガーは過酷な時代の趨勢に直面して、限定的に、あくまでも自らの国際法学者としての職責からすれば1つの逸脱として、『力の政治』を執筆したに過ぎない。シュワルツェンバーガーの説明によれば、「どの分野の法学者であれ、遅かれ早かれ、自分の法分野を外部からの視点で見たいと思う段階に達する。そこで彼は社会的背景を探り、社会学的手法によって自分の方法が補強されることを知る。そしてさらに社会的環境の特徴を理解したいと望むようになる」(傍点引用者)のであり[21]、それが第二次世界大戦の最中にシュワルツェンバーガーが逸脱の書を著したいという衝動にかられた理由であったと説明するのであった。

シュワルツェンバーガーは第二次世界大戦直後から、数十年にわたって、国際裁判の判例を詳細に読み解く仕事を継続して行い続けた[22]。シュワルツェンバーガーは、大沼が「国内モデル思考」の悪弊として批判した「裁判規範中心主義」を、徹底して行い続けた学者でもあったのである。『力の政治』を著して国際関係の「社会学的背景」に強い関心と洞察を示したシュワルツェンバーガーが、その後すぐに国際裁判の分析に向かったことは、あるいは奇妙に見えることかもしれない。しかし実はシュワルツェンバーガーが持っていた「国内モデル思考」の観点から考えてみれば、それは特段不思議なことではない。彼にとって「国際社会」は、無政府社会であるがゆえに、「力の政治」が支配する無法地帯である。したがって国際社会の発展の道筋は、何らかの超国家的存在を樹立して法の支配を確立すること以外にはない。ただしこうした現実に対して、実際の国際法は表層的な規範を扱うものでしかない。しかし国際法とはそのようなものであり、そのようなものとして以外には国際法は存立し得ない。そこで、国際法の権威が増すような政治環境が将来に作られることを願いつつも、しかしそれまでの間は、国際法学者は淡々と表層の分析だけをし続けるしかない。シュワルツェンバーガーの一見したところ逆説的な業績の展開は、このような解釈によってのみ理解しうるものである。

「国内モデル思考」は、ケルゼンやラウターパクトの進歩主義的な一元論に向かう傾向を持つが、それが現実に裏切られると、今度は容易にモーゲンソーやシュワルツェンバーガーの「政治的現実主義」へと向かっていくのであった。両陣営は、「国内モデル思考」という同一コインの表裏の関係にあると言ってよい。それは「国際法学」や「国際政治学」の学科の枠に捉われている限りは見えてこないが、学科横断的な視座で切り取ってみるときには、明らかになるような関係なのである。

Ⅳ　「国内モデル思考」をこえた分析の視座

このように「国際法学」の学科としての枠を離れたときに見えてくる「国内モデル思考」の問題領域を考えると、そもそも「国際法学の国内モデル思考」

という問題設定それ自体がどのような意味を持っているのかという問いに行き着く。

　大沼は「国内モデル思考」を、「さまざまな形で、意識的または無意識的に国内社会の法をはじめとする諸々の制度、関係、正当性原理あるいは国内社会そのものを範型とする思考様式」として捉えることによって、明文化された法規範だけではなく、「諸々の制度、関係、正当性原理」などがすべてかかわる、大きな人間の意識構造の問題として、「国内モデル思考」を理解すべきであると主張していた。だがもしそうだとすれば、「国内モデル思考」は、さらに大きな問題領域の一形態に過ぎないと考えるべきではないだろうか。あるいは大沼の国際法学における「国内モデル思考」の視点は、実はあくまでも大きな問題領域の中から操作的に限定されて摘出される問題としての「国内モデル思考」(つまり「国際法学」の内部であくまでも学科拘束的な視点で切り取って初めて現れてくる問題としての「国内モデル思考」)だったのではないだろうか。もしそうであったならば、「国内」からの影響を「国際」が一方的に受けてしまうという構造を絶対視した上で、「およそ人が法について考える場合、国内法に依拠するのが自然かつ一般的であるという事情」を「一切の発想に根底にあるものとして」考えていく態度は、果たしてどこまで自明視してよいものなのか、問い直す必要はないだろうか。

　大沼は、オースティンとケルゼン(ラウターパクト)への1つの対抗軸として、ハートの立場をあげた。オックスフォード大学生時代にハートに学び、後に国際関係学における「イギリス学派」の巨匠的存在となったヘドリー・ブルが、「国内的類推」の危険性について警鐘を鳴らした稀有な国際政治学者であったことは、決して偶然ではないだろう。国際法学における大沼の「国内モデル思考」論文と、国際関係学におけるブルの『アナーキカル・ソサイエティ』との比肩する意義を、そこでわれわれは確認することができる。

　しかし大沼の「国内モデル思考」論文とブルの『アナーキカル・ソサイエティ』との1つの大きな違いは、ブルが副題に記した「世界政治における秩序の研究」の文脈で「国際法」の機能に1章を割いた国際関係学者であった一方で[23]、大沼が「国際法と国内法」の関係を「国際法学」の側から議論する態度を維持した国際法学者であることである。結果として、ブルにとって「国

内的類推」の問題は、より広い文脈での秩序構想論の中で扱われるべき1つの小さな思想傾向でしかなくなった。しかし大沼にとって「国内モデル思考」は、国際法学全体に蔓延しているがゆえに、決して逃れることができない運命論的なものとして捉えられる。したがってある同一の問題を対象にしたときに、大沼にとっては典型的な「国内モデル思考」の産物として映るものが、ブルにとってはそうではないということが起こりうるのである。

　1つの例として、バランス・オブ・パワーの理解について考えてみたい。かつてモーゲンソーは、オッペンハイムによって認識された「バランス・オブ・パワーと国際法」との関係が、自らによって国際政治理論において正当な地位を与えられた、と誇った[24]。つまり国際政治理論においてバランス・オブ・パワーは看過されていたが、国際法においてバランス・オブ・パワーはすでに確固たる認知を得ていた、というのである。このような理解が、国際法学の認識として正しいかは別にして、オッペンハイムの国際法学においてバランス・オブ・パワーが重要な役割を担わされていたことは事実である。ただしそれはオッペンハイムに限ったことではなく、むしろ19世紀から第一次世界大戦期にかけてのイギリスの国際法学者の間では、普通のことであった[25]。モーゲンソーは「理想主義的」な国際政治学に対してバランス・オブ・パワーの理論を提示することによって、自らの現実主義を誇ることができた。しかしそのモーゲンソーも最終的には世界政府待望論に行き着いたように、秩序原理としてのバランス・オブ・パワーに信頼を置く準備はなかった。モーゲンソーにとってバランス・オブ・パワーの理論は、自らを「理想主義的」国際政治学者と区別するための格好の材料であったが、しかし結局は彼自身も「国内モデル思考」から脱却することはできず、単に「遅れた国内社会」としての国際社会を、悲観論的に扱ったに過ぎなかったのである。

　ところが実はオッペンハイムに代表される第一次世界大戦以前の国際法学者たちにとって、バランス・オブ・パワーとは、より積極的な意味を持つ1つの秩序構成原理であった。国際法は、現実に根ざした秩序構成原理との対応関係を失わない限りにおいて、地に足の着いた法規範として成立しうるという確信が、彼らの議論の背景にあった。バランス・オブ・パワーと国際法の関係を論じた人々は、「国内モデル思考」からは離れていたと言える人々

だが、しかし決して「国内モデル」を断念することや、「遅れた国内社会」としての国際社会像を放棄することを謳った人々でもなかった。彼らはむしろ現実の欧州世界の秩序と、それを裏付ける思想的基盤を、国内社会と国際社会の二元的区分を強調することなく、議論の俎上に載せた人々だったのである。

　バランス・オブ・パワーの理論が、「国内モデル思考」の産物ではないとしても、それは決して国内社会とは縁がない国際社会特有の理論だというわけではない[26]。実はバランス・オブ・パワーは、18世紀以来、イギリスの国家制度の根本原理といってもよい地位を獲得していた。そのことは18世紀後半のイギリス憲法学の権威ウィリアム・ブラックストンの著作において明快に表現されている。ブラックストンは、主権を絶対権力とする一方で、諸個人の権利をも絶対的なものとしただけではなく、イギリスにおいては主権が実際には3つの機関によって行使されることを論じた。つまり国王、貴族院、庶民院の3者は、互いに牽制しあいながら、1つの人格を構成しているのであり、そのような均衡状態があるからこそ、イギリスでは諸個人の自由の上に繁栄がもたらされると誇ったのであった[27]。権力分立と勢力均衡の原理が適用されているからこそ、より良き秩序がもたらされるという思潮は、この当時のイギリスの知識人に特有のものであったが、国内政治についても国際政治についても分け隔てなく、見られるものであった。

　マーチン・ワイトの言葉を用いれば、「バランス・オブ・パワーは、18世紀を通じて、ある意味で国際社会の不文憲法であるかのように、一般的に語られていた」が[28]、実際にイギリスでは「不文憲法」の中にバランス・オブ・パワーが憲法構成原理として取り入れられていたのである[29]。覇権国台頭を防ぐことに国益を見出していたイギリスでは、国内憲法における権力分立と勢力均衡の原理を、ヨーロッパ国際社会におけるバランス・オブ・パワーと重ね合わせる風潮があった[30]。当時のイギリスにおいて、バランス・オブ・パワーは、太陽系の運行の原理と同じように、自然調和的に働くものだと信じられた[31]。他方において、とくにデビッド・ヒュームやエドムンド・バークといったイギリスの思想家たちによって、征服者の台頭を牽制し、諸国の自由を守るものとして歓迎された[32]。バランス・オブ・パワーとは、単に大

国の力と力のせめぎ合いの状態を指すのではなく、1つの法則として、あるいは1つの規範として、ヨーロッパ全体に広がる制度として考えられており、イギリスの憲法体系もその一部であった。20世紀の国際関係学におけるイメージとは異なり、「啓蒙の時代」のバランス・オブ・パワー論は、人間が理性の力によって自らの運命をコントロールできるという楽観主義的な風潮と結びついていた(33)。

このような時代の思潮の中でバランス・オブ・パワーの原理が獲得した地位は、国内社会だけではなく、国際社会をめぐる言説においても確固たるものであったが、しかしそれは決して「国内モデル思考」の産物だと言えるようなものではなかった。もっと大きな時代の知の様態としてバランス・オブ・パワーを賞賛する思潮があり(34)、その結果として、国内社会秩序をめぐる言説にも、国際社会秩序をめぐる言説にも、バランス・オブ・パワーまたはそれに依拠した思考形態が、支配的な地位を得るようになったのである。このような国内秩序論にも、国際秩序論にも、影響を与えた知の様態あるいは時代の思潮を把握するためには、「国内モデル思考」は、無関係ではないにせよ、分析枠組みとしては不十分である。もし仮に「国内モデル思考」の強調が、より大きな問題の所在を看過させる結果をもたらしてしまうとすれば、それはむしろ弊害さえもたらしかねない。

ここではあえてブルの議論を援用しつつ、バランス・オブ・パワーという比較的明らかにしやすい「時代の思潮」を参照した。しかし同様の問題提起は、大沼が論じる他の問題群についても、相当程度にあてはまる場合があると思われる。大沼自身、16-17世紀におけるローマ法の影響が国内法と国際法の峻別が見られない時代の産物であることを強調した(35)。つまりこの時代におけるローマ法の影響は、正確に言えば、「国際法の国内モデル思考」の問題としては設定しえないことを指摘した。だがそうであるとすれば、「国家の擬人化と自然法の国家間関係への適用」、「国家の基本権の理論」、「国際社会の組織化」、といった問題群を、果たしてわれわれはどこまで「国際法の国内モデル思考」の問題として捉えることに確証を持てるのだろうか。

国内法と国際法の峻別が見られる時代になって「国際法の国内モデル思考」という問題が出現したこと自体は当然であろう。しかしある種の歴史的産物

である「国内法と国際法の峻別」は、その後の人工的な学科の分化を超えた「時代の思潮」の存在を否定するほどの効果を持ったのだろうか。つまり国内法と国際法の峻別の風潮が生まれた瞬間、両者の境界線がなかった時代に存在していた共通の「時代の風潮」は存在し得なくなり、残ったのは「国際法の国内モデル思考」だけになったのだろうか。「国家の擬人化」、「国家の基本権」、「国際社会の組織化」などはすべて、国内法と国際法の分科を超え、あるいは法学の領域自体をも超えていく巨大な「時代の思潮」によって引き起こされたものではなかったか。あるいは巨大な「時代の思潮」の中で、「国際法の国内モデル思考」と呼びうる現象が発生したことは確かであるとして、それはしかしあくまでもより大きな「時代の思潮」の中で、そのような「時代の思潮」の枠組みを所与のものとして、発生したものではなかったか。

おわりに

　本稿では、大沼の「国内モデル思考」論文が持つインパクトを受け止めるべく、その問題提起の射程を捉える作業を行った。その過程において、「国内モデル思考」論文が、単なる国際法学史上の成果だけではなく、国際法理論の大きな潮流に挑戦する含意を持ったものであったことを論じた。しかし本稿は同時に、「国内モデル思考」の問題が、国際法だけではなく、たとえば国際政治学においても、全く異なる形で、存在していることを明らかにした。そしてさらに「国内」と「国際」の二元論的分化を前提にした「国内モデル思考」批判は、より大きな文脈で把握される各時代の思潮の検討、あるいは秩序論や規範論の中で、さらに発展的に位置づけられうるかもしれないことを示唆した。

　本稿の議論は、決して大沼の論文を批判するものではない。ただその可能性の中心というべきものを明らかにした上で、さらなる発展的な検討の方向性を指し示すことを試みたものに過ぎないものである。たとえば本稿は、「国際法の国内モデル思考」を含み込むより大きな「時代の思潮」について言及したが、しかし本稿はそのような問題に権威的に答えることを準備していな

い。本稿は、あくまでも大沼の卓抜した論考に反応して生まれた思索の過程を書き留めたものに過ぎない。また本稿は、「国際法の国内モデル思考」の陥穽に警鐘を鳴らした大沼の珠玉の論考を的外れな方角から論じて、わずかばかりでも誤解を生み出すことを意図したものではない。大沼の論文が異なる位相において重大な問題提起を行ったものであり、比肩なき絶大な価値を持っていることについては、いささかの疑問の余地も存在し得ない。

しかし第一級の論考こそが、常に必然的に波及的な思索を刺激する。そこで本稿は、ただ大沼論文の光の恩恵にあずかり、大沼論文が放つ無数の波及効果の1つとしてささやかな意味を持つことをせめてもの希望として、執筆された。

〔注〕

(1) 大沼は「国内モデル思考」を、「さまざまな形で、意識的または無意識的に国内社会の法をはじめとする諸々の制度、関係、正当性原理あるいは国内社会そのものを範型とする思考様式」であると定義した。大沼保昭「国際法学の国内モデル思考―その起源、根拠そして問題性―」編集代表 広部和也・田中忠『国際法と国内法：国際公益の展開 山本草二先生還暦記念』(勁草書房、1991年)、78頁。

(2) Bull, H., *The Anarchical Society: A Study of Order in World Politics* (1977), pp.46-47; Suganami, H., *The Domestic Analogy and World Order Proposals* (1989) 参照。ただし大沼は、「類推 (analogy) は国内モデル思考の代表的な形であるが、それに限られない。また、国家成立前の自然状態における諸個人の関係を国際関係の範型とする思考も、現存国家の正当性原理にかかわる論理の国際関係への持ち込みという意味でこれに含まれる」としている。大沼、前掲論文 (注1)、78頁。

(3) たとえば、大沼保昭『国際法：はじめて学ぶ人のための』(東信堂、2005年)、59-68頁。

(4) 大沼、前掲論文 (注1)、57頁。

(5) 同上論文、58頁。

(6) 同上論文、71頁。

(7) Austin, J., *The Austinian Theory of Law*, ed. by Brown, Jethro (1931), originally published as *The Province of Jurisprudence Determined* in 1832, pp.96-97. なおイギリスに成文憲法典がないことは、今も19世紀も同じである。

(8) 「国際法 (international law)」という概念は、18世紀末にジェレミー・ベンサムが考案したものである。Bentham, J., *An Introduction to the Principles of Morals and Legislation* (1780), eds. by Burns, J.H. and Hart, H.L. (1970), p.296 参照。

(9) 実はこうした事情が生まれるのは、ハートがオースティンの名をあげて論拠を進

めたことによって、「ハート対オースティン」の構図が生まれて流通したことによる。つまり元凶は、150年以上前の法理学者を持ち出して自己の論拠を明確にしようとした20世紀後半の法哲学者ハートにあると言える。しかしそれはイギリスにおいては、理解できないことではなかった。オースティンが19世紀半ばにイギリスの法学界で巨大な影響力を誇ったことは確かな事実であり、その後も憲法典を持たないまま発展したイギリスの法体系の中で、オースティンの学術的立場を振り返ることには、常に一定の意義があると考えられるからである。しかしそれは国際法の問題というよりは、国際法をそのように理解する結果をもたらしてしまうオースティンの学説の問題を検討する作業の文脈で理解されるべき問題だと言える。Hart, H.L.A., *The Concept of Law*, second edition (1994), first published 1961, pp. 213-237 参照。

(10)　大沼は、「無制限的な自己保存権を含む絶対的権利を実定法上の権利としてとらえることの矛盾、基本権の種類と内容確定の困難性、とくに大国による乱用の危険性等」から、二度の世界大戦を経てからは、「国家の基本権は次第にその影を薄くし、かつての支配的な地位から滑り落ちて行った」とする（大沼、前掲論文（注1）、67-68頁）。したがって大沼は、あくまでも「国際法における国内モデル思考」の一例としての「国家の基本権の理論」の限界を論じている。つまり一方で19世紀から20世紀初頭にかけていわば法学全体における「国家の基本権の理論」の隆盛があり、国際法学はその流れの余波を受けたに過ぎないことを示唆しつつ、あくまでも「国際法学」の領域における「国家の基本権の理論」の限界を議論の俎上に載せている。言い換えれば、大沼は、「国家の基本権の理論」の源泉または大家と言えるG・F・マルテンス、サヴィニー、イェーリンクらを直接的に問題視することはせず、あくまでも彼らの理論の影響を受けた国際法学者たちを問題視しているのである。

(11)　さらに大沼が、慎重に注釈の中で、次のような記述をしていることも、注目される。「高野雄一教授が一貫して二十世紀の国際社会の動向を『国際社会の組織化』と特徴づけ、それが国際法のあり方に与える影響を強調してきたのは、こうした長期的趨勢の正当な把握と国内モデル思考の無意識的強調という危険の両面を含むものだった。……これに対して、高野教授の最近の著作は、近代国際法に随伴した欧米の植民地主義の歴史を強調し、第二次世界大戦後の国際法を『国際社会の組織化』のみならず、非植民地化の文脈にも位置づけてその相対的把握に努めようとしている。この点は、高野教授の以前の著作が『国際社会の組織化』を強調するあまり、国内モデル思考の無批判的強調に陥る危険性を孕んでいたのを是正し、国内モデル思考の相対化をはかるものとして重要である。」これに対して、「山本草二教授の教科書は、一貫して管轄権の配分という観点に立っており、……自覚的な国際法独自の体系化の試みとして特筆に値する。他面において、具体的規則の証明手段として同著が国際判例に大幅に依拠していることは、まさに国際判例の蓄積という現実があるだけに、国内判例の重要性の国際法学への素朴な適用と読まれかねない危険性を孕んでいる。」大沼、前掲論文（注1）、81頁。

(12) たとえば、Wight, M., *International Theory: The Three Traditions,* ed. by Wight, Gabriele and Porter, Brian; with an introductory essay by Bull, Hedley (1991) 参照。

(13) Morgenthau, H.J., *Politics among Nations: The Struggle for Power and Peace,* sixth edition, revised by Thompson, K.W. (1985), p. 533.

(14) しばしば誤解されるところであるが、第二次世界大戦直後に放ったモーゲンソーの巨大な影響力は、それまでの米国の国際関係学にとっては異質であったにもかかわらず、冷戦初期の時代背景に合致していたという環境要因によって、促されたものであった。ベトナム戦争に強く反対した「ドイツ訛り」の亡命者モーゲンソーは、1960年代までに明白に「反時代的」「反体制的」になり、米国政治学会長に立候補した際にもあえなく落選したのであった。

(15) Morgenthau, H., *Die internationale Rechtspflege: ihr Wesen und ihre Grenzen* (1929).

(16) 若手ユダヤ人国際法学者モーゲンソーは、ドイツ法学界の頂点を極めつつあったシュミットに自らの草稿を送って好意的な反応を得た後、1929年にシュミットに会っている。しかしその後、モーゲンソーは、シュミットの『政治的なものの概念』第2版に、彼の未公刊論文中のアイディアの盗用があると主張するようになり、シュミットを「今まで出会った中で最も邪悪な男」と呼ぶようになった。Frei, C., *Hans J. Morgenthau: An Intellectual Biography* (2001), pp. 160–161 参照。なお「ドイツ法学者」としてのモーゲンソーの思想的背景、シュミットの法理論の援用としてのモーゲンソーの国家主権論、それらが第二次世界大戦後の米国の国際政治学において放った衝撃などについては、篠田英朗「国際関係論における国家主権概念の再検討―両大戦間期の法の支配の思潮と政治的現実主義の登場」『思想』(特集：「帝国・戦争・平和」) No. 945 (2003年1月号)、同「国際政治学における主権、現実主義、そしてウェストファリア―カー、モーゲンソー、ブル、ウォルツに焦点をあてて―」『社会文化研究』(広島大学総合科学部紀要Ⅱ) 第26巻 (2000年) を参照。Shinoda, H., *Re–examining Sovereignty: From Classical Theory to the Global Age* (2000), Chapter 6 参照。

(17) Schwarzenberger, G., *Power Politics: A Study of World Society,* second edition (1951), first published 1941.

(18) 20世紀前半、特に両対戦間期のドイツにおいて、最も影響力を持った哲学的思潮は、フリードリッヒ・ニーチェであった。モーゲンソーは当時、後の彼自身の言葉を用いれば、「青年時代の神」と呼ぶほどにニーチェに心酔していた。「力」の哲学的概念化による一元的世界観は、ニーチェ哲学によって特徴付けられるこの時期のドイツ思想の特徴である。Frei, *supra* note 16, Part Two.

(19) Schwarzenberger, *supra* note 17, p.807.

(20) *Ibid.,* p. 813.

(21) *Ibid.,* p. xvi.

(22) Schwarzenberger, G., *International Law as Applied by International Courts and Tribunals,* Volume I, *General Principles* (1945); Volume II, *The Law of Armed Conflict* (1968); Volume III,

International Constitutional Law (1976); Volume IV, *International Judicial Law* (1986) 参照。

⑵ 国際関係学という学科の中で研究活動を行ったブルは、国際政治学者というよりは国際関係学者と呼んだほうが、より適切であろうと思われる。

⑵ Morgenthau, *supra* note 15, "Preface to the Second Edition."

⑵ Shinoda, *supra* note 16, Chapter 3.

⑵ そのことを的確に指摘したのがモーゲンソーであったことは間違いない。Morgenthau, *supra* note 15, pp. 189-192 参照。

⑵ Blackstone, W., *The Sovereignty of Law: Selections from Blackstone's Commentaries of the Law of England,* ed. by Gareth Jones (1973) 参照。19世紀末になるとA・V・ダイシーが新たな憲法学の権威として「議会の中の国王」主権論を唱えたが、これは実質的な権力配分については何ら異なったことを付け加えるものではなかった。ただ、バランス・オブ・パワーを国制構成原理としては否定したという点で、帝国主義時代の新しい思潮を象徴するものであった。Dicey, A.V., *Lectures Introductory to the Study of the Law of the Constitution* (1885); Shinoda, *supra* note 16, Chapters 2 and 3 参照。

⑵ Wight, M., *Power Politics,* second ed. (1979), edited by Bull, H. and Holbraad, C., p. 174.

⑵ 言うまでもなく、それをさらなる議論による発展の末、明文化したのが、18世紀末に成立したアメリカ合衆国憲法であった。Shinoda, *supra* note 16, Chapter 1 参照。政治思想史において、国内社会におけるバランス・オブ・パワーに依拠した秩序原理を説明した古典的書物が、『フェデラリスト・ペーパーズ』である。Madison, J., Hamilton, A. and Jay, J., *The Federalist Papers* (1987).

⑶ Anderson, M.S., "Eighteenth-Century Theories of the Balance of Power," in Hatton R. and Anderson, M.S. (eds.), *Studies in Diplomatic History: Essays in Memory of David Bayne Horn* (1970), pp. 183-184.

⑶ Watson, A., *The Evolution of International Society: A Comparative Historical Analysis* (1992), p. 200; Bull, H. and Watson, A. (eds.), *The Expansion of International Society* (1984), p. 24.

⑶ Hinsley, F.H., *Power and the Pursuit of Peace: Theory and Practice in the History of Relations between States* (1963), p. 163.

⑶ Anderson, *supra* note 30, p. 198. 篠田英朗『国際社会の秩序』(東京大学出版会、2007年)、第1章、参照。

⑶ このような「知の様態」を「エピステーメー」論として、国際社会の秩序観の変遷を分析したものとしては、篠田英朗「国家主権概念をめぐる近代性の問題―政治的概念の『エピステーメー』の探求―」『社会文化研究』(広島大学総合科学部紀要Ⅱ) 第25巻 (1999年)、同「国際秩序と国内秩序の共時性―価値規範をめぐる社会秩序構想モデルの歴史的分析―」日本国際政治学会編『国際秩序と国内秩序の共振』『国際政治』第147号 (2007年)。

⑶ 大沼、前掲論文 (注1)、58-61頁。

国際法学における「国内モデル思考」「裁判中心的思考」批判と国際組織
──国際法学における「国際組織」分析の方法論をめぐって──

植木　俊哉

はじめに

　本稿は、国際法学における「国内モデル思考」と「裁判中心主義的思考」という大沼保昭教授が提起した従来の「実定」国際法学に対する2つの根本的な批判及び問題提起について、特に筆者が関心を寄せている国際組織をめぐる法的諸問題との関係でその批判の妥当性について検討を試みるものである。従って、本稿における以下の分析は、主として大沼教授の学問的問題提起に対する筆者なりの検討に焦点を絞ったものであり、その他の学説等の包括的な分析と検討を意図したものではないことをあらかじめお断りしておきたい。

I　国際法学における「国内モデル思考」：その問題性と不可避性

　「法」は、社会を規律する規範の1つとして存在する。従って、法の内容は、その法が規律対象とする社会の構造や特徴に従って逆に規定されるという側面を有する。国際法は、国際社会を規律対象とする法であり、それゆえ国際法の内容は、各時代の国際社会の構造や特徴を反映して変化し発展を遂げる。ある国家の枠を超えた国際社会全体において妥当する法規範が存在し、それを国際法と呼ぶとすれば、国際法の規範内容の検討にはその時代の国際社会全体の構造分析が不可欠の前提作業となるといえる。
　われわれが「法」というものを意識し考える場合、それはわれわれ個々人

の日常生活にとって最も身近な法である国内法、特に民法等の国内私法を念頭に置くことが多いことは否定しがたい事実であろう。同時に、日本をはじめ世界中の多くの国において、国内私法は、ローマ法以来の長い歴史と経験の蓄積の中で極めて精緻で高度な法理論と法概念、そして法実務の集積体を形成し発展を遂げてきた。その意味で、国際社会の法としての国際法に関する学問的分析や理論構築に際して、国内私法の法概念や法理論のアナロジーという手法が用いられることは、方法論としてはむしろ自然なこととも言える。20世紀を代表する国際法学者の1人であり第二次世界大戦をはさんで1938年から1955年までケンブリッジ大学の国際法主任教授 (Whewell Professor of International Law) を務め、その後国際司法裁判所 (ICJ) の裁判官にも就任したハーシュ・ラウターパクト (Hersch Lauterpacht) が、1927年にその最初の著書として公刊した "Private Law Sources and Analogies of International Law" は、20世紀前半における以上のような国際法学の理論的潮流とも位置づけられる学問的方法論の代表的著作であることは周知の事実である[1]。

　このような国際法学の方法論を「国際法学の国内モデル思考」と名づけ、その問題性について鋭い批判を提起したのが大沼保昭教授である。大沼教授は、1991年の論文「国際法学の国内モデル思考—その起源、根拠そして問題性」において、国際法学における無自覚的な「国内モデル思考」が陥りやすい問題点を明確に指摘し、学問的警鐘を鳴らした[2]。大沼教授は、国際法学における国内モデル思考は、それ自体が必ずしも問題なのではなく、問題であるのは、「近代の国内社会と国際社会の異同を厳密に検討することなく、無意識のうちに国内モデルに依拠して国際法の擬似体系の構築や希望的観測、逆に極度の国際法無力説、国際法否定説に陥る無批判的な『実定』国際法学や法思考である」と指摘する[3]。大沼教授は、「国際法学が自立した、自己の立場を相対化しうる学として存立するためには、こうした国内（法）モデル思考の実態とその問題性への絶えざる自覚」が必要であると指摘し[4]、「国際法学における国内モデル思考の不可避性と問題性を共に意識しつつ、その条件、偏差、限界を明らかにしつつ国内モデルを用いるという、自己の立場を対象化した方法」を国際法学が自覚的に採るべきことを提唱する[5]。

　大沼教授は、「国内（法）モデル思考」を「さまざまな形で、意識的または

無意識的に国内社会の法をはじめとする諸々の制度、関係、正当性原理あるいは国内社会そのものを範型とする思考様式」と定義し、例えば「類推(analogy)」は「国内（法）モデル思考」の代表的な形であるが、それに限られない、と指摘する[6]。見落としてはならない点は、大沼教授自身も、法の概念規定にあたって、あるいはおよそ法というものを検討し議論するにあたって、近代の「国内法」に共通する特徴、形態、性格から出発するという「国内（法）モデル」のアプローチ自体には理論的及び実体的根拠があることを認めていることである[7]。大沼教授の批判は、「無自覚的」にまたは暗黙裡にこのような思考様式を前提として議論が展開される場合の問題性に向けられているのであって、国際法学において「国内モデル思考」を用いることそれ自体を完全に否定しているわけではないことに注意が必要である。

以上のように国際法学における「国内モデル思考」のアプローチは、問題性と不可避性を同時に持つものといえるが、本稿では以下で現代国際社会におけるいわゆる「組織化」現象を国際法はどのように捉えるべきか、そして国際法学の国際組織に対する分析のあり方を具体的素材として取り上げ、国際法学における「国内モデル」思考の問題点と再評価を試みることとしたい。

II 「国際社会の組織化」現象の理論的把握の前提としての「国内モデル思考」：「国内私法類推」の方法論

大沼教授は、国際法学における「国内モデル思考」にはさまざまの形があり、それらは今日の国際法学の用語、概念、理論構成等がそれぞれの歴史的背景を異にするいくつもの支配的学説、思潮の重層構造として成り立っているという事実に由来するものであると指摘する[8]。その上で、大沼教授は、国際法学における「国内モデル思考」を次の5つのものに分類する。その第1は、ローマ法上の概念や理論の国際法への導入、第2は、国家を擬人化し、国家間に妥当する法を個人間に妥当する法と類比して捉える枠組、第3は、19世紀から20世紀初めにかけて強い国際的影響力を持ったドイツ法学の思考様式で、法学を抽象的な権利義務の体系として構築し、しかも国内私法を

全法律分野のモデルとして構築しようとする考え方、第4は、いわゆる国際社会の組織化により、国際社会にも国内社会と同様に公共的利益や公共的価値を処理する体制の漸進的な一元化が認められるとする発想、第5に、最も根本的な考え方として、およそ人が法について考える場合、国内法に依拠することが自然かつ一般的であるという事情、である[9]。本稿では、大沼教授がここで指摘した5つの「国内モデル思考」のうち、特に第4のいわゆる「国際社会の組織化」現象を背景とする国際法学における「国内モデル思考」について具体的に検討を行うこととしたい。

但し、ここでは、本稿における以下の検討対象との関係で、以上5つのうちの第3の範疇に分類されている19世紀末から20世紀初頭にかけてのドイツ法学による国際法学の思考様式への影響に関して若干付言しておきたい。当時のドイツ法学は、国家が不可侵の「基本権」を持つという国家の絶対性を前提とした主張がなされたものの、大沼教授は、他方で当時のドイツ法学は法学を政治的・社会的現実を捨象した抽象的な権利義務の体系として確立しようとした「概念法学」であったと指摘する[10]。大沼教授は、その文脈の中で、当時の国際法学を代表する国際法学者として、トリーペル (Heinrich Triepel) とラウターパクト (Hersch Lauterpacht) 2人の代表的著作を取り上げている[11]。トリーペルの『国際法と国内法 (*Völkerrecht und Landesrecht*)』(1899年) では、国際法を捉える場合に、国家間関係を国内社会における個人間の関係、とりわけ国内私法に類推して把握する見解が有力であることが指摘されており[12]、先にも取り上げたラウターパクトの『国際法の私法的淵源と類推 (*Private Law Sources and Analogies of International Law*)』(1927年) では、当時の支配的見解が表面的には国内私法への依拠を否定しながら実際には他の名目で国内私法の諸概念や諸規則を取り入れており、特に仲裁裁判判決や条約規定、国家実行等において国内私法への依拠が大幅に行われていることを広範な文献や判決を根拠に説得的に論証していることが、それぞれ大沼教授により紹介されている[13]。

以上のような19世紀末から20世紀初頭の国際法学におけるドイツ法学ないしはパンデクテン法学、特に民法学の思考様式が有した事実上の強い影響は、「国際社会の組織化」という20世紀全般を通じた国際社会の新たな現象

を捉える際の国際法学の思考様式や分析枠組にも大きな影響を与え、結果として「国際社会の組織化」現象を国際法学が「国内思考モデル」で分析・検討することのいわば前提を構成することになる。

III 「国際社会の組織化」現象に対する国際法学の分析枠組に関する「国内モデル思考」

　大沼教授は、20世紀において国際連盟及び国際連合の登場により「国際社会の組織化」という現象が進行したことは、国際組織によって保護されるべき一般利益が顕在化して一般的承認を受けるようになったことと表裏一体の関係にあることを指摘する[14]。このことを前提として、「国際社会の組織化」現象に対する国際法学の側からの分析枠組として、国際社会にも「国内社会と同じように」公共的利益や公共的価値を処理する体制の漸進的な一元化が認められる、といった形で、いわば「国内モデル思考」の1つの発現形態がみられることを、大沼教授は鋭く指摘するのである[15]。

　以上のような大沼教授の論理展開の中で特に注目されるのは、「国際社会の組織化」を分析する場合の国際法学における「国内モデル思考」批判という大沼教授の論理の前提として、必ずしも国際連盟や国連といった具体的な組織体（いわゆる「国際組織」）の形成・発展という狭い意味にとどまらず、国際社会の「発達」「発展」――それはある意味でそのような発想自体が国内社会の発達・発展という現状を引証基準とした「国内モデル」思考を含むものであったと解することができる――という大きな事実関係の整理の枠組として「国際社会の組織化」という現象を捉えているという点である。大沼教授は、国際連盟や国連といった一般的国際組織の存在と活動が国際社会の一般利益を体現するものと受け取られたことと並んで、国際法のさまざまな領域で「近代の国内社会を範型として」国際社会の「発達」「発展」を目指す動きが現れたことを指摘している[16]。そして、その具体例として、第1に国際裁判管轄の義務化、制度化への試み、第2に強制の一元化への努力、第3に国際社会の一般法を「立法」によって創り出そうという努力、第4に国際違法行為を

不法行為と犯罪とにわけ、後者については国際刑事裁判所により刑事責任を問おうとする試み、第5に国際法にも強行規範が存在するという主張とその実定法化の試み、等が挙げられている[17]。

ここで具体的に指摘されたような国際法の構造的な「発達」ないし「発展」は、それを論者が自覚するか否かを問わず、いずれも少なくとも暗黙のうちに「国内法」モデルを基準とした「発展」論となっていることは事実であろう。他方で、国際法の体系や理論を考察する場合に、国際法の体系の外に存在する法規範の体系が国内法以外に存在しないとすれば、国際法理論の検討や国際法学の考察において「国内法」をその引証基準の1つとして用いることは事実上不可避であるともいえよう。

大沼教授も、以上のような国際法学における「国内法」を引証基準として用いる「国内モデル思考」の不可避性について、十分に自覚し、このようなアプローチが「それなりの理論的かつ実際的根拠をもっている」ことを一方では明確に認めている[18]。その上で、それにもかかわらず国際法学における少なくとも「無自覚」的な「国内モデル思考」は、多くの重大な問題点を有していることを指摘するのである。具体的に国際法学における「国内モデル思考」が招くその問題点として、第1に、このような「国内モデル思考」を前提とした場合、「国際法は法か」という問いは、実は「国際法は近代国内法、とくに近代欧米型の国内法的意味において法であるか」という問いを意味するに他ならないこと、第2に、このような「国内モデル思考」に立った場合、事実上それぞれの時代の大国や強国といった支配的国家における法概念が国際法においても実際上は強い影響力を持つ結果を招くこと、第3に、近代国内法を範型として想定する限り、国際法を「自立した」法体系として確立しようという試みは克服し難い限界を持つことになること、第4に、国際社会が国内社会と同様に「分権から統合へ」という近代国家のたどった道と同様の道を基本的にたどっているとしても、その過程は極めて長期にわたるものであり、そのことは現実の国際法の解釈や適用等についてその機能上重大な障害を招く危険性があること、等を大沼教授は指摘する[19]。

特に「国際社会の組織化」が一見進みつつあり、国際法の国内的実現やいわゆる国際立法の問題等が重要な課題となりつつある現代において、以上述

べたような「国内モデル思考」がとりわけ「暗黙裏に想定され」、その限界と問題点が意識されることのないまま国際法上の問題についての議論が進められることに対して、大沼教授は鋭い警鐘を鳴らしている[20]。本稿の冒頭でも紹介した同教授の次の言葉は、この点に関する明確なメッセージと結論を述べるものといえる。「国際法学における国内モデル思考は、それ自体が問題なのではない。問題なのは、近代の国内社会と国際社会の異同を厳密に検討することなく、無意識のうちに国内モデルに依拠して国際法の擬似体系の構築や希望的観測、逆に極度の国際法無力説、国際法否定説に陥る無批判な『実定』国際法学や法思考である。求められることは、国際法における国内モデル思考の不可避性と問題性を共に意識しつつ、その条件、偏差、変改を明らかにしつつ国内モデルを用いるという、自己の立場を対象化した方法である[21]。」

IV 「国際法関与者」概念の提示と「国際法主体」「国際法人格」概念批判：国際組織をめぐる分析概念とその評価

以上Ⅲまでで検討したように、大沼教授により提起された国際法学における「国内モデル思考」批判には、極めて鋭い内容が含まれており、その批判は極めて説得力に富んだものであると考えられる。それでは、次の段階の問題として、以上で紹介した国際法学における「国内モデル思考」批判の考え方は、とりわけ本稿の具体的な検討対象である国際組織に関する国際法学の検討と分析の中で、どのように具体的に生かされ新たな概念の提示等が行われたのであろうか。

国際組織をはじめとする企業、NGO、民族的少数者、先住民族といった非国家主体の国際法とのかかわりを考察するために大沼教授が新たに提示したものとして、「国際法関与者」という概念がある。大沼教授は、「国際法関与者」という概念を「国際法にかかわる者」あるいは「国際法にかかわる主体」という意味で捉えている[22]。

大沼教授がこのような「国際法関与者」という新たな概念を提示した背景

には、従来の国際法学が、国家や非国家主体を「国際法主体」という概念を用いて説明し、国家を完全な（又は主要な、一次的な）「法主体」、国際組織や企業、個人などを限定的な（又は制限的な）法主体と捉える認識枠組を採用してきたことに対する批判がある。大沼教授によれば、「これは、国際法における国内モデル思考の典型的なあらわれであり、1世紀前に隆盛をきわめた形式的・静態的なパンデクテン法学に倣った構成である」と述べ[23]、従来の通説的理論であったと考えられる「法主体」概念を前提とした国際法主体論を批判する。さらに、大沼教授は、「国際法主体」概念にとどまらず、「国際法人（格）」「権利能力」といった国内法上の概念を国際法に持ち込んで説明する方法論に批判の対象を広げる。国内法上の専門用語を国際法学において用いることは、一見したところ厳密な学問的態度のようにみえるが、各国の国内法の内容は現実には極めて多様であり、その多様性は「国内法」という一般化・抽象化を疑問視させるほど実質的に大きく、議論の混乱を招く、と大沼教授は指摘するのである[24]。

そして、本稿の直接の検討対象である国際組織に関しては、例えば国連を国際法上の権利義務の主体という意味での「国際法主体」として捉えるだけでは、今日の国連が国際社会において現実に果たしている重要で多様な機能、例えばその「正当化・正当化機能、意思伝達機能、国際社会の共通了解体現機能」といった重要な側面を正確に把握することができない、と大沼教授は「国際法主体」概念の限界と問題性を指摘する[25]。国際法に「関与」する主体、すなわち「国際法関与者」としての国連には、「法主体」という概念では捉えきれない多様な諸機能を営んでいるという現実がある。

また、国連といった個別具体的な組織体を離れて、およそ多様な任務と機能を有する国際組織を「法主体」という形式的な法概念で捉えること自体に問題があり、さらに進んで企業や個人、NGOといった国際組織以外の非国家主体を「（限定的・二次的）国際法主体」という概念を用いてこれらの主体と国際法との関係を説明することはほとんど不可能である、と大沼教授は指摘する[26]。ひとくちに国際組織といっても、国際社会に存在する国際組織は、国連のような国際社会で極めて重要な役割を担う組織体から無名の微細な組織に至るまでその実態は千差万別であり、国際組織と国際法のかかわりもこ

のような多様な実態を踏まえて検討されなければならず、その意味で国際法の観点から国際組織を分析する際の枠組として、従来の国際法学において一般的に用いられてきた「国際法主体」という概念よりも「国際法関与者」という新たな概念が実質的に分析に有用であり必要とされることを大沼教授は強調するのである[27]。

　以上のような大沼教授による国際組織に関する国際法学の「国内法モデル思考」批判に基づく従来の「(国際)法主体」概念批判及び「国際法関与者」という新たな法概念の提示は、どのように評価することができるであろうか。

　そもそも国際法学の歴史的発展の中で、国際組織を「国際法主体 (subject of international law)」及び「国際(法)人格 (international person)」という概念を用いて分析する思考様式が広がったのは、1949年に国際司法裁判所 (ICJ) が下した「国連の勤務中に被った損害の賠償」事件の勧告的意見を契機としてであったといえる[28]。この意見では、周知の通り、国連の職員がその任務の遂行中に被った損害について、国連自身がいわゆる機能的保護 (functional protection) 権を行使することが認められるか、という問いに対する回答を導く過程において、国連は「国際(法)人格 (international person)」を有し、しかもそれは国連非加盟国に対しても効果を有する「客観的国際法人格 (objective international personality)」である、という見解をICJが示した[29]。この意見の中でICJは、国連が「国際法人格」を有するということの意味は、国連が「国際法の主体 (subject of international law)」であり、「国際的な権利義務の保持する権能を有する (capable of possessing international rights and duties)」ということである、と述べている[30]。このような同意見におけるICJの説明は、「国際法主体」概念と「国際法人格」概念の間での同義反復的な説明を行っているようにも解され、大沼教授が批判する「国内モデル思考」による形式論的論理展開という難点を免れ得ないように思われる。他方で、重要な点は、国際組織に関して「国際法主体」概念が用いられる最大の実質的理由は、国際組織が「加盟国とは区別された」独自の権利義務の主体 (すなわち「法主体」) としての地位を有すること明示することにあることを示唆するものである。これは、国際組織に関して「国際法人格」という概念を用いる場合に特有の論点であり、例えば国際組織と並んでその「国際法主体性」の問題が議論されてきた「個人」の場合

には問題とならない点である。国際組織は、加盟国をその構成員とする団体である以上、このような組織構造を前提とする国際組織に関しては、少なくとも組織自身と加盟国との間での権利義務関係の「振り分け」ないしは「分配」という問題は組織の本質にかかわる重要な法的問題である。この点を検討する際に、「(国際)法人格」という概念を用いることは、少なくともこの概念が国内法からの借用物であることの自覚及びその限界と問題点を把握した上であれば、一定程度の実際的な合理的理由を持つものであると思われる。「(国際)法人格」という概念を完全に廃棄して、代えて「(国際法)関与者」という概念からのみ国際組織を国際法上分析した場合には、当該組織自身による国際法に対する「関与」の内容と度合は結局のところ個別具体的に検討する以外になくなる。無論、ここで再度確認するまでもなく、国際組織の国際法とのかかわりは多様であり、国際組織は国際法上の権利義務の主体としての機能の他に、前述したような多様な機能——正当化・正当化機能、意思伝達機能、国際社会の共通了解体現機能等——を果たしていることは事実である。その意味で、国際組織と国際法のかかわりの全体像を「国際法人格」や「国際法主体」といった従来の国際法学で用いられてきた概念のみで描き出すことは不可能であろう。他方で、「国際法関与者」という新たな概念のみを用いたのでは、現代の国際組織による諸活動を法的に正確に分析し評価することが困難となる場合もあろう。その意味で、国際法学による国際組織の分析に際しては、検討の対象と目的に応じて最も適切な分析概念を用いるという柔軟な態度が必要とされるものと考えられる[31]。

　このような柔軟な立場を前提とした場合に、国際組織の「(国際)法人格」という概念を用いた法的検討が必要とされる問題としては、国際組織自身が負うべき法的責任と加盟国が負うべき法的責任との区別の基準といった問題がその典型例として挙げられよう。この問題は、まさに「国内モデル思考」を前提としていることを自覚した上であえて比喩的に述べるとすれば、国内法人における有限責任と無限責任の問題に対応する論点であるといえる。また、現代の国際社会における現実の法的問題として、世界銀行等の業務的機能を営む専門機関においても、国連に代表される一般的・普遍的国際組織においても、この点は国際組織の本質にかかわる最も重要な法的論点の1つである

と考えることができる。現在、国連国際法委員会（ILC）において起草作業が進められている「国際組織の責任（Responsibility of International Organizations）」に関する法典化作業の中でも、この問題は最も論議のある法的争点としてなお活発な検討が進められていることを、最後にここで付言しておきたい[32]。

V 国際法学における「裁判中心主義的思考」批判と国際組織におけるその検証

　さて、以上本稿では、国際法学における「国内モデル思考」批判という大沼教授による問題提起に関して、特に国際組織に関する諸問題を具体的な素材として若干の検討を試みた。本稿の最後に、大沼教授が国際法学における「国内モデル思考」批判と並んでもう1つ提起している国際法学における「裁判中心主義的思考」と大沼教授が批判する思考様式について、特に国際組織との関係で簡潔に検討を行いたい。

　大沼教授による「裁判中心主義的思考」批判とは、これを要約すれば次のような内容のものであると思われる。すなわち、先に検討した伝統的国際法学における「国内モデル思考」の1つの帰結として、国内社会においては法が「裁判規範」として機能することに一定の現実的根拠があるため、国際社会においても国内社会と同様に法規範を「裁判規範」として捉え、「裁判規範」としての「実定国際法」を基礎としてICJの判決を重視した法体系を観念することへの強い希求が生じた。その結果として、従来のいわゆる「実定」国際法学は、裁判外での紛争解決等が現実の国際社会では事実上極めて重要な役割を演じているにもかかわらず、そのような事実を直視せず、「裁判規範イコール行為規範」という現実離れした同一化を行い、国際法における「行為規範」と「裁判規範」の乖離という事実に対する無自覚と無批判を招いた、というものである[33]。このような「裁判中心主義的思考」に基づく従来の国際法学における「実定法中心主義」は、国際法の有している行為規範、評価規範、正当化規範等としての性格、さらに国際法の正当化機能や意思伝達機能といった多様な機能を視野に入れることなく、国際法を「裁判規範」とし

てのみ捉える極めて視野の狭い硬直的な理解を招いた。さらに、このような立場は、ICJ が現実の国際紛争に関して果たしている「紛争解決機関」としての機能は実際には極めて微々たるものに過ぎないのに対し、国際法の有権的な解釈を提示する「法解釈機関」としては現実に非常に重要な機能を果たしているにもかかわらず、このような ICJ の「紛争解決機関」としての非重要性と「法解釈機関」としての重要性を無意識のうちに覆い隠す結果をもたらした[34]。

以上のような大沼教授による国際法学における「裁判中心主義的思考」批判は、「裁判規範」のみにとどまらない国際法規範の多面的機能を正当に評価すべきこと、また国際社会における ICJ に代表される国際司法機関が「紛争解決機関」としてよりも「法解釈機関」として重要な役割を果たしていることを見落とすべきではないこと等、極めて重要な視点を提示しているものと考えられる。

本稿の具体的な検討素材である国際組織に関する問題に着目した場合、国際組織は ICJ における「事件」の当事者となることはできず (ICJ 規程第34条)、他方で勧告的意見の要請という形で (国連憲章第96条、ICJ 規程第65条) 一定の国際機関は法律問題に関する法的意見を ICJ に対して求めることができる。従って、国際組織との関係では、ICJ が「紛争解決機関」としての役割よりも「法解釈機関」として役割をより強く期待されていることは、国家の場合と比較して制度上も明確であるということができよう。もちろん、ICJ の勧告的意見が特定の場合に「紛争解決機能」を果たす場合もあることも事実である。例えば、国際組織と当該組織のある加盟国との間の紛争を実質的に解決するための1つの手段として、ICJ に対する勧告的意見の要請が行われる場合もあり得るし[35]、また国際組織とその職員との間の雇用紛争の再審査が ICJ に対する勧告的意見の要請という形で行われたこともあった[36]。しかし、これらはあくまで例外的な場合であると考えられ、国際組織との関係では ICJ は「紛争解決機関」としてよりもむしろ「法解釈機関」として重要な役割を果たしているものと解することができる。従って国際組織の存在は、以上で指摘した従来の国際法学における「裁判中心主義的思考」の問題点をある意味で一定程度補正する役割を果たしているものと評価することもできよう。

おわりに

　以上、本稿では、大沼教授による国際法学における「国内モデル思考」と「裁判中心主義思考」という国際法理論の根幹にかかわる批判的問題提起を取り上げ、とりわけ国際社会の組織化という現象及び国際組織との関係で、このような批判の妥当性について可能な範囲で検証を試みた。大沼教授による伝統的な国際法学に対する批判には、非常に鋭敏な指摘が含まれていると同時に、他方では現実を直視した冷静な事実認識がこれらの批判の前提とされていることを是非ここで付言しておきたい。例えば、従来の国際法学において「国際法主体」という概念によって説明されてきた国家や非国家主体を包摂する概念として「国際法関与者」という全く新しい理論枠組を提示する一方で、「国家その他の国際法関与者」に関する説明の冒頭の一節を、「国際法は国家に始まり、国家に終わる」という「はなはだ時代錯誤に聞こえる」ともいえる「国家の枢要性」の指摘で始めている点などは、その面目躍如たるものがあると思われる[37]。

　大沼教授が提示した国際法上の多くの理論的な問題提起をどのように正面から受け止め、真摯にその評価と再批判を試み、さらにこれを乗り越えて国際法学を次の段階へと発展させていくか、私自身を含め国際法の研究を志す者には、一層の奮起と研鑽を必要とする重い責任が課せられているという思いをここに記して、本稿の結びに代えることとしたい。

〔注〕

(1) Lauterpacht, H., *Private Law Sources and Analogies of International Law (with special reference to International Arbitration)* (1927).
(2) 大沼保昭「国際法学の国内モデル思考―その起源、根拠そして問題性―」編集代表広部和也・田中忠『国際法と国内法―国際公益の展開―』（勁草書房、1991年）、57-82頁。
(3) 同上論文、77頁。
(4) 同上論文、57頁。
(5) 同上論文、77頁。なお、大沼教授によるラウターパクトの学説の解釈及び評価に関しては、同上論文、66-67、75-76頁。
(6) 同上論文、78頁。

(7)　同上論文、72-73頁。
(8)　同上論文、57頁。
(9)　同上論文、57-58頁。
(10)　大沼教授は、例えばこの時代の代表的法学者の1人であったサヴィニーの「歴史法学」も、現実の歴史とは切り離された概念法学であった、と指摘する。大沼、同上論文、66頁。
(11)　同上論文、66-67頁。
(12)　同上論文、66頁。Triepel, H., *Völkerrecht und Landesrecht* (1899), s.212.
(13)　同上論文、66-67頁。Lauterpacht, *supra* note 1, pp.17-42.
(14)　同上論文、68頁。
(15)　同上論文、58頁。
(16)　同上論文、68-70頁。
(17)　同上論文。
(18)　同上論文、73頁。
(19)　同上論文、73-76頁。
(20)　同上論文、76頁。
(21)　同上論文、77頁。
(22)　大沼保昭『国際法：はじめて学ぶ人のための』(東信堂、2005年)、124、127-128、129-130、172頁。
(23)　同上書、126頁。
(24)　同上書。
(25)　同上書、128頁。
(26)　同上書。
(27)　同上書、172頁。なお、国際組織とは別に個人についても、「個人の国際法主体性」という従来の国際法学において多くの場合に用いられてきた説明のあり方について、大沼教授は強い疑問を提起している。個人に関する今日の国際法をめぐる現実の多様な法現象を、抽象的・一般的に「個人の（国際）法主体性」といった形で包括的に分析し、叙述し、定式化することには基本的な無理があり、このような作業は高度に擬制的な性格を帯びざるを得ず、またこのように個人を国際組織と並置して「限定的法主体」という概念で説明することは、逆に現代の国際社会における「個人の地位の枢要性」についての誤った認識を与える危険性がある、と大沼教授は指摘する。大沼、前掲論文（注2）、186-188頁。
(28)　*ICJ Reports 1949*, pp.174-188.
(29)　この勧告的意見に関する詳細については、植木俊哉「国際法主体の意味と国連の法人格―国連の勤務中に被った損害の賠償事件―」山本草二・古川照美・松井芳郎編『国際法判例百選』(有斐閣、2001年)、28-29頁、同「国際組織の概念と『国際法人格』」柳原正治編『国際社会の組織化と法（内田久司先生古稀記念論文集）』(信山社、1996年)、

25-58頁、同「国際組織の国際責任に関する一考察(1)―欧州共同体の損害賠償責任を手がかりとして―」『法学協会雑誌』105巻9号（1988年9月）、9-14頁参照。
(30) *ICJ Reports 1949*, p.179.
(31) 大沼教授も、この点に関連して、「国際法関与者」と「（国際）法主体」という2つの概念について、「国際法『関与者』という概念には、その範囲を確定するうえで厳密な基準を欠くという欠点がある」ということを認めつつ、以下のように述べている。「ただ、あらゆる概念には事物の分析、解釈、説明の観点から長所と欠点を有しており、この点では『法主体』概念も同じである。『関与者』概念を採用することにより、欠点に勝る分析・説明能力が得られるのであれば、『国際法関与者』という概念を採用する意義は十分認められる。」大沼、前掲書（注22）、129頁。
(32) この点に関しては、2006年のILC第58会期での「国際組織の責任」に関する審議の中で、「国際組織の加盟国の当該組織の国際違法行為に対する国家責任（Responsibility of a State that is a member of an international organization for the internationally wrongful act of that organization）」と題する草案第29条との関係で議論が行われた。Report of the International Law Commission, Fifty-eighth session (1 May-9 June and 3 July-11 August 2006), General Assembly Official Records, Sixty–first session, Supplement No. 10 (A/61/10), p.251, pp.286-291. また、同年秋の国連総会第六委員会においても、この点に関する加盟国政府代表による議論が行われた。United Nations General Assembly, Report of the International Law Commission on the work of its fifty-eighth session (2006), Topical Summary of the discussion held in the Sixth Committee of the General Assembly during its sixty-first session, prepared by the Secretariat (A/CN. 4/577), p.15. さらに、2007年のILC第59会期においても、「国際組織の責任」に関する全体会合における審議の中で、フランスのペレ（Allan Pellet）委員が新たに提案した国際組織の責任に関する加盟国の義務を規定する「賠償義務の効果的な履行の確保（Ensuring the effective performance of the obligation of reparation）」と題する新第43条の規定をめぐって、全体会合及び作業部会において激しい議論が委員の間で戦わされ、その結果同会期において最終的に採択された第43条には別の条文案も注の形で併記される異例の形式を採ることとなった。このように、ILCにおける「国際組織の責任」に関する条文案の審議の過程でも、その最大の争点の1つが、国際組織自身の法的責任と加盟国の法的責任との間の責任配分のあり方の問題であったのである。
(33) 大沼、前掲書（注22）、64-66頁。
(34) 同上書、65-67頁。
(35) 1980年のWHO・エジプト間の1951年3月25日協定の解釈事件、1988年の国連本部協定第21項の仲裁義務の適用可能性事件等が、このような勧告的意見の例として挙げられる。前者は実質的にWHO（世界保健機関）とエジプトとの間の紛争、後者は実質的にアメリカ合衆国と国連総会との間の紛争を、それぞれICJの勧告的意見という形で取り扱ったものである。

(36) 1973年の国連行政裁判所判決第158号の再審査請求事件、1982年の国連行政裁判所判決第272号の再審査請求事件、1987年の国連行政裁判所判決第333号の再審査請求事件などがこのような性質の勧告的意見の例である。但し、このICJの勧告的意見制度を利用した国連行政裁判所の再審査制度は、1995年の国連総会決議50/54により廃止された。

(37) 大沼、前掲書（注22）、123頁。

国際義務の多様性
――対世的義務を中心に――

岩沢　雄司

はじめに

　国際司法裁判所のバルセロナ・トラクション電力会社事件判決（1970年）は、「対世的義務 (obligation erga omnes)」という概念を一躍有名にしたものとして知られている。同判決は、「他の一国に対して生じる義務」とは別に「国際共同体全体に対する義務」があり、この両者は本質的に区別すべきであると述べた[1]。国際義務は伝統的には二国間の義務であり、国が義務に違反すると、他の一国が被害を受け、被害国は違反国の国家責任を追及することができる。国際司法裁判所は、このような二辺的な義務とは別に、国家が国際共同体全体に対して負う義務＝対世的義務が存在することを示した。対世的義務は、性質上すべての国の関心事項であり、すべての国がその保護に法的利益をもつ。国際司法裁判所の判決のこの部分は傍論にすぎないが、その後しばしば引用されることとなった。裁判所が示した区別は国際法学において広く受け入れられ、対世的義務という概念は国際法上の基本概念として定着するに至った。この傍論は国際法にパラダイムの変換をもたらしたと評価されることもあり[2]、国際司法裁判所の最も重要な陳述の1つである。

　そしてこの点に関し、最近特に興味深い発展が見られる。国際司法裁判所は1970年以降いくつかの判例において対世的義務について論じ、この概念の内容を発展させてきている。とりわけ最近のものとして、パレスチナ占領地域壁建設事件勧告的意見（2004年）[3]とコンゴ領域における武力活動（コンゴ民主共和国対ルワンダ）事件判決（2006年）[4]が注目される。2001年に一応の終結を見た国家責任に関する国連国際法委員会の作業も、この点で大変注目

すべきものを含んでいる。国際法委員会は、国家責任に関する作業の中で、国家が負う義務の中に多様なものがあることを明らかにしたからである。さらに万国国際法学会も対世的義務について研究を行い、2005年に「国際法における対世的義務」に関する決議を採択した[5]。

対世的義務や国際義務の多様性を扱った研究はこれまでにもないわけではない[6]。しかし、対世的義務の内容・範囲・効果などその詳細はいまだに明らかとはいえないし、多様な国際義務がそれぞれどのような内容と特徴をもつのかは十分に解明されていないのが現状である。そのような中で本稿は、国際義務の分類を試み、とりわけ対世的義務の内容や効果を、国際司法裁判所の判例を軸に据えつつ、国際法委員会の作業や学説の発展も踏まえて検討しようとするものである。

I 国際司法裁判所の判例

1 バルセロナ・トラクション電力会社事件（1970年）

1970年のバルセロナ・トラクション電力会社事件判決は、対世的義務という概念を国際法の一般的な概念にした画期的な判決である。バルセロナ・トラクション電力会社（以下、バルセロナ社）はカナダで設立されたが、株式のほとんどはベルギー国民が保有していた。バルセロナ社はスペインで多くの子会社を設立していたが、スペイン裁判所がバルセロナ社の破産を宣告し、資産差押えを命令するという事態になった。これに対して、カナダが外交的保護を開始したが、私人当事者間の和解を勧めるにとどまったために、ベルギーがスペインを相手取って国際司法裁判所に提訴したのが本件である。裁判所は、外交保護権を行使するには自国に損害が生じていなければならないことを強調するために、次のように述べた。

「国際共同体全体に対する義務と外交的保護の分野で他の一国に対して生じる義務は、本質的に区別すべきである。前者は、その性質上すべての国の関心事項である。対応する権利の重要性にかんがみて、すべての国がその保護に法的利益をもつものである。それは対世的義務〔obligations erga omnes〕で

ある。そのような義務は、現代国際法においては、例えば、侵略行為の禁止、ジェノサイドの禁止、並びに、奴隷制度や人種差別からの保護を含む人間の基本的権利に関する原則及び規則から生ずる。」そのような義務は一般国際法になっているものもあれば、普遍的な条約によって与えられている場合もある[7]。

ここで対世的義務の特徴として「その性質上すべての国の関心事項である」ことと、「対応する権利の重要性にかんがみて、すべての国がその保護に法的利益をもつ」ことが指摘されていること、並びに、対世的義務の例が示されていることを確認しておきたい。この部分は傍論だが、きわめて大きな影響力をもった[8]。

2 前 史

バルセロナ社事件判決が下された1970年以前においても、対世的義務に似た考えが国際法において現れていなかったわけではない。ラガッチは、対世的義務の「前兆」として、国際地役、国際運河（ウィンブルドン号事件）、非軍事化地域（オーランド島）、条約法における客観的制度、強行規範について論じた[9]。タムズは、1970年以前においても被害国以外の国に原告適格を拡大する傾向が存在していたと指摘し、原告適格が条約に基づいて拡大される場合と条約に基づかずに拡大される場合を分けた。そして、原告適格が条約に基づかずに拡大される場合として、次の4つの例をあげた。相互依存義務（軍縮条約など他のすべての国による義務の履行を条件とする義務）の違反に対してはすべての当事国が対応できると考えられてきたこと、地位条約（客観的制度）の違反に対しては非締約国も対応できると主張されてきたこと、国際判決を遵守しない国に対しては第三国も対抗措置をとれると考えられてきたこと、人道に反する行為を行っている国に対しては他国が対抗措置をとることができると主張されてきたこと[10]。

このような国際法上の制度と対世的義務との異同や、これらの制度がどのように対世的義務につながっていったかを詳細に検討する余裕はない（いくつかは後で取り上げる）。以下では、対世的義務概念の先駆けをなす国際司法裁判所（及び前身の常設国際司法裁判所）の1970年以前の4つの判例を簡単に

考察するにとどめたい。

(1) ウィンブルドン号事件（1923年）

本件は、イギリス船籍でフランスの会社に使用されていたウィンブルドン号が、ポーランドに向けた兵器を積みキール運河にさしかかったところ、ドイツが中立義務の遵守を理由として運河の通航を拒絶したことに端を発する。イギリス・フランスに加えて、イタリアと日本も共同原告となって、ドイツを相手取って常設国際司法裁判所に提訴した。訴えの根拠は、「キール運河はドイツと平和関係にある一切の国家の商船と軍艦のために全く平等に開放され、常に自由たるべし」と定めるヴェルサイユ条約380条だった。裁判条項である386条は、「いかなる関係国（any interested Power）」も380条ないし386条の違反が存在するか又は当該条項の解釈に関して紛争を生ずるときは、裁判所に出訴することができると規定していた。裁判所は、イタリアと日本を含むすべての原告の原告適格を認めたうえで、ドイツが運河の通航を拒絶したことを不当と認め、フランスに対する賠償を命じた[11]。

裁判所がイタリアと日本も「艦隊や商船を保有している以上、キール運河に関わる規定の実施に明白な利害関係をもっている」として、これらの国にも原告適格を認めたことが重要である。裁判所は裁判条項を緩やかに解して、直接損害を被らなかった国にもドイツに対して380条違反の責任を追及することを許した。そのために本件は、民衆訴訟（actio popularis）を認めた先例と評価されることもある[12]。しかし、以下の点に注意が必要である。第1に、裁判所が直接損害を被らなかった国に原告適格を認めたのは、386条が「いかなる関係国」も裁判所に出訴できると広く規定していたことによる。第2に、それにしても、艦隊や商船を保有してさえいればキール運河の通航に明白な利害関係をもっていることになるなら、多くの国に出訴権が認められたであろう。第3に、本件で直接の被害国以外の国に出訴権が認められたのはヴェルサイユ条約が根拠となっている。

(2) メーメル領規程の解釈事件（1932年）

常設国際司法裁判所はこの事件でも、裁判条項に基づいて、直接の被害国でない国からの訴えを認めた。イギリス・フランス・イタリア・日本の4カ国は、ヴェルサイユ条約によって、メーメル領に対する主権をドイツから取得した。

そして1924年のリトアニアとの協定によって、メーメルに自治を付与するなどの条件の下で、その主権をリトアニアに移転した。1924年協定17条は、協定の規定に関して国際連盟の主要連合国とリトアニアの間に意見の相違がある場合には、当事国の要請に基づき、当該紛争は常設国際司法裁判所に付託すると定めていた。イギリス・フランス・イタリア・日本の4カ国は、この裁判条項に基づいて常設国際司法裁判所に提訴し、メーメル領行政府長官を免職させるなどのリトアニアの行為はメーメル領規程に反すると主張した。裁判所は、リトアニアの行為の一部はメーメル領規程に反すると判示した[13]。本件の原告はいずれもリトアニアの行為によって特に損害を受けたわけではなかったが、上記裁判条項が一般利益に基づく提訴を認めていることが明らかだったので、リトアニアも裁判所もこのような訴訟の遂行に異を唱えなかった[14]。このように本件では、被害を受けていない国からの提訴が許容されたが、それは、ウィンブルドン号事件の場合と同じく、条約中の裁判条項に基づいていることを確認しておきたい。

(3) ジェノサイド条約留保事件（1951年）

ジェノサイド条約に対する留保について国連総会が国際司法裁判所の勧告的意見を求めた本件は、条約の留保に関して有名な事件だが、裁判所は、「〔ジェノサイド〕条約は明らかにもっぱら人道的かつ文明的な目的のため採択された。……このような条約においては、締約国は自己の利益というものを有しない。締約国は1つの共通の利益……を目指しているにすぎない」と述べていた[15]。ここで裁判所は、ジェノサイド条約は単なる二国間の権利義務関係を定めるものではなく、ジェノサイドの防止という点で世界の諸国の共通利益を志向する条約であることを的確に認識しているように見える。「対世的義務」という言葉こそ使わなかったものの、ジェノサイド条約上の義務は、単なる二辺的義務ではなく、すべての他の締約国に対する義務であることを示唆しているように見える。ここから、この種の条約の違反については他のすべての締約国がその責任を追及することができるという結論に至るにはそれほど大きな跳躍を必要とするわけではないので、本判決は対世的義務概念の先駆といってよい。

(4) 南西アフリカ事件（1966年）

南西アフリカ事件で国際司法裁判所は、直接被害を受けていない国の原告適格を否定した。この判決は対世的義務の考え方とは対極に位置し、国際法をあくまでも二国間の権利義務として捉えたものということができる。この判決は、前の3つの判決と異なり、対世的義務の考え方にむしろ否定的な「先駆」である。

南西アフリカはドイツの植民地だったが、第一次世界大戦後、南アフリカを受任国とする委任統治地域になった。第二次大戦後、南アフリカは同地域の併合を主張するとともに、同地域においてもアパルトヘイト政策を実行した。国際司法裁判所は国連総会の要請を受け、1950年、1955年及び1956年の勧告的意見において、南西アフリカは国連の下でも引き続き委任統治地域であり、南アフリカは国際連盟規約22条及び委任状に基づく国際義務を依然として負う等の意見を述べた。それでも事態が改善しなかったために、エチオピアとリベリアがアフリカ諸国の意を体し、旧連盟国の資格で南アフリカを相手取って国際司法裁判所に提訴し、南アフリカは南西アフリカにおいてアパルトヘイトを実施していることなどによって受任国としての義務に違反していることの確認を求めたのである。

裁判所は、委任状の履行を求める権利はもっぱら国際連盟にあり、個々の連盟加盟国はそのような権利又は利益をもたないとした[16]。原告は、国際連盟理事会がその見解を受任国に強制する手段をもたないから、委任状の履行の究極の保障として個々の連盟国がこの問題に関して法的権利又は利益をもち、最後の手段として訴訟を提起することができなければならないと主張した。裁判所は、このような原告の主張を「民衆訴訟〔*actio popularis*〕を主張するに等しい」としたうえで、「〔民衆訴訟〕は、いくつかの国内法体系においては知られているとしても、現行国際法においては知られていない」し、法の一般原則によって国際法に取り込まれていると考えることもできないと断言した[17]。こうして裁判所は、原告は本件請求主題に関して自国に属する法的権利又は利益を立証していないという理由で、訴えを却下したのである。

本判決はアジア・アフリカ諸国の国際司法裁判所に対する不信を招き、裁判所の利用減少という結果をもたらした[18]。そしてそれが、バルセロナ社事件判決で裁判所が軌道修正を図ったことの背景をなしている。

南西アフリカ事件で裁判所は民衆訴訟を否定したといわれることが多い。確かに裁判所は「民衆訴訟は現行国際法においては知られていない」と述べ、民衆訴訟に否定的な立場をとった。ただ、裁判所がいう「現行国際法」は「現行の一般国際法」を意味すると解すべきであろう。1966年以前においても、人権などの分野で多国間条約が直接の被害国以外の国に申立権や出訴権を認める例はあったからである。1919年 ILO 憲章26条、1950年ヨーロッパ人権条約24条、1957年ヨーロッパ経済共同体設立条約170条（現227条）がそのような例であり、これらの条約体制の下では、直接の被害国とはいえない国が他の締約国の条約違反を国際機関（審査委員会や裁判所）に訴えた例が実際に存在する。その他、第一次大戦後に多く結ばれた少数者保護条約、第二次大戦後の人権条約（1948年ジェノサイド条約9条など）など、被害国以外の国に申立権（出訴権）を認める条約は1966年の時点でも少なくなかった[19]。

3　東ティモール事件（1995年）

バルセロナ社事件判決の後、対世的義務に関して国際司法裁判所が下した重要な判決として、1995年の東ティモール事件判決（管轄権）がある。本判決は以下の2点で特に注目に値する。第1に、国際司法裁判所が人民自決権は対世的性格をもつことをはっきり認めた。そして第2に、ウィーラマントリー判事が反対意見の中で、国際法の権利義務の対世性について詳細に論じ、対世的性格は国際法の義務だけでなく権利についても問題になると主張した。

(1) 判決（多数意見）

ポルトガルの施政下にあった東ティモールで起きた内紛を機に、インドネシアは1975年に同地域を軍事的に占拠し、1976年には自国に編入するに及んだ。国連の総会及び安全保障理事会は東ティモール人民の自決権を確認するとともに、インドネシア軍の撤退を要求したが、事態は変わらなかった。他方、オーストラリアは1989年に、ティモール・ギャップと呼ばれる海域の大陸棚の開発協定をインドネシアとの間に結んだ。ポルトガルは、オーストラリアの行為は東ティモール人民の自決権を侵害するなどとして、1991年に選択条項受諾宣言を管轄権の根拠としてオーストラリアを相手取って国際

司法裁判所に提訴した（管轄権の根拠がなかったためにインドネシアを被告とはしなかった）。裁判所は、本件請求について決定するには、その前提として、インドネシアの合意なしにインドネシアの行為の合法性について判断しなければならなくなるので、管轄権を行使することができないと判示した[20]。第三国の法益の決定が裁判の主題をなすときは、裁判所は当該第三国の同意なしに裁判を行うことはできないという原則（「不可欠の当事者の原則」又は「第三者法益原則」といわれる）[21]がその根拠となっている。

本件でポルトガルは、オーストラリアが侵害した権利は対世的な権利であるから、ポルトガルはオーストラリアに対してその尊重を要求できると主張した。これに対して裁判所は、次のように注目すべき見解を述べた。「憲章及び国際連合の実行から発展したところの自決権が対世的性格〔an *erga omnes* character〕をもつというポルトガルの主張は、否定しえない。……しかし当裁判所は、規範の対世的性格と管轄権の同意原則とは互いに異なる問題であると考える。……判決が本件の当事者でない他国の行動の合法性の評価を意味するときには、……問題とされる権利が対世的な権利〔a right *erga omnes*〕であっても、裁判所は行動がとれない[22]。」

(2) ウィーラマントリー判事の反対意見

このような多数意見を厳しく批判したのがウィーラマントリー判事である。彼は、国際司法裁判所の判例が対世的という概念の発展に重要な役割を果たしたことを認めるが、裁判所はこれまで、義務違反があった場合に対世原則が機能する態様に関して確たる判断を下していないこと、また対世的義務違反の効果を説明していないことを指摘する。そして、本件は対世理論の実際上の効果が検討される事件になっただろうと、多数意見が管轄権の行使を控えたことを遺憾とする。また判事は、これまでの判例が対世的義務の問題を提起したのに対して、本件は国際社会全体に対して対抗できる対世的な権利〔*rights* opposable *erga omnes*〕の問題、自決権及び天然資源に対する恒久主権の承認を受ける東ティモール人民の対世的な権利の問題を提起していることを指摘する。そして、東ティモール人民が自決権に対する対世的な権利をもつならば、すべての国はその権利を認める義務を負う。自決権が対世的な権利であるならば、同権利の違反に対して司法的救済を与えなければならな

い。対世性という概念の違反は、論理的で法的な帰結を伴わなければならない。本件への不可欠の当事者の原則の適用は、対世的な権利から実効性を奪い、対世理論の実際的機能を阻害する、と論じたのである[23]。

4 ジェノサイド条約適用事件（1996年）

国際司法裁判所は、1996年のジェノサイド条約適用事件（先決的抗弁）判決では、ジェノサイド条約上の権利義務が対世的な性格をもつことを認めた。

冷戦終結後、ユーゴスラビア連邦では民族主義が高まりを見せ、1992年にはボスニア・ヘルツェゴビナが独立を宣言した。しかし、同地域のセルビア人は連邦に残ることを主張し、内戦となった。ユーゴスラビアはセルビア人側を援助した。ボスニア・ヘルツェゴビナは、ジェノサイド条約9条を管轄権の根拠として、ユーゴスラビアを国際司法裁判所に訴え、ユーゴがジェノサイド条約に違反していることなどの確認を求めた。ユーゴは、裁判所の管轄権を否定するために、ジェノサイド条約9条にいう「国際紛争」が存在していないと抗弁した。ボスニア・ヘルツェゴビナ領域内で生じている紛争は国内紛争であり、ユーゴはその紛争当事者ではなく、ユーゴはボスニア・ヘルツェゴビナ領域に管轄権を行使していないと主張した。

裁判所はこの抗弁を退け、その際、ジェノサイド条約は紛争が国際的であるか国内的であるかにかかわらず適用されること、及びジェノサイド条約が自国領域外で行われた行為にも適用されることを指摘した。裁判所は、ジェノサイドは「その行為が行われた領域の権限ある裁判所により……裁判を受ける」と定める条約6条、及びジェノサイドの防止と処罰の普遍的性格を指摘する1951年のジェノサイド条約留保事件勧告的意見を引用して、ジェノサイドを防止し処罰する各国の義務は本条約によって領域上限定されていないと結論した。そして、その結論を導くに当たって、「本条約に定められた権利義務は対世的な権利義務である」と断言したのである[24]。

ジェノサイド条約留保事件勧告的意見（前掲）では、裁判所は、ジェノサイド条約が締約国の共通利益を定めたことは認めたが、義務の対世的性格についてまで語ってはいなかった。本件判決は、そこから一歩進めて、ジェノサイド条約上の権利義務が対世的な権利義務であることを明確に認めた点で

重要である。

5　パレスチナ占領地域壁建設事件（2004年）

　本件の勧告的意見は、対世的義務について詳細に論じており、バルセロナ社事件判決及び東ティモール事件判決と並ぶ重要性を有している。

　イスラエルは2002年に、イスラエルが占領しているヨルダン川西岸からイスラエルへの侵入を防ぐために、東エルサレムを含む西岸占領地域に分離壁を建設し始めた。国連総会は2003年に「1949年のジュネーブ第四条約を含む国際法の規則や原則にかんがみて、東イスラエルの内部及び周囲を含むパレスチナ占領地域に占領当局であるイスラエルが造っている壁の建設から生じる法的効果は何か」という問題について、国際司法裁判所に勧告的意見を要請した。裁判所は2004年に、壁の建設が国際法に反すること、イスラエルは国際法違反を中止する義務があること、すべての国は壁の建設に由来する違法な状態を承認しない義務を負うことなどを認定する勧告的意見を下した。

　そして、すべての国は壁の建設に由来する違法な状態を承認しない義務を負うという結論を導くために、多数意見は対世的義務の理論に言及した。裁判所によれば、「イスラエルが違反した義務は、対世的な義務を含んでいる」、「イスラエルが違反した対世的義務は、パレスチナ人民の自決権を尊重する義務、及び国際人道法上の義務の一部である[25]。」人民自決権に関しては、裁判所は東ティモール事件判決を踏襲するのみで、新しいことは述べていない。国際人道法に関しては、裁判所は、核兵器使用合法性事件勧告的意見を引用して、「〔武力紛争に適用される人道法規則の多く〕は本質的に対世的な性格の義務を含んでいる」と断言した[26]。そしてそのうえで、「関係する権利義務の性格や重要性にかんがみて、当裁判所は、すべての国は東エルサレムの内部及び周囲を含むパレスチナ占領地域における壁の建設に由来する違法な状態を承認しない義務を負うという意見である」と結論したのである[27]。

　ヒギンズ判事とコイマンス判事は個別意見を付し、多数意見による対世性の理論を批判した。ヒギンズ判事は、第三国が違法な状態を承認してはならないことは自明であり、対世性の概念を援用する必要はないこと、また国際

人道法の原則は慣習国際法であるから第三国を拘束するのであって、その対世性について語る必要はないことを指摘した[28]。コイマンス判事は、ある国が対世的義務に違反したことがどうして第三国の義務につながるのか理解できないと述べた[29]。本勧告的意見の「主文」は、「すべての国は壁の建設に由来する違法な状態を承認しない義務を負う」と述べるだけで、対世性については触れていない。個別意見を考慮し、対世的義務の概念に言及することを避けたものと思われる[30]。

6 コンゴ領域武力活動（コンゴ民主共和国対ルワンダ）事件（2006年）

本件（管轄権）判決は、国際司法裁判所が初めて強行規範（ユス・コーゲンス）という概念に明示的に言及した点で注目される。本件でコンゴ民主共和国は、ルワンダがコンゴ民主共和国領内に武力で侵攻し、甚だしい人権侵害を行ったと主張した。裁判所は、ジェノサイドの禁止が対世的義務であることを認めたが、対世的義務の違反が問題になっているからといって裁判所の管轄権が肯定されるわけではないと述べ、対世的義務違反と裁判所の管轄権とを切り離した。その点では東ティモール事件に似ている。しかし本件で、裁判所は、さらに一歩進めて、「一般国際法の強行規範（ユス・コーゲンス）と裁判所の管轄権を肯定することの間にも、同様のことが当てはまる。ジェノサイドの禁止が強行規範であることは間違いないが、紛争がそのような規範の遵守に関係していることによって、このような紛争を取り上げる管轄権の根拠が裁判所に与えられるわけではない」と述べた。対世的権利義務又は強行規範が紛争の中で問題になっていることそれ自体は、裁判所の管轄権が当事国の合意に常に依存するという原則の例外とはなりえないという[31]。

II 国連国際法委員会の作業

1 条約法特別報告者フィツモリスの報告書

国連国際法委員会は、条約法や国家責任法についての作業の中で、国家が負う国際義務が多様であることを指摘する重要な貢献をした。この点でまず

注目されるのが、条約法条約の作成過程でフィツモリスが行った貢献である。条約法の特別報告者だったフィツモリスは、1957年及び1958年に「条約の終了」及び「事後に締結された条約との抵触を理由とする無効」に関連して、多国間条約の中に多様なものがあることを指摘した。フィツモリスによれば、条約は次のように区別される。

　まず、「通常の条約」がある。当事国間で利益を交換する「互恵的 (reciprocal, reciprocating)」ないし「譲り合いの (concessionary)」義務を定めるものである。二国間条約だけでなく多国間条約にもこのようなものがある。この種の条約の根本的な違反があったときは、他の当事国は違反国との関係において、当該義務の履行を拒否することができる。その条約と抵触する条約が後から締結された場合、後から締結された条約は無効にならない。

　これと区別すべきは、相互に利益を交換するのではない「より絶対的 (more absolute)」な型の条約であり、それはさらに次の2つの型に分かれる。

　その第1は、「相互依存的 (interdependent)」な義務である。性質上、当事国の義務の履行が他の当事国の対応する義務の履行に依存する義務、他のすべての国による義務の履行を条件とする義務である。このような条約の根本的な違反は、他の当事国による義務の不履行を、単に違反国との関係においてのみでなく一般的に、正当化する。このような条約と抵触する条約が後から締結された場合、抵触する限りで後からの条約は無効となる。軍縮条約、一定の兵器や戦闘方法を禁止する条約、一定地域での戦闘を禁止する条約、一定の水域又季節に漁業を禁止する条約などが、これに含まれる。

　第2は、「独立存在的 (self-existent)」ないし「一体的 (integral)」な義務である。他の当事国による義務の履行に依存せず、それとは独立した義務であり、絶対的ないし一体的な (integral) 義務の履行を要求する。「特定の当事国に対する義務というより、いわば全世界に対する義務である。」このような義務の一国による違反は、たとえ重大なものであっても、他の当事国による条約の終了原因となりえず、違反国との関係における義務の不履行さえも正当化しえない。このような条約と抵触する条約が後から締結された場合は、「相互依存的」義務と同様に、抵触する限りで後からの条約は無効となる。人権条約、ジェノサイド条約のような人道的性格を有する条約、労働者の処遇に関

するILO条約、海上安全基準に関する条約、1949年ジュネーブ条約（国際人道法）、特定の地域で一定の制度を維持する義務を定める条約が、これに含まれる[32]。

条約法条約は、「条約違反の結果としての条約の終了又は運用停止」の面についてのみフィツモリスの区別を取り入れ、次のように定めた。多国間条約につき、一国による重大な違反があった場合には、「違反により特に影響を受けた」国は、当該違反を条約の終了又は運用停止の根拠として援用することができる（60条2項(b)）。また、「条約の性質上、一の当事国による重大な違反が条約に基づく義務の履行の継続についてのすべての当事国の立場を根本的に変更するものであるときは」（フィツモリスのいう「相互依存」条約）、他の当事国は、当該違反を条約の終了又は運用停止の根拠として援用することができる（60条2項(c)）。条約違反の結果としての条約の終了又は運用停止の規定は、「人道的性格を有する条約に定める身体の保護に関する規定、特にこのような条約により保護される者に対する報復（形式のいかんを問わない。）を禁止する規定については」（フィツモリスのいう「独立存在」義務の一部については）、適用しない（60条5項）。

フィツモリスによる「相互に利益を交換する条約」と「相互に利益を交換するのではない絶対的な条約」の区別には、トリーペルやベルクボームが行った「契約条約」と「立法条約」の区別の影響が見られる[33]。フィツモリスが行った重要な貢献は、後者をさらに「相互依存」条約と「独立存在」条約に分類したことである。

2　国家責任条文1996年草案

フィツモリスが1950年代にすでに提唱したこのような区別、及び1970年のバルセロナ社事件判決において国際司法裁判所が打ち出した対世的義務の概念は、国際法委員会の国家責任に関する作業に多大な影響を与えた。国際法委員会が1996年にまとめた第一次草案は、対世的義務という言葉さえ使っていないが、その考え方を取り入れた条文を含んでいる。

第一次草案の19条は、国家の国際犯罪について定めたことで知られる。この国家の国際犯罪の概念及び草案に列挙された国際犯罪の具体例は、対世

的義務概念との共通性を感じさせる。すなわち19条は、「国際社会の基本的な利益の保護に不可欠な義務」の違反は「国際犯罪」を構成すると定め、その例として、侵略、人民自決権の否定、奴隷制度・ジェノサイド・アパルトヘイトなどの重大な人権侵害、環境保護義務の重大な違反をあげたのである[34]。

同草案の40条もまた、「被害国」を広く定義し、直接の損害を受けなくてもすべての国が「被害国」となる場合があると規定することによって、対世的義務の概念を取り込んだ。40条2項(e)(ii)によれば、「国家の行為により侵害された権利が多国間条約又は慣習国際法規則から生じる場合で」、「国家の行為による権利の侵害が……他国の権利の享有又は義務の履行に必然的に影響する場合」には、「他のあらゆる当事国」が被害国となる。40条2項(e)(iii)によれば、「国家の行為により侵害された権利が多国間条約又は慣習国際法規則から生じる場合で」、「権利が人権及び基本的自由の保護のために創設されたか又は確立している場合」も、「他のあらゆる当事国」が被害国となる。さらに40条2項(f)によれば、「国家の行為により侵害された権利が多国間条約から生じる場合で、当該権利がそのような条約において明示的に当事国の集団的利益の保護のために定められていることが立証されるとき」は、「他のあらゆる当事国」が被害国となる。草案の注釈は、人類の共同遺産概念をその例にあげる[35]。そして最後に、40条3項によれば、「国際違法行為が国際犯罪を構成する場合」には、「すべての他の国家」が被害国となる。

3 国家責任特別報告者クロフォードの第三報告書（2000年）

国家責任に関する特別報告者のクロフォードは、国家責任条文の第二読審議に当たって、「被害国」の意味を再検討した。そして、国際違法行為の効果に関する条文を提案する際、フィツモリス、条約法条約、及び国家責任条文第一次草案による分類を参考にしながら、国際義務を分類し、義務違反の責任を追及できる国の範囲がそれぞれ異なることを示した。国家責任は国際違法行為より生じ、条約だけでなく慣習国際法に違反した場合も含む。そこで、フィツモリスや条約法条約が"条約"を分類したのに対して、クロフォードは"国際義務"を分類したという違いがあるが、クロフォードの分類は、明らかにフィツモリスや条約法条約の分類に基づいている。クロフォードに

よれば、国際義務は次のように分類される。

　まず、二辺的義務があり、それは多様な法源から生じうる。二辺的義務は二国間条約だけでなく、一般国際法や多国間条約からも生じる。例えば、外交関係条約(及びそれに対応する一般国際法)は、基本的に二辺的な性格をもつ。二辺的義務の違反の場合は、債権国(義務の相手国)が「被害国」となり、違反国の国家責任を追及することができる。

　このような二辺的義務に対して、多角的(multilateral)義務が区別される。そして多角的義務は、以下の3つの型に分類することができる。

　(1)　対世的義務(obligation *erga omnes*)　国際共同体全体に対する義務である。世界のすべての国が義務の遵守に法的利益をもつ。バルセロナ社事件で国際司法裁判所が言及した義務である。

　(2)　当事国間対世義務(obligation *erga omnes partes*)　特定のレジームのすべての当事国に対する義務である[36]。当事国が共通の利益や関心をもつ事項に関するものであり、すべての当事国が義務の遵守に法的利益をもつ。レジームは条約によって作られることが多いが、一般慣習法によって作られる可能性も排除されない。第一次草案の40条2項(e)(ii)は、義務違反が「他国の権利の享有又は義務の履行に必然的に影響する場合」を定めているが、それは条約法条約の60条2項(c)にいう、条約の重大な違反が「すべての当事国の立場を根本的に変更する」場合に対応する。これは「一体的(integral)義務」と呼ぶことができ、当事国間対世的義務の1つの下位カテゴリーである[37]。集団的利益の保護を定め、すべての当事国がその遵守に共通の利益をもつ義務に関する40条2項(f)(人類の共同遺産など)も当事国間対世的義務に含まれる。第一次草案は、条約が当事国の集団的利益を保護していることを明示することを求めたが、明示の定めを要求するのは狭きに失する。集団的利益を保護していることが条約の解釈から導かれる場合でもよいと考えるべきである。また、第一次草案は40条2項(e)(iii)で人権義務を別に規定しているが、それは2項(f)の集団的利益を定める義務と同種のものとみなす方がよい。環境(生物多様性、地球温暖化)、軍縮(地域非核地帯条約、核実験禁止条約)、人権(地域人権条約)が、当事国間対世義務の例である。

　(3)　一般の多角的義務　複数の国に対して負う義務で、特定の国(又は国

の集団）が責任を追及する法的利益をもつ場合である。法的利益をもつかどうかは、第一次規則の解釈による。しかし、条約法条約60条2項(b)が、条約の「違反により特に影響を受けた当事国」は、その違反を条約の終了又は運用停止の根拠として援用することができると規定していることからいって、「特に影響を受けた国」は違反国の責任を追及できると考えられる[38]。

多角的義務の分類を図示すると、下のようになる[39]。

多角的義務に関して責任を追及できる国

多角的義務の範疇	責任を追及できる国	適用範囲
対世的義務	すべての国	バルセロナ社事件で裁判所が説明した意味の対世的義務に適用される
当事国間対世義務	すべての当事国	すべての当事国の公益に関連する法的レジームに適用される（特に一体的義務を含む）(40条2項(e)(ii)、(iii)、(f)参照)
一般の多角的義務	別段の定めがない限り、「違反により特に影響を受けた」か「特別の利益」をもっているとみなされるあらゆる国	起源において多角的で、特に影響を受けた国が当事国であるすべての義務に適用される。もっぱら二国間に関係するとみなされる法律関係（外交的保護など）には適用されない

4 国家責任条文（2001年）

国際法委員会が2001年に採択した国家責任条文は、クロフォードの提案を受けて、同じように国際義務を分類している。国家責任条文における国際義務の分類はあまり知られていないが、もっと注目されてしかるべきである。

まず42条（被害国による責任の追及）は、他国が「被害国」として義務違反国の責任を追及できる場合について規定する。その1は、義務が「個別的に一国に対するものである場合」である。義務の履行を要求する権利をもつ国は、被害国として違反国の責任を追及することができる(42条(a))。国家責任条文の注釈によれば、このような義務は二国間条約だけでなく、一方的な約束、一般国際法、多国間条約からも生じる（外交関係条約22条など）[40]。

42条はさらに、個別的に一国に対して負った義務でなく、三国以上の間に適用される義務（注釈はこれを「集合的な collective」義務と呼ぶ）であっても、一定の条件をみたせば、他国が被害国として義務違反国の責任を追及できる

場合があるとする。すなわち42条(b)は、義務が「国の集団若しくは国際共同体全体〔the international community as a whole〕に対するものであり、かつ、その義務の違反が、(i)当該国に特別の影響を及ぼすものである場合、若しくは、(ii)その義務の履行の継続について他のすべての国の立場を根本的に変更する性格のものである場合」は、国は被害国として違反国の責任を追及できると定める。

このように国家責任条文は、集合的義務の違反の中で、特定の国に特別の影響を及ぼす場合と、当然に他のすべての国に影響を与える場合とを区別する。条文の注釈は、第1の、特定の国に「特別の影響を及ぼす」場合という概念は、条約法条約60条2項(b)からとったものであることを認める。そのような場合は、「特に影響を受けた国」が被害国となり、違反国の責任を追及できる。注釈は、海洋法条約194条に反する公海の汚染を例にあげる(41)。公海の汚染によって特に影響を受けた国が被害国となり、汚染国の責任を追及できるのである。注釈はまた、第2の、一国の義務違反が「他のすべての国の立場を根本的に変更する」場合という概念は、条約法条約60条2項(c)に対応することを認める。そのような場合は、「他のすべての国」が被害国となり、違反国の責任を追及できる。注釈は、軍縮条約、非核地帯条約、南極条約を例にあげたうえで、これは一般に「一体的」又は「相互依存的」な義務といわれるが、「一体的」という用語は誤解を生むので「相互依存的」な義務というべきであるという(42)。

他方で、48条（被害国以外の国による責任の追及）は、「被害国以外の国」が義務違反国の責任を追求できる場合について規定する。すなわち、48条1項は、「被害国以外のいかなる国も、次の場合には、他国の責任を追求する権利を有する。(a)違反のあった義務が、当該国を含む国の集団に対するものであり、かつ、当該集団の集団的利益の保護のために設けられたものである場合、又は(b)違反のあった義務が、国際共同体全体に対するものである場合〔is owed to the international community as a whole〕」と定める。

条文注釈によれば、(a)は「当事国間対世義務 (obligation *erga omnes partes*)」と呼ばれ、国の集団に対する義務であることと、集団的利益を守るための義務であることの2つが必要とされる。そして注釈は、環境、地域安全保障（地

域非核地帯条約など)、地域人権保護制度を例にあげ、ウィンブルドン号事件に言及する[43]。

48条はこのような当事国間対世義務と(b)「国際共同体全体に対する義務」、すなわち「対世的義務 (obligation erga omnes)」とを区別する。注釈は、48条1項(b)がバルセロナ社事件の対世的義務の概念に実効を与えることを意図したものであることを明記する。そして、条約のすべての当事国に対する義務 (当事国間対世義務) と混同すべきでないことを強調する[44]。

54条は「被害国以外の国がとる措置」について定めるが、「〔被害国以外の国が〕とる合法的な措置を妨げるものではない」と規定するにすぎず、何が「合法的な」措置かは説明していない。注釈は、この規定が、被害国以外の国が対抗措置に訴えられるかについて明確に定めず、将来の発展に任せた「保留条項 (saving clause)」であるという[45]。

III 国際義務の多様性

1 対世的義務と当事国間対世義務の区別

クロフォードと国際法委員会は、対世的義務 (obligation erga omnes) と当事国間対世義務 (obligation erga omnes partes) とを区別すべきことを強調したが、これはとても重要な指摘である。当事国間対世義務は、多国間条約などで作られたレジームのすべての当事国に対する義務であり、すべての"当事国"が義務の履行に法的利益をもつ。これに対して、対世的義務は、国際共同体全体に対する義務であり、すべての"国"が義務の履行に法的利益をもつ。対世的義務と当事国間対世義務は、広範囲の国——当事国間対世義務の場合はすべての"当事国"、対世的義務の場合はすべての"国"——が集団的利益を守るために違反国の責任を追求できる点で共通している。しかし、この2つを区別することは重要である。当事国間対世義務は、条約などで作られたレジームの当事国のみが義務の履行に法的利益をもち、非当事国は違反国の責任を追及できない。

バルセロナ社事件判決で国際司法裁判所は、「〔対世的義務に〕対応する保護

権のうちのあるものは一般国際法になった（ジェノサイド条約留保事件勧告的意見23頁）。そのような保護権は、普遍的又は準普遍的な性格の国際文書によって与えられることもある」と述べた[46]。ここで裁判所は、対世的義務が慣習国際法によって設定されることもあれば、条約によって設定されることもあるといっているようにも見える。だとすれば、裁判所は対世的義務と当事国間対世義務とをはっきり区別していないことになる。世界の「すべての国」（条約の非当事国を含む）が義務の履行に法的利益をもつものが対世的義務であるならば、それは一般国際法に基礎をもつといわなければならない。裁判所はここで、対世的義務が「慣習国際法と同時に条約によって設定されることもある」と言おうとしたにすぎないと解釈すべきと思われる[47]。

環境条約上の義務や1949年ジュネーブ条約上の義務は「対世的義務」といわれることが少なくない。しかし、「対世的義務」と「当事国間対世義務」を区別するならば、これらの義務を「対世的義務」というのは不正確ということになろう。これらの義務は非当事国に対しても負わなければならず、非当事国も義務の履行に法的利益をもつということまで意味するなら、これらの義務を「対世的義務」と表現するのは間違いとはいえない。しかし、このような条約においてはすべての"条約当事国"が義務の履行に法的利益をもつということを意味するにすぎないなら、これらの義務は、正確には「当事国間対世義務」といわなければならない。

万国国際法学会は2005年に「国際法における対世的義務」に関する決議を採択したが、決議のいう「対世的義務」は「当事国間対世義務」を含む広い意味である。しかし、万国国際法学会は、（狭義の）「対世的義務」と「当事国間対世義務」を混同したわけではなく、この2つの違いを認識したうえで、両者に共通する最小限の原則を定める途を選択したのである。報告者のガヤが2002年に提出した第一報告書は、一般国際法の下での対世的義務に対象を限定することが望ましいという立場をとっていた[48]。このようなアプローチを支持する会員もいたが[49]、条約の下で生じる問題も考慮すべきという意見の会員が少なくなかった[50]。そこでガヤは、第二報告書において、「対世的義務」の定義に次の2つを含めた。(a)一般国際法の下で国家が他のすべての国に対して負う義務、又は、(b)条約の下で当事国が他のすべての当事国

に対して負う義務。そして(b)の義務は、他の当事国に対してのみ負うのであって、「当事国間対世義務と呼ばれることがある」ことを確認したうえで、(a)と(b)に共通の原則を定める方針に転換したのである[51]。このような経緯を経て、万国国際法学会が採択した決議は1条で、この決議でいう「対世的義務」は「(a)共通の価値及び遵守についての関心にかんがみて、一般国際法の下で国家が特定の状況において国際共同体に対して負う義務であって、その違反につきすべての国が行動をとることができるもの、又は、(b)共通の価値及び遵守についての関心にかんがみて、多国間条約の下で条約当事国が特定の状況において同条約の他のすべての当事国に対して負う義務であって、その違反につきこれらすべての国が行動をとることができるもの」をいうと定義した[52]。「対世的義務」と「当事国間対世義務」は、確かに共通する面も少なくないが、責任を追及できる国の範囲という重要な点で異なっており、やはり区別するのが便宜であると考える。万国国際法学会が(a)と(b)の違いを認識していながら、いずれをも「対世的義務」の定義に含めたのは疑問である[53]。

2　国際義務の分類

クロフォードや国際法委員会が行ったさらに重要な貢献は、国際義務の内容を分析し、その多様性を示した点にある。そして、クロフォードが行った国際義務の分類は、フィツモリスや条約法条約が導入した条約の分類を取り入れたものだった。以下では、フィツモリス、条約法条約、クロフォード、国際法委員会の指摘を参考にしながら、筆者なりの国際義務の分類を試みる[54]。

国際義務はまず、大きく二辺的（二国間、bilateral）義務と多角的（多国間、multilateral）義務に分けることができる（クロフォードや国際法委員会は、後者を集合的〈collective〉義務と呼ぶが、必ずしもわかりやすい概念とは思えないので使用しない）。そして後者は、さらに通常の多角的義務、当事国間対世義務（obligations *erga omnes partes*）、対世的義務（obligations *erga omnes*）に分けることができ、当事国間対世義務をさらに相互依存（interdependent）義務と一体的（integral）義務に分けることができる。これをまとめると以下のようになる。

(1) 二辺的義務
(2) 通常の多角的義務

(3) 当事国間対世義務
  (i) 相互依存義務
  (ii) 一体的義務
(4) 対世的義務

(1) 二辺的義務　二辺的義務は、国が他の一国に対して負う義務である。二国間条約に基づく場合が典型である。二国間条約の下で当事国は相手の当事国一国に対して義務を負う。国が二国間条約の下での義務に違反したときは、他の当事国のみが違反国の責任を追及できる。

　他方で、規則が「多角的 (multilateral)」であり三国以上に適用されるものであっても、義務は他の一国に対して負う「二辺的」なものということもある。つまり、多国間条約や一般慣習国際法に含まれた義務も内容上二辺的なことがある。例えば、外交関係に関する国際法は、一般国際法及びそれを法典化した外交関係条約という形で存在しており、多角的な規則である。しかし、その下で負う義務は、外交使節の派遣国と接受国が互いの関係において負う二辺的なものである。外交使節の特権免除が侵害されたときは、派遣国の権利が侵害され、派遣国のみが違反国の責任を追及できる。このような権利義務関係は「二辺化可能な (bilateralisable)」義務、「二辺的関係の束」などといわれる。二辺的義務の束の例としては、ほかに、海洋法条約の多くの規定（無害通航権、公海の自由など）、多国間犯罪人引渡条約をあげることができる。

(2) 通常の多角的義務　国が複数の国に対して負う義務で、違反の効果はその義務に拘束されるすべての国に及ぶとしても、違反によって特に影響を受けた国があり、特に影響を受けた国が「被害国」として責任を追及することができるものである。国が多国間条約によって負う義務は通常はこれに当たる。海洋法条約194条（公海の汚染防止）を例に説明する。海洋環境の汚染を防止し、軽減し、規制するための措置をとる義務は、特定の一国に対して負う義務ではなく、複数の国に対して負う多角的義務である。しかし、その義務違反に対しては、汚染物質が沿岸に達した又は沿岸漁業を中止せざるをえなくなったなど特に影響を受けた国が、被害国として汚染国の責任を追及する。

(3) 当事国間対世義務 当事国間対世義務を対世的義務から区別することは、前述したように重要である。当事国間対世義務、一体的義務、相互依存義務という用語は互換的に使われることもある[55]が、ここで提示している分類では、当事国間対世義務を上位概念とし、その下位概念として相互依存義務と一体的義務を区別している。相互依存義務と一体的義務は、下記のような意味で用いる限り、その内容が大きく異なり、この2つを区別することは重要と考える。

(i) 相互依存義務 相互依存義務は、他国が義務を履行することが自国の義務履行の必要条件であり、一国の義務違反が自国による義務履行の意味を失わせるものである。条約法条約や国家責任条文の表現によれば、一国の義務違反が「他国の権利の享有又は義務の履行に必然的に影響する」(国家責任条文第一次草案)、又は「他のすべての国の立場を根本的に変更する」(条約法条約、国家責任条文) ものである。一国の義務違反によって、他国は当然に (*per se*) 影響を受け、他のすべての国が「被害国」となる。軍縮条約、非核地帯条約などを例にあげることができる。これも一体的義務といわれることがあるが、下記(ii)と区別するために、相互依存義務と呼ぶ。

(ii) 一体的義務 一体的義務は、集団の共通利益を保護するために作られたレジームの下で他のすべての当事国に対して負う客観的義務を指す。このような義務は多国間条約によって設定されるのが普通であるが、地域的な慣習国際法によって設定されることもありえないわけではない。すべての当事国が義務の履行に法的利益をもち、義務違反があったときは、「被害国以外の当事国」も違反国の責任を追及できる。人権 (ヨーロッパ人権条約、自由権規約など)、人道法 (1949年ジュネーブ条約など)、環境 (オゾン層保護モントリオール議定書、生物多様性条約) などに関する多国間条約の下で設定された義務を例にあげることができる。ウィンブルドン号事件やメーメル領規程解釈事件で直接の被害国以外の国に出訴権が認められたのは、条約の裁判条項が一般利益に基づく出訴権を認めていたからであり、当事国間対世義務 (一体的義務) の例と見るべきである。当該義務は、一般国際法に基づく国際共同体全体に対する義務 (対世的義務) と認められたわけではない。国家責任条文注釈は、地域非核地帯条約も一体的義務の例にあげる[56]が、非核地帯条約はむしろ

相互依存義務に分類すべきと考えられる。なお、一体的 (integral) という用語は、前述したようにフィツモリスに由来する。

　WTO 協定上の義務が二辺的義務か一体的義務かは争われている。パウェリンの論文は「多国間条約義務の分類— WTO の義務は性質上二辺的か集合的か？」と題されており、WTO の義務は二辺的義務の束であり当事国間対世義務ではないというのが、主張の中心だった[57]。しかし、WTO が推進する自由で無差別な国際通商体制の維持発展は加盟国の共通利益であり、WTO の基本義務は客観的義務の性質をもつ。世界経済の相互依存が進展しているために、一国の貿易制限は国際通商体制全体に悪影響を与える。そして、協定の目的達成が妨げられていることを理由にすれば、被害国でなくても紛争処理手続に申立てをすることが認められる。ただ、申立てはほとんどの場合自国の利益の無効化を理由として行われる。しかし、利益の無効化は具体的でなくてよいとされているので、具体的な損害を受けていない国も申立てができる。EC バナナ事件で上級委員会は、申立国は必ず「法的利益」をもっていなければならないわけではないと述べた[58]。こうしてみると、WTO の義務は、他のすべての当事国に対して負う義務であり、すべての当事国が義務の履行に法的利益をもつといってよいように思われる。すなわち、WTO の義務は二辺的義務の束ではなく、当事国間対世的義務（一体的義務）といってよいと考えられる[59]。

　(4) 対世的義務　対世的義務は、国際共同体全体に対する義務である。すべての国が義務の履行に法的利益をもち、「被害国以外の国」も違反国の責任を追及できる。バルセロナ社事件判決やそれを採用した国家責任条文の 48 条 1 項(b)に示された概念である。人権など当事国間対世義務の例としてあげた義務の一部は、対世的義務に該当する場合もある。条約の下で設定された義務が慣習国際法上の義務でもあるとき又は慣習国際法化したときは、国際共同体全体に対する義務となり、条約レジームの当事国だけでなく世界のすべての国が違反国の責任を追及できるからである。以下では、この意味の対世的義務について、さらに考察を進める。

IV 対世的義務の意味

1 対世的義務の概念
(1) 多義性

　前述したように、対世的義務という概念は、当事国間対世義務を含んだ広い意味で用いられることがある。しかし、対世的義務は、当事国間対世義務とは区別すべきと考える。

　erga omnes（すべてのものに対して）というラテン語は、様々な異なった意味で用いられる[60]。これらをすべて「対世的」と訳すと混乱を招くので注意が必要である。1970年のバルセロナ社事件判決以前には *erga omnes* という言葉は国際法では使われてなかったと考える向きもあるが、正しくない。1970年以前にも、条約の非当事国（第三国）に対する効力について語るときに、条約の「*erga omnes* な効力」という言い方がされていた。客観的制度 (objective regimes) がその例である。客観的制度は、条約が非当事国にも一定の効力をもつという考え方であるが、条約の「*erga omnes* な効力」と表現されることが少なくない。例えば、国際法委員会は1966年に「いわゆる『客観的制度』、すなわち、*erga omnes* な効力をもつ権利義務を創設する条約が、特別の場合として別に扱われるべきかについて検討した」と報告書に記載した[61]。そのほか、国際地役や通過権を設定する条約についても、条約の「*erga omnes* な効力」が論じられた。さらには、1949年の国連損害賠償請求事件で打ち出された「客観的国際法人格」という概念や、国際司法裁判所の判決が非紛争当事国に与える効力が、「*erga omnes* な効力」という表現を使って説明されることもある。これらの場合には、「すべての国に対する」効力という言葉で、第一次規則の効力範囲の非当事国への拡大が問題にされている。タムズはこれを *erga omnes* という用語の「伝統的な意味」と呼ぶ[62]。

　バルセロナ社事件判決の翌年の1971年に、国際司法裁判所はナミビア事件の勧告的意見の中で *erga omnes* という言葉を使った。裁判所は、ナミビアに関する総会及び安保理の決議は、国連非加盟国を含むすべての国に対して対抗力をもつと述べる際に、これらの決議は「国際法に違反して維持されて

いる状態の合法性を *erga omnes* に取り除く」と表現した。ここで裁判所が論じているのは決議の国連非加盟国に対する効力であるから、*erga omnes* という言葉はここでは伝統的な意味で用いられている[63]。

1970年に国際司法裁判所がバルセロナ社事件判決で国際法に導入した「対世的」義務の概念は、それとは異なる。対世的義務は、国際共同体全体に対する義務で、すべての国が義務の履行に法的利益をもち、被害国以外の国も違反国の責任を追及できるものである。それは、義務違反に対する責任の追及に関する第二次規則の問題である。

規則の効力範囲の問題（第一次規則の問題）と、責任追及国の範囲の問題（第二次規則の問題）が別の問題であることは、一般国際法の *erga omnes* な効力を考えるとよくわかる。一般国際法は、定義上すべての国を拘束する。したがって、「すべての国に対する」効力という意味では、すべての一般国際法は当然に *erga omnes* な効力をもつ。しかし、一般国際法上の義務がすべて、「対世的」義務という意味で *erga omnes* ということはありえない。

1974年の核実験事件で国際司法裁判所は、*erga omnes* という言葉を再び用いた。裁判所は、大気圏内核実験をもはや行わないというフランス政府の宣言が、裁判所の外で「公に、かつ、すべてのものに対して〔*erga omnes*〕」行われたと説明した[64]。裁判所はここでは、フランスの宣言がすべての国に向かって行われたことを単に説明しただけに見える。そうだとすると、これは、すべての国に対する効力という意味とも対世的義務という意味とも異なる、記述的用法ということになる[65]。

(2) 責任追及国は被害国か

対世的義務は、すべての国が義務の履行に法的利益をもつ点に最大の特徴がある。国が対世的義務に違反したときは、他の国はそれによって具体的な損害を受けていなくても、違反国の責任を追及することができる。その場合、具体的な損害を受けていない国に責任追及権限を認める法的テクニックには、2つの異なるものがあることに注意したい。

1つは「被害国」の概念を拡大し、具体的な損害を受けていない国も被害国とみなす方式である。国家責任第一次草案40条の「被害国」の定義は広く、国際法委員会は、1996年の第一次草案ではこの方式を採用したといえる。

同草案40条3項は、国際犯罪（対世的義務の違反）については、他のすべての国が被害国とみなされ、違反国の責任を追及できるとした。

もう1つは、当該義務を国際共同体全体に対する客観的義務とみなして、すべての国は被害国でなくても義務の履行に法的利益をもつと認める方式である。2001年の国家責任最終条文は、「被害国」による責任追及について定める42条と、「被害国以外の国」による責任追及について定める48条を分け、「国際共同体全体に対する義務」を48条に置いた（1項(b)）。国際法委員会は、2001年の最終条文では、こちらの方式を採用したといえる。対世的義務の違反については、すべての国が義務の履行に法的利益をもち、被害国以外のいかなる国も違反国の責任を追求することができるとした。

なお最終条文は、当事国間対世義務のうち相互依存義務と一体的義務とでは、この点で取扱いを変えた。相互依存義務については42条(b)で定め、他のすべての国が被害国となり違反国の責任を追及できるとした。一体的義務については48条1項(a)で定め、被害国以外のいかなる国も違反国の責任を追及できるとした。

2　対世的義務の判別基準

国際義務が対世的義務かどうかを何を基準にどのように判別するかはむずかしい問題である。国際義務が由来する法源は1つの基準になる。前述したように、対世的義務は、当事国対世義務とは区別しなければならない。当事国対世義務と異なり、対世的義務は国際共同体全体に対して負うものであり、その違反についてはすべての国が法的利益をもつ。それは、対世的義務が単なる条約上の義務でなく、一般慣習国際法に基づく義務でなければならないことを意味する。したがって、国際義務が条約に基づいており、その条約が慣習国際法を反映していないならば、他のすべての"条約当事国"が義務の履行に法的利益をもつだけのことである。それは当事国対世義務にすぎず、対世的義務ではない。

それでは、慣習国際法の規則の中で、対世的義務をどのように判別すればよいか。バルセロナ社事件判決で国際司法裁判所は、対世的義務について、第1に、「対応する権利の重要性にかんがみて」すべての国がその保護に法的

利益をもつ義務であることを強調した。第2に、外交的保護などの分野における二辺的義務と対世的義務との間の「本質的な区別」を強調した[66]。対世的義務をどのように判別するかについては、大きくわけて2つのアプローチがあるが、それは国際司法裁判所のこの2つの指摘に対応している。

　第1のアプローチは、国際義務が保護している価値の重要性を基準とする考え方である。国際共同体全体にとって重要な問題を扱っているものが対世的義務であるとする。重要性アプローチ (material approach)[67]、規範的定義 (normative definition)[68]などといわれる。国際司法裁判所は、国際義務が対世的義務であるというとき、その義務の国際法にとっての重要性を強調するのが常であり、この考え方は国際司法裁判所の実行に合致する。しかし、どの程度の重要性があれば国際義務は対世的義務と認められるのか、しきいはどこかを確認するのは実際にはむずかしい。テヘラン米外交官人質事件で国際司法裁判所は、外交関係法が「複雑な国際社会の安全と福祉にとって重要な」法体系であるとして、その「基本的な性格」を強調した。しかし、外交関係法は二辺的義務と考えられており、国際司法裁判所もそれが対世的義務であることを示唆したわけではない。

　第2のアプローチは、国際義務が国際共同体の共通利益を保護しており、二国間関係に還元されない (non-bilateralisable) こと、互恵的でないことを基準とする考え方である。構造アプローチ (structural approach)[69]、客観的定義 (objective definition)[70]などといわれる。タムズは構造アプローチをさらに強硬説 (strong version) と穏健説 (moderate version) に分ける[71]。

　強硬説は、規範の重要性に関わりなく、二国間関係に還元されない義務のすべてを対世的義務とみなす考え方である。タムズは、それによると相互依存義務や一体的義務も対世的義務とみなされることになり、広くなりすぎるという[72]。相互依存義務や一体的義務は条約によって定められることを前提としており、当事国間対世義務であって対世的義務ではないことをまず確認しておかなければならない。一体的義務は、国際共同体の共通利益を保護するために作られたレジームの下で負う客観的義務を指し、人権、人道法、環境などの分野の義務が想定されているが、それ以外の様々な義務を含みうる。タムズは、拷問・ハイジャック・通貨偽造などの行為を禁止する条約、ハー

グ条約などの国際私法統一条約、国際物品売買契約国連条約などの私法統一条約、記録の維持など国内で特定の行動をとる義務(向精神薬条約など)も、フィツモリスのいう一体的義務(絶対的義務)に入るという[73]。これらの義務は条約で定められているが、同時に慣習国際法を構成するなら対世的義務になるのだとしたら、確かに広くなりすぎる。

　これに対して穏健説は、二国間関係に還元されず、かつ、国際共同体全体にとって重要な義務を、対世的義務とみなす考え方である。それによれば、対世的義務は、人権、人道法、環境といった分野の義務に限定することができ、一般的な理解に近く、妥当に思われる。しかし、これにも問題がないわけではない。まず、どの程度の重要性が必要か、重要性のしきいの問題はここでも残る。国際人権法は慣習国際法であればすべて対世的義務なのか、対世的義務は人権規範の中でも特に重要なものに限るのか(この問題は後で再び取り上げる)。さらに、国際司法裁判所があげた例を十分説明できるかという問題もある。バルセロナ社事件で国際司法裁判所は「侵略行為の禁止」を対世的義務の例にあげたが、この義務は必ずしも二国間関係に還元できないわけではない。侵略行為が行われた場合は、非侵略国という特定の被害国が存在するからである。侵略行為の禁止は国際共同体全体にとって根本的な義務であって、非侵略国以外の国もその履行に強い法的利益をもつから、対世的義務ということなのだろう。しかし、その説明は必ずしも容易とはいえない。

　対世的義務の違反に対しては、被害国以外の国(第三国)も対抗措置をとることができるといわれることが多い。そこで第3のアプローチとして、義務違反に対して第三国が対抗措置をとることが容認されているものを対世的義務とみなす、いわば帰納的アプローチというべきものも提唱されている[74]。この基準によれば、これまでの国家実行からは、侵略行為の禁止や国際人権法(少なくともそのうちの重要な規範)が対世的義務とみなされる。しかし、対世的義務の違反に対して第三国が対抗措置をとるかどうか自体が争われているので、この判別法は循環論に陥るおそれがある。

　このように、何を基準にどのように対世的義務を判別するかは、むずかしい問題である。しかし、二国間関係に還元されず国際共同体全体にとって重要な義務を対世的義務とみなす穏健説が、バルセロナ社事件で国際司法裁判

所が指摘した2つの要素を取り入れているので、これを基本としつつ、侵略の禁止については、国際共同体全体にとって特に重要なので、その面を重視し対世的義務とみなすのが、最も妥当であるように思われる。

3 対世的義務と強行規範との関係

　バルセロナ社事件判決において国際司法裁判所が打ち出した対世的義務の概念が、国際法委員会に大きな影響を与え、同委員会が「国際犯罪」という概念を提唱する素地を作ったことは間違いない。国家責任第一次草案19条は「国家の国際犯罪」について規定したが、その内容は対世的義務を想起させるし、19条があげた例はバルセロナ社事件判決があげた例と重なる。ガヤは、国際法委員会が19条で採用した国際犯罪は「対世的義務の違反のサブカテゴリー」であるという[75]。このように、国際犯罪の概念を対世的義務の概念の部分集合ととらえる見方は少なくない[76]。国際犯罪と強行規範の関係も問題であり、国際犯罪の範囲は強行規範の範囲と同じなのか、それより狭いのかが論じられた。国家の国際犯罪という概念は、国家責任第一次草案19条に取り入れられたために大変注目されたが、最終条文には採用されなかったので、対世的義務と国際犯罪の概念の関係についての考察はこれ以上は控える。

　本節で検討したいのは、対世的義務と強行規範の関係である。この2つの概念が密接な関係にあることは誰しも認めるところである。1970年のバルセロナ社事件判決があげた対世的義務の例は、1969年のウィーン条約法会議で強行規範の例にあげられたものでもある。そこに見られるように、バルセロナ社事件判決が、前年に採択された条約法条約の強行規範の概念に影響を受けていることは間違いない。2006年のコンゴ領域武力活動事件で、国際司法裁判所は、ジェノサイドの禁止が対世的義務であると同時に強行規範でもあることをはっきり認めた。そして、対世的義務の違反が問題になっているからといって裁判所の管轄権が肯定されるわけではないとしたうえで、強行規範と裁判所の管轄権の間にも「同様のことが当てはまる」と述べた[77]。このように国際司法裁判所も、対世的義務と強行規範の類似性を認めている。

　こうして、対世的義務と強行規範の概念は重なり合うことが広く認められ

ている。では、どのように重なり合うのか。学説は「同一説」と「部分集合説」に大きく分かれる。

同一説は、この2つの概念の射程を完全な同心円ととらえるものである。シンマは、理論的には強行規範でない対世的義務がありうるとするが、実際には強行規範でない対世的義務を考えるのはむずかしいと述べ、この2つは「同一のコインの表裏」と結論する[78]ので、同一説とみなしてよいだろう。クロフォードの考え方もそれに近い。クロフォードは、対世的義務と強行規範は「事実上範囲が等しい」という[79]。クロフォードの執筆にかかる国家責任条文注釈は、トーンをやや弱め、強行規範と対世的義務が「単一の基本的な考えの別の側面であろうとなかろうと、少なくとも両者間にはかなりの重複がある」、国際司法裁判所が対世的義務の例としてこれまでにあげたものは、すべて一般に強行規範と認められている義務に関わる、と述べた[80]。

これに対して最近有力に唱えられているのが、強行規範を対世的義務の部分集合ととらえる説である[81]。ガヤは、報告者として万国国際法学会に提出した報告の中で、強行規範は対世的義務という大きな円に含まれる小さな円であるという説が「文献において広く支持されている」と指摘した[82]。そして、対世的義務であるが強行規範ではない義務として、人権に関する義務を例にあげた。人権に関する義務は対世的義務だが、すべてが強行規範とは考えられないと指摘する[83]。同様に、シシリアノスは、対世的義務と強行規範は「前者の方が後者より大きい2つの同心円を構成する」という[84]。タムズも、対世的義務と強行規範の関係を詳しく検討した後、部分集合説を支持した。強行規範は対世的義務と考えられるし、対世的義務は少なくとも理論的には任意規範に由来することもありうるという[85]。

第1に問題となるのは、強行規範は必ず対世的義務かという点である。多くの論者はこれを肯定し、強行規範の円は対世的義務の円に含まれるとする。強行規範は、きわめて重要な価値を保護しており「いかなる逸脱も許されない規範」である。二国が条約を結び、当事国の関係に限ってその規範から逸脱することすら許されない。それはその規範が国際共同体全体にとって重要であり、すべての国がその規範の遵守に法的利益をもっていることを意味する。規範が対世的でなく、特定の国家の法的利益を保護するだけのもの

であるなら、条約を結ぶことによって当事国間関係に限ってその規範から逸脱することがなぜ許されないかを説明できない[86]。そして、すべての強行規範は当然に対世的義務であるととらえる国家実行や国内裁判例が少なからず確認される[87]。例えば、国際法委員会の国家責任条文に対して、スイスは、強行規範の違反の場合はすべての国が被害国になるとコメントした[88]。また、国際法委員会の何人かの委員が「すべての強行規範は定義上対世的」であることを強調した[89]。こうして、強行規範は必ず対世的義務であることは肯定してよいと思われる。同一説と部分集合説のいずれもがそれを肯定しており、この点が両説の争点となっているわけではない。

第2の問題は、強行規範でない対世的義務が存在するかであり、同一説と部分集合説の見解が異なるのはこの点をめぐってである。タムズはこれを「未踏の領域」と呼ぶ[90]。シンマは、理論的には強行規範でない対世的義務がありうるとしたが、強行規範でない対世的義務を考えるのは「実際にはむずかしい」ことが、同一説に傾いた理由だった。しかし、理論的には強行規範でない対世的義務はありうると考えられるし、実際にもガヤが指摘したように、少なくとも国際人権法をその例としてあげられるように思われる。すなわち、国際人権規範が慣習国際法として確立しているとしても、そのすべてが強行規範ということは考えられない[91]。他方で、国際人権規範はすべて対世的義務と考えられる。国家が国際人権法上の義務に違反したとき、その被害を受けるのは主として同国の国民であって、他国は直接の影響を受けない。したがって、国際人権規範は、対世的義務と考えないと、違反国の責任を追及できる国がなくなり、あまり意味のないものとなる。国際環境規範についても同様のことがいえよう。国際環境規範の違反によって特に影響を受ける国が存在する場合もあるが、地球全体・国際共同体全体が影響を受ける場合は、これを対世的義務ととらえないと、違反国の責任を追及できる国がなくなるおそれがある。このような場合、すべてが強行規範とは限らないだろう。だとすると、それは強行規範ではない対世的義務ということになる。こうして、強行規範を対世的義務の部分集合ととらえる説が適当と考えられる。

4　対世的義務の具体例

バルセロナ社事件判決で国際司法裁判所が——例示であることを明示したうえで——対世的義務の例としてあげたのは、侵略行為の禁止、ジェノサイドの禁止、奴隷制度や人種差別からの保護を含む人間の基本的権利に関する原則及び規則である。ジェノサイドの禁止は、ジェノサイド条約適用事件で、国際司法裁判所が対世的義務であることを再確認した[92]。コンゴ領域武力活動事件で国際司法裁判所は、それが対世的義務であると同時に強行規範でもあることを明言した[93]。侵略行為の禁止は、必ずしも二国間関係に還元できないわけではないが、国際共同体全体にとって根本的な義務であって、非侵略国以外の国もその遵守に強い法的利益をもつことから、対世的義務とみなされたのだろう。

裁判所は「奴隷制度や人種差別からの保護を含む人間の基本的権利に関する原則及び規則」と述べたので、「人間の基本的権利に関する原則及び規則」が「奴隷制度や人種差別の禁止」に限られないことは明らかである。実際に旧ユーゴ国際刑事裁判所は「拷問の禁止」が対世的義務であることを認めた[94]。しかし、どこまでが「人間の基本的権利に関する原則及び規則」に入るのかがはっきりしない。「人間の基本的〔basic〕権利に関する原則及び規則」は、国際人権規範の中で重要なもののみを指すようにも見える[95]。他方で、「基本的人権」という言葉が人権一般を指すことがあるように、ここでいう「人間の基本的権利に関する原則及び規則」は慣習国際法となっている国際人権規範すべてを指すと解釈することもできる。実際、国際人権規範はすべて対世的義務であると考える人は少なくない。万国国際法学会は、1989年にすでにこのような見解に立つ決議を採択している。「人権の保護と国家の国内問題への不干渉の原則」と題する1989年の決議の1条で、「〔人権の遵守を確保する国家の国際義務〕は、国際司法裁判所のいう対世的なものである。すべての国家が国際共同体全体に対してその義務を負い、すべての国家が人権の保護に法的利益をもつ」と定めたのである[96]。

国際司法裁判所は、東ティモール事件では人民自決権が対世的権利であることを認めた[97]。裁判所は「人民自決権」についてしか語っていないが、天然資源に対する恒久主権原則にも同様に対世的性格を認める人もある[98]。

裁判所はパレスチナ壁事件では、国際人道法規則の「多く」が対世的性格

をもつことを認めた(99)。しかし、具体的にどの規則が対世的性格をもち、どの規則が対世的性格をもたないのかといった点まで踏み込んで説明はしなかった。

ガブチコヴォ・ナジュマロス事件の個別意見で、国際司法裁判所のウィーラマントリー判事は、個々の国家の利益を越えた国際環境法上の義務が対世的義務であることを示唆した(100)。ロゼンヌも、バルセロナ社事件判決を引用した後、今日ではこれらの対世的義務の列挙に、環境保護に関する原則及び規則も付け加えるべきであると述べた(101)。国家責任条文第一次草案19条が、国際犯罪として、侵略、人民自決権の侵害、奴隷制度・ジェノサイド・アパルトヘイトなど人間存在の保護義務の違反のほかに、環境保護義務の違反をあげていたことも想起される(102)。その他、国際環境規範を対世的義務とみなす人は少なくない(103)。

バルセロナ社事件で国際司法裁判所は対世的義務の例をあげる際、それが例示であることを明示していた。これら以外にも対世的義務がありえないわけではない。今後の展開を見守りたい。

5 対世的義務の効果

1995年の東ティモール事件でウィーラマントリー判事は、国際司法裁判所が対世的義務違反の「効果を述べていない」と批判した(104)。シンマも1997年に発表した論文の中で、国際司法裁判所は今日まで対世的義務の概念の手続的効果の詳細を示していないと述べた(105)。裁判所はバルセロナ社事件において対世的義務という概念を詳しく説明し、その後も何度も同概念に言及することによって、同概念の確立に大きく貢献したことは確かであるが、これらの人が指摘するように、対世的義務の違反がどのような効果をもたらすかについてはほとんど説明していなかった。特に東ティモール事件では、人民自決権が対世的性格をもつことを認めながらも、管轄権に関する同意原則は別の問題だとして、結局は不可欠の第三者原則によって訴えを退け、人民自決権が対世的性格をもつことに特段の効果を認めなかった。

2004年のパレスチナ壁事件判決は、この点で重要である。同事件で裁判所は、すべての国は対世的義務の違反から生じた違法な状態を承認しない

義務を負うと述べ、対世的義務の効果の1つを指摘したからである。ただし、この点に関してはヒギンズ判事とコイマンス判事の有力な異論があるうえに、主文があいまいな書きぶりになっているために、対世的義務の違反がこのような効果をもつことには疑問の余地がないとはいえない。それでも2005年に万国国際法学会が採択した決議は、この判決を受けて、すべての国は対世的義務の違反から生じた状態を合法と認めない義務を負うと断定した[106]。

　パレスチナ壁事件で裁判所は、上記の言明に続けて、1949年文民条約のすべての当事国はイスラエルが国際人道法を遵守することを確保する義務を負うと述べた。また、すべての国は、パレスチナ人民による自決権の行使の障害となるもので壁の建設に起因するものを終わらせるようにしなければならないとも述べた[107]。そこで、国家は他国による対世的義務の違反を止めさせる義務を負うか、他国が対世的義務を遵守することを確保する義務を負うかが問題となる。

　ジュネーブ条約は共通1条が「締約国は、すべての場合において、この条約を尊重し、且つ、この条約の尊重を確保することを約束する」と規定しているために、同条約の当事国は他国が条約上の義務を遵守することを確保する義務を負うと解されている。1949年文民条約の当事国はイスラエルが国際人道法を遵守することを確保する義務を負うという裁判所の言明は、ジュネーブ条約共通1条に基づいていると見られる。他方で、すべての国は自決権の障害を終わらせなければならないという裁判所の言明については、本件における対世的義務の違反（自決権の侵害）が重大であるという認識がその前提になっているように見受けられる。こうしてみると、対世的義務について国家は、他国によるその義務の遵守を確保する義務を当然に負うわけではなく、条約でそのような義務が定められた場合か、対世的義務の違反が重大である場合に限られると解することができよう[108]。

　学説の中には、対世的義務が普遍管轄権の理論的基礎となること又は域外での管轄権行使を正当化することを示唆する人がある[109]。確かに、ジェノサイドに対する普遍管轄権が認められる一方で、ジェノサイドの禁止が対世的義務であることも広く認められている。また、ガット・WTOにおけるま

ぐろ・いるか事件Ⅱや海老・亀事件では、公海を回遊するいるかや海亀を保護するためにアメリカが管轄権を行使することが認められた一方で、環境保護義務は対世的義務とみなされることが多い。しかし、これらの例で域外での管轄権行使が肯定されたのは、義務が対世的なものだったからというわけではないし、すべての対世的義務について当然に域外での管轄権行使が肯定されるとも限らない。ヒギンズは、バルセロナ社事件判決傍論はそこに掲げられた行為のすべてについて普遍管轄権が妥当するかのように引用されることが少なくないが誤りであると明言した[110]。

人道的干渉（武力介入）を正当化する際に人権規範の対世的性格に言及する人もある[111]。しかし、対世的義務の違反に対して必ず武力行使が正当化されるわけではない。武力行使が許容されることは、対世的義務違反の効果とは到底いえない[112]。

タムズの対世的義務の研究は「国際法における対世的義務の履行確保〔Enforcing〕」と題され、履行確保に焦点を当てたものである。対世的義務は国際共同体全体に対する義務であり、すべての国が義務の履行に法的利益をもつと定義される。この定義に見られるように、対世的義務の特徴は義務違反があったときの履行確保にあり、そこに焦点を当てるのは適切である。そしてタムズはとりわけ、第三国による国際司法裁判所への提訴（民衆訴訟）と第三国による対抗措置を中心に考察する。通常の国際義務の違反に対してとりうる履行確保手段（抗議、返報〔retorsion〕など）と異なり、この2つは対世的義務の違反にのみ認められうる履行確保の手段なので[113]、これらを中心に考察を行うのは適切である。では、対世的義務の違反に対して民衆訴訟は認められるのか。第三国による対抗措置は認められるのか。以下ではこれらの点について検討する。

(1) 民衆訴訟

対世的義務は国際共同体全体に対する義務であり、すべての国が義務の履行に法的利益をもち、違反国の責任を追及できる。それでは、責任の追及を国際司法裁判所への提訴という形で行うことはできるのか。対世的義務の違反についてはすべての国が国際司法裁判所への原告適格を認められるのか。この問題は、国際法において「民衆訴訟 (*actio popularis*)」が認められるかとい

う形で問われることが多い(114)。国際司法裁判所は1966年の南西アフリカ事件において、民衆訴訟は「現行国際法においては知られていない」と述べたが、1970年のバルセロナ社事件において、対世的義務の概念を打ち出すことによって、南西アフリカ事件における見解を修正したといわれる。では裁判所は、対世的義務の違反に対して民衆訴訟を提起することを認めたのか。

「民衆訴訟」という言葉は、2つの異なる意味で用いられるので注意が必要である(115)。第1の意味は、すべての国が国際司法裁判所に提訴できること、国際司法裁判所との管轄権のリンクがなくてもすべての国が原告適格をもつことである(116)。国際司法裁判所の管轄権は関係国の同意に基づいているから、国際司法裁判所との管轄権のリンクなしにすべての国に原告適格が認められることはありえない。この意味の民衆訴訟は、国際法では認められない。このことは、国際司法裁判所が東ティモール事件やコンゴ領域武力活動事件において、権利義務の対世的性格と管轄権の同意原則は「異なる問題」と述べたことによく示されている(117)。これに対して、民衆訴訟という言葉の第2の意味は、国際司法裁判所との管轄権のリンクがあることを前提として、直接の被害を受けていない国にも、一般利益に基づいて原告適格が認められることである。多くの論者は、民衆訴訟という用語をこの意味で用いている(118)。

そこで以下では、訴えの利益と裁判所の管轄権の2つの問題を分けて、考察を続ける。まず、提訴国の訴えの利益については、バルセロナ社事件判決の傍論の趣旨から、対世的義務の違反に対してはすべての国が訴えの利益をもつと考える人が多い。対世的義務は国際共同体全体に対する義務であるから、その違反に対しては、個々の国でなく国際共同体（国連又はその機関）が対応すべきであり、個々の国は訴えの利益をもたないという説もないわけではない(119)。しかし裁判所は、バルセロナ社事件で、対世的義務は「すべての国の関心事項」であり「すべての国がその保護に法的利益をもつ」と述べており、その違反に対しては国際共同体が対応すべきであり個々の国は原告適格をもたない、とは考えていない。対世的義務は国際共同体全体に対する義務であり、すべての国が義務の履行に法的利益をもつものである。このような定義からいって、対世的義務の違反に対してはすべての国が訴えの利益をもつといってよいと思われる(120)。

対世的義務と裁判所の管轄権は別の問題であり、被害国以外の国から国際司法裁判所への提訴が認められるためには、管轄権のリンクが存在しなければならない。紛争処理は、国の義務違反によって被害を受けた国が違反国の責任を追及し損害賠償などの救済を得る手続であり、二国間の紛争を扱うのが普通である。したがって、条約中に挿入される裁判条項は、通常は被害国が違反国を相手取って発動する二国間の手続として機能する。しかし、裁判条項自体が広範囲な提訴国を予定している場合もないわけではない。その場合には、直接の被害を受けてなくても、すべての「当事国」に提訴が認められる。ただしその場合は、先の定義により、対世的義務ではなく、当事国対世義務ということになる。

　国際司法裁判所規程36条2項の選択条項受諾宣言が管轄権の根拠とされる場合はどうか。36条2項に基づいて宣言をする国は、「すべての法律的紛争」について裁判所の管轄を義務的であると認めている。そうであるなら、被害国以外の国が提起した訴えについて、選択条項受諾宣言に基づいて管轄権を肯定してもよさそうである[121]。裁判条約が管轄権の根拠とされる場合はどうか。文言によるが、裁判条約がすべての法律的紛争は国際司法裁判所に付託されるなどと広く規定しているなら、同様の考え方により管轄権を肯定することができるように思われる。

　他方、国際司法裁判所には争訟手続とは別に勧告的意見手続があり、これが対世的義務の違反に対する責任追求手続として機能することに注目する必要がある。一国の対世的義務違反について国連総会などが勧告的意見を要請すれば、国際司法裁判所は、直接の被害国が訴えなくても、対世的義務に対する違反を公的に認定したりその効果を法的に宣明したりすることができるからである[122]。パレスチナ壁事件がそのことをよく示している。

(2) 対抗措置

　対世的義務の違反に対しては、直接の被害を受けていない第三国も違反行為を止めさせるために対抗措置をとることが許されるのか。対世的義務の違反に対して第三国が対抗措置をとれるのは、バルセロナ社事件判決傍論の当然の帰結であると考える向きもないわけではない[123]。しかしこの傍論は、対世的義務の効果については触れておらず、対世的義務の違反に対して第三

国が対抗措置をとるかどうかについては語っていないというべきであろう。

　国家責任条文54条はこの点について定めたものだが、その内容ははっきりしない。同条は、この章は被害国以外の第三国が違反国に対してとる「合法的な措置を妨げるものではない」と規定するのみであり、何が「合法的な措置」かを説明していない。国家責任条文の注釈は、この規定は、被害国以外の国が対抗措置に訴えられるかについて「立場を留保し、この問題の解決を国際法のさらなる発展に任せた保留条項〔saving clause〕」であると解説する[124]。それにもかかわらず、この規定は第三国による対抗措置をむしろ否定しているという人もないわけではない。対抗措置は本来違法な行為なので、「合法的な」措置に限ったことで、この規定は第三国による対抗措置に不利な規定となっているというのだ[125]。しかし、この規定が第三国の対抗措置を否定するものでないことは、条文注釈だけでなく、成立過程からも明らかである。

　国際法委員会が2000年までに採択した国家責任条文草案は、対世的義務の重大な(serious)違反から生じる効果を定める章を設けていた(第2部第3章)。そして、対世的義務の重大な違反を、責任国による同義務の「甚だしい(gross)又は組織的な(systematic)不遵守」と定義した (41条2項)。そして、そのような違反に対しては、「いかなる国も、違反があった義務の受益者の利益のために、本章に従って対抗措置をとることができる」と定めた (54条2項)[126]。このように、国家責任条文が最終的に採択される1年前には、対世的義務の違反に対して第三国が対抗措置をとることを許容する規定が存在していた。国際法委員会はそのような規定を支持したのだ。しかし、この54条2項に対しては、諸国から多くのコメントが寄せられた。その中には厳しい批判も含まれていた。このような状況の下で国際法委員会は、最終段階で54条2項を、第三国がとる合法的な措置を妨げないと規定する規定 (最終条文54条) に差し替えたのである。

　特別報告者のクロフォードは、2001年に提出した第四報告書において、「諸国のコメントの要点は、〔2000年の〕54条、特に2項は、国際法に根拠をもたないということだ」と総括した[127]。しかし、諸国のコメントを詳細に検討し直したタムズは、クロフォードの総括は事実を反映していないと指摘する。

日本などの国が2000年草案54条2項は「革命的な」規定だなどと厳しく批判したのは確かだが[128]、実際には多くの国が54条2項を受け入れるコメントを寄せていた[129]。国際法委員会は、多数の国が第三国による対抗措置を否定したという状況ではなかったにもかかわらず、厳しい批判もあったことにかんがみ、国家責任条文を成立させることを優先する観点から、54条を保留条項に差し替えたのである。

1970年以前には、国際義務は二辺的にとらえられることが多く、第三国が復仇を行う例は少なかった。そこで学説においても、復仇に訴える第三国の権利を認めない説が有力だったといってよいだろう[130]。しかし1970年代以降、甚だしい人権侵害、違法な武力行使、自決権の否定などを行った国に対して、直接の被害を受けていない国が経済制裁や航空機乗入れ禁止などの措置をとる例がかなり現れている。1970年以降の例としては以下がある。ウガンダに対する西側諸国の措置 (1971-78年)、リベリアに対する欧州諸国の措置 (1980年)、植民地政権に対するG77及び社会主義諸国の措置 (1970年代から90年代)、ポーランドに対する西側諸国の措置 (1981年)、ソ連に対するアメリカの措置 (1981年)、アルゼンチンに対する西側諸国の措置 (1982年)、南アに対する西側諸国の措置 (1985-86年)、イラクに対する諸国の措置 (1990年)、ナイジェリアに対する欧州及び英連邦諸国の措置 (1995年)、ブルンジに対するアフリカ諸国の措置 (1996年)、ユーゴスラビアに対する欧州諸国の措置 (1998年)、ジンバブエに対する諸国の措置 (2002-03年)[131]。

国家責任条文注釈は、このうちの7つの事例を紹介しながらも、実行は「少なく (sparse)」「萌芽的 (embryonic)」であり、第三国による対抗措置に関する国際法の現状は「不明確 (uncertain)」であると述べた[132]。しかし、上記のように、国家実行はかなり集積しており、これを「少ない」と見るのは必ずしも適切とはいえないように思われる[133]。だからこそ、国際法委員会は2000年に、対世的義務の甚だしい又は組織的な違反に対して、いかなる国も対抗措置をとることができると定める54条2項に合意することができたといえるのだ。すべての国が2000年草案の54条2項を受け入れたわけではないことは確かである。しかし他方で、多くの国がこの規定を是認したという事実も見逃してはならない。2005年には万国国際法学会が、対世的義務の違反に

対しては、すべての国が「非強力的な対抗措置をとる権利がある」と規定する決議を採択した[134]。国際法委員会は保留条項を置くことでこの問題の解決を将来の国際法の発展に任せたわけだが、国際法は対世的義務の重大な違反に対して第三国が対抗措置をとることを許容する方向に発展しているといってよいだろう。

〔注〕
(1) Barcelona Traction, Light and Power Company, Limited (Second Phase) (Belg. v. Spain), *ICJ Reports 1970*, pp.3, 33 (5 Feb.) [Barcelona Traction Case].
(2) See Tams, C., *Enforcing Obligations* Erga Omnes *in International Law* (Cambridge, 2005), p.3.
(3) Legal Consequences of the Construction of a Wall in the Occupied Palestinian Territory, *ICJ Reports 2004*, p.3 (9 Jul.) [Wall Case].
(4) Armed Activities on the Territory of the Congo (Democratic Rep. of the Congo v. Rwanda), *ICJ Reports 2006* (3 Feb.) [Armed Activities in Congo Case].
(5) "Obligations and Rights *Erga Omnes* in International Law," *AIDI*, Vol. 71-I (2005), p.117; "Obligations and Rights *Erga Omnes* in International Law," *AIDI*, Vol. 71-II (2006), p.81; Institut de droit international, Resolution, "Obligations *erga omnes* in International Law," adopted on 27 August 2005, *AIDI*, Vol. 71-II (2006), p.286.
(6) 対世的義務につき、川崎恭治「国際法における erga omnes な義務(1)」『一橋研究』11巻4号 (1987年)、15頁、Annacker, C., *Die Durchsetzung von Erga-omnes-Verpflichtungen vor dem Internationalen Gerichtshof* (Wien, 1994); de Hoogh, A., *Obligations* erga omnes *and International Crimes: A Theoretical Inquiry into the Implementation and Enforcement of the International Responsibility of States* (The Hague, 1996); Dupuy, P., *Obligations multilatérales, droit impératif et responsabilité internationale des États* (Paris, 2003); Ragazzi, M., *The Concept of International Obligation* Erga Omnes (Oxford, 1997); Tams, *supra* note 2; Tomuschat, C. and Thouvenin, J. (eds.), *The Fundamental Rules of the International Legal Order*: Jus Cogens *and Obligations* Erga Omnes (The Hague, 2005); Villappando, S., *L'émergence de la communauté internationale dans la responsabilité des États* (Paris, 2005); Voeffray, F., *L'*actio popularis *ou la défense de l'intérêt collectif devant les juridictions internationales* (Paris, 2004); Annacker, C., "The Legal Regime of *Erga Omnes* Obligations in International Law," *ÖZöRV*, Vol. 46 (1994), p.133; Byers, M., "Conceptualising the Relationship between *Jus Cogens* and *Erga Omnes* Rules," *Nordic J. Int'l L.*, Vol. 66 (1997), p.211; Coffman, P., "Obligations Erga Omnes and the Absent Third States," *GYIL*, Vol. 39 (1996), p.285; Czapliński, W., "Concepts of *jus cogens* and Obligations *erga omnes* in International Law in the Light of Recent Developments," *Pol. Y.B. Int'l L.*, Vol. 23 (1997-98),

p.87; de Hoogh, A., "The Relationship between *Jus Cogens*, Obligations *Erga Omnes* and International Crimes: Peremptory Norms in Perspectives," *ÖZöRV*, Vol. 42 (1991), p.18; Gaja, G., "Obligations *Erga Omnes,* International Crimes and *Jus Cogens*: A Tentative Analysis of Three Related Concepts," in Weiler, J., *et al.* (eds.), *International Crimes of State: A Critical Analysis of the ILC's Draft Article 19 on State Responsibility* (Berlin, 1989), p.151; Rosenne, S., "Some Reflections *Erga Omnes*," in Anghie, A. and Sturgess, G. (eds.), *Legal Visions of the 21st Century: Essays in Honour of Judge Christopher Weeramantry* (The Hague, 1998), p.509; Zemanek, K., "New Trends in the Enforcement of erga omnes Obligations," *Max Planck Y.B. Int'l L.*, Vol. 4 (2000), p.1 など。

国際義務の多様性につき、長谷川正国「国際法における国家の責任―現代国家責任法の機能分化傾向に関する一考察」国際法学会編『国際社会の法と政治』(日本と国際法の100年 第1巻)(三省堂、2001年)、123頁、Dominicé, C., "The International Responsibility of States for Breach of Multilateral Obligations," *EJIL*, Vol. 10 (1999), p.353; Pauwelyn, J., "A Typology of Multilateral Treaty Obligations: Are WTO Obligations Bilateral or Collective in Nature?" *EJIL*, Vol. 14 (2003), p.907; Sachariew, K., "State Responsibility for Multilateral Treaty Violations: Identifying the 'Injured State' and Its Legal Status," *Neth. Int'l L. Rev.*, Vol. 35 (1988), p.273; Sicilianos, L., "The Classification of Obligations and the Multilateral Dimension of the Relations of International Responsibility," *EJIL*, Vol. 13 (2002), p.1127; Simma, B., "From Bilatelarism to Community Interest in International Law," *RCADI*, Vol. 250 (1994), p.217 など。

(7) Barcelona Traction Case, *supra* note 1, at 33.

(8) Shahabuddeen, M., *Precedent in the World Court* (Cambridge, 1996), p.159. この判決を起草したとされるラックス判事は、これが傍論であることを認め、「〔この陳述は〕判決において必要ではなかったが、ある種の法規定を明確に示し、国際共同体全体に対して行動することを義務づけられる場合があることを指摘するよい機会だった」と述べた。Cited in Shahabuddeen, *ibid*. 国際司法裁判所は、南西アフリカ事件判決(後掲、注16)が厳しく批判されたので、この傍論によって軌道修正をはかろうとしたといわれる。

(9) Ragazzi, *supra* note 6, at 18-73.

(10) Tams, *supra* note 2, at 80-94.

(11) The S. S. "Wimbledon" (France, Italy, Japan, U.K. v. Germany), *PCIJ Ser. A,* No.1 (1923) (7 Aug.).

(12) E.g., Gray, C., *Judicial Remedies in International Law* (Oxford, 1987), pp.211-212.

(13) Interpretation of the Statute of the Memel Territory (France, Italy, Japan, U.K. v. Lithuania), *PCIJ Ser. A,* No.49 (1932) (11 Aug.).

(14) See Tams, *supra* note 2, at 75-76.

(15) Reservations to the Convention on the Prevention and Punishment of the Crime of

Genocide, *ICJ Reports 1951*, p.15, 23 (28 May).

(16) South West Africa Cases (Second Phase) (Ethiopia v. South Africa; Liberia v. South Africa), *ICJ Reports 1966*, p.6 (18 Jul.).

(17) *Ibid.*, at 47.

(18) 太寿堂鼎「国際裁判の凋落とアジア・アフリカ諸国」『法学論叢』89巻6号 (1972年)、1頁参照。

(19) 前述のウィンブルドン号事件とメーメル領規程事件も参照。

(20) East Timor (Portugal v. Australia), *ICJ Reports 1995*, p.90 (30 Jun.).

(21) 杉原高嶺「国際司法裁判における第三者法益原則—その形成事情と適用分野の分析」『法学論叢』144巻4・5号 (1999年)、21頁参照。

(22) East Timor, *supra* note 20, at 102.

(23) *Ibid.*, at 139, 172-173, 213-216.

(24) Application of the Convention on the Prevention and Punishment of the Crime of Genocide (Bosnia and Herzegovina v. Yugoslavia), *ICJ Reports 1996*, pp.595, 616 (11 Jul.). なお裁判所は、2007年の本案判決で、当裁判所は、ジェノサイドに達しないその他の国際義務違反については判断する権限がない、たとえ対世的義務の違反であろうと、とも述べた。Application of the Convention on the Prevention and Punishment of the Crime of Genocide (Bosnia and Herzegovina v. Serbia and Montenegro), *ICJ Reports 2007*, para. 147 (26 Feb.).

(25) Wall Case, *supra* note 3, at 199.

(26) *Ibid.*, at 199. 核兵器使用合法性事件勧告的意見では、裁判所は、武力紛争に適用される人道法規則の多くは侵すことのできない「慣習国際法の原則であるから」、ハーグ条約やジュネーブ条約を批准しているか否かに関わりなく、「すべての国が守らなければならない」と述べたにすぎない。対世的義務だとまで述べたわけではなかった。Legality of the Threat or Use of Nuclear Weapons, *ICJ Reports 1996*, pp.66, 257. ところが壁事件で裁判所は、勧告的意見のこの部分を引用した後、「当裁判所は、これらの規則は本質的に対世的な性格の義務を含んでいると考える」と付け加えた。

(27) Wall Case, *supra* note 3, at 200.

(28) Separate Opinion of Judge Higgins, *ibid.*, at 216-217.

(29) Separate Opinion of Judge Kooijmans, *ibid.*, at 230-234.

(30) 裁判所が主文で対世性に触れなかったことにつき、エララビー判事が逆に不満を表明していることは興味深い。Separate Opinion of Judge Elaraby, *ibid.*, at 258-259.

(31) Armed Activities in Congo Case, *supra* note 4, paras. 64, 123. Cf. Armed Activities on the Territory of the Congo (Democratic Rep. of the Congo v. Rwanda), Order, *ICJ Reports 2002*, pp.219, 245 (10 Jul.). 国際司法裁判所が対世的義務に言及した他の例として、1997年のガブチコヴォ・ナジュマロシュ事件におけるウィーラマントリー判事の個別意見がある。国際環境法は対世的義務であることを示唆し、対世的義務をめぐる争いにおいて

は二国間の権利義務に関する争いのために用いられる手続は不十分であると述べた。Gabčíkovo–Nagymaros Project (Hungary v. Slovakia), *ICJ Reports 1997*, pp.7, 88, 115-118.
(32) Law of Treaties, Second Report by G. Fitzmaurice, *YILC*, (1957), Vol.II, A/CN.4/107, A/CN.4/SER.A/1957/Add.1, pp.16, 32, 54-55, 68. Law of Treaties, Third Report by G. G. Fitzmaurice, *YILC*, (1958), Vol.II, A/CN.4/107, A/CN.4/SER.A/1958/Add.1, pp.20, 27-28, 44-45.
(33) See Tams, *supra* note 2, at 54.
(34) 19条3項は、次のように規定した。「国際犯罪は、とりわけ、以下のことから生じうる。
 (a) 侵略の禁止など、国際の平和と安全の維持に不可欠な重要性をもつ国際義務の重大な違反
 (b) 力による植民地支配の確立又は維持の禁止など、人民自決権の保護に不可欠な重要性をもつ国際義務の重要な違反
 (c) 奴隷制度、ジェノサイド及びアパルトヘイトの禁止など、人間存在の保護に不可欠な重要性をもつ国際義務の大規模で重大な違反
 (d) 大気又は海洋の大量汚染の禁止など、人間環境の保護と保全に不可欠な重要性をもつ国際義務の重大な違反。」
(35) *YILC*, (1958), Vol.II, Part 2, A/40/10, A/CN.4/SER.A/1985/Add.1 (Part 2), p.27.
(36) 対世的義務と当事国間対世義務は、クロフォードの前の特別報告者のアランジオ・ルイズが1992年にすでに区別していた。*YILC*, (1992), Vol.II, Part 2, A/47/10, A/CN.4/SER.A/1992/Add.1 (Part 2), p.39.
(37) クロフォードは、別の論文では40条2項(e)(ii)と(f)の両方を「一体的義務」と呼んでおり、一貫していない。Crawford, J., "The Standing of States: A Critique of Article 40 of the ILC's Draft Articles on State Responsibility," in Andenas, M. (ed.), *Liber Amicorum Slynn* (The Hague, 2000), pp.23, 39.
(38) Third Report on State Responsibility by J. Crawford, A/CN.4/507 (2000), pp.37-48.
(39) *Ibid.*, at 48.
(40) Crawford, J., *The International Law Commission's Articles on State Responsibility: Introduction, Text and Commentaries* (Cambridge, 2002), pp.257-258.
(41) *Ibid.*, at 259.
(42) *Ibid.*, at 259-260, 257 n.706.
(43) *Ibid.*, at 277.
(44) *Ibid.*, at 278.
(45) *Ibid.*, at 305.
(46) Barcelona Traction Case, *supra* note 1, at 33.
(47) Tams, *supra* note 2, at 121-123.
(48) Gaja, G., "Obligations and Rights *Erga Omnes* in International Law: First Report (March 2002)," *AIDI*, Vol. 71-I (2005), pp.117, 123.

⑷9 *Ibid*., at 159 (Tomuschat), 164 (Zemanek).
⑸0 *Ibid*., at 153 (Cançade Trindade), 163 (Meron), 185 (Keith). 条約が一般国際法の証拠となることを強調した人として、*ibid*., at 157 (Fox), 178 (Frowein)。
⑸1 Gaja, G., "Obligations and Rights *Erga Omnes* in International Law: Second Report (August 2004)," *AIDI*, Vol. 71-I (2005), pp.189, 191. "Obligations and Rights *Erga Omnes* in International Law," *AIDI*, Vol. 71-II (2006), pp.81, 87.
⑸2 Institut de droit international, Resolution, *supra* note 5.
⑸3 ラガッチも、この2つを同一の表題の下にまとめてしまうことは「ミスリーディング」であると批判していた。Ragazzi, *supra* note 6, at 201 n. 42, 203.
⑸4 Pauwelyn, *supra* note 6; Sicilianos, *supra* note 6 も参考にした。
⑸5 Ragazzi, *supra* note 6, at 201, 203; Sachariew, *supra* note 6, at 276-277; 長谷川、前掲論文（注6）、133頁など。
⑸6 Crawford, *supra* note 40, at 277.
⑸7 Pauwelyn, *supra* note 6.
⑸8 詳しくは、拙稿「WTO 紛争処理の国際法上の意義と特質」国際法学会編『紛争の解決』（日本と国際法の100年 第9巻）（三省堂、2001年）、215、228-235頁を見よ。
⑸9 Tams, *supra* note 2, at 120-121; Carmody, C., "WTO Obligations as Collective," *EJIL*, Vol. 17 (2006), p.419 も参照。But cf. Gazzini, T., "The Legal Nature of WTO Obligations and the Consequences of Their Violation," *EJIL*, Vol. 17 (2006), p.723.
⑹0 Tams, *supra* note 2, at 101-116.
⑹1 *YILC*, (1966), Vol.II, Part 2, A/6309/Rev.1, A/CN.4/SER.A/1966/Add.1 (Part 2), p.231.
⑹2 Tams, *supra* note 2, at 107-110.
⑹3 *Ibid*., at 109.
⑹4 Nuclear Tests Cases (Australia v. France; New Zealand v. France), *ICJ Reports 1974*, pp.253, 269, 457, 474 (20 Dec.).
⑹5 Tams, *supra* note 2, at 112-115. ここで裁判所は、フランスの一方的宣言がすべての国との間に権利義務関係を発生させることを強調しようとしたのだったら、それは「すべての国に対する効力」という意味ともいえる。いずれにしても、対世的義務という意味とは異なる。
⑹6 前掲、注7。
⑹7 Tams, *supra* note 2, at 128-130.
⑹8 Coffman, *supra* note 6, at 299-300.
⑹9 Tams, *supra* note 2, at 128-130.
⑺0 Coffman, *supra* note 6, at 300-301.
⑺1 Tams, *supra* note 2, at 130-131.
⑺2 *Ibid*., at 132-133.
⑺3 *Ibid*., at 56-57.

(74) Cf. Tams, *supra* note 2, at 154; Kadelbach, S., *"Jus Cogens,* Obligations *Erga Omnes* and Other Rules: The Identification of Fundamental Norms," in Tomuschat and Thouvenin, *supra* note 6, at 21, 35.

(75) Gaja, *supra* note 6, at 157.

(76) See also Spinedi, M., "International Crimes of State: The Legislative History," in Weiler, J. et al. (eds.), *International Crimes of State: A Critical Analysis of the ILC's Draft Article 19 of State Responsibility* (Berlin, 1989), pp.7, 136-138.

(77) 前掲、注31。

(78) Simma, *supra* note 6, at 300. See also Simma, B., "Bilateralism and Community Interest in the Law of Responsibility," in Dinstein, Y. (ed.), *International Law at a Time of Perplexity: Essays in Honour of Shabtai Rosenne* (Dordrecht, 1989), pp.821, 825.

(79) Crawford, *supra* note 38, at 46. See also, e.g., Hannikainen, L., *Peremptory Norms* (Jus Cogens) *in International Law: Historical Development, Criteria, Present Status* (Helsinki, 1988), pp.4-6, 269-292; Gomez Robledo, A., "Le *ius cogens* international: sa genèse, sa nature, ses fonctions," *RCADI,* Vol. 172 (1981-III), pp.9, 158.

(80) See Crawford, *supra* note 40, at 244.

(81) 同じ部分集合関係でも、逆に、対世的義務が強行規範の部分集合とみなす説はほとんどない。See Tams, *supra* note 2, at 146 n. 130.

(82) Gaja, *supra* note 48 [First Report], at 128; *supra* note 51 [Second Report], at 192. See also Gaja, *supra* note 6, at 158-159.

(83) *Ibid.,* at 193.

(84) Sicilianos, *supra* note 6, at 1136-1137.

(85) Tams, *supra* note 2, at 139-157. その他、部分集合説をとるものとして、Meron, T., *Human Rights Law–Making in the United Nations* (Oxford, 1986), p.187; Villalpando, *supra* note 6, at 106-108; Voeffray, *supra* note 6, at 259-260; Byers, *supra* note 6, at 236-237; Zemanek, *supra* note 6, at 6 など見よ。1998年の国際法委員会報告書は、何人かの委員が「すべての強行規範は定義上対世的だが、必ずしもすべての対世的規範が強行的……とは限らない」ことを強調したと記している。*YILC,* (1998), Vol.II, Part 2, A/53/10, A/CN.4/SER.A/1998/Add.1 (Part 2), p.69. また、国際法委員会の全体会議での議論を総括して、特別報告者のクロフォードは、対世的義務より強行規範の方が狭い範囲のものであることに「一般的な合意があった」と述べた。*Ibid.,* at 76. 寺谷広司『国際人権の逸脱可能性―緊急事態が照らす法・国家・個人』(有斐閣、2003年)、254-255頁も見よ。

(86) Tams, *supra* note 2, at 148-149.

(87) *Ibid.,* at 149. 国内裁判例としてタムズは、ピノチェトに関連するベルギー判例などをあげる。*Ibid.*

(88) State Responsibility: Comments and Observations Received from Governments, A/CN.4/488 (1998), p.100.

(89) 前掲、注85。
(90) Tams, *supra* note 2, at 151, 157.
(91) 慣習国際法又は強行規範としての国際人権規範につき、拙稿「アメリカ裁判所における国際人権訴訟の展開(1)—その国際法上の意義と問題点」『国際法外交雑誌』87巻2号 (1988年)、160、176-177頁も参照。
(92) 前掲、注24。
(93) 前掲、注31。
(94) Prosecutor v. Furundzija, Case No. IT-95-17/1-T, Trial Chamber II, Judgment, para.151 (10 Dec. 1998).
(95) See Tams, *supra* note 2, at 138.
(96) Institut de droit international, Resolution, "The Protection of Human Rights and the Principle of Non-Intervention in Internal Affairs of States," *AIDI*, Vol. 63-II (1989), pp.339, 341.「国際法における対世的義務」と題する2005年の決議の報告者を務めたガヤが報告書で、同様の見解を述べていたことは前述した。Gaja, *supra* note 51 [Second Report], at 193. ただし2005年の決議は、前文で「基本的〔basic〕人権の保護に関する義務」が国際共同体の基本的価値を反映した義務の例であることに広範なコンセンサスがある、と定めるにとどめた。Institut de droit international, Resolution, *supra* note 5. 国際人権法はすべて対世的義務とする人として他に、Voeffray, *supra* note 6, at 243-245; Dinstein, Y., "The erga omnes Applicability of Human Rights," *Archiv des Völkerrechts*, Vol. 30 (1992), pp.16, 16-17 など。
(97) 前掲、注20。
(98) See Coffmann, *supra* note 6, at 302.
(99) 前掲、注26。
(100) 前掲、注31。
(101) Rosenne, *supra* note 6, at 509, n.1.
(102) 前掲、注34。
(103) パトリシア・バーニー = アラン・ボイル (池島大策ほか訳)『国際環境法』(慶應大学出版会、2007年)、117-119頁 (Birnie, P. and Boyle, A. *International Law and the Environment*, (Oxford, 2nd ed., 2002), pp.99-100) など。
(104) East Timor, *supra* note 20, at 214-215 (dissenting opinion of Judge Weeramantry).
(105) Simma, *supra* note 6, at 299.
(106) Institut de droit international, Resolution, *supra* note 5, at 289 (Article 5 (b)). 国際責任条文は、これを対世的義務でなく強行規範の効果として定めた (41条2項)。
(107) Wall Case, *supra* note 3, at 200, 202.
(108) See Gaja, G., "Do States Have a Duty to Ensure Compliance with Obligations *Erga Omnes* by Other States?" in Ragazzi, M. (ed.), *International Responsibility Today* (The Hague, 2005), p.31. 2005年の万国国際法学会決議は、すべての国は対世的義務の違反

を合法的な手段で終わらせるように「努めなければならない」と定めた。Institut de droit international, Resolution, *supra* note 5, at 289 (Article 5 (a))。国際責任条文は、違反を止めさせるために「協力する」すべての国の義務を、強行規範の効果として（対世的義務の効果としてではなく）定めた（41条1項）。

(109)　E.g., Sands, P., *Principles of International Environmental Law* (Cambridge, 2nd ed., 2003), pp.184-191; Bianchi, A., "Immunity versus Human Rights: The *Pinochet* Case," *EJIL*, Vol. 10 (1999), pp.237, 271-273; van Asbeck, R., "The *Pinochet* Case: International Human Rights Law on Trial," *BYIL*, Vol. 71 (2000), pp.29, 34.

(110)　Higgins, R., *Problems & Process: International Law and How We Use It* (Oxford, 1994), p.57. See also Tams, *supra* note 2, at 9-10.

(111)　"Discussion," in Delbrück, J. (ed.), *The Future of InternationalLlaw Enforcement: New Scenarios—New Law?* (Berlin, 1993), pp.154, 171 (remarks by W. Reisman).

(112)　Tams, *supra* note 2, at 9-11,

(113)　*Ibid.*, at 8-9.

(114)　民衆訴訟については、Voeffray, *supra* note 6; Schwelb, E., "The *actio popularis* and International Law," *Isr. Y.B. Hum. Rts.*, Vol. 2 (1972), p.46; Seidl-Hohenveldern, I., *"Actio popularis* im Völkerrecht," in *Comunicazione e Studi: Studi in onore de G. Morelli* (1975), p.803 も見よ。

(115)　Tams, *supra* note 2, at 161; Gaja, *supra* note 51 [Second Report], at 195-196.

(116)　Seidl-Hohenveldern, *supra* note 114, at 806.

(117)　前掲、注20、31。

(118)　E.g, Voeffray, *supra* note 6, at 262.

(119)　See Tams, *supra* note 2, at 173-176.

(120)　See generally *ibid.*, at 158-197. 万国国際法学会の2005年の決議も、対世的義務の違反については、管轄権のリンクがあることを前提に、すべての国が原告適格をもつとする。Institut de droit international, Resolution, *supra* note 5, at 289 (Art. 3).

(121)　Tams, *supra* note 2, at 160 n.8. しかし、南西アフリカ事件判決にかんがみると、裁判所が管轄権を認めない可能性もないとはいえない。Cf. de Hoogh, *supra* note 6, at 199 (裁判所は規程36条2項に基づいて原告適格を認めることはしないだろう)。

(122)　Rosenne, *supra* note 6, at 522. なおロゼンヌは、民衆訴訟に対して好意的で、裁判所規則を改正して民衆訴訟の手続を導入することを検討すべきであると主張する。*Ibid.*

(123)　See, e.g., Klein, E., "Gegenmaßnahmen," in *Gegenmaßnahmen (Counter Measures): Berichte der Deutschen Gesellschaft für Völkerrecht,* Vol. 37 (Heidelberg, 1998), pp.39, 51, 69.

(124)　Crawford, *supra* note 40, at 305.

(125)　Alland, D., "Countermeasures of General Interest," *EJIL*, Vol. 13 (2002), pp.1201, 1232-1233; Dominicé, C., "A la recherche des droits *erga omnes*," in *Droit du pouvoir, pouvoir du droit: mélanges offerts à Jean Salmon* (Bruxelles, 2007), pp.357, 365.

(126) *YILC*, (2000), Vol.II, Part 2, A/55/10, A/CN.4/SER.A/2000/Add.1 (Part 2)/Rev.1, pp.65-71.
(127) Fourth Report on State Responsibility by J. Crawford, A/CN.4/517 (2001), p.28.
(128) State Responsibility: Comments and Observations Received from Governments, A/CN.4/515 (2001), pp.88-89.
(129) Tams, *supra* note 2, at 246-247.
(130) See Akehurst, M., "Reprisals by Third States," *BYIL*, Vol.44 (1970), p.1; Hillgruber, C., "The Rights of Third States to Take Countermeasures," in Tomuschat and Thouvenin, *supra* note 6, at 265.
(131) Tams, *supra* note 2, at 209-225.
(132) Crawford, *supra* note 40, at 302-305.
(133) Tams, *supra* note 2, at 231.
(134) Institut de droit international, Resolution, *supra* note 5, at 289 (Article 5 (c)).

第2部　歴　史

中世キリスト教神学における正戦論の非国家的性格について
―― 誰の戦い (bellum) を正当化するものなのか ――

豊田　哲也

はじめに

　正戦 (iustum bellum) の理論は、「誰かがあなたの右の頬を打ったなら、左の頬を向けなさい」(新約聖書マタイ福音書5章39節、同ルカ福音書6章29節) という言葉で示される新約聖書の徹底した不戦の理念 (いわゆる「忍耐の戒律 (praeceptum patientiae)」) と戦争を必要とする現世の現実との間で困難な調停を図るべく、中世のキリスト教神学者らが生み出したものである。その古典的理論は13世紀のトマス・アクィナスによって確立され、「戦争についてのカトリック神学理論の礎石[1]」(ヌスバウム) としてキリスト教世界に1つの秩序原理を与えていた。

　しかし、18世紀以降の論者らは、「戦争が双方の交戦国にとって正当でありうる」という結論を回避できないことを理由として、正戦論を徐々に等閑視するに至った。例えば、ヴァッテル (Emer de Vattel) の1758年の著作での議論において正戦論は既に実質的な意義を失っている。ヴァッテルの論述を見ると、まず戦争の正当理由についての議論が展開され、そこから「戦争 (Guerre) が双方において正当 (juste) であることはありえない[2]」との帰結が導き出されているので、どちらか一方の戦争当事国が正戦を行うのであれば他方当事国の反撃は不正な戦争であるといういわゆる正戦論のテーゼが一応維持されていると言える。しかし、この点についての彼の行論は少なからずおざなりであり、しかも、ヴァッテルは、その後で「疑わしい場合には、少なくとも結論が出るまでの間、外部的効果において、双方の武力行使が同様に適法 (légitimes) なものとして扱われなければならない[3]」と付言して、正戦論の

議論を実質的に無意味にしている。

また、19世紀を通じて国際法の主要な基本書の1つとして高い評価を受けることになるマルテンス (George F. Martens) の1789年の著作においては、正戦論について次のように述べられている。

> 完全な権利の侵害のみが戦争の正当化理由 (raison justificative) と見なされうる。その侵害は既になされたか、現在行われているか、あるいは、将来行われる脅威がなければならない。完全な権利の侵害に対しては、それが証明されたならば、平和的な方法で解決できなかった場合やそれを試みることが無意味な場合に、最終手段としての戦争に訴えることが許される。けれども (quoique)、戦争の正当性と不正性について両当事者の見解は相互に食い違うのが常であるから、敵の扱いと講和条約の効果に関する限り、両当事者の自身の幸福のために、理由 (cause) の明らかに不正でない全ての戦争が適法 (légitime) なものと見なされなければならない[4]。

戦争の一方の当事国が「明らかに不正」であることは稀であるから、マルテンスの表現は実質的には交戦国の双方の正当性を認めるに等しい。マルテンスの論理に従って考えるならば、戦争当事国の一方が正当で他方が不正であるとする正戦論は、現実には適用不可能であり、実質的意義に乏しい空虚な理論だということになる[5]。

だが、正戦論が本当にそのように現実適用性を欠いた空論だったのならば、それが13世紀にトマスによって確立されてから18世紀に至るまで維持され続けるということがありえたであろうか。

ひとつの説明は、正戦論を現実に適用することの難しさが近世に至るまで認識されなかったというものである。実際、かつては中世の知的遺産に対する一般的な偏見の影響の下で、中世の正戦論はかなり粗雑な理論として理解されていた。例えば、正戦論研究の権威であるルグーは、「中世の論者らにおいて正戦の諸概念の多くはいまだ漠然とした未熟な状態であった[6]」とし、16世紀に重要な論点となる戦争が双方において正当でありうるかという問

題は、「中世の論者の知らない問題[7]」であったと指摘していた。また、ヌスバウムは、「ビトリアは著しい前進 (considerable progress) を達成した[8]」と述べて、16世紀のビトリアの「克服しえない無知」の理論を高く評価していた。近代の論者が中世の議論を克服して新たな理論的発展の境地を拓いたという評価である[9]。そうした見方は、今日の国際法史研究において積極的に主張されているというわけではないが、一応の通説的見解として維持されているように思われる[10]。

　しかしながら、それは中世の正戦論に対する正当な評価なのであろうか。ルグーは中世の神学者らが双方の当事者において戦争が正当でありうる可能性を見落としていたとするが、およそ戦争の正当性を問題とするのであれば、双方の当事者が正当でありうるかどうかという問いは自然に出てくるはずであり、そのことが中世の正戦論において全く認識されていなかったとは考えがたいように思われる。実のところ、後述するように、実際にトマスとほぼ同時代の論者で既に双方当事者の正当性の両立可能性の問題に言及する論者があり、少なくとも16世紀のビトリアの時代になって初めて認識された問題ではない。したがって、この問題が近世になって初めて認識されるに至り、そこから正戦論の衰退へとつながっていくのだというように考えることはできない。

　それでは、正戦論が16世紀以降になってから衰退し始めることの真の理由は何だったのであろうか。本稿は、それを正戦論それ自体の根本的な変化に見いだそうとするものである。言い換えれば、近代の国際法学において存在意義を否定された正戦論は、中世の正戦論とは別のものであり、本来の正戦論についてであれば成り立たない批判が正戦論に対する批判として提起され、正戦論の等閑視へと結びついていったということである。

　中世の正戦論と近世の正戦論との間に何らかの相違が存在するとの指摘は全く新しいものというわけではない。例えば、柳原正治は、中世から近世にかけての正戦論の変化について次のように述べている。

　　こうした伝統的な正戦論［中世の神学的正戦論－引用注］は、16世紀になって、道徳神学としての制約性、神の法から導かれる正当性の唯一性への

疑問などから、しだいに理論的な変容を加えられるようになっていった。その代表が「両当事者にとっての正戦」の考えであり、ヴィトリアは「やむをえざる不知」(ignorantia invicibilis) の場合にそれを認めた。さらにこの枠組を発展させた理論としてアヤラの「正しい敵」の概念やゲンティリスの「公の武力同士の決闘」(duellum) としての戦争論などがある。しかし、これらはいずれも伝統的な正戦論を根底から崩すまでには至っていない(11)。

　柳原の指摘は、16世紀以降の正戦論が中世の正戦論の進化したものというよりは、その変容したものとして捉えられるべきことを指摘したものとして興味深い。

　しかし、ここに引用した文章から判断する限り、柳原はビトリアらにおける正戦論の変化が伝統的な正戦論を崩すような根本的なものであったとまでは考えていないようである。これに対して、本稿では、それが単なる変容にとどまらない、伝統的な正戦論の衰退へとつながる根本的な変化であったという説明を試みたいと思う。

　それでは中世から近世にかけての正戦論の根本的な変化とは何であろうか。やや不正確な言い方になるが、本稿の議論の見通しを示すため、あえて一言で言うならば、それは「国家化(nationalization)」ないし「国際化(internationalization, interstatalization)」と呼ぶことのできる観念の変化であったと思われる。つまり、トマスを含めキリスト教神学者らがキリスト教徒の人間としての義務との関係において一定の条件の下で戦闘者個人が他の個人との間で行う人間同士の「戦い(bellum)」の正当性を認めようと努力したのに対して、近世の国家化された正戦論において問題とされたのは人間(homo)の戦いではなく、(前近代的な意味においてではあるが) 国家と呼びうるある種の人間集団 (civitas, respublica, gens, populus) の戦い、すなわち戦争の正当性だったということである。もちろん中世においても国家間の戦争（ないしは国家的な社会集団と他の類似の社会集団との間の戦争）はあったと思われるが、本稿において指摘するのは、正戦論が問題としたのが戦争それ自体としての正不正ではなく、個々のキリスト教徒の戦い（戦闘行為）の正不正であったということである(12)。

　今日、一般に正戦 (bellum iustum) は英仏語で、"just war"、"la guerre juste"

と訳されているが、"war" や "guerre" は一般には国家として行う戦いを指す言葉であり、正戦 (bellum iustum) も国家の行う戦争の中で特に正当なものを指すと理解されている。また、日本語においては「正当戦争」という訳語が広く用いられているが、日本語の「戦争」も一般には国家によって行われるものである。しかし、本稿に述べるように、実は、中世の正戦 (bellum iustum) は現代語の "war" や "guerre" や「戦争」の一種ではないのであり、その点で中世の正戦論についての従来の理解には修正すべき点があると思われるのである[13]。

　中世と近世の正戦論の相違について本稿のように理解するならば[14]、近世以降の正戦論の衰退について従来とは異なる理解が可能である。すなわち、確かに、正戦論を国家の戦争の正当性についての理論と理解するならば、上掲のマルテンスらの批判は正鵠を突いているのであるが、近世の正戦論は中世にトマスらによって確立された本来の意味での正戦論が根本的に変化したところに生じた理論であるとするならば、マルテンスらの批判は本来の正戦論に対しては成り立たない批判であるということになる。言い換えれば、近代国際法学において問題視された正戦論の非現実性はその本来の欠陥ではなく、正戦論の国家化によってもたらされたものであると言うことができるのである。

　以上の点を明らかにするために、本稿では、まず誰の戦い (bellum) の正当性 (iustitia) を問題とするものであったのかという観点から中世の正戦論を検討し、その上で、近世の論者らによって正戦論がいかなる変化を経たのか検討することにしたい。

I　古代ローマの正戦 (iustum bellum) 概念の影響

　中世キリスト教神学における正戦論は、中世に全く新たに生まれた理論ではなく、「正戦 (iustum bellum)」という言葉とそれに関連するいくらかのテキストを古代ローマから引き継いでいる。冒頭に述べたように、中世キリスト教神学における正戦論がもっぱら新約聖書の不戦主義の立場からの戦闘者の

戦闘義務の弁明として構築されたものであることを考えると、正戦論における正戦が戦闘者個人の「正しい戦い」を意味することは当然の帰結であるように思われるが、必ずしも単純にそうと言えないのは、正戦の概念が古代ローマ時代以来の伝統を伴っており、その影響も無視することはできないからである。

したがって、まずは、中世キリスト教神学における正戦論が古代ローマ時代の正戦論からどのような影響を受けつつ、どのような形で、それとは基本的には異なる理論として成立したのかを明らかにしなければならない。古代ローマの正戦概念は元来はギリシャ語からの訳語であり、これらの概念についてはギリシャとローマにおいて様々な議論が展開されたが、ここでは、中世の議論に直接の影響を残したとされるキケロのそれを検討しておくことでさしあたり十分とすることが許されるであろう[15]。

1　キケロの正戦概念

キケロは、その代表作の1つ『国家論』第3編において次のように述べている。

　　最善の国は、信義または安全を守るため以外にはいかなる戦争も企てない。(……) 個人は、最も愚かな者でさえ感じる貧窮、追放、牢獄、笞刑といった刑罰から、しばしばすみやかな死によって免れることができるが、国家にとっては、個人を刑罰から解放すると思われる死そのものが刑罰である。なぜなら、国家は永遠に存在するべく設立されていなければならないからである。人間にとって死は必然であり、それを望ましく思うこともしばしばであるが、国家にとって自然な死はない。国家の破滅と抹殺と絶滅は、小なるものを大なるものに比して言うならば、全宇宙の滅亡と崩壊に似ている。(……) 理由 (causa) なしに行われる戦い (bella) は不正な戦いである。復讐 (ulciscendum) あるいは敵の撃退 (propulsandes hostium) の理由がなければ、正しい戦いは行われえない。(……) 通告 (denuntia) と宣言 (dictum) と賠償請求 (repetitum rebus) がなければ、いかなる戦いも正しい戦いとは見なされえない。(……) わが国は同盟国を守る

ことにより、いまや全世界の支配を獲得した[16]。

　ここで述べられていることのうち、正戦論との関係で重要なのは、国家が国家として正しい戦い（戦争）を行うためには、復讐あるいは敵の撃退という理由と、通告、宣言および賠償請求という手続き[17]とが必要とされているということである。正戦を行うために理由を備え、手続きを踏むべき主体としてキケロの想定しているのが、国家 (respublica) であることについては異論がない[18]。キケロのテキストは、国家は理由 (causa) なくして戦争を行ってはならず[19]、また、やむを得ず戦争を行う場合でも戦争を未然に回避するための一定の手続きを踏んだ上でなければ戦争を行ってはならないということを述べたものなのである[20]。

2　アウグスティヌスの正戦概念

　4世紀のアウグスティヌスは、キリスト教の教父の中で正戦について考察したおそらく最初の教父らの1人であり、中世の神学的正戦論において最も高い権威を持つことになった。彼は、その著作において頻繁にキケロを引用しており、正戦論についてもキケロから少なからず影響を受けている[21]。正戦論に関するアウグスティヌスの言葉として後世に頻繁に引用されることになるのは、旧約聖書のヨシュアが卑怯な手段でアモリ人との戦争に勝利したことについての『モーセ七書の諸問題』の考察の中での次の言葉である[22]。

　　正しい戦争 (Iusta bella) は、戦争で攻められる gens ないし civitas がその構成員の不当な行いを罰することや不正によって奪われたものを返還することを怠ったならば、その不正に復讐するために行われる戦争と定義されると言われている[23]。

　ここで「gens（民族的集団）ないし civitas（都市国家）」というのは必ずしも厳密な意味で「国家 (respublica)」に相当する社会集団を指すとは限らないが、いずれにせよここで問題とされているのは個人が個人に対して行う武力行使ではなく、国家あるいは国家類似の一定規模の社会集団と同種の社会集団と

の間の武力行使であり、広い意味での国家と国家の間の戦争に含められるものであると考えられる。言い換えれば、ここでは、個々の人間対個々の人間の戦いではなく、国家類似の社会集団が他の同様の社会集団に対して行う戦い (bellum) が問題となっていると考えられるのである。他方で、アウグスティヌスは『神の国』では上掲のキケロの「最善の国は、信義または安全を守るため以外にはいかなる戦争も企てない」という言葉をそのまま引用している。これらの点から、アウグスティヌスの正戦概念は、キケロに代表される古代ローマの正戦概念を反映し、国家（あるいは国家類似の社会集団）の戦争として観念していると言うことができるであろう[24]。

3　イシドルスの正戦概念

　7世紀のイシドルスの正戦概念は、より明確にキケロ的である。イシドルスは有名な『語源論』において、次のように述べている。

> 奪われたものを取り戻すこと (res repetita) あるいは敵を撃退することを理由として、予告 (praedictum) の上で行われる戦争は、正しい戦争である。狂気のために適法な理由 (legitima ratio) なしに始められるのは不正な戦争 (iniustum bellum) である。これについてキケロは『国家論』（第3編第35章）で「理由なしに行われる戦い (bella) は不正な戦いである。復讐あるいは敵の撃退の理由がなければ、正しい戦いは行われえない」と述べる。また、その少し後にキケロは「通告と宣言と賠償の要求とがなければ、いかなる戦いも正しい戦いとは見なされえない」と付言する[25]。

　このパッセージにおいて、イシドルスはキケロの正戦概念を踏襲し、要するに正当な戦争には理由と手続きが必要であることを述べているのだと考えられる。戦争の理由に関して、キケロの「復讐 (ulciscendum) あるいは敵の撃退」が「奪われたものを取り戻すこと (res repetita) あるいは敵を撃退すること」に改められているという違いがあり、それは正当な戦争理由の範囲に影響を与えるものではあるが、キケロの正戦概念の概念枠組そのものを変更するものではない。また、手続きについては、イシドルスの予告 (praedictum) 概念は、

キケロの通告 (denuntia) と宣言 (dictum) と賠償請求 (repetitum rebus) とを合わせたものとして理解すれば、両者の間に見解の相違はないということになる。いずれにせよ、キケロの『国家論』のパッセージをそのまま引用しているイシドルスのテキストがキケロの正戦論を基本的に継承するものであることを否定すべき理由は見当たらない[26]。

以上に簡単に述べたように、4世紀のアウグスティヌスにおいても7世紀のイシドルスにおいても、新約聖書の不戦主義と現実の戦争との間の矛盾を解消するための正戦論が展開されることはなく、正戦についての考察は、せいぜい国家が戦争を正当に行うためには理由と手続きが必要というキケロ的な意味での正戦概念の踏襲にとどまっていたと考えられる。その後、12世紀のグラティアヌスの時代に至るまで、キリスト教神学において正戦に関する議論が展開されることは皆無であった[27]。

II　グラティアヌスの正戦概念

正戦の概念は、おそらくは告解と贖罪の制度の普及などを背景として、12世紀に教会法学の基礎を築いたグラティアヌスの『教令集』以後の時代に新たな生命を得ることになる。その時代に、新約聖書の徹底した不戦主義と現実世界における戦争の必要性との葛藤が1人1人のキリスト教徒の問題として明確に意識されるに至るからである[28]。

1　グラティアヌスの正戦概念の社会背景

グラティアヌスが正戦を論じた『教令集』第2巻第23カウサの第2設問を読んで、まず気付かされるのは、古代ローマのキケロの正戦概念が国家の戦争を念頭に置いたものであったのに対して、グラティアヌスの正戦概念はそれと全く異なる種類の戦争を念頭に置いたものだということである。第23カウサはグラティアヌス自身によって「異端者のカウサ (Causa hereticorum)」と名付けられており、正戦概念は異端者に対する強制を正当化するための議論を展開する中に位置づけられているからである。

そうした議論の背景には、11世紀末に教皇グレゴリウス7世（1073-1085年）が用いたプロパガンダ的手法の副産物として宗教感情が加熱し、カタリ派やワルドー派など、ローマ教会が意図した以上の教会改革を主張する異端的グループが数多く出現したとの社会事情があった[29]。第23カウサの冒頭に置かれた以下の導入文は、そうした時代状況を端的に反映するものと考えられる。

　　ある司教たちが、彼らに託された人民とともに異端におちいった。彼らは周囲のカトリック教徒を脅迫と迫害で強制して異端に導きいれようとする。このことを知らされて、教皇は、皇帝から世俗の管轄権を受けている周囲の地方のカトリックの司教に対して、それらのカトリック教徒を異端から保護し、できるかぎりの方法で、彼らを真実の信仰に復帰させるように強制するよう命じた。司教たちは、この教皇の指示（mandata）を受けて、兵士を集め、公然とまたは術策を用いて、異端者たちとの戦いを行う。彼らの中のある者は殺され、ある者は私財や教会財産を没収され、ある者は投獄されて強制労働を科され、正統信仰の一体性へと強制的に復帰させられる[30]。

　つまり、聖職者たる司教らが軍事力を用いて異端者を討伐し、真実の信仰の一体性という大義の下で、異端者を殺害・投獄し、異端者の聖俗の財産を没収するのである。第23カウサは、この血なまぐさい行為を正当化するために、8つの相互に関連する設問に順に答えていくものである。すなわち、第1に「戦うこと（bellare）は罪か」、第2に「いかなる戦いが正当で、イスラエルの子らの行ったのがどうして正当な戦いなのか」、第3に「友への不正は武力で撃退すべきか」、第4に「刑罰は行われるべきか」、第5に「裁判官や官吏による被告の殺害は罪か」、第6に「善への強制は悪か」、第7に「異端者の私財や教会財産は没収されるべきか、また異端者からの没収財産を占有する者は他人の財産を占有する者であるか」、第8に「司教やその他の聖職者は自身の権威の下で、あるいは、教皇の権威の下で、あるいは皇帝の命令によって、武力を行使することを許されるか」という一連の設問である[31]。

2　第23カウサ第2設問の内容

　正戦概念に直接に関わる第2設問への答えは、8つの設問の答えの中で最も短いものであり、わずか3つの法文 (canones) を含むだけのものである。「いかなる戦い (bellum) が正当で、イスラエルの子らの行ったのがどうして正当な戦い (iusta bella) なのか」という設問に答えるために、まず、第1法文においては、「何が正当な戦いであるか」との肢問が立てられ、これに対して、グラティアヌスは、イシドルス『語源論』から引用する形で、

　　奪われたものを取り戻すことあるいは人 (homines) を撃退することを理由として、宣告 (edictum) の下で行われる戦い (bellum) は、正当な戦いである。§.1　裁判者は、民 (populus) に法 (ius) あるいは法による判断 (quod iure disceptet) を語る (dictat) 者であるので裁判者 (iudex) といわれる。法により判断することは正しく裁判することである。したがって、正義 (iustitia) を備えない者は裁判者ではない。

との答えを与えている。
　次の第2法文においては「誰かと戦う際に正面から戦うか術策によって戦うかは正義に関係がない」との命題が最初に示され、伏兵を用いたヨシュアのアイ攻撃の正当性に関するアウグスティヌスの前掲のパッセージが引用された後で、グラティアヌス自身によって、

　　正当な戦い (bellum) は宣告 (edictum) の下で行われるもので、不正に復讐するものであるから、イスラエルの子らの行ったのがどのように正当な戦い (iusta bella) なのか問われなければならない。

と付言されている。そして、それに続けて第3法文としてグラティアヌスは「イスラエルの子らに無害通行が拒否されたので、正戦が行われたのである」と述べ、その主張を補強するために、アウグスティヌスの『モーセ七書の諸問題』の別の箇所から次のパッセージを引用して、第2設問への答えを締めくくっている。

アモリ人に対するイスラエル人の戦いがどのように正しい戦い (iusta bella) であったのかは明らかである。人間社会 (humana societas) の法により最も公平に提供されるべき無害通行が拒否されたからである。

これらの3つの法文の論理構成を整理するならば、以下のようになろう。最初にイシドルスの言葉を用いて正戦の定義を示し、次に、戦いの方法が正面攻撃であるか伏兵を用いた攻撃であるかは戦いの正当性 (iustitia belli) に影響しないことを確認した上で、イスラエル人のアモリ人に対する攻撃が、無害通行を拒否したアモリ人に対する神の宣告 (edictum) に基づく復讐[32]として正戦に該当すると結論付けているのである。

3 イシドルスとアウグスティヌスの正戦概念の「継承」?

ここではイシドルスとアウグスティヌスのテキストが素材として用いられているが、このグラティアヌスの正戦概念は、一般に言われているように、彼らのテキストを介してキケロの正戦概念を継承したものと言えるのであろうか。答えは否である[33]。彼らのパッセージは前後の文脈から切り離されて、グラティアヌス自身の議論の構築のための断片的な素材として用いられているのであり、本質的な点で修正されていると考えられるからである。

とりわけ重要なのは、正戦を定義するイシドルスのパッセージが重要な点において変更されていることである。主な変更点としては3点を挙げることができる。

①原文の「事前通告 (praedictum) の下で」の「宣告 (edictum) の下で」への変更。
②『語源論』の別の箇所から引用された「裁判者は、……」以下の文章の追加。
③原文の「敵の (hostium) 撃退」の「人の (hominum) 撃退」への変更。

まず、第1の変更により[34]、イシドルスの正戦の要件となる事前通告 (praedictum) が戦争の相手方に対して発せられるものであったのに対して、グラティアヌスの正戦の要件となる宣告 (edictum) は上位者から下位者に発せられるものに変わっている。そのことは第23カウサの文脈によっても明らかである。このカウサは、教皇が司教らに異端者討伐戦争を命じたことの

正当性を論じるカウサなのであるから、そこで存否が問題になるのは教皇から司教らに対する「宣告 (edictum)」である。また、カウサのどこにも異端者に対する戦争開始前の事前通告への言及はない。praedictum の語から最初の3文字を削除するだけで、戦争の相手国に対する事前通告の要件が、上位者からの戦闘命令の存否の要件にすりかわってしまっているのである[35]。

さらに、第2の変更で、正戦概念が裁判判決の執行の概念と密接に結び付けられることにより、このパッセージは、戦いが正当であるための要件を示した後で、それを判断するのは裁判者であることを示したものとして読まれることになる[36]。宣告 (edictum) は発言 (dicere) されたものであり、裁判者 (iudex) は法 (ius) を発言 (dicere) する者だからである[37]。だとすれば、この法文での議論における戦い (bellum) は、裁判者の判断に服する者の行為としての戦いでなければならない。したがって、ここでの戦い (bellum) は人間の行為としての戦いを意味すると捉えるのが適当ということになる。もちろん、ここで裁判者は狭い意味でのそれではなく、法 (ius) を発言 (dicere) する全ての者を指す。第23カウサの想定する設例においては教皇が裁判者であり、ヨシュアのアイ攻撃においては神が裁判者である。この裁判アナロジーの正戦への適用は、第3の変更点にも関わっている。「敵 (hostes)」の語が消えたことにより、パッセージ全体が判決の執行に関する記述として読まれうることになり、戦い (bellum) は外国に対するか否かに関係なく判決の執行として行われる実力行使を意味すると解されるようになっているからである。

以上に述べたところから、グラティアヌスにとっての正戦は国家の戦争を意味するものではなく、裁判の判決を執行する官吏の行為のような現実の人間による戦い (実力行使) を意味し、兵士の戦い (bellum) はそのようなものとして正当化されると考えられる。言い換えれば、グラティアヌスが正戦論によって正当化しているのは、外国に対する戦争そのものではなく、その中で行われる兵士らの正当な戦闘行為なのである。そして、このようにグラティアヌスの正戦を人間の行為として捉えることは、第23カウサが新約聖書の忍耐の戒律と関係において「戦うこと (bellare)」は罪か」という疑問に答えるところから議論を始めていることとも整合的である。逆に、戦い (bellum) を国家 (あるいは国家に類する何らかの社会集団) の戦争を意味するものと考えると、

グラティアヌスのテキストは容易には理解しがたいものとなってしまう[38]。そして、現に、以下に見るように、トマスにまで至るグラティアヌス以後の論者らは、新訳聖書の忍耐の戒律との関係において個人の正当な戦闘行為としての正戦の概念を理論的に深めていくことになる。

III 古典的な正戦論の形成

　グラティアヌス『教令集』の影響は極めて大きく、『教令集』に注釈を与える形で議論を展開する注釈学者 (decretists) と呼ばれる人々が現れた。その中のルフィヌスが著した『教令大全 (Summa Decretorum)』(1157年) は正戦について体系的論述をもたらした最初の著作であり、ステファヌス著『教令大全 (Summa Decretorum)』(1159年)、著者不明『パリ大全 (Summa Parisiensis)』(1160年)、著者不明『ケルン大全 (Summa Coloniensis)』(1169年)、カルモナ著『大全 (Summa)』(1180年) などがこれに続いた。グラティアヌスが異端者に対する強制の正当性を論じる文脈の中で正戦に言及したに過ぎないのに対して、彼らは正戦の問題を一個の独立した問題として論じ、正戦論と言うに値する理論を構築していった[39]。

1　ルフィヌスの正戦論
　正戦についてのルフィヌスの論述はグラティアヌスのそれよりはるかに緻密である。ルフィヌスはグラティアヌス『教令集』の第23カウサ第2設問に以下の注釈を与えている。

> 戦い (bellum) が正当であることは、宣告者 (indicens) のゆえに、交戦者 (belligerans) のゆえに、そして、戦いにより攻撃される者 ([ille] qui bello pulsatur) のゆえに言われることである。宣告者のゆえにというのは、戦争を宣言あるいは許した者は、それを許す正規の権力を持つ者でなければならないということである。交戦者のゆえにというのは、戦いを行う者が善良な意図でもってこれを行い、また、戦うにふさわしい者でなけ

ればならないということである。戦争により攻撃される者のゆえにというのは、その者が戦いで傷付けられるに値するか、あるいは、それに値しないのであれば、正当な推定 (praesumptiones) により値すると見なされる者でなければならないということである。これらの3つのうち1つでも欠けていれば、完全に正当な戦い (absolute iustum bellum) であることはできない[40]。

　誰の正戦かという観点から注目すべきは、最後に述べられているように、3つの要件のうちの1つでも欠ければ完全に正当な戦いではなくなってしまうということである。つまり、同じ1つの戦場において、ある戦闘者が善良な意図でもって戦う傍らで他の戦闘者が邪悪な意図をもって戦う場合、他の2要件が満たされているとするならば、一方の戦闘者の行為は正当な戦いであり、他方の戦闘者の行為は不正な戦いであるということになる。戦闘者の中に戦うに適さない者 (例えば聖職者) が混じっていれば、その戦闘者の戦闘行為は全て不正な戦いとなる。また、戦いの正不正は第3の要件により相手方の事情にも左右されるので、同じ戦場における同じ戦闘者の戦闘行為であっても、攻撃の相手によってはその戦いが不正となることがある。ここで戦いの正当性は、戦争全体についてまとめて判断されるのではなく、個々の戦闘行為について判断されるものなのであるから、戦争ではなく個々の戦闘行為の正当性として判断されるものと考えらるよりほかない。戦い (bellum) の正当性は、個々の戦闘者の個別の戦闘行為に即して判断されるのである。

2　ライムンドゥスの正戦論

　ルフィヌスの正戦の3要件理論は13世紀初頭にはラウレンティウス (Laurentius Hispanus) らによって5要件理論へと発展した。代表的なのは、ライムンドゥス (Raimundus Penyaforti)『贖罪問題集 (Summa de casibus poenitentiae)』(1222年) による以下の整理である。

　　戦い (bellum) について完全に明確にするために、戦いが正当であるためには5つのことが必要であることに注意せよ。すなわち、人 (persona)、

事項(res)、理由(causa)、魂(anima)および命令(auctoritas)[41]の5つである。人の要件は、戦いを行うのが世俗の者でなければならず、聖職者であってはならないということである。世俗の者には血を流すことが許されているが、聖職者には避けえない必要性の場合を除いて許されていないからである。事項の要件は、賠償請求や祖国の防衛のためでなければならないということである。理由の要件は、攻撃によって平和を得る必要があって攻撃するのでなければならないということである。魂の要件は、憎悪や復讐のために行うのではないということである。命令(auctoritas)の要件は、教会の命令(とりわけ信仰のために攻撃する場合)あるいは皇帝の命令の下で行うということである。これらのいずれかにでも欠けるのであれば、戦いは不正であると言われる[42]。

　この5要件理論についても、3要件理論の場合と同じように、戦いの正当性は個人の個別的な戦闘行為の正当性として判断されるということが言えることは、あらためて論じるまでもないであろう[43]。ここでも戦いは基本的には個人の行為として理解されていると考えられ、それを国家の戦争という意味での戦争と等値することはできない。

　もっとも、だからと言って戦いが必ずしも個人の単独の戦闘行為のみを指す概念だということではない。個人の戦闘行為は単独で行われる場合も、集団的な戦闘行為の一環として行われる場合もある[44]。たとえば、ホスティエンシスはライムンドゥスの5要件理論をほぼそのままに引用した上で、戦い(bellum)の7つの類型の第1のものとして、キリスト教徒と異教徒との戦い(bellum inter fideles et infideles)を挙げて、それを特に「ローマの戦い(bellum romanum)」と呼んでいる。これはグラティアヌスの第23カウサの設例と同じく、ローマ教会の指導の下で行われる集団的な戦闘を念頭に置いたものと考えられるであろう。第2に挙げられているのはキリスト教徒間での裁判判決の執行としての正戦であり、これはむしろ私人の自力執行を念頭に置いていると思われる[45]。いずれの場合にも、戦いの正不正は個人の行為の正不正として判断されていると考えれば、これらが並列され、また、5要件理論の後に続けて述べられていることも問題なく理解されるであろう。

3 戦いが双方において正当である可能性

　以上に述べたように、戦いの正当性が個々の戦闘者の事情として判断されるのであるから、一個の戦いにおいて刃を向け合う2人の戦闘者の双方にとって戦いが正当であったり、あるいは双方にとって不正であることは論理的にありうるのみならず、むしろ、よくありそうなことだということになる。このことは既にルフィヌスとほぼ同時代にステファヌスによって次のとおり指摘されていた。

　　時には戦いが攻撃を受ける者にとって正当でありながら、攻撃を行う者にとっては不正な場合があることに注意しなければならない。また、攻撃を行う者にとって正当でありながら、攻撃を受ける者にとっては不正な場合もある。また、双方において正当な場合もある[46]。

　このように、ステファヌスは、戦いが攻撃する側と攻撃される側の双方において不正であったり、正当であったりする可能性を排除していないが、正戦論からそのような帰結が導き出されることを特に問題と考えていた形跡はない。また、同時代の多くの論者らがステファヌスにならい、一方の当事者にとっての戦いの正当性が必然的に他方の当事者にとっての同じ戦いの不正なことを帰結するわけではないとの立場を取っていた[47]。
　このことは、後にヴァッテルらが「戦争が双方の交戦国にとって正当でありうる」という結論を回避できないことを理由として、正戦論を徐々に等閑視するに至ったことと考え合わせるならば、少し意外に思われるかも知れない。しかし、ヴァッテルらが国際法を国家間紛争を解決する手段として論じ、その中に正戦論を位置付けたのに対し、ライムンドゥスの上記の著作が『贖罪問題集』と題されていることにも見られるように、中世の神学者や教会法学者は主に個人の贖罪 (poenitentia) の秘蹟の文脈において正戦論を論じたのであり、そこから大きな相違が生じたのだと思われる。贖罪の秘蹟を施すために必要なのは、告解者自身の行為の正不正を明らかにすることであり、彼の戦いの相手にとって戦いが正しかったか正しくなかったは副次的な問題で

しかない。相手方の行為が正当であっても状況によっては告解者の行為も正当でありうることは当然であるし、ともに不正でありうることも当然なのである[48]。

IV　トマスの正戦概念の再検討

　以上に述べたところから、グラティアヌス以降の正戦論がもっぱらキリスト教徒個人の戦闘行為の正不正に関する理論として展開されたということが明らかになったが、このことをトマス・アクィナスの正戦論についても確認しておこう。トマスは中世の神学的正戦理論の確立者として知られる[49]が、そのトマスの正戦論が国家の戦争の正不正に関するキケロらの正戦論を受け継ぐものであると言われることが少なくないからである[50]。

1　トマスの正戦論の文脈

　トマスが正戦概念を扱った『神学大全』の第2部第2編の第40設問（quaestio）は4つの肢問（articulus）から構成されており、その第1肢問が「ある種の戦いは許されるのか（utrum aliquod bellum sit licitum[51]）」についての議論である。残りの3つの肢問では、それぞれ「聖職者が戦うこと（bellare）は許されるのか」、「戦う者（bellantes）に術策を用いることは許されるのか」および「祭日に戦うこと（bellare）は許されるのか」という問題が扱われている。

　第1肢問においてトマスは、まず戦いが罪（peccatum）であるとされている4つの理由を示す。第1の理由は、「剣を取る者は皆剣で滅びる」（マタイ福音書第26節）というイエスの言葉のとおり神は戦う者に罰（poena）を与えるのであり、罰は罪がなければ与えられないのであるから、戦うことは罪だと考えられるということである。第2の理由は、神の戒律（praeceptum）に反することは罪であり、「悪人に手向かってはならない。誰かがあなたの右の頬を打つなら左の頬をも向けなさい」（マタイ福音書5節）というイエスの言葉と「自分で復讐せず、神の怒りに任せなさい」（ローマ人への手紙第12節）というパウロの言葉のとおり戦うことは神の命令に反することであるから罪であ

るということである。第3の理由は、有徳の行為に反することは罪にほかならず、戦いは平和に反するのであるから罪だということである。第4の理由は、許されていることについてはその練習も許されるはずであるが、騎士競技 (torneamentum) として行われる戦いの練習は教会によって禁じられており、そのことは戦いが許されないことを意味するはずだということである。

これに対して、トマスは、兵士に給与に満足して職務を果たすよう命じるアウグスティヌスの言葉に依拠して戦うこと (militare) は禁じられていないと反論し、ただし、戦い (bellum) が正当であるために3つのことが要求されるとする。君主の命令 (auctoritas principis[52])、正当な理由 (causa iusta) および戦う者の正しい意図 (recta bellantium intentio) である。言い換えれば、この3つの要件を備えた戦いは正戦であり、正戦であれば戦うことは罪とならないのである[53]。これが中世キリスト教神学の正戦論を代表するとされるトマスの3要件理論である。

そして、トマスは、戦いが罪であるとされる4つの理由のそれぞれについて、ある種の戦いが正当とされることとの表面的な矛盾を解消する解釈を示して設問を閉じる。第1の理由については、個人が君主の命令の下で剣を用いるときも、君主が神の命令の下で剣を用いるときも、「剣を取る (accipit gladium)」のではなく、他人からの委託の下で使用するに過ぎないのだと説明する。第2の理由については、アウグスティヌスの言葉を援用しつつ、イエスの言葉は「必要があれば」悪人に手向かわないでいられるようにすべきということであり、共通善の保護のために戦わなければならない場合は別であると説明する。第3の理由については、正戦は平和を得るために行われるものであるから平和に反しないと説明する。第4の理由については、戦いの練習が全面的に禁止されているわけではなく、その危険な練習が禁じられているだけであると説明する。

以上がトマスの正戦論の概略であるが、ここに国家が行う戦争の正・不正に関する議論を求めようとするならば、少なからぬ違和感を感じずにいられないであろう。なぜならば、第40設問の4つの肢問にせよ、第1肢問で挙げられた戦いの違法性の4つの理由とその各々に対する反論にせよ、いずれも、忍耐の戒律に代表される新約聖書の不戦主義の教えにもかかわらずキリス

教徒に戦うことが許されるのかという観点からの議論であり、視点はキリスト教徒個人の次元にあって国家の次元にはないからである。つまり、グラティアヌス以降の他の論者らの場合と同様に、トマスの「戦い (bellum)」は「戦う (bellare, militare)[54]」に対応する名詞であって、個人の戦闘行為を念頭に置いた概念だと思われるのである[55]。

以下では、そうした理解がトマスの3要件の具体的内容と整合的であるか検討することにしよう。

2 君主の命令の要件

トマスは正戦の3つの要件の最初に君主の命令の要件を挙げ、次のように述べている。

> 第1に要求されるのは、その指示 (mandatum) によって戦うところの君主の命令 (auctoritas principis) である。私人は自身の権利 (ius) を上位者の法廷において追求できるのであり、それゆえ、戦いを開始すること (bellum movere) は私人に属することでないからである。また、戦うために必要な多数の者の動員も私人に属することでない。国家 (res publica) の管理は君主らに委ねられているのだから、委ねられた国家[56]の公的利益の保護は君主らに属することである。そして、内的な騒乱から物理的な剣によって公的利益を守ることが許され、君主らが悪人を罰するとき、「ローマ人への手紙」第13節において使徒パウロの述べているとおり、「権威者はいたずらに剣を帯びているのではなく、神に仕える者として、悪を行う者に怒りをもって報いる」のであるから、戦の剣 (gladium bellicum) によって国家を外部の敵から守ることも君主らに属することである。また「詩篇」においては、君主らに「弱い人、貧しい人を救い、神に逆らう者の手から救い出せ」と語られている。アウグスティヌスは『ファウストゥス駁論』において、「命限られた者[人間－訳注]の平和にかなう自然な秩序は、戦いの開始が君主の命令と判断の下にあるべきことを求めている」と述べている。

ここで戦いの開始の是非の判断は君主に委ねられるべきとされている[57]。しかし、そのことはここで問題とされる戦い (bellum) が君主の主導する戦争それ自体であることを必ずしも意味するものではない。なぜなら、ここで述べられているのは個人が君主の命令の下で行うのでなければ自身の戦い (bellum) を正当化できないということだと考えられるからである。つまり、やや不正確になるのを厭わずに近代国際法上の戦争概念を用いて表現するならば、トマスの正戦論は、個人の具体的な戦闘行為が、君主によって指揮される対外的な戦争の枠内の行為として正当化されるための要件を示す理論と考えられるのである。そうであれば、トマスが明らかにしたことは、トマスの言う「戦い (bellum)」が君主の命令、正当な理由および正しい意図の下で行われるのでなければ正当化されえないということだけであり、それ以上に当該戦争が総体として正当であるための、すなわち国家の戦争として正当であるための、十分要件を提示したわけではないということになる。

　以上に述べた点に関して、ヌスバウムは「君主の命令の要件は、現代的な観念によれば、正当戦争の要件というよりは戦争の要件であるように見えるかも知れないが、トマスの生きた血なまぐさいフェーデ (feuds) の時代には状況が異なっていた[58]」のだと主張する。しかし、ヌスバウムは、なぜ血なまぐさいフェーデの時代であると君主の命令の要件が単に戦争の要件ではなく正当な戦争の要件となるのか、明確な説明を与えていない。むしろ、ヌスバウムも「君主の命令の要件は、現代的な観念によれば、正当戦争の要件というよりは戦争の要件であるように見える」と認めていたように、君主の命令の要件はまさに、個人の戦闘行為が制度化された戦争の枠内の戦闘として正当化されるための要件であり、(戦闘行為の総体としての) 戦争それ自体が正当になるための要件ではないと考えるべきであろう。

3　正しい意図の要件

　トマスの戦い (bellum) の概念を個人の戦闘行為の次元で理解する解釈は、彼が3つ目に挙げている「戦う者の正しい意図 (recta bellantium intentio)」の要件についてのトマスの次の説明とも整合的に理解されうるものである。

第3に戦う者 (bellantes) の正しい意図、すなわち善の増進や悪の回避の意図が必要である。それゆえにアウグスティヌスは『主と使徒の言葉についての説法』において「神の真の信仰者は、欲望や残忍性のためにではなく平和を求めるために戦う者、悪を為す者を抑えて善を為す者を賞揚する」と述べている。戦いが正当な権威によって始められ、その理由が正当であったとしても、邪悪な意図によって戦いが違法 (illicitum) になることがありうる。アウグスティヌスは『ファウストゥス駁論』において、「加害の欲求、残忍な復讐、不寛容の精神、反抗の野蛮さ、支配の欲望、その他同様のこと、これらは戦いにおいて正当に罪となる」と述べている。

ここに挙げられた邪悪な意図の数々は、実際に戦闘行為に従事する者が抱きうる具体的な意図であり、その有無は個々の戦う者 (bellans) について判断されるものであるから、仮に意図が邪悪であったとしても、そのことによって不正となるのはその者の戦い (bellum) でしかないはずである。ここでトマスが述べているのは、君主が戦争を宣言して個人が兵士として戦闘行為に正当に従事することになったとしても、個人が実際の戦闘において邪悪な意図をもって殺傷を行うことはキリスト教徒として許されないということだと考えられる。

4　正当な理由の要件

トマスの正戦概念が個人の正当な戦闘行為を意味するものであったと言うために少し問題なのが、トマスが正戦の第2の要件の説明において、アウグスティヌスのパッセージを引用しており、そこでは戦い (bellum) が国家の戦いすなわち戦争を意味するものとして解することもできるように思われることである。すなわち、トマスは次のように述べている。

第2に正当な理由、すなわち攻撃される人々が、何らかの落ち度 (culpa) によって攻撃 (impugnatio) に値することが必要である。それゆえに、アウグスティヌスは『モーセ七書の諸問題』において、「正戦は、国家 (gens vel civitas)[59]が自身の構成員の為した悪事の懲罰や不正により奪われた物の返還を怠ったことで罰せられるべきとき、[その－訳注]不正(injuriae)を罰する戦いであると定義される[60]」と述べている。

　この文章の第2文における「gens vel civitas」を法的な意味での「国家」の意味に解釈するならば、「正戦は……不正を罰する戦いと定義される」という際の「不正」とは「国家が国家として不作為(悪事の懲罰や不正奪取物の返還の懈怠)を通じて他国に与えた不正」を意味すると解されることになり、罰せられる側が国家であるから、罰する側も国家であろうと考えて、トマスは「戦い(bellum)」を国家の国家に対する戦争として観念していたと解することが可能であろう。実際、上述のとおり、アウグスティヌス自身は、gens vel civitas が行う戦いを個人の戦いとしてではなく、キケロの戦いと同様の集合的な戦いすなわち「戦争」に相当するものとして理解していたと考えられるのであるから、このパッセージだけ見れば、そうした解釈も十分に可能であるように思われる。

　しかし、この文章の第2文はトマス自身の言葉ではなく、アウグスティヌスのテキストからの引用であり、トマス自身の表現としては、第1文において、敵を指す言葉として、gens や civitas という言葉ではなく、「攻撃される人々(illi qui impugnantur)」という表現を用いている。他方で、gens や civitas はそもそもは民族や部族などを意味する言葉であり、これを法的な意味での「国家」の意味に解することは論理的な必然ではなく、個人の集合としての人々の意味にとることもできないわけではない。そして、トマスは自身の言葉により、「gens vel civitas」を「人々 (illi)」と言い換えている。複数形の「人々 (illi)」と言い換えられる gens vel civitas を「国家」に類する意味で解することができるかは疑問である。むしろ、「攻撃される人々」が戦闘において実際に害敵行為の対象となる兵士やその他の相手国所属民を意味し、ルフィヌスの3要件理論の場合と同様に、落ち度や不正がその1人1人について判定されるのだと解する方が自然ではなかろうか。この点についてトマス自身は明確に述べていないので、トマスがいかなる理解の下に上掲の文章を残したかは分からないが、トマスが先行するグラティアヌスやグラティアヌスに続く諸論者

と根本的に異なる概念枠組を示していたとは考えにくいように思われる。

また、トマスの正戦論がグラティアヌスらの正戦論と異なる新奇な説を打ち出したものとは考えにくい理由として、トマスの正戦論においては正当理由の要件の論述が3要件の中で最も簡単に済ませられているということも挙げられる。ヌスバウムはトマスの正戦論において正当理由の要件が最も重要な要件であったとするが、『神学大全』の正戦論に関する論述にそのように解すべき理由を見いだすことはできないように思われる[61]。

むしろ目につくのは、キリスト教徒は君主の命令の要件さえ満たせば正当理由の存否を検討する義務をまぬがれるという意味に解しうるトマスの次の言葉である。前述のように、トマスは一見すると「戦い (bellum)」が禁じられていると考えられる第1の理由として、神は戦う者に罰を与えるのであり、罰は罪がなければ与えられないのであるから、戦うことは罪であるはずであるということを挙げた上で、他人からの委託の下で戦う者には罰を与えられないという理屈でこれに反論した。この反論の部分でトマスは次のように述べている。

> 私人が君主や裁判官の命令の下で剣を取るとき、あるいは、公人 (persona publica) が正義の熱意の下で、あたかも神の命令の下での如く剣を用いる (gladio utitur) とき、彼自身が剣を取る (ipse accipit gladium) のではなく、他者から委託された剣を用いるに過ぎない。したがって、罰は彼に負わせられない[62]。

すなわち、一私人たる兵士が他者すなわち君主から委託された剣を用いるとき、兵士に罰は与えられず、したがって、その剣を用いる（＝戦う）ことは罪にならないのである。この論理からすれば、委託されている剣を用いている限りは、その剣の行使が正当な理由を伴わない場合にも、いずれにせよ兵士には罰が与えられず、したがって、戦うことは罪ではないということになってしまうはずである。そうであれば君主の命令の要件さえ満たせば、他の2つの要件を満たす必要はないということすら言えるのである。

もっとも、トマスが明示的に3つの要件を挙げているのであるから、残り

の 2 つの要件が無意味ということはないはずである。したがって、ここでトマスが「罰は彼に負わせられない」と言っていることは、「その罰は……」の意味に取るべきであろう（ラテン語には定冠詞がないので文脈により適宜補う必要がある）。ここでは文脈上、「剣を取る者は皆剣で滅びる」という聖書の言葉に基づき与えられる罰が問題とされているのであり、君主の命令を受けて行う戦闘行為について、この罰（剣で滅びるという罰）を受けることがなく、したがってこの罰の前提となる罪を負うこともないということを意味するに過ぎないのであって、その同じ戦闘行為により、それ以外の意味での罪を犯す可能性は排除されていないと考えるべきであろう。

　このことに留意する必要はあるが、総じて言うならば、上述の引用にも示されるように、トマスの正戦論の中心にあるのは、新約聖書の「戦ってはならない」という不戦の理念と君主の命令の下で戦闘に従事しなければならない現世の現実との調和の試みであり、すなわち、それは、委託されている剣を用いる者は自ら剣を取る者ではないという論理（君主の命令の要件）なのであり、正当理由の要件や正しい意図の要件は補完的な役割しか与えられていないように思われるのである。

　現実的に考えても、キリスト教徒として求められることは、君主の命令もなしに勝手に戦わないことであり、いったん君主の命令に基づいて戦うならば、明白に不正な理由に基づく戦争である場合は別として、戦争全体の正当性を相手方の不正などを理由として自ら確認することまでは求められえないのではなかろうか。そうであるからこそ、戦闘行為が正当な理由に基づくものでなければならないことは第1の要件との関係で付随的な要件に過ぎないので、掘り下げられた検討の対象とならなかったと考えるのが自然であるように思われる。

　要するに、トマスの正戦論は、キリスト教徒の戦闘行為を主に君主の命令を要件として認容する理論だったのであり[63]、近代的な意味での戦争、すなわち戦闘行為の総体としての戦争をその総体として合法か違法か判断するための基準を示すような理論ではなかったと考えられるのである。確かに、現代の目から見ればトマスの正戦論は国家間の戦争を論じているようにも見えるので紛らわしいかも知れない。しかし、トマスの時代には戦争 (bellum)

を国家の行為として捉える観念がなかった（あるいは一般的ではなかった）のだとすれば、トマスにそうした誤解を避けるための配慮を期待することはできないであろう。

V　正戦論の国家化

　以上の考察が正しいとすれば、その後、正戦論における戦い（bellum）の概念が個人の戦闘行為概念から国家の戦争概念へと転換したのだということになる。そうした転換が生じた1つの要因は戦争を「（単数形の）人間対人間」の関係ではなく「我々対彼ら」という集合的な関係において観念する前キリスト教的な素朴な戦争観念であろう。
　例えば、14世紀のカノン法学者リニャノ（Johannes de Lignano: c1320-1383）は皇帝のみに戦争開始権を認める立場から次のように現状を批判していた。

> しかし、今日、上位者を事実上認めない諸民族（populi）がおり、彼らは上位者を認めないのであるから、上位者の命令（superioris auctoritas）を必要としない。かくして、日々、民族（populus）が他の民族に対していかなる上位者の命令もなく戦いを開始している[64]。

　ここでさしあたり「populus」を「民族」と訳しておいたが、これを集合的に「人々」の意味に理解しても文章の意味は通る。法的権利の担い手としての「国家」の概念がいまだ確立していないリニャノの時代においては、もっと曖昧な「人々対人々」の意味に理解されたのであろうと思われるが、populusを単数で考えてここでの戦いを国家間の戦争の意味に読みかえることは容易である[65]。ラテン語におけるpopulusやgensなどの語の持つ一定の曖昧さのゆえに、bellumの概念は、おそらくは半ば無意識のうちに、「個人の戦い」の概念から「国家の戦い（戦争）」の概念へと徐々に変わっていったのではなかろうか。本稿では、筆者の能力と資料の不足のゆえに、そうした概念変化の全体像を描き出すことはできないが、その過程を示唆するいくつかのテキス

トを挙げておくこととしたい。

1 国家間の戦争としての正戦概念の登場

さしあたり、筆者が正戦論における「戦い (bellum)」を明確に国家と国家の間の関係で捉える見解として見いだすことのできた最初のテキストは、アビラ（スペイン）の司教トスタトゥス (Alphonsus Tostatus: 1400-1455) によるものである。トスタトゥスは、イスラエル人が旧約聖書上のエジプト脱出の際にエジプトに対して損害賠償を請求する権利を持っていたかという問題を論じ、次のように述べている。

> ……ある民族 (gens) あるいは王国 (regnum) が他の民族から損害あるいは不正をこうむり、損害を与えた民族が警告されたにもかかわらず、損害あるいは不正を償おうとしないならば、正戦を開始し、継続し、そこでの捕獲によって損害と不正の賠償として要求するものを得るのみならず、裁判での争いにおいて不当な主張を行った側に費用が帰せられるのと同様に、戦争の費用をも回収することができる[66]。

後世への影響を考慮に入れるならば、正戦を国家間の戦争として観念的に再構成する歴史的過程の中で最初の重要な論者はカイェタヌス (Cajetan, Tommaso de Vio Gaetani: 1469-1534) であろう。カイェタヌスは、『トマス「神学大全」第2編第2部の注釈』において、正戦を行う権利を国家の権利として捉え、次のように述べている。

> 国家 (respublica) は、その構成員と自身を守らなければならないのであり、そのために、自国民 (subditi) に対しても外国人 (extranei) に対しても、力に適度の力で反撃することのみならず、自身あるいはその構成員に対する不正を罰する (vindicare) ことができる。自国民については、懲罰的正義 (punitiva justitia) が国家に属することから明らかである。外国人については、アリストテレス『国家論』第3巻に述べられているように国家は自足的 (sibi sufficiens) でなければならないということから証明される。

国家が、外部の民族 (populi) や君主 (principes) に対して適法に (licite) 復讐する (se vindicare) ことができるのでなければ、その国家は全く不完全だからである[67]。

さて、このように正戦を国家の戦争として観念するのであれば、トマスが正戦の3要件の1つとして君主の命令を挙げたこととの整合性を取ることはできない。命令 (auctoritas) を必要とするということ、完全な性質の団体として自立的な判断に基づいて戦争を行いうるということとは両立しないからである。そこで、カイェタヌスは、トマスの正戦の第1の要件について、次のように説明している。

> ［トマスの］第1［の要件］は、［戦争を行いうる］君主に上位者がいないということを述べたものである。私人と公人との間には、私人は国家の一部であり、上位者を持つという点での相違がある。人間は国家的動物であり、内外の敵に対する復讐を上位者に求めることができ、その性質上、懲罰命令権 (authoritas uindicatiua) を持たないからである。他方で、国家そのものあるいは君主は、既に示したように、その性質の完全性により懲罰命令権を持っており、上位者の懲罰命令に依拠する必要がない。既に述べたように、私人は部分であり、公人は全体であるがゆえに、この文章［正戦の第1の要件についてのトマスの文章－引用注］は、公人ではなく私人について最も適切に述べられたものである[68]。

したがって、カイェタヌスによれば、正戦の理論が私人に適用される場合と公人に適用される場合とで異なる内容を持つことになる。言い換えれば、正戦論の中に私人の正戦に関する理論と公人（国家あるいはその統治者たる君主）の正戦に関する理論との2つの異なる理論が含まれているということである。そして、公人の戦いの正不正を明らかにする正戦論が、トマスに代表される中世の神学的正戦論とは異なる、いわば新たな正戦論として浮かび上がってくることになるのである。

2　ビトリアの正戦概念

　ビトリアは、今日の国際法へと連なる近世の国際法思想に影響を与えたという意味で、中世から近世にかけての時期の国際法思想史上の最も重要な論者の1人である。彼もカイェタヌスと同様に、正戦を行う権利を国家（respublica）の権利として捉え、次のように述べている。

　　（……）国家（Respublica）は、自己および自国民を防御するのみならず、そのために処罰をなし、不正を追及する権威をも有する。このことは、国家はそれ自身として完全なものでなければならないということ（アリストテレス『国家論』）により証明される。もし、不正に対して復讐し、敵を罰することができないならば、国家は公の善と国家としての地位を十分に維持することができないであろう。悪人たちが不正を行っても罰せられることがないならば、彼らはより容易に、より大胆に不正を行うようになるだろうからである。したがって、人間の事柄を正しく治めるために、このような権威が国家に与えられることが必要なのである[69]。

　ここで見落としてはならないのは、次に述べるように、ビトリアにおいて、個人の次元での正戦論が、個人の戦い（bellum）の正当性の問題ではなく、個人にとっての戦争（bellum）の正当性の問題として論じられるということである。ビトリアは『戦争の法（jus belli）についての講義』において戦争の正当理由に関して生じる疑問の1つとして、「戦争がいずれの側においても正当であることがあるか（Bellum an possit ex utraque parte esset iustum）」という問題を論じ、そこに次の答えを与えている。

　　第1に、不知（ignorantia）の場合を除いて、そのようなことが起こりえないのは明白である。仮にいずれの側にも法と正義があるのであれば、他方の側と戦うことは、攻撃をするのでも防御をするのでも、［いずれの側にも－訳注］許されないからである。第2に、事実や法についての十分にありうる不知（ignorantia probabilis）があったとするならば、真の正義の存する側においては戦争が当然に正当であり、他方の側においては善良

な誠意により罪から免除されるという意味で正当な戦争であるということがありうる。克服されえない不知 (ignorantia invicibilis) は、あらゆる場合に弁明となるからである。そのことは、少なくとも臣民にはしばしば生じることである。仮に不正な戦争を行う君主が戦争の不正であることを知っていたとしても、臣民はいわば善良な誠意により自身の君主に従うことができ、その場合には双方の側で臣民が合法的に戦うことになるからである[70]。

ビトリアは別の箇所において「公的なあるいは君主の評議 (consilium) に参加しない下級の人々は、戦争の原因を検討することなく、上級の人々を信頼して合法的に戦える」との命題を示しており、臣民は君主の命令に従っている限りにおいて、戦争の不正なことを確実に知っていたなどの特別な事情がない限りは「克服されえない不知 (ignorantia invicibilis)」を理由として戦闘行為に従事することが許されることになる[71]。ここにおいて、個人の戦闘行為 (bellum) の正不正を問題とした正戦論は、キリスト教徒にとっての国家の戦争 (bellum) の正不正を問題とする正戦論へと微妙に変化しているのである。

3 ビトリアの正戦概念の継承

個人にとっての国家の戦争の正不正を問題とする論理構成は、17世紀のグロティウスの『戦争と平和の法』にも受け継がれている[72]。グロティウスはビトリアを参照しながら、「戦いを命じられ (edicitur) ても、戦争の理由 (belli causa) が不正であることが明白である場合には、決して戦ってはならない[73]」と述べ、他方で、「戦争の違法なことを確実には知らない限りにおいて[74]」という限定付きで、臣民が君主に従って違法な戦争に従事することを正当化する。キリスト教徒が不正な戦いを行ってはならないというグラティアヌスやトマスの正戦論は、キリスト教徒は不正な戦争に参加してはならないということに読み替えられ、戦争それ自体の正不正についての理論 (新たな正戦論) の外に置かれているのである。

こうした論理構成の変化は、キリスト教徒の不正な戦争への参加の禁止という実質的な規則が維持される限り、現実の適用において大きな差異をもた

らさないであろう。カイエタヌスもビトリアも、正戦を国家の戦争と観念しつつも、国家を構成する個人にも不正な戦争には参加しない義務を課しているのであるから、その帰結において古典的な正戦論を否定するものではない。しかし、この論理構成の変化は、実質的な規則の変化を容易にするものではあった。個人の不正戦争参加禁止の規則が正戦論から分離されたことによって、正戦論の論理を維持したまま、個人の不正戦争参加禁止の規則を捨て去ることが可能になったからである。

既にグロティウス『戦争と平和の法』において、同書全体が正戦論を論じたものであるにもかかわらず、個人の不正戦争参加禁止の規則については、ごくわずかにしか言及がない。さらに、一般にグロティウスの後継者と評されていたプーフェンドルフの1672年の著作[75]においては、個人の不正戦争参加禁止の規則への言及が全くなくなっている。そこでは戦争の正当性の問題は国家として行う戦争の国家にとっての正当性のみの問題になってしまっている。そのことは、ヴァッテルの国際法論に大きな影響を与えたヴォルフの1749年の著作[76]においても同様である。

そして、このようにして個人の戦闘行為を規律する中世の神学的正戦論が忘れられたところで、正戦論は実質的な意義を持たない無用の議論であるという冒頭の正戦論批判の展開されうる状況が生まれるのである。

おわりに：国際法思想史の研究史の観点からの補足

中世キリスト教神学における正戦論がキリスト教個人の行為の正不正についての理論であるということは、国家を法主体とする近代国際法理論が近世以降に成立したものであることを考えれば当然のことであるようにも思われる。中世キリスト教神学を代表する論者であるトマスの正戦論に即して言うならば、キリスト教徒の実力行使は、①君主の命令の下での行為であること、②正当な理由があると思われること、③行為者自身に悪い意図がないことの3つの要件を満たすならば、正当な戦い（正戦）として許されるのである。

それに対して、中世末期以降に徐々に確立された新しい「正戦論」は、国

家の戦い（＝戦争）の正不正に関する理論であり、同じく正戦 (iustum bellum) 論とは言っても、本質的に異なる理論である。そこでは、国家の戦争の正当性が問題とされ、いかなる戦争が不正であるかが明らかにされた。中世の正戦論の用いられたのが、主として戦争の終了後の贖罪の秘蹟の場であったのに対して、近世の正戦論は戦争を現に行っている状況において用いられるものであった。それゆえに近世の正戦論には、当事国の主張のいずれが正当であるかを決することが求められるようになった。不正な戦争を行っている側の当事国は、直ちに戦争をやめて、相手国の正当な要求に応じる（あるいは自国の不当な要求を取り下げる）べきだからである。この論理が現実には適用されえないことはヴァッテルやマルテンスの言うとおりである。しかし、彼らはの正戦論批判は、近世の新しい「正戦論」に対して妥当するものであり、本来の正戦論に対する正当な批判ではない。彼らは中世の本来の意味での正戦論を知らない（あるいは無視している）のである[77]。

　それでは、なぜ国家の戦争の正不正を問題とする今日的意味での正戦論の起源が12世紀のグラティアヌスや13世紀のトマスに求められるという説が広く流布しているのであろうか。これはおそらく国際法の歴史を研究対象とする国際法史研究それ自身の歴史と深く関わる問題であろう。国際法史研究はせいぜい18世紀末にまでしか遡ることのできない比較的に新しい研究分野であり、この分野で本格的な研究業績が現れるのは19世紀末以降のことである。19世紀末から20世紀初めにかけては、まさに国家中心主義を最大の特徴とする法実証主義国際法学が最も純粋な形で展開された時期であり、その時期に最初の発展を遂げた国際法史研究が法実証主義国際法学の国家中心主義から影響を受けていたとしても何ら不思議ではないであろう。

　正戦論に関する古典的著作とされるヴァンデルポール『スコラ的戦争法理論[78]』は、まさに中世の正戦論を国家を基本単位とする近代的国際法の理論枠組に押し込めて理解するものであった。同書においてヴァンデルポールは、神学的正戦論の時代変化とりわけ中世と近世との間の理論枠組の変化を全く無視して、一個のキリスト教神学的正戦論が存在するという大前提に立った上で、その具体的な内容について、項目ごとに、グラティアヌスからスアレスに至るまでの諸論者の見解を列挙するという体裁をとるものである[79]。

中世の人間的正戦論と近世の国家的正戦論との間の根本的な概念構造の転換の存在を主張する本稿の立場から見れば、中世の正戦論についてのヴァンデルポールの理解は近世以降の正戦概念を過去に持ちこんで中世の正戦論のテキストを近代的に解釈しようとするものであるということになる[80]。また、ヴァンデルポールと並んで正戦論の権威とされるルグーが、正戦論における戦争を国家の戦争として観念し、トマスにおける正戦の3要件である「正しい意図」の要件はこの観念にそぐわないために、「真の戦争開始法 (jus ad bellum) 上の要件ではない[81]」として無視してしまっていることも大いに問題である。

しかし、ヴァンデルポールは「正戦論」の現代的意義を唱え、第一次世界大戦を経験したヨーロッパ諸国に対して、正戦論の復活を求めるという政治的主張をもって同書を執筆したのであり、その意味で同書の執筆態度は合目的的である。そのことは現代の国際法の発展に示唆を与えるものとして正戦論を検討したルグーにおいても同様である。問題は、ヌスバウムをはじめとして、従来の国際法史研究がヴァンデルポールやルグーの議論の帯びていた政治的色彩を見落としたまま、彼らの所論を純粋に学術的な先行研究として受け入れてしまったことにある。そうした研究状況を克服し、国際法史研究に新たな深まりをもたらすため、本稿にわずかながらにでも貢献するところがあれば幸いである。

〔注〕

(1) Nussbaum, A. *A Concise History of the Law of Nations*, rev. ed. (1954), p.37.
(2) de Vattel, E., *Le Droit des Gens* (1758), Liv. 3, Ch. 3, §. 39.
(3) *Ibid.*, §. 40.
(4) Martens, G.F., *Précis du droit des gens de l'Europe*, t. 1 (1789), Liv. 8, Ch. 2, §. 227.
(5) クリューバーは1819年の著作においてマルテンスと同様の論旨を述べている (Klüber, J.L., *Droit des gens moderne de l'Europe*, t. 2 (1819), pp.376-377, note a)。ホィートンは1836年の著作で正戦論に全く言及せず、「戦争が正式に宣言され、正式に開始されたならば、双方の交戦国に戦争法上の完全な諸権利が認められる。この点について、意思国際法ないし実定国際法 (The voluntary or positive law of nations) は正当な戦争と不正な戦争との間に何らの区別もしない」とだけ述べている (Wheaton, H., *Elements of International Law* (1836), pp.212-213)。ヘフターは1844年の著作で、戦争は自助

(Selbsthilfe) の許される限りにおいて正当であるとした上で、「戦争の正不正を判断する現世の裁判官はいないのだから不正な戦争もその効果において正当な戦争と事実上は同等である」と付言している (Heffter, A.W., *Das Europäische Völkerrecht der Gegenwart* (1844), S. 195)。戦争の正当性に関する19世紀の論者らの見解は多様である（柳原正治「いわゆる『無差別戦争観』と戦争の違法化」『世界法年報』20号（2001年）、13-15頁を参照）が、若干の例外（例えば、L. Taparelli d'Azeglio）を除けば、大多数の論者が正戦論を後景に押しやることについては一致していた。

(6) Regout, R., *La doctrine de la guerre juste de Saint Augustin à nos jours* (1935), p.18.

(7) *Ibid.*, p.30.

(8) Nussbaum, *supra* note 1, p.82.

(9) 田畑茂二郎も、「中世の神学者の正戦論においては、……正戦論の適用の結果、交戦当事者の一方が正しければ、他方は当然悪しきものとなるというふうに、かなり機械的に理解され」(『国際法』第2版 (1966年)、361-362頁)、これに対して、「近世の正戦論になると、……戦争の区別を主張するにしても、単にそれを機械的に主張するというだけではすまされなくなってきた」(同上書、362頁) と述べている。

(10) 例えば、Ziegler, K.H., *Völkerrechtsgeschichte* (1994), S. 158; Truyol y Serra, A., *Histoire du droit international public* (1995), pp.50-51; Gaurier, D., *Histoire du droit international* (2005), p.256.

(11) 柳原正治「正戦論」国際法学会編『国際関係法辞典』第2版（三省堂、2005年）、516頁。

(12) なお、ここで「個人の戦い」と言うのが、国家が行う戦争の外での私人間の闘争（私戦）だけを意味するのではないことに注意しなければならない。個人の戦いの概念の中には私戦も含まれうるが、それとは別に、国家が行う戦争の中で行われる個人の戦い（戦闘行為）もあり、正戦論との関係で重要なのはむしろ後者である。中世の正戦論によって正戦と認められるのは、国家が戦争を行うときにその枠内で行われる戦闘行為であり、私戦は基本的に正戦論の中心的な問題ではなかった（私戦の一種と言いうる私人による自衛のための戦いは場合によっては正当と認められる行為であったが、そのことは必ずしも正戦論の中で論じられる事柄ではなかった）からである。

(13) ヌスバウムらも中世の正戦論における「戦い (bellum)」が個人の戦いを含むものであったことに気づかなかったわけではなく、中世の正戦論における「戦争概念の広さ (breadth of the war concept)」を指摘してこれに対応している (Nussbaum, *supra* note 1, pp.37-38)。しかし、ヌスバウムはそれが国家間の戦争を含むことは当然であると考え、「国家間の戦争だけではなく個人間の闘争も含む」のだという説明をしている。ところが、本稿に述べるように、中世の正戦論はむしろ基本的に個人の戦いを対象とすると考えられるのである。

(14) 従来の研究でも、中世ヨーロッパの正戦論をキリスト者の戦いの正不正として理解しているものがある。たとえば、太田義器「戦争と正義」千葉眞ほか編『政治と倫理のあいだ』（昭和堂、2001年）、63-66頁が、正戦論をアウグスティヌスの正戦論の時期、

ビトリアとグロティウスの正戦論の時期、ウォルツァーの正戦論の時期の3つの時期に分けた上で、「アウグスティヌスが、キリスト者であるかぎりでのキリスト者に向けて語っている」のに対して、「グロティウスになると、正戦論は、新たに登場した近代的な主権国家間に適用される規則として提示される」と指摘していることは、アウグスティヌスの正戦概念の解釈には疑問なしとしないが、中世神学者とグロティウスとの間に正戦規範の受範者という根本的な点での相違があったとの点において首肯できる。また、Neff, S.C., *War and the Law of Nations: A General History* (2005), p.85 も、ごく簡単にではあるが、近代国際法によって国家の権利義務の体系として構成される中で正戦論にも根本的な変化がもたらされたと指摘している。本稿はこれらの論者がごく簡単に指摘していることを敷衍して論じるものであるということもできるであろう。

(15) キケロの正戦論について、Loreto, L., *Il bellum iustum e i suoi equivoci: Cicerone ed una componente della rappresentazione romana del Völkerrecht antico* (2001) を参照。共和制ローマの開戦手続きについては、Bederman, D.J., *International Law in Antiquity* (2001), pp.231-241; Dahlheim, W., *Struktur und Entwicklung des römischen Völkerrechts im dritten und zweiten Jahrhundert v. Chr.* (1968), S. 171-180 を参照。

(16) キケロの『国家論』のこの部分の原文は未発見であり、引用した5つのテキストはそれぞれアウグスティヌス『神の国』22章6節、同左、イシドルス『語源論』18章12節、同左、ノーニウス『学識要覧』498章16節の引用によって知られているものである。和訳には、岡道男訳『キケロー選集8』(1999年)、124-125頁を参考にした。

(17) ローマでは、戦争を始める前に、相手国にフェキアーレ (fetiale) と呼ばれる祭官が派遣されて賠償請求を行い、33日以内に請求が満たされない場合には戦争の開始が通告されたのだと言う (Bederman, *supra* note 15, p.232; Cf. Ziegler, *supra* note 10, S. 51)。

(18) キケロは内戦 (bellum civile) や部族内闘争 (plus quam civile bellum) についても bellum の語を用いているのであるから、厳密に国家間の戦い (戦争) だけを bellum と呼んだわけではない (ローマの一般的な bellum の語の用法について、Mantovani, M., *Bellum Iustum: Die Idee des gerechten Krieges in der römischen Kaiserzeit* (1990) を参照) のであるが、正戦についてはこれを国家間の戦争に限定している。

(19) 最近、Loreto, *supra* note 15 はキケロの正戦論において causa は実質的正当性を含意しないとの見解を提出している (これを批判する K. M. Giradet の書評 (*Gnomon*, Vol. 77 (5), S. 427-434) および支持する A. Calore の書評 (*Iura*, Vol. 52, pp.278-290) を参照)。Loreto は、キケロの正戦論の causa が実質的正当性を含むとする従来の一般的見解がイシドルスによる引用に依拠していることを指摘し、その引用が原文を忠実に引用したものか疑わしいとする。仮にそうであるとすると、キケロの正戦概念はヴァッテルの「正規戦争 (guerre en forme)」(Vattel, *supra* note 2, Liv.3, Ch.4, §.66) に類するものであったということになるが、その場合でも、それが国家の戦争の正当性を論じるものであったことには変わりがない。

⑳　もっとも、キケロはもちろんローマ国家を念頭に置いて以上のことを述べているのであり、ローマ以外の国々にも適用されうる一般性を備えた法的議論として上掲の正戦理論を提示したのかは疑問である。

㉑　アウグスティヌスの正戦論について、フランスシスコ・ペレス「アウグスティヌスの戦争論」『中世思想研究』27巻 (1985年)、25-51頁 ; Berrouard, M.-F., "Bellum," in Mayer, C. (Hrsg.), *Augustinus–Lexikon*, Vol. 1 (1986-1994); Russell, F.H., "War," in Fitzgerald, A.D., (ed.), *Augustine through the Ages: an Encyclopedia* (1999) を参照。

㉒　なお、『神の国』第4章第15節にも「正戦」という言葉が出てくるが、そこでは正戦の定義に関わる言及がない。

㉓　Augustinus, *Quaestionum in Heptateuchum liber sextus in Iesum Nave*, 10 in Migne, J.-P. (ed.), *Patrologiae cursus completus, series latina*, tomus 34 (1887), pp.780-781.

㉔　ただし、アウグスティヌスは傍論として正戦概念に言及しただけであり、独自の正戦論を持たないことに注意する必要がある。上記に引用のパッセージを含む段落の主題は、イスラエルの民を率いるヨシュアが神の命令に従い、伏兵を用いて都市国家アイを攻撃し滅ぼしたこと（旧約聖書ヨシュア記8章）をどのように評価するのかという点にある。そこで、アウグスティヌスは、正戦を行う者が正面から攻撃を行おうとも伏兵を用いようとも正当性 (iustitia) には影響しないとした上で、神に命じられて行う戦争は疑いなく正戦であるから、ヨシュアが伏兵を用いたことはその戦争の正当性に影響を与えないと説明している。正戦に関する上掲のパッセージは、「一般論はともかくとしてヨシュアのアイ攻撃は神の命令に基づく戦争であるから疑いなく正戦である」との趣旨を述べるために前置きされた一般論に過ぎないのであり、「……と言われている (solent)」という表現にあるように一般に言われていることを引用する形で紹介するものでしかない。

㉕　Isidorus, Lindsay, W.M. (ed.), *Etymologiarum sive originum libri XX* (1911), Lib. 18, Cap.1, §.3; 和訳には、伊藤不二男「イシドールスの『語源』の考察（二）」『国際法外交雑誌』55巻6号 (1957年)、52頁を参考とした。

㉖　伊藤、同上論文、54-56、59-60頁。

㉗　Lenihan, D.A., "The Influence of Augustin's Just War: the Early Middle Ages," *Augustinian Studies*, Vol. 27 (1996), pp.55-94.

㉘　こうした正戦論のいわば「個人化」が生じた背景としては、「中世の11世紀から12世紀にかけて［西欧世界において－引用注］個人が成立した」（阿部謹也「個人の成立」同『ヨーロッパを見る視角』（岩波書店、2006年（初版1996年））、127頁）との事情が指摘できるであろう。また、1215年にはラテラノ公会議で、年に最低一度の告解を全キリスト教徒に課せられる義務とすることが決定され、キリスト教徒個人の（宗教的な意味での）責任の観念が確立した。このことを阿部謹也とフーコーは「ヨーロッパ史のなかで最も重大な事件」あるいは「ヨーロッパの原点」と評している（同上書、104頁 ; Cf. Foucault, M., *Histoire de la sexualité*, Vol.1 [La volonté de savoir] (1976), pp.76-79)。

(29) 12世紀の異端はローマ教会を脅かす点において、古代の異端ドナティスト派に匹敵する危険性を持っていたのであり、それゆえにグラティアヌスがドナティスト派に向けられたアウグスティヌスの著作や書簡を大量に援用していることも偶然ではないと考えられる（渕倫彦「いわゆるグラーティアヌスの正戦論について」比較法史学会編『法生活と文明』(2003年)、14-15頁)。渕は「事例二三でグラーティアヌスが想定しているのは、いわゆる戦争ではなく、教会の物理的強制権の行使を象徴するものとしての戦争だと考えられなければならない」(34-35頁) とも指摘している。教会の物理的強制権をめぐる12世紀の問題状況については、Chodorow, S., *Christian Political Theory and Church Politics in the Mid–Twelfth Century: The Ecclesiology of Gratian's Decretum* (1972), pp.223-227 を参照。

(30) Richter, L. (ed.), *Corpus Iuris Canonici* (1879), Pars 1 (Decretum Magistri Gratiani), Causa 23. 和訳には、伊藤不二男「グラティアヌス『教会法』の国際法学説史上の意義」九州大学法学部創立三十周年記念論文集『法と政治の研究』(1947年)、84-85頁を参考とした。グラティアヌス教令集からの以下の第1法文および第2法文の引用についても同様である。

(31) 国際法史の諸研究においては、後世の正当戦争理論に直接に関係する最初の3つの設問だけが取り上げられ、第23カウサ全体の文脈に十分な注意が払われないこともあるが、正戦についてのグラティアヌスの見解を理解するためにはカウサ全体の文脈の考慮も必要である（渕、前掲論文 (注29)、10-11頁)。

(32) イシドルスがキケロに依拠するにもかかわらずキケロの用いた「復讐 (ulciscendum)」という言葉を避けていたのに対して、アウグスティヌスがあらためてそれを用いていることは、正戦の正当理由の拡大として理解されるであろう。

(33) 伊藤も、グラティアヌスによるイシドルス『語源論』からの引用が重要な変更を含んでおり、グラティアヌスがイシドルスの正戦論を継承したと言えないことを指摘している（伊藤、前掲論文 (注30)、88-89頁)。

(34) これらの3つの変更点の中で最初の2つはグラティアヌス自身による変更ではなく、グラティアヌスが資料と用いたであろうシャルトルのイヴォーの『三部教令集 (Collectio tripartita)』で既に変更されている点である。ラッセルは、第1の変更点について、中世ヨーロッパにおいて "ex praedicto" は「事前の宣戦により」ではなく「然るべき権威者の命令により」の意味に読まれており、これをイヴォーが "ex edicto" で置き換えたことは、当時の一般的な解釈によって "ex praedicto" の文言の趣旨と考えられていたところをより明確に表現したに過ぎないと解釈している (Russell, F.H., *The Just War in the Middle Ages* (1975), p.62, footnote 24)。そうであれば、グラティアヌスの正戦概念がイシドルスのテキストについての12世紀当時の一般的な考え方を反映していると言うことができるであろう。

(35) 伊藤は、この用語の変化が、正戦を刑罰戦争によって基礎付けるアウグスティヌス

の影響を反映したものであるとしている（前掲、注33）が、その理由を明らかにしていない。

(36) 伊藤は、この2つの引用文の並列についても、正戦を刑罰戦争によって基礎付けるアウグスティヌス的立場を明らかにするものであるとする（前掲、注33）が、中世においても裁判の判決は必ずしも刑罰の宣告に限られないのであり、そのように言うことができるのか疑問である。

(37) この議論の前提には、iudex が ius+dicere の合成語であるとの了解がある。

(38) 次の第3設問において戦い（bellum）によって援助すべき「仲間（socii）」として挙げられているのが、同盟国ではなく、近親者や友人や隣人などであるのも、ここでの戦い（bellum）が国家の次元での戦争を意味しないからだと思われる。

(39) Russell, *supra* note 34, pp.86-95.

(40) Rufinus von Bologna, H. Singer (Hrsg.), *Summa Decretorum* (1963), S. 405.

(41) なお、"auctoritas"を「命令」と訳すことについて、後掲、注52を参照。

(42) Russell, *supra* note 34, p.128, note 5 による引用。訳文は筆者自身による。

(43) 人の要件は、「［戦争に参加する－訳注］人が血を流すことを許された俗人であって、それを禁じられた聖職者ではないこと」という要件であり、対象の要件は、「対象が、物の回復や祖国の防衛であること」という要件である。人の要件は、戦争の合法性が戦闘に従事する各自において判断されていることを意味しており、また、対象の要件も、「祖国の防衛（defensio patriae）」という表現に表れているように、戦闘に従事する個人の視点から判断される要件であることを示している。いずれの要件について考えても、それによって正当化されるのは個人の戦い（bellum）であると思われる。

(44) 前掲、注12参照。

(45) Hostiensis, *Summa aurea* (1537), p.59. ホスティエンシスが挙げている7つの類型の残りの5つは、③キリスト教徒間での裁判判決の執行としての正戦に抵抗する不正な戦い、④キリスト教徒間での賠償請求のために必要な法の権威に基づく戦い、⑤これに抵抗する不正な戦い、⑥キリスト教徒が自己の名の下に行う不正な戦い、および⑦これに対抗するための自衛の戦いである。

(46) Russell, *supra* note 34, p.90, note 9 による引用。訳文は筆者自身による。

(47) *Ibid.*, p.89.

(48) ラッセルは、ステファヌスらの主張を未熟な議論として批判し、同時代の論者の中で例外的に戦争の正当性の排他性を主張したフグッチオ（Huguccio）の『教令集大全（Summa Decretorum）』(1187年頃) の主張を「正確な論理の（of fine logic）」主張であると評価している（Russell, *supra* note 34, p.91）。しかし、フグッチオが一方の正当性が必然的に他方の不正性を意味するとしたことは、彼が優れた法学者であったかということではなく、彼が贖罪の文脈以外の文脈で正戦論を論じたということを意味するのではなかろうか。実際、ラッセルの引用するフグッチオのテキストはグラティアヌスが『教令集』1編9節で万民法の諸制度について述べているテキスト（グラティアヌス

自身はイシドルス『語源論』からそのまま引用するのみで何らの議論も展開してない)に加えられた注釈であり、戦後復旧 (postliminium) や損害賠償の請求のように一方の当事者の正当性の主張が必然的に他方当事者の正当性の否定へとつながる文脈での議論である。

(49) 柳原、前掲論文 (注11)。ヌスバウムは「トマス・アクィナスの主張その本質においてアウグスティヌスの主張を越えるものではなかったが、正戦論が戦争についてのカトリック神学理論の礎石となったのはトマスの計り知れない権威を通じてであった」(Nussbaum, *supra* note 1, p.37) と述べている。また、ハーゲンマッハーはトマスの正戦論よりグラティアヌスの正戦論の歴史的意義を高く評価している (Haggenmacher, P., *Grotius et la doctrine de la guerre juste* (1983), pp.23-38) が、中世キリスト教神学の正当戦争理論がトマスによって確立 (fixer) されたものであることは否定しない (*id.*, "Mutations du concept de guerre juste de Grotius à Kant," *La guerre: actes du colloque de mai 1986* (1987), p.107)。

(50) 例えば、柳原正治は、「戦争を正しいものと不正なものとに分ける考えは、すでに古代ギリシャ (たとえばポリュビオス) にみられる。キケロはこの考えを受け継ぎ正戦の概念を打ち出した。(……) キケロの正戦論はその後、アウグスティヌスやイシドールスを経て中世欧州に伝えられ、道徳神学の一部としての位置づけを与えられた。この中世キリスト教的戦争論ないしはスコラ的戦争論の定式化にあたって中心的役割を果たしたのがトマス・アクィナスである」(柳原、同上論文) と述べている。また、ヌスバウムも「国際関係に関する中世の傑出した貢献は、ローマの正戦理論 (Roman doctrine of just war) の復活にある」(Nussbaum, *supra* note 1, p.35) としている。Bay, W., "War," *Encyclopedia of Public International Law*, Vol. 4 (2000), p.1334 も同様である。

(51) 以下、『神学大全』の原文は、d'Entrêves, A.P. (ed.), *Aquinas, Selected Political Writings* (1959), pp. 58-160 を参照し、和訳には、山田晶編『トマス・アクィナス』(中央公論社、1975年)、78-82頁を参考とした。

(52) 従来、auctoritas principis は「君主の権威」と訳されることが多かったが、auctoritas の語には「権威、権力」の意味のほかに、「命令、委任、裁可、決定」などの意味もあり、むしろ後者の意味の方が一般的である。代表的な中世ラテン語の2つの辞書を見ると、Du Cange, Ch. du F., *Glossarium mediae et infimae latinitatis*, tom. 1 (ed. nova, 1883) では「王、皇帝、教皇の公文書 (Diploma Regis, Imperatoris, summi Pontificis)」という説明だけであるが、Niermeyer, J.F. and Van De Kieft, C., *Mediae Latinitatis Lexicon Minus* (éd. remaniée, 2002) では、「1. ordre du roi」、「2. ordonnance royale」、「3. acte écrit (diplôme ou mandat) émanant du roi」、「4. lettre pontificale comportant un ordre」の4つの意味が挙げられており、公文書そのものを指す即物的な意味を原義としつつ、一般にはその内容である命令や決定を指す言葉であることをうかがわせる。一般的なラテン語辞書の代表的なものとしては、例えば、*Oxford Latin Dictionary* (1982) では、日本語の「権威」に相当しうる「right or power to authorize or sanction, controlling influence, authority」や

「a view or opinion that merits consideration, weighty testimony, authority」の意味も挙げられているが、それぞれ6番目と8番目に挙げられている意味でしかない。日本語の「権威」の語はかなり曖昧な意味で用いられることがあり、auctoritas を「権威」と訳しても意味が通じないわけではないが、本稿では「命令」という訳語をあてることとしたい。

(53) 柳原、前掲論文（注11）。

(54) トマスのテキストを見る限り、bellare と militare が異なる意味で用いられているとは思われない。

(55) ハーゲンマッハーはグラティアヌス『教令集』において「bellum」と「milicia」が「bellare」と「militare」の名詞形でしかなく、今日一般に理解されるところの「戦争（guerre）」ではなく、「武力を用いた実力行使の生の現実（fait brut de la violence armée）」を指すと正しく指摘している（Haggenmacher, *supra* note 49, p.30）。しかし、彼は同時にグラティアヌス『教令集』から数十年後には「正戦（bellum iustum）」が新たに「技術的な意味（le sens technique）」を与えられるようになると述べている。そこでハーゲンマッハーが国家（あるいは国家類似の社会集団）による戦争の中の正当なものを「技術的な意味」での「正戦」と呼ぶのであれば、これに同意することはできない。上述のとおり、約1世紀後のトマスのテキストにおいても、「bellum」の語はグラティアヌス『教令集』におけるように「militare」と互換可能な「bellare」の名詞形として用いられ続けているからである。ハーゲンマッハーの言葉を用いて言えば、16世紀頃に至るまで、「正戦」における「戦い（bellum）」は「武力を用いた実力行使の生の現実」を指し示し続けたということになるのではなかろうか。

(56) ここで「国家」と訳したのは原文の "civitas vel regnum seu provincial" である。トマスの civitas と provincia の概念関係について、彼の『君主の統治について（De regno）』に、両者がともに完全な共同体であるが、provincia の方が規模が大きく外敵に対する防衛の需要も満たすものであると述べられている箇所がある（柴田平三郎訳（慶應義塾大学出版会、2005年）18頁、なお、provincia 概念について柴田訳の第1章、訳注19を参照）。これに対して regnum は政体を考慮しての用語である。他方で、当時トマスの故郷イタリアにおいては provincia の名称が広く使われていた（Gilby, T., *The Political Thought of Thomas Aquinas* (1958), pp. 62–63）。それらの間の意味の差は本稿の考察においては重要でないので、合わせて「国家」と訳した。

(57) トマスが戦争開始権が君主にあるとしたことは、神聖ローマ皇帝を世俗的権力の頂点に位置付ける秩序観念との関係で意味を持つ。この観念によれば、諸君主は神聖ローマ皇帝の支配下にあり、その命令なくして戦争を行うことができないので、戦争の正当性を問うことがあるとすれば、神聖ローマ皇帝の命令の有無によって決せられるはずである。トマス以前の論者らは、正当な権威の下で行われれば戦い（bellum）は正当とならないとしつつも、かかる正当な権威の所在については明確でなかった（cf. Russell, *supra* note 34, pp.138-140）。また、14世紀になってもリニャノは皇帝のみに戦争開始権を認める見解をとっていた（de Lignano, J., *Tractatus de bello, de represaliis*

et duello (1360; Brierly, J.L., trans., 1917))。リニャノは、「今日の世俗的な諸君主が皇帝の権威なしに行う (quo utuntur principes saeculares nostri temporis sine principis auctoritate)」戦争 (bellum) を「欲求的戦争 (bellum voluntarium)」と呼び、「皇帝の権威なしには武力を保持することもできないのだから、それは不正な戦争である (hoc iniustum, quia nec sine principis auctoritate licet arma portare)」(cap. 76) と指摘している。リニャノの説は特殊なものではなく、既に著名なホスティエンシスの教令集 (Summa aurea) に採用され、少なからぬ論者に継承された立場であった (Haggenmacher, *supra* note 49, pp.110-111; Schrödl, M., *Das Kriegsrecht des Gelehrten Rechts im 15. Jahrhundert* (2006), S. 47-55)。そうした事情を踏まえるならば、トマスが神聖ローマ皇帝の戦争開始権を明示的に否定したわけではないが、諸君主が戦争開始権を持つことを当然のこととして認めていることはある意味で近代的すなわち国家主義的 (より正確に言えば、「君主主義的」) であったと言うことができるであろう。そして、その背景には、トマスの出身国イタリアや活動の拠点フランスでは皇帝による開始権の独占に対する強い批判があったこと (Salvioli, J. and Hervo, F. (trad.), Le concept de la guerre juste d'après les écrivains antérieurs à Grotius (1918), pp.48-50) や、トマスが『神学大全』の執筆時期が神聖ローマ皇帝の座の空席となった大空位時代 (1256-92 年) の最中にあたり、諸君主が神聖ローマ皇帝の命令なくして戦争を行うことができないという観念が全く現実味を失っていたとの事情があるであろう。

(58) Nussbaum, *supra* note 1, pp.36-37.
(59) gens vel civitas を「国家」と訳すことについて、前掲、注56を参照。
(60) なお、ミーニュ版 (前掲、注23) で知られるところの『モーセ七書の諸問題』の原文で「戦争で攻められる gens vel civitas が……を怠ったならば (si qua gens vel civitas, quae bello petenda est, ... neglexerit)」となっている部分が、『神学大全』での引用では「……を怠った gens vel civitas が罰せられるべきとき (si gens vel civitas plectenda est quae ...neglexerit)」(上掲の訳文においては通読の便宜のために構文を変更した) となっている。
(61) ヌスバウムも何ら理由を述べていない (Nussbaum, *supra* note 1, p.37)。
(62) Summa Theologiae, *supra* note 51, II^a-IIae q. 40 a. 1 ad 1.
(63) 戦闘行為を国家の君主の命令の下に限って容認することには現実的な意義があった。君主の命令の枠外での戦闘行為を一般的に正当化する見解が依然として有力だったからである。すなわち、例えば13世紀にボーマノワールが「領主は戦うことができる (gentil home puissent guerroier)」(Ph. de Beaumanoir, *Les coutumes du Beauvoisis*, t.2 (1842), Ch.59, §.7) と述べていたように、中世ヨーロッパにおいては領主らに自力救済 (Fehde) の広範な権利が主張されていたのである (Cf. Keen, M.H., *The Laws of War in the Late Middle Ages* (1965), pp.72-74)。その後の自力救済の非合法化の過程について、Wadle, E., "Zur Delegitimierung der Fehde durch die mittelalterliche Friedensbewegung," in Brunner, H. (Hrsg.), *Der Krieg im Mittelalter und in der Frühen Neuzeit* (1999), S. 73-91

を参照。

(64) Lignano, *supra* note 57, Cap. 14.

(65) 同じく gens も時には集合的に「人々」を意味し、時には一個の「国民、人民、民族」を意味しうる。トマスの正戦論の正当理由の要件の説明に引用されたアウグスティヌスの文章の中の「[攻撃される] gens vel civitas」がトマス自身の表現においては「攻撃される人々（illi qui impugnantur）」に置き換えられていることは既に述べたとおりである。

(66) Tostatus, A., *Opera omnia quotquot in Sacrae Scripturae expositionem reperiuntur,* tom. 2, p.37（Regout, *supra* note 6, p.116 の引用による）。

(67) *Secvnda Secvndae Partis Summae Theologiae S. Thomae de Aqvino ... cum Commentariis R.D.D. Thomae de Vio Caietani* (Venetiis, 1688), Quae. 40, Art. 1.

(68) *Ibid*. この文章中の "authoritas" には、文意上「命令」ではなく「命令の権限」の意味に解されるべきものがあると思われるため、適宜「命令」および「命令権」に訳し分けた。

(69) de Victoria, F., "De indis, sive de iure belli hispanorum in barbaros, relectio posterior," *De Indis et de Ivre Bells Reflectiones* (1917), §. 5.

(70) *Ibid*., §32.

(71) ビトリアの見解のデ・ソト、バスケス、モリナなどによる継承について、Vanderpol, A., *La doctrine scolastique du droit de guerre* (1919), pp.48-49 et 265-275 を参照。

(72) なお、トマスが国内での闘争（rixa）として行われる暴力行為と外国との間の戦争の中での戦闘行為（bellum）とを区別して論じたのと異なり、グロティウスの正戦論ではトマスの rixa に相当する戦いも bellum の概念に含めて論じられている（この点については、大沼保昭「戦争」同編『戦争と平和の法：フーゴー・グロティウスにおける戦争、平和、正義』補正版（東信堂、1995年）を参照）。bellum の概念を公戦（bellum publicum）に限定するか私戦（bellum privatum）を含めるかという観点から見れば、トマスが既にそれを公戦に限定していたのに対し、17世紀のグロティウスが私戦を含む立場をとったということになり、トマスの正戦概念の方がグロティウスのそれよりもむしろ国家に着目した概念構成ということができるであろう。

(73) Grotius, H., *De jure belli ac pacis* (1625), Lib. 2, Cap. 26, §. 3.

(74) *Ibid*.

(75) Pufendorf, S., *De Jure Naturae et Gentium Libri Octo* (1680 [初版 1672]), Lib.8, Cap.6.

(76) Wolff, Ch., *Jus Gentium Methodo Scientifica Pertractatum* (1764（初版 1749））, §.613 et passim.

(77) 例えば、「戦争の正当な理由（Des justes Causes de la Guerre）」と題されたヴァッテル『国際法』第3編第3章において引用あるいは援用されているのは、リヴィウス『ローマ建国記』(Vattel, *supra* note 2, Liv.3, Ch.3, §§.29 et 37) とポリビオス『ローマ史』(§.32) であり、関連するその他の章においてもグロティウス、プーフェンドルフ、ヴォルフなどの比較的最近の論者からの引用はあるが、中世の論者からの引用は見当たらない。

(78) Vanderpol, *supra* note 71.

(79) 「17世紀までの神学者らが普遍的かつ不変的に表明したこの理論［正戦論－訳注］は彼らにとって初期教父の教えであり、キリスト教の真の伝統をなすものであった。」(Vanderpol, *supra* note 71, p.1)。

(80) 他方で、トマスからビトリアを経て19世紀のタパレッリへと至る正戦論の発展の系譜を描いたソラージュは、正戦の実行を含む国家の権利（Droits des Etats）の概念が諸国家の団結（la société des Etats）の概念を論理的前提とするものであるにもかかわらず、後者の概念がビトリアにおいて初めて認識され、トマスにおいては前者の概念のみが認識されていることは奇妙なことであると述べている (de Solages, B., *La théologie de la guerre juste* (1946), pp.118-121)。トマスの理論が奇妙に見えるのは、ソラージュがトマスの理論がその枠組からして異質なものであるにもかかわらず、タパレッリの理論にどれほど近づいているかという観点からトマスの理論を評価しているからであろう。ソラージュ自身も指摘しているように、トマスは「個人的・主観的な視点（point de vue individuel, subjectif）」(*ibid.*, p.18)から正戦論を組み立てているのである（ただし、前掲、注57を参照）。ソラージュの指摘に対して、トゥーク（J. D. Tooke）が疑問を呈している (*The Just War in Aquinas and Grotius* (1965), pp.26-29) が、トゥークの説は、トマスの正戦論においては個人が「国家の代理（representatives of the State）として行動する」(*ibid.*, p.173) と説明することでトマスの正戦論を国際法の一環として位置付けようとするものであり、そもそもトマスの正戦論が個人の戦い（bellum）についての理論であったと考えれば、そのように困難な論証を試みる必要はなかったのではないかとの疑問を禁じえない。

(81) Regout, *supra* note 6, p.23.

朝中商民水陸貿易章程についての素描
―― 東アジアにおける国際法の受容と朝鮮の国際法的地位の観点から ――

朴　培根

はじめに

　ヨーロッパより起源した近代国際法が東アジア[1]に入ってきた時に、そこにはすでに地域の政治体[2]間の関係を規律してきた規範秩序が存在していた。華夷秩序、事大秩序または朝貢体制と呼ばれるものである。中国を中心とした華夷秩序、朝貢体制とヨーロッパ起源の近代国際法は、両方とも普遍的秩序体制であろうとしたために、両者の衝突は必然的であった[3]といえる。
　華夷秩序の中で伝統的に中国に対する朝貢国であった韓国の立場からみれば、そのような衝突は対中国関係の再規定や変化を意味するものであった。華夷秩序が「公法秩序」を退け、世界的に「普遍化」したとすれば、韓中関係の再規定は必要なかったかも知れない。現実は、ヨーロッパ起源の「公法秩序」が「普遍化」したために、東アジアにおける政治体間の関係が国際法に合わせて調整されなければならないことになった。
　華夷秩序上属邦―宗主国の関係と捉えられてきた韓中関係は、近代国際法上の認識枠組みの中で捉えられうる関係として再規定されなければならなかった。韓国は中国の従属国であるか、それとも国際法上の主権独立国家として少なくとも国際法上は中国と対等な法的地位にあるかが問題になった。
　問題への解答が、法的論理のみによって出されうるものでなかったことはいうまでもない。そこには、常に現実の政治情勢が絡まっていた。問題への解答が、ある時点で突然完全な形で与えられうるものでもなかった。最後には、韓国の主権独立が認められたが、華夷秩序上の属邦―宗主国の従属関係から国際法上の主権独立国間の対等な関係への変化は単線的なものではな

かった。それは、相当の曖昧さと混乱を伴いながら、従属と独立の間の緊張を通り抜ける屈曲の過程であった。

その屈曲を表す場面は多くある。最初は西洋の朝鮮来航から中国と韓国間の宗主問題が起きた。その後、日清修好条規、朝日修好条規、韓米修好通商条約などの条約[4]の締結、1882年壬午軍乱後の清の対韓態度変更と朝中商民水陸貿易章程の締結[5]、1895年の韓国の洪範14条の第1条[6]の規定、日清戦争後の1895年の下関条約第1条[7]の規定、1896年の朝鮮独自の年号（建陽）の使用、1897年8月の朝鮮国王の称帝建元、同年10月の国号変更（大韓帝国）などを経て、ついに1899年には大韓帝国皇帝と大清国皇帝を当事者とする形式の韓清通商条約が締結された。この条約によって華夷秩序の中の従属的な韓中関係は国際法上完全な形で終焉を告げたといえよう。

本稿は、朝中商民水陸貿易章程の締結を中心に、その時までの朝鮮の国際法的地位をみてみようとするものである。日清修好条規、朝日修好条規、韓米修好通商条約などの条約の締結と関連した朝鮮の国際法的地位の問題はすでに検討したことがあり[8]それに続く論稿である。

I　華夷秩序と朝鮮の地位

伝統的な韓中関係やその中での朝鮮の地位、そして伝統的な華夷秩序からの離脱としての朝中商民水陸貿易章程の意味を理解するためには、華夷秩序の内容を確認しておく必要がある。

中華思想、華夷秩序、朝貢体制に関しては歴史、政治、外交史の研究者による多くの研究がある[9]。この研究成果を借りて、本稿の問題考察に必要な範囲で、華夷秩序や朝貢体制について簡単に述べることにしたい[10]。

華夷秩序は中国の王朝とその周辺地域に形成された階層的秩序である。その機軸をなすのは儒教道徳における礼の関係である。文明の中心にある中国より周辺の地域へ経済・文化・政治・軍事的利益が施され、中国皇帝の威光が周辺地域に及ぶ。そうすると、周辺地域は中国に対して朝貢国として朝貢を行う。その際、中国の皇帝が周辺の国へ及ぼす影響力は一律的なものでは

ない。中国を中心としてその影響力の及ぶ程度に従って周辺に朝貢国が配置される構造である。

中心にある中国と最も近い朝貢国は、その王が中国の皇帝と君臣の関係を結ぶ。それを冊封体制という。冊封体制の中で、朝貢国と中国との関係は藩属国と宗主国になる。朝貢国はまた中国の暦法を受けて施行しなければならないが、これを奉朔または奉正朔という。天の運行を計算する暦法の制定権は天子たる中国皇帝に専属するものとして観念され、暦法に基づいて作られる年号もまたその制定権が中国皇帝に専属するものとして思われた。したがって、朝貢国は必ず中国の暦法を施行し中国の年号を使うべきであり、中国へ送るすべての文書にも中国の年号を使わなければならなかった。朝貢国が独自の年号を使うことは、朝貢制度および華夷秩序からの離脱を意味するものであった。

華夷秩序の特色は、それが必ずしも固定的で排外的な求心力を持つ構造ではなかったという点にある。つまり、中華世界とは中華文明の及ぶところであり、中国を中心にして周辺に行くほど中華世界は薄れていく。したがって、中華と非中華の境界は確然たるものではなく、中国は非中華の周辺民族に対してはその風俗習慣による自治を許し、内政には干渉しようとしなかった。これを表現したのが「羈縻政策」という言葉である。「羈縻」とは馬のおもがいと牛の鼻づなであって、繋ぎとめることを意味する。それは武力を用いずに、異民族の有力者を懐柔し、自治を許して間接的に統治する政策である。

朝貢体制の中で朝鮮は、中国に対する朝貢国の地位にありながらも内政はほとんど完全な独立を享有していた。中国以外の王朝または政権との外交的関係（交隣関係）も中国の干渉なしに朝鮮が独立的に処理できた。朝貢体制の中での清と朝鮮の関係は、根本的に「礼」の関係であって、両国関係の中で朝鮮は自主独立を維持したといわれる。朝貢は形式的で儀礼的なものであって、「非常に儀礼化された」関係として捉えられる[11]。両国間の規範とか外交的儀礼の面において朝鮮の服従が卑屈なものであったとみる見解までも、朝鮮の「自主」に関しては、「朝鮮は全的な自治の下に置かれていた」と述べている[12]。このような朝鮮の地位、つまり中国に対して朝貢をしながらも内政の独立や交隣の自主的処理が認められることは、西洋国際法の宗主―付

庸関係をもっては捉えられ難い現象であった。

II　章程議定以前の朝鮮の地位問題

1　西洋の朝鮮来航と宗主問題

　以上みたように、西洋の国際法的概念の枠組みの中では捉えることの難しかった、華夷秩序の中での朝鮮の国際的地位は、朝鮮が西洋と初めて接触する場面より問題になった[13]。

　ヨーロッパ起源の国際法が東アジアに受容され始めた時期に、朝鮮関連の現実的な国際法的問題として最初に提起されたものは、カトリック宣教師の処刑や西洋の軍艦に対する朝鮮の武力対応より生じた責任問題であった。

　1866年3月に丙寅邪獄[14]が生ずると、フランスは朝鮮遠征を断行してフランス人神父の殺害に対する賠償と通商条約の締結を要求した。いわゆる丙寅洋擾事件である[15]。この事件によって丙寅邪獄に関する責任と賠償の問題が提起されると、中国は韓国が中国の「属邦」ではあるが内政と外交[16]には「自主」であるという論理で対応した。朝鮮でのフランス人宣教師殺害の責任と賠償問題を回避しようとする態度である[17]。中国の統理衙門は朝鮮の行為に関するいかなる中国の責任をも明示的に否認し、朝鮮は他の国家との関係においては「完全に独立的」[18]であることを明らかにしたという[19]。

　プロシア人オペルト（Oppert）が1866年牙山湾付近に到着して通商を要求した際に、朝鮮政府の反応は次のようなものであった。問題が重大であるから、朝鮮の国王は清国皇帝の勧告や決定なしには決定しようとしない、先方が中国に行って朝鮮の開国を認可する皇帝の親書を手に入れて来ると通商の要求を受け入れると[20]。このような朝鮮の態度は、清国の宗主権を認めてからというよりも、通商の要求を拒絶するための名分や口実として清国との関係を利用したとみる評価もある[21]。仮にそうであるとしても、朝鮮政府が通商の要求を拒絶するための理由と名分として清の宗主権を利用したという事実自体が、韓中関係についての朝鮮の認識を示すものである。

　朝鮮と米国の初期の接触過程においても似たような問題が生じた。1866

年9月に米国のスクーナー船ゼネラル・シャーマン（General Sherman）号が大同江で動けなくなって、平壌の官民によって焼却され乗組員全員が殺害された事件（ゼネラル・シャーマン号事件）が発生した。米国は事件に関する消息を得るために中国に問い合わせた。しかし中国側は、朝鮮は中国の「属邦」ではあるが「中国と韓国の間の唯一の結合は儀礼的なもの」だとして、同事件は中国の管轄外であると主張した[22]。

　その後1866年に米国は上海総領事スワード（George F. Seward）に、朝鮮との通商条約締結の交渉を承認した。米国は、通商条約交渉においては難破船の救助および保護を目標とし、交渉の方法としては中国の仲裁を利用することを決めた。しかし、中国はこのような動きに対しても、朝鮮が中国の「属邦」ではあるが「完全に独立」であるという態度を繰り返した[23]。1871年3月、朝鮮との国交交渉のために艦隊を朝鮮へ送る前に、米国の駐清特命全権公使ロウ（Frederick F. Low）が清の恭親王に対して、朝鮮への信函の伝達を頼んだ際に、清が明らかにした立場も同じであった。「朝鮮の内治外交は、一切朝鮮国王固有の権限により行うもので、中国之に干与するを得ず、従って何等責任を有しない」という意味で「朝鮮雖係属国、一切政教禁令、皆由該国主持」と回答したのである[24]。このような中国の態度は、伝統的朝貢関係に固執しながらも朝鮮に対する西洋列強の侵略を効果的に制止することに失敗し、対朝鮮関係において消極的で利己的な不干渉政策で一貫したと評価される[25]。

　以上の事実において注目すべきは、少なくともフランスや米国は自身と朝鮮との問題に関して、中国にその責任の所在などを問い合わせた点である。もしフランスや米国が最初から朝鮮が完全な自主独立国であったという認識を持っていたとすれば、そのような問い合わせは必要なかったはずである。問い合わせが行われたという事実は、これらの国々の目に映った朝鮮と中国の間の関係が、朝鮮の自主独立性に疑問を感じさせる類のものであったことを意味する。そのような疑問の主な理由が朝鮮と中国間の朝貢関係にあったであろうことは、容易に推察できるところである。

　朝鮮の地位についてのフランスや米国の疑問に対して、中国は一方では朝鮮が中国の「属邦」であることを認めながらも、朝鮮の行為に対する責任は

負おうとしなかった。朝鮮が中国の「属邦」ではあるが、それは儀礼的な意味を持つに過ぎず、実体においては朝鮮は「完全に独立」であるということを根拠に、中国の責任を否認した。このような中国の態度は、単に責任を回避するための便宜的論理または主張として捉えることもできるであろうが、むしろ中国側が朝鮮との朝貢関係を如何に捉えていたかを表すものとして、または両者の間の朝貢関係の実体を表現したものとして理解する方が正しいのではなかろうかと思われる。

2　修好条約との朝鮮の地位
(1) 日清修好条規

中国と朝鮮の「国際法的」関係は、日清、韓日、韓米間の修好条約締結に際しても問題となった。

1871年日清修好条規は第1条は、「中国と日本両国の所属邦土に関し、お互い礼をもって相手し、少しも侵越することができず、永久的な安全を獲得することにする」(兩國所屬邦土　亦各以禮相對　不可稍有侵越　俾獲永久安全)となっている。この「所属邦土」の解釈問題は、朝鮮の地位に関して日本と中国の異なる理解ないし主張を示すものである。

清の狙いは、朝鮮が清の「所属邦土」であることを前提に、第1条規定をもって朝鮮に対する日本の「不侵越」の約束の効果を得るところにあった。それはまた朝鮮に対する中国の宗主権の承認を意味するものでもあった。それは、近代的条約体制の形式を通じて、朝鮮との間で維持していた朝貢関係を守ろうとした外交的実践であったといえよう[26]。ところが、同規定をめぐっての日本の意図は最初から清とは対立するものであり、「邦土」という2つの文字が別に藩属の土地を指すものではないという解釈を固執した[27]。

1875年9月10日の、雲揚号に対する砲撃で発端したいわゆる江華島事件と関連しても、日清修好条規第1条の「所属邦土」規定と朝鮮の地位との関連性が問題になった。同事件と関連して1876年1月10日に日本公使森有礼は清の総理衙門に事件に関する資料を伝えた。これに対して総理衙門は、2回の会談、2件の照会および1件の「節略」を通じて朝鮮の内政と外交に対する不干渉原則を再闡明し、とりわけ日清修好条規上の「所属邦土」関連内

容の遵守を日本に要求した。このような清の態度に対して森有礼公使は、朝鮮が清の属国であるならば朝鮮で発生したすべてのことに対して清政府が責任を負おうとするかと迫った[28]。

この問題を処理する過程において、清の総理衙門が日本の森公使へ回答照会文を送ることになるが(2月22日)、そこに中国と朝鮮との間の伝統的朝貢関係および日清修好条規第1条に関する公式立場が表明されている。

> 朝鮮は中国に所属された「邦」として中国に所属された「土」とは異なるが、修交条規の「兩國所屬邦土……不可稍有侵越」の内容と符合する点において両者の間に差異はない。朝貢を行い我暦法を奉じて使うことは朝鮮が中国に対して行うべき本分であり、お金と糧穀を収め政事を行うことは朝鮮が自らするものであって、これが属邦の実質内容である。その国の困難を解決し、その国の紛争を解き、その国の安全を期待することが、中国が朝鮮に対して自ら任じたことであり、それが属邦と関係する実質内容である[29]。

結局、朝鮮の地位に関する清政府の態度は、「朝鮮が中国の属国ないし藩属として中国に服従してはいるが、政教と禁令に関してはそもそも一切を自主的に処理するようにして、中国はそれに関与しなかった」[30]ということとして要約できる。これは、西洋と朝鮮の最初の接触より発生した事件の処理と関連して朝鮮の国際的地位が問題となって以来、中国の採ってきた一貫した態度といえる。このような清の態度は、朝鮮の国際法的地位を決めようとする日本の要求に対する明確な回答にはなれなかった。森公使は、日本政府の主張の根拠となっている国際法の原則と清韓の宗属関係が噛み合わないことを認識した。そのため、その後日本国政府はこの問題(朝鮮との交渉の問題)と関連して再び清政府と交渉する必要を認めないことになった[31]。

(2) 日朝修好条規

日清修好条規第1条の「所属邦土」規定に関する日本の解釈は、日朝修好条規締結(1876年2月26日)のための朝鮮との交渉においても貫かれた。その結果は同条規第1条の「朝鮮國自主之邦 保有與日本國平等之權」、つまり「朝

鮮は自主の国であり日本国と平等な権利を持つ」という文句として現れた。

この規定の内容は、1874年3月にフランスとベトナムが締結したサイゴン条約（甲戌条約、法越媾和同盟條約、佛安和親밀約、Treaty of Saigon II）の内容を日本政府が意図的に模倣したものといわれる[32]。同条約第1条は「フランス大統領は安南王を王として待遇し諸外国に対して安南が独立であることを保証する」と規定して、ベトナムに対する清の宗主権を明示的に否定した。これに対抗して清政府がフランス政府に抗議することになり、やがては両国の間で軍事衝突が生ずるなど、同条約第1条はベトナムに対する清の宗主権をめぐる激しい紛争の原因になった[33]。日朝修好条規はこのような時期を利用して、朝鮮に対する清の宗主権をなくそうとしたものであった。その目的は、日本と朝鮮の平等を規定することにより朝貢関係で結ばれている朝鮮と中国の関係を断絶させ、将来日本の朝鮮侵略に対する清の干渉を封鎖しようとするところにあった[34]。

日朝修好条規第1条は、東アジアの伝統的な国際秩序の観点からみると革命的というべき内容の規定であって、これによって韓中の朝貢関係が近代的条約体制に編入されて、韓中関係が近代的に改編される歴史的過程が本格的に始まったと理解する見解もみられる[35]。しかし、「朝鮮國自主之邦」という規定が、朝鮮が国際法上の主権独立国として法的に清に従属的な地位に立たないことを意味していると理解するには、注意が必要である。儒教的伝統を共有してきて、礼に基づいた規範秩序になじんでいた日韓両国が、漢字語である「自主」を使うにあたって、必ずしもそれを国際法上の「主権独立」を意味するものとして捉えなかった可能性も十分ありうるからである。例えば、日朝修好条規の締結に先立って、1876年1月10日に森有礼駐清日本公使は清の北洋大臣沈桂芳と面談し、朝鮮が中国の「属国」であることの内容を執拗に質したという。その対話の過程で登場した「自主」という言葉の意味も二通りであったことが指摘されている。つまり、中国側からみると朝貢国ではあるが朝鮮には「自主」が存在し、それは属国という枠組みの中での自主を意味する。反面、日本は「自主」を独立と同じ意味のものとして使ったという[36]。さらに、朝鮮もまた「自主」を事大秩序の中で外藩が内政と外国交際を自主に処理する意味として受け止めていたというのが一般的な理解であ

る[37]。

　伝統的な朝貢秩序の中では、清が朝鮮に対して宗主権を持つという事実と朝鮮が「自主之邦」である事実の間にはいかなる概念的矛盾もないとう点からすると、「自主」という言葉と関連して朝鮮や中国がみせた態度は当然のものといえる。すでに触れたように、「政教禁令は朝鮮が自行専主する」ということは朝鮮の地位に関する中国の一貫した立場であった。また、韓米修好通商条約締結時の属邦照会文が示すように[38]朝鮮もまた自らが「属邦」であると同時に「自主」であるというところに全然躊躇いがなかった。

　1876年3月中旬より4月中旬にわたって、森日本公使、ウェイド (Sir Thomas Francis Wade, 威妥瑪) イギリス公使、ブラント (Maximilian August Scipio von Brandt, 巴蘭德) ドイツ公使などが日朝修好条規締結の事実と条約の全文を清政府に伝え、朝鮮政府も詳細な咨報を清政府に送った。しかし、清政府は東アジアの国際的規範秩序に重大な意味を持つ条約内容の通報を受けながらも、特別な反応を示さなかったという。このような清の態度は、朝鮮と日本の修好が清と朝鮮の間の朝貢関係に影響を及ぼさないと考えたことに起因すると理解されている。つまり、李鴻章と清政府は日朝修好条規第1条の裏に隠された日本の意図を正しく把握できなかったばかりでなく、「朝鮮が中国を宗主国として認めさえすれば、第三国がそれを認めるか否かは重要でない」という認識を持っていたという。結局これは、伝統的朝貢関係のみに執着しながら、朝貢関係が近代的条約関係と両立できると思った、清の対朝鮮認識の必然的結果と指摘される[39]。

　結論的にいって、日朝修好条規においては、「朝鮮國自主之邦」という文言を用いて、朝鮮の独立国としての地位がより直接的で明確な形で規定されたとみる根拠が設けられた。しかし、「自主之邦」という言葉は朝貢体制の中で「独立国」とは異なる特殊な意味を持つものとして理解できた。事実、その「自主」という表現に関する理解・解釈に日本と朝鮮・中国との間には隔たりがあった。朝鮮と中国の理解する事大秩序の用語たる「自主」と、日本が自らの政治的目的のために援用する公法秩序の用語たる「独立」との間の衝突として捉えられうる問題[40]であって、日朝修好条規第1条の規定のみによって東アジア諸国の間で朝鮮の国際法的地位に関する一致した了解が形成

されたものではなかった。田保橋の指摘のように、朝鮮の「自主」は「極めてdelicateな意義を有し、その解釈は当時の国際情勢によって左右せられ、今後の20年間朝鮮・清国と第三国間の累々重大な係争を惹起し、日清戦役の一原因」をなしたといえよう[41]。

(3) 韓米修好通商条約

1879年4月、日本の琉球併合以降、清政府は朝鮮に対する日本の侵略の可能性と、新しく出てきたロシアの朝鮮侵略可能性のために深刻な危機意識を持つようになった。このような状況に対処し、朝鮮との主従関係を維持するための方策として、清政府は所謂対朝鮮列国立約勧導策を採択して門戸開放と西洋諸国との修交を朝鮮に勧誘した。かくして中国は朝鮮と米国が朝米条約[42]を締結するよう積極的な仲介に出た。

この条約は交渉の初めから終わりまでが中国の仲介によって進行し、朝鮮と米国との間の直接交渉はないままに締結された。条約締結と関連した朝鮮の立場は中国に伝えられただけである。

条約の締結過程において、李鴻章はその幕僚馬建忠に「代擬朝鮮與各國通商約章節略」を作成させた。これは「朝鮮與國共訂和好通商條約」というタイトルがついている10カ条の条約草案であって、将来朝鮮が西洋各国と条約を締結する際に参考にするための見本として作成されたものである。その中で最も重要なのは第2条と第10条であるといえる。第2条は、朝鮮には総領事が駐在できるのみであって、それも中国駐在の公使の指揮を受けるように規定している。第10条は条約文に関する規定であって、韓国語本と条約締結国の文字の本文以外に別に中国語本を設け、中国語本が正本であるとする内容である[43]。このような規定は、韓中の朝貢関係を隠然に確認する内容のもので、朝米条約の締結にあたってもなお、伝統的な朝貢関係を引き続き保全しようとする李鴻章の態度をよくみせている事例である。

朝米条約の締結と関連して朝鮮と清は条約の草案を検討した。その過程で李鴻章は朝米条約の中に韓中の朝貢関係を明示することを主張し、朝鮮の代表として中国に派遣された領選使金允植はそれに同意した[44]。条約締結交渉の米国代表であったシューフェルト (Shufeldt) との会談において[45]李鴻章は、朝鮮が中国の属邦であることを明示し、もし他の国が不公軽侮すること

がある場合には、お互い援護するか、その間でよく調処して、永久に安全を保全せしめるという内容の第1条を提示した。第10条は第1条の属邦規定を支えるために、朝鮮側が使う文字をもっぱら中国語として規定し、米国側からの文書にも必ず中国語本を添付するよう要求するとともに、条約を批准する過程においても朝鮮国王が中国の礼部に通報することを規定した[46]。

　このような李鴻章の態度と草案は、深刻なジレンマを抱えるものであった。中国としては朝鮮と米国の条約締結を推進しているが、もし朝鮮が中国の付庸国であれば朝鮮には最初から条約を締結する資格がない。李鴻章は、米国側が提示する草案に韓中両国間の朝貢関係に関する言及がないことは、朝貢関係の否定という大変な後患を招く可能性があると指摘する。同時に、国際公法上の所謂自主でない「付庸小国」は他の国との条約締結ができないようになっているから、朝鮮との朝貢関係をあまりに強調することもできないと告白している[47]。李鴻章は窮余の策として、朝鮮は中国の属国でありながら政治は自主するという内容を条約に挿入するが、朝貢関係を密接すぎず疎遠でもない（不黏不脱）程度に表現する方針を決めた[48]。

　それに対して、シューフェルトは属邦条項の受容に同意しなかった[49]。李鴻章は、属邦条項が受け入れられない場合には、自身または清政府が修交の交渉から手を引くといって迫ったが、シューフェルトは李鴻章の要求を受け入れなかった。かくして1882年4月10日の李鴻章とシューフェルトとの第3次会談で出てきたのが属邦照会案である。条約本文に属邦条項を入れる代わりに、条約締結後に照会文を作成・通知することによって、属邦条項と同じ効果を得ようとしたものである。この問題に対する米国政府からの回答が遅れると、4月14日の第4次会談および4月18日の第5次会談で、李鴻章とシューフェルトは第1条を除いた残りの14カ条の条項に一旦合意した。合意に当たっては、条約の批准の際に中国の礼部に通報するという内容を削除し、中国語本の作成および「光緒8年」という中国の年号を表記することによって、朝鮮が中国の属国である事実を間接的に表現することにした。シューフェルトとしては、条約の本文に韓中間の朝貢関係を規定しないという原則を守りながらも朝貢関係の間接的表現は受け入れたことになる。李鴻章としては、条約本文には間接的に朝貢関係を表現しておきながら別途属邦照会を通じて

朝貢関係を明らかにしようとしたのである(50)。

　朝鮮代表と米国代表が交渉過程において一度も接触しなかったまま、1882年5月22日に済物浦(仁川)の臨時の幕舎でシューフェルトと朝鮮の全権大使申櫶および副大臣金弘集が署名して条約は締結された。朝鮮と米国間の条約であるにもかかわらず韓国語の正文がなく中国語と英語の正文のみがあり、朝鮮の条約締結代表の英文表記も中国語発音になっている(51)奇異な形の条約である。

　李鴻章は、属邦照会文を通じて韓中両国間の朝貢関係を米国と朝鮮間の「盟誓」に記入したから、後日仮に各国が侵略してくるとか朝鮮が背反することがあっても、中国はそれを根拠に追及することができ、ベトナムの場合の前轍を踏むことはないと自負したようである(52)。しかしシューフェルトの立場からみると、そして彼が立脚していたヨーロッパ国際法の体系からみると、李鴻章の思惑はいかなる法的意味も持たないものであったといえる。この点は属邦照会文に対する米国の態度によく現れている。

　朝米条約が締結されてから2日後の1982年5月24日に属邦照会文がシューフェルトに伝えられ(53)、それはすぐに本国へ送付された(54)。また、1882年6月26日に駐清米国代理公使ホルコム (Holcomb) は米国国務長官フリリングハイズン (Frederick T. Frelinghuysen) に照会文の別の翻訳文を送った。属邦照会文は条約の批准同意が行われる際に米国上院にも提出されたという(55)。

　2つの翻訳を比較すると、ホルコム訳の方がもっと洗練されて法的矛盾の少ないように留意したものであることが分かる。しかし、国際法の観点からみると両翻訳にはともに矛盾する法概念が含まれている。シューフェルト訳によると、朝鮮は一方では "a dependency of China" と表現されている。他方では内政と外交に関する処理が「主権者 (the sovereign)」に任せられてあり、条約の履行も両国間の「平等 (equality)」がその基礎となり独立国 (independent States) の法によるとなっている。ホルコム訳にはシューフェルト訳でみられる "dependency" のような言葉が意図的に回避されているように見える。ホルコム訳は朝鮮を単に "a State tributary to China" と表現するのみであって、"full sovereignty"、"equality"、"distinctly pledges his own sovereign powers" などの言

葉を使って、朝鮮の独立国としての地位を強調しているような印象が強い。

　国際法の観点からみると、朝鮮の法的地位に関する属邦照会文の内容には確かに矛盾がある。しかし、米国が国際法の手続きと形式に従って朝鮮と条約を締結しながら朝鮮の独立国地位を認めないのはより根本的矛盾になる。この点を考えると、米国としては "dependency" という言葉よりは "independency" や "sovereignty" のような言葉により重みをおいた解釈をすること[56]は当然であったといえよう。

　朝米条約の交渉過程において中国は米国に対して、朝鮮は中国の属邦であると主張し、条約締結後には朝鮮自らが中国の属邦であることを確認する照会文を米国に伝えた。一方米国は、朝鮮が中国の属邦であるか否かには関係せずに、条約締結の相手である朝鮮を一貫して国際法上の主権独立国として取り扱った。日清修好条規や日朝修好条規の場合と同じように、一方では華夷秩序と朝貢体制の中で朝鮮の地位を捉え、他方では東アジアに新しく導入された「国際法」秩序の枠組みの中で朝鮮の地位を捉える状況がここにも続いている。中国は自身の外交政策を遂行するにおいて、新しく受容された秩序原理としての国際法が朝鮮の国際的地位に関して引き起こす深刻なジレンマの解決策として、条約正文に韓国語を排除し中国語を使うようにするとか、属邦照会を行うなどの方法を用いてはみた。しかしそれは、国際法の論理を申し立てる米国には全然効果がなかった。したがって、国際法の受容以来朝鮮の国際法上の地位をめぐって提起された問題、つまり伝統的な華夷秩序の中では「自主的」な「属邦」として中国に対する朝貢国であるが、新しく受容された国際法秩序のなかでは「独立国」でありうるという問題は、朝米条約においても依然として解消されないままに残っていたというべきであろう。

III　章程議定の背景と経過

1　国際政治の状況

　いうまでもなく、政治体としての韓国と中国との伝統的な関係が、近代国際法上の関係へと変容しなければならなかったことは、ただの華夷秩序と「公

法秩序」との規範論理の衝突の結果ではない。それは、より根本的には華夷秩序と公法秩序を各々の論理としている政治的勢力の衝突の結果というべきであろう。したがって、国際法の観点から韓国と中国との関係の変容を捉えようとすると、まず東アジアで国際法が受容されたことによって生じた、朝鮮の国際法上の地位が問題となった諸場面の政治的背景を理解しておく必要がある。しかし、そのすべてを叙述することは本稿の射程や執筆者の能力をはるかに超えることである。ここでは朝中商民水陸貿易章程が締結される時期までの東アジアにおける政治的動きのみを簡単に述べておきたい。

　西洋の朝鮮来航によって清の対朝鮮宗主問題が生ずると、すでにみたように、最初清は朝鮮が「属邦ではあるが自主」とか「政教禁令は朝鮮が自行専主する」との論理に基づいて、問題への積極的な介入を回避する態度をみせた。しかし、その後清は態度を変えて「日本やロシアより朝鮮を守り」、朝鮮を清の影響下に留めておくために朝鮮への積極的介入を開始することになる[57]。このような清の態度変更には日本とロシアへの不信感と警戒があった。

　1879年のいわゆる「琉球処分」は、東アジアの伝統的秩序としての朝貢体制が東アジア内部においても崩壊する象徴的事件として[58]、日本に対する清の不信感が一層強まる契機となった。ロシアに関してみると、1858年の愛琿条約と清露天津条約および1860年の清露北京条約によって、清はアムール川右岸と沿海州の膨大な土地を失っていた。清としてはロシアを大きい敵国と認識せざるを得ない事件であって、防俄論は必至のものであったといえる[59]。その後さらに伊犂紛争が起き、1881年にサンクペテルブルク条約によって問題の処理が行われる過程で、清はロシア海軍の示威を経験し、一部の土地のロシア占領を認め賠償金を支払うことになった。清としては、ロシアの脅威を痛感し、防俄論はますます強いものになって行ったのである[60]。

　伊犂紛争の処理がとりわけ重要な理由は、それが朝鮮に対する清の積極干渉政策の発端をなすからである。清はロシアとの紛争処理過程において、華夷秩序上の羈縻政策が国際政治の現実に合わないことを認識せざるを得なかった。そして、ロシアの脅威に対処するためには、西洋の公法でいう国境と主権概念に頼らなければならないことを認識した。それは、華夷秩序上の「属邦」を国際法上の「属国」に転換させることを意味するものであった[61]。

日本とロシアに脅威を感じる中で、清の内部からは朝鮮の取るべき政策に関して色々の議論があった。それは、朝鮮の武備自強策と列国立約勧導策として要約できる。列国立約勧導策とは、朝鮮と西洋列強との修交によって日本とロシアを牽制しようとする政策である。親中国、結日本、聯米国の政策を勧告したものと解されている、黄遵憲の『朝鮮策略』も、このような情勢の中で出てきた、朝鮮の外交政策についての提案であった。勿論、『朝鮮策略』の結日本の主張は、清の対日認識とは矛盾する面があるが、伊犂事件後の対ロシア警戒感が高潮した中で、清がいかに防俄を重視したかをみせるものと理解できる[62]。上記韓米修好通商条約の締結もこのような政治的文脈の中でなされたものであった。

朝鮮の武備自強を支援し、朝鮮と列国との立約を勧導するほか、朝鮮を日本とロシアから守って清の影響下に留めておくための積極的介入策に関しては清の内部で2つの潮流があった。1つは朝鮮を近代的な意味での実質的支配の対象にしようとするもので、朝鮮を「属国」にしてしまおうとする主張である。もう1つは、朝鮮が他国の支配下に入ることは阻止するが、伝統的な宗属関係はそのまま維持し、「属邦」のままで置こうとする主張である[63]。

1882年7月に、朝鮮の旧軍の不満が噴出し、閔氏一派と日本公使館への襲撃に発展した壬午軍乱が起こると、清は迅速に対応した。以前、宗主国として属邦への内政干渉権を否定していた清は態度を完全に変えて、宗主国として属邦を保護するという名分で3,000名の軍隊を朝鮮に派遣した。そして、軍乱後政権を回復していた大院君を拉致して天津へ護送した。これは中国朝鮮宗属の歴史において空前の大事件といわれる[64]。さらに、軍乱が鎮定した後も呉長慶の導く2,000名余の軍隊を駐留させて実質的な宗主権を行使しようとした[65]。このような清の介入は、「1879年以降の積極化をはるかにこえたもの」と評価されている[66]。朝中商民水陸貿易章程が締結されたのは、このような政治状況の中でのことであった。

2 経済的背景

朝中商民水陸貿易章程は、韓中間の交易を主な規律対象とした文書であるだけに、その締結には当然のことながら当時の経済的問題も関わっていた。

国際政治の状況と密接に関連したものとして、まず章程締結の経済的背景になったのは朝鮮の「富強問題」である。

　朝鮮を取り巻いて不安に展開する国際政治状況の中で、朝鮮政府は1880年より開化政策をとり始めた。「開化」は幾つかの意味で使われた言葉であったが、この時期の「開化」とは外国の技術と文物を受け入れて国家の富強を成し遂げるという意味のものであった[67]。開化を通じて朝鮮の富強を達成し、自らの安全を守ろうというものである。

　朝鮮の初期開化政策をまとめたものとして挙げられるのが1880年の「請示節略」と1882年の「善後事宜六条」である。朝鮮国王高宗が李容粛を清へ派遣し、朝鮮政府の政策を諮問した請示節略には、朝鮮の開化政策が武備自強、外国人雇聘と対外通商として集約されていた[68]。武備自強には財政的基盤が必要であり、対外通商はそのような基盤作りの手段である。また、対外通商に経験のない朝鮮としては、対外通商事務の処理の為に西洋人の雇聘が必要であった。その点で、この3つの政策はお互いに不可分のものであったといえよう。朝鮮は開化政策の1つの中身としての対外通商政策に基づいて清と本格的に通商することを希望し、それが章程締結の1つの背景になったわけである。

　朝鮮における日本の貿易独占状況の打破もまた章程締結推進の背景にあった。朝鮮と日本との貿易が無関税であったために、両国間の貿易は拡大するばかりであった。それを是正して諸国との貿易に均衡をとる一環として、朝鮮は清との通商を希望することになった。また、対欧米開国をひかえていた朝鮮としては、章程をもって西洋の経済的浸透を食い止めようとする狙いもあったといわれる[69]。清の立場からすると、すでに開港して西洋諸国とは通商をしていたにもかかわらず、朝鮮とは伝統的な形式上の従属関係にとらえられて、通商問題には日本に先をとられた状態であった。そのため、朝鮮との通商を通じて日本の通商独占を排除し、清の勢力を扶植しようとしたのである[70]。

　朝鮮との通商の必要性と関連して、清の主な関心は政治外交的なところにあった。対朝鮮通商に関する清の思惑は呉大澂の所論によく表れている。彼は対朝鮮通商の必要性はロシア勢力の南下防止にあり、その方法は朝鮮を保

護して清に政治的に隷属させることであると思った。そして朝鮮とロシアとの間に事態が生じた時に朝鮮を救援する口実として対朝鮮通商を利用すべきと考えたのである。具体的には、水路通商を契機に清の兵船を朝鮮の海岸に配置してロシアの南下に備えることであった[71]。もっとも、清の対朝鮮通商の構想が主に政治的動機に基づいたものであったとしても、経済的利益に関する関心が全くなかったわけではない[72]。

　国際政治と離れて、より純粋な経済的要因も章程締結の背景にあった。

　朝貢体制の下で、朝鮮と清との貿易は使行に伴う朝貢貿易と一部の国境地帯で行われた互市貿易に限定され、通商目的の商民の入国は禁止されていた[73]。互市として開市されたのは義州（中江）、会寧、慶源の３カ所であり、清と朝鮮側から各々官吏が派遣され、貿易状況を監督した[74]。開市が設置されると清からは350名余りの商人と670匹余りの牛馬が来ることになるが、清の官吏と商人の食事（供饋）や牛馬の餌までを朝鮮側が負担した。また、清の官員に対しては地方官と訳官を差送し、出迎えをした。送迎の際には饗宴と礼単によって優待することになるが、その費用は莫大なものであった。その負担に耐えられなかった辺界地方の朝鮮民衆は満州へ不法移住することになった[75]。朝鮮としては、この問題を解決するため、章程を通じて北道の開市を廃止しようとした。

　使行に伴う費用も問題であった。朝鮮からは年貢や賀謝および陳奏のために定期または不定期にいわゆる事大使行が清を往来した。その際の費用は沿路の民家が負担したが、それも莫大なものであった。清から勅使が派遣されるとその応接費用もまた当時の朝鮮としては充当し難い額であった[76]。朝鮮としては、使節が往来する代わりに駐京することにしてこの問題を解決しようとしたが、これも章程締結の対象の１つであった。

　最後に、清朝末期に海禁令が遵守されなくなって中国の漁民達が朝鮮沿岸に出没し、両国漁民の間に紛擾がおきたのも章程締結の背景にある[77]。朝鮮は章程を通じてこの問題も解決しようとした。

3　章程交渉の経過

　朝鮮と清の通商問題は、上記請示節略でまず提起された。節略の中で朝鮮

は、自らが商規に暗いといい、清の商人が開港諸処にきてお互い貿易を行えば、大きい頼りになるとの趣旨を述べ、李鴻章も肯定的な回答をした[78]。しかし、中国は対朝鮮通商問題に積極的姿勢で取り組まず、朝鮮側からの通商提案を待つ態度をとった。それは、清としては朝鮮自らが必ずや清との通商を提案してくると判断し、それを朝鮮との宗属関係を強化する機会にするためと思われている[79]。そして、中国の思った通りに朝鮮は1882年魚允中を清に派遣して通商交渉に臨ませた[80]。

1882年2月17日に問義官に任命され天津に派遣された魚允中は、喪中の李鴻章に代わって署理北洋大臣張樹声および津海関道周馥を相手に朝清通商問題を交渉した。1882年4月3日に行われた魚・周の筆談論議を通じてみた交渉の案件と交渉の内容は次の通りである。

まずは、北道開市と商民供饋の廃止が問題となった。朝鮮は、清国商民の供饋の費用を負担する能力がないこと、陸路通商を口実としたロシアの南侵の可能性があることなどを理由に北道開市の廃止を要求した。清は、すでに商民供饋は撤廃の方針であり、新たに外国と通商を始める状況の中で昔からの開市を廃止すべきでないとの理由で開市廃止に反対した。ロシアの南侵の可能性に関しては、通商問題と侵略を結びつける朝鮮の見解が不当であることを指摘し、むしろロシアとの通商を慫慂した。結局、3つの互市の中で慶源開市のみを廃止することでことは決着した[81]。

すでに述べたように、使行関連の費用も当時の朝鮮としては賄い難い負担であった。魚はこの問題の解決策として「派使駐京」を提案した。事大の典礼は守るが、その方法は変更して使行が往来する代わりに北京に朝鮮の使節を駐在させることであった[82]。この提案は清としては受け入れられないものであった。朝鮮の使節が北京に常駐しながら対中国関係の諸事項を処理するようになると、それはまるで中国と外交関係にある諸国の外交使節のようにみえて、朝鮮に対する宗主国としての中国の体面が傷つけられると思ったからである。清はこのような提案を自らに対する軽視や背反の兆候と捉えた。それ故、周馥は中国の公論で是非が問われるようになる問題という理由で、軽く議論して改めるべきことではないと応答した。この問題は清の朝廷の議決により廃棄されることになった[83]。

朝鮮は、中国漁民の朝鮮沿岸出没による被害の防止を要求するとともに、海路を含む通商を提案した。日朝修交条規の締結以来朝鮮の開港地において日本が免税で貿易を独占している状態を是正し、近い将来にあろう西洋諸国との通商に備えるため、対外通商の経験があって朝鮮に友好的に思われた清と本格的に通商を行おうとするものであった。朝鮮の要求した通商が「互恵平等」なものであったため、清は朝鮮の通商提議を清を軽視する大胆な要求とみた[84]。そのような対等な通商は、朝鮮の宗主国と自負する清としては受け入れられないものであった。しかし一方で、清は朝鮮における日本勢力の牽制などのため朝鮮との通商の必要性を認めていた。それで、周馥は通商の要求には応じるが、両国の通商が対等な国同士のものではないことを闡明することによって問題を処理しようとした。そのため彼は、朝鮮と清との通商規定には最恵国条項が入ってはいけないこと、両国の通商は従属関係の下で行われることを明らかにすることを主張し、魚の同意を取り付けた[85]。締結された章程の前文に朝鮮を「属邦」と明記することになった所以である。

　魚の提案は清の朝廷によって議論され検討された。その結果6月14日に、朝鮮との通商問題を総理衙門の所管にすること、朝貢の撤廃や朝鮮の使節の北京常駐は認めないことを決定した[86]。

　李鴻章の幕僚として清と朝鮮との関係に深く関わっていた馬建忠の3度にわたる朝鮮往来や、魚允中の通商問題妥結のための全権問題などで交渉が遅れている中で、6月には壬午軍乱が起きて通商交渉は中断した。軍乱が鎮圧された9月になって魚は再び問議官として通商交渉のために天津に派遣された。魚は9月28日に天津に到着したが、それ以前に馬建忠と周馥は章程の草案を準備しておいた。両者の草案に魚が若干の意見を述べる過程を経たあと、章程の内容は確定した[87]。李鴻章は10月10日に皇帝に上奏して通商章程の裁可を要請した。章程は皇帝の命によってさらに総理衙門と礼部で実務的な検討が行われ、10月23日に皇帝の裁可を得た。したがって、章程の発効はこの日よりとみられている[88]。

IV 章程の法的意義

1 章程の内容

章程は前文と8カ条になっている[89]。

前文はいわゆる属邦条項が入っているものとして、章程の核心に該当する評価もある[90]。前文では最初に、「朝鮮は久しく中国の藩邦であったため、典礼に関する一切の事項は定制があり、さらに論議する必要がない」(朝鮮久列藩封典礼所関一切均有定制毋庸更議)としている。通商問題を機に、中国の属邦としての地位を形骸化しようとする朝鮮の企図を遮断する意味の規定といえよう。続いて、より明確に朝鮮が中国の属邦であることを規定する。つまり、「この度結ぶところの水陸貿易章程は中国が属邦を優待する意思に係わるものであるから、各国とともに一体均霑する例とは異なる」(此次所訂水陸貿易章程係中国優待属邦之意不在各与国一体均霑之例)と明記した。章程の内容が最恵国規定を通じて、朝鮮と他の諸国との間の通商にも適用されることを防ぐ条文であるが、その根拠を中国に対する朝鮮の属邦たる地位に求めているものである。

第1条は両国の商務委員の派遣を規定している。朝鮮に派遣された中国の商務委員は、重大事件が起きて朝鮮官員と協議し自らが決めることができない場合には、詳細を北洋大臣に報告することにした。北洋大臣はその件に関して文書で朝鮮国王に照会することになっている。朝鮮国王は天津に上級の商務委員を派遣し、その他の地域にも官員を派遣する。両国から派遣された商務委員および官員は、相手国の官吏と同等の地位に立つ(平行優待、平行相待)。商務委員の派遣と駐在にかかる費用は、派遣国の負担にした。なお、官員の確執によって円満に職務の遂行ができない場合には北洋大臣が朝鮮国王と連絡を取って召喚させる。本条は通商問題において北洋大臣の相手役を朝鮮国王とすることによって、中国と朝鮮との間の属邦関係を表しているといえる。但し、委員派遣の諸費用を派遣国政府が負担するようにしたことは、朝貢制における使行の慣例と異なるものである。

第2条は、朝鮮に派遣された清の商務委員の治外法権の規定である。朝鮮

においては、中国人同士のすべての紛争は勿論、朝鮮人と中国人との間の民刑事事件に関しても、中国の商務委員が裁判権を行使する。後者の場合は、朝鮮人が原告であるときは中国の商務委員が中国人被告を逮捕し、中国人が原告であるときには朝鮮官憲が朝鮮人被告を逮捕して中国商務委員に引き渡すことにした。中国においては、開港で起きる朝鮮人関連民刑事事件は当該地域の中国地方官が中国法に基づいて裁判することにした。

第3条は、両国の船舶が通商のために相手の港口(口岸)へ入港できること、遭難船舶に対する救難、朝鮮の平安・黄海道と中国の山東および奉天における両国漁船の漁労を許容することなどを規定している。

第4条は両国商民の交易を認めている。朝鮮商民は北京での交易が認められ、中国の商民は漢城と楊花津において開棧[91]することが認められた。但し、朝鮮における中国商人の「内地採辦」、すなわち商品を内陸に搬入して店舗で陳列販売することは禁止した。両国の商民が内地に入ってその地方の産品を買おうとする場合は証明を受けなければならないことにした[92]。

第5条は鴨緑江の柵門・義州および図們江の琿春・会寧での開市を規定し、それに伴う細則を設けている。但し、開市における朝鮮の供饋費の負担は廃止している。

第6条は麻薬(阿片)と武器交易の禁止規定、紅参貿易に関する細則規定である。朝鮮商人は紅参を中国に輸出できることにし、その関税は従価税として15%にした。紅参について中国側が最初に提示した関税は30%の高額のものであった。紅参がもっとも重要な対中国輸出品であった朝鮮としては、中国側の紅参輸入関税をもっと下げたいと思っていたが、税率15%で交渉は決着した。当時他の物品税が5%であったものに比べて紅参については特別に高い関税率を適用することにしたことが分かる[93]。

第7条は海路による交通を認め、朝鮮が中国招商局の輪船を借りて毎月1回の頻度で中国を往来させることにしている。さらに、中国の兵船が朝鮮沿岸で訓練し朝鮮の港に停泊できることを規定し、それが朝鮮の防衛に資するといっている。但し、中国の兵船に対する地方官の供応をなくし、食料の調達費用までも中国兵船が負担することにした。

第8条は章程遵守の義務を述べ、章程の変更は北洋大臣と朝鮮国王との間

の文書による交渉と妥結のあとに清皇帝の勅旨を請いて施行することにした。ここでも朝鮮国王は北洋大臣と同格にされ、清皇帝の下にあることが表示されている。

2 章程の法的性質

章程は中国と韓国という「国」同士の約定であるから、法的には「条約」のようにみえるところがある。また、「章程の公布にいたるまでの両国間の交渉過程は条約締結のための交渉過程と大きく異なるところはなかった」といわれている[94]。章程を「韓中両国間で結ばれた最初の近代的意味の通商章程でありながら条約」[95]というのもそのためであろう。しかし、少なくとも中国と朝鮮の間においてはそれが近代国際法上の「条約」でないことがはっきり意識されていた。

章程は条約とか協定、協約などの形式で約定されず「章程」という形式で「議定」されたものである。中国は条約と章程の違いをはっきり認識していた。そのような認識は、魚允中の章程草案の修正要求に対して馬建忠が行った回答の中に鮮明に表れている。魚允中は、章程の内容を第三国が援用する恐れがあるとして、開港場における治外法権、両国沿岸における漁採、漢城開桟と内地採辦、紅参税則などの修正を要求した[96]。この要求に対して馬建忠は、第三国による章程の援用を危惧するのは公法上の条約と章程の名・実の所在を知らないことによると指摘しながら次のようにいっている。

> 他国がむすぶのは条約で、両国の批准が得られてはじめて施行されるのに対し、いまとりきめようとするのは章程であって、朝廷が特別に許可するものである。一方は対等な2国がたがいにとりきめる契約（約章）だが、他方は上と下とのあいだで決まる規則（条規）である。名称が異なり、その実質もしたがって同じではない[97]。

実際においても、章程の施行には朝鮮政府の批准は問題にならなかったようである[98]。すでに西洋諸国と多数の条約締結を経験していた中国、そして上記日朝修交条規と韓米条約のほかにも済物浦条約と日朝修交条規続約

(両方とも1882年8月30日)などの条約を日本と締結していた朝鮮は、「公法」上の条約締結の手続きと形式をよく知っていたはずである。したがって、全権代表の任命など条約締結に必要な手続きを経ず、とりわけ批准を要しないものとして「議定」された章程は、少なくとも朝鮮と清の間では条約と認識されず、また条約として取り扱われなかったというべきであろう。但し、1882年6月6日に朝鮮とイギリスとの間で締結された条約(いわゆる「ウィルズ(Willes)条約」)の批准が問題になった際に、壬午軍乱の処理を目的に日本に渡った朴泳孝は駐日本イギリス公使パークス(Sir Harry S. Parkes)に対して、朝鮮の「国王はまだこの章程を批准していない」といって[99]章程が条約であるかのように発言している。なお、朝鮮としては朝中商民水陸貿易章程以降も日本、イギリス、ロシア、フランスなどの国々と多数の「章程」を締結することになるが[100]、それらの章程は「条約」に該当し、「条約」として取り扱われたのである[101]。

　章程の内容は非常に不平等なものであった。前文においては朝鮮が中国の「属邦」であることが明記され、朝鮮国王は北洋大臣と同格であることが随所に規定されている。第2条においては西洋諸国が強要した不平等条約に典型的にみられる条項として、中国商務委員に開港場における裁判権を内容とする治外法権が認められた。第3条では、韓国と中国のお互いの沿岸漁業権を認めているが、当時の漁業勢力からみてこれは韓国の沿岸を中国漁船に引き渡したのと同じといえよう。清としても長らく維持されてきた海禁令を撤回したのは、自国漁民にして朝鮮沿岸で漁労できるようにするところに目的があり、章程交渉に臨んだ魚允中も章程第3条の規定は清の漁民に有利なだけで朝鮮漁民にはなんら恵沢にならないと認識していた[102]。第4条で、清の商人の漢城における開桟を可能にしたこと、許可を得れば朝鮮内地において清商人の行商ができるようにしたことも清に一方的に有利な不平等条項と評価される[103]。朝鮮の主力輸出品である紅参に対する高額の関税率が不当なものであることはすでに述べたところである。朝鮮を国際法上の独立国とみる第三国の目からみると、章程は典型的な不平等条約とみえたはずである。

3　章程上の朝鮮の地位と韓中関係

章程は前文において、朝鮮が清の属邦であることを明記している。さらに、朝鮮が清の属邦であることの中身またはコロラリーというべきものとして、朝鮮国王が北洋大臣と同格であることを規定し、清皇帝より下の地位にあることを表している。また、章程自体が形式的にはいわば清朝廷が一方的に許可するものとして、対等者間の取り決めでないことを物語っている。さらに、章程の内容も非常に不平等なものであって、朝鮮に不利なものが多い。このような諸点に照らしてみると、少なくとも朝鮮と清との間においては、章程上の朝鮮の地位は伝統的な朝貢制度の中での中国の属邦であることがはっきりしているといえる。

　中国の立場からすると、章程は韓米条約の締結を契機にさらに鮮明になった、朝鮮の国際法上の地位をめぐっての中国のジレンマを解決した文書であったかも知れない。それは、中国の努力にもかかわらず韓米条約に挿入することに失敗した属邦条項が、章程には明記されているからである。朝鮮も章程に属邦条項が規定されることに反対しなかった。韓米条約締結時に、米国に属邦紹介文を送ることに関して別に抵抗を感じなかった朝鮮の態度がこにおいても繰り返されているといえる[104]。その意味では章程は、国際法に従って伝統的な朝貢関係からの脱皮、法的関係の再定立の要求に直面していた韓中両国が、それにもかかわらず少なくとも両国の間においては伝統的関係を守っていくことを公にした文書であるといえよう。

　しかし、章程には朝鮮の地位や韓中関係に関するもっと複雑な含意があるともいえる。

　章程は基本的に朝貢制度の中での中国の属邦として朝鮮の地位を規定しているが、他方で章程の中には韓中間の伝統的な朝貢制度を改変するところも含まれている。韓国と中国の商務委員などの官員がお互い平等の地位にある（平行優待、平行相待）と規定した第1条、朝貢制度の下で陸路に限定されていた貿易を海路貿易へと拡大した第3条、互市に限定されていた両国間の貿易を両国商民の相互入国による貿易へと拡大した第4条、開市に伴う供饋費の朝鮮負担を廃止した第6条などがそれである[105]。

　章程は伝統的な華夷秩序における韓中間の形式的で儀礼的な従属関係を近代国際法上の従属国－宗主国の関係へと転換させる文書として位置づけられ

ることもある。つまり、李鴻章は章程を通じて伝統的な朝貢関係における「属邦」概念を近代国際法における「属国」概念と同じものにすることにより、韓中関係を変質させようとしたといわれる[106]。事実、すでに説明したように、壬午軍乱の鎮圧過程において清は、内政は朝鮮の「自主」であって清はそれに干渉しないという従来の態度を変えて、3,000名もの軍隊を派遣し大院君を拉致した。このような状況の中で「議定」された文書としての章程が朝鮮の「属国化」を表す性格を帯びるのは当然といえるかも知れない[107]。中国軍艦の朝鮮寄港と朝鮮沿岸での訓練を規定し、それによる朝鮮防衛を云々としている章程第7条の規定は、華夷秩序の下での形式的な属邦から、国際法上の従属国へと変質して行こうとする朝鮮の地位をみせているものといえるだろう。

　要するに、朝鮮の地位と韓中関係という点からすれば、章程は決して単純な性格の文書ではなく、その性格はかなり複合的であるといえよう。

4　章程と第三国

　章程は最初から第三国を意識して締結されたものである。全文における、「この度結ぶところの水陸貿易章程は中国が属邦を優待する意思に係わるものであるから、各国とともに一体均霑する例とはことなる」という文言はそれを端的に示している。最恵国規定を通じて章程が日本や西洋諸国と朝鮮との通商にも適用されることを警戒したものである。中国としては章程が通商条約上の最恵国条項の適用対象ではないことを闡明したわけである。中国はその根拠を章程が「中国が属邦を優待する意思に係わるものである」という事実、つまり朝鮮が朝貢制度の中で中国の属邦である点に求めた。いうまでもなくこれは中国の一方的な思惑であり、西洋諸国のような第三国がそれを尊重しそれに拘束されるという保証はない。

　章程がその前文において、章程の適用対象を朝鮮と中国に限定し、他の条約当事国は中国が属邦としての朝鮮に与える「優待」を「均霑」できないとしたことに西洋の諸国は混乱を感じた[108]。章程の前文に朝鮮国王が自分自身の主権やその選択するところによって行動するという点の言及がないこと、君主による事後の拒否や批准に関する条項がないこと、朝鮮の国王と清皇帝

の臣下である北洋大臣が同格になっていることなども国際法の諸概念に基づいて韓中関係を理解しようとする西洋人の目にはすべて紛らわしいものとして映った。例えば朝鮮国王と北洋大臣が同格であるとすれば、他の諸国の国家元首と朝鮮国王との外交的関係はどうなるのか、中国にいる朝鮮の商務官員と他国の官員との関係や朝鮮にいる中国商務委員と朝鮮における他の諸国代表との関係はどうなるのかなどの問題である[109]。

　この問題に対する西洋諸国の反応は中国の期待に反するものであったといえる。西洋諸国は朝鮮と中国の関係があまりにも「曖昧模糊であり不確定な」ものであるだけに、何の法的効力を持たないものとみた。駐清米国代理公使ホルコム (Holcomb) は、朝鮮が米国・イギリス・ドイツと締結した3つの修交条約には「宗主権に関する規定がない……この問題を取り扱う最善の方法はそれを無視することである」といっている[110]。駐清米国公使ヤング (John R. Young) も韓米条約締結に伴って送られた属邦照会文を「中国皇帝の誇り (pride) に譲歩しただけ」のものとみて、いかなる法的拘束力も認めていない[111]。

　グロヴナー (T. G. Grosvenor) 駐清イギリス代理公使が章程を翻訳して本国政府に送付したところ、本国での反応として外務省のカリー (Philip H. W. Currie) は次のような覚書を残したという。つまり、朝鮮は独立国であるか否かのどちらかであるが、もし独立国であるならばイギリスとしては最恵国待遇条項を主張して朝中章程から出てくる利益を均占すればいいし、もし独立国でなければ英清条約を朝鮮に適用すればいいということである[112]。

　章程の属邦条項にもかかわらず、朝鮮は自らの独立国としての地位を表す方法として西洋諸国と独自の通商条約を締結しようとしていた。それを利用してイギリスなどの西洋諸国もまた章程の属邦規定を無視しながら清を迂回して朝鮮と直接通商条約を締結した[113]。その過程で章程の属邦条項は何の法的拘束力も発揮できなかった。1883年11月26日に締結された韓英修交通商条約第四款の六は、一定の地域に「イギリス人は証明書なしに出入りできる」(英民均可任便游歴勿庸請領執照、British subjects shall be allowed to go where they please without passports ...) として[114]、章程上の待遇を「均霑」できないところか、清より有利な待遇を確保しているのである。

おわりに

　華夷秩序の中での朝鮮と中国との関係は西洋起源の国際法によっては捉えきれないものであった。それは、儒教道徳における礼を規範とする秩序体系の中で形成され、作動した関係だからである。その関係は韓中両国の間ではよく理解されていたものであり、韓国としては何の抵抗もなしに受け入れられる関係であった。しかし、それを近代国際法の概念枠組みの中で西洋諸国に理解してもらうことはできなかった。さらに、その関係の実体をそのまま近代国際法上の関係に変容させることもできなかった。変更と調整を加えることなく華夷秩序の中の韓中関係を国際法上の関係に変容させることはありえなかったわけである。この点に関する自覚がなかった朝鮮と中国は、最初は「属邦」でありながら「自主」という朝鮮の地位を、「独立国」でもなく「従属国」でもないものとして西洋国際法体系の中に組み入れようとした。そのような試みは西洋諸国の朝鮮来航期から始まり、日清修好条規や日朝修好条規のように、重要な条約が締結される場面に何時も登場した。しかし、そのような試みは結局は成功することのできないものであったといえよう。韓米修好通商条約の締結過程とその内容はこの事実をよく表してくれるものであった。

　いわば、中国としては朝鮮の国際的地位に関して選択を迫られたわけである。それで、中国は朝中商民水陸貿易章程を「議定」し、その中に朝鮮が中国の属邦であることを明記し、朝鮮と中国との特殊関係を根拠に第三国の章程上の待遇の「均霑」を排除するなどの措置をとった。伝統的な対朝鮮不干渉政策は廃棄され、朝貢関係も根本的に変更された。それは朝鮮を「属邦」より「従属国」へと変えていく政策の法的表現として捉えられることもある。しかし、この点に関する章程の規定は十分に明確なものではない。章程は伝統的な韓中の朝貢関係、その中の朝鮮の属邦としての地位を確認する文書、伝統的朝貢制度を朝鮮のために改革した文書、そして朝鮮を近代国際法上の「従属国」へ変えていく政策を法的に表現した文書としての性格を併せ持つ複合的性格の規範であったといえよう。

西洋諸国の目からみた場合には、朝鮮の国際法上の地位は章程1つの成立によって完全に解決されるものではなかった。朝鮮の地位に関して、洋擾の際中国のとった責任回避的な態度の前歴があり、朝鮮が西洋諸国と条約を締結したという、国際法上の重要な法的意味を持つ事実があった。朝鮮が独立国であることが西洋諸国の利益に合致する面もあった。それで、章程を通じて朝鮮が中国の「属邦」であることを闡明し、諸国からそれを認めてもらおうとする中国の意図は西洋諸国によって受け入れられなかった。いくつかの事件を通じて、朝鮮は国際法上の完全な独立国としての地位を認められる方向へと歴史は動いていった。その途上で、朝中商民水陸貿易章程は「事大秩序と国際法秩序が混用される極端な例[115]」と位置づけられるものであろう。

(注)

(1) 本稿においては、「東アジア」を韓国・日本・中国の三国を意味するものとして使う。なお、「韓国」は文脈によっては朝鮮または大韓帝国を意味する場合があり、「中国」は文脈によっては清を意味する場合があることをお断りしておきたい。

(2) ここで「政治体」という言葉を使う理由は、東アジアに存在していた諸王朝などが「主権」をメルクマールとする、いわゆる国際法上の「国家」ではないことを表すためである。しかし、「国家」の定義如何によっては、これら政治体を「国家」と呼べることは勿論である。この点に関する指摘として、大沼保昭「国際法史再構成の試み―文際的視点からの眺め」比較法史学会編『文明と法の衝突』(未来社、2001年)、47頁。

(3) 大沼は、"Conflict of Two Universalistic Systems in East Asia" という表現を使っている。Onuma, Y. "When was the Law of International Society Born?—An Inquiry of the History of International Law from an Intercivilizational Perspective," *Journal of the History of International Law*, Vol.2, No.1 (2000), p.30.

(4) 日清修好条規と朝日修好条規は国際法上の「条約」に該当しないとみる見解として、金旼奎「近代 東아시아 國際秩序의 變容과 清日修好條規 (1871年)：「條規體制」의 生成」(近代東アジア国際秩序の変容と清日修好条規(1871年)：「條規体制」の生成)『大東文化研究』41輯 (2002年)、321-355頁。この見解への反論として、朴培根「東아시아의 國際法受容期의 朝鮮의 國際法的地位에 관한 一考」(東アジアの国際法受容期における朝鮮の国際法的地位に関する一考察)『서울국제법연구』(ソウル国際法研究) 11巻1号 (2004年6月)、11-12頁。

(5) 後述するように、朝清商民水陸貿易章程は朝鮮を中国の属邦と明記し、「章程」という形式、つまり清と朝鮮の上下関係を表す文書の形式になっている。章程のそのような特殊性に鑑みて「締結」の代わりに「議定」という表現が用いられることもある。

その例として、金鍾圓、本稿、注70の論文、150頁。
(6) 「清国に依存する考えを絶ち、自主独立の基礎を立てる。」
(7) 「清国ハ朝鮮国ノ完全無欠ナル独立自主ノ国タルコトヲ確認ス因テ右独立自主ヲ損害スヘキ朝鮮国ヨリ清国ニ対スル貢献典礼等ハ将来全ク之ヲ廃止スヘシ。」国立公文書館アジア歴史資料センターウェブサイト（http://www.jacar.go.jp）より閲覧。2007年9月1日。
(8) 朴、前掲論文（注4）。
(9) 日本における主な研究に関しては、Onuma, *supra* note 3, p.2, note 24 の文献を参照。
(10) 以下の内容は、浜下武志「東アジア国際体制」有賀貞・宇野重昭・木戸蓊・山本吉宣・渡辺昭夫編『国際政治の理論 講座国際政治1』（東京大学出版会、1989年）、51-80頁、金容九『世界観 衝突의 国際政治学—東洋 禮와 西洋 公法』（世界観衝突の国際政治学—東洋礼と西洋公法）（나남출판、1997年）、70-111頁、権善弘「儒教文明圏의 国際関係思想」（儒教文明圏の国際関係思想）権善弘・高弘根・河炳周『非西欧文明圏의 国際関係思想』（非西欧文明圏の国際関係思想）（釜山外国語大学校出版部、1998年）、9-112頁、Onuma, *supra* note 3, pp.11-18 などを参照して整理したものである。なお、ここでの整理とほぼ同じ内容のものとして、朴、前掲論文（注4）、3-6頁。
(11) 董徳模『朝鮮朝의 国際関係』（朝鮮朝の国際関係）（博英社、1990年）、63頁。
(12) 蔣廷黻（金基周・金元洙訳）『清日韓外交関係史』（民族文化社、1991年）、77-78頁。
(13) 以下の説明は、朴、前掲論文（注4）、6-8頁を参照。丙寅洋擾から朝日修好条規の締結までを近代韓清関係の発端と捉えて説明するものとして、岡本隆司『属国と自主のあいだ』（名古屋大学出版会、2004年）、17-34頁。
(14) 大院君がフランス人 Berneux 司教を含めて9人の神父を処刑し、朝鮮人カトリック信者を迫害した事件。フランス人 Ridel 司教は7月に芝罘へ脱出して、フランス人神父の処刑の事実をフランス艦隊司令官 Roze 提督に知らせた。
(15) 丙寅洋擾の経緯に関しては、田保橋潔『近代日鮮関係の研究（上）』（朝鮮総督府中枢院、1940年）、52-75頁参照。
(16) もっとも、当時の事大秩序の中では「人臣無外交」、つまり他人（中国の天子）の臣下なる者はお互い外交をしてはならないことになっていた。そのため、「外交」は語感のよくない言葉であり、中国に対しては「外交」という言葉自体が使えなかった。金容九『外交史란 무엇인가』（外交史とは何か）（도서출판 원、2002年）、123-124頁参照。
(17) 董、前掲書（注11）、63頁。
(18) "entirely independent"
(19) Foster, J.W., *American Diplomacy in the Orient* (Mifflin and Company, 1903), p.328.
(20) 董、前掲書（注11）、65頁。
(21) 同上書。
(22) Appenzeller, H.G., *The Opening of Korea: Admiral Shufeldt's Account of It*, Korean Repository, I (1892), pp.57-58. 董、同上書、70頁より引用。

⑳　U. S. Foreign Relations (1871), p. 112. 董、同上書、71頁より引用。
㉔　田保橋、前掲書（注15）、314-316頁。
㉕　権赫秀『19世紀末韓中関係史研究』（白山資料院、2000年）、18頁。
㉖　同上書、19頁。
㉗　同上書、20頁。
㉘　同上書、26頁。
㉙　同上書、29-30頁。
㉚　「朝鮮雖爲中國屬國　然其政教禁令　中國向來聽其自爲主持」『清季中日韓關係史』第二卷、246頁。宋炳基『近代韓中關係史研究―19世紀末의 聯美論과 朝清交涉―』（제2판）(近代韓中關係史研究―19世紀末の聯美論と朝清交渉―、第2版)（檀大出版部、1987年）、19頁より引用。「朝鮮雖隷中國藩服　其本處一切政教禁令　向由該國自行專主　中國從不與聞」『清　光緒朝中日交涉史料』第一卷、1頁。彭澤周『明治初期日清韓關係の研究』(塙書房、1969年)、73頁より引用。
㉛　田保橋、前掲書（注15）、543-544頁。
㉜　権、前掲書（注25）、36頁。
㉝　彭、前掲書（注30）、75頁。
㉞　陳偉芳「甲午戰前朝鮮的國際矛盾與清政府的失策」山東歷史学会編『甲午戰争九十周年紀念論文集』29-35頁。権、前掲書（注25）、36頁より引用。
㉟　権、同上書、36-37頁。
㊱　浜下武志『朝貢システムと近代アジア』(岩波書店、1997年)、114-116頁。
㊲　金寿岩「1870年代 朝鮮의 対日觀―交隣秩序와 万国公法秩序의 衝突」(1870年代朝鮮の対日観―交隣秩序と万国公法秩序の衝突) 国際関係研究会『近代国際秩序와 韓半島』(近代国際秩序と韓半島)(乙酉文化社、2003年)、314頁。
　　但し、朝鮮の場合は「自主」を独立と解釈すると対清関係がぎくしゃくすることを恐れた側面があり、その結果日朝修好条規締結以降清に送った文書に、「自主之邦」の4文字は日本の使臣が書き込んだものであり、朝鮮自らが請うたものではないという弁論を行った事実がある。『同文彙考』4卷、4133-4134頁。金寿岩、本注論文、315頁より引用。
㊳　後述、本項(3)韓米修好通商条約参照。
㊴　以上、権、前掲書（注25）、33-34頁。
㊵　金容九『世界観衝突과 韓末外交史、1866-1882』(世界観衝突と韓末外交史、1866-1882)（文学과 知性社、2001年）、200-201頁；同、前掲書（注16）、123頁。
㊶　田保橋、前掲書（注15）、482頁。
㊷　(韓国)国会図書館立法調査局編『旧韓末의 条約』(旧韓末の条約)(上中)(新書苑、1989年)、280頁には、この条約のタイトルが「韓美修好通商条約」になっている。
㊸　権、前掲書（注25）、73-74頁。
㊹　同上書、82頁。

246　第2部　歴　史

(45)　朝米条約を締結するためのシューレルトと李鴻章およびシューフェルトと馬建忠との間の会談を簡略に整理したものとしては、金容九、前掲書（注40）、348-369頁がある。
(46)　権、前掲書（注25）、84頁。
(47)　同上書、84-85頁。
(48)　同上書、85頁。
(49)　朝米修好条約の締結時に、朝鮮の地位に関して米国がとった立場に関する説明としては、岡本、前掲書（注13）、299-316頁参照。
(50)　権、前掲書（注25）、86-87頁。
(51)　申櫶は Shin Chen、金弘集は Chin Hong-Chi となっている。韓国語発音による場合には両者は各々 Shin Hun、Kim Hong-Chip と表記されるべきである。
(52)　権、前掲書（注25）、89頁。
(53)　(韓国)国会図書館立法調査局、前掲書（注42）、287頁。
(54)　照会文の原文は次の通りである。
　　照會文
　　大朝鮮國君主爲照會事　窃照朝鮮素爲中國屬邦　而內治外交問來均由　大朝鮮國君主自主　今大朝鮮國大美國彼此立約　俱屬平行相對　大朝鮮國君主明允　將約內各款　父按自主公例認眞照辨　至大朝鮮國爲中國屬邦　其分內一切應行各節　均與大美國毫無干涉　除派員議立條約外相應備文照會　須至照會者　右照會　大美國伯理璽天德　大朝鮮國開國四百四十八年即光緒八年三月二十八日移
　　　同上書。
(55)　Nelson, M.F., *Korea and the Old Orders in Eastern Asia* (Louisiana State University Press, 1945) (reissued by Russel & Russel, 1967), pp.145-146.
　　　シューフェルトの翻訳は次の通りである。
The Chose Hsien country (Corea) is a dependency of China, but the management of her governmental affairs, home and foreign, has always been vested in the sovereign.
Now, as the Government of the United States and Corea are about to enter into treaty relations, the intercourse between the two nations shall be carried on in every respect on terms of equality and courtesy, and the King of Corea clearly asserts that all the articles of the treaty shall be acknowledged and carried into effect according to the laws of independent States.
In the matter of Corea being a dependency of China (in) any question that may arise between them in consequence of such dependency the United States shall in no way interfere.
The King has accordingly deputed commissioners for the purpose of negotiating the treaty, and now, as in duty bound, addresses this communication for the information of the President of the United States.
　　　Foreign Relations, 1888, Pt. II, pp.255-256. Nelson, *ibid.*, p.145 より引用。

中国が公式訳として受諾したというホルコムの翻訳は次の通りである。

Cho-sen has been from ancient times a State tributary to China. Yet hitherto full sovereignty has been exercised by the Kings of Cho-sen in all matters of internal administration and foreign relations. Cho-sen and the United States, in establishing now by mutual consent a treaty, are dealing with each other upon a basis of equality. The King of Cho-sen distinctly pledges his own sovereign powers for the complete enforcement in good faith of all the stipulations of the treaty in accordance with international law.

As regards the various duties which devolve upon Cho-sen as a tributary state to China, with these the United States has no concern whatever.

Having appointed envoys to negotiate a treaty it appears to be my duty, in addition thereto, to make this preliminary declaration

　　Holcomb to Freylinghuysen, enc. I, in China: dispatches, Vol. LX, no. 133. Nelson, *ibid*., p.146 より引用。

(56)　Nelson, *ibid*.
(57)　髙橋秀直「壬午事変後の朝鮮問題」『史林』72巻5号 (1989年9月)、72頁。
(58)　権、前掲書 (注25)、40頁。
(59)　崔文衡『韓国을 둘러싼 帝国主義列強의 角逐』(韓国をめぐる帝国主義列強の角逐) (知識産業社、2006年)、36頁。
(60)　金容九『世界外交史』(서울大学校出版部、2006年)、310頁。
(61)　金容九『壬午軍乱과 甲申政変』(壬午軍乱と甲申政変) (도서출판 원、2004年)、15頁。
(62)　崔、前掲書 (注59)、39頁参照。
(63)　髙橋、前掲論文 (注57)、72頁。
(64)　田保橋、前掲書 (注15)、859頁。
(65)　申基碩『新稿東洋外交史』(探求堂、1992年)、129頁。
(66)　髙橋、前掲論文 (注57)、73頁。
(67)　李光麟『韓国開化史研究』(第3版) (一潮閣、1999年)、34頁。
(68)　具仙姫「19世紀 後半 朝鮮社会와 伝統的 朝貢関係의 性格」(19世紀後半朝鮮社会と伝統的朝貢関係の性格)『史学研究』第80号 (2005年12月)、161頁。
(69)　同上論文、163頁。秋月望「朝中間の三貿易章程の締結経緯」『朝鮮学報』第115輯(1985年)、105頁。
(70)　金鍾圓「朝・中商民水陸貿易章程에 대하여」(朝・中商民水陸貿易章程について)『歴史学報』第23輯 (1966年)、129頁。
(71)　呉大澂「請開朝鮮通商口岸摺」。同上論文、128-129頁より引用。
(72)　金鍾圓、前掲論文 (注70)、128頁。
(73)　구범진「「韓清通商条約」 一部 条文의 解釈을 둘러싼 韓—清의 外交紛争」 (「韓清通商条約」一部条文の解釈をめぐる韓—清の外交紛争)『大丘史学』第83輯 (2006年1月)、196-197頁。

(74) 金鍾圓、前掲論文 (注70)、120-121頁。
(75) 同上論文、136頁。
(76) 同上論文、138頁。
(77) 同上論文、140-141頁。
(78) 同上論文、127-128頁。
(79) 同上論文、133頁。
(80) 以下、通商問題交渉の経過は、主に同上論文、134-158頁に依拠して整理したものである。
(81) 同上論文、136-138頁。
(82) 章程交渉と派使駐京の問題に関する論稿として、秋月望「朝中貿易交渉の経緯――一八八二年、派使駐京問題を中心に―」『九州大学東洋史論集』第13号 (1984年)、83-102頁。
(83) 金鍾圓、前掲論文 (注70)、138-140頁。
(84) 具、前掲論文 (注68)、164頁。
(85) 金鍾圓、前掲論文 (注70)、142-143頁。
(86) 権、前掲書 (注25)、119頁。
(87) 同上書、119-120頁。
(88) 同上書、120-122頁。
(89) 章程の全文は、(韓国)国会図書館立法調査局編『旧韓末의 条約』(旧韓末の条約) (下) (新書苑、1989年)、398-406頁に中国読本と英語本がある。なお、『外務省記録』の「清韓両国国交関係取調一件」の『中朝約章合編』にも全文が収録されている。同資料は、国立公文書館のアジア歴史資料センターのウェッブ・サイト (http://www.jacar.go.jp) で閲覧できる(2007年8月20日訪問)。章程の名称としては「中国朝鮮商民水陸貿易章程」(外務省資料)、「韓・清商民水陸貿易章程」(韓国国会図書館立法調査局資料のほか、「朝清 (清朝) 商民水陸貿易章程」、「韓中 (中韓) 商民水陸貿易章程」などが使われている。
(90) 権、前掲書 (注25)、122頁。
(91) 「桟」または「行桟」とは、商品を積んでおき、商人が泊まりながら商売する施設を意味する。金鍾圓、前掲論文 (注70)、154頁。
(92) 章程の実際の運用に関する論稿として、酒井裕美「甲申政変以前における朝清商民水陸貿易章程の運用実態―関連諸章程と楊花津入問題を中心に」『朝鮮史研究論文集』第43号 (2005年)、123-148頁。
(93) 金鍾圓、前掲論文 (注70)、155頁。
(94) 金基赫『近代韓・中・日関係史』(原題韓国語) (延世大学校出版部、2007年)、155頁。
(95) 権、前掲書 (注25)、122頁。
(96) 詳細な内容は、金鍾圓、前掲論文 (注70)、152-155頁参照。
(97) 「他国所定者条約　必俟両国之批准而後行　玆所定者章程　乃朝廷所特允　一爲彼此所定之約章　一爲上下所定者条規　其名異而其実故不同也」。『清季中日韓関係史料』第三

巻（中央研究院近代史研究所、1972年）、984頁。金旼奎、前掲論文（注4）、329頁より引用。本稿における翻訳は、岡本、前掲書（注13）、68頁のものを引用した。
⑱　具仙姫「清日戦争의　意味―朝・清「属邦」関係를　中心으로―」（清日戦争の意味―朝・清「属邦」関係を中心として―）『韓国近現代史研究』第37号（2006年）、99頁。
⑲　金容九、前掲書（注40）、385頁。
⑳　在朝鮮日本人民通商章程（1883年7月25日）、韓英修好通商條約付属通商章程（1883年11月26日）、韓獨修好通商條約付属通商章程（1883年11月26日）、韓伊修好通商條約付属通商章程（1884年6月26日）、韓露修好通商條約付属通商章程（1884年7月7日）、仁川済物浦各国租界章程（1884年10月3日）、佛約付属通商章程（1886年6月4日）、朝俄陸路通商章程（1888年8月20日）、朝鮮日本両国通漁章程（1889年11月12日）など。
㉑　韓国が当事者である章程の多数は全権委員によって締結された。また、例えば朝俄陸路通商章程は1888年11月23日にロシア皇帝によって批准された。（韓国）国会図書館立法調査局、前掲書（注89）、56頁。
⑫　金鍾圓、前掲論文（注70）、154頁。
⑬　具、前掲論文（注68）、165-166頁。
⑭　具仙姫『韓国近代対清政策史研究』（혜안、1999年）、86頁。
⑮　権、前掲書（注25）、122頁。
⑯　具、前掲論文（注98）、100頁。
⑰　秋月、前掲論文（注69）、115-116頁は、章程の段階では清が朝鮮の属国化を企図しなかったと述べている。この見解に対して具は、それが章程締結過程に問題を限定させた研究範囲の限界による主張であり、李鴻章などの清の対朝鮮政策の変化という観点からみると正しくないと反論している。具、前掲書（注104）、86頁、注192。
⑱　Nelson, *supra* note 55, p.160.
⑲　*Ibid*., pp.160-161.
⑳　*Ibid*., p.161.
㉑　*Ibid*., p.162.
⑫　金容九、前掲書（注40）、388頁。
⑬　その経緯に関しては、同上書、382-420頁参照。
⑭　（韓国）国会図書館立法調査局、前掲書（注42）、328頁。
⑮　金容九、前掲書（注40）、383頁。

J.L. ブライアリの戦時国際法論
―― その歴史的位相と思想的立脚点 ――

川副　令

I　問題の所在

　ブライアリ (James Leslie Brierly: 1881-1955) は、戦間期から戦後初期にかけてオクスフォード大学国際法外交講座担当教授 (Chichele Professor of International Law and Diplomacy)[1] を務め、イギリスを代表する国際法学者として活躍した人物である。彼より約20年早く生まれたオッペンハイム (L. Oppenhaim: 1858-1919) や、約20歳若いラウターパクト (H. Lauterpacht: 1897-1960) とは異なり、国際法学史上の「巨星」とはみなされていないが、しかし例えば講座後継者に当たるウォルドック (C.H.M. Waldock: 1904-1982) によって補筆改訂された『国際法』(第6版、1963年)[2] の原著者として、今日でも国際法研究者の間では比較的よく名を知られている。

　以上は人物の記憶についてであるが、テクストの参照状況について言うと、最も頻繁に参照されているブライアリの業績は、やはり上述したウォルドック版の『国際法』であると思われる。もう一つ、今日でも比較的頻繁に参照されていると思われるのは、『国際法の拘束性の基礎とその他の諸論稿』と題する論文集である[3]。これはブライアリの没後間もなく、ウォルドックが当時国際司法裁判所判事であったラウターパクトと共に編集したものであり、ブライアリの手になる国際法関連論文の過半数は、ここに収められている。

　本稿の目的は、ブライアリの業績のうち戦時国際法に関係するものに焦点を絞って検討し、ブライアリ国際法学のこの側面に関する歴史的位相と思想的立脚点を明らかにすることである。以下序論として、ブライアリ研究の一

般的動向を押さえた上で、かかる研究の意義を説明したい。

1　ブライアリ研究の現在

　ブライアリの主要業績一般の歴史的文脈や思想的背景については、今日までに二つの本格的な研究が発表されている。ブライアリ追悼論文として1956年の英国国際法年鑑誌上で発表されたラウターパクトの研究[4]と、それから約一世代と大西洋の時空を隔てて、1993年の米国で発表されたC.ランダウアーの研究[5]である。他方、何らかの具体的テーマに関する学説史研究の一環としてブライアリの関連業績を取り上げ、大まかな歴史的文脈や思想的背景に言及した例は複数存在するが[6]、このタイプの研究にはブライアリの戦時国際法論を正面から扱ったものは見受けられない[7]。

　そこで、まずブライアリの主要業績全般を視野に収めた二つの先行研究の概要を見ると、ラウターパクトはブライアリの業績を争点毎に分解して考察し、ブライアリ国際法学の進歩的側面と保守的側面をそれぞれ再構成した上で、「国際法発展に対するブライアリの貢献」という観点から前者に重きを置く解釈を展開している。これに対してランダウアーは、ラウターパクトの分析視角そのものに潜む自己投影的なバイアスを批判し、『国際法』(初版、1928年)という一個のテクストの多角的分析を通して、ブライアリ国際法学の科学主義的革新主義的言説の背後に潜むロマン主義的懐古主義的思考に光を当てようと試みている。このように二つの先行研究を大雑把に対比すると、国際法学史研究一般の問題関心と方法の多様化に対応して[8]、ブライアリ研究にも相応の深化があったことを確認しうる。

　しかしながら、ブライアリの戦時国際法論についての解釈と評価に焦点を合わせて読み直してみると、ラウターパクトもランダウアーもブライアリ国際法学のこの側面を重視していなかっただけでなく、以下に見るように、両者ともこの点について首肯しがたい解釈を、いわば傍論において展開している。つまり、ブライアリの戦時国際法論は、単に従来の研究において正面から扱われてこなかっただけではなく、ブライアリ国際法学一般についての研究が深まるにつれてこの特定の側面については歪んだイメージが形成されていたように思われるのである。

2 ラウターパクトのブライアリ論と自由主義的バイアス

　国際法に関するブライアリの業績全般についての最もよく知られた解釈は、H. ラウターパクトが1955年の英国国際法年鑑に寄稿した追悼論文において示したものであろう。この論文は、ラウターパクト自身がウォルドックと共に編集したブライアリ論文集の冒頭に全文再録されており[9]、ブライアリの業績に多少とも関心を抱く者にとっては絶対に看過しえない位置にある。ラウターパクトの解釈は、次のような弁証法的推論をもってブライアリ国際法学の「精神 (spirit)」を把握しようとする点に、最大の特徴がある。

　第一に、ブライアリの業績のうち最大の学問的意義を有するのは、国際法の基礎理論に関する一連の論稿である。国際法基礎理論に対するブライアリの貢献は、19世紀末から20世紀初頭にかけて支配的であった意思実証主義とその核を成す国家主権概念に根本から批判を加えて、新しい時代の価値観に併せた「国際法の進歩的観念 (progressive conception of international law)」を確立すべく尽力した点に認められる[10]。ブライアリの国際法観念の進歩性は、①実証主義国際法理論の否認、②国際法の道徳的基礎の確認、③個人の国際法主体性の承認、④国際法と国内法の統一的把握、⑤国家主権概念の批判という、五つの理論的モーメントによって定義される[11]。

　第二に、しかし国際法の制度に関する教義を見ると、ブライアリは進歩的と言うより、むしろしばしば過度の懐疑主義に陥っている。ブライアリは法と社会を一個の有機体として捉える伝統主義的法観念に与し、国際社会の包括的な組織化を推し進めることによってのみ国際法の実効性と制度的発展を同時に促進することができると主張するにとどまらず、現代国際社会の構造的条件に照らして国際法制度の機能には自ずから限界があることを強調し、とりわけ国際紛争の司法的解決を義務化しようとする様々な構想に対して懐疑的な姿勢をとり続けた[12]。国際法の機能に本来的限界があることはブライアリが繰り返し強調した点であるが、彼の主張を個々的に検討してみると、必ずしも説得的でないものが多い[13]。

　このようにブライアリ国際法学の進歩的側面と保守的側面をそれぞれ括り出し、後者について個別的に留保を付した上で、ラウターパクトは次のよう

な仕方でブライアリの学問精神を統一的に把握し、それに高い評価を与えている。すなわち、個別的な疑問点はそれとして、ブライアリがいかなる問題についても安易な解決に満足せず、むしろ一見自明の解決の背後により深刻な問題が潜んでいることを明らかにすべく尽力した事実は、彼自身の結論が過度に懐疑主義的なものになりがちであったとしても、国際法学への方法的貢献とみなされるべきである[14]。だが、一層注目に値するのは、こうした高度の批判的思考の持ち主であり、あらゆる理想論に対して距離を置いたにもかかわらず、ブライアリが最後まで建設的希望の精神を失わなかった事実である。制度の機能はその実現を仮託された人々の実践に依存していること、そして実践の領域においては主体としての個人と並んで導きとしての理念が不可欠の存在であること、これらのことをブライアリは熟知していた。彼に続く者には、この深い見識に支えられた楽観主義的精神を育んでいく責務がある[15]。

　ラウターパクトのブライアリ論の概要は以上のとおりであるが、これを本稿の観点から見ると、次のように言うことができる。ラウターパクトは、㈠国家の主権性に個人の主体性を対置して、後者を重視する国際法理論を展開しただけでなく、㈡主権国家の相互関係を私人相互関係のアナロジーで捉えて、国際関係においても国内法と同様の意味における「法の支配」を実現できると主張した点で、少なくとも二重の意味で自由主義的進歩思想の持ち主であった[16]。彼はかかる自由主義的進歩主義の観点からブライアリの業績を解釈し、㈠の側面においてブライアリが進歩的なアプローチを採用していたのに対し、㈡の側面では彼の立場はむしろ保守的であったとし、この後者の側面に関係するブライアリの懐疑論を個々的に批判しつつ、しかしブライアリ国際法学全体の「精神」は前者の進歩的側面にこそ表れていたと理解している。このようなラウターパクトの解釈は、ブライアリの思考の両義的性格を誰にとっても分かりやすい仕方で描き出した点では、今日でもブライアリ研究に挑む者にとって最良の導入となっている。

　他方で、ラウターパクト自身が戦時国際法に関する理論的業績をほとんど遺さなかったこと[17]からも窺われるように、彼の高度の自由主義的視点からはそもそも戦争の法的規制に関する理論的問題にアプローチすることは難

しく[18]、それゆえブライアリの戦時国際法論に隠された思想的含意を正確に読み取ることも困難を極めたと思われる。実際、ラウターパクトは本論でも検討するブライアリのエッセイ「戦争法論」(1940年)に言及しつつ、「第二次世界大戦の経験から彼は戦時国際法の人道化機能に強い疑念を表明したが、しかし直ちに自分の議論の行き過ぎを認めてその重要性を承認した」と述べているが[19]、これはブライアリの議論の方向性を完全に取り違えている。後述するように、このエッセイにおいてブライアリは、交戦国の軍事的必要の考慮を極大化して実質的にはいわゆる戦時非常事由(戦数)論の立場を支持し、さらにはジュネーブ法の理念とされる文民保護の要請に固有の人道的価値があることにさえ疑念を表明するなど、戦時国際法の妥当根拠に関する大胆な懐疑論を展開しているのである。

　最後にテクストの解釈方法について一言すると、ラウターパクトは分析的思考に優れている反面[20]、テクスト上に示される個々の言明の意味を把握するに当たって文脈(コンテクスト)を厳密に確定せず、彼自身の評価的視点を解釈対象全体に直接投影してしまう傾向があったように思われる[21]。一例をあげると、「国際請求における国家の黙示的共謀理論」と題するブライアリの論文は[22]、X国の国民xがY国滞在中に私人yから不法に被った損害の救済についてY国政府が適切な事後措置をとらないケース(広義の裁判拒否)を念頭に置いて、Y国の不作為によってX国自体が被った抽象的損害を概念化しようと試みたものである。この論文においてブライアリは、個人の国際法主体性を否認してxが受けた損害を直ちにX国自体の損害とみなす伝統的損害理論(いわゆる埋没理論)がもはや通用しないことを認めた上で[23]、しかしなおX国の国家的損害をxがyから受けた実質的損害やxの遺族が受けた精神的損害等とは別次元に観念しうると主張して、この抽象的損害についての賠償額算定に当たって責任帰属の伝統法理(国家共謀理論)をいわばリサイクルすべきことを示唆している[24]。ところが、ラウターパクトはこの論文をあたかも埋没理論を批判して個人の国際法主体性を主張する趣旨であったかのように(少なくとも二重に)誤解した上で、好意的に評価しているのである[25]。ここには、ブライアリの意図を、ラウターパクトが彼自身の自由主義的観点から、いわば良心的に曲解した痕跡を見てとることができよう。

3 ランダウアーのブライアリ論とバイアスの不可視化

　1993年に米国で発表された C. ランダウアーのブライアリ研究は、基本的な視座設定においても、方法においても、さらには最終的な評価においても、一世代前に英国で公にされたラウターパクトの研究とは性格を大きく異にしている。先に見たように、ラウターパクトは国際法に関するブライアリの業績全体を争点毎に分解して考察し、基礎理論の進歩性と実践的教義の保守性という観点からブライアリ国際法学の両義性を摘示する。その上で、巧みな弁証法的論理展開によって高次の統一的解釈を与え、ブライアリの学問精神を積極的に汲み取ろうとしていた。これに対してランダウアーは、ラウターパクトのブライアリ論に潜む自己投影的バイアスを指摘した上で[26]、『国際法』(初版) という特定のテクストを主たる分析対象に定め、同書内部に見られる矛盾や非整合を指弾して、ブライアリの両義的思考を徹底的に論難していく。ランダウアーの議論は、以下のように要約できる。

　第一に、『国際法』総論の最重要メッセージは法と現実の緊張関係であり、そこには著者の社会学的な感性が反映されているかに見える。すなわち、ブライアリは社会的現実の複雑性と国際関係における権力作用の不可避性を強調し、例えば伝統的な国家平等観念とその背後にある国家人格論を現実から遊離した「神話」にすぎないとして厳しく批判する[27]。これらのことは、彼が国際社会の現実を見据えつつ国際法体系の批判的再構築に取り組んだ現代的精神の持ち主であったことを読者に予感させる。しかし、『国際法』総論における「国際法の拘束性の基礎」の平面的な説明 (第一章第四節) を、同書公刊と同じく1928年に行われたハーグアカデミー講義『国際法の拘束性の基礎』の慎重な論理展開と比較するとき、入門書というテクストの性格が論述のあり方に影響を及ぼし、ブライアリの議論から繊細さを奪い去っていたことが分かる[28]。総論から各論に移るにつれて『国際法』は叙述を一層簡略化しており、著者が法と現実の鋭い緊張関係を意識しつつ伝統的学説を批判的に検討した痕跡はほとんど見当たらなくなっている[29]。

　第二に、社会学的感性の皮相さは、『国際法』全体に示される歴史観の目的論的性格からも確認することができる。ブライアリが語る国際法の歴史は、

封建世界の瓦解に伴う主権国家並存体制と近代国際法体系の同時生成の説明も、またグロティウスの思想とその位置づけに関する両義的な解釈も、一見したところ複雑性と偶然性を強調するものであるかのような印象を与える。しかしながら、総論部の歴史叙述がその本質において中世的普遍秩序からの「堕落の物語 (story of declension)」であり[30]、他方で最終章の国際連盟論がこの機構に未来への希望を託すという予定調和的構造を備えている点に注目するならば、そして国際連盟をパリ講和会議における複雑な外交交渉の産物と捉えるのではなく、19世紀を通して水面下で蓄積された国際協力の精神の自然な発露と理解していたことを想起するならば、ブライアリの歴史観はロマン主義的な性格を強く帯びていたことが知られるであろう[31]。

　第三に、こうした歴史観に対応して、国際政治に関するブライアリの理解についてもリアリズムの皮相性を指摘できる。ブライアリは「社会あるところ法あり」の格言を信奉し、国際法の発展は国際交流の拡大と相互依存の深化によって宿命づけられていると考えていた。このことは、様々な場面におけるリアリスト的言明にもかかわらず、彼が国際関係における権力作用に固有の論理を見出していなかったことを示している。また、副題に「平時国際法入門」とあるように『国際法』は戦時国際法の全領域を放置しているが、これもブライアリ国際法学における「権力論の欠落」を意味するものと解される[32]。以上を踏まえて、ランダウアーは次のように結論する。理論的には社会現実の複雑性を強調しつつ具体的な制度の叙述においては社会現象や権力作用の分析を捨象したこと、それによって複雑な国際関係といえども比較的単純な規範体系によって容易に規制可能であるかのごとき印象（安心感）を読者に与えたこと、これらのことが『国際法』という入門書の人気の秘訣であった[33]。

　この簡単な要約からも明らかなように、ランダウアーは『国際法』（初版）という特定のテクストを対象として、そこに見られるブライアリの社会学指向の実質を吟味して、また彼の歴史観や政治的文脈理解を検討しつつ、科学主義的革新主義的言説の背後に潜むロマン主義的懐古主義的思考を浮き彫りにしようとする。その過程で、『国際法』の総論と各論の間に十分な理論的一貫性が見出されないことを示唆した点、また『国際法』最終章に位置する

国際連盟論にこの機構を取り巻く政治力学の考察が見られず、同書冒頭の歴史叙述のストーリー性に対応する形で高度の目的論的性格が付与されていることを明らかにした点などは、重要な成果と言える。また、ラウターパクトとの対比で言うと、ブライアリの業績を論点毎に分解して考察するのでなく、まずそれぞれを一個のテクストとして捉えて、それらの相互連関を意識しながら内在的批判を試みるというアプローチを採用しているのは、少なくとも重要な試みと評価しうるであろう。

　しかしランダウアーの研究には、まさにこのような方法論のレベルにおいて幾つかの疑問点があり、そのことに対応して、ブライアリの戦時国際法論に関する理解の仕方にも首肯しがたい点が見受けられる。第一に、ランダウアーは『国際法』を完結したテクストとして扱うべきことを意識するあまり、ブライアリ国際法学の通時的展開のなかに位置づけて立体的な解釈を施す可能性――つまりこのテクスト全体をある段階における思索の到達点を暫定的な枠組みの下で並列的に書き記したものとして理解する可能性――を十分考慮しなかったように思われる。ラウターパクトが示唆していたように、ブライアリ国際法学全体を一個の未完のプロジェクトとして捉えることもできるはずだが、ランダウアーはこのような解釈の可能性も真剣に考慮していない。『国際法』に見られる理論的不整合を「残された課題」として捉えるのではなく、大衆受けを狙った著作一般に見られる学問的低廉性の証左であるかのごとく決めつけ、酷評する結果になったのも、このゆえと思われる。この点は、ブライアリの戦時国際法論を今日研究する上でも、根本的な意味を有する。先に述べたように、ランダウアーは『国際法』が戦時国際法を一切論じていない事実を、戦争という高度の権力現象に著者が無関心であったことを意味するものだと断定して、ブライアリの戦時国際法論を積極的に探究する努力を最初から放棄している。しかし、ブライアリ国際法学を過去進行形のプロジェクトとして捉え、『国際法』をこの観点から解釈することが許されるならば、戦時国際法に関する沈黙という事実についてもまったく違った理解の仕方が可能になるのではないか？

　第二に、ランダウアーはラウターパクトのブライアリ論に自己投影的なバイアスがかかっていることを喝破し、『国際法』の内在的批判を通して新た

なブライアリ解釈を提示しようとしたが、しかし『国際法』以外のブライアリの業績を参照する際にはラウターパクトが直接編集に携わった論文集のテクスト選択に盲目的に依存しており、そこに収められていない論文には一切言及していない。言い換えると、ランダウアーはラウターパクトの思考（＝高度の自由主義的進歩主義）に発するバイアスが、ブライアリ論文集のテクスト選択そのものに与えた影響について、十分自覚的ではなかったように思われる。ここで問題となるのは、戦時国際法に関する理論的問題を正面から論じるブライアリのほとんど唯一の著作であり、それゆえ当然にブライアリの戦時国際法論を理解する上で「鍵」となるべきテクスト——1940年に発表された「戦争法論」と題するエッセイ[34]——がこの論文集に収められていないことである。しかも、ブライアリ研究の観点からは極めて重要な意味を持つことが一見して明らかなこのエッセイを何ゆえ論文集に採録しなかったか、編者は一言も説明していない。それだけに尚更、戦時国際法に関するブライアリの思考を内在的に把握し、学問的に評価するには、このテクストの検討を避けて通ることはできないはずである。ラウターパクトのブライアリ解釈に潜む自己投影的バイアスを指摘したランダウアーが、ブライアリ論文集のテクスト選択について批判を怠ったことは、意図せぬ結果として、ブライアリの戦時国際法論に固有の参照価値を認めえない自由主義的進歩思想のバイアスを継承し、むしろその不可視化を側面支援する効果さえ有したように思われる。

4　課題・構成・限界

　以上のようなブライアリ研究一般の問題状況に鑑みて、本稿は戦時国際法を主題とするブライアリの業績に照準を合わせてその正確な理解を目指すと同時に、ブライアリ国際法学のこの側面に関する歴史的位相と思想的立脚点を明らかにすることを目的とする。具体的な課題と構成は、次のように定められる。

　第Ⅱ節は、第二次世界大戦中にイギリス軍民政局幕僚本部で行われた戦時占領法講義（1943年）の内容を検討し、占領統治に関する法実務的関心の下に行われたこの講義のなかに、ブライアリ自身の政治的且つ理論的な問題関

心が秘かに反映されていたこと、その点から自由主義的思考とは異質の思想的ベクトルをも感知しうること、を指摘する。第Ⅲ節は、戦時国際法に関する総論的テーマ群を扱う「戦争法論」(1940年)を検討し、戦時国際法の妥当根拠を積極的に論究したかに見えるこのエッセイが、実はむしろそれに対する懐疑論を展開したものであったことを確認する。また、ブライアリの懐疑論が絶対平和主義のモーメントと軍事至上主義のモーメントを曖昧な仕方で同居させていたことを指摘し、その背後には第二次世界大戦に関する独自の認識があったと考えられること、この認識が「保守主義的」と形容しうる性格を帯びていたこと、を明らかにする。最後に、第Ⅳ節は1927年の英国国際法年鑑に寄稿された「国際刑事裁判所は必要か？」と題するエッセイを検討し、国際刑事裁判所設立運動へのブライアリの批判が、その根底においてイギリス保守主義の革命批判に受け継がれてきた人間観によって支えられていたことを明らかにする。

　本稿の射程は、少なくとも二つの点で限定されている。第一に、戦時国際法に関するブライアリの業績はそれほど多くはなく、むしろごく少数とさえ言えるが、にもかかわらず本稿はそれらすべてを分析対象とはしていない。まず、ブライアリは中立法について一定の関心を有し、複数の機会に意見を開陳しているが、本稿ではこれらに触れていない。ブライアリは中立制度をいわゆる無差別戦争観と親和的なものと捉え、戦争違法化の進展並びに集団安全保障体制の確立とともにこの制度の存在意義は失われると考えていたが、この見解は伝統的中立制度の本質と理論的基礎についての当時一般に広まっていた誤解に影響された部分が大きく、それらを批判した上でブライアリ独自の要素を抽出するためには独立の論稿を用意する必要がある、と考えたためである[35]。また、ブライアリは戦争犯罪に関する国内裁判所の刑事的管轄権の基礎について短いエッセイを発表しているが[36]、これは戦時国際法論の域を越えて、ブライアリの国際法思想一般に直接関係する問題を含んでいるため、本稿では取り扱わないこととした。

　第二に、本稿ではブライアリ戦時国際法論の内在的理解を最優先し、同時代の他の国際法学者の業績との比較は最小限にとどめた。本来、ブライアリ戦時国際法論の固有の特徴を明らかにするには、このような比較を包括的に

行うことが不可欠である。したがって、ブライアリ戦時国際法論の独自性に関する本稿の判断は暫定的なものにとどまらざるを得ないことを、最初に断っておきたい。ただし、ラウターパクトとランダウアーがそれぞれまったく異なる観点からブライアリの業績にアプローチしつつ、両者ともブライアリの戦時国際法論が有する思想的含意を正確には読み取れなかったとすれば、この分野における彼の思考が決して平凡なものではなかったと推定することは許されよう。以下の論究は、差し当たりこの想定の下で行われる。

II　戦時占領法講義（1943年）の政治的問題関心

　一般には知られていないが、ブライアリは第二次世界大戦中にイギリス軍（恐らく陸軍）の民政局幕僚本部（Civil Affairs Staff Centre）[37]において戦時占領法の講義を行っており、その講義ノートがタイプ原稿の形で遺されている[38]。これは、狭い意味での学問的業績にこそ該当しないものの、ブライアリが戦時国際法についてどの程度の、またいかなる形での知識と関心を有していたかを知る上では、極めて重要な資料である。本節はこの講義を検討し、もっぱら戦時占領に関する実務的関心の下に行われたかに見える講義のなかに、ブライアリ自身の政治的且つ理論的な問題関心が秘かに反映されていたこと、そこに自由主義的思考とは異質の思想的ベクトルを感知しうること、を明らかにする。

　第1項は、まず講義の概要を紹介し、戦時占領に係わる法実務的問題に通暁していたとまでは言えないとしても、ブライアリがそうした問題について決して無関心でなかったことを確認しておきたい。第2項は、特に占領地域住民の地位に関するブライアリの理論をウエストレイク及びオッペンハイムのそれと比較検討し、そこにレジスタンス活動を理論的に正当化しようとする思考が働いていたと考えられること、またこの問題に関係するブライアリの論理構成から自由主義的思考とは異質の思想的ベクトルを感知しうること、を明らかにする。

1 占領法への実務的関心

　ブライアリの戦時占領法講義は二回に分けて行われており、大まかに言ってそれぞれが総論と各論の区別に対応する。すなわち、第一回講義は戦時占領の意味と占領当局の権限の本質を法的観点から説明し、戦時占領法の中核となる根本原則を特定する。第二回講義はこれを受けて、占領当局が特定の権限を行使する際に遵守すべきルール（ハーグ陸戦法規42～56条）を概括的に説明した上で、最後に第二次世界大戦の条件下で生じうる幾つかの特殊な問題に言及している。一回の講義は、Ａ４版タイプ原稿7枚～8枚というノートの分量からして、90分乃至120分をかけて行われたものと推測される。当時の戦局に鑑みるに、講義の目的は戦時占領に関係する法的問題を詳解することではなく、戦争が進むにつれて急遽増員された民政局の新任スタッフ[39]が戦時占領法の全体像と基本的な考え方を速やかに身につけられるように、学習支援することであったと思われる[40]。以下、講義の概要を確認する。

　戦時占領は戦争継続中に一国の軍隊が他国領域に進入し、比較的安定した支配を開始した状況を意味し、戦争の全体過程のなかでは敵国領域への軍事進攻とその完全な併合の中間段階に位置する。この段階が概念的に特定され、戦時国際法の独自の規律事項とみなされるようになったのは、軍事活動の継続が敵国の都市占領に依存する度合いが強まった近代以降のことである[41]。もっとも、具体的にどの時点で単なる進攻状態が占領状態に変化し、後者が武力併合が認められる最終的状態へと変化するかを判断するのは容易でない。交戦当事国は、ときには明らかな無理を犯してでも、自国に都合の良い法的地位を主張する傾向がある。イギリス政府にも、ボーア戦争に際して極端に時期尚早の併合宣言（これが認められればオレンジ共和国側の軍事的抵抗は正規兵によるものであってもすべて単なる反乱罪として処理される―川副注）を行った前科がある[42]。

　占領当局の権限については、まず領域主権の行使は一切認められていないことを確認しておかねばならない。これは戦時占領と武力併合が峻別されることの当然の帰結にすぎない。この通説的見解に対して、特にドイツではいまだに反対説が唱えられているが、後者は戦時占領制度の起源と本質を曲解しており、支持されえない。この問題は一見純粋な理論問題のように思われ

るかもしれないが、占領当局や亡命政府の法的行為を外国政府が評価する必要があるケース（例えば徴発対象たる動産が占領地域外にある場合）や、占領当局によってなされた財産権移転の合法性が戦後に争われるケース等において、実際上も極めて重要になる[43]。

　占領当局の権限の本質は、交戦権のコロラリーとして説明されうる。このことの意味を理解するには、次の点を確認しておかねばならない。戦時占領法の原則は交戦法一般の基本原則と同一である。すなわち、交戦法規は戦争を口実として軍事的に見て不必要な害悪が敵国の兵士や市民、財産等に加えられることの抑止を旨とするが、一方交戦国の軍隊が他方交戦国の領域内に進攻し、後者の軍事的抵抗を排除して占領統治を開始した時点で、当該地域における対敵活動の軍事的必要性には自然大幅な制約がかかってくる。他方、戦時占領の開始は完全な領域併合の達成を意味せず、占領地域住民は占領当局を敵視しているのが通常である。戦時占領法は、かかる状況下で軍事的必要性の観点から占領当局が行ってよい行為とそうでない行為の区別を具体化するルール体系にほかならない。このことから、占領当局が現地住民に対して出す法令や指令は、ちょうど一定海域に関する封鎖宣言が敵船や中立船に対してそれに従う法的義務を創設しないのと同じように、通常の意味における「法」としての効果を有しない。住民が法令に反した場合、占領当局は彼（女）に対して一定の仕方で圧力を加えることが認められるが、これらは交戦権に基づく対敵活動の延長と理解されるべきものであって、領域主権に基づく法執行として認められるものではない[44]。

　戦時占領法の最も明確な法源は、ハーグ陸戦規則第42条から第56条の諸規定である。しかしながら、これらの規定は戦時占領に関する問題を網羅的に扱ったものではないし、また規定内容に一切疑問のないほど完全なものでもない。したがって、いわゆる「マルテンス条項」の精神に従い、これらの規定を運用するに当たっても上述の一般原則に照らして解釈し、明示的規定がない部分は誠実にこれを補完する必要が生じる[45]。

　以上がブライアリの戦時占領法講義のいわば総論部分の要旨であり、分量的には第一回講義の3分の2までに当たる。第一回講義の残りの部分並びに第二回講義では、法令の発布とその適用、徴税、徴発、課役など、占領当局

による権限行使の具体的局面に即してハーグ陸戦規則の内容解説と問題点の指摘が行われ、最後に①一度敵国に占領された同盟国領域の解放（再占領）の法的評価、②停戦合意後に行われた占領の性質、③講和条約発効後にまで継続する占領の性質といった、第二次世界大戦の状況下で生じうる特殊問題が扱われる。例えば、ブライアリは占領当局による徴発、課役等から住民の利益を保護するための陸戦規則上の制約要因を解説した上で、現金による即時補償の提供という極めて重要な制約が、第49条及び51条の定める「取立金 (contribution)」の制度によって実質的に骨抜きにされていることを指摘する[46]。また、一度敵国によって占領された同盟国領域の解放（再占領）については、当該同盟国との特別の合意がない限り、解放軍に対しても占領法上の地位が自動的に認められるとの見解を示している[47]。

このように、ブライアリの戦時占領法講義の後半部分には、この法分野の学説史研究に際しても参照価値のある議論が含まれており、ブライアリが戦時国際法の適用に係わる実務的問題に一定程度の関心を有していたこと、遅くとも第二次世界大戦の終盤までに戦時占領法についての最低限度の専門的知識を獲得していたこと、を示している。他方、この講義をさらに詳しく分析すると、現行法の制度を客観的かつ簡潔に解説するという講義本来の目的を超えて、ブライアリ自身の政治的な問題関心が秘かに反映されていた可能性に気づく。次に項を改めて、この点を明らかにしたい。

2 政治的問題関心と思想的ベクトル

上述のように、ブライアリは、占領当局の権限は領域主権（統治権）ではなく、交戦権のコロラリーとして捉えられるべきだとし、占領統治を交戦権に基づく対敵活動の特殊な仕方での継続と理解した上で、占領地域住民には当局の定める法令や指示に従う義務がない、と断定している。この点をもう少し敷衍すると、ブライアリによれば、占領当局が定める法令や指示は、その名称に反して、通常の意味での「法」としての効果を持たず、ちょうど一定海域に関する封鎖宣言が敵船や中立船に対してそれに従う法的義務を創設しないのと同じように、住民にとっては単なる事実的な圧力行動にすぎない。法的に言うと、占領地域住民には当局の定める法令や指示に従う義務はな

く、それに違背した場合には更なる圧力を受ける危険を冒すというにすぎない[48]。戦時占領に係わる当局の権限と住民の義務に関する以上のような解釈を、ブライアリはW.E. ホール (1835-1894) の学説[49]を引用しつつ、その論理を極端にまで推し進める形で提示している。

ところで、ブライアリはあたかも彼自身の立場が当時の通説的見解と同一であるかのごとく説明しているが[50]、これは少なくともミスリーディングであったと言わねばならない。確かに、戦時占領と領域併合を峻別し、占領当局は領域主権を行使しえないとするところまでは、当時の通説的見解と一致している。また、占領当局の権限を交戦権の一部とするのも、ごく普通の考え方であったと思われる[51]。しかし、占領統治を対敵活動そのものの延長と捉えて、占領地域住民は当局の法令や指令に従う法的義務を負わないとまで主張するのは、むしろ異例であった。イギリス国際法学界だけに限って見ても、例えばL. オッペンハイム (1858-1919) は、ブライアリと同じく占領法自体は交戦法（陸戦法）の一部を成すものと捉えるものの、主権概念中の領有権 (dominium) と統治権 (imperium) を区別する立場から、戦時占領を領有権変動を伴わずに制限的な統治権を獲得した例外状況と捉えて、占領地域の住民は当局が発する軍政法 (martial law) に従う義務があると主張している[52]。また、J. ウエストレイク (1828-1913) も、占領当局が住民に対して発する指令に「法」としての効果があることを否定していない。ウエストレイクによれば、占領地域では本来の政府の統治権が一時的に停止されており、占領当局は当該地域の住民を保護する義務を負う代わりに、そこにおいて一定事項に関する法を制定し、執行する権限を獲得する[53]。占領法の本質については、戦争開始とともに一方交戦国（侵攻国）と他方交戦国（被侵攻国）の間に文民の取り扱いに関する特殊な法関係——彼はこれを「戦時軍民法 (martial law)」と呼ぶ（訳語は川副案）——が成立するとし、戦時占領法はこの特殊法体系のさらに特別な部分を成す、と説明している[54]。

本稿はブライアリ戦時国際法論の内在的理解を目的とし、占領法理論自体を研究するものではないため、実定法学の観点からこれらの学説の優劣を詳細に論じることは差し控えたい[55]。ブライアリの内在的理解にとって重要なのは、彼が通説とは異なる極端な理論的立場を選択した理由、しかも自分

の立場が通説と異なることを明言しなかった理由である。ここで指摘したいのは、特に占領地域住民の地位に着目しつつオッペンハイムやウエストレイクの学説と比較してみたとき、ホールの議論を参照しつつそれを極端化させたブライアリの理論構成のなかに、彼自身の政治的な問題関心と思想的ベクトルが浮かび上がってくることである。

まず政治的問題関心について言うと、ブライアリは第二次世界大戦中にナチス占領地域で広範に見られたいわゆるレジスタンス活動に対して、占領法理論のレベルから援護射撃を与えていた、と解せられる。占領地域の民衆による祖国防衛のための武力蜂起 (levée en masse) が戦時国際法上適法とみなされうるか否か、また彼 (女) らに交戦者資格が認められるための条件は何か、といった問題は、1874年のブリュッセル会議において各国代表の意見が最も鋭く対立した論点であり、第一次ハーグ平和会議 (1898年) でも意見対立が克服されず、結局、陸戦規則にはこれらの問題に関する明示的規定が置かれなかった経緯がある[56]。その際の意見対立は、ごく大雑把に言って、ドイツ、オーストリア等の陸軍大国が占領地域での民衆蜂起 (群集蜂起) の非合法化を提案したのに対して、祖国防衛のために民衆の力を必要とする中小国 (特にスイス) が強く抵抗し、恐らくは戦略的観点から英国が後者の立場を支持するという構図であった。ブライアリが参照しているホールの学説は、このときの中小国の立場を明示的に擁護したものである[57]。ところが、学説レベルではやがて民衆蜂起を違法とする見方が通説化していく[58]。イギリスでも、恐らくボーア戦争の前後からこの考え方が一般化し、1914年当時の陸戦マニュアルは民衆蜂起に参加した者を「戦争犯罪人」と性格規定していた[59]。占領地住民による祖国防衛のためのゲリラ的武力闘争を一律に非合法とみなすのでなく、一定の条件化で交戦者資格を認める見解が有力になったのは、第二次世界大戦後のことである[60]。周知のように、この変化を促したのは、ナチス支配地域におけるレジスタンス活動の出現であり、連合国側は直接間接にこれを支援していた。以上のような流れを念頭に置きつつ、占領当局の権限と占領地域住民の地位に関するブライアリの理論を見ると、占領統治を対敵活動の延長とみなし、占領地域住民には占領指令に従う法的義務はないと断ずる彼の立場が、民衆蜂起の正当性を占領法理論のレベ

ルから基礎づける意味を有していたことが分かるであろう。彼がこの問題を正面から論じなかったのは、民生局幕僚本部での講義において自国の陸戦マニュアルと正面から矛盾する議論を展開するのがはばかられたため、と解される。ブライアリがボーア戦争におけるイギリス政府の時期尚早の併合宣言——これは民衆蜂起のみならず正規兵の抵抗活動すら非合法化してしまう——に批判的に言及し、ボーア戦争時代を代表するウエストレイクやオッペンハイムの学説ではなく、それらを飛び越えて一世代前の論争状況を反映するホールの学説に依拠していた事実は、このような解釈を間接的に裏付けるであろう。

　他方、思想的ベクトルについて見ると、占領当局の権限を交戦権のコロラリーとみなし、占領法を交戦権に対する特殊な制約体系として理解するブライアリの理論は、戦時占領に関係する法的議論から主権概念に係わる一切の問題を消し去った点で、一見したところ、国際法理論から絶対的主権概念を放逐しようとする自由主義的進歩思想の問題関心と軌を一にするもののように思われるであろう。ブライアリ自身が、占領法の理論から「主権というミステリアスなものの複雑さ」を排除することを重視し、軍事的必要性の考慮に基づく交戦権への制約という観点からシンプルな占領法概念を代替的に提唱した事実は[61]、このことを裏付けるものと思われるかもしれない。しかし、上に見たウエストレイクやオッペンハイムの論理構成と比較すると、ブライアリの戦時占領理論は、占領統治を「統治」の状態ではなくむしろ「戦争」の状態に引き付けて理解し、占領当局への制約要因を軍事的必要性の考慮のみに還元してしまう点では、自由主義的進歩思想の問題関心とはむしろ対照的な立場に与するものであったと思われる。

　もっとも、戦時国際法論に関するブライアリの思想的立脚点を、本節で検討した占領法講義のみから読み解くのは容易でない。第Ⅲ節及び第Ⅳ節では、この問題に別の角度からアプローチすることにしたい。

Ⅲ　戦争法論（1940年）の戦争認識

第Ⅱ節は、ブライアリがイギリス軍民政局で行った戦時占領法講義を検討し、もっぱら実務的観点からなされたかに見えるこの講義のなかに、レジスタンス活動の占領法理論レベルにおける正当化という彼自身の問題関心が秘かに反映されていたこと、またその理論構成から戦時国際法に関するブライアリの思想的ベクトルもある程度まで感知されうること、を明らかにした。もっとも、戦時国際法についてのブライアリの主たる問題関心はそもそも実務的な次元にあったのではなく、19世紀末の法典化運動のなかで「戦争の人道化」にかけられた過大の期待を理論的次元において批判し、国際法（学）における戦時国際法の位置づけを見直すこと、端的に言えばその位置づけを相対的に低下させることに向けられていた、と解せられる。以下第Ⅲ節では、このような意図が最も鮮明に示されているエッセイ「戦争法論」の検討を通じて、ブライアリ戦時国際法論の歴史的位相と思想的立脚点の解明を試みる。

1　戦時国際法懐疑論

　ブライアリが戦時国際法の妥当根拠に疑念を抱き、「戦争の人道化」にかけられた過大の期待を批判的に見ていたことは、既に戦間期の著作からもある程度まで読み取ることができる。例えば「イギリスにおける国際法」と題する小稿（1935年）は、英国国内判例が国際法の生成・発展・明確化に対してどの程度寄与したかを批判的に論ずるものであるが[62]、ブライアリはそのなかで第一次世界大戦中に英国捕獲審判所が扱った戦時復仇の事案[63]に触れて、次のように述べている。「恐らく真の答えは、海戦における復仇の問題には満足のいく法的解決など存在しないというものである。むしろ、この点には戦闘行為の規制手段としての法の限界 (the vanishing point of law as a means of regulating the conduct of war) が露呈されていると言えよう[64]。」また、この小稿とほぼ同じ頃に書かれたJ.M. スペート『空軍力と交戦権』（第二版、1933年）の書評[65]には、上述のようなブライアリの意図がより鮮明に表れている。すなわち、スペートは同書において、空軍力の法的規制の成否に文明全体の未来がかかっていると警鐘を鳴らしつつ、しかしこれに成功したならばわれわれは戦争遂行に伴う流血を最小化して「国際紛争処理のための外科医的技術 (almost bloodless surgery of forcible international adjustment)」を手に入れることが

できるだろうとの楽観的な見通しをも語ったが、ブライアリは空戦法規の実効性確保手段に関するスペートの議論にはそれほど説得力がないと批判し、次のような疑問形で論を閉じている。「どのような空戦法を提唱してもそれ自体では未来の文明を守ることはできないこと、また人類を悲劇から救うために必要なのは戦争制度全体への批判であって、それに満たないものでは代替できないこと、これらのことをわれわれは認めるべきではなかろうか?」

しかしながら、「戦争の人道化」に対する過度の期待を批判し、国際法学における戦時国際法の位置づけを相対的に低下させようとするブライアリの意図が最も明確に表れているのは、第二次世界大戦勃発後 (1940年) に公表された「戦争法論」と題するエッセイである[66]。このエッセイは、もしブライアリが『国際法』を補完する戦時国際法入門書を執筆したとすればその総論部分に組み込まれたであろう重要テーマを扱っており、まず戦時国際法の歴史を大雑把に展望し[67]、次に戦時国際法の法源と19世紀後半に始まる法典化運動の成果と限界に言及したのち、最後に戦時国際法の妥当根拠を検討するという三章構成 (ただし、テクスト自体は章や節に分けられていない) になっている。この第三章に当たる部分は、戦時国際法に対する二つの懐疑論——「戦争の人道化」を達成する最も効果的な方途はあらゆる手段を用いて戦争を早期に終結させることであるとする軍事至上主義者の議論と、戦争の法的規制は実現不可能な試みであって真に重要なのは永遠平和の秩序を確立することであると唱える絶対平和主義者の議論——を紹介し[68]、その両者を批判しつつ戦時国際法の存在意義を明らかにするという構造になっており、卒然と読むと、戦時国際法の妥当根拠に関する積極的な議論が展開されているかのように見える。実際、ここでブライアリは、戦争とは暴力的闘争の特殊な組織的遂行形態であり、単なる騒擾や一揆とは本質的に異なると述べ、戦争概念自体のなかに「法」の萌芽的観念が埋め込まれているとまで述べている[69]。

ところが、そのすぐ後に続く議論を立ち入って検討してみると、そこで述べられているのは、戦時国際法が「法の権威」を纏うことから生じる一般的な行動規制力 (power of the mere prestige of law to act as a restraining influence) の指摘にほぼ尽きている[70]。戦時国際法の諸制度がいかなる政治的社会的基盤

に支持されているかの分析も、戦時国際法の諸原理がいかなる思想によって裏づけられるかについての考察も、一切なされていない。他方で、彼は次のように述べ、戦争の法的規制の可能性について極めて低い見積りを提示している。"Nothing can alter the inexorable fact that the limits of an effective law of war are set by the nature of war itself, and that they are narrow. War has only one object and it is always the same: victory. Nothing but a State's determination to make its will prevail at all costs over the will of its opponent can make war worth while; if States are prepared to compromise on that issue, there will be no war…[71]" 要するに、戦争という圧倒的現実のなかには法の妥当基盤をほとんど見出しえないというのである。

この認識から出発して、ブライアリは次のように議論を展開していく。(1)ハーグ陸戦条約前文に謳われてあるように、戦時国際法のすべての規範は交戦国の軍事的必要に関する留保を内在させている。(2)しかも、軍事的必要性の観点から許容される戦争の法的規制の射程は、単にごく狭い範囲に限定されざるをえないだけでなく、軍事技術やその他の戦争条件が大きく変化したときにはそれに伴って変動することを免れない。(3)この点で、今日最も深刻な問題になっているのは、文民の地位である。戦時国際法が伝統的に戦闘員と文民の峻別を要請し、結果として文民の生命やその他の利益に対して特別の保護を付与してきたのは、従前の戦争条件の下では軍事的に見て彼（女）らに危害を加えることの意味が乏しかったからであり、この点で特に人道の要請が強かったからではない——突き詰めて考えると、兵士を殺害するのと民間人を殺害するのを比較して、後者の方がより非人道的であるとは言い切れないはずである (for it is not after all more inhumane to kill a civilian than it is to kill a soldier)。「総力戦」と呼ばれる今日の戦争実態は、この点で戦争の基本条件に大きな変化があったことを含意しており、戦闘員と文民の峻別を前提とする伝統的制度の見直しが要請されている。また、もし従来の原則をそのまま維持するならば、その実効性は到底期待しえないであろう[72]。以上のように、ブライアリは戦時国際法の妥当根拠を積極的に論究するかに見せて、むしろその限界を強調したのち、最後にフィッシャー・ウィリアムズの警句を引用して論を結んでいる[73]。「国際法学の役割はその時間的資源の半分を極度に

血生臭く野蛮な決闘——しかも観客と闘士がほとんど渾然一体となった決闘——の審判に費やすことではない。」

ここまでの検討から、ブライアリが戦時国際法の妥当根拠について懐疑的であり、国際法学という知的実践の内部におけるこの法分野の地位を低下させようとしていたことは、十分明らかとなったであろう。しかし、ブライアリ自身が指摘していたように、戦時国際法についての懐疑論は特定の思想的立場と直結するものではない。「戦争の人道化」を達成する最も効果的な方途はあらゆる手段を用いて戦争を早期に終結させることであるとする軍事至上主義者の立場からも、戦争の法的規制は実現不可能な試みであって真に重要なのは永遠平和の秩序を確立することであると唱える絶対平和主義者の立場からも、論理的な矛盾を犯すことなく、戦時国際法懐疑論を展開することができる。そこで、次に戦時国際法（交戦法）の基礎を成す軍事的必要と人道の要請の均衡という観点から、ブライアリの戦時国際法懐疑論の論拠を分析することにしたい。

2 平和主義と軍事主義の同居

戦時国際法（とりわけ交戦法）の制度は、戦争遂行に関する交戦国の軍事的必要と、戦争被害の極小化を求める人道的要請との、均衡の上に成り立つものと捉えうる[74]。前項で触れた軍事至上主義者と絶対平和主義者の論理をこの観点から図式化すると、前者は軍事的必要の意味を極大化して人道の要請をこれへと還元してしまうのに対し、後者は人道の要請を無限の彼方に置くことによって結果的に軍事的必要を唯一の現実にしてしまうという仕方で、それぞれ戦時国際法の基礎にある二要素の均衡を軍事的必要の側へと極端に傾斜させてしまうもの、と言うことができるだろう。一般化すると、戦時国際法懐疑論は、何がしかの論理によってこの法分野を基礎付ける二要素の均衡を軍事的必要の側に大きく傾斜させてしまうものと考えられる。

ブライアリの戦時国際法懐疑論をこの角度から捉え直してみると、絶対平和主義的なモーメントと軍事至上主義的なモーメントが、未整理のまま並置されていることに気づく。前者は、スペイト『空軍力と交戦権』の書評にある反語形の結語や、「戦争法論」末尾におけるフィッシャー・ウィリアムズ

の引用など、議論全体の締めくくりにあたる部分に最もよく表れている。そのために、卒然と読むとブライアリは人道の理念を強く支持しつつも「戦争の人道化」を不可能事と諦めて、平和の確立こそが重要かつ急務であることを主張しているように見えるのである。しかしながら、「戦争法論」にはブライアリの思考の軍事主義的傾向を示していると見える箇所もある。特に注目されるのは、第一に、一般にはこの時代のドイツ国際法学に固有の軍事主義的理論とみなされ、少なくともイギリスには有力な支持者がいないと言われていた「戦数 (Kriegsräison)」の理論をブライアリが実質的に支持していることであり、第二に、戦時国際法の根本原則である戦闘員と文民の峻別に疑義を表明するのみならず、ジュネーブ法の理念たる文民保護の要請に固有の人道的価値があることを彼が真正面から否認している点である[75]。つまり、ブライアリの戦時国際法懐疑論は、結論部分を見ると絶対平和主義的な言説が目に付く反面、その中核部分はむしろ軍事主義的な論理が占めているように見えるのである。

　ところで、ブライアリが戦数の理論を実質的に支持しているという点については、もう少し立ち入った検討が必要であろう。戦数 (戦時非常事由とも訳される) は、19世紀末から戦間期にかけて主にドイツで盛んに議論されたテーマであり、典型的には刑法上の緊急事態の概念を類推して、一定の状況におかれた交戦国に戦時国際法上の義務からの逸脱を認めようとする考え方である。すなわち、戦争中に国家存亡の危機が生じた場合、もしくは戦争目的達成に重大な障害が生じた場合に、交戦国は戦時国際法のルールによって禁止される手段に訴えてでも危機を回避することが認められるべきである、との主張である[76]。このような考え方が、人道の要請に対して軍事的必要の考慮を優先させる傾向を宿していることは、容易に見て取ることができるだろう。

　この戦数の理論に対しては、(ア)国家は戦争に訴えた時点でその存亡を賭しているのであり、当然一種の緊急状態に置かれるのであって、戦時国際法のルール自体が既にかかる状態の存在を前提として適用されている以上、重ねて緊急状態のアナロジーを適用するのは無理があること、また(イ)ハーグ陸戦条約前文にあるように戦時国際法の規範はそれぞれ交戦国の軍事的必要を考

慮に入れて設定されているのであるから、単なる戦争遂行上の困難を理由にそこから逸脱を認めるのは一層不合理であること、などが指摘され、少なくともイギリスでは当初から戦数否認論が通説であったと言われている[77]。もちろん、戦数否認の立場を採る論者といえども、戦争遂行に関する交戦国の軍事的必要を完全に無視しているわけではない。軍事的必要の考慮に基づく戦時国際法規範からの逸脱は、個々の規則において明示的に認められているケースのみに限定せられるべきであり、そうした明文の規定を欠く場合には、軍事的必要を理由とする逸脱が認められない絶対的義務を定めたものと解すべし、というのである。

先に見たように、ブライアリは、戦時国際法のすべての規範は軍事的必要に関する留保を内在させており、かつ何が軍事的に見て必要かの判断は状況に依存するとし、特に戦闘員と文民の峻別を前提とする文民保護の要請について、現代的戦争（＝総力戦）の条件下では軍事的必要と合致せず、規範内容の見直しが求められている、と主張する。しかも、ブライアリはこの主張を補強するために、文民保護の要請に固有の人道的価値があることを正面から否定していた。このようなブライアリの考え方が、軍事的必要を理由とする戦時国際法上の義務からの逸脱を明文規定の存在する場合のみに極限しようとする戦数否認説の立場からはかけ離れたものであり、交戦国の戦争遂行上の必要を最大限尊重し、戦争現実を基準として戦時国際法規範の方を操作しようとする点でむしろ戦数の理論と親和的であることは、もはや多言を要しないであろう[78]。

3　第二次世界大戦の保守主義的認識

ブライアリの戦時国際法懐疑論が、平和主義的であると同時に軍事主義的にも見えるということは、彼が自分自身の思想的立場を十分体系的に展開できていなかったことを意味すると同時に、彼の思考がこれら在りきたりの思想に直接依存するものではなく、何か別の思想的立脚点を有していた可能性を暗示している。この点、「戦争法論」のテクストから直接論証するのは困難であるが、ブライアリが第二次世界大戦について「保守主義的」と形容しうる認識を有していたこと、この認識が彼の戦時国際法懐疑論の軍事主義的

と見える側面に影響していたと考えられること、を指摘しておきたい。

　第一に、ブライアリは現代的戦争（＝総力戦）が圧倒的多数の民衆の支持によらなければ実行されえないことを認識し、何がドイツ国民を戦争に向かわせるかと自問して、第二次世界大戦の根本原因はドイツ国民に植え付けられた対英恐怖心にあるとの結論に至っていた。彼によれば、恐怖心はあらゆる人間感情のなかで最も原始的かつ非理性的なものであり、民衆はいったんそれにとりつかれたならば、冷静な判断ができなくなってしまう。ブライアリが1939年8月号のオクスフォード国際情勢小論シリーズに寄稿した「包囲網（Encirclement）[79]」と題する論文は、ナチス政権が戦争準備の一環としてドイツ国民に対英恐怖心を植え付けようとしていること、しかもこの策謀は成功する可能性が高いことを、同胞たるイギリス国民に対して警告する目的で執筆されたものである。ナチスがプロパガンダの一部として使用した概念のうち、「生存圏（Lebensraum）」がドイツ領域拡大の正当化に重要な役割を果たしたことは周知のとおりであり、ブライアリもまたこれを人口統計学等の観点から批判している[80]。しかし、彼が最も危険視していたのはこれと密接に関係する別の概念、すなわち「包囲政策（Einkreisungspolitik）」の概念であり、後者に対する応答にこそ彼の思考の独自性が表れている。ブライアリによれば、包囲政策の概念は国民の心性に対して「国家の窒息死」という恐ろしいイメージを喚起する力があり、いったんそれに取り憑かれた人々はイメージが現実に適合するか否かを冷静に吟味することを後回しにして、ともかくいかにそれに対処すべきかを考え始めてしまう。この概念は、第一次世界大戦前にドイツ宰相ビューローが世論の批判に抗して対英建艦政策を正当化する目的で捏造したものであったが、やがてドイツ国民の間で自動的に再生産されるようになり、第一次大戦中には対英戦争を正当化する上で決定的な役割を果たした。戦争が終わった後もその影響力は途絶せず、戦争責任論並びにヴェルサイユ条約批判の文脈で頻繁に参照されつづけ、独英両国民の相互理解を妨げる分厚い言説障壁を成していた。ナチス政権はこうして歪められたドイツ国民の歴史認識、対英認識に便乗する形で、英仏がポーランドと結成した同盟を新たな包囲政策の発動にほかならないと宣伝し、ドイツ国民を再び戦争へと駆り立てていたのである[81]。なお、一般には、この年の9月にド

イツがポーランドに侵攻し、それに応じてポーランドの同盟国たるイギリスとフランスが対独宣戦布告を行った（但しチェンバレン英首相はまだ融和の可能性を探っていた）ことにより、ヨーロッパ方面での第二次世界大戦の幕が切って落された、と言われる[82]。

　包囲政策概念の起源と伝播に関するブライアリの説明を包括的に検討する作業は、別の機会に譲らざるをえない。ここで指摘しておきたいのは、ブライアリがドイツ国民について「無辜の民」というイメージをまったく抱いていなかったこと、むしろ時の権力者にいいように操作される彼（女）らの無知と無批判が恐怖心を生み出すものであり、この恐怖心こそ第一次世界大戦と第二次世界大戦の共通の根本原因だと考えていた点である[83]。しかも、このような民衆への醒めた視線を彼はドイツ国民に対してのみ向けていたわけではない。本稿の射程を越えるためここでは詳論しえないが、民衆(people)が必ずしも理性的な存在ではなく、むしろ過度に利己的で非理性的な存在であるとの見方は、彼の国際法思想の根底にまで及んでいる[84]。総力戦を民衆の積極的支持を受けた国家事業とみなし、この状況における文民保護要請に固有の人道的価値を認めないブライアリの思考は、少なくとも部分的には民衆一般に対するこの突き放した見方に由来していたと思われる。

　但し、ブライアリ国際法学において民衆への警戒感はいわば通奏低音を成すにすぎず、主旋律はあくまで指導者への批判、つまり政策や思想に対する批判のレベルで展開されていたことを、併せて確認しておかねばならない。しかも、ブライアリの場合、民衆に対する警戒はより広く人間一般が有する危険な傾向、すなわち情念に囚われて容易に批判的理性を見失う傾向への警戒の一面を成すものにすぎず（この点は第IV節で論じる）、エリートと一般大衆(mass)のカテゴリカルな区別を意図したものではなかったと解される。むしろ、エリートと大衆の距離が失われて渾然一体となった群集状況 (multitude)の出現をこそ、彼は警戒していたものと思われる。このことは、ブライアリがドイツの問題状況を分析する際に厳密な階層概念を使用しなかったという消極的事実のみからでなく、第一次世界大戦前のドイツにおける包囲網言説の起源と伝播を論じるなかで、この虚偽概念に取り憑かれてプロパガンダ再生産に寄与した集団に、政治家、ジャーナリスト、大学教授、さらには著名

な軍人までを広範に含めていることからも確認しうる(85)。情念に囚われて理性を見失う傾向については、エリートと大衆の間で絶対的な差異があるわけではない。むしろエリートと大衆が熱狂や陶酔に支配されて一体化した状況（群集化）において、情念の暴力性が最大限に発揮される。

民衆の群集化傾向に対するこうした警戒感を差し当たり「保守主義的」と形容することには、問題はないであろう。ここでは、イギリス保守思想の父と評されるエドマンド・バークがフランス革命における貴族階級と聖職者身分の破壊を批判する文脈で、学問と教育 (learning) の条件について述べた次の一節を引用するにとどめたい。「貴族階級と聖職者身分は、一方が知的営為により、他方はそれへの庇護によって、兵乱と混乱のさなか統治体が確立される以前の萌芽期［初期中世のこと―川副注］にあって、学芸を保存してきた。（中略）学問はこの自然な保護者と案内人を失った途端に、低俗な大衆の足元で泥土の中に踏みにじられることになるだろう(86)。」ここには、革命によって現出された群集状況のなかで学問的理性が危機に瀕しているとの診断が、極めて明確に述べられている。

第二に、第二次世界大戦の中核を成していたのは日独伊のいわゆるファシズム陣営と米英ソ中等の連合国軍 (United Nations) の戦いであり、その初期段階において決定的な意味を有したのはイギリスとドイツの戦いであったが、ブライアリはイギリスの対独戦争を「民主主義のための戦い」や「自由のための戦い」と性格規定するのでなく、むしろ端的に「法のための戦い」と捉えていたと思われる。このことを最もよく表しているのは、第二次世界大戦末期、1944年に公刊された小著『国際法のための展望』に見られる次の一節である。「もし彼の計画が誰にも妨げられず実現していたならば、ヒトラーはヨーロッパにある種の秩序をもたらすことはできたであろう。しかし、その秩序に法を与えることは、彼には決してできなかった。実際、ヒトラーはドイツ［政治的に混乱していたヴァイマール共和国―川副注］に秩序をもたらしたが、しかしそうする過程でドイツ法から、真の法にはなくてはならないかの独立性を奪い去ったのだった(87)。」つまり、もしヒトラーが勝利していれば、ヨーロッパに真の意味で「法」と呼びうるものは存在しなくなっていた、とブライアリは言うのである(88)。

これをブライアリの戦時国際法懐疑論に引き付けて理解すると、ブライアリは第二次世界大戦を特定の国々にとっての存亡の危機と捉えていただけでなく、国際法をも含む「法」一般にとって存亡の危機と捉えていたと言うことができよう。そうだとすれば、ブライアリが戦時国際法における軍事的必要の考慮を極大視し、実質的に戦数の理論を支持したのは、単にいずれか一国の存亡の危機を理由としたものではなく、イギリスの存亡が国際法の存亡に重なっているとの状況認識によるものだったのではあるまいか？　さらに、このブライアリの認識をバークの革命批判と重ね合わせてみると、イギリスがドイツとの戦争に勝利することを国際法全体にとっての絶対的要請とするブライアリの思考は、ちょうどバークがフランス革命戦争におけるイギリスの勝利にヨーロッパ文明全体の運命が託されていると考えたのと同じ構造を有していたことが分かるであろう。

　以上の考察が十分説得的であるとすると、ブライアリが展開した戦時国際法懐疑論のうち、軍事至上主義的な論理に依拠したかに見える箇所は、第二次世界大戦の保守主義的認識によって影響されていた、と結論することができるだろう。第一に、ブライアリが文民保護の要請に固有の人道的価値があることを否認した背後には、総力戦を民衆の積極的支持を受けた国家事業とみなすと同時に、民衆の無知と無批判を突き放して見る――しかし単純なエリート主義にも還元されない――保守主義的な視線があった。第二に、戦時国際法の軍事的要請の考慮を極大化し、実質的に戦数概念を支持したブライアリの思考は、第二次世界大戦がイギリスにとっての非常事態であるだけでなく、同時の国際法そのものにとっての非常事態でもあり、イギリスの存亡と国際法の存亡が重なっているとの認識に由来していた。戦時国際法に関するブライアリのこうした思考は、分析的に見れば幾つかの問題点や疑問点を含むにしても、国際法体系全体の存立にとって第二次世界大戦の帰趨が有した意味をイギリス保守主義の視角から照射してみせた点で、また総力戦状況において戦時国際法体系の妥当性が――単に実効性の意味で事実上限定されるだけでなく規範的妥当の意味においても――制約されるべき理由をやはりイギリス保守主義の立場から示唆した点で、国際法学史上において特異な位置を占めるように思われる。

IV 国際刑事裁判所不要論(1927年)の人間観

　第Ⅲ節は、ブライアリが第二次世界大戦中に公表したエッセイ「戦争法論」を検討し、彼が戦時国際法の妥当根拠についてある種の懐疑論を展開していたこと、第二次世界大戦について「保守主義的」と形容しうる認識を有しており、この認識が彼の懐疑論に影響していたと考えられること、を明らかにした。本節は、保守的思考の影響がブライアリの戦時国際法論の根底部分に及んでいたことを明らかにするために、1927年の英国国際法年鑑に掲載された「国際刑事裁判所は必要か？」と題するエッセイを検討し、その論理の最も深い部分にある保守主義的人間観に降り立つことを試みる。国際刑事裁判所制度は、戦時国際法の一部門を成すものではないが、「戦争の法的規制」を追求し、「戦争の人道化」を企図する現代国際法の展開のなかで、中核的な位置づけを与えられている[89]。それだけに、国際刑事裁判所についてのブライアリの懐疑論がいかなる思想的立脚点に基づくかを検討することは、前節の結論を再検証する恰好の機会となりえよう。

　もっとも、ブライアリが国際刑事裁判所不要論を唱えたことは、当然戦間期当時の文脈に即して評価されるべきものであり、現代国際法の観点を直接的に投影することは避けねばならない。他方、ブライアリの議論には当時の文脈を離れて、今日でも直接的な参照価値——国際刑事裁判所反対派にとっては積極的な意味で、推進派にとっては批判すべき対象として——を有する部分も含まれている。そこで、以下ではまず当時の文脈を大雑把に再構成し(第1項)、それを踏まえつつブライアリの議論の要旨を確認した上で(第2項)、その妥当性を批判的に検討し、最後に深層にある人間観を探るという段取りを踏むことにしたい(第3項)。

1　戦間期の国際刑事裁判所設立運動

　1919年6月に締結されたヴェルサイユ講和条約の第227条は、前ドイツ皇帝ウィルヘルム二世を「国際道義及び条約の神聖な権威に対する最高の犯罪」の咎で訴追すると宣言し、この目的のために英米仏伊日が指名する5名の裁

判官から成る特別法廷を設置する旨を規定する。近代史上初めて国家指導者個人を国際法廷で裁くことを謳ったこの規定は、第二次世界大戦後のニュルンベルク裁判や東京裁判へと繋がる重要な歴史的先例とみなされている反面で、第一次世界大戦以前の国際法において戦争そのものが明確に禁止されていなかった事実に鑑みて、時期尚早の試みであったとも評されている[90]。実際、ウィルヘルム二世の亡命先であるオランダ政府の強硬な反対と、英国など一部の主要連合国政府の消極姿勢ゆえに、前ドイツ皇帝の訴追は実現されずに終わっている。他方、ヴェルサイユ条約第228条には、戦時中に戦争慣例違反の行為を犯したドイツ軍人の連合国側への身柄引き渡しを求める規定が置かれた。この規定は、連合国の国内軍事法廷における裁判を予定したもので、国際刑事裁判所の設立を念頭に置いたものではない。しかし、伝統的には自国国内での軍事裁判を除いて、偶然戦争中に敵国の捕虜となった場合にのみ、かつ原則として戦争終結前に限って問責可能とされていた戦争慣例違反行為について[91]、戦時平時二元論の思考枠組みを明確に打破して戦争終結後にも裁判を実施しうるという考え方を一般化させた点で、この規定もまた国際刑事裁判所設立運動の展開にとって無視し得ない歴史的意味を有していたと言えよう。但し、ドイツ政府の強い抵抗のために、結局ドイツ軍人の連合国側への引き渡しも実現されず、それに替えてドイツ国内でごく形式的な裁判が行われたにとどまった（ライプニッツ裁判）。

次に国際連盟の動きを見ると、1920年に開催された第一回連盟総会は、法律家諮問委員会からPCIJ規程草案の付属文書として提出された国際刑事裁判所設立提案を議題として取り上げ、審議を行っている。しかし、加盟国代表の反応は芳しくなく、国際犯罪の範疇と管轄権の国際的配分が明確でない段階では刑事問題は従来どおり国内裁判所で扱うのが適当であること、もし特段の必要があればPCIJに刑事裁判部を設置するという仕方で臨時に対応できること、いずれにしてもこの問題の審議は時期尚早であることなどを理由に、同案に反対する者が多数であった[92]。結局、第一回連盟総会は、当面は国際刑事裁判所設立案を議題として取り上げないという消極的な決議を採択するにとどまり、その後連盟の場でこの問題が審議されることはなかった。

このように、第一次世界大戦後の国際刑事裁判所設立運動は、国家実行のレベルではほとんど見るべき成果を上げることなく終わっている。しかしながら、運動の母体であった国際法学界に目を移すと、連盟諸国の消極的態度にもかかわらずこの問題は広範な関心を呼び続け、国際法協会 (ILA) では毎年のように国際刑事裁判所規程草案が討議されていた。特に1926年のウィーン大会は、出席者の圧倒的多数の賛成によって H.H.L. ベロの手に成る草案を採択している[93]。ブライアリが「国際刑事裁判所は必要か？」と題するエッセイ[94]を発表したのは、直接的にはこの1926年 ILA 草案を批判するためである。

ところで、戦間期に提出された「国際刑事裁判所」設立案には、①もっぱら侵略戦争を行った国の政治的指導者の処罰を念頭に置いたもの、②戦争慣例の重大な違反行為を犯した軍人について交戦当事国の裁判権を補完する国際法廷を設置しようとしたもの、③刑事事件一般について国際的な最上級裁判所を設置することを予定したもの、④それらすべてを一個の国際裁判所の管轄事項に含めようとするものなど、「国際犯罪」概念の流動性と未成熟に対応して実に様々な種類があった[95]。第二次世界大戦を経て国際刑事裁判所の扱うべき犯罪類型について大方の見方が集約されていったのは、第一義的には、ナチス・ドイツによる侵略戦争とホロコーストの衝撃によるものであったと言って間違いないだろう[96]。そこで、以下本節で「国際刑事裁判所」と言う場合には、差し当たり②の類型のみを指すこととする。ブライアリが批判したのは、基本的にはこの類型の国際刑事裁判所設立案だったからである。

2　国際刑事裁判所不要論の論拠

ブライアリが国際刑事裁判所設立運動を批判したのは、当時の国際社会の政治的条件と国際法規範の発展状況を前提とする限り、かかる裁判所の成立は必ずしも国際法の進歩を意味するものとは言えず、むしろ国際平和にとって危険な副作用さえ持つ恐れがあると考えたためである。もっとも、彼は戦時国際法違反行為への対処に関する既存の制度に何ら問題がない、と考えていたわけではない。既存の制度には正当化しがたい重大な欠点があることを

認めていたにもかかわらず、国際刑事裁判所設立運動に賛成せず、むしろそうした運動のもたらす帰結に警戒感を抱いたのである。

　ブライアリによれば、戦争法違反を犯した者の法的処分に関する既存の制度には不完全な点があるばかりか、むしろ不正義を助長してしまう危険な要素さえ含まれている。すなわち、現行法によれば戦争法違反行為を犯した者を処分するのは第一義的には彼(女)自身の国籍国であるが、常識的に考えてこの場合には適切な処分が行われることは期待できない[97]。他方、かかる行為を犯した者が敵国の捕虜となった場合には実効的な裁判が行われうるが、捕虜になるか否かは偶然の要素であり、戦争法違反に対する制裁の確実性はまったく期待できないことになる。また、戦争当事国が行う裁判には常に大きなバイアスがかかる恐れがあるが、このような危険性は事後的に「勝者の裁き」が行われる場合に最大化するものと考えられる。いずれの場合にも、既存の制度に深刻な欠陥があることは否定できない[98]。

　しかし、だからと言って国際刑事裁判所の設立が問題解決に繋がるとは限らない、とブライアリは主張する。以下、彼の議論の要点のみを列記する。

　(ア) 国際刑事裁判制度は戦争当事国双方の国民によって一種の復讐感情の満足に使われる恐れがある反面、戦争慣例違反に問われる軍人の心理を考慮すると、将来に向けての抑止的効果はほとんど期待しえない。例えば、祖国が危機にあると感じ、戦争に勝つために敢えて戦争慣例に反する行動をとった者(「高貴な戦争犯罪者」)にとっては、最終的に国際法廷で裁かれることは正義の受難の一幕を成すにすぎず、彼(女)にとっての愛国的義務の遂行を何ら躊躇わせるものではないと思われる。これに対して、戦争の残虐さに精神を侵されたいわば通常の戦争犯罪者にとっては将来の処罰はさしたる関心を呼ばず、またいずれにしても隠遁して訴追を免れうる可能性が高いため、結局のところ抑止効果を期待することはできない[99]。

　(イ) 戦争終了後に戦争慣例違反の問責を継続することは、交戦当事国双方に残る敵対感情をいたずらに刺激し、ようやく達成されたばかりの平和の確立にとってむしろマイナスに作用する恐れがある。「兵士たちが戦いに疲れ、平和条約締結を祝って握手を交わそうとしたまさにその瞬間に、法律家が乗り込んできて非難と反論のバトルを始める」ことへのG.バウアー卿の疑念

には、もっともな面があると言える(100)。

(ウ) 戦争終結直後の国民感情の高ぶりを考えるとき、戦勝の興奮と戦敗の失意のなかでそれぞれの国民にとって戦友であり英雄でもある容疑者の引き渡しが円滑に実施されうるとは考えにくい。国際刑事裁判所設立協定に加盟した国であっても、世論の状況次第では、政府が引き渡しの義務を常に履行できるとは限らない。その場合には、制度への失望の蔓延という、制度の欠如以上に困難な状況が待ち構えているかもしれない(101)。

(エ) 実定法の技術的問題に限ってみても、国際刑事裁判所の設立は必ずしも「国際法の進歩」に結びつくとは限らない。裁判所を設立しても、いわば器だけあって中身がない状態であっては意味がないし、むしろ危険ですらある。この点、国際連盟の法律家諮問委員会は、まず国際刑事裁判所を設立してしまい、その上で裁判所自体が取り扱う犯罪の内容と処罰の程度を決定すればよいと勧告していた。他方、ILA が採択したベロの国際刑事裁判所規程案は、裁判所は現行の戦争法規を適用すると規定している。しかしながら、伝統的な戦争法のルールは国際法廷における適用を予定したものではなく、裁定規範としての精緻さを著しく欠いている。また、第一次世界大戦における戦争技術の急速な変化と総力戦状況の出現によって、伝統的な戦争法は根本的な見直しが必要であることが強く意識されるに至った。こうした点を考慮にいれるならば、上記いずれの案も結果的に国際刑事裁判所に過大の裁量権を与えるものであり、現実的に考えて到底諸国政府が容認しうるものではないし、法技術的に見ても妥当な構想であるとは言えない(102)。

3 保守主義的人間観

国際刑事裁判所設立運動に対するブライアリの批判は、個別的に検討してみると、必ずしも説得的ではない部分がある。例えば上記(ア)の点、すなわち抑止効果の有無は程度問題にすぎないと言いうるし、またブライアリの考え方はあまりに近視眼的であるように思われる。国際刑事裁判所のごとき高度の公共性を備えた制度の社会的な影響は、行為者の決断場面に対する直接の抑止効果よりも、むしろ人々の思考のあり方に間接的に作用する教育効果によって測定されるべきであろう。そして、このような教育効果をも考慮に入

れた場合、ブライアリが(イ)及び(ウ)の点で述べている事柄は、国際刑事裁判所の制度が広範な信頼を勝ちうるまでに克服されなければならない過渡的問題として捉えうるものであり、裁判所設立に対する無条件の反論にはなりえないように思われる。言い換えれば、(イ)や(ウ)で指摘されている事柄は、国際刑事裁判所制度が広範な信頼を獲得した後には、それほど深刻な問題にはならないものと考えられる。

　他方、(エ)の批判はそれ自体としては妥当と思われるが、その前提としてブライアリが述べている点には疑問が残る。すなわち、国際刑事裁判所設立に先立って戦争法の見直しと法典化を行うべきであるとする意見について、ブライアリは単に第一次世界大戦後に行われたこの種の試みが軒並み失敗に終わったことを指摘し、当面かかる試みは成果を生みそうもないことを暗に示唆するだけでなく、政治指導者や国際法学者が戦争法規の整備に関心を向けること自体に対して、それは次の戦争の準備をするに等しく平時国際法への関心を相対的に弱めることに繋がると述べて、苦言を呈している。しかし、交戦規則や中立規則の法典化が常に軍事的意味を帯びることは疑いえないとしても、戦争法の法典化が持つ意味をそれだけに還元するのはやはり不適切であろう。また、戦争法の法典化作業に取り組むことが平時国際法への関心を相対的に弱めてしまうのは事実としても、分業の観点からこのことをいかに評価すべきかは、別個慎重な検討を要する問題である。

　しかしながら、ブライアリの内在的理解にとって重要なのは個々の批判の適否ではなく、ブライアリがかかる批判を展開したこと自体の意味であろう。この点、上記(エ)の批判からは、ブライアリが国際刑事裁判所設立の是非という問題を実体法たる戦争法規の発展状況如何によって左右されるものとして捉えていたこと、より一般的な言い方をすれば、裁判という判断手続の正当性を自足的なものとみなすのではなく、適用法規の実質的妥当性を含むその他の法的諸条件から影響を受けるものと捉えていたこと、を読み取ることができる。さらに上記(ア)～(ウ)の批判は、ブライアリが国際刑事裁判所設立の是非を戦間期の国際関係を強く規定していた政治的条件に照らして判断していたこと、すなわち、戦後秩序の先行きの不透明性とナショナリズムの猛威ゆえに各国政府の対外的行動の自由が大きく制約されていた時代状況が、国際

法の問題を考えるに当たっても常に彼の念頭にあったこと、を示している。

　実際、ブライアリにとって戦後秩序の安定性を確保すること、すなわち主要国間での協調維持とナショナリズムの抑制を図ることこそが時代の根本要請であり、戦争中に犯された非人道的行為の処罰を制度的に保障することは、いかにそれが正義の要請に合致していようとも、それ自体としては二次的な重要性しか有していなかったと思われる。しかし、ブライアリの批判の趣旨を、「戦後秩序の安定性確保」と「戦争犯罪の処罰」を天秤にかけて前者が後者に相対的に優先することを指摘したものと単純に解するのでは、まだ正確な理解とは言えないだろう。上記(ア)及び(イ)の点に表れているように、ブライアリは国際刑事裁判所設立運動の背後に正義の要請とは異質の要素が潜んでいること、すなわち「国民」とも「大衆」とも呼ばれる不特定多数の人々のマグマ的な感情の作用があることを鋭敏に感知していた。ブライアリが国際刑事裁判所設立運動を批判した根本的な理由は、このマグマ的な感情の作用に法律家(エリート)が「正義の仮面」をかぶせることへの警戒感ゆえであり、またこのマグマ的感情が国際刑事裁判という法廷劇を通して増幅され、平和の基礎を破壊してしまう事態を懸念していたからであった、と解される。

　　戦争犯罪は、戦争自体に伴ってほとんど不可避的に生起する出来事である。戦争が常にそうであるように、戦争犯罪はときにわれわれを恐れおののかせる。だが結局のところ、戦争自体が引き起こす惨禍の総計と比較して、個々の戦争犯罪は微々たる問題にすぎない。無実の人間が生命や財産を危険に晒されるのは戦争自体の必然的帰結であるが、戦争犯罪人の不可罰以上にわれわれの正義の感覚に反するのは、まさにこの事実である。
　　国際刑事裁判制度によって戦争犯罪を戦争から消し去ることができるという考えは、それどころか少なくとも相当程度に軽減することができるはずだという見解さえも、恐らく幻想であろう。それは、戦争そのものを国際法によって「人道化」できるという考え方とよく似ている。しかし、仮にこの点で私の批判が間違っていたとしても、戦争終結後に戦争犯罪の処断を継続するための国際裁判所は、やはり望ましいものと

は言えないであろう。なぜなら、戦争が終結したときに何より重要なことは、戦争によって刺激された人々の激情をなだめ (to calm the passions which the war has raised)、戦争の再発防止に向けた協調体制を構築することであり、それと抵触するいかなる目標も、これに対抗できるほどの重要性を持ちえないからである[103]。

　ここに引用した一文は、ブライアリが人間を理性的存在であると同時に感情的な存在でもあるとみなしていたこと、しかも「理性による情念の克服」について必ずしも楽観的な見通しを有していなかったこと、要するにブライアリがイギリス保守主義の革命批判――バークにとってフランス革命は「自由と平等」の追求を建前としながら群集の欲望と暴力的衝動を開放し、これに「理性の絶対性」という非理性的言説を上塗りして出来あがった前代未聞の事件であった――に受け継がれてきた人間観(「理性の不完全性」)[104]に与していたこと、を示している。

V　結びに代えて

　本稿は、戦間期から戦後初期にかけてイギリスを代表する国際法学者の一人として活躍していたJ.L. ブライアリの業績のうち、特に戦時国際法に関係するものに焦点を絞って内容の正確な理解を目指すと同時に、その歴史的位相と思想的立脚点を明らかにすることを狙いとしていた。そこで、以下では本論における研究成果を踏まえつつ、戦間期国際法学におけるブライアリの位置づけについて若干の見通しを提示し、将来の戦時国際法(武力紛争法／国際人道法)理論研究並びに国際法学史研究の課題を幾つか示唆することで、本稿の結びに代えたい。
　ブライアリ戦時国際法論の思想的立脚点について本稿が明らかにせんとしたのは、この分野における彼の思考が自由主義的進歩主義とは異質のベクトルによって基底されていたこと、すなわちE. バークのフランス革命批判を基点とするイギリス保守思想の系譜に連なるものと解されること、であった。

この解釈は、ブライアリが展開した戦時国際法懐疑論の背後にある戦争認識と、国際刑事裁判所不要論の深層にある人間観を、それぞれバークの革命批判の論理を参照しつつ、かつ歴史的文脈に即して分析することを通じて得られたものである。ここから直ちに指摘しうるのは、今日「戦争の法的規制」の理論的基礎を改めて検討する場合、ブライアリの思考を発展的に継承するにせよ、それを批判的に克服するにせよ、第二次世界大戦という歴史現象についての理解を掘り下げる——不幸な例外現象として規範的に否認することで済まされるのか？——ことと並んで、人間精神にとって戦争現象が有する意味を（社会構造と戦争類型の対応に即して）理論的に問い詰めていくことが不可欠になる、という点である。

　他方、ブライアリ戦時国際法論がイギリス保守思想の系譜に連なるという理解については、そもそもイギリス保守思想とはいかなる思想なのかという根本問題に加えて、もしブライアリに対する保守思想の影響が戦争認識のみならず人間観のレベルにまで及んでいるとの指摘が正しいとすれば、それは戦時国際法論の境界を越えて、ブライアリ国際法学全般を基礎付けるものとして理解されるべきではないかとの当然の疑問が提起されよう。本稿は、これらの問題への回答を先送りしなければならない点で極めて不完全な研究である。そのことを認めた上で、ここで敢えて飛躍を犯してブライアリ国際法学をイギリス保守思想の観点から再解釈する可能性と意義について一言するならば、そうした研究は、一方でブライアリ国際法理論に見られる多元主義的思考について、「資本主義社会の高度化に即応する自由主義国際法理論の再構成」という一般的な理解とは大きく異なる捉え方を可能にすると同時に、他方では「戦争の全体化」を海商国家イギリスに帰責し、戦争抑制のためには失われた「大地のノモス」を再建するほかないとするC.シュミットとも異なる立場から[105]、しかしなお反自由主義的な観点を維持しつつ国際法理論構築を企図した人物としてブライアリを理解することを可能にするように思われる。もちろん、これは漠とした見通しにすぎず、現時点では試論とさえ呼べるものではない。しかしながら、こうした解釈の可能性を探究することは、もはや使い古された感のある、それ自体が半ば伝統となりつつある国際法思想の分析枠組み——「実証主義か自然法論か」「現実主義か理想主義か」

――を無批判に使い続けるよりも、少なくともブライアリ研究に関する限り、可能性に富んでいると思われる[106]。

〔注〕

(1) Chichele Professor の地位は、初代ベルナール（Montague Bernard: 1820-1882）から、ホランド（T.E. Holland: 1835-1926）、リチャーズ（H.E. Richards: 1861-1922）と継承され、ブライアリは四代目に当たる。彼の代までは国際法と外交論の双方を共に教えることになっていたが、次のウォルドックからは国際法専門教授となった。

(2) *The Law of Nations: An Introduction to the International Law of Peace* (6th ed., Waldock, C.H.M. (ed.), 1963). ［以下、注でブライアリの著作を引用する際は著者名を省略する。］『国際法』は、A5版200頁～300頁程度のコンパクトな入門書であったにもかかわらず、初版公刊直後から名著としての評判を確立し、やがて日独を含む数カ国語に翻訳された。ウォルドックによる第6版は、ブライアリの基本思想と流麗な文体を最大限受け継ぎつつ国際法制度の叙述の質を高めたものとして、一般に極めて高く評価されている。

(3) *The Basis of Obligation in International Law and Other Papers* (Lauterpacht, H. & Waldock, C.H.M. (eds.), 1958). ［以下 BO として引用する。本稿で BO に収録されている各論文を参照する場合、煩雑さを避けるために、また読者の便宜を考慮して、注では初出版ではなく BO のページ番号のみを示すこととする。］

(4) Lauterpacht, H., "Brierly's Contribution to International Law," *BYIL*, Vol.32 (1955); reprinted in BO, p. xv ff.

(5) Landauer, C., "J.L. Brierly and the Modernazation of International Law," *Vanderbilt JTL*, Vol.25 (1993), p. 881 ff.

(6) 例えば、Suganami, H., *The Domestic Analogy and World Order Proposals* (1989) は、ブライアリの戦後秩序構想における国内類推思考のパタンを国際連盟「失敗」の影響を踏まえて分析し、E.H. カーらと一定の共通性が見られることを指摘している（H. スガナミ（臼杵英一訳）『国際社会論：国内類推と世界秩序構想』1994年）。また、坂元茂樹『条約法の理論と実際』（東信堂、2004年）は「強制による条約の無効」（第六章）を論じるなかで条約法法典化作業に関する ILC 初代特別報告員であったブライアリの議論を紹介し、その思想的背景にも論及している。

(7) 山本草二『国際刑事法』（三省堂、1991年）は、戦間期における国際刑事裁判所設立の動きを論評するなかで、本稿第Ⅲ節でも検討するブライアリの国際刑事裁判所不要論を簡単に検討している（102頁）。

(8) ランドウアーが本文で述べたような『国際法』の批判的再解釈を試みた背景には、1980年代以降のアメリカ法学界を揺るがせたいわゆる批判法学運動の影響があったと解される。批判法学運動の国際法学に対するインパクト（及びその限界）については、酒井啓亘「批判法学の国際法ディスクール―現代国際法の「近代性」への挑戦とその

意義—」『世界法年報』22号 (2002年)、107頁以下を参照。
(9) Lauterpacht, "Brierly's Contribution" in BO, pp. xv-xxxvi.
(10) *Ibid.*, p. xv.
(11) *Ibid.*, pp. xvi-xxiii.
(12) *Ibid.*, p. xxiv.
(13) *Ibid.*, pp. xxv-xxvii.
(14) *Ibid.*, pp. xxx-xxxi.
(15) *Ibid.*, p. xxxv.
(16) ラウターパクト国際法学の基礎が本文に述べた意味での自由主義的進歩思想にあることを端的に示しているのは、Lauhterpacht, H., *Private Law Sources and Analogies in International Law* (1927) であろう。
(17) 但し、ラウターパクトはオッペンハイム『国際法』の編者として、第2巻の戦時国際法論についても第5版から第7版までの校訂作業に当たっており、その総論部分の書き換えからラウターパクト自身の戦時国際法理論をある程度は読み取ることができる。また、ラウターパクト自身の手になる戦時国際法関連の重要な論文として、Lauterpacht, H., "The Limits of the Operation of the Law of War," *BYIL,* Vol.30 (1953), p. 206 ff. などがある。
(18) 戦争が、公的集団の存続のために個々人に死を要求する論理を前提とする限り、そこには本来的に反自由主義的契機が潜んでいる。
(19) Lauterpacht, "Brierly's Contribution" in BO, p. xxxv.
(20) ラウターパクトのこの側面については、小森光夫「ハーシュ・ラウターパクトの残したもの—国際法の存在判断における意思と理由の文脈から—」『世界法年報』第20号 (2000年)、107頁以下を参照。
(21) もっとも、この傾向はラウターパクトだけに当てはまるものではないし、ラウターパクトのテクスト解釈方法は当時の一般的水準に比すればむしろ厳格であったと思われる。ただ、彼自身の自由主義的価値観と矛盾する対象について好意的評価を下そうとするあまり、あるいは彼自身の信奉する国際法発展の方向性を歴史的に根拠付けようとするあまり、幾つかのテクスト理解において短絡を犯してしまったように思われる。
(22) "The Theory of Implied State Complicity in International Claims," *BYIL,* Vol.9 (1928); reprinted in BO, p. 152 ff.
(23) *Ibid.*, p. 158.
(24) *Ibid.*, p. 159.
(25) Lauterpacht, "Brierly's Contribution" in BO, p. xxix.
(26) Landauer, C., "J.L. Brierly and the Modernization of International Law," *Vanderbilt JTL,* Vol.25 (1993), p. 885.
(27) *Ibid.*, pp. 886-887.

⑱　*Ibid.*, p. 897.
⑲　*Ibid.*, p. 899.
⑳　*Ibid.*, p. 906-908.
㉛　*Ibid.*, p. 908-909.
㉜　*Ibid.*, p. 916.
㉝　*Ibid.*, p. 917.
㉞　"The Laws of War", in Fisher , H.A.L. *et al.* (eds.), *The Background and Issues of the War* (1940), p.119 ff.
㉟　ブライアリの中立法論は、例えば *The Outlook for International Law* (1944), p. 23 ff. 伝統的中立制度の本質と基礎、これらの点に関する誤解の一般化については、和仁健太郎「伝統的中立制度の成立―18世紀末〜20世紀初頭における中立―」『国際関係研究』第24号 (2005年)、30頁以下。
㊱　"The Nature of War Crimes Jurisdiction," ii (no. 3) *The Norseman* (1944); reprinted in BO, p. 297 ff.
㊲　民政局 (Civil Affaires Authority) は、一般には陸軍が敵国領土を占領する際に生じる諸々の行政的事項を扱う軍内部の専門組織を意味する。
㊳　"The Law of Military Occupation (1) & (2)," Civil Affairs Staff Centre (CA/5/461-2). なお、1943年8月の日付が打たれている。ブライアリ自身の手になる講義原稿か、録音記録から別人がタイプ原稿を作成したものかは不明。
㊴　1943年7月には、既にイタリアでムッソリーニが失脚してバドリオ政権が成立しており、連合軍のイタリア上陸はもはや時間の問題と考えられていた。
㊵　さらに想像力を働かせると、占領法の詳細については国際法 (ハーグ陸戦規則) に直接依拠するのではなく、民政局が内部的に作成したマニュアルに従って講義された可能性が高い。もしそうだとすると、その解説はブライアリでなく、誰か別の教官が担当したのだろう。ブライアリの講義は、オムニバス形式で行われた連続講義の冒頭 (導入部) に位置していたかもしれない。
㊶　"The Law of Military Occupation (1)," p. 1.
㊷　*Ibid.*, p. 2.
㊸　*Ibid.*, p. 3.
㊹　*Ibid.*, p. 4.
㊺　*Ibid.*, pp. 4-5.
㊻　"The Law of Military Occupation (2)," pp. 3-4.
㊼　*Ibid.*, p. 6.
㊽　"The Law of Military Occupation (1)," p. 4, and "The Law of Military Occupation (2)," p. 1.
㊾　Hall, W.E., *A Treatise on International Law* (8th ed., 1979), p. 558 and pp. 570-571.
㊿　"The Law of Military Occupation (1)," p. 4.
㈠　Cf., Spaight, J.M., *War Rights on Land* (1911), Chapter XI.

⑸2 Oppenheim, L., *International Law: A Treatise, Vol. II, War and Neutrality* (3rd ed., 1921), pp. 236-239.
⑸3 Westlake, J., *International Law, Part II, War* (1907), pp. 85-86.
⑸4 *Ibid.*, p. 88.
⑸5 1958年に防衛庁陸上幕僚監部監理部が取りまとめた『占領法規概要』は、「占領地域の住民は、占領軍に対し服従すべき義務がある」とし、その理由に関係して複数の理論が提唱されていることを指摘しつつ、「結局、こうした服従義務が生ずるのは、占領軍が住民に対しその命令に服従するよう要求し、かつ、その遵守を強制する権利があるからにほかならない」と記す。但し、この義務の性質については、「本国法規遵守の場合と異なり道徳上の義務に基づいて遵守するものではない」とする。この点についての詳細な検討は、別稿を期することとしたい。
⑸6 Graber, D.A., *The Development of the Law of Belligerent Occupation: 1863-1914* (1949), pp 85-88.
⑸7 Hall, W.E., *A Treatise on International Law* (8th ed., 1979), p. 559.
⑸8 Graber, D.A., *The Development of the Law of Belligerent Occupation: 1863-1914* (1949), p. 90. 但し、このような変化が起きた理由は十分明らかにされておらず、更なる調査が必要と思われる。
⑸9 *Id.*
⑹0 1949年ジュネーブ第三条約の「捕虜」の定義に関する規定（第4条）を参照。
⑹1 "The Law of Military Occupation (1)," p.4.
⑹2 "International Law in England," *LQR*, Vol.51 (No. 201) (1935), p. 24 ff.
⑹3 言及されているのは、レオノラ号事件（The Leonora Case, 1918年）である。この事件では、第一次大戦中に英仏が実施したいわゆる「飢餓封鎖」との関係で、戦時復仇措置によって中立船や中立貨物に派生的損害を与えることが許されるか、が争われた。英国捕獲審判所は中立法上の地位を制限的に理解し、復仇が戦争遂行にとって有効な措置でありかつ派生する損害が合理的と認められる範囲内にとどまっている限り、中立国やその国民はそれを受忍しなければならないと判示した。この判断が正しいとすれば、交戦国が相互に報復的措置を繰り返すような状況において、伝統的に中立国の「権利」であるとされてきた交戦国との交易継続は画餅に帰する。しかし、戦時復仇は交戦国に対して向けられるべきであり、中立貿易を害してはならないと言ってみても、そうしたルールが遵守されるとは考えられない、とブライアリは言う。*Ibid*, p. 27.

なお、英国捕獲審判所の判例の一般的価値について、ブライアリは次のように主張している。捕獲法は英国の国内裁判所において最も頻繁に適用される国際法の制度であり、19世紀を通して重要な解釈が蓄積されてきた分野である。しかし英国捕獲審判所の判例法は、法理上の合理性を備えていたとしても、一国の国家実行以上の価値を有するものではない。封鎖や捕獲のごとき海戦法上の重要問題は各国の国益判断と密接に結びついているため、一国の国内裁判所の判例法理が即時に普遍的承認を獲得で

きる可能性はきわめて低い。しかも、ブライアリによれば、これは法解釈における国家的偏見の対立という制度外在的な問題ではなく、海戦法の発展に関わる要因を裁判所が客観的に説明するのが困難であることに起因する制度内在的な問題である。すなわち、海戦は比較的稀な現象に止まるため、ひとたび海上での作戦行動が始まるや古い海戦法規則の変更がほとんど必然的に問題となる。ところが、このとき新しい戦争の軍事的要請と過去の海戦法の精神とを両立させるのは、どの国の裁判所にとっても容易ではない。

(64) *Id.*

(65) *BYIL*, Vol.15 (1934), p.213. 第一次世界大戦中に急速に進行した航空機の戦力としての実用化は、戦争そのもののあり方を大きく変化させた軍事史上の「革命」の一つであったと言われる。スペートは、この革命的変化が陸戦法にも海戦法にも還元されえない「空戦法」という独自の法領域の確立を必要ならしめたという認識 (Spaight, J.M., *Air Power and War Rights* (1924), Chap. 1 & 2.) を出発点とし、空軍力の活用に際して生じる様々な問題とそれらに適用されるべき法原則を、大戦中の各国の実行に基づいて導出しようとしている。例えば、海上（封鎖区域）ではあらゆる敵国民財産が捕獲の対象となるのに対し、陸上（占領地域）では私有財産は一般に保護されねばならないことを指摘した上で、交戦区域付近を通過する民間航空機の保護に関するルールはいずれの原則の類推解釈によってもうまく構成できないと主張する (p.35)。また、敵地占領を最終的な目標とする陸上戦や海上戦における都市砲撃とは異なり、敵国民全体の士気低下を目的とする航空機爆撃においては、ハーグ陸戦法規における「防御都市」に当たるか否かの区別にかかわりなく、一部の非軍事的目標に対する限定攻撃（例えば商業センターなど非居住建造物に対する夜間攻撃）が認められるべきであると主張する (Chap. 10.)。

(66) "The Laws of War", in Fisher, H.A.L., *et al.* (eds.), *The Background and Issues of the War* (1940), p.119 ff.

(67) 本稿では論証できないが、このエッセイにおける戦時国際法の歴史叙述からも、ランダウアーが指摘した『国際法』の歴史叙述の目的論的性格と同じ傾向を確認しうる。

(68) *Ibid.*, pp.128-129. ブライアリは、軍事至上主義者の立場を第一次世界大戦開始時にドイツ軍参謀総長であったモルトケに、絶対平和主義者の立場を戦間期イギリス理想主義の論客として知られる L. ディキンソンに、それぞれ代表させている。

(69) *Ibid.*, p. 131.

(70) *Ibid.*, pp. 132-133.

(71) *Ibid.*, p. 135.「戦争法の実際的射程が戦争の本質によって画定されること、そしてその範囲がごく限られたものであることは、逃れようのない現実である。戦争の目的は常にただ一つのもの、すなわち勝利することである。国家が何としても敵国を屈服させてその意思を貫徹せんとするからこそ、戦争が実行可能となるのであって、もし諸国に妥協の用意があるならば、そもそも戦争などは起きないであろう。」

⑺2 *Ibid.*, p. 137.
⑺3 *Ibid.*, p. 141.
⑺4 田中忠「武力規制法の基本構造」村瀬信也・奥脇直也・古川照美・田中忠『現代国際法の指標』(有斐閣、1994年)、294頁。なお、今日ではジュネーブ法体系のなかに交戦規制が取り込まれる形で条約化が進んでいることから、少なくとも実定国際法の解釈問題のレベルでは、ブライアリの時代に比して人道の要請の比重が大幅に増したと考えられる。本文で検討するブライアリの議論は、無論、当時の文脈で読まれるべきものである。現代的な解釈問題の構図については、真山全「現代における武力紛争法の諸問題」村瀬信也・真山全編『武力紛争の国際法』(東信堂、2004年)、15-18頁。
⑺5 戦時国際法の伝統的体系のなかに文民保護の原則が含まれていたか否かについては、学説の対立がある(稲角光恵「文民の保護」村瀬・真山編、同上書、537頁)。しかし、戦間期には既に文民保護の必要性が説かれており、1934年に赤十字国際会議で「戦時における一般住民保護条約案」が採択された事実が雄弁に物語るように、文民保護の制度を戦時国際法体系に取り込む試みがなされていた。ブライアリの議論は、このような動きを意識したものであったと解される。
⑺6 戦数論については、田岡良一『国際法Ⅲ(新版)』(有斐閣、1973年)、342-353頁。また、坂元茂樹「武力紛争法の特質とその実効性」村瀬・真山編、同上書、36-40頁。
⑺7 イギリスにおいて最初に詳細な戦数論批判を行ったのはウエストレイクであったと言われている。Westlake, J., *International Law, Part II, War* (1907), pp. 115-117.
⑺8 この文脈で、ブライアリの戦時占領法講義に以下のような一見奇妙な議論が含まれていたことを指摘しておきたい。前節で述べたように、ブライアリは、戦時占領法とは占領当局が行ってよいこととそうでないことの区別を軍事的必要性の観点から細則化したものにほかならないと説明し、この観点からハーグ陸戦規則の関連条項の意味内容と問題点を個別的に解説しているが、その直前の箇所で、同規則全体の暗黙の前提を成す19世紀的戦争観と、一般に「総力戦」と形容される20世紀前半の戦争実態を比較し、両者の間に重大な齟齬が存在することを指摘している。19世紀の戦争は、比較的明瞭で限定された目的物をめぐる戦いであり、このことに対応して平和の回復も、世界秩序の根本条件には直接影響しない部分的な論争の決着によって達成されえた。ところが、今日の戦争は世界観自体をめぐる戦いであり、一方が「新世界秩序」を樹立するか、他方がその実現を阻むか、いずれにしても敵方の無条件全面降伏によらなければ決着されえなくなっている。さらに戦争の社会経済的前提にも、19世紀的戦争と20世紀の総力戦状況の間には大きな違いが存在する。ハーグ陸戦規則の全体系は、敵国の国家組織と市民社会の諸組織が、機能的にも物質(財産)的にも明確に区別しうるという仮定の上に成り立っている。今日ますます顕著になりつつある国家と社会の相互浸透に関わる諸現象について、同規則に具体的な対応策が何も示されていないのは、そのためである("The Law of Military Occupation (1)," p. 5)。
　以上のようなブライアリの指摘が適切か否かは自明でないが、ここではその点に踏

み込まない。ハーグ陸戦規則の前提に19世紀的戦争観なるものがあること、そしてこの戦争観とブライアリの時代の戦争実態の間に重大な齟齬があること、が仮に事実であったとしても、そこから直ちに同規則の基本原則自体が時代遅れのものとなり、妥当性を失ってしまったとの結論は導かれない（そこから言いうるのは、最大限、ハーグ陸戦規則の大幅な見直しが必要であるということまでであろう）。ところが、ブライアリはまさにこのような論理の飛躍を犯している。正確に言うと、彼は飛躍した結論を明示的に述べているわけではないが、しかし奇妙な仕方で読者（受講生）の思考をその方向へと誘導している。すなわち、ブライアリはハーグ陸戦規則の前提にある戦争観と20世紀前半の戦争実態の間に齟齬があることを指摘した後、この故に目下進行中の戦争（第二次世界大戦のこと―川副注）を同規則の枠内で遂行することは容易でない場合がある（"sometimes it makes the warfare of today not easy to reconcile, certainly with the spirit, and even with the letter of the regulations"）と続け、このことを例証する具体的出来事として、あろうことかドイツ占領地域における人種差別法の導入という一見明白に不適切と思われる事例を持ち出してくるのである。

　無論、ここでの問題は人種差別政策それ自体の法的評価ではない。当時の国際法に照らしてドイツ政府が自国領域内でかかる政策を実施することを非合法とは断じ得なかったとしても、占領地域においてドイツ当局が現地法体系にかかる重大な変更を加えることは軍事的必要性の観点からは正当化困難であり、したがってブライアリ自身が特定した戦時占領法の基本原則に照らして端的に違法と評価されえたはずである。だが彼はこの事例をドイツ当局の犯した赤裸々な戦時占領法違反の一つとして見るのではなく、むしろ正反対に理解して、総力戦状況におけるハーグ陸戦規則の適用の困難さを示す出来事として取り上げている。言い換えれば、ブライアリは戦時占領法の基本原則が規範的存在意義を最大限に発揮しえたはずの場面において、この原則を適用して出来事の合法性／違法性を評価することを回避しているのである。この奇妙な議論もまた、ブライアリが戦時国際法の妥当性・実効性を高める方向にではなく、むしろその実際的限界を指摘することに向けて強い関心を抱いていたことの証左とみなしえよう。

(79)　*Encirclement* (Oxford Pamphlets on World Affairs, No.12, 1939).
(80)　*Ibid.*, p. 6.
(81)　*Ibid.*, p. 6-14.
(82)　もっとも、宣戦布告後も英仏はポーランド方面に軍を派遣せず、ドイツがソ連と手を結んでポーランドを屈服させた後も、西ヨーロッパ方面ではまだ和解停戦の可能性すら噂されていた。
(83)　民衆の恐怖心が「世界戦争」の根本原因にあるという見方は、無論それ自体としては何ら新しいものではなく、トゥキュディデスの『戦史』にまで遡るほとんど王道の議論と言ってよい。しかし、この考え方を第二次世界大戦にも当てはめようとした例を、筆者は寡聞にして知らない。

(84) 例えば、"The Basis of Obligation in International Law," in BO, p. 41.
(85) *Encirclement*, p.8.
(86) Burke, E., *Reflections on the Revolution in France* (1790), reprinted in *The Writings and Speeches of Edmund Burke*, Vol. VIII (1989)（中野好之訳『フランス革命についての省察（上）』（岩波文庫、2000年）、145頁）.
(87) *The Outlook for International Law* (1944), p. 74. なお、ここに言う「かの独立性」とは、前後の文脈から、法（＝裁判）の統治権力に対する独立性のことと特定できる。
(88) ブライアリが何をもって「真の法」のメルクマールとしているかは、引用箇所やその前後からだけでは判然としない。ただし、彼が主権者命令説のごとき単純なイメージを抱いていなかったこと、少なくとも統治権力から独立した裁判所の存在が「法」の発展にとって不可欠であると考えていたこと、は確認しうる。
(89) 藤田久一「国際人道秩序の構築と国際刑事裁判所（ICC）の役割」『法律時報』79巻4号（2007年）、4頁。
(90) 大沼保昭『戦争責任序説―「平和に対する罪」の形成過程におけるイデオロギー性と拘束性―』（東京大学出版会、1975年）、57-58頁。
(91) 田中、前掲論文（注74）、318頁。
(92) 山本、前掲書（注7）、99頁。
(93) ILA, *Report of the 34th Conference* (1926), p. 113 ff.
(94) "Do We Need an International Criminal Court," *BYIL*, Vol.8 (1927); reprinted in BO, p. 134 ff.
(95) Cf., Lord Phillimore, "An International Criminal Court and the Resolution of the Committee of Jurists," *BYIL*, Vol.3 (1922), p. 79 ff.
(96) もちろん、第二次世界大戦後のニュルンベルク裁判、東京裁判の経験にもかかわらず、常設国際刑事裁判所を設立する試みはその後直ちに実現したわけではない。1998年のローマ会議において浮上した重要な争点と議論の推移、それらをめぐる評価については、『国際法外交雑誌』98巻5号（1999年）の「国際刑事裁判所」特集に収められた諸論稿をまず参照されたい。ニュルンベルク法廷、極東軍事法廷のほか、旧ユーゴ国際刑事裁判所、ルワンダ国際刑事裁判等における経験（失敗や問題も含めて）の蓄積が有する意味については、多谷千香子『戦争犯罪と法』（岩波書店、2006年）、特に第1章「20世紀の戦争と国際刑事裁判」。
(97) "Do We Need an International Criminal Court," in BO, p. 136. ここに言う「常識」は、むろん戦間期当時のものである。今日の国際刑事裁判所規程は、同裁判所の管轄権行使について補完性の原則を定めているが（第1条及び第17条）、これは武力紛争当事国が自国民の戦争犯罪行為を適切に処罰しうる場合があること、むしろそれが原則であるべきこと、を前提している。
(98) *Id.*
(99) *Ibid.*, p. 137.

⑽　*Id*.
⑾　*Ibid*., p. 138.
⑿　*Ibid*., p. 138-139.
⒀　*Ibid*., p. 140.
⒁　本文で述べた保守主義的人間観については、差し当たり Quinton, A.M., *Politics of Imperfection: The Religious and Secular Traditions of Conservative Thought in England form Hooker to Oakeshott* (1993). バークのフランス革命批判の本質については、犬塚元「エドマンド・バーク、習俗（マナーズ）と政治権力：名声・社会的関係・洗練の政治学」『国家学会雑誌』110巻7・8号（1997年）。
⒂　戦間期国際法学における自由主義的思考とシュミットの対抗関係、並びに進歩的自由主義を代表するラウターパクトとブライアリの対抗関係については、西平等「戦争概念の転換とは何か—20世紀奥州国際法理論家たち戦争と平和の法—」『国際法外交雑誌』104巻4号（2006年）を参照。但し、同論文は反自由主義のモーメントを共有するブライアリとシュミットの関係については論及していない。本稿はこれを論じるための準備作業の一つと位置づけられる。
⒃　もちろん、伝統的分析枠組み自体を正面から再検討する道もある。この点、本稿の研究は、大沼教授が近年進めておられる「国際法における現実主義」研究と、緩やかに連帯するものである。他方、ドイツ公法学における実証主義概念と国際法学におけるそれの偏差に着眼し、反実証主義を標榜するラウターパクトこそがまさに公法学上の「方法的実証主義」の系譜の正統な後継者であることを明らかにした上で、実証主義概念自体の再考を試みた論稿として、Taira Nishi, "Hersch Lauterpacht as a Positivist—Understood in the Context of the Methodological Argument (Methodenstreit)," *Kansai University Review of Law and Politics*, Vol.29 (2008), pp.41 ff. 西平等「実証主義者ラウターパクト」（近刊予定）は上記論文の邦訳版であるが、議論を一層精緻化している。

ダン・オコーネルにおける国際法の基礎理論

長谷川　正国

はじめに

　1979年6月8日、オックスフォード大学国際法教授 (Chichele Professor of International Law and Diplomacy) のダン・オコーネル (Daniel Patrick O'Connell) は54歳の若さで亡くなった。ジェニングスは彼の死を国際法学界にとって悲劇的な損失であったと評した[1]。オコーネルはその早すぎる死までにすでに称賛に値するだけの業績を残していた[2]。彼の業績は国際法の全領域に及ぶのであるが、特に国家承継法と海洋法の分野で世界的権威の名声をほしいままにしていた。オコーネルの死亡当時、『ザ・タイムズ』紙は休刊続きであったために結局は掲載されなかったのであるが、掲載予定であったオコーネルの死亡記事は次のようなものであったという。

　　1972年来オックスフォード大学の国際法教授で勅撰弁護士でもあったD・P・オコーネル教授は1979年6月8日に死亡した。54歳であった。彼の公事と学問の双方への係わり合いは並外れて広範であった。
　　オコーネルは1924年にニュージーランドで生まれた。彼は、オークランドの Sacred Heart College、ついでオークランド大学を卒業した。オークランド大学では歴史学と法律学の学士号を取得した。その後奨学金を得てケンブリッジ大学のトリニティ・カレッジに留学した。そこで、1951年、国家承継に関する研究で博士号を取得した。この論文は1956年に『国家承継法 (The Law of State Succession)』として出版され、広く利用された。1950年代後半から1960年代初期にかけて、彼は、条約の承継

に関連して多数のコモンウェルス新政府に対して助言を与えた。

　1952年から1972年まで、オコーネルは南オーストラリアのアデレード大学においてはじめは法理学および憲法を講じるリーダーとして、後に国際法を講じる教授として教鞭を執った。ニュージーランド、英国およびオーストラリアの市民として、彼は、帝国からコモンウェルスへの移行が王冠の法的分割をどのように伴ったかを真っ先に解明しようとした。しかし、1970年代を通じて彼は旧コモンウェルスの君主国間の法的およびその他の結びつきにいっそう関心を持つようになった。これおよびその他の憲法的な関心は彼をいくつかのオーストラリア州政府への定期的なコンサルタント業務と在野保守党への助言に従事させた。

　オコーネルの2巻本の教科書『国際法 (*International Law*)』は1965年に現れた。この本の第二版は1970年に出版された。死亡時には第三版の準備中であった。この教科書は彼による広範な資料の明快で組織だった理解と切れ味良くしかも迅速に忌憚なく執筆する彼の意欲を証明する。そのネオトミスト的な傾向は突出していない。読者はむしろ仲裁・司法判決の分析に関してコモンローヤーの冴えとドイツ、フランスおよびイタリア文献への真の精通を見る。1960年頃までにオコーネルは海洋法の権威になっていた。これは広範な問題についてのコンサルタントの任務と国際司法裁判所での弁護人の任務につかせることになった。彼はオーストラリア海軍の予備役の中佐となり、航行、船舶操縦術、戦術に関する実践的技術を習得した。オックスフォードに移ってからはイギリス海軍で現代世界における国際法と海軍力の関係についてしばしば講義した。こうして『海軍力に対する法の影響 (*The Influence of Law on Sea Power*)』は1975年に出版された。

　オコーネルの軍事史および外交史に関する正確な知識、彼の法と政治と外交の交差についての関心、バロック時代の芸術、建築、政治哲学および神学に対する彼の洗練された傾倒は、すべて、1968年に出版された伝記『リシュリュウ (*Richelieu*)』に特徴的な表明を見出す。彼は敬虔なカトリック教徒であった。彼はマルタ騎士団の騎士であり、Grade of Grace and Devotion に叙されていた[3]。

上記の記事はオコーネルの主な著書に限ってもとうてい完全な記述とは言えない。たとえば、1965年に出版された国家承継に関する研究の決定版である2巻本の『国内法と国際法における国家承継 (*State Succession in Muncipal Law and International Law*)』への言及がなく、また物理的に不可能であったのであるけれども、没後3年目に出版された「傑作」と評される2巻本の『海の国際法 (*The International Law of the Sea*)』への言及を欠くからである。しかしながら、上記の記述によってわれわれはオコーネルがいかに多才であったかを知ると同時に多分野において高い評価を受ける業績を残したことに驚嘆させられる。また、オコーネルが、コモンロー諸国のみならず、大陸法諸国でも高い評価を受けていたことは、彼がオックスフォードに招かれる少し前にドイツのミュンヘン大学から国際法教授のポストの申し出を受けていた事実からも明白である[4]。

　私事にわたるが、筆者が国際法の研究を志した時に最初に購入した教科書はオコーネルの『国際法』第一版の2巻本であった。また、修士論文のテーマが「条約の承継」であったため、彼の論文を多数読む機会があった。各国の判例および慣行の徹底した研究、また、英米学説に加えての独仏伊の国際法学説の厳密な分析は、彼が真の意味で世界的スケールの学者であることを実感させた。同時に、法および法秩序の継続性に関する彼一流の確信に立脚する承継理論が容易に理解できないことから、その論述の根底にある国際法の基礎理論とその哲学的な背景は何かについて強い関心を抱いた。その関心は持ち続けていたのであるが、2004年にオコーネルが実り多い20年間を過ごしたアデレード大学を訪ねる機会があり、彼が充実させた図書館を見学し、また彼から直接に教えを受けた人達から講義の内容や印象等を伺って、オコーネルの基礎理論を研究することへの意欲を改めて喚起された[5]。

　本稿において、今日の平均寿命を考慮すれば夭折したと表現することが許されるであろう優れた国際法学者を支えた理論的バックボーンは何であったかを明らかにしたい。

I　オコーネルによる古典研究の概要とスアレス評価の要点

　オコーネルが国際法の基礎理論を正面から扱った本格的な論文は存在しない。おそらく将来の課題として残していたのであろう。しかし、彼が発表したいくつかの論文と教科書の一部からその基礎理論を論じることは可能である。注目されるのは、彼が、1950年代の後半から1960年代の前半にかけて古典研究に打ち込んだことである。彼は最初にスアレスの *jus gentium* 理論を研究し[6]、次にそれを国際法の父達の諸学説の中に位置づけるという方法をとった[7]。ここでは、オコーネルに従って、トマスを出発点とする中世法学が国際法の父達においてどのように展開されたかを理解した上で、彼のスアレス解釈へと進みたい。

　オコーネルによれば、現代国際法のすべての理論問題の根底には次の問題があるという。すなわち、規則を法的考察の問題として公式化する法律家は、実践的な行動方針から「選択する」のではなくて、三段論法的では必ずしもないけれども、「正義」と呼ばれるカテゴリーに入る実践的判断の一般原則から法的論理のプロセスに従って推論する。これは法律家にとって正当な試みなのであろうか。あるいは、法律家は、公式化のために規範性を主張する前に、人間的な権威の実際的な介入を待たなければならないのであろうか。言い換えると「理性」か「意思」か[8]。

　「理性」か「意思」かの議論は、神学的な議論として始まった。これにすぐに法的議論と結合されるようになった。この議論には2つの学派がある。1つの学派は、トマス (1225-1274) に従い、事物の本性においてまたは人間的な制度において正義が認識される場合には、正義は法律家がひとえに承認しなければならない行為規則を発すると考慮した。すなわち、自然法は永遠法に参与し、神の本質との究極的な関係によって法としての客観的性質を付与される。人定法はこの自然法を補足し、立法者の意思行為から義務づけの能力を引き出す。しかし、そのようないかなる意思行為も義務のきずなにおいて行為者を自然法に必然的に結びつけない[9]。もう一方の学派は、スコツス

(1265-1308) に由来する。彼は道徳を神の本性にではなく、神の意思に基礎づけた。この結果、自然法は、神的な事物の秩序への参与ではなくて、神の意思によって意欲された人間によって確立される。したがって、行為は本質的に善または悪であるのではなくて、結果的にそうであるにすぎない。この議論は、現代法実証主義を基礎づける議論とさほど異ならない根拠に基づき意思の優越を主張するオッカム (1299-1349) によってさらに発展させられた。オッカムは、存在と価値の不変の世界を、したがって人が知性と感覚の相互作用を通じて事物とそれらの本性の関係を理解するというアリストテレスの理論を拒否することにより、事物の本質に基礎づけられる道徳秩序を否定した[10]。ここで、問題となるのは、「理性」を重視するトマスの法理論 (主知主義) が「意思」を重視するオッカム的な思考 (主意主義) によってどのような修正を受けるか、あるいは変質を遂げるかである。オコーネルはそのような観点から国際法の父達の *jus gentium* 論に注目する。

1 トマスとオッカムの *jus gentium* 論

jus gentium は歴史的にきわめて多義的に使用されてきた[11]。オコーネルによれば、中世初期の学者にとって、*jus gentium* は、ある意味で、国内法の多様なまとまりに共通する、そして自然法原則と国内法の諸規則 (これを表現するために *jus civile* の言葉が用いられるようになったが、それはローマ法上の市民権とのつながりを全く持たなかった) との間を仲介する実際的な指示を表す言葉であった。また、それは、ある意味で、実定法の高度に練り上げられた技術的制度を意味した[12]。トマスの神学大全の *Prima Secundae* は *jus gentium* の前者の側面に重点を置く。その記述は中世法学の枠組であるが、若干用語上の混乱がある。トマスにおける *jus naturale*、*jus gentium*、*jus civile* はそれぞれが成立する判断に従って区別されなければならない。*jus naturale* は人間本性の第1の真理と目的論的に理解されたその目的からの明白な結論から成る。*jus gentium* は、これらの第一原則から引き出される結論から成る。*jus civile* は一般に偶然的事情の一般性に照らした手段の確定から成る (実定法、国内法)。トマスは、*jus naturale* からの2つの導出方法を区別する。すなわち、「原理から結論を導出する方法」と「特定の一般原則を特殊的に確定する方法」

である[13]。オコーネルによれば、*jus gentium* は前者の方法によるとされるが、トマスの挙げる例は後者の方法を示唆する。これは *jus gentium* が推論の異なる段階を架橋することを意味する。しかし、オコーネルは、結論として「*jus gentium* はすべての動物に共通である自然法から区別される」という記述から、トマスにおいて *jus gentium* は自然法のより広範な規則と同等視され、人定的な実定法に含まれないことは明白であると解釈する。したがって、*jus gentium* は、今日われわれが国際法によって理解するものでもなければ、ローマ人が国内法の付属物として理解したものでもないことになる[14]。

　トマスの実在論と異なり、唯名論の立場をとるオッカムにおいて *jus gentium* はどのように位置づけられるのか。彼にとって、自然法は、神の意思からの流出、すなわち神的実定法である。したがって存在の故にではなく、神の命令によって義務づける。彼は、神自身は自然法によって義務づけられないと主張するばかりでなく、自然法の制度は知的に擁護されえないとさえ主張する[15]。これは彼をして自然法と *jus gentium* を同一視させる。オコーネルによれば、この同一視は精神的にオッカムの子であるプーヘンドルフにおいて深い意味を持つ。オッカムの「正しい理性」はプーヘンドルフがそれによって意味したものと同じである。つまり、何らかの方法で明らかにされた神の意思に関する知識であることは明白である。こうして、理性と意思を切断することにより、オッカムは、ある規則が法的に規範的であるためにはそれは神または人間的な権威によって命じられなければならないという見解に影響を与えた[16]。

2　国際法の父達の *jus gentium* 論

　後期スコラ学者は何らかの形でオッカムの影響を受けた。そうした学者のいくつかの流れから国際法の父達の学説が開花する。オコーネルによれば、ルネッサンス初期には法と道徳の関係に関する3つの立場が存在した。(a)ビール (Biel, 1425–1495) は、人はそれが神の意思であるがゆえに神の意思に従って意欲すべきであると主張する。神の意思は道徳法の規範的性質をもっぱら説明する一種の不完全な定言命令である。ここから、グロティウスとプーフェンドルフによって繰り返された法は正しい理性の命令であるという命題

は、分析すると命じる者の意思を確認することであって、その意思に対する固有の制限ではないと判明する。ビールの理論はルター的な、とりわけカルビン的な神学に浸透した。また、それは、グロティウスにある程度の影響を与え、また、プーフェンドルフと彼の信奉者により大きな影響を与えた[17]。(b)ド・カストロ (de Castro, 1495-1558) は、主権者の意思を「正しい意思」と性質づける。これはオースチンの気まぐれな意思ではない。ド・カストロは法は意思であるというオッカム的な見解と行為は目的との関係によって特徴づけられるというトマス的な見解との間の均衡をとるように努める。これは、真の目的それ自体は法を命じないとしても、法は真の目的に一致するときに法であるという仮説的な結論を導く。この理論は理性と意思の間に微妙なバランスを打ち立てるスアレスの出発点であった[18]。(c)カジェタン (Cajetan, 1469-1543) は、法は秩序である、あれこれの関係から成る法秩序は判断行為により確立されるのであって、意思行為により確立されるのではないというトマスの考えをビトリア (1480-1546) につなぐ上で、大きな役割を果たした。ただし、ビトリアはトマスよりもいっそう意思を強調した[19]。

(1) スアレス (1548-1617)

オコーネルによれば、スアレスの *jus gentium* 論はビトリアによって準備された。ビトリアは「インド人ついて」の特別講義で、*jus gentium* は自然的理性がすべての民族間に定めたものであり、また、それは自然法から「十分に」演繹されると述べる。しかし、「十分に」によって何が意味されるかを述べていない[20]。オコーネルによれば、その解答は、『神学大全』の *Secunda Secundae* に関する彼の講義に見出される。ビトリアは、*jus gentium* を諸民族間の共通の合意、つまり意思行為に由来する実定法の性質を持つとする。すなわち、*jus gentium* は自然法からの必須的演繹ではなくて、自然法によって是認される[21]。

jus gentium は今や自然法ではなくて、慣行の結合において現れる意思の合致に基礎づけられる人定的な実定法であり、それが向けられる主体に関してのみ市民法（国内法）と異なる。スアレスはこれをウルピアヌスの定義の否定から始まる一連の弁証的段階を追って論証する。自然法は自然的本能の優位を命じない。これは、人の場合には自然法が自然的本能を保持するために

何かを命じるときには、それは常に合理的手段を必要とするという事実によって証明される。たとえば、母と子の結合のように、自然法は人間には禁じるが、動物には禁じない多くのことが存在する。この場合に、道徳法を述べるために、*jus gentium* を用いる必要はなく、自然法で十分である。また、*jus gentium* を、永遠法の反映である自然法の基本的な原則と対置される複雑な推論によって導出される点でのみ自然法とは異なるひとまとまりの原則と見なすことは適切ではない。そうすることは自由意思により企図された人の慣行に自然法が有する絶対的な道徳的性質を付与することになるであろう。*pacta sunt servanda* の命題のような伝統的に *jus gentium* として述べられてきた制度の多くは自然法から生じる。しかし、それらは人間社会の存在とそれに特有な事情の存在と結合される。たとえば、*pacta sunt servanda* は、いずれも社会的行為である商業取引の存在と約束の現実的な作成を前提とする。したがって、自然法から *jus gentium* の命題へと推論することは人間の自由意思と道徳的便宜の介在に依存するのであって、論理的必然性の問題ではない。また、不変性は客観的必然性から生じるのであるから、*jus gentium* は不変ではないことになる。それは、自然法のようにすべてのものに共通では必ずしもなくて、「通常はほとんどすべてのもの (*regulariter et fere omnibus*)」に共通である[22]。

　jus gentium はこうして自然法と実定法一般との間で中間介在的な地位を占める。それはいかにして国際法に変形されるのであろうか。スアレスは、*jus gentium* は2つの形式をとるとする。それは、個別国家が自国国境内で遵守する類似した一般に受け入れられるひとまとまりの法 (*jus intra gentes*) であり、またそれは諸国家が相互間で遵守すべき法 (*jus inter gentes*) でもある。用語のこの多義的使用にはそれに付着する曖昧さはない。なぜなら、この基本段階において、国際法と国内法の基本概念は同一でなければならないからである。これは、自然法と同じく *jus gentium* が積極的な指示によって行為を命じるばかりでなく（命令的法）、行為を容認し是認しうること（許容的法）を論証することでいっそう明らかになる。たとえば、人は妻を娶ることを義務づけられないが、しかし、もし娶るならば、結果としての地位関係は、同意により自由に生み出されたのであるけれども、婚姻の解消不可能性、援助、

子どもの教育等に関しては自然法によって規律される。同様に、*jus gentium* は特定のことを行いうることを認めるが、しかし、行われた物事の法的性質は行為国の意思に依存しない。国は、*jus gentium* により大使の派遣を義務づけられない。しかし、派遣するならば、外交免除の侵害による信義の違反は、国際関係の安定を脅かし、社会の自然的調和を損なう。条約の場合には約定する権利は取引を侵害しない義務と結合される。*jus gentium* の制度は、それが国際法であれ国内法であれ、この範囲で自然法に固定される[23]。

　法は理性であるか意思であるかの観点から、ビトリアとスアレスはかなり対立的に捉えられる傾向がある[24]。しかし、オコーネルによれば、両者の置かれた時代環境を考慮しなければならない。スアレスにとって、近代主権国家は、宗教改革とルネッサンスおよびそれらの結果から生まれた現実であった。スアレスが誕生する2年前に亡くなったビトリアはカール五世が部分的に実現した普遍的王国で生きた。これに対し、スアレスは、反宗教改革であり、神聖ローマ帝国がスペインとオーストリアに分割され、スペインがオランダの反徒に事実上の承認を与えるよう迫られた時代に属する。こうして、2人は2つの異なる歴史状況をつなぐ両極端に立つ。しかし、その道はスコラ学思考によって十分に定まった道である。両者の相違は国際共同体の増大する世俗化によって表される[25]。

　ビトリアは依然として制度的かつ客観的な用語で *civitas maxima* を考慮した。そのため、そこでは国際共同体の形式および特徴に対する人間意思の影響は最小限化された。これに対し、スアレスは国際共同体の生活パターンの創造と作用に関して含意により個別国家の意思にいっそう多くを認める。彼にとって基本的なのは従来十分に理解されなかった人間共同体と諸国の共同体の区別である。これは、多数の国家を介して組織化された人類の概念に基礎づけられる区別である。国家は完全な共同体の形式である。国家は、その秩序内にいかなる上位者も承認しないのであるから、主権者である。国家がより大きな人間共同体の生活に参加する限りにおいて、主権的意思により生み出されるその独自の活動はその生活パターンを決定する。この意味で *societas gentium* は国家意思に由来するのであって、客観的な人間秩序に由来するのではない[26]。

オコーネルによれば、スアレスのこの現実主義はある程度は彼の社会契約論に由来する。国家はダイナミックな人間本性から道徳的な必然性を持って生まれる道徳的な有機的組織体である。しかし、それがとる具体的な形式は自由な選択と人間的なイニシアチブによって考案される。たとえ歴史的事実ではないとしても、前政治状態から政治状態への移転行為を意味する「契約」は、論理的かつ法的に必然的である。権力は人民からの「移転」によって権威者に付与される。これは宗教戦争の時代において有用なイデオロギーであり、スアレスの手中においてジェームス一世の王権神授説を非難する効果的な武器であった。最高権力は神に由来するものでもなければ、人間の選択によって受け入れられるものでもなく、また実際に行使されるものでもない。主権は事実に従う。したがって、結論は、主権国家の集合体としての国際共同体はキリスト教世界を超えることになる[27]。

上記の論述はボダン、ホッブス、オースチンと適合しうる。しかし、適合はそこまでである。かれらにとって主権は絶対的であるが、スアレスにとって神が絶対的である。国家に適用されるものとしての「完全性」は相対的なものである。現代的な表現をすれば、主権者は指定された法秩序内での究極的権限にすぎない。それは、無答責または義務の欠如と同一視されない。国家は主権的であるが、その同僚国から孤立することはできず、かれらの生命、共通の目的——人類の共通善——つまり人間本性に客観的に基礎づけられる目的を共有しなければならない。かくして、オコーネルによれば、スアレスが国際共同体はその構成員に由来すると示唆するとき、彼はビトリアの*societas gentium*（これは、オコーネルによる *civitas maxima* の誤記と思われる）の理論を拡大したにすぎず、逸脱するのではない。スアレスの理論において斬新で現代的なのは、*jus gentium* を *jus inter gentes* に変形させたことである。この変形が行われるまで、われわれが理解するような国際法は存在しなかった[28]。

(2) グロティウス (1583-1645) とプーフェンドルフ (1632-1694)

スアレスは近代的な国家観念を率直に承認しながらもそれを伝統的なスコラ学的法理論の枠組内で理論づけるべく格闘した。彼の *jus gentium* 論はその努力の所産である。オコーネルはスアレスが理性と意思との間に不安定ながら維持した均衡を高く評価する。しかし、この均衡は、その以後の学者、と

りわけグロティウスとプーフェンドルフによって無視され、崩壊する。オコーネルはトマス的な正統的立場からグロティウスとプーフェンドルフの理論を批判的に分析する。

オコーネルによれば、存在論に弱かったグロティウスの場合、スアレスが達成した理性と意思の間の不安定な均衡は混乱させられた。グロティウスは理性と意思の間の力点をたえず移動させる。何が自然的で何が実定的かの一線は、*jus gentium* と *jus naturale* を区別する問題に関する含意を伴って一貫しない。この曖昧さはおそらくグロティウスの社会契約論に起因する。その理論は彼に客観的な社会秩序に生まれてきた存在としてよりも社会に向かう傾向（社会性）を持つ存在としての人間を想定させる。この区別は重要である。なぜなら、それは、社会性に属する法を自然的な関係における事物の規範的評価に関係する道徳から解放する傾向があるからである。その結果、グロティウスには法と倫理、すなわち理性と意思の間に内部的緊張が存在する。この緊張は簡単には認識されないが、しかし彼の主題構造の分裂に資する傾向がある[29]。

グロティウスによる有名な自然法の定義[30]は、効果的に隠蔽しはするがトマス的な要素とスコツス的な要素を導入することにより、この緊張を具体化する。その著作を通じてさまざまな段階で力点は知性と目的の一致や意思と知性の一致から意思のはたらきへの法の依存に置かれる。ある点で、彼は神によって禁止されまたは命じられる行為に言及する。他の点で、神は自然法を変更する能力を持たないことに言及する。しかし、別の点で、彼は、神の意思ではなくて理性が義務の第一次的根拠であるというバスケスの命題を援用して、有名な一節において、たとえ神が議論から完全に排除されるとしても、人間の理性は援助なしに自然法に到達する能力を有すると主張する。この自然法が、約束は履行され、損失は賠償され、違法行為には刑罰が加えられ、財産は尊重され回復されると提案する「人間知性に一致する社会的行動」に位置づけられるときに、われわれはグロティウスがわれわれを一組の第一原則からプーフェンドルフによる法制度の詳細な演繹へと向かう道、つまりスアレスがバスケスの理論から発展させることができるとすでに気付いていた道に沿って導いていると感じる。グロティウスは自然法に反する主権

者の命令は実行されるべきでないというトマスの主張を繰り返す。この見解は法と客観的秩序との本質的な関係に関する現実主義的な理論を表す。しかし、人は神の命令により社会に参加するのではなくて自己の自由意思により参加すると主張することによりこの関係を否定する。結局、グロティウスの精神はトマス的でありながら、彼の形而上学はスコティシズムに傾くのである。この非一貫性は自然法と実定法の関係に関するグロティウスの理論にとって重要な意味を持つ。自然法は「容易に体系的形式にまとめ上げられる」。しかし、実定法はそうではない。なぜなら、ある場合には理性が公式化を支配し、またある場合には意思がこれを支配するからである[31]。

『戦争と平和の法 (*De Jure Belli ac Pacis*)』は、実際上、推論のプロセスのみによって達せられ、多くの場合に自然法であると言われ、出来事のコレクションがその命題を支持するために集められる限度でのみ実定法的な側面を有する法的諸制度の偉大で実り豊かな解説から成る。以前に存在しなかった法を生み出す意思のはたらきを例証するどころか、それらの出来事は自然法を証明するア・ポステリオリな技術にのみ訴えられる。それはグロティウスによってア・プリオリな方法に代わるものと主張された。彼は「正しい推論」により達成される結論の統一性を証明する典拠を集めたにすぎない。グロティウスが参照し、「自然法」として述べる制度は、スアレスが *jus gentium* に属するものとして、したがって理性により知らされるのではあるが、人間の意思によって考案されたであろうものである[32]。

グロティウスはスコラ学の世界を合理主義の世界から分かつ頂点に危うくも立つ。これは彼の著作における理性と意思の両極性を説明する。「理性の時代」の理論を特徴づけるあらゆる要素が不完全な形で存在する。第一原則と並んで詳細な規則を理解する能力を含む人間理性の自律性は、道徳性を経験にではなく、推論に基礎づけたオッカム的な伝統から生じる。理性と自然はこうして切り離される。それに伴い法と客観的秩序は切り離される。思慮深く遵守される人類の定まった条件ではなくて、孤立した個人が基準になる。出発点は抽象的に公式化された仮説的原則である。そこから推論の流れが生じる。ホッブスにおいてそれは利己欲であり、トマジウスにおいて幸福であり、プーフェンドルフにおいて社会性である[33]。

プーフェンドルフの著作を支配する理性の能力を誇張しつつ法を意思の領域に位置づける不調和は、すでにグロティウスに存在する。それは社会性の理論から生じる。人は自然状態の孤立から逃れるための能力と潜在力を有すると述べられた。こうして、人はもはや経験が明らかにする客観的な関係秩序の特徴としてではなく、神が人にかく行動すべきであると意欲したことでのみ道徳的性質を持つ彼自身が考案した偶然的な計画において個人として認識される。人の中に社会それ自体を形成する人間のこの傾向は自然状態における「社会性」の原則を指し示した。その結果、自然状態から市民社会状態への移行は、ギールケが指摘したように「自然法からの離脱ではなくて、むしろその諸原則の更なる発展と強化としてであった」。実定法はこうして自然法からの発展であった。しかし、この発展は、人間的な行為によって、したがって意思によって達成された[34]。

プーフェンドルフにとって実定法は立法者の意思に完全に由来する。実定法は人間の本性に一致しない。その一致を維持することは必ずしも必要でない。実定法は功利的な価値を有するけれども、それは合理的に構成されない。実定法は「意欲される」という基本的特徴を自然法と共有する。前者における権威は人間であり、後者における権威は神である。この区別の重大な結果は国際法が実定法であることの否定である。というのは、いかなる人間的な上位者も国際法を意欲しなかったからである。国際法はむしろ合理的に展開する自然法である。それゆえ、スアレスがはっきりと焦点を合わせるために格闘し、グロティウスが曖昧にしようとした自然法と国際法の区別は今や完全に解消された[35]。

3 スアレス評価の要点

オコーネルは、スアレスが自然法と *jus gentium* との間に維持しようとした微妙な均衡を高く評価する。両者の間に論理的な直接的つながりは存在しないが、しかし倫理的には密接な結びつきが存在する。スアレスは、その結びつきの解明に、言い換えれば法と道徳の相互作用の問題に知性的な方法で集中的に取り組んでいる。オコーネルによれば、これは国際法の中心課題である。もしスアレスが非の打ち所のない明快さで彼の見解を述べないとするな

らば、それは彼の著作の論理的または言語的な欠陥よりも問題の重要性と捉え難さに帰せられる。彼の批判者は、彼が主権と人間共同体の間に据えた緊張は未解決であり、むしろ振り子のように一方の概念から他方の概念への一貫性のない力点の移動によってのみ解決されると考慮する。それらは、さらに極端な場合には、それぞれの学説的な出発点に従って、国際法文献から「主権」という言葉または *societas gentium* の概念を消滅させるであろう。しかし、スアレスもはっきり認めているように、いずれの表現の廃止も、相互に密接にかつ恒常的に交際する政治的に隔離された諸共同体の存在という、現実的であって意味論的でない問題を解決しないであろう。スアレス理論は、基本的には、法は自律的な制度であって倫理によって評価されようとも論理的にはそれから切り離されるという観念に置かれる。スアレスの現代性はここにある。中世主義者は法を倫理の表明として受け入れ、法と道徳の潜在的な衝突が最小化される社会を構成した。ひとたび衝突が現実化したならば、形式的な統合を継続することは解決を回避するためであって、これを促進することではなかった。これに対してスアレスは法と道徳の交差を否定するのではなくて、それを最も基本的な平面にのみ位置づけ、法の内容の実際的な構成に関して多くを人間の自由意思に残すであろう。あらゆる法制度の基本的仮説、すなわち、最も広い意味で法は不変である。なぜなら、トマスが述べるように自然法の反映は人の心に刻み込まれているからである。しかし、そこで行われる演繹はさまざまな環境的および伝統的な要素によって条件づけられた相対性を持つ。スアレスが現代主権学派と分かれるところは、彼による良心、すなわち共通善を反映する人間理性の所産であり、また法をその実際の作用において形而上学に結びつける義務の道徳的意味の強調である[36]。

II　スアレス理論の現代的展開と現代国際法論批判

　オコーネルの国際法理論はまとまった形で体系的に論じられていない。しかし、われわれはその勝れて自然法学的な学風を彼の教科書『国際法』から読み取ることができる。その理論の根底には明らかにスアレスの影響を窺わ

せるものがある。その端的な表れは同書第1章(国際法の形成)における「法の一般原則と慣習法」の論述であり、同書第2章(国際法と国内法の関係)における「国際法と国内法の性質と両者の関連づけ」に関する論述である。また、われわれは、そうした立場から彼が現代国際法論に対して抱く一種の失望感をいくつかの論文によって明らかにすることができる。その批判的な論述は現代的な国際法論に慣れたわれわれに深刻なものを突き付ける。

1 国際法の基礎理論
(1) 法の一般原則と慣習法

オコーネルによれば、法は共同体における人間の必要と願望から生み出されたものである。その最も基本的な原則は人間本性がその本質において不変であるために同一である。それゆえ、国際法と国内法の間に架橋できない溝はない。双方の制度は「法の一般原則」に基礎づけられる。それらはその規律しようとする人間活動の分野に関してのみ異なる。人間は国によって閉じ込められるのではなくて人類の共同体において生きる。国際法が大体において人間組織の第一次的形式としての国家活動を扱うとしても、それは、依然として人間活動を調和させることを目指す。人類の共通善を支える道徳的義務は国際行動を規律する諸規則に従う義務の起源である[37]。

伝統的に、国際法は慣習法である。というのは、慣習法は国々の良心の所産であって、政治的上位者の意思ではないからである。しかし、人間活動の超国家的な組織化に向けた衝動は政治的共同体の以前の支配者に似た立法当局を生み出しつつある。こうして国際慣習法は立法により補足されつつある。しかし、全体としての人類の歴史的経験がその基盤であること、普遍的に承認された基本法の概念が公式化された諸規則の基礎にあることを想起することは重要である[38]。

われわれがダイナミックな法理論の発展をその出発点までたどるときには、われわれはそれが最も一般化された性質の基本的命題からの派生であることを発見しがちである。たとえば、詐欺、脅迫、窃盗、原状回復等は信義と隣人の尊重という命題の細目的な付随的事例についての展開である。「彼は自己に属しない物を返還しなければならない」という命題は、「人は信義

を守らなければならない」という命題と同じく、それが事実状態に適用されるときにはあらゆる種類の制限と例外を認める。命題それ自体が判断の性質を帯びる。それを具体的状況に適用したりまたはその例外を作り出す規則は意思の性質を帯びる(39)。

　基本的規則とその究極的な結果との間の相違はこうして発見と発明の相違である。つまり、基本的規則は人間の善を熟考してその内容を得る究極的な行動原則から容易に推論される。これに対し、具体的規則は意思の介在を含み、直接的に推論されない。さらに、より基本的な命題に決して固定されないが、しかし共同体を秩序づける有用な手段として受け入れられる多くの実定規則が存在する。実際には、そのような規則が現代国際法規則の大部分である。領海は3カイリかまたは12カイリか、商船を規律する法は旗国法であるか、国は領海を通過する船舶に料金を課すことができるか、といった問題はそれへの「解答」が決して発見できない問題である。したがって、慣習法は、その大部分が実際の慣行、つまり結果としての行動様式が「規範的」である、すなわちそれが「当為性」を有するという了解を伴う意思の一致によって促進された規則から成る。この「当為」は単なる知的工作物ではなくて、共同体生活を維持し発展させるための必要性から生じる現実の義務的衝動である。こうして、もっぱら実定的な規則の是認は、われわれが言及した基本原則が深く植え付けられる基本原理に結局のところ基礎づけられる。この範囲で「法の一般原則」の概念と「慣習法」の概念は不可分である。前者は偶然的な事例に関して具体的規則を生み出し、後者は実際に公式化された規則の一団である。「法の一般原則」は、それが現実の法制度で作用するためには明確化を必要とするが、それにもかかわらず、それら自体が「法」であるために説得力を有する。それらは、スアレスやグロティウスがそれに基づき「諸民族の法 (the law of nations)」の体系を打ち立てることができた基本原則である(40)。

　そこで、問われるのは、この「法の一般原則」が国際司法裁判所規程第38条1項(c)とどのように関連づけられるかである。この点についてオコーネルは南西アフリカ事件における田中裁判官の反対意見の一節を手掛かりにする。すなわち、

（法の一般原則は）主権の制限、第三者判断、自衛権の制限、合意は拘束する、既得権の尊重、隣人への不法侵害に対する責任、信義則等のような一定の法の基本原則に限定されない。「一般」という言葉は「法の一般理論」の場合と同じ意味、つまり法の全分野に共通する意味を持つと解される[41]。

田中判事によれば、人権に関する一般原則は共同体の慣習創造権力に由来するのではなくて、多少漠然とした形式においてではあるがすでに存在する。「これは本質的にローマ法における *jus naturale* である[42]」。「さまざまな国内法に共通要素として現れる」一般原則と「あらゆる種類の人間社会を通じて有効な[43]」一般原則との間には違いがある。

オコーネルは、こうして、法の一般原則には2つのカテゴリーが存在すると考慮する。1つは、その独自の説得力によって各法制度に一般的に共通であり、したがって厳密な意味で *jus gentium* の一部である諸原則と、もう1つは唯一ではないが公正な解決を与えるために類推または他の司法的プロセスによってのみ1もしくは少数の国内法制度から国際法へと拡張される諸原則である。前者の例としては、人は自己の案件において裁判官たりえず、合意は拘束する、特別法は一般法を破る、もう一方の当事者の申立てを聞け、といった命題や、原状回復、既得権、権利の濫用、既判力、証明の論理的規則、二重起訴の異議、がある。後者の例は、時効、地役権、不当利得のより詳細な規則、権原の取得等である。オコーネルは、これら加え、いくらかの国際法自体の一般原則が存在することを指摘する。それらは、国家の継続性、国家の独立、国内法に対する国際法の管轄権上の優位のような諸原則である[44]。

法の一般原則と慣習は密接なつながりを有するのであるが、慣習には2つの基本的要素が存在する。第1は、権限ある国家当局による類似の行動の一般化された反復である。第2は、そのような行為は国際関係を維持し発展させるために法的に必要であるという確信である。前者の要素は単なる慣行であって、それ自体によって法は創造されない。後者は、それに従えば類似の行動パターンを導くという知的確信である。こうして見ると、法は全会一致ではなくて、意思の一般性にのみ依存する。反対の少数派は、積極的にその

創造に参加した諸国と全く同様に拘束される。なぜなら、これらの義務の淵源はすべての法の遵守を基礎づける道徳的必要性にあるからである[45]。

付言すれば、オコーネルは、慣習とは異なり、条約を国際法の法源と見なすことに反対する。条約を国際法の法源として論じることは不正確である。条約は当事者間の契約にすぎない。法律行為としてのその重要性は慣習法規の存在に由来する。条約の有効性とその拘束的な性質は慣習法規によって決定され、またそれに従って解釈される。しかしながら、国際法の形成を議論するに当たって、条約は重要でないわけではない。それらは慣習規則の証拠であるか、または、それへの刺激であろう。これは、ベルグボームに従ってブルンチェリに単なる契約条約と「立法」条約の区別を設けさせた。この区別は不適当である。なぜなら、法を定立するのは決して条約ではなくて、条約を法規として採用するのは慣習であるからである[46]。

(2) 国際法と国内法の性質と両者の関連づけ

国際法と国内法の関係に係わるオコーネル理論を検討する場合に注意しなければならないのは、彼の場合、国家も国際社会も人間共同体として「法の一般原則」に基礎づけられるということである。そのため、両秩序は独自の管轄原則を持って存在しているのではあるが、しかし本質上調和しうる。オコーネルは、国際法優位の一元論と国内法優位の一元論、そして厳格な二元論について言及した後で、独自の理論、すなわち「調和理論 (the theory of harmonization)」を展開する。

この理論に従えば、一元論も二元論も健全なものとして受け入れられない。というのは、それら理論は2つの全く異なる問題に対して単一の理論的前提から推論される解答を与えようとするからである。第1の問題は、国際法は国内法と同じ意味での「法」であるかどうか、つまり両制度は独特な形而上学的現実の調和した表現であるかどうかである。第2の問題は、所与の裁判所はその憲法によって国際法規または国内法規の適用を要求されるのか、あるいは逆に、他方に対して一方に優位を与えるよう授権されているかどうかである。この2つの問題の類似は外見だけである。国際法と国内法が抵触する場合に、国際法に優位を与える管轄権が所与の裁判所に欠如することは、国内法が国際法と同じ基礎的な法的現実からその権限を引き出すか否かの問

題とは無関係である。一部の連邦法制度において、州裁判所は、連邦裁判所が違憲と宣言した州法を適用することを求められるであろう。その場合、参照する規範は異なるが、しかし制度は調和している[47]。

あらゆる法秩序の出発点は彼の同朋との関係で考慮される人間そのものである。これまでしばしば言われてきたように、法は生命である。生命は法である。個人は、もっぱら国際秩序で生きるのではないようにもっぱら国家法秩序で生きるのではない。かれは双方の管轄権内に入る。なぜなら、彼は双方で生きるからである。ここで、再度、連邦法との比較は有益であろう。国際法と国内法の関係に関する一元的な解決は失敗することになる。なぜなら、一方の制度を他方に由来するものとして扱うことにより、実際にはそれらを切り離す物理的、形而上学的および社会的な現実を無視するからである。世界は、地域的な行政当局に特別な管轄権を委任する単一の *civitas maxima* が存在する組織化の段階に達していない[48]。

しかし、二元的な解決も同じく不十分である。というのは、それは一般に普及している人間的経験の世界のあらゆる現実を無視するからである。国家は法を結晶化させる意思の正式な手段である。しかし、法に対する衝動は人間行為に由来し、人間的な目的を持つ。実定国際法は単なる気まぐれではなく、必要と確信の表明である。もしそうでなければ、国際法と国内法は人間的な問題の解決に適さない競争的な制度になるであろう。正しい立場は、国際法と国内法は調和した理論的なひとまとまりであって、それぞれが特定的な、またある程度排他的な人間行動の分野に向けられるという意味で自律的であるが、しかし、全体としていくつかの規則は人間的な善を目指すという意味において調和的であるというものである[49]。

国際法に違反する行為の国内的有効性に関する一元論と二元論の議論は尽きることがない。なぜなら、主唱者は別個の領域から議論しているからである。真の要点は、人間的な抵触の解決のための規則であって、その顕著な特徴をその結合力の淵源である義務の観念から引き出す法は、調和的でなければならず、また矛盾する行動の規則を許すべきではないということである。たとえ矛盾する規則が実際に存在するとしても、それらの一方は無効でなければならないことにはならない。また、矛盾する規則を生み出す制度が相互

に両立不可能であることにもならない。衝突点は存在しないと主張せずに、また一方を他方と衝突させることなく、それらを調和させることにより、矛盾を除去することは法的推論の主要な機能の1つである。したがって、国際裁判官または国内裁判官は、すべての法が持たなければならない基本的統一性を表明し、また形式的に異なる原点を有するが作用において重複する規則を調和させるべきであるけれども、一方または他方の制度を規範的価値において上位であると扱うべきア・プリオリな使命を持たない。衝突に直面したとき、裁判官は、彼の管轄権規則が命じるコースを取らなければならない。したがって、国内法を排除して国際法を適用することを、あるいはその逆を要求されるであろう[50]。

　これは管轄権上の二元論を許容するが、しかし、それは2つの制度の基本的統一性を否認し、その憲法により明示的に授権されない限り、国内裁判官に、裁判準則として国際法に訴える可能性さえ拒否した伝統的二元論からはるかに隔たっている。一元論者はすべての法の統一性から国内裁判所における国際法の管轄権上の本来的優位性を不正確に引き出したが、二元論者は、国際法規則と国内法規則のア・プリオリな二分法から、国際法規則は、たとえ国内法規則を構成するとしても、国内法のイニシアチブでそうするのであるという結論を同じく不正確に引き出した。調和理論は、人間行動の規則として国際法は国内法の一部を構成し、したがって国内裁判官にとって利用可能であると仮定する。しかし、2つの制度の間に稀に衝突が生じる場合には、この理論は、国内裁判官が管轄権上の規則によって義務づけられることを承認する。もし幾何学的な意味において、2つの制度の関係を述べることに何らかの意味があるとすれば、正しい見解は、一方が他方の上位にあるのではなくて、両者は同一の平面にあるということに違いない[51]。

　オコーネルのこの論述は、スアレス研究において彼が国際法と国内法の関係に論及した一節を想起させる。もちろん、スアレスがこの主題について体系的に論じているわけではない。しかし、オコーネルは断片的な記述をつなぎ合わせるとこの主題に関する議論は可能であると考える。留意しなければならないのは、そこでは議論は今日のように論理的・法的にではなく、倫理的・法的に展開されることである。スアレス理論に基づけば、国内法 (*jus intra gentes* は結局のところ市民法にすぎない) と国際法 (*jus inter gentes*) の優劣関係は国際法と自然法の近接性から国際法は国内法よりも高次の平面に位置づけられる。しかし、これはスアレスを現代的な一元論に置くわけではない。国内秩序は国際秩序からの派生ではない。制度的な *civitas maxima* を拒絶したときに、スアレスはこれを明確に拒否した。君主の権威を国際法からの委任として扱うことは彼の全思想の否定であろう。国内主権は世界秩序の恩恵に浴しない。国家は完全性を有し、単なる行政機関ではない。したがって、国際法がそれを公式化する始動的意思以外の淵源からその法的性質を引き出して国内法の規制を超えるのと全く同様に、国際法の優位を超える領域が存在すると思われる。こうしてスアレス理論は現代的な意味の二元論ではないけれども、淵源に関する始源的な二元論が認められる。しかし、スアレスの二元論は淵源を相互に排他的と見なし、権利義務を衝突させるために淵源を相互に対立させる現代的な二元論ではない。国際法と国内法の仮説的な衝突を含む徹底した二元論は国家と *societas gentium* の自然調和的な目的という彼の概念と両立しないであろう。スアレスによる国際共同体の理論の適切な解釈はスアレスを一元論と二元論の中間に置く。他の場合と同じく、この場合にスアレス理論は真価を発揮して、微妙な解釈を可能にする。しかし彼がたえず強調するように、論理だけでは不十分である。国家と国際社会のそれぞれの役割の問題、延いては両者の関係の問題は、根本的には形而上学である[52]。

2 現代国際法論における形而上学の貧困

オコーネルは現代国際法の実証主義的な傾向を批判するのであるが、その根底にあるのは現代国際法における形而上学の貧困に対する憂愁である。オコーネルは、1965年にアメリカ芸術科学アカデミーがイタリアのベラジオで開催した「世界秩序の条件」に関する国際会議で「国際法の役割[53]」と題する報告を行った。この報告で彼は現代国際法の問題点をかなり率直に指摘している。非植民地化が頂点を極めつつある、また共産主義圏の崩壊など思いもよらなかった時代背景の中で、彼は、国際法の性質と機能に関する3つの根本的な不一致のために国際法の影響力の大部分が失われていると主張する。その不一致とは、具体的には、第1に、社会主義的法律家と非社会主義

的法律家の不一致である。それは社会の性質についての、究極的には人間の本質についての不一致である。第2に、新たな国々の法律家と古い国々の法律家の不一致である。これはナショナリズムの政治的概念から生じ、19世紀的な国家哲学を反映する。第3に、国際法をあたかも憲法の一部であるかのように見なす法律家と国際法を国際関係論の一部と見なす政治学者の不一致である。前者はその主題の普遍性から逸脱し、後者はその規範性から逸脱する(54)。互いに交差するこれらの不一致は世界秩序に関するあらゆる議論で考慮されるべき事実であるが、今日的観点からは第2と第3が重要であろう。

　オコーネルによれば、この点で、国際法の起源と発展を概観する必要がある。国際法は中世キリスト教世界の分裂から生じたルネッサンス時代の哲学者や倫理学者にその学問的起源を負う。また、「理性の時代」において、国際法は、普遍的に受諾された争われえない公理と一般原則の作成によって構造的統一性と知的完全性を獲得した。その規範的な性質は、中世の形而上学が可能にし、普遍的秩序の意識が支えた法と道徳の交わりから生じた。それは、君主と国家によるその概念の黙認よりも、その体系的一貫性によってかれらに重ね合わされた。要するに、それは、法律家が人民間の正義の制度に対して共通の洞察力を持っていたために、また、正義は発見可能な基本的人権と自由に由来すると考えられたために、法であった。この体系は、客観的な真理、つまり形而上学的秩序を知る精神能力が18世紀後半に疑問視されたときに廃止された。この精神は行為原則を構成するであろうが、しかしそれらの原則は実際の行為の領域から完全に切り離された「当為」の領域にとどまるであろう。これは正義の理論を倫理学者の思索に、法を技術者の分析に委ねた。国家立法機関の形式的起源は、カテゴリーとして法が孤立させられる試金石になった。これは「理性の時代」を通じて人間の根源的な性質の概念によって制限されてきた国家主権の概念に新たな支配力と無答責とを与える効果を持った。今や、主権者の意思を超えるいかなる正式な法の淵源も存在せず、また、一方おいて法と他方において道徳そして道徳の一側面としての正義との間に架橋できない深い亀裂が広がったのであるから、国際法は、国際法を可能ならしめてきた説得力を失った。オースチンは、国際法に「法」

の名称を与えることを拒否し、社会的な仕来りの知的秩序に下落させるほど国際法から規範的内容を奪って、これを「実定道徳」の領域に追いやった。オースチンは、多分、国際法はそれによって権威を傷つけられることはなく、むしろその権威は高まるとさえ期待したのであろう。しかし、制度としての国際法は、国家法がそうであるように、ますます慣行の分析に、つまり国家が行うことの記述に、換言すれば実証主義に依存するようになった。国際法は、必然的に思索的な性質を失い、それが扱う問題によってだけ限定され、国際共同体の「性質」によっては限定されない、経験的方法論の領域になった[55]。

しかし、オコーネルは、われわれが19世紀政治哲学に関していかなる立場を取ろうと、その政治哲学は法理論、したがって国際法理論の首尾一貫性と学理的な性格を強く意識していたと指摘する。ひとたび主権の抽象化がその論理的極端にまで推し進められ、世界が相互に競合する主権国家のひとまとまりになると、国際法の関連性でさえ自ずと体系的な考慮の主題であった。そうした考慮の多くが、オースチン、カント、そしてヘーゲルでさえもが国際法に残した道徳的な権威を破壊したとしても、国際法の多くは依然としてその権威を維持した。イエリネクの印象的な学説は、主権的意思の理論に由来するのであるけれども、自己制限の観念によって事物の新たな知的秩序に国際法のための地位を見出した。この観念によれば、国は自己否定のプロセスを通じて国際法の支配下に入る。現代的な冷笑家にとってこの種の構成に何か不自然なものがあるとしても、それは傾向において本質的に自由主義的であった。また、それはドイツの国際法学説にそれが決して失わなかった活力と一貫性を与えた[56]。

ところが、今日の状況は全く異なる。世界的な政治的混沌と、宇宙、環境、海洋の共通資源の枯渇等のように国際的な規律によってのみ解決される諸問題が増大する中で、国際法の自律性に関する信頼が失われている。先に述べた、3つの不一致はそれを象徴する。特に、国際法は政治学者によって国際関係論と同一視される。政治学者は国際法から規範的要素を取り上げ、それらの内容に影響を与えることなくこれを国際問題に形式を与える論理的制度に減少させる。また、憲法学者は国際法をかれらの主題の付録、つまり合衆国において「対外関係法」と呼ばれるものに変形してきた。このプロセスで、

国際法は、現実に法的でありながら、その国際主義、したがって国際的であるというその主張を失った[57]。この一番の問題点は国際法学者が知的に分裂していることである。

　国際法学者達は価値の諸問題について一致せず、かれらの主題を他の分野から切り離す規準について不明確であるために、その主題は混乱している。また、その主題が混乱しているのは法理学に持ち込まれた哲学的思想の対立が解決されないためでもある。立法プロセスは日ごとに量および複雑さを増すが、法律家は国際正義の制度を作り出す任務にこれまでほど知的に装備されていないことに気づく。彼の活動の多くは性質上プラグマチックであり、細目において技術的である。広い意味で国際法学は、立法的技術を免れまたその技術を拒むそれらの重大な国際問題の解決策として国際法が機能することを可能にする哲学的基盤をますます奪われつつある。その哲学的または価値的な意味での秩序の概念を奪われることにより、法律家は、さらにいらただしく消耗的な複雑で不条理な世界社会を体系化するというきわめて困難な闘いに直面する。まさしくこの主題の本来的なあり方自体がその理論的な基礎に関する考え方についてなんら一致を見ないために争われるのである[58]。

　国際法は、今日、知的に無秩序である。現代世界の一貫性の欠如から損害を被るのは知的な行動ばかりではなくて、この場合に無能力状態は多くの点で実際に不調和なものを調和させる理論の欠如によって増大させられる。「国家慣行」は今や非常に多数の国々の慣行であり、それらの多くは性急で未熟であり、伝統的な法制度の安定を脅かす方法で権力のブロックに配列されている。しかも、この「慣行」は、法的要素がほとんど役割を果たさなかったまたは割り引きされてきた政治的決定に、また、問題の不完全な分析や誤ったまたは時代遅れな書物にあるいは圧力の下であまりにも簡潔な形式でしばしば与えられた不健全な法的助言に、時として由来する。そのような慣行は先例として無価値であろう。それでは、しばしば国によりとられた態度または行われた行動の記録はいかなる価値があるのであろうか。先例が批判的に評価され、比較されない限り、その調査は不確実なレベルを超えることはできない。現代国際法学が不毛であるのはまさしくのこの評価と批判の基準に関してである。評価は判断を意味する。判断は理性を意味するのであって、

選択や意思を意味するのではない。したがって、もし国際法が自律性を持ちうるとすれば、この合理的かつ思考的な性質は容認されなければならない。しかし、法の命令理論、主権国家の全哲学的環境は国際法にこの性質を否定する。ここに国際法の中心問題がある[59]。

　オコーネルは、この問題点を1975年のオサリバン記念講演で慣習法の成立要件と関連づけて次のように論じる。伝統的な理論は政府はたえず法に従って行動すると推定されるというものであった。したがって、国家慣行を単なる逸話のレベルを超えて上昇させ、それに法的特質を付与するのは法的確信、すなわち共通の法意識であった。しかし、今日、政府がそのように意図すると述べることは明らかに事実に反する。それどころが、政府はしばしばもっぱら圧力によって法的変化を強制するために伝統的なカテゴリーを意図的に破る。国際司法裁判所は法的確信に口先で敬意を表し続けるが、しかし実際にはこのいかなる要素も大量の現代法プロセスの中で確認されない。この結果は、自然法概念に根源を持つ伝統的な方法はわれわれにとってもはや実際に利用不可能であるということである。それに代えて、われわれは事実に基づき拡大を図る理論を持つ。国々が一方的主張を効果的になしうるならば、その結果は新たな慣習法であろうと言われる。この実効性の理論は黙認または抗議の欠如を介して改訂されたヴァッテル的な合意概念と結合して作用する。もし国が200カイリ主張を実効的に貫徹しうるならば、そのとき法はその変更が旧法の違反によってもたらされようとも、変更される。問題は実効性それ自体は事実ではないことである。事実が、とりわけ権利よりもむしろ力の所産であるときに、その事実がいかにして規範的な内容を獲得しうるのかを理解することはこの上なく困難である。今や、われわれは危険にも法が外交に溶解する段階に接近しつつある[60]。

　オコーネルの現代的な国際法状況に対する認識は悲観的な雰囲気を漂わせる。それは合理的な人間的秩序が失われることへの深い失望である。しかし、オコーネルは敗北主義者ではない。オコーネルはまさしくこの状況でスアレス理論の深い影響の下で国際法の合理的原理を確信した基礎理論を展開するのである。

おわりに

　オコーネルは、法と道徳の原理の普遍性を前提としつつ、理性（知性）と意思のはたらきの合理的均衡を現代的な国際社会状況に中で探求しようとした。その理論的前提と議論の概要は以上のとおりである。そうした立場からの本質的批判は、国家意思の表現である国家行動のみを重視して理論を構築する実証主義に向けられる。オコーネルによれば、意思行為としての「慣行」はたぶん消極的な意味を除き幻想であり、法制度を国が行うことおよび合意したことに基礎づける試みは大幅に無益であることは明白である。もし国際慣習法を国々の大多数が合意していることに真に限定するならば、その価値はほとんどないであろう。実際に、ほとんどの国際法は、文書および裁判所の決定に基礎づけられる。国に同意を余儀なくさせるのは、法的または司法的な推論の説得力であって、国家公務員の合意ではない。領海に関する規則は、国内法における道路規則と全く同じように人間的権威の意思決定に依存することは疑いない。なぜなら、これは現実に発見できる原則の精巧化をさらに推し進めることのできない分野であるからである。しかし、裁判拒否、権利義務の承継および仲裁プロセスに関する諸規則は国家行動の記述よりも法的問題の分析にはるかに依存する。多くの仲裁判決の複雑な推論を追跡し、鋭い司法的精神を尊重するよう強いられると自覚する読み手は、国際法は国々により合意される法であるという見解にますますとらわれていないことに気づく[61]。換言すれば、法を作り出すのは地域的および時間的に制限された慣行というよりも、慣行により敷衍されまたは刺激された諸原則の普遍化を正当化する熟慮である[62]。それは、国際法規を不確実な国家慣行の記述よりも知性の合理的なはたらきである評価の次元に見出す態度である[63]。これは、実定法状況を前提としつつ、その枠内で宣明される自然法論的立場と言えるであろう。

　オコーネルは彼の法哲学を国際法教科書第1章と2章で率直に展開している。したがって、その部分の評価は彼の法哲学の評価に直結する。ブリッグスは、教科書の第一版の書評において、この教科書の最も満足できない部分

はその根底にある法哲学であるとしながら、その一部は1965年において時代錯誤の印象を与えるとする[64]。グレイグは、教科書の第一版と第二版を比較した第二版の書評において第1章の記述が第一版と変わらないこと、つまり、法の定義、法の一般原則の位置づけ、国際法と国内法の基本的同一性等を指摘して、そのような総括的な法的見解は浅薄であると述べ、第1章は、それが示す内容と哲学において最も弱いと評価する[65]。クロフォードは、この評価を受けて、ある評釈者が述べるように第1章は最悪の章であると酷評する[66]。これらの批判の根底にあるのは現代において率直に自然法論を展開することへの根本的な不信である。

オックスフォードにおけるオコーネルの友人であるフィニスによれば、オコーネルは良心を拘束する法規の形成において「知性」と「意思」の関係がいかなるものであるかについて最も深いレベルで関心を抱いていた。オコーネルは自分が真正の問題に取り組んでいることを確信して、その議論がいかに古くさく思われようとも、人々にその遍在的な重要性を理解させようとした。第1章にはそのような意味が込められているという[67]。ホプキンスは、重要なことはオコーネルが彼の旗（自然法論的立場の宣明）を最初にマストに釘で打ち付け、その下で意気揚々と航海し、彼の「道徳的義務」の観念が常識や実際性を持ち逃げすることを許さなかったことである[68]、と肯定的に評価する。

問題はそのような自然法論的立場と実定法の解説が十分に調和のとれたものであるかどうかである。バクスターはそのような観点から教科書を全体として高く評価する。彼によれば、オコーネルが残した記念碑中で最大のものは2巻本の国際法教科書である。この書物は現代的であるばかりでなく、法を一層詳細に検討する。そこには十分に広範な先例ばかりでなく、その分野における法的問題の鋭い分析が見出される。国際法と憲法に関する極めて優れたコモンローヤーであることに加え、オコーネルは、非コモンロー諸国、特にドイツの実行、判例および学説を駆使することができる。彼は、ドイツ語およびドイツ法哲学を特に深く理解する。その著作は彼の広範な学識を反映し、学問への彼の傾倒と彼の莫大な努力の証である。国際法の形成ならびに国際法と国内法の関係を扱った彼の教科書の最初の80頁は国際法の基礎

に関する簡潔な解説の典型である[69]。

　誤解を恐れずに言えば、オコーネルの政治的保守主義とひたむきな信仰に由来する確信的な態度は、彼の圧倒的な学識には敬意を表しつつも、根本においてスコラ学的な伝統を汲む国際法理論に対して激しい反撥を引き起こしたと思われる。この印象は彼を良く知る（弟子を含めた）オーストラリア時代の国際法学者にはっきりと感じられる。しかし、かれらの誰もが認めるのはオコーネルが南オーストラリアのアデレードという（国際法の研究にはかなり不利な）地で並外れた努力によって独力で世界的な業績を次々と生み出したことである[70]。これは、この時期に彼が培った学問的基礎とその目覚ましい業績は不可分であることを意味する。言い換えると、伝統的国際法の原点に立脚しているというオコーネルの自信があの輝かしい成果を可能にしたとも言える。その意味で、E.ローターパクトによるオコーネル評価には説得力がある。彼によれば、18世紀に生きたかった[71]と述懐するのが常であったオコーネルの著作は伝統主義によって特徴づけられる。現代的な発展とその傾向の認識において誰にも劣らず最新であったけれども、オコーネルは、国際法の創始期の学問的世代を特徴づけたアプローチに最も安心感を抱いていた。彼が国際法の分野で十分にそれに値する卓越性を得るに至ったのは偉大な伝統に立脚した相当量の解説的な著述によってであった[72]。これらの背景ならびに彼の能力とそれが築き上げた業績を考慮すると、彼による基礎理論のいっそうの洗練を含め、その早すぎる死によって失われたものは大きいと言わざるをえない[73]。

　そこで、最後に、滔々たる実証主義の流れに逆らって、オコーネルが、国際法の父達、とりわけスアレスに見出したと思われる核心点を確認しておきたい。すなわち、国際法はたとえそれが完全に純粋理性の問題ではないとしても、意思の問題でないことは明白である。出発点はあらゆる共同体と同じく国際共同体は「原則による統治 (the governance of principle)」を必要とするという主張である。われわれが原則を哲学によってわれわれに命じられたものと考慮するにせよ、単に法制度の受諾された前提と考慮するにせよ、それは正義の原則として参照されるであろう。国際法の父達の何人かはこれらのプロセスは三段論法であり、国際法の命題と主張される結論は論理的であると

われわれに誤って信じさせたであろう。しかしながら、法的推論は論理的推論ではない。なぜなら、それは、関連する原則から引き出される結論の形式よりもむしろその原則の選択にあるからである。受け入れられたわれわれの正義の基準はこの選択を命じる。したがって選択が評価されるのはこの基準に照らしてである。国際法の父達は人間的な行為の形而上学にとって最も深い意味を持った精神的な議論の文脈でこの問題を理解するために格闘した。もしわれわれがかれらの闘争を理解しがたいと感じるならば、それはわれわれが法をかれらが行ったよりもずっと完全に倫理と神学から解放することに成功したからである。しかし、そうすることによって、われわれは、人間が法に服従するための最も効果的な条件を自ら奪ったであろう[74]。

〔注〕

(1) Jennings, R.Y., "Bookshelf," *Internatinal Law Forum du Droit international,* zero issue (1998), p.25.

(2) オコーネルの業績のリストは、クロフォードの追悼論文の最後に付されている。Crawford, J., "The Contribution of Professor D.P. O'Connell to the Discipline of International Law," *BYIL*, Vol. 50 (1980), pp.83-87.

(3) Finnis, J.M., "Oxford," in Shearer, I.A. (ed.), *Daniel Patrick O'Connell 1924-1979* (1981), pp.50-51. 本書は、オコーネルを追悼してニュージーランド時代、アデレード時代、オックスフォード時代の友人や弟子がオコーネルの思い出を綴ったエッセイを弟子のシエラーがまとめたアンソロジーである（以下で本書を *Anthology* と引用する）。本書はオコーネルの家族、友人、オークランド大学とアデレード大学のライブラリー、ケンブリッジのスクウェアー・ロー・ライブラリ、オックスフォードのコドリントン・ライブラリーに配布された私家版である。

(4) "Obituary, Professor D.P. O'Connell," *The Australian Law Journal*, Vol. 53 (1980), p.680.

(5) 筆者の質問に対して、南オーストラリア州最高裁判所のジョン・ペリー (John Perry) 判事は、オコーネルの法理学の講義はアクィナスとスアレスから始まるきわめてアカデミックなものであったこと、また彼が卓越した歴史的知識の持ち主であったことを強調していた。クロフォードによれば、法理学はアクィナスから18世紀末までの法および憲法理論が中心であり、それは国際法の講義よりも興味深かったという。Crawford, J., "The University of Adelaide, A Student's View," in *Anthology*, p.42.

(6) O'Connell, D.P., "The Rational Foundation of International Law, Francisco Suarez and the Concept of Jus Gentium," *Sydney Law Review,* Vol.2 (1957), pp.253-270.

(7) O'Connell, D.P., "Rationalism and Voluntarism in the Fathers of International Law,"

Indian Yearbook of International Affairs, Vol.13 (1964), pp.3-32.

(8) *Ibid.*, p.5.

(9) *Ibid.*, pp.5-6.

(10) *Ibid.*, p.6.

(11) *jus gentium* の概念の歴史的変遷については、柳原正治『ヴォルフの国際法理論』（有斐閣、1998年）、13-74頁を参照せよ。Haggenmacher, P., *Grotius et la doctrine de la guerre juste* (1983), pp.331-358 も参照せよ。

(12) O'Connell, *supra* note 7, p.7.

(13) *Ibid.*, p.8. *Prima Secundae* の邦訳はトマス・アクィナス（稲垣良典訳）『神学大全第13冊』（創文社、1977年）。トマスの法理論は、田中耕太郎『法律学概論』（学生社、1965年）、200-205頁を参照せよ。なお、トマスの認識論に関しては、稲垣良典『トマス・アクィナス倫理学の研究』（九州大学出版会、1997年）、201-230頁を参照せよ。

(14) *Ibid.*, p.9.

(15) *Ibid.*, p.10.

(16) *Ibid.*, pp.10-11. オコーネルは、「18世紀の合理主義者が行ったように神が除かれると、人間的権威の意思以外に何も残されていない。法実証主義はその結果であった」と付け加える。なお、オッカムの法理論は、小林公「オッカムにおける神と自然法―ウィリアム・オッカム研究（二）―」『立教法学』21巻（1983年）、46-129頁を参照せよ。

(17) *Ibid.*, pp.11-12.

(18) *Ibid.*, p.12.

(19) *Id.*

(20) *Ibid.*, p.13.

(21) *Id.* ビトリアのこの部分の記述について伊藤教授は、ビトリアのいう万民法はすべての人を対象とした万民的な性質の法であって、いまだ民族を主体とした国際法を意味するものではない、と主張する。伊藤不二男『ビトリアの国際法―国際法学説史の研究―』（有斐閣、1965年）、64-65頁。なお、オコーネルはここでビトリアの主意主義への傾斜に注目していることは指摘するまでもない。

(22) *Ibid.*, pp.13-14. スアレスの国際法理論と『法律と立法者たる神とについての論』の邦訳は、伊藤不二男『スアレスの国際法論』（有斐閣、1957年）を参照せよ。なお、Copleston, F., *A History of Philosophy, Vol.III, Ockham to Suárez* (1953), pp.335-405 を参照せよ。

(23) O'Connell, *supra* note 7, pp.14-15.

(24) これは原理的にはトマスとスアレスにおける自然法の位置づけ関する議論である。稲垣、前掲書（注13）、261-290頁。Finnis, J.M., *Natural Law and Natural Rights* (1982), pp.337-342, 347.

(25) O'Connell, *supra* note 7, pp.17-18.

(26) *Ibid.*, pp.18-19.

(27) *Ibid.*, pp.19-20. スアレスの社会契約論は、ホセ・ヨンパルト・桑原武夫『人民主権思想の原点とその展開―スアレスの契約論を中心として―』(成文堂、1985年)。
(28) *Ibid.*, p.20.
(29) *Ibid.*, pp.20-21. グロティウスの *jus gentium* 論については、柳原、前掲書 (注11)、26-34頁を参照せよ。併せて、Haggenmacher, *supra* note 11, pp.358-399 を参照せよ。
(30) 「自然法は正しい理性の命令であって、ある行為が、理性的な本性そのものと合致しているか否かにもとづいて、道徳的に恥ずべきものであるのか、あるいは道徳的に必要なものであるのか、したがってまた、そのような行為が自然の創造主たる神によって禁止されているのか、あるいは命令されているのか、を示すものである。」*De Jure Belli ac Pacis*, I. I, 10, 1. グロティウス研究会「グロティウス『戦争と平和の法』(第1巻第1章) 邦訳(1)」『日本法学』52巻1号 (1986年)、178頁参照。
(31) O'Connell, *supra* note 7, pp.21-22.
(32) *Ibid.*, p.23.
(33) *Ibid.*, p.24.
(34) *Ibid.*, p.25.
(35) *Ibid.*, p.26. プーフェンドルフの法・国際法理論は、和田小次郎『近代自然法学の発展』(有斐閣、1951年)、84-104頁、ミヒャエル・シュトライス編(佐々木有司・柳原正治訳)『17・18世紀の国家思想家たち―帝国公(国)法論・政治学・自然法論』(木鐸社、1995年)、283-324頁、Nussbaum, A., *A Concise History of the Law of Nations* (1964), pp.147-150 を参照せよ。
(36) O'Connell, *supra* note 6, p.268-269.
(37) O'Connell, D.P., *International Law*, 2nd edn. (1970), Vol. I, p.3.
(38) *Ibid.*, p.4.
(39) *Ibid.*, pp.5-6.
(40) *Ibid.*, pp.6-7.
(41) エチオピア対南アフリカ；リベリア対南アフリカ、*ICJ Reports 1966*, p.295.
(42) *Ibid.*, p.256.
(43) *Id.* 田中判事は別の論文で第38条1項が列挙する諸淵源の中での「法の一般原則」の位置づけについて以下のように述べる。「法学的観点からして四種の淵源は相互に無関係に対立するものではなく、実定的法源は法の一般原則という形而上学的な最大公約数の基礎の上に併存している……。とくに条約と国際慣習とは法の一般原則が特殊の事情に応じて細目的に一般化されたものであり、従って論理的には法の一般原則は条約と国際慣習に先行するものと認められるのである。それは法全体または各個の法制度中に内在するところの普遍的な原理、正不正を区別する感覚、いわば法学的真理 (judicial truth) または自然法 (natural law) というべきものである。」田中耕太郎『続世界法の理論 (上)』(有斐閣、1972年)、399頁。
(44) O'Connell, *supra* note 37, pp.12-13.

(45) *Ibid.*, pp.15-16.
(46) *Ibid.*, p.21. オコーネルの立場はイギリスで有力な法源論に近いと言える。この理論によれば、慣習すなわち一般法規は法源と認められるが、条約は義務の淵源ではあっても法源ではない。イギリスにおける法源論については、山形英郎「国際法における『形式的法源』と『実質的法源』—イギリス国際法における法源論—」山形英郎他編『グローバル化する世界と法の課題』(有信堂高文社、2006年)、5-45頁を参照せよ。なお、オコーネルがそのような立場を採用するもう1つの要因として、彼が法の一般原則と慣習法の間にきわめて密接な関係を認めていること、および、彼が慣習として実定化された *jus gentium* を自然法と市民法の中間に位置づけるスアレスの枠組を意識していることを指摘できる。
(47) *Ibid.*, p.43.
(48) *Id.*
(49) *Ibid.*, pp.43-44.
(50) *Ibid.*, p.44.
(51) *Ibid.*, p.45.
(52) O'Connell, *supra* note 6, pp.267-268.
(53) O'Connell, D.P., "The Role of International Law," in Symposium, *'Conditions of World Order,' Daedalus Proceedings of the American Academy of Arts and Sciences*, 95 (1966), pp.627-643.
(54) *Ibid.*, p.643.
(55) *Ibid.*, pp.633-634.
(56) *Ibid.*, p.634.
(57) *Ibid.*, pp.630-631.
(58) *Ibid.*, pp.628-630. ただし、この部分の要約に関してはクロフォード論文を参照した。Crawford, *supra* note 2, pp.79-80.
(59) *Ibid.*, pp.634-635. ステンレー・ホフマンは、オコーネルの報告を総括して次のように述べる。「オコーネル教授は共通の価値体系が必要であると強く主張した。現代世界の不統一、主権国家の非妥協的態度、(政治学者によって規範的要素を奪われ、憲法学者によってバラバラにされた)国際法の崩壊は、中世に存在し、最近まで生き残っていた合理的な人間的秩序の基本原理(形而上学)の凋落から生じた。彼の発言(彼はそれを討論においてはっきりと述べた)からすると、科学はその代替物を与えることはできないと彼が考えることは明らかである。仮説および証明という科学的方法は物のはたらきを知ることを目的としている。彼が関心を持つのは『当為の制度』による人間行動の規制である。すなわち、世界秩序が要求するものは、単なる経験的規範の網というよりも、一連の道徳規範である。」Hoffman, S., "Report of the Conference on Condition of World Order—12-19 June 1965, Villa Serbelloni, Bellagio, Italy," *ibid.*, p.468.
(60) O'Connell, D.P., "The Law of Nature and the Law of Nations," *Law and Justice*, Vol. 48/49

(1975), pp.58-59.
(61) O'Connell, *supra* note 7, pp.31-32.
(62) O'Connell, *supra* note 37, p.37.
(63) クロフォードは、オコーネルのこの立場を、「規範的規律としての国際法の基礎は国家慣行の粗雑な（'逸話的な'）記述よりも法的評価のプロセスに見出されるという確信である」と述べる。Crawford, *supra* note 2, p.74.
(64) ブリッグスが時代錯誤とする記述は、第１章においてオコーネルが人間と共同体と法に関する彼の基本的観念を述べている部分である。Briggs, H.W., "Book Reviews and Notes, International Law, by D.P. O'Connell," *AJIL*, Vol.59 (1965), p.951. この書評に対して、オコーネルは、友人に宛てた手紙に次のように述べる。「彼は私の哲学を1965年において時代錯誤的であると見なす。あなたは彼が理解し損なった文脈からの彼の引用を発見するだろう。特に、彼は、本書において多分唯一独創的なもの、すなわち国際法と国内法の調和を見失っている。私は、国際法の混乱を改善するためになすべき多くのことを持つのではないかと気がかりである。」Finnis, *supra* note 3, p.52.
(65) Greig, D.W., "Reviews, International Law, by D.P. O'Connell," *The Modern Law Review*, Vol. 34 (1971), pp.703-704.
(66) Crawford, *supra* note 2, p.76, note 3.
(67) Finnis, *supra* note 3, p.52.
(68) 国際法教科書第二版の書評、Hopkins, J., "Book Reviews, International Law, by D.P. O'Connell," *The Cambridge Law Journal*, Vol.30 (1972), p.169.
(69) Baxter, R.R., "En homage," in *Anthology*, pp.77-78. バクスターは、「この教科書の第三版を準備する学者は多分いるであろうが、この権威ある作業を正しく行える編集者を想像することは困難である」と付言する。現在まで第三版が現れないことはバクスターの見通しが正しかったことを実証していると思われる。
(70) オーストラリア時代のオコーネルの研究活動については、"Daniel Patrick O'Connell," *The Adelaide Law Review*, Vol. 7 (1981), pp.167-171; I.A.S, "Obituary: Professor D.P. O'Connell," *The Australian Year Book of International Law*, Vol. 7 (1981), pp.xxiv-xxix を参照せよ。
(71) オコーネルは自然法が生き生きと息づいていた「理性の時代」に限りない郷愁を抱いていた。吉田健一はこの時代の雰囲気を次のように述べる。「今日ならばなどと考えるのは人間が見失われた近代、或はヨーロッパの世紀末といふものを通ってきた我々の錯覚であって、人間がすることよりも人間そのものに重きを置くならば仕来りで人間が人間以下に扱われていても黙っているといふことはなくて、戦争だから人間を人間として扱わなくてもいいとか、或る目的の為に人間というものを忘れるとかいふ観念は18世紀のヨーロッパになかった。」吉田健一『ヨーロッパの世紀末』（新潮社、1970年）、28-29頁。ニコルソンによれば「18世紀の知識人は人類の精神的および道徳的な習慣に大きく貢献した。かれらは自己と同輩の双方に対して誠実の観念を生み出

した。かれらは良識、調和、節度、秩序、分別、知的誠実、寛容といったものに対する情熱を引き起こした。かれらは世界主義を信じ、政治的であれ知的であれ、ナショナリズムを非文明的と見なした、そして法の支配を信じた。」Nicolson, H., *The Age of Reason* (1700-1789) (1960), p.xxi.

(72) Lauterpacht, E., "Unpublished obitories (a)," in *Anthology*, p.83.

(73) 多々あるが、2点指摘しておきたい。まず、友人であったアデレード大学教授リュッケへの手紙によれば、オックスフォードに移ってからのオコーネルは各国政府の諮問に対する回答、保守党のリーガルアドバイザー、ICJ での弁護人等で多忙を極めていた。こうした状況で彼はすでに準備を始めていたライフワークを完成する時間が失われて行くことに焦燥を感じていた。その仕事とは Holdsworth の *The History of English Law* に匹敵する国際法の Holdsworth を執筆することであった。15年計画であったという。Lücke, H.K., "The University of Adelaide, (b) Colleague and Friend," in *Anthology*, p.39. 健康さえ許せば、彼は多分それを完成させたであろう。それは国際法の背景をかなり変える効果を生み出したと思われる。第2に、オコーネル自身は、今後、国家承継に関する本を書くつもりはないと述べていたということであるが、当時では考えられなかった共産圏の崩壊に伴う国家承継問題は、彼の関心を間違いなく惹いたであろうし、この問題に関する3冊目の国家承継法を彼に執筆させたであろう。おそらく彼はそれによって非植民地化の政治状況下で受け入れられなかった彼の承継理論の有効性を実証したと思われる。今日に至っても、この主題に関する決定版は現れていない。

(74) O'Connell, *supra* note 7, p.32.

第3部　人　　権

排除された人々と国際法
――世界化する民主主義に対し、人権には何が可能か――

寺谷　広司

序　問題の所在

1　問題状況

　国内で誕生、醸成、確立した原理や原則が国際関係でも主張されるようになるには、幾ばくかの時差を伴うし、その進行は漸進的であり、しばしば逆行する。しかし、民主主義なる価値は、伝統的に非民主的な国際関係にあっても今や不動の地位を占めたかのように思われる。国際社会とそれを対象とする国際法学において、民主主義が好意的に語られている。国連のアナン前事務総長の次の表現は、現代の国際社会で最も重要な国際文書である国連憲章の全体を、民主主義の下に統合的に再解釈するものと言える――「『民主主義』という語句は国連憲章に見出すことはできない。しかし、この文書は『われら連合国の人民は (We the peoples of the United nations)』といった言葉で始まるのであり、創設者達は民主主義の最も基本的な原則を喚起したのだ。創設者達は、加盟国の主権的権威と、それ故にそれら諸国から構成される組織の正当性を、人民の意思 (the will of their people) の下に根拠づけたのである[1]。」

　そして、必ずしも前面に出るとは限らなかった民主主義という語も、今や、1993年ウィーン世界人権宣言の前文と第8項、2000年国連ミレニアム宣言第24項などの近時の重要な国際文書では明示的な言及を得るに至っており、そこには民主主義への信頼と期待が満ちている。ヨーロッパ出自の民主主義について、まさにヨーロッパ統合をめぐって「民主主義の赤字」が深刻に語られることもある。そして、これはその特殊性を考慮に入れつつ国際社会全体にも妥当する問題である。しかし、顧みれば国際法の歴史とは国家間の、

言い換えればエリート間の産物であったことからするなら、あえて危機が喧伝されるのは、民主主義への期待と信頼の反射的表現である。

　世紀の転換期における国際レベルでの民主主義の強調は、少なくとも2つの重要な歴史的現象を背景としている。1つは、言うまでもなく冷戦の終焉であり、第二次世界大戦以来永らく規定してきた2つの超大国の全体的な闘争は、その価値を掲げる一方の「勝利」により終結し、周知のように「歴史の終わり」という象徴的な主張[2]を生んだ。もう1つは、グローバリゼーションである。グローバリゼージョン自体は、少なくとも「地理上の発見」をはじめとする数世紀前からの現象だと言うべきだが、人・モノ・情報等の交流に関する速度は一層加速度的に進行している。個人が可能な国際的な意思決定への参与は国家のエリートに限定されていたが、今や様々な主体が国家主権の壁をやすやすと飛び越え、対外的な影響力を備えている。

　学説においても、90年代以降、民主主義の言説が隆盛したが、これを牽引した1人は米国を代表する国際法学者フランクである。彼は、91年8月のソ連における保守派クーデタの失敗、同年9月のハイチ選挙に対するOAS決議に言及しつつ、これらが「民主主義だけが統治において妥当する」ことを明示しているとする[3]。その上で自らの理論書であった『国家間の正統性の力[4]』の枠組みに引き寄せつつ、選挙プロセスに参加する権原が規範的に登場するに至っていると考えている。ここには正当な統治形態としての民主主義への好意を読みとれる。やや遅れてクロフォードがケンブリッジ大のウェーウェル教授就任講義で主題に選んだのも民主主義だったが[5]、これは彼が公にしていた博士論文『国際法における国家の誕生』や『人民の権利』で示していた継続的関心が[6]、1つの時代精神の中で表現されたものだったように思われる。クロフォードはフランクよりも慎重であり、一方で自由権規約や世界人権宣言等の人権規範に民主主義の本質的要素が表現されているとし、また新しい現象について指摘しつつ、他方で、多数派が人権と対立することにも触れ、また、伝統的国際法は民主主義に対して否定的であったことなどに触れる。全体としては、将来の課題を指摘しつつ、国際法の変化を示唆するものだった。その後の学説の状況も、幾つかの例外を除けば、民主主義への好意を基調に展開したと評価してよいと思われる[7]。

遡ること戦後日本の国際法学においても民主主義への強い期待が語られていた[8]。敗戦から1年も経たぬうちに成された民主主義に関する連続講演の中で、横田喜三郎は、人間の平等と自由への強い確信の下、それを確保するための政治形態として君主政治、貴族政治と比較しつつ、民主政治の意義と価値を論じていた[9]。そして、この民主主義は国内に限られず、「日本が真に民主主義を確立し、民主国家として生れかわるためには、単に国内的ばかりでなく、国際的にも民主主義の原理にしたがって行動することが必要」だと説いた[10]。また、民主主義の語は用いていないものの、同時期に国家平等観念に関する田畑茂二郎による史的研究が公表されているが[11]、これは後に国内における人民の自由・平等を守るためのヴァッテル主権論[12]の研究、人民の自決論へと展開する。横田と田畑は同様の仕方で民主主義を支持したわけではなく、例えば、横田の議論はより普遍主義的性格の強いものであり[13]、このことに純粋法学の強い影響を認めることもできよう。また、田畑の議論は国家主権と人権の対立を自決権において止揚し、国際社会の民主的変革の中心的課題だったと評価できる点で[14]、比較的単純な国内類推の嫌いのある横田の議論と異なり、主権の正当化について国際と国内を類推ではなく直接的な論理によって結ぶことでより繊細な議論を展開していたと評価することもできよう。

　脱植民地化が進行し民族自決権が本格的に的に登場する1960年代には、石本泰雄が「民主主義」理念が東西対立のイデオロギーとしてマイナスのイメージとなったことを指摘している[15]。これはほぼ同時期になされた国際法の物神崇拝に対する彼の批判[16]の優れた一例である。他方、彼は、民主主義を基本的人権や自由の思想のコロラリーとして民族自決権の原理に展開するとし、国際政治における大国主義を動揺させ、真の主権平等へと歩ませるものとして積極的に評価している。この点、民主主義を自決権原則よりも個人権に近づけて明確するのが高野雄一の議論だと言ってよいだろう。高野雄一は現代国際社会の特質として主権国家から成る国際社会と国際化された個人生活から成る人類社会の二重性を指摘し、前者における主権国家平等とともに、後者における人権尊重、生活水準向上を国際民主主義の原則・基礎として位置づけている。国際社会と人類社会は区別されつつも、前者は後者

の基盤から離れて存在・機能せず、一体として国際民主主義の下にある[17]。

以上のように、異なる仕方ではあるが、いずれも民主主義への賛意に彩られている点では同様だと言ってよいだろう。

しかし、以上のような民主主義への賛意と実際に達成した功績を承知しつつ、まさにそれを正当に評価するためにも、その否定的側面についてもより多くの注意が払われてよいようにも思われる。その推進は単にその良さを増大させるだけだろうか。他の望ましい価値との関係で悪い副産物を引き起こさないだろうか。この点を明らかにする有力な着眼点は、既にクロフォードが課題としてあげていたように[18]、民主主義と密接に結びつつも異なる視座を提供する「人権」だと思われる。このことは、民主主義が国内平面であろうと国際平面であろうと、何らかの意味で多数者による統治(demo-cracy)、更に言えば多数者による決定という手続的側面を表現していることに伴う。この理念は「自己統治」という実体的内容を踏まえるとしても、社会という集団レベルでは、多数者支配の性質を免れることはできない。他方、これに正面から対峙して、人権が最も固有に機能するのはそれが少数者によって行使されるとき、ドゥオーキンの著名な表現にならえば、「政治的切り札」のときである[19]。つまり、"多数"対"少数"の対立構造の中で、"民主主義"の意義を問い直せる。民主主義の下で人権はより良く保障されるのか。更に疑うなら、このような対立構造を踏まえつつ、民主主義には人権を侵害する論理が固有に含まれてはいないだろうか。「民主主義国家同士が戦争をしない」というよく言われる経験的言明[20]がどの程度妥当しようとも、こと人権に関しては、人権侵害の批判を全く受けず改善の余地のない"自由で民主的な国家"はほとんど存在しない。問題となるのは、人権侵害がどの程度、民主主義体制、多数者支配に内因するかである。

"民主主義"対"人権"という国内法学からすれば陳腐な対置は、国際平面では未だ十分に探求し切られていないと思われる。民主主義と人権の対立が国際的平面で強調されないのは、国際的な平面における人権保障の歴史が同時に民主主義の擁護と一体となって生成し、特に1960年代の民族自決の主張がこの両者を分かちがたく結びつけたこと[21]、更には、非民主的な国家が同時に人権侵害国であることが現在でも一般的であるという経験的理由に

よるのだろう。しかし、このことは理論的レベルにおける両者の対立を解消しないし、それどころか、両者の対立がかえって隠蔽されることに繋がりかねない。今日の民主主義の主張者は同時に人権の重要性も説くことが一般的であるが、しかし後述の通り、そこでの民主主義の意味は明確とは言いがたく、仮に両者を調和させた主張だったとしても、その関係を明確化するためには、まずは生来的に対立する関係にあることを踏まえた方がより生産的な議論を展開できるように思われる。

　少数者の問題は、従来の民主主義論からすれば国内問題と言うべきだろう。しかし、国内統治の全体が国際的評価の下にあり、また世界統治が国内統治の単純な総和を超えて把握される現在、世界全体を見たときの少数者は、従来それと呼ばれた者たちにとどまらない。たまたま傍らにいる外国人、難民、無国籍者、更にはそこで「犯罪者」と呼ばれる存在がそうである。数からすれば圧倒的に多数の他国の貧者は、声を届かせられない「少数者」である。そして、人権の国際保障に固有の意味があるのは、この少数者問題を通じてであることに留意すべきである。というのは、人権規範が国内的にも浸透しつつあるといっても、実際の保障は多数者のそれが優先するのであり、また最後の砦たる司法府とはいえ、その機能は基本的には多数者から成る立法府の作った法律を適用することに限定されるのであり、その矯正自体は外からの影響によらざるを得ないか、少なくともその力を借りつつより効果的に達成されるからである。

　従って、ここで問題にしたい少数者は、自由権規約第27条にいう「少数者(minorities)」を大きく超えている。自由権規約委員会は少数者を「ある集団に属し、ある文化、宗教または言語を共有する人々」と捉えているが[22]、この内容を拡張してより大きい枠組みの中で把握し直すべきである。1つには、その発生と影響が一国内にとどまらず、国際社会の構造と結びついている点を問題にすべきである。一層重要なのは、発展途上国の人々に示されるように、彼・彼女たちが、状況を変える力をもつ主体によって十分な配慮が払われていないことであり、認識枠組みから排除されるその構造こそが問題とされるべきなのである。彼・彼女たちはもはや関心の対象から除外される危険に曝されるという点で、排除された人々なのだ。そのように理解することで、

従来、狭く「少数者」問題として理解されていた問題を一層深く理解できる。本稿では一般にいう「少数者」と区別するために"排除された人々"という表現を用いることにする[23]。このように伝統的な"多数者"対"少数者"問題を世界規模で考察することで、国際平面における民主主義の考察を深めることができる。

2 排除された人々と大沼教授

ところで、排除された人々への継続的関心が、大沼教授の学問的視座の1つを構成しているのは確かなことだと思われる。早い時期に公にされた少数者の問題、指紋押捺問題やサハリン棄民問題・「慰安婦」問題などをめぐる研究や各種運動は明示的にそれを指し示している。

一層重要なのは、彼の『人権、国家、文明』である。大沼教授自身が「あとがき」に記すこの思索の成立事情は、「在日韓国人・朝鮮人を中心とした少数者の問題」から、「世界の大多数を占める第三世界の人たちへの人権」への展開として位置づけられている[24]。しかし、彼の尊敬する法哲学者・長尾龍一教授が発した第三世界の人たちの人権はどうなるのかという問いが、この主題に彼がそれまで触れていなかった後ろめたさを増大させたのは、第三世界の人々が単に「世界の大多数を占める」からだけではないだろう。むしろ本文にある、途上国の被害者意識、民衆の抱く怨念、反発、反感[25]——本稿が排除された人々として指摘する人々のそれ——と関連づけられるからのように思われる。つまり、人によっては毛色の変わったかのように受けとめる『人権、国家、文明』は、むしろ彼の思索を正統に受け継いでいる。

また、これらのことは、大沼教授の中心的研究が一般に言う人権論に押し込めるのでは十分に評価し切れないことを意味している。単に人が人であれば有する人権という抽象的規定は、そもそも「人」自体が多数存在することによって、その意義が明確になり切らない。大沼教授が取り組んできた課題は、排除された人々の具体的権利、ひいてはその具体的な存在に関わるからである。例えば、彼の自由権中心主義批判に最も刺激を与えた日本の研究者はその教え子の1人である申惠丰教授だと考えられるが、申教授が欧州人権条約、米州人権条約、自由権規約の実定的素材を包括的に検討して、人権

条約における国家の義務論の再構築を志向するのに対して[26]、大沼教授は、例えば彼自身が口にする理論好きと彼のキャリアからすれば不思議ではないはずなのだが、人権法の体系的構築へとは向かわない。むしろ、あくまで個別の問題を個別に追うことを好み、自由権中心主義批判については自らの文際的人権観へと消化して、その視座を鍛えていくのである。そして、このことは、助手論文『戦争責任論序説』で前面に押し出したイデオロギー問題への継続的執着からすれば、必然的展開だったように思われる。

3　本稿の目的・方法の射程

　上記のように本稿は、国際関係における民主主義の意義を、その最小限の意味を多数者支配に求めつつ、少数者の視角から、更にそれを構成し直した排除された人々の視角から考察しようとする。「民主主義は推進されるべきだ」「国内の民主主義を、国際的平面にも、また各国の国内的平面にも普遍化・国際化させていくべきだ」という議論はどの程度適切な主張なのだろうか。民主主義は人権と両立するのか。とりわけ、他ならぬ国際関係において蔑ろにされる排除された人々の権利はどうなのか。民主主義の世界的展開を人権の視角から考察し、逆にその視角から、人権の意義を明らかにするのが本稿の目的である。

　ただし、民主主義を評価する際にこのような仕方を採ること自体は、複数あり得るアプローチの１つにとどまることが強調されるべきだろう。１つには、民主主義は古代以来の統治形態の１つとして語られてきたものであり、近代以降に観念された人権という視点からの考察は、その限りで限定的である。しかし、民主主義と人権が国際的平面で好ましい目的の不即不離の一組として語られているのが圧倒的であることからすれば、不当に狭隘な視角とはならないだろう。また、大沼教授が示した「国際的・民際的・文際的」観点の提示[27]からすると、本稿のアプローチは第2のそれの枠内にとどまるようにも見えるだろう。あるいは、文化・文明の視点を必ずしも前面に出さないことによって、欧州近代の枠内にとどまる議論だと評されるかも知れない。他方、逆に言えば、大沼教授が文際的人権観の提示へと駆り立てた発展途上国の諸問題を含めて、どこまでこの近代の論理から説明できるのか、別言す

れば、近代欧州で生まれた人権の論理はまさにこの近代欧州が抱えた問題を超えることはできないのだろうか——本稿は、この問いに関するささやかな脚注を記述することにもなろう。

以下、まず第Ⅰ節では、考察の対象となる民主主義について、その問題、特にそれが国際関係で主張されるときの問題点を指摘し、更にこれが近代国家誕生の論理との関わりでどのような問題を引き起こしうるのか、その構造的問題性を考察する。第Ⅱ節では、国際的に顧みられることのない排除された人々の具体的実例を、国家との関係で概観する。最後に第Ⅲ節では、第Ⅱ節のより一般的記述として、法がどのような態様で排除された人々と関わるのかを論ずる。

Ⅰ 民主主義への懐疑と排除の構造

1 国際民主主義への懐疑：民主主義は人権の保護に役に立つのか？
(1) 国際「民主主義」とは何か？

何よりも、「民主主義」の定義の問題がある。実際、民主主義というだけでは政治体制を精確に表現しているとは言いがたく、たいていの体制と結びつく。朝鮮民主主義人民共和国、大リビア・アラブ社会主義人民ジャマーヒーリーヤ国[28]、コンゴ民主共和国[29]——国名に現れる民主主義や人民の名の濫用は、問題性を象徴的に表現している。周知のように、その混乱ぶりに、政治学者ダールは公的異議申し立て (public contestation) と参加の権利 (the right to participate) の２つの次元で把握する「ポリアーキー (polyarchy)」なる新語をもって対応した[30]。

語源から探り得、実際、争いのないほとんど唯一の特徴は、これが多数者 (demos) の決定による統治であることである。これは、民主主義を純粋に決定手続に還元する理解である。そうすると、民主主義は統治方法として自動的には悪いことでも良いことでもないと理解されるだろう。既にアリストテレスは、国制の区分の出発点において、主権の数による分類 (1人、少数者、多数者) のほかに、それぞれに対応する逸脱した形態を指摘していた[31]。社会決

定論の分野では、民主的諸原則が相互に矛盾することが指摘されている[32]。民主主義が多数の民衆 (demo) による支配 (cracy) であるということを超えて共通理解を求めようとするのは、一般には困難だと思われる。

多くの論者は、このような立場に満足せずに、政治上の目的を「民主主義」の中に含ませる。そして、その最も重要なものが人権保障である。実際、多くの論者が民主主義と人権は固く結びついていると理解している。例えば、アナン前事務総長が2005年の報告書『より広範な自由において』で、「世界人権宣言は、民主主義の本質的要素を宣言した。その採択以来、世界人権宣言は世界中の至る所における憲法制定を鼓舞し、民主主義を普遍的価値として地球規模で受容させるまでになるのに貢献した[33]」と述べている。しかし、民主主義の普遍化は世界人権宣言に先立っていたし、民主主義と人権に既述のような緊張関係があることからすれば、この認識は両者の関係を過度に整合的に捉えていると言える。他方、このように調和的に認識されていること自体がここでは重要である。学説でも、フランクが指摘する3つの起源は、人民の自決権、表現の自由、自由・公開の選挙への権利であり[34]、今や人権の一部として理解されているものである。前述の横田喜三郎の講演で民主主義が価値あるものであり得たのは、人間の平等、自由を守るものとして理解されていたからである。

しかし、両者が、その性質上、本来的に敵対的な要素をもっている「一」対「多」という解決しようのない対立構造[35]を有すること自体は否定できない。このことは更に、「自由民主主義 (liberal democracy)」なる自由主義と民主主義の奇妙な混交が一般的に用いられていることにも反映している[36]。また、仮に民主主義と呼ぶものが現代では単なる多数決による決定に限定されずに人権の要請を含むのだとするなら、民主主義を単純に称揚することは民主主義理念内部の諸対立を明らかにできない。とするなら、民主主義の内容を少なくともひとまずは、多数者支配に限定した上で、人権との関係に焦点を当てることが重要だと思われる。政治学者クリックは、民主主義の用法を大きく4つに分け、人民の権力と個人の権利の融合と民主主義を、近代民主主義 (modern democracy) と呼んでいるが、彼がいうようにこの両者は常に両立可能なわけではなく[37]、まさにそのように位置づけられた近代民主主義を

再考することが必要なのだ。

(2)「国際」民主主義とは何か？

　第2の問題は、民主主義が国際平面で主張されるということの意味、「国際」民主主義とは何かという視点である。この点、近時の民主主義論は、過去のそれと比較する場合に、国内体制に焦点をあてていると言える。先に示したように、フランクが指摘する国際民主主義の起源のうち、人民の自決権の対外的側面を除くなら、いずれも国家主権の壁の内側に立ち入りつつ、統治の質を問題にしている点に特徴がある。人権や選挙権は第2次世界大戦以降、「国際関心事項」として生成してきた。

　これは、大戦後の国家間民主主義と対比的である。横田喜三郎が国内だけでなく国際的にも民主主義を必要だというとき、それは「国際的にも、つまり多数の国家の間でも[38]」なのである。また、これは、とりわけ60年代以降に強力に主張された「人民の自決権」も同様の構造を有している。自決権の出発点は何よりも植民地支配からの独立、内的自決と対比される外的自決に特徴があるというべきで、逆にそうであるが故に既存国家や一度独立を達成した国はその適用に慎重だった[39]。これらの民主主義の強調は、例えば、総会における一国一票を1つの範としつつ、各種国際組織における加重投票制の是非、安保理決定の非民主的性格を論ずるといったものではない。つまり、「国際」民主主義については少なくとも"国家間の民主化"と"国内平面の民主化"、"民主主義の国際化"と各国における"民主主義の普遍化"を区別しなくてはならない[40]。

　問題なのは、この2つが実現する際にしばしば対立的なことである。民主主義国の非民主主義国への民主的価値の流布は、前者の意味の民主化には資するとしても、後者については、主権独立を危うくしつつ、むしろ逆に働く。民主主義は平等の理念を伴うが、これは主権平等・独立の主張に連なるものであり、他方、他国の国内体制への関与はそれを弱めるのである。今日の民主主義推進の議論は、国際的平面の民主主義を犠牲にする危険を伴っており、例えば、特定の国で排除された人々を可視化しようとする際、それが対象国の状況如何では、国家間民主主義は損なわれることになる。そしてこのことは、グローバリゼーション時代における国家の意義を問うことを求めている。

興味深い逆説は「民主主義の赤字」をめぐって見受けられる。この語が直接に論じられたEC・EUでは、その立法過程において選挙で選出された代表議会が限定的にしか関与できないことが問題視されており[41]、より広くは、世銀やIMF、WTOなどでも意思決定過程からの排除が「反グローバリゼーション」運動を広く引き起こすまでに至っている。国際組織のうち特に重要なのは国連安保理である。冷戦終焉以降に活性化が期待されたが、特定の国家が拒否権によって優越的な決定権限をもつ安保理は、憲章第25条によって拘束力に基づく決定をなしうるのであり、さらにその射程は「立法」的機能に及んでいるとまで評される[42]。民主主義の推進の態様自体が非民主的になりうるのだ。しばしば、民主主義的価値は、民主的な方法によっては実現できない。しかも、皮肉なのは、こういった非民主的強行を担う国際組織の主たる構成員が欧米民主主義諸国家である点だろう。

この視点からの別の重要な現象は、冷戦終焉以降、とりわけ2001年の9・11テロ以降の米国の国際政策であり、その正当化の可能性として「帝国の国際法 (Hegemonic International Law)[43]」が口にされるに至っている。そもそも国際法は、主権国家平等の原理だけで構成されていたわけではなく、力による支えを陰に陽に前提にし、また、制度上も典型的には上記の安保理に関する規定のように一定の位階性を現に含んでいたが、この側面が慣行によって一層はっきりしている。米国大統領の正しさも間違いも、全世界が関与せざるを得ない政治状況にありながら、米国民でなければ、米国の大統領選挙に参加することはできない。国家の自由や平等が、同じく自由や平等の名の下に脅かされる危険性をもっているのであり、「デモクラシーの帝国[44]」なる逆説的表現を生み出している[45]。

(3) 民主主義は擁護しうるか

第3に、仮に何からの意味で民主主義が特定でき、その「国際」と「国内」の対立をひとまずおくとしても、そもそもそれが正当化されるのか、正当化できるとしてもそれはどのようにかである。この点、漠とした推進論だけが先行しているように思われる。よく引き合いに出されるように、ナチス・ドイツの台頭は、合法的な民主政治の下でなされた。1990年代のユーゴスラビアはそうではなかったろうか。一般的に、民主主義とそれが否定する全体

主義との類似性をどう捉えるべきか[46]。また、イスラーム圏で初めて行われたパレスチナの民主主義選挙が選んだハマス政権が、テロ活動を放棄していないことをどう把握すべきだろうか。他方、敢えてこう表現するなら、多くの反対を呼び起こしたイラク戦争を開始した米国は、イラク戦争に反対する人にとって、民主主義国だと言ってよいのか。2003年のイラク戦争は、その是非はともかく、他の多くの政治指導者の反対と米国自身を含む「有志連合」の多くの国民の反対にかかわらず遂行された。とすれば、世界はどのような民主主義を正当化できると考えているのか。

　ここで述べているのは、個々の体制・政策の是非ではなく、民主主義の最小限の意味である「数」は体制評価の指標として甚だ頼りないということである。民主政治は専制政治との対抗関係で良いものだとされてきた。しかし、このことは民主主義それ自体を擁護しうるかどうかとは別問題である。

2　社会契約説と排除の構造

　国内民主主義と国際民主主義を区別する必要があることからも明らかなように、民主主義の問題は、近代以降、その基本枠組みである国家の論理と密接に結びついている。国家主義と民主主義は異なるが、民主主義の問題はその両者の連関において議論されなくてはならない。この点、排除された人々の起源を、まさに国家の正当化論理たる社会契約説とともに考察する必要がある。

(1) 国内レベル

　周知のように、この理論に従えば、各個人は生まれながらにして不可譲の権利をもつ。しかし、この権利は、各人が置かれている状態のままでは十分に実現せず、ホッブズにおいては「万人の万人に対する闘争状態」と記述される[47]。そこでは、各人は、自らのもつ権利を(何らかの意味で)放棄し、それを集中させて、社会を構成し(社会契約)、更に、国家を成立させる(国家契約)。ここには2つの要素が含まれており、それは守るべき自然権と守る権力である。諸権利からの自由と、そういった権利を行使する自由である。バーリンによれば、これは2つの自由の表現であり、権力への自由 (freedom to) と権力からの自由 (freedom from) である[48]。

ここには本稿にとって強調されるべき少なくとも3つの重要な問題が潜んでいる。

　第1の問題は、権力を行使する主体に関わり、ここには民主主義と人権の対立が現れる。ホッブズにあっては、絶対的なリヴァイアサンに権力を集中させるのであり、しばしば専制モデルと認識されている。ルソーにあって、この対立が解消されるのは、共同体の構成員が完全に一致することであり、ルソーが「一般意思 (la volonté générale)」として表現したものであるが[49]、しかし、これが非常に擬制的であり、少なくとも現実にはそのまま制度にできない。民主主義の制度的表現は、現状では代議制民主主義しかあり得ず、このとき、治者と被治者の権力関係が問題とならざるを得ない。そして、可能な多数の選択肢のうち、もし民主主義が定義通りに適用されるなら、治者とは多数者を意味し、多数者と少数者の対立が問題となる。別言すれば、多数者は、多数者であることによって強者なのではない。多数者は、民主主義によって強者となるのであり、しかし、意見の多様性と必然的に必要な代表制によって、多数者が「少数者」を生み出すのである。実に、代議制民主主義をとる近代自由主義国家は、民主主義と人権は、依存と対立という和解不可能な2つの原理を永遠に調整する過程にある。

　第2の問題は、「国民」ないし「人民」の範囲についてである。社会契約説の出発点となる人権は、「人たればこれを有する」ことによって「普遍性」の理念を備えている。ところが、この理念たる人権が実際の社会の中で実現していくためには、何らかの制度、社会契約説で言えば国家を通じて実現されなくてはならない。従って、結果として見るなら、「人権」というのは、譲り渡せない普遍的性格を出発点としつつも、「社会契約」が一定の政治共同体を前提とし、実際にはそれは「国家」であることによって、「人権」ではなく「国民の権利」となっている点である[50]。民主主義というときの「民」の内容・範囲がまさに問題になり、ここにおいて、反射的に排除される人々が生じざるを得ないのである。

　このことは、第3の問題と関わっており、それは「人」の抽象化に関わる。近代社会契約論の1つの前提は、抽象的人間一般を措定したことである。ホッブズやロック、ルソーがそうであったし、契約論の高度の抽象化を狙ったロー

ルズにとっては、自己の属性を知らない「無知のヴェール」を知らないことが正義論の理論的確信の1つになっている。しかし、抽象化の強みは弱みとともにある。"人たれば有する"ことによって広くどんな人にも付与される人権が、同時に、個々の属性に応じた特殊性を考慮する論理を提供するのは容易ではない。抽象化によって捨象される典型的性質は民族性である。国民国家あるいは民族国家と邦訳され、あるいは単に"国(家)"として記述される今日の nation-state は nation と state が合致したものと考えられているが、実のところ、両者が多様な形でずれた社会である[51]。このずれが、後述のように、様々な類型の排除された人々を生み出す要因になっている。

(2) 国際レベルにおける二元的構成

社会契約説における以上の民主主義と人権の対抗関係、統治の基本構成は、国際的レベルではどのように構成されるのだろうか。国際人権の可能な構成について十分な議論があるとは言いがたいが、まずは大きく2つの構成を考えることが有用だと思われる。主権国家体系を国際社会の基本的構造と考えるのが、現在の国際法学における一般的な理解であることを踏まえつつ、それを前提にする二元的構成と、前提にしない一元的構成である。

二元的構成と言うべき構成の下では国際法上の原則である国家間における不干渉原則や国家自由が強調される。国際関係は基本的には戦争状態であり、少なくとも競争状態にあるが、それを克服するものとして国家間の契約が存在する。なされる国際協力は相互利益の増大に重要な関心が置かれる。各国の人権保障もその1つに数えられる。これが、現在の国際社会・国際法の支配的な認識だと言ってよい。

国家自由が強調されるこの構成の下では、国家が民主主義・人権の理念を共有していないことがありうる。この場合、一国家内において国家が社会契約によって正当化されているとは限らない。国際関係において人権・民主主義によって正当化する議論が主流だったとしても、実際の世界各国では内部においてはその問題性が指摘される国は少なくない。

他方、国内における先に見たような社会契約が成されている場合もありうる。国家内部で人権保護を目的とする社会契約が締結され、それ故に民主主義もこの内部が完結し、その後、諸国家同志がその国家目的を適切に果たす

べく2度目の社会契約を締結し、この別のレベルで民主主義も問題にする。主権国家体系を国際社会の基本的構造と考えるのが現在の国際法学における一般的な理解であり、国家の正当化要因を組み入れて議論するとすれば、このような説明になる。

　この構成の下、国際連合や人権条約を2つ目の社会契約に擬することができるだろう。社会契約の論理を用いて、このモデルを積極的に説いたのは、ジョン・ロールズである。彼は『正義論』からすれば後述の一元的構成を採りえたが、晩年の『諸人民の法』においては2つの社会契約を説いた。そして、2つ目の契約では遵守されるべき8つの項目が採択されるとし、その中に人権が含まれている[52]。

　一見すると意外だろうが、二元的構成の問題性が見えにくくなるのは二段階で契約を結ぶ場合であり、ロールズであれば「理想理論」の議論と呼ぶ場合である。というのは、国内において人権保障と民主主義を標榜していても、その原理が二元的構成によって国際的側面と結びつくとは限らないからである。理論上は、人権保障を目的とする社会契約が国内に存するので、当該国民については、人権保障が十分だとも言える。例えば、1992年まで自由権規約の当事国ではなかった米国について、それを理由として、他の諸国と比較して──人権条約を批准していた他の幾つかの諸国と比較しても──著しく人権保障が劣った国だと考えることはできないだろう。しかし、そうなるとこの構成にとって、国際人権規範は国内人権保護促進にとっての促進要因ではあっても義務的なものではなく、場合によっては不要な重複となろう。例えば日本の国際人権規範への活用が消極的であるのは、自国国内法による人権保障への自信ないし過信のためである[53]。事実として多くの「人権先進国」が外部からの批判を免れているとは言いがたく、とりわけ、後述のように、外国人などの政治的共同体のメンバーではない場合では、一層このことが明らかとなる。

　二元的構成において、国際人権規範はどのようにこの国家に関与するだろうか。人権を尊重しない国でも国際人権条約を締結することはありうる。更には、理事国になることもあり、それがまさに「国際連合人権理事会」創設の動機だった。実際に人権を尊重するかしないにかかわらず、ここで締結さ

れる人権条約は、個人にとって「反射的利益」である[54]。条約を締結するかしないかは国家の完全な裁量に委ねられるのであって、そのようなものは、基礎付けの視点からは人権とは言えない[55]。また、妥当範囲についても、条約は締結国の範囲でのみ結ばれるのであり、その保障の範囲は、ちょうど国内法における「国民の権利」に相当している。そして、人権条約を結んでいれば、人権を尊重するというのは推定できても、ナイーヴな見解である。もちろん、国内人権保護のために国際人権条約を結ぶ場合もあろうが、単に国際的批判を免れるために形式に締結する場合もありうる。

　民主主義論との関係については、非民主国家は通常、条約を結ぼうとしないだろう。これは、非民主的国家が決定権を限られた政治集団に集中することを特徴としているからである。条約の締結は人権条約に限らずそれを損なう。他方、民主主義国ではなくても、開明専制君主は人権条約を締結する可能性があり、プラトン的な哲人政治が行われている国が有れば、そこが人権条約を締結する可能性はある。逆に、民主国家が国際人権条約に対して積極的になるかどうかも別問題であり、最も典型的なのは米国である。更に、他国民の人権を尊重するかどうかも別問題である。

　また、二元的構成は先にあげた社会契約説の問題のうちの「人」の抽象性をそのまま世界大に拡大することになる。血や土地に基づく nation と統治機構たる state の範囲は合致しないが、二元的構成が社会契約説の抽象性と組み合わせられると、この事実は見えなくなりやすい。

(3) 国際レベルにおける一元的構成

　二元的構成に対するのが一元的構成であり、国際と国内の平面を分けない。法は、最も基底的な部分では、地球上に一元的に一様に妥当する。もちろん、国家間法としての国際法がなくなるわけではないし、国内法も残る。つまり、この構成は法の一元論であると同時に法の多元論でもあり得、個別主体間の権利義務関係を超えて「法」状態を創出する。もっとも、国際「法」とは、本来このような形でしか存在し得ない。「世界政府」「世界国家」の構想はこのモデルに属する。また、国際関係を「国際社会」ではなく「国際共同体」と記すとき、この理念がより強く表現されている。国際関係は基本的に、平和状態として記述される。

一元的構成は、二元的構成における人権の国際的保障の不安定さを乗り越えようとし、世界大の社会契約が一度だけ行われる。実際にはこの途を辿らなかったものの、ロールズの『正義論』からの自然な拡張はこれであり、ベイツやテソンがこの主唱者である[56]。国家はその論理からは必要的ではなく、現に存在する国家は、その一度だけ行われた社会契約の内容を効果的に実行するための機関として再構成されることになる。人権条約は、国家が受諾を任意に受け入れるものというよりも、既に存在している義務の実定的表現の1つとして理解される。もちろんこの構成が現代の世界規模で妥当しているとは言いがたいが、地域を限定するなら、欧州地域では実現していると言ってもよいだろう。例えば、オーストリア vs. イタリア事件（1960年欧州人権委員会決定）では、「条約の締約国によって引き受けられた義務は本質的に客観的性質（an objective character）を有し、締約国自身のために主観的かつ相互的権利を創出することというよりはむしろ、締約国のいずれかの国による侵害から個人の基本的権利を保護することを企図している」と述べられている[57]。留保の許容性や義務の継続に関する一般的意見[58]に見られるような自由権規約委員会自身が考える自由権規約の意義も、同様に理解できる。

　一元的構成の下に社会契約説を唱えるメリットは、特に無国籍者や難民の問題に現れる。複数の社会で社会契約が実施される場合にはそこから漏れ落ちてしまう人が生じる危険性があるが、一元的構成の場合、排除される人々は定義上は生じない。また、この構成の理念を徹底すれなら、民主主義の理念の自己統治である直接民主制が世界大で妥当することを要請することになろう。

　しかし、一元的構成を現実に当てはめようとすると幾つもの問題が生ずる。問題の1つは、何よりも民主主義の一元的構成なるものが実現困難であることにある。既に、国内という狭い範囲でも代議制は不可避だと考えられている。更に、目指されるべき理念としても、安易な標語的な着想としてはともかく、徹底して構想されているのか疑わしいところもある。例えば、人口の多い国（米国、中国、インド、ロシア等）は国連総会で人口数に応じた票をもっているわけではないが、民主主義の一元的構成からするとこのことは肯定できないはずである。しかし、上記の国は国際社会において強大国であり、民

主主義の一元的構成の実現は多くの少数者にとって脅威だろうし、この主張が「民主主義」の名の下に正当化できるかどうかは疑問である。実のところ、平等が目指されているのは必ずしも個人レベルではないし、実際にそれを求めようともされていない。主権国家が国内における権力分立と同様に機能しうるのであり、個人単位で数えることよりも二元的構成に基づいて国家単位で数えることに、規範的により大きな魅力があると考えられている。

一元的構成の別の問題は、国内レベルでも問題のある抽象性問題が、国際レベルで一層甚だしくなる点にも見られる。世界的には一層多様で異質な民族や政治体制が存在するからである。そして、世界の一体性という擬制を一元的価値によって強行しようとするとき、それが「人権」の御旗を掲げつつも、かつてカント──コスモポリタン的側面が不当に強調されている──が警告した「帝国」の問題に至らざるを得ない。つまり、多くの国家が分離している方が「理性の理念によるかぎり、他を制圧して世界王国を築こうとする一強大国によって諸国家が溶解していくよりも、ましなのである。なぜなら、法は統治範囲が拡がるとともにますます重みを失い、魂のない専制政治は、善の萌芽を根だやしにしたあげく、最後には無政府状態に陥るからである[59]」。これは、先に言及した現代における米国の覇権の問題に通ずる。

また、実現する制度設計においても一元的構成はある程度の魅力を保ちつつもそれは徹底しえず、現実には多くの側面で二元的構成へと還っていく。とすれば、またもや二元論の限界をどこまで超えうるかが問われ直さざるを得ない。このことからすると、まさに国家の正当化要因たる社会契約によって、排除される人々を産み出す構造が埋め込まれているとさえ評価されうる。これは二元的構成と一元的構成で程度の差はあれ、変わらない。

II 排除と国民国家 (nation=state)

非民主的な体制が経験的に人権を侵害しやすいとは言えようが、しかし、民主主義あるいは国際民主主義をとれば──それが二元的構成であれ、一元的構成であれ──人権侵害がなくなるとまでは言いがたい。では、民主主義

の単純な称揚によって排除される人々はどのような者達なのだろうか。

1 共同体外の存在

　特定の社会の中で締結されるのが社会契約説なのだから、定義上、社会契約説は当該社会以外の考察には関与せず、対外的な行動の在り方については示唆しない。「人民による人民のための」民主主義は、他の「人民」を顧みる論理をもっていない。

　近代における社会契約説の創始者達は、共同体の外に対して多くを語らなかった。ホッブズは、社会契約説を説いて、諸国家間については事実認識として敵同士だと見なしていた[60]。また、ルソーも『社会契約説』の最後で国際法や戦争と征服の法など国家を対外諸関係で把握することを「非常に広大で新しい対象[61]」として触れるのみだった。彼の愛国主義は人類愛と結びついており、社会契約説の国際化の可能性を含んでいたし[62]、歴史上、マルクス主義のような階級による国際連帯の可能性を拡げていったが、それは十分に継承されないまま国家で仕切られたナショナリズムに彩られていった。民主主義は、それが必然的ではないにしろ、排他的な愛国主義と結びつきうる。

　典型的には戦争において、勝利を目指すことは他の共同体に対して敗北となることを求めている。戦争に限らずゲームがゼロ・サムとなるときは対外的に攻撃的な姿勢が対内的には愛国の表現となる。また、人道的干渉の「義務」が言われない限りは、諸国家の権力者達は「無視」という排除が可能であり、あるいはそのように正当化される。この他、例えば援助論は導きにくく、あるとすれば、自国国益の視点からの戦略的・打算的「援助」である。伝統的な国際法からすれば、自国に関わりがない限り何ら義務は生じない。にもかかわらず、それを成そうとするなら、援助は少なくとも、自国が振り分ける自国内の別のところに資金を投入することなのだから、「売国奴」となる。従って、国外の貧者を当該社会の認識から排除する論理が優勢となる。

　一層重要なのは、一国の民主主義の達成が他国のそれを犠牲に成り立っているとも言える点である。歴史的には、西欧列強が植民地から搾取してその内側で民主主義を醸成する一方で、そのために発展途上国の支配層を支持し、

当該国の民主主義を阻害してきた[63]。民主主義国家同士が戦争しないという経験則は民主主義と非民主主義国との戦争、非民主主義国家同士の悲惨さを無視しているだけでなく、それが、特定国の民主化によってがもたらされている可能性を問題にしていない。ちょうど政治共同体が戦争状態を外に追いやりつつ内部に平和状態を作り出していったのと同様であり、あるいは、アテネにおける民主主義が奴隷制度と共にあったことと同様である。民主主義国がその維持のための負荷を外部化することで当該システムを維持している。

2　不完全な共同体構成員
(1) 疑似「国民」の要因としての国籍

　国籍は、人々の排除にとって決定的とも言える意味をもっている。主権国家体系が基本構造の国際社会において、国籍の剥奪・不付与は人々を特定の共同体から排除することを意味し、不可視の領域へと追い払う手段である。国籍への人権なるやや珍妙な表現が国際法上言われるのはそのためであり、世界人権宣言第15条、自由権規約第24条3項、児童の権利条約第7条1項後段などが規定する。

　しかし、基本的に国家が決められることには変わりない。この分野の先例であるチュニス・モロッコ国籍法事件勧告的意見（1923年）においてPCIJは、ある事項がもっぱら国の管轄に属するかは本質的には相対的であり、国際関係の発展に依存するとしつつ、「国際法の現状において、国籍の問題が原則として、この留保領域に属する[64]」と述べるが、この事態は現在も基本的には変わっていない。国籍選択について、個人の権利をできるだけ認めようという方向性はあるものの、それは国家が枠づけた範囲内でのことであり、自由に国籍を選べるというわけではもちろんない。従って、一方で国籍への人権を認めつつも、それに対応する明確な義務はないのだから、国家が国籍付与の裁量をもつ限り、それは「絵に描いた餅」になりかねない。国民の権利が特定国家に対する義務づけと対応するのに対して、国籍をもつことがこの「国民の権利」への前提になるという重要性にもかかわらず、国籍への人権には明確な形で対応する義務はない。

(2) 疑似「国民」——無国籍者と難民

　無国籍者と難民は古典的な社会契約説の説明の外にある。人は出生時に通常どこかの社会に生まれるので、社会契約を実際に経験しなくてはいけない局面に陥ることはまずない。他方、無国籍者は例外的である。無国籍者の選択肢は2つあり、自分と同様の状況にある人々と社会契約を結ぶか、あるいは既にある国家の中に入っていくことであり、前者は通常はあり得ず、後者が現実的な選択肢となる。そして、当該国家への入国は国籍取得という「社会契約」への第一歩である。

　難民の場合が特殊に見えるのは、本来、自己の権利を保全するために社会契約・国家契約を経ているのに、まさにその国家が当該権利を侵害する点である。あるいは、保護に無関心な第三者となってしまうことである。しかし、これは社会契約の論理から出てこない論理だったわけではなく、ホッブズのような専制的なリヴァイアサンの場合は、そのようなことがあった。また、他の社会契約説に照らしても、犯罪者に対する処罰までは否定されていない。もちろん、「難民」が政治的理由で犯罪者となることはあり得、これがまさに政治難民として難民条約が典型的に予定する類型である。しかし当該人物が犯罪者かどうかの判断権は、依然として国家の側にある。

　ヘンキンは、諸個人がその社会を去ることによって社会契約を終了させる権利をもつと述べた上で、しかし、どの国に住むかについての権利もないような状況では、「国を去る権利、従って、迫害によって去らなくてはいけない人にとってさえ、それは中途半端な権利、あるいはそれ以下なのだ[65]」と述べる。無国籍者と難民が特定の国家に入国を許可されるかどうかは国家の裁量に委ねられている。1951年難民条約や議定書は実体規定を定めているが、認定手続を定めておらず、これは各国の自由に任されていると考えられている[66]。

　民主主義は、無国籍者や難民にどのように作用するだろうか。民主主義国家が自国民を進んで難民として出国させることは少ないだろう。しかし、受け入れとなると、逆に作用する可能性が高い。例えば、無国籍者・難民の受け入れは、それが選択的でないなら、労働・教育などの面により多くの国家予算を要すると考えられる。また、低賃金労働者の流入は、それによって、

当該国の下流階層の労働環境を悪化させる可能性がある。博愛主義が実際には、当該受け入れ国の下流階層の生活を圧迫するとすれば、その下層階層がより多く参加する政治システム、より民主的なシステムの下では、受け入れはより困難になろう。国内民主主義は、無国籍者・難民の受け入れに否定的に機能しうる。

　日本の入管法の入管実務家によるコメンタリーは、人の福祉は人類社会のすべてを保障するのではなく、一次的責任が国家にあると説明した上で、「とりわけ、民主主義が普遍的な原理となり、国民福祉の向上に努めることが民主制国家の最大の政治目標となった今日においては、この国家の責務は一段と重要なものとなっている(67)」と述べる。ここには、民主主義によって求められる一国の福祉こそが最優先事項であり、現状の世界では人類すべてには及ばないという現実主義的認識が示されている。

　無国籍者・難民の問題は、主権国家体系が払うべきコストについての「割り当てシステム」が十分に機能していないことを意味している。俗耳に入りやすい議論によれば、難民の受け入れはいわゆる「国際共同体」によるべきだと主張されるが、難民はどこかの領土で生活しなくてはいけないが「国際共同体」なるものは領土をもたないし、また、生活するということは何らかの意味でその国家の共同体の一員になることを意味する。もし、難民・無国籍者問題を諸国に共通の重要な課題だと考えるなら、国家はこれを解決するための相応の負担を負うべきである。しかし、受け入れの義務自体がない状況では、民主的決定によって自己利益を最大化しようとすれば、むしろ受け入れずに他国の「好意」に便乗する方が得である。歴史上、移民によって生成してきた国は受け入れに対して相対的に好意的であるが(68)、他方で、国民の地位がひとたび既得権益化するなら、こういった国々でさえ受け入れは限定的とならざるを得ない。そして、このことは、主権国家システムを問題の根源だと考える議論が誤りであることを示している。むしろ、完全な自由移動を認めてしまうなら特定の豊かな国に人々が集中するであろうことを考えれば、調整するシステムとしての主権国家体系は依然として重要なのである。つまり、正確には、主権国家によって枠づけられた一国民主主義が、この機能を妨げかねないのである。民主主義は、何らかの歯止めがないのなら、

民主的なエゴイズムになりかねない。

(3) 疑似「国民」——外国人

　特定国における外国人一般の人権の状況は、事実としては難民・無国籍者よりも良いだろうが、その基盤が脆弱であることに変わりはない。依然として日本の判例法理の基本的枠組みを構成しているマクリーン事件判決[69]は、他国にも通じる一般的な問題を表現している。最高裁は、入管行政が国内の治安と善良の風俗の維持、保健・衛生の確保、労働市場の安定などの国益保持の見地からの申請者への判断、更には国内外の政治・経済・社会状況等などを広く斟酌しなくてはいけないとして、法務大臣の裁量の必要を説く。そして、憲法第3章の基本的人権の保障が日本に在留する外国人に対しても等しく及ぶべきとしつつも、「外国人に対する憲法の基本的人権の保障は、右のような外国人在留制度のわく内で与えられているにすぎないものと解するのが相当」だとする。ここには、人であれば当然に有する人権は在留資格に基礎づけられており、そしてその付与自体は国家の裁量によるとする構造が存する。これは、個人の自由な入国・在留を認めなくてはいけないという義務までは国際法が国家に課していないことからする1つの帰結であり[70]、先に述べた国籍に関するチュニス・モロッコ事件判決パラダイムの一翼を形成している。

　外国人の人権について、より実効力のある基盤を求めるだけなら、例えば日米通商協定のように相互の国民の待遇について定める二国間条約は有効な手段となろう。この種の条約では、通常の人権条約と異なり、相手国の遵守と自国の遵守が相互的であり、この種の相互性はしばしば国際義務が履行される中心的な要素だと見なされている[71]。両国における民主主義の醸成は、それぞれの構成員の最大多数の最大幸福を目指すことになろう。

　他方、理論的に見た場合、この種の条約は国民の権利の保障たり得ても人権自体の基礎づけたり得ず、先に指摘した二元的構成の問題が妥当する。また、実際にこれが可能なのは双方の国が同様の価値と利益を享有しているときであり、その場合に限定される。そもそも、富める国が、貧しい国とそのような関係を望むと言ってよいだろうか。資源ももたない「貧しい国」——例えば、アフガニスタンやソマリア——が富める先進国の重要な対象となる

とは考えにくい。

　もちろん、外国人の人権の問題の全てが国内民主主義に起因するわけではないが、先に述べた無国籍者・難民の受け入れと同様の問題が生じうるのであり、典型的には格段に安い給料で働く外国人が問題となろう。諸国で生活環境に格差が歴然としている以上、より良い国への移動は必然的な欲求である。とすれば、個別的な対処には限界があるし、民主制が問題の解決に向かうとは考えにくく、むしろ悪化させる危険がある。

(4) 疑似「国民」——少数者、先住民族

　無国籍者や難民、外国人を共同体の外にいると評価する際に、彼・彼女たちには国籍がないという指標があった。しかし、国籍だけが排除される人々たる指標ではなく、少数者とその特定的なカテゴリーである先住民もまた排除された存在となりうる。これも、国民国家 (nation=state) の成立と絡んでいる。

　この点、先住民族問題にとって国家正当化要因の社会契約は独自に位置づけられる。というのは、社会契約は単に架空的なものではなく現実に根拠をもった理想であるが[72]、その力の根拠はそれが想像の世界にあるが故であることが明らかになるからである。国民の一体性を確保するには「社会契約説」が記憶を越えた遠い昔になされた虚構でなくてはならず、それが、立憲的なものとして、廃棄できない契約だと認識されることが必要である。その妥当根拠を事実に求めることはこの理論の中核に反するが、裏から言うと、歴史上の事実が一般には反対であるために、社会契約の「証拠」が存在しないことは実のところ好都合なのである。ところが、先住民族の場合の問題は、この社会契約説の存在あるいは不存在が顕在化しているのである。例えば、アイヌ民族の歴史を辿っても、ここに対等な「契約」があったと考えられない。実際には、1869年に開拓使が置かれ、1899年旧土人保護法をはじめとする倭人側の諸立法・諸政策の中で、狩猟民族だったアイヌ民族の生活は窮乏し、同化政策が強行されていった[73]。仮にそれらしきものがあっても真正の合意を欠く無効なものであり、これは「文明」諸国の一般原則に従えば無効となりうるものであり、例えば同列には語れないが1910年日韓併合条約はそのような例となろう。1840年に締結されたイギリス政府とマオリ族のワイ

タンギ条約は、ニュージーランドの国家の基本構成を表現しているが、法的にはニュージーランドにおける英国の主権を認めるものであり、また、同じくそこで認められたマオリの土地権保護はその後は十分に果たされず[74]、少なくとも社会契約説が念頭に置くようなものではない。

　民主主義は、少数者や先住民族に対して、無理な同化を強要する危険を有している。日本政府が自由権規約政府報告制度の1987年第2回報告書で示唆し、1991年第3回報告書で明確に認めるまで、あるいは1997年の二風谷ダム判決[75]で自由権規約第27条にいう「少数者」と判断されるまで、アイヌ民族という固有の存在は、国民国家体系の下で認識されなかった。シュミットがルソーの一般意思を分析して言うように[76]、ここにあるのは同一性ではなく同一視なのだ。「国籍」を有すること自体は、それを有する人々の多様性を事実としては失わせないはずだが、他方で多数者意思の強要を隠蔽する機能を有する。

　多数者は少数者に共同体の構成員であることの義務を求め、その最たる表現は一体性の維持に他ならない。端的には土地に関する諸権利が問題になる。二風谷ダム事件判決でもそれは認められていない。他方、2007年先住民権利宣言（国連総会決議）では第25-30条、第32条で土地等に関連する精神的権利、開発する権利、環境権などが認められている。土地の権原の問題は、あるべき規範論だけを採り上げても解決困難な問いだが、このことは一方で正当な権原を問題にして、他方どこかを区切りとしてウティ・ポシデティス原則を妥当させる必要がある人民の自決権の場合と同様である。カントに従うなら、人間は地上のある場所にいることについて他人よりも多くの権利をもっていないが[77]、何を以て決定的な理由と言うべきかを十分に明確にできない状況では、実際に土地の所有関係の決定を左右しているのが、正義なのだと単純に言えるとは思えない[78]。

3　国民国家再建と排除（国民国家再建における共同体と共同体構成員の「創出」）

　上記の例は全て、過去に「なされた」と考えられる社会契約による。これとは別に、理論的にのみ存すると考えられがちな社会契約が、事実として締

結される場合がある。破綻国家の国家再建に際してなされる和平合意はそのような例である。旧ユーゴスラビア、アフガニスタン、東ティモール等における和平合意は社会契約と同じ機能を果たし[79]、個人に再建された「国籍」を付与する。理論的説明である社会契約との最も重要な差違は、現代の社会契約は、「外国」の力を借りる点だろうが、他方、過去の近代国家の建設も、例えばイギリスの名誉革命におけるオランダのように、実際には、外国の関与が指摘される。

　このように創出される国家において、和平合意と選挙は別物であろう。しかし、1990年代以降の国家再建は同時に民主主義国家の建設を目指している。また、そうでなければ国際社会によって承認されない。社会契約説における民主主義的性格が、近時の平和構築過程で民主主義を求める国際的関与と相まって、一層強化されていると言える。

　しかし、この民主的性格は常に明確なわけでも徹底されるわけでもないし、他の考慮との関係で問題を引き起こさないわけでもない。というのは、国家再建という高度に政治的状況では秩序の安定こそが最優先事項であり、民主的意思はこれと一様でない関係を示すからである。もし秩序の安定のために加害者の処罰が避けられるなら、大文字の正義の名の下で、被害者の権利・利益への考慮は後退する。例えば、シエラレオネ特別裁判所やコソボ・パネル、東ティモール・パネル、カンボジア特別裁判部など国際的要素と国内的要素が混合した混合裁判所にはこの種のジレンマが存する。カンボジアの特別裁判部は混合裁判所の中でも特に国内的要素の強い例だが、これはカンボジア政府がクメール・ルージュへの処罰が投降した彼らを再びゲリラ戦へと向かわせる危険性を感じ、必罰傾向の強い国際裁判を避けたいがためだった[80]。逆に言えば、被害者の観点からの利益や権利ではなく、カンボジア全体の国内秩序を優先させたと言える。

　古くは天皇の戦争責任が問われなかった東京裁判をより複雑な例としてあげうる。周知のように、キーナン検事は国務省、マッカーサー元帥から天皇の戦争責任が問題にならないよう指示を受けていた[81]。これは、民主主義からの正当化というより、民主主義と他の利益が幸福にも合致した例だと言えるかも知れない。しかし、ここにいう全体利益は、米国の利益とも日本の

利益とも他の何かとも言い切れぬ鵺的な利益であり、更にここに言う「民主」には実際に被害を受けた人々は排除され、処罰を望む立場とは積極的に対立する。

　また、個人の賠償請求権の放棄は、異なる国家間でなされる平和条約の特徴の1つであり、国民国家が確固と確立したかに見える後にも問題が尾を引くことがある。1990年代以降の中国人・韓国人の日本に対する戦後責任の追及は、その例である。こういった動きを可能にした背景の1つは、韓国における1980年代の民主化であり、このことを捉えれば、民主主義はむしろ排除された人々を可視化しているとも言える。他方、民主主義が解決を約束するとは限らないのも確かであり、もし加害者側である日本の多数者がそのことを望まないかその十分な意思をもたないのだとすれば、民主主義のシステムによって、むしろ解決の障害となりうる。日本における「慰安婦」訴訟において、1998年の山口地裁判決は、遅くとも1993年の内閣官房長談話が出されてから早い段階で、特別の賠償立法をなすべき日本国憲法上の義務があったとし、既に立法すべき合理的期間を経過したとして、立法不作為が国家賠償法上の違法を認定した[82]。民主的決定の場である国家においてなされるべき立法が成されていないという判断は、別言すれば、民主主義に伴う怠慢、多数者による無視を指弾するものである。そして、この判断は高裁によっては維持されなかった[83]。

　平和構築はしばしば妥協的でなくてはならず、全体秩序と個別利益はできるだけ調和されるべきだと考えられるが、例えばその試みを真実和解委員会に見出すことができる。これは、権利や正義の発想を徹底させずに、むしろ秩序の安定を根拠に後退させて、和解という形で調整しようという試みだと言える[84]。しかし、逆に言えば、こういった排除された人々への考慮が限定的だということも示している。

III　排除と法

　法は国家と同様に、排除を促進しうるものである。というのは、法は民主

主義体制においては、改訂の際の硬性・軟性の程度差はあり得ても、少数者の方が決定するということはなく、基本的には多数者によって作られるからである。もし法が純粋に合意主義だけの産物だとすれば、つまり、法が諸個人の意思の算術的合計だとすれば、良き統治にとっての法の有用性と民主主義の有用性は重なることになり、法は多数者意思を表現するだけのものとなる。

法が排除の態様となることは、国内法か国際法かを問わない。近代国家は他の政治共同体と異なり領土をもつので、その排除の態様は物理的であり、法による排除は形而上学的であり目に見えない「壁」を構成するものとして対比することもできるが、実のところ、国家とは法の実現形態の1つに他ならず[85]、国家による排除は法による排除の一類型といえる。本節では、国民国家形成との関わりを離れて、より一般的に法による排除について論ずる。

1 法形成からの排除

(1) 国家法の形成

国家法がその成立の当初より排除を伴わざるを得ないのは、共通の血や土地、共通の言語、価値観、歴史を基盤として「国民」を作らなくてはいけないことに伴う。実際には多様である人々において、現実に適用可能な最大公約数の要素を取り出すこと、即ち多数者に着目し、それに異なる少数者を含めて同一性を強調することで「国民」としなくてはならなかった。しかし、このことを裏面から言えば、特定の人的集団を国民ではない者として排除したり、実際には存在する差異を見ないことで同一の構成員とすることを意味するし、当該政治共同体の構成員でないにもかかわらず、その領域にいるものは、治者と被治者が確保すべき自同性の射程からは外れることになる。典型的には外国人の参政権問題がそうである。

外国人の参政権問題は、関係する外国人の類型（定住外国人、難民、一般外国人、等）[86]と問題となる参政権の種類（国政選挙と地方選挙、選挙権と被選挙権、公務員就任権、等）によって議論が異なってくる。地方参政権について、日本であれば[87]、憲法93条2項が日本に在留する外国人に対して地方公共団体における選挙権を保障しているわけでないとされる一方で、日本の在留外国人のうち「永住者等であってその居住する区域の地方公共団体と特段に密接

な関係を持つに至ったと認められるものについて」、地方公共団体の選挙権を付与することが憲法上禁止されないとして[88]、一定の範囲を地方の裁量に委ねている。一般に、外国人参政権問題は賛成論・反対論もそれぞれに決定的ではないように思われる。外国人が「国民」ではなく住民としての性格を帯びているが故に認めやすい地方参政権では、「現代の様な『ボーダーレース化』の時代になると、『定住者＝国籍保持者＝国民』の等式は成立しなくなっているのであるから、少なくとも参政権については『国籍基準』ではなく『定住基準』に依拠しなければ、憲法が採用している民主主義の本来的機能を果たすことはできない[89]」という主張は1つのもっともな理由である。他方で、中央の機能の地方への移譲が言われ、まさに賛成論が指摘するグローバリゼーションの時代には、例えばイラク反戦決議や竹島領有に関する決議のように地方議会の行動が一国内にとどまらない重要な意味をもっている。このことからすれば、ことは単純には認められないだろう。身近な生活の場での出来事が容易に国境を越えて問題化するグローバリゼーション時代であるが故に、逆の考慮も必要になる。前述のように、一元的構成は徹底した形では支持することが困難である。この問題を決するだけの理由がないように思われるのは、国家法を収める範囲たる国民国家という単位は、現代世界における最も基本的単位でありながら、同時にその立場を相対化させていることに伴う。

　他方、自己統治が民主主義の本質だとすれば、自己に関わる法形成の決定に参与できない点で、個々の外国人が民主主義の原理から排除されていることも事実である。しかも、この非民主的帰結は、まさに民主主義──当該国家内よる多数者の決定──の帰結として生じている。

(2) 国際法の形成

　国際法の形成においても排除された人々が生ずるが、その形態には複数ある。国際法の二大存在形態の1つである条約について言えば、これは近時、民主的統制に服すことが求められている。より重要な条約は行政府だけでなく国民の代表たる議員で構成される議会において決定され、また、NGOの関与が重要な役割を担うようになっている[90]。もちろん、実際に民主主義国家が多いかどうかは別問題だが、国際法が国家に編入されるその態様にお

いて、国際法規範が民主主義を求めている方向を打ち出していること自体が重要であり、多数派の良い面も悪い面も反映されやすくなる。

　国際法のもう1つの重要な存在形態は慣習国際法だが、これは一般に、実行と法的確信を要件とすると考えられている。慣習法形成は、その性質上、条約よりも不明朗にならざるを得ないが、全ての法主体が同様に法形成に関与しているとは言いがたい。実際には、関係する個別法主体の「力」がものをいう。慣行を繰り返せるということはその分、例えば国力があるということであり、法的確信を表明するにはそれが可能なだけの情報発信力・収集力が必要である。慣習国際法が基本的には大国の利益と両立すると言われたり、基本的には慣習法形成の中で国際法が保守的だと言われるのはこのためである。慣習法生成の要因を覇権国の軍事力に示されるような狭い「力」に限定せずに、より説得力ある議論の提示に見出す見解[91]は適切だと思われるが、この場合でも、情報発信能力を初めとするより広い意味の——そして本質的な——「力」の問題は残る。

　国境を越えた法形成において着目すべきはNGOの活動である。人権分野のほか、例えばICC規程や対人地雷禁止条約作成過程に見られるNGOの役割の大きさが指摘されている[92]。他方、よく知られているようにNGOは欧米に偏っている[93]。そのため、国家に対抗することで国際民主主義の一翼を担うと考えられるNGOも、それを担う「民」の一体性が保証されているわけではない。典型的には、女性の権利をめぐる、先進国フェミニズムと発展途上国フェミニズムの路線の違いは、いずれの結論が正しいかとは別に、多数意見が少数意見に対して不用意に優位する危険を示している。また、世界レベルでの事実上の共通言語は英語であって[94]、その他の言語が十分な情報発信力を持ち合わせているとは言いがたい。実際には大多数の発展途上国で自国言語取得を確保するための初等教育にすら困難が生じている現状では、仮に「国際世論」が慣習国際法に新たな仕方で影響を与えているとしても、排除されている人々がそれに参画する能力は著しく劣っている。

2　犯罪化

(1) テロ問題における排除

法が排除の有力な表現であることを明瞭に示すのは、特定の行為や主体を、犯罪化するときである。近時の最も明確な事例は、米国における「対テロ戦争 (Global War on Terror)」をめぐってであろう。01年9月11日の同時多発テロの翌日、ブッシュ大統領はこれを「戦争行為 (acts of war)」[95]と性格づけた。一般的に言えば、当該事態を戦争と認定するかどうかは単純ではない。一方で、9・11は従来のテロリズム法体制の枠内で処理すべきだと考え、平時における犯罪と捉えて、その国際協力のためのメカニズムが機能すべきだったとも言える[96]。他方で、被害規模の大きさや事態の深刻さに鑑みて戦争とも言える。「評価の余地」理論に従い、大統領がその範囲で自己の権限に基づいて決定できるなら、それは1つの決定として構わないことになる。

　しかし、ここで問題にすべきはその一貫性に関してである。もし米国が、ブッシュ大統領の言うようにアルカイーダと戦争をしているのであれば、武力紛争法が適用されなければならず、捕らえられた者は1949年ジュネーヴ条約第3条約（捕虜条約）の「捕虜」（同第4条）として待遇すべきだということになる。他方、彼らを「捕虜」に当たるとすると通信の自由などの各種権利を保障しなければならず、アルカイーダの実態解明や壊滅の障害となる。テロリストは、国内法上の犯罪者でも人道法上の「戦闘員 (combatants)」でもない、「不法戦闘者 (unlawful combatants)」、「敵性戦闘員 (enemy combatants)」と位置づけて、捕虜条約上の「捕虜」には当たらないとするに至った[97]。ヒューマン・ライツ・ウォッチなどの国際人権NGOや赤十字国際委員会は、米国が抑留者の手足を縛り目隠ししているなど不当に待遇していると批判した。

　この問題が先鋭に表現されたのは、2006年米国連邦最高裁のハムダン対ラムズフェルド事件判決である。アフガニスタンで拘束されグアンタナモ基地に収容されていたイエメン国籍のハムダンの抑留の合法性について争われたこの事件で、連邦最高裁は、軍事委員会に訴追の権限がなく手続に違法であることや、ハムダン訴追の手続が1949年ジュネーヴ諸条約に違反しているとした[98]。共通第2条の適用可能性については判断を避けつつ、共通第3条を最小限の保護の要請として妥当することを認定し、「正規に構成された裁判所で文明国民が不可欠と認めるすべての裁判上の保障を与えるものの裁判によらない判決の言渡及び刑の執行」を禁止する第1項(d)に違反している

とした(99)。しかし、連邦最高裁によるジュネーヴ条約違反の認定にもかかわらず、その後の立法は事態を変えていないというべきである。判決の数カ月後、議会は2006年軍事委員会法(100)を制定する。ここで敵性戦闘員(unlawful enemy combatant)にとされた者に対する軍事委員会の管轄が認められ、これは上記の1949年ジュネーヴ諸条約共通第3条に定める裁判上の保障を提供するとされる(§948b-(f))。しかし、軍事委員会の審理にかかっている外国籍の敵性戦闘員は、ジュネーヴ条約上の権利を援用できない(同(g))。また、人身保護ほかの手続においては何人もジュネーヴ条約上の権利を米国に対して主張できないとされる(同第5節)。とするなら、ハムダン事件判決で示された違法性は実質的に引き継がれると言わなくてはならないし、国家間条約たるジュネーヴ条約の違反がその違反を引き継いでいる国内法によって正当化されるわけでもない(101)。ここでハムダンは国内法によっても国際法によっても保護されない存在となるが、この事態を生み出した無視できない要因の1つは、民主主義によって選挙された代表者からなる議会の決定である。

　ハムダン事件に先立つハムディ対ラムズフェルド事件判決(102)も本稿にとって興味深い展開だった。ハムディもアフガニスタンで拘束され、グアンタナモ基地に移送されたアルカイーダ兵として「敵性戦闘員」とされたが、ハムダンと異なるのは彼が米国市民だったことである。ハムディ側は拘禁の合法性を争い、憲法修正第5条(適正手続)、修正第15条(公民権)の違反を主張した。連邦裁は控訴審の判決を覆し、議会が限られた状況の下で戦闘員の拘禁を認めたとしても、適正手続に従って、敵性戦闘員と主張されている米国市民は、中立的な決定者の前で拘禁の事実的基礎に反論する有意義な機会を与えられなくてはならないとした。しかし、このような判断が可能だったのは、ハムディが米国籍をもっていればこその話である。更に、ハムディ側の弁護士と米政府間の交渉の結果、ハムディはサウジアラビアに戻ることが許されたが、これは彼が米国籍を失うことを条件としていた。より一般的に言えば、出入国管理の諸法が「テロとの戦争」の手段となっている(103)。

　もちろん、テロリストは、既に述べた例えば難民などの排除された人々とは異なるのだと論ずることもあろう。しかし、実際には重なり合う部分も多い。例えば、ハマスはパレスチナ難民によって支持されている。オサマ・ビン・

ラディン自身はサウジアラビアの裕福な家の出身だが、しかしテロリストは破綻国家による難民から多くの人材を調達している。9・11テロを南北問題や中東問題との連関で語る論者も多い。もちろん、全てのテロリストが過去に難民だったと言えるわけではないが、重要な関係があることも指摘しておく必要がある。

　テロリストと本稿第2節で見た排除された人々との類似性は、単に経験的なだけではない。両者は、等しく法によって排除されている。無国籍者はその定義上、国内法の外におり、難民も外国人も同様である。国際的統制は、とりわけ二元的構成によるなら確固とした基礎をもたない。ハムダンの場合、米国当局の構成によれば、一方でそこにあるのが戦争状態であることによって国内法とそれに基づく保護から排除され、他方で1949年ジュネーヴ諸条約の保護からも排除される。このことは、確立したかに見える武力紛争法の平等適用[104]に対する現代的な限界を問題化することになる。ハムディの場合は、米国籍をもつことによって国内法上の保護を受けるべき立場であることは確かである。しかし、逆にそうであるが故に国籍を放棄することによって米国は法の外へと放逐し、そのような「あるべき」状態を実現しようとする。

　人権はすべての者に平等に共有されると言われる。しかし、それが主張される際には適用対象が法の内側にいることがあたかも前提であるかのようであり、一度法の外に置かれてもなお人権の享有が認められているかは疑わしい。不法戦闘員はその明確な例である。ここでは2種類の「犯罪者」を区別することが肝要である。1つは、法に違反した行為をしたがなお法の内にあり、人権を享有できる違法な者 (illegal person) である。他方は、法の外にいる者であり、法の利益を奪われる法外の者 (outlawyer) である。法システムとしてのOutlawryは英国の古い制度の中に見出され、1938年に公式に廃止され、これは米国法では知られていないとされるが[105]、「不法戦闘員」はその現代的例と言える。ここで表現されているのは法外で展開する、シュミットが語る友敵関係における「敵」である[106]。「違法な者」／「法外な者」は「正しい敵」／「不正な敵」の区別に対応し、それぞれの後者が本稿の論じている排除された人々の別名である。

(2) 民主的な排除

ここで民主主義はどのように機能するか。民主主義はしばしば他者に対して冷淡であるが、このことは安全に関して如実に現れる。安全は全ての人が関与する国家の最小限の存在理由である。この目標達成の方法は、あるべき状態が絶対的に存在し、そこから足りない部分を早急に改善されるべきと考えるいわば「減点法」によって評価される。ありうる危険をできるだけ多くできるだけ早く排除していくべきなのだ。

　安全をめぐるこの性格は、特にテロリズムで顕著である。テロリズム概念の曖昧さがしばしば指摘され、確かにテロの包括的な定義と呼ばれるものについてはそうだろう。しかし、実際のところテロ関連条約における禁止行為は明確である。例えば、1997年爆弾テロ防止条約第2条、1999年テロ資金供与防止条約第2条は、その意図や具体的な行為について明確に規定しており、その具体性が国内刑法に劣るとは思えない。にもかかわらず、恐怖が不確定性をもって存在するのは、それがいつどのように起こるか分からないことを本質とするからである。テロリズムとは犯罪行為類型というよりも、犯罪に伴う人間への心理的影響を捉えた表現だと言うべきだろう[107]。人々はただ想像し、ただそれに恐怖する。冷静に考えれば、日々の交通事故の方がより多くの死傷者を出しているのであり、日本だと年間約1万人が日常的に死んでおり、非日常であった9・11の約3千人よりもはるかに多い。つまり、問題は死者数の過多ではない。全ての犯罪は恐怖を伴いうるが、恐怖(terror)はテロリズム(terrorism)の目的そのものであり、誰が実行するかは重要ではない。非人称化された恐怖が、過剰な反応と共に永続的に人権を侵害する警察国家を招きかねない。そしてこれこそがテロリズムが最終的に「成功」するときである。

　このテロリズムの成功に、多数者は手を貸しかねない。というのは、安全は多数者によって重要な価値だと考えられており、それは危険な要素を可能な限り多く、可能な限り早く除去することを求めることになる。ここで、起こりうる危険とは想像力によって認識される。ここから出てくる帰結が、共同体をできるだけ純化して、敵になりそうな存在を排除することである。構成員の純化は民主制にとって抗しがたい傾向であり、それに制限を加える論理は民主主義自体には存在しない。実のところ人権侵害の恐れのある政府の

諸措置について、多数者は措置が自らに及ばないことを計算しているのであり(108)、この恐怖への「自由」の行使(109)は多数者によって強くそして合法的になされる。

　民主主義は多数者を称揚するが、よく知られるように、多数が常に正しいわけではない。犯罪者の処罰は、それ自体は、遠く第三者の視点から見れば、人権侵害と変わらない。法のレンズを通さなければ、国家は泥棒であり殺人者である(110)。もし、多数者／少数者の規模によって、すなわち他ならぬ民主主義の特徴によって区別される２つの異なるサイズの共同体が相争っている状況で、双方が共通の基準、共通の「法」に依拠していないのなら、その共同体は、自らを法の外に置くことになる。法の枠内にある者が生み出すものは権限の連鎖によって合法的となるが、法の外にある者はただ法外の者を産むだけである。逆に言えば、法外の者を生み出す者は、それ自身が法外の存在と言うことになる。このことは、とりわけアルカイーダ兵への待遇等に表現される米国の例外的国家行動を念頭に置くなら、むしろ分かりやすい議論と言えるだろう。そして、このことはブッシュ政権の個別的性格に帰するわけではない。問題は、民主主義がその強行によって自らを法の外に置きうる点にこそある。

(3) 犯罪を通じた承認の獲得

　興味深い逆説は、罪を犯すことが共同体の内側に入るための手段にもなりうることである。無視された存在は犯罪によって初めて注目され、「人権」を獲得する。この点を明瞭に表現したのはアレントである。彼女は、20世紀前半における無国籍者と少数者に言及して、「法に定められた規範に対する公認された例外をなす犯罪という道のみが、無権利者をして他の人々すべてと同じに扱われる立場、すなわち法の前での平等が再び与えられる立場に帰らしめることができる」(111)と述べる。

　アレントのこの記述は、上記の図式に合致する。つまり、法外の者(outlawyer)が違法な者(illegal person)へと「格上げ」することを目指すのである。アレントの考察は国際人権法が発展するより前のものだが、しかし、事態は基本的には変化していないように思われる。先に述べたように、人権条約は遵守のための多くの手続を備えるがそれは十分ではないし、国籍への権利は全ての

人に十分な形で付与されているわけではない。アレントの指摘した事態は、彼女が語っていた時代よりも深刻のようにも思える。彼女が指摘した無国籍者や少数者が犯す罪はせいぜい強盗くらいのものだったが、グローバリゼーション時代においては、超大国の経済の中枢を麻痺させるほどの力をもっている。

ここで「グローバルな危険社会 (the global risk society)[112]」と呼ばれる現代においては誰もが被害者になりうることを想起するのは正しい。しかし、これだけでは足りない。なぜなら、他方には本人の意図と関わらず加害者になることを運命づけられている人々がいるからであり、その顕著な例は子ども兵士である。ここで加害者と被害者の境界線は曖昧となる。彼・彼女たちが「世界」によって認知されるのは「復讐」によってである。「復讐する」ことによって、むしろ共同体によって認知され、法の枠組みに入る。アフガニスタンやソマリアなどの「忘れられた土地」が世界統治論の最前線になるのは、犯罪の温床になることによってである。

言うまでもなく、全ての承認要求が正当化可能なものであるわけではない。他方で、無視・無関心と復讐という悪循環は止めるべきものである。そのためには、排除された人々を、法のレンズの中で可視的にすることが最低限必要な作業となる。

結　び

以上で論じてきたのは、世界的に称揚されている民主主義が現在の主権国家体制の下で引き起こしている影の側面である。現に起きていることを摘示するだけではなく、これがまさに主権国家体制という現在の構造と結びついており、従って、程度の差こそあれ、逃れがたい——まさに"影"であることを示そうとした。もちろん、民主主義の積極的な貢献についても一層多くの頁が割かれるべきだろうが、しかし、積極的貢献が語られれば語られるほど、この影は濃くなるのである。

民主主義やそれを国家正当化論として含む社会契約説は、素朴な形で適用

されるなら、有害となりうる。法は、必ずしも多数者の横暴に対する歯止めになるとは限らない。民主主義は、その概念を狭く縛らないなら、定義上ただ多数者を強者にするシステムとなりかねないのだから、歴史上、少数の実力ある「強者」に対抗するために多数者による統治が求められたとしても、これが常に正しい決定を行うとは限らない。実質的には何ら優越性を示せないはずの多数者が、民主主義とそれが良いという信念によって「強者」になるのである。排除は、物理的な仕方としては国境線の外側への追放によってなされることがある。ある集団がある領域をもつのは原理的には仮にでしかないのに、実際には可能になっているのは、多くの場合当該集団が多数者であることによる。国境の内部では、血統をはじめとする特定の性質への着目によって多数者と少数者は分かれ、それは差別問題となる。更に、それを包摂する排除の形態が、認識枠組みに関わる仕方で作用する。排除する側は「われわれ」でない側をしばしば無視し、一層重要なことにそもそもその存在に気づかない。法は現実を見通す視座の1つであることによって、この排除の在り方に深く関わるのである。だからこそ、人権論、しかも人たればこれを有するという抽象的な人権論を踏まえつつ、排除の具体的類型を踏まえたより具体的な人権論は、こういった世界化する民主主義の負の側面を矯正しつつ、これに対抗して綜合する原理を提供しうるのである。

　翻って、民主主義と排除の問題をことこの論文集において語る意味は何だろうか。大沼教授が民主主義そのものについて直接に言及していることは多くはない。民主主義は、大沼教授が提起する国際－民際－文際の視点のうち、「国家以外の企業、NPO、メディア、諸個人の活動や視点を重視する『民際的＝超国家的＝脱国境的』[113]」視点と最も近づけて理解できるようにも見える。というのは、この視点が、（自由）民主主義を強調する欧米諸国・地域を国家主義に対抗させるために提示したものであるからである。しかし、大沼教授の民主主義への関与は一層深いところにあるように思われる。ことは民主主義と人権の哲学的背景に関わる。というのは、この3つの視点の重要性をそれぞれ認めつつ、それぞれの視点から徹底される結論を是正・補完する思考様式において[114]、その3視点が作用する基盤には「世界各地の多様で多数の人々の発想・思考・行動様式に影響を与えている文化、宗教、個人・社

会規範などの総体にそれなりの地位を与えた上で、地球上のすべての人々に妥当する人権を探る[115]」という思考があるからである。これは「方法」とか「主義」などとは言えない素朴な態度なのである。この態度が民主主義と連なりうるのは、この記述のすぐ後で、ムスリム人口が欧米を合わせた人口をはるかに上回るという事実を提示していること、すなわち民主主義の最大公約数たる数への言及によっても傍証されるだろう。そこで目指されているのは、「さらに多くの人々に受け入れられ[116]」ることである。また、これを素朴だというべきなのは、この記述のすぐ前で、ロールズやハーバーマスによる体系的理論への不信が示されていることによる。そして、そのような理論の暗黙の前提の非普遍性を指摘した上で、まさに上記のように、地球上のすべての人々に妥当することこそを普遍性の「最も素朴な意味」と位置づけている。普遍は地球全体に及ぶものとして、そして具体的生活者のレベルで把握される。具体性への志向は、「現実主義」の観念化批判[117]とも一貫する彼の基本的立場である。理論を好みながら、演繹の源となる理論を構築するというよりは、軸足を常に具体的な問題に置きつつ、抽象的な理論的正義ではなくより多くの人々の具体的な生き方に密着した価値の受容を目指すその姿勢、生き方・思考様式としての民主が大沼教授の議論の基盤にある。「慰安婦」問題、サハリン棄民問題、より一般的な枠組みの提示としての外国人の類型論・権利性質説、これらはそういった精神的志向の表れと見るべきだろう。また、彼が若き日に同僚達と取り組んだグロティウス研究において、論理的整合性、体系性を犠牲にすることを厭わずに実践的目的に取り組んだ者としてグロティウスを描き出していることは[118]、研究主体と研究対象の幸福な邂逅と合一化のようにも見え、示唆的である。

　そして、素朴さや具体性といった精神的志向が成り立つ前提には、そのような姿勢によってより良い結論へと辿り着きうるという信念や、更に強引に敷衍して言えば、人間への愛と信頼が控えている。しかし、とするなら、まさにこの素朴な信頼は一体どのように可能なのだろうかとも問える。もはや実存的とさえ形容しうるこの立場にこのような問いを発しなくてはならないのは、このある種の予定調和的な楽観ともとられかねない態度が、他方で強調される「われわれが共有する無意識の前提からわれわれが解放され、それ

を疑ってみることができるようになること⁽¹¹⁹⁾」とどのように折り合うのかが必ずしも定かではないためである。また、詰まるところは反対できないものの、国際・民際・文際という複数の視点の終わりのない対立・競合に、もう少し見通し――あるいは"理論"と呼んでよいもの――をつけたいと思うからである。このように問うことは、学問という非民主的な行為を自覚的に選んでいる者には許されてもよいのではないかと思われる。

　もっとも、以上の問題はもはや本稿の目的を超えている。ただし、留意しておくべきことは、大沼教授が国際・民際という近代の論理に文際をぶつけて試みた止揚は、多数者と少数者、民主主義と人権という近代の論理によっても、相当程度を記述可能であること、あるいは近代的思考のうちに脱近代を包含していたのではないかということ、また、大沼教授自身の近代的コミットメントとそうでないものがむしろ整合的であることである。また、ちょうど「人権」が文際的視点によって是正・補完あるいは再構成されなくてはならないように、「民主主義」も再解釈されなくてはならず、大沼教授が陰に陽に頼りにしている多数者への信頼が実際にある場合もない場合も、対立構造とその危険について論及することは依然として重要だということである。加えて、民主主義と人権の対立の世界化という多数者への疑いを後景にもつ問題設定は、世界規模で展開する信頼と懐疑の対立に投影された主題であることも付言しておく。

（注）
(1) 民主主義は国連ホーム・ページでも特集が組まれるほどで、<http://www2.ohchr.org/english/issues/democracy/index.htm> (as of 5 August 2008) に文書が豊富である。本文の引用は、上記特集の冒頭に掲げられた国連事務総長が第51回総会に提出した報告書からである。
(2) Fukuyama, F.,*The End of History and the Last Man* (1992).
(3) Franck, T.M., "The Emerging Right to Democratic Governance," *AJIL*, Vol.82, No.1 (1992), pp.46-47.
(4) Franck, T.M., *The Power of Legitimacy among Nations* (1990).
(5) Crawford, J.,"Democracy and International Law," *BYIL*, Vol.64 (1994).
(6) Crawford, J., *The Creation of States in International Law*, 2nd. (2006); Crawford, J. (ed.), *The Rights of Peoples* (1988).

(7)　一例をあげるなら、世界を代表する4つの国際法学会が2006年にニュージーランドで開催した合同学会の共通テーマは民主主義であった。第1回大会は「研究者ネットワークの醸成―国際法と民主主義理論」を共通テーマとしていた。その成果については、*Victoria University of Wellington Law Review*, Vol.38, No. 2 (2007) 参照。また、第2回のカナダ大会（2008年）でも同じテーマが予定されている。
(8)　日本の国際法学における民主主義論の概観について、桐山孝信『民主主義の国際法』（有斐閣、2001年）、5-15頁、参照。
(9)　横田喜三郎「民主政治の意義と価値」『民主主義十二講』（日本放送出版協会、1946年）、15-25頁。
(10)　横田喜三郎「国家間の民主主義」、同上書、112頁。旧漢字・旧仮名遣いは改めて引用した。ほかに、同「国際法と民主主義」尾高朝尾編『民主主義の法律原理』（有斐閣、1949年）、参照。
(11)　田畑茂二郎『国家平等観念の転換』（秋田屋、1946年）。
(12)　田畑茂二郎「近代国際法思想の成立」尾高朝雄ほか編『法哲学講座』第3巻（有斐閣、1956年）；同「国家主権の現代的意義」『法学セミナー』No.185（1971年）（『現代国際法の課題』（東信堂、1991年）所収）。
(13)　この点を含めて、戦後秩序論における横田と田畑の対照について、酒井哲哉「戦後外交論の形成」北岡伸一・御厨貴編『戦争・復興・発展―昭和政治史における権力と構想』（東京大学出版会、2000年）、137-141頁。
(14)　松井芳郎「社会科学としての国際法学―日本におけるその形成と展開―」山手治之・香西茂編集代表『国際社会の法構造：その歴史と現状』（東信堂、2003年）、28-32頁。
(15)　石本泰雄「国際社会における民主主義」『競争的共存と民主主義』（岩波書店、1964年）、291-294頁。
(16)　石本泰雄「国際法―その『物神崇拝』」『思想』第496号（1965年）。
(17)　高野雄一『国際社会と法』（東信堂、1999年）（初出「現代国際社会の特質」『現代法の展開』（岩波書店、1965年））、80-86頁。
(18)　Crawford, J., *supra* note 5, pp.115, 130-131.
(19)　Dworkin, R., *Taking Rights Seriously* (1977), p. xi.
(20)　Russett, B., *Grasping the Democratic Peace* (1993) 等参照。
(21)　例えば、石本、前掲論文（注15）、286-303頁。
(22)　General Comment 23 (50) (A/49/40, 1994, Annex V), para.5.1.
(23)　筆者はかつてこれを "Nobodies" と表現した。Teraya, K., "For the Rights of 'Nobodies': Theoretical Response to the Globalizing Tension between Human Rights and Democracy," *Victoria University of Wellington Law Review*, Vol.38 (2007), pp.299-316. この構想は、イタリアの哲学者アガンベンが語る「ホモ・サケル」と同様である。Agamben, G., *Homo Sacer: Il potere sovrano e la nuda via* (1995)（高桑和巳訳『ホモ・サケル』（以文社、2003年））。
(24)　大沼保昭『人権、国家、文明―普遍主義的人権観から文際的人権観へ―』（筑摩書房、

1998年)、349頁。
(25) 例えば、同上書、16-29頁。
(26) 申惠丰『人権条約上の国家の義務』(日本評論社、1999年)。
(27) 大沼、前掲書 (注24)、30-33、329-337頁。他に、Onuma, Y., "A Transcivilizational Perspective on Global Leal Order in the Twenty-first Centry: A Way to Overcome West-centric and Judiciary-centric Deficits in International Legal Thoughts," Macdonald, R. St. J. and Johnston, D.M. (eds.), *Towards World Constitutionalism: Issues in the Legal Ordering of the World Community* (2005), pp.155-163、等。
(28) ジャマーヒーリーヤは「人民による政府」を意味する造語で、「大衆」を意味するジュムフールの複数形に由来する (大塚和夫ほか編『岩波 イスラーム辞典』(岩波書店、2002年))。
(29) これらには、同じく民主主義を掲げる米国が、過去または現在において「ならず者国家 (rouge state)」と指定する国でもある。United States Department of State, *Country Reports on Terrorism 2005* (2006), pp.171-177, obtainable at http://www.state.gov/s/ct/rls/crt/2005/64337.htm (as of 31 October 2006).
(30) Dahl, R.A., *Polyarchy: Participation and Opposition* (1971), Chap.1.
(31) アリストテレス(牛田徳子訳)『政治学』(京都大学学術出版会、2001年)、132-134頁。
(32) 佐伯胖『「きめ方」の論理―社会的決定理論への招待』(東京大学出版会、1980年) 等、参照。
(33) A/59/2005 (Report of the Secretary General, "In Larger Freedom: Towards Development, Security and Human Rights for All"), para.148.
(34) Franck, *supra* note 3, p.52 ff.
(35) この構造については、例えば、Allott, P., *Eunomia: New Order for a New World* (1990), pp.60-66; Crawford, J., *supra* note 5, esp. pp.115, 132.
(36) 批判的分析として、Marks, S., "International law, democracy and the end of history," in Fox, G.H. and Roth, B.R., *Democratic Governance and International Law* (2000)。
(37) Crick, B., *Democracy: A Very Short Introduction* (2002), pp.11-13.
(38) 横田、前掲論文 (注9)、112頁。
(39) 自決権の歴史的展開については、Cassese, A., *Self-Determination of Peoples: A Legal Reappraisal* (1995), pp. 11-162; 曽我英雄『自決権の理論と現実』(敬文堂、1987年)、23-43頁、等参照。
(40) 桐山、前掲書 (注8)、5-10頁も参照。
(41) 例えば、Weiler, J.H.H.,*The Constitution of Europe* (1999), pp.264-285; 須網隆夫「超国家機関における民主主義― EC における『民主主義の赤字』をめぐって―」『法律時報』Vol.74、No.4 (2002年)、等参照。
(42) Szasz, P.C., "The Security Council Starts Legislating," *AJIL*, Vol.96 (2002), esp.p.902; 浅田正彦「安保理決議1540と国際立法―大量破壊兵器テロの新しい脅威をめぐって―」

『国際問題』No.547（2005年）、等参照。
(43) Vagts, D.F., "Hegemonic International Law," *AJIL*, Vol.95, No.4 (2001). 一般には、Byers, M. and Nolte, G., *United States Hegemony and the Foundations of International Law* (2003).
(44) 藤原帰一『デモクラシーの帝国―アメリカ・戦争・現代世界―』(岩波書店、2002年)、49頁。
(45) もっとも、大国のこの種の行動は近時に特有なわけではなく、例えば、1950年の「平和のための結集」決議における米国のより「民主的な」総会への傾斜は、自国政策推進のためにあった（石本、前掲論文（注15）、311頁）。
(46) 川崎修「全体主義」福田有広・谷口将紀編『デモクラシーの政治学』(東京大学出版会、2002年)、85頁。
(47) Hobbes, T., *Leviathan* (1651) (in *Leviathan* ed. by Tuck, R. (1996)), Chap.14.
(48) Berlin, I., *Two Concepts of Liberty* (1958).
(49) Rousseau, J-J., *Contrat social* (1762)(in *The Political Writings of Jean Jacques Rousseau*, Vol II (1962)), Liv. II, Chap. III.
(50) 「人権」と「国民の権利」の違いを強調するものとして、奥平康弘『憲法 Ⅲ憲法が保障する権利』(有斐閣、1993年)、19-25頁。
(51) 福田歓一「民族問題の政治的文脈―擬制としての国民国家―」（初出1988年）『福田歓一著作集第4巻』所収（岩波書店、1998年）。
(52) Rawls, J. *The Law of Peoples* (1999), p.37.
(53) 日本の裁判所の国際人権法の利用への消極姿勢について、岩沢雄司「日本における国際人権訴訟」杉原高嶺編『紛争解決の国際法』(三省堂、1997年) 254-259頁。
(54) Henkin, L., *The Age of Rights* (1990), pp.34-35.
(55) 拙稿「国際人権の基礎―国際人権はいかにして可能か」『ジュリスト』No.1244（2003年）、52-53頁。
(56) Beitz, C.R., *Political Theory and International Relations* (1979), Part 3; Tesón, F.R., *A Philosophy of International Law* (1998).
(57) Decision of the Commission as to the Admissibility of Application No.788/60 Lodged by the Government of the Federal Republic of Austria against the Government of the Republic of Italy, in *YECHR* (1961), pp.140-141.
(58) CCPR/C/21/Rev.1/Add.6, 1994, General Comment No.24; CCPR/C/21/Rev.1/Add.8/Rev.1, 1997, General Comment 26.
(59) Kant, I., *Zum Ewigen Frieden* (1795)（宇都宮芳明訳『永遠平和のために』(岩波書店、1985年)、69頁)。
(60) Hobbes, *supra* note 47, Chap. XIII, p.90.
(61) Rousseau, *supra* note 49, Liv. IV, Chap. IX.
(62) 田畑茂二郎・樋口謹一「ルソーの平和思想」桑原武夫編『ルソー研究』第二版（岩波書店、1968年)、170-172頁。また、前述のように、戦争直後に民主主義の価値を論

じていた横田喜三郎も、同時期に、国際主義（これには国際民主主義が含まれると解して構わないと思われる）と愛国が両立しうることを論じている（「愛国と国際主義」柳田謙十郎・横田喜三郎監修『愛国の理想と民主主義―愛国心の哲学的・政治学的・歴史的・文学的考察―』（文理書院、1948年））。

(63) 坂本義和『世界秩序と市民社会』（岩波書店、2005年）、215-217頁。
(64) *PCIJ Ser. B*, No.4, 1923, p.24.
(65) Henkin, L., *supra* note 54, p.48.
(66) 本間浩『国際難民法の理論と国内的適用』（現代人文社、2005年）、第Ⅲ章；阿部浩己『国際人権の地平』（現代人文社、2003年）、169-194頁、等参照。
(67) 坂中英徳・齋藤利男『出入国管理及び難民認定法逐条解説』全訂版（日本加除出版、2000年）、4頁。
(68) UNHCRによれば、2004年末時点で約1920万の「考慮されるべき人々（total population of concern）」がいるが、わずか15カ国が再居住を受け入れ、その難民の数もわずか約13,000である。受け入れ上位3カ国は、米（63％）、豪（19％）、加（13％）の移民国家・多民族国家である。UNHCR, *2004 Global Refugee Trends* (2005), obtainable at http://www.unhcr.org/cgi-bin/texis/vtx/statistics (as of May 2006).
(69) 在留期間更新不許可処分取消請求事件1978年10月4日最高裁大法廷判決（『判例タイムズ』No.368（1978年）、196-200頁）。
(70) マクリーン事件判決批判が、詰まるところ外国人に入国・在留の権利を認めることに繋がることにつき、安念潤司「『外国人の人権』再考」樋口陽一・高橋和之編『現代立憲主義の展開 上』（有斐閣、1993年）。
(71) Higgins, R., *Problems and Process: International Law and How We Use It* (1994), p.16.
(72) 来栖三郎『法とフィクション』（東京大学出版会、1999年）、327-359頁。
(73) 中村睦男「アイヌ特別立法の成立とその展開―北海道旧土人保護法（1899年）の制定と改廃をめぐって―」杉原泰雄ほか編『平和と国際協調の憲法学』（勁草書房、1990年）、等参照。
(74) Brownlie, I., *Treaties and Indigenous Peoples* (1992) 等、参照。
(75) 損害賠償等請求事件、札幌地裁2002年11月11日判決（『判例時報』1806号（2003年）、84-94頁）。
(76) カール・シュミット「現代議会主義の精神史的状況」長尾龍一編『カール・シュミット著作集Ⅰ』所収（慈学社、2007年）、63頁。
(77) Kant, *supra* note 59, S.69（邦訳、48頁）。
(78) もっとも、オーストラリアにおけるマーボ判決のように先住民族の土地権を認める判決もある（*ALR*, Vol.83 (1988), p.14; *ALR*, Vol.107 (1992), p.1。また、五十嵐正博「オーストラリアにおける先住民の権利―オーストラリア法に対する国際法の影響―」山手治之ほか編『現代国際法における人権と平和の保障』（東信堂、2003年）参照）。また、土地利用の方法には複数ありうるので、いずれかに帰属させるだけしか策がないわけ

ではない。

(79) 篠田英朗『平和構築と法の支配―国際平和活動の理論的・機能的分析』(創文社、2003年)、71-79頁。
(80) 古谷修一「カンボジア特別裁判部の意義と問題―国際刑事司法における普遍性と個別性―」『国際法外交雑誌』第102巻第4号 (2004年)、49-57頁、等参照。
(81) 児島襄『東京裁判 (下)』(中央公論新社、1971年)、第10章。
(82) 山口地裁判決1998年4月27日判決『判例時報』1642号 (1998年)、39-41頁。
(83) 広島高裁判決2001年3月29日判決、『判例時報』1759号 (2001年)、42-58頁。
(84) マーサ・ミノウ (荒木教夫ほか訳)『復讐と赦しのあいだ』(信山社、2003年)、第4章;篠田、前掲書 (注79)、163-169頁、等参照。更に刑事裁判所における被害者への賠償 (ICC規程第75条、手続証拠規則94-99) や訴訟参加 (手続証拠規則規則89-93) といった刑事的機能にとどまらない規定もこの視点から説明される。
(85) Kelsen, H., *Genreral Theory of Norms* (1991), pp.144-148.
(86) 外国人類型論の必要について、先駆的に、大沼保昭「『外国人の人権』論再構成の試み」『法学協会百周年記念論文集』第二巻 (有斐閣、1983年)、384-388頁。
(87) より包括的な国際比較につき、河原祐馬・植村和秀編『外国人参政権問題の国際比較』(昭和堂、2006年) 参照。
(88) 定住外国人選挙権訴訟上告審判決最高裁1995年2月28日 (『判例時報』1523号 (1995年)、49-109頁)。
(89) 同上、上告理由 (同上誌、56頁)。
(90) 柳井俊二「条約締結の実際的要請と民主的統制」『国際法外交雑誌』第78巻第4号 (1979年);小寺彰『パラダイム国際法―国際法の基本構成―』(有斐閣、2004年)、第6章、等参照。
(91) Toope, S., "Powerful but unpersuasive? The role of the United States in the evolution of customary international law," Byers, M. and Nolte, G. (eds.), *United States Hegemony and the Foundation of International Law* (2003).
(92) 例えば、Lindblom, A., *Non-Governmental Organizations in International Law* (2005), pp.446-486; Boyle, A., and Chinkin, C., *The Making of International Law* (2007), Chapter 2、参照。
(93) 大沼保昭、前掲書 (注24)、特に第4章。
(94) ジョン・トムリムソン (片岡信訳)『グローバリゼーション―文化帝国主義を超えて』(青土社、2000年)、139-141頁、等参照。
(95) At http://www.whitehouse.gov/news/releases/2001/09/20010912-4.html (as of 31 October 2006).
(96) 松井芳郎『テロ、戦争、自衛―米国等のアフガニスタン攻撃を考える』(東信堂、2002年)、等参照。
(97) 米政権内部での議論について詳しくは、Paust, J.J., "Executive Plans and Authorizations

to Violate International Law," *Columbia Journal of Transnational Law*, Vol. 43, No.3 (2005); 森川幸一「『対テロ戦争』への国際人道法の適用―『テロリスト』の取扱いをめぐる米国での議論と日本の捕虜法制を中心に」『ジュリスト』No.1299（2005年）、73-77頁。

(98) Hamdan v. Rumsfeld, Secretary of Defense, Supreme Court of the United States, Decided June 29, 548 U.S.557 (2006).

(99) *Ibid.*, pp.66-73.

(100) Military Commissions Act of 2006, Public Law 109-366-OCT.17, 2006.

(101) このほか、軍事裁判所と司法府・行政府の関係の問題、人身保護令状の否定の問題等が論点となる。既に議論は多数あるが、"Agora: Military Commissions Act of 2006," *AJIL,* Vol.101, No.2 (2007) の諸論文等を参照。

(102) Hamdi v. Rumsfeld, Secretary of Defense, *et al,* Decided 28 June 2004, 542 U.S. 507 (2004).

(103) Harvey, C., "And Fairness for All? Asylum, National Security, and the Rule of Law," Ramraj, V.V. *et al.* (eds.), *Global Anti-Terrorism Law and Policy* (2005), 等参照。

(104) International Committee of the Red Cross, *Fight it Right: Model Manual on the Law of Armed Conflict for Armed Forces* (1999), p.19; UK Ministry of Defence, *The Manual of the Law of Armed Conflict* (2004), p.34; 藤田久一『国際人道法』再増補版（有信堂高文社、2003年）、33-60頁、等。

(105) 例えば、*The Law-Dictionary,* (originally compiled by Jacob, G., enlarged and improved by Tomlins, T.E.), Vol.II (1797).

(106) Schmitt, C., *Der Begrif des Politischen*, (Text von 1932)（「政治的なものの概念（第二版）」長尾龍一編『カール・シュミット著作集Ⅰ』所収（慈学社、2007年））。この点、Outlawry の制度も含めて、西平等「戦争概念の転換とは何か―20世紀の欧州国際法理論家たちの戦争と平和の法―」『国際法外交雑誌』第104巻第4号（2006年）、81-89頁、参照。

(107) なお、拙稿「内戦化する世界と国際法の展開―国際法はテロリズムを認識できるか、いかに認識するか」『社会科学研究』第59巻第1号（2007年）、7-12頁、参照。

(108) 杉田敦「生権力と国家―境界線をめぐって」塩川伸明・中谷和弘編『法の再構築Ⅱ 国際化と法』（東京大学出版会、2007年）、16-17頁。

(109) Carty, A., "The Terrors of Freedom: The Sovereignty of States and the Freedom to Fear," in Strawson, J., *Law after Ground Zero* (2002), pp.45-46, 54-55.

(110) この点、長尾龍一『法哲学入門』（日本評論社、1982年）、47-50頁、等参照のこと。

(111) Arendt, H., *The Origins of Totalitarianism* (1948), p.286. そして、「ホモ・サケル」を論じたアガンベンがこれを参照することは自然なことである (Agamben, G., *supra* note 23, esp. pp.139-149（邦訳、175-186頁）。この他、敵と犯罪者の区別については、Schmitt, C., *Der Nomos der Erde im Völkerrecht des Jus Publicum Europaeum*, 1950, SS. 112-119（新田邦夫訳『大地のノモス』慈学社、161-171頁）も参照せよ。

(112) Beck, U., *World Risk Society* (1999).
(113) 大沼、前掲書 (注24)、30頁。
(114) 適切にも「自明性を問い直す機会を与える再帰的な論理」と位置づけるものとして、齋藤民徒「国際法学における『文化』―人権条約の研究動向に照らして―」『社会科学研究』第57巻第1号 (2005年)、94-96頁。
(115) 大沼、前掲書 (注24)、336頁。
(116) 同上書、336頁。
(117) 大沼保昭「国際社会における法と政治―国際法学の『実定法主義』と国際政治学の『現実主義』の呪縛を越えて―」国際法学会『国際社会の法と政治』(三省堂、2001年)、注17; Onuma, Y., "International Law in and with International Politics: The Functions of International Law in International Society," *EJIL*, Vol.14 No.1 (2003), esp. pp.112-113.
(118) 大沼保昭「結語―『愛とソロバン』の伴奏で舞うプリマドンナ『法』―」『戦争と平和の法』(東信堂、1987年)。
(119) 大沼、前掲書 (注24)、336頁。原文は、傍点付き。

「人間」の終焉
――国際法における〈再びの19世紀〉――

阿部　浩己

I　テロリズムという記号が動員されるとき

　冷戦終結後ほどなくして開催された世界人権会議において採択されたウィーン宣言及び行動計画（以下、ウィーン宣言）は、第1部第5パラグラフにおいて「すべての人権が普遍的であり、不可分かつ相互依存的であって相互に連関している」ことを謳いあげている[1]。このパラグラフには、「国家的及び地域的独自性の意義、並びに多様な歴史的、文化的及び宗教的背景を考慮に入れなければならない」という一節が加えられているが、このことからも推察できるように、ウィーン宣言採択に至る過程では「北」の先進工業国と中国・東南アジア諸国を含む「南」の国々とが人権の普遍性・相対性をめぐり激しい議論を交わしていた[2]。結果的に人権の普遍性が墨守されたとして同宣言を高く評価する向きは少なくないが、実務的にいえば、同宣言が産み落とした最大の成果は、まぎれもなく、国際人権コミュニティの長年の夢ともいうべき国連人権高等弁務官の設置であった。1993年暮れの国連総会において正式に設置が決定されたこのポストを誕生させる直截の法的・政治的原動力となったのは、総会に対して「人権高等弁務官の設置問題の検討を優先課題として開始することを勧告」したウィーン宣言第2部第18パラグラフにほかならない。

　国連事務総長に次ぐ高位のランクを与えられた国連人権高等弁務官の登場は、国連内にとどまらず国際社会全体における人権の位置づけをかつてないほどに高めることにつながっていく。「人権の主流化」という表現が国連活動の全過程に浸潤していくまでにそれほどの時間はかからなかった。同時に、

ポスト・モダンの思想的影響も受けながら、人権の享有主体の解析と具象化が深化し、そのなかでとりわけジェンダーの視座を前面に掲げるフェミニズム運動の強力な後押しを受けながら、人権の享有主体を男性と女性とに分かつ二元論的思考の脱構築が急速に進んだことは周知のとおりである。こうして、「人権の主流化」は20世紀最後の10年から21世紀初頭にかけて、「ジェンダー（視点）の主流化」とセットになって進行していくことになる。かつて人権は「ロウ・ポリティクス」として安全保障など「ハイ・ポリティクス」に分類される分野よりも低位の位置づけに甘んじていた。だが、ハイ・ポリテイィクスの権化ともいうべき安全保障理事会の営みのなかにすら人権・ジェンダーの言辞が挿入されることはいまや例外ではなくなっている[3]。

　2005年9月に開催された「ミレニアム・プラスファイブ」サミットで採択された「成果文書」[4]に従い、国連機構改革の一環として人権理事会が設立された[5]ことも、国際社会における人権の地位の向上を物語る徴表のひとつとして理解することが可能なのかもしれない。他方で、21世紀は国際刑事裁判所の発足とともに幕を開けたといってもよいが、東ティモールやシエラレオネなどに設置されたいわゆる「混合裁判所」も含め、国際刑事制度の急速な進展は国際人権保障の実効性を高めるものとして一般に高い評価を与えられている[6]。こうした人権保障への好意的な潮流は、人権の擁護を掲げる国連憲章の目的に照らしてみれば端的に歓迎すべきものにほかならないようにも思われよう。

　もっともこうした人権主流化の力学が強化される一方で、20世紀最後の10年に始まった2つの世紀を架橋する時の流れは、底流において、国際人権法の根幹を揺さぶる深刻な事態の招来を促してもいる。とりわけ、9・11の衝撃は、「テロリスト」という「法の他者」の創出を通じ、人権法の保護が及ばぬ人間群、つまりは非人間とでもいうべき存在をつくりあげ、その排除・根絶のために国際／人権法が改変・動員されるという事態をもたらしている。「テロリスト」は、人権が大規模に侵害される非民主的な国家を温床としており、したがって、国際社会の安定のためにはそうした国家を場合によっては軍事的手段を通じて民主的で人権を守る国家に生まれ変わらせることが不可欠であるという論理がここ数年の間、急速に広まっていったように思う。

これは時間的には米国の単独行動主義の顕在化と対になって形成された言説ではあったが、しかしより根本的なレベルにおいていえば、国際法が一貫して追求してきた「欧米化」あるいは「近代化」の現代的焼き直しということもできる。実証主義国際法がその姿を整えた19世紀来の支配的言辞であった「野蛮人」・「未開人」あるいは「非文明国」が、「テロリスト」あるいは「ならず者国家 (rogue state)」などと表現を変えて出来しているだけのことなのかもしれない。その意味において私たちが現時点において目撃している情景は、再び召還された国際法の「過去」の引き写しということもできる。もっとも、精確を期していえば、引き写しそのものではないというべきか。崇高な概観を羽織って唱えられたかつての「文明化の使命」は、いうまでもなく植民地主義に支えられた経済的要請の別表現であった。「文明化の使命」の今日的表現である「民主化の使命」も、同様に、新植民地主義を背景とした市場の拡大という経済の要請に突き動かされているが、しかし同時にそれは、安全保障の論理、換言すればテロリズムという新たな脅威によっても強く後押しされている。「テロリスト」を撲滅し「南」を民主化することが民主主義国家からなる国際社会の安全保障にとって欠かせぬ要請だということである。

　国際人権法にとって看過できぬのは、こうした安全保障言説が「私たち」民主主義国家と、ガバナンスを欠く「彼ら」非民主主義国家（その多くはイスラーム国家ということになるのだが）[7]を截然と分かつ論理によって支えられていることである。人間の価値において両者はけっして対等ではない。「彼ら」は、「私たち」人間とは同等の価値を持つ存在とはみなされていない。だからこそ、「私たち」の安全を脅かす場合には、「私たち」に適用される人権法の保護を「彼ら」とりわけ「テロリスト」には及ぼす必要はないという主張すら公然となされるのである。国際人権法は地球上のすべての人間が尊厳において平等であるという理念のうえに構築されている。人権の普遍性とは本来そういう意味であろう。そのことを想起すれば、「彼ら」あるいは「テロリスト」たちの非人間化、つまりは人間間の価値的序列化をはかる現今の安全保障言説は、国際人権法のあり様を根幹から変容させかねぬ営みにほかならないのではないか。

　「テロリスト」という記号を媒介に、人種差別・植民地主義を後背に抱える

19世紀的位相すら漂わせる思考形態が、グローバリゼーションの深まりとともに剥き出しになっているように思える。それだけに、20世紀の営みが生み出した国際人権法がそのままに生を存続しえないこともまた事の必然なのかもしれない。いや、正しくは、ポスト・モダンの思想的影響を受けて具象化された人間たちは、他者との差異を肯定的に承認され、より包摂的な法のうちに暖かく迎え入れられるのではなく、むしろ同定されたその差異ゆえに分断され、階層化され、そして管理されるようになっている[8]。人間を平等な存在とみる思考は急速に後景に退き、特定の人間群を守るために、それ以外の人間群が排除・封じ込めの対象になる。排除・封じ込めの対象になるのは、「彼ら」であり、究極的には、「彼ら」を象徴する「テロリスト」たちである。その暴力的な位相があまりにも19世紀的位相と重なりあってしまっているというわけである。「人間」という20世紀の国際社会に刻み込まれたはずの普遍的な記号は、グローバリゼーションの波間のなかで消失を強いられているかのようにも見える。

　一方で人権の主流化が進み、他方では人権の根幹が揺さぶられるという相反するかのような事態が同時進行するなかで、国際人権法はいったいどこに向かっているのだろう。国際法や国連の改編と国際人権法の変容とはどのようにつながっているのか。本稿では、こうした問いへの解を模索してみようと思う。

II　弛緩する拷問禁止規範——「非人間化」の力学——

　人権の主流化が進んだ冷戦終結後、国際人権法は規範面においても発展が著しく、とりわけ社会権規範や子どもの権利、人種・女性差別禁止規範などは、関連人権条約機関の先鋭的な活動によってその内容を格段に精錬されてきている[9]。ヨーロッパ人権条約機関が採用してきた「発展的解釈」の手法はいまや普遍的人権条約機関の常道的解釈手法ともなっており、これにより社会状況の変化に即応した人権規範の進歩的変容が漸進的に促されてきていることは疑いようもない[10]。たとえば、国際人権法の中核的規範である生命へ

の権利との関連で死刑の取り扱いの変遷を見てみよう。

　他の多くの人権規範がそうであるように、国際人権法の領域に生命への権利を明文で刻み込んだ最初の文書は世界人権宣言である。もっとも1948年当時、この権利は死刑との両立性をいまだ認めるものではあった。だが1966年の自由権規約採択の時点までに、死刑の封じ込め・例外化を促す規範的潮流が強まり、地域的にはヨーロッパや米州において死刑廃止への抗し難い流れがつくりあげられていくことになる[11]。そして1998年に採択された国際刑事裁判所規程が国際社会における最も重大な犯罪に対して死刑の科刑を禁じたことは、生命権／死刑廃止運動の揺ぎなき成果のようにも映った。

　死刑を封じ込める規範的潮流は自由権規約委員会の個人通報事例にも明瞭に見て取れる。1993年の時点において同委員会は、死刑廃止国が、国境を越えて逃亡してきた者を死刑の待つ国に送り返しても自由権規約違反にはあたらないという判断を示していた[12]。引き渡しの際に死刑を科さないという保証を求める義務もないとされていた。ところがそれからちょうど10年を経ての2003年、同様の事案に直面した自由権規約委員会は、事実・法において顕著な進展が見られ、国際世論に変化がある場合には先例を変更できるとの一般的認識を示した後、10年前の時点に比べ、死刑廃止に向けた国際的コンセンサスが広がっているとの判断から、今日では、死刑が執行されないという保証なく死刑廃止国が引き渡しを行うことは生命権の侵害にあたるという結論を導いた[13]。またこの間、自由権規約委員会は、死刑執行停止等を求める暫定措置に遵守義務が付随することを明言するようにもなっている[14]。死刑については、生命権保護の観点からその廃止を強力に促す規範的進展がはっきりと見て取れるのである。

　こうした潮流は、領事関係に関するウィーン条約第36条の解釈が問題となった事案を扱った米州人権裁判所の勧告的意見[15]や国際司法裁判所ラグラン事件判決、アベナ事件判決等においても顕著である[16]。国際法／制度は死刑の封じ込めを通じ生命権保護へのコミットメントをまぎれもなく強化しているように見える。だがこの歓迎すべき法事象を打ち消すかのように同時並行裡に進んでいるのが、拷問禁止規範の著しい弛緩である。自由権規約委員会がそうであるように、拷問禁止委員会も拷問の全廃に向けた活動を先

鋭化させていることは確かだが、しかし現実の問題として、その実行が規範的に葬り去られたはずの先進工業国において、拷問が再び公然と息を吹き返しつつあることの意味合いを改めて考えてみる必要がある。

9・11後、米政府がグアンタナモ基地やイラク内（アブグレイブ刑務所）において日常的かつ系統的に拷問相当の虐待を積み重ねていたことは、いまや「公知の事実」に属することといって差し支えないだろう。2002年1月の大統領宛ゴンザレス法務顧問メモ[17]に始まる拷問禁止規範の著しい弛緩は、その公然性と広域性において比類なきほどのものといってよい。2002年12月になると、「テロ」に関与したとされる者を取り調べるため米政府が各国に容疑者を秘密裡に移送しているとの報道が徐々になされるようになった。移送先は、エジプトやモロッコ、シリア、ヨルダンといった米国務省の年次報告書自体が重大な人権侵害国あるいは拷問国と名指しているところである。こうした米政府の移送政策を端的に「拷問の外注（外部委託）」と表現する者もいる[18]。

拷問禁止委員会を含む国際的な人権擁護機関が強く非難する[19]ように、米政府の行状は拷問禁止条約を正面から踏みにじるあからさまな違法行為というべきものだろうが、注意すべきは、米政府が拷問禁止規範を必ずしも全放棄していたわけではない、ということである。米政府が発信していたのは、むしろ、拷問は特定の目的をもって特定の人々に対して行う場合には許容してよいのではないか、というメッセージである。特定の目的とは「対テロ戦争」であり、特定の人々とは「テロリスト」、それもイスラムと結びつくテロリストのことである。安全保障という上位目的のために、拷問の絶対的禁止を求める人権規範の内容を改編し、「テロリスト」たちへの拷問の賦課を是認しようとする流れが公然と噴出したといってよい。国際人権法における拷問禁止規範は、死刑を許す生命権規範とは異なり、あらゆる例外を排除した絶対的な規範である。人間が人間である限りにおいて、拷問は許されないと拷問禁止条約は示唆する。にもかかわらず拷問を政策的に許容される人々がいるというのなら、その人々はもはや人間とは扱われていないというしかない。少なくとも、「私たち」と同じ人間の範疇には入らないということなのだろう。

「拷問の外注」は、2006年6月にヨーロッパ評議会議員会議に提出された

報告書[20]が詳らかにするところによれば、英国やドイツ、スウェーデン、イタリア等を含む多くのヨーロッパ諸国の「共謀」の下に実施されていたという[21]。その広がりにも驚きを禁じえないが、人道活動において世界的に名高いカナダでは、行政府だけでなく連邦最高裁判所から拷問についての司法的承認が与えられるまでになっている。反政府活動ゆえに本国スリランカに退去強制されると拷問を受ける危険性がきわめて高いことが行政府によっても確認ずみの「テロリスト」を、国の安全保障を理由に送り返してよいかが争われた事件を審理した際に、カナダ連邦最高裁は、「例外的事情(exceptional circumstances)」がある場合には拷問が待ち受ける国に送り返してもかまわないという判断を明らかにした[22]。

　下級審では、拷問が行なわれるのは退去後であり、したがってカナダ自身が拷問を行なうわけではないという認識であったが、連邦最高裁は、退去を強いるカナダ自身が拷問についての責任も負う、という見解であった。つまり、カナダ自身が拷問に手を加えうることを承知したうえで退去強制が容認されたということである。連邦最高裁は、拷問禁止条約が拷問の絶対的禁止を定めていることを認めながら、この規範が「容易には逸脱できない」という微妙な表現を用いてその相対化への道をさりげなく整備した。そして国際条約について二元論を採用しているカナダでは、拷問禁止条約が厳密には裁判所を拘束していないという点を指摘することにより国内的平面における条約の劣位性を示唆し、そのうえで、国の安全を脅かす「例外的事情」がある場合には、外国人を拷問国に退去させても国内の最高法規であるカナダ権利・自由憲章違反にはあたらないという判断を導き、拷問禁止条約の根幹を破砕してしまうのである。連邦最高裁の論理によれば、拷問国への退去強制は「一般に」カナダ権利・自由憲章第7条に抵触するものの、同条の下での比例性の検討かあるいは第1条の適用により例外的な場合にあたれば、拷問国への追放は許容されるというものであった。

　ここでも、拷問禁止規範の全放棄が念頭におかれていたわけではないことに着目しておく必要がある。人間の選別がはかられ、特定の目的の下に、特定の人々に加えられる拷問であれば許される、というメッセージが判決のそこかしこに刻み込まれている。依然としてカナダ国内において主流カナダ人

に対する拷問は絶対的に禁止されたまま、しかしその一方で、安全保障を守るうえではスリランカ人「テロリスト」には拷問が加えられてもやむをえない、という認識が看取できる。「テロリスト」が人間という範疇から切り離され、「私たち」と同じ扱いを受けえないことに司法的承認が付与されたというべきなのだろう[23]。

英国でも、2004年8月に、控訴院が、特別のテロリズム事案においては拷問によって得られた証拠を許容してもよいという判断を示すにいたっている[24]。当該判断は2005年12月に貴族院で覆された[25]が、しかしこの間、行政府は、ヨルダン、アルジェリア、リビヤ、エジプトといった国々から「外交的保証 (diplomatic assurance)」を取り付け、「拷問の外注」を実質的に推進してきた[26]。英政府は、ヨーロッパ人権裁判所において、拷問の危険性と安全保障の要請とを比例原則により衡量すべきであると主張し、拷問を許容する言説の拡大をはかっているが、これは、カナダ連邦最高裁が展開した拷問容認の論理の再述そのものである[27]。

実際には、拷問はこれまでも世界各地で絶えることなく行われてきた。とりわけ米国にとって、拷問が外交政策の隠然たる一部として位置づけられてきたことはラテン・アメリカの現代史を垣間見るだけでも明らかであろう。しかしそうだとしても、少なくとも規範レベルでは、拷問は許されないという最低限の了解があったはずである。だが近年、国際人権活動を主導してきたはずの先進工業国において、拷問禁止の絶対性を弛緩させる動きが顕在化していることはまぎれもない[28]。それも、「テロリスト」の非人間化という力学を伴った規範意識の再編が促されている。再編というよりも、逆行といったほうが精確かもしれない。「非文明国」の「野蛮人・未開人」（＝非人間）に向けられていた差別的な眼差しが、テロの恐怖という現象を契機に再び現前し始めている。

拷問を容認する潮流は研究者の間からも流出している。「危険度が十分に高い場合に拷問が許容されることを否定するのは、最もドグマティックな人権論者だけである[29]。」こうした主張を展開する論者のなかには、拷問を超法規的な措置と捉えるもののほか、「拷問令状」の発付により事前の司法的チェックを条件づけようとするものもいる[30]。そのいずれもが安全保障に

かかわる例外的な事態の発生を前提にしているのだが、しかし、拷問の苦しみは、言葉を発する誘因にはなりえても、必ずしも真実を語る誘因になってきたわけではない。歴史の経験が照らし出すのは、拷問によって得られる情報には必ずしも信憑性がないということである。時限爆弾が刻々と時を刻む危機的状況のなかで容疑者に真実を語らせようと拷問を行ったところで、その証言が真実であるという保証はまったくない。にもかかわらずなお拷問が容認されるのはなぜなのか、その源を探し求めていけば、終着点で逢着するものは「恐怖」ということになろう。拷問の対象となるテロリストあるいはテロリストとつながる集団は、存在そのものが危険視され、徹底的な鎮圧と支配の対象になる。換言すれば、存在そのものの非人間化がはかられ、拷問という醜悪な手段によりテロリスト（集団）の信念や価値が暴力的に破砕されるというわけである[31]。

　圧倒的な力の違い、そして支配と服属の誇示。人間の尊厳という人権を基礎づける共通理念は、もはやその情景のなかに落ち着き場所を見出すことはできない。拷問の容認は、人間という記号そのものの解体をうながす。むろんそうなれば、死刑廃止の法的意義も大幅に減殺されることはいうまでもない。

III　消し去られる「彼ら」、生き残る「私たち」

　グローバリゼーションに染まる国際社会で生起する特徴的な事象のひとつは、難民の著しいばかりの減少である。一般に、90年代は内戦、民族紛争が絶えず、それゆえおびただしい数の難民が生じた時期として印象づけられているかもしれない。だが、UNHCRの統計を見れば歴然としているように、難民の数は90年代を通じて確実に減り続け、21世紀の深まりとともに1千万人を下回るまでにいたった。内戦や民族紛争が絶えなかったにもかかわらず、である。この傾向は、一時的な逸脱がありうるにせよ、今後も引き続いていく見込みである。

　その動因としてとりわけ重要なのは、「北」の先進工業国が庇護の扉を固く閉ざし始めたことである。難民法の領域で先進的な取り組みをしてきたカ

ナダの実情が、難民に対する「北」の姿勢を端的に表している。この国では、2001年に44,038件あった難民申請数が02年には39,498件、03年には31,937件、04年には25,750件、そして2005年は20,786件に低落している。こうした難民申請数の急速な減少は政策的に誘導された結果でもある。特に、難民としての保護を求める移動が始まる前の段階でのチェックが世界的に厳重に行われるようになっており、カナダの主要国際空港において拘束された非正規移動者は、1990年には8,000人余であったところ、2003年は2,539人にまで減少している。そしてこれに反比例して増えているのが世界各地でカナダに移動する前に拘束された非正規移動者の数である[32]。

　オーストラリアや英国などが打ち出してきたように、難民申請者は「北」に移動する前に「南」のなかに設定されたスクリーニング施設でその難民性を判断され、「北」の設定した条件をクリアできた者のみが難民として受け入れられるべきであるという政策が具体化されつつある[33]。ある人権NGOの表現を用いるなら、難民たちを北に移動する前段階で「倉庫保管(warehousing)」しておくということである[34]。スクリーニングで振り落とされた難民たちは、無期限の「隔離」の対象ともなる。難民の文字どおりの「封じ込め」というべきだろう[35]。「先進工業国のほぼすべてが、庇護申請者の国境への到来を防ぐためにあらゆることを行っている」という指摘のとおり、グローバル化の時代のなかで、「北」への移動それ自体が難民申請者にとっては著しく困難になっている[36]。

　難民数が減っているのは、庇護の扉が閉ざされ始めたからだけではない。難民の本国帰還(repatriation)が制度的に奨励されているからでもある。1991年のUNHCR執行委員会において緒方貞子国連難民高等弁務官（当時）は、本国帰還をUNHCRの最重要課題と位置づけ、90年代を「本国帰還の10年」と表した。単に言葉だけのことではなく、現実にUNHCRは世界各地で難民の帰還を積極的に推し進めていった[37]。問題は、難民の本国帰還がいったい何のために、誰のために推進されたのかということである。

　難民問題の恒久的解決策は一般に、庇護国への定住、第三国定住、そして本国帰還という3種類に分けて語られてきている。このうち、本国帰還は住み慣れた自分の国に戻ることであり、最も好ましい解決策のように喧伝され

てきた[38]。しかし本国への帰還がなにゆえ難民にとって最良の解決策になるのか、その点は実証的に裏付けられているわけではない[39]。見落としてならないことに、UNHCR の進める本国帰還には「自主的 (voluntary)」という修飾句が付せられ、さらに、難民保護の根幹ともいうべき「ノン・ルフーマン原則」の遵守に注意が払われてきていた。難民本人の意思を重視し、難民の人権を擁護するという UNHCR の制度的コミットメントの現れである。しかし、90年代に本格化した本国帰還の潮流のなかで、難民の主体性に重きをおいたこの2つの柱は急速に変容していく。

　まず、「自主的」という主観的基準に代わり客観的基準が導入されることになった。本国の状況がどの程度好転しているのかを UNHCR 自身が判断することになったのである。本国帰還には少なくとも「安全」であることを求められるが、安全であるかどうかを判断する指標とされたのは避難先における難民の状態との比較考量であり、さらに、本国政府が受け入れを認めているのかどうか、ということであった。したがって安全かどうかの判断は実際にはきわめて相対的なものとならざるをえなかった。帰還の条件が整っていると UNHCR が判断した場合には本人の同意は必要ないとされたが、帰還の条件が整っていない場合であっても、本人の同意がなんらかの形で得られれば本国帰還が実施された。こうして事実上「すべての道は本国帰還へとつながっていった[40]」のである。その過程において難民本人の意向やノン・ルフールマン原則遵守の要請はあきらかに優先順位を低下させた[41]。

　UNHCR は自ら帰還の条件を創出すべく、難民の本国への介入を進んで行っていくようにもなった。かつては控え目に実施されていた難民の本国への介入は、いまや、帰還民の保護という要請を受けて公然と行われるようになっている[42]。その一方で、UNHCR の本来的な任務である難民の国際的保護の内容にも大きな変化が現れた。1950年に国連総会が採択していた UNHCR 規程の定める国際的保護とは、従来は、庇護国に逃れ出てきた難民を法的に保護する業務を指し、本国帰還をはじめとする恒久的解決策の追求とは別個の任務とされていた。だが、90年代に本格化した新たな潮流は、本国帰還を難民の国際的保護の一形態に位置づけるという認識の一大転換を促した。難民を本国に帰還させることも難民を国際的に保護することにほかならない、

というわけである⁽⁴³⁾。すべての活動は本国帰還あるいは本国介入につながったのである。

こうして、グローバリゼーションのただなかで、UNHCRは難民の権利を擁護する機関から、難民の発生を阻止し、難民の帰還条件を整えることに重点をおく人道援助機関に実質的に変容していった⁽⁴⁴⁾。「包括的アプローチ（comprehensive approach）」と称されるこの政策は、難民への庇護の扉を閉ざす先進工業国の政策と一体になって推進されていった。ノン・ルフールマン原則という難民の生命・自由にとって最も基本的な法規則の根幹をも揺さぶるこのアプローチは、難民の視点に立てばまさに「難民の排除・封じ込め」にほかならないだろう。もっとも、奇妙なことに、難民封じ込めが公然と進行する一方で、先進工業国のなかには女性の難民申請者の保護に向け、精緻なガイドライン（ジェンダーガイドライン）を用意するところも出てきた。UNHCRがその推進役といってもよい⁽⁴⁵⁾。女性難民への保護網を拡大するかのようなこの動きは、難民封じ込め政策に抗う歓迎すべき人道的営みと見るべきなのだろうか。

ジェンダーガイドラインを導く知的動力となったのはフェミニスト・アプローチである。このアプローチはまず、難民法が男性の経験のみに依拠して構築されていることを激しく告発し、私的領域に所在する女性たちの行動を「政治的活動」と認知すべきこと、そして、難民条約を改正してジェンダーを迫害理由に含めるべきことを強く要求した。難民条約の定める難民とは、政治的意見または特定の社会的集団の構成員であること等を理由に迫害を受けるおそれのある者をいうが、「政治」が公的領域での活動に限定されるという認識やジェンダーが迫害理由として明示されていないことに批判の照準が定められたわけである⁽⁴⁶⁾。

この主張には、同じフェミニストの間から異論があがった⁽⁴⁷⁾。具体的な文脈を無視して女性を一括りに扱う本質主義的危険性が指摘されるとともに、法は、法的推論（解釈）を通じて問題の解決をもたらす内在的な力を備えているのに、難民条約を敵視するのではその効能を放擲することになってしまうということに注意が喚起された。「政治」にかかわる公私二分論の解体にこだわらずとも、また、ジェンダーを迫害理由に加えずとも、女性の経

験は既存の法の解釈を通じて十分に反映できる。こうして新たに照射されることになったのは、「特定の社会的集団の構成員」という概念の可能性であった。女性は、「政治的意見」ではなく、特定の文脈において「社会的集団の構成員であること」を理由に迫害を受けている。こう推論を展開すれば、「政治」にかかわる議論に深入りすることも難民条約を変更することもなく、法過程のなかにジェンダーの視点を組み入れていく道が開ける、とされたのである[48]。

ジェンダーガイドラインが主として依拠したのは、この後者の立場であった。93年に国レベルで最初のガイドラインがカナダで作成されたとき、多くのフェミニストたちは、重大な人権侵害から女性たちを保護する営みとしてこれを高く評価した[49]。だが欧米の男性支配エリートが賛同するだけあって、ジェンダーガイドラインには濃厚なポリティクスが刻み込まれていることは知っておいてよい[50]。第1に、女性たちのおかれた具体的な文脈を重視するという観点から、「南」(イランや中国など)の女性たちを取り巻く政治・文化状況が「悪魔視」され、その反面で保護を与える「北」では女性解放が達成されているかのような心象が醸し出されることとなった。第2に、女性を「特定の社会的集団」に閉じ込めることで、男性＝普遍／女性＝特殊という二分法が構成されることになった。第3に、解決策が法に内在していると説くことで、法が脱政治化され、法外要素(法を創りだす外部的価値)への関心が希薄化されてしまった。

実際のところ、ジェンダーガイドラインが導入されたからといって、難民女性の認定率に有意な上昇が見られたわけではない。法外要素が変わらなければ、肝心の法的推論に有意な変化を望めるはずもない[51]。ガイドラインは、難民法を支えるジェンダー構造を強化するにとどまらず、女性を迫害する劣悪な状況が「南」に広がっているという言説を拡散させることで、「南」に対する「北」の介入を正当化する政治的機能すら帯びてしまった。「北」の介入、それは、「南」が「遅れている」との前提に立つ。「南」から逃れ出る女性たちを救い出すことに向けられたジェンダーガイドラインの存在は、その格好の証となるのではないか[52]。フェミニストの知的営為がもたらした重要な成果は、こうして現実世界では、難民法言説のいっそうのジェンダー化と「北」優位の国際政治構造を強めることにもつながってしまっている。ジェンダー

ガイドラインは難民封じ込めの潮流に抗うものとして機能しているわけではなく、むしろ、ガバナンスを欠いた「南」のなかに「北」が介入していくべきであるという「民主化の使命」に難民保護という分野から正統性を付加する機能を帯びているといわなくてはならない。

IV 「北」に覆われる世界の風景
―― 変容する自衛権、改変される人権法／制度 ――

「テロリスト」としてあるいは難民として「北」から排除される人間たちが戻っていく「南」とは、「北」にとっていったいどのようなところなのか。ガバナンスの欠けた非民主的な「遅れた」地域、だろうか。貧困に苛まれ、人権が大規模に侵害され続ける地域、だろうか。いずれにせよ、こうした負の心象に支配された地域を民主化する必要性を説く言説は、かつて委任統治地域を文明化すべき必要性を説いた言説ときわめて酷似した位相の下にある。だが、こんにちのグローバル化した世界にあって、「南」とりわけイスラーム世界は、遠きにありて憂うだけのものではなく、「北」にとっての直接的な脅威ですらある。その脅威を運搬している主体こそ象徴的にいえば「テロリスト」である。そのテロリストたちに国際人権・人道法の適用があるのかを真剣に討議する現今の国際法学の様は、「野蛮な未開の人々」に国際法の適用があるのかを真剣に討議したかつての国際法学の風景そのものではないのか[53]。

アントニー・アンギーがいうように、インディオたちとの遭遇以来、欧米に出自をもつ国際法は折にふれ、非欧米に所在する野蛮な「他者」つまりは「私たち」とは異世界の「彼ら」(=非人間)との対峙を通して法のあり方を形づくってきた[54]。そして国際法は再びいま、非民主的な「南」、もっといえば「テロリスト」という新たに構築された「他者」を通じて、そのありようを大きく変容させつつある。拷問禁止規範や難民法規範の動揺についてはすでに述べたとおりである。これに加えていえば、2002年にブッシュ米大統領が発表した「国家安全保障戦略」[55]は予防戦争の論理をもって従来の自衛権の概

念に変容を迫るものであった。環境法分野において醸成された予防原則を安全保障分野に移植し危険を未然に刈り取ろうということなのだが、この論理は、単に「ならず者国家」が危険であるというにとどまらず、非民主的な体制そのものが「北」にとっての（潜在的）脅威であるとの発想に立つ。だからこそ、非民主的な体制を、欧米とりわけ米国型の民主主義体制に移行させることが「北」の安全保障に直結するとされるのである。その前提には、自由民主主義体制になければ国際法を遵守することは難しく、したがって、そうでない体制にある国家の存在そのものが脅威になるという認識がある。

カント主義に立つ人々を発出源の1つとして広められてきているこうした認識[56]には、きわめて的確にも、強い批判が加えられている[57]。もとより、自由民主主義体制にある国家でなければ国際法を遵守できないなどという命題にはまったく実証的根拠がない。この点はすでに説得的に論じられてきているところである[58]。しかし、安全保障の領域だけでなく、人権分野の機構改革の論理のなかにもこうした議論は轟々と流入してきている。自由権規約や人種差別撤廃条約など国連で採択された主要人権条約の履行を監視する条約機関の活動を「効率化」しようとする議論がここ数年来積み重ねられてきている[59]。いくつもの分析や提案がなされているが、国連人権高等弁務官からの委嘱も受けることになったアン・ベイエフスキィは、その包括的な分析[60]にいたる過程において、政府報告制度についても個人通報制度についても、制度の有効性を毀損している主犯格はもっぱら非民主的な「南」の国々であるということを何度となく指摘していた。彼女が強調するとおり、「南」の国々が人権条約の履行に不誠実な態度をとってきたことは否めないだろうが、しかし他方で、その実態からして、「北」の民主主義国家もまた同様の批判を受けてしかるべきであろう。だがベイエフスキィは、そうした批判を差し控えるだけでなく、制度の有効性を高めるためにも、「彼ら」非民主主義国家を追放し、「私たち」民主主義国家のみによって人権条約制度を構築し直す好ましさを示唆するほどであった。「彼ら」は政治体制を変革し「私たち」になることではじめて条約体制の一員に加わることができるというわけである[61]。

こうした主張は、国連機構改革にも影響を及ぼし始めている。国連人権活

動の中心的役割を担う人権委員会に重大人権侵害国が参加していることがこの委員会への信頼を著しく損なっているとして、人権委員会を解体し、代わって、人権理事会を設置するとの勧告が2006年9月のミレニアム・プラスファイヴサミットの「成果文書」に挿入された。理事会のメンバーについては、人権委員会の轍を踏まないために、「南」の非民主主義国家を排除する方向で議論が進められた。「北」の民主主義国家中心の理事会として新たに国連人権活動を組み直そうという議論が、「北」に本拠をおく有力なNGOの賛同も得て、米政府などから公然と提案されたのである[62]。

だが、「自由主義者による『排除の標章』は、いったん賦課されるなら、その標的を手の届かぬところにおいやるか、あるいは、法の規制の外に問題の解決を追いやることになる。こうした自由主義理論は、法の領域を拡張するのではなく、むしろ縮減させてしまう[63]。」ホセ・アルバレスのこのまっとうな批判をまつまでもなく、レジームの周縁あるいは外縁に特定の国家を追いやる「排除」の論理が、ほかならぬ人権保障を目的とするレジームのあり方としてふさわしいものなのかについては当然に疑問が生じてもおかしくない。人権理事会設立への過程でもしだいに議論の「中和」がはかられることになり、剥き出しの「排除」志向が制度の全面を飾ることはさすがになくなった。しかし、人権理事会の道のりを舗装した力学の1つは、米政府を主たる源泉とする「民主化の使命」だったことはまぎれもなく、それだけに、2006年6月に発足した同理事会が果たすことになる政治的機能には特段の注意を払っておく必要があろう。

これまでの国際人権保障システムは、実効性において多くの欠陥を抱えてきたとはいえ、条約機関や国連の特別手続、とりわけテーマ別手続の際立った貢献により、少なくとも、「南」のみが人権の監視を受ける体制にはなってこなかった。人種差別問題を扱う特別報告者などは、米国やカナダ、欧州諸国、日本など先進工業国における人種差別問題にもきわめて旺盛な関心を示している[64]。人権条約機関も先進国の状況を前にしてことさらに弱腰の判断を示すようなことはなく、それどころか、政府報告審査後の統括所見にしても、個人通報制度の下での見解あるいは暫定措置にしても、一般的意見や一般的勧告にしても、実に進歩的な判断を積み重ねてきている。特別報告

者や条約機関の委員が政府によって任命された人々であることを想起するにつけ、現状は奇跡的とすら表現してよいものである。

しかし、国連の人権機構改革が進み、その過程に「民主化の使命」が浸潤するのであれば、とりあげられる人権問題が「南」のそれに重点を移していくおそれは多分にあるのではないか。「南」を民主主義国家に生まれ変わらせ、そこに棲まう人々を「私たち」と同じ人間に改変する。そのために人権理事会が動員されていくようなことがあれば、それは、「南」に対する軍事介入の推進と本質的には異ならない。ともに、「民主化の使命」の遂行ということである。この使命は、「文明化の使命」以来、一貫して変わらぬ国際法の政治的本質を指し示すものであるが、すでに述べたように、「テロリズム」の脅威が強く心象に刻み込まれるこんにち、それは差し迫った安全保障上の要請としても立ち現れている。この要請に応えるために、人権分野でも、法規範が改変され、制度が組みかえられつつある。「北」と「南」をつなぐ人間という共通であるべき記号の意味が希薄化し、「テロリスト」という新たな法の他者が構築され、その脅威から「北」の安全を守るために、「南」の封じこめと「南」への介入が推し進められる。

国際人権は、規範的形姿の変容を強いられながらこの目的のために選別的に動員される位相を強めてもいる。現に、国際人権の領域には安全保障とセットになって市場経済の論理が流入し、財産権概念を梃子にして新自由主義的な人権論の構築が急速に広められている[65]。市場経済のグローバル化に資する人権／制度の再編が多角的かつ連続的に展開されているといってよいだろう。それが、グローバリゼーションの深化した現在における国際人権の重要な一断面である。こうしたなかにあって、90年代に台頭した「人権の主流化」の潮流は、難民法分野におけるジェンダーガイドラインがそうであったように、「北」の主導する、新たな、しかし既視感満載のグローバル秩序の構築という上位目的のために、その象徴的な正統化機能をフルに活用されているということになるのだろう。

V　リベラリズムと一元化の力学

　人間の価値をめぐる変容（非人間化の力学）は、主権平等原則の変容と対になって進行していることも特記される。国際法を支える基本原則の1つと位置づけられてきた主権平等は、実のところ、20世紀という限局された時間的空間のなかで打ち立てられたきわめて歴史的な概念にすぎないことは多くの論者が実証的に語るとおりである[66]。「力こそ正義なり」を字義どおり体現していた原初的なウェストファリア・システムに主権平等という理念を注ぎ込む制度的端緒となったのは国際連盟規約であったが、しかし、力と植民地支配による規律から国際的正統性を剥落させる決定的契機となったのは1945年に採択された国連憲章にほかならない。国連憲章には力に支えられた大国主義を投射する制度的装置（安全保障理事会の常任理事国制度など）が深く埋め込まれており、その点で平等原則が貫徹されているとはとうていいえないものの、それでも憲章第2条1項が宣明するように、加盟国間の主権平等は疑いなく機構の基本原則の1つとされたのであり、機構設立後も、1970年の友好関係宣言[67]を含む多くの機会にこの原則の重要性が繰り返し確認されてきたことは知ってのとおりである。

　国連憲章の規範構造に現れ出ているように、主権平等原則の礎を支えているのはすべての人民の同権と自決の原則であるが、国際法の歴史に照らし、より本質的に表現すれば、主権平等の要諦は「欧米（西欧）」と「非欧米」間の対等性の承認にこそあるといって差し支えあるまい。政治、経済、軍事面での明らかな優劣にかかわらず、北であれ南であれ、人民の自決を具現化した国家は、国際法上平等な存在とされ、政体や経済体制等の相違は、憲章第2条7項の定める国内管轄事項不干渉原則によって法的に不可触の事項として扱われることとなった。こうして、「1920年以来、実定国際法は世界の法的・価値的体系の多様性を認め[68]」るものとなり、この多様性の承認は、国際司法裁判所が「国家の国連加盟事件[69]」で示したように国連憲章の内に深く刻印され、20世紀後半の国連体制を特徴的に彩ることになっていったのである。

　自律した人間をモデルとして構築されたリベラリズムを、独立した国家か

らなる国際社会に移植して組み立てられたのが（主流）国際法言説である[70]とすれば、多様性の承認は、そうした思想的枠組みから導出される当然の帰結というべきなのかもしれない。だが奇妙というべきか、冷戦終結後に急速に勢いを増した「民主化の使命」は、リベラリズムの思潮を推し進める過程で多様性・寛容とはおよそかけ離れた方向に事態を進展させている。（欧米型）民主主義政体（プラス市場主義）を採用しない国家は、テロリズムという記号を媒介に安全保障上の脅威に連結されると、「ならず者国家 (rogue state)」のみならず「犯罪国家 (criminal state)」として国連安全保障理事会あるいは「有志連合 (coalition of the willing)」の裁定を通じ軍事的・非軍事的強制措置の対象となる例が増えている[71]。むろん現行国際法上、犯罪は国家によっては実行されえず、それだけに犯罪国家という呼称は厳密にいえば不正確であろう。強制措置にしても、国家による重大な国際法違反への対応として予定されているわけでもない。つまり、犯罪と国家、強制措置と国際法違反とは必然的なつながりをもつものではないのだが、とはいえ、種々の強制措置により国家が被る名誉・権利・免除等の剥奪や、強制措置の一環として恒常的に実施される監視の実態は、実質的な意味で犯罪者として処遇されあるいは犯罪鎮圧体制を賦課されているというにふさわしく[72]、本稿でも、そのようなものとして犯罪国家という表現を用いている。

「民主化の使命」は、非民主国家／犯罪国家を強制的に排除・封じ込めることを通じて、20世紀の生み出した主権平等原則を根底から揺さぶる効果を生み出しているといわなくてはならない。よく知られているように、冷戦の終焉とともに、国家主権は国境の内側で生起する重大な人権侵害の隠れ蓑になっているという批判にさらされ、そうした弊害は国際的正義を担う人権・民主主義の要請によって克服されなければならないという言説が台頭してきた[73]。だが人権・民主主義が打ち破ってきたのは、実際には国家主権そのものというよりも主権平等の原則にほかならない。「主権への攻撃は、通例、欧米型民主主義の信任状を欠くと判断された国家に対して留保されている。人権規範は、強力な欧米諸国を正統化し支持する一方で、非欧米諸国から正統性を剥奪してきている……。損なわれているのは主権平等という法的概念なのであって、主権そのものではない[74]。」人権・民主主義の名の下に主権

の制約を受けてきたのはもっぱら非欧米的な政治経済体制を有する（特定の）「南」の国々であった。冷戦終焉後、主権平等原則の後退により国家政体の多様性を承認する政治的スペースは著しく縮減し、代わって、「民主化の使命」の精髄として、欧米型民主主義を至上の要請とする反多様／多元主義がその相貌を顕現しはじめたといってよい[75]。

もとより、主権平等原則の後退は、国家間の不平等にとどまることなく、人間間の不平等に直結し、またその淵源ともなっている。人種的／宗教的に「南」の国家に連結される人間たちは、既述のように、場合によっては拷問すら容認されるなど、国際人権・難民・人道法の保護から排除される扱いを甘受しなければならぬ一方で、リベラリズムの先導者たる欧米諸国はといえば、自国の人間（兵士）たちがジュネーヴ諸条約をはじめとする国際人道法の適用を免除される保証をとりつけたうえで行動に及んでいるという実態がある[76]。重大な国際人道法違反が明白な場合であっても、国際的な裁きが先進国の側に及ぶことは皆無といってよい[77]。一方で国際法の適用が排除され、他方では国際法の適用が免除される。この非対称な構図は、国際法の適用がないという点では共通しているものの、排除と免除とでは、不適用の意味がまったく異なることはいうまでもない。

VI　国際人権法の可能性

内容においても適用においても法の果実を平等に享受すべきはずの人間たちが、所属国の相違、端的にいってしまえば人種・民族的出身の違いにより著しく異なる扱いを受ける現実が出来している。その情景は、「文明」の基準により、適用される法規範が公然と使い分けられたかつての国際法の姿そのものではないのか。20世紀の後に出来した国際法の新次元は、「文明」という語を「民主化」という語に置換し、そこに「テロリズム」という脅威を加味しただけの〈再びの19世紀〉ということになるのだろうか。20世紀が後景に退いた後に到来した再びの19世紀。だが、歴史の展開は常に矛盾に満ちた出来事を伴って進行する。いずれの規範システムも一貫性をもって固定さ

れているわけではなく、必ず矛盾や隙間を胚胎させている。そこに、人間たちの主体的意思が働く余地あり、構造的制約を離れてシステムが変化する契機がある。「変化は、あい矛盾する規範システムのすき間で作用する、微小で果てしのない戦略や選択を通じて起こる(78)。」「北」主導のグローバル化が強力に推進され歴史が逆行しているように見えるなかにあっても、これに本質的レベルで抗う潮流が同時並行裡に進行していることにも着目しておかなくてはならない。代表的な事象を2つだけ指摘する。

まず第1は、2001年にブラジルのポルト・アレグレで産声をあげた「世界社会フォーラム」に象徴される新しい社会運動の台頭である(79)。その相貌も全容も明確には表現できるものではなく、また、これからも明確化の力学を回避し続けるのかもしれないが、とはいえ、農民運動やフェミニズム運動、野宿者運動、先住民運動、労働運動、反戦運動、反グローバル化運動など国籍、性、人種、階級などを横断して無秩序なまでのダイナミックスをもって展開されるこの巨大な世界的運動は、国際法過程において民衆／大衆が果たす役割への理論的関心を高める重要な契機となりうる事象でもある。

国家中心思考に支配された国際法言説のなかにも、NGOという非国家行為体が登場する余地は用意されている。とりわけ人権に関する国際法言説においてそうである。だが国連においては近年、NGOという言葉に代えて「市民社会(civil society)」という用語が好んで用いられ、気がつけばその市民社会のメンバーとして企業体(多国籍企業)の占める割合が急速に高まっている(80)。いまやNGOという言葉は消え入る道をたどっているかのような錯覚すら覚えてしまうほどだが、ただ、NGOの役割を意識的に前景化させる国際法言説にしても、「上」からの統治という視点で構築されることが少なくなく、「下」からの抵抗という視点で構築されるものは、日本を含む「北」の国際法学のなかにはほとんど見受けられない。もとよりそれは、NGOという概念そのものが、特定の制度的プリズムを通じて投射されるエリート的位相を本来的に具有しているからでもあるが、国際法学自体もまた、国際司法裁判所や国際機構、政府といった公的制度に由来するテキストや言語に焦点をあてる一方で、制度の外にあって公的制度の示す法解釈を共有していない人々の行動の意味を捕捉することには有意性を見出してこなかったのが実情である。そ

れが、国際法のエリート性をさらに増幅し、国際法に対する民衆からの働きかけを無為なまでに法の外に放擲することにもつながってきたといえる[81]。

しかし、フィリップ・アロットが指摘するように、こと人権に関していえば、この概念は本来、「社会を変革していくための無限の力の源泉」であるべきであり、「体制言説」として人権が動員され続けるのでは語義矛盾ですらある[82]。「北」主導の秩序の形成あるいは上からの統治の正統化機能の担い手として動員されることが多くなっている国際人権を、下からの闘い、つまりレジスタンスを支える法言説として再構築していくことが、とりわけ（圧倒的多数の人間たちの所在する「南」の）民衆の間で強く求められている。「北」に棲まう多くの人間たちとて同様ではないのか。世界的に大きなうねりをつくり出している新しい社会運動への理解を深め、国際人権との連携を強める知的営みの意義は、この意味においてけっして小さくあるまい[83]。

第2に、世界的に高揚する「過去の克服」の潮流に留意する必要がある。日本についていえば、元「慰安婦」が自らその存在を公にした1991年来、絶えることなく提起されているいわゆる戦後補償裁判にその一端が現れているように、歴史の闇に葬られていた無数の「過去」の不正義がその是正を求めて次々に私たちの眼前に立ち現れるようになっている。不正義の是正を阻む1つの巨大な壁となってきているのは国際法である[84]。すでに述べたように、こんにちまでの国際法の歴史は近代化＝欧米化の歴史であり、国際法はそうした暴力的な営みを法的に正当化する規制的・象徴的機能を絶えず担ってきた。そのことを想起すれば、法過程の必然的産物ともいうべき過去の不正義の是正に国際法が冷厳と立ちはだかるのにも不思議はないのだが、現今の「過去の克服」を求める世界的潮流は、そうした国際法のあり方そのものを根源から問い直す挑戦的な契機を提供するものにほかならない。2001年に南アフリカのダーバンで開かれた反人種差別世界会議はその代表的な場であり、そこでは、奴隷制と植民地支配に対する「北」の法的責任が「南」の側から激しく追及された。国際法のあり方と国際法の歴史を「北」の独占状態から解放する絶好の好機になりうると見えたこの会議では、最終的に法的責任までは認諾されなかったとはいえ、奴隷制・植民地支配という「過去」の不正義の存在と現在に引き続く負の影響、そしてその除去に向けての行動をとるべ

き必要性が明確に確認された[85]。

　イスラエル問題の取り扱いをめぐりこの会議からは米国が退場し、その直後に9・11の事件が起きてしまった。これによってダーバンの勢いは著しくそがれたようにも感じられるが、しかし、グローバル化の力学は「地球上の距離を縮小するばかりでなく、歴史的時間をも乗り越えて」、「過去」を私たちの眼前に突きつける要因となっている[86]。グローバル化は過去・現在・未来からなる時間軸を圧縮し、過去を現在、未来に重ね合わせる認識の構築をもたらしつつある。「過去の克服」を求める潮流は、「弔い」が終わらぬかぎり、国際社会の現在と未来をめぐる闘いに重ねあわされて、今後もけっして絶えることはないだろう。そうした闘いを支える法言説として国際人権法の可能性を最大化する道を探っていくことは、「南」／「テロリスト」を非人間化する「民主化の使命」が勢いを増すほどにいっそう重要になるのではないのか。〈再び19世紀〉を脱しようとするのなら、なにより、19世紀が表象する「過去」そのものとの法的対峙を避けて通るわけにはいかないのである。

〔注〕
(1)　ウィーン宣言の翻訳は、松井芳郎・薬師寺公夫・坂元茂樹・小畑郁・徳川信治編『国際人権条約・宣言集』[第3版]（東信堂、2005年）、47-56頁。
(2)　その詳細につき、*Human Rights: The New Consensus*, Regency Press（Humanity）1994.
(3)　See *generally*, Charlesworth, H., "Not Waving but Drowning: Gender Mainstreaming and Human Rights in the United Nations," *Harvard Human Rights Journal,* Vol.18 (2005), pp.1-18.
(4)　UN Doc.A/RES./60/1,24 October 2005.
(5)　UN Doc.A/RES./60/251,3 April 2006. 設立までの経緯について、International Service for Human Rights, *A New Chapter for Human Rights: A Handbook on Issues of Transition from the Commission on Human Rights to the Human Rights Council* (2006), pp.11-13。
(6)　国際刑事裁判所の設置にいたる「一連の動向は、『不処罰の文化（culture of impunity）』を『責任の文化（culture of accountability）』へと転換しようとする国際社会の意思を示すとともに、普遍的な正義と法の支配に基づく国際関係の構築という理念を強く示唆している」（古谷修一「カンボジア特別裁判部の意義と問題―国際刑事司法における普遍性と個別性」『国際法外交雑誌』102巻4号（2004年）、46-47頁）。古谷論文は、「現在の国際刑事司法は、ICC［国際刑事裁判所］に代表される"universal system"と、混

合的な裁判所が代表する "local system" が並存していると言うことができる」との認識の下、カンボジア特別裁判部を素材に、国際刑事司法における普遍性と個別性の問題視角を鋭く提示するものである。

(7) ガバナンス、特にグッド・ガバナンスという概念が主に「南」向けに用いられてきたことについて、Anghie, A., *Imperialism, Sovereignty and the Making of International Law*, (2004), p.249.

(8) ポスト・モダンによって肯定的に処せられるようになった「差異」が、排除・管理の手段として簒奪されてしまっている実態について、岡本裕一朗『ポストモダンの思想的根拠―9・11と管理社会』(ナカニシヤ出版、2005年) 参照。

(9) たとえば、国連人権高等弁務官事務所 (平野裕二訳)『裁判官・検察官・弁護士のための国際人権マニュアル』(現代人文社、2006年) を見よ。

(10) Mahoney, P., "Judicial Activism and Judicial Self-Restraint in the European Court of Human Rights: Two Sides of the Same Coin," *Human Rights Law Journal*, Vol. 11 (1990), pp.57-88; Sepulveda, M., *The Nature of the Obligations under the International Covenant on Economic, Social and Cultural Rights* (2003), pp.77-87.

(11) 死刑廃止に向けた国際的潮流については、Schabas, W., *The Abolition of the Death Penalty in International Law,* 2nd ed. (1997) 。

(12) *Kindler v. Canada,* Communication No.470/1990.

(13) *Judge v. Canada,* Communication No.829/1998.

(14) *Ashby v. Trinidad and Tobago*, Communication No.580/1994. もっとも、自由権委員会は「仮保全措置それ自体に法的拘束力があるとして、締約国にその遵守を求めたわけではない。これに代えて、委員会は、締約国は第一選択議定書を批准することにより、個人通報制度という手続の下で委員会と協力するということを約束している。にもかかわらず、仮保全措置に従わないということは議定書、ひいては規約の義務違反を構成するという論理構成を採用したのである」(坂元茂樹「個人通報制度における仮保全措置―自由権規約委員会の実行をめぐって―」『神戸法学雑誌』53巻4号 (2004年)、17頁)。

(15) Inter-American Court of Human Rights, *The Right to Information on Consular Assistance. In the Framework of the Guarantees of the Due Process of Law,* Advisory Opinion OC-16/99, 1 October 1999.

(16) *LaGrand Case* (Germany v. United States of America), 27 June 2001; *Case concerning Avena and Other Mexican Nationals* (Mexico v. United States of America),31 March 2004 at www.icj-cij.org/icjwww/idecisions.htm (as of 31 July 2006).

(17) Memo for the President from Alberto R. Gonzales re Application of the Geneva Conventions on POW to the Conflict with Alqaeda and the Taliban, Draft, 25 January 2002, reprinted as Memo 7 in Greenberg, K.J. and Dratel, J.L. (eds.), *The Torture Papers: The Road to Abu Ghraib* (2005), p.237. メモの内容について、新井京「9・11後の『対テロ戦争』

における被抑留者の法的地位―相次ぐ虐待事件の背景にあるもの」アジア・太平洋人権情報センター編『アジア・太平洋人権レビュー 2005 国際人権法と国際人道法の交錯』（現代人文社、2005年）、43頁。

(18) Mayer, J., "Outsourcing Torture: The Secret History of America's 'Extraordinary Rendition'Program," *The New Yorker* (14 & 21 Feburary 2005), pp.106-123.

(19) UN Doc.CAT/C/USA/CO/2,18 May 2006; CCPR/C/USA/CO, 27 July 2006; Amnesty International, *Guantanamo and Beyond?*, AI Index: AMR 5/1063/2005, 13 May 2005; *Human Rights Denied: Torture and Accountability in the War on Terror*, AI Index: AMR 51/145/2004, 27 October 2004; Human Rights Watch, *The Road to Abu Ghraib*, June 2004, at www.hrw.org/reports/2004/USA0604 (as of 31 July 2006).

(20) *Alleged Secret Detentions and Unlawful Inter-State Transfers of Detainees Involving Council of Europe Member States,* Report of the Committee on Legal Affairs and Human Rights, Rapporteur: Mr. Dick Marty, Parliamentary Assembly Doc. 10957, 12 June 2006.

(21) *Ibid.*, para.230. スウェーデンがかかわった事件は個人通報の対象にもなり、拷問禁止委員会により拷問禁止条約違反との見解が示されている（*Agiza v. Sweden*, UN Doc. CAT/C/34/D/233/2003）。この事件については、今井直「拷問等禁止条約の個人通報手続」『法律時報』77巻12号（2005年）、46頁参照。

(22) *Suresh v. Canada* (Minister of Citizenship and Immigration), *S.C.R.*, Vol.1, No.3 (2002).

(23) 連邦最高裁のこの判断は，当然のごとく、2005年に行われたカナダの定期報告審査の際、拷問禁止委員会と自由権規約委員会によって厳しく論難されている（UN Doc. CAT/C/CO/34/CAN,7 July 2005; CCPR/C/CAN/CO/5, 20 April 2006)。*Suresh*事件について、より詳しくは、阿部浩己「カナダの移民・難民法制―在外研究覚書2005」『神奈川法学』37巻2・3合併号（2005年）、80-88頁。

(24) EWCA, Civ.1123 (2004).

(25) UKHL, 71 (2005).

(26) Human Rights Watch, *U.K.–Algeria Deal to Deport Suspects Is Fig–Leaf for Torture*, 10 March 2006, at hrw.org/English/docs/2006/03/08/uk12783.htm (as of 31 July 2006).

(27) See *Saadi v. Italy* (Application no. 37201/06). 英国は本件審理に第三者訴訟参加国として関与し、拷問禁止の絶対性を謳った *Chahal v. the United Kingdom* 事件判決（1996年11月15日）の見直しを迫った。

(28) Klein, N., "'Never Before' Our Amnesiac Torture Debate," *The Nation* (9 December 2005), at www.commondreams.org/views05/1209-22.htm (as of 31 July 2006).

(29) Posner, R.A., "The Best Offence," *New Republic* (2 September 2002), p.28, quoted in Ramsay, M., "Can the Torture of Terrorist Suspects be Justified?" *International Journal of Human Rights*, Vol.10 (2006), p.107.

(30) こうした諸見解については、*ibid.*, pp.107-115. See *also*, Derschowitz, A.M., *Why Terrorism Works: Understanding the Threat, Responding to the Challenges* (2002), pp.131-163.

(31) Ramsay, *supra* note 29, pp.115-116. 拷問の意義・効能を法的・政治的・社会学的・心理学的な角度から分析したものに、Duner, B. (ed.), *An End to Torture: Strategies for Its Eradication* (1998).

(32) 詳しくは、阿部、前掲論文（注23）、69-70頁。なお、2001年からの5年間で、先進工業国全体において難民申請者数は半減し、多くの国において1980年代後半期の数字に立ち戻っている。ちなみに、この間の減少率は、米国・カナダでは54％、オーストラリアとニュージーランドでは75％であった。See, United Nations High Commissioner for Refugees, *Asylum Levels and Trends in Industrialized Countries, 2005: Overview of Asylum Applications Lodged in European and Non-European Industrialized Countries in 2005*, 17 March 2006.

(33) See, Hathaway, J., "Book Review," *AJIL*, Vol.98 (2004), p.616, reviewing Nathwani, N., *Rethinking Refugee Law* (2003); Odhiambo-Abuya, E., "Revisiting Liberalism and Post-Colonial Theory in the Context of Asylum Applications," *Netherlands Quarterly of Human Rights*, Vol. 24 (2006), pp.225-226.

(34) United States Committee for Refugees and Immigrants, *Statement Calling for Solutions to End Warehousing of Refugees*, at www.refugees.org (as of 31 July 2006).「倉庫保管」という難民の非人間化事象を強く批判するものとして、Fekete, L., *The Deportation Machine: Europe, Asylum and Human Rights*, Institute of Race Relations, 9 April 2005, at www.irr.org.uk/2005/april/ha000011.htm (as of 31 July 2006).

(35) 難民は、長期間にわたり隔離・封じ込められることにより、沈黙と不可視化を強いられたあげく、人々の記憶から消し去られていく。こうした政策は、"out of sight, out of mind" containment policy と呼ぶにふさわしい (Crosby, A., *The Boundaries of Belonging: Reflections on Migration Policies into the 21st Century*, Inter Pares Occasional Paper, No.7 (June 2006), p.7)。

(36) Kumin, J., "Can This Marriage Be Saved?: National Interests and Ethics in Asylum Policy," *Canadian Issues* (March 2004), p.14.

(37) UNHCR, *The State of the World's Refugees: In Search of Solutions* (1995), p.31.

(38) UNHCR の活動にかかわる国連総会決議を見ると、庇護国／第三国定住と自発的帰還という恒久的解決策は1970年までは常に対になって言及されていたのだが、1971年に自発的帰還が別個の解決策として定住から分離され、1983年にいたり「難民問題の最も望ましい解決策」としての地位を獲得した (Zieck, M., *UNHCR and Voluntary Repatriation of Refugees: A Legal Analysis* (1997), p.82)。

(39) 阿部浩己『国際人権の地平』(現代人文社、2003年)、355頁。

(40) Barnett, M and Finnemore, M., *Rules for the World: International Organizations in Global Politics* (2004), p.104. 本国帰還をめぐるポリティクスについては次の文献を参照。Chimni, B.S., "The Meaning of Words and the Role of the UNHCR," *International Journal of Refugee Law*, Vol.5 (1993), pp.442-460.

⑷1) UNHCR内では、保護担当部署が地域局のなかに解消されたことで「プラグマティック・アプローチ」が支配的になり、法的基準の逸脱が制度的に常態化する素地が築かれたとされる。See Loescher, G., *The UNHCR in World Politics: A Perilous Path* (2001), pp.249-250; Goodwin-Gill, G.S., "Refugee Identity and Protection's Fading Prospect," in Nicholson, F. and Twomey, P. (eds.), *Refugee: Rights and Realities* (1999), pp.234-240.
⑷2) Cutts, M.,"Politics and Humanitarianism," *Refugee Survey Quarterly*, Vol.17, No.1 (1998), pp.1-15.
⑷3) Barnett and Finnemore, *supra* note 40, p.101.
⑷4) Loescher, G., "UNHCR at Fifty: Refugee Protection and World Politics," in Steiner, N., Gibney, M., and Loescher, G. (eds.), *Problems of Protection; The UNHCR, Refugees and Human Rights* (2003), p.12.
⑷5) ジェンダーガイドライン作成の経緯等について、Crawley, H., *Refugees and Gender: Law and Process*, (2001), pp.12-16；高見智恵子「女性難民申請者の認定手続きの現状と諸問題」難民問題研究フォーラム編『難民と人権—新世紀の視座』(現代人文社、2001年)、144-152頁；長島美紀「ジェンダーに基づく迫害の視点」『法学セミナー』2004年12月号、52-55頁。
⑷6) その代表的な論考として、たとえば、Indra, D., "Gender: A Key Dimension of the Refugee Experience," *Refuge*, Vol.7 (1987), pp.3-4; Castel, J.R., "Rape, Sexual Assault and the Meaning of Persecution," *International Journal of Refugee Law*, Vol.4 (1992), pp.39-52.
⑷7) Greatbatch, J., "The Gender Difference: Feminist Critiques of Refugee Discourse," *International Journal of Refugee Law*, Vol.1 (1989), pp.518-527.
⑷8) Kelly, N., "Gender-Related Persecution: Assessing the Asylum Claims of Women," *Cornell International Law Journal*, Vol.26 (1993), pp.625-674.
⑷9) Oosterveld, V.L., "The Canadian Guidelines on Gender-Related Persecution: An Evaluation," *International Journal of Refugee Law*, Vol.8 (1996), pp.571.
⑸0) See *generally*, Spijkerboer, T., *Gender and Refugee Status* (2000), pp.163-182；南茂由利子「女性難民を巡るジェンダー論争についての一考察」『人間社会学研究集録』(大阪府立大学) 1号 (2005年)、95-115頁。
⑸1) ジェンダーガイドラインが1998年に作成されている英国において、依然として多くの女性難民申請者が不当な扱いを受け続けている実態について、Walter, N., "The Asylum Process Is Failing Too Many Women: Rape, Honour Crime, Female Circumcision-How Can the System Be So Dismissive of Such Terrible Persecution," *The Guardian* (23 May 2006), at www.guadian.co.uk/comment/story/0,,1780804,00.htm（as of 31 July 2006).
⑸2) Spijkerboer, *supra* note 50, pp.199-200.
⑸3) See, Kennedy, D.,"When Renewal Repeats: Thinking Against the Box," *New York University Journal of International Law and Politics*,Vol.32 (2000), pp.335-360.
⑸4) アンギーの見解を集約したものに、Anghie, *supra* note 7.

(55) President Bush, G.W. "The National Security Strategy of the United States of America," 17 September 2002, at www.whitehouse.gov/nsc/nssall.html (as of 31 July 2006).

(56) See *e.g.*, Téson, F.R., "The Kantian Theory of International Law," *Columbia Law Review*, Vol.92 (2002), pp.53-102.

(57) 代表的論客であるテソンのカント理解に対する批判として、たとえば、最上敏樹『国境なき平和に』(みすず書房、2006年)、1-4頁。もっとも、アンギーによれば、武力を用いた体制変革への契機は、『永遠平和のために』のなかにすでに現れ出ていたという。同書においてカントはこういっていた。現実に危害を与えられておらずとも、相手が無法な状態にあることそれ自体が脅威であり、それによって危害が加わられていることになる。したがって、その場合には、共通の法が適用される状態に入ることを要求するか、さもなくば、近隣から立ち退くことを要求できる、と。この論理を国際社会に移植した場合、国家を立ち退かせることは不可能なのだから、残された選択肢は共通の法が適用される状態に入ること、すなわち、国家を自由民主主義体制に変革するよう要求することしかない。それが、体制変革のための介入への理論的契機を提供することにつながっている、とアンギーはいう。Anghie, *supra* note 7, pp.295-297.

(58) Alvarez, J., "Do Liberal States Behave Better?: A Critique of Slaughter's Liberal Theory," *EJIL*, Vol.12 (2001), pp.183-246; Kent, A., "Unpredictability of Liberal States: Australia and International Human Rights," *International Journal of Human Rights*, Vol.6 (2002), pp.55-84.

(59) *E.g., Concept Paper on the High Commissioner's Proposal for a Unified Standing Treaty Body*, Report by the Secretariat, UN Doc.HRI/MC/2006/2, 22 March 2006. See also, Alston, P., "Final Report on Enhancing the Long-Term Effectiveness of the United Nations Human Rights Treaty System," UN Doc.E/CN.4/1997/74, 7 March 1997.

(60) Bayefsky, A.F., *The UN Human Rights Treaty System: Universality at the Crossroads* (2001).

(61) Bayefsky, A., "Making the Human Rights Treaties Work," in Henkin, L. and Hargrove, J.L. (eds.), *Human Rights: An Agenda for the Next Centrury* (1994), p.265. ベイエフスキィは、欧米型の民主主義体制が人権条約の履行には欠かせないとして、経済制裁による「南」の変革も促していた。"Remarks by Anne F. Bayefsky," Panel discussion entitled: 'The UN Human Rights Regime: Is it Effective?,' 91 *Proceedings of the Annual Meeting of the American Society of International Law 1997* (1998), p.472. ベイエフスキィの見解に対する根源的批判として、Alston, P., "Beyond 'Them' and 'Us': Putting Treaty Body Reform into Perspective," in Alston, P. and Crawford J. (eds.), *The Future of UN Human Rights Treaty Monitoring* (2000), pp.511-525.

(62) こうした潮流に批判的視点を提示したものとして、Singh, S., "Will the Human Rights Council Do Better than the Commission?" *South Bulletin* (15 February 2006); *NGO Joint Statement on the Secretary General's Proposed Human Rights Council*, Presented by Snyder, S., Women's International League for Peace and Freedom, 18 April 2005.

⑹ Alvarez, *supra* note 58.
⑹ *E.g.*, Diene, D., *Report of the Special Rapporteur on Contemporay Forms of Racism, Racial Discrimination, Xenophobia and Related Intolerance: Mission to Japan*, UN Doc.E/CN.4/2006/16/Add.2, 24 January 2006.
⑹ Chimni, B.S., "Third World Approaches to International Law: A Manifesto," in Anghie, A, Chimni, B., Mickelson, K., and Okafor, O., *The Third World and International Order: Law, Politics and Globalization* (2003), pp.56,63; Baxi, U., "Voices of Suffering, Fragmented Universality, and the Future of Human Rights," in Weston, B. and Marks, S.P. (eds.), *The Future of International Human Rights* (1999), pp.150-155.
⑹ See *e.g.*, Chandler, D., *From Kosovo to Kabul: Human Rights and International Intervention* (2002), pp.122-127.
⑹ UN G.A.Res.2625 (XXV).
⑹ Kunz, J., "Pluralism of Legal and Value Systems of the World," *AJIL*, Vol. 49 (1955), p.372.
⑹ *Admission of a State to the United Nations (Charter, Article 4)*, Advisory Opinion, *ICJ Reports 1948*, p.57.
⑺ ヒラリー・チャールズワース／クリスチーン・チンキン（阿部浩己監訳）『フェミニズム国際法―国際法の境界を問い直す』(尚学社、2004年)、37頁。
⑺ Simpson, G., *Great Powers and Outlaw States: Unequal Sovereigns in the International Legal Order* (2004), pp.284-299.「民主化の使命」は「南」の国々、とりわけ「ならず者国家」あるいは「犯罪国家」の民主化には熱意を示すが、国際的な意思決定過程の民主化には強い抵抗を示している (Crawford, J. and Marks, M., "The Global Democracy Deficit: An Essay in International Law and Its Limits," in Archibugi, D. (ed.), *Re-imaging Political Community: Studies in Cosmopolitan Democracy* (1998), p.85)。また、ガバナンスという用語の含意がそうであるように、「南」の人々はパターナリスティックな眼差しで客体化されており、十分な意思決定能力を有する行為主体とは見られていない (Chimni, *supra* note 65, p.61)。
⑺ Simpson, *supra* note 71, p.291. クロフォードも、「最近の実務におけるイラク、リビヤおよびユーゴスラビアの犯罪者化 (criminalization)」について語っている。Crawford, J., "Revisiting the Draft Articles on State Responsibility," *EJIL*, Vol.10 (1999), p.443.
⑺ たとえば、「主権を尊重することは、人権侵害の共犯になることである」(Linklater, A., "The Good International Citizen and the Crisis in Kosovo," in Schnable, A. and Thakur, M. (eds.), *Kosovo and the Challenge of Humanitarian Intervention: Selective Indignation, Collective Intervention, and International Citizenship* (2000), at www.unu.edu/p&g/Kosovo_full.htm（as of 31 July 2006）といった主張がそうである。
⑺ Chandler, *supra* note 66, p.129.
⑺ シンプソンは、これを「自由主義的反多元主義 (liberal anti-pluralism)」と呼ぶ。Simpson, *supra* note 71, pp.78, 81.

(76) *Ibid.*, pp.345-346.
(77) たとえば、1999年に実施されたユーゴスラビアでのNATOの軍事行動には多くの重大で明白な国際人道法違反があったと報告されているが（Amnesty International, *"Collateral Damage" or Unlawful Killings: Violations of the Laws of War by NATO during Operation Allied Force*, AI Index: EUR 70/018/2000, 6 June 2000; Human Rights Watch, *Civilian Deaths in the NATO Air Campaign* (February 2000); Mandel, M., "Politics and Human Rights in International Criminal Law: Our Case Against NATO and the Lessons to Be Learned from It," *Fordham International Law Journal*, Vol.95 (2001), p.95)、旧ユーゴスラビア国際刑事法廷の営みのなかでは、訴追はいうまでもなく、検察局による調査も完遂されなかった。国際刑事手続は、国際社会における「悪」を措定し、その撲滅に向けた（軍事）力の行使を正当化する機能を帯びているといわれるが、より正確にいえば、行使された（軍事）力を正当化するために国際刑事手続を通じて「悪」が構築されている、というべきかもしれない。「[旧ユーゴ] 法廷は、英国の首相や米国の大統領の責任を問うために設置されたものではない」(cited in Chandler, *supra* note 66, p.145)という英国外相（Robin Cook）の言はそうした政治的現実を正しく映し出した認識といえよう。「犯罪者化（criminalization）」の力学は、「悪」に指定された個人（あるいは国家）を裁くことで正義が実現されるという言説の伝播を通じ、「悪」を生み出した構造的要因や、裁く側自体の不正義から人々の関心を遠ざける側面も伴っている。こうした「犯罪者化のポリティクス」について、Mandel, M., *How America Gets Away With Murder: Illegal Wars, Collateral Damages and Crimes Against Humanity*, (2004), p.250. 国際／刑事法への信頼性を高めるには、まずなによりも公正な裁きが確保されるべきである（Hakki, M.M., "War Crimes and the War in Iraq: Can George W. Bush and Tony Blair be Held Legally Responsible," *International Journal of Human Rights*, Vol.10 (2006), p.16）が、犯罪を生み出す構造的要因の是正にも同様の重要性を付与すべきことはいうまでもない。
(78) 北村暁夫「ミクロストーリアと家族戦略―イタリア移民研究の視点から」丸山茂・橘川俊忠・小馬徹編『家族のオートノーミー』（早稲田大学出版会、1998年）、111頁。
(79) 世界社会フォーラムについては、ウィリアム・F. フィッシャー／トーマス・ポニア編、加藤哲郎監修『網ひとつの世界は可能だ―世界社会フォーラムとグローバル化への民衆のオールタナティブ―』（日本経済新聞社、2003年）参照。同フォーラムのホームページは www.forumsocialmundial.org.br (as of 31 July 2006)。社会運動（特に、新しい社会運動）は、第1に多様な行為体間のインフォーマルな交流のネットワークを持ち、第2に政治的または文化的紛争にかかわり、第3に共通の信念または集合的アイデンティティに基づいて組織されるという特徴を有しているとされる（Diani, M., "The Concept of Social Movement," T*he Sociological Review,* Vol.40 (1992), p.1）。
(80) See, *We the Peoples: Civil Society, the United Nations and Global Governance*, Report of the Panel of Eminent Persons on United Nations-Civil Society Relations, UN Doc.A/58/817,

11 June 2004. この報告書に対する詳細な批判として、Martens, J. and Paul, J., "Global Policy Forum," *Comments on the Report of the Cardoso Panel* (on file with author).

(81) たとえば、2003年3月に開始された米英等によるイラク侵攻の法的意義を見定めるにあたり、各国政府、国際機構、有力な研究者の意見には関心を示しても、世界各地で大規模に展開された民衆の反戦運動についてはまったくの無関心を装うという姿勢がそうである。なお、国際法と民衆との切り結びに自覚的な認識を示したものとして、核兵器の使用と威嚇に関する国際司法裁判所の勧告的意見に付されたウィーラマントリーの反対意見 (*Legality of the Threat or Use of Nuclear Weapons*, Advisory Opinion, *ICJ Reports 1996*, pp.429-555 (Dissenting Opinion of Judge Weeramantry)) を見よ。ウィーラマントリーの意見の意義については、最上敏樹「核兵器は国際法に違反するか―核兵器の使用と威嚇に関するICJ勧告的意見（下）」『法学セミナー』1996年12月号、6-7頁も参照。See also, Weeramantry, C.G., *Universalizing International Law* (2004), pp.476-478.

(82) Allott, P., *Eunomia: New Order for a New World* (1990), p.287.

(83) 「サバルタン（subaltern）」の視座を採用し、「抵抗」のための国際法を積極的に構築しようとする斬新な知的営みが蓄積されつつあることに留意すべきだろう。See, Rajagopal, S., *International Law from Below: Development, Social Movements and Third World Resistance* (2003).

(84) とりわけ、時際法という概念を通じて具象化される「現在中心主義」が現在と過去との連帯を阻害する法壁となっているのだが、世界的規模で「過去の克服」が進む過程で、狭隘な「現在」という時間の枠を脱し、法の射程がしだいに過去とつながり始めていることについて、阿部浩己「戦後責任と和解の模索―戦後補償裁判が映し出す地平」『岩波講座 アジア・太平洋戦争8　20世紀の中のアジア・太平洋戦争』（岩波書店、2006年）、349-377頁参照。

(85) ダーバン会議については、ダーバン2001編『反人種主義・差別撤廃世界会議と日本』(解放出版社、2002年); Chakma, S., "The Issue of Compensation for Colonialism and Slavery at the World Conference Against Racism: A Fine Balance Between Rhetoric and Legality," in Ulrich, G. and Boserup, L.K. (eds.), *Reparations: Redressing Past Wrongs* (2003), pp.59-71; Bossuyt,M. and Vandeginste, S., "The Issue of Reparation for Slavery and Colonialism and the Durban World Conference Against Racism," *Human Rights Law Journal*, Vol.22 (2001), pp.341-350. See also, du Plessis, M., "Historical Injustice and International Law: An Exploratory Discussion of Reparation for Slavery," *Human Rights Quarterly*, Vol.25 (2003), pp.624-659.

(86) 武者小路公秀「グローバル化と反テロ戦争に起因する諸差別との闘い―ダーバン反人種主義・差別撤廃世界会議とその後」ダーバン2001編、前掲書（注85）、10頁。

[本稿は、松井芳郎編『講座　人間の安全保障と国際組織犯罪4　人間の安全保障と国際社

会のガバナンス』(日本評論社、2007年) 所収の拙文と内容的に重複するところがあることをお断りする。]

国際人権法の国内規範性とその影響
── 「国際人権の論理と国内人権の論理」批判 ──

申　惠丰

はじめに

　第2次世界大戦後の国際社会においては、国際人権法[1]と呼ばれる、国際法の新たな一大分野が形成されてきた。普遍的な規模では国際人権規約（経済的、社会的及び文化的権利に関する国際規約［社会権規約］、市民的及び政治的権利に関する国際規約［自由権規約］）や人種差別撤廃条約等、地域的なものとしてはヨーロッパ人権条約、米州人権条約等の、人権の国際的保護を目的とする多数国間条約（人権条約）を中心とする法分野である。

　これらの条約は、国内法のみによる人権保障の限界を国際法により補完することを意図し、多数の国家が、自国の管轄下にある個人の人権保障にかかわる義務を負うことを約束し合う形態をとっている。すなわち、人権条約は、法形式としては条約であるが、二国間相互の権利義務の交換を基礎とする伝統的な二国間条約とは根本的に異なり、多数の国家が共通の義務を負うことを誓約し合う多数国間条約であり、かつその目的は、締約国の国家的な権利・利益の保護ではなく、個人の人権の保護にある。それゆえに全ての人権条約は、締約国に条約の国内実施を義務づける一方で、相互主義の威嚇による条約履行の促進が期待できないことを前提として、締約国による国内実施の状況を監視するための各種の国際的実施措置を設け、条約で設置する機関（委員会、裁判所等）にそれを運用させることとしている[2]。こうして各人権条約の下では、ヨーロッパ人権裁判所による膨大な判例法を擁するヨーロッパ人権条約を顕著な例として、条約機関が国際的実施措置の運用を通して継続的に締約国の条約実施を監視する条約体制がおかれて今日に至っている。

日本は1979年、国際人権規約を批准して初めて人権条約の当事国となり、続いて1981年に難民条約、1985年に女性差別撤廃条約にそれぞれ加入・批准した。この後も1994年に子ども［児童］の権利条約を批准、1995年に人種差別撤廃条約に加入、1999年には拷問等禁止条約に加入している。後述のように、これらの条約は、その批准・加入のための国内法整備として多くの法改正ないし制定をもたらし、日本法に大きな影響を与えた[3]。

　こうして、批准・加入の際、条約規定に抵触する国内法の改正や条約の趣旨に沿った新たな法制定をもたらすという他にも、人権条約は、日本の国内法秩序に少なからぬ影響を与える。日本では憲法98条2項によって、批准・加入した条約は特段の法的措置を要さずともそのまま国内で法的効力を有するものとされている（条約の「受容」体制）。そして、国内法秩序における条約の序列は、少なくとも法律より上というのが通説及び政府見解であるから、法律は条約に適合していることが要求され、法律は、条約適合的に解釈・適用されるか、それが不可能な場合には、条約に反する法律はその効力を否定されなければならない。法律が条約に反する場合には法律の方が無効とされなければならないことは、人権条約に関してもすでに多くの判例で認められている[4]。

　しかしながら、人権条約と憲法との関係については、様相は若干複雑である。国内法秩序における条約と憲法の序列については、憲法学における通説は憲法優位説であり、それは、条約締結手続に比較しての憲法改正手続の厳重さというその主要な論拠の1つをとっても、決して故ないことではない。条約と憲法との関係が論じられる場合、日本ではこれまで、ほぼ専ら日米安保条約や在日米軍地位協定が念頭におかれ、憲法上の人権保障に積極的に抵触するような条約ないしその実施法との関係で、憲法上の価値を擁護することが考えられていたという文脈からも、それは理解できることであった。しかし、それらの条約とは全く性格を異にし、人権保障を目的とする点では憲法と共通する側面を有するものである人権条約に関して、日米安保条約等の条約と同列に憲法との関係を論ずることには、本来大きな疑問がある。しかるに、国法秩序における条約と憲法との関係について、人権条約の発展と、日本がその多くの当事国になっているという事実を考慮した再検討は、これ

まで必ずしも十分に行われてきたとは言い難い[5]。

　さらに、近年は、人権保障という目的においては憲法と共通し、その機能においては憲法を補完するものであるはずの人権条約の存在意義を根源から疑わしめるかのような論争的な問題提起が、憲法学の側から投げかけられている。2003年の『ジュリスト』の特集「人権論の原理と新展開」に寄せた論文「国際人権の論理と国内人権の論理」の中で、高橋和之教授は、国際人権論において自由権と社会権の相対化が論じられていることに批判的に言及し、憲法学が自由権と社会権という分類を重視するのは国家機関の権限分配という憲法の基本原則と結びついているからであるのに対し、国際人権の場合はその保障の義務を国際的に負うのは包括的な国家であってその保障プロセスは国内問題にすぎない、と論じた[6]。この論文は、憲法学において自由権、社会権というときの基本的な含意について重要な指摘を含むものである一方で、「国際人権」と「国内人権」とを截然と峻別し、国際人権は国家が人権保障を約束し合うものにすぎずそれがどう実現されるかはひとえに国内問題である、とみなしている点で、人権条約のように個人の人権保障を規定した条約は国内において——とりわけ、日本のように条約の「受容」体制をとる国においては——人権主体たる個人によって援用されうる法規範性を有していることを完全に看過しているという重大な問題をはらんでいる。

　しかし、問題はそればかりではない。日本を代表する憲法学者の1人からこうした問題提起がなされる背景として、憲法学の間で、国際人権法が国内法として有する規範性やその意義に対する懐疑が一定程度共有されている現状があることも否定できない。この高橋論文は、国際人権法学の側では深刻に受け止められ、2004年度、2005年度と引き続き、国際人権法学会の年次大会では、国際人権法と国内法、特に憲法との対話を目的とした特集が組まれた[7]。2005年度は、第1日の共通テーマ「人権とその保障—憲法と国際人権法」の総論として、高橋教授をお招きしてご報告をいただいたが[8]、教授はこの報告で、「国際人権法など役に立たない」と断言された。その際、フロア発言で別の憲法学者からこれに同調する意見があったように、これは多くの憲法学者が漠然とにせよもっている感想というのが本当のところかもしれない。だとすれば、国際人権法学としては、高橋教授のご論文や報告に対

し、国際人権法と憲法の関係やそのあり方について正面から向き合う貴重な機会を提示して下さったものとして感謝し、これを契機として、日本におけるより良い人権保障に向けて建設的な議論を積み重ねていくことが求められているというべきであろう。

　大沼保昭先生は、国際法学者が上記の高橋論文をしっかりと受け止め、建設的な議論に発展させていくべきことについて当初から最も熱意を示された方であり、2005年度国際人権法学会でも、国際法の側から高橋教授の主張に応答する立場のご報告を担当されて的確な議論を展開された[9]。本稿は、高橋論文に触発され、かつ、2005年度国際人権法学会での高橋・大沼両報告をも受けた形で、国際人権法が専ら「国際人権」であるとする見方に反駁し、国際人権法の「国内規範」性とその影響について論じようとするものである。

I　国際人権法の国内規範性

　まず、最初に、上述の『ジュリスト』論文における高橋教授の主張を整理し、そこに含まれる問題について、国際法の観点から応答することから始めることとしたい。なお、ここで述べる事柄は、部分的に、筆者が2004年度国際人権法学会でコメンテーターとして発言した趣旨をまとめたもの[10]と重なる点があることをお断りする。

1　自由権と社会権の「不可分性」をめぐって

　筆者は、1995年の東京大学法学政治学研究科博士論文「人権条約上の国家の義務—人権の不可分性と条約実施[11]」において、従来の国際人権法学が、自由権規約上の権利に代表される「自由権」と社会権規約上の権利に代表される「社会権」の性質の相違を過度に強調しすぎ、国家の義務の形式的な理解に陥っている結果、条約上の権利が様々な状況で規範として生かされうる可能性を狭めてしまっていることを批判的に検討した。その際、従来の国際人権法学の行きすぎた人権二分論に対して、自由権か社会権かという区別はそもそも、人権保障に関する国家の役割の変化を大局的にみたときの流れを

さすものであることや、憲法学においても、「社会権の自由権的側面」というように、人権の性質の相対性が認められていることに言及した[12]。そして、1つの権利に対応する相関的義務(correlative duties)は唯一ではなく、状況によって消極的義務も積極的義務も生じうる（いずれが生じるかは具体的な状況によって決まるので、権利そのものからアプリオリに引き出すことは不可能）という理論的考察を行った後[13]、実際に、ヨーロッパ人権条約、自由権規約、社会権規約、米州人権条約といった人権条約の実施過程では、それぞれの条約の実施機関によって、当該条約上の権利のアプリオリな性質決定からではなく、具体的な状況において権利の実効的な実現のために求められる措置という観点から、国家の義務が引き出され認定されていることを明らかにした[14]。その上で、人権に関する国家の義務の多様なあり方について、国際人権法の最近の学説の展開を参照しつつ、人権の①尊重（自ら積極的に権利侵害をしないという避止義務）、②保護（第三者による権利侵害を防止しまた救済する義務）、③充足（権利の実現が個人では不可能な場合に国家が必要な供給を行う義務）、④促進（より長期的に、権利の実現に資する措置を取る義務）という、すべての権利にこのうち複数の義務が対応しうると考えられる枠組みを提示した[15]。

　高橋教授は上述の論文の中で、この自由権と社会権の「不可分論」に強い違和感を表明し、この不可分論が、社会権が実定国際人権として承認された今日ではその役割を終えたにもかかわらず、自由権と社会権の相対性の主張において用いられており、果ては「国際人権論における『自由権・社会権峻別論』を批判する論拠として、憲法学においても自由権・社会権という人権の分類論は『相対化』されていることが援用されたりしている」と述べて、「国際人権と国内人権の混同」に強く警鐘を鳴らす[16]。高橋教授によれば、「憲法学がこの［自由権と社会権という］分類を重要だと考えているのは、この区別が国家機関の権限分配という憲法の基本課題と関連していると考えているからであ」り、「政治的な裁量を要する問題はまず立法府が判断するというのが、権限分配に関する憲法の原則であり、自由権と社会権の区別は、この憲法原則と結びついている」のに対し、国際人権の場合は、国際的にその保障の義務を負うのはいわば包括的な「国家」であり、その保障プロセスは国内問題であるから、国際人権上は、自由権と社会権の区別は、2つの観念の

歴史的由来を説明する以上の意味をもたない[17]。さらに、国家の義務の多面性を示す人権条約の解釈の展開について、「裁判所が原意と異なる憲法解釈をすることがどこまで許されるかを深刻に議論している憲法学の立場からは、この問題は気になるところであるが、不可分論は原意と異なる条約解釈を正当化しうる理論なのであろうか[18]」として、人権の「不可分論」が条約の原意と異なる条約解釈を導く法理なのかという疑問を呈される。

　自由権と社会権という用語を用いる場合、それが憲法学においては権限分配に関する憲法の原則と結びついていることを忘れてはならないという、憲法上の人権に関する高橋教授の指摘は、全く正当であり、それについては筆者も肝に銘じるべきことと考える。ただ他方で、国際人権法における自由権と社会権の「不可分論」についての高橋教授の理解には、多くの誤解と混乱が含まれていると思われるので、それを以下に敷衍しておきたい。

　人権の「不可分性」という語は、①筆者が上記の著書で検討したように、1つの人権に対応する義務が消極的義務となるか積極的義務となるかはアプリオリには決定できず、具体的状況によっていずれも生じうる、すなわち消極的義務と積極的義務とは不可分である、という意味で用いられることもあるが、②より一般的な使われ方としては、人権体系を大きく自由権と社会権に分けた場合に、それぞれのカテゴリーに属する諸権利は社会の中で相互依存的に実現されていくものであり、従って、両者は不可分のものとして尊重されなければならないという原則として用いられる。この②の意味では、人権の不可分性は、厚生経済学の世界的権威アマルティア・センの「飢餓が起こるのは独裁国家においてのみである」という洞察[19]とほぼ重なり、人間にとって、物質的に生存を確保することと民主的に統治に参加することとは相互依存的であり不可分の重要性をもつということを意味する。両カテゴリーの人権の不可分性は、人権文書に関する法原則としては、あらゆる人権は他の人権と密接不可分な関係にあることを考慮し、ある人権規定を常に他の人権規定との関係において解釈するという解釈原則としての意義を有する[20]。「不可分論」への高橋教授の批判は、この①と②の両者にかかわっている。

　第1に、自由権と社会権の不可分性論が、社会権が実定国際人権として承認された今日ではその役割を終えているにもかかわらず持ち出され、論理の

混同を引き起こしている、との認識についてであるが、これは上述の②の側面に関連する。「社会権の権利性を認めてしまった後、この不可分論は、それ以上にいかなる法的意味をもつのか[21]」という疑問がそれである。

この点については、確かに、社会権が国際人権法で実定法化された以上、「自由権中心主義」に対抗するイデオロギーともなるこのドクトリンは役割を終えたはずとみることも、できなくはないであろう。しかし問題は、国際社会において、社会権規約を筆頭として社会権が実定国際法上権利性を認められたにもかかわらず、国際人権法の理論と実践はその受容において非常に遅れ、かつ1980年代後半以降国際的には認識が相当程度進展した後も、日本の状況はこの点でほとんど変化がみられなかったという点にある。日本の国際人権規約批准前後の時期以来、日本の国際人権法の学説は、自由権規約との対比で社会権規約は「漸進的実現義務」ないし「努力義務」を課したにとどまるものと理解し、社会権規約上の権利について締約国にとって意味のある義務を引き出すことができなかった[22]。日本の法状況としても、規約批准時に後述 (423頁) のような法改正がなされたほかは、権利救済に資するべき司法の場では、社会権規約の規定が裁判所によって稀に言及される場合でもそれは「権利」としてでなく政府の「政策」の問題に矮小化され、個人の人権救済のために用いられた例は今日までほぼ皆無である[23]。日本が批准し、国内的効力を有しているはずの社会権規約のこのような国内的実施の状況をみれば、今さら人権の不可分性などという意味はないという状況は、日本では到来していないと思われる。

日本の状況から外へ目を向ければ、国際的には、人権の不可分性は、1993年のウィーン宣言及び行動計画に代表される普遍的な人権文書において、基本的な原則として常に明記されているほか、国家や国際機関による途上国への開発援助政策における人権の位置づけに関連して、重要な原則として用いられている。例えば、EC／EUの開発協力政策においては、人権の不可分性は、市民的及び政治的権利、並びに経済的、社会的及び文化的権利の双方を尊重し促進するための積極的な法制度整備支援や、市民社会の育成のためのNGO支援といった形で、現在でも重要な原則として明文で用いられている[24]。高橋教授は上記ジュリスト論文の中で、大沼教授のいう米国の自由権中心主

義について批判的に引用されているが⁽²⁵⁾、そこでの大沼教授の言及も、文脈上、明らかに米国の対外政策の上での人権を含む議論である。米国についていえば、同国は社会権規約は批准していないものの、他方で、ウィーン世界人権会議でコンセンサスで採択されたウィーン宣言及び行動原則をはじめ、人権の不可分性を繰り返し確認している多数の普遍的な人権文書に賛同しているのであって、そこで示された法原則を遵守することを国際的に求められている。米国が本来の憲法の下で人権をどのように保障するかという問題とは別に、それは米国が国際的に求められている要請なのであり、人権問題に対してどのように対処するかは専ら国家の一存に委ねられる事柄であるということはできない。

　第2に、国家の義務の多面性を示す人権条約の解釈の展開について、人権の「不可分論」は果たして、原意と異なる条約解釈を正当化しうる理論なのかという問いについてである。この問いにおける「不可分論」とは、上述の①の側面の事柄を指していると考えられる。

　国際法でももちろん、条約解釈がどこまで許されるかは深刻な問題であり、まさにヨーロッパ人権裁判所をはじめとして今日に至るまで議論されてきている問題である。古典的な国際法では、条約による国家主権の制限は推定されないと考えられてきたため、ヨーロッパ人権裁判所でも1970年代半ば頃までは、一部の裁判官が、解釈による国家の義務の拡張を戒める強硬な意見を述べる事例もみられた。その著名なケースは、受刑者が民事裁判に訴える権利がヨーロッパ人権条約6条1項の「公正な裁判を受ける権利」に含まれるか否かをめぐる1975年のゴルダー事件判決である。本件でフィツモーリス(Fitzmaurice) 判事は、条約解釈において疑いが生じた場合には条約義務による国家主権の制約をできる限り制限的に解するべきであるとする反対意見を述べた⁽²⁶⁾。しかし、多数意見は、裁判所へのアクセス権は、人権保障を目的とするヨーロッパ人権条約の趣旨及び目的を考慮すれば6条1項の文言に内在するものであるとして⁽²⁷⁾、フィツモーリスのいうような古典的な解釈原則を退けたのである。本件は、ヨーロッパ人権裁判所がヨーロッパ人権条約の趣旨及び目的を重んじた解釈原理を明確に打ち出したことで、その後の「発展的解釈」の定着に至る分水嶺となった事例であった。

このように、人権条約の解釈における国家の義務の拡張は、何も人権の不可分論から安易に、白紙委任的に導き出されているわけではない。ヨーロッパ人権裁判所では、個人の人権の保障というヨーロッパ人権条約の趣旨及び目的に照らして、具体的状況において個人の権利が実効的なものになるようにとの観点から国家の義務を引き出す解釈手法がとられ、それが1970年代半ば以降今日まで、完全に定着しているのである[28]。そして、このヨーロッパ人権裁判所の判例を含め、自由権規約委員会、社会権規約委員会など、人権条約の実施過程で条約機関によって認められている国家の多様な義務は、明らかに、ある人権が国家の不作為を求める権利か作為を求める権利かという、権利の性質分類からする単純な国家の義務の二分的理解をはるかに超えたものになっているのである[29]。

2　人権条約上の「人権」——国家の義務かつ個人の権利としての国際人権法

　高橋教授は上の論文の中で、国際人権法で自由権と社会権の「不可分論」が自由権と社会権の相対性の主張において用いられており、果てはその際に憲法学における自由権・社会権の「相対化」が援用されていることを批判する。ここでさらに指摘すべき重要な点は、この批判においては、実は「不可分論」の問題はあくまで議論の契機にすぎないということである。

　筆者は上記の博士論文で、国際人権法上、人権条約上の権利について「自由権」か「社会権」かというとらえ方がすでに一般化している状況にあってその批判的相対化を試みたにすぎず、国際人権法学における自由権、社会権という分類論を筆者自身が行ったわけではない。つまり、国際人権法学における自由権・社会権の相対化の議論は、あくまでそれ以前からの自由権・社会権分類論の上に行われているものである。とすれば、今回の高橋教授の批判は、人権の「不可分論」に基づくその「相対化」の議論を契機にして初めて公にされたものにせよ、そもそも国際人権法において憲法のように「自由権」「社会権」という用語を用いることへの根本的な疑念に他ならないということができる。

　高橋教授の基本的なテーゼは、先にみたように、憲法学においては自由権・社会権という分類は国家機関の権限分配という憲法の基本原則と結びついて

いるのに対し、国際人権法の場合はその保障の義務を国際的に負うのは包括的な国家であってその保障プロセスは国内問題にすぎない、というものである。しかしこのとらえ方は、憲法学に関する前半部分については前述の通り十分に承服できるとして、国際人権法に関する後半部分については、人権条約が、個人の「人権」の保障について定め、国内においても法規範となりうるものであることを没却したものである。

　人権条約も法形式上は確かに条約であるが、そこで約されていることは個人の「人権」の保障であり、締約国に対し、管轄下の個人の人権保障に関して条約で定める事柄を国内で実施することを求めている。すなわち、人権条約は、締約国相互の間の法的約束であると同時に、個人の「人権」保障を定めているがゆえに、締約国が管轄下の個人に対して負う法的約束としての側面をも有している。そして、日本のように、批准・加入した条約が直ちに国内法的効力を認められる体制の国では、人権条約上の人権は、個人の主体的権利として、裁判所を含む国家機関の前で援用され主張されうる[30]。

　つまり、人権条約の規範は、国家間の約束としてその遵守について国家間で援用できる規範であるとともに、日本の法制度上、人権主体たる個人が国内で主張しうる「人権」規定でもあるのである。国際人権法学において、自由権・社会権、またその相対化という議論が、国際人権規約の起草時以来ずっと特に断りなく展開されてきたのも、まさに、人権条約上の人権はそれ自体日本の国内法秩序において個人が援用できる権利であり、その意味で憲法上の人権とパラレルな土俵の上で語りうる人権だからに他ならない。人権条約も古典的な条約と同様に専ら国家間の義務を定めたものであるとみなし、その実施はかかって国家の国内問題であるとの見方は、現在の国際人権法の地平に照らして受け入れ難い、「やや古色蒼然たる国際法観[31]」と評さざるを得ない。

　日本では、批准された条約はそのままで国内法としての効力を有する。そのような国内的効力を前提とした上で、ある条約の規定が、ある事案において司法判断を行うに際して、条約規定自体に直接依拠して認定を行いうる程度に明確で具体的であれば、それ以上の国内法上の措置の必要なく条約規定を司法判断の直接の根拠とする「直接適用」が可能である。これを、米国の

理論に倣って「自動執行力をもつ (self-executing)」ということもある[32]。この、条約規定の直接適用可能性の有無は、条約規定から一律に、二者択一的に判断されるのではなく、具体的事案の内容に応じて判断される相対的なものであって、なされた行為の違法性を判定するためなのか（その場合は、条約規定に高度の明確性は不要）、国に社会保障の給付等の作為を請求するためなのか（その場合は、条約規定に高度の明確性が必要）によって異なるとされているが、そのような相対的把握は、日本国憲法25条の解釈における憲法学の議論も引照しつつ行われてきている[33]。こうして、国内裁判所における条約の直接適用可能性の問題の実質的内容は、「従来、憲法学において、例えば憲法25条について論じられてきたことと基本的に同様である[34]」とみるのは、正鵠を得た見方といえる。

　自由権規約の規定は、これまですでに多くの判例で直接適用が認められている。大麻取締法等違反被告控訴事件で東京高裁は、「裁判所において使用される言語を理解すること又は話すことができない場合には、無料で通訳の援助を受けること」と規定する同規約14条3項(f)を、「わが国において自力執行力を有するものと解される国際人権B規約によって初めて成文上の根拠を持つに至ったもの」と認めた上で、規約の規定上「『無料で通訳の援助を受けること』の保障は無条件かつ絶対的なものであって、裁判の結果被告人が有罪とされ、刑の言渡しを受けた場合であっても、刑訴法181条1項本文により被告人に通訳に要した費用の負担を命じることは許されない」と述べて、外国人被告人に対する通訳料の負担を求めた行為を違法とした[35]。また、監視用テレビカメラ撤去等の請求に関する事件で大阪地裁は、「何人も、その私生活、家族、住居若しくは通信に対して恣意的に若しくは不法に干渉され又は名誉及び信用を不法に攻撃されない」と定めた同規約17条1項について、「同項は「『何人も』と規定し、同規約の他の条文同様、個人がその権利を保障されるという形式を取っているから、規約の内容を実現する国内法の制定などを待つまでもなく、個人が直接規約自体によって権利を与えられるものと解すべきであるし、我が国の法制上、そのように解するにあたって妨げとなるべき特段の事情もない」と判示している[36]。その他にも、自由権規約の規定について直接適用を認めた事例は少なくない[37]。

人権条約が国際法として国家間で人権保障を約したにすぎないものであるという高橋教授の理解は、国際的平面において、個人が人権侵害の申し立てを行うことを認められている場合に、人権侵害による条約違反の解除は被害者個人の人権救済によって行われている、という実態にも合致しない。ヨーロッパ人権条約や自由権規約等は（但し、後者の場合は、付属の選択議定書を批准した国に限られる）それぞれ、ヨーロッパ人権裁判所、自由権規約委員会に人権侵害を申し立てることのできる個人通報制度を有するが、ヨーロッパ人権裁判所は条約違反を認定した場合、当事国に対して、被害者に対する「公正な満足 (just satisfaction)」(41条) として、金銭賠償に代表される精神的満足を認定している[38]。自由権規約委員会の個人通報制度においても同様に、委員会は、当事国の条約違反を認めた場合、拘禁されている被害者の釈放、金銭賠償等、被害者の権利救済のための措置を当事国に勧告している[39]。人権条約は、国家間の約束でありながら、その内容は個人の「人権」保障であるがゆえに、その違反による責任についても、国家間の権利・利益の回復を目的とした措置ではなく、被害者個人の人権救済にかかわる措置を取る形で責任の解除が図られるのである。

　なお、条約が個人の「権利」を規定している場合に、当該規定は、締約国相互の間で援用できると同時に関係個人が締約国に対して援用できる規範でもあることは、2005年国際人権法学会での報告で大沼教授が言及されたように、領事関係のような古典的な国際法の分野においても最近は明確に認められる傾向にある。2001年のラグラン事件判決において国際司法裁判所は、ウィーン領事関係条約36条1項(b) (「接受国の権限のある当局は、領事機関の領事管轄区域内で、派遣国の国民が逮捕された場合、留置された場合、裁判に付されるため勾留された場合又は他の事由により拘禁された場合において、当該国民の要請があるときは、その旨を遅滞なく当該領事機関に通報する。逮捕され、留置され、勾留され又は拘禁されている者から領事機関にあてたいかなる通信も、接受国の権限のある当局により、遅滞なく送付される。当該当局は、その者がこの(b)の規定に基づき有する権利について遅滞なくその者に告げる。」) は個人の権利を創設するものであって、ラグラン氏兄弟の逮捕後、本条に基づく権利について彼らに通知しなかった米国は、派遣国ドイツの権利のみでなくラグラン氏兄弟個人の権利をも

侵害したと認定した(40)。個人の人権保障を目的とした人権条約はもちろん、それ以外の条約であっても、個人の「権利」と明記している場合には、その条約規定は、締約国で援用できる規範であると同時に、関係個人が締約国に対して主張できる権利でもあるとされているのである(41)。

II 日本の人権保障における国際人権法の意義

　人権保障というものが、18世紀末、国家権力を拘束する理念として近代立憲主義の主柱となり、以後各国の憲法体制の下に行われてきた歴史が示すように、人権保障は第一義的には憲法を中心とする国内法において行われるべき事柄であることは多言を要さない。国際人権法は、そのことを否定するどころか、むしろ基本的な前提としている。このことは、人権条約で個人通報制度が設けられている場合でも、その際には例外なく、当該個人がまず国内で利用可能な救済措置をすべて尽くすこと（国内救済原則）という規則が付されていることにも示されている(42)。国際人権法は、各国の国内法制の存在と機能を大前提としつつ、あくまでそれを補完するためのものとして構想され、運用されているのである。

　人権を保障するのには憲法があれば十分であるという見解は、比較的充実した人権規定をもつ憲法を有する先進国について言われうることは一定程度理解しうるし、また、実際に憲法で人権が十分に守られているという実態があるのであれば、それは人権保障にとって本来大変に喜ばしいことであろう。しかしながら、現実の日本の人権状況をみて、人権保障のためには憲法で十分であり国際人権法など不要であるということは、明らかに、国際人権法が現に果たしてきた役割に対する過小評価といわなければならない。

　第二次世界大戦期のナチスによる過酷な人種差別とその惨禍を経て成立した国際人権法は、人権の普遍性という大原則に貫かれた体系である。国連憲章の人権規定と世界人権宣言に始まり、諸人権条約に展開していった国際人権法は、その端緒から一貫して、人種、性、言語、宗教等による差別ない「すべての者」のための人権保障を旨としている（国連憲章1条3項、13条1項b、

55条c、世界人権宣言2条)。国際人権規約等の人権条約は、締約国に対して、個人の国籍にかかわらず、その管轄下にあるすべての者の人権保障を義務づけている[43]。日本国憲法の下では人権の享有主体が第一義的には日本「国民」とされ、「外国人の人権」については別建てで議論が組み立てられなければならなかった中で[44]、日本が様々な人権条約に加入・批准したことをきっかけに、日本法において多方面で放置されていた「外国人」(これには、日本で出生して日本人と変わりない生活実態を有する——しかも、日本定住の歴史的経緯からすれば本来日本国籍を当然に認められてしかるべき——在日韓国・朝鮮人のような人々が含まれる)の権利剥奪状況に対して相次いで変更を迫られることとなった事実は、我々の記憶にまだ鮮烈である。日本における国際人権法の役割を評価するにあたっては、何よりも、日本の立法と行政に対して、人権の普遍性を旨とする人権条約の批准・加入が及ぼした巨大な影響をみなければならない。

　また、人権条約の規定は、その内容や射程において国内法の人権規定と全く同一のものであるはずはなく——仮にそうだとすれば批准・加入する意味はない——、多くの場合、憲法を初めとする日本法の規定ないしそれまでの解釈を超える内容の規定を含んでいる。このことは、女性差別撤廃条約や人種差別撤廃条約のように、差別の撤廃を特に目的とし、社会に強く根付いた差別の撤廃をも掲げた条約について特に顕著である。雇用分野の差別撤廃を定めた女性差別撤廃条約11条1条により、男女の平等を基礎として同一の雇用機会を与えられる権利の実現のため、(当初の旧法は不十分なものであったとはいえ)1985年に男女雇用機会均等法が制定されたのは、まさにこの年の同条約批准の直接の産物であった。さらに、例えば女性差別撤廃条約の場合には、差別的な目的のみならず差別的「効果」を有するものも女性差別と定義され(1条)、締約国には「個人、団体又は企業」による差別撤廃のための措置を含め差別撤廃の政策を取ることが義務づけられている(2条1項(d))。従って、日本社会で広範にみられ、憲法14条や民法の下では容認されている取扱いであっても、この条約に照らせば、放置することの認められない女性差別となるものがあることは十分に考えられる。そして実際に、以下にみるように、男女の昇進差別や賃金格差等をめぐる裁判の場で、女性差別撤廃条約

の規範は、憲法14条や民法（ないしそれらの解釈）では打開できない壁を克服する鍵として個人の人権救済のために援用され、その結果、昨今は画期的な成果を挙げるものも出てきている。

以下では、日本の立法・行政、及び司法に対して国際人権法がもたらした影響を、それぞれの過程で国際人権法が日本社会に与えた人権意識の変化にも言及しながら概観し、日本の人権保障における国際人権法の意義を再確認しておきたい。

1 日本の立法・行政に対する国際人権法の影響

日本における国際人権法の意義は、人権条約への加入・批准に際して行われた多数の法律の改正や制定の事実を抜きには語ることができない。司法の場での国際人権法の浸透が今なお必ずしも十分でないにしても、日本の国内法に対する国際人権法のインパクトは、立法・行政の面において非常に大きなものがあった。

まず、日本は1979年に2つの国際人権規約を批准したが、これに伴って、住宅金融公庫法等の住宅関連四法の国籍条項が撤廃された。続いて1981年に日本は難民条約に加入したが、社会保障について内外人平等を定めた条約の規定に沿うために、児童手当法等の児童関連三法及び国民年金法の国籍条項が撤廃された。これらの法改正により、日本で出生し日本人と同じ生活実態を有しながら、日本国籍を有していないというだけでその対象から排除されてきた在日韓国・朝鮮人ら在日外国人の人々にも法の適用が認められることになった。このことは、これら在日外国人にとってまさに晴天の霹靂ともいうべき出来事であった。こうして人権規約や難民条約が日本における外国人の法的地位にもたらしたインパクトは、実に「『黒船』となったインドシナ難民[45]」と言われるほど強烈なものであった。憲法における人権保障だけで人権が十分に保障されるならば、定住外国人の人権は人権規約や難民条約の批准・加入なしにすでに保障されていたはずである。それがなかったという事実がまさに、国際人権法の巨大な意義を示すものに他ならない。

また、1985年に日本は女性差別撤廃条約を批准したが、これが日本の法制度に与えた影響も甚大であった。子どもの国籍取得に関する男女平等の権

利を定めた規定によって、国籍法は父系血統主義から両系血統主義へ改正された。また、教育カリキュラムに関する男女平等の規定を受けて、学習指導要領が改訂され、家庭科教育の男女共修が図られた。さらに、重要な意味をもったのは、雇用差別撤廃のための男女雇用機会均等法の制定である。日本法では従来、雇用における女性差別の禁止に関する法規定は、賃金差別を禁じた労働基準法4条が存在するのみであった。これに対し、女性差別撤廃条約11条を受けて制定され、1986年に施行された男女雇用機会均等法（旧均等法）では、募集・採用、昇進、福利厚生など、雇用の全段階における女性差別の撤廃が目的とされた。この旧法は、努力義務規定の多さ、違反の際の調停開始の困難さなど不十分な点を多く残し、他方で、一般職・総合職という、実質的に男女別のコース別雇用がこれ以降に一般化するなど条約の趣旨に反する慣行を招くこととともなったが、旧法の努力義務規定はその後1997年の改正（改正均等法）で全て禁止規定と改められたほか、調停制度の不備等も改善されるに至った。

　1994年に批准された子ども［児童］の権利条約も、日本において従来不十分であった子どもの権利の法的保護のためのさまざまな国内法の制定の直接の契機となった条約である。1999年に成立した児童買春等処罰法（「児童買春、児童ポルノに係る行為等の処罰及び児童の保護等に関する法律」）、2000年に成立した児童虐待防止法（「児童虐待の防止等に関する法律」）はいずれも、子どもの権利条約の批准を契機として、条約で規定された子どもの権利の保護のために制定されたものである[46]。前者の児童買春等処罰法では、前文で「児童に対する性的搾取及び性的虐待が児童の権利を著しく侵害することの重大性にかんがみ、あわせて児童の権利の擁護に関する国際的動向を踏まえ」（1条）と述べられており、国際人権法の影響をここでも明瞭に見出すことができる。

　立法・行政に対する国際人権法の多大な影響は、条約批准・加入に伴う法制度の整備にとどまるものではない。普遍的人権条約の下で、締約国は、条約規定に従い、条約の国内実施の状況について条約機関に対し定期的に報告を提出する義務を負い、日本もこの制度の適用を受けている。報告の審議は、人権条約の条約機関の確立した慣例により、当事国の代表を招聘し、公開の場において、当事国と委員との質疑応答を行う形で行われる。この質疑

応答は人権条約の委員会の側からは「建設的対話 (constructive dialogue)」と位置づけられており、当事国による条約違反の有無を非難するためのものではないが、他方で、当事国における条約の実施状況に関連するあらゆる事柄が広く取り上げられ、率直な議論の対象とされる(47)。委員会は、条約の解釈や実施に関して、委員会としての見解を明らかにする文書を随時「一般的意見 (general comments)」(条約により「一般的勧告 (general recommendation)」) という形で採択し、全締約国の注意を喚起するほか、各締約国の報告に対しては個別に「総括所見 (concluding observation)」を採択し、当該国の条約実施に関する評価や懸念事項、勧告を述べる。こうして、委員会が報告審議を行い所見を採択するという一連の過程が、4年ないし5年ごとの定期的な報告提出の度に、前回の審議をふまえつつ繰り返され、人権条約の締約国は、その国内実施の状況について条約機関による継続的な監視下におかれるのである。

このように、人権条約の報告制度においては、締約国は条約機関に対して、条約の国内実施状況について十分に説明する説明責任を果たすことを求められるといってよい。また、さらに重要なことは、報告制度を通して、締約国は国内的な意味においても、条約の実施状況について自国の市民に対して説明責任を果たすべき立場におかれるということである(48)。報告審議は公開の議場で行われ、一般市民・NGO 等は議論を傍聴することができるし、政府代表や委員の発言、委員会の総括所見はすべて記録され入手することが可能である。日本の場合は、これまで、自由権規約については計4回、社会権規約については2回(但し、社会権規約委員会が設置されてからは1回)、人種差別撤廃条約については1回(第1回・第2回政府報告書を統合して審議)、女性差別撤廃条約については3回(第2回・第3回政府報告書、第4回・第5回政府報告書をそれぞれ統合して審議)、子どもの権利条約については2回の報告審議が行われたが、国内の人権状況の改善の糸口として報告審議の機会を活かそうとする市民・NGO の関心は回を増すごとに確実に高まっている(49)。人権条約が定めている内容は個人の人権の保障であって、個人こそが権利の主体であることからすれば、これは当然の成り行きであるといえよう。国際人権法はこうして、かつては専ら国内問題とされた一国の国内の人権問題を、国家の国際法上の義務のかかわる事柄にすると同時に、人権主体たる個人が国家の

説明責任を問う枠組みをも創り出すことによって、一般市民の人権意識をも着実に変えつつあるといってよい。

　日本で2001年に制定されたいわゆるドメスティック・バイオレンス防止法（「配偶者からの暴力の防止及び被害者の保護に関する法律」）は、報告制度を通して発展した規範を含む国際人権法の影響を受けて成立した国内法の1つである。女性差別撤廃条約は家庭内暴力の問題に直接言及してはいないが、女性差別撤廃委員会は1992年の一般的勧告19において、女性に対する暴力は女性の平等な権利享受を害するものであり、条約1条にいう差別にあたるという見解を明確にしている[50]。日本のドメスティック・バイオレンス防止法は、従来は家庭内の私事として公的機関の介入が控えられてきた配偶者による暴力（実質的にはすべて夫から妻への暴力）に対し、国及び地方公共団体が防止及び保護の責務を負うことを規定した画期的な法律である。この法律の前文では、人権の擁護と男女平等の実現を図るために配偶者からの暴力を防止し、被害者を保護するための施策を講ずることは「女性に対する暴力を根絶しようと努めている国際社会における取組にも沿うものである」として、女性差別撤廃に関する国際人権法の存在が背景にあることが明示されている[51]。

　また、2003年には、日本の第4・5回政府報告書を審議した女性差別撤廃委員会が、審議後の総括所見において、「主として異なる職種やコース別雇用管理制度に表されるような雇用の水平的及び垂直的分業から生じる女性と男性の間に現存する賃金格差、及び男女雇用機会均等法の指針に示されているように、間接差別の慣行及び影響に関する理解が欠如していることを懸念する」(33項)として、一般職・総合職というコース別雇用管理制度による男女間の賃金格差や間接差別の慣行に懸念を表明するとともに、「条約1条に沿って、直接差別及び間接差別の双方を含む、女性に対する差別の定義を国内法に盛り込むこと」(22項)、「日本政府に対し、男女雇用機会均等法の指針を改正し、特に条約4条1項の暫定的特別措置の活用を通して、労働市場における女性と男性の事実上の機会の平等の達成を加速するために、日本政府が努力すること」(34項)を勧告した[52]。この総括所見を契機として、それ以降、間接差別の禁止をめぐって、改正均等法をさらに改正・強化すべきであるとの議論が強まり、2006年には、再度の法改正が実現した（2007年4月1日施行）。

この法改正により、厚生労働省で定める一定の事項が、間接差別として禁止されることとなった。女性に対する雇用差別が未だ広範に見出され、現行法ではその法的規制が不十分である日本の現状において、差別を包括的に定義し、企業等による差別をも撤廃するため措置を取ることを規定した女性差別撤廃条約は、この分野における日本の法制度を整備していく上でなお多大な意義を有している。

2 日本の司法に対する国際人権法の影響

国際人権法が、日本の立法・行政に対し、特に外国人の法的地位に関して大きな影響を与えたことは前述したが、外国人の人権に対する国際人権法の影響は司法の面についても看取できる。日本の裁判所で国際人権規約等を援用するのは外国人が多いと指摘されている通り[53]、人権条約は、国内法上の人権保障から疎外されがちであった外国人にとって、司法の場においても人権救済の鍵ともいうべき法規範として活用されることが多い。

人権条約の規定に直接に依拠して個人に救済を与えた事例についてはすでにふれたが、人権条約の規定が司法判断に与えうる影響は直接適用だけではない。その他にも、人権条約の規範は、国内法の解釈・適用にあたって、条約適合的な法の解釈・適用を導く形で用いられることが可能であり、そのような判断手法を条約の間接適用と呼ぶこともある。

以下では、(1)在日外国人の人権保障のために人権条約が活用された例として、人種差別撤廃条約の趣旨を不法行為の解釈に取り込んで人種差別行為に対する救済を与えた事例を挙げ、さらに、(2)日本の裁判所に数多く提起されている女性への雇用差別をめぐる事案において、女性差別撤廃条約及び女性差別撤廃委員会の総括所見の趣旨に依拠した和解が行われた事例について検討する。

(1) 人種差別撤廃条約

人種差別撤廃条約は、個人、集団又は団体による人種差別をも禁止し終了させることを締約国に義務づけている（2条1項(d)）。ここにいう人種差別禁止の義務は、人種差別禁止法といった法令を制定し、それを適切に実施することを要請するものと解される[54]。しかし、他方で同条約は6条で、条約にい

う人種差別の結果として被った損害に対する公正かつ適正な賠償又は救済を裁判所等に求める権利を保障するとしている。従って、人種差別に対しては少なくとも損害賠償命令等の民事的な制裁が確保されることが必要であり、それが確保される場合には、2条1項(d)にいう禁止義務は満たされると考えられる[55]。

日本は人種差別撤廃条約の批准にあたり、特に立法措置を取らなかったため、日本には現在、人種差別を具体的に禁止する法律は存在しない。そのような現状において、裁判所が同条約に言及しつつ、私人による人種差別的行為を不法行為と構成して救済を与える事例が、近年相次いで現れるようになった。

宝石店が外国人客を拒否して店内から退去させた入店拒否事件で静岡地裁は、「人種差別撤廃条約は、この条約の前文に掲げている世界人権宣言等が、自由権、平等権、人種差別の禁止等の基本的人権を高らかに世界に宣言しているのにとどまるのに比べて、一歩を進め個人や団体の差別行為についての採るべき立法その他の措置を締約国に要求している。このことは、わが国内において、人種差別撤廃条約の実体規定に該当する人種差別行為があった場合に、もし国又は団体に採るべき措置が採られていなかった場合には、同条約6条に従い、これらの国又は団体に対してその不作為を理由として少なくとも損害賠償その他の救済措置を採りうることを意味する。そしてまた、何らの立法措置を必要としない外務省の見解を前提とすれば、本件のような個人に対する不法行為に基く損害賠償請求の場合には、右条約の実体規定が不法行為の解釈要件として作用するものと考えられる」として、宝石店の行為を不法行為と認め、損害賠償の支払いを命じた[56]。

また、銭湯が「外国人お断り」の札を掲げて米国人らの入店を拒否し、帰化して日本国籍を取得した人に対しても対応を変えなかった「外国人入浴拒否事件」において、札幌地裁は、「私人相互の関係については、……憲法14条1項、国際人権B規約、人種差別撤廃条約等が直接適用されることはないけれども、私人の行為によって他の私人の基本的な自由や平等が具体的に侵害され又はそのおそれがあり、かつ、それが社会的に許容しうる限度を超えていると評価されるときは、私的自治に関する一般的制限規定である民法1

条、90条や不法行為に関する諸規定等により、私人による個人の基本的な自由や平等に対する侵害を無効ないし違法として私人の利益を保護すべきである。そして、憲法14条1項、国際人権B規約及び人種差別撤廃条約は、前記のような私法の諸規定の解釈にあたっての基準の一つとなりうる」とした上で、本件入浴拒否は実質的には、外見が外国人に見えるという、人種、皮膚の色、世系又は民族的若しくは種族的出身に基づく区別、制限であり、「憲法14条1項、国際人権B規約26条、人種差別撤廃条約の趣旨に照らし、私人間においても撤廃されるべき人種差別にあたる」として、銭湯の行為を不法行為と認め、原告への損害賠償を命じている[57]。

この2件のうち、後者の判決は、憲法14条にも言及してより詳細に立論を展開しており、憲法14条の平等原則と人種差別撤廃条約の規定の関係を考えるにあたっても参考となる事例である。憲法14条と人種差別撤廃条約の関係については、後に憲法と条約の関係をめぐって再び言及することとする。

(2) 女性差別撤廃条約

日本では、憲法14条の男女平等の原理は民法90条の公序良俗の一部を形成するとされ、女性の結婚退職制、若年定年制、差別定年制のような一目瞭然な女性差別については、民法90条に違反するとの判例がすでに定着している[58]。しかし、民法90条のような一般条項の適用は、柔軟で妥当な解決を可能にする一方で、構成要件が複雑になるほど、公序に関する裁判官の主観的な判断によって結論が左右される余地も大きいことが指摘される[59]。そして現に、多くの企業で、旧均等法の制定以降はむしろ広く一般化することとなった一般職・総合職という事実上の男女別雇用管理と、それによる賃金、昇給、昇格等の男女格差について、民法の下での司法的救済は決して十分ではなかった。実質的に男女別となっているコース別雇用とそれに起因する賃金等の格差については、憲法14条の趣旨に違反するとするもの[60]もある一方で、相当数の判例が、憲法14条の趣旨に反するとしつつも、企業にも憲法の経済活動の自由や財産権に基づく採用の自由が認められること、採用における男女差別が実定法上初めて禁じられたのは1997年の改正均等法によってであり、その規定を遡及適用できないこと、改正均等法においてさ

えもその指針で、均等待遇は雇用管理区分ごとに要求されるものであるとしていることなどを根拠に、公序に反しないとする判断を下している[61]。

こうして、多くの努力義務規定を含み、女性差別撤廃条約の実施法として明らかに不十分であった旧均等法が、男女コース別裁判における裁判官の「公序」の判断ではむしろ桎梏となるという事態にあって、差別的「効果」をもつ取り扱いをも禁じた女性差別撤廃条約の規範は、女性への根強い雇用差別に対して司法的救済を与えるための理論的主柱としての役割を期待されることとなる。とりわけ、女性差別撤廃委員会が、2003年、日本に対する前述の総括所見において間接差別の問題に明示的に言及したことは、現在日本に蔓延している間接差別に対する対処の必要性を白日にさらす重要な契機となった。

住友電工性差別訴訟は、原告が女性差別撤廃条約の規範を主張の柱として用い、判決ではないもののその主張にほぼ沿った和解を実現させて注目された事例である。本件は、1960年代に高校卒業後事務職として同社に入社した女性らが、高卒男性事務職はその後全員専門職へ転換し管理職へ昇進していったのに対し、転換の機会を与えられず事務職(その後「一般職」)のままであったという事案である[62]。本件で、第一審判決は、1960年代における男女の性別役割分担意識の存在を挙げて公序良俗違反を否定したが[63]、上述した2003年の女性差別撤廃委員会の総括所見を経て、2005年には、大阪高裁において、間接差別についても女性差別撤廃条約により対処が求められているとの認識を明確にふまえた内容の和解勧告によって和解が実現した。裁判所は、

> 国際社会においては、国際連合を中心として、男女平等の実現に向けた取組みが着実に進められており、女性がその性により差別されることなく、その才能及び能力を自己の充足と社会全体のために発展させ、男性と女性が共に力を合わせて社会を発展させていける社会こそが真に求められている平等社会であることは、既に世界の共通認識となっているというべきである。……わが国においても、国際的潮流と連動しつつ、その精神を社会に定着させるため、女性差別撤廃条約の批准(昭和60年)、

男女共同参画社会基本法の制定（平成11年）など、着実な取組みが進められているが、他方、一部に強く残っている性的役割分担意識等が、男女間の平等を達成するための大きな障害となっている現実もある。

就業の場面においては、……「雇用の分野における男女の均等な機会及び待遇の確保等に関する法律」（旧均等法）が平成9年に改正され（平成11年4月施行、改正均等法）、事業主は、労働者の募集及び採用について女性に対し男性と均等な機会を与えなければならず、配置、昇進等においても差別的取扱いが禁止されるに至っている。

このような改革は、男女差別の根絶を目指す運動の中で一歩一歩前進してきたものであり、すべての女性がその成果を享受する権利を有するものであって、過去の社会意識を前提とする差別の残滓を容認することは社会の進歩に背を向ける結果となることに留意されなければならない。そして現在においては、直接的な差別のみならず、間接的な差別に対しても十分な配慮が求められている。

と述べ、会社に対して、コース別雇用管理が実質的に性別による雇用管理にならないよう、コース別雇用管理の必要性や処遇の合理性について労使協議により取組みを続けること、控訴人らを主席・主査に昇格させること、並びに1人あたり500万円の解決金の支払いを勧告し[64]、これを被告会社は全面的に受け入れるところとなった。また、国（厚生労働大臣）に対しては、裁判所は「雇用管理区分が異なる場合であっても、それが実質的に性別による雇用管理となっていないかについても十分な注意を払い、これらの施策を更に推進するとともに、改正均等法が、機会均等調停委員会による調停について、事業主の同意要件を削除した趣旨にも鑑み、同調停の積極的かつ適正な運用に努める」ことを勧告し[65]、条約に適合する形で国内法を適用することについて課題を示した。

言うまでもなく、こうした司法判断は——本件の場合は判決ではないが、和解内容はマスコミで大きく報道された[66]——日本で多数提起されている雇用差別裁判に影響しうるほか、ひいては国の立法や行政、さらに企業の雇用慣行等にも大きな反響を及ぼしうる。そのような広い意味での影響を考え

ると、このように国際人権法の趣旨に合致した内容の司法判断が下されることの意義は相当に大きいと言うべきである。

III 憲法秩序における国際人権法の位置づけ

　周知のように、日本の戦後憲法学では従来、日本国憲法の下で、国が締結した条約は国内法的効力を認められること、及び条約は法律との関係では優位に立つことが憲法98条2項を根拠に広く受け入れられてきた一方で、憲法との関係では条約にそのような法的意義は認められず、あくまで憲法優位とする考え方が支配的であった。しかしながら、憲法制定過程における議会での政府答弁で金森国務大臣が述べていたように、条約といっても種々の種類があり、直ちに憲法以下のものと結論することは本来難しいのであって、締結した条約を誠実に「遵守する」という98条2項の広い文言には、条約と憲法の優劣関係については、場合により、解釈を通して判断するという趣旨が込められていた[67]。そのような憲法制定時の期待にも鑑みつつ、近年では、条約を一律にとらえて論じるのではなく、それぞれの条約の性質に応じた対応を考えていくべきであるという見解が有力に現れている[68]。とりわけ重要とされるのは、二国間ないし少数の国家間で結ばれる条約と、国連憲章や国際人権規約等に代表される多数国間条約との相違であり[69]、また、人権規約のような人権条約については、人権尊重という精神において憲法と抵触せず、人権を手厚く保障する規定の方が実効性を認められるとしても問題は生じにくいという点[70]である。こうして人権条約については、「たとえば国際人権条約のような普遍性をもつ多国間の条約は、国内法としても憲法にほぼ等しい効力をもつと考えてよいであろう」とされることもある[71]。

　国際法上、条約は、国家間の法的約束として共通の面をもつ一方で、二国間のものか多数国間のものかという法形式面での相違と、それに対応する、法的約束の実質的内容の相違をもつ。すなわち、二国間条約は、領土の租借や割譲、軍事協力や軍事基地の利用（日米安保条約もこの典型である）といった二国間相互の間での権利と義務の交換の上に成り立っているのに対し、多数

国間条約は、二国間の権利義務の調整を超えた高次の、国際社会にとっての共通の目的を達成するために、多数の国に普遍的に妥当する法原則を設定しようとするものである。国際組織の設立基本条約や人権条約は全て多数国間条約であり、いずれも、国際組織の設立と運用、ないし人権の保障という共通目的のために、締約国の主観的な権利・利益を超えた客観的な法秩序を構築するものが多い。こうした条約の機能に着目して、前者の、双務的な内容の二国間条約を「契約条約 (traités-contrats; contract treaty)」と呼び、後者の、一般的な法原則を設定する多数国間条約を「立法条約 (traités-lois; law-making treaty)」と呼ぶこともある[72]。

　こうした条約の性質の相違は、条約に関する法規則を法典化したウィーン条約法条約における条約の定義にあたっては、すべての条約に妥当する正確な定義が困難であるとして採用には至らなかったものの、国際法の歴史的発展過程の中で歴然とみられる現象であり、概念的にははっきりと区別することができる。そして、多数国間に共通の目的を達成するために、締約国に義務を課す多数国間条約においては、その条約の実効性は、条約解釈において「趣旨及び目的」(ウィーン条約法条約36条1項) に照らした解釈を採用することで確保されうる。人権条約の場合は、その「趣旨及び目的」に重きをおいた解釈を最も明瞭に打ち出しているのがヨーロッパ人権裁判所であり、同裁判所は、立法条約たる同条約の性格にしばしば言及して、人権保障という条約の目的が実効的なものになるような条約解釈を採用する立場を明らかにしている[73]。

　齊藤正彰助教授は、上述のような憲法制定過程をも想起すると、「日本国憲法の基本的態度である国際主義を背景としての『誠実に遵守すること』とは、『日本国が締結した条約』の性質に応じて、当該条約に内在する要求を可能な限り顧慮することを求めるものと考えられる」とし[74]、二国間条約と多数国間条約とでは、憲法98条2項の「誠実に遵守すること」のあり方もおのずと異なるものにならざるを得ないとする[75]。すなわち、「誠実に遵守する」とは、「国際的な協力関係を定める条約が条約が優位要求を有する際に、これを締結する以上は、国内法上の理由によって容易にその遵守義務の不履行をきたさないということである」と解した上で、そのような優位要求は多

国間での統一的な解釈・適用となる場面で生ずるものである（二国間条約については、国際法上の遵守義務の問題として考えれば足り、優位要求まで認める必要はない）とするのである[76]。

齊藤助教授は、多数国間条約の場合は、自国の国内法を理由としてそこから離れることは、普遍的に妥当する一般法原則を設定しようとする多数国間条約の趣旨・目的から外れることとなるために、こうした条約については国際法調和性の原則によって、間接的な憲法的地位、換言すれば「憲法に対するのと同等の尊重ないし配慮」を認める方向で考慮することが適切であると論ずる[77]。そして、憲法解釈において多数国間条約を顧慮するという要請は、とりわけ人権条約については、97条の規定とも相まってより強く要請されるとするとともに、人権条約を憲法の解釈基準とするという手法では条約上の権利の保護に不十分である場合には、98条2項を通じて、条約違反の存在を違憲と構成する主張が考えられるとする[78]。

人権条約に憲法に対する一般的な優位までは認めず、人権条約に対して「憲法に対するのと同等の尊重ないし配慮」を認めるにとどめることは、国際法の観点からも一定の説得力がある。すなわち、そこで指摘されている通り、人権条約は、必ずしも締約国の国法秩序における優越的地位を要求しているわけではなく、国内的効力の付与すら明文で要求しているわけでもない[79]（但し、条約のより効果的な国内実施のためには、条約に国内的効力を認め国内で適用可能なものにすることが望ましいことは否定できず、人権条約の条約機関は時にその趣旨の見解を述べることがある[80]。また、条約が批准されても必ずしも国内的効力をもつものとはならない体制の国もあり、それは人権条約についても同様であるが、だからといって、条約が国内的効力を有する日本についてまで条約は国家の国際的平面での義務にすぎないというのは、前述の通り牽強付会である）。また、人権条約の多くは、国内法においてより手厚い人権保護が規定されている場合には、人権条約の規定をもって人権保護水準を下げる根拠としてはならない旨の規定をおいている（人権規約共通5条2項）。こうして、人権条約を常に憲法に優位させることは、人権条約の趣旨及び目的に合致することに必ずしもならないことも確かである[81]。

このように考えてみると、日本の国法秩序上、条約が一律に憲法に劣位す

るとも言い難く、他方で、およそ「国際人権」にかかわるから憲法に優位するというべきではない、という指摘[82]は妥当であり、国際法上、人権規約共通5条2項のような規定が存在する事実にも合致する。ただ、国際法の観点からは、条約には一定の範囲で通常留保が認められていること（条約自体が留保を禁じている場合は除く。条約自体に規定がない場合には、留保の許容性は、ウィーン条約法条約19条の規則に従い条約の趣旨及び目的との合致で判断される）を付言しなければならない。人権条約でも現に日本が留保を付しているものがあるが、そうでない場合には、条約規定を国際法上受け入れたことになり、国内法秩序における条約の位置づけがどうであれ、条約規定の内容を実現することが日本国全体として求められることになるということに注意が必要である[83]。

このように考えてくると、国内法秩序において条約と憲法との関係をどのように考えるかという問題は、いずれが一律に優位するという形式的なとらえ方ではなく、結局は、人権条約の規定は一定の裁判規範的意味を有することもふまえた上で、各種の人権について、条約の規定にも照らしつつ、憲法の人権規定のより良い解釈を導くという実質的な考察に委ねられる部分が大であることになろう。人権条約に、憲法に存在しない人権の明文規定が存在し、具体的事案においてそれが直接の裁判規範として認められる場合は当然ありうる（例えば前述の判例のように、刑事事件において無料で通訳の援助を受ける権利（自由権規約14条3項(f)）について）。

また、憲法よりも同一趣旨の条約の人権保障の内容が広かったり詳細である場合には、条約の規定によって憲法の内容を豊富化することが可能であろう[84]。「日本政府が憲法適合的として留保なく批准した人権条約は、憲法を具体化する解釈指針としての意味をもち、それに応じて憲法解釈も変わりうるものと考える方が適当」であると解される[85]。そのような場合の1つの例は、憲法14条の平等原則と人種差別撤廃条約である。人種差別撤廃条約が日本について発効して以降、日本において国内的効力を有することからすれば、「憲法が定める平等原則は、人種差別撤廃条約、特に［私人間の差別を禁止することとした］第2条1項(d)によって補強されたとみるべき」[86]だとすることは妥当であろう。

一般論としては、「人権条約の趣旨を具体的に実現していくような方向で憲法を解釈する、それが憲法解釈として必要」[87]という姿勢が求められ、「裁判所が『基本的人権』の保障を充実する方向で憲法の関連規定（13条の補充規定を含めて）の解釈に『国際人権』条約を取り入れることは、司法の責務[88]」であるということが適切である。国際法の観点からは、国内法秩序における条約の位置づけはどうあれ、人権条約の趣旨及び目的である人権保障が実効的なものとなるような解釈が求められる一方、日本の憲法秩序の問題としては、日本が締結した人権条約に適合的に憲法を解釈することが適当であり、それは憲法98条2項の要請するところでもあると考えられるのである[89]。

　こうして、憲法秩序において人権条約の規定にどのように意味を与えていくかという課題は、日本国憲法上の人権を、それ自体閉じられた世界としてではなく、日本が批准・加入している人権条約の規範を取り込むことを含めてより豊かに開かれた課題としてとらえ直し続けていくという姿勢を要請する。さらには、「日本国憲法の保障する『基本的人権』をもって未来に開かれた課題として捉えることを出発点としつつ、その哲学的基礎を問う作業とともに、各種人権の性格・内実と相互関係について基礎理論的究明を不断に遂行していくこと[90]」が重要であることもまた、そこでは常に認識されなければならない。

　国法秩序における条約と憲法との関係をめぐって、当面、実践的意味で重要な論点は、人権条約違反を理由とする訴訟を最高裁判所へ上訴する際の制約である。すなわち、刑事訴訟法及び民事訴訟法上、上告、特別上告ないし特別抗告の理由は、憲法違反もしくは憲法解釈の誤り又は判例違背に限定されている（刑訴法405条・433条、民訴法312条1項、327条、336条1項）。これによって、条約違反を理由とする訴えが最高裁への上訴理由にあたらないとして形式的に排除されることになれば[91]、それは、人権条約で要求されている国内機関での効果的救済の権利（自由権規約2条3項、人種差別撤廃条約6条等）に合致しない上に、日本が将来自由権規約等の個人通報制度に参加する場合に、個人が国内で利用できる救済を尽くすという要件（国内救済原則）との関係でも問題を生じる。この上訴制限については、人権条約違反を理由とする上告は憲法違反を理由とする上告に準ずるもの又は「法令の解釈に重要な事項を

含む」ものとみなすべきであるという説もある[92]。

　憲法の観点からは、人権条約違反を理由とする最高裁判所への上訴の可能性について、98条2項を根拠としてこれを認めようとする考え方が有力に存在する。佐藤幸治教授は、現在の制度枠組みで人権条約違反を最高裁に上告する道として、条約による保障が憲法を上回ると解される場合には、国内法が憲法の人権条項に違反しないとしても条約に違反し、そのことはひいては憲法98条2項を介して憲法上許されない事態と判断されなければならないとしている[93]。また、齊藤助教授は、「少なくとも、重要な条約規定について、安易に憲法の内容と同視したり、条約違反の主張に対して判断を示さないというような、下級裁判所による条約の瑕疵ある適用または無視が存在する場合には、憲法第98条2項に反するものとして最高裁判所への上訴を認め、それによって、日本がその国際法上の義務に反することを避止し、そしてさらには、そうすることによって、下級裁判所による国際人権条約の顧慮を確保することが最高裁判所の責務である」との考え方を提示している[94]。憲法98条2項の要請たる国際法遵守義務を国際法上の国際法遵守義務との調和において確保する方向性を示したものとして、傾聴に値する見解である。

おわりに ──「国際法＝外圧」観の脱却に向けて──

　人権条約が、日本の人権状況の改善に一定の成果を挙げつつも、憲法との関係では憲法ないしその解釈に優位するものとはみなされず、十分に効果を発揮しているとは言えない日本の法状況について、「国際条約への認識の薄さは、外部からの圧力を排除しようとする気持の現れとみることもできる。日本では、その内容がどうであるのか、内容を評価するよりも、外からもたらされたということに対する抵抗感が強いように思われる」[95]との指摘は、残念ながら当たっているように思われる。しかしながら、人権条約についていえば、日本がこれを憲法適合的なものとして（そうでない規定については留保を付して）批准・加入し、締約国となっていることは厳然たる事実である。そのように自発的に受諾した国際法上の義務が、日本が本来一国で独自に決

定すべき問題に対する不当な「外圧」であるかのような受け止め方は、もうそろそろ克服しなければならないであろう。

　日本では、人権条約は国内法的効力を有し、それ自体で裁判規範性を有する場合があるほか、憲法の人権規定の解釈・適用を戦後作られた様々な人権条約の趣旨及び目的に合致したものとすることを通して、1946年という半世紀以上前の時代に作られた憲法による人権保障をより充実させるものとなりうる。ここにおいて、人権条約の趣旨及び目的の実現は国際法上の要請でもあるが、憲法上は、日本国が「締結した条約」を誠実に遵守するとした98条2項に基づく要請と考えることができる。日本が批准・加入した人権条約の規範は、憲法による人権保障と対立するのではなく、より豊かにするものと考えるべきであって、そのように国際人権法を活力として豊かに発展し続ける人権こそが、国際協調主義をとる日本国憲法下の人権たるにふさわしいと言えるのである。

〔注〕
(1)　「国際人権法」という言葉は、大沼保昭「在日朝鮮人の法的地位に関する一考察(5)」『法学協会雑誌』97巻3号 (1980年)、21頁で、「第二次大戦以前の個別的な権利保障を超えた国際人権 (保障) 法ともいうべき一つの包括的法分野」として言及されたのが初出と思われる。国際人権法の定義は一様ではないが、広くは「人権に関する条約や宣言、そしてそれを実施するための国際的、国内的な制度や手続の体系」(阿部浩己他『テキストブック国際人権法 [第2版]』(日本評論社、2002年)、3頁) ととらえられる。本稿では、国際人権法という場合、人権保障を目的とする多数国間条約 (人権条約) 及び宣言等の国際的な法文書を指すこととし、国法体系における条約の位置づけについて議論する際の混乱を避けるため、この定義例で包含されているような国内的な制度・手続は含まないものとする。

(2)　国際的実施措置として、普遍的条約で採用されている最も基本的なものは、締約国が条約機関 (委員会) に定期的に報告を提出し審議を受ける報告制度である。条約によっては、人権侵害を受けた個人が条約機関に直接申立を行う個人通報制度を設けるものがある。自由権規約や人種差別撤廃条約は選択的制度としてこれを設けており、とりわけ自由権規約では同規約委員会の下で相当な先例が蓄積されている。なお、社会権規約は、当初は報告制度のみを規定していたが、1980年代後半から1990年代にかけての社会権をめぐる学説・実行の展開を受けて、個人通報制度設置の検討がすすめられてきた (この経緯については、申「社会権規約の実施と個人通報手続―選択議定書の起草をめぐる議論」『法律時報』77巻12号 (2005年) を参照) 結果、2008年6月、

人権理事会によって、個人通報制度を定める選択議定書が採択されている。地域的条約では、ヨーロッパ人権条約と米州人権条約が、個人通報を司法的に審査する人権裁判所を設置している。なお、締約国が他締約国の条約不遵守を申し立てる国家通報制度は、ヨーロッパ人権裁判所では若干の判例があるが、普遍的条約では、自由権規約及び人種差別撤廃条約で用意されている（前者は選択的制度）ものの自由権規約ではこれまで利用された例はない。

　なお、社会権規約においては、報告制度の運用を担当する機関は規約上は国連経済社会理事会であるが、1985年に同理事会の決議によって経済的、社会的及び文化的権利に関する委員会（社会権規約委員会）が設置され、以後この委員会が報告制度の運用を行っている。本稿では、人権条約の「条約機関」という場合、社会権規約委員会も実質的にこれにあたるものとして含めることとする。

(3)　他方で、人種差別撤廃条約のように、国内法整備を要しないとして特に立法措置が取られなかったものもある。この点、私人による差別を禁止し終了させるという同条約上の義務の履行が国内立法上十分に担保されていないと考えられることについて、後述する。

(4)　広島高判1999（平11）年4月28日（『高等裁判所刑事裁判速報集』（平11）号、136頁）等。

(5)　この問題に正面から取り組んだ最近の重要な業績として、本稿でも取り上げる齊藤正彰『国法体系における憲法と条約』（信山社、2002年）がある。

(6)　高橋和之「国際人権の論理と国内人権の論理」『ジュリスト』1244号（2003年）、69-82頁、特に78-80頁。

(7)　2004年度は、共通テーマ「社会権の権利性―国際人権法の射程範囲」の下に、憲法学者、国際法学者、実務家による報告と議論が行われた。これは後に、『国際人権』16号（2005年）にまとめられている。

(8)　高橋和之「国際人権論の基本構造」国際人権法学会（2005年12月10日）。

(9)　大沼保昭「21世紀文明と人権―文際的視点から見た『人権の普遍性』―」国際人権法学会（2005年12月10日）。なお、高橋教授と大沼教授の両報告の内容は、『国際人権』17号（2006年）に掲載されている。

(10)　申惠丰「コメント：社会権の権利性―国際人権法の射程範囲」『国際人権』16号（2005年）、92頁以下。

(11)　申惠丰『人権条約上の国家の義務』（日本評論社、1999年）。

(12)　同上書、11-18、372-373頁。

(13)　同上書、18-20頁。

(14)　同上書、53-332頁。

(15)　同上書、355-367頁。

(16)　高橋、前掲論文（注6）、78頁。

(17)　同上論文、79-80頁。

(18)　同上論文、77頁。

(19) センの議論については、例えば、アマルティア・セン(黒崎卓・山崎幸治訳)『貧困と飢饉』(岩波書店、2000年)を参照。

(20) Ponthoreau, M.-C., "Le principe de l'indivisivilité des droits: l'apport de la Charte des droits fondamentaux de l'Union européenne à la théorie générale des droits fondamentaux," *Revue française de droit administratif*, 19e année, No.5 (2003), p.935.

(21) 髙橋、前掲論文(注6)、78頁。

(22) 日本の従来の学説の状況については、申、前掲書(注11)、13-14頁を参照。なお、従来の学説でも、差別のない権利享有を「確保」することとした社会権規約2条2項については、2条1項の一般的な義務規定は妥当せず、即時に権利を確保することが要求されていることが認められていた(『法学セミナー』臨時増刊『国際人権規約』(1979年)、57頁(宮崎繁樹執筆))。

(23) この点で従来、日本の裁判所が倣う先例となってきたのは1989(平元)年3月2日の塩見訴訟最高裁判決(『判例時報』1363号、68頁)であった。日本の判例の現況について詳しくは、申惠丰「日本の裁判所における社会権規約適用の現状と課題」(社)部落解放・人権研究所編『国際人権規約と国内判例—20のケーススタディ』(解放出版社、2004年)、46頁以下、同「社会権訴訟における国際人権法の援用可能性」『法律時報』80巻5号(2008年)、38-42頁を参照。

(24) EC/EUの人権政策について詳しくは、申惠丰「EUの対外政策と人権」村田良平編『EU—21世紀の政治課題』(勁草書房、1999年)、147頁以下を参照。

(25) 髙橋、前掲論文(注6)、77頁。大沼保昭『人権、国家、文明—普遍主義的人権観から文際的人権観へ』(筑摩書房、1998年)、211頁が引用されている。

(26) *Golder Case*, Judgment of 21 February 1975, Ser.A, No.18 (1975), para.39.

(27) *Ibid*.,para.36.

(28) ヨーロッパ人権裁判所の解釈手法及び判例について、申、前掲書(注11)、66-115頁を参照。

(29) 同上書、第Ⅲ章第2節を参照。

(30) これに対し、条約を国内で実施するためには議会制定法を要する(「変型」体制)英国及び英法系諸国の場合は状況は異なる。これらの国では、条約に国内的効力がないのであるから、個人は国内裁判所等において条約上の権利を直接に援用することはできない。ただ実際には、裁判官は裁判の際国が批准・加入している条約の規定を参照し、国が負っている条約上の義務に違背しないような判断を下すようにするという傾向が広くみられる(Jennings, R. and Watts, A. (eds.), *Oppenheim's International Law*, 9th ed., Vol.I (1996), pp.61-63; Iwasawa, Y., *International Law, Human Rights and Japanese Law: The Impact of International Law on Japanese Law* (1998), p.83)。英国におけるヨーロッパ人権条約の国内法化については後述する。

(31) 大沼、前掲報告(注9)、レジメ。

(32) 米国では、国際法は国の最高法規であると定めた憲法6条の規定から、条約の国内

的効力を認める一般的受容の体制がとられているが、国際法を国内法として受容するという憲法の趣旨からも、すべての条約（条約の明文で又は憲法上、実施のための国内立法を要するものは除く）は自動執行力あるものとみるべきであり、裁判所はこれを適用する義務を負うという解釈が有力である（*Restatement of the Law Third, The Foreign Relations Law of the United States,* Vol.1 (1987), p.42; Paust, J.J., *International Law as Law of the United States*, pp.51-63, reprinted in Paust, J. et al. (eds.), *International Law and Litigation in the United States* (2000), p.173）。

　なお、「直接適用可能性」と「自動執行性」という術語については、それぞれ、条約自体が各国での直接適用を義務づけているのか（国際法上の基準）、条約自体は国内的適用に関知せずあくまで各国の国内裁判所の判断によるのか（国内法上の基準）という意味でこれを用い、両者を厳密に分けて考える用い方もある。しかし、条約自体が国内での直接適用を義務づけることは実際には稀であり、EC法においてみられるにとどまるため、両者は互換的なものとして用いられることも多い。本稿でも、この2つの概念を互換的な意味で用いている。

(33)　岩沢雄司『条約の国内適用可能性』（有斐閣、1985年）、325頁以下、横田耕一「『国際人権』と日本国憲法―国際人権法学と憲法学の架橋」『国際人権』5号(1994年)、10頁。

(34)　齊藤、前掲書(注5)、17頁。また、自動執行性という概念の発祥地である米国では、この語は憲法規定についても用いられているとも指摘される（同、377頁）。

(35)　東京高判、1993（平5）年2月3日、東京高等裁判所(刑事)、『判決時報』44巻1-12号、11頁。

(36)　大阪地判1993（平5）年4月27日、『判例時報』1515号、116頁。

(37)　例えば、受刑者接見妨害国賠請求事件、徳島地判1996（平8）年3月15日（『判例時報』1597号、115頁、『判例タイムズ』977号、65頁）、公職選挙法違反被告事件、広島高判1999（平11）年4月28日（『高等裁判所刑事裁判速報集』(平11) 号、136頁）。

(38)　この点でのヨーロッパ人権裁判所の実行について、米倉由美子「ヨーロッパ人権裁判所による『公正な満足』としての宣言的判決の付与（一）」『筑波法政』30号(2001年)がある。

(39)　自由権規約委員会の先例については、国際人権規約翻訳編集委員会編『国際人権規約先例集―規約人権委員会精選決定集第1集―』（東信堂、1989年）、及び宮崎繁樹編集・翻訳代表『国際人権規約先例集―規約人権委員会精選決定集第2集―』（東信堂、1995年）を参照。

(40)　LaGrand Case, *ICJ Reports 2001*, para.77.

(41)　なお、人権条約であっても規定の仕方は条約また条文により様々であり、個人の権利をどこまで認めたものか、文言からは十分明らかでない規定もみられる。例えば「何人も、教育についての権利を否定されない」としたヨーロッパ人権条約第1議定書2条がそうである。しかし、この規定についてもヨーロッパ人権裁判所は、「否定されない」という消極的な定式にもかかわらず、本条は明確に「権利」の語を用いているとして、

権利を確保する国の義務を認定している(ベルギー言語事件。本件につき、申、前掲書(注11)、107-108頁を参照)。

(42) 自由権規約第一選択議定書5条2項(b)、ヨーロッパ人権条約35条1項等。

(43) 自由権規約2条1項、ヨーロッパ人権条約1条等。
　条約によって、例えば社会権規約のように、開発途上国は経済的権利をどの程度外国人に保障するかを決定できるという規定(2条3項)をおくものもある。しかしこの場合でも、外国人について区別することが認められるのは開発途上国に限られる。社会権規約全体としては、人種、皮膚の色、性、言語等による差別のない権利行使の保障(同条2項)が明記され、無差別が大原則となっている。

(44) 憲法学では、外国人の人権享有主体性という問題設定の下に、憲法の人権規定の適用について「文言説」「性質説」といった学説が展開されてきたことは周知の通りである。判例では、マクリーン事件最高裁判決(1978(昭53)年10月4日、『最高裁判所民事判例集』32巻7号、1223頁)で外国人にも日本国憲法上の人権規定が原則として(権利の性質上日本国民のみを対象としていると解されるものを除き)適用されることが認められたが、他方でそれはあくまで在留許可制度の枠内のものという条件付きであったことが留意される。
　なお、こうした外国人の人権享有主体性論への大きなインパクトを与えた論文として、大沼保昭「『外国人の人権』論再構成の試み」大沼保昭編『単一民族社会の神話を超えて—在日韓国・朝鮮人と出入国管理体制[新版]』(東信堂、1993年)、180頁が挙げられる。

(45) 田中宏『在日外国人—法の壁、心の壁—[新版]』(岩波書店、1995年)、151頁以下。

(46) それぞれの法の立法の背景と意義について、木村光江「児童買春等処罰法」『ジュリスト』1166号(1999年)、64頁以下、及び石川稔「児童虐待をめぐる法政策と課題」『ジュリスト』1188号(2000年)、2頁以下を参照。

(47) 非司法的制度としての報告制度のこうした性格については、申、前掲書(注11)、120-124頁を参照。

(48) 報告制度が、締約国と条約機関との関係で、また締約国と市民との関係で有するこのような意義について、申惠丰「人権条約の報告制度の意義と課題」横田洋三・山村恒雄編『現代国際法と国連・人権・裁判—波多野里望先生古稀記念論文集—』(国際書院、2003年)、261-266頁を参照。

(49) 人権条約の報告審議における、委員への情報提供(いわゆるカウンターレポートの作成を含む)、審議の傍聴、広報等の活動への諸人権団体の参加は年々組織的なものとなりつつあり、活動の記録や、活動のための手引書も多数出版されている。若干の例として、日本弁護士連合会編『日本の人権 21世紀への課題—ジュネーブ1998 国際人権(自由権)規約第4回日本政府報告書審査の記録』(現代人文社、1999年)、村上正直監修・反差別国際運動日本委員会『市民が使う人種差別撤廃条約』(解放出版社、2000年)、反差別国際運動日本委員会編『国連から見た日本の人種差別—人種差

別撤廃委員会第1・2回日本政府報告書審査の全記録とNGOの取り組み』(解放出版社、2001年) 等がある。

(50) General Recommendation 19 (1992), para.6, at http://www.un.org/womenwatch/daw/cedaw/recommendations/recomm.htm#recom19 (as of 31 March 2006).
(51) 植野妙実子「女性差別撤廃条約への憲法への波及」『国際女性』19号(2005年)、65頁。
(52) CEDAW/C/2003/II/CRP.3/Add.1/Rev.1. 邦訳は『国際女性』17号 (2003年)、99頁以下。
(53) 岩沢雄司「外国人の人権をめぐる新たな展開―国際人権法と憲法の交錯―」『法学教室』238号 (2000年)、14頁。
(54) この点については、村上正直『人種差別撤廃条約と日本』(日本評論社、2005年)、61-76頁、及び183-231頁を参照。
(55) 同上論文、66頁。
(56) 静岡地判浜松支部1999 (平11) 年10月12日、『判例時報』1718号、92頁、『判例タイムズ』1045号、216頁。
(57) 札幌地判2002 (平14) 年11月11日、『判例時報』1806号、84頁、『判例タイムズ』1150号、185頁。
(58) 浅倉むつ子・今野久子『女性労働判例ガイド』(有斐閣、1997年)を参照。
(59) 林弘子「住友電工事件和解と男女コース別雇用管理をめぐる法的問題」宮地光子監修・ワーキング・ウィメンズ・ネットワーク編『男女賃金差別裁判 「公序良俗」に負けなかった女たち 住友電工・住友化学の性差別訴訟』(明石書店、2005年)、75頁。
(60) 野村證券事件東京地裁判決、2002 (平14) 年2月20日、『労働判例』822号、13頁。
(61) こうした判例の動向について、浅倉むつ子「女性差別撤廃条約と企業の差別是正義務―男女昇格差別判例を素材に―」『国際人権』14号 (2003年)、28頁以下を参照。
(62) 本件事案の概要については、宮地監修、前掲書(注59)、26頁以下、及び宮地光子「司法における女性差別撤廃条約の実践―住友電工男女賃金差別事件の経験から―」『国際人権』16号 (2005年)、33頁以下を参照。
(63) 大阪地判2000 (平12) 年7月31日、『判例タイムズ』1080号、126頁。
(64) 宮地監修、前掲書 (注59)、490-491頁。
(65) 同上書、491-492頁。
(66) 同上書、514-528頁参照。
(67) 清水伸編著『逐条日本国憲法審議録 [増訂版]』第3巻 (日本世論調査研究所PRセンター、1976年)、783頁。
(68) 芹澤斉「憲法と条約」『法学教室』173号 (1995年)、78頁；甲斐素直「憲法における条約の多義性とその法的性格」『日本大学司法研究所紀要』8巻(1996年)、1頁；齊藤、前掲書(注5)、vi頁；佐藤幸治「憲法秩序と『国際人権』に対する覚書」『国際人権』16号 (2005年)、4頁。
(69) 芹澤、前掲論文 (注68)、78頁。
(70) 同上論文、79頁。

(71) 伊藤正己『憲法入門 [第4版]』(有斐閣、1998年)、263頁。江橋崇「日本の裁判所と人権条約」『国際人権』2号 (1991年)、22頁は、「国際人権規約のような、国際社会で広く受容されている人権条約」については、「憲法なみ、ないしそれ以上の効力を認めること」もありうるとする。憲法優位説を採りつつも、国際協調主義が憲法の基調であり、国際法・条約を可能な限り尊重すべきとして、憲法に対して国際法が同位もしくは部分的に優位、とする説もある (小林直樹『憲法講義・下 [新版]』(東京大学出版会、1981年)、519頁以下)。

(72) 山本草二『国際法 [新版]』(有斐閣、1994年)、34頁。

(73) ヨーロッパ人権裁判所は、条約の英・仏正文の語の意味が完全に合致しない場合、国際法の原則に従い両者を調和させるよう解釈する必要とともに、「[ヨーロッパ人権条約が] 立法条約であることに鑑み、締約国の負った義務の程度をできる限り制限するのではなく、条約の目的を実現し達成するために最も適切な解釈を探すことも必要である」とした (*"Wemhoff" Case*, Judgment of 27 June 1968, Ser.A, No.7 (1968), para. 8)。また、本稿でふれたゴルダー事件判決では、被拘禁者が民事裁判を提起する権利が条約6条1項の「公正な裁判を受ける権利」に含まれるか否かにつき、裁判所へのアクセス権は6条1項に内在する要素であるとしてこれを肯定するにあたって、そのような解釈は「その文脈においてかつ、立法条約たる本条約の趣旨及び目的を考慮して読んだ6条1項第1文の文言そのものに基づく」と述べている (*Golder Case, supra* note 26, para.36)。さらに、アイルランド対イギリス事件判決では、「古典的性格の国際条約と異なり、本条約は締約国間の単なる相互的取り決め以上のものを含」み、それは「[条約]前文の言葉によれば [人権の]『集団的保障』を受ける、共同、二国間、客観的義務のネットワークを創造する」とした上で、同裁判所の判決は「裁判所に持ち込まれた事件を解決するのに資するのみならず、より一般的に、本条約により設定された規則を明確化し、保護し及び発展させ、もって締約国として国家が負った義務の遵守に貢献するものである」とした (*Case of Ireland v. The United Kingdom*, Judgment of 18 January 1978, Ser.A, No.25 (1978), para.154)。

(74) 齊藤、前掲書 (注5)、242-243頁。

(75) 同上書、261頁。

(76) 同上書、258-261頁。

(77) 同上書、261-263頁。

(78) 同上書、261-262頁。

(79) 同上書、262頁。

(80) 例えば自由権規約委員会は一般的意見で、規約の人権保障は規約が自動的にないし受容によって国内法秩序に組み込まれる国ではより良く保護されうるとして、規約上の権利を十分に実現するために規約を国内法秩序に組み込むよう奨励している (General Comment No.31,CCPR/C/21/Rev.1.Add.13, para.13)。ヨーロッパ人権条約の関連では、かねてからヨーロッパ人権裁判所で違反を認定される例が多かった英国では、

その主因が条約上の権利が国内で援用できないことにあるとされたことから同条約の国内法化の議論が高まり、1998年人権法によって同条約に国内的効力が付与されるに至っている(詳しくは、江島晶子『人権保障の新局面―ヨーロッパ人権条約とイギリス憲法の共生』(日本評論社、2002年)を参照)。

(81) 齊藤、前掲書(注5)、262頁。

(82) 佐藤、前掲論文(注68)、4-5頁。この点佐藤教授は、例えば自由権規約には20条(戦争宣伝及び差別等の扇動の禁止)のように憲法に照らしてきわめて問題と思われる規定もあることを挙げ、特定の条約を類型的に、憲法並みないしそれ以上の効力をもつものとみなすことにも慎重であるべきとしている。

(83) 日本は人種差別撤廃条約4条(a)(b)に対しては表現の自由との関係で留保を付しているが、日本の憲法学及び政府の立場からすればこれは当然付すべきものであり妥当であったと評されている(村上、前掲書(注54)、243頁)。自由権規約20条についても、本来は同様の検討が必要であったと考えることができるだろう。

(84) 横田耕一「人権の国際的保障をめぐる理論的問題」憲法理論研究会編『人権理論の新展開』(敬文堂、1994年)、166頁。

(85) 近藤敦「コメント:社会権の権利性―国際人権法を意識した憲法理論の展望と課題―」『国際人権』16号 (2005年)、89頁。

(86) 村上、前掲書(注54)、214頁。
憲法14条の解釈に人種差別撤廃条約の規範を取り入れる必要性について、韓国籍の特別永住者が保健婦の管理職選考試験の受験を拒否された事件に関連して次のような指摘もなされている。近藤敦教授は、人種差別撤廃条約が日本について発効して以降は、同条約1条の定義する人種差別(「人種、皮膚の色、世系又は民族的若しくは種族的出身」に基づく差別)は、憲法14条1項の法の下の平等の問題として合理性の基準の下に審査される一般的な外国人の国籍差別の問題というよりも、憲法14条2項の禁ずる「人種」差別の問題として厳格な合理性の基準が適用されるべきであるとし、本人の意思によらずに日本国籍を喪失した韓国籍特別永住者に対する不利益についてそうした解釈をとらずに適法とした判決を批判している(近藤敦「判例紹介 外国人地方公務員管理職選考試験受験拒否事件」『国際人権』16号 (2005年)、130頁)。

(87) 芦部信喜『憲法叢説2 人権と統治』(信山社、1995年)、3頁。これに対して、「日本国憲法は、その内容や解釈が、国際人権条約の動向によって左右されるようなものではない、とみるべきであろう」、「条約は条約であり、憲法は憲法である。だから、条約に、すばらしいことが書いてあるからといって、憲法の条文を、それと同じものとして解釈していい、ということにはならないのである」(内野正幸『人権のオモテとウラ―不利な立場の人々の視点』(明石書店、1992年)、38、122頁)という見解もある。しかしこのような見解は、日本が人権条約を憲法適合的なものとして自発的に批准・加入していることと整合性を欠く、あまりにも内向きな議論である。憲法解釈において人権条約への配慮が要請されるのは、別に条約に「すばらしいことが書いてあるか

ら」ではなく、日本が批准・加入した人権条約の趣旨及び目的の実現を国法秩序において図ることの必要性によるものであり、それは日本では、98条2項によって憲法自体が要請しているところと解すべきである。

(88) 佐藤、前掲論文（注68）、5頁。

(89) 齊藤助教授は、日本国が締結した人権条約を憲法解釈において援用することは憲法98条2項に基づく法的要請であるとし、単に関連する条約を任意ないし適宜に参照するにとどまる「間接適用」とは異なった法的意味をそこに見出す（齊藤、前掲書（注5）、402頁）。

(90) 佐藤、前掲論文（注68）5頁。

(91) 最高裁は、初めて人権規約について判断を示したものとされる1981年（昭56) 10月22日第一小法廷判決（『最高裁判所刑事判例集』35巻7号、696頁）において、国家公務員法及び人事院規則の規定が自由権規約に違反し無効であるという主張を、刑訴法405条各号の上告理由にあたらないとして退けている。

(92) 岩沢雄司「日本における国際人権訴訟」小田滋先生古稀祝賀『紛争解決の国際法』（三省堂、1997年）、255頁。

(93) 佐藤、前掲論文（注68）、5頁。

(94) 齊藤、前掲書（注5）、406頁。さらに齊藤助教授は、「国際人権条約を憲法の解釈基準とするという手法では条約上の権利の実質的な主張に十分成功しえない場合、換言すれば、当該条約規定を解釈基準となしうるような憲法規定が存在しない場合には、条約の遵守を規定する憲法第98条2項を通じて条約違反の存在を違憲と構成し、最高裁判所への上訴も可能になると考えることができるのではないであろうか」とする（同書、407頁）。

(95) 植野、前掲論文（注51）、65頁。

国際人権と国内人権：女性差別撤廃条約の国内的適用

山下　泰子

はじめに——国際人権と国内人権：問題の所在——

　2005年12月の国際人権法学会第17回研究大会[1]は、「人権とその保障—憲法と国際人権法」を共通テーマとし、とりわけ、「憲法学の視点から」の高橋和之教授と「国際法の視点から」の大沼保昭教授による論争が注目された。

　高橋教授は、国際人権について、「国際法レベルの国際人権と国内法化された国際人権の2つの議論レベルを区別する必要がある」と主張され、「というのは、国際人権は、国際法レベルで国際法的な保障システムをもつと同時に、国内法化されて国内法システムとしての国際人権ともなるからである[2]」とされ、さらに、「日本国家は、国際人権規約等の諸条約を批准することにより、日本国民に対し国際人権を保障することを、国際社会に向かって約束した。その約束の意味内容は、国内のあらゆる関係において国際人権を保障するということである。国内の諸関係をどのように分節するかは国内問題であり、原則的に国際社会が口出しすべきことではない。しかし、どのように分節しようと、あらゆる関係において国際人権の保障が義務づけられることになる[3]」と展開された。

　これに対して、大沼教授は、「国際人権の論理」と「国内人権の論理」の峻別論を批判された。その論拠は、「21世紀の世界では、さまざまな国際・国内活動が国境を越えて浸透し合い、国際法やEU法が国内で直接適用され、逆に国内法が国際的に重大な効果を与え、国境を越える国内法の実現が日常化している」こと、さらには、国際司法裁判所が、「国家間関係を規律する領事関係条約についてさえ、国家間の権利義務関係と個人の権利の双方を定

めたものという解釈をとって」おり、このことは、「人権の国際的保障と国内的保障を連続的に捉えて、実効的な人権保障を目指す20世紀後半以来の国際社会の傾向を示すものである[4]」というところにある。

　筆者には、「国際人権」が、国際法システムと国内法システムの双方に妥当し、国際人権条約批准の効力が、国際社会への条約履行義務の引き受けと同時に、「国内のあらゆる関係において……国際人権が義務づけられる」こととする高橋教授の主張に異論はない。しかし、そのような前提に立たれながら、高橋教授が、なぜ、あえて国際法レベルの「国際人権」と国内法レベルの「国際人権」を峻別される必要があるのだろうか。峻別論を強調される意味が理解できない。

　「国際人権」は、各国の「国内人権」の間に存在する違いを超えて、「最低限の共通性に着目して[5]」規定されている。「国際人権」は、国際法システムにおいてその実効性が担保されるのは勿論、その保障の対象が国家に包摂される個人である以上、「国内人権」として国内法システムで保障されることが是非とも必要である。グローバル化の進行した21世紀社会において、筆者は、むしろ、それらを連続したものとして捉えることの方が、「国際人権」のより確かな実現に寄与するのであって、現代の法発展の傾向に合致するものと考える。その意味において、大沼教授の主張に限りなく同感を覚える。

　たとえば、国籍法3条1項を憲法14条1項違反とした最高裁大法廷判決は、「我が国が批准した市民的および政治的権利に関する国際規約及び児童の権利に関する条約にも、児童が出生によっていかなる差別も受けないとする趣旨の規定が存する[6]」ことを、判決の理由に挙げている。また、「非嫡出子の相続分を嫡出子の相続分の2分の1と定めた民法900条4号ただし書前段が、憲法14条1項違反とならないか」が争われた最高裁判所第1小法廷判決における補足意見で、島田仁郎裁判長は、「国際連合の人権委員会が市民的及び政治的権利に関する国際規約40条に基づき我が国から提出した報告に対し示した最終見解においても、相続分の同等化を強く勧告していること等にかんがみ、本件規定については、相続分を同等にする方向での法改正が立法府により可及的速やかになされることを強く期待する[7]」と述べ、ここでは、明らかに国際人権条約が国内人権を検討する際の基準として活用されている。

最高裁判所において、すでにこうした事例が存在することに、注目すべきである。

I 国際人権の私人間効力

国際人権の私人間効力について、両教授は、どう考えておられるのだろうか。

高橋教授は、「私人間においても、当然、国家は国際人権を保障しなければならない。したがって、国際人権の私人間効力論という問題設定は、このレベルにおいては、まったく場違いな議論なのである[8]」とされる。ただし、私人間効力論は、「国内法化され、国内法上の効力をもつにいたった国際人権が、その名宛人を誰とするか」という部分で、問題となるが、「条約を憲法と同様に政府としての国家のみを名宛人とすると解する立場と、法律と同様に私人間にも効力をもつと解する立場の両方が、理論上は可能である。いずれの立場をとったとしても、条約に反することはない[9]」と立論される。

大沼教授は、「非国家主体も人権侵害主体と想定し、国家の統治下にある人々に人として尊厳ある生を保障する義務を中核とする包括的人権観」を主張され、高橋教授の説に対しては、「人権条約が国内法上いかに実現されるか（あるいはされないか）という国際人権法の国内的実現の問題を、『国際人権の論理』と『国内人権の論理』を実体化した上で、それを峻別する二元論的対立の図式に無理にはめ込もうとするからこそ、両者が異なって見えるのである。」「高橋教授は、国際法と国内法を峻別する厳格な二元論の立場から、『国際人権』『国内人権』という本来ある現象の一抽象にすぎないカテゴリーを実体化し、そうした実体間の対立の図式を想定して議論を進めている」と批判される。結局、「国際＝国内を貫通する諸現象とそれへの実定法的対応の展開により、（厳格な二元論は）その現実的基盤を失っている[10]」とする見解から、国際人権の私人間効力を当然のこととして認めておられる。

国際人権の私人間効力については、憲法解釈論上の私人間効力論が参考にされるべきであろう。代表的な憲法解釈論によると、佐藤幸治教授は、①無

効力（無適用）説、②直接効力（直接適用）説、③間接効力（間接適用）説の3説があるとされる[11]。①無効力説は、憲法の基本的人権の保障は、憲法に特別の定めのない限り、対公権力によるものであって、私人による侵害の排除には、適用されない。これに対し、②直接効力説は、基本的人権保障の効力は、公法・私法を問わず全法領域において妥当し、私人間においても、直接基本的人権を主張しうる。③間接効力説は、公私二元論を前提としつつ、憲法の人権規定に反するような行為が私人間で生じた場合、私法の一般条項を通じて、間接的に基本的人権保障を適用する、というものである。

　しかし、佐藤教授自身は、諸説の違いは、一見するほど大きくはないとされ、①無効力説も、憲法に私人間の妥当を予定するような規定（15条4項、16条、18条、27条3項、28条など）があれば、その適用を認めること、②直接効力説は、私人間の法律関係は、人権享有主体間の関係であって、私的自治や契約の自由もそれ自体、憲法上保障された原則と見るべきであって、必ずしも原理的に徹底されえないこと、③間接効力説も、私人間への妥当を予定する人権規定（28条、27条3項、18条、24条など）については、直接効力を認めており、すべての人権規定が間接効力しか有さないとしているわけではなく、場合によっては、「効力」ということばの解し方如何によっては、無効力説とも直接効力説ともいえる余地をもっているとされる。その上で、3説のいずれが正しいかといったカテゴリカルな議論を廃し、基本的人権の侵害が問題となる私法的関係の性質や事情に即して、法律の解釈などを通じて調和のある合理的解釈がはかられるべきものと解しておられる。

　結局、佐藤教授の説は、カテゴリカルな議論を避け、個々の人権侵害に即して救済をはかることを主張しておられるのであって、これを国際人権の私人間効力に置き換えてみると、大沼教授の説に近いと思われる。21世紀にあって、国際人権の問題は、より多く私人間の人権侵害の問題に帰着する。その実態を直視するとき、二元論的発想では、いずれは問題解決に至るとしても、あまりにも迂遠である。現在、問われているのは、いかにして「本来あるひとつの現象」を一本化し、人権救済を実効化するかではないかと思う。

II フェミニズム国際法学の視座

　国連は、「ジェンダーとは、生物学的な性の違いに対して付与される社会的な意味と定義される。ジェンダーは、思想的、文化的な構築物であるが、同時に物質的な実行の領域においても再生産され、ひるがえって、そのような実行の結果に影響を及ぼす。それは、家族内および公的活動における資源、富、仕事、意思決定および政治力、そして権利や資格の享受における分配に影響する。文化や時代による変化はあるものの、世界中で、ジェンダー間の関係の顕著な特徴として、男性と女性の間の力の不均衡が含まれている。そのため、ジェンダーは、社会階層を作り出すものであり、この意味において、人種、社会階層、民族、セクシュアリティ、年齢などの他の階層基準に類似している。ジェンダー・アイデンティティの社会的構築および両性の間の関係に存在する不平等な権力構造を理解するのに役立つ[12]」と定義する。

　フェミニズム国際法学は、ジェンダー視点を主流化し、国際法学を再構築しようとするものである[13]。国際法は、国民国家間の法として確立されて以来、「ヨーロッパ公法」であり、「男性中心法」であった。いや今日の国連においてさえ、「すべての国家が遵守しなければならない基本的規範の中には、組織的な人種差別の禁止が含まれている。しかし、そのなかには、女性に対する組織的な差別、蔓延するジェンダーに基づく暴力は含まれていない」、「皮肉にも、女性の地位委員会が設置され、女性差別撤廃条約が採択されたことで、その他の国連人権機関と条約実施機関は、それぞれの文書におけるジェンダーの側面を見落とし、暴力・性的虐待・強制売春といった問題にほとんど注意を払わなかった[14]」とさえ言われている。

　フェミニズム国際法学は、こうした状況にメスを入れようとする。1993年、「女性の権利は、人権である（Women's Rights are Human Rights）」というメッセージが、大きなうねりとなって世界人権会議に向かい、さらにそれは、1995年の北京世界女性会議の合言葉となり、北京宣言第14パラグラフに位置づけられた。それは当初、国際人権において、女性の権利が周縁化されていることに対する抗議概念として主張された。現在は、それ以上に、このメッセ

ージは、ジェンダーの主流化を意味するものとされている。

　大沼教授も、「国際法の全構造が男性中心主義的であり、それをフェミニズムの視点から再構成しなければならない、という主張が今なされている。」「フェミニズム、さらに男女の社会的性差は、単に女性という主体の問題ではなく、国際法を含む学問総体の視点の見直しにもかかわる問題であり、今後の研究の展開により広大な地平が開かれるだろう[15]」と述べておられる。

　阿部浩己教授の指摘するように、それは、「本質的には、主流を構成する人権概念そのものの組替えを迫る根源的挑戦」を意味し、それには、「女性の特殊性を可視化する以上に、人権概念一般の変容／脱構築を迫る契機が投射されて」おり、「分断された女性特有の条約・制度を周縁から救い出すとともに、主流そのものをジェンダーの視点によって紡ぎ直すということである。」それは、男性の権利に、「女性の権利を付加することによってではなく、人権概念そのものを女性の経験によって押し広げていくことを目指す[16]」ことによってのみ、意義をもつものとなる。

　「女性の経験」は、第2波フェミニズムの影響を受けて、性別役割分担観念を廃絶し、性と生殖における女性の自己決定権を主張することからはじまった。それらは、前者は、1979年の女性差別撤廃条約の中心理念に、後者は、1994年のカイロで開催された国際人口・開発会議の行動計画に位置づけられることになる。

　さらにフェミニストを奮い立たせたのが、20世紀最後の四半世紀に、世界女性会議を通じて次第に明らかになった「女性に対する暴力」の問題である。女性性器切除、名誉殺人、ダウリ殺人、児童婚、サティ、夫婦間の暴力、民族浄化と呼ばれる集団レイプなどが、時として伝統・慣習・文化・宗教といった装いをもって地域のタブーとされて、何千年もの間、継続されてきたことを知った衝撃は、計り知れない。人間の尊厳そのものを失わせるこうした暴力が営々と続いてきた根源にあるのは、男性支配の家父長制社会の構造的な性差別である。

　ようやく、1998年の国際刑事裁判所規程によって、武力紛争下の「レイプ、性的奴隷、強制売淫、強制妊娠、強制不妊又は同様の重大性を有する他の性的暴力」が、人道に反する罪（第7条1項(g)）と戦争犯罪（第8条2項(b)22）に規

定された。しかし、他の女性に対する暴力は、1993年に女性に対する暴力の撤廃に関する宣言が国連総会で採択されはしたが、法的拘束力のない「宣言」にとどまり、条約化の動きさえないのが現状である。

　いずれにせよ、これらの人権侵害は、圧倒的に私人間で発生する。そうした問題をようやく射程に納めた国際人権をいかにして国内人権で保障していくことができるか、フェミニズム国際法学の関心事である。

Ⅲ　女性差別撤廃条約の締約国の義務

　女性差別撤廃条約第2条は、締約国の差別撤廃義務を規定している[17]。同条約は、その規定内容が、法上の平等から事実上の平等までを含んでいることが特徴的である。

　第2条は、柱書き規定で、締約国は、「女性に対する差別を撤廃する政策をすべての適当な手段により、かつ、遅滞なく追求することに合意し」、このために8項目の列挙事項を約束している。

　(a)号前段「男女平等原則の憲法その他の国内法制への組み入れ」、(a)号後段「男女平等原則の実際的な実現の法律その他の適当な手段による確保」、(b)号「差別を禁止する適当な立法その他の措置」、(c)号「女性に対する保護の確立と自国の裁判所その他の公の機関による効果的保護の確保」、(d)号「女性に対する差別となる行為・慣行を差し控え、公の当局・機関の遵守義務の確保」、(e)号「個人・団体・企業による差別を撤廃するためすべての適当な措置をとること」、(f)号「女性に対する差別となる既存の法律、規則、慣習、慣行の修正・廃止のためのすべての適当な措置（立法を含む）をとること」(g)号「女性に対する差別となるすべての刑罰規定の廃止」を規定している。

　これらは、それぞれ、基本的には締約国およびその機関を対象とする規定で、それらについては、国家行為の不作為を個人が訴える可能性がないとは言えないが、規定の第1次的な名宛人は、あくまでも国家である。そこでは、国際人権の国内適用の問題は生じない。

　しかし、(e)個人・団体・企業による差別の撤廃、(f)女性に対する差別とな

る既存の慣習、慣行の修正・廃止については、その直接の差別的な行為者は、私人である。とりわけ、影響力のある個人や企業や地縁・血縁団体における慣習・慣行による差別が修正・廃止の対象である限り、同条約上の国際人権は、国内的に妥当することを明確に予定している。

(e)号は、制定過程では、女性の地位委員会案が、「個人、団体」による性差別としていたのに対して、ユネスコから、「私人や組織」による性差別の撤廃を強調すべきというコメントが寄せられ、総会第三委員会作業部会における起草小グループの提案により、「個人、団体、企業」となった[18]。同規定は、「企業」を明記したことにより、人種差別撤廃条約2条1項 d 号が、「個人、集団、又は団体」としているのより、念頭においている対象が、より明確である。今日もっとも深刻かつ影響力の大きい重大な性差別が、企業における雇用関係において行われていることから、この規定の意義は大きい。この規定こそ、前引の憲法学における私人間への妥当に関するいずれの説によっても承認されるような、直接、国内に妥当すべき必然性をもつ国際人権である。

第2条(e)号の義務づけについて、女性差別撤廃委員会は、1992年に発表した一般的勧告第19「女性に対する暴力」の中で、つぎのように述べている。「(パラグラフ10) 当該条約に基づく差別は、政府によって、または、政府に代わってなされる行為に限られるものではないことが強調されるべきである (条約第2条 e 号、f 号および第5条参照)。例えば、第2条 e 号に基づいて、条約は、締約国に、個人、団体または企業による女性に対する差別を撤廃するためのすべての適当な措置をとることを要求している。(パラグラフ11) 締約国は、公的行為であるか私的行為であるかに係わらず、あらゆる形態の性に基づく暴力を撤廃するために、適当かつ実効的な措置をとるべきである」とし、「(パラグラフ12) 第2条および第3条に基づいて、締約国は、あらゆる分野における差別を撤廃するためのすべての適当な措置をとらなければならない。とられるべきこの種の措置は、条約の特定条項によってカバーされる事項に限定されない。条約第2条および第3条は、条約第5条から第16条に基づく特定の義務に加えて、あらゆる形態の差別を撤廃する包括的な義務を確立する[19]」としている。

(f)号の「慣習・慣行」についても、同条約に特徴的であり、人種差別撤廃

条約2条a号が、国家による人種差別的行為・慣行の禁止をうたっているのと比べても、規定の範囲がはるかに広く、一般社会における差別的な慣習・慣行の修正・廃止を明確に規定している。慣習・慣行という表現は、1967年の女性差別撤廃宣言2条に存在し、制定過程では、1974年の女性の地位委員会作業部会に提出されたフィリピン・ソ連共同案にすでに存在していたものである。本号は、もっとも議論のあった条項の1つであり、最終的な決定は、1979年の第三委員会本会議まで持ち越されたが、紆余曲折の末、もっとも初期の案に落ち着いたという経緯がある。

わが国でも、「慣行を変えるのは、法律ではできない。国としては、守備範囲外だ[20]」とする議論があった。しかし、条文が「慣習・慣行の修正・廃止」を規定しているのは、こうした議論とは逆に、社会慣習・慣行の中に根源的な性差別が存在するのであって、それを射程にしない限り、問題解決はありえないという強い認識が制定者の間に存在したことを意味する。女性差別撤廃条約報告制度のマニュアルを作ったZagorka Ilic 女性差別撤廃委員会委員も、とくに(f)号の重要性を指摘し、条約第5条(役割分担の否定)との関わりに留意することを求めている[21]。第5条に規定する固定化された男女役割分担観念の変革は、この条約の中心理念であり、社会慣習・慣行に浸透している役割分担観念の変革は、同条約の生命線である。条約第4条は、こうした社会慣行・慣習を見直し、男女の事実上の平等を促進するための手段として、差別を受けている側への暫定的な特別措置を求めている。

以上のように、女性差別撤廃条約は、直接、私人間におけるジェンダー差別の撤廃に踏み込んだ規定の仕方をしており、国内人権への直接適用を意図していることが明らかである。ここから引き出される締約国の義務は、国際的に人権を保障する国際社会への義務と同時に国内社会に暮らす人々に対する義務でもあると解するのが適切である。

IV 女性差別撤廃委員会におけるレポート審議と日本

女性差別撤廃条約は、1979年12月18日、第34回国連総会で採択され、

2007年5月現在、185カ国の締約国を擁している[22]。日本は、1980年7月17日、第2回世界女性会議（於コペンハーゲン）の席上開催された署名式で署名し[23]、1985年6月24日国会承認、同年6月25日批准書寄託、同年7月1日公布、同年7月25日、発効を迎えた。

締約国は、条約第18条に基づき、条約実施に関するレポートを少なくとも4年ごとに国連に提出する義務を負っている。レポートは、政府代表出席の下で、モニター機関である女性差別撤廃委員会によって審議され、その後、委員会の勧告が「最終コメント」として国別に送付される。日本は、すでに、第1次レポート（1987年）、第2次レポート（1992年）、第3次レポート（1993年）、第4次レポート（1998年）、第5次レポート（2002年）の5回レポートを提出し、1988年（第1次）、1994年（第2・第3次）、2003年（第4・第5次）に委員会による審議が行われた[24]。

ここでは、直近の2003年7月8日、第29会期女性差別撤廃委員会における日本レポート審議[25]とその「最終コメント」[26]に現れた締約国の義務に直接かかわる論点に絞って検討を加えたい。

1　条約第2条柱書き「遅滞なく」の解釈

第2条柱書きは、締約国に、「女子に対する差別を撤廃する政策を」「<u>遅滞なく（＝without delay）</u>」（下線筆者）追求することを求めている。

このことについて、Schöpp-Schilling委員（ドイツ）から、「第2条は、法律上及び事実上の男女差別を『遅滞なく』実施することを規定しています。私は、日本政府が、2002年になってようやく、いわゆる間接差別についての検討を始めたということに驚いたと同時に懸念を感じました[27]」とコメントした。女性差別撤廃委員会は、9年前の第2回日本レポート審議の「最終コメント」[28]で、すでに「私企業において昇格および賃金に関して、女性が直面している間接差別に対処するためにとった措置について報告しなければならない」と勧告していた。ところが、日本政府は、それから実に7年間、この問題への対処をせず、ようやく2002年11月になってはじめて、厚生労働省に有識者による男女雇用機会均等政策研究会[29]を構成したことへの疑念が委員から呈されたのである。

実は、日本政府は、第2条柱書きについて、「漸進性」という独特の解釈を持ち込んでいる。多分、締約国の義務の程度を緩めて解釈することによって、条約の国会承認を通しやすくするための方便にしたのではないかと思われる。条約承認国会審議で、「漸進性」は、つぎのように議論された。衆議院外務委員会の審議において、当時の安倍外務大臣は、土井たか子委員の質問に答えて、「条約そのものもまた締結の1つの条件として漸進性ということをうたっている(30)」といい、衆議院外務委員会文教委員会連合審査会において、江田五月委員の「漸進性とは、どういうことなのか」という質問に答えて、齊藤邦彦外務大臣官房審議官は、「何がこの漸進性のもとで認められる適当な措置かということは、各締約国政府が具体的状況の中で自主的に判断する次第だが、それぞれの事情のもとにおいて最大限の努力をして、相当程度の実効性を持って条約を実施できるような措置をとらなければならないというふうに考える(31)」と述べていた。

　しかし、この「漸進性」の議論は、わが国独自のもので、国際的な了解事項でないことについて、住友電工男女賃金差別訴訟大阪高裁民事第12部に提出された阿部浩己教授の鑑定意見書(32)に詳しい。すなわち、女性差別撤廃条約が国家報告制度しかもっていない(33)ことは、その条約上の権利を「漸進的」に実現すればいいとする見解に結びつかないこと、条約制定過程で、日本は、現行条約が、「締約国は……女子に対する差別を撤廃する政策を……遅滞なく追求する」というところを、「締約国は……女子に対する差別の撤廃を促進する政策を……遅滞なく追求する」（下線筆者）と改める提案をしたが、退けられていること(34)、この他制定過程の議論では、一切、「漸進性」という発言が認められないという岩澤雄司教授の研究があること(35)からも明らかである。むしろ、ここでは、「遅滞なく (without delay)」の方を注意すべきであって、この点で、社会権規約が、「条約上の権利の完全な実現を漸進的に達成する」（第2条柱書き）とするのとは、明らかに異なっている。

　結局、「遅滞なく追求する」義務を、日本政府のように「漸進性」と解釈するのは、国際人権法学の一般認識から、かけ離れている(36)と言わなければならない。第2回日本レポート審議から8年10カ月、「最終コメント」が出されてからでも、7年10カ月も、勧告を履行するための措置をとるための方策

にさえ着手しなかったのは、国際義務違反という謗(そし)りを免れない。

2　条約の自動執行性・国内裁判所での適用

　オランダの国際法学者・Frinterman 委員からは、条約の自動執行性について、日本政府代表の見解が尋ねられた[37]。また、ハンガリーの法学者・Morvai 委員は、「日本の司法関係者は、今現在、女性差別撤廃条約によって(すでに)拘束されていると考えておられるのではないのですか？　この女性差別撤廃条約は司法に対して拘束力をもっているはずではないのですか？」と尋ねた[38]。

　これに対して、坂東眞理子日本政府代表は、「女子差別撤廃条約の国内法廷での直接適用というご趣旨が、その内容をそのままの形で国内法として直接に実施して、具体的な法律関係について国内の裁判所が裁判規範として適用するという(ことであれば、そのような直接適用をする)ことはございませんが、国を当事者とする訴訟において、女子差別撤廃条約に言及した裁判例はあります。その例はたくさんあって……[39]」と回答した。これをさらに、嘉治美佐子外務省人権人道課長は、「本条約の適用に関して、条約を段階的に適用すべきであるのか、そしていかに条約を直接日本の国内法制度に適用すべきであるのかという点についてです。日本国憲法においては、平等な男女の処遇、また、日本は誠意をもってすべての国際慣習法と条約を実施する、ということが明確に規定されております。したがって、本条約は、日本政府が国内法を策定・制定し、本条約の目的を実施するよう義務づけるものであるというのが我々の解釈であります。首席代表も申し上げたとおり、本条約に規定されているすべての要請事項は、直ちに実現されないかもしれませんが、我々は、誠意をもって、条約の内容を国内法を通じて実施していく所存でございます[40]」と述べた。

　条約の自動執行性というのは、「条約(自由権規約)の規定が独立した裁判規範として一定の司法的処遇を保障されることを意味する[41]」と解すると、坂東代表も嘉治課長も、Frinterman 委員と Morvai 委員双方の質問に否定的な回答をしていることになる。

　条約の国内法上の適用およびその地位については、各国の国内法の問題で

ある。そこで、わが国の憲法秩序では、どのように解されているのであろうか。大沼教授は、日本は条約を公布によりそのまま国内法的効力を認める国[42]に分類されており、山本草二教授も、「日本国憲法では国際法の誠実遵守に関する規定（第98条2項）の解釈として、国際法と国内法との関係につき基本的には一元論を採り、日本が締結した条約と確立した国際慣習法は、特別にそれらを立法手続で定める（国内法により補填・補完・具体化）必要なしに、当然にすべてそのまま国内法としての法的効力を有することとしている[43]」と、明確に述べておられる。つまり、日本において女性差別撤廃条約は、国会の承認をうけて批准を行い公布を行ったことによって、当然、国内法としての効力を与えられているのである。あたかも二元論的転型理論をとるかのような日本政府の回答には、この点で誤りがある。

　日本政府もまた、国際人権規約委員会における自由権規約に関する日本政府第1次レポートの審議の際には、「裁判所により条約に合致しないと判断された国内法は、無効とされるか改正されなければならない」、もし、適用する国内法が見出せない場合、「裁判所は、直接この条約を援用し、条約の規定に基づいて判決を下す」と明言した[44][45]。

　判例には、自由権規約および子どもの権利条約の規定を理由として国籍法第3条1項を違憲とした2008年6月4日の最高裁大法廷判決があり、自由権規約の自動執行性を明確に認め、直接適用を可能とし、これに抵触する国内法の効力は否定されるとした1994年10月28日、大阪高裁判決がある[46]。

　さらに、これまでに国を当事者とする訴訟において女性差別撤廃条約に言及した判決が、4例ある[47]。①東京地裁昭和62（1987）年12月16日判決は、「原告は、女子差別撤廃条約第16条1(d)等の規定ないしその趣旨を挙げて、事実上の子は、扶養控除の対象とすべきであると主張するが、上記規定は、そもそも、租税に関するものではないし、また、租税における扶養控除の取り扱いにおいて、事実上の親族を法律上の親族と区別して取り扱うことを禁止したものとは解されない」とし、同控訴審・東京高裁平成元（1989）年9月19日判決、同上告審・最高裁平成3（1991）年10月17日第一小法廷判決とも、同旨である。②広島地裁平成3（1991）年1月28日判決は、「女子に対するあらゆる形態の差別の撤廃に関する条約前文、第2条、第15条及び第16条な

らびに市民的及び政治的権利に関する国際規約第23条は、締約国に対して、合理的な理由を有する男女間での取り扱いの相違をも禁止し、あるいは「婚姻をしかつ家庭を形成する権利」に対して合理的な理由による制限を加えることまでも禁止していると解すべき理由はない」とし、同控訴審・広島高裁平成3 (1991) 年11月28日判決も同旨である。③大阪地裁平成12 (2000) 年7月31日判決は、「原告らは、男子は全社採用、女子は事務所採用という採用区分自体が男女別労務管理であり、違法な男女差別であるとし、このことを前提として、女子差別撤廃条約等を根拠に、指針という採用区分には上記のような違法な男女差別を含まないものと解すべきである等と主張するが、原告らが採用された昭和4年ころの社会情勢等に照らすと、被告会社が、高卒女子を全社採用の事務職の募集対象としなかったことは、当時としては未だ公序良俗に反するとまではいえない」と述べた。④大阪地裁平成13 (2001) 年6月27日判決は、「女子差別撤廃条約については、当条約第1条が、「男女の平等を基礎として」と規定しており、男子との比較にいて女子が差別を受ける場合を「女子に対する差別」と位置づけていることは明らかであり、女子が女子との比較で差別を受けることは「女子に対する差別」とはいえない」としている。

　結局、4例とも、結果的には、係争事実が女性差別撤廃条約に反しないとする事例ではあるが、いずれも女性差別撤廃条約を裁判規範として適用している。この点においても、坂東日本政府代表の女性差別撤廃条約の直接適用を否定する発言は当を得ていない。

　日本国の批准した条約は、憲法第76条3項の「憲法および法律」に含まれ、合憲と認められた条約は、裁判所も誠実に遵守する義務がある。日本はいわゆる転型説をとらないので、憲法第98条2項により、正当な手続きによって締結された条約は、批准によって、日本国の国内法として妥当する。したがって、国内法と同程度の具体性があれば、法としての実効性が認められる[48]。なお、国内法における条約の位置づけは、憲法第96条の規定により、憲法に優位するか否かについては、多くの疑問があるにしても、法律に優位するとするのが通説である。

V 女性差別撤廃条約選択議定書批准の必要性

　1999年10月6日、第54回国連総会は、女性差別撤廃条約の選択議定書を採択した。その内容は、個人通報制度と調査制度の導入であり、これによって、それまで国家報告制度のみであった条約の実施措置は飛躍的に強化された。2007年5月現在、すでに87カ国が選択議定書の締約国になっている[49]。委員会は、2004年7月、個人通報手続き2件、調査手続き1件の決定を行った。受理された個人通報手続きも、実施された調査も、いずれも女性に対する暴力に対する国内的な救済が不十分とされたケースである[50]。選択議定書の批准国に対しては、国際的な人権救済の道が開かれたことにより条約の国内的実施がより実効性を増したということができる。

　女性差別撤廃条約の国内適用の問題は、一見、条約の国際的な実施措置がどのような形態のものかと直接関わりないように思われる。しかし、もし、選択議定書が批准され、条約上の権利侵害を国内手続きによって救済されなかった個人が、直接、女性差別撤廃委員会に申し立てることができたり、あるいは、委員会が重大または組織的な権利侵害を示す信頼できる情報を得て、調査を行うことが予定されると、国内裁判所は、条約を裁判規範として適用しなければならなくなることは必定である。

　日本は、いまだに選択議定書の署名も批准も行っていない。第5次日本政府レポート（2002年）では、「我が国としては、同選択議定書の定める個人通報制度については、条約の実施の効果的な担保を図るとの趣旨から注目すべき制度であると考えるが、司法権の独立を含め、我が国の司法制度との関連で問題が生じるおそれがあり慎重に検討すべきであるとの指摘もあることから、現在のところ当該選択議定書を締結していない。本選択議定書についてはその締結の是非につき真剣かつ慎重に検討しているところである[51]」としていた。また、委員会の会期前作業部会が策定した日本政府への質問事項で選択議定書の批准に関する検討状況を尋ねられたのに対して、日本政府は、「我が国政府としては、女子差別撤廃条約選択議定書を含め、個人通報制度を定めた各種人権条約の下での具体的な通報事案等について、委員会の対応や

関係国及び関係者の対応等を含めて研究することが必要と考えている」とし、最近の検討事例として、自由権規約第2条、第3条、第26条、第12条、第13条、第27条、第17条、第23条、第24条、欧州人権条約における個人通報制度、通報事例に関する各国のフォローアップを扱ったと述べていた[52]。

これに対して、2003年の女性差別撤廃委員会による日本レポート審議においては、Ayse F.Acar 議長（トルコ）の冒頭発言から、最後の締めくくり発言まで、Dubravka Simonovic 委員（クロアチア）、Hanna B. Schöpp-Schilling 委員（ドイツ）、Cornelis Flinterman 委員（オランダ）、Krisztina Morvai 委員（ハンガリー）、Fatima Kwaku 委員（ナイジェリア）の6人の委員から、つぎつぎ日本の選択議定書批准が要請された[53]。

Simonovic 委員は、日本政府の「選択議定書の批准の可能性を検討中ではあるものの、政府内において、この批准が『司法権の独立』を侵害しないかという議論がでている」とのレポートに対して、これまでの批准国でも、当然、独立した司法機関が存在しているし、また、女性差別撤廃委員会は、司法機関ではないので、その関与が、国内の司法権を侵害する可能性はなく、どの国も、そうした検討をしたことがない[54]、と述べている。Schöpp-Schilling 委員は、「選択議定書は、女性差別についての司法による理解を促すものとして、むしろ日本の司法権の独立を支えるものです[55]」と述べ、Flinterman 委員は、「すでに選択議定書を批准し、日本と同様に司法権が確立している国々の経験では、人権の分野において、国際的な救済手続きを承認することにより、むしろ司法の独立が強化されているということ」を強調し、「なぜかといえば、裁判所は、国際人権条約の条項を国内訴訟において活用することができるから[56]」であるとした。また、Morvai 委員は、裁判官への女性差別撤廃条約の研修が行われているかを質問した後、「なぜ司法関係者が、選択議定書がある種の監督メカニズムとして存在すると、司法の独立性が侵されると考えるのか私には良く理解できません[57]」と司法の姿勢を追及した。Kwaku 委員は、Flinterman 委員に同調し、Acar 議長は、「日本政府に対しましては、選択議定書の批准に関し、前向きな検討をいただけるよう、いま一度強く要請いたします[58]」と日本レポート審議を締めくくった。

審議の中では、嘉治外務省人権人道課長が、「選択議定書の批准の可能性

に関していくつかの点が指摘されました。現在、研究が進行中であり、日本政府は、いかに選択議定書への加盟を実現しうるのかについて、慎重にしかし真剣に検討中です」として、作業部会からの質問事項への回答を繰り返した後、「とは申し上げましたが、司法権の独立と選択議定書の日本における議論に対して委員の方々が指摘された点は、確実に日本へもって帰りたいと思います。75の署名国と53の締約国という事実が実際の現実としてあるわけですから、日本政府内の検討において、当然のことながらこのことを考慮されるものと考えております[59]」と発言した。

　女性差別撤廃委員会における審議後2003年8月に出された日本政府への「最終コメント」では、選択議定書の批准について、「委員会は、第5回定期レポートで日本政府が表明した懸念に留意しつつも、条約の選択議定書の批准を、日本政府が引き続き検討することを要請する。委員会は、選択議定書により提供される制度は、司法の独立性を強化し、女性に対する差別への理解をすすめる上において司法を補助するものであると強く確信している[60]」とされている。

　その後の政府の動きとしては、2004年7月28日、男女共同参画会議監視・影響調査専門調査会が、『国際規範・基準の国内への取り入れ・浸透について』として検討調査結果を公表した。その中で、女性差別撤廃委員会の「最終コメント」を取り上げ、選択議定書の批准の検討を継続することが推奨されていることを踏まえて、選択議定書の署名・批准を促す2003年の総会第三委員会決議の共同提案国であったこと、司法権の独立については、通報が国内的救済措置が尽くされた後でなければ受理されないこと、結論となる委員会の意見や勧告が法的拘束力をもたないこと、「最終コメント」では、選択議定書の提供するメカニズムが司法の独立を強化し、司法が女性に対する差別を理解する上で助けになるといっていること、また、経済協力開発機構加盟国30カ国のうち24カ国、欧州連合加盟国25カ国中19カ国が当時すでに批准していることから、批准の可能性について早期に検討する必要がある[61]とした。さらに、同専門調査会は、翌2005年7月15日にも、「女子差別撤廃委員会からの勧告を含む最終コメントを踏まえた対応について」を発表し、各省庁からの説明聴取を行った上で、「選択議定書について、引き続き批准の可

能性を早期に検討されたい」と述べた。しかし、外務省の説明聴取では、司法権の独立論が影をひそめてはいるものの、相変わらず、「研究を通じてその締結の是非につき真剣かつ慎重に検討しているところである」との回答を繰り返したにすぎない(62)。

　これに対し、NGO側は、一貫して選択議定書の早期批准を求めてさまざまな活動を展開してきている。まず、選択議定書批准の請願が2001年6月29日：第151回国会、2001年12月7日：第153回国会、2002年7月31日：第154回国会、2002年12月13日：第155回国会、2003年7月28日：第156回国会、2004年6月16日：第159回国会の6回参議院本会議において採択された。2004年には、国際婦人年連絡会が、批准を要請する署名37万人分を衆参両院議長に提出した(63)。

　日本女性差別撤廃条約NGOネットワークは、2004年2月13日と2006年2月28日に女性差別撤廃委員会「最終コメント」のフォローアップのための省庁交渉を開催した。選択議定書批准に向けての動向についての質問に、法務省は、2004年には「選択議定書は司法権の独立を支えるものであるという意見を、今後しっかり受け止めていきたい。ただ、『司法権の独立』については、これまで、『裁判官の独立』という観点で検討してきているところである」と回答した。2006年には、NGOからの選択議定書が実際に国連女性差別撤廃委員会で動き出しているという説明に対して、「ご紹介いただいたことについては、非常に参考になると思うため、私どもの方で状況を踏まえて詳しく勉強させていただきたいと思います」としながらも、「司法権の独立の侵害とまでは申していないが、司法権の独立も含めて司法制度との関係による問題が生じることがあるのではないかということで、他の条約の関係でも選択議定書についても同様の面があるため、その事例についていろいろとケース・スタディを行ってきているところであり、実際どのような運用がなされているのか、また委員会によって示された見解がそれぞれどのような影響を及ぼしているのか、どのような対応がなされているのかといったことについて研究しているところである。なかなかすぐに対応できず申し訳ないが、回答は同じでも検討を進めていることは間違いない」と答えた。続いて、外務省も、「先ほど法務省からも回答させていただいたが、審査の際の勧告を踏まえて、

我々の方で一連の研究をしている。具体的には、自由権規約の個人通報制度のもとに事例が蓄積されているため、こちらを中心に研究を行っている状況である」と回答した[64]。

　選択議定書の批准の障害として、司法権の独立論[65]を持ち出すことは、Simonovic 委員の指摘を待つまでもなくまったく理由がない。すでに批准している86か国でも、当然、司法権は独立しているのであって、日本だけが特異な司法制度をもっているわけではない。そもそも司法権の独立論の根拠は、司法が国民の人権を護るための存在であることから導かれるものであって、行政権、立法権、あるいは、司法行政権からの独立性をいうのが本旨である。国際人権機構と国内裁判所は、人権保障という共通の目的をもっているのであって、Flinterman 委員が、自国の経験に照らして、人権の分野において、国際的な救済手続きを承認することにより、むしろ司法の独立が強化されているといっていること、その理由は、国内裁判所が、国際人権条約の条項を国内訴訟において活用することができるからだとしていることに注目したい。法的には、Simonovic 委員の言うように、原則として、国内救済手続きが完了しなければ、女性差別撤廃委員会は個人通報を受理しないし、また、委員会の決定も法的拘束力のない勧告の意味しかもたないので、国内裁判の上級審としての意義をもつものではない。女性差別撤廃条約は、第2条(c)号によって、「権限ある自国の裁判所その他の公の機関を通じて差別となるいかなる行為からも女子を効果的に保護することを確保する」よう締約国に義務付けているのであって、Morvai 委員が指摘するように、日本の司法関係者は、いま現在、女性差別撤廃条約によって（すでに）拘束されているのであって、条約は、当然、司法に対して拘束力をもっており、その実施措置を受け入れない理由はまったく見出せない。いつまでも、頑なに選択議定書批准を行わないことは、国際社会で名誉ある地位を占めたいと高らかに謳いあげた日本国憲法前文の趣旨にも反しているといわざるを得ない。

おわりに——女性差別撤廃条約の国内的適用——

　たとえ国際人権という身近なところから一見離れているようなものであっても、その本質は、血のかよった人間の物語によって紡がれたものであって、ひとりひとりの個々の生活に関わるものである。したがって、それは、国際人権として、女性差別撤廃条約第18条に基づく国家報告制度や、選択議定書に基づく個人通報制度や調査制度によって、女性差別撤廃委員会で審議される場合も、国内人権として、国内裁判の規範として活用される場合も、本来その内容は同一であり、一続きのものとして捉えられるべきである。

　その意味で、1994年に、コモンウェルス諸国の裁判官セミナーが開催され、「女性の人権の保護のためのヴィクトリア滝宣言」を採択したのが注目される。同宣言は、「コモンウェルス法域の司法官は、決定を下すにあたり、慣習法を含む国内憲法および国内法（コモンローおよび慣習法を含む）の規定を解釈・適用する際には、『女性差別撤廃条約』を参考にしなければならない[66]」として、まさに国内裁判所の裁判官たちが、国際人権の国内的適用を確認し合ったのである。

　すでに、最高裁判所大法廷判決が、国際人権条約の規定を判決の理由に挙げており[67]、前引のように、最高裁判所判決の補足意見として、島田裁判長が、規約人権委員会の最終見解を引いて、民法改正を立法府に強く期待された[68]のも、ごく当然のことである。あたかも日本の裁判官が国際人権機構の勧告に一切影響されてはならないとするかのような「司法権の独立論」には、理由がない。日本政府がこうした国際的に通用しない独りよがりな議論と一刻も早く訣別し、選択議定書の批准を行うことが切望される。

　筆者は、大沼教授の「国際人権」は、各国の「国内人権」の間に存在する違いを超えて、「最低限の共通性に着目して」規定されたものであって、それらを連続したものとして捉えることが、「国際人権」のより確かな実現に寄与するものであるとする主張に深く同感している。

〔注〕
(1) 国際人権法学会第17回（2005年度）大会、2005年12月10・11日、開催校：神奈川大学横浜キャンパス。
(2) 高橋和之「国際人権論の基本構造―憲法学の視点から―」国際人権法学会編『国際人権』17号（2006年）、51頁。
(3) 同上論文、52頁。
(4) 大沼保昭「人権の国内的保障と国際的保障―より普遍的な認識を求めて」国際人権法学会編『国際人権』17号（2006年）、58頁。
(5) 同上論文、58頁。
(6) 平成20年6月4日最高裁判所大法廷判決（事件番号：平成19年（行ツ）164号）。
(7) 平成15年3月31日最高裁判所第1小法廷判決（事件番号：平成14年(オ)1963号）。
(8) 高橋、前掲論文（注2）、52頁。
(9) 同上論文、55頁。
(10) 大沼、前掲論文（注4）、58-59頁。
(11) 佐藤幸治『憲法（第3版）』（青林書院、1995年）、436-438頁。なお、三並敏克『私人間における人権保障の理論』（法律文化社、2005年）、齋藤正彰『国法体系における憲法と条約』（信山社、2002年）、参照。
(12) CEDAW, General Recommendation No.25, thirtieth session, 2004, article 4 paragraph 1– Temporary special measures （近江美保訳「女性差別撤廃条約第4条1項『暫定的特別措置』についての一般的勧告 No.25」注2、国際女性の地位協会編『国際女性』第18号（2004年）、92頁）、*1999 World Survey on the Role of Women in Development, United Nations*, New York (1999), p.iv.
(13) 山下泰子「国際人権とジェンダー」『法律時報』78巻1号（2006年）、30-35頁、同『女性差別撤廃条約の展開』（勁草書房、2006年）、5-7頁参照。
(14) Evatt, Elizabeth, "Foreword," in Charlesworth, H., and Chinkin, C. (eds.), *The Boundaries of International Law: A feminist analysis* (2000), p.xii （阿部浩己監訳『フェミニズム国際法：国際法の境界を問い直す』(尚学社、2004年)、ix頁.
(15) 大沼保昭『国際法：はじめて学ぶもののための』（東信堂、2005年）、183頁。
(16) 阿部浩己「女性差別撤廃条約とフェミニスト・アプローチ」ジェンダー法学会編『ジェンダーと法』第1号（2004年）、78-79頁。
(17) 山下泰子『女性差別撤廃条約の研究』（尚学社、1996年）、83-136頁参照。
(18) UN Doc.A/32/218.para.14,A/C.3/32/L.59,para.77.
(19) 女性差別撤廃委員会一般的勧告第19「女性に対する暴力」第11会期（1992年）採択、国際女性の地位協会編『国際女性関連法データブック』（有斐閣、1998年）、223頁。
(20) 加藤一郎・久保田きぬ子・小西芳三・佐藤ギン子・柴田知子・深尾凱子「座談会・国連婦人の十年中間年世界会議をめぐって」『ジュリスト』725号（1980年）、25頁。
(21) Ilic, Zagorka, "The Convention on the Elimination of All Forms of Discrimination against

Women," in UNITAR, UN Center for Human Rights (ed.), *Manual on Human Rights Reporting, Under Six Major International Human Rights Instruments* (1990), p.157.

(22) At http://www.un.org/daw/cedaw/ (as of 14 May 2007).

(23) 日本女性初の大使であった高橋展子在デンマーク大使・第2回世界女性会議日本首席代表が、日本女性としてはじめて日本国を代表して国際条約に署名した。

(24) 山下泰子「日本政府第1次レポートの第7会期女性差別撤廃委員会における審議」「日本政府第2次レポート・第3次レポートの第13会期女性差別撤廃委員会における審議」山下、前掲書（注17）、364-395、396-424頁。第4次・第5次レポートの第29会期女性差別撤廃委員会における審議については、同「女性差別撤廃委員会における日本レポートの審議とNGO」山下、前掲論文（注13）、78-101頁。なお、赤松良子・山下泰子監修・日本女性差別撤廃条約NGOネットワーク編『女性差別撤廃条約とNGO』（明石書店、2003年）参照。

(25) 大石由紀（テープ起こし・翻訳）「第29会期女性差別撤廃委員会 第4・5次日本レポート審議 全記録」国際女性の地位協会編『国際女性』第17号（2003年）、141-184頁。

(26) UN Doc.CEDAW/C/2003/II/CRP.3/Add.1/Rev.1（日本女性差別撤廃条約NGOネットワーク（JNNC）訳「女性差別撤廃委員会第29会期 日本レポート審議最終コメント」国際女性の地位協会編『国際女性』第17号（2003年）、99-104頁）.

(27) Schöpp–Schilling, Hanna B. 委員発言、前掲記録（注25）、148頁。

(28) UN Doc.A/50/38, para.636（山下泰子訳「日本政府レポートに対する女性差別撤廃委員会による最終コメント」山下、前掲書（注13）、257頁）.

(29) 日本女性差別撤廃条約NGOネットワーク編「女性差別撤廃委員会の日本政府に対する質問事項ならびに日本女性差別撤廃条約NGOネットワークおよび日本政府回答」『国際女性』17号（2003年）、106頁。なお、同研究会の検討結果を踏まえて、間接差別の禁止を盛り込んだ男女雇用機会均等法改正が2006年6月21日公布、2007年4月1日に施行された。

(30) 第102国会衆議院外務委員会（1985.5.31.）議事録、第17号、4頁、山下泰子「衆議院における女性差別撤廃条約承認審議」山下、前掲書（注13）、170頁。

(31) 第102国会衆議院外務委員会文教委員会連合審査会（1985.5.30.）議事録第1号17頁、山下、前掲書（注13）、171-172頁。

(32) 阿部浩己「鑑定意見書、平成13年6月12日、大阪高等裁判所民事第12部宛て」宮地光子監修・ワーキング・ウィメンズ・ネットワーク編『男女賃金差別裁判「公序良俗」に負けなかった女たち』（明石書店、2005年）、351-354頁。

(33) 個人通報制度をもつ選択議定書の締約国の場合は異なる。

(34) 阿部、前掲論文（注32）、351-352頁、Rehof, L.A., *Guide to the Travaux Preparatories of the United Nations Convention on the Elimination of All Forms of Discrimination against Women* (1993), pp.52-53.

(35) 阿部、前掲論文（注32）、352頁、Iwasawa, Y., *International Law, Human Rights, and*

Japanese Law: The Impact of International Law on Japanese Law（1998), p.44.
(36) 阿部、前掲論文（注32)、354頁。
(37) Flinterman, Cornelis 委員発言、前掲記録（注25)、156頁。
(38) Morvai, Krisztina 委員発言、前掲記録（注25)、157頁。
(39) 坂東真理子日本政府首席代表、前掲記録（注25)、161頁。
(40) 嘉治美佐子外務省人権人道課長、前掲記録（注25)、155頁。
(41) 阿部、前掲論文（注32)、367頁。
(42) 大沼、前掲書（注15)、75頁。
(43) 山本草二「国際法の国内的妥当性をめぐる論理と法制度化―日本の国際法学の対応過程」『国際法外交雑誌』96巻4・5合併号（1997年)、44-45頁。
(44) 斉藤惠彦訳「国際人権規約委員会第12会期第320会合検討記録」『部落解放研究』第29号（1982年)、87頁、条約が変形ではなく、一般的受容方式であることについて、第90帝国議会貴族院帝国憲法改正案特別委員会（昭和21年9月26日）で、金森徳治郎国務大臣も、「……其の国内法としての動力を持っております条約は、之を公布すれば直ちに国内法としての力を持っている」と述べている。
(45) その後、政府は、1990年代の裁判の場で、自由権規約の国内実施については、立法政策に委ねるという主張をするようになるが、その根拠は必ずしも明確でない。斉藤功高「国際人権規約B規約の我が国裁判所における適用」『宮崎繁樹先生古希記念・現代国際社会と人権の諸相』（成文堂、1996年)、72頁。
(46) 最高裁大法廷判決（注6)、大阪高裁判決、平成4年㈹第1290号損害賠償請求控訴事件、『判例時報』1513号、71頁、山下泰子「指紋押なつ制度と国際人権規約B規約の国内への適用」『国際法判例百選』(2001年)、110-111頁。
(47) ①東京地裁昭和62 (1987) 年12月16日判決、同控訴審・東京高裁平成元 (1989) 年9月19日判決、同上告審・最高裁平成3 (1991) 年10月17日第一小法廷判決、②広島地裁平成3 (1991)年1月28日判決、同控訴審・広島高裁平成3 (1991)年11月28日判決、③大阪地裁平成12 (2000)年7月31日判決、④大阪地裁平成13 (2001)年6月27日判決、山下、前掲書（注13)、91頁。
(48) 山下威士「条約上の権利の完全実現の約束」国際女性の地位協会編『女子差別撤廃条約注解』（尚学社、1992年)、336頁以下、同「『司法権の独立』論に基づく反対論批判」山下泰子・植野妙実子編著『フェミニズム国際法学の構築』（中央大学出版部、2004年)、337頁。
(49) http://www.un.org/womenwatch/daw/cedaw/ (as of 26 May 2007). 選択議定書の概要について、山下、前掲書（注13)、62-77頁。
(50) UN Doc.A/59/38, Annex VIII、8.8、9.7、CEDAW/C/2005/OP.8/MEXICO (as of 27 January 2005)、山下、前掲書（注13)、70-71頁。
(51) 日本国政府「女子差別撤廃条約実施状況 第5回報告（仮訳)」国際女性の地位協会編『国際女性』第16号 (2002年)、133頁。

(52) 「女性差別撤廃委員会の日本政府に対する質問事項ならびに日本女性差別撤廃条約NGOネットワークおよび日本政府回答」国際女性の地位協会編『国際女性』第17号 (2003年)、135頁。
(53) 「第29会期女性差別撤廃委員会 第4・5次日本レポート審議 全記録」、前掲記録 (注25)、146、147、149、156、157、158頁。
(54) Simonovic, Dubravka 委員発言、前掲記録 (注25)、146頁。
(55) Schöpp-Schilling, Hanna B. 委員発言、前掲記録 (注25)、149頁。
(56) Flinterman, Cornelis 委員発言、前掲記録 (注25)、155-156頁。
(57) Morvai, Krisztina 委員発言、前掲記録 (注25)、157頁。
(58) Acar, Ayse F. 議長の発言、前掲記録 (注25)、158、183頁。
(59) 嘉治美佐子外務省人権人道課長回答、前掲記録 (注25)、154-155頁。
(60) UN.Doc.CEDAW/C/2003/II/CRP.3/Add.1/Rev.1,para.39、山下、前掲書 (注13)、264頁。
(61) 男女共同参画会議監視・影響調査専門調査会『国際規範・基準の国内への取り入れ・浸透について』(2004 (平成16) 年7月28日)、11-12頁。
(62) 男女共同参画会議監視・影響調査専門調査会『女子差別撤廃委員会からの勧告を含む最終コメントを踏まえた対応について』(2006 (平成17) 年7月15日)、27頁。
(63) 『女性展望』2004年6月号、3頁。
(64) 「第29会期女性差別撤廃委員会の日本に対する『最終コメント』のフォローアップ—2004年と2006年のJNNC省庁交渉の軌跡—」国際女性の地位協会編『国際女性』第20号 (2006年)、109-112頁。
(65) 山下威士「『司法権の独立』論に基づく反対論批判」山下・植野編著、前掲書 (注48)、328-347頁。
(66) 阿部監訳、前掲書 (注14)、143頁。
(67) 最高裁大法廷判決 (注6)。
(68) 最高裁第1小法廷判決 (注7)。

日本に対する戦後補償運動の経緯と展望

髙木　健一

I　概　観

　まず、日本における戦後補償運動の経過を概観したい。
　第二次世界大戦が終わり、いわゆる東京裁判で東条英機などの戦争犯罪裁判が行われたが、アジアの戦争犠牲者に対する補償（戦後補償）の問題は、長い間議論されることはなかった。日本が戦争中アジアの人々に対し、行った加害行為は膨大なものであり、その被害者も数知れない。戦争が終われば侵略戦争を行った加害者の処罰は当然だが、不当に被害を受けた被害者に対する償いも同時に実行しなければならないはずだ。ユダヤ人虐殺を行ったドイツは、戦後直後からまがりなりにも被害者個人への補償を実行しようとしてきた。これに対して、日本の場合には、冷戦構造とアメリカやイギリスの意向、アジアの民主化の遅れ、とりわけ、日本国内の問題意識の希薄さなどが原因で、被害者に対する補償は加害者、被害者の双方から議論になることがなかった。
　1980年代に入り、韓国をはじめ台湾、フィリピン、香港など民主化の進展があり、やっと被害者個人の日本に対する補償要求の声が出始めた。私は、その最初の戦後補償裁判である、サハリン残留韓国人の補償請求の裁判を1990年8月に開始しており、91年12月には、韓国人の従軍慰安婦も含めた韓国太平洋戦争遺族会の裁判も提起した。これは、日本の国内だけではなく国際社会にも大きな影響を与えた。さらに、93年4月にはフィリピンの従軍慰安婦の裁判、同93年8月には香港軍票被害者の裁判を東京地裁に提訴した。私が関わったこの4つの裁判は、日本の過酷な植民地支配と強制連行と

戦後の棄民、アジアの女性に対する性暴力制度、さらに香港の人々に対する財産権の侵害などの内容を持ち、日本の戦後責任の代表的なケースだった。

　それぞれの裁判の請求の理由は、日本軍もしくは日本の官憲による不法行為と安全配慮義務違反などの債務不履行という、国内法的な根拠だけでなく、戦時における日本国家の戦争犯罪の被害者が、加害国家に直接賠償（個人補償）を請求できる、との国際法上の論理に基づくものであった。人道に対する罪（C級戦争犯罪）や占領地住民に対する迫害行為に対する補償義務を定めたハーグ陸戦条約（1911年）によって、国際法上も、被害者は加害国家に対し個人補償請求権を有する、との論理は、国際的にも全く新しい主張だった。

　この先駆的な戦後補償裁判により、中国をはじめ他の戦争被害者も立ち上がり、約90件の裁判が日本政府と日本企業に対して起こされた。原告は、韓国、サハリン、日本、アメリカ、イギリス、オランダ、カナダ、ニュージーランド、台湾、フィリピン、香港、そして中国など多数の国と地域の被害者である。韓国やアメリカにおける裁判もあり、戦後補償問題は日本の抱える大きな社会事象となったのである。

II　サハリン残留韓国・朝鮮人問題

　私にとって、戦後補償問題との関わりの最初は、サハリン残留韓国人問題である。サハリン（樺太）は、日露戦争の結果として、1905年日本の領土となり、数多くの開拓者が移民した。終戦直後には、日本人が約30万人、朝鮮人は約4万3,000人が残留していたとの報告がある。朝鮮人の多くは韓国の慶尚道や全羅道出身者であり、炭鉱や軍需施設の労働者として日本によって動員された者が多かった。戦争が終われば、当然故郷への帰還を切望した。しかし、戦後直後に米ソ引き揚げ協定で引き揚げ対象者となったのは、日本人だけであった。これによって30万人のほとんどは日本に帰還し、韓国・朝鮮人だけが放置されたのである。私は弁護士となった1973年直後からこの問題を知り、永住帰国のための裁判に取り組んだ。大沼保昭教授には1975年に提起された裁判の初期の段階から積極的な協力を得ている。特に、1982年、

大沼教授が代表となり「アジアに対する戦後責任を考える会」を設立し、サハリン残留韓国・朝鮮人問題の解決のための運動を展開した。その手始めは、1983年に東京で開催された「サハリン残留韓国・朝鮮人問題国際フォーラム」である。日本と韓国の国際法学者や弁護士を含め、初めて本格的な議論が展開された。また、大沼教授と私は、この問題の解決のためには日本の国会議員の組織的働きかけが不可欠であるとして、多くの国会議員と面会し、1987年、「サハリン残留韓国人問題議員懇談会」を立ち上げた。この議員懇談会は、共産党を除く、超党派の議員170名の参加があり、会長に自民党の原文兵衛議員、事務局長に社会党の五十嵐広三議員が就任した。公明党の草川昭三議員、民社党の中野寛成議員、そして、自民党の白川勝彦議員（後に鳩山由紀夫議員に変更）がそれぞれ事務局次長であり、私もこの議員懇の参与となった。この議員懇談会は、問題解決のためのプロジェクトチームとして、日本の政治史においても、特筆される活動を行った。サハリン残留韓国・朝鮮人のソ連出国、日本入国、そして家族再会を実現するため、議員懇の働きかけによりモスクワを訪問する当時の日本の議員代表団は、必ずといってよいほど、サハリン残留韓国・朝鮮人の問題をソ連側に提起し、ソ連の当局者をあきれさせた程であった。五十嵐事務局長に至っては、土井たか子委員長を代表団とする社会党の訪ソ団に加わり、ゴルバチョフ書記長らとの会談後、別れの握手に際し、ゴルバチョフ書記長の手を握って離さず、サハリン残留韓国・朝鮮人の解決を要請し、ゴルバチョフ書記長の「検討する」との回答を得たこともあった。このようなソ連に対する働きかけをはじめ、韓国や北朝鮮との接触を行った。何よりも議員懇は、この問題に責任のある日本政府の方針を少しずつ変更させていった。他方、私は1988年ころ、ボランティア組織を立ち上げ、私名義の招請状でサハリン残留韓国・朝鮮人を招待し始めた。サハリン残留韓国・朝鮮人と留守家族を日本に呼び、40数年ぶりの再会が実現できたのである。1988年のソウルオリンピック後は、日本に来た残留韓国・朝鮮人も韓国への一時渡航ができるようになった。このようにして、私が呼んだサハリン残留韓国・朝鮮人は1990年までの3年間で約1,000人にも及んだ。しかし、このような民間ボランティアによる家族再会事業は人数的にも不十分であり、議員懇の力で90年頃からは日本政府が資金を出し、日韓両赤十

字社の共同事業としてサハリンのユジノサハリンスクから韓国のソウルまでの直行便が飛ぶようになり、これは、現在(2007年)まで続き、合計1万5～6,000人の一時帰国が実現した。しかしながら、一時帰国、故郷訪問、家族再会だけでは、到底、原状回復にほど遠く、前述のように、1990年8月、私は、サハリン残留韓国・朝鮮人に関する戦後補償の裁判を始めたのである。

III 戦後補償運動と成果

　私たちが裁判を始めた1990年から95年までは、従軍慰安婦問題のアピール力もあり、日本国内においても、補償すべきだとの世論が高まり、国際社会においても国連人権委員会を中心に、補償すべきだとの国際的圧力も強まった。前述した人道に対する罪などの戦争犯罪の被害者は、加害国家に対し、補償請求権を有しているとの私たちの考え方は国連人権委員会でも受け入れられ、従軍慰安婦問題に関する報告書において、反映されるに至った。また、私が代表となり、1991年から96年まで毎年のように、東京でアジアの戦争被害者や専門家を集める「戦後補償国際フォーラム」を開催した。日本のメディアも好意的に取り上げてくれた。日本国内の政治的状況も変化し、93年には自民党政権が野党となり、94年には社会党出身の村山内閣が実現し、五十嵐広三氏が官房長官に就任した。その結果、不十分ではあるが、いくつかの点で、以下のように成果を勝ち取ることができたのである。

　(1)　上記のようにサハリン残留韓国・朝鮮人問題については、一時帰国のためのソウル－ユジノサハリンスク間のチャーター便を日本政府の資金で、90年以降16年間運行したほか、永住帰国者のための療養院やアパートを韓国内に建設し、サハリンには韓人文化センターを建設した。永住帰国者は約2,000人に達した。しかし、郵便貯金問題など未解決の問題もある。
　(2)　韓国の広島、長崎の被爆者に対し、日本政府は40億円の基金を提供し、センターを建設するとともに無料医療生活支援を行い、さらに、裁判の結果、現在は韓国内において、健康管理手当の支給手続を行えるようになっている。

しかし、原爆手帳の取得などは日本に来なければ支給しないという不合理な行政がまだ続いている。

(3) 台湾の元軍人軍属に対し、日本政府は1988年、死亡者などに対し、1人200万円の弔慰金を支給し、さらに村山内閣時に台湾人が保有する軍事郵便貯金や、簡易保険について、120倍の金額を支払うことが決定されたが、その倍率が低すぎることの不満もあり、3分の1程度が受領しただけである。残りの約200億円相当分を、日本政府は台湾の人々に還元しなければならない。

(4) 従軍慰安婦問題については、村山内閣時に決定に基づき1996年アジア女性基金を日本政府が設立した。このアジア女性基金の設立と運営に、大沼教授が大きな役割を果たしたことは周知の事実である。このアジア女性基金は、第1に日本の民間人の寄付を集め、個々の慰安婦に対し、200万円の償い金を支払い、第2に日本政府から、医療福祉名目による、300万円(韓国・台湾の場合、フィリピンは120万円)を支給する。そして、第3に個々の元慰安婦に対し、日本の首相の名前でお詫びの手紙を届けるとの事業である。この3点セットは完全な補償ではないものの、被害者の名誉回復と日本政府の責任に基づく資金も含めた一定額の償い金の支給として私は評価している。しかし、このアジア女性基金をごまかしとして反発する運動体も多く、戦後補償運動が"分裂状態"となったことが悔やまれる。

(5) 最近は特に中国大陸の被害者(強制連行、731部隊や無差別空襲、元慰安婦らの被害者など)の裁判の判決の中には、国家無答責の理論と時効を認めず日本政府の責任を認めた判決もいくつか出ている。特に戦後の日本政府の責任について、原告勝訴の事例が目立った。その中で、花岡鉱山中国人虐殺事件について、日本企業である鹿島建設が被害補償のため、基金を提供し、被害者に対する支払いが実現したケースもあるが、上記90件の裁判のうち、大半は時効や国家無答責の理論により、裁判所は原告を敗訴させている。特に、2007年4月27日、最高裁裁判所は、1972年の日中共同宣言により、中国政府は中国国民の請求権を放棄したとする、政治的な判決を下した。これにより、裁判による救済は極めて困難となった。日本の道義回復のためには、政治的解決しかなくなったのである。

Ⅳ　戦後補償の展望

　以上のように、1990年から開始した日本による戦後補償運動は、日本人自身の戦後責任の自覚に基づく自立的な運動であったが、この運動を支えたのは、主に私たち日本人民間人有志であり、いわばボランティアとしての運動である。そのため、どこの国にもある保守主義者、反動勢力からの反発は激しいものがあった。96年以後、そのような流れは特に強くなり、北朝鮮による日本人の拉致問題を契機として、大きく様相が転換した。新しい教科書を作る会は97年に設立されたものであり、歴史認識の点でも反動化の流れが強まっている。植民地支配は合法であり、太平洋戦争は解放のための聖戦であった、との主張がまかり通り、日本人の被害者のみが、同情を集め、アジアの被害者について、これを同等に扱う空気は薄れつつある。

　この意味で、韓国および中国の「反日運動」は理由がある。私たちは、日本人として、戦後補償問題を提起し、日本の世論を背景に自ら歴史認識を確立し、アジアの被害者に対し、被害回復を実現し、その結果アジアとの和解と真の信頼関係の構築を望んできた。しかしながら、私たち民間人だけの力には限界があった。その教訓から言えば、現在私は以下のことを提言したいと思う。

　(1)　ドイツの戦後政策にはドイツの知識人のみでなく、アメリカも含めた周辺諸国政府による強力なプレッシャーがあった。その意味で、日本国家と社会に対するアジアの被害各国政府を含む国際社会が連携して日本政府に対し、被害回復措置を要求することが重要である。戦後、多くのアジア人が移住したアメリカ社会において、2007年春、日本非難決議が上程されようとしたことに、日本政府は大きなプレッシャーを受けた。国連人権委員会の報告を無視できても、アメリカ社会には神経を使う戦後日本の歴史がある。アメリカも含め国際社会に、堂々と、過去について償いが終わった、とアピールできる日本を目指すべきである。

　(2)　現在、韓国政府と市民団体は、強制連行被害者の申告（20万人）と被

害者本人からの個々のインタビューを通し、被害事実の具体的調査を行った。日本政府に対しては、被害を言いつのるだけではなく、具体的な事実の積み重ねを通した、できるだけ正確な被害状況を提起しなければならない。いつも問題になる南京虐殺被害者数の変遷や中国人被害者総数について、組織的な調査が必要なのである。そうでないと、日本の反動派は必ず調査のミスを突いてくる。その中で、韓国で、日本政府に要求をするだけでなく、自らが責任を引き受ける特別立法を成立させたのは特筆すべき事態である。被害国家が日本の被害者のために補償に努力するというのは、かつてないことである。加害国家である日本としては、これを座視するのではなく、それ以上の対応が政治的に要請されるのである。

　(3)　日本政府や反動派はサンフランシスコ条約など戦後処理条約による解決済みとの主張を行っている。アメリカやイギリスは、サンフランシスコ条約で個人の権利についても解決済みにしたことは事実である。韓国においては、65年の日韓条約で5億ドルの資金提供を受け、これを経済発展に使用したことから、前述のように韓国内の戦争犠牲者に対し、韓国政府自身が補償を行う検討がなされている。中国政府も72年の日中共同宣言により、賠償放棄をしている。したがって、2000年に発足したドイツの記憶責任未来基金(ドイツ政府とドイツ企業合同の5,000億円基金)をモデルにし、日本政府、日本企業、被害国家合同の戦後補償基金が設立され、被害回復に取り組むべきだと思っている。戦後60年を経た現在、生存被害者は少なく、遺族もしくは地域に被害が残っているので、その基金が被害者への補償金の支払、遺族への生活支援、被害者も入居できるアパートや老人施設、センターの建設など柔軟かつ迅速に資金を拠出できる基金の運営があればよいとも思っている。これが私の理想であり、そのために日本人と被害地域の人々の共同した働き方がなされるべきである。

# 第4部　経済、労働、環境

国際経済法の実現における私人・私企業の「関与」
―― WTO 紛争解決手続と投資紛争仲裁を中心に ――

中川　淳司

はじめに

　大沼教授がその初めての体系的国際法教科書[1]で採用された「国際法関与者」なる概念によれば、伝統的に唯一かつ無条件の国際法主体とされてきた国家のみならず、私人、私企業、市民団体やメディアも、国際法の形成と実現に関与する限りで国際法関与者とみなされることになる[2]。ただし、大沼教授の同書では、私人・私企業が国際法の形成と実現にいかなる意味で「関与」すれば「国際法関与者」とみなされるのか、逆に、いかなる意味での「関与」であれば「国際法関与者」とはみなされないのかについて明確に説明されていない[3]。本稿は、国際経済法の実現、具体的には WTO 紛争解決手続を通じた WTO 協定の解釈・適用・履行過程と投資紛争仲裁[4]を通じた投資協定[5]の解釈・適用・履行過程における私人・私企業の「関与」を検討することを通じて、国際経済法の実現における「国際法関与者」としての私人・私企業の地位と役割を明らかにすることを目指す。

　本稿の結論の第1は、WTO 紛争解決手続、投資紛争仲裁のいずれにおいても、私人や私企業に一定の「関与」が認められ、WTO 協定と投資協定の実現過程において重要な役割を担っているというものである。しかし、両者における私人・私企業の「関与」の態様や法的性格は異なっており、伝統的に主権国家のみを主体[6]として構築されてきた国際経済法の構造と機能にいかなる変容が生じているか（あるいはいないのか）についても両者で異なる結論が導かれる。以下、WTO 紛争解決手続と投資紛争仲裁における私人・私企業の「関与」の具体的なありようを分析し（第2節および第3節）、その後に、

そこで得られた知見が今日の国際経済法の構造と機能を理解する上でいかなる意義を持つかを検討することにする（第4節）。最後に、本稿で得られた知見が大沼教授の「国際法関与者」概念に対して持つ意義を簡単に述べる（第5節）。

I　WTO 紛争解決手続における私人・私企業の「関与」

1　WTO 紛争解決手続の原告適格

　WTO の「紛争解決に係る規則及び手続に関する了解 (Understanding on Rules and Procedures Governing the Settlement of Disputes, 以下「DSU」)[7]」第4条1項によれば、WTO 加盟国 (Members) のみが WTO の紛争解決手続に案件を付託する (DSU の文言によれば「協議 (consultations) を要請する」) 法的権限ないし原告適格を認められている。加盟国の WTO 協定違反によって直接の不利益を被るのはいうまでもなく貿易や投資、国内生産・販売に従事する私企業や消費者としての私人であるが、これらの私人・私企業が他国の WTO 協定違反について WTO 紛争解決手続に協議を要請することは認められていない。

2　WTO 協定の直接適用

　筆者はかつて WTO 協定の直接適用、すなわち、上記のケースで私人・私企業が当該加盟国や本国の国内裁判所において当該 WTO 協定違反を理由に提訴する可能性を検討したことがある[8]。そこでの結論は、大半の WTO 加盟国は私人・私企業が WTO 協定違反を理由に国内裁判所に訴えを提起することを認めていないというものであった。ただし、以上の例外として、複数国間協定である政府調達協定は第20条で、政府調達に参加した（あるいは参加資格のある）業者 (suppliers) が当該調達に関して提起する政府調達協定違反の申し立てを適時かつ実効的に処理する手続を設けることを締約国に義務づけている[9]。この国内手続の下では、私人・私企業である業者が調達実施国である締約国の協定違反を自ら申し立てることができる[10]。

　しかし、これは政府調達協定に限って認められる手続であって、その他

のWTO協定に関しては私人・私企業が協定違反を申し立てる国内手続は一般に存在しない。したがって、現行国際法の下では、WTO協定に違反する他のWTO加盟国の措置や法令によって通商上の不利益・損害を被った私人・私企業がWTOの紛争解決手続や当該加盟国あるいは本国の国内裁判手続に直接訴え出ることによって不利益・損害の回復や是正を求める法的な資格は原則として認められていない。

3　WTO紛争解決手続における私人・私企業の「関与」

　以上のことは、しかし、WTO協定の解釈・適用・履行過程において直接の利害関係者である私人・私企業が一切の「関与」を認められないことを意味しない。よく知られている米国1974年通商法301条 (以下「301条」)[11] をはじめとして、ECの通商障壁規則 (Trade Barriers Regulation, 以下「TBR」)[12]、中国の外国貿易障壁調査規則[13]などは、自国民である私人・私企業や業界団体の申し立て (301条の場合はpetition、TBRの場合はcomplaint、外国貿易障壁調査規則の場合はapplication) に基づいて政府が外国政府の措置・法令のWTO協定違反やそれに起因すると否とを問わず利益の無効化または侵害が生じているかどうかについて調査し、そのような事実が認定された場合にはWTOの紛争解決手続に案件を付託する手続を定めている。

　これらのいずれの法令も、上記の手続と並んで、政府が自らの職権により (ex officio) 外国政府のWTO協定違反や利益の無効化侵害について調査し、その認定に基づいてWTOの紛争解決手続に案件を付託することを認めている[14]。しかし、外国政府のWTO協定違反や利益の無効化侵害を最もよく知りうる立場にあるのは外国貿易や投資に従事する私企業であり、実際にも、これらの手続を通じた私企業や業界団体からの申し立てがWTOへの案件の付託につながったケースはきわめて多い[15]。WTOの発足当初からこうした手続を設けていた米国とECの申立件数がWTO全加盟国の中で第1位 (米国、2007年2月現在で85件) と第2位 (EC、同76件) を占めるのは決して偶然ではない。

　以上は、私人・私企業や業界団体が外国政府のWTO協定違反や利益の無効化または侵害について自国政府に申し立てる公式の手続を設けている場合であるが、このような公式の手続が設けられていない場合でも、WTO紛争

解決手続に持ち込まれた案件を見ると、私人・私企業や業界団体の非公式の働きかけ (lobbying) がきっかけとなっていると推定される場合が多い。例えば、日本が2007年2月末までにWTOに提訴した11件中[16]、4件は自動車関連[17]、6件は鉄鋼関連の案件[18]であった。これらの大半の案件で、WTO協定違反の疑いのある外国の貿易障壁や投資障壁に直面した日本の自動車メーカー、鉄鋼メーカーが日本政府に非公式に働きかけ、これが提訴のきっかけとなったことは想像に難くない。

4 私人・私企業の「関与」とそれを支えるもの

米国の301条とECのTBRに基づくWTO紛争解決手続への案件付託における政府と私人・私企業との関係を「WTO提訴における公私（ないし官民）の連携 (public-private partnerships in WTO litigation)」と名づけて、その実態を詳細に分析したシェファー (Gregory C. Shaffer) は、これらの手続を通じて私人・私企業や業界団体がWTO紛争解決手続に「関与」する度合が深まっていることの背景として、以下の諸点を指摘している。

第1に、外国との輸出取引や投資活動に従事する私人・私企業は、当該国のWTO協定違反や利益の無効化侵害について早期にその詳細を察知できる。米国やECの政府当局者はこうした事案に関する情報の獲得に当たってこれらの私人・私企業からの情報提供に依存している[19]。

第2に、輸出取引や投資活動に従事するすべての私人・私企業が等しくWTO紛争解決手続への案件付託につながる申し立てを行う意思と能力を持っているわけではない。私人・私企業の中でも、業界としてよく組織されており業界内の意思統一を図ることが容易で、かつ資金力や政治的影響力のあるものが、こうした手続を活発に利用している[20]。

第3に、こうした有力な私人・私企業や業界団体と政府のWTO紛争解決手続への案件付託を媒介する主体として、国際通商法を専門とする有力な法律事務所 (international trade law firms) の存在が重要である[21]。これらの法律事務所は私人・私企業からの依頼を受けて、事案の詳細な事実関係に関する申立書 (factual section of the brief) を起案し、法的論点に関する覚書 (sample briefs or memoranda) を作成して政府当局者に提供する[22]。国際通商法専門の有力な

法律事務所はブラッセルとワシントン、特に後者に集中しており、これらの法律事務所は WTO 紛争案件につながる事案を発掘して私人・私企業・業界団体や各国政府に活発に売り込みを行っているという[23]。

第4に、特に米国の場合、政府当局者（米国通商代表部（Office of the United States Trade Representative, USTR）の法務担当官）は国際通商法専門の弁護士から選任され、一定期間当局に勤務した後に再び国際通商法の弁護士業務に復帰することが多く（revolving door）、このことが政府当局と国際通商法専門の法律事務所との距離を近いものにしている[24]。

反面、欧州委員会の TBR 担当官と欧州の国際通商法専門の法律事務所との間でこのような活発な人事交流は見られない。また、欧州の私人・私企業や業界団体が欧州委員会に対して事案の WTO 紛争解決手続の付託に向けて政治的圧力を行使することも決して多くない。欧州では私人・私企業や業界団体は欧州委員会ではなく欧州連合構成国である本国の政府当局に対して働きかける傾向がある。こうした事情が、301条に比べると TBR を通じた WTO 紛争解決手続への案件付託が少ない理由であると、シェファーは分析している[25]。

5　WTO 紛争解決手続への私人・私企業の「関与」の法的位置づけ

さて、以上見てきた米国や EC、中国における外国の WTO 協定違反や利益の無効化侵害に係る私人・私企業の申し立ては、WTO 紛争解決手続との関係ではどのように位置づけられるであろうか。この点については、まず、WTO 加盟国のみに WTO 紛争解決手続に案件を付託する資格が認められていること（DSU 第4条1項）との関連を明らかにする必要がある。

多数国間条約で国家のみに認められた権利を条約加盟国がその国内法によって自国民たる私人や私企業に拡大することは一般に認められない。こうした拡大は条約上の権利義務の内容を実質的に変更するものであり、これが有効となるためには当該条約の改正、ないしは他のすべての締約国の同意が必要である[26]。また、人権関係の条約などでは、多数国間条約が設けた紛争解決手続や条約上の義務の履行に関する通報手続などに私人や市民団体の申し立て適格を認める例があるが[27]、これらはいずれも条約が明示的に認

めたものであり、条約規定なしに私人や私企業にこうした申し立て適格を認めた例はない。

　以上の一般論から判断すると、米国1974年通商法301条その他が規定する外国のWTO協定違反や利益の無効化侵害についての私人・私企業の申し立ては、それ自体として直ちにWTO紛争解決手続の原告適格を私人・私企業に認めたものとはいえない。それは、原告適格がWTO加盟国のみに認められていることを前提として、WTO加盟国によるWTO紛争解決手続への案件付託に先立つ国内手続への私人・私企業の関与を認めた当該加盟国の国内法上の措置に留まる。

　次に、こうした私人・私企業の申し立ては当該加盟国の国内法上はどのように位置づけられるか。301条、TBR、外国貿易障壁規則のいずれもこの点に関しては同じ方針をとっている。すなわち、これらは政府当局に対して外国のWTO協定違反や利益の無効化侵害に係る調査を実行するよう求める請願 (petition) であって、申し立てを受けた政府当局が調査を義務づけられる請求権 (claim) としては位置づけられていない。

　そのことは、申し立てを受理するかどうか、また受理した申し立てに基づいて調査を開始するかどうか、そして、調査の結果に基づいて申し立てに理由があると認められた場合にWTO紛争解決手続に案件を付託するかどうか、といった手続の節目ごとに政府当局に広範な裁量が認められていることに示されている。上記いずれの法令も、私人・私企業の利益に配慮して、政府当局が申し立てを受理してから調査を開始するまでの期限、あるいは調査期間の上限などを定めている[28]。しかし、私人・私企業の申し立てを自動的に受理し調査を開始すること、あるいは調査結果に基づいてWTO紛争解決手続に案件を付託することを政府当局に義務づけてはいない。申立の受理、調査開始、案件付託はいずれも政府当局の裁量事項とされている。

　301条の場合、受理した申し立てに基づいて調査を開始しない場合にはUSTRはその理由を公表しなければならない（302条(a)(3)項）と規定して、調査開始に関するUSTRの裁量を間接的に制約する規定が置かれているが、他方で申し立てを受理しない場合にはUSTRは理由を公表する義務を負わない。TBRの場合、当局は申し立てを受理した後に調査開始するかどうかを

検討し、申し立てに十分な根拠がない場合には調査開始しないことが明記されている（第5条3項）。また、調査の結果、WTO紛争解決手続への案件の付託が相当と認められた場合でも、ECの利益に照らして（"in the interest of the Community", 第12条1項）、付託するかどうかが決定される。対外貿易障壁調査規則の場合、申し立てを受理した商務部は、「調査開始を不要と判断するその他の事情が存在する場合」には受理した申し立てに基づく調査を開始しないことが認められている（第16条4項）[29]。

以上いずれの法令にも共通しているのは、申し立てを行った私人・私企業の通商上の利益とは別個に、政府当局は申立の受理、調査開始やWTO紛争解決手続への案件の付託の当否を、より広い国益（ないし共同体の利益）の見地から判断するという姿勢である。WTO協定によって保障される私人・私企業の通商上の利益は憲法上の保護に値する人権（経済的自由権）であって、その実現に対して国家が裁量に基づいて制約を加えるのは不当であるとする学説もあるが[30]、このような見解は今日もなお少数意見に留まっている。

最も活発に利用されてきた301条の場合でも、USTRは申し立てを行った私人・私企業の利益とは一線を画した国益の観点からWTO紛争解決手続への案件付託の当否を判断することが求められる。ことに、申し立ての対象となった措置や法令と似通った措置や法令が米国にも存在する場合、当該措置・法令に関して米国が将来他国からWTO紛争解決手続に案件付託され、敗訴する可能性を考慮しなければならない[31]。その他、対象国との友好的な外交関係に対する配慮、内政上の考慮など、単純に私人・私企業の通商上の利益には還元できない要素も勘案して、各国の政府当局はWTO紛争解決手続への案件付託を判断するのであり、そこにこの種の手続の運用における政府当局の裁量の働く余地がある。

以上から、301条をはじめとする外国のWTO協定違反や利益の無効化侵害を申し立てる手続は、私人・私企業にWTO紛争解決手続の原告適格を認めたものではなく、同手続に先行する加盟国の国内手続上の請願（petition）を認めたに留まると結論づけられる。このことは同様の公式の手続を設けていない大部分のWTO加盟国についても当てはまるであろう。

例えば、日本の経済産業省は、2004年にWTOルールの遵守に関する相談

窓口をホームページ上に設置し、海外で通商活動に従事する日本企業に対して他国のWTO協定違反について広く情報提供を求めるようになった[32]。ただし、この手続は日本によるWTO紛争解決手続への案件付託に公式には連動していない[33]。現実には、この種の問題に直面した私企業が、その業種を所管する関係省庁の担当課など、日常的に接触のある政府当局に非公式に相談して、WTO紛争解決手続への案件付託を働きかけているのが実態である[34]。こうした働きかけは明確な法的根拠に基づくものではないが、それに対応する政府当局の側に案件付託を義務づける効果を持たないという意味で、請願と位置づけるのが適当である。

6　WTO紛争解決手続と外交的保護権

　伝統的な国際法において、私人が外国で生命・身体・財産の損害を被った場合、当該私人はまず当該国での裁判その他の手続による救済を求めるのが原則とされた（国内救済原則）。そしてこうした手段を尽くしてもなお救済が得られない場合に、当該私人の本国が外交的保護権を行使して当該国に対して救済を求めることができるとされた[35]。外交的保護権は国家の権利であって義務ではない[36]。国家は外交的保護権を行使するかどうかについて裁量を認められる。また外交的保護権によって追求されるのは、当該国によって侵害された国家の権利回復の請求であって、被害者たる私人の請求はこの国家請求に埋没される（個人請求の国家請求への埋没。埋没理論）とされた[37]。

　外国のWTO協定違反や利益の無効化侵害によって私人・私企業が不利益を被った場合、当該私人・私企業からの請願を受けて、あるいは職権によりその本国がWTO紛争解決手続に案件を付託するという現行の方式は、伝統的な外交的保護権制度と基本的に整合的である[38]。すでに見たように、WTO加盟国は紛争解決手続に案件を付託するかどうかを決定する裁量を有する。このことは、外交的保護権が国家の権利であって義務ではないという原則に合致する。また、WTO紛争解決手続によって被申立国の違反が認定された場合の標準的な責任回復手段は、当該措置を「合理的な期間内に」（DSU第21条3項）協定適合的なものに改めることであるが（同前第19条1項）、これは将来に向けての是正措置であって、当該違反によって私人・私企業が被っ

た損害に対する賠償を含まない$^{(39)}$。この点も「個人請求の国家請求への埋没」という伝統的な外交的保護権制度の原則に符合する$^{(40)}$。

　ただし、伝統的な外交的保護権制度の下で不利益を被った私人・私企業に要求される国内救済手続を完了の原則は、WTO 紛争解決手続では適用されない。DSU は申立国が協議要請する前提として、当該国の私人・私企業が被申立国の国内救済手続を完了することを求めていない。WTO 紛争解決手続はあくまでも WTO 加盟国間の紛争解決手続であって、協議要請以前に私人・私企業がどのように振舞ったかについては関知しないのである。そのことは、301条や TBR などが、私人・私企業からの請願に基く協議要請とは別に、当局の職権による協議要請のルートを規定していることにも示されている。この結果として、301条や TBR などの手続の下で、私人・私企業は不利益を被った国の国内救済手続を完了することなしに本国に請願を行うことができる。このことはこうした公式の国内手続を設けていない国の場合も同様である$^{(41)}$。この点に関して WTO 紛争解決手続は伝統的な外交的保護権制度を修正している。

　WTO 紛争解決手続における私人・私企業の「関与」がこのように基本的には伝統的な外交的保護権制度の枠組によって把握できることに対しては、WTO 紛争解決手続が活発に利用され$^{(42)}$、そこにおいて私人・私企業が紛争案件の発掘と情報提供に関して事実上きわめて重要な役割を果たしていることとの関係で、やや違和感が持たれるかもしれない。しかし、(1) WTO の前身である GATT（関税と貿易に関する一般協定）以来、紛争解決手続が果たす締約国間の通商上の利益の均衡回復機能が重視されてきたこと$^{(43)}$、また(2) WTO になってからはこれに加えて紛争解決手続が多角的貿易体制に安定性と予見可能性を与えるための中心的制度と位置づけられたこと（DSU 第3条第2項）$^{(44)}$からすれば、伝統的な外交的保護権制度の枠組を超えて私人・私企業の被る不利益を直ちに WTO 紛争解決手続に結びつけるようなとらえ方は適切ではない。

II　投資紛争仲裁における私企業の「関与」

　外交的保護権の制度は元来、外国に滞在する私人・私企業が滞在国において生命・身体・財産を侵害された場合の対応策として発達してきた[45]。前節で見たように、この制度は主に貿易上の利益侵害を対象とするWTO紛争解決手続にも基本的に整合的である。他方において、国際投資の分野では伝統的な外交的保護権制度の枠内に収まらない、より直接的に外国投資家の権利・利益を保護するための制度として投資紛争仲裁が発達してきた。

1　投資紛争仲裁の発展

　伝統的な外交的保護権制度は、(1)領域内に滞在する外国人の生命・身体・財産の保護に関する一般国際法上の最低基準の存在、を前提として、(2)当該外国人の生命・身体・財産が侵害された場合、被害者である外国人はまず滞在国の国内救済手続を通じて損害の回復を求める（国内救済完了の原則）[46]、(3)国内救済手続を尽くしたにもかかわらず十分な救済が得られない場合に、外国人の本国が滞在国に対して救済を求めて請求を行う、というものである。伝統的な外交的保護権制度において、外国人の本国が滞在国に対して請求を行う手段・方法は、領事や外交ルートを通じた交渉から仲介、国際裁判手続への付託、さらには武力干渉 (armed intervention) まで多様であった[47]。本稿の主題との関連では、伝統的な外交的保護権制度が登場した当初から、請求を実際に処理するための手段として、被害者たる外国人と滞在国を当事者とする仲裁 (arbitration) がしばしば用いられてきたことが重要である。

　国家間仲裁 (international arbitration) が国際紛争の平和的解決手段として広く用いられるようになった契機として知られている1794年のジェイ条約 (Jay Treaty) も、米国独立戦争前に米国人が英国人に負っていた債務 (debts) に由来する英国人の請求 (claims) を処理するため、英国と米国が各2名ずつ任命する委員とこれら4名の委員が指名する1名の計5名の委員によって構成される請求処理委員会 (Commission) を設立して、この委員会が個々の債務に由来する請求の処理に当たることを決めていた（第6条）。同委員会は1797年に

活動を開始し、1802年までに総額で60万ポンド（266万4千米ドル）の請求を処理してその活動を終えた[48]。

この時代は伝統的な外交的保護制度が慣習国際法として確立していたとは言い難い時期であったが、私人の金銭債務その他の財産権が外国（この場合は独立後の旧植民地）で侵害された場合にこれに起因する私人の請求を処理するために本国と当該国との合意によって設立された仲裁機関が用いられたことは注目に値する。

その後、19世紀から20世紀前半にかけて、戦争、革命などで外国人の財産権侵害その他の損害が大量に発生した場合、多数の請求を処理するための手段として仲裁がしばしば用いられた。そこでは、被害者たる外国人の本国と滞在国が国際合意に基づいて仲裁機関を設立し、同機関が個々の外国人の請求（claims）を処理して補償額その他を決定するという方法がとられた。つまり、外国人の本国による外交的保護権の行使は加害国である滞在国との合意に基づいて仲裁機関を設立することで一段落し、その後は損害を被ったと主張する外国人が当該仲裁機関に請求を付託することを通じて救済を受けるという方式がとられたのである。例えば、米国とメキシコは1923年のブカレリ会議（Bucareli Conference）で、1910年に勃発したメキシコ革命に起因する米国人のメキシコ政府に対する請求、1868年7月4日以降に発生したその他の請求（メキシコ人の米国政府に対する請求を含む）を処理するため、2つの仲裁機関（特別請求委員会（Special Claims Commission）と一般請求委員会（General Claims Commission））を設立し、多数の請求の処理に当たらせた[49]。その他、ベルサイユ条約に基づいて設立された混合仲裁裁判所（Mixed Arbitral Tribunals）[50]、1922年の上部シレジア条約に基づいて設立された仲裁裁判所などの例がある[51]。

2　投資紛争解決国際センター（ICSID）

第二次世界大戦後になると、外国投資の保護に関して、従来の仲裁による請求保護とは一線を画した方式が登場した。1965年の投資紛争解決条約[52]に基づいて1966年に設立された投資紛争解決国際センター（International Centre for the Settlement of Investment Disputes、以下「ICSID」）は、所在国、本国がともに

同条約の締約国であることを条件として、締約国国民である外国投資家と所在国との紛争（投資紛争）をICSIDの仲裁その他の手続により処理することを締約国に義務づける。従来の仲裁がすでに発生した外国人の財産その他の侵害に起因する請求を処理するための事後的な救済手続であった[53]のに対して、ICSID仲裁は将来発生する請求を処理するための手続としてあらかじめ設立が予定されたものである。1952年のアングロイラニアン石油会社国有化、1956年のスエズ運河国有化を契機として、途上国である受入国による外国投資資産の収用・国有化が頻繁に発生するようになったことを背景として、投資資産の保護と回収に対する予見可能性を高めて外国投資を促すこと[54]、また国有化紛争が本国を巻き込んで国際紛争にエスカレートすることを避けること (depoliticization) がそのねらいであった[55]。

　伝統的な外交的保護権制度との関連で、ICSID仲裁にはさらに注目すべきいくつかの特色がある。第1に、ICSID仲裁の仲裁人を選任するのは投資紛争の当事者である外国投資家と投資受入国である（投資紛争解決条約第37条）。従来の仲裁と異なり、ICSID仲裁では投資家本国は仲裁人の選任に関与しない[56]。第2に、外国投資家と投資受入国が紛争をICSID仲裁に付託することに同意した場合、投資家の本国は外交的保護権を行使することを差し控えるよう義務づけられる（同第27条）[57]。第3に、外国投資家がICSID仲裁への付託に関して投資受入国と同意した場合、この同意は他の救済手段を排除してICSID仲裁に付託することへの同意とみなされる（同第26条第1文）。

　以上から判断すると、ICSID仲裁は従来の仲裁と異なり、伝統的な外交的保護権制度の一環ないし一形態としてではなく、その代替手段として位置づけられる[58]。そこでは外国投資家は投資受入国との同意により紛争をICSID仲裁に付託することを決定する。そして、投資受入国とともに仲裁人を選任し、仲裁手続の適用法規を決定し（同第42条）、仲裁の当事者として仲裁手続におけるすべての活動（請求、証拠提出、反論その他）を行う。そして、仲裁判断が下された後は、管轄権を有する裁判所その他の権限ある当局に対して当該仲裁判断の執行を求める（第54条）。外国投資家はICSID仲裁の当事者としてこれら一切の手続を遂行する法的な権限を認められるのである。

　ただし、投資紛争解決条約は、外国投資家がその意思に基づいて紛争を

一方的に ICSID 仲裁に付託できるという意味での義務的仲裁管轄 (compulsory jurisdiction) を認めたわけではない。ICSID 仲裁への付託は外国投資家と紛争の相手方である投資受入国との書面による同意 (consent in writing) による (合意管轄。第25条1項)。この同意は紛争が生じた場合に両当事者の協議に基づいてアドホックになされる場合と、事前になされる場合とがある。後者はさらに、(1)外国投資家と投資受入国との投資契約に規定される場合 (いわゆる仲裁条項)[59]、(2)投資受入国の国内法に規定される場合[60]、(3)外国投資家の本国と投資受入国との条約に規定される場合に分けられる[61]。以上のうち、最後の2つの場合は、投資受入国が ICSID 仲裁への付託を将来の外国投資について一般的に認めること (general consent) を意味し、外国投資家は実質的に義務的仲裁の原告適格を認められたに等しい。

3　条約規定に基づく投資紛争仲裁

投資紛争を仲裁に付託することへの投資受入国の同意は、最近は投資家本国と受入国との条約に規定されることが多くなってきた。投資の奨励と保護を目的として締結される BIT は1959年に西ドイツとパキスタンが締結したものが最初であるが、1968年にオランダとインドネシアが締結した BIT が投資紛争を ICSID 仲裁に付託することを初めて規定した[62]。その後、1970年代から1980年代にかけて BIT の数は次第に増加したが、それらのすべてが ICSID 仲裁への付託を規定していたわけではない。しかし、1990年代、特にその後半以降 BIT の数は激増し[63]、そこでは投資紛争を ICSID 仲裁、ICSID 追加的制度規則 (Additional Facilities Rule)[64] に基づく仲裁、あるいは国連国際商取引法委員会 (UN Commission on International Trade Law, 以下「UNCITRAL」) 仲裁規則[65]や国際商業会議所 (International Chamber of Commerce, 以下「ICC」) 仲裁規則[66]に基づく仲裁などの手続に付託すると規定するのが通例となっている[67]。

また、1994年に発効した北米自由貿易協定 (以下「NAFTA」)[68]をはじめとして、1990年代以降 FTA ないし EPA の数が急増しているが、その多くは投資に関する章を置いており、そこでは投資紛争を仲裁に付託する旨規定するのが通例である[69]。さらに、旧ソ連構成国のエネルギー資源の開発に関す

る国際的な枠組を設定した1998年発効のエネルギー憲章条約[70]にも同条約がカバーする分野の投資紛争を仲裁に付託する旨の規定が置かれた。

　投資紛争仲裁に関するBITその他の条約規定の内容は必ずしも統一的ではないが[71]、一例として日本がベトナムと締結した投資協定[72]の第14条を見てみよう。同条1項は投資紛争の定義規定である（「一方の締約国と他方の締約国の投資家との紛争であって、他方の締約国の投資家の投資財産に関し、この協定に基づき与えられる権利が侵害されたことにより損失又は損害を生じさせたものをいう。」）。投資紛争は、可能な限り当事者間の協議を通じて友好的に解決するのが原則である（2項）。しかし、投資家が協議を要請してから3カ月以内に紛争が解決されない場合には、投資家の要請に基づき、ICSID仲裁（または調停）、ICSID追加的制度規則に基づく仲裁（または調停）、UNCITRAL仲裁規則に基づく仲裁のいずれかに紛争が付託される（3項）。この規定は投資紛争を仲裁に付託することについて締約国が同意を与えたことを意味するが、同条4項はこの点を重ねて明記する（「投資紛争の当事国である締約国は、当該投資紛争をこの条の規定に従って3に定める国際的な調停又は仲裁に付託することに同意を与える。」）。

　仲裁決定は最終的なものであり、紛争の当事者を拘束する。決定は、その執行が求められている国で適用されている仲裁決定の執行に関する法令に従って執行される（5項）。協定はさらに、紛争当事者たる締約国の国内救済手続の利用に関しても、投資家の意思を尊重する以下の規定を置いた。すなわち、投資家は、投資紛争に関し、他方の締約国の国内において司法的もしくは行政的解決その他の解決手段を求めている場合、当該投資紛争に関する最終的な司法的解決がなされた場合には、紛争を3項に規定する仲裁に付託することはできない（6項）。

　こうした条約規定の下で、私人たる外国投資家は投資紛争の当事者として、紛争をICSIDその他の仲裁手続に付託するか、それとも投資受入国の国内救済手続に付託するかの選択に始まり、仲裁手続の当事者としての法的権能、そして仲裁決定の執行を求める法的権能を認められる。条約規定自体は投資家の本国と投資受入国との国際合意であるから、この権能は外国投資家であれば当然に認められるという意味での本源的なものではなく国際合意から派

生する権能である。しかし、いったんこうした条約規定が置かれると、当該条約が有効な限り、外国投資家は将来にわたって投資紛争の当事者としての権能を保障され、国際合意である投資協定の実現に当事者として関与することになる。

4 投資紛争仲裁普及の背景

　私人たる外国投資家に投資協定実現の法的権能を保障する、条約規定に基づく投資紛争仲裁が1990年代以降に急速に普及したのはなぜか。これには1980年代から1990年代にかけて生じたいくつかの要因が関係している。第1に、1980年代を通じて多くの途上国、特に新興工業国が債務危機に見舞われたこと。その結果、これらの途上国に対する外国投資、特に証券投資が激減した。さらに1980年代後半以降に先進国から途上国への政府開発援助(ODA)の総額が減少したこともあって途上国向け投資資金流入が大幅に減少した[73]。第2に、ソ連の崩壊を契機として社会主義体制から市場経済体制に移行する国が相次ぎ、これらの国で外国投資需要が急増した。第3に、1980年代を通じて金融取引の国際化が進み、外国投資（直接投資と間接投資）の額が急速に伸びた。以上の一連の要因は投資受入国との関係で外国投資家の立場を強いものとし、投資受入国である途上国・旧社会主義国に、より魅力的な条件を提示して投資を誘致することを促した。最後に、1980年代後半以降、新古典派の経済学に基礎を置く市場重視の経済政策が世界で広く採用されるようになり、そこでは市場への国家の介入を極力控えることが奨励され、国営企業の民営化と外国投資の自由化が進んだ[74]。以上の要因を背景として、それまでは先進国との BIT や FTA の締結に慎重であったラテンアメリカ諸国や中東欧の旧社会主義国も BIT や FTA を締結するようになった。そしてそこでは、外国投資家に有利な条件として投資紛争仲裁が広く規定されるようになったのである[75]。

　それと同時に、外国投資家や民間の経済団体がさまざまなチャネルを通じて、投資紛争仲裁を規定した条約の締結を求めて先進国や国際機関に働きかけたことも見落とせない。例えば、日本経団連は、後述する多国間投資協定 (Multilateral Agreement on Investment, 以下「MAI」) の交渉に重大な関心を寄せ、

1996年4月に「国際投資環境のあり方とわが国の対外・対内投資～多国間投資協定 (MAI) 交渉に望む～」と題した提言を公表した。そして、(1)受入国政府と外国投資家との投資契約中のカルボー条項[76]の撤廃、(2)投資家が国内司法手段と仲裁などの国際的紛争解決手段のいずれかを選択できるようにすること、を要望した[77]。経団連はその後も投資協定仲裁に関する規定を盛り込んだ FTA や EPA の締結を求める意見書を度々公表している[78]。

また、民間経済団体の国際的な連携組織である ICC も、MAI の交渉に向けて外国投資家の利益を代表してさまざまな要望を提案したほか、MAI 交渉が失敗した後は WTO の新ラウンドで「貿易と投資」を交渉議題に加えるよう繰り返し要望した[79]。

最後に、WTO 紛争解決手続の場合と同様に、投資紛争仲裁についてもこれを専門として扱う欧米の有力な法律事務所が存在することを指摘しておきたい[80]。WTO 紛争解決手続の場合とは異なり、ICSID 仲裁をはじめとする投資紛争仲裁は弁護士が当事者の代理人として仲裁手続に参加することを認めている[81]。これらの法律事務所の多くは民間企業相互間の国際商事仲裁の分野での豊富な経験を背景として投資紛争に関する専門知識を蓄積し、投資家、受入国の双方を顧客として投資紛争仲裁の遂行を実質的に支える。さらに、過去の投資紛争仲裁の先例、BIT や FTA の締結状況や各協定の実体規定の内容を分析して、投資家（および投資家本国政府や受入国政府）に対して、将来起こりうる投資紛争仲裁を想定して、どこの国を設立準拠地としてどのような投資の法的形態をとるのがふさわしいかをアドバイスするなどの法務コンサルティング・サービスを提供している。

5 投資協定と投資紛争仲裁を通じた投資家保護

投資家の利益保護手段としての投資紛争仲裁の意義は、投資協定の他の規定、特に「投資家」や「投資財産」の定義と投資保護に関する実体規定と合わせて考えるとより明確になる。

伝統的な外交的保護権制度の下では、外交保護の対象となる自国民は本国の国籍を継続して持つこと（国籍継続の原則）、さらに国籍を通じた国民と本国の紐帯は真正なものでなければならないこと（真正結合 (genuine link) 理論[82]）

が必要とされた。自然人の場合はこれらの原則に基づいて外交的保護権を行使する本国が比較的容易に特定されるとしても、投資家は会社などの企業であることが通例である。会社に対する外交的保護権については、国際司法裁判所のバルセロナ・トラクション事件判決が、原則として設立準拠地や本店所在地などから判断される会社の本国のみがこれを行使できると判示したが[83]、これに対しては、会社に対して実質的利害関係を持つ株主の利益が保護されない、合弁その他内国企業（現地法人）を通じた外国投資のみを認可する国において侵害が生じた場合には外交的保護権が行使できない、といった問題が指摘されていた[84]。これに対して、投資紛争解決条約は、「外国人が支配しているために両当事者がこの条約の適用上他の締約国の国民として取り扱うことに合意したもの」については、第三国あるいは紛争当事者たる締約国の国籍を有する企業であっても「他の締約国の国民」としてICSID仲裁の当事者となりうると規定して（第25条第2項(b)）、会社の実質的な支配者がICSID仲裁の当事者となる仕組みを整えた。

　最近の投資協定は保護の対象となる「投資家」の範囲をさらに拡大している。例えば、先に見た日本とベトナムの投資協定[85]は、(1)締約国の関係法令に基づいてその国籍を有する自然人、(2)目的・官民の区別を問わず締約国の関係法令に基づいて設立・組織された法人を「投資家」と定義した（第1条1項）。この点を見る限りでは、この協定は投資家の範囲について投資紛争解決条約ではなくバルセロナトラクション事件判決の方式を採用したように見える。しかし、協定はこれに続けて保護の対象となる「投資財産」として以下を列挙した。(a)企業、(b)株式その他の形態の企業持分、(c)債券その他の貸付債権、(d)プラント建設などに関する契約に基づく権利、(e)金銭債権、(f)知的財産権、(g)資源の探査・採掘権、(h)その他のすべての資産および賃借権、抵当権その他の財産権（第1条2項）。この結果、100％全額出資による直接投資だけでなく、合弁や現地法人への出資その他を通じた投資（直接投資と証券投資の双方が含まれる）、さらには投資紛争解決条約は言及していなかったプラント輸出、貸付、知的財産権など、きわめて広範囲の投資活動がカバーされることになった。

　最近の投資協定の投資保護に関する実体規定は、伝統的な外交的保護権制

度の下での外国人の処遇に関する一般国際法上の最低基準、さらには伝統的に友好通商航海条約が規定してきた保護の水準を上回る保護を投資家に保障するようになっている。再び日本とベトナムの投資協定を例に取ると、投資活動（第2条）および国内司法・行政手続（第3条）に関する内国民待遇および最恵国待遇、収用・国有化と補償（第9条2項〜4項）といった、従来から投資家に国際法上認められてきた保護[86]に加えて、以下の保護が規定されている。投資活動に対するローカルコンテント要求その他のパフォーマンス要求の禁止（第4条）、投資活動に影響を与える法令・行政決定・判決の速やかな公表（第7条1項）、投資活動のための自然人たる締約国国民の入国・滞在・居住に係る申請に対する好意的な配慮（第8条）、投資財産に対する公正かつ衡平な待遇並びに十分かつ継続的な保護および保障（第9条1項）、投資に関連する資金の国際移転の自由の保障（第12条）。

こうして、最近の投資協定の下で、投資家はさまざまな形態・業態を通じた投資活動を、従来とは格段に制約の少ない、また透明で予見可能性の高まった法的環境の中で展開することができるようになった。そして、投資協定が提供する広範な保護が与えられず、その権利が侵害されたと判断する場合には、自らの発意により案件を投資紛争仲裁に付託することができるのである[87]。

6　投資紛争仲裁の利用実績

ICSID の発足当初、ICSID 仲裁の利用は活発ではなかった[88]。投資受入途上国における資源ナショナリズムの高揚、カルボードクトリン[89]を標榜するラテンアメリカ諸国の反発[90]などがその背景にある。しかし、上述の通り、1980年代に入ると BIT で投資紛争の ICSID 仲裁への付託を規定する例が増加し、そのペースは1990年代に入って一層加速した。それに伴って ICSID 仲裁への付託案件は次第に増加した。

条約規定に基づく投資紛争仲裁の最初のケースが ICSID に付託されたのは1987年のことである[91]。これは1980年の英国とスリランカとの BIT 中の投資紛争仲裁条項に基づいて英国系のエビ養殖会社がスリランカ政府を相手取って提起した仲裁であった。仲裁判断は1990年6月に出された。これ以降、ICSID に付託される投資紛争仲裁の件数は次第に増加し、2000年以降はその

ペースが加速した。2006年11月時点でICSIDに付託された投資紛争仲裁の件数は累計で156件に上る[92]。この他にUNCITRAL仲裁 (65件)、ストックホルム商業会議所の仲裁 (18件) などに付託された案件もあり、それらを合わせた投資紛争仲裁の総数は公表されたものだけで250件を超えた[93]。

7 多国間条約による投資紛争仲裁の制度化の試みの挫折── MAIとWTO

条約規定に基づく投資紛争仲裁は、投資の保護と予見可能性・透明性の向上を求める投資家および投資家本国である先進諸国の意向に外国投資の誘致を希望する途上国や旧社会主義諸国が応える形でBIT、FTA、EPAに盛り込まれてきたが、1990年代に入ると投資の保護と奨励に関する多国間条約を結んでそこに投資紛争仲裁を規定し、投資紛争仲裁をより一般的な制度として確立させる試みが企てられた。

まず、1995年5月に経済協力開発機構 (OECD) の閣僚理事会は2年以内に多国間投資協定 (MAI) を締結するための交渉の開始を決定した。続いて、1996年12月のWTO閣僚会合 (シンガポール) は、WTO協定に投資に関する規律を追加するという先進諸国 (およびその投資家) の強い意向を受け入れる一方で、これに対する途上国の強い抵抗に配慮して、「貿易と投資の関係」を次の多角的通商交渉 (新ラウンド) の交渉議題に加えるかどうかを検討することを決めた[94]。しかし、これらの試みはいずれも挫折した。

MAIの交渉は当初に設定された期限内にはまとまらず、さらに1年延長された交渉期限の1998年4月になっても交渉は妥結しなかった。1998年4月のOECD閣僚理事会は、交渉期限を新たに設定せずに交渉を6カ月間中断させたが、同年10月の交渉再開を前にしてフランスが交渉参加拒否を表明し、それを受けて交渉は再開されることなく終わった[95]。

WTOではシンガポール閣僚宣言に基づいて貿易と投資の関係に関する作業部会が設置され、このテーマを新ラウンドの議題に加えるかどうかが検討されたが意見がまとまらず、新ラウンドの開始を決めた2001年11月のドーハ閣僚宣言は、このテーマに関する交渉の方式 (modality) およびこのテーマによってカバーされる事項 (投資紛争の解決手続を含む) について引き続き検討することを作業部会に求めた[96]。その後もこのテーマをドーハ交渉の議題

に加えるかどうかをめぐって先進国と途上国との間で議論が続いたが、2004年8月のWTO一般理事会決定（ジュネーブ）は、このテーマをドーハ交渉の議題には加えないことを宣言した（1(g)節）[97]。

多国間条約による投資紛争仲裁制度化の試みがいずれも失敗に終わったのはなぜか。MAI交渉の失敗については、まずMAIの実体規定の内容[98]をめぐって交渉参加国の間に対立があったことが挙げられる。特に、文化に対する例外[99]、米国ヘルムズ・バートン法の域外適用[100]、最恵国待遇原則からの地域統合の例外[101]をめぐる対立は深刻であった[102]。それと同時に、主に先進国の市民団体がMAIに反対する強力なキャンペーンを展開したことも影響した。キャンペーンには労働団体、環境保護団体、開発NGOなど多様な市民団体が参加し、さまざまな批判を展開したが、批判の骨子は、MAIが投資家にあまりにも大きな権能を与えており、投資受入国の規制権限（環境規制など）が不当に制約されるというものであった[103]。1997年に発生したアジア金融危機が、短期資金も含めたあらゆる形態の投資の自由化を目指したMAI交渉に水をさしたという事情もある[104]。

MAIはOECD加盟国である先進国と交渉に参加した一部のラテンアメリカ諸国およびアジアの国の間で交渉されたが、WTOの新ラウンドにはWTOの全加盟国が参加している。WTO加盟国の多数派を構成する途上加盟国は個別の相手国とのBITやFTAの締結には応じても、WTOの枠組で全加盟国を拘束する高水準の投資保護ルールを策定することには強く抵抗し、日本、ECを初めとする先進国もこれを新ラウンドの議題に加えることは断念せざるを得なかった。

III 国際経済法の実現における私人・私企業の「関与」の意義

前2節で、WTO紛争解決手続と投資紛争仲裁における私人・私企業の「関与」の具体的なありようを見てきた。貿易分野と投資分野では国際協定上の義務の実現における私人・私企業の「関与」のありようは対照的である。

WTO 紛争解決手続において私人・私企業は原告としての法的な権能を認められていない。紛争解決手続への申し立てを行う資格は WTO 加盟国のみに認められている。他の WTO 加盟国の WTO 協定違反その他により通商上の利益を侵害された私人・私企業は、自国政府に対して当該加盟国に対する協議要請を行うよう求める請願を、自国の国内法上の手続に基づいて、あるいは非公式に行うことができるに留まる。ただし、WTO 紛争解決の実務において私人・私企業が現実に果たしている役割はきわめて大きい。私人・私企業は他の WTO 加盟国の WTO 協定違反その他による利益侵害（利益の無効化または侵害）を察知し、本国の協議要請のために必要な要件事実に関する情報を提供し、さらには紛争解決手続における法的議論を含めた申立書（submission）の起草まで行う場合がある。そして、こうした「黒子」としての私人・私企業の役割を、国際通商法を専門とする欧米の法律事務所の活動が支えている。

　これに対して、投資紛争仲裁においては私人たる投資家は紛争当事者として仲裁手続に参加する法的な権能を認められる。この権能は外国投資家であれば当然に認められるという意味での本源的なものではなく、受入国との投資契約中の仲裁条項、受入国国内法あるいは投資家本国と受入国との投資協定中の仲裁条項に基づいて認められる派生的な権能である[105]。しかし、いったんこの種の条項が設けられれば、私人たる投資家は投資紛争の当事者（「主役」）として、紛争の仲裁手続への付託に始まり、仲裁人の選任、適用法規の決定、仲裁手続の当事者としての攻撃防御から仲裁決定の執行に至るまでのすべての過程を主体的に進める法的権能を保障されることになる。そして、国際投資法を専門とする欧米の法律事務所は、当事者（投資家と受入国の双方）の代理人として投資紛争仲裁手続に参加する。

1　外交的保護権制度との関係

　WTO 紛争解決手続と投資紛争仲裁における私人・私企業の対照的な「関与」のありようは、伝統的な外交的保護権制度との関係ではどのように位置づけられるか。この点に関しても両者の位置づけは対照的である。

　外国の WTO 協定違反や利益の無効化侵害によって私人・私企業が不利益

を被った場合、その本国がWTO紛争解決手続に案件を付託するという現行の方式は、伝統的な外交的保護権制度と基本的に整合的である。WTO加盟国は紛争解決手続に案件を付託するかどうかを決定する裁量を有する。このことは、外交的保護権が国家の権利であって義務ではないという原則に合致する。また、WTO紛争解決手続で被申立国の違反・利益の無効化侵害が認定された場合の標準的な対応策は当該措置を将来に向けて協定適合的なものに改めることであって、当該違反によって私人・私企業が被った損害に対する賠償は行われない。この点も「個人請求の国家請求への埋没」という伝統的な外交的保護権制度の原則に符合する。ただし、WTO紛争解決手続は加盟国の申立の前提として不利益を被った私人・私企業が被申立国の国内救済手続を尽くすこと（国内救済原則）を要求しておらず、この点では伝統的な外交的保護権制度を修正している。

これに対して、投資紛争仲裁は投資家本国による外交的保護権行使を代替する制度という性格を持つ。投資家が投資紛争の解決手続として投資紛争仲裁を選択した場合、投資家本国は外交的保護権を行使して紛争に介入することを控える義務を負い、紛争が投資紛争仲裁によって解決されれば投資家本国が外交的保護権を行使する余地はなくなる。ただし、投資家本国は、(1)受入国が投資紛争仲裁の決定を執行しない場合、または(2)投資家が投資紛争を投資紛争仲裁ではなく受入国の国内救済手続に付託し、当該手続を完了したにもかかわらず救済が得られない場合には、外交的保護権を行使して紛争に介入する。その意味で、投資紛争仲裁と本国の外交的保護権の関係は相互排他的なものではなく相互補完的なものである。

投資紛争仲裁で受入国の投資協定違反が認定された場合の標準的な対応策は、投資家に対する賠償ないし補償の支払いであり、この点で投資紛争仲裁によって得られる救済は外交的保護権行使によって得られる救済とは異なっている。個人請求は国家請求に埋没しないのである。

貿易と投資の分野で国際協定上の義務の実現における私人・私企業の「関与」のありようがこのように対照的なものとなっているのはなぜか。この点を明らかにするためには、両分野における国際合意の規範構造の違い、さらにはそうした規範構造の違いを生ぜしめた政治経済的背景の違いを検討する

必要がある。

2　WTO 協定と投資協定の規範構造

　WTO 協定は通常の国際合意と同じく締約国相互間の権利義務関係を規定する。WTO を設立するマラケシュ協定の前文は、前身である GATT（関税と貿易に関する一般協定）の前文の文言を引き継いで、この協定が「関税その他の貿易障害を実質的に軽減し及び国際貿易関係における差別待遇を廃止するための相互的かつ互恵的な取極 (reciprocal and mutually advantageous arrangements)」を締結するものであることを述べ、この点を明確にしている。実際、WTO の貿易規律の中核である1947年のガットにせよ、マラケシュ協定附属書1〜3の協定にせよ、その文言は協定上の権利の担い手、義務の授範者がともに締約国であることを明記している。したがって、WTO 紛争解決手続は、第一義的には他の締約国の協定違反その他によって「協定に基き直接若しくは間接に自国に与えられた利益が無効にされ、若しくは侵害され[106]」た締約国が、その救済を求めて侵害国である締約国を相手取って提訴（協議要請）する手続として位置づけられる（締約国相互間の紛争解決手段としての WTO 紛争解決手続）。

　それと同時に、WTO 紛争解決手続は多角的貿易体制としての WTO の加盟国による義務の履行を確保するための手段という側面を持つ（国際コントロールとしての WTO 紛争解決手続）[107]。この手続を通じて実現と増進が図られる WTO 体制の目的ないし共通利益とは、「貿易及び経済分野における締約国間の関係が、生活水準を高め、完全雇用並びに高水準の実質所得及び有効需要並びにこれらの着実な増加を確保し並びに物品及びサービスの生産及び貿易を拡大する方向に向けられるべきこと」（マラケシュ協定前文冒頭）である。

　この側面を重視すると、直接の被害国である締約国以外の締約国にも WTO 紛争解決手続に提訴する資格を認める余地が生まれる。実際、GATT の時代に、1962年のウルグアイ申立事件小委員会報告をきっかけとして、協定違反を理由とする申し立ての場合には利益の無効化侵害が推定されるという慣行が成立し[108]、この慣行は DSU に明記された（第3条8項「対象協定に基く義務に違反する措置がとられた場合には、当該措置は、反証がない限り、無効化

又は侵害の事案を構成するものと認められる。」）。この場合、申立国の立証責任の第1次的な対象は被申立国の対象協定違反であって、これを立証すれば利益の無効化侵害については実質的・具体的な立証は不要となる[109]。

　しかし、紛争解決手段と位置づけるにせよ国際コントロールと位置づけるにせよ、WTO紛争解決手続が締約国相互間の権利義務関係を規律したWTO協定の実現のための手続であることには変わりない。国際貿易に従事する私人・私企業はWTO協定の文言には一切登場しない。紛争解決手続への申し立てのきっかけとなる利益の無効化侵害における「利益」とは、私人・私企業がWTO体制の下で享受する個別的な利益ではなく、相互的で互恵的な貿易自由化を通じて生活水準の向上、有効需要の増大その他の国民経済上の福利の増大を得られるという締約国にとっての利益（国益）であり、さらにはWTO体制を継続的に保持し実現することを通じてWTOの目的達成が図られることによる利益（国際公益）である。私人・私企業が享受する利益はWTO体制および締約国間のWTO紛争解決手続によって得られる反射的利益に過ぎない。

　投資協定の規範構造は、これとは対照的に投資家を明確に協定上の権利の担い手として位置づける。投資協定仲裁が投資家に投資紛争の当事者としてのさまざまな権利を認めていることは前節で見た。ここでは投資協定の実体規定を見ることにする。再び日本とベトナムの投資協定[110]を例に取る。協定の第2条1項は投資に関する内国民待遇を、同2項は最恵国待遇を規定するが、それらはいずれも「各締約国は、……待遇を、他方の締約国の投資家及びその投資財産に与える」という共通の文言を用いている。この例が端的に示すように、投資協定の規定の多くは、締約国である投資受入国が、受け入れた他方締約国の投資家（およびその投資財産）に対して一定の待遇や権利を保証し、あるいは特定の不利益・負担となる行為（例えばパフォーマンス要求を課すこと）をしないことを約束すること（およびそれらの義務・約束に対する例外）をその内容としている。投資協定は国際合意であり、これらの義務・約束の相手方は正確には他方締約国である。しかし、協定の文言が示すように、私人・私企業である投資家は、受入国である締約国が負うこれらの義務・約束が向けられた直接の対象者として投資協定に明記された存在である。投

資協定の遵守によって投資家が得る利益は投資協定の実体規定から直接に導かれるものであって、単なる反射的利益ではない。その意味で、投資家が受入国である締約国を相手取って義務・約束の履行を求めて投資紛争仲裁手続に訴える規定が置かれていることは自然である。

それでは、同じ国境を越える経済活動を対象としながら、WTO協定と投資協定とでなぜこのように対照的な規範構造が採用されたのか。この点を理解する鍵となるのは両者の政治経済的背景の違いである。

3 貿易規律と投資規律の政治経済的背景

WTOとその前身であるGATT、さらにその前身となった米国の一連の互恵通商協定 (Reciprocal Trade Agreements) の時代から一貫して、国際貿易規律の中核は相互主義に基づく関税その他の貿易障壁の引き下げである。リカード (David Ricardo) が比較優位論を用いて証明したとおり、各国は障壁を引き下げて貿易を自由化し、比較優位を持つ産品の生産に特化することでその経済厚生を高めることができる。しかし実際には、輸入品と競合する産品を生産する国内産業は保護を求めて輸入国政府に働きかける。貿易障壁の引き下げによって輸入国の消費者は利益を受けるが、その利益は消費者一般に拡散した (diluted) ものであって、輸入競合国内産業の存亡に関わる凝縮した (condensed) 利益と比べると、輸入国政府に働きかける政治的圧力には容易に参集しがたい。他方で、他国の貿易障壁によって不利益を被るという意味で、WTO紛争解決手続のより直接的な利害関係者である輸出産業は、他国の貿易障壁の引き下げを求めて本国政府に相互主義に基づく交渉を進めるよう要請するが、国内にあっては輸入競合国内産業からの抵抗に直面し（今日のWTO新ラウンドやFTA交渉をめぐる日本の経済団体と農業団体との対立を想起せよ）、国外にあっては貿易相手国の輸入競合国内産業からの抵抗に直面する[111]。

貿易自由化をめぐるこのような国内の利害の錯綜状況は、貿易規律の規範構造に二重の意味で影響を与える。第1に、こうした利害の錯綜状況にもかかわらず、貿易自由化が国民経済全体の厚生を高めることは間違いがないので、政府は相互主義に基づいて貿易自由化を推進することを国益（啓蒙された自己利益 (enlightened self interest) としての国益）として認識し、このための枠

組として今日のWTOに至る国際貿易制度を構築した[112]。しかし、貿易自由化の利益と裏腹に、国家は輸入競合国内産業の衰退への対処という調整コストを負担しなければならない[113]。したがって、貿易障壁引き下げ交渉は、貿易自由化の利益と調整コスト、そしてそれらに関わるさまざまな利益集団の政治的な圧力を勘案して進められることになる。交渉の結果は錯綜した利害の調整者としての政府の間の国際合意としてとりまとめるのが適切であり、また交渉の実態から見てもふさわしい。第2に、国家がWTO協定違反などにより他の加盟国に利益の無効化侵害を生ぜしめた場合、国家はそれによって不利益を被る外国の民間業者（当該国への輸出者や輸出品の生産者）に対して直接に金銭賠償その他の救済を与える切実な動機を持たない。当該利益の無効化侵害は、当該国の輸入競合国内産業に利益をもたらしているのが通例であり、またそれによって不利益を被る国内の消費者の不満は拡散しているため、迅速かつ直接的な救済を外国の民間業者に与えることを求める声は当該国の国内政治過程においては必ずしも強くないからである[114]。

　国際投資規律の政治経済的背景は貿易規律のそれとはかなり異なっている。まず、外交的保護権制度（およびそこにおける仲裁による投資家の請求の処理）の成立した背景には、欧米諸国が産業革命を経て海外に積極的に経済進出を図る中で、進出先、特にラテンアメリカ諸国の内政不安や警察・司法制度などの不備のために、自国の投資家の利益が十分に保護されないことに対処する必要が生じたという事情があった。次に、1965年の投資紛争解決条約の締結を促したのは、1950年代から途上国が外国投資資産を収用・国有化することが次第に多くなり、外国投資資産の保護と確実な回収が急務となってきたという事情のためであった。つまり、(1)先進国から途上国に向けての投資について、(2)すでに投入された資産の保護と確実な回収を目的として国際投資規律は形成され発達してきた。この事情は1990年代以降に急増しているBITやFTA、EPAについても基本的に妥当する。途上国間や旧社会主義国間で締結されるBITやFTAもあるが、BITやFTAの主流は先進国と途上国の間で締結されるものである。そして、投資協定の規律の中核は、投資資産の保護と自由な投資活動の保障にある。このことは、国際投資規律の規範構造、ひいては投資紛争仲裁の性格を二重の意味で規定する。

第1に、投資家は国際投資規律の直接的な受益者である。しかも、貿易規律の場合と異なり、相互主義に基づく投資障壁の引き下げは通常行われないので、国際投資規律の遵守をめぐって抵抗勢力となるような利益集団は投資家の国内には存在しない。このことは、投資協定が投資資産の保護と自由な投資活動の保障を明記することを妨げる要因が存在しない（あるいは、存在するとしても弱い）ことを意味する。

　第2に、投資協定の締約国のうち、投資受入国は通常途上国あるいは旧社会主義国の側であって、これが投資家本国である先進締約国に対して投資資産の保護と自由な投資活動の保障を約束するという、片務的な権利義務関係が成立する。そして、投資受入国である途上国・旧社会主義国は、前節に見たような事情から、外国投資の受入れを強く望んでおり、そのために投資家に対して投資資産の保護と自由な投資活動を保障することをいとわない。外国投資を受け入れること、それもカントリーリスクの低い国として低コストで外国投資を受け入れることはこれらの国にとって大きな利益をもたらす[115]。収用・国有化に対する規律に従い、投資家・投資資産に一定の待遇を保障し、さらに投資紛争仲裁を受け入れることは、投資受入国の主権（投資規制権限、司法権）を制約するが[116]、これは外国投資がもたらす利益の代償として容認されるのである。

4　グローバリゼーションの進展とWTO紛争解決、投資紛争仲裁

　WTO紛争解決と投資紛争仲裁で私人・私企業の「関与」のあり方が対照的であることは、WTO協定と投資協定の規範構造の違い、さらにはそうした規範構造の違いをもたらした政治経済的背景の違いによって説明できる。しかし、特に1990年代以降のグローバリゼーションの進展は、WTO協定と投資協定の規範構造、およびそれと密接に関連する私人・私企業の「関与」のあり方を支えてきた政治経済的基盤を動揺させているように思われる。

　WTO協定はGATTの規律を拡大・深化させた。その結果、GATTの時代に関税その他の貿易障壁の引き下げ・撤廃が進んだこと[117]と相まって、輸入国の広範囲の国内規制や国内措置がWTO協定の基本的規律（無差別原則、数量制限の禁止など）に抵触するとして、紛争解決手続に持ち込まれる例が増え

ている。その中でも、特に環境保護や公衆衛生に関わる国内規制のWTO協定適合性が争われたケースでは、こうした分野に関する加盟国の規制をWTO紛争解決手続で貿易自由化を旨とするWTO協定に照らして評価することの是非が問われた。「貿易と環境」に代表される貿易価値とその他の公共価値との抵触・調整の問題("Trade and ……" issues)である[118]。

　WTO協定の規律の重点が相互主義に基づく貿易障壁の削減とそのための交渉結果の遵守から輸入国の広範囲の国内規制や国内措置のWTO協定適合性にシフトすると、「埋め込まれた自由主義(embedded liberalism)[119]」によってその規律を正統化することは困難である。問題とされた国内規制や国内措置は、環境保護や公衆衛生を目的として通常民主的な手続を経て立法その他の手段によって採用されたものである。それをWTO紛争解決手続でもっぱらWTO協定適合性の観点から評価することは、この種の規制を統制する機関としてのWTOの正統性(legitimacy)への疑問を投げかける。加盟国の自律的な国内規制権限(regulatory autonomy)と貿易自由化(ないし保護主義の統制)との新たな均衡を図ることが求められるようになる[120]。

　この問題は、WTO紛争解決手続に私人の新たな「関与」を求めるいくつかの要求を導いた。第1に、WTO紛争解決手続に市民団体(環境保護団体など)が法廷の友(amicus curiae)として意見書を提出することを求める要求である。エビ・ウミガメ事件の上級委員会報告は、紛争当事国が自らの意見書の一部として提出することという条件付で、この要求を受け入れた[121]。ただし、WTO加盟国の大半はこの要求に対しては否定的で、この上級委員会報告を採択した紛争解決機関の席でもこれに好意的な意見を述べたのは米国だけであったという[122]。第2に、特に科学的に正当な理由がある場合に国際基準よりも厳格な基準を導入・維持することを認めている衛生植物検疫措置協定第3条3項をめぐる紛争において、問題となった措置が科学的に正当かどうかを(私人としての)専門家が鑑定することが求められた[123]。ただし、WTOの紛争解決小委員会が科学技術上の事項に関して専門家に助言を求めることができることはDSUにも明記されており(第13条2項)、上記の要請はこれに基づいたものであるから、これを私人の新たな「関与」とみなすのは正確ではない。

しかし、以上のような「関与」を超えて、私人・私企業にWTO紛争解決手続の当事者として参加する資格を認めるべきだという要求はほとんど聞かれないし、また上記の法廷の友意見書をめぐる紛争解決機関でのやり取りから判断して、たとえこうした要求が出されても、WTO加盟国がこれを受け入れてDSUを改正する可能性はゼロといってよい。

　グローバリゼーションの進展がもたらした影響は投資紛争仲裁により明確に現れている。最大の影響は、グローバリゼーション、特に金融のグローバリゼーションの進展により、外国投資の規模が拡大し、その形態や投資先が多様化したことである。規模の点から言えば、先進国相互間の外国投資がそれ以外の外国投資よりもはるかに大規模に行われている。また、金融工学の発展とIT化の進展を背景とした証券投資やM&Aの活発化により、多国籍企業の活動分野や形態、投資先が益々拡大し多様化している。この結果、先進国の投資家は途上国向け投資だけでなく先進国向けの投資についても保護と活動の自由の保障を求めるようになってきた。BITやFTA、EPAはもはや先進国と途上国ないし旧社会主義国の間でのみ締結されるものではなくなり、先進国間のBITやFTAも次第に増えている。

　先進国間のBITやFTAで投資紛争仲裁を規定し、しかも、投資の保護や投資活動の自由について既存のBIT、FTA並みに高水準の保護を定めた場合、投資受入国である先進締約国は、外国投資の規制を直接の目的としない他の政策目的のためにとられた規制や措置についても、BITやFTAの規律との適合性を仲裁で判断される可能性が出てくる。そして、特に仲裁で問題とされる受入国の措置が環境保護、公衆衛生、資源保全などの公共的価値に関わる規制である場合、投資紛争仲裁がこれらについて投資協定適合性を判断し、違反を認定すれば投資家への補償や賠償を求めることになる。この事態は、先にWTOの "Trade and ……" issues について指摘したのと同様、投資紛争仲裁の正統性に対する批判[124]を呼び起こすことになった。

　そのことを如実に示したのが、NAFTA第11章に基づく投資紛争仲裁のいくつかの事例である。例えば、Ethyl事件では、カナダが1997年に制定したガソリン添加物MMTの輸入・流通を禁止する連邦法に対して、米国のMMT製造業者であるEthyl社がNAFTAの1102条（内国民待遇）、1106条（パ

フォーマンス要求の禁止)、1110条(収用と補償)に違反するとして事案を仲裁に付託した[125]。S.D.Myers事件では、PCBを含む廃棄物の処理施設をカナダに建設した米国企業S.D.Myers社が、この種の廃棄物の国際移動を禁止する法令を制定したカナダを相手取って、NAFTAの1102条、1105条(公正かつ衡平な待遇)、1106条、1110条違反を理由に事案を仲裁に付託した[126]。Methanex事件では、カリフォルニア州が1999年に制定したガソリン添加物MTBEの除去を求める行政命令に対して、MTBEの原料となるメタノールを製造するカナダのMethanex社が、NAFTAの1105条、1110条違反を理由に総額9億7千万ドルの補償の支払いを求めて事案を仲裁に付託した[127]。これらのケースのうち、Ethyl事件ではカナダが問題となった連邦法を撤廃したことからEthyl社が事案を取り下げた。しかし、S.D. Myers事件では仲裁法廷が問題となった法令のNAFTA1102条、1105条違反を認定して[128]、カナダに総額605万カナダドルの補償の支払いを命じた[129]。Methanex事件では、仲裁法廷がMethanex社の請求の大半について管轄権を否認し、一部についてのみ本案審理を認める予備的判断を2002年に下し[130]、その後審理が進められているが本案に関する仲裁判断はまだ出されていない。

　投資紛争仲裁が投資協定の広範な投資家保護規定と相まって投資受入国の投資規制権限を制約する機能を持つことは、何も目新しいことではない。しかし、NAFTAをはじめとして先進国相互間の投資協定が次第に増加し、そこで投資紛争仲裁が用いられるようになると、投資受入国である先進国の規制権限とこれを制約する投資紛争仲裁の機能との均衡が問題とされ、投資紛争仲裁の正統性が問われるようになる。かつての投資協定が前提としていた、途上国・旧社会主義国向け投資の保護という片務的な利害状況と異なり、受入国の規制権限とこれに対する制約としての投資紛争仲裁の均衡をどう図るかは締約国双方にとって同様に問題となる。しかも、投資協定の締約国である先進国はいずれも発達した国内司法制度を備えている。紛争を国内救済手続に付託するか投資紛争仲裁に付託するかの選択を投資家に委ねることの正統化根拠は、途上国・旧社会主義国との投資協定の場合よりも薄弱である。

　投資協定と投資紛争仲裁が先進国間でも採用されるようになって顕在化したこうした問題点に対して、いくつかの対応策がとられ、あるいは提案され

てきた。第1に、仲裁手続の透明性を高めるための方策である。ICSID 仲裁をはじめとして、投資紛争仲裁の仲裁手続は当事者の同意がない限り非公開が原則である[131]。同じく仲裁判断も当事者の同意がない限り公表されない[132]。私人間の商事仲裁であれば、私的な商業的利益の調整という目的からして仲裁手続は原則として秘密裏に行われ、紛争の存在自体も公表されないのが原則である。しかし、投資紛争仲裁が受入国の広範な規制の投資協定適合性を判断する場合、仲裁判断は公表されるべきであるし、また仲裁判断が適切に行われるように証拠の開示などの手続的な整備が図られるべきであると主張される[133]。

さらに、投資仲裁に市民団体その他が法廷の友として意見書を提出することを認める動きが出てきた。例えば先に触れた Methanex 事件では、UNCITRAL 仲裁規則に準拠して仲裁手続が進められたが、同規則が仲裁法廷に手続の進行について広範な裁量を認めていること（第15条）を根拠として、カナダおよび米国の複数の環境保護団体が Amicus 意見書を提出した[134]。また、ICSID 仲裁でも、通貨・金融危機に陥ったアルゼンチンが外国投資家による水道供給事業に対して実施した緊急措置をめぐって設立された仲裁法廷が、2007年4月に複数の環境・人権保護団体からの Amicus 意見書を[135]受理した。これは ICSID 史上初めてのことである[136]。

第2に、仲裁手続の判断内容の統一性を高める方策である。NAFTA11章仲裁のように同じ国際合意の文言をめぐって複数の仲裁判断が出される場合はいうまでもないが、異なる投資協定でもきわめて似通った、あるいは同一の実体規定を置いている場合がある（例えば「公正かつ衡平な待遇」、「内国民待遇」、「最恵国待遇」、「収用と補償」など）。これらの規定についての仲裁判断がまちまちであるという状況は投資協定の規律の予測可能性を低下させ、受入国にとっても投資家にとっても望ましくない[137]。また、投資形態や投資先が多様化した今日、有利な仲裁判断が出そうな投資協定の締約国に現地法人を設けて投資紛争に備え、実際に紛争が起きた場合にいずれかの投資協定を選択する（forum shopping）、あるいは同一の投資案件に関する紛争を複数の投資協定に基いて複数の投資紛争仲裁に付託する（parallel proceedings）といった投資家の行動が誘発される可能性もある[138]。

これらに配慮して、投資仲裁の判断は統一されるべきであり、そのために投資仲裁判断の審査 (review) の手続を拡大する[139]、あるいは上訴手続を作るべきだという提案[140]が出てきている。

以上はいずれも投資紛争仲裁の存続を前提として、その正統性を高め仲裁判断の質の向上と統一性・整合性を確保するという見地からの対応策である。これに対し、投資紛争解決手続として投資紛争仲裁を採用せず、締約国の協定違反をめぐる紛争は締約国間の紛争解決手続に委ねるという方式も提案されている。実際、2005年1月に発効した米国とオーストラリアのFTA（以下「米豪FTA」）[141]の投資に関する第11章は投資紛争の解決手続に関する規定を置いていない。受入国の第11章違反に対する標準的な手続は締約国間の紛争解決手続（同第21章）である。投資家が受入国の国内裁判手続に案件を付託することについて米豪FTAは明示の規定を設けていないが、米国が制定した同FTAの国内実施法は、国内裁判所で同FTAの違反を理由に訴えを提起できるのは米国政府に限ると規定した[142]。オーストラリアの投資家が米国投資に関して米国裁判所に訴えを提起しても、米豪FTA違反ではなく米国法違反を請求原因としなければならないことになる[143]。これは伝統的な外交的保護権制度とカルボードクトリンを組み合わせた仕組みである。米国はカナダと結んだFTA（NAFTAの前身）でも同様の方針を採用して投資紛争仲裁を設けなかった。

先進国間の投資協定の場合、互いに相手国の国内裁判制度に信頼が置ける[144]。また、正統性の見地からも投資紛争仲裁ではなく国内裁判所に国内規制の投資協定適合性を判断させるのがふさわしいと考える余地がある。その反面で、投資家保護の見地からは、米豪FTAのように受入国の国内救済手続において投資家がFTAを援用することを認めないのは酷に過ぎるかもしれない[145]。米国が2007年4月に韓国との間で合意したFTAには投資紛争仲裁が規定されている[146]。米国にとっては韓国の国内裁判制度はコモンロー諸国のそれと異なり信頼が置けないということかもしれない。しかし、米国に投資する韓国の投資家も投資紛争仲裁の恩恵を受けることになる。投資紛争仲裁を設けないという米国の方針がどこまで定着するかは今後の推移を見る必要がある。

投資協定が投資紛争仲裁を設けない場合のヴァリエーションとして、投資家が受入国の国内裁判所その他の救済手続に当該国の協定違反を申し立て、当該機関が投資協定を解釈適用して判断を下すという方式が考えられる[147]。伝統的な外交的保護権制度における国内救済原則の復活である。国際法上の投資保護の歴史を振り返ると、伝統的な外交的保護権制度は先進国から途上国向け投資の保護という片務的な関係を前提に成立していた。投資家保護を徹底させるために投資紛争仲裁が導入されたが、投資紛争仲裁は先進国相互間の投資保護の方策としては正統性その他の問題があると考えられるようになった。歴史が再び投資保護の原点に立ち返ろうとしているようにも見える。

　しかし、この見方はやや単純すぎる。今日の投資紛争仲裁が直面している課題は、原点への回帰ではなく投資家の保護と受入国の規制権限の新たな均衡点を見出すことである。グローバリゼーションの進展は投資家と受入国の力関係を前者に有利な方向に変えた。投資協定の急増とそこにおける投資家保護の実体規定の充実、投資紛争仲裁の普及は、投資家が当事者（「主役」）として自らの利益を確保する体制を作り出した。その結果、環境保護、公衆衛生など、公共の利益を目的として規制を制定する受入国の権限が制約され、しかも、本来こうした規制を統制するためのシステムとして最もふさわしいはずの受入国司法制度の利用が回避される可能性がある[148]。このような体制は投資家保護を受入国の規制権限の上位に置くものであり、それが正当化されるためには特別の根拠が必要であろう。例えば、受入国の規制が恣意的であり当局が腐敗している、司法制度が不十分であったり腐敗している、あるいは時間がかかりすぎるなど。仮にこうした根拠から投資紛争仲裁の正当性が認められるとしても、仲裁が受入国の規制権限を統制する正統性を認められるための条件（透明性の向上、上訴制度の導入など）が必要とされることになる。

　別の観点から言えば、今日、投資紛争仲裁をめぐって、本来主権国家相互間の関係を規律するものとして構築された国際経済法に私人・私企業の特別な「関与」を認めたことの意義の再検討が求められているということである。グローバリゼーションの進展は、国境を越えて投資活動を展開する投資家の力を増大させ、主権国家が国内の対立する諸利益を調整し、全体としての公共利益を追求する主体としての役割を追求することを困難にした。途上国、

旧社会主義国たると先進国たるとを問わず、程度の差はあってもすべての国がこの問題に直面している。投資紛争仲裁をめぐる問題状況はこの問題の一端である。投資紛争仲裁をどの範囲で認めるか、認めるとしてどのように改善するか、これらの問題はグローバリゼーションの時代における公共利益とその担い手の模索という文脈の中でさらに検討されなければならない。

おわりに——「国際法関与者」概念の意義と限界——

　国際経済法は国境を越える私人・私企業の経済活動に影響を与える。より正確に言えば、国際経済法は国境を越える私人・私企業の経済活動を規制する国家の権限を規律することを通じて私人・私企業の利害を左右する[149]。したがって、国境を越える経済活動に従事する私人・私企業（さらには消費者、市民団体、法律事務所などの主体）が国際経済法の規律内容と規律の実現に関心を持つのは当然であり、実際にも私人・私企業はWTO紛争解決手続、投資紛争仲裁への「関与」を認められている。

　伝統的な国際法の主体という概念によってはこうした私人・私企業の「関与」を説明することは難しい。特に、WTO紛争解決手続における私人・私企業の「関与」は国際法主体概念では全く掬い上げることができない。こうした「関与」を把握し、位置づけることができるという意味で、大沼教授が提唱された「国際法関与者」の概念は優れた説明概念であると言える。

　しかし、それと同時に、「国際法関与者」の概念には限界もあることを指摘しなければならない。前節までで見てきたように、WTO紛争解決手続と投資紛争仲裁とでは私人・私企業の「関与」の具体的なありようは大きく異なっていた。前者における「関与」のありようは、(1)本国に協議要請を請願する、(2)「黒子」として情報提供その他を通じて紛争解決手続を支えるというものであり、後者における「関与」のありようは紛争解決手続の当事者（「主役」）として投資協定の実現過程を主体的に遂行する法的権能を有するというものである。これらすべてを「関与」という単一の概念で把握することは、説明概念としては粗過ぎる。「関与」の具体的なありようを説明できる概念

を「関与」、「国際法関与者」の下位概念として導入することが必要であろう。本稿で用いたのは、「法的権能」の有無、「請願 (petition) と「請求 (claim)」」、「黒子」と「主役」(当事者)、「働きかけ (lobbying)」、「公私(ないし官民)の連携」、「法廷の友」、「国際通商法や国際投資法を専門とする法律事務所の関与」といった概念である。これらを使用することで WTO 紛争解決手続と投資紛争仲裁における私人・私企業の「関与」の具体的なありようの違いを説明することが可能となる。しかし、これらによって国際経済法における私人・私企業の「関与」を説明する概念が網羅されたとは限らない。国際経済法の対象領域ごとに、また法の形成、援用、実現などの局面に応じて、私人・私企業の「関与」は具体的に特定する必要があり、それに応じて説明概念を取捨選択し、追加していく必要があるだろう。

〔注〕
(1) 大沼保昭『国際法：はじめて学ぶ人のための』(東信堂、2005年)。
(2) 同上書、第3章、124-131頁。
(3) 例えば、大沼教授は、企業などの非国家主体が「国際法を自己の正統化に用い、国内法上権利を侵害された被害者を救済するために自国政府と争うために援用し、国際法の対象として責任を追及されるなど、さまざまなかたちで国際法に関わる」場合を、「国際法関与者」としてのこれら主体の「関与」のあり方の例として挙げている (同上書、130頁)。しかし、例えば、「国際法関与者」および「関与」という概念を有効な分析概念として用いるためには、非国家主体が国際法を自己の正統化に用いる場合は文脈や対象のいかんを問わず国際法への「関与」と言えるのか、自国政府と争うために国際法を援用してもそれが受け入れられなかった場合と、それが受け入れられた場合とで「関与」の度合いは異なるのか、国際法の対象として責任を追及される文脈のいかんを問わず「関与」が認められるのか、これら以外に「関与」の場合はあり得ないのか、さらに、こうした多様な関わりかたをすべて「関与」という一般的な概念で包括して把握することの理論的・実際的な利害得失はどうなるのか、といった点が明らかにされるべきであろう。
(4) ここに言う投資紛争仲裁とは、私人たる外国投資家と投資受入国政府との間の紛争を、紛争当事者が選任し設立する仲裁法廷によって解決する手続を指す。参照、Convention on the Settlement of Investment Disputes between States and Nationals of Other States, signed 18 March 1965, entered into force 14 October 1966, Article 25 (1), in ICSID, *ICSID CONVENTION, REGULATIONS AND RULES,* (2006), p.18。
(5) ここに言う投資協定には、最近急増している二国間投資条約 (bilateral investment

treaty、以下「BIT」)の他、自由貿易協定 (free trade agreement、以下「FTA」) や経済連携協定 (economic partnership agreement、以下「EPA」) の投資の奨励と保護に関する章、伝統的な通商航海条約 (treaty of friendship, commerce and navigation、以下「FCN」) の投資に関する規定を広く含めるものとする。

(6) ここに言う「主体」とは、「国際経済法上の権利義務の主体」の意である。参照、大沼、前掲書 (注1)、128頁。

(7) Signed 15 April 1994, entered into force 1 January 1995, at http://www.wto.org/english/docs_e/legal_e/28-dsu.doc (as of 8 March 2007).

(8) 拙稿「国内裁判所による国際法適用の限界—GATT/WTO協定の場合」『国際法外交雑誌』第100巻2号 (2001年)、1-34頁。同じく参照、Mavroidis, P.C. and Zdouc, W., "Legal Means to Protect Private Parties' Interests in the WTO: The Case of the EC Trade Barriers Regulation," *JIEL*, Vol. 1 (1998), p.407.

(9) 参照、*ibid.*, pp.413-414.

(10) 例えば、日本では本条に基づいて政府調達苦情処理体制 (Office for Government Procurement Challenge System, CHANS) が設けられている。参照、http://www5.cao.go.jp/access/japan/chans_about_j.html (as of 10 April 2007)。

(11) §§301~310 of the Trade Act of 1974, as amended. 19 U.S.C. §2411.

(12) Council Regulation (EC) No.3286/94 of 22 December 1994 laying down Community procedures in the field of the common commercial policy in order to ensure the exercise of the Community's rights under international trade rules, in particular those established under the auspices of the World Trade Organization. Entered into force 1 January 1995. at http://ec.europa.eu/trade/issues/respectrules/tbr/index_en.htm (as of 16 March 2007).

(13) 対外貿易障壁調査規則、2005年1月21日採択、同年3月1日施行。http://policy.mofcom.gov.cn/claw/clawindex.aspx (as of 16 March 2007)。

(14) 米国通商法302条(a)(1)項、TBR第6条 (EC構成国政府による申し立て)、対外貿易障壁規則第2条。

(15) Shaffer, G.C., *Defending Interests: Public–Private Partnership in WTO Litigations* (2003), p.4.

(16) WTOの紛争案件番号 (WT/DS ○○) でいえば12件であるが、次注にあるインドネシアの自動車に関する措置 (WT/DS55、WT/DS64) は実際には単一の案件であるので、合計11件とカウントした。

(17) *US—Imposition of Import Duties on Automobiles from Japan under Section 301 and 304 of the Trade Act of 1974* (WT/DS6); *Brazil—Certain Automotive Investment Measures* (WT/DS51); *Indonesia—Certain Measures Affecting the Automobile Industry* (WT/DS55, WT/DS64); *Canada—Certain Measures Affecting the Automobile Industry* (WT/DS139).

(18) *US—Anti–Dumping Act of 1916* (WT/DS162); *US—Anti-Dumping on Certain Hot-Rolled Steel Products from Japan* (WT/DS184); *US—Continued Dumping and Subsidy Offset Act*

of 2000 (WT/DS217); *US—Sunset Review of Anti-Dumping Duties on Corrosion-Resistant Carbon Steel Flat Products from Japan* (WT/DS244); *US—Definitive Safeguard Measures on Imports of Certain Steel Products* (WT/DS249); *US—Measures Relating to Zeroing and Sunset Reviews* (WT/DS322).

(19) Shaffer, *supra* note 15, pp.14-15, 34-36.

(20) *Ibid.*, pp.15-16, 38-40, 105-109.

(21) Shaffer はワシントンにベースを置く有力な国際通商法専門の法律事務所を複数挙げている。*Ibid.*, pp.48-49. これらの法律事務所は WTO 紛争解決手続の被申立国 (respondents) をも顧客とし、WTO 紛争案件への関与により膨大な収入を得ている。例えば、日本のフィルムケース (WT/DS45) で、事案の直接の当事者であったコダック社と富士フィルムが各々の米国法律事務所に支払った金額の総額は1,200万ドルに達したという。参照、*Ibid.*, p.38。

(22) *Ibid.*, p.49.

(23) *Ibid.*, pp.49-50. 筆者のワシントンおよびブラッセルの国際通商法専門法律事務所および USTR、欧州委員会 TBR 担当者からのヒヤリング、2004年3月。

(24) Shaffer, *supra* note 15, pp.120-125. 筆者のワシントンの国際通商法専門弁護士および USTR 法務担当官からのヒヤリング、2004年3月。

(25) Shaffer, *supra* note 15, pp.102-104.

(26) 条約法に関するウィーン条約第39条は以下の通り規定する。「条約は、当事国の間の合意によって改正することができる。」

(27) 例えば参照、市民的および政治的権利に関する国際規約の選択議定書第2条、女子差別撤廃条約選択議定書第2条、欧州人権条約第34条、米州人権条約第44条。

(28) 301条の場合、前者として45日 (302条(a)(2)項)、後者については調査開始から1年以内 (304条(a)(2)(B)項)。TBR の場合、前者として45日 (第5条第4項)、後者については規定がない。対外貿易障壁規則の場合、前者として60日 (第10条)、後者については調査開始から原則6カ月以内、ただし3カ月までの延長が認められる (第32条)。

(29) 同様に、商務部は調査の中断 (第26条第4項)、調査結果が WTO 協定違反や利益の無効化侵害を認定した場合の対処策の選択 (二国間協議によるか、WTO 紛争解決手続に案件を付託するか、あるいはその他の方策によるか。第33条) についても裁量を認められている。

(30) 例えば参照、Petersmann, E.-U., "Constitutionalism and WTO Law: From a State-centered Approach towards a Human Rights Approach in International Economic Law," in Kennedy, D.L.M. and Southwick, J.D. (eds.), *The Political Economy of International Trade Law: Essays in Honor of Robert E. Hudec* (2002), pp.32-67, esp. pp.54-58。

(31) この種の配慮は、米国が世界でも最も頻繁に発動している通商救済措置 (アンチダンピング、補助金相殺関税、セーフガード) に関連する案件について特に顕著である。参照、Shaffer, *supra* note 15, pp.60-62。より一般的にこの点を指摘したものとして、

参照、Trachtman, J.P. and Moremen, P.M., "Costs and Benefits of Private Participation in WTO Dispute Settlement: Whose Right is it Anyway?," *HILJ*, Vol.44 (2003), pp.221-250, at 232-235; Sykes, A.O., "Public versus Private Enforcement of International Economic Law: Standing and Remedy," *Journal of Legal Studies*, Vol.34 (2005), pp.631-666, at 651-652。

(32) 経済産業省通商機構部国際経済紛争対策室「外国政府のWTOルールの遵守（コンプライアンス）に関するホームページ相談窓口の設置について」、at http://www.meti.go.jp/policy/trade_policy/wto/compliance/soudan.html (as of 16 March 2007)。

(33) この点をとらえて、日本にも301条類似の公式の申立手続を設けることを主張する見解も出されている。例えば参照、川島富士夫「我が国のWTO紛争解決手続の利用実績と今後の課題」『法律時報』77巻6号（2005年）、46-53、50-51頁。

(34) 参照、Iida, K., *Legalization and Japan: The Politics of WTO Dispute Settlement* (2006), esp. Chapters 6 and 7. 筆者の鉄鋼関係企業法務部員からのヒヤリング、2004年5月。

(35) 西村弓「国際法における個人の利益保護の多様化と外交的保護」『上智法学論集』第49巻3.4号（2006年）、290-324、319-320頁。

(36) The Mavrommatis Palestine Concessions (Greece v. U.K.), PCIJ Judgment of 30 August 1924, *PCIJ Ser. A*, No.2, p.12.

(37) 参照、Jennings, R. and Watts, A. (eds.), *Oppenheim's International Law,* 9th ed., (1992), Vol.1, Parts.2-4, pp.934-935。

(38) 同旨の見解として、参照、Mavroidis and Zdouc, *supra* note 8, p.409。

(39) 措置の是正を勧告された被申立国が「合理的な期間」（DSU第21条3項）内に措置を是正しない場合、申立国と被申立国は補償（compensation）について協議しなければならず、協議が不調に終わった場合、申立国はWTO紛争解決機関の承認を得て対抗措置をとることができる（DSU第22条）。しかし、ここでいわれる「補償」、「対抗措置」の内容は原則として損害額に見合った関税の引き下げ、譲許の停止その他の協定上の義務の履行停止であって、金銭賠償が認められるわけではない（唯一の例外として、米国―著作権法110条事件で米国は申立国のECに対して年間約100万ドルの金銭の支払いを行って不遵守期間を約3年間確保した）。参照、Sykes, *supra* note 31, pp.636-637。これに対しては、特に対抗措置としてとられる譲許の停止が貿易自由化の利益を損なう効果を持つことを理由に、「補償」として損害額相当の金銭賠償の支払いを認めるべきだとの見解が多くの論者から表明されている。例えば参照、Charnovitz, S., "Rethinking WTO Trade Sanctions," *AJIL,* Vol. 95 (2001), p.792; Bronckers, M. and van den Broek, N. "Financial Compensation in the WTO: Improving the Remedies of WTO Dispute Settlement," *JIEL*, Vol.8 (2005), p.101; ウィリアム・J・デイヴィー（荒木一郎訳）「WTO紛争解決手続における履行問題―問題の所在と解決方法―」川瀬剛志・荒木一郎編『WTO紛争解決制度における履行制度』（三省堂、2005年）、21-22頁。

(40) ただし、外交的保護権行使の結果、獲得された賠償金は法的には国庫に帰属するが、実際にはほとんどの場合には被害者たる私人・私企業に渡っているとの指摘もあ

り（Amerasinghe, C.F., *State Responsibility for Injuries to Aliens* (1967), p.62）、これに比べると WTO 紛争解決手続における標準的な救済方式は「個人請求の国家請求への埋没」という原則をより徹底させた、私人・私企業の利益救済手段としては限定的な方式といえる。しかし、このことはむろん WTO 紛争解決手続が伝統的な外交的保護権制度の枠組みから外れることを意味するものではない。

(41) 例えば、日本の経済産業省に最近設置された外国政府の WTO ルールの遵守（コンプライアンス）に関するホームページ相談窓口（前掲、注32）でも、相談の前提として対象国における国内救済手続を完了していることは求められていない。

(42) WTO が設立された 1995 年 1 月 1 日から 2007 年 2 月末日までの 13 年余りの間に WTO 紛争解決手続に付託された案件の総数は 359 件に上る。WTO, Chronological List of Cases, at http://www.wto.org/english/tratop_e/dispu_e/dispu_status_e.htm (as of 16 March 2007).

(43) 紛争解決手続を規定した GATT 第23条が「(利益の) 無効化または侵害」と題され、またその規定も、GATT 違反の有無を問わず協定上の利益が無効化されまたは侵害されたことを案件付託の前提条件としていることは、この点を端的に表している。

(44) この点を重視して、WTO 紛争解決手続の第1の機能は、多数国間条約としての WTO 協定上の義務・基準の遵守確保（＝国際コントロール）にあるとする見解もある。参照、小寺彰『WTO 体制の法構造』（東京大学出版会、2000年）、89–93頁。

(45) 外交的保護権の国際法上の制度としての成立過程について、参照、Dunn, F.S., *The Protection of Nationals: A Study in the Application of International Law* (1932), pp.52–66。

(46) ICJ, Interhandel Case (Switzerland v. U.S.), Judgment of 21 March 1959, *ICJ Reports 1959*, p.27.

(47) Borchard, E.M., *The Diplomatic Protection of Citizens Abroad or the Law of International Claims* (1915), pp.435–456.

(48) Moore, J.B., *History and Digest of the International Arbitrations to Which the United States Has Been a Party*, Vol.I, (1898), pp.271–298.

(49) Dunn, F.S., *The Diplomatic Protection of Americans in Mexico* (1933), pp.401–421.

(50) Treaty of Versailles, Art.297. 28 June 1919, in 225 *Consolidated Treaty Series* 188, pp.328–331.

(51) 参照、Oda, S., "The Individual in International Law," in Sorensen, M. (ed.), *Manual of Public International Law* (1968), pp.511–513。

(52) 前掲、注4を参照。

(53) van Harten, G., "Private Authority and Transnational Governance: The Contours of the International System of Investor Protection," *Review of International Political Economy*, Vol. 12 (2005), at p.602.

(54) 参照、Report of the Executive Directors on the Convention on the Settlement of Investment Disputes between States and Nationals of Other States, 18 March 1965. *ILM*, Vol.IV (1965),

p.525.
(55) Shihata, I.F.I., "Towards a Greater Depoliticization of Investment Disputes: The Roles of ICSID and MIGA," in Shihata, I.F.I., *The World Bank in a Changing World* (1991), p.309.
(56) 各締約国は仲裁人名簿のために4名を指名することができる（投資紛争解決条約第13条第1項）、紛争当事者である外国投資家と投資受入国は仲裁人名簿以外から仲裁人を任命することもできる（第40条）。
(57) ただし、ICSID仲裁に案件が付託され、仲裁判断が出された後、紛争当事者である締約国がそれに従わなかった場合には投資家本国の外交的保護権行使が認められる（同条約第27条1項第2文）。
(58) ただし、このことは、既に生じた財産権侵害その他に起因する請求を処理するための伝統的な仲裁方式が今日は存在理由を失ったことを意味するものではない。1979年のイラン革命とそれに起因する混乱によって米国投資家がイランで被った損害に関する請求を処理するために1982年に設置されたイラン・米国請求法廷（Iran–U.S. Claims Tribunal)、イラクのクウェート侵攻に起因する損害（クウェート人の損害、外国投資家の損害の双方を含む）に関する請求を処理するために1991年に設置された国連補償委員会（United Nations Compensation Commission）など、今日でも、事後に設置された仲裁機関が多数の請求案件を処理するという方式が用いられる場合もある。
(59) 投資協定中の仲裁条項の紹介として、参照、Bishop, R.D., Crawford, J. and Reisman, W.M., *Foreign Investment Disputes: Cases, Materials and Commentary* (2005), pp.225–243.
(60) 受入国国内法（投資法）の仲裁条項の紹介として、参照、Parra, A.R., "Provisions on the Settlement of Investment Disputes in Modern Investment Laws, Bilateral Investment Treaties and Multilateral Instruments on Investment," *ICSID Review: Foreign Investment Law Journal,* Vol.12 (1997), pp.314–321。
(61) van Harten, *supra* note 53, pp.606–607.
(62) *Ibid.,* p.619, note 8.
(63) BITは、1969年末には総数が72、1979年末には165、1989年末には385であったのが、1999年末には1,857に達した。参照、UNCTAD, *Bilateral Investment Treaties 1959-1999*, UN Doc. UNCTAD/ITE/IIA/2 (2000), p.1. 2005年末の総数は2,495である。参照、UNCTAD, *World Investment Report 2006* (2006), p.26。
(64) これは締約国のいずれかが投資紛争解決条約の締約国でない場合に投資紛争を仲裁その他の手続により解決するための規則を定めたもので、1978年にICSIDの管理理事会（Administrative Council）により承認された。英文テキストは以下を参照、http://www.worldbank.org/icsid/facility/facility.htm (as of 11 April 2007)。なお、2007年3月末現在でベトナムは投資紛争解決条約の締約国ではないので、日本ベトナム投資協定の下で投資紛争が仲裁に付託される場合は、ICSID仲裁ではなくこの追加的制度規則に基づく仲裁かUNCITRAL仲裁規則（次注参照）に基づく仲裁が選択されることになる。
(65) UNCITRAL Arbitration Rules, adopted 28 April 1976, at http://www.uncitral.org/pdf/

english/texts/arbitration/arb-rules/arb-rules.pdf (as of 9 April 2007).
⑯ International Chamber of Commerce, Rules of Arbitration, entered into force on 1 January 1998, at http://iccwco.org/court/english/arbitration/pdf_documents/rules/rules_arb_english.pdf (as of 18 April 2007).
⑰ 投資協定で規定される ICSID 仲裁その他の仲裁に関する一般的な概説として、参照、Bishop, Crawford, and Reisman, *supra* note 59, pp.428-443。
⑱ 1992年12月17日署名、1994年1月1日発効。英文正文は以下を参照、http://www.nafta-sec-alena.org/DefaultSite/index_e.aspx?DetailID=78 (as of 11 April 2007)。
⑲ 2005年末の時点で投資仲裁に関する規定を含む FTA、EPA の総数は232に上っている。参照、UNCTAD, *World Investment Report 2006, supra* note 63, p.26。
⑳ 1994年12月17日署名、1998年4月16日発効。英文正文は以下を参照、http://www.encharter.org/fileadmin/user_upload/document/EN.pdf (as of 11 April 2007)。
㉑ BIT、FTA や EPA における投資紛争仲裁規定について、参照、Parra, *supra* note 60, pp.322-364。
㉒ 投資の自由化、促進及び保護に関する日本国とベトナム社会主義共和国との間の協定。2003年11月14日署名、2004年12月19日発効。日本語正文は以下を参照、http://www.mofa.go.jp/mofaj/gaiko/treaty/pdfs/shomei_5.pdf (as of 11 April 2007)。
㉓ また、危機に陥った債務国を救済するために国際通貨基金 (IMF) や世界銀行が支援を行ったが、その際に融資の条件として投資の自由化を求めることが多く、このことも条約規定による投資紛争仲裁の導入を促す間接的な要因となった。
㉔ van Harten, *supra* note 53, pp.608-609. 注71も参照。
㉕ Sornarajah, M., "The Clash of Globalisation and the International Law on Foreign Investment," The Simon Reisman Lecture in International Trade Policy, The Norman Paterson School of International Affairs, Carleton University, 12 September 2002, pp.4-5, at http://www.carleton.ca/ctpl/papers/sornarajah.pdf (as of 18 April 2007).
㉖ 契約に起因する紛争を受入国の国内法に基づく国内救済手続によって解決することを義務づけ、本国の外交的保護権行使を求めない旨投資家に約束させる条項。参照、Shea, D.R., *The Calvo Clause: A Problem of Inter-American and International Law and Diplomacy* (1955)。
㉗ 経団連「国際投資環境のあり方とわが国の対外・対内投資〜多国間投資協定 (MAI) 交渉に望む〜」1996年4月24日。http://www.keidanren.or.jp/japanese/policy/pol089/index.html (as of 16 April 2007)。経団連は翌年にも MAI 交渉の早期妥結を求める意見書を公表している。参照、経団連「多国間投資協定 (MAI) 交渉に対する意見」1997年6月17日。http://www.keidanren.or.jp/japanese/policy/pol134/pol134.html (as of 16 April 2007)。
㉘ 例えば参照、第23回日本メキシコ経済協議会(経団連・メキシコ国際産業連盟)「日墨自由貿易協定締結に向けた交渉の早期開始を求める共同声明」2000年4月10日。http://necsv01.keidanren.or.jp/japanese/policy/2000/016.html (as of 16 April 2007); 経団連

「自由貿易協定の積極的な推進を望む〜通商政策の新たな展開に向けて〜」2000年7月18日。http://necsv01.keiranren.or.jp/japanese/policy/2000/033/index.html (as of 16 April 2007); 日本経団連「国際投資ルールの構築と国内投資環境の整備を求める」2002年7月16日。http://necsv01.keiranren.or.jp/japanese/policy/2002/046/index.html (as of 16 April 2007).

(79) 例えば参照、 ICC Commission on International Trade and Investment Policy, "World Business Priorities for the Second Ministerial Conference of the World Trade Organization," (May 1998), at http://www.iccwbo.org/policy/trade/id1157/index.html (as of 16 April 2007); ICC Commission on Trade and Investment Policy, "ICC's Expectations regarding a WTO Investment Agreement," (7 March 2003), at http://www.iccwbo.org/policy/trade/id564/index.html (as of 16 April 2007)。

(80) van Harten, *supra* note 53, p.612; Sornarajah, *supra* note 75, pp.13-15.

(81) 参照、ICSID Arbitration Rules, Rule 18 (Representation of the Parties), at http://worldbank.org/icsid/basicdoc/basicdoc.htm (as of 20 April 2007); ICSID 追加的制度規則（前掲、注64) Schedule C. Arbitration (Additional Facility) Rules, Article 26 (Representation of the Parties); UNCITRAL 仲裁規則（前掲、注65) Article 4 (Representation and Assistance)。

(82) Nottebohm Case (Liechtenstein v. Guatemala), Second Phase, Judgment 6 April 1955, *ICJ Reports 1955*, pp.23-24.

(83) Barcelona Traction, Light and Power Company, Limited (New Application: 1962), Judgment 5 July 1970, *ICJ Reports 1970*, p.43, at para.70.

(84) 西村、前掲論文（注35)、318頁。

(85) 前掲、注72。

(86) 日本とベトナムの投資協定第2条1項は「投資財産の設立、取得……」に関する内国民待遇を認めているが、これは協定の附属書1で特定する分野を除いて、投資の受入れを原則として自由化することを意味する（ネガティブリスト方式）。従来の友好通商航海条約やサービス貿易に関して、いわゆる第3モード（商業拠点）の自由化を認める分野を特定して約束する方式（ポジティブリスト方式）を採用するサービス貿易に関する一般協定（GATS）に比べても、投資受け入れの自由化という面ではより踏み込んだ方式である。

(87) ファン・ハルテンはこの手厚い投資家保護の枠組を「投資家保護の国際システム」と名づけた。参照、van Harten, *supra* note 53, pp.608-611。

(88) ICSID が発足した1966年から1979年末までに付託された仲裁案件は9件に留まった。参照、ICSID, List of Concluded Cases, at http://www.worldbank.org/icsid/cases/conclude.htm (as of 9 April 2007)。なお、発足当初は仲裁付託が活発でなかった理由について、参照、小寺彰「投資協定仲裁の新たな展開とその意義—投資協定『法制度化』のインパクト—」RIETI Discussion Paper Series 05-J-021（2005年)、6頁。

(89) Sornarajah, M., *The International Law on Foreign Investment*, 2nd ed. (2004), p.38.

⑽ ジャマイカ（1966年9月9日批准）とトリニダード・トバゴ（1967年1月3日批准）を除いて、投資紛争解決条約を批准するラテンアメリカの国は1980年代後半までほとんどなかった。主要なラテンアメリカ諸国が同条約を批准するのは1990年代以降のことである。なお、メキシコとブラジルは現在もなお同条約を批准していない。

⑼ Asian Agricultural Products Ltd. (AAPL) v. Republic of Sri Lanka, ICSID Case No.ARB/87/3. Filed on 8 July 1987. *ICSID Review: Foreign Investment Law Journal*, Vol. 6 (1991), p.526.

⑼ UNCTAD, *Latest Developments in Investor-State Dispute Settlement*, UN Doc. UNCTAD/WEB/ITE/IIA/2006/11, November 2006, p.2. これはICSID仲裁、ICSID追加的制度規則（前掲、注64参照）に基づく仲裁を合わせた数である。

⑼ *Id.* なお、ICSID仲裁判断は両当事者の同意なしに公表されないことになっている（ICSID条約第48条5項）。同様に他の仲裁手続でも仲裁判断が公表されるのは両当事者が同意した場合に限られる。例えば参照、仲裁に関するICSID追加的制度規則（前掲、注64）第53条3項；UNCITRAL仲裁規則（前掲、注65）第32条5項。このため、仲裁判断が公表されないものを含めた投資紛争仲裁の総数は公表されている数をかなり上回ると推測される。

⑼ WTO, Singapore Ministerial Declaration, 13 December 1996, para.20, at http://www.wto.org/english/thewto_e/minist_e/min96_e/wtodec_e.htm (as of 22 April 2007).

⑼ 小寺彰「補論 多数国間投資協定（MAI）—投資自由化体制の意義と課題—」同、前掲書（注44）、181頁。MAIの交渉の経緯と主たる争点につき、参照、Kurtz, J., "A General Investment Agreement in the WTO? Lessons from Chapter 11 of the NAFTA and the OECD Multilateral Agreement on Investment," *University of Pennsylvania Journal of International Economic Law*, Vol.23 (2003), pp.756-773。

⑼ WTO, Doha Ministerial Declaration, 14 November 2001, paras.20, 22, at http://www.wto.org/english/thewto_e/minist_e/min01_e/mindecl_e.htm (as of 22 April 2007).

⑼ WTO, The Doha Work Programme, Decision Adopted by the General Council on 1 August 2004 (WT/L.579), para.1 (g).

⑼ MAIの公表された最終の草案として、参照、OECD Directorate for Financial, Fiscal and Enterprise Affairs, *The MAI Negotiating Text* (As of 24 April 1998), at http://www.nadir.org/nadir/initiativ/agp/free/mai/mai.pdf (as of 18 April 2007)。

⑼ フランスとカナダは、文化・言語の多様性を保持し促進するために外国投資を規制する例外規定の挿入を要求し、米国のメディア・映画・音楽産業などの強い反発を受けた。参照、Kurtz, *supra* note 95, pp.758-759。

⑽ 1996年3月に制定されたCuban Liberty and Democratic Solidarity Act、通称Helms-Burton Actは、キューバ革命により資産をキューバ政府に収用された米国市民・米国企業に対して、1996年11月以降に当該資産を取引する（traffick）者に賠償を求める権能を付与するとともに、右の者の米国入国を禁止した。これが対キューバ制裁法規の

(101) EU は自らを含む特定の地域統合組織を MAI の最恵国待遇義務の例外として認めさせようとして、米国その他の交渉参加国と対立した。参照、*ibid.*, p.759。

(102) 1998年10月14日に MAI 交渉からの脱退を表明したフランスのジョスパン首相は、以上の対立点に加えて、労働および環境についての MAI の規定などに対する不満を理由に挙げた。参照、清水章雄「貿易と投資―WTO と MAI」『早稲田法学』74巻4号(1999年)、85-106、104頁。

(103) 参照、Kobrin, S.J., "The MAI and the Clash of Globalizations," *Foreign Policy*, Vol.112 (1998), p.97; Kurtz, *supra* note 95, pp.768-773。

(104) 参照、*ibid.*, pp.759-760。

(105) 経団連や国際商業会議所などの経済団体が BIT や FTA、EPA、MAI の締結や WTO ドーハ交渉議題への「貿易と投資」の追加を求めて熱心に働きかけたこと(前掲、注77～79およびそれに対応する本文を参照)は、この点を考えれば容易に理解できる。

(106) 1947年のガット第23条1項。

(107) 小寺、前掲書(注44)、89-93頁。

(108) 岩澤雄司『WTO の紛争処理』(三省堂、1995年)、81-82頁。

(109) この点をとらえて、小寺彰は WTO 紛争解決手続が狭義の紛争処理手続ではなく、WTO という条約体制の維持を第1の役割とする国際コントロールの手段であることを示していると評価する。参照、小寺、前掲書(注44)、93頁。締約国間の紛争解決手続としての WTO 紛争解決手続の役割と国際コントロールとしての役割のいずれを「第1の役割」とするかについては、本文で引用した DSU 第3条8項の文言だけでなく他のさまざまな要因も考慮した上で判断する必要があろう。ここでは、WTO 紛争解決手続が紛争解決手続、国際コントロールの2つの役割を併せ持っていることについて筆者と見解を同じくする例として引いた。

(110) 前掲協定(注72)。

(111) 貿易相手国の国内産業からの抵抗は、しばしばセーフガード、アンチダンピングなどの通商救済措置の形をとる。

(112) 参照、Ruggie, J.G., "International Regimes, Transactions and Change: Embedded Liberalism and the Postwar Economic Order," *International Organization*, Vol.36 (1982), p.379。同じく参照、Lang, A.T.F., "Reconstructing Embedded Liberalism: John Gerard Ruggie and Constructivist Approaches to the Study of the International Trade Regime," *JIEL*, Vol.9 (2006), p.81。

(113) セーフガード、アンチダンピングなどの貿易救済制度は、この調整コストを輸出国(および輸出者)にも分担してもらうための仕組みという性格を持っている。

(114) DSU が、WTO 紛争解決手続において被申立国の WTO 協定違反その他による利益の無効化侵害が認定され、紛争解決機関(DSB)がその是正を勧告した場合に、是正

のために「合理的な期間」をかけることを認め（第19条1項）、さらに是正が合理的な期間内に行われない場合に代償措置の提供や申立国による譲許その他の義務の停止（対抗措置）を認めている（第22条）のは、迅速な是正措置の実施を妨げるこうした国内事情に配慮したものである。参照、Sykes, *supra* note 31, p.647; 大矢根聡「国際規範の遵守と国内政治―コンストラクティビズムによる日本・農産物権益事件の分析―」川瀬・荒木編、前掲書（注39）、137-174頁。

(115) Sykes, *supra* note 31, pp.642-643.
(116) 収用・国有化に関する投資協定の規律を受け入れることによる主権制限のコストは、収用・国有化を行わない受入国にとってはゼロに等しい。参照、*ibid.*, pp.643-644。
(117) 貿易障壁の引き下げ・撤廃は国際貿易を活発化させ、グローバリゼーションを進展させる有力な推進力となった。
(118) このテーマに関する内外の文献は枚挙に暇がない。例えば参照、小寺彰編『転換期のWTO: 非貿易的関心事項の分析』（東洋経済新報社、2003年）; "Symposium: The Boundaries of the WTO," *AJIL*, Vol.96 (2002), p.1; Marceau, G. and Trachtman, J.P., "The Technical Barriers to Trade Agreement, the Sanitary and Phytosanitary Measures Agreement, and the General Agreement on Tariffs and Trade: A Map of the World Trade Organization Law of Domestic Regulation of Goods," *Journal of World Trade*, Vol.36 (2002), p.811。
(119) 前掲、注112およびそれに対応する本文を参照。
(120) Marceau and Trachtman, *supra* note 118.
(121) *United States—Import Prohibition of Certain Shrimp and Shrimp Products*, Report of the Appellate Body. WT/DS58/AB/R, 12 October 1998, para.89.
(122) 途上加盟国からは、資金力・専門知識を有する先進国の市民団体からの意見書の提出を容認することは、WTO紛争解決手続における途上国と先進国との力の均衡がいっそう開いてしまうとの懸念が出されたという。参照、Sykes, *supra* note 31, p.641。
(123) 例えば参照、*EC—Measures Affecting Meats and Meat Products (Hormones)* (WT/DS26, 48); *Japan—Measures Affecting the Importation of Apples* (WT/DS245); *European Communities—Measures Affecting the Approval and Marketing of Biotech Products* (WT/DS291, 292, 293)。
(124) その批判とは、端的に言えば次のようなものである。「なぜ、国民から見て、素性の分からない、しかも外国人が、外国人（投資家）のイニシャティブによって始まった仲裁手続によって、民主的に選ばれた議会が制定した法令の『正しさ』を判断できるのか。」(小寺、前掲論文（注88）、18頁)。
(125) この事件の詳細につき、参照、西元宏治「Ethyl事件の虚像と実像〜NAFTA第11章仲裁手続とカナダにおける貿易・投資の自由化の一局面〜〔上〕〔中〕〔下〕」『国際商事法務』第33巻9号（2005年）、1193-1203頁、10号（2005年）、1381-1389頁、11号（2005年）、1515-1521頁。

(126) この事件の詳細につき、参照、Kurtz, *supra* note 95, pp.745-749。
(127) この事件の詳細につき、参照、*ibid.*, pp.750-753。
(128) 参照、S.D. Myers Inc. v. Canada, Partial Award, 13 November 2000, at http://www.appletonlaw.com/cases/Myers%20-%20Final%20Merits%20Award.pdf (as of 21 April 2007)。
(129) S.D.Myers Inc. v. Canada, Second Partial Award, 21 October 2002, at http://www.appletonlaw.com/cases/Myers%20-%20Damages%20Award%20-%20Oct21-02..pdf (as of 21 April 2007)。
(130) Methanex Corporation v. U.S., 1st Partial Award, 7 August 2002, at http://www.naftaclaims.com/Disputes/USA/Methanex/MethanexPreliminaryAwardJurisdiction.pdf (as of 21 April 2007)。
(131) ICSID仲裁規則（前掲、注4参照）第32条2項。
(132) 投資紛争解決条約（前掲、注4参照）第48条5項。
(133) 小寺、前掲論文（注88）、20頁。
(134) 例えば参照、Methanex Corporation v. U.S., Petition to the Arbitral Tribunal by the International Institute for Sustainable Development, 25 August 2000, at http://naftaclaims.com/Disputes/USA/Methanex/MethanexAmicusStandingIISD.pdf (as of 21 April 2007)。
(135) Amicus意見書の趣旨は、アルゼンチンのとった緊急措置がアルゼンチン国民の人権（生命・健康・居住・適切な生活水準に対する権利）を保証するための正当な措置であると主張するものである。参照、Suez, Sociedad General de Aguas de Barcelona S.A. and Vivendi Universal S.A. v. Argentine Republic (Case No. ARB/03/19), Amicus Curiae Submission by Centro de Estudios Legales y Sociales, Asociación Civil por la Igualidad y la Justicia, Consumidores Libres Cooperativa Ltda. de Provisión de Servicios de Acción Comunitaria, Unión de Usuarios y Consumidores, and the Center for International Environmental Law. 4 April 2007, at http://www.ciel.org/Publications/SUEZ_Amicus_English_4Apr07.pdf (as of 21 April 2007)。
(136) 投資紛争解決条約、ICSID仲裁規則のいずれもAmicus意見書については明示の規定を置いていないが、この仲裁法廷は、投資紛争解決条約第44条が「裁判所は、この節の規定又は仲裁規則若しくは両当事者が合意する規則に定めのない手続問題が生じたときは、その問題について決定を行う」と規定したことを根拠に、Amicus意見書の受理を「手続問題」とみなしてこれを公定した。参照、Suez, Sociedad General de Aguas de Barcelona S.A. and Vivendi Universal S.A. v. Argentine Republic (Case No. ARB/03/19), Order in Response to a Petition for Transparency and Participation as Amicus Curiae. 19 May 2005, paras.10-16, at http://www.worldbank.org/icsid/cases/ARB0319-AC-3en.pdf (as of 21 April 2007)。
(137) 小寺、前掲論文（注88）、21頁。
(138) OECD, *Improving the System of Investor-State Dispute Settlement: An Overview,* Working

(139) 参照、*ibid.*, pp.4-8。
(140) 参照、*ibid.*, pp.8-14。
(141) Australia-U.S. Free Trade Agreement, signed 18 May 2004, entered into force 1 January 2005, at http://www.ustr.gov/assets/Trade_Agreements/Bilateral/Australia_FTA/Final_Text/asset_upload_file148_5168.pdf (as of 21 April 2007).
(142) United States-Australia Free Trade Agreement Implementation Act, Pub.L.No.108-286, §102 (c) (2), 118 Stat.919 (2004).
(143) この点に関してはオーストラリア法でも同様の扱いが予定されている。参照、Dodge, W.S., "Investor–State Dispute Settlement Between Developed Countries: Reflections on the Australia–United States Free Trade Agreement," *Vanderbilt JTL,* Vol.39 (2006), pp.22-26。
(144) 参照、Australia Department of Foreign Affairs and Trade, AUSFTA Frequently Asked Questions (米豪FTAが投資紛争仲裁を規定していない理由を「両国とも優れた洗練された国内法システムを備えており、それが内国投資家と外国投資家の政府措置に対する懸念をとりあげる適切な枠組を提供する」と説明している)、at http://www.dfat.gov.au/trade/negotiatins/us_fta/faqs.html (as of 22 April 2007); USTR, U.S.-Australia FTA Summary of the Agreement (「両国が法伝統を共有していること、両国の投資家が互いに相手国の市場で事業を展開することについて信頼感を抱いていること」などを投資紛争仲裁を規定しなかった理由に挙げた)、at http://www.ustr.gov/Trade_Agreements/Bilateral/Australia_FTA/US-Australia_FTA_Summary_of_the_Agreement.html (as of 22 April 2007)。
(145) この点をとらえて、ダッジ(William S. Dodge)は米豪FTAの第11章を、執行できない「幽霊(ghost)」だと批判した。参照、*supra* note 143, p.26。
(146) USTR, Free Trade with Korea, Summary of KORUSFTA, at http://www.ustr.gov/assets/Document_Library/Fact_Sheets/2007/asset_upload_file939_11034.pdf (as of 22 April 2007).
(147) この方式を提案した例として、参照、Dodge, *supra* note 143, pp.26-36。
(148) 日本とベトナムの投資協定について見たように(前掲、注72およびそれに対応する本文を参照)、投資家は投資紛争を受入国の国内救済手続に付託するか投資紛争仲裁に付託するかの選択肢を与えられることが多い。その限りで受入国の国内救済手続が全く排除されているわけではない。
(149) 中川淳司他『国際経済法』(有斐閣、2003年)、4-6頁(中川執筆)。

国家債務問題と国際法

中谷　和弘

はじめに

　本稿においては、国家債務問題について国際法の観点から検討する。途上国累積債務問題をはじめとする国家債務問題は、現代国際関係において深刻な問題であり続けているが、それは専ら国際経済学の課題であると認識され、国際法の観点からは看過されてきたと言わざるを得ない。国家債務をめぐる問題は、貸手（国家、国際機関、企業）および貸付条件の多様性もあいまって極めて複雑である。

　本稿では、国家債務をめぐる様々な論点のうち、次の３つの国際法上の課題を明確化することのみを目指す（なお、検討の対象は、基本的には、ある国家が外国国家から負う債務に限定する）。第１に、ある国家が外国国家から負った債務の元利支払が不可能となった場合一般において適用可能と考えられる国際法ルールについて検討する[1]。第２に、個々の国家債務問題を実質的に解決する決定を行なってきたパリ・クラブの組織と作用について検討する。第３に、国家債務承継に関する残された課題である odious debt（憎忌債務）問題について検討する。

　国家債務に関して国際法上、ほぼ唯一関心を持たれてきた主題は、国家承継の際の債務承継をめぐる問題であった。国家という法主体の変動を伴う深刻な状況ゆえ国際法学の関心を集めたこと自体は理解できるものの、そのような変動を伴わない通常の状況における国家債務問題が看過されてきたことを考えると、関心の偏在があったことは指摘せざるを得ない。さらに、1983年に採択された「国家の財産、公文書及び債務についての国家承継に関する

ウィーン条約」(未発効) は、第38条において先行国の国家債務は新独立国には (両国間の別段の合意がない限り) 移転しないとして clean slate doctrine を採用するなど注目すべき規定を含むものであったが、条約において最も力を入れて規定した事態である「脱植民地化による新独立国の登場」は条約採択時にはほぼ完了しており、その意味で時宜を失した国際立法であったことに加えて、旧ソ連の解体、旧ユーゴスラビアの崩壊、東西ドイツの統一といった新しい現実を規律することがおよそできないものであった。そもそも、1つの国家が5乃至15に分裂したり、征服ではなく平和的吸収合併がなされたりする事態を、この条約および「条約の国家承継に関するウィーン条約」においては、国家承継のタイプとして予定していなかったのである。国家債務問題に関しては、旧ソ連の解体においては、紆余曲折があったものの、結局は、「ソ連邦は法的には消滅せずロシア連邦となった」という人工的な扱いをすることによって、ロシアが旧ソ連の資産および債務を基本的には (黒海艦隊の帰属等の問題を除き) 包括承継することとした。旧ユーゴスラビアの解体においては、旧ユーゴスラビアが連邦として負っていた債務 (約37億9,000万ドル) については、国際通貨基金 (IMF) が決定した債務割当 (ボスニア・ヘルツェゴビナ13.2％、クロアチア28.49％、マケドニア5.4％、新ユーゴスラビア (セルビア・モンテネグロ) 36.52％、スロベニア16.39％) を新独立国各国が受け入れ、基本的にこの債務割合に基づいてパリ・クラブやロンドン・クラブといった公私の諸債権者と新独立各国との合意がなされた。ここで注目すべきことは、各承継国は clean slate doctrine を採用して非承継を主張することはなかったということである。その主たる理由は、IMFや世界銀行といった主要な国際金融機関でのメンバーシップを獲得するため、また、公私の債権者との関係を良好なものとすることが結果として債務救済を受けやすくなると判断したためである[2]。

I 国家債務不履行への対処に関連する国際法ルール

国家債務をめぐる法律問題は古くから重要な問題として存在していたが[3]、

現代に至る国際法ルールとの関係でまず大きく注目されるのは、1907年の「契約上ノ債務回収ノ為ニスル兵力使用ノ制限ニ関スル条約」（ドラゴ・ポーター条約）である。もっとも留意すべきは、同条約において禁止されたのは、自国の債権者が他国に対して有する債権の回収のための兵力の使用であって（第1条第1文）、国家自体が他国に対して有する債権の回収のための兵力の使用については、本条約の射程範囲外であったということである[4]。また、第1条第2文においては、債務国が①仲裁裁判の申出を拒絶する、②仲裁裁判の申出に対して無回答である、③仲裁契約の作成を不能とする、④仲裁判決を遵守しない、の各場合においては、第1文の適用はないと規定し、兵力使用規制の限界を明示した。現代国際法上は、国家自体が他国に対して有する債権の回収のための兵力の使用も含めて、国家債務回収のための兵力の使用が、国連憲章第2条4項に違反するものとして禁止され、第2文の①～④に該当する場合であっても兵力の使用は禁止される。本条約は、次の2点において現代国際法上、注目に値する。第1は、本条約が武力行使を規制する国際法規の端緒をなすものであって、まずは国家債務という分野でこのルールの発展が見られたということである[5]。第2は、平和的解決手段の前置を一般的に義務づけるとともに、断固たる拒否 (*non volumes*) や不能の申立 (*non possumus*) に該当する場合には当該平和的手段は尽くされたとする第1条第2文の趣旨は、「交渉と裁判付託との関連」および「平和的解決手段と対抗措置の関連」という現代的課題について重要な示唆を与える規定でもあるということである[6]。

　一国が他国に対して負う国家債務は、合意に基づいて資金の貸付（贈与ではなく）がなされている以上、*pacta sunt servanda* に従って元本および利子の返済がなされなければならないのが原則である。国際法上の一般的な問題としては、第1に、元利の返済を延期したり、支払額を減殺したり、支払が免除されることが認められる場合があるかという実体的な問題がある。この問題については、条約法および国家責任法の観点からの検討が必要となる。第2に、債権国には（再）交渉および債務再編（debt restructuring）の義務があるかという手続的な問題がある。そして、これらの前提問題として、国家間の貸付合意は、国際法によって規律される条約か国内法によって規律される私的

契約かという問題がある（国際法上の問題としては、その他、債権国または第三国の国内裁判所での債権回収の場合に勘案しなければならない裁判権免除および執行免除の問題があるが、省略する）。

まず、この前提問題については、国家間の貸付合意には準拠法条項は通常はおかれていないため問題となるが、Leyendecker は、常設国際司法裁判所が「セルビア国債事件」判決（1929年）において、「国際法主体として国家間において締結されたのではないすべての契約は、国内法に基礎を有する」と判示したことに鑑みて、逆に、二国家間での合意であれば国際法準拠が推定されると解する[7]。もっとも、現実には、二国間合意では単に総額と借款目的のみを規定して、個々のプロジェクトについては貸付国の公的・私的金融機関が借入国側と貸付協定を締結し、その際、協定中で貸付国の国内法を準拠法として指定する、という方式をとることもある。また実際の借入の当事者が国家ではなく私人である場合には、借入当事者の本国が保証することを契約締結の条件とするのが通例である。これらの場合においては、個々の貸付自体の準拠法は国内法となり、国際法によって直接に貸付が規律される訳ではない[8]。しかしこれらの場合であっても、貸付国－借入国間に上記のような大筋の合意（それは書面に限られず、口頭の合意でもよい）がある以上、元利不払を正当化する事由があるかどうかの問題は、最終的には条約法および国家責任法の対象として検討することが合理的であろう。ここでは以下、このような二国間の大筋の合意を対象として検討する。

次に、第1の元利の返済を延期したり、支払額を減殺したり、支払が免除されることが認められる場合があるかという実体的な問題について。条約法の観点については、まずは一国と他国の資金貸付に関する合意が条約となるとは限らず私法上の契約として合意される場合もあるが、条約法によって規律される前者に関しては、不払を正当化しうる主要な事由としては、事情変更（条約法条約第62条）および履行不能（同第61条）が想定できる。事情変更や履行不能の事態においては元利不払が認められる旨の規定が貸付協定中におかれる場合もあるが、ここでの問題はたとえ当該協定中にそのような規定がなくても、元利不払が認められる場合があるかということである。

もっとも、Bothe および Brink は、事情変更に関しては、経済状況の変化は、

債権国・債務国のそれのみならず世界の経済状況の変化も含めて、当事国が当初から勘案しておかなければならないことであって、経済状況の変化ゆえの不払は国内法理由に基づく抗弁にすぎず国際法上、対抗力を有しない（同27条）旨、指摘し、また、変動金利につき規定する契約または外貨での支払を規定する契約においては、当該金利や為替レートの変動があっても事情変更による不履行は認められない旨、指摘する。さらに、Botheらは、履行不能についても、金銭債務の場合には条約法条約第61条1項にいう「絶対的で客観的な不可能」の要件は満たされない旨、指摘する[9]。

　他方、国家責任法の観点から債務不履行が正当化される場合はあるかという問題は、違法性阻却事由に該当する場合があるかという問題として把握されてきた。

　1902年のフランス・ベネズエラ混合仲裁委員会決定では、被告政府（ベネズエラ）の債務支払不能の主張を認めた。即ち、「被告は、1899年に存在した事態 ── ビジネスの失敗、通商の麻痺、農産物の全滅、そこから生じた枯渇と麻痺、正当な債務の支払不能、他所での企業による資金獲得の不能 ── に対して責任を問われ得ない。これらはすべて、政府、ビジネスおよび人間の生活にとって偶発的な不運である。それらは、損害賠償請求を生じさせない[10]」と判示したのであった。

　また、1912年の常設仲裁裁判所「ロシア・トルコ債務事件」判決では、一般論として、「不可抗力の抗弁は、私法同様、国際公法においても援用可能である。国際法は自らを政治的必要性に合致させなければならない。国家の存在自体が危機にさらされる場合、国際義務の遵守が自己破壊的（self-destructive）となる場合には、条約を履行すべき国家の義務は弱められることは、帝政ロシア政府自身が明示的に認めている」と指摘した点が注目される。但し、トルコの債務支払不能の抗弁自体については、600万フランという比較的少額の債務支払がオスマン・トルコの存在を危機にさらすとは言いがたいとして、認めなかった[11]。

　国連国際法委員会「国家責任条文案（第1部）コメンタリー」においては、国家債務の不払は、不可抗力・偶発事態（当時の草案第31条）および緊急状態（同第33条）として違法性が阻却される場合がある例の1つとして挙げられて

いる$^{(12)}$。

　また、同条文案の最終特別報告者Crawfordがまとめた解説書においては、不可抗力（条文第23条）に関して、「『ロシア・トルコ債務事件』においては、不可抗力の原則自体は認められたが、不可抗力の抗弁は債務の支払が物理的に不可能ではないとの理由で認められなかった。不可抗力は、常設国際司法裁判所「セルビア公債事件」および「ブラジル公債事件」において、法の一般原則として承認された（但し、当該事案では事実ゆえにその抗弁は認められなかった）」と指摘し、また緊急避難（同第25条）に関しては、「ロシア・トルコ債務事件」を挙げて、トルコは支払遅延を正当化するために自国が「極端に困難な経済的状況にある」ことを援用してこれを「不可抗力」だと表現したことにつき、これはむしろ「緊急状態」に該当するものだと指摘している$^{(13)}$。

　さらに、1988年の国際法協会（ILA）「国際通貨法に関するワルシャワ会議決議」においては、国家債務不履行問題に対処する国際法ルールに関して、次のような注目すべき指摘がなされている。①現在の債務状況における協力の一般的要請から、再交渉する義務が見出されるが、この義務が一般国際法の原則として存在するかどうかは明確ではない（第5パラグラフ）。②国際法上、債務者による対外債務の支払不能は、通常は緊急性のルールの下で考えられる。かつては、不可抗力や履行不能といった概念が適用されたが、これらは債務者が選択の自由を有しない状況を想定しているため、現在の学説では債務問題はこれらは該当しないとする（第6パラグラフ）。③国際裁判所の判決および国連国際法委員会の作業によると、国家は、緊急状態ゆえに債務の支払ができない場合には、違法に行動しているわけではないと判断している（第8パラグラフ）。④国連国際法委員会の国家責任条文草案第33条（当時）では、国家が重大かつ差し迫った危険から不可欠な国家の利益を守るために他に手段を有しない場合には行為の違法性は阻却される（1項）と規定するが、国家は比肩するまたはより重要な利益を犠牲にすることはできず、また事態の発生が当該国家自身によって引き起こされてはならない（1項2文および2項）。このルールは、「不可欠な国家の利益」の定義の問題を生じさせるが、国内平和の組織、対外安全保障の準備、人民の福祉にとって不可欠なサービスの維持、環境の保護は「必要不可欠な利益」に該当すると思われる（第9パ

ラグラフ)。⑤緊急状態は、影響を受ける義務を終了させる法的効果を通常は有しない。その法的効果は、緊急状態の存続期間中の支払義務の停止に限定され、その後は義務は復活する。元来の義務の不履行から生じた損失は、衡平な原則に従って当事者間で配分されなければならない(第11パラグラフ)[14]。

Reinischは、①不可抗力・偶発事態、②緊急状態・遭難を理由とする債務不履行の正当化の可否について、次のように指摘する。まず、①については、金利や対ドル交換レートの上昇といった要素は、債務国にとって全く予見できない出来事とは言えない反面、自然災害や武力紛争のような出来事であって当該国がその発生に寄与していないのであれば、究極の場合には「物理的不可能」に至る不可抗力事由となりうるとする。次に、②については、緊急状態によって債務を消滅させた先例は想定しがたいこと、上記のILA決議11パラグラフのように、緊急状態により一時的に支払中止(モラトリアム)が認められるが緊急状態の終了後には支払債務は復活すると考えられること、一方的行為や訴訟によってではなく、パリ・クラブやロンドン・クラブの枠組の下で交渉によって問題を解決しようとする傾向が顕著であることを指摘する[15]。

次に、第2の債権国には(再)交渉および債務再編(debt restructuring)の義務があるかという手続的な問題については、Botheらは交渉義務は曖昧な形ではあるが、国連憲章第2条3項、第33条、第55条、第56条および友好関係宣言に示されているとし、さらに国際司法裁判所「北海大陸棚」事件判決(1969年)において、「当事者は、合意がない場合に一定の境界画定の方法を自動的に適用するための一種の事前要件として形式的な交渉のプロセスを単に経る義務を負うにとどまらず、合意に達する目的で交渉に入る義務を負う。つまり、当事者は交渉が意味あるよう行動する義務を負う[16]」と判示したことを重視する[17]。これに対してReinischは、事前の権利義務が存在していない境界画定の場合と違って、貸付協定等において事前に権利義務が固定されている当事者に交渉義務を課すことができるかどうか疑問であるとし、国際協定を再交渉する義務を課すことは紛争の場合の単なる交渉義務を超えるものであって、*pacta sunt servanda*原則に抵触するおそれがあると指摘する[18]。また、常設国際司法裁判所が「ベルギー商事会社事件」判決(1939年)において「裁

判所は、ギリシャ政府が拘束的と認めている仲裁判決の執行に関する友好的取極を目的として、ベルギー政府（債権者の本国）にギリシャ政府（債務者）と交渉に入る義務を課すことはできない。この種の交渉は関係当事者の意思に完全に依存する[19]」と判示したことを指摘する。もっとも、Reinischは1980年代初めから国家債務再編が頻繁に行われるようになってきた現象をとらえて、再交渉の義務が発展もしくは生成しているが、この義務は誠実交渉義務という「本質的に手続上の義務」であって、「特定の結果に関する義務」ではないとする[20]。

以上に加えて、債権国の「責任」という指摘が債務国側から時に主張されることがある。たとえば、ラテン・アメリカ諸国間で1984年に合意された「対外債務および経済発展に関するカルタヘナ・コミュニケ」7項では、「ラテン・アメリカの債務問題は、流動性、金利、多数国間信用機構の参加、経済成長見通しといった諸条件のドラスティックな変更によるものであり、これらの変更は、先進工業国において発生したものであってラテン・アメリカ諸国のコントロールをこえたものであるから、債権者と債務者は共同責任を負う」する[21]。もっとも、債権国の行為と債務支払不能との間には相当因果関係を欠くため、このような主張は先進諸国の貸手としての道義的責任を追及する意義はあっても、国際法上は貫徹しがたいものであろう。

条約法および国家責任法の観点からは以上のような分析が可能であるが、現実には、国家債務問題の処理に際しては、条約法および国家責任法の厳格な適用がなされ、それに基づく処理（「狭義の法的な処理」）がなされている訳ではない。このような現象は国家債務問題に限定されるわけでなく、特に国家責任法に関しては、現実の問題の処理における同法理の適用はそもそも限定的であるが[22]、国家債務問題に際しては、さらにIIで見るようにパリ・クラブというスキームが確立しており、「狭義の法的な処理」ではなく、実際的な処理（「広義の法的な処理」）がなされてきた。

また、裁判例においても、このような傾向に合致する判断が、1998年6月26日の「イタリア・コスタリカ融資協定事件」仲裁判決[23]において示されている点が注目される。同事件は、イタリアからコスタリカに対してなされた開発融資の資金（約1,300万ドル）が、コスタリカの運営企業の破産により返

済不能となったことから生じた事件である。判決では、コスタリカがイタリアに対して開発融資の返済をする義務があるとしたが、注目に値するのは、衡平原則 (principles équitables) を次のように適用して判示したことである。即ち、「国際法は、伝統的に、規則に内在する適用態様としての衡平原則によって影響を受け、それは規範を特定の事案に具体的に対応させるものとして作用してきた。」そして、衡平と善 (ex aequo et bono) と衡平 (equity) との区別を指摘した上で、「この衡平という性格ゆえ、裁判所は、支払期日、償還、遅延利息に関する融資協定の『技術的』条項のみを勘案するにとどまらず、支払遅延の原因、コスタリカ側に生じた誤解や疑念、イタリア側と締結した複数の合意の効果および範囲、一般的な両国の具体的状況および行動、そして両国の友好・協力関係全般といった当該事案の状況全般を勘案することが求められる」とする。そして、衡平原則（判決では「正義の概念から生じ、国際司法・仲裁裁判の実行を支配している」と指摘する）の考慮の結果として、具体的には、「(a)コスタリカが、融資協定および附属書において規定された償還、支払期日、通常利息および猶予利息に合意したという事実、および、(b)コスタリカ側が約900万ドルしか資産を持ち得ないという事実」の双方を勘案すべきであるとした上で、判決では、機械的に総額2,200万ドルの支払を要求することは上記の趣旨に反するとして、元利を含む包括的な総額として返済額 (1,500万ドル) を明示し、開発協力協定の一般的な文脈と精神に照らして、また両国間の伝統的な友好の絆を勘案して、両国間で直接に決定される方法によって支払われるべき旨、判示した[24]。

　このように、現実においては、「狭義の法的な処理」がなされている訳ではないが、そのことは本節でみたような条約法および国家責任法の検討が有意義ではないことを意味するものではない。これらの検討は、債務返済猶予の主張の正当性・不当性の判断根拠をなすものであり、たとえ明示されないとしても債務再編処理に際しての「背骨」をなすものであると言ってよい。但し、このような狭義の処理にとどまることなく、総合的な判断が国家債務問題の処理には必要かつ有益なのであり、現実には大部分の事案において条約法や国家責任法を云々することなく問題は処理されてきたのである。裏から言えば、条約法や国家責任法の一般的なルールを字面通りにフォローして満

足するだけでは、国家債務問題を含む国際関係の諸課題は真には理解できないのである[25]。

II パリ・クラブによる国家債務問題の処理
──その国際法上の特徴──

　国家債務問題の実際の処理の大半は、パリ・クラブ (Paris Club, Club de Paris) という先進債権国会合においてリスケジューリング（債務再編）を行なうという形でなされてきた[26]。パリ・クラブは、1956年にアルゼンチンがパリにおいて債権諸国と会合したことを端緒とするものであり、2007年末までに85の債務国に関して合計404の合意に達してきた（関連する債務の総額は5,060億ドル）。パリ・クラブのメンバーは19カ国（オーストリア、オーストラリア、ベルギー、カナダ、デンマーク、フィンランド、フランス、ドイツ、アイルランド、イタリア、日本、オランダ、ノルウェー、ロシア、スペイン、スウェーデン、スイス、英国、米国）であり、このうちロシアは債務国としてパリ・クラブと合意したこともある。この他、*ad hoc* の債権国として、パリ・クラブの合意に参加した者には、アブダビ、南アフリカ、アルゼンチン、ブラジル、韓国、イスラエル、クウェート、メキシコ、モロッコ、ニュージーランド、ポルトガル、トリニダート・トバゴ、トルコがある。パリ・クラブの事務はフランス経済財政産業省が引き受け、議長は同省の国庫・経済政策総局長が務めてきた。

　パリ・クラブは、国際組織ではなく（憲章のような基本文書も独自の法人格もない）、国際会議体である。パリ・クラブ加盟諸国が債務国と合意する合意議事録（パリ・クラブにとって最も重要な成果物である）は、後述するように法的拘束力を有しないのである。パリ・クラブが対象とする債務は、「債権国の公的債権かつ債務国の公的債務」である債務に限定される。つまり、債権者側の要件としては、債権国政府自身または政府の監督下にある公的機関の債権であること、債務者側の要件としては、債務国政府自身の債務（政府保証を付した債務を含む）および債権国政府が50％以上の株式保有をしている公的企業の債務である[27]。

パリ・クラブの「リスケジューリング会合」において、債権諸国代表および債務国代表が署名する[28]合意議事録 (Agreed Minutes; Procès-verbal) は、英語および仏語で作成され、等しく正文となる。合意議事録の原文は通常は公表されないが、*TIAS* 10475（「債務の再編および繰延に関する米国・セネガル間の1982年8月26日の協定」）には、Annex D としてパリ・クラブの1981年10月13日の「セネガル共和国に関する債務の再編に関する合意議事録 (Agreed Minutes on the Consolidation of the Debt of the Republic of Senegal; Procès-verbal agréé relatif à la consolidation de la dette de la République du Sénégal)」が掲載されている[29]。

同合意議事録は、Ⅰ．前文 (Preamble, Préamble)、Ⅱ．条件に関する勧告 (Recommendations on Terms, Recommandations relatives aux termes du réaménagement)、Ⅲ．一般的勧告 (General Recommendations, Recommandations générales)、Ⅳ．実施 (Implementation, Mise en oeuvre) からなる。

「Ⅰ．前文」では、債務再編に至る経緯が記述されている。

「Ⅱ．条件に関する勧告」では、「セネガル政府が直面した重大な経済的困難に留意して、参加した債権国の代表は、自国政府又は適当な機関に対して、繰延または再貸付により次の条件で債務救済をするよう勧告することに合意する」として、1. 該当債務、2. 再編の条件、3. 金利の各事項について規定する。合意議事録の中心をなす部分である2. 再編の条件については、次のように規定する。

　　「債務救済は次の通り適用される (The debt relief will apply as follows; L'allègement de la dette s'apppliquera sur les basses ci-dessous)。

　　a. 1でいう借款および貸付のうち未払である1981年7月1日から1982年6月30日までの元利の総額の85％については、繰延または再貸付がなされる (will be rescheduled or refinanced; seront rééchelonnés ou refinancés)。

　　b. 該当額のセネガル政府による返済は、10回の半年毎の均等連続払でなされる (repayment……will be made; le remboursement sera effectué)。第1回の返済は1986年6月30日 (猶予期間の最終日) になされ、最後の返済は1990年12月31日 (返済期間の最終日) になされる。

　　c. 元利の残余の15％は、次のリスケジューリングに従って支払われる

(will be paid; le paiement……sera effectué)。1983年6月30日に5％、1984年6月30日に5％、1985年6月30日に5％。」

「Ⅲ. 一般的勧告」は、次のように規定する。

「1. 公的および私的な対外債権者の均等な待遇(comparable treatment; un traitment comapable)を確保するため、セネガル政府代表は、同時期に期限が来る債務につき、本議定書において規定された条件と同様の条件で、私的な対外債権者(銀行を含む)から繰延、貸付、再貸付の取極を獲得すること、異なるカテゴリーの債権者間での不平等を避けるよう確保することに努める(will seek; s'engage)と述べた。
2. セネガル政府は、参加国の各々に対して、同様の条件の債務の再編についていかなる債権国に対して付与する条件よりも不利ではない条件を付与する(will accord; accordera)。
3. セネガル政府は、同様の条件の債務にかかわる他のすべての債権国と、再編または再貸付の取極の交渉を迅速に行う。
4. ～8. (省略)」

「Ⅳ. 実施」は、次のように規定する。

「債務の繰延または再貸付のための詳細な取極は、次の諸原則に基づいて、各参加国政府によってセネガル政府と締結される二国間協定によって決定される(will be determined; seront fixées)。
1. 各参加債権国政府は、現存する再編期間中の支払スケジュールの下で支払われるべき債務につき同時に上記の支払割合に対して、セネガル政府の自由となる新基金を設置することによって債務の再貸付をする、または、相当する支払を繰延する(will refinance…… or reschedule; soit refinencera… soit rééchelonnera)。
2. 債務の繰延または再貸付に関する他のすべての事項は、セネガル政府および参加債権国政府が遅滞なくそして出来る限り1982年2月末

までに締結するよう努める二国間協定において規定される(will be set force; seront fixés)。

3.～5.(略)」

なお、最近のある別の合意議事録では、「Ⅰ．A．前文、B．定義、Ⅱ．待遇条件に関する勧告(1.該当債務、2.待遇条件、3.債務スワップ)、Ⅲ．一般的勧告、Ⅳ．実施」という構成となっている。

「Ⅱ．待遇条件に関する勧告」の「2．待遇条件」では、「是々の債務の元本の△％がキャンセルされる(will be cancelled; seront annulés)」という表現が見られる。

「Ⅳ．実施」の基本パターンは、次の通りである。「債務の削減と再編のための詳細な取極は、以下の原則に基づいて、参加債権国またはその適当な機関によってＸ国(債務国)と締結される二国間協定によって完成される(will be accomplished)」。なお、仏文では、「債務の削減と再編の態様は、……二国間条約によって定められる(seront fixées)」となっている。「以下の原則」に関しては、単に二国間協定を遅くとも締結すべき日が明示されるにとどまることもあれば、他の諸事項が示されることもある。

パリ・クラブの合意議事録には法的拘束力はない。拘束力を有するのは、その後に合意議事録の内容に沿って債権国各国と債務国との間で締結される二国間取極である[30]。

なお、国際司法裁判所「カタール・バーレーン海洋境界画定事件」判決(1994年)においては、両国間での合意議事録について、用いられる文言や起草過程に照らして、当事国に権利義務を創出する国際合意であると判示した[31]が、当事国の意思によって非拘束的な合意を選択することは可能であり、合意文書の名称は拘束性の有無とは関係がない。

また、合意議事録と二国間取極という二段階の合意とすることについては、債権国の国内金融市場の状況が異なるため統一金利を設定することが困難であり、また、返済等につき債権国が有する手段の詳細についても共通の文書において確定的ルールを定めることは困難である[32]ため、細目を二国間取極において規定する実際上の意味は大きいと言える。

合意議事録を非拘束的なものとする背景には次のような事情もある。もし合意議事録が拘束的なものであれば、債権国の議会での批准承認の対象となって合意が遅延するおそれが生じるが、非拘束的なものとすることによりこのような問題は回避できる。それゆえ、何よりも迅速な対応が求められる国際金融分野においては、このようなメリットは大きいといえる[33]。

非拘束的合意といっても債権国は合意された内容に従う意思は十分にある。合意議事録の内容を二国間合意にすることが困難な場合には、合意議事録の採択に反対することもまた、合意された内容には従う意思があることを裏から示すとさえ言えるかもしれない[34]。

パリ・クラブの基本原則は、次の5つからなる。①ケース・バイ・ケース・アプローチ、②コンセンサス、③コンディショナリティ、④連帯 (solidarity)、⑤待遇の同等性 (comparability of treatment) である。①は、事案毎に適した決定を行なう、②は、債権諸国のコンセンサスという意思決定方式を採用するというものである。③は、国際通貨基金の構造調整プログラムをパリ・クラブのリスケジューリングの必要条件とすることが合理的でありかつ納税者の利益確保にもかなうとするものである[35]。④は、債権諸国がパリ・クラブで合意された条件を履行することに同意する、⑤は、パリ・クラブ債権諸国と債務国のリスケジューリング合意において、債務国が、非パリ・クラブ債権者とはパリ・クラブと同程度の条件でしかリスケジューリング合意はしないと約束し、非パリ・クラブ諸国がより有利な条件で返済を受けるという「抜け駆け」を防止するものである（上記のセネガルとの合意議事録では、「Ⅲ．一般的勧告の1.」がこれに該当する。なお、世界銀行や国際通貨基金などの国際金融機関には、優先弁済権があるとパリ・クラブは認めているが、最近の拡大HIPCsイニシアティブ（後述）においては、国際金融機関も債権諸国とともに債務削減に協力している）。このことは、リスケジューリングによる資金が、非パリ・クラブ債権者への返済に使用されず所期の目的である債務国の対外支払能力の解決に使用されることを担保するものであり、債権諸国の納税者への説明責任を果たすという意味がある[36]。

パリ・クラブにおける債権取扱に関しては、1年未満の短期債権は除外する、リスケジューリング対象の債権の範囲を確定するためある特定日を設定

し、この日以降に生じた債務はリスケジューリング対象から除外する（cutoff date原則）といったルールがあり、またリスケジューリングにおいては、非ODA債権がODA債権よりも先に扱われることが通常である[37]。また、パリ・クラブにおいては、債務国の経済発展状況に応じた債務再編条件が設定されてきた。繰延ターム（債務削減は伴わず支払期間の延長を認める）と削減ターム（債務削減を認める）に大別され、前者には、クラシック・ターム（IMFプログラムを締結した債務国に対して、原則として10年の繰延を認める）とヒューストン・ターム（①1人あたりGDPが2,995ドル以下、②債務GDP比率50％以上／債務輸出比率275％以上／輸出支払比率30％以上の3要件のうちの2要件を満たす、③民間債務の150％以上の公的債務を有する、という①②③の3要件のうち少なくとも2要件を満たす債務国に対して、原則としてODAは20年、非ODAは15年の繰延を認める。1990年導入）があり、後者には、ナポリ・ターム（債務比率が高いこと、国際開発協会（IDA）からのみの融資が可能な国家であること、1人あたりGDPが755ドル以下であることを基準として決定された債務国に対して、ODAは40年繰延、非ODAは67％の削減を行なう、1994年導入）とケルン・ターム（重債務貧困国（HIPCs、大半はサブ・サハラ・アフリカ諸国）とされた41カ国を対象として、非ODA債権について90％以上の債務削減を行ない、ODA債権については任意に100％の債務削減を行なう）がある[38]。

重債務貧困国の負う国家債務については、サミットでの合意に基づき、先進債権諸国によって債務放棄がなされるようになってきている。即ち、1996年のリヨン・サミットでは、80％の債務削減を、1999年のケルン・サミットでは、90％以上の債務削減が合意された。「（拡大）HIPCsイニシアティブ」と呼ばれるものである[39]。

重債務貧困国以外の問題としては、公的債権と非公的債権の調整問題（パリ・クラブとロンドン・クラブの調整問題でもあり、また公的債務も国内裁判所による債務再編の対象にすべきか——国際通貨基金による主権的債務再編メカニズム（SDRM）提案はそれに対応するものであった——否かという政策問題でもある）、アラブ諸国など非パリ・クラブ諸国による債権の相対的増大への対応問題などがあるが、本稿では検討する暇がない。なお、2003年10月8日、パリ・クラブは、重債務貧困国以外の債務国に対しては、既存のタームを機会的に適用

するのではなく、状況に応じた tailored response を採用するというエヴィアン・アプローチにつき合意している[40]。

　パリ・クラブにおける近年の特筆事項としては、後述するイラク債務問題の処理の他、2005年にはロシアがパリ・クラブ諸国に負う債務約400億ドルのうち150億ドルを前倒しにして支払ったこと、2004年12月末のインド洋大津波の被害諸国に対して債務償還支期間の5年延長（1年の猶予期間を含む）を認めると2005年3月に決定したことなどが挙げられる。

III　odious debt と国際法

　承継政府は、先行政府が負った債務の性質を理由として、債務の承継を拒絶できる場合はあるのか。「国家としての同一性が保持される以上、体制の変更によって新政府が樹立された場合でも新政府は旧政府の負った債務を承継する」という原則に対する例外はあるのだろうか。

　この点に関連して、odious debt; dette odieuse（憎忌債務）という概念を最初に示したのが Sack であった。Sack は次のように述べる[41]。「専制的な権力者が、専制体制を強化したり当該体制と闘う人民を抑圧したりするために、国家の必要性または利益に全く合致しない債務を負う場合には、この債務は国家全体の人民に対して憎忌すべき（odieuse）ものである。この債務は、当該国家に対して義務的ではない。それは、当該体制の債務であり、それを契約した権力者の個人的な債務であり、それゆえこの権力の瓦解とともに滅びるものである。この dette odieuse が国家の領域に重い負担をかけるものとして考えられないとする理由は、この債務が国家債務の適法性を決定する要件の1つ、即ち国家債務は当該国家の必要性と利益のために契約され、また債務によって得られた資金はそのために利用されなければならないという要件を満たさないからである。国家の利益に反する目的のために契約され利用され、債権者がそれを了知している dettes odieuses は、契約をした政府が葬り去られた際には、当該国家がこの債務によって得た真の利得の範囲を除いて、当該国家を拘束しない。債権者は人民に対して敵対的行為を犯したのである。それ

ゆえ債権者は、専制的な権力者から解放された国家が、dettes odieuses――それはこの権力者の個人的債務である――を負うと期待することはできない。」

さらに Sack は、国家の利益とは無関係の明白に個人的な利益のための債務もまた、このカテゴリーに属する債務であると指摘する[42]。奢侈品購入のための債務がその典型であろう。

Sack がこのような考え方を示した時点以前の注目すべき国家実行として、1989年の米西戦争後のキューバの米国への割譲に伴う承継問題がある。この問題の交渉において、米国はキューバにおけるスペインの債務を承継することを拒否したが、その理由として、米国は次のように述べた。「スペインが発行したこれらの国債は、スペインにおいては、他の多様な未清算の債務とともに、キューバの独立を武器によって阻止するためにスペインが負った『キューバ債務』の一部をなすと理解されている。いかなる観点からも、上記の債務は、キューバの地方的債務 (local debts) またはキューバの利益のためになされた債務であると考えることはできない。それは、いかなる意味においてもこの島が専ら責任を負う債務ではない。それは、スペイン政府によって、政府自身の目的のため、政府の代理人を通じて創出された債務であり、その創出にキューバは何ら関与していない[43]。」米国は明確には odious debt であるとは述べなかったものの、その趣旨は odious debt の考え方と軌を一にするものといえよう。

また、1923年の Tinoco 事件仲裁判決は、一般には「一国内での政府の変更の場合には、国家の同一性は保持されているため、新政府は旧政府の負った国家債務を承継しなければならない」という「政府承継の場合における債務の承継」を確認した判決と理解されている。但し、同判決においては、odious debt に言及しているとの解釈が可能な次のような指摘もあることが注目される。即ち、「Royal Bank の事案は、単なる取引の形式のみならず、金銭の支払の際に Tinoco 体制の下でのコスタリカ政府の真の利用に銀行が善意であったかどうかに依存する。銀行は、コスタリカ政府に対して正当な使用のため金銭を供与したことを弁明しなければならない。銀行は、この金銭が Tinoco 大統領によって彼が外国に亡命した後に彼の個人的支援のために用いられるであろうことを知っていた。銀行は、この目的のために Tinoco に支払われ

た金銭につきコスタリカ政府を拘束させることはできなかった[44]。」

国連国際法委員会「条約以外の問題に関する国家承継」に関する第9報告書(1977年)において、特別報告者Bedjaouiは、odious debtに関して相当詳細な検討を行なっている[45]。Bedjaouiの示した条文案は、次の通りである。

「第C条　odious debtsの定義
本条文において、odious debtとは、次のものを言う。
(a) 承継国または移転された領域の主要な利益に反する目的を達成するために先行国によって契約されたすべての債務
(b) 国際法、とりわけ国連憲章において示された国際法の諸原則、に合致しない目的を持って、またそのような目的のために、先行国によって契約された債務
第D条　odious debtの非移転性
[国家結合の場合を除いて、]先行国によって契約されたodious debtは承継国に移転されない。」

第C条と同一の文言は、条文案第31条として1981年に提示された[46]が、結局、「国家の財産、公文書及び債務についての国家承継に関するウィーン条約」の採択にあたっては同条は取り入れられず、odious debtの考え方は同条約には含まれなかった。

odious debtに多少とも関連する比較的最近の国際・国内判例としては、次のようなものがある。

[1]イラン・米国請求権裁判所United States v. Iran, Case B 36判決(1996年12月3日)[47]
イランの旧政府が米国と締結した武器購入契約に基づく金銭支払を米国が請求した本件において、イランは、1948年の契約をodious debtであるから無効であるとし、具体的には、この契約は、①米国によって強制されたものである、②前体制に従属する債務 (subjugation debt) である、③イラン・イスラム共和国に移転されない債務である(契約に基づく債務は前体制の個人的債務であるから、「odious debt非移転の原則」を類推することによって移転されない)と主張した。判決では、イランの主張を否認した。判決では、①につき、契約は

イランに対して強制されたものではなく、イランの要請に基づいて締結されたとした。②につき、契約に基づく武器供給はイランの防衛目的に資したとし、武器供給期間内に内戦も革命もなく、内戦や革命を抑圧する目的のために債務を負ったとする証拠はないゆえ、subjugation debt とは言えないとした。特に、契約と1979年のイスラム革命に至るイラン国内の危機との間に関連はないとした。また、契約は国際法上理解される odious debt の概念には分類され得ないとした。イランの正当な利益に反する目的の達成のために契約されたものではないし、国際法に合致しない目的のために契約されたものでもないとした。③につき、国際法上の odious debt 概念をめぐる議論には特定のスタンスをとらないとした上で、イランにおける革命による体制の変更は国家承継の問題ではないゆえ、国際法主体としては同一であり、新政府は国家の従前の権利義務を承継するとした。

[2] イラン・米国請求権裁判所 INA Corporation v. Iran 判決（1985年8月12日）Ameri 裁判官反対意見[48]

同反対意見では、odious debt の考え方は金銭債務以外の義務にも適用されるとし、米国・イラン友好条約は odious debt に類似した、シャー体制の個人的なものであって、シャーとともに消え去り、それゆえ米国も米国民も何らかの利益を引き出すために同条約を援用することはできないという驚くべき判断を示している。

[3] 米国国内裁判所 Russell Jackson et al., v. The People's Republic of China 判決（1982年9月1日）[49]

1911年に帝政中国（清国）政府が発行した鉄道債の元利不払について中華人民共和国政府に支払を求めた事案についての欠席裁判であったが、判決では、「一国家の政府または内部政策の変更は、原則として、国際法上のその地位に影響を与えない。君主制が共和制に移行したり、共和制が君主制に移行したり、絶対主義が立憲主義に取って代ったり、その逆がなされたりすることがあろう。しかし、たとえ政府が変更しても、国家はそのままであり、権利義務は損なわれない」との1927年8月8日の Lehigh Valley R.Co. v. State of Russia 判決[50]を引用して、「中華人民共和国は帝政中国政府の承継政府であり、それゆえ、その義務の承継者である」と判示した。

odious debt に関する最近の研究において注目されるのは、次の諸点である。まず、定義に関して Jeff King らによる研究[51]では、odious debt の定義として、①当該国の人民の利益に反して債務合意がなされたものであること、②当該国の人民の同意なしに債務合意がなされたものであること、③債権者が①②を了知して債務合意をしたものであることの3要件を挙げる。これは、Sack が示した2つの要件（当該国の人民の利益に反して債務合意がなされたものであること、債権者がそのことを了知して債務合意をしたものであること）に加えて、当該国の人民の同意なしに債務合意がなされたものであることを挙げているのが特徴的である。

　立証責任との関連では、Frankenburg らは、恣意的な運用を避けるために、債務が odious であることを主張する承継国は、①当該債務が人民の利益と合致しないこと、および、②債権者は契約締結時点においてこの事実を知っていたことの2点を立証しなければならないとする。この2点が立証された場合には、今度は債権者が、資金は債務国の公共の利益のために用いられたことを反証する責任を負わなければならない旨、指摘する[52]。

　私法との関連では、Paulus が、次の3つの注目すべき指摘をしている。第1は、odious debt 問題の解決につき、私法統一国際協会 (UNIDROIT) 国際商事契約原則第3.10条(1)において、「契約または個別の条項が、契約締結時に、相手方に過剰な利益を不当に与えるものであったときは、当事者はその契約または条項を取り消すことができる。その際、他の要素とともに次の各号に定める要素が考慮されなければならない。(a)その当事者の従属状態、経済的困窮もしくは緊急の必要に、またはその当事者の無思慮、無知、経験の浅さもしくは交渉技術の欠如に、相手方が不当につけ込んだという事実、(b)その契約の性質および目的」と規定していることから、このような過大な不均衡 (gross disparity) を含む契約の解釈による対応 (*lex mercatoria* による解決) を示唆していると指摘していることである[53]。第2は、「将来の貸付契約において私的自治に限界があることを当事者に警告する」という odious debt ドクトリンの目的を達成するためには、貸付契約を無効とするだけではなく、貸手による返還請求を不当利得ゆえに否認すべきであると指摘していることである[54]。第3は、odious debt を肯定する立場からは、今日では *pacta sunt servanda* は絶

対的ではなく、消費者法同様、力の格差がある状況下では odious debt は認められるべきであると指摘していることである。他方、odious debt への批判として、貸手が貸付をためらいその結果として途上国の生活条件が一層悪化するおそれがあると指摘する[55]。

この odious debt の是非をめぐる問題が現実に生じた最近の例は、イラクのフセイン政権が負った債務を新政権は承継しなければならないかという問題に関してであった。新政権によるイラク債務承継は否定されると主張する Kremer（ハーバード大学経済学教授）らは、odious debt に関して次のように述べる。①債権者は、odious debt ゆえに返済を受けることが期待できないとなれば、抑圧的な政府に貸付をすることを再考するであろう。②どの貸付が正当であり、どの貸付が odious で無効であるかを、事前に明確に決定するシステムが必要である。③特定の政府が忌むべき政府であって当該体制に対する将来の貸付は正当ではないと宣言することは、標的国への資金の流れを止める「貸付制裁 (loan embargo)」となり、債権者は、当該体制に対する貸付を利潤を生まないとの理由で停止するであろう。④国連安保理が、現行の独裁政権による借入は当該体制の責任であって当該国の人民または将来の政府の責任ではないと宣言すれば、この制裁は債権者による貸付をためらわせることとなろう[56]。

もっとも、イラク債務問題に関しては、odious debt をどう考えるかという議論よりも現実の方が先行したと言える。即ち、2004年11月21日にパリ・クラブの債権諸国とイラクは、イラクの債務救済について合意に達した。その内容は、イラクの負う債務389億ドルに関して以下のような「例外的待遇」を行うというものであり、第1段階として債務の30％を直ちに削減する、第2段階として IMF のプログラムが承認され次第、債務の30％を追加削減し、残りの債務については6年の猶予期間を含めて23年に返済を繰り延べる、第3段階として IMF プログラム実施3年後の中間審査を経た上で、債務の20％を追加削減する、というものである。総計80％の削減での合意の背景には、イラクに対する債権額はさほど大きくはなくイラク復興についての障害を可能な限り取り除きたい米国（債務の95％以上の削減を主張したとされる）とイラクに多額の債権を有するフランス（50％程度の削減におさえるべきと主張したと

される）との対立があったとされ、80％という数字は両者間の妥協の産物と考えられるが、相当に高い削減比率となったことの背景には、Jubilee Iraq 等の NGO によるイラク債務削減の働きかけも多少とも影響したと言えよう。米国は、その後、2004年12月17日には、米国はイラクが米国に対して負う債務約41億ドルを全額免除することでイラクと合意した。イラクに対して世界で最大額の公的債権を有するといわれるわが国では、上記のパリ・クラブでの合意をふまえて、2005年11月24日にイラクに対する債務救済措置に関する2つの交換公文がかわされた[57]。対象となる債権は、イラク政府が日本政府（国際協力銀行）に対して負う債務約830億円および日本政府が保険を引き受けた商業上の債務約8,060億円（円建債務約7,900億円、米ドル建債務約1億4,000万ドル）である。債務救済実施の方法は、3段階に分けて総計80％の債務削減を実施するというものであり、第1段階として、署名後に30％の債務を削減する、第2段階として、イラク政府による IMF プログラムへの同意を条件として、削減率を60％まで引き上げ、残りの債務を償還期間23年（据置6年）にて返済する、第3段階として、IMF によるプログラムの最終審査の終了を条件として削減率を80％まで引き上げる。遅延金利は、円建債務につき年2.571％、米ドル建債務につき年4.854％とする。

　イラク債務問題の処理は、同国の安定のためには不可欠なものであったが、世界の債務再編問題を全体として見た場合には、イラクという資源国がアフリカの最貧困諸国に比べて優遇されすぎたという批判もあり得よう。1つの処理方式として、イラクのように石油等の資源を豊富に有する本来的には豊かな国家に対しては、このような公平性の観点からも、また、債権国の納税者の理解を得るためにも、将来開発される資源の一部を担保にすること（資源とのスワップ）または将来資源が開発された場合には、その一部分は優先的に債権国に供給することを条件とすることも考えられるのではないか。

　odious debt をめぐる法律問題の処理のために、紛争処解決機関を整備すべきとの提案が時になされることがある。たとえば、Paulus は、そのような紛争解決機関としては、世界貿易機関（WTO）の紛争解決機関および特別の常設的な機関が考えられるとし、後者は国連貿易開発会議（UNCTAD）などの国連機関の下で設置すべきだとする（Paulus は、イラン・米国請求権裁判所のよう

なアドホックな仲裁は当事者間の力のバランスゆえに望ましくないとし、また事案毎の異なる仲裁は判断の素材となる先例の蓄積という点で問題があるとする[58]）。しかしながら、上記のような事例が存在する以上、実際にそのような紛争処理機関の整備は必ずしも喫緊の課題とは言いがたいことに加えて、よりコストがかからずまたより柔軟な対応が可能な ad hoc の仲裁を否定することは、合理的な見解とは言い難い。なお、もし紛争解決機関を構想するのであれば、国家債務問題には、債権国、債務国以外にも民間債権者をはじめとするステークホルダーが存在するため、また債権国の中には OPEC 諸国のようにパリ・クラブのメンバー以外の諸国もいるため、それらが一堂に会して調整が可能となるようなメカニズムを構築することが望ましいといえよう（もし仲裁ということであれば、それは多面訴訟ということになろう[59]）。旧政府の負った債務が odious であるから新政府は承継しないか否かという判断は、あくまでも債務再編過程全般の中で扱われるべきであろう。

　odious debt と経済制裁との関係については、次のように整理することができよう。第1に、独裁国家や国際法違反国への貸付は、国際法上の国家責任の問題はともかく[60]、貸付国に道義的な責任の問題を生じさせかねない。第2に、独裁政権への貸付を禁止することは、人民の利益に反する債務の償還の負担を減らすため結果として人民の利益に資し、また貿易制裁のように無辜の人民への損害という副作用の問題は一般には生じないため、政策的には一般に positive に評価されよう[61]。この独裁政権への貸付禁止の考え方自体は、わが国の政府開発援助大綱のいわゆる ODA 4 原則とも通底するものである。第3に、このような貸付禁止措置は、smart sanctions（経済制裁への無辜の人民への悪影響を少なくする反面、有責者への損害を極大化させるという経済制裁のあり方であり、独裁国家の政府高官らの銀行預金の凍結はその主要な手段の1つである）[62]や「人民の富の収奪 (indigenous spoliation)」概念（独裁国家における首脳らの資産特に金融資産は、民衆の資産を搾取したものであるから、民衆に返還されるべきであるという考え方）[63]とともに、国際金融分野における独裁国家への対応として手法の開発が強く求められるものであるといえよう。第4に、独裁的な政府の負う債務は odious debt であるとの考え方が一般的となり、そして具体的案件との関連でたとえば国連安保理決議において（あるいはパリ・

クラブや主要債権諸国において）もしそのように認定されれば、債権国は当該政権が崩壊すれば当該債務が焦げついてしまうことを恐れて貸付を渋るようになろう。このような言動は、金融制裁（貸付禁止）自体が発動されていない場合には、金融制裁と事実上同様の効果が期待できる措置となろう。他方、金融制裁（貸付禁止）が既に発動されている場合には、金融制裁破りをしてまで貸付をするインセンティブを削ぐ効果を有する措置となろう[64]。

　他方、odious debt に関しては、これを安易に認めると、債務国にモラルハザードを引きおこすことになるのではないかという問題、および、債権者が債務不履行となることを恐れて独裁政権のみならず途上国一般への貸付を現在以上にためらって途上国には必要な資金が得られなくなるのではないかという問題が生じかねない。もっとも現実を見る限り、債務国の新政府が odious debt を安易に主張することは一般にはない[65]。また、たとえこれらの問題が生じうるとしても、odious debt として支払が免責される債務の範囲をある時点（たとえば重大な国際法違反が発生した時点）以降に契約された債務に限定することによって、不都合は相当程度、回避されよう。もっとも、これを厳格に行なうためには、当該時点を認定および当該時点以降の債務は odious debt であるとの宣言をする公平な第三者機関が創設される必要がある[66]が、そのような公平な第三者機関の創設がおよそ望めない現状では、パリ・クラブ債権諸国がこれらの問題の存在を認識した上で総合的に合理的な政策判断を行なうことに期待せざるを得ないであろう。

おわりに

　国家債務問題については、以前と比べて近年では、政策問題として扱えば十分であると考えられるほどに、主要な国際法上の争点とはならなくなっている。その主たる要因は、先進債権諸国による債務の放棄や繰延である。しかしながら、今後においては、先進諸国における財政赤字の拡大や説明責任の厳格化とともに、債務放棄・繰延や非民主主義政府への貸付の是非が自国の納税者の理解をどこまで得られるかという財政民主主義の観点からチェッ

クされ、国際法上の問題として争点化する必要性が生じることは十分に予想できる。その際には、本稿でふれたような国際法の原則に立ち返っての考察をすること、および、債権国・債務国間の衡平に合致した負担の分配のための方策を勘案することが極めて重要となろう。

〔注〕

(1) この課題については、以前、簡単に検討したことがある。拙稿「国際法治主義の地平」岩村正彦他編『岩波講座 現代の法2 国際社会と法』(岩波書店、1997年)、142-144頁。

(2) Acquaviva, G., "The Dissolution of Yugoslavia and the Fate of Its Financial Obligations," *Denver Journal of International Law and Policy,* Vol.30 (2002), pp.208-209. なお、旧ユーゴスラビア連邦の金融資産の承継問題については、2001年6月29日の承継協定(2004年6月2日発効)により、崩壊前の予算割合および人口比を基準として、新ユーゴ(FRY)38％、クロアチア23％、スロベニア16％、ボスニア・ヘルツェゴビナ15.5％、マケドニア7.5％の割合で承継がなされることが合意された。*ILM,* Vol.XLI (2002), pp.25-29 (Annex C).

(3) たとえば、Borchard, E., *State Insolvency and Foreign Bondholders*, Vol.2 (1951) では、メキシコおよびペルーの1820年代からの債務問題が検討に含まれているし、Feilchenfeld, E.H., *Public Debts and State Succession* (1931), p.17 では、アレクサンダーによる Thebe の征服およびカエサルによる Dyrrhachium 征服においては、これらの都市の一定の債務者は債務から免れることが征服者によって認められたとする。

(4) Reinisch, A., *State Responsibility for Debts* (1995), pp.12-13.

(5) 本条約作成のきっかけは、1902年12月20日に、英国、ドイツおよびイタリアの軍艦がベネズエラの沿岸を封鎖したことに対して、同29日にアルゼンチンのドラゴ外相が、債務支払を強制するため欧州列強が米州への武力干渉をすることは、国際法にもモンロー・ドクトリンにも反するとして抗議したことにある。Moore, J.B., *A Digest of International Law,* Vol. 6 (1906), pp.592-594. 外交交渉による債務問題の解決が首尾よくいかなかったため、同11日に英国はベネズエラ港湾の封鎖を命令し、同13日にベネズエラは仲裁付託を提案したが、この提案は無視されて同20日に3国による封鎖となった。米国、メキシコ、スペイン、フランス、ベルギー、オランダ、スウェーデン、ノルウェーもベネズエラに対して債権を有し外交上の請求は行なったが、実力行使には至らなかった。債権諸国との交渉において、ベネズエラは関税からの支払を提案したが、英国、ドイツおよびイタリアは、自国への優先支払を主張したため、1903年5月7日の仲裁付託合意に基づき、この問題が仲裁付託されることとなった。1904年2月22日の仲裁判決では、英国、ドイツおよびイタリアの優先権が認められた。その理由としては、これら3封鎖国との1903年2月13日の議定書においては、「ベネズエラ政府は当該政府によって優先される請求の妥当性を原則として承認する」(各第1条)

となっているのに対して、他の債権諸国との議定書にはそのような文言はないこと、3国による主張に対して1903年1月末までベネズエラ政府による抗議がなかったこと、ベネズエラ自身が外国交渉において3封鎖国(同盟諸国)とそれ以外の諸国(中立諸国)を、区別していたこと、中立諸国は3封鎖国の主張に対して上記の議定書署名時には抗議しなかったこと等を挙げた。*RIAA*, Vol.9 (1974), pp.103-110; Silagi, M., "Preferential Claims against Venezuela Arbitration," *EPIL*, Vol.2 (1981), pp.234-235; Benedek, W., "Drago–Porter Convention (1907)," *EPIL*, Vol. 8 (1985), pp.141-143.

(6)　これらの課題につき、拙稿「経済制裁の国際法上の機能とその合法性(2)」『国家学会雑誌』100巻7・8号(1987年)、119-134頁および「国家の単独の決定に基づく非軍事的制裁措置」『国際法外交雑誌』89巻3・4号(1990年)、19-21頁。

(7)　Leyendecker, *Auslandsverschulung und Völkerrecht* (1988), p.25 (cited by Reinisch, *supra* note 4, p. 52, note 227).「一方が非国家主体であるから即、国内法準拠」というこのPCIJの考え方は、その後の国際法の進展や一方を現地政府、他方を石油等の鉱物資源を開発する外国企業とするコンセッション契約等の扱いに照らしたとき、もはや完全には妥当するとは思われないが、この点の検討は省略する。なお、Reinisch, *supra* note 4, pp.51-52 では、国家間の借款合意については国際法を準拠法とすると推定することが合理的であるとし、特に国連条約集や各国の法令集に登録されるものについてはそう考えることができるとする。

(8)　Reinisch, *supra* note 4, pp.51-54.

(9)　Bothe, M. and Brink, J., "Public Debt Restructuring: The Case for International Economic Co-operation," *GYIL*, Vol.29 (1986), pp.92-93. なお、同論文では、条約法上の不履行原因と国家責任法上のそれとが区別されずに検討されているので注意を要する。両者の関係を一般的にどうとらえるかは難問であり、ここでは検討はできない。この主題については、長谷川正国「条約違反に対する対抗措置(1)〜(3・完)」『福岡大学法学論叢』32巻3・4号(1988年)、459-493頁、34巻2〜4号(1990年)、373-407頁、35巻1〜3号(1990年)、173-226頁参照。

(10)　*RIAA*, Vol.10, p.353.

(11)　*RIAA*, Vol.11, p.443.

(12)　*YILC*, (1979), Vol.II, Part 2, pp.127-128; *YILC*, (1980), Vol.II, Part 2, pp.36-37.

(13)　Crawford, J., *The International Law Commission's Articles on State Responsibility* (2002), pp.172, 180; Reinisch, *supra* note 4, p.63.

(14)　*ILA Report of the Sixty-Third Conference* (1988), pp.21-22.

(15)　Reinisch, *supra* note 4, pp.64-70.

(16)　*ICJ Reports 1969*, p.47.

(17)　Bothe and Brink, *supra* note 9, p.107.

(18)　Reinisch, *supra* note 4, p.29.

(19)　*PCIJ Ser. A/B*, No.78, p.177.

(20) Reinisch, *supra* note 4, p.30.
(21) *ILM,* Vol.XXIII (1984), p.117.
(22) この点につき、中谷、前掲論文（注1）および Nakatani, K.,"Diplomacy and State Responsibility," in Ragazzi, M. (ed.), *International Responsibility Today* (Essays in Memory of Professor Oscar Schachter)(2005), pp.37-47 参照。
(23) *RIAA*, Vol.25 (2005), pp.21-82. なお、同判決の要旨は、Hamilton, P., *et al.* (eds.), *The Permanent Court of Arbitration: International Arbitration and Dispute Resolution* (1999), pp.202-205 において紹介されている。
(24) *RIAA*, Vol. 25 (2005), pp.72-76.
(25) この主題（特に国家責任法の理論と国際関係の現実との乖離）につき、中谷、前掲論文（注1）、131-152頁参照。
(26) パリ・クラブについては、国際法の観点から検討したものとして、Holmgren, C., *Le renégociation multilaterale des dettes: le Club de Paris au regard du droit international* (1998)、邦文のものでは、栗原毅「『債務のパリ』入門」『ファイナンス』(2005年5月)、15-43頁、松井謙一郎『パリクラブ』（財経詳報社、1996年）、その他、Rieffel, L., *Restructuring Sovereign Debt* (2003), pp.57-94 (Chapter 5, The Paris Club) ; Rieffel, A., "The Paris Club, 1978-1983," *Columbia Journal of Transnational Law*, Vol.23 (1984), pp.83-110; Rieffel, A., *The Role of the Paris Club in Managing Debt Problems* (Essays in International Finance No. 161, 1985) ; Lawson, D., *Le Club de Paris* (2004); Sevigny, D., *The Paris* Club (1990)。パリ・クラブのホームページ http://www.clubdeparis.org(as of 24 October 2007) が2001年に開設されるまでは、パリ・クラブの原則および規則は公表されていなかった（Rieffel, *ibid.*, p.68）。
(27) 栗原、前掲論文（注26）、26頁。
(28) Holmgren, *supra* note 26, p.219, note 17 では、米国の署名は仮署名であるとする。リスケジュール会合では、債務国側からのリスケ条件の提案の後、債権国間のみで債権国案をコンセンサスに基づき作成し、議長がこれを債務国側に提示する。債務国側がこの債権国案に合意せず再提案があった場合には、再度債権国間で検討して第2次案を作成し、議長が債務国側に提示する。このようにして合意に達するまでこのプロセスが繰り返される。栗原、前掲論文（注26）、24頁。この過程で、債務国代表と比べて債権国代表は下位の官職にあること、債務国代表の発言が無視されることもあることなどから、債務国の威厳を確保すべきだと感じる者もいる。Kappagola, N., "The Paris Club, a developing-country point of view," in Sevigny, *supra* note 26, pp.6-7.
(29) *U.S. Treaties and Other International Agreements*, Vol.34, Part 2, pp.1987-2009.
(30) 我が国においては、合意議事録を受けて、債権国と政府間交換公文を閣議決定に基づいてとりかわして、債務国政府との間での公式合意とした上で、さらに実際に債権を保有している国際協力銀行（JBIC）の当初貸付契約を修正するなどの所要の手続をとることとなっている。栗原、前掲論文（注26）、24頁。

(31) *ICJ Reports 1994*, p.122.
(32) Holmgren, *supra* note 26, p.218.
(33) *Ibid.*, pp.218-219.
(34) *Ibid.*, pp.220-221. 他方、債務国の中には合意議事録を拘束力あるものと見る国家もないわけではない。たとえば、コスタリカでは、議会に批准承認を求め、また官報に掲載する。*Ibid.*, p.221.
(35) 栗原、前掲論文（注26）、27-29、33頁。
(36) 同上論文、30-31頁。
(37) 同上論文、34頁。
(38) 同上論文、36-38頁。この他に、トロント・ターム、ロンドン・ターム、リヨン・タームがあったが、前2者はナポリ・タームに、リヨン・タームはケルン・タームにとってかわられた。
(39) なお、HIPCs への債務削減の合意形成過程において、NGO（特に Jubilee 2000）が果たした役割は小さくないと考えられる。この点につき、Buxton, N., "Debt Cancellation and Civil Society: A Case Study of Jubilee 2000," in Gready, P. (ed.), *Fighting for Human Rights* (2004), pp.54-77。
(40) 栗原、前掲論文（注26）、40-41頁。
(41) Sack, A.N., *Les effets des transformation des Etats sur leur dette publiques et autres obligations financièrs* (1927), p.157.
(42) *Ibid.*, p.158.
(43) Moore, *supra* note 5, Vol.1 (1906), p.358; Foorman, J.L. and Jehle, M.E., "Effects of State and Government Succession on Commercial Bank Loans to Foreign Sovereign Borrowers," *University of Illinois Law Review* (1982), p.23.
(44) *RIAA*, Vol.1, p.394.
(45) *YILC*, (1977), Vol.II, Part 1, pp.67-74.
(46) *YILC*, (1981), Vol.II, Part 2, p.79.
(47) *Iran-US Claims Tribunal Reports*, Vol.32, pp.175-177.
(48) *Iran-US Claims Tribunal Reports*, Vol. 8, p.446-447.
(49) District Court, N.D. Alabama, E.D, 550 *Federal Supplement* 869.
(50) Circuit Court of Appeals, Second Circuit, 21 *Federal Reporter, 2nd Series,* 401（Moore, *supra* note 5, Vol.1 (1906), p.249 からの引用）。
(51) Khalfan, A., King, J., and Thomas, B., *Advancing the Odious Debts Doctrine* (CISDL Working Paper, 2003), pp.13-20.
(52) Frankenburg, G. and Knipper, R., "Legal Problems of the Overindebtedness of Developing Countries: The Current Relevance of the Doctrine of Odious Debt," *International Journal of the Sociology of Law*, Vol. 2 (1984), p.430（Sack, *supra* note 41, p.163 を引用して論じている）。
(53) Paulus, C.G., "Do Odious Debts Free Over-indebted States from Debt Trap?" *Uniform*

Law Review (2005), pp.477-478. 当該条項の訳は、曽野和明・廣瀬久和・内田貴・曽野裕夫訳『UNIDROIT 国際商事契約原則』(商事法務、2004年)、78頁によった。

(54) *Ibid*., pp.481-482.

(55) *Ibid*., pp.473-474.

(56) Jayachandran, S. and Kremer, M.R., "A Dictator's Crippling Debts," *Harvard Magazine* (July–August 2003), p.31. Jayachandran, S. and Kremer, M.R., "Odious Debt," *American Economic Review*, Vol. 96, No.1 (2006), pp.82-92 も参照。なお、イラクがフセイン政権下で負った債務は odious debt であるという主張は、その他にも、たとえば Adams, P., *Iraq's Odious Debts* (Cato Institute Policy Analysis No.526 (2004)) においてなされている。

(57) 外務省告示1166号 (2005年12月14日)、http://www.mofa.go.jp/mofaj/press/release/17/rls_1124c.html (as of 24 October 2007)

(58) Paulus, *supra* note 53, pp.482-483.

(59) 多面訴訟の活用は、カスピ海や南沙諸島などの3カ国以上が権利を主張する境界未画定海域紛争への国際裁判による対処として考案するに値しよう。この点につき、中谷和弘「国際法における境界の位相」塩川伸明・中谷和弘編『法の再構築Ⅱ 国際化と法』(東京大学出版会、2007年)、78-79頁参照。

(60) この点につき、中谷、前掲論文 (注1)、139-140頁参照。

(61) Kremer, M. and Jayachandran, S., "Odious Debt," *The Brookings Institution Policy Brief #103* (2002).

(62) smart sanctions につき、中谷和弘「現代における経済制裁と交戦・中立法および国際人道法との関係」村瀬信也・真山全編『武力紛争の国際法 (石本泰雄先生傘寿記念論文集)』(東信堂、2004年)、311-313頁および同「安保理決議に基づく経済制裁」『国際問題 (電子版)』570号 (2008年4月号)、34-36頁参照。

(63) 「人民の富の収奪」概念につき、中谷、前掲論文 (注1)、140-142頁参照。

(64) 小林慶一郎「北朝鮮独裁体制揺さぶりには体制崩壊後の債務免除が有効か」『週刊ダイヤモンド』(2006年12月16日)、27頁では、北朝鮮の現政権が負う債務を odious と認定すると、現政権は外国銀行や企業から借金ができなくなるため、通常の貿易面での経済制裁よりも実効性が高まるものと思われると指摘する。

(65) たとえば、アパルトヘイト後の南アフリカ政府は、アパルトヘイト時代の南アフリカ政府が負った債務は odious debt だとは主張せず、債務を償還した。odious debt を主張して対外的信用を失うよりも、債務償還をして対外的信用を獲得するほうが中長期的にははるかに得策であると合理的に判断した結果であろう。

(66) Kremer *et al*., *supra* note 61, p.6.

[付記] 脱稿 (2006年3月8日) 後に、アルゼンチン国家債務の不返済が緊急避難として違法性が阻却されるか否かに関して相反する複数の仲裁判断に接した。この点を含め国家債務問題については、「ロースクール国際法第3回 国家の対外債務は返済しなければならないか」『法学教室』333号 (2008年6月号)、112-118頁に執筆した。

労働 CSR と国際労働立法

吾郷　眞一

はじめに

　本稿で取り上げる CSR（Corporate Social Responsibility）問題は、最近特に経営学の領域で盛んに議論されるようになり、企業統治の観点から会社実務でも大いに注目され始めたものである。企業の自主的な行動指針を出発点とする CSR は、そもそも法的な規制になじまないとか、OECD や ILO が設定した多国籍企業に関する行動要綱（code of practice, or behaviour, or conduct）は国際法的に法的拘束力のない文書であるとか、CSR は法とは違ったレベルの機能を持っているということがしばしば指摘される。しかし、CSR は今日実質的に規範としての力を持っているのであり、特に国際的に活動する企業にとって無視できない存在になっている。もちろん、本稿では経営戦略としての CSR や経営学的見地からの CSR 問題を取り上げるのではなく、その国際法的意義を見ようとするものである。

　本稿で述べようとしていることは、第1に労働基準を取り込んだ CSR（企業の社会的責任）概念が法的な分析に耐えるものであること、第2にそのような労働 CSR が国際労働法を構成する一要素になりうること、第3に労働 CSR の運用如何では国際労働法の支柱が揺るぎかねないことの3点である。国際労働法が国際法である限りにおいて、それは国際法体系にとっても興味深い状況を提示する。

　なお、本稿で分析対象とする CSR は労働に特化したそれであり、企業統治や環境問題などを規定内容とする一般的な意味での CSR ではないので、労働 CSR という語を当てる。しかし、それは一般的に語られる CSR の一部

であり、今日では企業統治を主とする一般的 CSR 概念と並んで、あるいは同義語のようにして取り扱われることが多い。

I　労働 CSR

　CSR は、その文字が示すとおり、モノやサービスを提供することを業とする法人が社会全体に対して負う責任である。古くは近江商人の営業理念や、明治時代の財閥の家訓に、同じ発想を見いだすこともできるが、企業活動がグローバル化した今日、「経営への戒め」だけではすまない状況になっている。児童労働排斥を目的とするラグマーク運動に始まる一連の不買運動や、多くの国に於ける製造物責任の立法化は、即時に世界中をめぐる情報によって世界的な消費者運動となって跳ね返ってくる。CSR の設定は企業の自主的な活動であると言いながら、実は消費者と国際社会からの攻撃をかわすための手段という色彩を帯びているのである。換言すれば、そこには世界的な市民社会への説明責任の遂行という構図が生まれてくるのであって、市民社会対企業の双務的な関係が暗黙のうちに樹立されているように見えてくる。単なる企業による一方行為ではなく、市民社会が提起した要望(「権利主張」)への回答としての CSR 設定(「義務履行」)であるのならば、裁判で主張できる厳密な意味での権利義務関係を発生させているとは言い得ないにしても、少なくとも因果関係は認めることができる。それは単なる企業の宣伝文句を超え、少なくとも「一方行為」としての一定の規範性を備えるに至っていることが推測される。CSR の発現形態としては、OECD ガイドラインなどのいわゆる国際機構の決議もあるが、最も根元的なものは、企業が独自に掲げる所信表明(一方行為)である。多くの企業が社是として CSR を挙げることが一般化しており、ほとんどの企業案内やホームページ上に大なり小なりそのための項目が設けられている。それにとどまらず、取引相手に自社のガイドライン受諾を求め、取引条件とするということ[1]がなされるならば、ここにまた双務性が出現する。世銀や IMF が行う貸付の際に設定されるコンディショナリティーは貸付協定の合意事項の 1 つである。とすれば、取引条件化された

CSRもまた1つの合意事項と考えられ、法的な効果を持つことになる。契約法上の概念である付合契約を想起することができる。

　今日一般的に言われるCSRは「法の遵守を含むとともに、法の遵守を超えて社会に利益をもたらす活動」であると説明される[2]。「法の遵守」（コンプライアンス）という場合の法は何かというと、まず企業内統治の問題として株主への責任を中心とした会社法が表に出てくる。次に、企業の外に向かってのルールとして競争法、証券取引法や知的財産法などの一連の経済法が問題になり、さらに広い公益を保護法益とする税法や環境法が問題にされる。刑法や憲法も関連してくることがある。狭い意味でのコンプライアンスは、実はほぼ実定法によって網羅されているということもできる。しかしCSRは単なるコンプライアンスだけではないところにその特徴がある。コンプライアンス・プラスアルファーであって、それが自主的な取り組み[3]であるところにCSRのCSRたるところがある。狭い意味におけるコンプライアンスでは、当該行為規範を遵守することが実定法的にも要求されているが、広い意味のCSRでは、関連する当為命題や法令が直接適用不可能である場合もある[4]。企業の社会貢献として行われるメセナ[5]活動を考えれば、それが法的強制力とは無関係であることが明らかであろう。ここに、CSRを法的にとらえるときの難しさがある。すなわち、コンプライアンスだけならば実定法そのものであるから、まさしく法のレベルでの議論であり、プラスアルファーとなると、法を超えるものを想定しているわけだから、まさしく法でないものが規定対象となることを意味する。

　しばしば表明される日本経団連の立場を見ると明らかであるが、企業の一般的な立場は「本来、社会的責任に配慮した経営や、その情報発信、コミュニケーション手法等は、企業の自主性、主体性が最大限に発揮される分野であり、民間の自主的かつ多様な取り組みによって進められるべきものである。また、官主導の取り組みは、簡素で効率的な政府づくりにも反する。よって、CSRの規格化や法制化に反対する」というものである[6]。その日本経団連のCSR「法制化に反対する」という言明の裏側には、CSRには法的な要素が潜んでいることを逆に推測させるものがある。実質的に企業がCSRを導入しなければいけなくなって、その規範的内容に拘束されていると考えているな

らば、それは少なくとも行為規範としての役割を担いだしたことを意味する。さらには、実定法の規定内容が努力義務である場合や、当事者の自由裁量を認めているような場合、プラスアルファーの部分のCSRは実定法内容を確定するという意味を持つものとなる。すなわちCSRであるプラスアルファー部分が実定法となることを意味する。国際法において国家の一方行為がそのまま国際法的効果を持つに至る場合を想起すればよい。

　さて、一般的なCSRは労働問題を対象とすることはない。それは当面商品の価値および取引相手からの要求および取引相手への要求のいずれの関心事項でないからである。ある企業において不当労働行為が行われているか、差別的雇用が行われているかは当面消費者や取引相手にとっては直接的には関係のないことである。しかし、この数年間で、状況は一変しCSRに労働基準が取り込まれることが急増した。それには2つの要因がある。まず第1に不買運動の組織化がある。消費者運動は労働にまで目をつけることになった。絨毯生産過程での児童労働を嫌うラグマーク運動を出発点として、消費者運動はCSRに労働基準を取り入れる契機を作った。後に見るFair Labor Association (FLA) の出発点も大学ブランド製品製造過程における労働基準遵守（いわゆるスウェットショップ排斥）への興味であった。第2に「社会条項論」の再来である。社会条項はウルグアイラウンドからWTOができあがる過程でやかましく議論された争点[7]であり、一時は収拾に向かったかのように見られたものであるが、社会条項推進を求める国はいろいろな形でこの発想を現実化しようと試みている。CSRも例外ではない。CSRの根底には消費者運動への対応という消極的な理由のほかに、差別化という攻撃的な側面もある。他企業よりも優れていることを宣伝するだけでなく、それを市場参加への条件とすることで有利な地位を築こうとするものである。WTOにおける社会条項論の背後には、極端に言えば自分（先進国）が達成した労働条件を基準として取り上げることにより、それより劣った労働条件を課している途上国からの輸入を防ごうという保護貿易の思惑があった。CSRについても同じことがいえるのであって、悪く言えば、高い労働条件を達成した企業が市場での地位を揺るぎないものにするために、低い労働条件の企業が参入してくることを阻む目的でCSRを掲げるというものである。もう少し好意的に表現

するならば、高い労働条件を誇る企業は、それなりのコストを支払っているのだから、他の企業も同様の条件で生産活動をしてもらわなくては、公正競争の見地から不利益を被ることになる、という発想である。まさしくこれは社会条項論である。

いずれにせよ、今日 CSR を論じる場合に、労働基準を取り込んだ労働 CSR を議論しないわけにはいかなくなっている。さらには、労働 CSR が取り込んでいる基準の多くが国際労働基準であり、また、その国際労働基準の多くを採択する ILO 自体が CSR 基準をすでに作っている。OECD や国連も CSR の実定法化を試みている。また NGO が推進する CSR においては労働 CSR に大きな比重がかけられており、それが規範化するとともに国際法としての国際労働基準と抵触する可能性が出てくる。ここに、CSR 問題を国際法の問題として分析する必然性と必要性がある。

II 国際労働法と労働 CSR

1 国際労働法

労働 CSR が実定法とプラスアルファーの部分から成り立ち、それが一体となって一定の規範性を帯びるようになるが、それが法規範に近いものとして出現するとすれば、その内容は国際労働法に最も近いものであろう。国際、国内を問わず労働 CSR を標榜する文書は例外なく ILO 基準を引用しているのである。

国際労働法というものはおおむね ILO 条約と ILO 勧告であると言っても間違いではないが、個別国家間に結ばれる労働問題に関する条約[8]や地域的な条約で労働基準を定めているもの[9]、その他政府間国際組織（たとえば OECD）が採択する労働関係の決議なども国際労働法の中に入れて考えることができる。個別・地域的条約や OECD 文書のように地理的・分野的適用範囲に一定の限定があるものに比して ILO 基準は一般性があり、かつ直接的に国内労働法として裁判規範になる可能性もある。

ILO 条約は立法条約であると言われる。国際法において立法条約 (traité loi)

というと通常は契約条約 (traité contrat) の対置概念として、双務性がなくむしろ共通の目的を持って結集する国家による多角的な合意と言う意味に用いられる。しかし、ILO条約の場合は、他の人権条約の場合と同じく、通常の意味に加えて国内立法をするという意味を付与することができる。すなわち、ILO条約が批准されれば、日本を含む多くの国においてそれは国内法と同等またはそれ以上の地位を得るのであり、国際立法がすなわち国内立法となる。国内法が条約と違っていれば、当該条約規定が自動執行的 (self-executing) である限りにおいて条約が国内法を直ちに改正する効果を持つ。仮に週休2日を定めた条約を批准する国で労働基準法が1日しか週休を認めていなかったとすれば、その条約は法律を改正して労働者は1週に2日間の休暇をとる権利ができる。換言すれば、個人が権利・義務の主体となり、条約規定が国内裁判において直接適用可能となるのである。イギリスなど条約に国内法への直接的効果を認めない国においても、少なくとも国際法違反の状況が発生することは避けられず、条約内容に適合する国内立法を作らなくてはいけないという力は加わる。

　国際労働法、特にILO条約は国内法上の直接的効果を持つだけでなく、国際機構 (国際組織) 法として、国家の枠を離れた国際機構 (国際組織) 自体が一定の法実現を推進する。私人 (ILOの場合「産業上の団体」すなわち、労働組合と使用者組織) は国家における司法救済を待つまでもなく (大概の場合、国内救済が得られないから)、国際機構に直接訴えかけていくことができる。また、国際機構側も加盟国に対して「監視機能」という国際行政行為を行うことができる[10]。それに加え、国際機構特有の「非拘束的文書」によって、伝統的な国際法が規律し得ない領域に踏み込むことができるのである。CSRでは国内企業一般はもちろんのこと、経済力の大きい多国籍企業を規律対象とすることが望まれるわけであるが、この多国籍企業という存在が国内法的にも国際法的にも取り扱いがやっかいであることが古くから指摘されてきた。形式的にはある特定の国に設立された法人でありながら、国内法上の規制をうまくすり抜けてしまうし、国際法主体性を持たないから国際法でも規律することができないからである[11]。そのような状況下では後述のOECDガイドラインやILO三者宣言などの文書が間隙を埋める役割を果たす。それらは

伝統的に認められた国際法の法源ではないいわゆる国際機構の決議であるから、正式な国際司法過程に乗ることはない。しかし、等しく正式な司法過程（国内および国際）に乗せることが困難な多国籍企業に対して何らかの法的規律をしていく場合には有用である。もちろんこの際伝統的な国際法の法源論や法主体性論を厳密に適用していくことはできず、構成主義（constructivism）的な考え方を柔軟に取り込まなくてはなるまい。

　そのように考えるならば、CSR については、国際労働法とされるもののうちで、次に述べる２つのいわば国際ソフトローが労働 CSR そのものであり、３つ目の国連文書も成立した段階で労働 CSR を重要な内容とする国際文書となる。さらに、国際労働組合組織と企業の間に結ばれる国際的な労働協約は、国内法のアナロジーを用いれば[12]ハードローとしての国際労働法を形成するものであり、企業に対して一連の労働基準遵守を約束させる限りにおいてこれまた労働 CSR であると言うことができる。国際標準化機構（ISO）のような政府間国際機構ではないものによる基準や、私人の提案する認証基準は、仮に国際的な展開を示すものであったとしても法的性質について疑問が残るが、効果に着目するならば労働 CSR であると言わざるを得ず、かつハードローとしての ILO 基準にとって脅威となるので、章を改めて（Ⅲで）眺めていく。

2　各種の既存労働 CSR
(1) OECD 多国籍企業ガイドライン

　OECD が1976年に採択した「国際投資と多国籍企業に関する宣言[13]」は、外国直接投資に対して加盟国が開放政策をとることを支援すると同時に、多国籍企業が事業を展開する国に調和した活動を行うよう訴えかけるものであり、その国際協力のために４つの文書が内包されている[14]。その１つが多国籍企業ガイドライン（以下「ガイドライン」）であり、その目標は、多国籍企業が経済、環境、社会の進展のためになしうる積極的貢献を奨励すること、および多国籍企業の様々な事業により生じる問題点を最小限にとどめることにある。ガイドラインの内容は、人権、情報開示、雇用・労使関係、環境、汚職防止、消費者保護、科学技術、競争、課税という企業倫理の様々な問題

に関する原則に及んでいるが、そのうち人権と雇用・労使関係の項目は労働CSRであると言って差し支えない。OECDの勧告であるため、ガイドライン自体に法的拘束力はない[15]。しかし、次に述べる各種の手続きを完備したことにより、ガイドラインに明らかに違反する企業に対して圧力となってきた。なお、2000年には、大幅なガイドライン改定がなされ、持続可能な開発という課題の中核となる経済面、社会面、環境面の要素を一層強く打ち出している。特に、児童労働と強制労働の撲滅に関する提言を加えたことにより、ガイドラインはILOの基本的条約をすべて含みこむことになった。

ガイドラインの効果的な実施のために、加盟国政府は、個々の多国籍企業との具体的な問題を処理するための国内連絡所を設置することを要求されている。これはナショナル・コンタクト・ポイント (NCP) と呼ばれ、主に各国の政府機関に設置されている[16]。NCPはガイドラインの遵守を奨励し、自国語への翻訳などガイドラインが国内の実業界やその他の関係者に周知・理解されるようにする責任を負っている。また、具体的なビジネス活動との関連でガイドライン実施に関して問題が発生した場合には、その解決を支援することになっている[17]。さらに、ガイドラインについての自国の慣行に関する情報収集を行い、OECD国際投資・多国籍企業委員会 (CIME) に毎年報告することもNCPに要求されている。

CIMEはガイドラインの運用を監督するOECDの機関であり、ガイドラインの実効性を高める措置をとることが期待されている。ガイドラインはまさしく原則を設定しているだけなので、CIMEは求めに応じて具体的な状況におけるガイドラインの適用に関する「説明」を行う。ガイドラインの特定状況への関連性についてはNCPが見解を述べるが、この際にはガイドラインの国際的性格が考慮され、各国間の解釈に相違がないように配慮される。しかし、疑わしい点や相違がある場合には、NCPが最終的な回答を出す前にCIMEが検討したうえで「説明」を行う。このように説明の最終的な責任はCIMEにあるのだが、NCPには可能な限り各国の状況の中でガイドラインの意味を明確にする必要がある。また、CIMEは、ガイドラインや国際投資と多国籍企業に関するその他の問題に関して、OECDの企業および労働関係の諮問委員会[18]と定期的に協議する。このような措置を通じて、CIMEは、ガ

イドラインを政府と企業だけでなく、労働団体や NGO など社会全体の間での誤解防止と信頼および予見可能性をもたせるものにしている。

(2) ILO 三者宣言

OECD や国連の活動と並行して、ILO でも労働の側面に焦点を当てた討議が行われ、1977年に理事会の宣言という形で「多国籍企業及び社会政策に関する原則の三者宣言」が採択された。場が ILO であるだけに、内容的にはすべてが労働 CSR であると言うことができる。

全59項目からなる本宣言は、およそ ILO が条約と勧告で規定している事柄をほぼ網羅し、それらを多国籍企業が「できる限り」守っていくことを訴えかけている。しかしこれは ILO 条約でも ILO 勧告でもないので、ILO 憲章上に規定がある様々な権利義務(権限ある機関への提出義務、未批准条約・勧告の報告義務その他)は発生せず、また一連の監視手続も発動しない。したがって本宣言に反した行動を多国籍企業がとったとしても、通常の意味での ILO 提訴手続きは進行しない。しかし、それが単なる理事会文書の域を超えて、国際労働基準に近いものとして認識される[19]ことがあるのは、その中で引用される ILO 条約自体の持つ重みが無視し得ないものであること、第2に、全体的には消極的ではあったものの宣言採択に際して当事者である多国籍企業が参加していること、そして、第3に宣言の「解釈」を通して一定程度紛争解決手続きが整っていることなどによると考えられる。この最後の「解釈」手続(厳密に言うと「多国籍企業及び社会政策に関する原則の三者宣言の適用に関する争いを規定の解釈に基づいて審議する手続」)[20]は1980年と1986年に改定され今日に至っているが、必ずしも利用頻度が高くはない。しかし利用された場合はそれなりの実績を挙げたと見てよいだろう[21]。もちろん、ILO による「解釈」は当該ケースに拘束力ある判断を下すことにはならないが、少なくとも、国内法に合致する措置であっても、ILO 三者宣言の趣旨には反することが公に認定されることにはなる。

(3) 国連多国籍企業行動規範(案)

国連人権委員会は1998年に「多国籍企業の活動に関する作業部会」を国連人権小委員会(正式名称「人権の促進及び保護に関する小委員会」)のもとに設置した。作業部会が作り上げた「国連多国籍企業行動規範(案)[22]」は2003年

に人権小委員会で採択され[23]、親委員会である国連人権委員会に2004年3月に提出された。内容的には、A．一般的義務、B．機会均等及び差別禁止の義務、C．身体の安全への権利、D．労働者の権利、E．国家主権と人権の尊重、F．消費者保護に関する義務、G．環境保護に関する義務、H．実施に関する一般規定、I．定義、の項目から成り立っている。国家だけではなく、企業も直接の名宛人となっていること[24]に注目すべきであるし、C項、F項、G項を除けばあとはすべて労働CSRそのものか、関連するものと言うことができる。ただし2004年の人権委員会ではこの文書の行方について慎重論が多く出され、かなり後ろ向きの決議が経済社会理事会で採択された。すなわち、2004/279決議では「そもそも、この小委員会文書は人権委員会の委託のもとに作成されたものではなく、小委員会はその監視機能を果たしてはいけない」とまで言い、人権高等弁務官に対して更なる調査・研究を指示している。

　しかし、まったく無視することができないと思われる要素もいくつか見受けられる。その1つは規定の具体性である。AからIまでの項目自体はある程度一般的表現を用いているが、その「評釈」が同時に採択されており[25]、そこでは、詳しく各種の国連文書、ILO宣言、OECDガイドラインが引用されているのである。たとえば「労働者の権利」についてのD項であるが、その細目5では単に「多国籍企業および他の企業は、国際人権・人道法だけでなく、関連する国際文書や国内法で禁じられている強制労働を使用しない」とあるのみであるが、その「注釈」を見ると、「(a)多国籍企業および他の企業は、1930年のILO強制労働条約（第29号）、1957年の強制労働廃止条約（第105号）、その他の関連する国際的人権文書で禁じられている強制労働を使用しない。労働者は、募集され、賃金を支払われ、公正で有利な労働条件を提供される。多国籍企業や他の企業は、労働者が債務労働および現代的奴隷制に陥るのを防ぐため実現可能なあらゆる方策を講じる。(b)労働者は離職する権利を有し、雇用者は必要なあらゆる書類や支援を提供して離職を可能にする。(c)雇用者は、労働またはサービスが、公的機関の監督や管理のもとで遂行されること、および当該人物が他の個人、企業、団体により雇用されないことを前提に、裁判所の判決の結果としてのみ刑務所労働を認めるILO29号条約に規定さ

れている条件下に限り刑務所労働を許容する」などの細かい説明があり、この最後の(c)項目などは ILO 29号条約そのものである。

　また、国連の人権保障機構というものがもつ実際的な規範実施監視機能も無視し得ない。ILO ほど古い組織ではなくとも、曲がりなりにも 50 年以上の活動と人権規約の実施監視手続の整備を通して、国際的人権保障機構の役割をかなりの程度で果たし始めており、今後の展開で「案」の括弧がはずれ何らかの決議となった暁には、小委員会もそれについての監視機能を果たすようになるかもしれない。そして、もしそうなった場合には国連の人権規範実施監視機構の実効性は、もとの決議（「国連多国籍企業行動規範」）の価値を高めるものとなろう。

(4) 国際労働協約（枠組み協約）

　以上述べてきたものは、国際法上の法的拘束力という意味では条約に劣り、実定法になっているとは言いがたいものであるが、しかしそれでも一応は政府間国際組織がその機構上の正規な手続に従って採択したいわゆる国際法文書 (international legal instrument) である。しかしこれから述べるものは、いわば民間の主体が国際的な適用を目指して作り出しているもので、およそ伝統的な国際法の領域には入ってこないものである。しかしながら、効果に着目するならば、一定の国際的で、法的な帰結を導く余地があるものとして考察の対象になる。そればかりでなく、国際社会の組織化が高まった場合には、実定国際法として認知されることもあるのではないかと思われる。

　国際産別組織による枠組み協約というのは、GUF (Global Union Federation 国際産業別組織)[26]中心となって経営者団体や多国籍企業と締結する協定のことをさす。枠組み協約としては、フォルクスワーゲン、ダイムラークライスラー、ボッシュ、ルノーと国際金属労連 (IMF)、家具製造販売の大手企業イケアと国際建設林産労連 (IFBWW)、小売業のカルフールとユニオンネットワークインターナショナル (UNI)、ホテルチェーン ACCOR、地中海クラブ、食品のダノン、チキータと国際食品労連 (IUF) などの例がある[27]。これらを含め既に 30 件を超える国際枠組み協約が締結されている。たとえばイケアは国際建設林産労連 IFBWW と枠組み協約を締結しているが、その内容は ILO 条約を多く引用した形をとっている。イケアの場合、原料として

木材を利用し、加工業での労働が不可欠であることから、IFBWWと協約を結ぶことは実際には大きい効果を持つ。IFBWWに加盟している労働組合を擁する企業体との取引において、協約が法的効力を持ってくるからである。IFBWWと締約多国籍企業は、協約の実施に向けて常に対話を継続しなければならず、協約で定められている各種の労働基本権及びその他の労働基準（公正賃金、労働時間、訓練、安全衛生など）が守られていないとされた場合や、協約の解釈をめぐり紛争が生じた場合には、共同でその解決を図り当事者に勧告を行うとされている。

　これらの枠組み協約が、締約企業に原材料や部品を供給するサプライヤーまで拘束するかどうかは大きい問題である。フォルクスワーゲン社・IMF枠組み協約は「供給業者や請負業者が各自の企業方針でこの宣言を考慮に入れるよう支援し、明白に奨励する」と規定し、基本姿勢を鮮明にした。ダイムラークライスラー社・IMF枠組み協約は、さらに一歩踏み込んで、「サプライヤーがダイムラークライスラーと同等の原則を導入・実施することを支持・奨励し、自社との関係の基礎として組み入れることを求める。サプライヤーが上記措置を講じた場合、取引関係を継続させるうえで有利な基準とみなす」とも規定してサプライチェーンへの適用を推進している[28]。

　国際産業別組織（GUF）は国際法的に言うならば非政府国際組織（NGO）であって、国際法の主体ではない。同様に多国籍企業も国内法上の法人であって、私人である。したがって、この両法主体間に締結された取極めは条約ではなく国際法の適用がないことは明らかである。しかし、Aという多国籍企業とBという国際的NGOとの間に締結された合意文書であり、純然たる国内法上の契約であるとは言い切れない。それは、両方が国境を越えて活動をしている主体であり、かつ、GUFが125カ国、289の加盟労組から成り立っているという「国際性」を持つことから来る。協約の実施はGUFの網を使って一挙に世界的な広がりを見せるからである。グローバル化のもとで企業は生産・サービス拠点をいつでも、世界のいかなるところにも移すことができるが、枠組み協約は、企業が世界のどこへ拠点を移そうとも、即座に対応することができるのである。

　国内法上、使用者と労働者の間の個別雇用契約と、労働組合と使用者が結

ぶ集団的協定 (collective agreement) を協約と呼んで区別するのは、後者が私的契約を一般化し、国によっては法律と同一の地位が与えられていることによる。CSR に関する枠組み協約も通常の契約とは違って、私的自治を越えた一般利益を具現することになる。GUF が締結する枠組み協約のほとんどが ILO 条約の丸写しであることにもそれが現れている。国際法体系が分権的なものでなかったとしたら、換言すれば、国際公益が主権国家とは離れた独立したものとして存在していたならば、枠組み協約は、国内労働法体系における労働協約と同じような「準立法機能」を果たすことになるだろう。この枠組み協定に違反したことが法的紛争になった場合、今日のところは最終条文において当事者の話し合いによって解決するとされているが、将来は ICSID などの国際法の適用がある機関に提訴されることも考えられる。少なくとも、次章で述べる民間の認証機構によるものとは質的に大いに違っているということができ、「これを世界の多国籍企業に広げることができれば、労働協約を通じて世界的な CSR の確立を行うことができる[29]。」国際社会はまだ成熟していないので、これに国際法としての地位を与えることは現段階ではできないが、国際労働法の法源としては今でも通用する。

III 民間労働 CSR の意義とその問題性

　CSR の出発点がそもそも企業の自発的な取り組みであることを考えれば、公的な機関でない私的団体が労働 CSR を提示し、それを民間企業が導入するということは驚くべきことではない。まさにその自発性こそが CSR だという見方さえできる。しかし、その民間団体が認証活動を行い、それが広く受け入れられるようになるとき、その活動は法律的意味を持ってくることになる。

1　ISO 基準とその他の NGO・NPO による「基準」

　国際標準化機構 (ISO) が社会基準を取り込んだ新しい国際標準作りに入っている。ISO26000 というのがそれであり、ISO のホームページによると2009

年採択を目指している(30)。ISO という基本的に工業規格を専門にしている組織が社会基準も取り扱うことについては、かねてから各方面での議論を呼んでおり、ILO も早くから注目していたが、ついに覚書を交わし、ISO26000 に取り入れられる基準が ILO 基準に抵触しないことを条件付けた(31)。概要についてはまだ完全には明らかになっていないが、もし、3年後に何らかの合意が成立して基準が動き出すならば、ISO の実績からして相当な重みを持つものとなろう。ISO 基準をクリアーしていないと企業活動に支障が出てくることになるならば、その ISO 基準自体が行動規範になるし、競争法の見地から法規範となることさえ考えられる(32)。ただし、内包する基準が労働権や人権を多く含むようになればなるほど、国連機構や ILO との調整が難航することは明白で、その行方は不透明である。

　それよりも実際的にかなりの勢いで実質的活動が広まっているのが、一連の民間イニシアティブ下の「基準」である。民間の社会基準認証機構としては、SAI（Social Accountability International）が有名であり、そこが作成した SA8000 という標準は、一部の地域では一定の普遍性を持つものとなっているということができる。また、FLA（Fair Labor Association）という組織も、数多くの米国企業や多国籍企業に対して認証活動を行い、影響力を高めている。数多くの企業が認証を受け、それがないと市場参入上不利益を被ることになるとするならば、その認証基準に内包される法原則は実定法と同じ働きをすることになる。少なくとも行為規範にはなる。民間認証機構は私的な NGO 法人であり、国境を越えて活動をするからといって国際法主体になることはないが、仮にその活動が世界社会（ないしは世界市民）の黙示的委託（「文明の神聖な信託」）を受けていると認定することができるようなレベルにまで到達したとき、あるいは認証基準は国際法的重みを持つに至るかもしれない。したがって、民間のイニシアティブであるからと言って簡単には国際法の議論から除外できないところがある。これらの民間団体は「国際法関与者」である(33)。しかし、今日世界が AFL や SAI にそのようなマンデートを与えたとは言うことができない。主権国家を基礎とする伝統的国際法秩序は未だ揺るぎなく、世界市民社会が国際立法権能を得るには至っていないので、国際社会を超えた世界社会が国際公益を確定し、その実施を私的団体に委ねるというような構成は

現在のところ難しい。また、将来的にそれが望ましい方向性を持つようになったとしても、以下に述べる理由で民間の認証機構の役割には限界があると思われる。

2 民間認証機構の問題性——国際労働法への挑戦

これらの民間認証機構の問題点は、それぞれが良いと考える基準を掲げて市民運動や場合によっては認証活動を展開しているが、その活動には法的正当性の裏付けはなく、それが企業に社会的責任を認識させ、労働基準を高めて児童労働・強制労働などの人権違反がない良い社会を作るという事実上の効果を持ち、良質の人権NGOが有するような国際公益を実現していくうえでの有用性を持つことが一部あるかもしれないが、むしろ多くの問題点をかかえている。認証する機構にどの程度信頼性があるのか、採用する基準は客観的か、認証は適切に行われているか、認証をする監査人はしっかりした訓練を受け、認証する実質的能力を有しているか、認証を受けることのできる企業が一部の優良企業にだけ限定されないか、逆に優良でないところも、低廉で低レベルの認証を受けることによって間違った評価がなされないかなど、枚挙にいとまがない。現在この運動を強く推進しているのは私的な民間団体であり、それら自体は政府によっても国際機構によっても正当なものとして「認証」を受けていないのである。したがって、その団体が認証のために使用する基準が果たして正当なものかどうかについては何の保証もない。そこで多くの認証団体は使用する基準の客観性を高めるためにILO条約を援用するが、果たしてその際の条約選択と援用方法に誤りがないのかは誰も検証できない。また、認証を受ける企業としては、不買運動などから身を守るためという消極的な理由と同時に、認証を受けない企業との差別化を図り市場での地位を有利にしようとする意図があるので、経済的に認証を受けることが困難な企業（認証にはかなりのコストがかかる）を排除する作用を持ち、市場の寡占化を招来する。正当性が付与されないまま、いろいろな団体が勝手に認証を行っていくと、ちょうど便宜置籍船の問題と同じことが起きる危険性すらある。

民間CSRの認証を受けることは、国際公益の実現とは言えず、むしろ反

対の効果をもたらすことがある。ILO条約という言葉を引用していたとしても実際はそれ以下の基準が適用される可能性がある。認証機構側もそのことについての取り組みの貧弱さを認識しており、認証審査員の訓練の必要性を認めている(34)。誤った国際社会規範解釈が、多国籍企業の力によってグローバル化すればILO条約は意味を失う。単に免罪符を得る目的のみでILO条約や他の人権基準をお題目のように掲げるだけでは、何の意味も持たないであろう。

　また、多くの民間労働CSRにおいては組合の自由は二次的なものとして位置づけられ場合が多い。民間認証機構がたとえば中国市場で活動を展開する場合、この基準があるために1つの企業も認証を付与することができなくなってしまうから、民間機構側の「営業戦略」上、組合の自由は表に出さないことがいいと考えているのではないかと疑われる。それに対しては、「一つの基準がネックになってその他すべてを捨てなくてはならないより、当面それをはずしておいて他の基準を遵守させるほうが望ましい」という回答が用意されるかもしれない。たしかに、「できるものからやっていく」という姿勢自体は悪くないし、「ないよりまし」かもしれない。しかし、これらの認証機構が提示する「基準」はもっともらしい顔をしており、労働法や労働行政が未熟な地域にとってはほとんど法令であるかのような印象を与えている(35)。その「疑似」法が結社の自由権に副次的な地位しか与えなかったり、またはまったく言及しないこととなると、それはその国の労働法と労働行政にとって間違ったメッセージを与えるとともに、正式な労働法体系の発達と労働行政の完備に悪影響が及ぶであろうことは想像に難くない。それだけでなく、ISOや民間認証基準は、それが法的な重みを加えれば加えるほど、正規の国際労働基準であるところのILO基準を崩壊させかねない。

おわりに

　労働CSRは国際労働法と重なり合うところが多く、OECDガイドラインやILO三者宣言で一部はすでに国際労働法によって取り込まれている。国

際労働法は伝統的な国際法（条約と慣習法）の枠組みだけで捉え切れないので、正しい労働CSRはその中で十分に市民権を有する。ではあるが、そのことと民間のイニシアティブによる労働CSRが規範化することとの間には質的な違いがある。正統的な政府間国際機構はおろか、未発達の世界的な市民社会からさえも委託を受けていない私人が、労働CSRを通して国際労働法に接近することは、後者にとって大きな脅威となる。また一部の国がその私的労働CSRの展開を後押ししていることも問題である。国際的な貿易機構に社会条項を取り入れることに失敗した国が、民間の機構が推進する労働CSRを積極的にバックアップすることによって実質的に社会条項の目的を達成しようとしている[36]。国際的な合意達成が困難なとき自力救済に走ることを許すのは、国際法の脆弱性を示すものではあるが、安全保障の問題ではなく社会正義の側面にまでこの傾向が蔓延することは好ましいこととは言えない。非国家アクターによる国際法定立過程への参加、もっと広く言えば国際法主体の多様化や法源論の柔軟化は、21世紀国際法が積極的に取り組むべき問題ではあるが、それには節度とイデオロギー性の克服が求められよう。

〔注〕
(1) 経営学ではサプライチェーン・マネージメントと呼ばれる。
(2) 足達英一郎「日本におけるCSRの現状と課題」『法律時報』(2004年11月号)、34頁。
(3) 松井秀樹「CSRと企業法務」同上誌、52頁：「企業活動に伴う法令を遵守することは、CSRの前提であるが、これを超えるCSRの活動については企業の自主性に委ねられるべきであって、そこへの司法の介入は最小限にとどめるべきであろう。」
(4) たとえば、サプライチェーンが児童労働によって部品を生産し親会社に納入したとしても、それを使って完成品を作り販売した会社自体は労働基準法違反に問われない。
(5) 企業による文化・芸術支援活動のこと。
(6) 2004年4月27日に出された「企業の社会的責任(CSR)推進にあたっての基本的考え方」。http://www.keidanren.or.jp/japanese/policy/2004/017.html (as of 6 June 2006)。
(7) 拙著『国際経済社会法』(三省堂、2005年)、134-140頁。
(8) 移民・外国人労働者の労働条件や社会保障についての取り決めなど。
(9) 欧州社会憲章など。
(10) 詳しくは前掲拙著(注7)、13章-15章参照。
(11) 多国籍企業に特有の移転価格問題を考えてみればわかりやすい。結果的には企業体全体として収益を挙げることを目的として、国境を越えた国内市場価格を下回る取引

⑿　国内法体系において労働協約が法律と同じ位置づけをなされている国は多い。ILO条約も、ほとんどのものに「本条約は、法令または労働協約などにより実施されなければならない」という条文をおいている。

⒀　OECD加盟国の30カ国と非加盟国の9カ国（アルゼンチン、ブラジル、チリ、エストニア、イスラエル、ラトビア、リトアニア、ルーマニア、スロベニア）が宣言を「受諾」している（2005年5月現在）。

⒁　「国際投資と多国籍企業に関する宣言」は、「多国籍企業ガイドライン」の他に、「内国民待遇」（自国領土内で事業を行う外国企業に対し国内企業より不利な扱いをしないことの約束）、「相反する要求」（多国籍企業に対する各国政府からの要求が相反しないよう、あるいはそれを最小限に抑えることの約束）、「国際投資促進策および抑制策」（国際直接投資に影響を及ぼす措置について協力することの約束）に関する文書によって構成されている。

⒂　ガイドラインⅠ章1項。

⒃　日本では、外務省、厚生労働省、経済産業省内に設置されている。

⒄　ガイドラインの勧告を遵守していないように思われる企業を関係者が通報できるようにすることで、ガイドラインの遵守は強化されている。

⒅　経済産業諮問委員会（BIAC）と労働組合諮問委員会（TUAC）。遵守諸国の経済団体と労働組合によって構成される。ともにパリに事務局を置き、OECDや加盟諸国政府代表部と定期的にコンタクトをとっている。

⒆　内容的にかなり国際労働基準に近いものを持っているにもかかわらず、正規の条約や勧告と同列に語られることはなく、事務局での取り扱いも国際労働基準局とは別の部署が担当している。

⒇　http://www.ilo.org/public/japanese/region/asro/tokyo/downloads/multi2007.pdf (as of 25 July 2008).

㉑　http://www.ilo.org/public/english/employment/multitripartite/cases.htm (as of 25 July 2008).

㉒　Norms on the Responsibilities of Transnational Corporations and Other Business Enterprises with Regard to Human Rights.

㉓　E/CN.4/Sub.2/2003/12/Rev.2 (as of 26 August 2003).

㉔　A項で、国家と並び企業に対しても「その活動の中で国内的、国際的に認められた人権を促進し、遵守する義務があること」が規定されている。

㉕　E/CN.4/Sub.2/2003/38/Rev.2 (as of 26 August 2003).

㉖　教育インターナショナル（EI）、国際化学エネルギー鉱山一般労連（ICEM）、国際建設林産労連（IFBWW）、国際ジャーナリスト連盟（IFJ）、国際金属労連（IMF）、国際運輸労連（ITF）、国際繊維被服皮革労連（ITGLWF）。

㉗　逢見直人「労働組合のCSRの取り組み」『グローバリゼーションと企業の社会的責

任－主に労働と人権の領域を中心として』労働政策研究報告書 No.45（JILPT、2005年）、82-83頁

(28) 労働政策研究・研修機構（JILPT）ホームページ2005年2月、海外労働情報、公正なグローバル化という課題、ICFTU http://www.jil.go.jp/foreign/jihou/2005_2/icftu_02.htm (as of 25 July 2008)。

(29) 熊谷謙一「企業の CSR から国際的な CSR のルールづくりへ」『連合』(2005年4月)、17頁。

(30) http://www.iso.org/iso/en/commcentre/pressreleases/2006/Ref1010.html(as of 17 June 2006).

(31) ILO GB.292/11, March 2005, Geneva, p.1.

(32) 独禁法や不正競争防止法の適用が問題になるようなケースに直面した場合、ISO 基準をクリアーしている企業とそうでない企業は、信義則原則が補助的に用いられることによって差別的に取り扱われることになるかもしれない。国内裁判の場でその可能性があることについて：Fikentscher, W., "United Nations Code of Conduct: New Paths in International Law," *Amer.J.Comp.Law,* Vol.30 (1982), p.592.

(33) 大沼保昭『国際法：はじめて学ぶ人のための』(東信堂、2005年)、129頁。

(34) 拙稿「企業の社会的責任をめぐる米国 NGO 活動の現状と問題点― Fair Labor Association を訪れて―」『世界の労働』(2004年5月号)、13頁。

(35) 2006年1月に北京大学で行われた CSR についての国際セミナーでは、中国の労働法学者がまじめな顔で CSR は労働法であるかどうかを論じていた。

(36) 後押しをする政府にとって興味があるのは自由権的基準であることが問題である。自由権規範重視のイデオロギー性については、大沼保昭『人権、国家、文明』(筑摩書房、1998年)、189-192頁など。

多国間環境条約の執行確保と複数の条約間の調整
―― 「ダニューブ・デルタ事件」の分析を中心に ――

児矢野　マリ

はじめに

　多国間環境条約は、現代の環境問題をめぐる科学的不確実性と技術上の限界、諸国間の社会・経済的条件の相違のゆえに、条約の目的を達成するために十分具体的規則・基準を確定的に定めることが、常に必ずしも容易ではない。このことを背景に、近年の多国間環境条約にはさまざまな特徴がある。その主なものの1つは、締約国会議等の条約実施機関による段階的な規則・基準の定立を想定するとともに、そこでは法的拘束力を伴わない基準等の実質的な機能を重視していることである。そして2つめには、条約の執行は、上記規則・基準等の定立と実施の双方の作用を含む、条約目的の達成のためのいわば螺旋状の展開過程を内包していることである。さらに3つめには、このような執行過程を円滑に機能させるために、何らかの制度化された仕組みを必要とし、またその枠組の中での問題処理を想定している場合が多いことである。このようにして多国間環境条約は、程度の差こそあれある種の「自己完結的な」構造を想定しているものが多い。

　その一方で、近年では以上の特徴をもつ多国間環境条約の増大に伴い、これら条約の定める規範・制度間の重複や対立が生じるようになった。とりわけ紛争処理の文脈では、同時に適用される複数の条約に基づく紛争処理機関間の管轄権の競合問題が注目されている[1]。これは、多国間環境条約を、地球規模での環境保全をめざす国際的な「公共的秩序」の形成と維持を担う法的枠組と捉えれば、枠組相互の整合性と一貫性の問題である。そして、秩序全体としての整合性、一貫性、統合性の問題を提起するものでもある。

以上のように、多国間環境条約の執行をめぐっては、大きく２つの問題が顕在化している。1つは、個別条約の「適正な」執行をいかに確保するか、ということである。もう１つは、その上で個別条約相互の整合的な執行をいかに実現するか、ということである。これは、主権国家の並存する分権的な国際社会で妥当する国際法が、現代の環境問題への対処において突きつけられている難問である。

　本稿は、多国間環境条約の下で具体的な問題が処理される過程の分析を通じて、以上２つの問題を考える際の手がかりを得ることを目的とする。具体的には、「ダニューブ・デルタ事件」における問題処理の過程を、以上２つの角度から分析し、その示唆するところを整理する。

　環境条約の執行に関する従来の研究は、「不遵守手続」等、条約の遵守確保のために制度化された個別のメカニズムに焦点を当て、その構造、構成、権限配分等の分析に基づき特質を整理し、その有用性と限界を指摘するものが多かった。けれども、以上２つの問いに答えるためには、これだけでは不十分である。なぜなら、現実の問題に対応する過程で初めて明らかになるであろう、関連諸要因に配慮しつつどのようにして執行が確保されていくのか、そのために諸制度がいかに運用されていくか、という点を考慮せずに執行の全体像を捉えることはできず、それゆえに上記２つの問いに対して的確なヒントを得ることはできないからである。したがって、本稿ではそのような現実の作用を把握するための１つの方法として、条約に基づく具体的な問題処理の過程を分析する。

　本稿にいうダニューブ・デルタ事件とは、ウクライナによるダニューブ・デルタでのビストロエ水路（Bystroe Canal）の開削事業をめぐる関係諸国間の対立と、その国際的な処理を含む一連のできごとをさす。この事件は2003年夏より国際的な議論の場に登場し、現在に至るまで対応が継続している。ここでは５つの多国間環境条約と１つの法的拘束力のない国際的合意の下、さらには地域的機関において、一定の手続を欠く当該事業の実施の適否（条約との法的適合性・条約目的との適合性）が問題となり、その解決が試みられている。そして、そのために複数の対応が並行するとともに、国際機関やNGOを含む国家以外の多様な行為体もその過程に関わっている。

以下では、まず、ダニューブ・デルタ事件の概要を説明する。ここでは、対応の経緯も含めて事実関係をある程度丁寧に記述する。なぜならこの事件では、ダニューブ・デルタ地域の地政学上の位置づけも含めて事件の背景が複雑であり、また、複数の条約等の適用に多様な関係者が絡んでいる上に、時間の推移に伴う状況の変化も著しい一方で、国際法学の分野では紹介も含めて先行研究はほとんどないからである。次に、欧州特有の事情にも注意を払いつつ、いくつかの観点からこの事件における問題処理の過程を分析し特徴を整理するとともに、現段階での問題処理の実効性を検討する。最後に、上記2つの問題を考えるにあたり、以上の考察を踏まえてこの事件が示唆するものを整理する。

ダニューブ・デルタ事件はまだ問題処理の途上にある。けれども、最初の国際的な提起から5年以上経過しており、既に考察に値するさまざまな素材が提供されている。したがって、現段階で一定の考察を加えることは有用である。このようにして、本稿の分析は2008年6月までの状況に基づくものであり、それゆえに本稿は、この事件に関する最終的な評価を含むものではない。

I ダニューブ・デルタ事件の概要[2]

1 事件の背景[3]

(1) ダニューブ・デルタの自然的特徴

ダニューブ・デルタは、黒海に繋がるダニューブ河の下流域を構成する、欧州で2番目に大きい三角州（約6,000㎢）である。これは主に3つの支流（そのうち最北部のキリヤ (Kilia) 支流はルーマニアとウクライナの国境）により形成され、三カ国の領域（広大なルーマニア領、北部端のウクライナ領、西部端の僅かなモルドバ領）に広がっている（図1および図2参照）。

このデルタは世界最大の葦の繁茂地であり、欧州地域最大の水の浄化システムを構成している。デルタの大部分は平坦地であり、全体の約20％が海水面よりも低い。水路や湖に加えて森林や砂丘もあり、農地もある。そして、

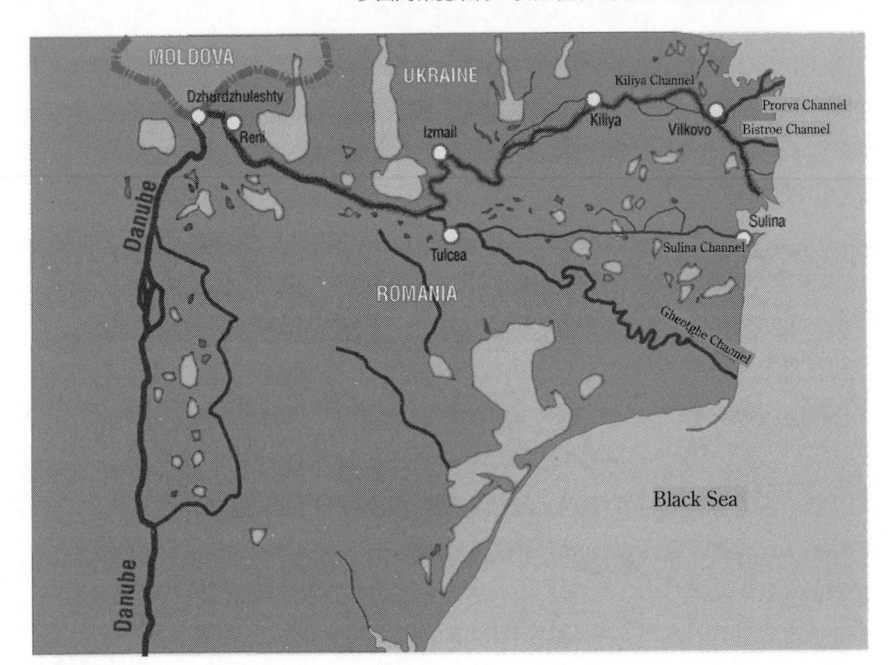

図1 ダニューブ・デルタ

出典：UNESCO & ICPDR, *International Conference, "Conservation and Sustainable Development of the Danube Delta,"* in http://conference.blackseatrans.com/index.htm (as of 8 May 2008).

5,000種を超える野生動植物が生息している。とくに多様な鳥の生息地として価値は高く、南欧地域の湿地の中で最大数の鳥が生息し、渡り鳥の重要な休息地または冬期の飛来地でもある。そのうち約320種が欧州地域で重要な種であり、そのうち12種が世界的に絶滅の危機に瀕している。さらに、魚の生息地としても注目されており、チョウザメを含む90種以上の魚が生息する。

(2) ダニューブ・デルタに対する国際的な規律の適用

以上のダニューブ・デルタの生態学上および水文学上の価値は、国際的に高く評価されている。そして、このデルタは広範囲にわたって、いくつかの条約等で特別保護区に指定されている。まず、「特に水鳥の生息地として国際的に重要な湿地に関する条約（ラムサール条約）」の下で、デルタの主要部分を含み隣接する2つの登録湿地がある。ルーマニア領内のダニューブ・デ

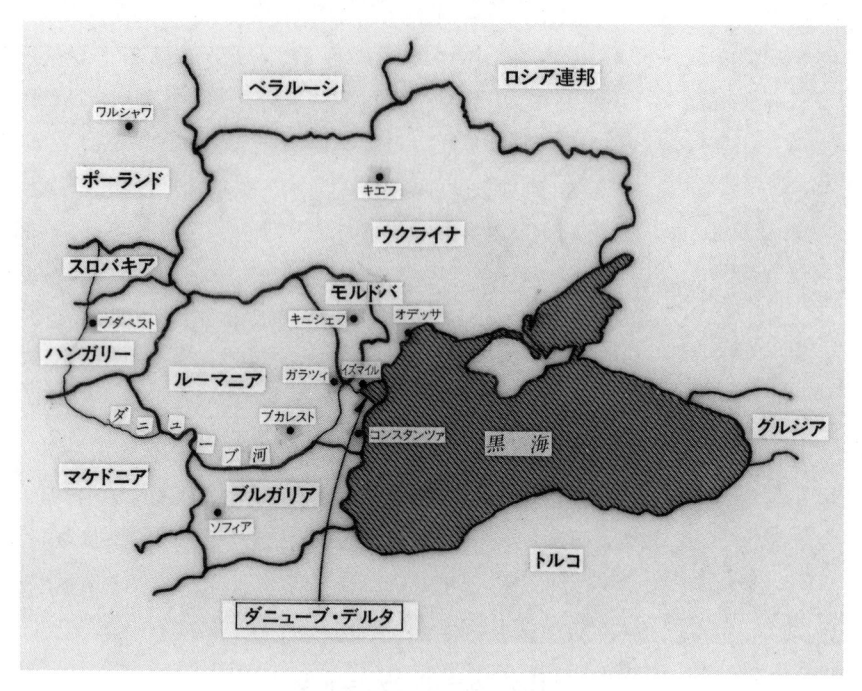

図2　ダニューブ・デルタの位置

ルタ湿地（1991年登録）と、ウクライナ領内のキリースク（Kyliiske）河口湿地（95年登録）である。また、少し上流にある4つの登録湿地（ウクライナ領2つ、モルドバ領とルーマニア領各1つ）も、デルタに繋がっている。

　また、ユネスコ「人間と生物圏（Man and Biosphere: MAB）計画」[4]の下でも、1998年に越境生物圏保護区（Transboundary Biosphere Reserve: TBR）に指定されている。この保護区は、ルーマニア領内の生物圏保護区（BR）（79年に指定、92年に拡張）と、このTBRの約17％の面積を占めるウクライナ領内のドナンスキ（Dunainsky）BR（98年に指定）から成る。現段階では、両国間にTBRの共同管理計画等はないが、貴重なTBRの1つとして、今後の展開が期待されている[5]。また、このTBRのルーマニア領部分はユネスコ世界自然遺産にもなっている。

　さらに、ダニューブ・デルタの生態学的な不可分性の認識に基づき、欧州審議会（Council of Europe: CE）の下で、2000年に流域三ヵ国間で「国境横断保

護区の設定と管理に関する協定」が署名された。この協定は2006年10月に発効したが、三国合同委員会の開催等の具体的な活動は進んでいない。

　以上の特別保護区の指定に加えて、このデルタには他の環境関連条約の規律も及ぶ。例えば、ダニューブ河下流域として「ダニューブ河の保護および持続可能な利用のための協力に関する条約 (Convention on Cooperation for the Protection and Sustainable Use of the Danube River)（ダニューブ河保護条約）[6]」や、欧州の野生動植物の生息地として、CEの下で採択された「欧州の野生動植物および自然の生息地の保全に関する条約 (Convention on the Conservation of European Wildlife and Natural Habitats)（ベルン条約）[7]」の適用を受けている。

(3) ダニューブ・デルタをめぐる社会・経済的状況

　ダニューブ・デルタでは、多くの人々は伝統的にデルタの天然資源を収入源として暮らしてきた。主な産業は小規模な漁業や農業、牧畜等である。社会主義の時代には、ルーマニアとウクライナ両国で開墾事業が盛んに行われたが、経済的には成功せず、むしろ土地の生産性を低めたとされる。そして、両国が政治・経済的過渡期にある現在、デルタ全体で住民の生活は厳しい状況にある。この地域の失業率は、ルーマニアとウクライナ両国ともに国家全体の平均より高く、高齢化も進んでいる。

　さらに、近年の地域海運業の衰退も経済の困窮に拍車をかけている。これは主に、旧ユーゴスラビア内戦でダニューブ河上流の橋の一部が破壊され、船舶の航行が妨げられていることによる。またウクライナでは、旧ソ連時代に可航水路であったキリヤ支流の最下流の支流 (Prorva Channel) が、独立後の整備不良から土砂が堆積し通航不能になったことも大きい。これは、ダニューブ・デルタでは水路の流れが速く、土砂等の堆積物が溜まりやすいという事情による。

　そして現在、ダニューブ河と黒海を繋ぐ大型船舶の可航水路は、ルーマニア領をほぼ直線に横切りスリナ (Sulina) 河口に至る、古い運河のみである（図1参照）。その結果として、ルーマニアは通航税等から大きな経済的利益を得ている一方で、ウクライナは経済的にも戦略的にも大きな危機感を抱いている。

　なお、ルーマニアとウクライナの国境を形成するキリヤ支流は、2003年

に両国間で締結された国境条約で規律されている。そして、1948年に採択されたダニューブ川の航行制度に関する条約（ベルグレード条約）は、ダニューブ・デルタではスリナ支流にのみ適用されている。社会主義の時代には船舶の航行が盛んであったキリヤ支流は、その当時から、国際法上船舶の自由航行が保障される国際河川とはされていない[8]。

2　事件の経緯

(1) ビストロエ水路事業の承認――国際的な批判の広がり（2003年－2004年4月）

ウクライナ政府は2003年夏に、ダニューブ河と黒海とを結ぶ自国領内の可航水路の開削事業計画[9]について、ユネスコ MAB 計画の事務局に相談した[10]。この計画は3つの選択肢を含んでおり、その1つが、キリヤ支流からビストロエ河口までの約8.5kmのビストロエ支流の開削事業（ビストロエ水路事業）である。

ビストロエ河口はビルコボ (Vilkovo) という小さな町の近くにあり、ビストロエ水路は、ダニューブ・デルタ TBR とラムサール登録湿地のコア・ゾーンの真ん中を横切る[11]（図1参照）。ビルコボは、ウクライナ領内のダニューブ河支流における海運業の衰退により、経済状態が著しく悪い。ウクライナによれば、ビストロエ水路事業は1万トンの船舶が航行できる水路をウクライナ領内に開削するものであり、その実現は、ルーマニア領を経由せずに黒海からの物資輸送を可能にする。そのため、コストの削減と流域地域の海運振興に貢献するという[12]。

同事務局は、連携関係にあるラムサール条約事務局と協議し[13]、2003年10月に、ウクライナの招請を受けて「ラムサール・ユネスコ合同視察団」を現地に派遣した。その結果によれば、ビストロエ水路はダニューブ・デルタ TBR の核心部分、とりわけ生態学上も水文学上もこのデルタ全体で最もダイナミックな部分を通るために、その開削はデルタの生態系に悪影響を与えるおそれがあり、ウクライナの提示する3つの選択肢のうち、環境上最悪のものである。そして同視察団は、十分な EIA を実施して最も悪影響の少ない他の選択肢を選ぶよう、ウクライナに勧告した[14]。しかし、ウクライナは3つの選択肢のうち、実施費用が最低と算出されていたビストロエ水路事

業を承認した。そして2004年2月に、ドナンスキBRの一部をゾーン変更する大統領令 (第117号) を発令した[15]。

これに対して、ダニューブ・デルタの保全に関わる前述環境条約等の下では、相次いで問題が提起された。まず2003年末には、ダニューブ河保護条約に基づきダニューブ河保護国際委員会 (*International Commission for the Protection of the Danube River*: ICPDR) が第6回定例会合で、関連情報の提供と包括的なEIAの実施を求める決議を採択し[16]、2004年4月にはICPDR事務局長がウクライナを公式訪問し、前述決議の実施を求めた[17]。さらに2004年2月にはNGO (*Danube Environmental Forum*: DEF) からの不服申立を受けて、ベルン条約事務局がウクライナ政府と接触を開始した。ビューロは事態の緊急性への配慮から、ウクライナ政府の同意を得て同年7月の現地評価 (on-the-spot appraisal) の実施を決定した[18]。また、ウクライナでは同国を拠点とするNGO (*Environment People and Law*: EPL) が中心となり、この事業をめぐり幾つかの国内訴訟が提起された[19]。

(2) ビストロエ水路事業の着手
――事業第2段階に関する手続実施の国際的な要請 (2004年5月－2005年8月)

ビストロエ水路事業の承認に対して国際的な批判が広がる一方で、2004年5月にウクライナは、ドナンスキBRのゾーン変更に関する内閣令 (第283号) を承認した。その直後にビストロエ水路事業の掘削工事(第1段階)も始まった。ウクライナの説明によれば、第1段階では、1) ビストロエ支流の砂州部分を深くし、2) イズマイル (Ismail) とビルコボの間の河川部分を掘削し、3) 海岸線と垂直の位置に堆積物の流出を防ぐ防波堤の一部を建設する。――2004年8月にこの工事は完了し、ひとまず水路は開通した。それと同時期に事業第2段階の環境影響評価 (EIA) も実施された。第2段階では、1) ビストロエ水路の入り口を深くし、2) 掘削した河床堆積物の投棄場所を設定し、3) 第1段階で一部建設した防波堤の付属物を設置することになっている。これは2005年末までの完了が見込まれていた。この時点で、ウクライナは第2段階の事業を許可していない[20]。

この動きに対して、関連諸条約その他の国際文書の実施機関 (以下、関連機関) は、相次いで公式に批判した。まず、前述ICPDRの決議実施を求め

るICPDR代表の度重なる書面送付により、ウクライナは同年9月のICPDR常設作業グループの会合に久々に出席し、関連情報を提供した[21]。しかし、ICPDRは12月の第7回定例会合でウクライナの提供情報の不十分さを確認し、さらなる情報の提供とICPDRでの建設的な対話の継続を求める決議を採択した[22]。また、同年5月にはラムサール条約事務局長も、ラムサール・ユネスコ合同視察団の報告書を添えて、ウクライナ政府に情報提供を要請する書面を送った[23]。さらに、ベルン条約の下では、2004年7月実施の現地評価により、ビストロエ水路事業は環境上の配慮が不十分であり、ウクライナは代替案を十分に検討しておらず、近隣諸国との適切な協議もない、ということが明らかとなった[24]。この結果を受けて常設委員会は、9月のビューロ会合を経て11月の第24回会合でウクライナによる条約約束の不履行を認め、適切なEIAの実施までこの事業の第2段階着手の停止等を要請する決議（第111号）を採択した[25]。そして、ユネスコMAB計画国際調整評議会（MAB ICC）も同年10月に、MAB計画諮問委員会の意見に従い、枠組規則（Statutory Framework）の解釈では、BRのゾーン変更はBRの新規指定と同様に同委員会の意見に基づくMAB計画ビューロの承認を要するとし、ゾーン変更に関する公式の情報提供をウクライナに要請した[26]。

さらに、2004年5月にはEUも積極的な関与を始めた。EUの諸機関に対するNGOからの文書の送付[27]を受けて、欧州委員会は、ビストロエ水路事業に関する書面での情報提供をウクライナに求めるとともに、同年秋までに数回、ウクライナとの二者間協議を行った。また、後述のように同年10月には、ウクライナ外務省の招請を得て関連機関の専門家による合同現地視察（EU国際合同視察）団を組織した[28]。その後は、1998年に同国と締結した連携協力協定（Partnership and Co-operation Agreement: PCA）に基づき、「欧州近隣諸国政策（European Neibourhood Policy: ENP）」実施のための「行動計画（Action Plan: AP）」の枠組で[29]、政治的な直接対話を通して関与を続けている。具体的には、2005年以来、両者間の実務レベルの定期会合で、ビストロエ水路事業をめぐる問題を常に議題に乗せている[30]。

以上の各機関での対応に加えて、2004年9月前後から関連機関の間で、ビストロエ水路事業をめぐる連携協力のための非公式のネットワークが構築さ

れた。まずルーマニア政府の呼びかけを UNEP が後押しする形で、9月にジュネーブでルーマニア、関連機関、NGO を含む関係者の非公式協議が行われた。招請されたウクライナは欠席したが、出席者は現状と今後の対応につき相互に確認した[31]。さらに10月には、前述したように EU 国際合同視察が実施された。その報告書は次の結論を出している。――この事業の内容と潜在的な環境への影響は不明な点が多く、とくに事業の第1段階の情報戦略が不十分で、意思決定も不透明であり、ウクライナの決定にも理解できない点がある。ビストロエ水路事業が最も持続可能な選択肢であることも、明らかではない。事業の第2段階は、十分なモニタリングを経て実施が決定されるべきである[32]。――そして、情報共有、情報や意見の交換を基礎とする関連機関間の連携協力は、後述のように関連各機関で程度の差こそあれ[33]、その後も維持されている[34]。

　以上の動きに加えて、NGO の活動も一層活発になった。まず、前述ベルン条約のケース・ファイル手続の開始に加えて、2005年5月にはウクライナを拠点とする NGO（前述 EPL）が、ウクライナによる「環境に関する情報へのアクセス・政策決定への公衆参加および司法手続へのアクセスに関する国連欧州経済委員会（ECE）条約」（オーフス条約）の不遵守について、オーフス条約遵守委員会に通報した。EPL によれば、ウクライナは、ビストロエ水路事業計画をめぐる意思決定の過程で公衆の手続参加を確保していないという。同委員会は、後に述べるようにルーマニアの申立とともにこれを検討し[35]、その結果に基づき同条約の締約国会合はウクライナの不遵守を認め、是正を求める勧告を採択した[36]。さらに NGO は、関連機関によるいずれの事実審査（ラムサール・ユネスコ合同視察、ベルン条約の現地評価、EU 国際合同視察、後述エスポー条約審査委員会の現地視察）にも、担当者との直接対話や関連情報の提供を通じて関与した[37]。また、EU 国際合同視察に際しては、WWF の呼びかけにより、複数の NGO がウクライナのダニューブ・デルタで大規模な合同集会を開催し、そこで採択した決議を同視察団に手渡している[38]。このような当事国内外の NGO による多面的な監視活動は、その後も活発に続いている。

　さらに隣国ルーマニアも、2004年5月頃から、ビストロエ水路事業に伴う

自国への越境悪影響のおそれを指摘し、さまざまなレベルで活動を展開し始めた。公式には、前述した関連機関の多辺的フォーラムでの発言や関連情報の提供等に加えて、2つの ECE 環境条約の下でウクライナの条約不遵守につき、手続を開始した。まず同年5月に、この事業は重大な越境悪影響をもたらすおそれがあるにもかかわらず、ウクライナは自国への通報を含む必要な事前手続をとっていないとし、「越境の文脈における EIA に関する ECE 条約」（エスポー条約）の不遵守を主張して、同条約の履行委員会に申し立てた[39]。そして8月には、この事業による重大な越境悪影響のおそれの有無について、潜在的な被影響国の立場で審査手続の開始を要請し、同年秋から審査手続が始まった[40]。さらに6月には、オーフス条約の不遵守も主張し、同条約の遵守委員会に申立てた。その結果は前述した通りである。

以上の国際的な動きに対して、当初ウクライナは積極的に対応しなかった。こうして関連機関や NGO は危機感を強めたが、2004年末の同国内の政治状況の変化（大統領選挙をきっかけとする「オレンジ革命」）を受けて、ウクライナの姿勢は大きく転換し始めた。すなわち、ウクライナはダニューブ・デルタの保全と持続可能な開発のための国際会議を2005年9月に主催するとし、その国際的な予備会合を2005年3月に開いた[41]。また4月には、ルーマニアや関連機関から約50人の専門家を招いて、事業の第2段階の EIA の実施結果を検討するため、国際セミナーを主催した。ただし、このセミナーでは、実施された EIA や関連提供情報の不十分さが確認された[42]。そして関連機関や NGO は、その後もウクライナに対して、適切な EIA の実施と関連情報の提供を要請し続けた。

(3) ビストロエ水路事業の停止──国際協力の進展 (2005年9月－2006年10月)

少しずつ進み始めていたウクライナ政府の対応は、2005年9月の ICPDR 代表と事務局長のウクライナ訪問[43]をきっかけに、大きく進展した。同年11月に開かれたベルン条約常設委員会第25回会合では、ウクライナは、ビストロエ水路事業を9月以降停止して EIA を見直していること、モニタリングを強化しており、収集データを EIA で活用する予定であること、2000年締結の三国間協定の批准手続を進めていること、ルーマニアとの二国間協議や関連機関との広範囲な協議を実施していること、等を報告した[44]。これは、

同年12月のICPDR第8回定例会合でも同様である[45]。さらにウクライナは、EIAの見直しの遅れから延期された国際会議についても、関連機関やNGOとともに準備作業を進めた[46]。また、エスポー条約の審査手続も、同年10月のウクライナによる自国負担分の拠出金の支払いにより、本格的に始まった。この手続では、同国は情報提供等の面で委員会に終始協力的であった[47]。

その一方で、ユネスコMAB ICCの決議、オーフス条約第2回締約国会合の勧告、ラムサール条約事務局長からの要請に対しては、積極的に応えなかった[48]。これを受けてラムサール条約第9回締約国会議は、ウクライナに関連情報の提出等を含む適切な対応を求める決議を採択した[49]。

以上の流れの中で、同年2月にはウクライナの主催で、関連機関やNGOの支援と参加により「ダニューブ・デルタの保全と持続可能な開発のための国際会議」(オデッサ会議) が開かれた。この会議は、ダニューブ・デルタ地域に長期的な利益をもたらす社会・経済発展のためには、流域3国間でビジョンの共有と協力が不可欠との認識に基づき、個別事業を決定する際の枠組となりうる共通のビジョンの作成をめざすものである。会議の成果として3国間の協力推進を軸とする結論が採択され、以下のことが確認された。ICPDRの主導により、EU水枠組指令に基づきダニューブ・デルタ流域の管理計画を作成・実施する専門家グループを設置すること、エスポー条約等に基づき越境の影響を評価するための単一の方法を作成・実施すること、既存の法制度を協力の強化のために活用すること(2000年署名の三国間協定の早期発効、UNESCO MAB計画の下での三国間のTBR設置の推進)である[50]。これを受けて、ダニューブ・デルタに関する河川流域管理計画の作成のための枠組をめぐり、ICPDRの下で議論が始まった[51]。また、同年10月には三国間協定が発効した[52]。このようにして、関連機関の支援を前提に、ダニューブ・デルタの保全と持続可能な発展のための当事国間協力の枠組が整った。これら一連の動きは、ビストロエ水路事業をめぐる諸問題を、地域の保全と持続可能な開発というより広い文脈で捉え、そのための国際協力を発展させることにより、実体的な問題解決を通じて事態の打開を図るものであった。

さらに同年6月には、エスポー条約審査委員会が、ビストロエ水路事業は重大な越境悪影響を伴うおそれがあると判断し、同条約の規定が適用される

べきことを明らかにした。さらに同委員会は、両当事国は合同調査研究プログラムを発展させること、ウクライナは越境悪影響の削減措置をとること等も勧告した[53]。そして、ウクライナとルーマニア両国は、同委員会の結論に誠実に従い行動することに合意した[54]。また、繰り返し要請されていたオーフス条約の実施戦略の提出についても、ウクライナ政府は同条約事務局に対して、具体的な期限を付して前向きな対応を約束した[55]。

(4) ビストロエ水路事業の再開——事態の膠着から新たな展開へ？（2006年11月以降）

ところがウクライナは、適切な EIA の実施と報告を含む事前手続を欠いたまま、2006年11月頃から事業第2段階（第1段階での開削箇所の再開削）を再開した[56]。そして2007年5月にビストロエ水路はひとまず開通し[57]、2008年1月にウクライナは、2009年までには大型船舶も含む可航水路として利用可能となることを公式に発表した[58]。ただし、この水路を維持するためには、堆積物の蓄積が航行の障害とならないよう大がかりな維持作業の継続が不可欠とされている[59]。

これに対して、関連機関と NGO は公式または非公式に強い懸念を表明し、とりわけエスポー条約審査委員会の結論を引用しながら、国際的な合意の遵守や、採択された勧告の実施を強く求めている。まず、エスポー条約の下では、2007年2月のルーマニアによる新たな申立を受けて履行委員会がウクライナの不遵守を審理し、その結果に基づき2008年5月の第4回締約国会合は不遵守を認定するとともに、警告(caution)等を含む勧告を採択した[60]。次に、オーフス条約の下でウクライナは、遵守委員会の度重なる要請[61]を受けて2008年6月に実施戦略を提出したが、同月開催の第3回締約国会合は、遵守委員会の判断を受けてその内容が不十分であるとし、ウクライナに対する警告を含む勧告を採択した[62]。また、2006年11月には、ユネスコ MAB ICC が第19回会合で[63]、またベルン条約常設委員会も第26回会合で[64]、適切な EIA の実施と結果報告、十分な公式の関連情報の提供等を求める過去の採択決議の実施を、ウクライナに再度要請した。ウクライナは、2007年12月の第27回ベルン条約常設委員会会合に関連情報を提出したが、同委員会は、ウクライナは依然として勧告を実施していないとし、ウクライナの同意を得て2008年7月に再度の現地評価を行うことを決定した[65]。さらに ICPDR も

2006年12月の第9回および2007年12月の第10回定例会合で、エスポー条約審査委員会の結論を引用しつつ、十分な関連情報の提出と越境EIAの実施を求める決議を採択した(66)。欧州委員会も定例二者間協議で、エスポー条約とオーフス条約の遵守を強く求めている(67)。さらに、2008年4月に開催されたこれら条約等の関連機関による非公式協議を契機に、2006年春以降低調であった関連機関間の連携・協力関係も、情報共有や意見交換等を通じて再び活発になってきた(68)。また、WWF、DEFやEPL等の関連NGOは、これら条約等の締約国会合等を含む関連会合でオブザーバーとして発言する等、活発なキャンペーンを続けている。

これに対してウクライナは、エスポー条約、ベルン条約およびダニューブ河保護条約の下では、関連会合に出席し文書を提出し、新たな国内措置の実施を公表する(69)等、ある程度協力的な姿勢を見せており、欧州委員会との協議でも善処の意向を示している(70)。また、オーフス条約の下でも、不十分ながら要請されていた実施戦略を提出した。その一方で、ラムサール条約とユネスコMAB計画の下では、公式の要請にほとんど応えていない。さらにウクライナとルーマニア間では、2007年以来多様なレベルで二国間会合が開かれているが、建設的な二国間合意は成立しておらず、二国間の越境協力も滞っている(71)。そして、オデッサ会議のフォローアップも当初の期待より遅れている。例えば、既に発効した3国間協定を実施するための三国合同委員会は開催されていない(72)。

けれども、以上の状況の中で新たな方向への模索もある。これは、ダニューブ・デルタの保全と持続可能な開発の促進をめざす国際協力の推進である。主にICPDRを中心とする動きだが、その1つは、ダニューブ・デルタの下流域管理計画の作成と実施である。これは、オデッサ会議を受けてICPDRで検討され始め、2007年末にはその枠組として、モルドバ、ルーマニアおよびウクライナ間で覚書が署名された。現在、ダニューブ・デルタの合同モニタリングの準備を含むその具体的な実施について、議論が進んでいる(73)。もう1つは、ダニューブ河とその流域における航行と環境保全との統合的な計画策定の推進である。これは、今まで対話のなかった両部門間の統合を図る史上初の画期的な試みである。ICPDRのイニシアチブにより、2007年の3度

に及ぶ国際的なワークショップ等を経て、2007年末には指導原則に関する共同声明が採択された[74]。その作業には、多様な関連機関――ダニューブ河委員会 (Danube Commission: DC) を含む航行部門の関連機関やNGO、欧州委員会、全てのダニューブ河の河岸国、WWFやDEF等の環境NGO等――が積極的に参加した[75]。そして現在、この共同声明で確認された諸原則にそって、河岸国による具体的な航行関連事業の策定と見直しが進められている[76]。これらはいずれも、ビストロエ事件を直接扱うものではなく、ダニューブ・デルタまたはダニューブ河とその流域全体の持続可能な開発の促進をめざすものである。けれども、ビストロエ事件はこれらの展開を推進したと同時に、このような協力関係の構築が今後のこの事件の処理に影響を与える可能性もある[77]。この意味で、ビストロエ事件と密接な関係のある動きとして位置づけられよう。

以上のICPDRにおける動きに加えて、NGO (WW) もウクライナ領ダニューブ・デルタの可航水路に関する調査研究事業を進めている。ビストロエ水路の維持には多額の費用がかかるため、費用対効果の高い代替案を提示できれば、事態の打開を促すかもしれない[78]。

II ダニューブ・デルタ事件における問題処理過程の分析

1 問題処理における特徴

(1) 問題の内容と性質

(a) 個別条約等の枠組で提起された問題

① 2つのECE条約

2つのECE条約では、ウクライナによる各条約上の手続的義務の不遵守が問題になっている。まずエスポー条約の下では、越境EIA手続の不実施である。3条7項に基づき設置された審査委員会は、ビストロエ水路事業が重大な越境悪影響を与えるおそれのあることを認めた。そしてルーマニアの申立により、ウクライナによる2、3、4、5および6条の不遵守が、履行委員会

の判断に基づき締約国会合で認定された。こうして、この問題は二国間紛争であると同時に、多辺的な構造をもつ不遵守手続[79]を通じて実現確保が図られる、締約国の義務の履行における全ての締約国の利益に関わる多国間問題である。

　次に、オーフス条約での問題は、ビストロエ水路事業の関連手続における公衆参加の未確保である。遵守委員会とその決定に基づく締約国会合は、1) 必要な公衆参加の未確保による6条1項(a)、2～8項、9項第2文の不遵守、2) 要請に基づく責任ある公的権限当局による情報提供の未確保による4条1項の不遵守、3) EIAや環境に関する意思決定で要求される公衆参加についての明確な手続の欠如による3条1項の不遵守、を認定した。オーフス条約は公衆の手続的権利の保障をめざす多国間条約であり、この不遵守問題は全ての締約国に共通する利益の実現に関わる。

　②ベルン条約

　ベルン条約の下では、野生動植物の生息地の保全義務違反が問われている。同条約のケース・ファイル手続において、常設委員会は次の通り認定した。専門家による現地評価によれば、本事業の実施は、野生動植物の生息地・絶滅の危機に瀕した自然の生息環境を害するおそれがあるが、このことについて、ウクライナは適切かつ必要な措置（4条1項）をとっておらず、また、政策の策定と発展に際して保護地域の保全という要請を配慮（4条2項）していない。さらに、附属書Ⅱに掲げる野生動植物種の特別保護の確保のために、適切かつ必要な立法・行政措置（6条）をとっていない。また、ウクライナは本事業の代替案を適切に検討していないので、9条の定める4条から6条の適用除外は認められない。こうして、ウクライナは条約約束を完全に履行していない（failed to fulfill completely the terms of the Convention）。この認定では、とくにEIAの実施、代替案の検討、および損害補償と削減措置の欠如が重視されている。

　③ダニューブ河保護条約

　ダニューブ河保護条約の下では、ICPDRで主に2つのことが問題になっている。1つは、適切な事前手続――関連情報の提供、ICPDRでの協議、包括的なEIAの実施、モニタリングの実施等――の欠如である。これは、越境

悪影響のおそれのある措置に関するコミュニケーション（10条(f)）や事前協議（11条1項）の義務の違反に該当しうる。ただし義務違反の可能性は、ほとんど公式には言及されていない[80]。次にもう1つの問題は、ビストロエ水路事業はダニューブ河流域の水の持続可能かつ衡平な管理という条約目的に適合しないという、実体的な観点からのこの事業の正当性である。これは前述した手続的な議論の根底にある。ただしこの問題は、むしろ並行して議論が進んでいるダニューブ・デルタの保全および持続可能な開発計画の推進支援の文脈で、間接的に指摘され対応が進んでいる。つまり、ICPDR での議論は、直接には主に手続的観点からのものだが、より広い文脈では実体的妥当性の問題も実質的に含んでいる。

④ラムサール条約

ラムサール条約の下では、ラムサール・ユネスコ合同視察団が、ビストロエ水路事業は登録湿地の生態学的な特徴に悪影響を与えるおそれがあることを指摘した。ウクライナはドナンスキ BR のゾーンを変更したが、それと重複していたラムサール登録湿地のゾーン変更はしていないため、ビストロエ水路はいまだ同登録湿地のコア部分を貫通することになる。したがって、同条約事務局長は関連情報提供の提供を要請した。

けれども、ウクライナが応じないため、その後、政策的な観点から締約国会議はより踏み込んだ決議を採択した。すなわち、1つには、事業第2段階に関する EIA の実施と EIA 文書の公表、ラムサール条約5条に基づくこの事業についての情報提供、協議と全ての利害関係者の意思決定過程への関与という手続的な要請である。さらに、EIA の実施までのさらなる事業の停止、この事業がラムサール登録湿地とその他の湿地の生態学的特徴にもたらす全ての損害に対する補償、ラムサール登録湿地とダニューブ・デルタ BR の生態学的特徴についての国際的モニタリングの実施という、実体的な要請まで含む。この政策判断を支えるのは、ビストロエ水路事業の潜在的な悪影響に対する実体的な懸念だが、法的に問題となるのは、5条の定める越境登録湿地に関する協力義務という一般的な義務のみである。ただし現段階では、その不履行問題は議論されていない。そして、この条約の義務の構造上、以上の問題は二国間にとどまらない。

⑤ユネスコ MAB 計画

　ユネスコ MAB 計画の下では、3つの手続的な問題が指摘されている。適切な EIA の実施と結果公表の欠如、TBR の相手方ルーマニアとの協議の欠如（より一般的にダニューブ・デルタ TBR 全体の越境協力の不存在）、ウクライナによる一方的なドナンスキ BR のゾーン変更措置の不適切性（MAB 枠組規則との手続的な不適合性）である。ただしゾーン変更の問題については、事業第1段階着手以降ウクライナが本事業の状況も含めて公式に関連情報を提供しないため、MAB ICC は、第1次的には公式情報の未提供を問題としている。そして、これらの問題提起はいずれも、ラムサール・ユネスコ合同視察団による潜在的悪影響の判断を前提とする。この意味で、本事業が実体的に MAB 計画の目的に反するという実体的な懸念も、以上の問題提起の根底にある。ただし、ユネスコ MAB 計画は法的拘束力のある国際合意に基づかないので、以上の問題は合法性の問題と直結しない。

⑥欧州委員会

　欧州委員会との関係では、EU とウクライナ間の PCA に基づく環境協力（63条）の枠組で、主に手続的な問題が議論されている。そのうち1つは、初期の段階から問題となっていた関連情報の提供と適切な EIA の実施であり、これは主にダニューブ・デルタの保全と持続可能な開発との適合性という、政策上の関心による。その背後には、EC はダニューブ河保護条約を批准していること、EU 水枠組指令がダニューブ河流域にも適用されることに加えて、EC は「ダニューブ河・黒海タスクフォース」（DABLAS）[81]を通じて、ダニューブ河流域を含む広域黒海地域の汚染削減と生態系の回復に関する投資事業に参加している、という事情がある。もう1つの問題は、EC が批准している2つの ECE 条約とベルン条約の不遵守という、法的問題である。それら条約の下での不遵守認定を受けて、欧州委員会は定期的な二者間会合で、ウクライナにその是正を求めている。以上の問題では、EU と EU 加盟国全体の利益が根底にある。

(b) 問題の多面性

　ダニューブ・デルタ事件では、以上のように複数の環境条約等の下でいくつかの問題が複合的に提起されている。その態様は、主に4つの観点から次

のように整理できる。

　第1に、この事件は、計画国ウクライナと隣国ルーマニア間の二国間紛争であると同時に、関連する環境条約等の下で締約国全体の共通利益の実現に関わる。前者の性質が最も明瞭に現れているのは、エスポー条約においてである。またほとんどの条約等では、多辺的な条約実施機関または不遵守手続の枠組で、後者の性質も鮮明である。このようにして、この紛争は複数の環境条約等の執行確保の問題を含む。

　まず、ビストロエ水路事業の実施に伴う環境への潜在的な悪影響は、越境悪影響としてルーマニアの利益を害するのみならず、ダニューブ・デルタの保全を目的とする環境条約等では、諸国のそのような共通利益を害する可能性がある。次に、手続的要請を充たさない事業の実施は、二国間手続の相手方たるルーマニアの手続的利益を害するだけではない。二国間または多辺的な手続であれ、締約国に当該手続を要請する環境条約等の実現に利益をもつ全ての締約国の共通利益も害することになる。

　第2に、ほとんどの環境条約等の下で直接に問題になっている、またはなりうるのは、主に事前手続——関連情報の提供、EIA または越境 EIA、事前通報・協議、関連手続への公衆参加等——の実施義務やその要請の不履行・不実施である。他方で、ダニューブ・デルタの保全や持続可能な開発をめざす、2つの ECE 条約以外の全ての環境条約等の下では、その目的とビストロエ水路事業との適合性への懸念も、関連機関で広く共有され、前述手続的な問題提起の背後にある。また、ベルン条約のように、事前手続の実施も含めたより広い射程範囲をもつ野生動植物の生息地の保全義務違反(4条と6条違反)が、問われている場合もある。このようにして、一定の手続を欠くこの事業の実施は、実体的な観点からの個別条約等との目的適合性に関する判断を前提に、主に手続的観点から問題とされている。

　第3に、公衆の手続的な参加を明示する幾つかの条約の下では、公衆の利益の実現も対応の念頭におかれている。とりわけ公衆の手続的な参加の保障をめざすオーフス条約は、ビストロエ事業により悪影響を受けるおそれのあるウクライナおよびルーマニアの公衆の手続的権利の侵害を、全ての締約国の問題として多辺的な手続で扱っている。エスポー条約は越境悪影響を受

けるおそれのある公衆の手続的権利を直接保障するものではないが、ウクライナの不遵守をめぐる議論では、公衆の手続参加の確保も論点の1つとなっている。

最後に、各条約の下では、合法性および／またはその目的との適合性が問題になっている。合法性については、2つのECE条約の定める手続的な規定の不遵守が明示的に問われており、ベルン条約の下でも条約約束を履行していないことが指摘された。ダニューブ河保護条約でも、当初ICPDRは条約違反の可能性を意識していた。けれども、もともと手続的事項を主題とする前述2つのECE条約を除いて、ほとんどの環境条約等の下では、実体的な条約目的との適合性という観点が対応の前提にある。このことは、その関連機関が、ビストロエ水路事業の実施に対する批判と並行して、ダニューブ・デルタの保全と持続可能な開発の推進支援に深く関与していることにも現れている。

(2) 問題処理のアプローチ・手法
(a) 個別条約等の枠組での対応
① 2つのECE条約

まずエスポー条約の下では、審査手続と不遵守手続という、条約に基づき定型化された手続の適用で処理されている[82]。すなわち、条約 (3条7項) に基づく審査手続[83]でウクライナとルーマニア間の事実判断の対立を解消した上で[84]、制度化された不遵守手続[85]でウクライナの条約不遵守問題に対応している。いずれもルーマニアのイニシアチブによるが、前者は、潜在的被影響国としての要請による紛争解決手続の適用である。そして後者は、締約国としての資格における、支援志向的な多辺的遵守検証メカニズムの活用である。

ただし、審査委員会は科学的認定を超えて、当事国と条約事務局に一定の措置の実施を勧告した。両当事国には越境協力の枠組の構築を、ウクライナには越境悪影響の削減措置の実施を、また、事務局には財政支援のアレンジを要請した。この点で、審査委員会は事実審査にとどまらず、実質的に調停に類することも行った。また、現実の手続の流れからは、審査手続は不遵守手続に先立つ事実判断の手段ともなった。このようにして、二国間の紛争解

決手続と多辺的な不遵守手続は、問題処理の過程として事実上一定の連続性をもった。ルーマニアも、当初よりこれを意識していたと思われる[86]。

そして不遵守手続では、履行委員会の判断に基づき2008年5月の第4回締約国会合が、ウクライナの条約不遵守を認定し勧告を採択した。すなわち、ウクライナは事業第1、2段階のいずれについても不遵守であり、また、審査委員会が設立された時点で事業を停止すべきであった。そして、ウクライナが事業を止め (stop)、事業実施の決定を覆し (repeal)、かつ条約の定める措置をとらなければ2008年10月末に発効する警告の発出を決定するとともに、ウクライナに、必要な国内措置とその対外的検証の実施、条約の実施戦略の提出、隣国との関連協定締結のための交渉開始等を要請し、他の関係締約国と関連国際機関にもウクライナへの支援の提供を求める勧告を採択した[87]。

以上2つの手続の過程には、ウクライナは関連情報の提出、関連会合への出席と発言等、終始積極的に関与した。他方で、第4回締約国会合の決定、とりわけ警告の発出には強硬に反対し、少なくとも事業第2段階には着手していない（現在進行中の作業は第1段階の継続にすぎない）ので不遵守の認定は部分的にしか妥当しないと、主張し続けている。

次にオーフス条約の下では、ルーマニアとNGOの申立により、条約(15条)に基づく不遵守手続[88]が実施され、2005年の第2回締約国会合は、条約不遵守の認定と対応措置（次回締約国会合までの遵守実施措置の報告書提出、一定時点までの同条約の実施戦略の提出等）の勧告を採択した。その後、度重なる遵守委員会からの勧告実施の要請と事務局長からの手紙を受けて、ウクライナは2008年の第3回締約国会合直前に実施戦略等を提出したが、同会合は、遵守委員会の判断に基づき幾つかの点でその内容を不十分と判断し、ウクライナが所定の措置を2009年5月1日までに完全にとらなければ発効する警告の発出を決定した。また、進捗状況の定期的な報告をウクライナに求め、関係締約国と関連国際機関にもウクライナへの支援を要請した。なお、遵守委員会は越境問題については、上記エスポー条約審査委員会の事実審査の結論を明示的に参照している。

以上のように、オーフス条約の下でも、制度化された不遵守手続に基づく対応が進んでいる。そして、第2回締約国会合当時ウクライナはこの手続に

欠席を続け、その後もほとんど反応しなかったことを考慮すれば、同国の姿勢には一定程度改善の兆しはある。けれども、エスポー条約の場合と比べて関与はかなり消極的である[89]。

②ベルン条約

ベルン条約の下では、ケース・ファイル手続という多辺的な条約遵守の検証メカニズムの適用を中心に、対応が展開している。ケース・ファイル手続とは、同条約の実施で直面している問題を満足のいくよう解決し、そのために選択された手段を可能な限り効果的に監視することをめざす。具体的には、締約国、個人、NGO または私人の集団からの申立により、専門家による現地調査も含む評価を経て、常設委員会が不遵守を認定し対応措置を勧告する[90]。

ダニューブ・デルタ事件では、NGO からの申立を受けて直ちに専門家の現地評価が実施され、その結果に基づきウクライナによる条約約束の不履行の認定と、具体的な対応策の勧告が行われた。対応策は、ウクライナに対して、適切な事前手続（EIA の実施、公衆との協議、国際的な専門家の関与するモニタリングの実施とその結果の考慮）の完了までの事業第2段階の停止、代替案の十分な検討と追加情報の提供、生じうる環境損害への生態学上の補償と削減措置の提供等、かなり広範囲の行動を含む。さらに、モルドバとルーマニアを含む流域三カ国に対しても、2000年署名の三国間協定の早期発効、三国間の定期的な専門家会合の開催等、越境協力のための具体的な行動を求めている。このようにして、この勧告はベルン条約の目的達成のために、ビストロエ水路事業の実施それ自体への対応のみならず、ダニューブ・デルタの越境保護区をめぐる諸国間の協力関係の推進も企図している。この点で、この事業実施の背後にある多様な要因に着目し、多角的に条約約束の不履行の是正を狙う。これはケース・ファイル手続の目的に由来する。

けれども、ウクライナは常設委員会会合に出席し文書の提出を行っているものの、同委員会はこの対応に満足せず、ケース・ファイル手続は継続している。同委員会は、ウクライナに適切な対応を要請し続けており、ウクライナの同意を得て再度の現地訪問評価も実施されることになった。このように現段階では、対話に基づくケース・ファイル手続による対応は功を奏していない。

さらに、制度化された以上の対応を補完する形で、ベルン条約事務局は実務レベルで、ダニューブ・デルタの保全と持続可能な開発を推進するための政治的な過程にも関与している。具体的には、他の関連機関との協働関係におけるオデッサ会議とそのフォローアップの支援である。同地域の経済開発というダニューブ・デルタ事件の実質的な要因に着目し、その点から条約約束の履行確保のための環境整備を図るものといえよう。

③ダニューブ河保護条約

ダニューブ河保護条約の下では、主に2つの観点からの対応が並行する。その基本的なアプローチは、対話の促進と支援の提供である。まず1つは、ビストロエ水路事業の実施に関するICPDR会合での討議と勧告的決議の採択、および勧告実施のフォローアップである。このような常設のメカニズムを用いて、ICPDRはウクライナに対して、適切な事前手続——関連情報の提供、ICPDRでの協議、包括的なEIAの実施、モニタリングの実施等——を要請し続けている。また、これを補完するために、ICPDR代表や事務局長による手紙の送付、訪問を通じてのウクライナとの直接対話も頻繁に行ってきた。その際、制度化された事実審査のメカニズムをもたないICPDRは、ラムサール・ユネスコ合同視察やエスポー条約審査委員会の結論等、他の関連機関による評価や、ICPDR事務局長も参加したEU国際合同視察で得た知見を相当程度活用している。こうして条約目的の達成をめざしている。

もう1つは、ダニューブ・デルタの保全と持続可能な開発を推進する政治的な過程の主導である。これは、ウクライナによるビストロエ水路事業推進の背後にある要因（ビルコボを含む領域地域の経済振興）に着目したものであり、実体的な観点から問題解決を導くためのアプローチである。具体的には、ダニューブ・デルタの保全と持続可能な開発という一般的な文脈で進めている、オデッサ会議とそれに続くダニューブ河下流域の管理計画の作成と実施の支援、国際会議や国際セミナーの開催における流域三国への支援等により、代替案の検討を実質的に推進することである。このように、間接的にビストロエ水路事業と条約目的との適合性確保を模索している。さらに近年では、DCを含むダニューブ河の航行部門との連携協力関係の構築により、流域保全と航行との統合的な管理の確立もめざしている。

以上の複合的なアプローチによる努力は、ウクライナの協力的な姿勢を引き出すことに一定程度成功した。けれども、現状ではウクライナの対応も一時期ほどに円滑ではなく、対話の促進と支援の提供による手法の効果も限定的である。

　④ラムサール条約

　ラムサール条約の下では、初期のラムサール・ユネスコ合同視察の結果に基づき、本事業がラムサール登録湿地に与えうる悪影響が懸念されている。そして、これを受けて、初期より実務レベルでウクライナに対する情報提供の要請や非公式の監視を継続してきた。具体的には、ラムサール事務局長からウクライナ政府に対する情報提供の要請、関連機関との情報・意見交換、関連NGOとの情報・意見交換、オデッサ会議のプロセスへの関与等である。さらに、ウクライナによる未回答を受けて、締約国会議は、EIAの実施までのビストロエ事業の停止、5条に基づく協議等を要請する決議を採択している。このようにして、締約国会議での勧告的決議の採択とその実施のフォローアップという手法が中心的な対応となっている。けれども、ウクライナは関連情報の提供要請に対して一切対応していない。

　⑤ユネスコMAB計画

　ユネスコMAB計画の下での公式の対応は、ウクライナのユネスコ大使からの相談を契機とする、ラムサール・ユネスコ合同視察に始まる。その結果に基づき、ユネスコのMAB関連機関はビストロエ水路事業に懸念を抱くとともに、MAB計画諮問委員会の勧告を受け、ウクライナによる一方的なBRのゾーン変更を問題視し、ウクライナに対応要請を行っている。

　基本的な手法は、MAB ICCを中心とする対話の手法、すなわちICCとその補助機関（諮問委員会とビューロ）の定例会合での討議、勧告的決議の採択とその実施のフォローアップである。そして、実務上それを補助するものとして、ユネスコMAB計画事務局とウクライナのユネスコ代表部との間の非公式の協議が、必要に応じて開かれてきた。具体的には、ゾーン変更とビストロエ水路事業第2段階のEIAの結果を含む関連情報の提供、およびルーマニアとの協議の要請である。けれども、これらの対話の手法は、現在までに具体的な成果をほとんど上げていない。とくにゾーン変更の正当性について

は、ウクライナは終始 ICC に公式情報を提供せず、建設的に対応していない。

以上の対応に加えて、同事務局は実務的なレベルで、関連機関との協働関係に基づき、前述ダニューブ・デルタの保全と持続可能な開発を推進する政治的な過程にも関与している。これはオデッサ会議とそのフォローアップも含む。こうして、実体的な観点からより広い文脈でダニューブ・デルタ TBR の保全を確保し、状況の改善を図っている。

⑥欧州委員会

欧州委員会の対応は、大きく3つに分けられる。第1には、手続的な問題をめぐるウクライナとの政治的な対話であり、主に2つのレベルがある。1つは、ウクライナとの *ad hoc* な直接対話である。とりわけ2004年には、手紙の送付、二者間協議の開催等を頻繁に実施し、ウクライナに関連情報の提供を要請してきた。もう1つは、2005年以降の PCA に基づく継続的な協議である。すなわち、PCA の下で ENP に基づく AP を実施するための、定期的な関連委員会会合での討議である。具体的には、半年から1年に1度開催される技術的事項を扱う作業レベルの下部委員会（Sub-Committee）の会合は、常にビストロエ水路事業の問題を議題に上げてきた。ここでは、関連情報の提供や意見交換に加えて、EC が批准している条約（とくに2つの ECE 条約）の遵守も要請し続けている。

このような欧州委員会による政治的な対話の継続は、ウクライナ政府が関連条約に基づく対応に必ずしも積極的に応えているとはいえない現状において、他の関係機関により打開手段として強く期待されている[91]。ウクライナは長期的には EU 加盟をめざしており[92]、このことがウクライナによる欧州委員会との対話継続の背後にあるだろう。

欧州委員会による第2の対応は、他の関連機関との協働関係の推進である。具体的には、2004年秋の EU 国際合同視察の主催と、実務レベルでの非公式な関連情報・意見の交換への関与である。

第3には、ダニューブ・デルタの保全と持続可能な開発の推進支援である。欧州委員会は、DABRAS への参加等を通じて従来から ICPDR との協働関係が深く、この角度からの関与にかなり積極的である。具体的には、オデッサ会議のプロセスへの積極的な参加も含めて、関連国際会議や国際セミナーの

支援等を行っている。ICPDRが展開を企図しているダニューブ河航行部門との連携協力関係にも、公式に参加している。

(b) 事実審査、多辺的な協議による説得、支援の提供──「対話 (interactive dialogue)」の手法

以上のように、個別の枠組で採用されたアプローチは、各条約等の目的や規範構造、問題の性質等により多様である。具体的には、前述したダニューブ・デルタ事件の多面性を反映して、主に3つのレベルで異なるアプローチがある。すなわち、二国間の紛争処理または多辺的な執行確保、手続的または実体的なアプローチ、および、合法性または合目的性の確保である。

けれども、多くの場合に多国間環境条約等の一般的構造を反映して、多辺的なアプローチが中心である。また、ほとんどの関連機関は主に手続的なアプローチをとっている。ただし、ICPDR等、ダニューブ・デルタの保全に関わる条約等の実施機関は、それと並行して、潜在的な悪影響への懸念から、デルタの保全と持続可能な開発をめざす実体的な観点からの対応も進めている。これは、ビストロエ水路事業の代替案の模索を含意とする。さらに、2つのECE条約による対応を除いて、手続的要請の不充足の問題は、必ずしも合法性の角度からのみ扱われているわけではない。条約等の目的との適合性という観点が複合している。

次に、問題処理の手法としては、「対話 (interactive dialogue)」を中心とする手法がほぼ共通にとられている。この手法は次に述べるように、関連事実の審査を前提とし、多辺的な協議による説得と、それを促進するための当事者への支援の提供から成る。

具体的には、まず第1に、関連事実につき4つの事実審査 (ラムサール・ユネスコ合同視察、ベルン条約の現地評価、EU国際合同視察、エスポー条約の審査手続) が行われた。そして関連機関は、自身による対応の基礎として、関連会合や報告書でその結果を相互に活用してきた。

第2に、その結果を前提に、全体として主に次の3つの方法で、ウクライナに対する説得が試みられてきた。(a) 条約で制度化された不遵守手続の適用 (専門委員会等による不遵守の認定、締約国会合等での決定の採択、その実施の継続的検証)、(b) 恒常的な討議メカニズムの活用 (条約実施機関の定例会合での討議、決定の採択、その実施の継続的検証)、(c) 事務局等実務レベルでの直接対

話(手紙の交信、訪問、非公式協議等)である。(a)は、2つのECE条約とベルン条約の場合であり、(b)は、ダニューブ河保護条約、ラムサール条約、ユネスコMAB計画、欧州委員会に該当する。さらに(c)は、(a)と(b)を補うものとして、ほとんどの条約等の下で行われてきた。そして、このような多辺的な協議による説得は、その主な主題が手続的な問題であったこともあり、ビストロエ水路事業の実体的な妥当性という「デリケートな」問題にはあまり触れずに、ウクライナを対話のプロセスに引き出すことに一定程度成功してきた[93]。

　そして第3に、関係国に支援を提供し能力の構築を促すことにより、以上の過程を促進する動きも活発である。これは、前述多辺的な協議による説得のメカニズムの内外で、2つの種類の支援——(a)越境EIAやモニタリング等、ビストロエ水路事業に直結する関連手続の実施支援と、(b)ダニューブ・デルタの開発プログラムの支援による代替案の模索——を含む。また(b)では、流域三国間協力の枠組構築の支援と、関連プログラムの作成と実施の支援という、2つのレベルがある。具体的には、専門的助言の提供等により、ほとんどの条約等では(a)が行われている。エスポー条約の審査委員会も、当事国による勧告の実施につき事務局に支援の提供を要請した。(b)については、ダニューブ・デルタの保全に関わる条約等の下で、ICPDRの主導により、ベルン条約、ラムサール条約およびユネスコMAB計画の実施機関、また欧州委員会は、オデッサ会議とそのフォローアップの推進を支援している。さらにICPDRは、ダニューブ河流域の管理計画の一環として、ダニューブ・デルタの管理計画の作成支援を通じて、デルタの保全と持続可能な開発も進めている。

　以上の手法は、条約等の目的達成という観点から、説得と支援によりウクライナの対応を促して問題を解決することを狙っている。この点で、義務違反を根拠に不利益を課す制裁や、法的責任を追及し強制的に違法行為の是正を図る裁判手続とは、対比される。

(2) 並行する問題処理過程の相互作用

　ダニューブ・デルタ事件では、複数の条約等の下で並行する問題処理の過程において、各対応間に相互作用がある。そしてその相互補完的な作用は、各条約等に基づく個別の問題処理を支えてきた。さらに、並行する過程でと

られた異なるアプローチも、事件全体では相互補完的に機能し、問題処理を複合的に推進してきた。

　各対応間の相互作用は、比較的早い段階から存在する。ラムサール条約とユネスコ MAB 計画のように、公式の関係に基づくものもある。さらに、全ての関連機関の非公式なネットワークが非公式協議を経て構築され、多様なレベルで維持されている。ただし、その程度は時期や関連機関によりかなり異なる。

　このような相互作用は、(a) 対応状況の相互把握、(b) 利用可能な資源の相互活用、(c) 合同または共同作業の実施という、3つのレベルでの連携協力に基づく。具体的には、関連情報の交換、意見交換・協議、事実審査の結果の相互参照、合同視察・調査、オデッサ会議のような関連国際会議・セミナーの合同企画・支援等である。これは、各機関の会合を通して公式に、または事務局等実務レベルで非公式に、さらに、必要に応じて *ad hoc* に、または恒常的な枠組の中で行われてきた。

　以上の連携協力は、個別条約等の下では、環境問題の多面性を前提に「効率的に」その「統合的な」問題解決を導きうる点で、大きな意味がある。相互に利用可能な資源を活用し合うとともに、作業の重複をできるだけ回避し、効率的に対応できるからである。さらに、各関連機関の独自の対応が事実上相互に問題解決を阻む事態を招かないよう、相互に矛盾する対応を回避するための配慮も可能にする。現実にもダニューブ・デルタ事件では、関連機関は各条約等の目的や内容、機関相互の任務の違い等を認識しつつ、根拠条約等に抵触しない範囲で既存の枠組を利用しながら協働関係を構築し維持してきた[94]。そして、これは一定程度各条約等に基づく問題処理に貢献している。

　この事件では、以上の関係は次に挙げるさまざまな要因により可能になった。まず第1に、前提条件として、関連条約等の締約国または参加国が相当程度重複する[95]とともに、それらの間で規律の内容に明らかな相互矛盾がなかった[96]ことである。その背後には、この事件が欧州地域で生じ、欧州の地域的制度を中心に処理されているという事情がある。第2には、ほとんどの条約等の下で、協議による説得の手法が重視されたことである。この手法は、諸要因の考慮を可能とする柔軟かつ継続的な過程を内包する。ここで

は実務を担う事務局の果たす役割は大きい。また締約国会合等の会合には、他の条約等の関連機関もオブザーバーとして出席できる。こうして、連携協力の枠組が提供された。第3に、いくつかの関連条約等の間では、以前より公式の関係があったことである。例えば、ラムサール条約とユネスコ MAB 計画間には公式の連携関係があり、EC はベルン条約、ダニューブ河保護条約、2つの ECE 条約を批准している。第4には、連携協力を推進または調整する機関が存在することである。例えば、欧州委員会は早期に EU 国際合同視察を主催し共通認識の醸成を促した。また、ダニューブ河流域の保全に関わる ICPDR は、ジュネーブの非公式協議で調整の中心に立ちネットワークの構築に寄与するとともに、オデッサ会議のプロセスでも主導的な役割を担っている[97]。最後に、NGO の存在はきわめて重要な要因である。後に述べるようにこの事件では、ウクライナとルーマニア国内外の NGO が、かなり早い段階から多様なレベルで問題処理に関与してきた。つまり、公式または非公式に関連機関に横断的に働きかけたり、WWF 等の国際的な NGO は、関連機関間のネットワークにも参加したりしてきた。これは、関連機関にとって相互の連携協力への圧力となると同時に、情報の共有等にも大きく寄与してきた。

　そして、ダニューブ・デルタ事件全体では、並行する問題処理の過程でとられている多様なアプローチは相互補完的に作用することにより、問題の処理を複合的に促してきた。これは主に次の2つのレベルで確認できる。1つには、事前手続の実施確保に関する合法性確保と合目的性確保の各アプローチの相互補完である。例えば、2つの ECE 条約は条約義務の履行を主題とする一方で、ICPDR では義務の問題には直接触れず、実体的な支援も駆使してウクライナの姿勢転換を図っている。ここではウクライナは複合的な過程におかれ、一定程度前向きな姿勢を誘導されたと思われる。もう1つは、関連条約等との適合性確保をめぐる、手続的および実体的なアプローチ間の相互補完である。つまり、多くの関連機関における手続的な問題の追及と、デルタの保全に関わる ICPDR 等による、デルタの持続可能な開発推進の支援による代替案の模索の相互補完である。このような複合的な対応により、一時的ながらも実施継続に対するウクライナの慎重な姿勢は促されたといえよ

(3) NGO の関与

ダニューブ・デルタ事件では、かなり早い段階から、多様な NGO が諸々のレベルで問題処理に関与している。とくに、国際的 NGO として WWF と DEF、また、ウクライナを拠点とする EPL の活動が著しい。前二者は、ICPDR やベルン条約常設委員会等の活動にオブザーバーとして関与し、さらに WWF は、長年ダニューブ・デルタの保全と持続可能な開発に関与している[98]。この事件への関与は、その継続的な活動の一環である。

今までに NGO は、主に次の5つのレベルで問題処理に関わってきた。第1には、制度化された手続への関与である。これは、(a) 恒常的メカニズムへの関与、(b) 不遵守手続への参加、(c) 事実審査への関与を含む。(a)は、関連会合へのオブザーバー出席、発言や文書提出による問題提起・情報の提供・技術的な助言付与である。(b)は、不遵守申立とその審査への関与である。ベルン条約では DEF が申立を行い、常設委員会会合での討議にもオブザーバーとして参加し、勧告のフォローアップにも関わっている。オーフス条約では、EPL が通報し、遵守委員会の審査に関与するとともに、締約国会合の討議にもオブザーバーとして参加した。(c)は、関連機関が実施した4つの事実審査への間接的な関与である。とくに現地視察時の担当者との情報・意見交換は、最終評価で参考にされた。

第2には、日常的な関与として、(a) 関連情報の収集と分析、(b) 当事国と関連国際機関に対する情報の提供・意見の送付・技術的な助言の提供、を挙げることができる。とくにビストロエ水路事業はウクライナ領内の事業なので、同国が情報を提供しない限り他国や関連機関による状況把握は難しい。それを可能にしたのが、ウクライナ国内外の広範なネットワークを基盤とする、NGO による情報提供である。そして、WWF も参加する関連機関間の非公式ネットワークを通じて、関連情報は浸透した[99]。このような活動は、関連機関の実務作業を支え、対応の遅延を回避することに役立ったと思われる。さらに、NGO からの頻繁な情報発信や問題提起は関連機関への圧力ともなり、早期の対応を促した[100]。

第3は、ダニューブ・デルタの保全と持続可能な開発に関する支援の提供

である。これは、デルタの保全活動に関わってきたNGOを中心とする、実体的な問題解決の支援である。例えばWWFは、オデッサ会議とそのフォローアップに関わるとともに、ビストロエ水路事業の代替案の調査研究を含む独自のプログラムを展開している。NGOは、独自の地域ネットワークを基盤に、独立団体として機動力が高いことも多いため、実体的な問題解決で有効な役割を果たしうる。ICPDRが進める航行部門との連携協力にも、WWFやDEFは関与している。

第4には、多様なレベルでのコミュニケーションの推進である。具体的には、(a)関連NGO間の情報・意見交換、(b)合同文書の採択と当事国や関連機関への送付、(c)公衆への情報提供や意見交換、(d)メディアへの発信による世論の喚起である。これは、当事国と関連機関に直接の圧力を加えると同時に、国際世論を喚起し間接的な影響を与えてきた。

第5には、国内の法的手続への関与である。EPLは、ビストロエ水路事業の実施がウクライナの国内環境基準を充たさないと主張し、いくつかの法的手続に訴えた。現段階でEPLの主張が認められた事案はないが、これらの活動はウクライナ国内外でビストロエ事業への注意の喚起を促した。

以上のように、NGOは多様なレベルで、主に情報収集・提供、専門的な助言・意見の提出、法的手続の開始、ネットワークの構築と推進等の役割を担っている。そして、問題処理過程の透明性を高めるとともに、関連機関や当事国の能力や資源の限界を補うことにより、処理の質も高めてきた。さらにこのような役割は、早い段階からの複数の過程における横断的な関与の継続により、強化されてきた。このようにして、NGOは「統合的な」問題処理の推進に貢献してきている。

2 欧州特有の事情

ダニューブ・デルタ事件では、問題の内容と性質、および問題処理のあり方の背後に欧州特有の要因がある。したがって、この事件を捉える際にはこの点を十分に意識しなければならない。

まず、問題の内容と性質は、欧州で顕著に見られる諸要因に由来するものが多い。第1に、欧州地域では多国間環境条約の作成と実施が相対的に盛ん

である。そのために、ビストロエ水路事業の実施は多様な角度から複数の条約等の規律対象となり、その結果として、地域条約も含めて6つの条約等の下でその適合性が問われている。第2に、近年環境の分野では、環境危険をコントロールする手段として事前手続（事前通報・協議、情報交換、EIA の実施等）の役割が注目されている。そして、その過程への公衆参加も含めて、環境条約での制度化は著しく、とくに欧州諸国間で顕著である[101]。これを反映してダニューブ・デルタ事件では、ほとんどの条約等で、主に手続的観点から事業の実施が問題になっている。そして第3には、欧州諸国間の環境条約では、EU を1つの要因として締約国がかなりの程度重複し、これは、ビストロエ水路事業に適用される複数の条約等にも当てはまる。その結果として、この事件では複数の条約等による類似の規律が並存し、関係諸国もかなりの程度重複するため、前述したような条約等の適用における相互調整の問題も生じている。以上の状況は、さまざまな要因を背景とするが、とりわけ大きな要因は、積極的な環境政策を進める欧州の地域的機関の存在と、1990年代以降のその加盟国と活動内容の拡大である。これは、CE 参加国の拡大[102]、UNECE の環境政策の推進[103]、EU 加盟国の東方拡大や ENP の展開を含む。

　以上のような欧州特有の要因は、問題処理のあり方にも作用している。第1に、NGO の関与のあり方である。とくに欧州地域では、条約等に基づく公式の手続に NGO の関与を明示的に広く認める傾向がある。その最も先進的な例は、ベルン条約のケース・ファイル手続やオーフス条約の不遵守手続における NGO の直接関与である。ダニューブ・デルタ事件では、まさにこのような形で NGO が問題処理の過程に関わった。

　第2に、欧州の地域的機関の存在が問題処理にも大きな影響を与えている。つまり、その政治的なアプローチが問題処理の進展に大きく作用している。まず CE は、締約国間の協力関係の政治的な枠組として、ベルン条約の実施を支えている。この事件でも、CE の枠組での政策的な議論が常設委員会の決定の背後にある。また、CE の下で署名されたダニューブ・デルタ流域三国間協定は、実体的な観点から問題処理を促すための協力の枠組として、オデッサ会議のプロセスも含めて、ICPDR を中心とする国際的な支援でも1つの鍵を握っている。

さらに特筆すべきは、EU の存在である。欧州委員会は、EC が批准している欧州の関連地域条約の適正な実施という法的問題も視野に入れた上で、PCA という一般的な合意に基づく・・より広い文脈で、ウクライナとの直接協議を継続している。その背後の大きな要因は、EU とウクライナ間の政治的な関係である。すなわち、冷戦終結後の EU の東方拡大に伴い、EU にとってウクライナの地政学上の重要性が増したことを背景に、EU はウクライナとの関係で ENP を推進している。欧州委員会の積極的な関与はその一環である。他方で、ウクライナは EU 加盟を望んでおり[104]、欧州委員会との協議の継続に政治的なインセンティブがある。この意味で、欧州委員会の政治的なアプローチが、他の関連機関等での多辺的な対話による説得の過程を背後から支えている。そして現在、欧州委員会による事態打開への期待は、他の関連機関でますます強くなっている。

3 問題処理の実効性

(1) 現段階での評価

条約等に基づく以上の対応は、果たして問題解決、すなわち二国間紛争の解決と多国間環境条約等の「適正な」執行――ウクライナによる条約義務の履行と各機関の勧告的要請への対応――を導いてきたか。この点について、現段階では確定的な評価は難しい。

確かに 2005 年秋には、ウクライナはビストロエ水路事業を停止し、ルーマニアとの協議に応じ始め、関連機関からの手続実施の要請に応える姿勢を見せ始めた。けれども 2006 年 11 月には一方的に事業を再開し、国際的な非難を浴びている。その一方で、少なくとも幾つかの条約の下では、手続的な要請に対して一定程度協力的な姿勢も見せている。また、建設的な合意には至っていないが、2007 年以降さまざまなレベルでルーマニアとの二国間協議も実施している。さらに ICPDR 等では、より広い文脈で実体的な観点からの活動にも参加している。このようなウクライナによる継続的な関与は、事件の発生当初におけるウクライナの消極的な姿勢を想起すれば、一定の成果といえよう。けれども、事前手続の不十分さを指摘されつつも、要請に十分応えずに事業を再開しそのまま継続していることからすれば、条約等に基

づく対応の効果を積極的に評価するのは難しい。

　一般に、国家による環境条約等の適正な（適法または目的適合的な）実施を阻害する主な要因としては、国家意思の欠如、条約内容や前提となる事実の不明確さ、実施のために利用可能な資源の不足、国家の国内法制度との不適合性等が考えられる。ダニューブ・デルタ事件では、各条約等の下で、またそれらの相互作用により、2006年10月までの時点でそれら阻害要因は、次のように一定程度解消されつつあった。

　まず、ウクライナではオレンジ革命を経て国内情勢が変わり、新政権は国際的な批判に対して建設的な対応を始めた。同国が関連機関との対話の中で、争点は、ビストロエ水路事業の実体的な正当性というよりも手続的要請の実施という手続的な正当性であることを認識したことも、その姿勢転換を促したといえよう。この意味で、協議による説得の手法は、国家意思に関わる阻害要因の排除に一定程度役立った。次に、条約内容や前提となる事実の不明確さについては、とくに事実の不明確さについて、前述した4つの事実審査を経て段階的に一定程度克服されてきた。また、実施のための資源も、ICPDRを中心とする関連諸機関からの支援提供により確保されつつあった。ここでは、専門家の関与や技術的な助言による手続実施の支援だけではない。開発計画の策定等、代替案の模索も視野に入れたダニューブ・デルタの持続可能な開発に対する支援の提供も、有効に作用してきたといえよう。さらに、ウクライナの国内法制度との不適合性の問題も、オーフス条約の実施戦略の提出の約束等で、前向きの対応の兆しが見え始めていた。

　けれども2006年11月頃から、再びウクライナの国家意思の欠如が顕在化してきた。その理由については定かではないが、少なくとも流域の経済振興のためにはビストロエ水路事業の実施は不可欠であり、また、掘削の停止が長期間続くと開通した水路に土砂が大量に堆積して事業の継続が難しくなるため、作業の再開は急務であるという、政治的な判断が根底にあることは否めないだろう。その背後には、2006年夏以降のウクライナにおける国内政治状況の変化も作用しているかもしれない[105]。このようにして現段階では、対話の手法は必ずしも期待通り有効に作用しているとはいえない。手続面でウクライナが一定程度見せている協力的な姿勢も、実質的に問題解決に直結

しているとはいい難い。

(2) 事態打開に向けての可能性

　以上のように、ダニューブ・デルタ事件における問題処理は、ウクライナの国家意思の欠如という難問を前にして、それをいかに克服できるかにかかっている。この点につき、ウクライナの国内政治情勢の変化が大きな鍵を握るかもしれない。けれども現段階では、事態の打開に向けてひとまず次のような可能性があるだろう。まず第1には、エスポー条約の下での事実審査を前提とする条約不遵守の認定と勧告が、同条約のみならず他の条約等の下でも作用し、全体として突破口になりうることである。ここでは、ウクライナが関連手続の過程に積極的に関与し続けていることが重要である。また、エスポー条約での進展を契機に関連機関間の連携協力関係も再び強化され、各条約の下では今後の展開が期待されている。

　第2には、関連条約に基づく仲裁裁判等、ルーマニアを含む締約国による強制的な手続開始の可能性である。ただし、関連条約のうち、締約国の具体的な義務を定めるエスポー条約(15条2、3項)とオーフス条約(16条2、3項)は、いずれも締約国の一方的な裁判手続への付託を認めておらず、裁判所の管轄権の問題がある。他方で、強制的な仲裁手続を認めるベルン条約(18条2項)とダニューブ河保護条約(24条2項)では、問題となっている、またはされうる義務はきわめて一般的なものであり、裁判手続が有効に機能するかは定かではない。その一方で、ウィーン条約法条約に基づく重大な条約違反による当該条約の停止または終了は、多国間環境条約のように締約国の共通利益の実現を目的とするような条約では、現実的にあまり有効ではない。そして、それ以外の一般国際法上の対抗措置については、ルーマニアを含む関係国の判断に依存することになる。

　第3には、欧州特有の要因としてのEUの存在、すなわち欧州委員会の政治的アプローチが、条約に基づく対応を補う可能性である。ウクライナが長期的にEUへの加盟を希望し続ける限り、これは中・長期的には現実的なものといえよう。

　最後には、より広い文脈での実体的なアプローチが長期的に重要な意味をもつ可能性である。これは、ビストロエ水路事業の代替案の模索も含む持続

可能な開発への支援を含む。さらに、ダニューブ河の航行部門との協力も、新しい方向を切り拓くかもしれない。とくにウクライナが重視する船舶航行をめぐる利益は、積極的な誘因となりうるだろう。

III　ダニューブ・デルタ事件が示唆するもの
——環境条約の執行確保と複数条約間の調整——

1　多国間環境条約の「適正な」執行の確保
(1) 伝統的な方法の限界と再評価

近年、多国間環境条約の「適正な」執行を確保する手段として、条約義務違反の追及を主眼とする伝統的な方法の限界が指摘されている。ここにいう伝統的な方法とは、一般に、裁判手続を通じての国際請求、重大な義務違反を理由とするウィーン条約法条約に基づく条約の終了または運用停止、対抗措置の発動等であり、いずれも強制性を伴う方法である。

これは、主に次に述べる5つの理由による。第1には、伝統的な手法が主に相互主義に基づく二国間関係を想定しているのに対し、多国間環境条約が扱う環境問題は必ずしも二国間関係では捉えきれないことである。第2には、環境問題では損害発生の未然防止が肝要なため、損害発生を伴う義務違反への対応では不十分なことである。第3には、環境問題には多様な科学技術の要因（科学的不確実性、技術の限界、時間の推移による知見の変化等）があるが、伝統的な手法ではそれを配慮した上での柔軟な対応が難しいからである。第4には、諸国間の社会・経済的条件の相違等を背景に、環境問題を規制するための具体的な規則の設定は必ずしも容易ではなく、多国間環境条約では締約国に広い裁量を認める義務を設定することも多いため、前述第3の問題もあり、法律の解釈適用による合法性確保を中心とする伝統的な手法では、必ずしも条約目的を達成できるとは限らないからである。最後には、締約国の作為・不作為は、多くの場合に故意というより資源の不足（財政・技術・人材面での能力の不足）によるところが大きいが、制裁を主眼とする伝統的な手法では、その問題に対応できないからである[106]。

その一方で、近年では、伝統的な紛争解決手段を活用して多国間環境条約の執行を促進しようという動きもある。それは主に、多国間環境条約の規律対象ではあるが二国間紛争の側面ももつ環境問題について[107]、個別条約における事実審査手続や仲裁裁判手続の具体的な制度化である。
　第1には、問題処理の前提となる事実についての、一方当事者の要請で開始される審査手続の制度化である。多国間環境条約の中には、附属書で詳細な関連手続を定めるものもある[108]。そして多くの場合に、審査委員会は当事国が指名する科学技術の専門家から成る。また、審査委員会は任務の遂行のために広範囲な権限を付与されている[109]。このようにして、環境問題の処理に適合する制度上の工夫を前提に、伝統的な手続の活用が図られている。現段階では先例は限られるが、環境問題では事実の判断をめぐる国家間の対立が多いことを考慮すれば、今後活用される可能性は大きいであろう。
　ダニューブ・デルタ事件はその一例である。ここでは、伝統的に紛争解決手段とされてきた事実審査が、環境問題の特質に配慮した制度上の工夫により、環境条約等の執行過程で複合的な機能を担っている。つまり、問題処理の前提となる事実の解明に加えて、二国間紛争では調停に類する手段として、そしてそれらを通じて条約等の執行を支える手段として、機能している。すなわち、まず越境 EIA の実施をめぐる二国間問題は、エスポー条約の下で審査手続の対象となった。これは、前提となる事実を審査して二国間紛争の解決をめざす手続だが、同時に多辺的な不遵守手続の前提ともなりうる。そして、ルーマニアのイニシアチブにより、まさにこのように利用された。また審査委員会の勧告は、単なる事実認定を超えて、当事国がとるべき措置と条約実施機関が提供すべき支援の内容にまで踏み込んでいる。ここには調停に類似する側面がある。そしてこれは、条約の適正な執行の促進を狙った。以上のようなあり方は、他の3つの事実審査──ラムサール・ユネスコ合同視察、ベルン条約の現地評価、EU 国際合同視察──にも多かれ少なかれ共通している。
　そして第2には、いくつかの多国間環境条約は、紛争解決条項で強制的な裁判手続、とりわけ仲裁手続の可能性や、附属書による詳細な仲裁手続を明記していることである[110]。そして現実にも、これらを利用して紛争解決を

図る例も現れている(111)。ただし現段階では先例は限られており、さらに少なくとも先例における主な対象は、具体的な行為の禁止義務や事前手続の実施義務の不履行等、締約国の裁量がかなり限定されている義務（主に「手段・方法の義務」）の違反を主題とする問題である(112)。また、裁判手続は当事国間関係をさらに悪化させる可能性があるため、現実にはあくまでも熟慮の末の最終手段としてとられている(113)。この意味で、その有用性は限定的である。このような限界は、既に述べたようにダニューブ・デルタ事件にも現れている。

(2)「対話 (interactive dialogue)」の手法の意義

(a) 有効性

以上の状況の中で、今日では個別の環境条約に基づく多様な執行検証メカニズムの有効性が注目されている。具体的には、継続的な執行検証メカニズム（報告・モニタリング・査察等に基づく、条約実施機関での討議と対応措置の要請）と、個別不遵守事案に関する不遵守手続（専門委員会の判断に基づく、条約実施機関での不遵守の認定と対応措置の要請）である(114)。いずれも、条約義務の履行確保を念頭におきつつ、締約国の作為・不作為の条約適合・不適合性を判断する(115)。そして、条約目的の達成というより広い観点から、当該締約国に対するより適正な対応の要請や、支援の提供を含む措置の実施をも決定する。これらの手続は、多辺的な協議を通じての説得を中心とする「行政的な」メカニズムである。

ダニューブ・デルタ事件では、これらは関連条約等の執行過程で中心的な役割を担ってきた。そして、それは前述した事実審査を前提とし、さらに条約目的の達成を促す手続的および実体的な支援を伴い、全体として「対話 (interactive dialogue)」の手法として機能してきた。この事件は、この手法は条件がそろえば幾つかの阻害要因の除去に役立ち、一定程度の成果を上げうることも、示唆している。

このような対話の手法の強みは、時間の推移に対応しつつ、科学的不確実性、能力不足、社会・経済的要因等、法の外にある多様な関連要因を考慮し、関係者がある程度納得しうる方策を柔軟に導くことができる点にある。だからこそ、条約目的の達成という長期的な課題を念頭におきつつ、段階的な現

状打開を図ることができる。これは、伝統的な手段とは対照的である。さらに、通常この手法は「開かれた」長い過程を伴うため、NGO等、国家以外の多様な利害関係者が公式または非公式に関わる余地も大きい。現実に、その中核となる多くの執行検証メカニズムでは、NGOの関与を制度上認めている。これは後に述べるように、手続の透明性や問題処理の質を高めうる。このようにして、原則として国家以外の行為体の関与をその過程に取り込んでいる点でも、伝統的な方法とは異なる。

(b) 問題点と課題

けれどもその一方で、以上のような対話の手法には、幾つかの問題点がある。これは主に、この手法の中核を構成する、多辺的な協議による説得のメカニズム、すなわち個別条約に基づく執行検証メカニズムにおける、非対抗性、柔軟性、および非強制性という性格に由来する。

まず第1に、同メカニズムは非対抗的な性格が強いがゆえに、関係国の国家意思が欠如しているようなところでは、有効に機能しない場合もあることである。既存の不遵守手続では、警告や条約上の権利・特権の停止といった対抗的な措置の可能性を明示するものもある。けれども、もともと締約国に遵守の意思が欠如している場合に、条約上実質的な不利益を伴うとは限らない警告や、逆に条約の枠組からの事実上の排除を意味しうる権利・特権の停止といった措置の有効性は、定かではない。

このような限界は、ダニューブ・デルタ事件に現れている。すなわち、対話の手法は一定程度機能しているものの、2006年11月以降はウクライナの国家意思の欠如に直面し、その有用性は低下している。そしてこの状況を受けて、2008年にエスポー条約とオーフス条約の締約国会合は、ウクライナの条約不遵守を是正するために条件付きで警告の発出を決定した。これは、支援志向アプローチとされる両条約の不遵守手続の適用では初めてであり、その効果が期待されている。けれども既に述べたように、多国間環境条約の執行過程におけるその有効性は定かではない。さらに、この先想定されうる条約上の権利・特権の停止も、エスポー条約とオーフス条約ではその具体的な含意が明らかではない。例えば関連会合への出席や投票等の停止にしてみても、問題処理の過程から事実上関係国を排除することに繋がるおそれがあ

るため、むしろ逆効果であろう。

　第2には、個別条約に基づく執行検証メカニズムは一般に強制性を伴わないため、関係国の国家意思が欠如しているところでは、上記の場合のようにたとえ対抗的な措置を決定したとしても、その有効性には根本的な限界があることである。このメカニズムでは、一般に関連機関による決定に法的拘束力がないからこそ、さまざまな要因と可能性を考慮して多様な選択肢を検討することができ、決定内容につき締約国間で合意も成立しやすい。けれども、関係国や締約国がそれに従わないからといって、強制することはできない。この点は、強制性のゆえに強力な手段となりうる前述の伝統的な方法とは、根本的に異なる。以上のような限界は、既に述べたようにダニューブ・デルタ事件における問題処理の過程で、明白に現れている。

　そして第3の問題点は、以上の執行検証メカニズムによる問題処理は、通常、政策的な観点からの柔軟な性質をもっており、その対応には法的安定性と法的妥当性が必ずしも確保されるとは限らないことである。このメカニズムは、問題とされる行為の合法性もさることながら、条約の目的達成、すなわち合目的性の観点から条約の執行確保を図るという側面が強く、その意味で政策的な判断に基づく対応を重視する傾向がある。これは場合によっては、条約目的の達成には寄与する一方で、判断基準が客観的でない、厳密な法的推論に依拠しないため法的含意への配慮がない、関連要因または関連機関のメンバー構成如何で結果が顕著に異なりうる等、条約規定を含む国際法の厳密な解釈・適用による妥当な法規律の実現という観点からは、問題をはらむ可能性もある。ここでは一般に、説得の前提となる判断（不遵守の認定、勧告内容）の基礎を提供するのは、多くの場合に選出された一部の締約国の政府が指名する委員から成る検証機関である。そして、最終的にその当否を判断し必要な措置を決定するのは、全ての締約国から成る締約国会議または会合という政治的な合議体である。前者には法律の専門家を含む余地も大きいが、その判断を受けて最終的に決定するのは後者である。これは、独立した法律家による法解釈により問題を処理する裁判手続とは、根本的に異なる。さらにそれらの手続では、時間や資源の制約等、技術的な要因に審議の行方が左右されることもある。それにもかかわらず、それら条約実施機関の決定や、

その基礎となった条約規定の解釈・適用に関する判断は、条約の執行過程で事実上「有権的な解釈」に類する位置づけを与えられるであろう。このようにして、その後の条約規定の一般的な解釈・適用のあり方にも、事実上大きな影響を与える可能性が高い。さらに、そこで扱われた問題が裁判手続に付されることになった場合に、裁判所が関連規定を厳密に解釈・適用し異なる判断を行ったときには、法的にはともかく、現実の対応に混乱が生じる可能性もある。

ダニューブ・デルタ事件では、エスポー条約に基づく不遵守手続の過程で、以上の問題の端緒を垣間見ることができる。例えば、審査委員会の設立時点でウクライナはビストロエ事業を停止すべきであったとする履行委員会の判断、また、手続的義務の不遵守を根拠に、事業開始決定を覆し、かつ事業実施を止めるべきであるとする締約国会合の決定は、事前手続の義務の性格とそれに由来する違反の法的効果に関する従来の理解からすれば、違和感を覚えざるを得ない。そしてここでは、その結論を導く理論的根拠すら十分に示されていない。これは、結局のところ「予防的な」配慮によるものと捉えざるを得ないが、少なくとも現段階の国家実行では、個別条約が明示的に言及する場合を除いては、EIA を含む事前手続の義務について予防的な解釈・適用を支持することは難しい[116]。

それでは、以上の限界や問題点を目の前にして、いかにして対話の手法を活性化できるのか。――これは今後の課題だが、まず方法としては問題の性質に応じて多様なベクトルをもつ手段－条約に基づく検証メカニズムの活用による説得や支援と、制裁的措置、さらに裁判手続等の伝統的な方法――の補完的な活用が必要となるだろう[117]。ただし、ダニューブ・デルタ事件のように、伝統的な方法の利用が容易でない場合もある。したがって、この点も含めてより慎重に検討する必要がある。次に、現行国際法の解釈・適用としての妥当性を確保するためには、条約に基づく検証メカニズムで合理的な法解釈に妥当な配慮を払いつつも、対話の手法の本来的な性格――政策志向性――を十分に認識し、あくまでも具体的な文脈において個別処理の妥当性を位置づけることが重要となるだろう。

(3) NGO の役割

近年では、多国間環境条約をめぐる意思決定に、多様な形でNGO[118]が関わるようになった。NGOの関与は、条約作成に至る政策形成、条約作成交渉、条約の執行という3つの段階に見られる[119]。そのうち条約の執行については、従来からの条約枠組外での事実上の監視に加えて、前述のように検証メカニズムが発達するにつれ、条約の枠組内で関連手続に関与する機会も増えてきた。多くの多国間環境条約では、関連規則等に基づき一定の条件を充たせば、NGOはオブザーバーとして締約国会合や補助機関の会合への出席が認められ、投票権はないものの、一定の発言、文書の提出と受領等を保障される[120]。また、その他の関連活動に一定の関与を認められることもある[121]。このような地位を通じて、継続的な執行の検証に関わる機会が増えている。そして、オーフス条約やベルン条約のように、NGOの申立や審査への関与を認める不遵守手続も稀にある[122]。さらに、事務局等、関連機関への非公式の情報提供等を通じて、NGOは不遵守手続の進行に影響を与える余地もある[123]。

　以上のようなNGOの関与は、執行過程の透明性と民主性の確保という観点から、一般に積極的に評価されている[124]。さらに、独自のネットワークに基づく関連情報の収集・提供、専門的意見・助言の付与、世論の喚起等の機能は、関連資源の不足による締約国政府や条約実施機関の能力の限界を補い、手続や決定の質の向上、すなわち実効性の確保にも貢献する。その一方で、代表性、制度的なコントロール、効率性、行動方法等の観点から批判もありうる。けれども、制度上の関与については、オブザーバー資格の付与、参加の態様[125]等につき、条約に基づき手続的なコントロールが及ぶ。結局のところ重要なのはNGOの能力と意思の問題であり、条約に従い適切に選別される限り、手続的な正当性は一定程度確保できるだろう。

　以上のようなNGOの役割は、ダニューブ・デルタ事件の問題処理の過程でも肯定される。この事件におけるNGOの関与は、前述したように多岐に及び、関連機関における手続の質の向上、関係国への要請強化、世論の形成等に貢献してきた。さらに、一定のNGOによる早い段階からの関連条約等への横断的な関与の継続も、そうした役割を強化し、問題処理の過程全体で大きな意味をもっている[126]。

そしてこの事件は、NGOが条約の執行で積極的な役割を担うための条件も示唆している。まず第1には、関与に手続的正当性があることである。その1つは、制度上の正当性である。具体的には、条約がNGOの公式関与を認めていること、NGOの関与に手続的コントロールが及ぶこと（関与するNGOの選別基準・手続、NGOの活動への合理的な制約の手続等）等である。もう1つは、関与するNGOの正当性である。これは、そのNGOの関与が公式に承認されていること、そのNGOが設定された手続に従い行動していること等である。

第2には、関与に実効性があること、つまり実質的に正当であることである。これは、NGOの関与が条約の実効的な執行に役立つことを意味する。そのためには、2つの面で条件を充たすことが必要である。その1つは制度上の条件である。具体的には、まず、NGOが関与するための制度上のチャンネルがあり、それが機能していることである。チャンネルの具体的なあり方や機能の態様は条約により多様だが、典型的には、条約実施機関の会合へのオブザーバー出席の制度化とその実質化であり、不遵守手続を含む執行検証メカニズムへの公式関与を認めることもある。次には、条約実施機関が締約国の政府間機関として自律性を保持していることである。これは、NGOの「過度な」介入による実施機関の活動の阻害を防ぐ。もう1つの実効性確保の条件は、関与するNGOに関わる。そのNGOにおける、一定の質（能力）の維持、適切な戦略の保持と実践、活動の透明性、国内外の実績等を含む。質は多様な尺度から測られうるし、相対的な性格をもつ。また、適切な戦略とは、情報（情報収集・分析、情報提供・発信、意見表明等の戦略）、関与（関与の態様やタイミング、継続性、統合性等の戦略）、関係（条約実施機関・締約国との信頼関係、NGO間のネットワーク、公衆との信頼関係等の構築・維持・修正の戦略）等に関するものを含むだろう。

ダニューブ・デルタ事件では、WWF、DEF、EPL等の関与につき、以上の条件がほぼ揃い、NGOは積極的な役割を担ってきた。これは、既に述べたように欧州地域ゆえの要因もあるが、近年の環境条約一般における公衆の関与の重視という傾向[127]を考慮すれば、その示唆するところは欧州の文脈を離れても重要である。

2 複数の多国間環境条約の執行における調整
(1) 環境条約間の重複・対立の問題

　国際環境法では、近年、環境条約間の重複または対立の問題が指摘されている[128]。一般に重複または対立は、アプローチ、目的、義務、執行段階での適用・解釈等について、地理的な適用範囲が異なる条約間、異なる観点や目的で作成された条約間、異なる締約国間で同一の主題を扱う条約間等で生じうる。

　この現象は、主に2つの要因により、とりわけ環境の分野で顕著である。1つは、環境条約の急速な増加、とくに多国間環境条約が増えたことである。ゆえに作成段階での配慮がなければ、相互に独立した別個の条約間で重複や対立が生じる可能性も高い。そしてこれは、環境条約の作成が著しい欧州地域で生じやすい。もう1つは、生態系の相互依存性により、環境問題は多面的なことである[129]。したがって、1つの環境問題または環境危険活動が、異なる角度から複数の条約等の規律対象になることも多い。

　環境条約の実効性を確保しその目的を達成するためには、条約間の重複や対立は障害になることも多い。重複は対立の場合ほど深刻ではないものの、問題の性質や状況しだいで、次に掲げる2つの点で深刻な問題を生み出す。第1には、条約の執行段階で締約国に作業の重複を強いるため、限られた資源の有効利用を阻害することである。その1つの例は、締約国の報告義務をめぐる問題である。複数の条約が類似する事項につき報告を要請する場合に、形式や方法等で一定の共通性がなければ、締約国の実務作業は重複し負担も増える。したがって、条約全体の効率的な実施のみならず、報告状況の改善のためにも、条約間で何らかの合理的な調整が好ましい[130]。

　第2には、各条約に基づく独自の対応が条約相互で矛盾することにより、事実上相互に有効な問題解決を阻む事態を招きうることである。条約実施機関や紛争処理機関の決定で、同一事項につき相互に矛盾する内容の判断がなされた場合には、同一締約国間でいずれの判断を優先させるかが問題になる。とりわけそれらの決定に法的拘束力があるところでは、深刻な問題が生じる。また法的拘束力がなくても、矛盾する決定が潜在的または発生した環境悪影

響等、事実の判断を含む場合には、大きな混乱を招く。事実は、環境問題への対応の基礎または前提になるからである。さらに、紛争解決機関の管轄権の競合問題もある。これらの問題は既にMOX工場事件等で顕在化した。

さらに、対立はより深刻な事態を招きうる。締約国は相矛盾する内容の作為・不作為を要求され、結果として条約の法規範性が害される。これは締約国による実効的な国内実施を阻むと同時に、締約国間で対立が顕在化した場合には、前述した重複の場合に生じうる第2の問題が発生するからである。

(2) 執行における調整

以上のような環境条約間の重複・対立の問題を打開するためには、2つのアプローチがある。1つは、ウィーン条約法条約の関連規定の適用や、各条約での関連条項の挿入等、条約法のメカニズムを活用することである。もう1つは、関連条約や国際機関で制度上の協力メカニズムを活用することである。後者は、関連条約間の協力の推進（条約機関間の情報交換、了解覚書の作成、合同活動の遂行等）、国連やUNEP等による調整、合同の財政メカニズムとしての地球環境基金（GEF）を通しての調整等を含む[131]。

ダニューブ・デルタ事件は、まさに前述2つめのアプローチが機能している例である。既に述べたように、この事件ではビストロエ水路事業という同一の活動の実施が、同時に異なる角度から複数の条約等の規律対象となった。そしていずれの実施機関でも、主に手続的な不適合性が問題とされている。この問題へのアプローチや議論の角度は関連機関相互で同一ではないが、事業の潜在的な悪影響への懸念を前提に、EIAの実施、関連情報の提供、近隣諸国や国際機関との協議、公衆との協議等の手続の実施が要請されている。また、このような重複に加えて、ダニューブ河保護条約とベルン条約等の自然保全関連の条約等との間のように、潜在的な対立の要素もある。前者は締約国間の衡平な流域利用の推進を目的とする一方で、後者は野生動植物の生息地の保全をめざすからである。そして、事業の潜在的な悪影響の評価については、現地調査も含めて複数のメカニズムが並行した。

ダニューブ・デルタ事件は、このような状況の中で、関連条約や実施機関間の制度上の協力メカニズムや実務的な連携・協力関係が円滑に機能すれば、重複から生じる問題の回避は一定程度可能であり、むしろ、この状況は問題

処理にとって逆にプラスに作用しうることを示している。ここでは重複関係の積極的な利用により、事実上の相互補完的な関係が成立した。そしてこれを支えたのは、対話の手法により展開された一連の過程と、それら並行する過程を横断するNGOの継続的な関与である。

ただし、これはあくまでも事実上の調整であり、また、前述したように幾つかの要因に支えられている。したがって、状況によってはうまく機能しない可能性もある。また、当事国が関連条約に基づき司法手続に訴えた場合には、前述したような問題も生じかねない。この事態はダニューブ・デルタ事件でも今後生じうる。確かに、その段階にいたるまでの連携協力の成果に鑑みれば、裁判所も一定程度それに配慮する可能性はある。けれどもこれは制度上保障されておらず、課題は残っている。

ダニューブ・デルタ事件における条約等相互の重複は、前述したようにいくつかの点で欧州特有の事情を反映する。けれども、環境問題は本来多面的であり、今後国際社会で環境条約による規律が進めば、重複または対立の問題は同様に生じうる。現実にも、近年では環境条約が事前手続を含む手続的な規制を導入する傾向はますます強まっており[132]、この事件のように手続的要請の重複が生じる可能性は、欧州地域に限らずとも今後高くなるであろう。この意味で、以上の示唆は一般に有効と思われる。

おわりに

多国間環境条約は、一般に、締約国の共通利益として認識される国際社会の公的利益の保護をめざす法制度として、国際的な「公共的秩序」の形成と維持を担っている。けれども主権国家の並存する分権的な国際社会では、主に2つの大きな問題を抱えており、これは条約の執行過程に如実に現れる。第1の問題は、このような公的性格をもつ法制度の執行を、いかに実効的に確保していくか、という問題である。従来の国際法の枠組を前提にすると、ここでは2つの問題に直面する。1つは、条約の定める法規範の遵守を確保することの難しさであり、もう1つは、条約の定める法規範の遵守を確保す

ることだけでは、必ずしも条約の目的を達成できる、すなわち実質的な意味での条約の実効性を確保できるとは限らない[133]、という難しさである。そして第2の問題は、公的性格をもつ法制度間の矛盾・対立を調整し、国際的な公共秩序を形成する法制度として、整合性、一貫性、統合性をいかに確保していくか、という問題である。

これら2つの問題は、実は密接に関連している。第1の問題を克服するために、個別の環境条約が実効的な執行確保のための精密なメカニズムを制度化し、「自己完結的」になればなるほど、第2の問題は顕在化するおそれがある。他方で、主権国家の自律性を前提とすれば、多様かつ多面的な問題を扱う環境の分野で、一貫性と統合性を伴う国際的な公共秩序の構築はきわめて難しく、それは逆に個々の法制度の実効性を低下させるおそれもある。これは、現代の環境問題への対処で国際法が抱える、1つの大きなジレンマといえよう。

以上の問題は、いずれもダニューブ・デルタ事件の問題処理の過程に現れている。具体的な問題の処理に迫られたときに、法制度はその効用と限界を如実に露呈する。この事件では、関連するいずれの条約等の下でも「対話」の手法を通じて実効的な問題処理、すなわち関連条約等の執行の確保が試みられてきた。そしてそこで明らかになったのは、時間の推移に伴う諸要因の変動を考慮して、事実の解明を前提に多様なベクトルをもつ方法を相互補完的に組み合わせていくことの必要性と、関連機関による「行政的」レベルでの相互調整の重要性である。さらに、国家および条約実施機関の能力の限界を補い、透明性を確保して正当かつ実効的に条約を執行するために、NGOに一定の役割を認めることの有効性である。

その一方で、ダニューブ・デルタ事件は、多国間環境条約に支えられた国際的な公共秩序の「危うさ」も、見事にさらけ出している。現在の困難な状態は、今後いかなる方向に終息していくのか。有効な対処のないまま問題処理は頓挫するのか、それとも、新たな模索により事態が打開しうるのか。

現実の困難に直面して、環境保全に関わる公的利益の保護をめざす法制度の実効性は、確保されうるのか否か。そして、それは複数の関連条約等の間で相互に整合的でありうるのか。——ダニューブ・デルタ事件の行方は、そ

の1つの試金石となるであろう。この意味で、今後もより広い観点からこの事件の展開を注視していく必要がある。

〔注〕
(1) この問題はMOX工場事件、みなみまぐろ事件等で顕在化した。Romano, C.P.R., "International Dispute Settlement", in Bodansky, D., Brunée, J. and Hey, E. (eds.), *The Oxford Handbook of International Environmental Law* (2007), pp.1047-1050; Churchill, R. and Scott, J., "The MOX Plant Litigation: The First Hlf-Life," *ICLQ*, Vol.52 (2004), pp.643-676; Shany, Y., "The First MOX Plant Award: The Need to Harmonize Competing Environmental Regimes and Dispute Settlement Procedures," *Leiden Journal of International Law*, Vol.17 (2004), p.815-827.; Lavranos, N., "The MOX Plant judgment of the ECJ: How exclusive is the jurisdiction of the ECJ?," *EELR*, Vol.15 (2006), pp.291-296; Boyle, A., "Dispute Settlement and the Law of the Sea Convention: Problems of Fragmentation and Jurisdiction," *ICLQ*, Vol.46 (1997), pp.37-54.

(2) この事件に関する情報・資料の収集にあたり、筆者は次に掲げる関連機関の担当者から多大な協力を得た。記して感謝申し上げる。欧州委員会環境総局、「環境に関する情報へのアクセス・政策決定への公衆参加及び司法手続へのアクセスに関する国連欧州経済委員会(UNECE)条約(オーフス条約)」、「欧州の野生動植物および自然の生息地の保全に関する条約(ベルン条約)」、「越境の文脈におけるEIAに関するUNECE条約(エスポー条約)」、「特に水鳥の生息地として国際的に重要な湿地に関する条約(ラムサール条約)」、ダニューブ河保護国際委員会(ICPDR)およびユネスコ「人間と生物圏(Man and Biosphere: MAB)」計画の各事務局、ルーマニア外務省、ウクライナ外務省、および、NGOとして Center for Regional Studies、Danube Environmental Forum (DEF)、Environment-People-Law (EPL)、European Eco-Forum、Save the Danube、WWF *Danube-Carpathian Programme* およびWWF *Romania*。なお、本稿の見解は筆者のものであり、これら関連機関の立場とは無関係である。

(3) ダニューブ・デルタの概要については、主に以下の文献を参考にした。UNESCO, *Five Transboundary Biosphere Reserves in Europe, Biosphere Reserves, Technical Notes* (2004), p.12; UNESCO MAB, "*Biosphere Reserve Information: Romania/Ukraine: Danube Delta*," at http://www.unesco.org/mabdb/br/brdir/directory/biores.asp?code=ROM-UKR+01&mode=all (as of 13 March 2007); Council of Europe (CE), T-PVS/Files (2004) 3, pp.2-3; EC, "*The Danube: facts and figures,*" at http://ec.europa.eu/environment/enlarg/danubefactsfigures_eu.htm (as of 16 August 2007); UNECE, Espoo Inquiry Commission, *Report on the likely significant adverse transoubndary impacts of the Danube-Black Sea Navigation Route at the Border of Romania and Ukraine* (June, 2006), p.5.

(4) ユネスコMAB計画は、生物圏に依存する資源の合理的利用と保全を促進し、人間と環境の関係を改善するために、自然科学と社会科学の基礎の発展をめざす調査研究

624 第4部 経済、労働、環境

およひ研修計画。1971年に発足し、95年の枠組規則 (Statutory Framework) と生物圏保護区 (BR) に関するセヴィーユ戦略 (Seville Strategy for BR) の採択により大幅に見直された。MAB の全体計画を導くのは、ユネスコ総会で選出された34カ国から成る MAB 国際調整評議会 (ICC) であり、計画の実施は、189カ国にある各国 MAB 計画委員会と担当機関が担う。MAB 計画の重要な活動は、BR の指定とそのネットワークの構築。今までに、100以上の国家で480以上の BR が指定された。BR では、生物圏関連調査、モニタリング、教育・研修を通じて、生態系や生物多様性の保全と、地域社会の自然資源の持続可能な利用との両立が図られている。

(5) UNESCO, *supra* note 3.

(6) ダニューブ河保護条約は、ダニューブ河流域の越境水管理に関する協力についての条約。1994年に採択され98年に発効。全ての沿岸国(13カ国)と欧州共同体(EC)が批准。その目的は、ダニューブ河流域にある表層水と地下水が持続可能かつ衡平に管理および利用されるよう、確保すること。全ての締約国代表から成るダニューブ河保護国際委員会 (ICPDR) を実施機関とし、その下で多様なプログラム等が多角的に展開している。ICPDR は同条約の発効時 (1998年) に設立されて以来、閣僚レベルの代表を含む締約国政府代表、科学技術専門家、市民社会のメンバー（NGO を含む）、科学者らの積極的な協力を得て、政治的な合意、共同の優先事項や戦略等の設定を効果的に推進し、同条約の実施を支えてきた。事務局はウィーンに所在し、毎年の定例会合と常設作業グループ会合に加えて、技術専門家グループ会合を通じて、活発な活動を行っている。http://www.icpdr.org/icpdr-pages/about=us.htm (as of 30 September 2008)

(7) ベルン条約は、欧州大陸とアフリカの幾つかの国に広がる自然的な遺産全体を包括する、自然保全の分野の条約。欧州審議会 (Council of Europe: CE) の下で1979年に採択され、82年に発効。目的は、野生動植物とその生息地の保全およびこの分野での欧州協力を推進すること。生息地の保全と持続可能な利用のための共通基準と政策の採択につき、欧州諸国間の調整を行う。

(8) ただし、2006年よりウクライナはキリヤ支流がベルグレード条約の適用範囲に含まれるよう、ダニューブ河委員会 (Danube Commission: DC) で同条約の改正を提案し、DC で議論されている。

(9) 2001年の実現可能性調査を経て、2002年にウクライナ国内の事業者が提出した計画。UNECE, *supra* note 3, p.5.

(10) UNESCO MAB 計画事務局担当者のコメント (2007年3月の面接調査)。

(11) Ramsar Convention, *UNESCO and Ramsar Convention Mission Report,* No. 53 (2003), p.2. なお、当時ダニューブ・デルタのドナンスキ TBR は、ラムサール登録湿地の範囲と地理的に同一であった。

(12) CE, T–PVS/Files (2002) 3, p.5.

(13) ユネスコ MAB 計画とラムサール条約間の公式関係の確立は2002年で、「合同作業計画」に基づく。http://www.ramsar.org/moc/key_mab_pjw1.htm (as of 30 August 2006)。

なお、ラムサール条約事務局担当者によれば、同事務局は、既に2002年の段階でNGOからの非公式の通報を受け、独自にビストロエ水路事業計画について認識していた。同事務局は伝統的にNGOとの協力関係が強い（2006年8月の面接調査）。

(14) Ramsar Convention, *supra* note 11.
(15) Ramsar Convention, *Follow Up to Ramsar Advisory Mission 53*, para.5.
(16) ICPDR, Draft–4 IC/078, pp.13–14.
(17) ICPDR事務局長のコメント（2004年9月の面接調査）。同年5月にも、同事務局長はウクライナに対応を求める手紙（ICPDR, Ref.04485）を送付。
(18) CE, T–PVS (2004) 3, p.6.
(19) 今までに合計5つの訴訟が提起された。そのうち4つは、EPLまたはそのメンバーが環境省またはウクライナ大統領の措置の合法性を争ったもので、1つの事案を除きいずれもEPLが敗訴して終了。もう1つは、ドナンスキBRの範囲確定につきビルコボがキリヤ市を訴えたものであり、2007年11月にウクライナ最高裁は、ビストロエ河口をドナンスキBRから排除する決定を合法とした下級審判決を破棄し差し戻した。これらの訴訟については、http://www.epl.org.ua/a_cases_Danube_C.htm (as of 28 January 2008)。
(20) UNECE, *supra* note 3, p.5. 但し、関連機関の多くの担当者は、第1段階と第2段階の区分は必ずしも明確ではないとコメントしている。この事業の内容や段階区分に一定の混乱があることについては、後述する2004年10月実施のEU国際合同視察団の報告書も指摘する。European Commission, *Joint Mission of the Expert Team of the European Commission and International Conventions to the "Bystroe project" in the Ukrainian part of the Danube Delta* (6-8 October 2004), p.5.
(21) ICPDR, FINAL, IC/086, 14–Dec–2004, p.15. ウクライナは、自国領内のダニューブ河流域部分が僅かなせいもあってか、当時ICPDRの関連会合への出席率が著しく低かった。
(22) ICPDR, Draft–4, IC/097, 15–May–2005, pp.18-19.
(23) 2004年5月3日付書面（コピーはラムサール条約事務局で入手）。
(24) CE, T–PVS/Files (2004) 3.
(25) CE, T–PVS (2004) 16, p.12–16 & 56 (Recommendation No. 111).
(26) UNESCO, SC–04/CONF.204/14, pp.18–19.
(27) 欧州委員会環境総局担当者、WWF担当者のコメント（2007年3月の面接調査）。
(28) European Commission, *supra* note 20, pp.1–2.
(29) PCA、ENPおよびAPは、EUの東方拡大に伴う近隣諸国への戦略的な配慮に基づく、EUの東方外交にとって重要な地位を占める政治的文書。これらの意義、内容および構造については、European Commission, *"Russia & Eastern Neighbours,"* at http://ec.europa.eu/environment/enlarg/russianis_en.htm (as of 16 August 2007); European Commission, *"EU–Ukraine Relations,"* at http://ec.europa.eu/external_relations/ukraine/intro/index.htm

(as of 21 May 2007)。国際政治における分析として、六鹿茂夫「欧州近隣諸国政策と西部新独立国家」『国際政治』142号 (2005年)、95-106頁；同「黒海地域の安全保障」『国際安全保障』34巻3号 (2006年)、56-59頁；同「拡大後のEUが抱えるもう一つの難題—広域欧州における『欧州近隣諸国』vs.『近い外国』」『外交フォーラム』(2004年7月号)、68-75頁。

(30) 欧州委員会環境総局担当者のコメント (2007年3月の面接調査)。EUとウクライナ間の関係におけるこの問題の重要性は、2003年から2006年までのEUとウクライナの関係に関する報告書でも確認できる。*Highlights of the bilateral agenda, EU–Ukraine Relations,* p.10, at http://ec.europa.eu/external_relations/ukraine/intro/index.htm (as of 21 May 2007)。

(31) *Moderator's Summary of the Informal International Consultation on the Bystroe Canal, Ukraine,* UNEP International Environmental House, Geneva, 21 September 2004 (オーフス条約事務局担当者より入手).

(32) European Commission, *supra* note 20.

(33) 2つのECE条約 (オーフス条約とエスポー条約) の事務局は、2005年秋以降、関連情報の共有以外では連携・協力への関与の程度は相対的に低かった。他の関連機関が、各条約等の目的にそってダニューブ・デルタの実体問題に関わるのに対して、両条約は手続的な規律を主題とすることから、政治的な要因が大きく絡む実体的な問題への関与をできるだけ避けるため。エスポー条約事務局およびオーフス条約事務局の担当者のコメント (2005年7月、2006年9月、2007年3月の面接調査)。例えば、いずれの事務局も、後に述べるオデッサ会議のプロセスには当初より不参加。ただし後述するように、2008年4月の関連機関の非公式協議以降は、ウクライナによる適正な手続の実施確保につき積極的な関与を再開した。

(34) 全ての関連機関の事務局担当者に共通するコメント。

(35) UNECE, ECE/MP.PP/2005/13, pp.5-6; ECE/MP.PP/2005/13/Add.3.

(36) UNECE, ECE/MP.PP/2005/2, p.9; ECE/MP.PP/2005/2/Add.8.

(37) ラムサール・ユネスコ合同視察について、Ramsar Convention, *supra* note 11, pp.9-10。ベルン条約の現地評価について、CE, *supra* note 18, p.13。欧州委員会主催の合同現地視察について、European Commission, *supra* note 20, pp.2-3。エスポー条約の審査委員会による現地視察について、UNECE, ECE/MP.EIA/WG.1/2007/5, p.9。

(38) European Commission, *supra* note 20, p.3; WWF, *"News, 14 Oct 2004,"* at http://www.panda.org/about_wwf/where_we_work/europe/wat_we_do/danube_carpathian/news/i... (as of 19 May 2007).

(39) UNECE, MP.EIA/WG.1/2005/3, p.3.

(40) UNECE, MP.EIA/WG.1/2005/3, p.3.

(41) Ramsar Convention, *supra* note 11, p.3.

(42) *Ibid.*, pp.3-5.

⑷3 ICPDR, Final, IC/114, 14-Mar-2005, p.23.
⑷4 CE, T–PVS (2005) 20, p.10–11.
⑷5 ICPDR, *supra* note 43, pp.23-24.
⑷6 *Ibid.*, p.23.
⑷7 UNECE, ECE/MP.EIA/WG.1/2007/5, p.9; エスポー条約事務局担当者のコメント（2006年9月の面接調査）。
⑷8 ユネスコ MAB 計画については、UNESCO, SC-06/CONF.202/16, p.27. オーフス条約については、UNECE, ECE/MP.PP/C.1/2005/6, p.5; ECE/MP.PP/C.1/2005/8, p.5; ECE/MP.PP/C.1/2006/2, p.6; ECE/MP.PP/C.1/2006/4, p.5. ラムサール条約については、同条約事務局担当者のコメント（2007年3月の面接調査）。
⑷9 Ramsar Convention on Wetlands, *Resolution IX.15 on the Status of Sites in the Ramsar List of Wetlands of International Importance,* para. 27.
⑸0 ICPDR, *Conference Conclusions, "Vision for the conservation and sustainable development of the Danube Delta, 27–28 February 2006, Odessa, Ukraine."* オデッサ会議については、ICPDR, *International Conference, "Conservation and Sustainable Development of the Danube Delta,"* at http://conference.blackseartans.com/ (as of 26 May 2006)。
⑸1 ICPDR, IC/999, Draft 1, 31/12/2006, p.15.
⑸2 CE, T–PVS (2006) 24, p.13.
⑸3 UNECE, *supra* note 3.
⑸4 ルーマニアとウクライナ両国の外務省担当者のコメント（2008年3月の面接調査）。
⑸5 UNECE, ECE/MP.PP/C.1/2006/6, p.6.
⑸6 UNECE, ECE/MP.PP/C.1/2006/8, p.4; ICPDR, IC/121, Draft 2, 20/12/2006, pp.24–25; WWF, *"News, 08 Nov 2006,"* at http://www.panda.org/about_wwf/where_we_work/europe/wat_we_do/danube_carpathian/news/i... (as of 19 May 2007). 水流で流れた土砂等の堆積物が溜まり航行不能になったため、再掘削が不可欠だったことによる。
⑸7 WWF, *"News, 16 May 2007,"* at http://www.panda.org/about_wwf/where_we_work/europe/what_we_do/danube_carpathian/news/i..." (as of 19 May 2007).
⑸8 UNECE, ECE/MP.PP/2008/CRP.8.
⑸9 そのための膨大な費用に着目し、ベルン条約の現地評価の報告書は、ウクライナの主張に反して、ビストロエ水路事業の費用対効果に疑問を投げかけている。CE, *supra* note 24, p.6. 多くの関連機関担当者からも、ビストロエ水路事業は経済的にも採算がとれないだろうと予測するコメントが多かった。
⑹0 エスポー条約第4回締約国会合の報告書は現段階で未刊行なため、同会合の結果についての情報は、同会合にオブザーバーとして出席した筆者のメモに基づく。
⑹1 UNECE, ECE/MP.PP/C.1/2006/8, p.4; UNECE, ECE/MP.PP/C.1/2007/2, p.5.
⑹2 UNECE, *supra* note 58.
⑹3 UNESCO MAB, SC-05/CONF.204/14, pp.18–19.

⑹₄ CE, T-PVS (2006) 24, p.10–11.
⑹₅ CE, T-PVS (2007) 24, pp.9 & 10.
⑹₆ ICPDR, IC/121, Draft 2, p.15, 24–25; ICPDR, *Draft Summary Report on the 10th Ordinary Meeting of the ICPDR*, Draft 1, 06/12/2007, p.29.
⑹₇ 欧州委員会環境総局担当者のコメント（2007年3月の面接調査）。
⑹₈ UNECE, *Background Note: Overview of Activities Addressing the Bystroe Canal Project under Multilateral Environmental Agreements and by Intergovernmental Organizations*, 9 May 2008.
⑹₉ エスポー条約の実施についての高次の政府間協調機関の設置に関する声明(6186/0/2-08)。
⑺₀ 欧州委員会環境総局担当者のコメント（2007年3月の面接調査）。
⑺₁ CE, T-PVS (2006) 24, p.13; CE, T-PVS/Files (2007) 9 & T-PVS (2007) 24, pp.9–10.
⑺₂ ルーマニア外務省およびウクライナ外務省の各担当者のコメント（2008年3月の面接調査）。
⑺₃ ICPDR, *Draft Summary Report on the 10th Ordinary Meeting of the ICPDR*, Draft 1, 06/12/2007, p.15.
⑺₄ *Guiding Principles for the Development of Inland Navigation and Environmental Protection in the Danube River Basin*, ICPDR, IC 127.
⑺₅ http//:www.icpdr.org/icpdr-pages/navigation_and_ecology_process.htm (as of 28 January 2008).
⑺₆ 例えば、EUのISPA基金によるルーマニアの事業。同事業については、WWF, *Factsheet, Bottleneck: Romania, Project: ISPA & WWF, News*, 04 Jan 2000, at http://www.panda.org/about_wwf/where_we_work/Europe/what_we_do/Danube_carpathian/news/i... (as of 30 January 2008).
⑺₇ ICPDR事務局長のコメント（2007年12月および2008年3月の面接調査）。
⑺₈ この事業は、過去数年間WWFが河岸国の協力を得て進めている「ダニューブ河グリーン回廊計画」の一部。この事業にはウクライナとルーマニア両国のNGOや研究機関も関与。最終結果は2008年7月に公表される予定。WWF, *Danube Campaign*, 19 May 2008, at http://www.danubecampaign.org/index.cfm?uNewsID=133861 (as of 6 July 2008).
⑺₉ 不遵守手続で中心的な役割を担う履行委員会は、締約国の中から選出された8ヵ国の政府代表委員から成る常設機関。この手続については、*infra* note 85。
⑻₀ ICPDRは当初この可能性を認識していたが、政治的な配慮もありあえて議論をしなかった。ICPDR事務局長のコメント（2004年9月および2006年8月の面接調査）。
⑻₁ ダニューブ河流域を含む広域黒海地域の汚染削減と、生態系の回復に関する投資事業の実施のための財政メカニズムの発展をめざして、2001年に設置された。ICPDR事務局、黒海委員会、国際的な財政機関、欧州委員会、関心のあるEU加盟国、その他の地域・国際機関から構成される。http://icpdr01.danubeday.org/icpdr-pages/dablas。

多国間環境条約の執行確保と複数の条約間の調整　629

htm（as of 25 August 2007）
⑫　エスポー条約の審査手続および不遵守手続におけるダニューブ・デルタ事件の処理とその特徴については、Koyano, M., "The Significance of the Convention on Environmental Impact Assessment in a Transboundary Context (Espoo Convention) in International Environmental Law: Examining the Implications of the Danube Delta Case," *Impact Assessment and Project Appraisal, Special issue: Transboundary Impact Assessment* (2008) (in press).
⑬　エスポー条約の審査手続については、Koivurova, T., "The Convention on Environmental Impact Assessment in a Transboundary Context (Espoo Convention)," in Ulfstein., G. (ed.), *Making Treaties Work: Human Rights, Environment and Arms Control* (2007), pp.222-226。
⑭　審査結果は、UNECE, *supra* note 3。この手続では、3人目の審査委員の指名難航や両当事国からの費用拠出の遅延により、本格的な審査の開始は遅れたが、4回の委員会会合と現地調査を経て、全会一致で結論が出た。UNECE, ECE/MP.EIA/WG.1/2007/5.
⑮　"*Structure and Functions of the Implementation Committee and Procedures for Review of Compliance,*" Appendix, Annex II, UNECE, ECE/CEP/9, pp.48-50. 2004年にこの手続を明記する（14条 bis）改正議定書が採択されたが未発効。この手続については、児矢野マリ『国際環境法における事前協議制度―執行手段としての機能の展開―』（有信堂高文社、2006年)、82-85、258-260頁; Koivurova, *supra* note 83, pp.226-239。
⑯　ルーマニアは当初の不遵守手続を申立てたが、審査手続の先行に方針を転換した。
⑰　なお、締約国会合の決定と勧告には幾つかの曖昧な点がある。これも含めてその評価については、Koyoano, *supra* note 82。
⑱　オーフス条約の不遵守手続は、同条約の目的が公衆の権利保障であることも影響し独特の構造をもつ。この手続の中心を担う遵守委員会は個人資格の委員で構成され、既存の不遵守手続には珍しく NGO を含む公衆からの申立を認め、遵守委員会での審査の過程にも当該公衆は通報者として参加する。オーフス条約の遵守手続については、Morgera, E., "An Update on the Aarhus Convention and Its Continued Global Relevance," *RECIEL,* Vol.14 (2005), pp.140-143; Koester, V., "The Convention on Access to Information, Public Participation in Decision-Making and Access to Justice in Environmental Matters (Aarhus Convention)," in Ulfstein (ed.), *supra* note 83, pp.191-217。
⑲　これは同時期に開かれた両条約の締約国会合に出席したウクライナ代表の数とランクの違いにも現れている。この点については、Koyano, *supra* note 82。
⑳　"*Bern Convention case files,*" at http://www.coe.int/t/e/cultural_co-operation/environment/nature_and_biological_diversity/nature_protection/case?files.asp#TopOfPage (as of 18 August 2007). この手続については、高島忠義「国際環境法と NGO」『世界法年報』21号 (2002年)、154-155頁。

(91) 関連機関（ICPDR、ベルン条約、ユネスコ MAB 計画およびラムサール条約事務局）のコメント（2007年3月および2008年3月の面接調査）。

(92) 1998年6月に、ウクライナは2007年の EU 加盟を目標とする「欧州統合戦略」を採択した。同国が EU 加盟をめざす理由は以下の通り。EU の東方拡大により生じる新たな境界線が、同国にとって否定的な影響を及ぼすことを懸念するからである。つまり、経済的には EU 統一市場へのアクセスがより難しくなるだろうし、政治的には討議に参加できないまま欧州の国際政治に関わる重要な決定を EU に押しつけられていくおそれがあるからである。六鹿、前掲論文（2005年）（注29）、97-99頁。現在でもこの立場は基本的に不変。

(93) 2005年9月以降のウクライナによる協力的な姿勢への転換は、ICPDR とウクライナ外務大臣との協議等を通じて、国際的な批判は主に手続的要請の不実施に関するものであることを、ウクライナが明確に理解したことも、1つの要因とするとされる。ICPDR 事務局長のコメント（2006年8月の面接調査）。

(94) これを可能にした1つの要因は、早期に相互コミュニケーションが確立したことである。

(95) 2つの ECE 条約にはロシアと米国を除くほとんどの ECE 諸国が、ベルン条約には CE 参加の欧州諸国と、ロシアを除く多くの CIS 共同体諸国が、ダニューブ河保護条約には13の全てのダニューブ河岸国が参加し、ラムサール条約とユネスコ MAB 計画にも、それらほとんどの諸国が参加。

(96) 但し、各条約等の目的は同一ではないため、執行の過程で対立が生じる可能性は否定できない。この点は後述する。

(97) ジュネーブの非公式協議では ICPDR 事務局長が座長を務めた。オデッサ会議でも準備段階からその実施にいたるまで、ICPDR 事務局は中心的な役割を果たした。

(98) WWF は、ルーマニア側では過去約15年間、ウクライナ側では1998年頃から関連プログラムを実施。http://www.panda.org/about_wwf/where_we_work/eurpe/what_we_do/danube_carpathian/our_work/index.cfm（as of 16 September 2007）

(99) 例えば WWF の場合について、WWF International Danube-Carpathian Programme の担当者のコメント（2007年3月の面接調査）。関連機関の担当者もこの点を明確に認めている。

(100) 例えば、2004年5月の欧州委員会の関与の開始は、多様な EU 機関での NGO からの多くの手紙の受領を契機とする。欧州委員会環境総局担当者のコメント（2007年3月の面接調査）。

(101) 事前協議手続については、児矢野、前掲書（注85）。

(102) 冷戦終結後、相次いで CIS 共同体諸国が参加。

(103) 冷戦終結に伴う ECE 地域での協力機運の高まりを受けて、1990年代以降 ECE は環境政策を重視し始め、相次いで多国間環境条約を採択した。

(104) ウクライナ国内の政治勢力は、加盟すべき時期についての違いはあるものの、主に

経済・政治的な理由から EU 加盟を望む点では一致している。その理由については、前掲、注92。

(105) ウクライナではオレンジ革命以降、親 EU 派の大統領と親ロシア派の首相が激しく対立し、国内政治状況は著しく混乱した。

(106) 類似の理由を挙げるものとして、Ulfstein, G., "Dispute resolution, compliance control and enforcement in international environmental law," in Ulfsein (ed.), *supra* note 83, pp.115–133。

(107) なお Bothe は、対等な二者間の紛争解決手続が適用されうる問題領域として、二国間問題の性質をもつ事項（有害廃棄物の越境移動、越境 EIA の実施等）と、多国間問題であっても二国間問題としての側面もある事項（船舶起因汚染、漁業等）を挙げる。Bothe, M., "Ensuring Compliance with Multilateral Agreements: Systems of Inspection and External Monitoring," in Beyerlin, U., Stoll, P.T., and Wolfrum, R. (eds.), *Ensuring Compliance with Multilateral Environmental Agreements: A Dialogue between Practitioners and Academia* (2006), pp.256–257。

(108) エスポー条約3条7項、附属書 IV、1997年国連国際水路条約33条3-9項、等。

(109) 例えばエスポー条約では、任務遂行に必要であればいかなる措置もとることができる（附属書IV第6項）。

(110) 強制的な裁判手続については、国連海洋法条約（UNCLOS）第 XV 部、南極条約環境保護議定書19条、北東大西洋環境保護 OSPAR 条約32条1項、等。附属書による仲裁裁判手続の具体的明記については、エスポー条約15条、附属書 VII、等。

(111) みなみまぐろ事件、MOX 工場事件、ジョホール海峡埋立事件、等。

(112) *Ibid.*

(113) 例えば MOX 工場事件の背後には、英国領セラ・フィールドでの放射性廃棄物処理問題をめぐる両当事国間の長年の論争があり、本事件も交渉決裂の末に国際裁判所に提起された。

(114) 多くの文献がこのことを指摘する。例えば、Bothe, M., "The Evaluation of Enforcement Mechanisms in International Environmental Law: An Overview," in Wolfrum, R. (ed.), *Enforcing Environmental Standards: Economic Mechanism as Viable Means?* (1996), pp.12–38。マネージメント志向の遵守モデルを説く研究もこの発想に立つ。Chayes, A. and Chayes, A.H., *The New Sovereignty: Compliance with International Regulatory Agreements* (1995) 等。近年の不遵守手続に関する多くの研究もその現れであり、現実の多国間環境条約でも不遵守手続の制度化は著しい。既存の手続については、UNEP, *Manual on Compliance with and Enforcement of Multilateral Environmental Agreements* (2006)。

(115) 但し、前者では必ずしも条約義務の不履行の有無につき判断の明示を伴うとは限らない。

(116) 児矢野、前掲書（注85）、249、263-268頁；Birnie, P.A. and Boyle, A., *International*

Law and the Environment, 2nd edition (2002), p.134.

(117) この点で、遵守の連続体 (the compliance continuum) という観念に基づき、制裁と説得という2つの力学を相互補完的に捉えて、国際法の遵守をめぐるマネージメントおよび強制志向のアプローチの双方を補完しようとする Burnnée の主張は興味深い。Burnnée, J., "Multilateral environmental agreements and the compliance continuum," in Winter, G. (ed.), *Multilateral Governance of Global Environmental Change: Perspectives from Science, Sociology and the Law* (2006), pp.387-408.

(118) NGO とは、一般に政府または政府間合意により設立されたのではない私的組織として、消極的に定義される。しかし環境の分野に限っても、その目的、規模、活動内容、構成等はきわめて多様であり、そのあり方は時代によっても異なる。本稿にいう NGO も消極的に定義される広義の団体を意味する。Yamin, F., "NGOs and International Environmental Law: A Critical Evaluation of their Roles and Responsibilities," *RECIEL*, Vol.10-2 (2001), pp.149-153.

(119) Spiro, J.P., "Non-Governmental Organizations and Civil Society," in Bodansky, Brunée, and Hey (eds.), *supra* note 1, p.774.

(120) 気候変動枠組条約に基づく締約国会議の手続規則第7、北東大西洋環境保護 OSPAR 条約11条、等。

(121) ラムサール条約における世界自然保護連合 (IUCN) のように、条約事務局の運営に関わることもある。

(122) ベルン条約のケース・ファイル、オーフス条約の不遵守手続、北米環境協力の手続。ベルン条約では、申立てられた事案を討議する常設委員会にオブザーバーとして出席する。オーフス条約では、遵守委員会での討議に申立人として出席する。

(123) Bombay, P., "The Role of Environmental NGOs in International Environmental Conferences and Agreements: Some Important Features," *EELR*, Vol.10 (2001), pp.229-230. ただし、NGO からの提供情報の扱いについては、条約間で異なる。例えばエスポー条約の履行委員会は、NGO からの提供情報は手続開始の判断で一切考慮しないに、との立場をとっている。これは、ビストロエ水路事業につき NGO (EPL) から送付された、越境 EIA の欠如を指摘する文書の扱いをめぐる議論の結果である。UNECE, ECE/MP.EIA/WG.1/2004/3, pp.2-3; ECE/MP.EIA/WG.1/2004/4, p.2.

(124) Ebbesson, J., "Public Participation," in Bodansky, Brunée and Hey (eds.), *supra* note 1, pp.667-668; Epiney, A., "The Role of NGOs in the Process of Ensuring Compliance with MEAs," in Beyerlin, Stoll and Wolfrum (eds.), *supra* note 107, pp.338-339. リオサミットで採択されたアジェンダ21の第27章も、NGO は代表的民主制を形成し実施する重要な役割を担うものとして、環境分野での関与を積極的に位置づけ、国連機関に広く参加を認めるよう呼びかけている。

(125) Epiney, *supra* note 124, p.337.

(126) 全ての関連機関の担当者に共通するコメント。NGO の要請は時折過度に思われる

場合もあったが、多くの点で NGO の関与は、その効果の方が大きかったとのコメントもあった。

(127) 前述したように、ほとんどの条約がオブザーバー資格で締約国会合への出席を認め、関連情報、報告書等の公開を締約国に求める条約も増えている。例えば、南極条約環境保護議定書附属書Ⅰの3条3、6項等。

(128) Romano, *supra* note 1, pp.1037-1056; Wolfrum, R. and Matz, N., *Conflicts in International Environmental Law* (2003).

(129) Wolfrum and Matz, *supra* note 128, pp.4-6.

(130) 多くの環境条約では、報告義務の履行状況は芳しくない。報告に伴う締約国の負担も1つの要因とされる。報告義務を定める環境条約の増大に伴い、とくに発展途上国にとっての過大な負担が問題。Bothe, *supra* note 114, p.25.

(131) Wolfrum and Matz, *supra* note 128, pp.119-204.

(132) 児矢野、前掲書（注85）、51-59、73-102、132-161頁。

(133) 本稿の「はじめに」で述べたように、環境条約の目的達成のためには、条約で設定した義務の履行確保に加えて柔軟な規律を行う必要がある。この意味で、従来の国際法学が念頭においてきたような締約国の行為に関する合法性確保だけでは、条約の目的は達成できない。したがって、環境条約の執行の全体像を捉えるためには、合法性確保を中核とする従来の実効性の概念ではなく、合目的性の確保を視野に入れた実質的な意味での実効性の概念を念頭におくことが必要のように思われる。類似の観点から実効性概念の変化を論じるものとして、小森光夫「国際公法秩序における履行確保の多様化と実効性」『国際法外交雑誌』97巻3号（1998年）。

国際法における海洋保護区の意義

田中　則夫

はじめに——海洋保護区とは何か——

「海洋保護区（Marine Protected Areas, 以下、本文では「MPA」という）」は、海洋の特定の区域において設定され、そこにおける人間の活動を様々に規制しようとするものである。MPA が設定される理由、ないしは、設定する必要があると主張される理由は、海域によって異なるが、海洋の生物資源、生物多様性、生態系あるいは海洋環境それ自体を保護するという目的が、MPA 設定の基礎に共通にある。

もっとも、国際法上、MPA の統一された定義はまだ存在しない。MPA は、もともと、海洋公園など海域部分を含む保護区（Protected Areas）の一種として、国の領域内に設定されていたものである。世界の国々には、MPA とは異なって、陸地内の自然環境や野生生物を守るために設立された保護区が多数あり、1872年に設立されたアメリカのイエローストーン国立公園は、その最初の事例であるといわれる[1]。これに対して、MPA の最初の事例は、同じくアメリカにおいて、1935年にフロリダ州に設立されたジェファーソン・ナショナル・モニュメントであるといわれる[2] この MPA は、一部の陸地区域を含め、広大な海域を包摂する国立海洋公園であった。

海洋公園が MPA の1つとされるように、MPA というのは、海洋の特定の区域に設定される、様々な名称の保護区を総称する概念でもある。たとえば、海洋公園のほかに、自然保護区、漁業保護区、野生動物保護区、自然生態系保護区、国定遺跡など、その名称は十数種類を超えるほどの多様性がある。より最近では、あとでも述べるが、国際海事機関（IMO）の決議に基づいて

設定され、船舶通航等の規制が行われる「特別敏感海域 (Particular Sensitive Sea Areas)」も、MPA の 1 つとして位置づけられている[3]。こうした MPA の存在形態の多様性が、その定義を難しくしている要因になっていることは否めない。しかし、他方で、現在、各国は MPA についてそれぞれ独自の定義づけを与え、統一的な設定基準や管理方法の確立に努めている。それゆえ、MPA という概念自体は、海洋に設けられる種々の保護区を総称するものとして、認知されていると見ることができる[4]。

アメリカ政府の定義を見てみよう。アメリカは、古くから MPA の設定に熱心であった国の 1 つであるが、2000 年 5 月 26 日付けの「行政命令 13158 号」で、「合衆国の MPA」を次のように定義した[5]。「海洋の天然資源及び文化資源の一部又は全部を持続的に保護するために、連邦、洲、地域、部族または地区の各法令によって指定される海洋環境のいずれかの区域をいう。」ここでいう「海洋環境」とは「合衆国が国際法に従って管轄権を行使する沿岸海域、五大湖及びそれに接続する水域、並びにこれらの下にある海底の区域をいう」とされている。アメリカのこの定義による限りは、MPA は、国家管轄権の範囲内に設けられる区域として位置づけられている。

また、たとえば、MPA の設定を積極的に推進している国の 1 つである、オーストラリア政府の説明を見ると、次のようになっている[6]。MPA とは、「特に生物多様性の保護・保全及び天然資源とそれに関連する文化資源の保護・保全のために設けられる海域であって、法的な手段又はその他の効果的な手段を通じて管理されるものをいう。」この説明では、MPA が設けられる場所は特定されてはいない。もっとも、現在までに、オーストラリアが国家管轄権の範囲外に MPA を設定したことはない。オーストラリアの MPA は、アメリカなど他の諸国と同様に、自国の領域内に設けられているものが多いが、しかし、グレートバリアリーフのように、領海を超えて広大な排他的経済水域 (以下、「EEZ」という) にまたがって設けられているものもある (1975 年のグレートバリアリーフ海洋公園法 (後述)[7]。)

他方、MPA の普及と推進に最も積極的な環境 NGO である国際自然保護連合 (International Union for Conservation of Nature and Natural Resources、以下、「IUCN」という) が、1988 年に採択した決議の中で示した定義も[8]、よく引用されるものの 1

つである。それによれば、MPA とは、「潮間帯又は潮間帯下のいずれかの区域であって、その上部水域及び関連する動植物相、歴史的及び文化的特徴が、閉鎖環境の一部又は全部を保護するために、立法又はその他の適切な手段により保護されている区域をいう。」IUCN は、1948年に設立された世界最大の自然保護機関であって、1962年に第1回世界公園会議を主催し、以後、おおむね10年に1度の割合で、同会議を開催している。この第1回会議において、保護の対象とする区域（場所）と生物を特定するという視点が提起され、これ以後、ある区域それ自体を保護し、あるいは、ある区域に生息する特定の生物を保護する、という発想が定着していくようになったといわれている[9]。

ところで、MPA なる海域は、世界でどれくらい設定されているのであろうか。MPA の定義が未確立で、MPA の数え方自体に議論の余地があるため、その正確な数が掌握されているとはいえないが、たとえば、2003年6月に開催された国連海洋法条約の非公式締約国会合の第4会期にドイツ政府が出したペーパーによると、100を超える国々に1,000を超える MPA が存在していると指摘された[10]。また、それより以前、1990年代の半ば頃、IUCN が行った調査によると、世界中で1,306の MPA が確認されたという[11]。ちなみに、日本には、現在、140ほどの MPA があるといわれている[12]。

MPA は、それが国の領域内に設定される場合には、基本的に、国際法上の問題を生じさせることはなかった。しかし、状況は大きく変わろうとしている。というのは、MPA を、国の領域の外に設けるべきだという主張と実行が、強められているからである。現在では、領海に隣接する EEZ に MPA が設けられている例は、かなりの数にのぼるようになっている。さらに最近になって、より強く展開されつつあるのは、国家管轄権の限界を超える海域、つまり、深海底や公海に MPA を設定すべきであるという主張である。海洋の生物多様性を保護するためには、そうした MPA の設定が必要だとする見方が、かなりの支持を受けるようになってきているのである。

国際法の観点からは、どういった内容の MPA がいずれの海域に設定されるかが問題となろう。EEZ においてはもとより、公海上における MPA の設定は、当該の MPA の具体的な内容にもよるが、国連海洋法条約をはじめとする現行国際法との抵触問題を生じさせる可能性がある。しかし、MPA を

めぐる議論は、そうした国際法上の合法性の問題があることが意識されながらも、衰えるところを知らないほどに活発になっている。MPAをめぐる動向如何によっては、海洋秩序の再編が進まざるを得なくなる可能性もある。本稿では、MPAをめぐる議論の展開を検証しながら、MPAが有する国際法上の意義について考えてみたい[13]。

I 海洋保護区の国際法的基盤

1 一般多数国間条約

　MPAを直接に規律する一般多数国間条約は存在しない。しかし、MPAをめぐる議論においては、MPAの設定に関係する既存の一般多数国間条約の存在が認められている。ここではまず、そうした条約の中でも、主要なものについて概観しておきたい[14]。

(1) 国際捕鯨取締条約（1946年12月2日署名、1948年11月10日発効）

　国際捕鯨取締条約が適用される海域は、締約国が捕鯨を行うすべての水域とされているから（1条1）、公海、EEZ、領海の違いは問われない。条約の目的は、鯨族の適切な保全と捕鯨産業の秩序ある発展を確保することである（前文参照）。この目的を実現するために、各締約政府の1人の委員から構成される国際捕鯨委員会（IWC）が設立され（3条1）、同委員会は、保護される鯨の種類、禁漁期、禁漁水域など、鯨資源の保全と利用に関する規則を採択し（これを附表という）、附表の規定を随時修正することができる（5条1）。附表は、条約の不可分の一部をなすものであり（1条1）、漁期や捕獲に関する詳細な規則を定めている。IWCは、少なくとも、条約の目的の遂行並びに鯨資源の保全、開発及び最適の利用を図るために必要で、科学的認定に基づくものである場合に、附表を修正することができる（5条2）。

　この条約の前身は、1937年にロンドンで署名された国際捕鯨取締協定であるが、IWCは、同協定の下で1938年に設置された、南緯40度以南、西経70度と西経160度の間の南極保護区を、1955年まで維持した。南極保護区が設定された当初の理由は、同区域においてまだ商業捕鯨が行われておらず、

この地域の鯨の捕獲を凍結することが望ましいと考えられたからであった。1979年になると、IWC は、インド洋保護区の設置を決定した。インド洋保護区は、北半球のアフリカ沿岸から、紅海、アラビア海、オマーン湾を含む、東経100度までの水域と、南半球の、南緯55度を南の境界線とする東経20度から東経130度の水域からなる地域で、商業捕鯨が禁止されている。インド洋保護区は、当初、10年の予定で設置され、その後2回延長された。2002年の段階でさらに延長すべきかが検討されることになっていたが、同年の第54回年次会合で、IWC は、商業捕鯨禁止の継続に合意した。ただし、その見直しの時期を定めるかどうかについては議論しなかった[15]。

IWC はさらに、1994年の第46回年次会合で、南氷洋保護区を商業捕鯨禁止地域として決定した。この保護区の北の境界線は南緯40度である。ただし、すでに南緯55度まで保護区が設置されているインド洋地域では、南緯55度以南とされている。南米と南太平洋では、南緯60度が北の境界線となる。商業捕鯨の禁止は、この保護区におけるひげ鯨又は歯鯨資源の保全状態に関係なく適用される。商業捕鯨の禁止は、決定採択後10年で再検討され、その後10年ごとに IWC で再検討される予定である。この決定の規定に基づき、2004年の第56回年次会合で再検討されたが、南氷洋保護区を撤廃すべきとする提案は否決された。翌2005年の第57回年次会合でも、撤廃の提案は否決された。南氷洋保護区は、南緯40度以南の南半球に鯨の保護区を設置しようという、1992年のフランス提案に遡る。その目的は、南極の海洋生態系の回復とその捕食地での南半球の鯨の種と個体数の保護であり、さらに、インド洋保護区と合わせて、鯨が商業捕鯨から免れる広範な地域を設定することにあった[16]。

こうした保護区設置の決定（附表の修正）は、IWC において4分の3の多数決により行われ（3条2）、IWC が各締約政府に通告した後90日で効力を生じる（5条3）。ただし、いずれかの締約政府が90日以内に異議を申し立てた場合は、当該締約国に対して修正は効力を有しない。たとえば、南氷洋保護区について、日本政府は、南極のミンク鯨ストックへの適用について異議を申し立て、それを維持している。そのため、この修正（保護区設置の決定）は、1994年12月6日に効力を発生したが、日本については異議を申し立てた点

に関して、附表の修正は適用されない⁽¹⁷⁾。

インド洋保護区も南氷洋保護区も公海部分を含んでいる。これらの保護区の設置は、特定の国が一方的に行うものではなく、締約国の代表からなる条約機関が行う集団的措置として行われている。現在、国際捕鯨取締条約は52カ国が参加し、主要な捕鯨国がすべて参加しているが、この条約に参加しない第3国に対してこのような保護区の効果が及ぶのかについて、IWCは見解を示していない⁽¹⁸⁾。

(2) 南極制度関連諸条約

1959年の南極条約は、南緯60度以南の海域と氷の大陸に適用されるが（6条）、そこには領海もEEZもないので、南極大陸に隣接して設定されるMPAは公海上に設けられることになる。ただし、6条は、この条約のいかなる規定も、同地域内の公海に関する国際法に基づくいずれの国の権利又は権利の行使をも害するものではなく、また、これらにいかなる影響をも及ぼすものではないと定めている。もっとも、1980年の南極の海洋生物資源の保存に関する条約（1982年4月7日効力発生）、及び、1991年の環境保護に関する南極条約議定書（1998年1月14日効力発生）は、いずれも、南緯60度以南の南極地域において、それぞれの条約・議定書の目的を達成する上で必要な場合には、一種のMPAに相当する区域の設定を認めている。

南極海洋生物資源保存条約に基づいて設置される委員会（CCAMLR）⁽¹⁹⁾は、次の任務をもつ（9条1）。(a)南極の海洋生物資源及び南極の海洋生態系に関する調査及び包括的な研究を促進すること。(b)南極の海洋生物資源の量の状態及び変化に関する資料並びに採捕の対象となる種又はこれに依存し若しくは採捕の対象となる種と関係のある種若しくは個体群の分布、豊度及び生産性に影響を及ぼす要素に関する資料を取りまとめること。〈中略〉(f)5の規定に従うことを条件として、利用可能な最良の科学的証拠に基づいた保存措置を作成し、採択し及び修正すること。この(f)に規定する保存措置には、次のことを含めることができる（9条2）。(a)この条約の適用される地域において採捕することのできる種別の量を指定すること。(b)南極の海洋生物資源の分布に基づいて区域及び小区域を指定すること。(c)区域及び小区域において採捕することのできる資源の量を指定すること。(d)保護される種を指定するこ

と。〈以下、略〉。

　一方、南極環境議定書は、南極の環境とこれに依存する生態系を包括的に保護するために、南極地域を平和及び科学に貢献する自然保護地域に指定した (2条)。この議定書に基づいて環境保護委員会 (CEP) が設置され (7条1)、この委員会が附属書の運用を含む議定書の実施に関する任務を遂行する (12条1)[20]。この議定書には、議定書の不可分の一部を構成する附属書がついているが、附属書Ⅴ「地区の保護及び管理」は[21]、いかなる地域(海域を含む)も、南極特別保護地区又は南極特別管理地区として指定することができる。これらの地区における活動は、この附属書に基づいて採択された管理計画に従い禁止され、制限され又は管理されると規定した (2条)。

　南極特別保護地区とは、環境上、科学上、歴史上、芸術上若しくは原生地域としての顕著な価値若しくはこれらの価値の組合せ又は実施中若しくは計画中の科学的調査を保護するために指定される地域 (海域を含む) をいう (附属書Ⅴ3条1)。過去の南極条約協議国会議により特別保護地区及び特別科学的関心地区として指定された地区は、ここに南極特別保護地区として指定され、かつ、これに応じて名称及び番号が変更されるものとする (同前3条3)。南極特別保護地区への立入りは、7条の規定に従って発給される許可証による場合を除くほか、禁止される (同前3条4)。他方、南極特別管理地区とは、活動が行われているか又は将来行われる可能性のある地域 (海域を含む) であって、活動を計画し及び調整することを補助し、生ずることのある紛争を回避し、締約国間の協力を一層推進させ又は環境への影響を最小にするために指定されるところをいう (同前4条1)。南極特別管理地区への立入りについては、許可証を必要としない (同前4条3)。

　締約国、CEP、南極研究科学委員会、又は CCAMLR は、管理計画案を南極条約協議国会議に提出することにより、いずれかの地域を南極特別保護地区又は南極特別管理地区として指定する提案を行うことができる (同前5条1。指定の手続については、6条で詳しく規定されている)。こうして、CCAMLR 及び CEP は、互いに連携しながら、南極地域における MPA の設定をすすめており、現在では、公海 MPA を指定する手続を定めるべく、作業を継続している。すでに、南氷洋においては、6つ以上の南極特別保護区 (海域) が設定されて

おり、その海域には公海部分が含まれている[22]。

(3) ラムサール条約 (1971年2月2日採択、1975年12月21日発効)

　湿地は多様な生物を育み、特に水鳥の生息地として重要である。しかし、湿地は干拓や埋め立て等の開発の対象になりやすく、湿地の破壊をくい止める必要がある。湿地には国境をまたぐものもあり、また、水鳥の多くは国境に関係なく渡りをするため、国際的な取り組みが求められていた。1971年2月にイランのラムサールで採択されたのが、特に水鳥の生息地として国際的に重要な湿地に関する条約である。

　ラムサール条約は、国家領域内の一定の条件を有する動植物の生息地の保護を目的としている。この条約の適用上、湿地とは、天然のものであるか人工のものであるか、永続的なものであるか一時的なものであるかを問わず、さらには水が滞っているか流れているか、淡水であるか汽水であるか鹹水(かんすい。注：塩水のこと)であるかを問わず、沼沢地、湿原、泥炭地又は水域をいい、低潮時における水深が6メートルを超えない海域を含む(1条)。締約国は、その領域内の適当な湿地を指定するものとし、指定された湿地は、国際的に重要な湿地に係る「リスト(登録簿)」に掲げられる(2条1)。湿地は、その生態学上、植物学上、動物学上、湖沼学上又は水文学上の国際的重要性に従って、登録簿に掲げるために選定される。特に、水鳥にとっていずれの季節においても国際的に重要な湿地は、登録簿に掲げられるべきである(2条2)。締約国は、登録簿に掲げられた湿地の追加・拡大をすることができ、また、緊急な国家的利益のために湿地の廃止あるいは縮小をする権利を有する。ただし、その場合、こうした変更について、できる限り早期に事務局に通報しなければならない(2条5)。また、そのような変更を行う場合、水鳥の保護、管理及び適正な利用についての国際的責任を考慮しなければならない(2条6)。湿地の廃止あるいは縮小を行う場合、できる限り湿地資源の喪失を補うべきであり、特に新たな自然保護区を創設すべきとされている(4条2)。

　締約国は、登録簿に掲げられている湿地の保全を促進し及びその領域内の湿地をできる限り適正に利用することを促進するため、計画を作成し、実施するものとされている(3条1)。もっとも、条約は、湿地に生息する動植物

の捕獲、利用を禁止も制約もしておらず、登録簿に掲載される国際的に重要な湿地の保全と締約国領域内にある湿地の適正な利用のために、締約国が条約の定める義務を履行し、また、義務の履行のために締約国間で協力することを求めているにとどまっている。ここでいう湿地の適正な利用の概念は、締約国会議においてある程度明確にされてはきているが、実際にその適正な利用の実現のために何をすべきかは、当面、締約国の裁量に委ねられている。すなわち、締約国は、湿地の保全と適正な利用について、計画を作成し、実施する義務を負っているが、計画が満たすべき要件などを条約は直接には定めておらず、締約国会議の決定によって指針が採択されているにとどまる。

　ラムサール条約は、MPAあるいは保護区といった概念を用いてはいないが、湿地を法律による特別の保護の対象にした点で、ある種のMPAを定めた条約として位置づけられている。湿地の構成部分は、湿原、河川、湖沼、干潟、藻場、マングローブ林、サンゴ礁などであって、いずれも生物多様性を保全する観点から重要な場所ということができ、湿地のすべてが海洋ではないとしても、いくつかの湿地あるいは湿地の一部は海洋である場合もあるので、湿地をいわば保護区として登録するラムサール条約は、MPAに関係する条約といえる。2006年1月末現在、150カ国が参加し、条約湿地数1,579カ所、条約湿地の総面積は1億3,400万ヘクタールとなっている[23]。

(4) ユネスコ世界遺産保護条約 (1972年11月16日採択、1975年12月17日発効)

　ラムサール条約が採択された翌年の1972年には、ユネスコの総会で、世界の文化遺産及び自然遺産の保護に関する条約が採択された。締約国は、条約で定義される「文化遺産」(1条)と「自然遺産」(2条)であって、自国の領域内に存在するものを認定し及び区域を定める役割を担い(3条)、その上で、文化遺産及び自然遺産で自国の領域内に存在するものを認定し、保護し、保存し、整備し及び将来の世代へ伝えることを確保するために最善を尽くす義務を負う(4条)。また、締約国は、自国の領域内に存在する文化遺産及び自然遺産の保護、保存及び整備のための効果的かつ積極的な措置がとられることを確保するよう努めなければならない(5条)。

　ちなみに、条約の定義によれば、「自然遺産」とは、「無生物又は生物の生成物又は生成物群から成る特徴のある自然の地域であって、鑑賞上又は学術

上顕著な普遍的価値を有するもの」、「地質学的又は地形学的形成物及び脅威にさらされている動物又は植物の種の生息地又は自生地として区域が明確に定められている地域であって、学術上又は保存上顕著な普遍的価値を有するもの」、「自然の風景地及び区域が明確に定められている自然の地域であって、学術上、保存上又は景観上顕著な普遍的価値を有するもの」とされている。

現在では、「自然遺産」とされる地域の中で、海洋区域を含むものの場合には、その地域はMPAに該当するものと理解されるようになっている。これまで、たとえば、ガラパゴス諸島（エクアドル）、ベリーズバリアリーフ保護地区（ベリーズ）、グレートバリアリーフ（オーストラリア）などのMPAが、世界遺産一覧表に記載されている[24]。1995年の時点で、海洋または沿岸の要素を有する世界遺産は31ほどを数える[25]。

なお、この条約は、ラムサール条約と同様に「リスト（一覧表）」を手法として用いている。ラムサール条約との違いは、ラムサール条約が「リスト（登録簿）」への登録を、締約国の自由な選択によるものとしているのに対し、世界遺産保護条約は、一覧表への登録には世界遺産委員会によるスクリーニングを経ねばならないこととしている。世界遺産保護条約においては、一覧表への挿入によって、一覧表に挿入された遺跡に国際的なプレスティージを与え、締約国は遺産保護のための財政的・技術的援助を委員会の決定に基づいて受ける権利を有し、同時により厳格な遺産保護の義務を負っている。

(5) MARPOL73/78（1978年2月17日採択、1983年10月2日発効）

IMOにおける審議を基礎に採択された、1973年の船舶による汚染の防止のための国際条約（11月2日採択）は、15以上の国であって、その商船船腹量の合計が総トン数で世界の商船船腹量の50％以上となる国が締約国になることを発効要件としていたが、1976年の時点で3カ国のみが批准したにとどまり、その総トン数も世界全体の1％未満であったため、条約の発効は見込めなくなった。そこで、IMOは、1978年2月17日、1973年の船舶による汚染の防止のための国際条約に関する1978年の議定書（MARPOL73/78）を採択した。

この議定書は、1973年の条約に一定の修正を加えた上でそれを実施することを定めたものである。2つの条約は形式的には別個の条約であるが、MARPOL73/78の締約国は、両者を単一の文書として扱うものとされた（1

条)。1973年条約は、条約本文において、一般的義務や条約の適用に関する規定を定めた上で、油に関する規則（附属書Ⅰ）、ばら積み輸送される有害液体に関する規則（附属書Ⅱ）、容器に収納した有害物質に関する規則（附属書Ⅲ）、汚水に関する規則（附属書Ⅳ）、及び廃物に関する規則（附属書Ⅴ）を有し、各附属書において規制を行う対象物質毎に詳細な規定をおいている。MARPOL73/78 は、各国が1973年条約を締結できない障害と感じていた附属書Ⅱについて、議定書発効後3年までは拘束力を有しないと規定した（2条）。附属書Ⅰは、MARPOL73/78 と同じ日に発効し、附属書Ⅱは1987年4月6日に、附属書Ⅲは1992年7月1日に、附属書Ⅳは2003年9月27日に、附属書Ⅴは1988年12月31日にそれぞれ発効した（なお、1997年9月に採択された附属書Ⅵ（船舶からの大気汚染の防止に関する規則）は、まだ発効していない）[26]。

　MPA に関連するのは、「特別海域 (special areas)」について言及する附属書Ⅰ、附属書Ⅱ、附属書Ⅴ、附属書Ⅵである。先に、IMO によって特別敏感海域 (Particular Sensitive Sea Areas, 以下、「PSSA」という) の設定が行われていることにふれたが、船舶航行の安全確保や船舶起因の汚染防止という任務を有する IMO は、1980年代以降における海洋環境保護委員会での検討を基礎に、MARPOL73/78 に基づく「特別海域」と、IMO 独自の基準に基づく PSSA の指定のための指針づくりをすすめてきた[27]。1991年、IMO は、決議 A.720 (17) を採択し、初めて指針を採択し、1999年の決議 A.885 (21) において、指針の改定を行い、2001年の決議 A.927 (22) によって、それらの2つの決議を統合し、MARPOL73/78 に基づく「特別海域」と PSSA の指定のための新しい指針を採択した。決議 A.927 によれば[28]、「特別海域」とは、「海洋学上、生態学上の条件並びに交通の特別の事情に関連して認められた技術的理由のゆえに、油、有害液体物質又は廃棄物からの海洋汚染を防止するため、特別の義務的な方法を採択することが求められている海域をいう。」他方、PSSA とは、「承認された生態学的、社会経済的若しくは科学的な理由により、また、国際的海運活動によって損害を受けやすいという理由により、IMO の行動を通じて特別の保護を必要としている区域をいう。」

　IMO によって指定されるこられの海域は、いずれも MPA の一形態であって、とりわけ PSSA は、最近において特に注目されている。IMO は、PSSA

の認定基準について、上記の決議 A.927 (22) の付属書Ⅱで定めたものを、2005年の決議 A.982 (24) の付属書で一部改訂している。後者によれば、①PSSAとして認定を受けるためには、生態学的、社会・経済的、又は科学的な基準の1つを満たさねばならず、②当該海域が、そこにおける船舶通航の特徴や自然的要素から見て、国際的海運活動によって影響を受けやすい脆弱性を有しており、③当該海域でとられる保護措置が IMO によって承認され、若しくは採択されるものでなければならない、とされている[29]。PSSAに認定されると、その海域での海洋活動を規制するために、航路指定措置、MARPOL73/78 の船舶の排出・設備条件の厳格な適用、船舶運航サービス(VTS)の設置といった特定の措置がとられることになる。2005年7月現在、IMO がPSSA として認定しているのは、次の10の区域である[30]。①グレートバリアリーフ(オーストラリア。2005年に一部拡大)、②サバナ・カマゲイ群島(キューバ)、③マルペロ島(コロンビア)、④フロリダ・キース周辺(アメリカ)、⑤ワデン海(デンマーク、ドイツ、オランダ)、⑥パラカス国立保護区(ペルー)、⑦西欧区域(ベルギー、フランス、アイルランド、ポルトガル、スペイン、イギリス)、⑧カナリア諸島(スペイン)、⑨バルト海区域(デンマーク、エストニア、フィンランド、ドイツ、ラトビア、リトアニア、ポーランド、スウェーデン)、⑩ガラパゴス諸島(エクアドル)。これらの区域は、単に当該沿岸国の国内法令によって一方的に特別の保護区とされているのではなく、IMO という国際機関による認定に基づいて、一定の保護措置がとられている点に特徴があり、海域の一部が領海を超えて EEZ に及んでいるところもある。

(6) 国連海洋法条約 (1982年4月30日採択、1994年11月16日発効)

国連海洋法条約 (UNCLOS) が、MPA の設定に関連する条約であることはいうまでもないであろう。ただし、UNCLOS には、MPA なる用語があるわけではなく、MPA を直接規律するような規定があるわけでもない。しかし、次のような規定は、MPA の設定に関係を有するものであると指摘されることが少なくない[31]。

たとえば、一般的な義務を定める規定ではあるが、一般多数国間条約では初めての規定といってよい、国の海洋環境保護義務を定めた192条(いずれの国も海洋環境を保護し及び保全する義務を有する)があげられる。そして、海

洋環境の汚染を防止し、軽減し及び規制するための措置をとることを定めた194条では、UNCLOSC第12部の規定によりとる措置には、希少又はぜい弱な生態系及び減少しており、脅威にさらされており又は絶滅のおそれのある種その他の海洋生物の生息地を保護し及び保全するために必要な措置を含めると規定されている（同条5）。

また、211条は、船舶からの汚染の防止に関する規定であるが、同条6aは、沿岸国は自国のEEZ内の特定の水域において、船舶からの汚染を防止するために特別の措置をとることができると定めている。すなわち、沿岸国は、同条1に規定する国際的な規則及び基準が特別の事情に応ずるために不適当であり、かつ、自国の排他的経済水域の明確に限定された特定の水域において、海洋学上及び生態学上の条件並びに当該水域の利用又は資源の保護及び交通の特殊性に関する認められた技術上の理由により、船舶からの汚染を防止するための拘束力を有する特別の措置をとることが必要であると信ずるに足りる合理的な理由がある場合には、権限のある国際機関を通じて他のすべての関係国と適当な協議を行った後、当該水域に関し、当該国際機関に通告することができるものとし、その通告に際し、裏付けとなる科学的及び技術的証拠並びに必要な受入施設に関する情報を提供する。当該国際機関は、通告を受領した後12カ月以内に当該水域における条件が第1段に規定する要件に合致するか否かを決定する。当該国際機関が合致すると決定した場合には、当該沿岸国は、当該水域について、船舶からの汚染の防止、軽減及び規制のための法令であって、当該国際機関が特別の水域に適用し得るとしている国際的な規則及び基準又は航行上の方式を実施するための法令を制定することができる、という規定である。

以上の諸規定にいう、「必要な措置」や「特別の措置」の中には、MPAの設定も入り得ると解釈できるとされる[32]。ほかには、たとえば、公海における生物資源の保存及び管理について、国家間の相互協力について規定する118条、深海底における活動に関して、当該活動により生ずる有害な影響から海洋環境を効果的に保護するため、国際海底機構が必要な措置をとるべきことを規定する145条、あるいは、海洋環境の保護のために、世界的又は地域的基礎における協力について規定する197条等があげられる場合もある。

このうち、145条に関連しては、深海底における海洋環境や生物多様性の保護のためにとるべき措置について、国際海底機構において検討が重ねられている[33]。

UNCLOSの場合、MPAに関係すると思われる規定はいくつかあるが、他面において、そうした諸規定はいずれも一般的な規定にとどまっており、MPAの直接の根拠になるかどうかは、設定されるMPAの内容や海域をみた上でないと、判断しにくいところがあることは否めないであろう。この点で付言すれば、UNCLOSの場合には、その実施過程での議論の方が注目される。すなわち、1999年の国連総会決議54/33によって、UNCLOS非公式協議締約国会合（UNICPOLOS）が設置され、2000年6月に第1回会合を開いて以来、毎年1度討議を重ねている。そして、実はその討議の中で、MPAのUNCLOSとの整合性やMPAの科学的根拠を明らかにする必要性に留意しながら、MPAの設定問題に関する議論が重ねられつつある。この議論の中で、国家管轄権の限界を超える海域、つまり公海上でのMPAの設定に関する議論も提起されている（改めて後述）。

(7) 生物多様性条約（1992年6月5日採択、1993年12月29日発効）

国連環境開発会議（リオ・サミット）で署名のために開放された、生物の多様性に関する条約（CBD）は、生物多様性の保護、生物多様性の構成要素の持続可能な利用、遺伝子資源の利用から生ずる利益の公平かつ衡平な配分をその目的としている（1条）。CBDの2条には、「保護地域（protected area）」の定義があり、この規定はMPAにも適用されると考えられている[34]。「保護地域」とは、保全のための特定の目的を達成するために指定され又は規制され及び管理されている地理的に特定された地域をいう。

CBDは、締約国の責務として、保護地域又は生物の多様性を保全するために特別の措置をとる必要がある地域に関する制度を確立すること、必要な場合には、保護地域又は生物の多様性を保全するために特別の措置をとる必要がある地域の選定、設定及び管理のための指針を作成すること、生物の多様性の保全のために重要な生物資源の保全及び持続可能な利用を確保するため、保護地域の内外を問わず、当該生物資源について規制を行い又は管理することなどをあげている（8条(a)、(b)、(c)）。

CBDには、MPAに直接言及する規定はないが、しかし、CBDの実施過程においては、CBDの目的を実現するために、MPAをめぐる議論を取り込む必要性が当初から認められてきた。1995年の第2回締約国会議(インドネシア・ジャカルタ)は、海洋及び沿岸の生態系の保存と持続可能な利用に関するジャカルタ・マンデイトを採択し、海洋の生物多様性を保護するため、生態系アプローチの一部としてMPAの設定を奨励するとともに、この問題に関するグローバルな対応を締約国に求めた[35]。MPAの設定が、海洋・沿岸の生物の多様性の保全と持続可能な利用にとって効果的な手法であることが認められたのである。

ただし、CBDの実施過程においては、MPAという用語よりも、むしろ「海洋・沿岸保護区(Marine and Coastal Protected Area, MCPA)」なる概念が用いられている。1998年の第4回締約国会議で設けられた、MCPAに関するアドホック技術専門家グループは、海洋・沿岸保護区の国内制度の設置及び管理に関する技術的助言の中で、「海洋・沿岸保護区」を次のように定義した。すなわち、その上部水域並びに関連する植物、動物並びに歴史的及び文化的特質を伴う、海洋環境の中で又は海洋環境に隣接して、特定された地域であって、法令又は慣習を含むその他の効果的な手段で保護され、その海洋及び／又は沿岸の生物多様性が、その周辺地域よりも高い水準の保護を享受している地域をいう、と。アドホック専門家グループが、IUCNのMPAの定義を参考にしながらも、「海洋・沿岸保護区」という用語を選択した理由は、MPAという用語が沿岸地域や陸と海の境界面を含まないように使用される場合もあり、それでは、河口、海水が入ってくる沼地などの重要な海洋環境の一部が対象とならなくなってしまうことを懸念し、あらゆる種類の保護区を包括する広範な定義が望ましいと考えたからである[36]。

CBDは、その適用範囲について、一方で、生物の多様性の構成要素については、自国の管轄の下にある区域(4条a)としつつも、他方で、自国の管轄又は管理の下で行われる作用及び活動(それらの影響が生ずる場所のいかんを問わない)については、自国の管轄の下にある区域及びいずれの国の管轄にも属さない区域(4条b)にも及ぶと規定している。したがって、CBDは、国家管轄権外の地域の生物多様性の保護もその射程の1つにしているというこ

とができるが、しかし、国家が特別な規制を行う地域を管轄権外に設定することを通じて、いずれの国家の管轄権も及ばない地域の生物多様性を保護することまでは想定していなかった。それにもかかわらず、CBDの実施過程においては、国家管轄権の限界を超える海域でのMPAの設定問題を検討することなしには、生物多様性条約の本来の趣旨・目的が達成できなくなっているという認識が定着しようとしているのである。この点は、UNCLOSの実施過程における議論と共通するところとなっている（改めて後述）。

2 地域条約
(1) 1992年の北東大西洋の海洋環境の保護に関する条約（OSPAR条約）

北海ならびに北東大西洋に面するヨーロッパ諸国は、1967年のトリーキャニオン号事件を契機として、海洋汚染の防止のための地域協力の体制を創り上げるために努力を重ねてきた。北東大西洋の海洋環境の保護に関する条約は、1972年のオスロ条約と1974年のパリ条約を統合し、両条約にとって代わるために1992年9月に採択され、98年3月に効力を発生した（以前の両条約の名前をとってオスパール（OSPAR）条約という）[37]。締約国は、ベルギー、デンマーク、フィンランド、フランス、ドイツ、アイスランド、アイルランド、オランダ、ノルウェー、ポルトガル、スペイン、イギリス、ルクセンブルグ、スイスおよびECである。この条約は、陸上起因汚染源、海洋廃棄物投棄、沿岸沖汚染源を含め、海洋汚染の原因を包括的に規制対象としており（4条-7条）、締約国に対して予防原則の適用を義務づけ（2条2）、条約の実施機関として委員会（OSPAR委員会）を設置した（10条）。

MPAの設定に直接的な関係を有するのは、オスパール条約の締約国が1998年に採択した、附属書Ⅴ「海洋区域の生態系と生物多様性の保護及び保存」である（2000年8月以降順次各締約国ごとに効力発生）。オスパール委員会は、この附属書Ⅴに基づいて検討を続け、2003年6月、「MPAのネットワークに関する勧告2003/3」を採択した[38]。この勧告によれば、MPAとは、「海洋環境の生物種、生息地、生態系及び生態学的過程を保護及び保存するために、国際法に合致した保護、保存、回復又は予防的な措置がとられる海洋区域における海域をいう。」

この勧告が掲げる目標は、人間の活動によって悪影響を受ける生物種、生息地、生態系及び生態学的過程を保護するために、オスパール海域においてMPAのネットワークを2010年までに確立することである。オスパール海域とは、オスパール条約の適用される海域であって、締約国の領海、それに接続して沿岸国の管轄権の下に服する海域、その外側の公海並びにその下の海底であって、次の緯度と経度で囲まれる海域をいう。つまり、1つは、北緯36度以北の大西洋等で、西経42度と東経51度の間の海域で、バルト海などを除いたところであり、もう1つは、北緯59度以北の大西洋等で、西経42度と西経44度で囲まれる海域で、地中海等を除いたところである (1条a)。これらの海域では、冷水海域に存在する珊瑚礁や、深海魚種を含む漁業資源の保護が緊急の課題とされている。オスパール条約の下で計画されているMPAには、沿岸国の領域内という限定はなく、公海上でのMPAの設定も目指されている[39]。もっとも、オスパール委員会自身、オスパール・ネットワークを確立する上で、法的なギャップが存在するのであれば、UNCLOSに基づき権限のある国際機関と協議することなど、そのギャップを埋めるために必要な段階を経なければならないことを指摘している[40]。

　2003年6月には、また、オスパール委員会において、オスパール海域におけるMPAの識別と選定のためのガイドライン、並びに、MPAの管理のためのガイドラインも採択され、MPAの設定作業を促進する準備が整えられた[41]。さらに、同年同月の委員会においては、次に見るバルチック海洋環境委員会 (HELCOM) と協力して、2010年までに両方の海域においてMPAのネットワークを構築する共同作業計画 (Joint HELCOM/OSPAR Work Programme on Marine Protected Areas) が提起され、検討が続けられることになっている。

(2) 1992年のバルチック海の海洋環境の保護に関する条約 (ヘルシンキ条約)

　バルチック海の海洋環境の保護に関する条約は、1974年に採択されたバルチック海の海洋汚染防止条約を、1992年4月に改正したものである (2000年1月効力発生)。締約国は、デンマーク、エストニア、フィンランド、ドイツ、ラトビア、リトアニア、ポーランド、ロシア、スウェーデン及びECである[42]。条約の実施機関として、バルチック海洋環境委員会 (HELCOM) が設置されている。1992年の改正により、生物多様性の保護が締約国の義務として付け

加えられた。すなわち、締約国は、バルチック海の生物種、生物多様性及び生態学的過程を保護し、バルチック海の天然資源の持続可能な利用を確保するために必要な措置をとることを求められる（15条）。

1994年3月、HELCOM は、勧告15/5「沿岸・海洋のバルチック海保護区のシステム（System of Coastal and Marine Baltic Sea Protected Areas）」を採択し、締約国に対して、バルチック海保護区（BSPA）の候補地として62の海域をあげた上で、BSPA のシステムを確立するために必要なすべての措置をとるよう求めた[43]。バルチック海のいずれの部分も、沿岸国の領海又は EEZ で構成されている。BSPA はいずれも締約国の領海内に位置しているが、勧告15/5は、領海に接続する外側の海域にも特別の注意を向けるように要請していた。

2001年5月に開催された BSPA に関するワークショップでは、締約国に対して、勧告15/5で指定した BSPA の保護に関して、一層有効な措置をとるよう要請が行われた。これは、裏返していえば、62の指定された BSPA の保護は、必ずしも予定どおりに進んでいない状況の現れとされる。バルチック海の場合には、MARPOL73/78 条約の下で「特別海域」に指定されており、また、IMO により PSSA に指定され得る可能性も有しており、さらに他方では、BSPA の多くは、のちに見る EU の Natura 2000 のネットワークにも組み込まれている。バルチック海では、このように、保護区に関する複数の制度が錯綜している状況があるため、統一的で合理的な海洋管理をいかにして実現するかという問題の検討が続けられている[44]。

なお、HELCOM の下で、「HELCOM HABITAT」というグループが発足しており、このグループの活動は、①生態系アプローチ、②統合沿岸水域管理、③BSPA、④漁業、海洋哺乳類、⑤鮭という5つのテーマに即して行われている。現在では、BSPA の問題は、このグループの1つのテーマに組み込まれている。他方、2010年までに MPA のネットワークを確立するために、HELCOM とオスパール委員会の共同作業計画が始まっていることは、先に述べたとおりである。

(3) 地中海の海洋環境保護と MPA ――バルセロナシステム

地中海では、海洋環境保護のための地域的国際協力について、蓄積された経験がある。この分野の最初の条約は、1976年2月に採択された地中海汚染

防止条約である(通称、バルセロナ条約。78年2月効力発生)[45]。この条約はいわゆる枠組条約であったので、その後、この条約に関連する6つの議定書が採択されて、地中海における環境保護のシステムが樹立された。条約と6つの議定書を合わせて、バルセロナシステムと呼ばれる場合がある[46]。6つの議定書の内、MPAに関連するものは、1982年4月の「地中海の特別保護区(Specially Protected Areas) に関する議定書」と、1995年6月の「地中海における特別保護区と生物多様性に関する議定書」である。後者は、前者にとって代わるものであるが、前者の改正議定書としてではなく、新しい議定書として採択された(99年12月効力発生)[47]。

1982年の議定書は、もっぱらMPAを対象にした最初の条約であったが、保護区の設定は締約国の努力目標とされていたに過ぎず (3条1)、また、議定書の適用範囲も締約国の領海内に限定されていた (2条)。それに対して、95年の議定書は、地中海のすべての海域(海底とその下を含む)に適用される(2条1)。この適用範囲の拡大は、高度回遊性の魚種の保護のために必要と判断されたといわれている[48]。地中海に面する沿岸国の多くは、領海の外側にEEZを設定しておらず、したがって、領海の外側はほとんどが公海であるというのが、地中海の特徴である[49]。締約国は、一般的な義務として、特別保護区の設立を通じて、自然的及び文化的な価値のある区域を、持続可能でかつ環境上優れた方法によって保護し、保全し及び管理しなければならず、また、脅威にさらされているか又は危機に瀕している動植物の種を保護し、保全し及び管理しなければならない (3条1)。特別保護区の目的は、沿岸・海洋の生態系と生物多様性を保護することにある (4条)。締約国は、自国の主権又は管轄権の及ぶ海域に特別保護区を設定することができる (5条1)。

95年の議定書で注目されるのは、「地中海で重要性を有する特別保護区(Specially Protected Areas of Mediterranean Importance, 以下、「SPAMI」という)」のリストを作成し (8条1)、締約国が次のことを約束した点にある。すなわち、(a)リストに記載された地域について、その特別の重要性を認めること、並びに、(b)その地域に適用される措置を遵守し、その地域が設定された目的に反する活動を承認もせず、行ったりもしないことである (8条3)。SPAMIのリストに加えることのできる区域は、「地中海における生物多様性の構成要素を保

護するために重要な区域、地中海区域に特有の生態系若しくは危険にさらされている種の生息地を含んでいる区域、科学的、美観的、文化的又は教育的レベルで特別な価値を有する区域」とされる (8条2)。SPAMIのリストの選定は、次の手続に従って行われる。第1は、締約国の主権又は管轄権の下に区域が提案される場合、かかる提案がSPAMIの基準・指針に合致していれば、締約国の会合に通知されて、そこで決定される (9条(a)、4(b))。第2は、提案される区域の一部又は全部が公海に及ぶ場合、若しくは、主権又は管轄権の限界がまだ明確になっていない区域に及ぶ場合には、「関係する二又はそれ以上の隣接国」の合意に基づいて提案されなければならず、当該の区域をSPAMIに加えるかどうかの決定は、かかる提案がSPAMIの基準・指針に合致している場合には、締約国の会合でコンセンサスに基づいて行われる (9条2(b)(c)、4(c))。

ちなみに、締約国は、SPAMIの選定のための共通の基準、並びに、SPAMIの設定と管理のための指針を採択するものとされている (16条)。この規定にもとづき、1996年11月、次の3つの附属書、すなわち、附属書Ⅰ「SPAMIリストに含め得る保護される海洋・沿岸区域の選定のための共通基準」、附属書Ⅱ「危険にさらされ若しくは脅威にさらされている種のリスト」、附属書Ⅲ「開発が規制されている種のリスト」が採択された。なお、議定書に基づきSPAMIが設定されれば、そこでは種々の活動の規制が行われることになるが、特にSPAMIの区域が公海部分に及んでいる場合には、第三国に対して規制措置を及ぼし得るかどうかが問題となる。この点、議定書においては、締約国は、議定書の締約国でない国及び国際機構に対して、議定書の実施について「協力するよう要請する」と定められた (28条1)。2001年にモナコで開催された第12回締約国会合で、12のSPAMIを設けることが初めて承認された[50]。この中には、次章で説明する、地中海の公海上に設けられた海洋哺乳類のための保護区も含まれている。

(4) EUの保護区

MPAに関連するEUの法令として、野鳥の保全に関する1979年4月2日の理事会指令79/409/EEC (以下、「野鳥指令」という)、並びに、自然の生息地及び野生動植物の保全に関する1992年5月21日の理事会指令92/43/EEC(以下、

「生息地指令」という)の2つがある[51]。後者は、欧州生態ネットワーク(Natura 2000)設置の根拠法ともなっている[52]。

まず、野鳥指令は、構成国の領域内において、野生状態で生息するすべての鳥類を保護し、保全することを目的としている(1条1)。構成国は、この目的のために、特に、以下のことを行う(3条2)。①保護地域の創設、②保護地域の内外の生息地の維持及び管理、③破壊された生活圏の復元、④生活圏の設置である。さらに、構成国は、野鳥指令の附属書Ⅰに定める一定の鳥類及び移動種の保存のために、その個体数と規模の点から最も適当な範囲の区域を、特別保護地域(Special Protection Areas, SPA)として指定しなければならない(4条1)[53]。

次に、生息地指令は、構成国の領域内における自然の生息地及び野生動植物の保全を通じて生物多様性の維持に貢献することを目的としている(2条)。ここでいう自然の生息地とは、地理的、非生物的及び生物的な特徴によって区別される、陸生又は水生の区域をいう(1条b)。生息地指令に基づき、本指令に従って構成国が指定する「特別保全地域(Special Areas of Conservation; SAC)」と、野鳥指令に従って分類される特別保護地域を含む、欧州レベルでの生息地のネットワークである欧州生態ネットワーク(「Natura 2000」[54])が設置される(3条)。構成国は、特別保全地域の生息地の保全を保証し、その悪化を回避するために必要な措置をとる(6条2)。その場所に重大な影響を生じさせる可能性のある計画又は事業は、その場所の保全という目的に照らしてその場所への影響を評価し、その評価を踏まえて、権限ある機関は計画又は事業に合意しなければならない(6条3)。優先的な公共の利益が絶対不可欠な状況では、「Natura 2000」の一貫性が確保されるよう、構成国は補償措置をとらなければならない(6条4)[55]。

なお、野鳥指令と生息地指令はいずれも、構成国のEEZにも適用される。欧州司法裁判所の判例によれば、構成国の領域を超えて共同体法が適用される前提は、当該事項に関する共同体の立法権限が確立していることである。裁判所によれば、構成国の主権又は管轄権の及ぶ海域が拡張すれば、共同体法の適用範囲は拡張された海域にも及ぶ。EC条約175条は、共同体における環境保護原則を定める174条にいう目的を達成するために、共同体の環境

政策の枠内で必要な措置をとることを認めている。174条であげられた目的の1つは環境の保全・保護であり、自然の生息地及び野生動植物の保全はその目的の中に入るものであり、175条は生息地指令を採択する法的根拠を提供している。

1987年に「環境」と題するEC条約第19編が導入されるまでは、環境政策に関する共同体の措置は、野鳥指令が出されたときと同じように、条約に定めのない場合の共同体の行動に関する一般的権限を定めた308条に基づいてとられていた。野鳥指令と生息地指令はいずれも、環境の保全と保護に役立つものである。海洋の区域がそれらの指令の対象となることは、両指令の文言から直接にいえることであり、共同体は、構成国が国際法に基づきEEZにおいて権利を行使し得る事項について立法権限を有している。UNCLOSは、EEZにおける海洋環境保護に関する機能的な管轄権を沿岸国に与えている。それゆえ、以上にみた2つの指令は、UNCLOSに定める沿岸国の義務に考慮を払うことを条件として、構成国のEEZにも適用されるものと理解されている[56]。

3　主要国の実行——アメリカ・オーストラリア[57]

(1) アメリカ

アメリカは、古くからMPAの設定に熱心な国であって、多くのMPAを抱えるが、連邦政府、州政府、地方自治体等が独自に設定してきた保護区域が部分的に重複している場合が少なくなく、各保護区について統合された管理システムを確立することが課題であるといわれている。

そうした状況の下で、国際法との関連で注目されるものとして、1972年の「国家海洋サンクチュアリ法 (海洋の保護、調査及び保護区に関する法律)」がある。アメリカは、この法律に基づき、海洋の保護区 (Marine Sanctuary) を設定したが、そこにおいて必要な規制を行う場合には、国際法の承認された原則を遵守するとし、領海での無害通航の権利の保護を含む、航行の権利やその他の海洋で認められる権利は保障するとの立場を表明していた[58]。

もっとも、1990年代に入り、チャンネル諸島国立海洋保護区 (Channel Islands National Marine Sanctuary) に関連しては、同保護区を設定する法令を改正し、当該海洋保護区域内の特定の航路においては、原油その他の油を含む商

取引の物品を運搬する船舶の通航を禁止した。この措置が適用される海域はアメリカの領海である。そのため、ごく限定された海域における例外的な船舶通航規制の措置であるとはいえ、沿岸国の領海において外国船舶に認められてきた無害通航権に照らしてみた場合、法的には新たな論点を提起する実行といえるところがある。なお、フロリダ・キース周辺が、IMO によって PSSA とされたことは先に述べたが、その結果、同周辺海域では、投錨の禁止される海域が指定され、船舶航行を規制する措置が実施されることになっている。

とはいえ、上記の1972年法に基づき、海洋の保護区を設定した場合に明言されていたように、MPA の設定は関連する国際法を遵守した上で行うというアメリカの立場は、基本的に変えられてはいないと思われる。本稿の冒頭でふれたように、「合衆国の MPA」を定義した、2000年5月26日付けの「行政命令13158号[59]」によれば、本命令の目的は、現在及び将来の世代の利益のために、MPA に関する国のシステムを強化・拡張することにより、海洋環境内にある重要な自然と文化の資源を保護することにあるとされている（第1節）。そして、本命令に従って行動する連邦機関は、合衆国の領海、排他的経済水域及び接続水域に関する大統領声明を含め、国際法に従って行動しなければならないと明記されている（第7節）（アメリカの MPA は、現在までのところ、国家管轄権の及ぶ海域内で設定されるものであることは、本稿のはじめにで述べたとおりである）。

アメリカの MPA は、およそ300ほどを数えるといわれている[60]。アメリカは MPA の国内でのシステム整備だけでなく、近隣の諸国と連携して MPA の国際プログラムの構築にも取り組んでいる。一例をあげると、アメリカ、カナダ、メキシコの3カ国は、1993年に環境協力に関する北米協定を締結し、これらの3カ国に存在する MPA を相互に連携させ、海洋の生物多様性の保護に努めている。2004年1月、アメリカの国家海洋大気局 (NOAA) は、北米海洋保護区ネットワークの発展に資するために、国家海洋保護区センターを立ち上げた。上記の協定は、北米貿易自由協定 (NAFTA) の環境条項を実施するためのものでもある。

(2) オーストラリア

オーストラリアのMPAは、それが設定されている海域に応じて、州、準州、及び連邦政府の機関のいずれか（場合によって、それらの複数が協力して）によって管理されている。原則として、領海の基線より3海里までの海洋環境について責任を負っているのは、州及び北部の準州である。連邦政府は、州又は準州の海側の管轄の限界より外側の海域で、距岸200海里までの海域（EEZ）において管轄権を行使する。こうした海域の違いに応じて、MPAの管理主体が決まるのが原則である(61)。

　例外は、グレートバリアリーフである。オーストラリアのMPAに関係する基本的な国内法は2つあって、1つは、1975年のグレートバリアリーフ海洋公園法（GBRMP法）であり(62)、もう1つは、1999年の環境保護及び生物多様性法（EPBC法）である(63)。GBRMP法は、領海部分から始まり広大なEEZにまたがって存在する、34万平方キロに及ぶグレートバリアリーフ（珊瑚礁の海域）を保護し、管理し、維持し、発展させるための法律である（5節）。この法律の目的を達成するために、グレートバリアリーフ公園局が設立され（第2部6節以下）、EPBC法とは別に独立した法律とされる、GBRMP法に基づき、維持・管理等が行われる。

　広大な珊瑚礁とそこに生息する多様な生物種を保護するために、広大な海域をいくつかのゾーンに分けた上で、資源開発の禁止、船舶航行の規制、海洋投棄の禁止・規制など、きめ細かな海洋環境保護措置が、海域ごとにとられる仕組みなっている（第5部30節以下）。グレートバリアリーフは、1981年にほぼその全域が世界遺産に登録され、1990年にはIMOによりPSSAに指定された(64)。そうした経緯を経て、91年にはGBRMP法の改正が行われ、公園内の一定の指定海域（強制水先案内海域）では、70メートル以上の船舶、若しくは、原油、化学物質又は液化ガスを輸送している船舶は、水先案内を搭乗させることが義務づけられた。指定海域を水先案内人を乗せずに航行し、または、航行したのちにオーストラリアの港に入ることは違法行為とされている（3節1(a)(b)、59節A－D）。ただし、オーストラリア国防軍に属する船舶、又は外国の軍隊に属する船舶は除く（3節1(c)(d)）。

　一方、EPBC法は、グレートバリアリーフと州及び準州のMPAには適用されず、連邦政府の管理の下におかれる連邦保護区（Commonwealth reseves）の

設置と管理のために適用される基本法である。連邦政府のMPAは連邦保護区の一部として、この法律の下で設置・管理される。連邦保護区は、EPBC法が制定されるまでは、1975年の国立公園及び野生生物保護法に基づいて設定され、管理されていたが、同法の下で保護区とされたところは、EPBC法に引き継がれている。EPBC法の目的は、次の諸点におかれている。(a)環境の保護、(b)天然資源の保護及び持続可能な利用の促進、(c)生物多様性の保護の促進、(d)環境の保護・管理についての協調的アプローチの促進、(e)オーストラリアの環境に関する国際責任の協調的実施、(f)オーストラリアの生物多様性の保護及び持続可能な利用における先住民の役割の承認、(g)生物多様性について先住民が有する知識の活用の促進 (3節1)。

連邦政府のMPAを含む連邦保護区の管理に責任を負っているのは、国立公園局長 (Director of National Park) である。すべての連邦保護区は管理計画をもたねばならず、管理計画は国立公園局長が準備し、環境・遺産省の長官が承認しなければならない。管理計画には、保護区の保護や管理の方法、保護区内で許される活動とその活動方法などが含まれていなければならない。EPCB法は、保護区の管理計画で明示的に許可されている場合は別として、連邦保護区内で行われる活動のいくつかを禁止している。たとえば、在来種に悪影響を与える活動、商業活動、採掘活動などである。他の活動についても、当該保護区の保護・保全のために必要である場合には、EPCB法に基づき禁止することができるようになっている。

なお、オーストリアのMPAは、現時点では国家管轄権の範囲内で設定されているが、オーストラリア政府は、今後、MPAを国家管轄権の外へと拡げていくことに、消極的であるより、むしろ積極的な姿勢を示していることに、注目しておく必要がある[65]。

II 公海における海洋保護区設定の動向

1 公海海洋保護区の主張——議論の経緯

さて、現在、MPAをめぐる議論で無視し得なくなってきているのは、領

海やEEZを中心にMPAの設定が奨励、促進されているというだけにとどまらず、国家管轄権の限界を超える海域、つまり深海底を含む公海においてもMPAを設定する必要があるとの主張が、急速に拡がってきていることである。

(1) アジェンダ21とWSSDの実施計画

IUCNにおいて公海問題プロジェクトのコーディネイターを務めるポーランドの法律家、Kristina Gjerdeによれば、1991年にアメリカの国家海洋大気局(NOAA)の海洋学者、Sylvia Earleが、NOAAの主催したWild Ocean Reserveに関する国際会議(ハワイ)において、国家管轄権の限界を超える海洋が汚染と乱開発のために深刻な脅威に直面していると警告し、これがきっかけとなり、MPAの一種として位置づけられるWild Ocean Reserveを、公海上に設定する必要があると勧告したとされる[66]。この勧告は、翌92年のリオ・デ・ジャネイロで開催された国連環境開発会議でも紹介される機会があったが、同会議ではまだ、公海上でのMPAの設定問題が正面から討議される段階にはなく、同会議で採択されたアジェンダ21においては、保護区(Protected Areas)への一般的な言及がなされるにとどまった。

アジェンダ21は、海洋及び海洋生物資源の保護を扱った第17章において、保護区へ何度か言及している[67]。第1は、沿岸国は、自国の管轄下にある海洋で生物多様性を維持するための措置をとるにあたり、保護区の設定と管理を行うことができると指摘したところである(17・7)。第2は、沿岸国は、海洋に影響を及ぼす活動に関する情報を収集・分析する能力を向上させるために、沿岸海域の保護区のプロフィールを作成する必要があると指摘したところである(17・8)。第3に、沿岸国は、自国の管轄下にある海洋において、高レベルの生物多様性を示す海洋エコシステムを識別し、特に保護区の指定などを通じて、かかる海洋の利用に必要な制限を加えるべきであると指摘したところである(17・85)。アジェンダ21では、いずれの保護区も、自国の管轄下にある海洋での設定というふうに、その範囲を限定していた点に留意しておく必要がある。

しかし、2002年9月、持続可能な発展に関する世界サミット(WSSD)が採択した「実施計画」では、変化の兆しが見られるようになっていた。「実施計画」のパラグラフ32は、まずa項において、国家管轄権の内と外の双方の海

域を含め、すべての海洋の脆弱な生産能力と生物多様性を維持すること、またｂ項では、ジャカルタ・マンデイトに基づく作業計画を実施することの重要性を指摘し、続いてｃ項において、アジェンダ21の第17章に従って、海洋の保存と管理を促進するために行うべきこととして、生態系アプローチの採用、有害な漁業慣行の撤廃と共に、国際法に従いかつ科学的情報に基づいたMPAを、その代表的なネットワークの確立を含め、2012年までに設定することをあげていた[68]。「実施計画」は、MPAを公海上にも設定すべきであるといった直接的な表現を用いていないが、国家管轄権の内外の海域において生物多様性の維持が重要になっていると指摘することにより、MPAの公海上での設定を示唆していた。

(2) CBDの実施過程における議論

上でいうジャカルタ・マンデイトとは、本稿Ⅰ.1.(7)でも述べたように、CBDの第2回締約国会議 (1995年) において、海洋の生物多様性を保護するため、生態系アプローチの一部としてMPAの設定を奨励したものである。また、CBDの会合では、MPAという用語よりも、むしろ「海洋・沿岸保護区 (MCPA)」なる概念が用いられていること、第4回締約国会議では、MCPAに関するアドホック技術専門家グループが設けられたことも、既述のとおりである。実は、その後に展開されるCBDの実施過程における討議の中で、公海MPAへの注目が一層増大してきている。たとえば、アドホック技術専門家グループの第1回会合 (2001年) 及び第2回会合 (2002年) での議論は、その端緒を開くものであった[69]。

アドホック技術専門家グループは、その両会合において、MCPAの価値と効果について検討し、MCPAが、生物多様性の保全と持続可能な利用双方に関連して多くの利益を生み出し、統合的な海洋・沿岸地域管理制度を効果的にする最善の戦略となることを認めた。しかし、現在のMCPAの制度が、海洋・沿岸の生物多様性の保全と持続可能な利用を確保するために効果的であるかどうか、明確ではない点が多数残されているので、そうした点の解明が将来の優先課題の1つであると指摘している。もっとも、他方で、MPAがカバーしている海洋・沿岸生物多様性はまだ大変少ないので、効果的に管理され、生態学的に代表的なMCPAのネットワークの制度を地球規模で発展させる

ことが将来の目標の1つであり、この目標は、WSSDの実施計画と合致しているという。

　アドホック技術専門家グループでは、国家管轄権の限界を超える海域におけるMPAについても議論が行われた。すなわち、第1に、多くの生態系が、国家管轄権の限界を超える海域に存在していること、第2に、現在のところ、広範な生物多様性を効果的に保護するMPAは存在しないが、かかる海域における生物多様性は大きな脅威にさらされているので、MPAがこれらの海域に設定される必要があること、第3に、ただし、公海や深海底の環境に関しては、適用可能な多くの国際的・地域的文書があるので、公海MPAに関しては、その討議の場や方法を吟味することが不可欠であり、また関係機関との協議を開始する必要があることなどが議論された。

　2003年3月、締約国会議の下におかれている科学的・技術的助言に関する補助機関 (SBSTTA) は、その第8回会合において、公海MCPAをめぐる問題を討議した[70]。公海には公海自由の原則をはじめ、国連海洋法条約に定める諸規則が適用されているだけに、公海にMCPAを設定するといっても、現行国際法との関係をどのように考えるべきか自体難問であった。それゆえ、議論の中心は、国連海洋法条約を軸とする現行の海洋秩序との関係をどう見るべきかという点であり、公海MCPAはそもそも公海自由の原則と抵触するという見解から、逆に公海MCPAの設定に積極的に賛成する見解まで、各国政府の代表が示した見解は多様であった。この会合が採択した勧告VIII/3Aは、MCPAの設置・管理に関する基準等を検討するため、統合的海洋・沿岸地域管理に関するアドホック技術専門家グループの設置を決定した。

　もう1つの勧告VIII/3Bは、MCPAの目標が、MCPAが海洋・沿岸の生物多様性の保全と持続可能な利用の不可欠な要素であり、国家管轄権の下にある地域でのMCPAの設置は、国内法、国内計画、国内政策に従って行われなければならず、国家管轄権を超える地域でのMCPAの設置は、国際法に従ってかつ科学的情報に基づいて海洋・沿岸保護区をさらに設置する緊急の必要性があることを確認し、事務局長に対して、関係する国際機関と協力して、このようなMCPAの設置と効果的管理に関する適切なメカニズムを検討するよう要請した。

こうして、その後も討議が重ねられ、2004年2月には、CBDの第7回締約国会議が開催された。ここでの審議の結果、MPAとりわけ国家管轄権の限界を超える海域におけるMPAに関しては、次のような関連する決定が行われた。

まず、決定Ⅶ/5（「海洋及び海岸の生物多様性」）[71]の中の「国家管轄権を超える海域におけるMPA」と題する箇所で、次のように規定した。「国家管轄権を超える海洋区域における生物多様性に危機が増大しており、MCPAがこの区域における目的、数及び対象の点できわめて不十分であることに注目し」（29項）、「国際法に合致し、かつ、科学的な情報に基づく、更なるMPA（海山、熱水噴出口、冷水海域珊瑚礁及びその他の脆弱な生態系のような区域を含む）の設定を含め、国家管轄権を超える海洋区域における生物多様性の保存と持続可能な利用を改善するための国際協力と行動の緊急の必要性があることに同意し」（30項）、「海洋法が国家管轄権の海洋区域における活動を規律する法的枠組を提供しており、事務局長に対して、国連事務総長及び関係する国際機関・地域機関と協力し、国家管轄権を超えるMPAの将来の設定及び効果的な管理のために適切なメカニズムを明らかにするために国連総会の作業を支援することを要請する」（31項）。

決定Ⅶ/28（「保護区」）[72]は、保護区に関するアドホック・オープンエンディッドな作業グループの設置を決定した（25項）。この作業グループの任務の1つは、「国連海洋法条約を含む国際法に合致し、かつ、科学的な情報に基づいた、国家管轄権の限界を超える海洋区域でのMPAの設定のための協力についての選択肢を調査すること」にある（29項a）。こうして、より具体的な検討作業は、この作業グループに引き継がれて行われることになった。2005年4月、CBDの事務局長は、作業グループを支援するため、「国家管轄権の限界を超える海洋区域におけるMPAの設定のための協力に関する選択肢」と題する詳細な討議素材を提供した[73]。これに基づき、同年6月に作業グループの第1回会合が開催され、公海MPAに関しても議論が行われた[74]。

(3) 海洋法の実施過程における議論

海洋法の実施過程においても、MPAに関する議論が活発になってきている。たとえば、本稿Ⅰ.1.(6)で述べたように、UNCLOSの非公式協議締約

国会合 (UNICPOLOS) において、MPA に関する議論の積み重ねが見られる。2000年6月の第1回会合から2002年6月の第3回会合では、EEZ 外での乱開発防止の観点から公海 MPA に、あるいは、海洋環境保護の目的達成の観点から MPA に言及する若干の代表があったにとどまっていた[75]。しかし、2003年以降、状況は大きく変わりつつある。

UNICPOLOS において、MPA とりわけ公海 MPA の問題が正面から議論されたのは、議題の1つに「脆弱な海洋の生態系の保護」をあげた2003年6月の第4回会合においてであった。ここでは、後に紹介するように、かつては海洋先進国として歩調を揃えることが少なくなかったヨーロッパの諸国が、公海上での MPA の設定に関しては、現行国際法上の下でも合法と見る立場(イタリア)、逆に、公海自由の原則に抵触して違法であると見る立場(ノルウェー)、そして、まだ合法か違法かを断定する段階にはなく、問題の一層の検討が必要ではないかと見る立場(オランダ)の3つに分かれて、対立したのである[76]。こうした全く異なる評価があることからもうかがえるように、公海 MPA に関する各国代表の見解も多様であった。この会合では、脆弱な海洋の生態系を保護するために、2002年に WSSD が採択した「実施計画」でも強調されていた、2012年を目途にして MPA のネットワークを確立することを、国連総会が再確認するよう提言された。一方、この会合では、MPA がいずれの海域に設定されようと、設定される MPA は、国際法に従ったものであり、かつ、科学的な根拠に基づいたものでなければならないことが指摘されていた。この点は、「実施計画」でも指摘されていたことを想起しておく必要がある[77]。

2004年6月の第5回会合では、同年2月に開催された CBD の第7回締約国会議で行われた2つの決定に注目が集まった。すなわち、先に述べた、決定VII/5 及び決定 VII/28 である。この会合でも繰り返し、MPA の設定は、いずれの海域であっても、それが国際法に従ったものであり、かつ、科学的な根拠に基づいたものでなければならないことが強調された。また、従来よりも一歩踏み込んで、公海上に MPA を設定した地中海諸国の実行の存在にふれつつ、それが UNCLOS 192条や194条5に基礎をおくと解釈する政府代表もあった。また、MPA は、海洋・沿岸の生物多様性の保護と持続可能な利用の

ための重要なツールの1つであることを強調する代表もいた。しかし、他方で、海洋の生態系を保護することと、公海における公海自由の原則を尊重することとは、ともに考慮されるべきであるが、MPA の安易な設定は現行国際法に抵触すると指摘する代表もあり、公海 MPA に関しては、なお検討されるべき問題点が少なくないことが明らかにされた[78]。

2005年6月の第6回会合では、同年3月に開催された FAO（国連食糧農業機関）の漁業委員会が、MPA に関して行った勧告に注目が集まった。FAO は、この会合において初めて、漁業管理の目的を達成する上で、MPA の重要な役割を認識したといわれる[79]。FAO の漁業委員会では、多くの委員が、漁業資源の保存と漁業管理のツールの1つとして MPA を用いることに支持を表明した。委員会では、そのように MPA を用いる場合には、科学的な根拠に基づき、効果的な監視・実施及び適切な法的枠組に裏打ちされなければならないことについて、合意があったといわれている。もっとも、委員会では、公海で MPA を設定することに関しては、委員の間で賛否両論に分かれる状況が見られただけでなく、地域的漁業機関が MPA を設定することに関しても、それを肯定的に評価する見解がある一方で、かかる機関の MPA 設定権限に関しては、法的な観点からすると現状では直ちに認められないとする見解まで、様々であった。結局、委員会は、若干の反対があったものの、FAO が MPA の設計、実施及び規準に関する技術的ガイドラインを発展させることを勧告した[80]。

UNICPOLOS の会合では、かかる勧告及び FAO の作業が歓迎されるとともに、FAO や CBD の下で設置された機関を含め、関係する国際機関の密接な協力・協働の必要性が指摘され、また、海洋の生物多様性を保護するための区域と、漁業管理のための区域とでは、相互に違いを設ける必要性も強調された。さらに、2002年に WSSD で採択された「実施計画」が強調している、2012年を目途にした MPA のネットワークの確立という目標が再確認され、全体として、MPA に関する議論を一層重ねる必要性が指摘されていた。もっとも、他方において、公海 MPA となると、それが公海の自由の制約につながる可能性があるので、現行国際法に抵触するとの指摘はなくなってはいない。MPA の内容にもよるので、一概に断定し得ないものの、公海の自由の

制約をもたらすような MPA の設定は、かかる MPA の正当性や実効性を考慮に入れて交渉され、合意に基づき拘束力のある文書に従って行われるべきことが、複数の政府代表によって指摘された[81]。

(4) 国連総会決議とアドホック WG の設置

公海 MPA に関連する総会決議は少なくないが、ここでは、2004年11月17日の国連総会決議59/24（「海洋および海洋法」）[82]と、それに基づく新たな動きにふれておくことにする。

この決議は、「海洋環境、海洋資源、海洋の生物多様性及び脆弱な海洋生態系の保護」と題するセクションにおいて、上述の CBD の第7回締約国会議で採択された2つの決定を歓迎し、次のことを確認している。すなわち、脆弱な海洋生態系の保存と管理のために、国際法に合致しかつ最良の利用可能な科学的情報に基づいた MPA の設定を含め、また、2012年までにかかる MPA の代表的なネットワークを発展させることをも含め、多様な方法と道具の利用を発展させ、かつ、容易にするための諸国家の努力を継続する必要性である。その上で、この決議は、「国家管轄権の区域を超える海洋の生物多様性の保存及び持続可能な利用に関する諸問題を研究するための、アドホック・オープンエンディッドな非公式作業グループ」（以下、「アドホック WG」という）を設置することを決定した[83]。

アドホック WG に与えられた主な任務は、国家管轄権外の海洋の生物多様性の保存及び持続可能な利用に関する、国連諸機関の過去・現在の活動を調査し、この問題の科学的、技術的、経済的、法的、環境的、社会経済的な側面を検討すること、そして、適切な場合には、この問題に関する国際協力を促進するため、考えられ得る選択肢や方法を示すことである。この決議は、国連事務総長に対して、アドホック WG を支援するために、これらの諸問題に関する報告書を提出するよう要請した。この要請に基づき、事務総長は、2005年7月15日、アドホック WG の検討課題に関して包括的な報告書を提出した[84]。これを受けて、アドホック WG の第1回会合は、2006年2月に開催されることになった[85]。アドホック WG の検討課題が列挙される際、MPA という用語は用いられてはいないが、アドホック WG の設置が、CBD や UNCLOS の実施過程において、MPA をめぐって展開されてきた議論の延

長線上にあることは明らかである。

　アドホックWGの共同議長のまとめによれば、第1回会合では、次の諸点が議論されたと伝えられている[86]。主だった点をあげると、第1に、UNCLOSは、海洋において行われるすべての活動の法的枠組を定めており、国家管轄権外の海洋の生物多様性の保存と持続可能な利用に関するいずれの活動も、その法制度に合致して行われなければならないこと。つまり、UNCLOSが法的枠組の中心となること。第2に、国家管轄権外の海洋の生物多様性の保存及び持続可能な利用は、最良の利用可能な科学的知識に基づき、予防的・生態系アプローチを用いて行われるべきこと。第3に、海洋の生物多様性にとっての最大の脅威は、IUU漁業（違法、無報告、無規制な漁業）を含む破壊的な漁業慣行にあるので、旗国の責任、寄港国の措置、遵守と執行といった問題を検討するために、すべての関連あるフォーラムにおいて、統合的なアプローチをとること。第4に、MPAのような海域ごとの管理が広く受け入れられているので、かかる保護区の選別、設定及び管理のための基準の一層の精緻化が求められていること。第5に、科学的知識に基礎をおいた多目的なMPAの設置と規制について検討するために、UNCLOSの下で実施協定を発展させる必要についての評価を含め、取り組み方法を明確にする必要があること。第6に、国家管轄権外の遺伝資源を含む、海洋の生物多様性の法的地位について検討すること。とりわけ、かかる資源を対象にした活動をどのように規制し得るか、現行のツールや取り決めは十分かどうか、あるいは、新しいツールが海洋の生物多様性の保存と持続可能な利用のために必要かどうかを検討すること。第7に、海洋の生物多様性に関しては、国家管轄権内の海域はもとより、国家管轄権外の海域における保存・管理が、緊急の行動を必要とする重要課題として浮上していること、などである。

　以上のほかにも、検討の対象となった問題は少なくない。検討対象の多さと広さに驚かされるが、こうしたアドホックWGでの議論の行方は、MPAをめぐる動向にも大きな影響を与えるものといえよう[87]。

2　先行事例

　公海上にMPAが設定されている事例は、すでにいくつか存在している。

本稿Ⅰ.1.(1)で見たように、国際捕鯨取締条約の下で、IWCが設定したインド洋保護区と南氷洋保護区は、ともに公海部分を含んでいるものであった。また、本稿Ⅰ.1.(2)で見たように、南極地域においても、すでに公海部分を含んだ南極特別保護地区等が設定されている[88]。

さて、そうした国際捕鯨や南極の制度を定める条約の実施過程の中で設定されるようになった保護区とは異なり、当初より、公海上にMPAを設定するために条約を締結した実行もある。1999年11月、フランス、イタリア、モナコの3国が締結した、「地中海における海洋哺乳動物の保護区の設定に関する協定」がそれである（2002年2月効力発生）[89]。この協定の締約国は、第3条に定める地中海の海域内であって、そこにある生物の多様性と豊かさが海洋哺乳類とその生息地の保護のために不可欠の属性を示しているところに海洋保護区を設立する（2条1）。締約国は、この保護区にある海洋哺乳類のあらゆる種を保護する（2条2）。保護区は、フランス、イタリアおよびモナコの内水と領海、並びに、隣接する公海の部分に位置する海洋区域で構成される（3条）。具体的には、リグリア海を中心にしたところであって、フランスの地中海沿岸の西にあるジャン半島からサルディニア島の西海岸に引いた線と、イタリアの西海岸フォッソ・チアローネからサルディニア島の東海岸に引いた線で囲まれる、およそ8万7千平方キロに及ぶひし形に近い海域である（3条）。地中海においては、EEZの設定が希であって、これらの3国も地中海ではEEZを設定していないため、保護区の中に公海が含まれている。保護区の内訳は、3カ国の内水が15％、領海が32％、公海が53％である。

この協定の内容を、いま少し具体的に見ておくとすれば、次のとおりである。締約国は、保護区において、人間の活動から生じる否定的な直接又は間接の影響から、海洋哺乳類とその生息地の双方を保護することにより、海洋哺乳類の望ましい保存状態を確保するために、この協定に定める適当な措置を採用する（4条）。締約国は、海洋哺乳類の個体数の状態や死亡の原因等を定期的に評価するために協力し（5条）、国際的な義務を考慮に入れた上で、保護区において、モニタリング活動を実施し、いかなる形態の汚染との闘いも強化する（6条）。締約国は、保護区において、海洋哺乳類の故意の捕獲を禁止し、外洋性流し網の使用と保持に関する国際規制及びECの規制を遵守

する（7条ａ、ｂ）。締約国は、観光目的での海洋哺乳類のウオッチングを保護区で規制する（8条）。

　第三国との関係については、締約国は、第3条に定める海洋区域で活動を行う他の国に対して、この協定で定める保護措置と同様の措置をとることを要請する（17条1）。この協定は、国際的または地域的なレベルで権限のあるすべての国際機関、並びに、地中海の海洋環境および沿岸地域の保護のための条約の締約国に通知される（17条2）。この協定の発効要件は、署名国（前記の3カ国）による批准、受諾又は承認であるが（18条、19条）、この協定は、発効後に、他のすべての国と国際機関の加入のために開放される（20条1・2）。ただし、この協定に加入した国や機関はまだ存在しない。

　この協定が採択されるに至るきっかけは、1990年に、イタリアにあるTethys研究機構（環境NGO）がこの区域を保護区とするよう提言したことが契機となり、3カ国の共通の関心事へと高まっていったことによる。この協定で保護区とされたリグリア海周辺は、歯鯨やイルカをはじめとする豊かな海洋哺乳類の生息地であったが、近年、たとえば、漁業活動の展開、船舶の通航量の増大や高速ボートの就航、鯨ウオッチングなど海洋観光の活発化、あるいは軍事演習の実施など、様々な諸活動に伴う海洋汚染の進行と生物資源への悪影響などが懸念されるようになっていた。しかし、この海域をMPAとする上で最大の問題は、公海上にMPAが及ぶことであって、国際法の中心的な原則の1つと抵触することであった。しかし、リグリア海周辺をMPAとする考えは、そうした国際法のメインストリームに対する一種の挑戦と位置づけられ、1991年3月にモナコで計画が公表されるや、その後は、とりわけNGOの間で広範な支持を集めるようになった。その後、数年間、イタリアとフランスの国内事情により、計画の実現に向けた動きは停止していたが、1998年になると、再び3カ国の間でMPAの設定に向けた動きが始まり、翌99年11月、協定の締結に至ったのである[90]。

　この協定は、本稿Ⅰ.2.(3)で述べたように、地中海における環境保護条約の形成・発展過程の中から生まれたものということもできる[91]。1995年の「地中海において特別に保護される区域と生物多様性に関する議定書」は、公海をも含む地中海のすべての海域を適用対象にし、地中海特別保護区（SPAMI）

の設定を促進していた。2001年の第12回締約国会合は、12の海域を SPAMI リストに登録することを承認したが、その中で公海部分を含んでいたのは、上記3カ国の協定に基づく海域だけである。上記の3カ国の MPA は、公海の部分を含んでいるとはいえ、限定された範囲の海域でしかなく、保護の対象とされているのは、歯鯨やイルカ等特定の生物資源である。しかし、公海上への MPA の設定が公海自由の原則に抵触することを承知しながらも、関係国が、自国沖合の海域の生物多様性の保護をいわば優先的に考慮した実行は、重要な先例を提供するものといわなければならない。2005年12月、イタリアは、締約国会議において、協定の対象とする保護区をユネスコの世界遺産リストに登録するよう提案した[92]。

3 法的問題点

公海 MPA に関しては、いうまでもなく、国際法的な問題点は数多くある。ここでは、さしあたり、先にもふれたように、2003年6月に開催された UNICPOLOS において、公海上での MPA の設定の問題をめぐり、3つの立場に分かれ、興味ある論争が繰り広げられたので、それを紹介しておくことにしたい。

a）まず最初に、公海上での MPA の設定に関しては、現行国際法上の下でも合法と見る考え方を紹介しておこう。これは、公海上に MPA を設定した国の1つであるイタリアが主張した。イタリア代表は、1999年の3カ国協定の紹介を行い、それに続けて、要旨次のような主張を展開した[93]。

ある条約に基づいて、MPA が領海の外側に設定された場合、かかる条約の締約国によって執られる保護措置が、条約の非締約国にも適用されるかどうかである。条約は、原則として第3国の権利や義務を創設せず、締約国の間でのみ有効である。しかしながら、MPA という特別の事例については、次の点を考慮する必要がある。第1に、すべての国は、脆弱な生態系を保護する義務を負っており、この義務は、慣習国際法から導くことができるだけでなく、UNCLOS 194条5にも反映されている。第2に、第三国との関係に関する新たな規則が定められるようになっている。たとえば、1995年のバルセロナ議定書は、28条において、締約国は、議定書の締約国でない国及

び国際機構に対して、議定書の実施に関して協力を要請すると規定した。第3に、公海上に特別の保護区域を設定し、適切な管理を行うことに対して、伝統的な公海自由の原則が障害になると考えることは正しくない。なぜならば、公海自由の原則を含め、いかなる国際法上の原則も、法体系の発展との関連において理解されるべきであり、かつ、当該原則が適用されるべき個々の事情に照らして理解されなければならないからである。

　公海自由の原則は、17世紀の初めにグロティウスによって提唱され、それ以来、確固たる地位を築いてきた原則である。当時においては、しかし、誰も、海洋環境に悪影響を及ぼす諸活動、たとえば、巨大タンカーの就航、有害危険物質を運搬する船舶の激増、沿岸沖合海底の掘削、深海底の鉱物資源の開発、流し網漁業などの実施などを想定したことはなかった。この明らかな海洋利用形態の変化は、また明らかな1つの結論を導く。すなわち、今日、我々は、4世紀も前にグロティウスが用いたのと同じ概念を用いることは適当ではない。今日、海の自由という考え方は、現在の海洋活動がカバーしている範囲に照らして、また、抵触し合う可能性のある海洋利用・海洋の利害との関係において、捉え直されなければならない。航行の自由さらには他の国際的に認められた海洋の利用は、依然として考慮されるべき重要な要素である。しかし、それらの海洋利用の自由は、UNCLOSに反映されている他の利益、とりわけ、国家管轄権の限界を超える海洋環境のように、国際社会全体に帰属する利益とバランスさせて、かつ調和させて、行使するようにしなければならない。UNCLOS 194条は、海洋環境の汚染を防止し、軽減し及び規制するための措置について規定した条文であって、同条5は、「この部の規定によりとる措置には、希少又はぜい弱な生態系及び減少しており、脅威にさらされており又は絶滅のおそれのある種その他の海洋生物の生息地を保護し及び保全するために必要な措置を含める」と規定している。こうした規定も、公海上でのMPA設定の根拠となり得る。

　b）次に、以上とは対照的に、公海上でのMPAの設定は、公海自由の原則に抵触して違法であると見る考え方で、ノルウェーがとった立場である。ノルウェー代表は、要旨次のように主張した[94]。

　公海における生物多様性の保護が重要な課題であることを否定するもので

はない。しかし、海洋環境を保護し、公海の脆弱な生態系を保護するための努力は、現行国際法上の様々な義務との調和をはかりながら進めるべきである。2002年の WSSD の「実施計画」や同年の国連総会決議57/141（53項）が諸国に要請していることも、国際法に合致した MPA のネットワークの確立である。それゆえ、たとえば、深海底の生態系の保護などを実現しようとする場合には、何よりもまず、UNCLOS の深海底制度を踏まえて検討されるべきであろう。また、CBD や UNCLOS のその他の関連諸規定、あるいは国連公海漁業実施協定なども考慮に入れる必要が生じるであろう。

　CBD の関連規定についていえば、まず8条は、「締約国は、可能な限り、かつ、適当な場合には、次のことを行う」として、「保護地域又は生物の多様性を保全するために特別の措置をとる必要がある地域に関する制度を確立すること」をあげている（同条 a）。ここでいう「保護地域」とは、「保全のための特定の目的を達成するために指定され又は規制され及び管理されている地理的に特定された地域をいう」（2条）。他方、UNCLOS は、船舶からの汚染の防止に関する211条の中で、沿岸国は自国の EEZ 内の「明確に限定された特定の水域」において、船舶からの汚染を防止するために「特別の措置」をとることができると定めている（同条6 a）。

　しかし、CBD でいう「保護地域」と、UNCLOS 211条6 a でいう「明確に限定された特定の水域」とは、同じものではない。CBD は、「締約国は、海洋環境に関しては、海洋法に基づく国家の権利及び義務に適合するようこの条約を実施する」と規定し、UNCLOS に抵触してはならない旨を明示している（22条2）。しかるに、公海における MPA の設定は、UNCLOS 89条（公海に対する主権主張の禁止）に抵触するだけでなく、UNCLOS 137条3（深海底とその資源の地位＝主権、専有などの禁止）にも抵触する。また、いかなる海洋科学調査活動も、海洋の環境若しくはその資源に対するいかなる主張の法的根拠を提供するものではないことも明らかである。CBD の締約国は、同条約8条(a)に従い、自らの管轄権に基づき、かつ、UNCLOS に従って、「保護地域」を指定することができるが、この「保護地域」は公海上に設定することはできない。CBD の適用範囲は、「生物の多様性の構成要素については、自国の管轄の下にある区域」（4条 a）に限られていることにも、留意しておくべきで

ある。

　c) 最後に、公海上での MPA の設定が現行国際法上合法か違法かを断定し得る段階にはなく、問題の一層の検討が必要と見るオランダが示した考え方を紹介しておこう。オランダ代表は、要旨次のように主張した[95]。

　2002年12月の国連総会決議57/141は、関係する国際機構や地域機構に対して、UNCLOS の枠組内で、「海山や他の海中の特徴など海洋の生物多様性に対する危機管理を、科学的な根拠に基づいて統合し、改善するための方法を緊急に検討すること」を求めている。重要なのは、生態系の個々の構成要素を保護することよりも、国家管轄権の限界を超える海域におけるものを含め、海洋の生態系を全体として保護する課題を検討することである。WSSD の「実施計画」も、「国家管轄権を超える……海域を含め、重要でかつ脆弱な海洋・沿岸区域の生産能力と生物多様性を維持するために、関連する国際文書に考慮を払い、あらゆるレベルでの行動をとること」を要請している。

　こうした課題に関連し、適用可能な国際法上の原則がないわけではない。UNCLOS について見れば、たとえば、192条は、「一般的な義務」として、「いずれの国も、海洋環境を保護し及び保全する義務を有する」と規定している。また、「海洋環境の汚染を防止し、軽減し及び規制するための措置」について定める194条には、「この部の規定によりとる措置には、希少又はぜい弱な生態系及び減少しており、脅威にさらされており又は絶滅のおそれのある種その他の海洋生物の生息地を保護し及び保全するために必要な措置を含める」という規定が設けられている（同条5）。さらに、「生物資源の保存及び管理における国の間の協力」を求める118条の規定や、「世界的又は地域的基礎における協力」を求める197条の規定も、上の課題に関係する規定だと見ることができる。深海底についていえば、国際海底機構の活動が重要となろう。脆弱な深海底の生態系を保護する権限と義務が機構にはある。しかし、他方において、公海では公海自由の原則とともに、旗国主義の原則が適用されることを忘れてはならない。

　次に、国連公海漁業実施協定についていえば、この協定は、公海の脆弱な生態系を漁業活動から保護する上で、重要な役割を果たし得るものといえる。予防原則をはじめとする環境保護に関する一般原則を含め、高度回遊性魚種

の保存と管理のための規則を整備した協定として重要である。また、法的拘束力はないが、たとえば、責任ある漁業に関する行動綱領、IUU 漁業の防止と撤廃に関する国際行動計画など、FAO の作業に基づく国際文書もある。さらに、CBD は、生物多様性の保護に関する法的枠組を提供し、条約に基づいて設立される機構が定める指針に基づき、国内レベルで実施すべき締約国の義務、目標、一般原則などを定めている。CBD は、国家管轄権の限界を超える海域に適用される義務については、規定していない。しかし、この条約は、締約国の管理と管轄内で実施される活動であって、国家管轄権の限界を超える海域の生物多様性に悪影響を与える活動には適用されるのである。締約国は、「自国の管轄又は管理の下で生ずる急迫した又は重大な危険又は損害が他国の管轄の下にある区域又はいずれの国の管轄にも属さない区域における生物の多様性に及ぶ場合には、このような危険又は損害を受ける可能性のある国に直ちに通報すること及びこのような危険又は損害を防止し又は最小にするための行動を開始すること」を求められている (14条(d))。

　海洋の生態系の保護に関して、UNCLOS も CBD も相互に補完的な関係にあると見るべきであるが、現時点では、国家管轄権の限界を超える海域における脆弱な生態系を保護することを目的とした単一の条約は存在してはいない。かかる目的を達成するためには、学際的で統合された生態系アプローチにもとづく検討が不可欠である。UNCLOS の立脚点は、海洋の問題は相互に密接に関連しており、全体として検討されるべきだというものであった。公海を含む海洋の生態系保護のために、特にグローバルなレベルでの検討と協力が不可欠であるという観点から、当面、次の諸点が緊急に求められている。第1は、この問題が国連において適切な関心を受けるよう、一層の工夫と改善を試みることである。第2は、国家管轄権外の海域における脆弱な生態系について、科学的な知識と理解を共有し得るようにすべきである。第3は、国家管轄権外の海域における脆弱な生態系を保護するために、現行の国際条約や関連する文書の利用可能性と有効性を明らかにし、その上で、法的枠組における欠陥を埋めるためには、いかなる作業・行動が必要であるかを示すことである。

　d) かつて海洋の自由に関しては、基本的には同じ立場を共有していたヨー

ロッパの先進国が、海洋自由の捉え方が改めて問い直される問題、つまりMPAの評価や位置づけ方をめぐっては、見方を大きく異にして議論するまでになっている。もちろん、これらの諸国の立場も、今後不変だというわけではないであろう。公海MPAが孕む法的論点が、3つの国の代表が指摘した範囲にとどまらないことも、いうまでもない。

　MPAについては、*lex lata* の観点から論ずるか、*lex ferenda* の観点から論ずるか、視点の置きどころによっても、見解は異ならざるを得ないように思われる。イタリア代表の見解は、*lex lata* というよりも *lex ferenda* の観点から注目し得るだけでなく、公海自由の原則の捉え方を含め、海洋法の発展過程を歴史的に分析する方法の重要性ついて、傾聴に値する見解を含んでいる[96]。ノルウェー代表の見解は、*lex lata* の観点からする現行国際法の解釈としては、一定の根拠を有する見解だと思われる[97]。他方、オランダ代表の見解は、MPAをめぐる今後の討議の仕方を的確に指摘しているという意味で、もっともバランスのとれた見方であるということができると思う。いずれにしても、現時点で重要だと思われるのは、公海MPAの合・違法性に性急な結論を出すことではなく、先にも見た、2006年から開始されたアドホックWGでの議論状況も参考にしながら、検討すべき法的論点をより一層明確にしていくことではないかと思われる[98]。

おわりに──海洋保護区の国際法的インパクト──

　かつて、1970年代の初めに、アフリカの諸国が200カイリEEZの主張を提起するや、それからわずか2年前後の間に、かかる主張は世界の多数派を形成した。領海の外側で沿岸国が資源管轄権をもつという主張が、公海自由の原則と抵触するといった問題は、検討する余地さえもないほどであった。EEZの主張は、世界の海洋の大部分を自由な空間としておくことが万人の利益につながるという、伝統的な海洋自由の思想に対する根本的な批判を内包していた。そして、かかる批判は、国際社会の構造変化に伴って、一定の合理的で正当な根拠をもっていたからこそ、伝統的な国際法を変革する力と

なった。深海底とその資源を人類の共同財産とする、新しい国際海底制度の主張（特に発展途上国による主張）にも、深海底資源開発に自由競争の原理をもちこむことへの強い抵抗があった。EEZ や深海底を条約上に規定した UNCLOS は、海洋法における海洋自由の思想の位置づけを、かなりはっきりとした形で変更した、最初の一般多数国間条約であった[99]。

　もとより、ここにおいて、MPA 設定の主張や動き、とりわけ公海 MPA のそれが、EEZ の制度の形成過程等と同様の軌跡をたどるであろうといったことを、いわんとするものではない。当時と比べ、現在は、海洋に関する国際法規の整備状況は、国際環境に関するそれと合わせ、著しく進展しており、それゆえ、MPA に関する議論も、現行の関連する国際法規の検討なしには、もはやなし得なくなっている。本稿で見たように、MPA に関する検討を深める上では、設定される MPA が国際法に従ったものであること、並びに、科学的な根拠（情報）に基づいたものであること、これら2つの条件を満たすことが繰り返し求められている。前者、つまり、国際法への合致ということの意味には、設定される MPA がその内容如何によって、現行法と抵触する場合には、抵触を解消するような何らかの調整（現行法の修正や新規の法定立を含む）が行われなければならない、ということが含意されていると思われるが、いずれにしても、現行法を無視するような議論・実践は、容易になし得ない状況になっていることに、留意しておく必要があろう。

　本稿を終えるにあたり、考えておきたいと思うのは、MPA の主張は、国際法の思想史的な展開過程の中で見た場合、海洋自由の思想に対する批判を新たな形で反映したものと位置づけ得るのではないか、という点である。換言すれば、生物多様性の保護という新たな要請を受けて、自由から管理へと大きく弧を描いている海洋秩序の動きの中で[100]、海洋管理のあり方を改めて問い直す契機になっているのではないか、という点である。筆者は、13年ほど前に「国連海洋法条約にみられる海洋法思想の新展開」を検討したさい、次のように述べたことがある[101]。「ながらくのあいだ、海洋秩序の根幹を支えてきたのは、海洋自由の思想であった。日本において海洋法の思想史研究に先駆的に取り組んだ高林秀雄は、『伝統的な海洋制度を基礎づけていたのは、海洋の自由、つまり広大な海洋を万人の自由な使用に開放しておく

ことが、世界全体の利益に奉仕するという観念であった。これは、自由放任と自由競争がすべての人に最良の結果をもたらすという、資本主義高揚期の思想を表現する国際制度』であったと指摘している。海洋の自由は、グロティウスによって理論的な基礎づけを与えられ、国際法上、公海自由の原則として確立した実定規範であるが、それは同時に、海洋秩序の基本的なあり方を示しつづけた、重要な国際法思想でもあった。ところが、海洋自由の思想は、国連海洋法条約によって樹立される新海洋秩序の下では、そうした意味での指導的役割をもはや果たしえなくなったように思う。国連海洋法条約には、海洋の自由に対する批判が様々なかたちで反映しており、そのことが、この条約の見逃せない特徴の一つになっている。」これより前の1987年、芹田健太郎は早くも、公海の自由を軸とした伝統的な海洋秩序が大きく変容したとの評価に基づき、「公海の自由は死んだ」と指摘していたが[102]、筆者の見方と同じ趣旨であったと解される。

　また、UNCLOSを分析の対象にしたものではなかったので、比較参照のレベルには注意が必要であるが、小田滋は、第5福竜丸事件をきっかけに論争となった、公海での水爆実験の合法性の問題に関して次のように論じ[103]、それを自らの「公海自由論」と名付けていた[104]。「公海自由の原則は、歴史的には航海や漁業などの利益を保護するものとして、いわば交通もしくは生産の手段としての海洋利用という限定的な目的のために形成されてきたもの、ということが看過されてはならない。公海においては、何をするのも自由であったわけではなく、航海や漁業こそが国際社会において保護されるべき利益であり、それを侵害するような行為が違法と考えられた。公海上に効果をおよぼす水爆実験は、まさにそうした他国の航海あるいは漁業の利益を害う限りにおいて、不法行為としての損害賠償責任を生ぜずにはおかないのである。」「しばしば水爆実験に関連して、海軍の艦隊演習がひきあいに出される。しかし艦隊演習は権利である、あるいは保証された自由であるというような観念のとかれたことはない。しかしまたそれが今日まで、時期的にまた場所的に、他国の航海もしくは漁業の利益を妨げるようなしかたで行われたものではなかったが故に、ことさらにその違法性も問題にされることはなかったという事実を見おとしてはならない。」

いうまでもなく、海洋自由の思想に対する批判といっても、それが海洋の自由を消滅させてしまうわけではない。公海の自由が海洋秩序の主要な柱の1つとなっていること自体に変わりはない。以上に引用した高林、芹田、小田の見方も、それぞれが論じた対象が異なるだけに、全く同次元で評価することには無理があろうが、しかし、それにもかかわらず、注目されるのは、それぞれ独自の観点から、海洋秩序の根幹をなす海洋の自由という考え方の本質を、解きほぐそうとする思考がみられる点である。

　MPAについていえば、それをめぐる議論の根底には、海洋の自由という考え方とは対照的な位置にある海洋の管理という考え方が潜んでおり、21世紀に入り、海洋秩序のあり方を改めて問い直す契機が内在しているように思う。いま、学説上、MPAを素材として、MPAの思想史的意義が直接に論じられている状況にはない。MPAは、海洋の生物多様性や生態系を保護するという、現実の必要性の認識に基づき提起されている、実定法上の制度的な問題提起にほかならない。もっとも、実定法上の議論を通じて現れてくる新しい法現象を対象とし、そこに通底する思想的な変化や発展を抽出しようとする試みは、決して的はずれな思考方法ではない。MPAは、UNCLOSの採択過程においては、諸国の認識の範囲外の問題であった。しかし、いまや、海洋の生態系や生物多様性さらには海洋環境それ自体を保護するためには、MPAの設定といったかたちでの、新たな海洋利用の規制措置が不可欠だという認識が浸透しつつある。

　このことの意味を若干敷衍して考えてみることが重要だと思われる。これまで、UNCLOSの解釈問題とも関連して、条約が掲げる公海の自由は例示的に過ぎないので、明示的な許容規則がなくても、ある活動を積極的に禁止する規則がない限りは、公海では自由に行動し得るといった議論がしばしば提起されてきた。UNCLOSには、その採択過程において諸国の見解の対立が激しいために、対立する両極のいずれの考え方も採用されず、当該の問題を直接規律する規定がおかれていない場合（たとえば、軍艦の無害通航権の問題）や、あるいは、かかる両極の考え方を妥協させるかたちで、抽象的ないし一般的な規定がおかれただけにとどまった場合（たとえば、海洋の平和利用原則）などもあり、いまなお、条約解釈が分かれる問題は少なくない。他方

で、UNCLOS は、海洋法上のすべての問題を解決し尽くした条約ではない。そのため、UNCLOS の採択によっても、なお未解決のままに残された問題、あるいはまた、UNCLOS の審議過程では認識されず、その採択後に登場した新しい問題も決して少なくない。

　さて、そうした UNCLOS の特徴を念頭に置きつつ、ここでは、公海や EEZ での軍事演習を例にとって考えてみよう。筆者は、先にあげた小田滋と同様、軍事演習の自由なるものが公海の自由として確立したことはないと考えるものであるが[105]、この点については逆の見方もあり、いまでもなお、国家間のみならず、学説上も見解対立が続いている[106]。しかし、MPA をめぐる議論動向は、何を指し示しているであろうか。たとえば、オーストラリアのグレートバリアリーフのある EEZ で、軍事演習の自由が認められるであろうか。認められないとすれば、なぜなのか。他の沿岸国の EEZ あるいは公海であれば、権利として自由なのであろうか。軍事演習が海洋の生物多様性や生態系にどういった影響を及ぼすかといった問題は、軍事演習の規模や態様にもよるので一概にいうことはできず、また、その影響の度合いが科学的に解明され尽くしているというわけでもない。もっとも、他方で、科学的不確実性のあることをもって、環境保護のために必要な措置をとらない理由にしてはならないという、予防原則が重視される傾向にあることを、今日では考慮しなければならない。軍事演習の自由を認める場合でも、明文の禁止規定がないことを理由にそれを肯定する見方、あるいは、軍事演習にも種々の態様があるので、公海を利用する他国の利益に妥当な考慮を払って行われる軍事演習に限り、その自由を肯定する見方など、複数の見方があるように思われる。しかし、MPA をめぐる議論動向は、こうした見方の妥当性ないしはその判断基準に対して、根本的な再検討を迫るものということはできないであろうか[107]。

　MPA のインパクトは、船舶の航行の自由あるいは漁業の自由といった、これまで疑われることなく安定的に確立してきた公海の自由の内実に対しても、及ばざるを得なくなっている。MPA の登場により、新しい海洋管理のあり方が問い直されている。その中で、UNCLOS の実施方法や解釈問題にも影響が出る可能性が生まれている。MPA をめぐる議論が、今後、どういっ

た形で展開していくのかを、現段階で予測することは簡単ではないが、MPAは、今後の海洋管理のあり方を象徴的に示す、新しい考え方の1つになっていくことは、間違いないように思われる。海洋の生物多様性の保存と持続可能な利用という課題の登場に伴い、海洋管理のあり方についての議論が、これまでには経験したことのない次元で本格化しようとしている。

〔注〕
(1) IUCN, *United Nations List of National Park and Protected Areas* (1997), p.3.
(2) Scovazzi, T., "Marine Specially Protected Areas under Domestic Legislation," in Scovazzi, T., (ed.), *Marine Specially Protected Areas—The General Aspects and the Mediterranean Regional System* (1999), p.6; Gubbay, S., "Marine protected areas-past, present and future," in Gubbay, S., (ed.), *Marine Protected Areas—Principles and Techniques for Management* (1995), p.1.
(3) 本稿Ⅰ.1.(5)を参照。
(4) たとえば、1987年に、地中海の海洋汚染の防止に関するバルセロナ条約の締約国会合で採択された指針によると、MPAは次の8つのタイプに分類されていた。① Scientific Reserve, Strict Nature Reserve, Strict Marine Reserve、② National Park, Marine National Park、③ Natural/Cultural Monument、④ Managed Natural Reserve, Wildlife Sanctuary, Marine Sanctuary、⑤ Protected Landscape/Seascape、⑥ Resources Reserve、⑦ Natural Biotic Area/Anthropological Reserve、⑧ Multiple Use Management Area, Managed Resource Area, Fisheries Reserve; See, Scovazzi, T., "Marine specially protected areas: the legal aspects," in Colloquy on Marine and Coastal Ecological Corridors, *Proceedings*, Llandudno(Wales) 20-21 June 2002, Council of Europe publishing, p.47.
(5) Executive Order 13158 of 26 May 2000, Marine Protected Areas, Federal Register /Vol. 65, No. 105 /Wednesday, 31 May 2000/ Presidential Documents.
(6) Australian Government, Department of the Environment and Heritage, "The Benefits of Marine Protected Areas" (2003), p.4.
(7) 本稿Ⅱ.3を参照。
(8) IUCN, *Guidelines for Marine Protected Areas,* edited by G. Kelleher (1999), p.98.
(9) Committee on the Evaluation, Design, and Monitoring of Marine Reserves and Protected Areas in the United States, Ocean Studies Board, Commission on Geosciences, Environment, and Resources National Research Council (eds.), *Marine Protected Areas: Tools for Sustaining Ocean Ecosystems* (2001), p.147.
(10) Legal Background to Marine Protected Areas: A European Perspective (Information Paper), submitted by Germany in UN Open-ended Informal Consultative Process on Ocean Affairs and the Law of the Sea, 4th Meeting (2-6 June 2003), p.4.

⑾　Kelleher, G., Bleakley, C., and Wells, S. (eds.), *A Global Representative System of Marine Protected Areas*, Volumes I (GBRMPA/World Bank/IUCN) (1995), p.14. なお、世界各地のMPA に関するデータベースがウェッブ上に公開されており便利である。次のサイトを参照。http://www.mpaglobal.org/home.html

⑿　日本の MPA の設定に関する国内法は、自然公園法や自然環境保全法などがあり、現在では、海中公園地区が139カ所、海中特別地区が1カ所あるといわれている。海洋政策研究財団『海洋と日本　21世紀の海洋政策への提言』(海洋政策研究財団、2006年)、33頁。

⒀　MPA に関する全体的な議論状況を検討したものとして、田中則夫監修(髙村ゆかり・河錬洙共同執筆)『海洋保護区の国際法的検討』(外務省海洋室、2004年)、参照。

⒁　諸条約の概観について、髙村ゆかり「海洋保護区に関連する特徴的な普遍的条約」田中則夫監修、同上書、32頁以下を参照。

⒂　次のサイトを参照。http://www.iwcoffice.org/conservation/sanctuaries.htm

⒃　*Id.*

⒄　小松正之『くじら紛争の事実』(地球社、2001年)、213-223頁参照。

⒅　インド洋保護区及び南氷洋保護区を含め、IWC の活動状況については、IWC の公式サイトを参照。http://www.iwcoffice.org/index.htm

⒆　CCAMLR については次を参照。http://www.ccamlr.org/pu/e/gen-intro.htm

⒇　CEP については次の公式サイトを参照。http://www.cep.aq/

(21)　附属書Vについては次を参照。http://www.cep.aq/default.asp?casid=5113; http://www.env.go.jp/earth/nankyoku/kankyohogo/kankyo/hogo/kokusai/jyouyaku/protocol_j.pdf; http://www.biodic.go.jp/biolaw/nan/index.html

(22)　Kelleher, G. and Gjerde. K. on behalf of the WCPA High Seas Marine Protected Areas Task Force, *Summary of Progress on High Seas MPAs*, distributed in a limited way at the 1st International Maritime Protected Areas Congress (23-27 October 2005), Geelong, Australia.

(23)　ラムサール条約事務局の公式サイト参照。http://www.ramsar.org/

(24)　ユネスコの世界遺産に関する公式サイトを参照。http://whc.unesco.org/

(25)　Kelleher, G., Bleakley, C. and Wells, C. (eds.), *A Global Representative System of Marine Protected Areas*, Volumes I-IV (GBRMPA/World Bank/IUCN) (1995).

(26)　IMO の公式サイトには、MARPOL73/78 及びすべての附属書の概要と2005年までの改正の経緯に関する詳しい解説がある。http://www.imo.org/

(27)　Merialdi, A., "Legal Restraints on Navigation in Marine Specially Protected Areas," in Scovazzi (ed.), *supra* note 2, pp.36-39; Spadi, F., "Navigation in Marine Protected Areas: National and International Law," *Ocean Development and International Law*, Vol.31 (2000), pp.295-296.

(28)　IMO Doc., A.927(22) Guidelines for the Designation of Special Areas under

MARPOL73/78 and Guidelines for the Identification and Designation of Particularly Sensitive Sea Areas. Annex I, para.1 and Annex II, para.2.

(29) IMO Doc., A.982(24) Revised Guidelines for the Identification and Designation of Particularly Sensitive Sea Areas. Annex, paras.4-6.

(30) IMOの公式サイトを参照。http://www.imo.org/;加々美康彦「国連海洋法条約の実施と海洋保護区の発展」『海洋政策研究』第1号（2005年）、199-204頁、同「海洋保護区ー場所本位の海洋管理ー」栗林忠男・秋山昌廣編『海の国際秩序と海洋政策』（東信堂、2006年）、194-199頁参照。

(31) Scovazzi, T., "Marine Specially Protected Areas under International Law," in Scovazzi, *supra* note 2, p.23.

(32) Lagoni, R., "Marine Protected Areas in the Exclusive Economic Zone," in Kirchner, A. (ed.), *International Marine Environmental Law* (2000), pp.161-164.

(33) たとえば次を見よ。http://www.isa.org.jm/en/publications/IA_ENG/ENG4.pdf

(34) Kimball, L. A., *International Ocean Governance: Using International Law and Organizations to Manage Marine Resources Sustainability* (2003), p.35.

(35) The Jakarta Mandate, A/51/312, Annex II, decision II/10, para.12.

(36) 高村ゆかり「生物多様性条約と海洋保護区」田中則夫監修、前掲書（注13）、53頁。

(37) OSPAR条約、同附属書、オスパール委員会の活動などについては次の公式サイトを参照。http://www.ospar.org/eng/html/welcome.html

(38) OSPAR Recommendation 2003/3 on a Network of Marine Protected Areas, OSPAR Commission, Bremen (23–27 June 2003), Summary Records OSPAR 03/17/1–E, Annex 9.

(39) Gjerde, K.M., "High Seas Marine Protected Areas," *The International Journal of Marine and Coastal Law*, Vol.16, No.3 (2001), p.522.

(40) 2003 Strategies of the OSPAR Commission for the Protection of the Marine Environment of the North-East Atlantic, Reference number: 2003–21, OSPAR Commission, Summary Records OSPAR 03/17/1–E, Annex 31, p.4.

(41) なお、オスパール委員会は、1997年に中部大西洋の公海下の海底海嶺で発見された30余りの熱水鉱床を「レインボー熱水鉱床フィールド」と名づけ、そのMPAとしての管理のあり方の検討を続けている。Case-Studies on the Establishment of Marine Protected Areas beyond National Jurisdiction, UNEP/CBD/WG-PA/1/INF/3, 17 May 2005, paras.7–10.

(42) ヘルシンキ条約について次の公式サイトを参照。http://www.helcom.fi/

(43) http://www.helcom.fi/recommendations/rec15_5.html

(44) 2003年6月25日にHELCOMで採択された勧告24/10は、この課題に応えようとする試みの1つである。Implementation of Integrated Marine and Coastal Management of Human Activities in the Baltic Sea Area, adopted 25 June 2003, having regard to Article 20, Paragraph 1 b) of the 1992 Helsinki Convention.

⑮　その後、1995年に改正されて、「地中海の海洋環境及び沿岸地域の保護のための条約」（通称、バルセロナ条約）となった。締約国は次の21カ国とEUである。アルバニア、アルジェリア、ボスニア・ヘルツエゴビナ、クロアチア、キプロス、エジプト、フランス、ギリシャ、イスラエル、イタリア、レバノン、リビア、マルタ、モナコ、モロッコ、スロベニア、スペイン、シリア、チュニジア、トルコ、ユーゴスラビア。なお、地中海の海洋環境保護システムについては、次の公式サイトを参照。http://www.unep.org/regionalseas/Issues/marine_prtectedares/default.asp

⑯　バルセロナシステムについて、Scovazzi, T., "Regional Cooperation in the Field of the Environment," in Scovazzi, *supra* note 2, pp.82-99.

⑰　2003年10月1日現在、締約国は、アルバニア、クロアチア、キプロス、エジプト、フランス、イタリア、マルタ、モナコ、スロベニア、スペイン、チュニジア、トルコ、EC。

⑱　Scovazzi, *supra* note 2, pp.7-11.

⑲　1976年のバルセロナ条約の21の締約国の海洋への管轄権の設定状況については、次を参照。Table of claims to maritime jurisdiction (as of 22 January 2004), Division for Ocean Affairs and the Law of the Sea, Office of Legal Affairs, U.N.

⑳　Scovazzi, *supra* note 4, p.54.

㉑　生息地指令及び野鳥指令の本文等は、次の公式サイトからの検索により閲覧・入手可能。http://europa.eu.int/pol/env/index_en.htm

㉒　EUの環境政策については、これらの2つの理事会政令を含め、髙村ゆかり「主要国の環境政策と環境法体系　EU」『環境政策と環境法体系』（社団法人産業環境管理協会、2004年）、164-177頁参照。

㉓　野鳥指令に基づく特別保護地域の設定状況を含め、同指令の運用状況全般について詳しくは、たとえば次を見よ。Council of the European Union, Report from the Commission on the Application of the Directive 79/409/EEC on the Conservation of Wild Birds, 7772/02, 10 April 2002.

㉔　Natura 2000について、加々美、前掲論文（「国連海洋法条約の実施と海洋保護区の発展」）（注30）、185-189頁。

㉕　生息地指令に基づく特別保全地域の設定状況を含め、同指令の運用状況全般について詳しくは、たとえば次を見よ。Council of the European Union, Report from the Commission on the Implementation of the Directive 92/43/EEC on the Conservation of Natural Habitats and Wild Fauna and Flora, 5161/04, 9 January 2004.

㉖　Czybulka, D. and Kersandt, P., *Legal Regulations, Legal Instruments and Competent Authorities with Relevance for Marine Protected Areas (MPAs) in the Exclusive Economic Zone (EEZ) and the High Seas of the OSPAR Maritime Area*, Federal Agency for Nature Conservation (2000), pp.25-26.

㉗　EEZに設定されるMPAを中心に、アメリカ、カナダ、オーストラリアの実行を検

討したものとして、加々美、前掲論文（「国連海洋法条約の実施と海洋保護区の発展」）（注30）、167頁以下参照。
(58) Spadi, *supra* note 27, p.293.
(59) See, *supra* note 5.
(60) http://www.publicaffairs.noaa.gov/oceanreport/marineareas.html
(61) http://www.environment.gov.au/coasts/mpa/index.html
(62) http://www.gbrmpa.gov.au/
(63) http://www.environment.gov.au/epbc/about/index.html
(64) 加々美、前掲論文（「国連海洋法条約の実施と海洋保護区の発展」）（注30）、191-194頁参照。
(65) たとえば次を参照。http://www.environment.gov.au/coasts/international/highseas/index.html; http://www.environment.gov.au/coasts/mpa/nrsmpa/index.html
(66) Gjerde, *supra* note 39, pp.515-516.
(67) Agenda 21 Chapter 17, Protection of the Oceans, All Kinds of Seas, Including Enclosed and Semi-enclosed Seas, and Coastal Areas and the Protection, Rational Use and Development of their Living Resources. http://www.un.org/esa/sustdev/documents/agenda21/english/agenda21chapter17.htm
(68) World Summit on Sustainable Development, Plan of Implementation, 4 September 2002, para.32, A/CONF.199/20, pp.24-25.
(69) 髙村、前掲論文（注36）、61-62頁。
(70) 同上論文、63-65頁。
(71) Decision VII/5, Marine and coastal biological diversity, Decisions adopted by the Conference of the Parties to the Convention on Biological Diversity at its Seventh Meeting, UNEP/CBD/COP/7/21, pp.133-175.
(72) Decision VII/28, Protected areas (Article 8(a) to (e)), *ibid.*, pp.339-358.
(73) Options for Cooperation for the Establishment of Marine Protected Areas in Marine Areas beyond the Limits of National Jurisdiction, Note by the Executive Secretary, UNEP/CBD/WG-PA/1/2, 20 April 2005.
(74) 議論の全体を詳しく知る資料はまだ公表されていないが、第1回会合の概略については次を参照。Report of the First Meeting of the Ad Hoc Open Ended Working Group on Protected Areas, UNEP/CBD/WG PA/1/6, 20 June 2005.
(75) A/55/274, 31 July 2000, para.73; A/56/121, 22 June 2001, para.84; A/57/80, 2 July 2002, para25.
(76) 後述の本稿II.3参照。
(77) A/58/95, 26 June 2003, paras.13-23 and 103-105.
(78) A/59/122, 1 July 2004, paras.58-60, 84, 88 and 89.
(79) Kelleher and Gjerde, *supra* note 22.

⑻⁰ Report of the twenty-sixth session of the Committee on Fisheries, Rome, 7-11 March 2005, paras.100-103.
⑻¹ A/60/99, 7 July 2005, paras.11, 43-44 and 81-82.
⑻² A/Res/59/24, Oceans and the law of the sea. 賛成141、反対1、棄権2で採択。
⑻³ *Ibid.*, paras.69-74.
⑻⁴ Oceans and the law of the sea, Report of the Secretary-General, A/60/63/add.1, 15 July 2005.
⑻⁵ A/Res/60/30, Oceans and the law of the sea. 賛成141、反対1、棄権4で採択。
⑻⁶ Report of the Ad Hoc Open-ended Informal Working Group to study issues relating to the Conservation and Sustainable Use of Marine Biological Diversity beyond Areas of National Jurisdiction, A/61/65, 20 March 2006, Annex I, Summary of trends prepared by the Co-Chairpersons.
⑻⁷ なお、MPAをめぐる議論においては、国際環境NGOの提言や活動も大きな影響を与えている。NGOの動向について、たとえば、田中則夫「公海における海洋保護区の設定」田中則夫監修、前掲書（注13）、70-73頁参照。
⑻⁸ このほか、オスパール条約の下で公海海底の熱水鉱床のある区域の管理の仕方が検討されており、また、カナダの沿岸沖の公海上にも拡がっているグランド・バンクスのMPAとしての管理の仕方も検討され始めていることについて、Case-Studies on the Establishment of Marine Protected Areas Beyond National Jurisdiction, *supra* note 41.
⑻⁹ Agreement Concerning the Creation of A Marine Mammal Sanctuary in the Mediterranean (France, Italy and Monaco, signed in Rome on 25 November 1999, entered into force on 21 February 2002). 協定文は次のサイト。http://www.tethys.org/sanctuary_text.htm
⑼⁰ 以上の経過説明について次を参照。http://www.tethys.org/sanctuary.htm
⑼¹ Scovazzi, *supra* note 4, pp.52-54.
⑼² See also, *supra* note 75.
⑼³ Italy, Statement on Discussion Panel B "Protection of Vulnerable Marine Ecosystems," New York, 5 June 2003, pp.1-3.
⑼⁴ Norway, Protection and conservation of vulnerable marine ecosystems in areas beyond national jurisdiction, A/AC.259/10, 4 June 2003, pp.1-2.
⑼⁵ Netherlands, The need to protect and conserve vulnerable marine ecosystems in areas beyond national jurisdiction, A/AC.259/8, 22 May 2003, pp.2-7.
⑼⁶ イタリア政府の見解は、イタリアの国際法学者、テュリオ・スコバッティが以前から行ってきた指摘を参考にしていると思われる。Scovazzi, *supra* note 4, pp.50-52; see also, Scovazzi, T., "Marine Protected Areas on the High Seas: Some Legal and Policy Consideration," Paper Presented at the World Parks Congress, Governance Session "Protecting Marine Biodiversity Beyond National Jurisdiction," Durban, South Africa, 11

September 2003.

(97) ノルウェーは、CBDの事務局長が準備した「国家管轄権の限界を超える海洋区域におけるMPAの設定のための協力に関する選択肢」と題する討議素材に基づき議論された、2005年6月のアドホックWGの第1回会合においては、次のような主張を行っている。公海の生物多様性に関心が高まっていることは歓迎するが、公海MPAの設定は、UNCLOSを含む国際法に合致したものでなければならない。公海MPAの設定は、関連する国際機関や国際条約に裏打ちされた現実的な制度に基づくものでなければならず、それゆえ、諸国はさらに一層の調査・研究を行う必要がある。生物多様性に関する知識と科学的な情報を広めることも重要である。しかしながら、我々は、公海MPAを設定する目的のために、特別に新しい法制度を樹立する必要があるとは考えない。現行の国際法を修正するため、交渉を行うといったことは難しい。新しい法的文書の創出に力を注ぐのではなく、現在ある諸制度を活用するために諸国は協力すべきである。現時点で明らかなことは、海洋における生物多様性に対して主要な脅威となっているのは、持続困難な漁業活動にほかならず、この活動を是正することが優先されなければならない。したがって、新しい法制度の創出は当面の目標とされてはならない。なお、CBDの締約国会議の決定Ⅱ/10の第12パラグラフは、CBDの事務局に対して、国連法務局海洋法部と協議しながら、深海底の遺伝資源の保存と持続可能な利用に関する、CBDとUNCLOSの関係の研究を行うよう要請したことに注意を喚起したい。Report of the First Meeting of the Ad Hoc Open Ended Working Group on Protected Areas, *supra* note 74, para.160.

(98) 先にふれたように、アドホックWGを支援するために、2005年7月に国連事務総長が提出した報告書（*Supra* note 84）は、検討対象をMPAに限定してはいないものの、多面的な論点の整理として有益である。

(99) 田中則夫「国連海洋法条約にみられる海洋法思想の新展開－海洋自由の思想を超えて－」林久茂・山手治之・香西茂編『海洋法の新秩序』（東信堂、1993年）、39頁以下参照。

(100) 杉原高嶺「海洋法の発展の軌跡と展望— mare liberum から mare communus へ—」栗林忠男・杉原高嶺編『海洋法の歴史的展開』（有信堂高文社、2004年）、271頁以下参照。

(101) 田中、前掲論文（注99）、40頁。

(102) 金東勲・芹田健太郎・藤田久一『ホーンブック国際法』（北樹出版、1987年）、104頁（芹田健太郎執筆部分）。

(103) 小田滋『海洋の国際法構造』（有信堂高文社、1956年）、245-246頁。

(104) 小田滋『海洋法二十五年』（有斐閣、1981年）、25-28頁。

(105) 田中則夫「排他的経済水域における軍事演習の規制可能性」海洋法制研究会第2年次報告書『EEZ内における沿岸国管轄権をめぐる国際法及び国内法上の諸問題』（日本国際問題研究所、2000年）、53頁以下参照。

(106) 坂元茂樹「排他的経済水域における軍事活動」栗林・秋山編、前掲書（注30）、93頁、林司宣「他国の排他的経済水域における軍事的活動」島田征夫・杉山晋輔・林司宣編集

『国際紛争の多様化と法的処理』(信山社、2006年)、363頁以下参照。

(107)　スコバッティは、海洋法の歴史的展開を詳細に分析した最近の論稿において、公海自由の原則の歴史的な性格分析の重要性を指摘し、さらに、UNCLOSを解釈する場合にも、海洋制度の歴史的な形成・変化の過程を踏まえつつ、発展的な解釈の方法をとることの重要性を指摘している。Scovazzi, T., "Evolution of International Law of the Sea," *RCADI*, Tome 286 (2000), pp.228-232.

【追記】　本稿は2006年3月に脱稿した。その後、2007年3月に一部補正する機会を得たが、本稿の基本的な構成に関しては変更を加えていない。現時点(2008年8月)でいえば、本稿はMPAをめぐる最新の議論を踏まえたものとはなっていないが、本稿で検討することのできなかったMPAをめぐる動向については、稿を改めて検討する予定である。

第5部　紛争解決、国際裁判、戦争責任

紛争の平和的解決と対抗措置の行使に関する一考察
―紛争の平和的解決手続の「前置」をめぐる問題を中心として―

山 本 　 良

I　問題の所在

　国際違法行為により被害を被った国家は、当該国際違法行為の中止や賠償を求めて国際義務違反を行った国家に対して対抗措置[1]を行使することができる。その結果、当該国際違法行為が終了したり、被害国は賠償を得たりすることがある。国家は自発的に国際義務を遵守すべきものとされるが、分権的な性格をもつ国際社会では、対抗措置の存在は国家が国際法を遵守するための主たる動機のひとつにほかならない[2]。多数国間条約や国際組織の発展に伴い、国際社会における法関係が従来とは比較にならないくらい緊密化したとはいえ、今日でもこの点は基本的にかわりない。視点をかえれば、対抗措置の存在は、国際法の執行(enforcement)にとって、非常に大きな意味をもっているということができる。

　ところで、こうした対抗措置は、国家の単独の意思決定に基づき行使される[3]。また、合法的に対抗措置を行使するための要件のひとつである均衡性は[4]、とくに先行する国際違法行為と対抗措置が異なる法領域で行使されるときには、通常は緩やかな形の基準としてしか機能し得ない。その結果、対抗措置に関してはしばしば濫用の危険性が指摘され、その行使にあたって、紛争を平和的に解決する手続に訴えるべきことが主張されてきた。しかし、この点については、以下のような議論の対立がある。すなわち、一方では、国家の単独の意思決定に基づき行使される対抗措置は、関係国間の国際紛争をかえって激化させる可能性が少なくない。国家間に巨大な格差が存在する国際社会では[5]、こうした懸念は一層深刻である。したがって、対抗措置の

行使に先立って、紛争の平和的解決手続を完了すべきである、という[6]。

この立場に対しては、対抗措置の行使に先立って関係国間に紛争の平和的解決手続を完了することを求めれば、かえって加害国を利することになりかねない。また、当該国際違法行為の継続によって、被害国が回復し得ない被害を被る危険性もある。したがって、こうした状況を回避するために、紛争の平和的解決手続を完了することがなくても、国家は自由に対抗措置を行使することができる、と主張される[7]。

こうした議論の対立は、国際社会において対抗措置が如何なる機能を果たしているかという点に関する理解の差を反映したものであるということができよう。すなわち、対抗措置のもつ機能を個別的法執行と捉え、その弊害に対しても配慮する立場は、対抗措置を行使する際に紛争の平和的解決手続を前置すべきことに積極的である。これに対して、対抗措置の機能を仮保全措置と捉える立場からは、紛争の平和的解決手続を事前に完了すべきことに対しては消極的である。国連憲章体制下では、武力行使禁止原則の一般的確立と、そのコロラリーとしての紛争の平和的解決義務が一般国際法的性格を獲得したことにより、対抗措置のもつ性格はもっぱら仮保全措置としてのそれに転化したと主張されることがある[8]。この議論を敷衍すると、今日では紛争の平和的解決義務の存在にも拘わらず、国家は自由に対抗措置を行使しうることになるが、こうした理解は果たして適切といえるだろうか。

このような問題関心に基づき、本稿は対抗措置の行使と紛争の平和的解決の関係に関する議論の根拠とされてきた規範的意味をもつ国際文書や国際判例などを再検討し、この問題に関して一定の解明を得ようとするものである。そのために、まず初めに対抗措置の行使の要件が定式化された戦間期の法状況を検討する[9]。とくに、そこで提起された紛争の平和的解決手続の要件の趣旨を確定する。次に、国連憲章体制下における対抗措置の議論の展開を追う。その上で、現代国際法における対抗措置の行使と紛争の平和的解決の問題について若干の見解を述べることにする。

II 復仇行使の要件の定式化と紛争の平和的解決の前置の「誕生」

1 万国国際法学会「平時復仇の制度に関する決議」(1934年) 第5条

　周知のように、近代的な復仇概念は、ナウリラ事件(1928年)[10]およびサイネ事件(1930年)[11]などの国際判例を通じて定式化された。もっとも、これらの仲裁判断が復仇の合法性の要件として列挙するのは、①先行する国際違法行為の存在、②被害国による救済要求(sommation)とその挫折、③原因行為と復仇としてとられる措置との均衡性だけであって、紛争の平和的解決手続に関してはふれていない。この要件を初めて明確な形で定式化したのは、1934年に万国国際法学会が採択した「平時復仇の制度に関する決議」である。同決議が採択された時点では、未だ戦争の違法化が完了してはおらず、武力復仇が認められていた。したがって、同決議の現代的な射程をどのように評価すべきかに関しては、議論もありうる[12]。また、同決議は学術団体により採択されたものであって、実定法を表明したものかどうかに関しても議論はあり得よう。しかし、復仇の行使と紛争の平和的解決手続の問題に関しては、同決議第5条がその後の議論の方向性を決定づけたといってよい。同条は次のように規定する。

　　第5条　復仇は、法の尊重が平和的解決手続により実効的に保障されるときは、武力を伴わないものであっても禁止される。
　　　その結果、復仇は、なかんずく以下の場合には、禁止されると考えられる。
　　第1項　当事者の間に効力を有する法に基づき、違法であると非難される行為が適切な迅速さをもって仮保全措置または保護措置を命ずる権限をもつ裁判官または仲裁人の強制的な権限に属し、被告国がかかる管轄権からの回避またはその進行の遅延をこころみないとき、
　　第2項　復仇があらかじめ合法的に行使されたのではなく、第1項に規定された条件に基づき紛争の平和的解決手続が進行中であるとき。但

し、その停止が付託された機関により決定されたものであることを留保する。

第3項　平和的解決手続が、被告国が誠実に履行すべき拘束力をもつ決定にいたったとき[13]。

　復仇を行使するにあたり、紛争の平和的解決手続を前置しなければならないと主張される場合、かかる原則を国連憲章第2条第3項に代表される一般国際法上の紛争の平和的解決義務から直接導こうとする立場と、関係国家間に紛争の平和的解決を目的とした個別の紛争解決合意が予め存在することを前提としたうえでかかる原則を主張するより狭義の立場を区別することが出来る。平時復仇の制度に関する万国国際法学会決議第5条は、後者の立場に立つものと考えられよう[14]。なぜならば、同条は、復仇は法の尊重が紛争の平和的解決により保障されるときは禁止されると述べて、第1項で「当事者間に効力を有する法に基づき」当該事案が裁判機関の管轄に属す場合をあげている。また、第2項でも、紛争解決機関が仮保全措置を命じていることを前提としている。このような議論は、関係国家間に具体的な紛争解決の合意が予め存在することを前提として初めて可能となるものだからである。それゆえ、同条に示された立場は、手段選択の自由を前提とする一般国際法上の紛争の平和的解決義務とは異なる次元にあるといえよう。こうした理解は、この決議の第5条の起草過程を検討すれば、一層明らかである。

2　第5条起草過程の検討
(1) コルフ事件および法律家特別委員会における検討
　平時復仇の問題は、万国国際法学会の第4委員会において検討された。報告者には、ポリティス (Politis) が任ぜられた。平時復仇の制度に関する決議の第5条を起草する際に、ポリティスが念頭においていたのは、1923年にイタリアとギリシャの間に生じたコルフ (Corfu) 事件であることは明らかである。なぜならば、この問題を検討するにあたり準備された予備報告 (Rapport préliminaire) において、ポリティスは歴史的検討の後に「今日において、紛争の平和的解決手続の前に復仇を行うことは法的に可能か」と問題を提起し、

「この問題は1923年の有名な事件の際に提起された」と述べているからである[15]。そこで、まずこの事件を概観する[16]。

本件は、1923年にアルバニア国境画定委員会の委員であったイタリア人将校がアルバニア国境付近のギリシャ領ヤニナ（Janina）において殺害されたことに伴い、イタリアがギリシャに対して謝罪および賠償請求などを行ったことに端を発する事件だった。イタリアの請求に対して、ギリシャはその一部分しか認めなかった。そこで、イタリアはコルフ島（ギリシャ領）を短時間爆撃した後に、占領した。イタリアによれば、この行動は賠償を強制するための措置だった。

ギリシャは、直ちに本件を連盟理事会に付託した。これに対してイタリアは反論し、本件は大使会議（Conference of Ambassadors）により解決されるべき問題であると主張した。連盟理事会はイタリアの主張を却けたが、大使会議での解決を尊重するとしたため、結局本件は外交的に解決された。もっとも、本件は、連盟加盟国相互の間において復仇を行うことは認められるか否かなどのいくつかの重要な理論的問題を提起した。そこで、連盟理事会は法律家特別委員会に対して諮問を行ったが、その4番目の項目は次のようなものだった。すなわち「戦争行為を構成することを意図しない強制措置が連盟規約第12条および第15条に規定された手続に予めうったえることなしに連盟加盟国相互間で行使されたときに、その措置は規約の当該規定と両立するか[17]」。

これに対する法律家特別委員会の解答は、「こうした措置は、連盟規約第12条および15条と両立するときもあるし、しないときもある[18]」という「非常に散漫[19]」なものだった。その趣旨は、復仇として具体的に行使される措置には、軍事力の行使を伴うものもあればそうでないものもあるし、積極的な措置もあれば国際義務の不履行のような消極的な措置もあるからだった。いずれにせよ、本件は当時の非常に著名な事件であり[20]、ポリティスおよび第4委員会の委員が決議第5条を起草するにあたり念頭においていたことは間違いない[21]。そこで、次に第5条を中心に、平時復仇の制度に関する決議の起草過程を検討する。

(2) ポリティス報告の検討

平時復仇の問題を検討するにあたり、1932年にポリティスは予備報告を

発表した。予備報告には合計20項目にわたる質問票（questionnaire）が付されており、委員会の各委員に対して意見が徴された。本稿との関連で特に注目されるのは、次のような内容の項目である。すなわち、「今日、復仇はすべての平和的手続の前に (*avant*) 行使することが法的に可能か（第4項目）」、「かかる規則に対して例外を認める余地はあるか（第5項目）」、「平和的手続は、それが紛争当事者にとって義務的なものではないとしても、進行させることを認めなければならないか（第6項目）」、「今日、復仇は平和的手続の進行中において (*durant*) 行使することが法的に可能か（第8項目）」、「今日、復仇は平和的手続が決定に至らなかったときは、当該手続の後に (*après*) 行使することが可能か（第10項目）」[22]などである。これらの項目をみると、対抗措置の行使と紛争の平和的解決の問題に関して今日議論される主要な論点が、当時において既に網羅されていたことが分かる。

　質問票に対する各委員の回答は、全体的としては、紛争の平和的解決手続の前に復仇を行使してはならないというものが多数を占めたといってよい。明確に復仇の行使を認めたのは、ウィニアルスキー（Winiarski）のみだった[23]。この他、積極的な措置を伴わない消極的な復仇であれば可能とするもの（Dumas）[24]や、非武力復仇も禁止されることが望ましいとはいえ、軍事力を伴う復仇のみが禁止されるという見解もあった（Bourquin, Strupp）[25]。また、紛争の平和的解決手続に関しては、たとえそれが関係当事国にとって任意のものだったとしても、そうした手続が利用されるべきことに関して大方の意見の一致があった。

　こうした議論を受けて、ポリティスが作成した決議草案（Avant-projet）は、軍事力を伴う復仇と伴わない復仇を区別し、紛争の平和的解決手続の前に前者が行使されることを否定する一方で、後者に関しては国交断絶にいたる性格のもののみが禁止されるというものだった[26]。これは、連盟規約との整合性を図る趣旨であった。さらに、次の段階では、最終的に採択された決議とほぼ同じ形が整えられた。その趣旨は、軍事力を伴う復仇と軍事力を伴わない復仇の区別を維持するとすれば、前者が禁止されることをより明確にし、後者の合法性に関してもより限定的なものとすべきであるという判断に基づくものだった[27]。かかる判断は、コルフ事件に関連して述べられた法律家

特別員会の見解をこえるものということができる。第4委員会が最終的に何故このような見解を採ったのかは、議事録からは、必ずしも明確ではない。もっとも、同委員会において、復仇に関して採択されるべき決議は実定法のみならず形成途上にある法 (le droit en formation) と称されるものにも基づくべきであるという点で、初めから委員の意見が一致していたこと[28]も影響を与えていたのではないかと考えられよう。

3 小 括

　以上みてきたように、平時復仇の制度に関する決議第5条は、連盟規約という制度的な枠組を前提として、加盟国の間に個別的権利の実現としての復仇が行使されうるか否かという観点から規定されたものといってよい。故寺沢一教授が的確に指摘されたように、「復仇制度が、特別国際法たる連盟規約によって、どの程度モディファイされたか[29]」という角度からの検討結果が、平時時復仇の制度に関する決第5条の本質であるということができよう。もとより、こうした理解は、この時期において、国際紛争を平和的に解決すべきであるという一般国際法上の規範意識が全く存在しなかったということを主張しようとするものではない[30]。ただ、連盟規約では、紛争の平和的解決と強力的解決の区別が未だ不分明だったため[31]、加盟国相互間における復仇の行使に関して国連憲章体制下におけるような議論の展開はなく、あくまで関係国家間にむすばれた紛争解決合意が個別国家の復仇を制限するか否かというのと同じ次元で議論がなされたといえよう[32]。それでは、こうした議論は、国連体制下においてはいかなる形で展開していったのだろうか。次節では、その検討を行う。

III　国連憲章体制下における対抗措置の行使と紛争の平和的解決に関する議論の展開

1　国連憲章体制下における規範状況の変化

　国連憲章の採択により、国際関係における規範状況は大きく変化した。そ

れに伴い、従来の復仇制度も変容を被った。他面において、一般国際法におけるこうした規範状況の変化が、復仇全体の性格を転換させるものであったかどうかに関しては、慎重な検討が必要である。以下では、本稿に関連する限りで、重要と考えられる点についてのべる。

(1) 武力行使の一般的禁止

国連憲章の採択により復仇制度にもたらされた最も顕著な変容は、武力行使禁止原則の確立によって、軍事力を伴う復仇がもはや認められなくなったことである。その結果、復仇に関する講学的な関心が低下したことも否定できないようである。すなわち、復仇の存在理由は相手国との平時関係を維持しつつ強力を行使しうるところにあった[33]。しかし、実際には復仇と戦争は現象的に同じ形をとって現れることが多く[34]、ほどなく戦争に移行する場合もあった。それゆえ、復仇と戦争は同列に扱うことができると観念された。とくに、こうした措置と紛争の平和的解決に関する問題関心は、米仏航空業務協定事件および国際法委員会による国家責任の法典化において対抗措置が扱われるまでは、皆無であったといってよい[35]。

他面において、国連憲章によって軍事力を伴わない復仇までもが禁止されてしまったわけではない[36]。戦後の比較的早い段階において、資産凍結等の経済制裁が行われた事例も存在する[37]。また、武力行使禁止原則の確立により、復仇につきまとっていた「強者の法」というイメージが相当程度弱められた[38]とはいえ、こうした措置に従来随伴していた弊害がなくなったわけでもない。かかる弊害とは、国際違法行為の存在自体と、行使される措置も、他ならぬ被害国自身により一方的に判断されるという点に内在するものである。実際、第二次大戦後の復仇の事例として論者があげるものは[39]、少数の事例を除き、武力行使禁止原則の確立は従来復仇が有していた性格を転換せしめたという議論を必ずしも支持しないように思われる。国家責任の法典化に関する国際法委員会および国連第6委員会の審議において、若干の委員や国家が対抗措置に関する規則を実定法化しようとすること自体に強く反対したのも[40]、国際社会においてはこうした個別的法執行の措置に対する警戒感が依然として根強いことを物語っている。したがって、このような状況においては、如何なる文脈で行使された措置を念頭におき、それに対し

て如何なる機能を期待するかによって、その評価も大きく分かれてくるといわざるを得ない。対抗措置の行使にあたり紛争の平和的解決手続を前置することが求められるかどうかの問題は、まさしくこうした対立が現れる典型例にほかならないといえよう。

(2) 一般国際法上の紛争の平和的解決義務

同じような指摘は、紛争の平和的解決義務に関しても可能である。すなわち、憲章第2条第3項によって紛争の平和的解決義務が明確に規定されたことである。この点は、連盟規約と比較した場合に特徴的である。また、かかる義務は、国連加盟国が普遍性を増すに伴い、一般国際法上の義務としての性格を確立したといってよいであろう。このような紛争の平和的解決の義務は、国連の制度的な枠組 (institutional arrangement) と併せて理解されるべきものである。すなわち、総会や安保理、国際司法裁判所、事務総長は、すべて国際紛争の平和的解決に貢献すべきことが求められている[41]。こうした点に鑑みれば、紛争の平和的解決に関して、国連は連盟よりも格段に進んだ仕組を設けたことがわかる[42]。

もっとも、国連憲章に規定された紛争の平和的解決義務は、関係国家間に予め個別的な紛争解決合意がなされている場合とは区別して捉える必要がある。前者の場合、具体的手続は第33条に規定された抽象的なものにとどまっているのに対し、後者の場合はしばしば詳細かつ具体的な手続が規定されていることが少なくない。また、国連憲章上の紛争の平和的解決義務は「手段選択の自由」を前提としているため、具体的に関係当事国が如何なる手続をとるかは予め明確であるわけではない。そのため、関係当事国が「もう一度」合意することが求められている。これに対して、関係国家間の個別的な紛争解決合意の場合には、具体的な手続が予め定められており、その中には関係相手国の協力なしに紛争解決の手続が発動するという意味で、拘束的性格をもつものも存在する。したがって、対抗措置の行使を紛争解決の手続を進捗させるためのものと性格規定しうるか否かに関しても、国連憲章上に規定された義務の場合には肯定することが困難である。なぜならば、関係相手国に圧力をかけて合意を取り付けることは、友好関係原則宣言においても言及されているように主権平等に反すると考えられるからである[43]。つまり、

連盟規約と比して国連憲章が格段に進んだ紛争解決の仕組を設けたといっても、それは関係当事国の意思を吸収し尽くしてしまうような完備した性格をもつものではない。対抗措置を行使するときに紛争の平和的解決手続を完了すべきか否かの問題を検討する場合にも、一般国際法上の紛争の平和的解決義務を念頭におくか、関係国家間の個別具体的な紛争解決合意を前提とするかによって議論は分かれる。このような議論の対立が如実に表れたのが、国際法委員会による国家責任の法典化作業であった。

2 国際判例における対抗措置への言及

国際法委員会の法典化作業を検討する前に、関連する国際判例にもふれておく。国際司法裁判所は、テヘラン人質事件[44]およびニカラグア事件[45]の判決において、対抗措置という文言を用いた。また、対抗措置と紛争の平和的解決の問題がクローズ・アップされた後に述べられたより最近の判決では、ガブチコヴォ・ナジュマロシュ計画事件[46]が対抗措置を規定した国家責任に関する条文草案にふれている。もっとも、こうした言及はすべて付随的に行われたものといってよく、まとまった議論を展開したわけではない。対抗措置に関してまとまった議論を展開したのは、米仏航空業務協定事件であった。同事件は、従来復仇が有しているとされた個別的法執行の措置としての性格を、より機能的に転換させる契機となった事件であるといえよう。そこで、以下では同事件を検討しておく。

(1) 米仏航空業務協定事件（1978年）

本件は、1946年に米国とフランスの間に締結された航空業務協定に基づき、一時運行を中止していたパンナム社が、米国西海岸・パリ間（ロンドン経由）の運行を再開し、その際第三国(すなわち、英国)で航空機の機種の変更を行ったことに端を発した米仏間の国際紛争である[47]。フランスによれば、第三国において航空機の機種を変更することは、同協定に反し認められないという。これに対して、米国は機種の変更を実施して、パリへの乗り入れを行った。空港において、パンナム機は仏警察により取り囲まれ、乗客および貨物の降機が阻止された。その結果、同機は仕方なくロンドンへ引き返さざるを得なかった。米国は、パンナムのフライトが継続されることを条件に、本件を拘

束的な仲裁に付託することを提案した。フランスは、原則的に同意したが、コンプロミは直ちには締結されず、その間、米国はフランスの航空会社に対するフライト・スケジュールの提出を求め、第2段階の措置として6月12日からエール・フランス機のパリ・ロサンゼルス間の運行を停止すると述べた。但し、コンプロミが締結されたため、後者の措置は実際には発動されなかった。

　コンプロミでは、本航空業務協定上、米国指定航空運送人（パンナム社）は第三国での機種変更を行った上で運行を行う権利をもつか、および「問題の状況において、米国は民間航空局経済規則第213部に基づくような措置をとる権利をもつか[48]」という2つの問題に関して仲裁裁判所の回答が求められた。本稿にとって重要なのは、いうまでもなく後者である。つまり、本件のような紛争解決手続が進行中の状況において、米国は対抗措置を行使しうるか否かが問われたのである。

　仲裁裁定は、今日の国際法規則においては、特定の条約に基づく義務、なかんずく国際組織の枠組において形成された機構から異なる帰結が生じない限り、国家は他国に対する法状況を自ら確定するのであって、当該国家の見解により他国による国際義務違反が生じたときは、国家は自らの権利を対抗措置を通じて確保する[49]。このように仲裁裁定は述べて、仲裁人は全員一致で米国がかかる措置をとりうることを認めた。

(2) その意義

　本件の意義としては、まず第1に、「対抗措置」という文言が国際法学の術語として定着する上で、非常に大きな役割を果たした点をあげることができる。米国が申述書においてこの文言を用いた背景には、当該措置を性格規定するにあたり学問上の混乱を避けるためであったと指摘されることがある[50]。また、仲裁人の1人からは有力な批判もある[51]。こうした点に鑑みると、対抗措置なる文言が復仇とは区別される自律的法概念たりうるかどうかに関しては、未だ議論が決着したわけではないといえよう。ただ、本件が復仇に代えて対抗措置という文言が近年急速に定着することとなった、大きな契機であったことは疑いない。

　より重要な点は、本件が、憲章体制下においても、国家が国際違法行為に

対して一方的な救済 (unilateral remedies) に訴えることができることを確認した点である。すなわち、国家は、今日においても、特定の条約に基づく義務や国際的な枠組から異なる帰結が生じない限り、他国による国際義務違反が生じたか否かを自ら判断し、自らの権利を対抗措置を通じて確保しうることを認めた。

また、かかる措置の行使を紛争の平和的解決手続との関連で、次のように細分化して述べた。すなわち、関係国家間に交渉が行われている最中に一方の国家が対抗措置を行使できるかどうかに関して、「今日の国際関係の状況において、交渉の最中の対抗措置、なかんずく対抗措置が紛争解決を促進する可能性を提供する手続の申出をともなっているときには、当該対抗措置を禁止する規則を規定することができるとは考えない(52)」と述べてこれを肯定した。国際紛争が紛争解決機関に継続しているとき (*sub judice*) に関しては、関係国家が仲裁や司法手続に基本的に合意したとしても、手続を実際に発動させるために当事国間の合意が必要なときは、未だ交渉が継続していると考えられるため、対抗措置の行使は排除されない。しかし、ひとたび紛争解決機関がはたらき始め、かかる対抗措置の行使を正当化する目的を達成するために必要な手段を同機関がもつときは、対抗措置の行使はもはや正当化されないとも述べた(53)。

本件仲裁裁定は、一般に、対抗措置を行使しうる国家の権利を、より柔軟に認めたものと解されている。とくに、対抗措置が、紛争解決の動態的過程 (dynamic process) において有益な機能を果たすことが承認されたと評される(54)。そのため、次に取りあげる国際法委員会の国家責任に関する審議でも、対抗措置の行使に積極的な立場をとる議論の根拠として、本件に対しては主導的な役割が課せられたといえよう。もっとも、本件の場合、米国とフランスの間に紛争解決条項を含む航空業務協定という具体的な合意が予め存在していた点に注意する必要がある。たしかに、同協定に規定されているような紛争解決条項が実際に発動するためには、仲裁人の選任や法廷の所在地、手続等に関してさらに関係国家が合意する必要がある(55)。しかし、そこにおける対抗措置の機能は、関係国家間に何ら合意が存在しない場合ともはや同じではないといえよう。また、従来と比較すれば、国際法の多くの領域において、こ

うした個別的合意が多数結ばれるようになったことも事実である。しかし、国家が対抗措置を行使するすべての場合において、こうした個別的な合意を前提とすることができないことも明らかである。米仏航空業務協定事件仲裁裁定が、対抗措置に関する近年の最も重要な判例であることにかわりはないが、そこでの議論を直ちに対抗措置全体に対しても応用できるかどうかは、別途検討されるべき問題である。この点を念頭においた上で、次に対抗措置の行使の条件をめぐって交わされた国際法委員会の議論を検討する。

3 国家責任に関する法典化における対抗措置の行使の条件に関する検討

　国際法委員会による国家責任に関する条文の法典化では、既に1979年に暫定的に採択された第1部第30条において対抗措置が規定されていた[56]。もっとも、同条は違法性阻却事由のひとつとして、一般的な形で対抗措置を規定したものであって、その行使の条件に関して詳細に述べたわけではない[57]。国家が対抗措置を行使する際の条件に関して検討を行ったのは、その後の特別報告者であるリップハーゲン (Riphagen) とアランジオ・ルイス (Arangio-Ruiz) であって、とくに後者が提案した条文をめぐってはげしい議論がたたかわされた。そこで、以下ではアランジオ・ルイスの構想を中心として検討し、必要な限りでリップハーゲンの構想にも適宜言及する。

(1) 紛争の平和的解決手続の「前置」をめぐる攻防

(a) アランジオ・ルイスの構想の検討

　アランジオ・ルイスは、国家責任に関する第3報告書において国家が行使する一方的救済 (unilateral remedies) と紛争解決の問題を扱っている[58]。もっとも、そこでは未だ自らの構想を十分には示していなかった。対抗措置と紛争の平和的解決に関して自説を全面的に展開したのは、第4報告書においてであった。同報告書の第2章では、紛争の平和的解決の義務が対抗措置に与えた影響に関して第一次大戦以前にさかのぼり検討を加えている。そして、第二次大戦以後の規範状況の変化を重視した上で、対抗措置の行使の条件として次のような条文を提案した[59]。

　　第12条　対抗措置の行使の条件

第1項　第2項および第3項の規定を留保して、被害国は前条(11条「被害国による対抗措置—引用者注」)に示された類の如何なる措置も、以下に先行して行使してはならない、
　(a)　一般国際法、国連憲章、または被害国が当事国であるその他の紛争解決合意に基づき利用しうるすべての友好的解決手続の完了、および
　(b)　その意図の適切かつ時宜にかなった伝達。
第2項　第1項(a)に規定された条件は、以下のときには適用しない、
　(a)　国際違法行為を行った国家が利用しうる解決手続の選択および履行について誠実に協力しないとき、
　(b)　その認容可能性が第三者による解決手続の枠組内にある国際的機関によって決定されるまでのあいだ、被害国が仮保全措置(interim measures of protection)を行使するとき、
　(c)　国際違法行為を行った国家が上記の機関により指示された仮保全措置の遵守をおこたるときに、被害国がいずれかの措置を行使するとき、
第3項　〈省略〉

　アランジオ・ルイスのこのような構想は、次のような基本的考え方に基づいている[60]。すなわち、戦間期の国家の慣行を渉猟してみると、連盟規約のような相対的に進化した法的枠組の中においてであっても、一方的な救済に対して平和的解決手続の義務が課されることに対して、国家は明確に消極的であった。他面において、学説のみならず国家間に交わされた外交文書においても、紛争解決手続が利用可能であるときは、国際違法行為の被害国は当該手続の利用を完了することなしには合法的に復仇に訴えることができないという考え方が生成しつつあったことがわかる。
　こうした状況は、憲章体制下においてさらなる明確化がはかられた。すなわち、憲章第2条第4項により、武力を伴う復仇の違法性が明確に確立した。第2に、憲章第2条第3項および第6章の規定とその趣旨は、国際の平和および安全、そして正義を危うくするようなすべての一方的救済にも及ぶように

なった。武力を伴わない復仇も、禁止されたとはいえないものの、法的な規制の対象となったのである。そして、第3に、憲章第33条の規定から、国際違法行為の被害国が一方的救済に訴える前に交渉を行い、交渉が首尾よく紛争解決にいたらなかったときは、被害国が同条に規定された紛争の平和的解決手続のいずれかを利用しようとしなければならないことが、合理的に推測することができる。また、こうした義務は、友好関係原則宣言や紛争の平和的解決に関するマニラ宣言において、より自立的な形で承認されている。国家の慣行にはばらつきも見られるが、結論として次のように述べる。すなわち、国際違法行為の被害国は、交渉以外の紛争の平和的解決手続が具体的結果をもたらさないことが明らかになるまでは、一方的な救済に訴えることを慎むべきこと。第2に、拘束的な決定を伴う紛争解決手続が進行中のときは、仮保全措置の行使を除き、当該紛争機関が決定を下し、違法行為を行った国家が当該決定を遵守しないことが明らかになるまで、被害国は一方的な救済に訴えることを慎むべきことである[61]。国際法委員会の審議の場では、アランジオ・ルイスはこうした構想を被害国に対して「最大の抑制 (maximum restraints)」を課し、尚早の対抗措置の行使を回避するものであるとも説明している[62]。

　アランジオ・ルイスのこうした構想の特徴は、何よりも一般国際法上の紛争の平和的解決義務を重視する点にあるといってよい。すなわち、憲章体制下における第2条第3項の上位規範性を積極的に承認し、そこから一足飛びに個別国家の対抗措置の行使を制限しようとするものである。また、こうした理解にたてば、狭義の紛争の平和的解決義務を規定したと考えられる平時復仇の制度に関する万国国際法学会決議第5条にアランジオ・ルイスが全くといってよいほどふれていないのも[63]、合理的に理解することができる。両者は異なる次元に立脚するものだからである

　ところで、アランジオ・ルイスの提案した条文は議論を引き起こしたが、その検討の前に、時間的に前後するものの、前任者であるリップハーゲンが提案した対抗措置の行使の条件に関する条文を検討しておく。既にリップハーゲンによって対抗措置の行使に先立ち紛争の平和的解決を求める条文が起草されていたが、その内容はアランジオ・ルイスのものとは大きく異なっ

ていた。また、両者を比較検討することは、本稿の主題にとり有益であると考えられる。

(b) リップハーゲンの構想との比較

　リップハーゲンは、国家責任に関する第5報告書において、国際違法行為の被害国が復仇を行使する前に紛争の平和的解決手続を完了すべきことを規定した第10条を提案した。すなわち、同条第1項は、第9条（復仇—引用者注）の適用にあたって、「被害国は利用しうる (available to it) 紛争の平和的解決のための国際的手続を完了する前に、如何なる措置も行使してはならない[64]」と述べていた。また、同条の第2項では、かかる義務が仮保全措置や、国際違法行為を行った国がかかる仮保全措置を遵守しない場合には当てはまらないことも規定されていた[65]。こうした文言だけからは、リップハーゲンの構想はアランジオ・ルイスのものとほとんど異なっていないように見える。しかし、実際にはそうした理解は正確ではない。第5報告書では条文にコメンタリーが付されていないため、第6報告書で示された条文のコメンタリーを手がかりに、この点を解明する。

　第10条第1項に対するコメンタリーによれば、紛争解決条項をもつ条約により設定された国際義務の違反が生じ、当該紛争解決条項によって被害国が一方的に国際的手続に訴えることが許容されている場合、まずその手続が進められるべきである。その場合、国際的手続が被害国のみのイニシアティヴにより発動するという意味で拘束的性格をもつため、復仇の行使は排除される。しかし、仲裁人の選任のように紛争解決手続の進行が違法行為を行った国の協力にも依存するときは、そうした協力を促進するための措置、つまり対抗措置を行うことが許される。また、第三者機関が関係国家に対して仮保全措置を命じる権限をもたないことがある。その場合にも、被害国が対抗措置を行使することが認められる。また、仮保全措置を命じる権限が認められるときであっても、国際違法行為を行った国が当該措置に従わないときは、対抗措置を行使することが認められると述べている[66]。

　こうした考え方は、もっぱら関係国家間の個別の紛争解決手続を重視するものであって、憲章第2条第3項から直ちに対抗措置の行使を制限しようとするアランジオ・ルイスの考えとは鋭く対照をなしている。言い換えれば、

関係国家間に「利用しうる」紛争の平和的解決手続がなければ、一般国際法上の紛争の平和的解決手続の前置をとくに求めるものではない。もっとも、本条を起草したリップハーゲンが、対抗措置の行使と紛争の平和的解決の問題に関して関心を引き起こす契機となった米仏航空業務協定事件仲裁裁定の裁判長であり、草案の起草に際しても同仲裁裁定を念頭においていたことは想像に難くない。したがって、以上のような構想を示したからといって、全く驚くには値しないであろう。

(c) アランジオ・ルイスの構想に対する批判

こうして、対抗措置を行使する前に紛争の平和的解決手続を前置すべきことを求めるといっても、アランジオ・ルイスとリップハーゲンの構想は、その文言上の類似にも拘わらず[67]、大いに異なっていることが確認できた。それでは、アランジオ・ルイスの構想は、国際法委員会の審議の場ではどのように受け止められたのだろうか。

アランジオ・ルイスの構想に対しては、好意的に評価する委員も存在した。例えば、カレロ・ロドリゲス (Calero Rodrigues) は、第12条を対抗措置の概念と国際違法行為により形成された状態を是正するための制度の「礎石」であり、「歓迎されるべき前進」であると評している[68]。また、ジャコビデス (Jacovides) も、第12条第1項における一般国際法、国連憲章または紛争解決合意への言及を歓迎した[69]。

他方で、アランジオ・ルイスの構想に対して最も鋭く批判を提起したのは、ボウエット (Bowett) だった。彼によれば、紛争の平和的解決に関する義務を事前に完了することは、自衛や復仇、そして対抗措置の前提条件とはなり得ない、という。なぜならば、そうした条件は、時間の要因を考慮していないからである。すなわち、紛争の平和的解決の義務は、交渉、調停、仲介、仲裁そして司法的解決を含むが、そうした類の措置を実施するためには時間を要する。それゆえ、これらすべての義務が果たされるまで被害国が対抗措置を行使することを慎むべきであるというのは、非常に非合理的であると述べた[70]。

また、別の機会では、第12条第1項に規定された義務は、多くの国家にとって受け入れ難いばかりか、実際にも機能し得ない、という。なぜならば、国

際紛争が生じた場合、関係国家間の交渉は数カ月継続することは普通である。交渉が失敗した場合、仲裁または国際司法裁判所に事案を付託するための特別協定の締結に2年程度を要し、事案が紛争解決機関に係属してからでも判決が下されるまで少なくとも2年程度かかることは決して稀ではない。しかし、被害国が対抗措置を行使しうるまで4年も待機しなければならないというのはありうべからざることであり、しかもその場合にも、違法行為国が紛争解決のために誠実に協力しなかったと被害国が主張するのは困難なのである。したがって、すべての平和的解決手続の完了は、対抗措置の行使に関する前提条件 (precondition) ではなく、平行した義務 (parallel obligation) であるべきである。つまり、対抗措置を行使する際に、国家は同時に紛争の平和的解決手続を申し出ることが求められ、当該申出が受け入れられれば対抗措置は停止され、他方で当該申出が拒絶されれば対抗措置はそのまま継続されるべきである。彼によれば、これが唯一の解決法であると述べている[71]。

このような議論の末に、第12条は起草委員会に送付された。起草委員会での検討をへて作成された対抗措置の行使の条件に関する規定は、アランジオ・ルイスの構想とは大きく異なるものであった。すなわち、「対抗措置の行使に関する条件」と題する第12条は、次のように規定していた。

> 第1項　被害国は、次の条件が満たされない限り、対抗措置を行使することができない、
> (a)　被害国による、自国および国際違法行為を行った国の双方が締約国である関連する条約に基づいて、利用すべきとされる〔拘束的／第三者〕紛争解決手続の利用、
> (b)　かかる条約が存在しないときは、国際違法行為を行った国に対する被害国による〔拘束的／第三者〕紛争解決手続の申出。
> 第2項　被害国の対抗措置を行使する権利は、合意された〔拘束的〕紛争解決手続が国際違法行為を行った国家により誠実に実施されるときに、停止される。但し、国際違法行為が終了していることを条件とする。
> 第3項　国際違法行為を行った国家が紛争解決機関から発せられる要

請または命令の尊重を怠るときは、被害国による対抗措置を行使する権利の停止を終了させる[72]。

　起草委員会において、特別報告者の提案が反映されない場合もあるのは国際法委員会の慣行にとって異例なことではない (not unusual) とされるが[73]、この規定の中でもとくに第1項はアランジオ・ルイスの草案とは大きく異なるものであった。そのため、今度はアランジオ・ルイスが激しく反発することになった。アランジオ・ルイス第6報告書は、起草委員会の草案に対する全面的な反論を趣旨とするものだった。その核心は、以下のようにまとめることができる[74]。すなわち、第1に、起草委員会草案は、対抗措置行使の前に紛争の平和的解決手続を完了すべきであるという要件を放棄した。同草案は紛争解決手続に言及してはいるが、時間的な要因に関してはふれていない。そのため、いつ当該手続に訴えるのかは、対抗措置を行使する国の自由である。起草委員会委員長に説明によると、このような立場の選択が行われた理由は、紛争解決手続の完了の前置は、①国際違法行為が継続的性格をもつときには適切ではないこと、②このような要件は仮保全措置を考慮していないこと、③上記の2つ以外の状況においても、事前に紛争解決手続の完了を求めることは適切ではない場合があると主張するものもいることによる。しかし、これらはいずれもアランジオ・ルイスの受け入れうるものではない。

　第2に、起草委員会草案は、紛争解決義務の淵源を狭く限定した。すなわち、アランジオ・ルイス草案では、一般国際法、国連憲章およびその他の紛争解決合意に言及していた。これに対して、起草委員会草案では「関連する条約 (relevant treaty)」という文言が使用されている。起草委員会委員長の説明によると、その趣旨は「違法行為および (and) 対抗措置が関連する領域に適用しうる条約」である。より具体的に述べれば、国際違法行為とそれに対する対抗措置により影響を受ける対象を扱った条約である。しかし、その結果、被害国は対抗措置の行使に際して、国連憲章、国際司法裁判所の選択条項受諾宣言のみならず一般的な紛争解決のための条約も事実上すべて無視しうることになる。さらに、説明で用いられた「および」という文言の通常の理解に従うとすれば、起草委員会草案が想定する「関連する条約」とは、国際違法

行為とそれに対して行使される対抗措置の双方が関連するような条約でなければならないことになる。しかし、対抗措置のほとんどは相互主義の範疇には収まらないため、この規定ではつまるところ従来より存在してきた紛争の友好的解決の義務を弱体化させるのとほとんど同じである。最後に、アランジオ・ルイス草案では、対抗措置を行使するときには「通告」を行うことが求められていたが、起草委員会草案では、この点について検討する時間的余裕の欠如のためか、この要件も削除された。

大要、以上のような理由で、アランジオ・ルイスによれば、国家責任に関する条文の実定法化は紛争の平和的解決における「後退」であり、この点で国際法委員会は結果的に国際法の「逆行的発達 (regressive development)」に与することになるという[75]。こうした全面的な批判の結果、対抗措置行使の条件を規定する第12条は、国際法委員会の46会期（1994年）でも結局採択されずに終わったのである。

アランジオ・ルイスも、仮保全措置の必要性は認めており、緊急に対抗措置が行使される状況を排除しているわけではない。また、アランジオ・ルイスの草案が規定する「すべての」友好的解決手続の完了という要件は、彼自身があげる事例とは必ずしも平仄が合わないようである[76]。そのため、「すべての」という文言は、起草上のミスであるという指摘もある[77]。こうした点を考慮するとしても、両者の対立は、いかなる内在的理由に基づくと考えるべきなのだろうか。

アランジオ・ルイスの一連の報告書を検討してみると、対抗措置行使の条件を構想する際に彼が国家間の主要な国際紛争を念頭におき、対抗措置に伴う弊害に対して極めて敏感であることが分かる。すなわち、対抗措置とは、結局のところ「違法」に対して「違法」をもって応じるものであり、国際社会における正義と法の支配にとって最善の方法ではなく、強力で豊かな国に有利な手段であって、濫用されやすく、規制もしばしば無視されがちな性格のものだと述べる[78]。そのため、対抗措置行使の条件に関する彼のアスピレーショナルな構想も、第5報告書[79]で展開された精緻な紛争解決の仕組と関連づけることなしには、正当に評価し難いものとなっている。

これに対し、紛争の平和的解決手続の完了の前置を批判する立場は、対抗

措置の機能として、資産凍結に代表されるような仮保全措置としての性格を期待する[80]。また、こうした措置はその性格上迅速に行使されて初めて効果を発揮するものであるため、事前の通告や紛争解決手続の完了に対しては極めて消極的である。つまり、両者は対抗措置が行使される文脈やその機能の理解に関して対照的であり、その結果紛争解決手続の事前の完了如何に関しても対立的であるということができるであろう。別の観点から述べれば、対抗措置に対して伝統的な個別的権利の一方的執行としての機能をもとめるのか、それとも紛争解決過程におけるひとつの促進効果を求めるかの差ということもいえるであろう[81]。しかし、このような対立は、国家責任の法典化において、国際法の個別領域ではなく、カテゴリーとしての対抗措置全体に適用する行使の条件が求められた結果であるということができる[82]。また、究極的には、すべての国際違法行為に対して単一の国家責任法が適用しうるというアゴー (Ago) の構想の前提自体に、かかる対立の「種子」が胚胎していたというべきであろう[83]。

(2) その後の展開

(a) 妥協的解決

国際法委員会における対抗措置の行使のための条件と紛争の平和的解決の問題に関するその後の展開について、ここで簡単にふれておくことにする。国際法委員会の第48会期 (1996年) において起草委員会が提出した草案第48条 (旧第12条)[84]に対しては、いくつかの修正案が提出された。その後、作業部会により協議が行われ、これが1996年に暫定的に採択された全3部からなる国家責任条文草案第1読の第48条となった[85]。同条は、対抗措置の行使の前に交渉を行うべきことを規定しているが[86]、議論の焦点だった対抗措置行使の前にその他の紛争の平和的解決手続を完了すべきか否かについてはふれておらず、第2項で関係国家間に効力を有する紛争解決義務に言及するだけであった。こうしたドラマティックな変更[87]が可能だったのは、草案第3部として採択された紛争解決条項の中でも、とくに第58条第2項[88]において、対抗措置の行使の対象とされた国家が一方的に仲裁裁判所に付託する権利が規定されたからである。このような形で、違法行為の被害国と対抗措置の行使の対象とされた国との間にバランスがはかられたからであった[89]。

もっとも、こうした均衡は、その後もそのままの形でされたのではなかった。クロフォード (Crawford) 第3報告書における提案[90]をへて採択された第2読草案では、関係国家間に効力を有する紛争解決義務は、対抗措置行使の条件ではなく、対抗措置行使によっても影響を受けない国際義務を扱った第51条に規定され、2001年に採択された最終的な条文でも第50条としてこの形式が維持された。なお、第3部（紛争解決）は、多くの国家が批判的であったため、最終的に削除された[91]。その結果、第1読草案を支えていた均衡自体はもはや存在しなくなった。対抗措置を行使する際に紛争の平和的解決手続を前置すべきか否かに関しても、条文およびそれに付されたコメンタリーから直接の指針を導くことは困難である。

(b) その含意

　2001年に採択された国家責任に関する条文は、現時点で条約化されたわけではなく、仮に将来的に実定法化されたとしても、その締約国が普遍性を獲得するかどうかは、にわかには判断し難い。したがって、そうした条文やその起草過程における議論を直ちに一般化することに対しては、慎重であるべきである。もっとも、こうした権威的性格をもつ文書が国家の行動に対して少なからぬ影響を与え、それがやがて一般国際法に成熟することも十分予想されることである[92]。その点で、条文およびコメンタリーが対抗措置の行使と紛争の平和的解決の問題に対して一定程度明確な指針を示さなかったことは惜しまれる。

　他面において、特別報告者の報告書やその審議の過程で交わされた議論などから、ある程度解明の進んだ面もある。例えば、資産凍結は今日において行使される対抗措置の典型のひとつといってよいが、かかる措置はそれ自体の性格により事前の通告や交渉になじまない。したがって、被害国が直ちにこうした措置に訴えたとしても、それは緊急の性格をもつ対抗措置として正当化される可能性が高いと考えられよう。また、対抗措置の行使に先立ち、被害国が国際違法行為を行った国と交渉を行う一般国際法上の義務があるかどうかに関しては、第2読草案でかかる規定が削除されたことに鑑みれば、消極に解されるべきと考えられよう。

　もっとも、こうした交渉義務が否定されるのは、関係国家間に何ら個別的

な紛争解決の合意が存在しない場合を前提とした議論である。一般国際法上の交渉義務が否定されたからといって、関係国家間に紛争解決合意が存在するときにも、平和的解決手続の前置が当然に否定されるかどうかは別問題である。国家間に個別具体的な紛争解決合意があるときには、国際違法行為を行った国に対して関係国家が対抗措置を行使することが排除されるのだろうか。別の角度から述べれば、如何なる場合であれば、関係国家間の個別の紛争解決合意の存在にも拘わらず、国家は対抗措置を行使することができるのだろうか。この点こそがまさに問題の核心である。

この点に関しては、例えば、国連第6委員会の審議において、第2読草案51条2項は、対抗措置を行使する国が当該関係国家間において有効な紛争解決合意の義務履行から免れないことを規定するだけなので、国家が紛争解決に先行して対抗措置を行使しうることを含意するものである[93]、という指摘があった。これに対して、やはり第2読草案に対する寄せられたコメントの中で、「拘束的な紛争解決合意が存在するときは対抗措置が行使される余地はない[94]」と述べる国も存在した。もとより、こうしたコメントだけから確定的な結論を導くのは、早計のそしりを免れ得ないであろう。

学説においては、関係国家間に個別の紛争解決合意が存在する場合、対抗措置の行使が排除されるという見解が従来有力であった。これに対して、今までの学説はこの点を非常に安易に肯定してきたとして批判が提起されている[95]。すなわち、国家間に紛争解決合意が予め存在したとしても、紛争の平和的解決は伝統的に関係国家の合意を前提とするものであって、国家は当該合意に規定された手続を発動させる義務を負うわけでも、手続を継続する義務を負うわけでもない。つまり、国家が国際紛争を当該手続に付すか否かは国家の裁量の範囲内にあり、当該手続の利用は、排他的でも絶対的でもない。そして、単なる紛争解決の合意の存在自体が国家の自救措置を制限するという従来当然視されてきた考えに対して、初めて疑問を提起したのが米仏航空業務協定事件であった、という。若干の国家の見解やこうした理論状況を考慮すると、結局、この問題に関する実定国際法は、一般的にいえば、未だ星雲状態にあることを率直に認めざるを得ないであろう。

たしかに、関係国家間に紛争解決の合意が存在する場合であっても、国家

が当該合意による手続だけを通じて紛争解決を行うことを意図していたことを、起草過程などから証明するのは困難な場合が少なくない[96]。したがって、この点を重視すれば、個別の紛争解決合意の存在にも拘わらず、国家は自由に対抗措置に訴えうることになる。しかし、関係国家間に存在する紛争解決合意の排他的性格が証明されないということと、関係国家が自由に一方的救済に訴えることができることとは、同じではない。関係国家間に予め紛争解決の合意があるのであれば、まずその手続に訴えることは合理性をもつといってよい[97]。とくに、紛争解決合意が精緻な仕組を構築し、「一定の義務履行を確保する制度的枠組[98]」を形成している場合には、なおさらそう述べることが可能である。当該合意の存在にも拘わらず関係国家が自由に一般国際法上の手続に訴えることができるのであれば、予め紛争解決の合意を締結する意義自体が失われてしまう。個別の紛争解決合意の存在にも拘わらず、国家が対抗措置を行使しうるとすれば、それは当該措置が紛争の平和的解決手続を進捗させるインストゥルメンタルな措置として認識しうる場合だけである。それは、例えば相手国が、紛争解決に関する手続面での協力を不当に怠っているような場合である。したがって、このような状況が予見されるか、存在するのでない限り、国家はまず当該手続に訴えると考えるべきであろう。紛争解決合意の存在にも拘わらず国家がそれをこえて対抗措置に訴えるのであれば、当該国家は自国の措置を有効に主張するための合理的根拠が求められるのである。

4 小 括

国連憲章体制下における対抗措置の行使を検討する場合、まず第1に、それを伝統的な個別的権利の執行としての復仇と連続的に捉えることができるかどうかが問われる。武力行使禁止原則の確立により、軍事力を伴うような措置がもはや認められなくなったことは、従来の復仇制度に大きな変容を迫るものであった。もっとも、現代において対抗措置と総称される国家の一方的救済は、復仇に随伴していた「力の法」としての側面を完全に失ったわけではない。この点は、国家慣行や、諸国家の対抗措置に対する警戒感を見れば首肯されよう。

同様に、一般国際法上の紛争の平和的解決義務が確立したことは、国際関係における大いなる進歩だったといってよい。こうした義務の確立によって、国家が一方的救済に訴えなければならない可能性自体がかなり縮減したことは、否定できないといえよう。もっとも、かかる義務は手段選択の自由を前提としており、国家間に締結される個々の紛争解決合意と同一の次元に所在するものではない。したがって、こうした規範状況において行使される対抗措置も、そのすべてが仮保全措置に性格をかえ、紛争解決過程のひとつの構成要素に転化してしまったということは困難である。

　このような状況において、対抗措置の行使と紛争の平和的解決の問題を如何に捉えていくべきかに関して交わされたのが、国際法委員会における議論だった。最終的に採択された条文は、必ずしも明確な指針を提供するものとはいえなかった。このことは、とりもなおさず対抗措置全体をひとまとめにして、回答を模索することの困難さを例証しているといえよう。したがって、一層明確な解答を得ようとするためには、国際法の個々の領域において、そこにおける紛争解決の枠組の力量との関連で、如何なる場合であれば紛争の平和的解決手続の前に対抗措置が行使されうるかどうかを検討していくようなアプローチが求められてくるといえよう。

結びに代えて

　以上、本稿では対抗措置の行使と紛争の平和的解決に関する問題について、戦間期にさかのぼり検討を行ってきた。国際社会の構造的特質により、伝統的に復仇は個別的法執行としての機能をもつとされてきた。このような「力の法」としての措置は、武力行使禁止原則の確立により、国連憲章体制下では一定の変貌を遂げてきた。従来の「復仇」に代えて「対抗措置」なる文言が定着するようになったのも、こうした現象の側面を特徴的に表わすひとつの出来事にほかならないといえよう。もっとも、現代において対抗措置が自律的な法概念として確立しうるか否かは、必ずしも明確ではない。言い換えれば、対抗措置は、復仇が持ち合わせていた私的正義の行使という性格を完全

に払拭しているといえるかどうかという問題である。

　本稿の考察からは、以上の問題に対する解答は消極である。すなわち、憲章体制下においても、対抗措置全体の機能が仮保全措置に転化してしまったわけではない。したがって、対抗措置の行使に際して紛争の平和的解決手続の前置が求められるか否かに関しても、関係国家間に完備した個別的な紛争解決合意があるのであれば、一般的には当該合意に規定された手続を尊重すべきであると考えるのが合理性をもつ。また、対抗措置を行使するのであれば、関係国家に対しては、特段の正当化のための事由が求められるであろう。今後この問題をさらに検討するためには、国際法の個別領域における紛争解決の仕組の内実と対抗措置行使の余地を見極めていくことが重要であろう。そうした作業をへた後に、初めて国際違法行為を行った相手国の「叡智に対する賭[99]」としての対抗措置を構想することが可能となるであろう。

〔注〕
(1)　「対抗措置」という文言が初めて使用されたのは1916年にさかのぼるという (cf., Elagab, O.Y., *The Legality of Non-forceble Countermeasures in International Law* (1988), p.2)。もっとも、この文言が国際法学において急速に定着するのは、後ほど検討する1978年の米仏航空業務協定事件 ("Case concerning the Air Service Agreement of 27 March between The United States and France," *RIAA*, Vol.18, pp.417-453 (以下、"*Air Service Agreement* case")) および国際法委員会 (International Law Commission: ILC) による国家責任の法典化作業を通じてである。当初、ILC は、対抗措置とは従来復仇と称されていたものと、国際組織による制裁および条約法上の措置を含む包括的な概念であるとしていた (see, Commentary to Article 30, para.(21), *YILC*, (1979), Vol.II, Part 2, p.121; *YILC*, (1979), Vol.I, p.171, para. 8)。しかし、その後、対抗措置とは復仇と同義であるという立場に変更された (なお、松井芳郎「国際法における『対抗措置』の概念」『法政論集』154号 (1994年)、37頁)。対抗措置と復仇の機能の間には基本的な差異があるため両者を区別すべきであるという有力な議論があるが (岩月直樹「紛争の『平和的』解決の意義」『本郷法政紀要』7号 (1998年)、383-426頁 (以下、「平和的解決の意義」) ; 同「伝統的復仇概念の法的基礎とその変容」『立教法学』67号 (2005年)、23-83頁 (以下、「復仇概念の変容」))、本稿ではとりあえず両者を基本的に区別しないで扱うものとする。
(2)　Cf., Henkin, L., *International Law: Politics and Value* (1995), pp.50-51, 60-62.
(3)　中谷和弘「国家の単独の決定に基づく非軍事的制裁措置」『国際法外交雑誌』89巻3・4号 (1990年)、263-298頁。

(4)　この点についてはさしあたり岩月直樹「対抗措置制度における均衡性原則の意義」『社会科学研究』第54巻1号（2003年）、245-259頁参照。
(5)　大沼保昭『国際法：はじめて学ぶ人のための』（東信堂、2005年）、235-236頁。こうした観点から、大沼教授は対抗措置の行使に関しては慎重な姿勢をとっておられる。
(6)　その最も熱心な主唱者は、後ほど国際法委員会による国家責任法の法典化を検討する際に詳細に取りあげるアランジオ・ルイス（Arangio-Ruiz）である。
(7)　*Eg.*, Zoller, E., *Peacetime Unilateral Remedies: An Analysis of Countermeasures* (1984), *passim*
(8)　小寺彰『パラダイム国際法』（有斐閣、2004年）、5頁。
(9)　前述のように、本稿では復仇と対抗措置を基本的に区別しないで用いるが、戦間期の法状況を検討する場合には、当時は未だ「対抗措置」の語が一般化していなかったため、「復仇」の語を用いる。その他、文脈に応じて復仇と対抗措置の語を使い分ける場合がある。
(10)　*RIAA*, Vol.2, pp.1011-1033, esp., pp.1025-1026.
(11)　*Ibid.*, pp.1035-1077.
(12)　Partsch, K.J., "Reprisals," in Bernhardt, R. (eds.), *EPIL*, Vol.4 (2000), p.201.
(13)　*AIDI* (1934), Deuxieme Partie, pp. 709-710.
(14)　Schachter, O., *International Law in Theory and Practice* (1991), p.188.
(15)　*AIDI* (1934), Premiere Partie, p.32.
(16)　Walters, F.P., *A History of the League of Nations* (1960), pp.244-255; 岩月、「平和的解決の意義」、392-394頁参照。
(17)　*Monthly Summary of League of Nations*, Vol.3 (1923), p.215 (cit. in Wright, Q., "Opinion of Commission of Jurists on Janina-Corfu Affair," *AJIL*, Vol. 18 (1924), p.537).
(18)　*Monthly Summary of League of Nations*, Vol.4 (1924), p.53 (cit. in *ibid.*, p.541).
(19)　寺沢一「復仇制度の成立」同『法と力』（東信堂、2005年）、108頁（初出は「復仇制度の成立（一）」『国家学会雑誌』76巻5・6号（1962年）、2頁）。
(20)　コルフ事件に関しては、*Revue général de droit international public* (2e serie), tome 6 (1924) 誌上にいくつかの論文 (Politis, N., "Les représailles entre états membre de la Société des nations," pp.5-16; Strupp, K., "L'incident de Jania entre la Grèce et L'italie," pp.255-284; Guani, A., "Les mesures de coercition entre membre de la Société des Nations," pp.285-290) が発表されたほか、*Revue de droit international et législation comparée* 誌にも de Visscher, Ch., "L'interprétation de pact au lendemain de différend italo-grec" が発表された ((3e serie) Tome 5 (1924), pp.377-396)。日本でも『外交時報』誌上に立作太郎「會議外交　附、伊太利のコルフ占領と国際連盟との関係に関する法理」459号（1923年）、16-23頁およびそれに対する反論、田岡良一「立法学博士に質す」461号（1923年）、60-66頁が掲載された。
(21)　ちなみに、第4委員会の委員のうち、Unden（スウェーデン）と de Visscher（ベルギー）

は連盟の法律家特別委員会の委員でもあった。

⑵ *AIDI, supra* note 15, pp.51-52.
⑶ *Ibid.*, p.159.
⑷ *Ibid.*, p.100.
⑸ *Ibid.*, pp.93, 135. ポリティスによれば、ブールカン (Bourquin) とシュトルップ (Strupp) は、決議起草過程において、今日の法的現実との十分な接点を失ってはならないと主張したとされている。
⑹ *Ibid.*, p.85.
⑺ *Ibid.*, p.14.
⑻ *Ibid.*, p.54.
⑼ 寺沢、前掲論文(注19)、110頁(初出は『国家学会雑誌』76巻5・6号(1962年)、4頁)。
⑽ 岩月、「平和的解決の意義」は、ハーグ平和会議以降の紛争の平和的解決義務の定式化の試みを随所で雄弁に述べている。また、国際法典編纂会議の準備委員会が復仇の行使のための条件を各国に照会したところ、紛争が平和的に解決されなかったときに復仇が認められると解答した国家もあった (Rosenne, S. (ed.), *League of Nations Conference for the Codification of International Law*, Vol.2 (1975), pp. 128, 130)。
⑾ Simma, B., (ed.), *The Charter of the United Nations*, 2nd ed., (2002), p.103 (written by Tomuschat, Ch.). なお、トムシャット (Tomuschat) によれば、一般国際法上の紛争の平和的解決義務が成立するとされる分水嶺は不戦条約 (1928年) とされているが、こうした義務が諸国家により実際に受容されたのは、もう少し後になってからだったと考えられよう。
⑿ 関係国家間に予め紛争解決の合意が存在するときに、国家は当該合意により定められた手続だけを通じて紛争解決を行うことが求められ、他の手段に訴えることは排除されるかどうかという問題がある。この点については、後ほど国際法委員会による国家責任に関する条文における対抗措置行使の条件に関する規定の含意を取り上げる際に論じる。
⒀ 岩月、「復仇概念の変容」、41-45頁。
⒁ Colbert, E.S., *Retaliation in International Law* (1948); Zoller, *supra* note 7, p.xv.
⒂ Noortmann, M., *Enforcing International Law: From Self-help to Self-contained Regimes* (2005), pp.4-5.
⒃ 国連憲章の解釈論として対抗措置の行使が認められることに関しては異論はないといってよいが (Simma, *supra* note 31, p.110)、かかる解釈は対抗措置に関する問題関心が高まったあとで事後的に整理されたものである。エラガブ (Elagab) は、友好関係原則宣言の起草過程において、オランダ代表が国家が対抗措置を行使する権利をもつことを述べたことにふれている (Elagab, *supra* note 1, p.740)。もっとも、一般的には、国連憲章や友好関係原則宣言、マニラ宣言の起草過程において、国家による自救措置に関して明示的に議論された痕跡を見出すのは困難である (Noortmann, *supra* note 35,

紛争の平和的解決と対抗措置の行使に関する一考察　717

(37) Elagab, *supra* note 1, pp.37-41.
(38) ゾラー (Zoller) は、こうした点に復仇という文言がすたれ、代わって対抗措置という より害のない (innocuous) 用語が定着するようになった積極的理由を見出している (Zoller, *supra* note 7, pp.xv-xvi)。
(39) *YILC*, (1992), Vol.II, Part 1, pp.1-49 (以下、"Arangio-Ruiz IV"), esp., pp.17-19; Elagab, *supra* note 1, pp.37-41.
(40) *YILC*, (1993), Vol.II, Part 1, pp.1-58 (以下、"Arangio-Ruiz V"), esp., pp.12-15.
(41) Simma, *supra* note 31, p.103.
(42) 国際司法裁判所を除くこれらの点について、植木俊哉「国連の政治的機関による紛争解決」『紛争の解決』(国際法学会編〈日本と国際法の100年第9巻〉)(三省堂、2001年)、162-188頁参照。
(43) Noortmann, *supra* note 35, pp.24-25.
(44) *ICJ Reports 1980*, para.53.
(45) *ICJ Reports 1986*, para.201.
(46) *ICJ Reports 1998*, paras.61, 67.
(47) 本件の事実関係については、Damrosch, L.F., "Retaliation or Arbitration or Both? The 1978 United States-France Aviation Dispute," *AJIL*, Vol.74 (1980), pp.785-789; 長谷川正国「対抗措置の適用可能性をめぐる若干の問題」『現代企業法の諸相』(中村真澄・金沢理享受還暦祈念論文集) 第1巻 (成文堂、1990年)、342-344頁; 中谷和弘「経済制裁の国際法上の機能とその合法性 (二)」『国家学会雑誌』100巻7・8号 (1987年)、687-702頁; 松井、前掲論文 (注4)、321-324頁などを参照。
(48) *Air Service Agreement* case, p.422.
(49) *Ibid*., p.443, para.81.
(50) *Ibid*., p.443, para.82. 長谷川、前掲論文 (注47)、362頁。
(51) 本件の仲裁人であったルテール (Reuter) は、国家責任の法典化の審議の際に、対抗措置とは何の意味もなく (meant nothing)、仲裁法廷は「相互的義務 (reciprocal obligation)」や「復仇」という言葉を用いるのを避けたかっただけであると述べている (*YILC*, (1983), Vol.I, p.102)。
(52) *Air Service Agreement* case, p.445, para.91.
(53) *Ibid*., pp.445-446, paras. 94-96.
(54) Damrosch, *supra* note 47, p.802.
(55) 本件航空協定には紛争解決条項が存在しているが (X条)、米国が対抗措置に訴えてまでコンプロミの締結を急いだ背景には、当該紛争解決条項はいずれかの締約国により一方的な付託が可能であるが、裁定が勧告的なものとされているからである (この点について、中谷、前掲論文 (注47)、698頁、注4参照))。つまり、米国は機種変更の合法性に関して拘束的な判断を得るために対抗措置の行使を行った、ともいえる。

しかし、米国が望む、拘束的な判断を得るためのコンプロミの締結を促す目的で対抗措置を行使するのと、予め合意されている紛争解決手続の進捗を促進するための対抗措置の行使とを同列に扱うことができるかどうかには疑問がある (Nortomann, *supra* note 35, p.31, fn.53)。この点について、本件仲裁裁定は問題を残しているようにも思う。

(56) *YILC,* (1979), Vol.II, Part 2, pp.115-122 (reprinted in Rosenne, S., *The International Law Commission's Draft Articles on State Responsibility* (1991), pp.319-326).

(57) 但し、同条に付されたコメンタリーの注では、「付加的な条件は、当事国間に予め合意された平和的解決手続が存在してはならないことである」(*YILC,* (1979), Vol.II, Part 2, p.118, fn. 595) と述べている。

(58) *YILC,* (1991), Vol.II, Part 1, pp.1-35 （以下、"Arangio-Ruiz III"）, esp., pp.18-20.

(59) Arangio-Ruiz IV, p.22.

(60) *Ibid.,* pp.15-16.

(61) *Ibid.,* p.19. なお、アランジオ・ルイスは、拘束的または非拘束的な決定を行う第三者機関に被害国が訴えを提起しうることにより、当該被害国が一方的救済に訴えることを慎むことが求められるかどうかは疑わしいと述べて自らの議論を緩和しているが、ここではこの点は割愛する。

(62) *YILC,* (1992), Vol.I, p.128.

(63) アランジオ・ルイスは、国家責任に関する第3報告書では、万国国際法学会決議を援用しているが (Arangio-Ruiz III, p.19.)、同報告書では自らの立場が明確に示されてはいない。対抗措置と紛争の平和的解決の問題を扱った第4報告書および第6報告書 (*YILC,* (1994), Vol.II, Part 1, pp.3-20 （以下、"Arangio-Ruiz VI"）) では、同決議に全く言及していない。第6報告書に基づき執筆された『ヨーロッパ国際法雑誌』に発表した論文において、わずかに1カ所間接的にふれているだけである (Arangio-Ruiz, G., "Counter-measures and Amicable Dispute Settlement Means in the Implementation of State Responsibility: A Crucial Issue before the International Law Commission," *EJIL,* Vol.5 (1994), pp.20-53, esp., p.25)。なお、同誌は対抗措置と紛争の平和的解決の問題に関する特集号である。

(64) *YILC,* (1984), Vol.II, Part 1, p.3.

(65) 第2項は次のように規定している。
　　第2項　第1項は、以下に対しては適用しない、
　　(a)紛争の平和的解決のための適用可能な国際手続に基づき、権限ある国際裁判所または法廷が当該措置の受理可能性に関して決定するまでの間、被害国が自らの権限においてとる仮保全措置、
　　(b)国際違法行為を行ったとされる国家がかかる国際裁判所または法廷により命じられた仮保全措置の遵守をおこたるときに、被害国によりとられる措置。 (loc.cit.)

(66) *YILC,* (1985), Vol.II, Part 1, pp.11-12.

(67) Crawford, J., "Counter-measures as Interim Measures," *EJIL,* Vol.5 (1994), p.71.

(68) *YILC*, (1992), Vol.I, pp.134-135.
(69) *Ibid.*, p.130.
(70) *Ibid.*, p.81.
(71) *Ibid.*, pp.135-136. なお、この他にも、例えば、ローゼンストック (Rosenstock) が批判的なコメントを述べている (*Ibid.*, p.129)。
(72) Report of the Chairman of the Drafting Committe (A/CN.4/L480), 1993.
(73) Crawford, *supra* note 67, p.73.
(74) *YILC*, (1994), Vol.II, Part 1, pp.3-20（以下、"Arangio-RuizVI"）, esp., pp.5-9; see also, Arangio-Ruiz, *supra* note 63, pp.29-36.
(75) Arangio-Ruiz VI, p.7.
(76) 例えば、アランジオ・ルイスは、英国・アイスランド間の漁業管轄権事件を取りあげ、アイスランドが国際司法裁判所の仮保全措置を無視し、裁判所の管轄権を争った後に英国海軍の実力行使が行われた例などをあげている (Arangio-Ruiz IV, p.17)。
(77) Tomuschat, Ch., "Are Counter-measures Subject to Prior Recourse to Dispute Settlement Procedure?" *EJIL*, Vol.5 (1994), p.85; また、アランジオ・ルイス自身、「すべての平和的解決手続の完了」の趣旨は、国連憲章33条に列挙された紛争の平和的解決手続を順番に尽くしていくような「耐え難い負担」を被害国に負わせようとするものではなく、「友好関係原則宣言およびその他の関連文書に照らして、関係国が利用可能ないずれかの紛争解決手続を完璧に利用しようとする真剣な努力を要請するためのもの」であるという (Arangio-Ruiz VI, pp. 4-15)。
(78) Arangio-Ruiz, *supra* note 63, pp.22-23.
(79) *YILC*, (1993), Vol.II, Part 1, pp.1-30.
(80) ボウエット自身は、この点につきこの段階で直接には議論を展開していない。もっとも、復仇は、伝統的には違法に対する懲罰、あるいは制裁という意味をもっていたが、今日ではそうした機能は認められないので、国際法委員会としては、代わりに違法行為の停止をもたらしたり紛争解決のための合意された仕組へ訴えかけるものとしての機能に重点を置くべきであると述べている (*YILC*, (1992), Vol.I, p.81)。また、1996年に起草委員会が提案した新たな12条に関する議論の際には、対抗措置の行使に先立って交渉義務が課せられるのであれば資産凍結のような措置はとることができなくなると述べている (*YILC*, (1996), Vol.I, p.172)。
(81) 但し、仮保全措置とは、通常紛争解決機関により命じられるものを意味する (cf., Oellers-Frahm, K., "Interim Measures of Protection," in Bernhardt, R. (eds.), *EPIL*, Vol.2 (1999), pp.1027-1034) のであって、国家の単独の意思決定に基づき行使される措置であれば、その恣意的性格は否定できない。「仮保全措置としての対抗措置」を主張する論者は、この点について非常にナイーヴであるように思われる。
(82) クロフォードは、対抗措置に関するバランスのとれた制度を作り上げる際に、国家の国際犯罪のような「被害国」が多数に及ぶ状況にも配慮する必要にふれている

(Crawford, *supra* note 67, pp.66–67).
(83) Tomuschat, *supra* note 77, p.79.
(84) *YILC*, (1996), Vol.I, p.135.
(85) この間の事情については、山田中正「国連国際法委員会第48会期の審議概要」『国際法外交雑誌』96巻3号(1997年)、135-142頁参照。草案およびコメンタリーの翻訳に関しては、植木俊哉ほか「『国家責任』に関する条文草案注釈(二)」『法学』62巻4号(1998年)、624-629頁参照。
(86) 但し、対抗措置行使の前に交渉を行わなければならないという義務は、慣習国際法に基づくものではないという意見が米国、英国、独などから出された (State Responsibility Comments and Observation received from Governments(A/CN.4/488, pp123-124))。なお、クロフォード第三報告書の該当部分も参照 (Crawford, J., "Third Report on State Responsibility," A/CN.4/507/add.3 (以下、"Crawford III"), para. 302.)。
(87) Nortomann, *supra* note 35, p.64.
(88) 植木俊哉ほか「『国家責任』に関する条文草案注釈(三)」『法学』62巻5号(1998年)、814頁。
(89) こうした点は、ペレ (Pellet)、カレロ・ロドリゲス (Calero Rodrigues) などにより指摘されている (*YILC*, (1996), Vol.I, pp.169, 174 *et seq.*)。
(90) Crawford III, para.367.
(91) この間の経緯に関しては、Crawford J., *The International Law Commission's Articles on State Responsibility* (2002), pp.47-53, 57-58, 315-338; 山田中正「国連国際法委員会第52会期の審議概要」『国際法外交雑誌』99巻6号 (2001年)、62-67頁参照。
(92) Cf., Schachter, O., "Dispute Settlement and Countermmeasures in the International Law Commission," *AJIL*, Vol.88 (1994), p.477.
(93) Report of the Inernational Law Commision on the Work of its fifty–second Session (2000): Topical Summary of the Discussion held in the Sixth Committee of the General Assembly during its fifty–fifth Session prepared by the Secretariat (A/CN.4/513), para. 161.
(94) State Responsibility Comments and Observation received from Governments (A/CN.4/515, p.83). 但し、デンマークによるこのコメントは、直接的には53条 (対抗措置の行使に関する条件) に関して述べられたものである。
(95) 以下は、Nortomann, *supra* note 35, pp.67-68, 108-112 による。
(96) この点は、ちょうど自己完結的制度 (self–contained regimes) に関して、当該制度の完結的な性格は、締約国がどの程度そうした性格を意図したかによるが、その証明は難しいのと同じである (Simma, B., "Self–Contained Regimes," *Netherelands Yearbook of International Law*, Vol.16 (1985), pp.111-136)。
(97) 岩沢雄司『WTOの紛争処理』(三省堂、1995年)、161頁参照。
(98) *Air Service Agreement* case, p.445, para. 94. なお、ゾラーによれば、こうした要件を満たす裁判所は、憲章94条2項の存在により、結局国際司法裁判所しかないという (Zoller

supra note 7, p.123)。しかし、この見方は極端に狭い。また、実際には機能していない憲章94条2項を過大に評価するものでもある。

(99) *Air Service Agreement* case, p.445, para.91.

国際裁判と途上国の受諾・利用
――その文化的意義を適切に捉えるために――

王　志安

I　問題意識と分析の視点

　国際裁判の受諾・利用と途上国[1]は、かねてから国際裁判の発展の現状および傾向を捉える上で大きな関心が寄せられたテーマであった。しかも、それは文化・文明的側面[2]をもつとされていた。つまり、途上国の多くにおいて、法の支配や裁判を重んじる考えは1つの「文化」「文明」あるいは社会の支配的思考・行動様式として定着していない。国内社会における裁判の役割を十分に評価しない現状は、国際裁判の発展にとってもまず克服されるべき文化・文明的阻害要素だと受け取られていたのである。紛争解決手段としての国際裁判の有用性への懐疑論はその典型的なものである[3]。

　ICJ が設立60周年を迎えた今日、国際裁判と途上国の関係は再び脚光を浴びている。20世紀80年代から見られる ICJ の活性化に関して、ICJ に対する途上国の積極的な利用に言及せずには語れない。途上国を当事者とする多くの紛争が ICJ に付託された。チュニジア・リビア大陸棚事件 (1978年付託、1981・82年判決) を皮切りに、2005年まで ICJ に付託された70件のケースの内、38件が途上国 (双方または一方) を当事国としたものである。特にアフリカの国が当事国となったケースは20件にも及んだ。また、国連海洋法条約や WTO の紛争解決メカニズムの創設に関しても、途上国の役割が鮮明に現れ、西側諸国と何ら遜色なく、多くの途上国は義務的裁判を盛り込んだこれらのレジームに参加した。さらに、米州地域やアフリカ大陸で、途上国を中心とした地域的な国際裁判の構築も積極的に進められている。途上国による国際裁判の受諾・利用は明らかに国際裁判の多元化の今日的流れ[4]をなす一

部である。

　このような変化は何を意味するか。はたして、途上国がすでに国際裁判の受諾・利用における文化的な阻害要素を克服し、力による対決よりも裁判における対決が中小国家にとって有利であるという合理的な助言[5]を素直に受け入れ、国際裁判の漸進的発展に合流するようになっているのであろうか。逆にいえば、国際裁判はすでにその西欧的な文化の伝統を止揚し、すべての国家にとって文化的な阻害要因をもたないような普遍的価値をもつ制度として確立されるようになっているのであろうか。そして、この変化の過程は国際裁判や国際法の発展にどのような影響を及ぼすものとして捉えられるべきであろうか。さらに、国際裁判はそうした変化の過程において新たな発展の方向を示すこととなろうか。

　これらの問いを適切に分析するために、まず国際秩序における今日の国際裁判の位置付けを確認しなければならない。厳格な同意原則を背景に、国際裁判の展開はすべて国家の合意による。文化的に特定の国が許容できないような国際裁判の現実的地位は、そうした国の参加を取り込むことができないだけでなく、文化的要素の影響を際立たせる要因ともなる。途上国の合流で作り出される国際裁判の新たな発展方向を捉える際に、文化的な阻害要素ははたして存在するかどうか、もし存在するならば、その超克がどのような過程をたどるものとなるかを分析する必要もある。

　この小論は、国際裁判に対する途上国の受諾・利用の現状を明らかにした上、その文化的意義を適切に捉えるための理論的枠組みの探求を目的とする。その際、大沼が国際法学を取り組むに当たってとっている基本的視点の2つを用いる。1つは国内モデル思考の批判という国際法学とりわけ国際裁判の役割の捉え方への批判的視点である[6]。もう1つは国際法学の文際的視点である[7]。この視点は、主に人権規範を素材に構築され、国際人権法以外の分野にも適用できるかどうかは未だに解明されてはいないが、大きな可能性をもつ[8]。ここでは、国際裁判の発展方向を捉えるための視点として用いる。

　これら2つの視点は一見して無関係に存在し、あるいは関連するものであれば矛盾するのではないかと見受けられる。つまり、国内モデル思考への批判的視点は、国際法を法として捉える際に国内法的な発想を用いてはならな

いと警鐘を鳴らすものであるのに対して、文際的視点は、国際法規範（人権規範）の真の普遍性を追求するために、まさに各国の国内的発想（文明・文化を背景にしたものであるが）を前面に出しその相互間の交流・比較・取捨を促すものである。はたして本質において、両者は矛盾するのであろうか。この小論は、途上国も合流する国際裁判の現状とその発展方向を把握する文脈において2つの視点の意義と限界そして互いの関連性と整合性をもあわせて考察する。

II 国際裁判の捉え方と国内モデル思考

　文化の角度から見るとき、積極的意味でも消極的意味でも、国際裁判は国内的思考をモデルにするものであるといえる。まず、国際裁判は西側の裁判文化の土壌から生まれ、諸国家間に広く受け入れられた制度である。今日にいたっては国際紛争解決に役立つ手段として国際裁判を機能的に語ることに何の躊躇も要らないであろう。国際社会一般と地域レベル、国際法一般とその個別分野において、仲裁裁判と司法裁判を含む多種多様の国際裁判機関が国際法を適用し紛争を解決するメカニズムとして創設されている。そして、国家はほぼ例外なく、何らかの形で国際裁判を法的義務として受諾しており、また途上国を含む大多数の国家は実際国際裁判を用いて紛争の解決を図った経験をもつ。

　他方、紛争解決に役立つという機能性が認められたとはいえ、西側の裁判文化に倣ったような国際裁判の機能、すなわち義務的裁判を当然なものとして国際社会に認めさせ確立することが実現されているわけではない。法の支配に裁判は欠かせないという西側諸国の近代国内法の経験を踏まえ、普遍的な義務的裁判を国際社会に打ち立てようとする思考は、現実主義の国際関係理論から厳しく批判されただけでなく、国際社会および国際法の独自性を見出そうとする現実的な国際法理論からも強く糾弾されてきたのである。

　ただ、国際的法の支配 (international rule of law) を理念として認めそしてそれと裁判との内在的な関連性を捉える認識が国際法学に依然力強く生き延びて

きている。今日では、限定的ではあるが、WTO、国連海洋法条約、EU、地域的人権条約などにおいて、そうした理念あるいは法規範の有効性と裁判との関連性が明確な形で確立されている。

1 国際裁判にとっての国内裁判文化の意義

　国際裁判の創設は国際紛争を解決する手段を探るところから始まった。これに対する西側の裁判文化の貢献は容易に認められる。古代ギリシャやローマの裁判文明の源流を汲み、近代国家の下で確立された裁判経験を踏まえて、西側諸国は勇気とビジョンをもって裁判を主権国家間の紛争解決に用いたのである。Jay条約に基づく国際法上最初の仲裁裁判が実現された背後に、国内モデル思考から裁判は国際紛争の解決にも役立てるという確信が存在していた[9]。伝統的な国際判例の中、重要事件とされる多くが西側諸国の間に展開されていたことは、国内法の経験から由来する、裁判の機能に対する諸国の認識と無縁なことではないであろう。実際、そうした西側の先導的役割をPintoは「大西洋的動き」として捉えた[10]。

　しかし、国際社会に導入された国際裁判は現実において、そのスタートからすでに近代西側諸国の裁判文化から逸脱し、国際秩序の構造にしっかりと組み込まれたものとなった。法の支配を支える中核として裁判を捉えた西側諸国の近代的国内モデルの思考と異なり、国際裁判は国家主権の原理に大きく制約され、紛争解決におけるその有用性を追求してきたものであるに過ぎなかった。国際裁判を法の支配の中核に据えるために欠かせない義務的裁判への追求は、紛争解決に役立つ裁判の機能性に対する認識の広がりにつれて次第に展開されたが、国際法規範一般に関していえばユートピアの域をでることはなかった。

　このように、現実の国際裁判は国内モデルと異なる存在となっている。それゆえ、理論上、国内モデル思考の批判が可能かつ重要となる。また、実行上、国際裁判の受諾・利用は、国内社会における裁判に関する文化的経験と分離されうる。すなわち、文化・文明の異なりをとわず、すべての国家にとって可能なものである。国内社会において近代的な司法制度の確立を経験しなくても、または法の支配と裁判の内在的関連性について確信を持たなくても、

国家主権や国家平等の原理に完全に合致する形で構築される国際裁判であればその利用には深刻に躊躇する理由はない。

　実際、PCIJ が創設される前に、文明的にも文化的にも西側と異なるトルコや日本といった多くの国々がすでに仲裁裁判を利用してきた。また、限定的な義務的裁判の創設に関しても、裁判条項の創設と利用における米州諸国の牽引的役割が認められる[11]。さらに、今日の途上国による ICJ 受諾・利用の増加は、裁判文化の経験からくるものであるというよりも、主に国際裁判制度の構築における国家主権や平等原理の徹底に対する疑念の払拭によるものであった。Anand が指摘したように、これらの国家はかつて、ICJ 自身の文化およびそれによって適用される国際法という、自らの文化と無関係の歴史的な原因から ICJ を回避してきたのである[12]。

　このように、国際裁判の実際および裁判条項や選択条項の受諾の実態を見る限り、国際裁判の受諾・利用と諸国の裁判文化・文明との間に決して強い関連性が存在するとはいえない。より正確にいえば、合意原則を基礎においた国際裁判である以上、諸国にとって公正な裁判を保てるほどの国際裁判制度自身の文明・文化の受容性がきわめて重要であるが、裁判の受諾・利用に関しては、公正な裁判を前提に国際裁判が紛争解決のひとつのプロセスの選択として利益考慮を中心に行われ、紛争当事国自身の文化・文明の要素は無視されうるほど限定的なものとなる。

　他方、国際裁判の発展方向あるいはそのあるべき姿に関して、西側の裁判文化は国際裁判の創設以上に重要な影響を及ぼし続けてきたといえる。国際裁判の歴史は、機能的空間を徐々に広げてゆくプロセス、すなわちより多くの対象国、より広い対象事項を裁判ひいては義務的裁判に誘い込むような足跡によって描き出される。この漸進的なプロセスは、近代的西側の裁判文化に源流をもつ理念型の国際裁判の理論から大きな刺激を受けた一方、そうした理論の形成と発展に有意義な現実的素材をも提供し大きな影響を及ぼしてきた。実際、国際裁判の機能を国際秩序の形成に関連する視点から捉えようとする思考が常に幽霊のごとく国際裁判の漸進的な機能的展開に付き纏ってきたのである。理論の平面において、そうした思考はさらに国際法学のパラダイムの形成にも大きな影響を与えた。その典型的な表れが平和と国際裁判、

そして法としての国際法と国際裁判という2つの密接に関連する命題に見られる。

まず、国際紛争、特に戦争という巨大な暴力を伴う紛争と向き合うとき、裁判を法の支配の中心に据える国内裁判の文化に薫陶された人々は容易に、すべての国際紛争の義務的裁判は平和を保つための正常な制度に欠くことのできない必須要件であるという認識にたどりつく。そうした基本認識をもって、チャンスがあるたびに彼らは徹底した義務的裁判の重要性と必要性を訴え続ける[13]。

現実において、これは戦間期でピークを迎えた「法による平和」の思考と運動として現れた。2回にわたるハーグ平和会議、PCIJ の創設、連盟における「法による平和」の動きなどといった歴史的イベントにおいて、国際裁判を中心とした国際秩序の構築を求める彼らの夢は最終的に実現しなかったが、国際裁判の役割についての思考に影響を与え続けている。今日、国連の下で義務的裁判の受諾について繰り返しなされる呼びかけもそれに通じる。

次に、平和の構築という実践的目的をもった上記の命題とも密接に関連し、常設的司法裁判所による強制的紛争解決を国際法システムの目標とすべきという思考も生まれたのである。ここでは、国際裁判が紛争解決の文脈と離れて法としての国際法を思考・構築する上で欠くことのできない要素として捉えられることとなる。西側諸国の国内法および裁判文化に倣った国際法学のパラダイムである。言い換えれば、国際裁判が法規範の妥当性・実効性の担保にとって最適かつ十分な手段となり、法の支配に国家を服従させることが国家の行為を国際裁判機関の判断に服従させることと同一というものであった[14]。紛争解決の機能から国際裁判や義務的裁判の役割を捉える思考様式と違って、こうした考えは明らかに、西側の近代的国内法にその文化的ルーツをもち、裁判を中心とした強制をもたないものは法と呼べないという認識に基づくものであった。

2　国内モデル思考への批判とその限界

法による平和あるいは裁判を中核に据える国際的法の支配は、現実に確立されていないどころか、西側の近代国内法をモデルにしたその思考様式が厳

しく批判されることとなった。

　国際法の性格をどう捉えるべきかは従来から議論の多い課題である[15]。国内モデル思考に関連して、日本においては、まず国際法学のパラダイム的欠陥が法の裁判モデルにあるという奥脇の鋭い指摘があった。法の裁判モデルとは、国家による暴力の独占を背景とした強制的管轄権をもつ裁判制度が存在することを前提として妥協の形成における法の機能を「機械的強制メカニズム」によって理解する枠組みである。こうしたモデルは、既存法の解釈・適用の厳格化、制度化を目指し、既存法の下における合法性の主張に関心を集中させ、従来の国際法学の法実証主義的「法適用」論に根を下ろすものである[16]。

　そして、そうした批判と同様な脈絡で、大沼は国内モデル思考への批判の視点から国内法をモデルにした国際法学のパラダイム的欠陥を厳しく批判した。つまり、国際法学を構築するに当たって、国内モデル思考に満足してはならない。「近代国内法を範型とする思考では、国際法を自立した法体系としての確立が克服しがたい限界をもつことになる」。国際法学は、国内モデル思考の限界と問題性を自覚的に認識するべきであり、希望的観測の上にたって永続的に国内法の後塵を拝するようでは、自立した学として確立されない。国内モデルの上に国際法学を構築する思考様式が批判され否定されるべきである[17]。

　国内モデル思考への批判はもともと、国際法学のパラダイムの捉え方との関連で国際秩序における国際裁判の位置付けを強く意識したものであるが[18]、正面からそれをより的確に捉えるための代案を示すものではなかった。それを補うかのように、大沼は国内モデル思考への批判の基本視点にたち、国際法規範の性格を行為規範と裁判規範に区別する角度から国際社会における法の役割と国際裁判の位置付けを論じた。それによれば、国内法において行為規範と裁判規範はおおよそ対応的に存在するが、国際法に関して裁判機関の強制管轄権の受諾の現実状況からくる問題により、行為規範と裁判規範の対応性が破壊されている、ということになる。そのため、国際社会における国際法の機能を適切に評価するためには、行為規範としてのその機能と裁判規範としてのその機能を区別することがきわめて重要であり、裁判規範として

の国際法の機能が非常に限定的であるということとなる[19]。

言い換えれば、国際社会における国際法の機能を適切に評価するために、その裁判規範としての機能にこだわる発想が問題であり、むしろその行為規範としての多様な機能を積極的に分析・評価しなければならない[20]。また、法規範の実効性の担保においてだけでなく、紛争解決に関しても裁判中心主義が否定されるべきであり、重層的に存在するさまざまな国際紛争の解決メカニズムの中で国際裁判を適切に位置づけるべきである。要するに、国際社会の紛争解決における裁判の意義と限界だけでなく、法の意義と限界を慎重に吟味しなければならない[21]。

他方、法の裁判モデルまたは国内モデル思考への批判があるにもかかわらず、国際裁判の展開に伴い、国内モデルの思考を強める新たな現象も次々と現れてくる。後に触れるように、アジア・アフリカ諸国による国際裁判の受諾と利用や、国際裁判の多元化が明らかにそのような意義をもつものである。国内秩序の確立における法と裁判の確固たる役割が広く是認されていると同時に、今日の国際社会は、国内社会に近づいてゆく多くの側面を備えられるようになっている。その結果、国内モデル思考に数多くの新たな素材が提供されたのである。

理論上、そうした新しい現象を、最上は一方で法システムの仮想性が顕在化したかたわら、他方ではかかる仮想性の崩壊も徐々に進んでいるという形で捉え、国内モデル思考の批判の今日的妥当性を疑問視した。つまり、裁判規範が希少なために行為規範が適用されることが現実にはきわめて少ないという仮想性は、次第にしぼみ始めた。局部的国際法の局部的司法過程の確立は、裁判規範化した行為規範が適用されているという意味でシステムの仮想性を揺るがすこととなったからである[22]。

III 国際裁判への途上国の合流と文際的視点

2世紀にわたって機能的空間を開拓し続けてきた結果、国際紛争の解決に関連する国際裁判の機能的普遍性がようやく国際社会全体によって認められ

るようになっている。途上国は、機能的国際裁判の価値を認め、裁判の創設・受諾・利用という西側の文化・文明から端を発した流れに合流するようになった。これに伴って、国際裁判は機能的な普遍性を得ると同時に、新しい発展の勢いをも蓄えることとなる。

1 途上国の受諾・利用の新たな展開

国際裁判への途上国の合流は本格的なものである。まず、国際平面で、国際裁判制度の創設や再構築に途上国が積極的に参加するようになった。その結果、途上国による国際裁判の受諾・利用を途上国という分類概念を用いるほど区別的に論じる重要性も必要性ももはやなくなかった。次に、国内平面で、裁判が途上国の近代国家の建設過程で次第に受容・構築されるようになった。裁判や法の支配はもはや他の文化・文明のものではなく、自らの社会政治システムに組み込まれた既存の文化の一部となりつつある[23]。この現実は新たな国際裁判の構築において適切に評価されるべきである。

国際裁判への途上国の合流は以下の3つの側面で確認されよう。第1に、ICJ の受諾と利用である。選択条項の受諾状況から見れば、途上国と他の国家集団との間にひとつの合理的で妥当な境界線を引くことはもはや不可能となっている。選択条項の受諾国の数は65にとどまり依然として限定的であり、その中に途上国の数は国家の数に相応する割合にいたらないものの相当数を占めている[24]。なお、裁判条項による ICJ の強制的管轄権の受諾に関しては、1980年代以後、二国間条約上の裁判条項が激減しており、多数国間条約への集中傾向が見られる。ここでも途上国を析出する作業は何らかの意義をもつとは思われない。また、詳細な統計を用いた Romano の研究[25]によれば、途上国は、ICJ の利用に関しては相応の割合を占めるようになり、これまで76の途上国が ICJ を利用してきたという[26]。そうした受諾・利用の増加は明らかに、国際社会のより多くのかつ多様な国が ICJ の有用性を認めていることの証拠である。

第2に、WTO や海洋法条約における義務的裁判の受諾である。義務的裁判は国際裁判の機能的展開に質的飛躍をもたらす潜在的可能性をもつ。それゆえ、その創設と確立は極めて大きな困難を伴う。前にも指摘したように、

西側の裁判文化・文明に源流をもつとはいえ、現実の国際裁判は、近代西側諸国の国内法のように法の支配を支える中核的要素としては決して認められていなかった。法律主義の雰囲気が強く主に西側諸国で構成されていた連盟でさえ、一般的な義務的裁判[27]はもちろん、分野別の義務的裁判の創設も成功しなかった。しかし、WTOや海洋法条約の紛争解決メカニズムは、ほぼ国際社会のすべての国家を巻き込んだ形で創設・受諾されている。WTOに加盟した途上国も、海洋法条約を批准した途上国も、100を超えている。WTOの紛争解決手続の利用において、途上国への法技術的・財政的支援、対抗措置を伴う履行の困難、衡平的考慮の欠如などが問題として指摘されるが[28]、裁判的手続による紛争解決に対する不信は決して途上国側に見られるわけではない。その意味で、限られた分野で国内モデル思考を基礎にした裁判文化に近づこうとしている国際裁判発展の流れに途上国が乗り遅れたことは決してない。

　この点に関連して、特に興味深いのは中国にかかわる新しい動向である。歴史的に近代国家としての中国は国際裁判や義務的裁判を拒絶してきたわけではない。PCIJの選択条項や裁判条項をも受諾してきた。ただ、1949年に誕生した新中国は、イデオロギー的な理由から、ほぼ50年間一貫して義務的裁判の受け入れを拒絶する政策をとってきた。これで中国文化と国際裁判とは相容れないというイメージが作り出されるのも無理な話ではない。しかし、1996年の海洋法条約の批准と2001年のWTO加盟によって、かかる呪文の封印がいたって静かに解かれた[29]。これに加えて、中国政府は経済、文化、技術分野の多数国間条約の裁判条項について今後留保を付しない政策を展開するのではないかと期待されている[30]。

　第3に、地域的・分野的裁判制度の構築に関しても、途上国、特にアフリカ諸国は積極的に乗り出している。地域的レベルで、欧州裁判所やヨーロッパ人権裁判所の創設・発展は、西側の裁判文化が国際関係の特定分野に深く浸透している現実を端的に示すものである。そうした裁判文化をもつ諸国の間に、裁判制度の構築・利用が明らかに他の地域よりも一歩進んだ地位を依然として保てている。他方、興味深いことに、これまでの既存の国際裁判制度への参加または新たな制度の構築における主権平等の確保に力を注いでき

た状況と違って、途上国[31]とりわけアフリカ諸国[32]が自らの機能別の裁判制度の構築に動き出したのである[33]。そのため、途上国の役割を語らずには国際裁判の多元化を論ずることが適切であるとはいえない。

2 途上国の受諾・利用の文化的評価

(1) 機能的国際裁判と途上国

　国際裁判への途上国の合流はまず、国際紛争の解決に役立つという機能を中心とした国際裁判の史的展開の中で評価されるべきである。理想的な国際裁判がどうであるべきかとは別に、途上国が近代国家として成立してからまず直面したのは、西側諸国の国内法システムで見られるような、法の支配を支える中核的要素としての国際裁判ではなく、むしろ紛争解決に必要とされ機能的実用性に染みた国際裁判の現実である。

　裁判文化・文明という側面に限っていえば、国際裁判の受容・利用は途上国にとって決して高いハードルをもつものではなかった。裁判を中心にした西側諸国の国内法モデルを見よ、強制的管轄権を受諾した西側諸国の現実を学べ、という説教はいくらでも途上国に浴びせられてきたが、国際裁判の受諾・利用に関して徹底した同意原則の存在を十分に理解すれば、国内モデルや模範的な国家実行からかけ離れて存在する国際裁判の現実がはっきりと見えてくるのであった。Romanoが指摘したように、今日では途上国の利用経験の蓄積が国際裁判の機能的普遍性の確立にとってきわめて重要な要素となっている[34]。

　このように、紛争解決の機能から国際裁判を受諾・利用することに関して政策選択における利益衡量が依然避けられないとしても、文化・文明の要素からそれを捉えることは明らかに適切ではない。さらにいえば、そうした捉え方が有害ともなりうる。

　かつてJenksは、戦後の国際法が西側の国内法をモデルにして展開されたさまざまな側面を人類の共通法という方向への発展として捉えた上、普遍的法秩序への達成の道のりとして多様な文化と多様な法システムに対する探求を提唱し、これによって漸進的な方法で国際法の知的革命が達成されうるとした[35]。言い換えれば、そうした国際法の普遍性にとって、主たる阻害要

因は、その普遍性に対する多くの国の無知であり、裁判を中心にした法の支配に対する多くの国の拒絶にある。そして、それらは多様な文化および多様な法システムの方法を取り入れることによって除去されうる。すなわち、教育を通してすでに新しい傾向を示した国際法の内実と内容を、西側以外の人々が受容できる概念と理論で説得するだけで、普遍的国際法が実現できるというのである[36]。

　このような認識は2つの面で問題をもつ。まず、すでに指摘したように、西側の裁判文化は現実として決してそのまま国際社会に導入されたわけではない。それを拒んだのは、これまで義務的裁判導入の試みに対する諸大国の強い反対[37]が示したごとく、国際社会の構造あるいは国家間の力関係であり、決して諸国の裁判文化の要素ではなかった。次に、Stone が批判したように、機能的国際裁判の受諾・利用に関して、文化的違いという意味での症状診断は、西側諸国とアジア、アフリカ新独立諸国との利益衝突の問題を曖昧にしてしまうものである。実際、かつて途上国が国際裁判に示した冷たい立場の背後には、既存の国際法秩序によって神聖化された物的および技術的資源の再配分の変化を実質的に求める要求が存在していた[38]。つまり、ICJ における西側出身の裁判官の絶対的な優勢や途上国が疑問視した慣習法にこだわった法適用などこそ途上国の参加を阻害する要因である。

　こうしてみると、国際裁判の受諾・利用に関して途上国を含むすべての国の今日的立場が示したように、国際裁判の受容・利用は、教育・説得・勧告といった段階をすでに超え、国家実行による実体験を通してすべての国にとって特定の場面では有益なものであると受け止められ、確実に諸国家の政策選択決定の視野に入っているといえる。それゆえ、普遍性のある現象ともなっている。ただ、ここでは、特定国家の文化・文明ではなく、無秩序の国際社会における紛争解決の法的メカニズムを追い求める必要性と可能性についての徐々に形成される国々の確信が決定的な影響を及ぼしたと認識しなければならない。もともと、西側の裁判文化は、国際裁判や一般的な義務的裁判の理念を生み出すのによい土台を提供したとはいえ、制度そのものの創出に関して決して十分条件ではないし、ひいては必要条件でもない。

　そのため、国際裁判への途上国の合流は、裁判官の選出や法適用を中心と

した国際裁判制度の改革のほか、紛争解決における裁判の役割に対する確認という国際的文脈において捉えられるべきである。この文脈は諸国の文化・文明と独立した形で存在する多くの側面をもつ[39]。

(2) 国際裁判の新しい方向性と途上国

他方、国際裁判への途上国の合流は、国際裁判の発展の方向性に関連しても適切に評価されるべきである。紛争解決における機能的な有用性が普遍的に認められたことで、2世紀以上にわたって発展してきた近代国際裁判が原理的に自らの最終的な形態に近づくこととなるのであろうか。すなわち、すべての国家にとって公正な裁判を展開できると信じるほどの制度的構築が実現され、国際裁判が有益と思われるときいつでも利用できるような制度として定着することとなるのであろうか。それとも、国際裁判は紛争解決における有用性を超越し、西側諸国の国内社会における裁判の位置づけと同じように、法の支配を支える中核となり、国際秩序の形成における決定的重要性をもつようなメカニズムともなるのであろうか。そして、これは国際裁判への途上国の合流に関連してどのような意義をもつものであろうか。

実際、紛争を解決するための国際裁判が普遍的に追求・確立されると同時に、そうした機能を超越するような新たな側面も徐々に現れている。特定の多数国間条約や国際レジームのすべての法規範にかかわる紛争を強制的裁判に委ねるメカニズムが多く利用されるようになっているのである。これは、今になってはじめて始まった現象ではなく、国際裁判発展の各歴史的段階においてすでに散在的に現れてきたものである。ハーグ平和会議からPCIJやICJの創設にいたるまで、そうした傾向は義務的裁判への追求に伴って絶えることなく持続してきた。その背景に西側の裁判文化がそうした展開の理念的支えとして働いたのも事実である。

20世紀末になってから、この傾向は新しい要素を伴って力強く現れることとなった。国際司法機関の劇的な多元化が冷戦終結後の最も重要な出来事の1つであるとさえ受け止められることがある。義務的裁判の設定による新しい裁判制度の創設が海洋法、国際貿易や人権などの分野で見られた。しかも、そうした国際裁判の現実は西側諸国に限定されず、途上国を含むすべての国家を巻き込んで展開されてきた。それに伴って、国際法学においては、

部分システムの立憲化のもつ意義や可能性が人々の関心を引くようになっている[40]。また、力を中心に論じられた国際関係理論においても、法制度化という新しい概念をもって各分野における国際裁判の役割が論じられるようになった[41]。

そうした現実的素材の前に、再び西側の国内裁判をモデルにして新しい国際裁判を描きだす発想が現れることに何の驚きもないであろう。Alvarez が分析したように、そうした素材は、惜しくも国内法の同僚たちに任せてきた司法化の課題に取り組むきっかけを与えてくれたのである。もともと、国際法学者の一部は、西側の国内法から引き出される裁判中心の「理想的なモデル」に基づいて法的言説および確実な救済の変革的力を深く信じている。紛争解決機関の多元化および既存裁判機関への更なる利用の約束は、彼らにとって、外交的争いに対する法の支配の勝利、そして政治家に対する法律家の勝利を意味するものである[42]。はたして、「国際的法の支配」を支える中核的要素という形で国際裁判の発展方向を捉えることが妥当であろうか。

まず、一定の傾向をもって物事の発展方向を捉えるには、慎重さが求められる。国内モデル思考から国際裁判を語るときになおさらである。戦間期において、国際裁判を中心に据えた「法による平和」の発想や動きに対して、ブライアリは国際社会において国内社会ほどには裁判という方法が期待されるものではないと指摘した。つまり、紛争の平和的解決をもって戦争の防止を図るという考え、そしてそうした理由から強制的および普遍的仲裁裁判を主張するすべての考えは、誤解を導くものであるという[43]。また、大沼は国内モデル思考の批判の一環として、国内から国際への類比が特定の時点および特定の問題に関連して許容できるかどうかは、特定の法制度が国内社会で機能し有効となるような仮定および条件が国際社会においても十分に存在するかどうかに依存するものであるとした。法の実効性を確保する裁判の機能に関して、強制管轄権の確立、判決履行確保メカニズムの実効性、敗訴の威嚇の機能といった条件があげられている[44]。

次に、国内モデル思考の復活が文化的視点の復権に大きな刺激を与えたことも留意されるべきである。たとえば、Petersmann は、主に欧州裁判所をモデルとし、国際紛争解決とりわけ国際裁判を強化するための10カ条におよ

ぶ教訓を指し示した[45]。その考えにおいては、国内社会で民主主義の価値観をもち裁判を中心とした法の支配を認めている国の間に実効的国際裁判がはじめて確立されうる、ということとなる。言い換えれば、国際社会が義務的裁判を中心とする国際的法の支配を目指すべきであると同時に、西側の国内法モデルを基礎にした欧州裁判所こそその未来像を示すものとなるということである。ここでは、義務的裁判の普遍性だけでなく、西側の国内法モデルの普遍性も主張されている。

　文化的視点の復権に関して、まず国内モデル思考への批判において大沼が鳴らした警鐘のひとつを思い起こすべきであろう。つまり、国内モデル思考は、支配的な諸国家の国内法に共通する特徴を想定することで概念の普遍的妥当性を保障しにくいだけでなく、支配国の法観念の国際的支配の確立と永続化にもつながるものとなる。特に西側諸国の近代国内法の共通性から出発した国内モデル思考は、概念内容の明晰性、現代生活の妥当性などの特徴を持ち、受け入れやすい思考様式である。これに対する自覚的批判は、特に強調されるべきである[46]。この認識は、よく見られるような国際社会の特徴を基礎にした国内モデル思考の批判からさらに一歩踏み込んで、国際秩序を規律する規範は当該国際秩序の中心国の国内規範の対外的反映であるという現状に対する大沼の危機感の現れであり、その文際的視点にもつながるものであるといえよう。

　他方、文化的視点に潜まれる問題性が警戒されるべきであっても、国際裁判の発展方向をどのように捉えるべきかが依然課題として残される。国際関係の現実を踏まえて構築される国際裁判は、諸国の裁判文化の発展にどのようにそしてどの程度影響されるのであるか。法の支配を支える中核としているような裁判文化は本当に普遍性をもつ価値であるかどうか。そして、その広がりはどのようなプロセスで実現され、また新しい国際裁判制度の構築にどの程度貢献するのであるか。ひいては、法の原則に基づいた重要かつ実効性のある紛争解決メカニズムは、自由民主の国家間においてのみ創設されうるものであるか[47]。

　これらの課題に関して、まず、国内の裁判文化と国際裁判の創設・受諾・利用との実際的関係を確認する必要があろう。これについて3点を指摘して

おきたい。第1に、国内社会における裁判制度の整備という近代国家の建設の一般的流れから見れば、国際裁判への途上国の合流は西側の裁判文化の普遍性を首肯する一面をもつ。しかし、裁判を中心とした法の支配や民主主義がそうした国々にとって追求するあるいは追求しなければならない方向であるかどうかは、必ずしも自明なことではない。少なくとも、近時の国際裁判への途上国の合流は、国内社会の法の支配や民主主義の進展を必要な条件としているわけではない。ICJに対するアフリカ諸国の立場の変化は、共産主義イデオロギーの崩壊に一定の要因を見出せるとはいえ、法の支配や民主主義の進展を背景にしたものであるとは説明しにくい。

　第2に、歴史および現実が教えるように、同質の裁判文化・文明をもつ国家の間でも、義務的裁判の価値は限られた分野においてのみ立証されたにすぎない。しかも、現象的に、法の支配や民主主義を完全に実現していない多くの国も同質的裁判文化の諸国の間に立証されたものと同様な分野で義務的裁判を受諾している。特に今日の国際社会には多様な文化・文明が存在する以上、同質的裁判文化・文明の諸国の間にいくら実効性のある国際裁判が構築されたとしても、国際秩序の形成には決定的な役割を演じることはできない。国際法規範および制度は、諸国の文化・文明の差をなくしてからではなく、その存在を前提にして機能しなければならないものである[48]。特定国や地域の裁判文化をもって国際裁判の輝かしい未来像を描き出すことはそもそも妥当ではないし、国際裁判への途上国の合流を不当に矮小化する危険性をも潜ませている。

　第3に、国際裁判制度の構築に関連する実証研究が示したように、地域的裁判機関の増加は、加盟国の利益の調和性と国内社会に見られる法制度や裁判制度の共通性にその原因を見出すことができる。政治、社会、経済および文化価値の一致は、そうした価値の保護を共通かつ常設の裁判機関に委ねることを支えている[49]。実効性のある国内裁判制度の存在は国際法規範の実施にとってだけでなく、一定の場合国際裁判の機能の展開にとっても重要な意義をもつ。近年ヨーロッパ人権条約への旧ソビエトや旧ユーゴから独立した諸国の加入はヨーロッパ人権裁判制度に大きな危機を招くこととなった。人権条約の国内実施を確保する法制度とりわけ裁判制度の不備が最大な原因

とされる。その意味で、人権規範や法の支配の価値だけ受諾したとしても、しっかりした国内裁判システムを持たなければ、その実効的実現は望めない。広くいえば、実効性のある国際裁判の展開は国内の裁判文化に大きく依存する一面をもつ。実効性のある国際裁判の構築に加わり貢献してゆくために、途上国は国際裁判の利用の経験を積むだけでなく、国内における裁判文化の受容・構築にも努力しなければならない。

　次に、理論上、国際裁判の今日的発展を真の普遍的価値の確立に向けた展開として捉え、その具体的なプロセスを適切に描き出すことが非常に重要である。これについて文際的視点が大変有益な示唆を提供するものである。

　文際的視点は、文明の複数存在に着目し、支配的文明の過大な影響力を制約するための視点である。その析出作業を通じて、国際法規範・制度における普遍性を、いったん懐疑し破壊した上で再構築しようとしているということである[50]。つまり、その目的は、現在の支配的発想をひとつの歴史的文明として捉え、それを他の諸々の歴史的文明と対比させることにより、これを相対化することによって新たな普遍性を探求することである[51]。特に、文際的視点はビジョンであると同時に、それを実現するための道のりを指し示す動態的思考の方法論でもある[52]。国家間利益対立の調整の最大難問に関して、国家間という場に限らず文際という場にも移らせ、新たな次元で挑戦しようとするものである。理想的とされる法規範・制度が追求されるためには、それに向けての利益調整が不可避的である。自らの文化・文明を精査し、納得した上でより高いレベルで普遍性のある法体系を作り上げていくことが必要となる。調整、納得と受容のプロセスをたどらなければならない[53]。

　このような視点で見た場合、途上国の合流を国際裁判という普遍的価値の形成に加わったひとつのプロセスとして捉えることが可能となる。まず、国内モデル思考とそれに対する批判で描かれる国際裁判の可能性と限界にとどまることなく、すべての国家が積極的に参加したこのプロセスの可能性と限界を国際的・文際的正当性から見出すことが重要である。国際裁判への途上国の合流は、途上国出身の裁判官の選出、途上国が参加して形成される法規範の積極的適用などで見られるように、既存の裁判制度の国際的・文際的調整あるいは裁判制度における国際的・文際的正当性の確保によって促された

ものである。そして、欧州裁判所のモデルとしての価値がWTOや海洋法条約の紛争解決メカニズムによって相対化されうるように、途上国の合流は普遍的価値の形成にとってもきわめて大きな意義をもつ。

また、普遍的価値の形成プロセスを自らの国内の法文化・文明に対する批判・反省・改善のプロセスと連動するものとして分析することも必要となってくる。WTOの紛争解決制度に関していえば、WTOへの加盟により、途上国の国内法制度の整備も大きな課題として認識されるようになっている。WTOの紛争解決メカニズムは世界経済における実力の不平等な分布を是正できるものではない。それだけでなく、実行を通して途上国にとってWTO紛争解決メカニズムの不利な点も明らかになっている。長期にわたる提訴プロセスに耐えるための経済力や対抗措置を確実に展開するための経済力で見られる実質的不平等、提訴に必要とされる法律専門家の不足、小委員会や上訴委員会で見られるWTO協定規範の解釈拡大傾向などが問題とされる。にもかかわらず、この制度は途上国の積極的参加の下で形成され、「弱小国に自らの権利を守るための最善の機会を与えるものである[54]」といえる。そのため、途上国はWTO規則の確実な履行を確保するための国内法整備を展開すると同時に、参加・関与を通してWTO規則とその紛争解決メカニズムの改善を図っていくべきである。

その意味で、文際的視点は、文化的視点で捉えた西側の裁判文化のモデル論の欠陥を超克する機能を有するだけでなく、国内モデル思考の批判の不足を補う一面ももつ。つまり、文際的視点を導入することにより、国際裁判に対する途上国の受諾・利用は、JenksやPetersmannが主張したように、西側の裁判文化・文明に立って教育または宣教された結果として受け取られるのではなく、自らの文化・文明に対する途上国の調整、創造、そして他の文化・文明に対する自覚的批判・受容の結果として理解されることとなる。こうした理解は、国際裁判への途上国の能動的合流という現実に合致するだけでなく、真の普遍的価値を国際裁判に吹き込むためにも重要である。

IV 結びに代えて

　国際裁判への途上国の合流は、紛争解決のメカニズムとしての国際裁判の普遍的価値に対する再確認において大きな意義をもつ。また、個別分野の義務的裁判の構築・受諾をも含めたこの合流により、国際裁判は国際秩序の構築にも必要な要素としての価値性を打ち立て、確かな新しい発展趨勢を得ることができた。

　こうした新しい動向を文化的に評価するに当たって、この小論で取り上げた大沼の国内モデル思考批判の視点と文際的視点は有益なものである。国内モデル思考の批判の視点から、国際裁判の役割に対する冷徹な分析が可能となり、法による平和や法の支配と国際社会の関係といった国際秩序の根本問題についてより適切な認識が得られた。国際裁判は、あくまでも国際社会の土壌・文化の中で捉えられるべきものである。そして、文際的視点は、西側の裁判文化を基礎にした単純な文化的視点よりも、途上国による国際裁判の受諾・利用を文化の側面から適切に捉えるための有益な分析手法である。

　国際裁判のさらなる発展を成し遂げるために、国内社会に近づく国際社会の側面を見極める必要がある一方、途上国を含むすべての国家が自らの裁判文化を国内秩序の維持という面だけでなく国際法の実効性の確保あるいは実効的国際裁判の確立という視点にたって調整し・見直しし・創造していく作業も欠かせない。こうした過程を通して、はじめて新たな国際的な裁判文化の創造が期待される。

〔注〕

(1)　途上国の概念は多義的であり、第三世界ともしばしば互換的に使われる。Mickelson, K., "Rhetoric and Rage: Third World Voices In International Legal Discourse," *Wisconsin International Law Journal,* Vol.16 (1998), pp.353-362. ここでは、とりあえず西側の裁判文化・文明に馴染みのない諸国あるいは非西欧の国々を指すものとして使う。尚、国際裁判に関連してなされた途上国の概念分析について、Romano, C.P.R., "International Justice and Developing Countries: A Quantitative Analysis," *The Law and Practice of International Courts and Tribunals,* Vol.1, No.2 (2002), pp.376-379.

(2) 本論稿において、文化と文明の概念とそれらの関連・相違について、国家や民族の伝承性のある支配的な思考・行動様式を文化とし、一国、一民族を超えた地域のそれを文明とする大沼の考えを用いたい。これについて、大沼保昭『人権、国家、文明―普遍主義的人権観から文際的人権観へ』(筑摩書房、1998年)、27-28、335-336頁。

(3) そうした考えおよびそれに対する批判的分析について、Anand, R.P., "Attitudes of the 'New' Asian African Countries Towards the International Court of Justice," in Snyder, F.E. and Sathirathai, S. (eds.), *Third World Attitudes Towards International Law* (1997), pp.162-177. また、太寿堂鼎「国際裁判の凋落とアジア・アフリカ諸国」『法学論叢』89巻6号 (1971年)、19-26頁。

(4) 多元化は、国際裁判機関の量的拡大だけでなく、義務的裁判の導入や個人など国家以外の法主体の訴訟資格の承認を含めた動きとして理解される必要がある。

(5) 杉原高嶺『国際司法裁判制度』(有斐閣、1996年)、162頁。Also, Bilder, R.B., "International Dispute Settlement and the Role of International Adjudication," in Damrosch, L.F. (ed.), *The International Court at a Crossroads* (1987), pp.163-166.

(6) 大沼保昭「国際法学の国内モデル思考―その起源、根拠そして問題性―」編集代表広部和也・田中忠『国際法と国内法―国際公益の展開―』(勁草書房、1991年)、57-82頁。

(7) 大沼、前掲書 (注2)、特にその第7章。

(8) 大沼は国際法学一般へのその適用性について確信をもち、それを用いて国際法学を論じる努力をも払い続けている。たとえば、Onuma, Y., "When was the Law of International Law Born?—An Inquiry of the History of International Law from an Intercivilizational Perspective," *Journal of the History of International Law*, Vol.2 (2000), p.1ff. また、大沼保昭『国際法:はじめて学ぶ人のための』(東信堂、2005年)、48-49頁。

(9) 国際裁判に対するアメリカの伝統的立場の分析について、Janis, M.W., *The American Tradition of International Law: Great Expectations 1789-1914* (2004)。

(10) Pinto, M.C.W., "The Prospects for International Arbitration: Inter-State Disputes," in Soons, A.H.A. (ed.), *International Arbitration: Past and Prospects* (1990), pp.70-71.

(11) Cory, H.M., *Compulsory Arbitration of International Disputes* (1932), p.4; Also, Manning, W.M., *Arbitration Treaties among the American Nations to the Close of the Year 1910* (1924).

(12) Anand, *supra* note 3, pp.164-165. これと同じように、Abi-Saab は、ICJ に対するアフリカ国の態度を主に3つの要素から理解すべきとした。つまり、植民地経験の性格、裁判所の歴史・構成・立場および国際法の性格である。Abi-Saab, G., "The International Court of Justice as a World Court," in Lowe, V., and Fitzmaurice, M. (eds.), *Fifty Years of the International Court of Justice* (1996), p.5.

(13) Lauterpacht や Kelsen はその代表人物である。Lauterpacht, H., *The Function of Law in the International Community* (1933), p.483; Kelsen, H., "Compulsory Adjudication of International Disputes," *AJIL*, Vol.37 (1943), p.397; Also see Kelsen, H., *Peace through Law* (1944).

⑭　Noyes, J.E., "The Function of Compromissory Clauses in U.S. Treaties," *Virginia Journal of International Law,* Vol.34 (1994), pp.879–880.

⑮　これについて、Stone, J., *Legal Controls of International Conflict: A Treatise on the Dynamics of Disputes and War–Law* (1954), pp.26–36。

⑯　奥脇（河西）直也「国際紛争の平和的解決と国際法」編集代表　寺沢一『国際法学の再構築（下）』（東京大学出版会、1978年）、51–105頁。なお、これに対する批判的評価について、最上敏樹「国際法における行為規範と裁判規範─国際法システムの脱仮想化のために─」国際法学会編『国際社会の法と政治』（三省堂、2001年）、103–107頁。

⑰　大沼、前掲論文（注6）、74–77頁。

⑱　大沼は、国際連盟や国際連合といった一般的国際組織とともに、近代の国内社会を範型として国際社会の「発達」「発展」を目指す動きとして、まず国際裁判管轄権の義務化、制度化の試みを取り上げた。同上論文、68–69頁。

⑲　Onuma, Y., "The ICJ: An Emperor Without Clothes? International Conflict Resolution, Article 38 of the ICJ Statute and the Sources of International Law," in Ando, N. *et al.* (eds.), *Liber Amicorum Judge Shigeru Oda* (2002), pp.195–199。また、大沼、前掲書（注2）、61–68頁。

⑳　Onuma Y., "International Law in and with International Politics: The Functions of International Law in International Society," *EJIL*, Vol.14 (2003), pp.128–130.

㉑　大沼、前掲書（注2）、64–66、516–517頁。

㉒　最上、前掲論文（注16）、120頁。

㉓　法の支配の改革に関する途上国の一般動向および直面する課題について、Ofosu-Amaah, W.P., "Legal and Judicial Reform in Developing Countries: Reflections on World Bank Experience," *Law and Business Review of the Americas*, Vol.8 (2002), pp.572–580; Daniels, R.J. and Trebilcock, M., "The Political Economy of Rule of Law Reform in Developing Countries," *Michigan Journal of International Law*, Vol.26 (2004), p.99ff.

㉔　See, Annual Reports of ICJ to the General Assembly (1 August 2004—31 July 2005), p.18.

㉕　Romano, *supra* note 1, p.372.

㉖　*Ibid.*, pp.379-385。もちろん、ICJの利用における途上国の間のばらつきも認識される必要がある。カリブ、太平洋、中央と東南アジア、中東のほとんど国および大多数のアフリカ諸国が依然国際裁判を利用した経験をもたないと指摘される。Romano, C.P.R., "International Justice and Developing Countries (Continued): A Quantitative Analysis," *The Law and Practice of International Courts and Tribunals*, Vol.1, No.3 (2002), p.610.

㉗　その試みに関して、PCIJの管轄権をめぐる議論や1928年国際紛争平和的解決議定書の実際を見れば容易に理解できよう。

㉘　そうした問題の分析について、Pham, H.T., "Developing Countries and the WTO: The Need for More Mediation in the DSU," *Harvard Negotiation Law Review*, Vol.9 (2004), pp.341–360.

㉙　ただ、その国内法整備の現状から、WTOの紛争処理機構の決定は中国におい

て遵守されないではないかと疑問を投げかけた観点について、Duncan, C., "Out of Conformity: China's Capacity to Implement World Trade Organization Dispute Settlement Body Decisions after Accession," *American University International Law Review*, Vol.18 (2002), pp.472-486.

(30) 国際司法裁判に対する中国の立場の変化について、管建軍「国際法院的"復興"和我国的対策」『法学』(1996年第4期)、11頁。王虎華「論我国和平解決国際争端的理論与実践」『河南師範大学学報 (哲学社会科学版)』(2002年第29巻4期)、31頁。

(31) たとえば、CIS における経済裁判所の創設である。これについて、Danilenko, G.M., "The Economic Court of the Commonwealth of Independent States," *New York University Journal of International Law and Politics*, Vol.31 (1999), pp.893-916.

(32) アフリカにおける国際司法裁判の創設の動きに対する批判的検討について、Udombana, N.J., "An African Human Rights Court and an African Union Court: A Needful Duality or a Needless Duplication?" *Brooklyn Journal of International Law*, Vol.28 (2003), p.811ff.

(33) 今のところ、アジア地域において様々な国際組織・レジームが存在するが、国際裁判を用いた紛争解決手続きを採用したものは存在しない。その原因を文化的側面から探る発想も多く見られる。これについて、Taylor, V. and Pryles, M.C., "The Culture of Dispute Resolution in Asia," in Pryles, M.C. (ed.), *Dispute Resolution in Asia* (1997), pp.1-24。

(34) Romano, *supra* note 26, p.610.

(35) Jenks, W., *The Common Law of Mankind* (1958), pp.62-172.

(36) *Ibid.*, pp.87-91.

(37) ハーグ平和会議、PCIJ や ICJ の創設過程における義務的裁判をめぐる意見対立に関して、杉原、前掲書 (注5)、15-16、34-38、111-113頁。

(38) Stone, J., *Of Law and Nations: Between Power Politics and Human Hopes* (1974), pp.56-57.

(39) たとえば、Romano は、国際裁判機関の多元化に関して、以下の3つ相互関連の要素をあげている。第1に、二極対立の終焉と多国主義の到来、第2に、国際関係に関するマルクス・レーニン主義的解釈の放棄、第3に、最も重要な点として、資本主義、市場経済および自由貿易の理念が持続的な経済発展にとって唯一可能な方法であるという事実である。Romano, C.P.R., "The Proliferation of International Judicial Bodies: the Pieces of the Puzzle," *New York University Journal of International Law and Politics*, Vol.31 (1999), p.729. また、ICJ に対する途上国の立場の変化に関して、Munya, P.M., "The International Court of Justice and Peaceful Settlement of African Disputes: Problems, Challenges and Prospects," *Journal of International Law and Practice*, Vol.7 (1998), pp.174-176。

(40) そうした動向の分析について、伊藤一頼「市場経済の世界化と法秩序の多元化―グ

ローバル部分システムの形成とその立憲化をめぐる議論の動向―」『社会科学研究』57巻1号 (2005年)、9-37頁。

(41) そうした理論的取り組みについて、Goldstein, J.L. *et al.* (eds.), *Legalization and World Politics* (2001)。

(42) Alvarez, J.E., "The New Dispute Settlers: (Half) Truths and Consequences," *Texas International Law Journal*, Vol.38 (2003), pp.407-408.

(43) Brierly, J.L., "The Essential Nature of International Disputes," *Virginia Law Review*, Vol.16 (1930), p.539.

(44) 大沼、前掲書 (注8)、522頁。

(45) Petersmann, E-U., "Dispute Settlement in International Economic Law―Lessons for Strengthening International Dispute Settlement in Non-Economic Areas," *JIEL*, Vol.2 (1999), p.189ff.; *ibid*., "Constitutionalism and International Adjudication: How to Constitutionalize the U.N. Dispute Settlement System?," *New York University Journal of International Law and Politics*, Vol.31 (1999), p.753ff.

(46) 大沼、前掲論文 (注6)、74頁。

(47) これを肯定的に捉えた考えについて、Sullivan, D.S., "Effective International Dispute Settlement Mechanisms and the Necessary Condition of Liberal Democracy," *Georgetown Law Journal*, Vol.81 (1993), pp.2369-2370。

(48) Weil, P., *Le droit international en quete de son identite, RCADI*, Vol.237 (1992-VI), p.87.

(49) ヨーロッパ人権裁判所や米州人権裁判所の権限の確立に関して、共通の歴史、宗教、文化および価値観に基づいた信念が大きな要素となっていると、安藤は指摘した。Ando, N., "The Future of Monitoring Bodies―Limitations and Possibilities of the Human Rights Committee," *Canadian Human Rights Yearbook* (1991-1992), pp.171-172.

(50) こうした評価について、最上、前掲論文 (注16)、117-118頁。

(51) 大沼、前掲書 (注2)、336-337頁。

(52) 国際社会の動態的過程と文際的視点について、大沼、前掲書 (注8)、46-49頁。

(53) 大沼、前掲書 (注2)、332-337頁。

(54) WTO事務総長の言葉。WTO, Press/180 (5 June 2000).

国際司法裁判所の紛争解決機能に関する一試論

河野　真理子

　国連憲章と国際司法裁判所 (ICJ) 規程によって設けられている制度では、ICJ の判決に拘束力と終局性が認められており、その履行確保のために安全保障理事会の手続の利用が予定されている。ICJ の判決は国連唯一の司法機関としての権威を持つことが期待される。しかし、これまでの ICJ の判決の歴史を見ると、その判決は必ずしも常に履行されてきたわけではないし、また不履行の事例で安全保障理事会の制裁措置が有効に機能してきたわけでもない。その意味で ICJ の判決を得るということそれ自体が必ず紛争の解決の終結点となるとはいえないのではないだろうか。ロゼンヌは、ICJ の判決は、その履行をめぐる政治的プロセスの開始である[1]と指摘した。さらに、同じ著書の新版では、また ICJ の判決後はその履行確保の問題と不履行があった場合のその結果という2つの側面があると指摘し[2]、判決の履行後の政治的なプロセスと判決履行に関する国家の義務の性質について大幅に議論を増やして論じている。ロゼンヌの著書の議論の背景には、政治的な状況の複雑さの故に判決の不履行の例が増加していることへの懸念があると考えられる[3]。ICJ の判決の履行の過程には、紛争当事国を取り巻く政治的な状況が大きく影響するのであり、それをどのように評価し、自国の対応を決定するかという各当事国の政策的な判断が重要な役割を果たすと考えられる。したがって、訴訟に敗訴した側の国家の意思や判決後の当事国間の関係が判決の履行の実現の鍵となるのであり、その意味で、ICJ の判決は、制度上終局的であるものの、実際には紛争解決過程の1つの段階と位置づけられるべきではないかと思われる。

　ICJ の判決にそのような相対的な位置づけを与えることができるとすれば、その紛争解決機能として、別の側面にも注目しなければならないといえるの

ではないか。それは、判決という方法とは別の方法で、ICJ が紛争解決過程に貢献してきた事例での司法機関としての役割である。特に ICJ が拘束力ある判決の主文以外の部分で、当事国間の紛争解決のための交渉を勧告、あるいは促進することを試みる事例や ICJ に紛争が付託されたにもかかわらず、訴訟の取り下げ申請が行われた事例での ICJ の役割がこれにあたる。ICJ が当事国間での紛争解決に向けての交渉を勧告したり、他の様々な方法で当事国に紛争解決に向けた働きかけを行ったりする事例が見られることは、紛争解決過程の中で ICJ が積極的に当事国間の関係改善に寄与しようとする試みと評価できるのではないだろうか。また、当事国間の交渉による紛争の最終的解決が訴訟の取り下げ理由となる事例を見ると、ICJ は裁判手続の外で当事国間で自主的に紛争が解決されることを歓迎しているように思われる。こうした判決以外の形での ICJ の紛争解決過程への関わり方は、紛争解決過程全体の中での相対的な ICJ の役割を考える上で、重要な意味を持つのではないだろうか。

　本稿では、主として1980年代以降の事例に注目しつつ、ICJ の紛争解決プロセスへの貢献のあり方、および紛争解決に関する ICJ と紛争当事国の関係を検討することとする。

I　判決の履行における当事国の対応

　ICJ の判決が出された後の当事国の対応は、当事国が自らの判断で判決を履行する場合と両当事国が判決の内容を基礎として紛争解決のための交渉を行い、合意に達する場合がある。

1　当事国の判断による判決の履行

(1) 判決の受諾の意思の表明

　領域や境界画定に関する紛争では、ICJ の判決後、紛争当事国がその判決を受け入れ、履行する旨の声明を出すことにより、判決が履行される場合がある。

カタールとバーレーンの境界画定事件でICJは、島と低潮高地に対する主権の帰属を決定し、バーレーンが主権を持つと判断したハワール島と他のバーレーン領の島の間のバーレーンの領海におけるカタールの無害通航権を認め、さらに両国間の海洋境界を画定する判決を出した[4]。この事例では判決後、両国政府がこの判決を歓迎し、この紛争解決が両国間の経済関係を強化する結果になったと裁判所に通告した[5]。

リビアとチャドの境界画定事件では、両当事国はそれぞれの当事国の領土の範囲を決定することを裁判所に求めた[6]。これに対しICJは両国間の境界を画定する判決を示した[7]。この判決はリビアにとって不利な内容であった。この判決については、1994年2月3日の判決後、5月4日に、安保理がこの判決の両国による履行を援助する旨の決議を採択した。その後、リビアはこの判決に完全に従うとの意思を表明し、問題の地域から軍隊を撤退させ、また行政権も引き上げさせた。こうしたリビアの対応により、長年にわたり、両国間の関係を悪化させ、地域の安定を害し、武力衝突の原因ともなってきた、国境紛争が最終的に解決されることとなった[8]。ただし、このような解決には、ICJの判決の履行に関して国連の安保理の決議が出された初めての事例であるという事情も大きな意味を持っていたとされる[9]。

紛争当事国間の関係が比較的密接なカタールとバーレーンの場合は、判決を両当事国が共同で受諾したが、リビアとチャドの間の紛争のように、実質上リビアが係争地域を支配していた事例では、国連の安保理の決議などの国際組織の働きかけも判決の自主的な履行の実現に大きな効果を持つことがわかる。

(2) 国内法制度の改正

国内法制度に関する紛争がICJに付託され、その結果、敗訴した国家が問題になった自国の国内法の改正を行う事例は、領域紛争とは別の性格を持つ。すなわち、領域紛争のように、当事国が当該判決を受諾する意思の表明を行うだけでなく、敗訴した国家が自国の国内法上の措置を採ることで、国内法制度を改正することになるからである。それは、国際的な裁判所の判断が国内法制度に直接影響を与えることを意味し、権限の分立を原則としている国家にとっては、しばしば、困難を伴うことになる。

この種の事例にあたる例として、2000年4月11日の逮捕状事件とアヴェナ他メキシコ国民事件をあげることができる。

　2000年4月14日の逮捕状事件では、コンゴ民主共和国（以下、コンゴ）がベルギーに対する訴訟を提起し、同時に仮保全措置を要請した。裁判所は、2000年12月8日の仮保全措置命令で、緊急性がないとの理由で、要請を退けた[10]。その後、先決的抗弁と本案を併合して裁判手続が進められ、2002年2月14日に判決が出された。この判決で裁判所は、まずイェロディアに対するベルギーの逮捕状の発給とその国際的な回覧は現職の外務大臣が国際法上享受している刑事管轄権の免除と不可侵権を尊重していないので、国際法に違反するとした。そしてその結果として、ベルギーは自らが選択する方法により、逮捕状を取り消し、その旨を逮捕状が回覧された国に通知しなければならないとした[11]。

　この判決の履行には2つの側面があるといえる。1つは、イェロディアに対して国際法に違反して発給された逮捕状の取り消し、もう1つは、そのような国際法違反の原因になったベルギーの国内法の是正の問題である。

　まず、逮捕状の取り消しについては、ベルギー政府は逮捕状を取り消す決定を判決の翌日に行い、その旨、逮捕状を回覧した各国に通知した。また、ベルギー政府はこれ以降、外国政府の要人に対する逮捕状の発給を行わない意思を表明した[12]。

　ただし、判決当時、すでに開始されていたイェロディアに関する刑事訴訟手続はその後も中断せず、最高裁判所の判決まで継続した。2002年4月16日、控訴院は免除原則やICJの判決を理由とするのではなく、被疑者がベルギー領域内に滞在していないことを理由としてベルギーの裁判所ではイェロディアの訴追ができないと判断した。これに対し、2002年11月20日、破棄院は、控訴院判決に再考を求めるとして事件を差し戻した[13]。

　ベルギーの国内法の改正については、1999年に改正された1993年法の規定に問題があり、改正すべきであることをベルギー政府自身が認めた[14]。ベルギーはその後1993年法の再度の改正を行い、それにより、外国人がその本国の国家機関としての地位を持つことにより享受する免除は国際法の下で確立している制限の範囲で、この法律の適用を妨げない（改正4条）という

免除原則についての規定を置くとともに、ベルギーの領域や国民と関係がなく、容疑者不在の場合でも、集団殺害、戦争犯罪、人道に対する罪についてベルギーが刑事管轄権を行使する可能性を残しつつ、ICCや法廷地としてより適切な他国への請求権の移転の可能性を認める制度（改正5条）に改正された。このことにより、この事件で問題になったような免除特権を享受する外国の国家機関の地位にあるものについての逮捕状の発給が困難になった[15]。ただし、改正4条に規定される「国際法上の制限」によって免除特権が認められない場合とは何かについては将来的に議論となる可能性があるだろう。

アヴェナ他メキシコ人事件では、ブレアード事件、ラグラン事件に続いて、米国の領事通報義務の不履行が訴訟の主題となった。裁判所は本案判決で、メキシコが米国の国際法違反を論じた53人の被告のうち、49人について、米国の国際法上の義務違反を認めた。裁判所はこの義務違反に対する賠償として、メキシコ人が領事通報を受ける権利を認められることなく厳罰の判決を受けた場合、米国が選択する方法により、領事関係条約の義務違反があったことを十分に考慮した上で判決の再審査または再検討が行われることが本件での適切な賠償であると述べた[16]。

ブレアード事件では、ICJが死刑の執行の停止を命令する仮保全措置を出した後、ブレアードとパラグアイが領事関係条約36条の義務の不履行を理由として連邦最高裁判所に死刑の執行停止の訴えを出したが、却下され、またヴァージニア州知事も死刑の執行停止に同意しなかったため、ブレアードの死刑は執行された。しかし、その後米国はパラグアイに対して陳謝を行い、領事通報義務の履行のための措置を採る意思を表明した[17]。このため、パラグアイが訴訟の取り下げを申請し、裁判所はこれを容認した[18]。またラグラン事件では、ラグラン兄弟の死刑の執行後に本案判決が出された。米国の国際法違反が認定され、ドイツ人で領事通報義務違反があって厳罰の判決を受けた者について米国は自らが選択する方法により、領事関係条約の違反があったことを考慮して、判決を再審査しなければならないとの判決ではあったが、ラグラン兄弟についての判決の再審査はできない状態となっていた[19]。このため、領事通報義務に違反して重大な刑罰に処せられた者が判決の履行過程の中でどのように扱われるべきかについて、具体的な問題は生

じなかった。しかし、アヴェナ他メキシコ国民事件では、領事通報義務の違反が問題となった訴訟が継続中のものであったり、判決が確定していた場合でも仮保全措置命令後に死刑が執行された者がなかったりしたので、判決の再審査が実際に可能だったのである。さらに本件で興味深いのは、裁判所が本件判決はメキシコが付託した紛争に関するものであることを認めつつ、その事実によって、米国で同じ状況にあるメキシコ国民以外の外国人について本件判決の裁判所の判断が適用されないということを意味しないということを明文で確認した点である[20]。

　判決のすぐ後に、ICJでの訴訟で取り上げられたメキシコ国民の1人である、トーレスがオクラホマ州で有罪判決に対する非常救済手続 (post-conviction relief) のための訴訟を提起した。彼は5月18日に予定されていた死刑の執行停止と領事関係条約36条の違反が彼に不利益をもたらしたか否かについての審問を請求した。2004年5月13日、オクラホマ州の最高裁にあたる、オクラホマ刑事控訴院はトーレスの人身保護請求についての命令を出し、トーレスの請求を認めた。また、同じ日に、オクラホマ州知事がトーレスの死刑を仮釈放のない終身刑に切り替える命令を出した[21]。この命令は、ICJの判決後、判決の再審査が行われ、刑罰が見直された最初の事例となった。

　米国では刑事手続の主要な部分が州権限の下にあり、外交を担う国務省の権限とは独立していることが、ICJの判決の国内での履行を困難にしていた。しかし、トーレスに関する刑事控訴院での請求手続のさなか、国際法の専門家と元外交官が裁判所に書簡を送り、彼の請求を支持するとした。さらに、大統領もICJの判決を履行すべきであるとの見解を示した[22]。また、ブッシュ大統領が2005年2月28日の司法長官への覚書でICJの判決を履行するよう要請した。このブッシュ大統領の覚書については大統領が州政府にICJ判決の履行を要請する権限があるか否かについて疑問を唱える見解も見られた[23]。領事関係条約36条違反を理由とした上訴可能証明書の申請訴訟や人身保護令状の請求訴訟が提起されているが、訴えが却下される例もある[24]。したがって、ICJの判決があったことが直接にすべての判決の修正につながったわけではない。メキシコは、こうした状況を受けて、2008年6月5日に、メキシコは2004年判決の主文のうち、「米国が自国の選択する方法で判決を再

審査することが適切な賠償である」とした部分についての解釈請求を行い、同時に2008年8月5日に死刑の執行が決まっているメデリン、他4名の死刑の執行を本案判決まで停止する仮保全措置命令を申請した。裁判所は、5名の死刑執行の停止と、この命令の履行のために米国がとった措置を裁判所に報告することを求める仮保全措置命令を出した[25]。

　2004年4月14日の逮捕状事件とラグラン事件、アヴェナ他メキシコ国民事件では、いずれもICJの判決が、敗訴した国に判決の履行のための方法に選択の自由を認めている。これを受けて、ベルギーや米国が自国の国内法制度が国際法に違反すると判断されたことの国際的な意味をどのように受け止めたかが、判決の履行の鍵となったといえる。特にアヴェナ他メキシコ国民事件の場合は、ラグラン事件以降、米国が領事通報義務を遵守するための国内的な措置をとったにもかかわらず、それが不十分であると評価されたのであり、米国はより具体的な対応を実施することが必要となった。しかも再審査の手続によっても、メキシコとメキシコ国民の主張がすべて、認められたわけではない。このことが、メキシコの解釈請求につながったといえる。

2　判決を基礎とした交渉による紛争解決

　領域紛争に関する判決では、前節で検討したような、判決そのものを当事国が受け入れ、履行したことにより、両国間の紛争が解決された場合もあるが、ICJの判決を基礎として、当事国間の交渉が行われ、紛争解決が実現する場合もある。とくに境界画定に関する紛争の場合、むしろ、そのような事例の方が数としては多い。

　カメルーン対ナイジェリア事件では、1994年3月29日にカメルーンがバカシ半島に対する主権の帰属と両国の沖合の海洋境界画定に関する紛争をICJに付託し、その後同年6月6日にチャド湖周辺地域の境界画定に関する紛争を追加したので、広範な論点が紛争主題となった[26]。ICJは本案判決で、境界画定についての判断を示すと同時に、裁判所が決定した境界に従って、両国が行政権や軍隊を撤退させること、およびバカシ半島のカメルーン領に居住するナイジェリア人の保護を命令した[27]。

　裁判所の判決の中で、特に両国間で相違が残ったのは、バカシ半島の帰属

の問題であった。ICJ は、バカシ半島がカメルーンに帰属すると判断したが、ここには多くのナイジェリア人が居住していたために、紛争が残ることになったのである。こうした事情から、両当事国は、判決後に両国の大統領が国連事務総長に、この判決の平和的履行のためのカメルーン＝ナイジェリア混合委員会の設立を依頼し、これが実現した。混合委員会の任務は、第1に、両国の国民が害される利益の保護のために必要な条件を含む、判決のすべての意味を検討すること、第2に、両国の領土の境界画定を行うことであった[28]。2003年12月に行政機関、軍隊、警察がチャド湖周辺地域から撤退したことはICJ の判決の履行プロセスで重要な意味を持つ混合委員会の成果と受け取られた[29]。両当事国はまた、政治的、経済的な信頼関係の構築のための措置をとり、友好・不可侵条約の締結の検討を始めた。こうした努力によって、ICJ の判決を基礎とした友好関係の構築と紛争予防への道が開かれたと評価されている[30]。以上のような両国間の関係改善は、境界紛争の最終的な解決につながり、陸の境界については、2006年6月12日両国間でグリーンツリー合意が締結され、海洋境界については、2007年5月11日に混合委員会で合意が締結された[31]。この事例はICJ の判決の履行確保のために国連が積極的に関与した結果、真の紛争解決が実現したと評価できるだろう。

カシキリ・セドゥドゥ島事件では、裁判所はカシキリ・セドゥドゥ島の北側の水路を主要水路と判断して、両国間の境界を決定した。また、島周辺の2つの水路においては、両国の国民と船舶が等しく内国民待遇を受けるとの判断も示された[32]。この判決はナミビアにとって不利な内容であったが、ナミビアの大統領はこれに従うとの意思を表明した。これを受けて、ボツワナの大統領も、これを歓迎する意思を表明し、紛争の平和的解決は両当事国の勝利であると述べた。これらの声明は事件の主題となった紛争だけでなく両国間の国境紛争全体が友好的に解決されるとの期待につながった[33]。実際に、この両国の大統領声明後、交渉が行われ、2003年3月7日、チョーブ川だけでなく、クワンド (Kwando) 川、リンヤティ (Linyati) 川に関する国境紛争すべてについて、両国間の合意による境界画定が実現した[34]。

ヤン・マイエン島事件で、デンマークがノルウェーを相手として提起した紛争は、ヤン・マイエン島とグリーンランドの間の海洋境界の画定という限

定された内容であった。しかし、この事件の背景には、ICJ での訴訟の当事国間の限定的な紛争だけでなく、アイスランドも含んだより広い海域についての漁業資源の配分に関する紛争があったことは忘れられてはならない。

裁判所は1993年6月14日の判決で、当事国の要請に従い、単一の海洋境界線を示した(35)。この判決後、1995年12月18日に、デンマークとノルウェーとの間で、判決を履行するための協定が締結された。判決そのものは付託された紛争の主題のみに答える内容であったが、1995年の紛争解決のための協定には、裁判所の判決を補うための若干の点も含まれており、その後のアイスランドをも含めた関係国間の交渉の基礎となった。1997年11月11日に、デンマークとアイスランド、デンマークとノルウェー、アイスランドとノルウェーを当事国とする3つの二国間協定が締結され、200カイリの排他的経済水域のストラドリング魚種 (capelin resources) の資源管理についての合意も達成された(36)。この合意は、ICJ に付託された紛争の背景にあるより大きな紛争全体を解決するものとなった。

ブルキナ・ファソとマリの間の国境紛争では、特別合意1条に掲げられた両国間の国境が何かという点が紛争主題となった(37)。1986年12月22日の特別裁判部の判決で、国境の位置が示された(38)。この判決を受けて、両当事国はこの判決を受け入れ、残りの少しの部分の調整について、両当事国で交渉するとの書簡を特別裁判部に送付した(39)。なお、両当事国の特別合意では特別裁判部に対して、判決の中で両国が国境の画定を行うことを援助する専門家3名を任命することについての要請もあり、裁判所はこれを別途、命令の形で行った(40)。その後、専門家の活用や国際組織 (国連、OAU) の援助によって、紛争が最終的に解決された。この紛争では ICJ の判決が当事国間の紛争解決に大きく貢献したと評価されている(41)。

リビア／マルタ、チュニジア／リビアの大陸棚事件では、それぞれの両国間に特別合意で、それぞれの間の大陸棚の境界画定に適用されるべき国際法の原則および規則は何か、また、それを適用するための方法は何かについて裁判所の判断が求められた(42)。これに対し、ICJ の判決は大陸棚の境界画定に適用されるべき国際法の原則および規則についての判断にとどまらず、具体的な境界についての判断に踏み込んだ内容となった(43)。

1986年11月10日にリビア、マルタ間、1988年8月8日にチュニジア、リビア間で判決の履行のための協定が締結された[44]。また、チュニジアとリビアについては大陸棚の石油と天然ガスの開発が、リビア＝チュニジア共同石油会社によって行われることになった[45]。

メイン湾の境界画定事件では、米国とカナダの特別合意で、単一の海洋境界を示すよう要請があり[46]、裁判所はこれに応えた[47]。判決の内容は、ニューイングランドの漁業産業に関して、米国側に損失をもたらすことが予測される内容であった。両当事国はこの判決を受け入れる意思を示した。しかし、1984年12月11日に米国が判決の履行の1年間の停止を提案したのに対し、カナダがこれを拒否し、判決の履行をめぐって紛争が続くこととなった。1990年9月26日に締結され、1991年12月16日に発効した漁業執行協定 (Agreement on Fisheries Enforcement) により、両国間の合意が達成された[48]。

3　紛争解決過程全体における判決の位置づけ

これらの事例を見ると、ICJ の判決はその履行をめぐる政治的プロセスの出発点であるというロゼンヌの指摘の意味がよくわかる。

当事国にとって ICJ の判決は、それ自体を無条件に受け入れるべきものと評価されるではなく、判決後の当事国の紛争解決に向けての交渉の基礎となっている。さらに、ICJ の判決で結論が出された論点が限定的なものであっても、それが当事国間の紛争解決過程全体に貢献する可能性があるといえるのである。当事国間の関係が良好な場合や独立した交渉を行うことが可能な場合は、直接交渉によって、判決の履行を含めた紛争解決が実現される。また、当事国間のみの交渉では判決に十分な意義を持たせることができないことが予想される場合には、国際組織がその交渉に積極的に関与することも有効な紛争解決を得るための1つの方法であるといえよう。特に係争地域に武力紛争が生じている場合には、国連の助力が重要な意味を持つのであり、ICJ の判決は主要な司法機関としてその紛争解決過程に寄与するものと評価されるべきである。

II　ICJでの手続と並行する当事国間の交渉

　ICJに紛争が付託されたとしても、そのことによって、当事国が紛争に関する交渉を並行的に進めることが妨げられるわけではない。ICJが当事国に紛争の解決のための交渉を勧告したり、その便宜をはかったりする場合もあるし、またICJへの紛争の付託そのものが当時国間の関係に影響をあたえ、当事国間の自主的な交渉などを促進する場合や紛争の付託により他の関係国が紛争解決に関与する例も見られる。

1　ICJの交渉勧告

　ICJに付託された紛争で、ICJの交渉勧告に応じて当事国間で紛争解決が実現した代表的な事例として、グレート・ベルトの通航権事件とギニア＝ビサウ対セネガルの海洋境界画定事件をあげることができる[49]。

　グレート・ベルトの通航権事件は、1991年5月17日にフィンランドがデンマークに対する訴訟を提起したものである。紛争の主題は、デンマークのグレート・ベルトにまたがる橋の建設計画の違法性に関するものであった。ICJは1991年7月29日の仮保全措置命令で、本件の状況は仮保全措置を要するものではないとして、この要請を却下する[50]とともに、当事国間の関係に鑑み、紛争解決のための交渉を行うことを歓迎するとした[51]。フィンランドとデンマークはこの勧告を受けて、本案に関する口頭弁論の数日前にフィンランドが訴訟の取り下げを申請し、デンマークもこれに異存がない旨の意思表示を行った[52]。ICJは1992年9月10日の命令で訴訟と取り下げを容認し、本件は総件名簿から削除された[53]。

　ギニア＝ビサウ対セネガルの海洋境界画定事件も裁判所の判決の理由の部分に示された当事国間の交渉による紛争解決についての勧告が示され、これが有効に機能した事例である。この事件では、1991年3月21日、ギニア＝ビサウがセネガルに対する訴訟を提起した。これに先だつ1989年8月23日、ギニア＝ビサウは、同年7月31日に出された仲裁判決の有効性に関するセネガルとの間の紛争をICJに付託し、この訴訟が継続中であった。ギニア＝ビ

サウは紛争付託の際の請求訴状で、この1989年7月31日の仲裁判決事件(1991年11月12日判決)に言及した。両当事国は1991年4月5日の裁判所長と両当事国の会議で、1989年の仲裁判決事件の判決まで手続を進行させないことに同意した(54)。

その後11月12日に出された1989年7月31日の仲裁判決事件で、裁判所は仲裁判決の有効性を認める判決を出した。その際、ICJ は、判決理由の最後で、両当事国が自ら望むように、できる限り速やかに紛争が解決されることを望むという文言で、両当事国による交渉の勧告を行った(55)。

1992年2月28日の裁判所長と両当事国の会議で、当事国間で海洋境界画定のための努力が行われている間、書面提出の締め切りを設定しないよう、当事国自身が ICJ に要請した。こうした要請の背景には、この時点で当事国間の交渉がある程度の進展を見せていたことがあり、裁判所もそれを理解して、当事国間の紛争解決に時間的猶予を与えていたと考えられる。1994年3月10日の両当事国からの書簡で、1993年10月14日に、両国間の経営と協力に関する協定が締結され、両国間の海洋領域についての共同開発協定とそのための機構を設置することが決まった旨が ICJ に通知された。これを受けて、裁判所長は1994年3月16日の書簡で、両当事国間の紛争解決に満足している旨を伝え、訴訟の取り下げ申請を行うよう勧告した。1995年11月2日のギニア゠ビサウからの書簡で、両当事国の合意により紛争が解決されたことを理由に、訴訟の取り下げが申請された(56)。裁判所は1995年11月8日の命令で訴訟取り下げの申請を認めた(57)。

2　当事国間の交渉における ICJ の交渉勧告の意義

グレート・ベルトの通航権事件やギニア゠ビサウ対セネガルの海洋境界に関する紛争事件の経緯を受けての1989年7月31日の仲裁判決事件の交渉勧告は、命令や判決の主文の中ではなく、理由の最後の部分に位置しているので、命令や判決として当事国に対する拘束力はない。しかし当事国が自主的にその勧告に応じる意思がある場合には、本案判決がなくとも両当事国間の紛争解決が実現する。裁判所が交渉を勧告する場合は、裁判所は当事者の関係を慎重に評価していると考えられる。グレート・ベルトの通航権事件では、

裁判所に付託されている限定的な紛争を除けば、両当事国の間の関係は、友好的であることは明らかであった。また、ギニア＝ビサウ対セネガルの海洋境界画定事件では、当事国自身が手続の進行過程で、裁判所に対して、両国間の交渉が進展しているという情報を提供していた。こうした情報提供があったが故に、裁判所は当事国間の交渉の進展を勘案し、その進展が紛争の最終的解決につながることを意識しつつ、両当事国への働きかけを行っていたと考えられる。こうした裁判所の勧告の機能は、判決のような拘束力を持つものではないが、ICJが当事国間の紛争の最終的解決に実質的に貢献する方法の1つと評価できるのではないだろうか。ICJがこのような機能を有効に果たすためには、当事国間の関係の的確な把握と、それぞれの過程でどのような働きかけが必要かについての政治的な判断が求められることになる。

Ⅲ 当事国間の紛争解決を理由とする訴訟の取り下げ

ICJへの紛争の付託後、本案に関する判決が出されなくとも、紛争付託後に当事国間で紛争が解決される場合や、ICJへの紛争付託が政治的な意味を持つ場合がある。

前節で検討した事例は、ICJがその紛争に管轄権を持たないと判断したものであるが、ICJでの訴訟の継続が可能な場合でも、当事国間で交渉が進み、当事国から訴訟の取り下げ申請がなされる事例も多く見られるのである[58]。

1 訴訟の取り下げ申請

ロッカビー事件は1992年3月3日にリビアが英国と米国に対する訴訟を提起したものである。同時に仮保全措置指示の要請も行われた。1992年4月14日の仮保全措置命令では、そのような措置を要する状況はないとの理由で要請が却下された[59]。その後1998年2月27日の先決的抗弁に関する判決で英国と米国の先決的抗弁が退けられ、裁判所はこの事件についての本案を扱う予定となっていた[60]。1999年2月14日、リビア、英国、米国、オランダの間で、オランダにスコットランド法上の裁判所を設置し、容疑者の裁判が行われる

ことで合意が成立した[61]。1999年4月5日、リビアはこの裁判所に容疑者を引渡し、審理が開始された。2001年1月31日の第一審判決で、2人の容疑者のうち1人は実質的な終身刑に相当する懲役刑、もう1人に無罪の判決が出た[62]。2003年8月には、リビアが事件の被害者の賠償の支払いにも応じた[63]こともあり、9月10日、リビアと英国、リビアと米国が訴訟の取り下げに合意したと裁判所に通告した。これを受けて、同日の命令で、ICJ は訴訟取り下げを容認し、本件は総件名簿から削除された[64]。

　ナウル燐鉱地事件では、1989年5月19日、ナウルがオーストラリアに対する訴訟を提起した。1992年6月26日の管轄権判決で、ICJ は本件についての管轄権を認容した[65]。この判決以降、関係国間での交渉が進展し、信託統治が行われている間、オーストラリア、英国、ニュージーランドがナウルの行政に関する請求を ICJ や他の国際裁判所に提起しないことをナウルが約束した。これにより本件の当事国は紛争が解決したとして、1993年8月に当事国間で本件の訴訟取り下げについての合意が達成され、9月9日に共同でその旨を裁判所に通告した。ICJ は9月13日の命令により訴訟取り下げ申請を容認し、本件は総件名簿から削除された[66]。

　1988年7月3日の航空機事故事件では、1989年5月17日にイランが米国に対する訴訟を提起した。この事件においては、1994年9月12日から口頭弁論が開始される予定だったが、1994年8月8日の両当事国からの共同書簡により、その延期が要請された。両当事国間で交渉が進展し、これにより紛争が完全かつ最終的に解決される可能性があることがその理由であった。その後、1996年2月22日の両当事国からの共同書簡で、交渉により紛争の完全かつ最終的な解決のための合意が達成された旨の通知がなされた。これを受けて ICJ は2月22日の命令で、訴訟取り下げを容認し、本件は総件名簿から削除された[67]。

　国境・越境武力行動事件（ニカラグア対ホンデュラス）では1986年7月28日、ニカラグアがホンデュラスに対する訴訟を提起した。1992年5月11日のニカラグアの裁判所宛の書簡で、両当事国が、裁判所の外で善隣関係を目的とする合意に至ったため、訴訟の取下げを望む旨の意思を表明した。これを受けて、5月14日の裁判所からホンデュラスへの書簡で、訴訟取り下げ申請に

ついてのニカラグアの書簡を回覧することが通知された。5月18日、ホンデュラスはニカラグアの訴訟取り下げ申請に異議を申し立てないとの通知を行った。5月27日の命令でICJは訴訟の取り下げを容認し、本件は総件名簿から削除された[68]。

国境・越境武力行動事件（ニカラグア対コスタリカ）は、1986年7月28日にニカラグアがコスタリカに対する訴訟を提起した事件である。1987年8月11日、中米5カ国の大統領がグァテマラ・シティで署名した協定(1987年8月7日)の原本のコピーをニカラグアが裁判所長に送付した。翌日、ニカラグアは当事国間の合意により紛争が解決したため、訴訟の取り下げを申請する旨の書簡を裁判所長に送付した。1987年8月19日の命令でICJは訴訟取り下げ申請を容認し、本件は総件名簿から削除された[69]。

パキスタン人捕虜事件では1973年5月11日、パキスタンがインドに対する訴訟を提起した。1973年12月14日のパキスタンからの書簡で、ニューデリーで締結された協定（1973年8月28日）により両国間の合意が成立したので、それ以降の交渉を円滑にするため、訴訟の取り下げを申請する旨の意思が表明された。1973年12月15日の命令でICJは訴訟取り下げ申請を容認し、本件は総件名簿から削除された[70]。

2　紛争解決過程におけるICJへの紛争付託の意義

このように見てくると、当事国間の交渉による紛争解決が理由となって訴訟の取り下げ申請が行われた事例がかなりの数に上ることが明らかになる。これらの事例でICJへの紛争の付託が当事国間での紛争の解決にどの程度の政治的要素として働いたのかは公表されている資料からは必ずしも明らかではない。しかし、注目すべき点は、いずれの事例も一方的付託によってICJの訴訟手続が開始されているということである。このことは、紛争の当事国となっている国家間の関係において、少なくとも、一方の当事国が紛争の存在を認識した時点では、相手方となる国家との直接交渉による紛争解決が困難であることが予想されたり、合意付託による裁判手続の開始のための交渉をすることが難しいと考えられたりする事例で、裁判という手続を開始することそれ自体にある種の意味があることを意味しているのではないだろう

か。また、ナウル燐鉱地事件や2つの国境・越境武力行動事件のように、訴訟の当事国だけでなく、関係国が関与して紛争解決のための交渉が行われた事例があることは、裁判手続の開始によって、当該紛争に関係する国の紛争解決への積極的な関与を促進し、その結果として、実質的な紛争解決が実現することになったと考えられるのではないだろうか。さらに、ロッカビー事件では、ICJの訴訟手続が容疑者の引渡、訴追のあり方についての交渉の担保となった可能性も考えられる。それは、ロッカビー事件の本質である、容疑者の処罰と被害者への補償の支払いが実現して初めて訴訟が取り下げられたことに現れているのではないだろうか。

こうした裁判手続の外での紛争の解決を目指した裁判手続の利用は、国際裁判の政治的利用という危険性をはらむものである。しかし、紛争解決手続の選択の自由が認められ、国際裁判もその選択肢の1つである、現在の国際社会では、どのような経緯を経るにせよ国際裁判を利用することによって、最終的な紛争解決までの過程が促進されるのであれば、その機能は肯定的に評価されてよいのではないだろうか。ただし、このような裁判手続の利用は、裁判所の管轄権の存否や受理可能性の可否の判断の段階で、裁判手続の濫用を防ぐような判断が適切に行われることとのバランスがあってこそ、正統な裁判手続の運用につながるだろう。

おわりに

本稿では判決そのものだけでなく、紛争解決過程全体の中でのICJの役割を検討してきた。その中で明らかになったことは、まず、第1にICJの紛争解決機能は必ずしも判決を出すだけに留まらないと考えられること、そして第2にどのような段階であろうと、ICJが有効な紛争解決機能を果たすためには、当事国側の紛争解決に向けての意思と協力が不可欠であるということである。

1990年代以降のように、ICJに付託される紛争が増加し、特に一方的付託の事例が増えてくると、当初、訴訟を望まなかった被告側の国家の紛争解決

に向けての意思と協力をどのように確保していくかが特に大切な要素となる。自らの紛争解決機能を紛争解決過程全体の中でどのように位置づけ、またどのような側面に貢献することが最も望ましいかを判断することが、ICJ に求められるようになっていると考えられる。

ICJ が当事国の紛争解決に向けての意思を正確に理解し、より望ましい方向への協力の確保への配慮をすべきであるということは、必ずしも一方的付託の事例に限定されるものではない。合意付託の場合ですら必要である。なぜなら合意付託の事例でも判決が履行されず、紛争が長期化する例も存在するからである[71]。しかしながら一方的付託がなされる場合は、紛争当事国間の関係が悪化していることが多く、ICJ の紛争解決機能が有効に働くためには、当事国間の関係を十分に勘案した柔軟な判断が不可欠となるだろう。

ICJ への紛争付託には必ず政治的な要素が付随する。東ティモール事件では、ICJ が管轄権を認めない結論に至ったにもかかわらず、ICJ での手続が開始されたというそのことが、この地域に国際社会の目を向けさせる効果を持っていたとされる[72]。また、ニカラグア事件のように本案判決は十分に履行されず、最終的にニカラグアによる訴訟の取り下げ申請で訴訟手続が終了したにもかかわらず、米国が ICJ の判決に従わないことについて、少なくともこれを非難する国連総会の決議が出された。これらの事例[73]に見られるように、ICJ での訴訟には政治的な効果が期待される場合が少なくないのである。本稿で論じてきたように裁判所の紛争解決機能を紛争解決過程全体の中で相対化することを是認すれば、ICJ の政治的な利用がますます促進される危険性がある。そうした政治的な利用は、ICJ の司法機関としての権威や機能を害する可能性がある。司法機関としての正当な機能を確保するためには、管轄権や受理可能性などの段階で司法機関としての権限の範囲をある程度厳格に解しつつ、紛争解決への当事国の意思と協力の確保の方法を模索することが必要となるだろう。

〔注〕

(1) Rosenne, S., *The Law and Practice of the International Court, 1920-1996*, Vol. 1 (1997), pp.201-221.

(2) Rosenne, S., *The Law and Practice of the International Court, 1920-2005,* Vol. 1 (2006), pp.195–196.
(3) *Ibid.*, pp.195–272.
(4) *ICJ Reports 2001*, paragraph 257, pp.116–117.
(5) Gill, T.D., *Rosenne's the World Court; What It Is and How It Works*, Sixth Completely Revised Edition (2003), p.199; Schulte, C., *Compliance with Decisions of the International Court of Justice* (2006), p.239.
(6) *ICJ Reports 1994*, paragraph 3, p.10.
(7) *Ibid.*, paragraph 77, p.40.
(8) Gill, *supra* note 5, p.91 and Schulte, *supra* note 5, pp.232-234.
(9) Rosenne, *supra* note 2, pp.260–261.
(10) *ICJ Reports 2000*, paragraph 78, p.202.
(11) *ICJ Reports 2002*, paragraph 78, p.33.
(12) Schulte, *supra* note 5, pp.269–270.
(13) *Ibid.*, pp.270–271.
(14) *Ibid.*, pp.269–270.
(15) 本文とその解説については、Introductory Note to Belgium's Amendment to the Law of 16 June 1993 (As Amended by the Law of 10 February 1999 Amendment to the Law of 15 June 1993 (As Amended by the Law of 10 February 1999 Concerning the Punishment of Grave Breaches of Humanitarian Law, *ILM*, Vol.XLII (2003), p.740 and Belgium's The Punishment of Grave Breaches of Humanitarian Law, 23 April 2003, *ILM*, Vol.XLII (2003), p. 749.
(16) *Avena and Other Mexican Nationals (Mexico v. United States of America), Judgment of 31 March 2004,* paragraph 153.
(17) Gill, *supra* note 5, p.221.
(18) *ICJ Reports 1998*, p.426.
(19) *ICJ Reports 2001*, paragraph 128, pp.515–516.
(20) *Avena and Other Mexican Nationals, supra* note 16, paragraph 151.
(21) Introductory Note to the Decision of the Oklahoma Court of Criminal Appeals: Osbaldo Torres v. the State of Oklahoma, by Susan L. Karamanian, *ILM*, Vol.XLIII (2004), p. 1225 and Oklahoma Court of Criminal Appeals: Osbaldo Torres v. the State of Oklahoma, *ILM*, Vol.XLIII (2004), p. 1227.
(22) Brief of International Law Experts and Former Diplomats as Amici Curiae in Support of Petitioner, 30 April 2004 (http://www.asil.org/pdfs/TreesAmicabrief.pdf).
(23) Crook, J.R., (ed.), "Contemporary Practice of the United States Relating to International Law," *AJIL*, Vol. 99 (2005), pp.489–490.
(24) Clerk Daniel Angel Plata, v. Doug Dretke, Director, Texas Department of Criminal

Justice, Institutional Division, 111 Red. Appx. 213, 16 August 2004, Jose De Fuentes v. Daniel Benik, Warden Stanley Correctional Institution, United States District Court for the Western District of Wisconsin, 2005 U.S. Dist. LEXIS 1312, 3 January 2005, Ramon Diaz, v. Daniel van Norman, United States District Court for the Eastern District of Michigan, Southern Division, 2005 U.S. Dis. LEXIS 45, 5 January 2005, and J.E. Medellin, Petitioner v. Doug Dretke, Director, Texas Department of Criminal Justice, Correctional Institutions Division, Supreme Court of the United Staes, 125 S.Ct. 2088, 23 May 2005. なおメデリン事件については Crook, J.R. (ed.), "Contemporary Practice of the United States Relating to International Law," *AJIL*, Vol.99 (2005), pp.889-890 も参照。ICJ の判決以降についての詳細な検討として、Llopis, A.P. "Après Avena: L'exécution par les États–unis de l'arrêt de la Cour internationale de justice," *AFDI*, Vol.51 (2005), p.140.

(25) Request for Interpretation of the Judgment of 31 March 2004 in the Case Concerning *Avena and Other Mexican Nationals (Mexico v. United States of America)*, Request for the Indication of Provisional Measures, Order of 16 July 2008.
(26) *ICJ Reports 1996*, paragraph 49, pp.24-25.
(27) *ICJ Reports 2002*, paragraph 325.
(28) Gill, *supra* note 5, p.214. この委員会についての詳細な紹介として、以下を参照、Salah, M.M.M., "La commission mixte Cameroun/Nigeria, un Mécanisme original de règlement des différends interétatiques," *AFDI*, Vol.51 (2005), p.162.
(29) Rosenne, *supra* note 2, p.263.
(30) http://www.un.org/events/tenstories (as of 29 March 2007).
(31) http://www.un.org/unowa (as of 6 August 2008).
(32) *ICJ Reports 1999*, paragraph 104, p.108.
(33) Schulte, *supra* note 5, pp.252-253.
(34) www.irinnews.org (as of 29 March 2007).
(35) *ICJ Reports 1993*, paragraph 94, pp.81-82.
(36) Gill, *supra* note 5, p.188; Schulte, *supra* note 5, pp.223-224; Charney, J. and Alexander, L.M., *International Maritime Boundaries* (2002), pp.2521-2525, 2903-2920, and 2941-2953. これらの協定の内容については以下を参照。Elferink, A.G.O., "Current Legal Developments, Denmark/Iceland/Norway, Bilateral Agreements on the Delimitation of the Continental Shelf and Fishery Zones," *The International Journal of Marine and Coastal Law*, Vol.13(1998), p.607.
(37) *ICJ Reports 1986*, paragraph 1, p.557.
(38) *Ibid.*, paragraph 179, pp.649-650.
(39) Schulte, *supra* note 5, pp.182-183.
(40) *ICJ Reports 1987*, p.8 and Rosenne, *supra* note 2, p.259.
(41) Schulte, *supra* note 5, pp.183-184.

⑷2 *ICJ Reports 1982,* paragraph 3, p.23 and *ICJ Reports 1985,* paragraph 1, p.16.
⑷3 *ICJ Reports 1982,* paragraph 133, pp.92-94 and *ICJ Reports 1995,* paragraph 79, pp.56-57.
⑷4 Charney and Alexander, *supra* note 36, pp.1649-1659 and Schulte, *supra* note 5, p.181.
⑷5 Charney and Alexander, *ibid,* pp.1663-1677 and Schulte, *ibid,* p.162.
⑷6 *ICJ Reports 1981,* paragraph 5, p.253.
⑷7 *Ibid.,* paragraph 243, p.345.
⑷8 Schulte, *supra* note 5, pp.177-178.
⑷9 ダスプルモンは、近年目立って増加している ICJ の勧告機能の権限の基礎を論じている。彼の議論は仮保全措置命令にしばしば含まれる、関連する国際法規則の遵守の勧告も含めた ICJ の権限を論じるものである。国際法の遵守の確保も間接的には当事国間の紛争解決に貢献するだろう。しかし、本稿では、そのような比較的広い範囲の勧告ではなく、当事国間の紛争解決を勧告するものに限定して論じることとする (D'Aspremont, J., "The Recommendations Made by the International Court of Justice," *ICLQ*, Vol.56 (2007), p.85)。
⑸0 *ICJ Reports 1992,* paragraph 38, p.20.
⑸1 *Ibid.,* paragraphs 35 and 36, p.20.
⑸2 Gill, *supra* note 5, p.195.
⑸3 *ICJ Reports 1992,* p.348.
⑸4 *ICJ Reports 1995,* p.424.
⑸5 *ICJ Reports 1991,* paragraphs 67 and 68, pp.74-75.
⑸6 Schulte, *supra* note 5, pp.227-229.
⑸7 *ICJ Reports 1995,* p.423.
⑸8 ここで取り上げる事例は、訴訟の取り下げの容認命令で、当事国間での紛争解決が理由として取り下げ申請が行われたことが明記されたものに限定する。ICJ の訴訟取り下げ容認命令には理由が明示されていない事例もある。たとえば、コンゴ領域での武力活動事件 (コンゴ民主共和国対ルワンダ) (*ICJ Reports 2001,* p.6)、(コンゴ民主共和国対ブルンディ) (*ICJ Reports 2001,* p. 3)、国連への外交団の接受国の地位に関する事件 (ドミニカ対スイス) (The Status vis-à-vis the Host State of a Diplomatic Envoy to the United Nations, Commonwealth of Dominica v. Switzerland, Order of 9 June 2006) などはその例である。
⑸9 *ICJ Reports 1992,* paragraph 46, p.127.
⑹0 *ICJ Reports 1998,* paragraph 53, pp.30-31.
⑹1 http://www.sundayherald.com(as of 31 March 2007).
⑹2 http://www.guardian.co.uk (as of 31 March 2007).
⑹3 http://www.cnn.com(as of 31 March 2007).
⑹4 *ICJ Reports 2003,* p.150 and p.153.
⑹5 *ICJ Reports 1992,* paragraph 72, pp.268-269.

(66) *ICJ Reports 1993*, p.322.
(67) *ICJ Reports 1996*, p.9.
(68) *ICJ Reports 1992*, p.222.
(69) *ICJ Reports 1987*, p.182.
(70) *ICJ Reports 1973*, p.347.
(71) ガブチコヴォ・ナジュマロシュ計画事件では、裁判所が1997年9月25日の判決主文で、1977年条約に従って同条約が予定していた計画の実施に関する紛争を解決することを当事国に求めた(*ICJ Reports 1997*, paragraph 155, p.84)が、判決後の当事国間での交渉は有効な形で進行せず、スロヴァキアが追加的判決を求める訴訟をICJに付託した(Gill, *supra* note 5, pp.226-227 and Schulte, *supra* note 5, pp.245-249)。
(72) Gill, *ibid*, p.193.
(73) Schulte, *supra* note 5, pp.197-211 and Rosenne, *supra* note 1, pp.257-258.

国家行為免責の理論
——ニュルンベルクと現在——

佐藤　宏美

はじめに

　国際刑事法の分野における国際規則の整備作業は、1990年代以降急速な展開をみせている。そのような動きの基盤となっているものの1つに、第2次大戦を契機として成立したニュルンベルク憲章と、同憲章に基づいて行われたニュルンベルク裁判が挙げられるということに、異論はないであろう。
　国連 ILC が定式化した7つの「ニュルンベルク原則」[1]は、国際刑事法の実体法的側面と手続法的側面の双方に関わる基本原則を内包している。中でも、主権者無問責の否定、上官命令抗弁の原則的否定に関する規則は、国際刑事法の機能を質的に変化させたものとして特記できる。
　ニュルンベルク以前の国際法の下では、上級国家機関はその公権力行為について個人としての国際責任を問われることはなかった。大沼保昭『戦争責任論序説』が指摘しているように、そこでは、主権者無問責と国家行為免責の複合的な観念が、指導者の個人責任追及の可能性を排していたのである[2]。
　他方で、上官命令抗弁の扱いについては、やはりニュルンベルク以前にはこれに絶対的な効果を認める考え方がしばしば示されていた。その根拠となったのは、国家行為免責の観念、あるいは軍律の絶対性である。
　ニュルンベルク裁判に当たっては、これら2つの考え方を根本的に否定する必要があった。国家行為について行為者個人の国際刑事責任を追及するためには、主権者無問責の観念と上官命令抗弁という2つの大きな障害を取り除く必要があったのである。
　ニュルンベルク憲章起草に際し、米国政府代表ジャクソンは、これら2つ

の障害の存在を明確に意識していた。彼は、当時米国大統領に宛てた報告の中で次のように述べている。

　　公務上の上官からの命令はこれに従った者を保護するという理論は、国家元首免責の理論と常に結び合わされている。これら2つの理論を結合させれば、責任を負うものは誰もいなくなるということに気づくであろう。現代的に組織された社会においては、公務上の無責任をそのように広範にわたり許容することはできない[3]。

　このような起草国側の考えは、ニュルンベルク憲章にそのまま反映された[4]。そして、同憲章とニュルンベルク裁判で示された「ニュルンベルク原則」は、その後国連の場で一般的に支持され、定式化された。
　しかし、「ニュルンベルク原則」の定式化以降半世紀以上を経た現在においては、同「原則」をめぐる議論は、必ずしもニュルンベルク当時のそれをそのまま受け継いだものとなってはいない。現在においても、国家行為としての犯罪が問題になる場合に個人の国際刑事責任追及を実現するためには、上級国家機関の国家免除の否定、上官命令抗弁の原則的否定といった実体法上の諸要件が満たされる必要がある。しかし、これら実体法上の「原則」についても、ニュルンベルク当時の議論は今日かなり揺らいでいるようにみえる。
　それでは、ニュルンベルクで成立し、現在の国際社会において着実に根付いていると言える国際刑事法上の原則とは何であるか。国際刑事法は、「ニュルンベルク原則」が示す諸規則のいずれを受け入れ、そして他を排しつつあるのか。国際刑事法の現在における到達点、現在課題となっている諸問題の性格を確認するためには、まず「ニュルンベルク原則」の再評価という作業が重要になるものと思われる。本稿では、特に国家免除と上官命令抗弁の問題を概観することにより、部分的にではあるが、ニュルンベルクの遺産について改めて考えてみることとしたい。

I 国家免除（主権免除）

1 ニュルンベルクと国家免除の否定

　国際法上、国家及びその財産は、一般的に外国の裁判所の管轄に服さないことが認められている。この国家免除（主権免除）については、従来から、主権平等の原則や、国家の独立及び威厳に関わる原則が、その理論的根拠として挙げられている。

　国際犯罪の取り締まりという文脈で比較的早い時期から議論の対象となった戦争犯罪については、その行為の性質上、敵国戦争犯罪人の訴追は国家免除の例外的否定を意味する。このような敵国戦犯訴追の慣行は、既に19世紀の終わりには、国際法学会 (Institut de Droit International) のような国際的機関からも積極的に支持されるようになっていた[5]。そこでは、伝統的な国家の集団的責任と並んで、個人の刑事責任が同時に生じる事態が認められていたのである。しかし、戦争犯罪の場合における国家免除の否定という考え方は、少なくともニュルンベルク憲章が成立するまでの時期においては、必ずしもすべての軍隊構成員、あるいは国家機関を対象とするものではなかった。即ち、元首をはじめとする上級国家機関については、戦争犯罪の場合についても国家免除を認めるという主権者無問責の立場が、かろうじて維持されていたのである。第一次大戦終結の際に締結されたヴェルサイユ平和条約が、ドイツの国家元首であったカイザーの訴追について法的に厳格な内容を備えた規定をもち得なかった理由の1つは、ここにある[6]。

　そのような状況の中で、第二次大戦を契機として成立したニュルンベルク憲章は、新しい国際規則を提示した。同憲章第7条は、次のように、重大な国際犯罪の場合には元首を含むあらゆる国家機関の免除を否定すると定めている。

　　国家の元首であると、政府各省の責任のある地位にある官吏であるとを問わず、被告人の公務上の地位は、その責任を解除し、又は刑を減軽するものとして考慮されない[7]。（訳は佐藤）

同条は、上級国家機関の国際刑事責任追及を可能にするものであった。戦争犯罪との関連で従来は限定的にとらえられていた国家免除否定の人的範囲は、このように全般的なものへと押し広げられたのである。

重大な国際犯罪との関連では全ての国家機関に対して国家免除を否定するというニュルンベルク憲章の立場は、その後、国連ILCでの議論を経て「ニュルンベルク原則」として定式化された[8]。さらに、1948年のジェノサイド条約[9]や、1996年にILCが採択した「人類の平和と安全に対する罪に関する法典草案」[10]等の国際文書でも、このような考え方は支持されている。

2 ICJベルギー逮捕状事件判決と上級国家機関の国家免除

しかし、ニュルンベルク以降広く支持されてきたかにみえた、重大な国際犯罪の場合における国家免除の全般的否定という考え方は、2002年の国際司法裁判所ベルギー逮捕状事件判決[11]で大きな揺り戻しを受けることとなった。

同事件では、コンゴ民主共和国の現職外務大臣がコンゴ領域内で犯したとされる人道に対する罪について、ベルギーが発給した逮捕状の国際法上の適法性が問題になった。ICJは、現職外務大臣が外交官や領事のように外国の裁判権からの免除を受けることは国際法上確立していると述べた[12]。そして、その法的地位を2つの側面から検討した。

まず、当該個人は外務大臣の地位にある間は手続き的な免除を認められ、自己のあらゆる行為について外国の刑事管轄権を完全に免れる[13]。しかし他方で、このような手続き的免除は、実体法的な側面であらゆる犯罪行為について「免責」を認めることを意味するものではない[14]。従って、次の4つの場合には、当該個人は刑事訴追を免れることはできない。

① 当該個人の属する国家の国内法によって裁判を受ける場合
② 当該個人の属する国家が免除を放棄した場合
③ 当該個人が外務大臣の職を辞した後に、管轄権を有する外国が、着任前あるいは辞任後の当該個人の行為、及び在任中に私人の資格で行った行為について裁判する場合

④ 管轄権を有する国際刑事裁判所が裁判する場合[15]

　判決は免除 (immunity) を手続き的な概念としてのみとらえ、実体法的な免責 (impunity) の問題をこれとは別に扱っている。しかし、国家免除の概念は、後者の免責の問題を包摂したものとして、即ち、属人的免除あるいは手続き的免除 (personal immunity/ procedural immunity, immunity *ratione personae*) と機能的免除 (functional immunity, immunity *ratione materiae*) の2つの側面を有するものとして説明されることが多い[16]。<u>在任中の国家機関について、その行為の公私を問わず全般的に認められるのが属人的免除（手続き的免除）である</u>。これに対し、国家機関の<u>公的行為</u>について、時間的制限なしに認められるのが機能的免除である。判決は上記③で公的行為の「免責」を示唆しているが、これは当該行為に機能的免除が認められることと同義と解してよいであろう。

　裁判所が、上級国家機関が裁判を免れない場合として挙げた4つのケースのうち、事件との関連で特に問題になるのはこの③である。判決の立場によれば、外務大臣については、その職を辞した後でも、人道に対する罪のような国際犯罪との関連で外国で訴追されることはないということになる[17]。つまり、人道に対する罪についても、外務大臣には属人的免除（手続き的免除）と合わせて機能的免除が認められる。従って、在任中であるか否かにかかわらず、外国で訴追を受けることはあり得ない。これが、判決から導かれる結論であった。

　確かに、判決が強調するように、上級国家機関の属人的免除（手続き的免除）については、近年の重要な国家実行がこれを全般的に認める傾向を示している。例えば、ピノチェト事件である。同事件では、チリの元大統領が大統領在任中に犯した人道に対する罪についてスペインで訴追され、滞在地の英国からスペインへの同人の引渡しの可否が問われた。この事件を扱った英国上院では、被告人の国家免除との関連で、現職の大使や国家元首は外国での刑事裁判について完全な免除を受けるとの見解が示された[18]。また、フランス破棄院が下したカダフィ事件判決でも、同様の見解が示されている[19]。

　現職上級国家機関の免除については、ニュルンベルクの後1990年代に至るまで、実際にこれが戦争犯罪等との関連で問題になるケースが前面に出ることはなかった[20]。このため、国際的な規則を本格的に再検討する機は必

ずしも熟していなかったと言える。しかし、1990年代以降、現職国家代表の訴追は現実の問題となり、これが世界的な注目を集めるようになった。そして、国際犯罪と関連する上級国家機関の国家免除をめぐる議論も、ニュルンベルクの枠を超えた一般的なレベルで活発に展開することとなった。そのような中で多くの支持を集めつつあるのが、先の実行が示した考え方である。即ち、それら上級国家機関には、あらゆる場合に属人的免除（手続き的免除）を認めるという立場である。

ニュルンベルク裁判判決は、問題の犯罪との関連で国家元首を含めた国家機関の免除を属人的・機能的両側面で全般的に否定した[21]。その点に鑑みるならば、近年の実行・学説にみられる傾向[22]は、国際犯罪の訴追という観点からは大きな後退としてとらえられるかもしれない。しかし、国際犯罪の訴追という要請は、ICJ判決も強調した「各国家のためのその〔外務大臣の〕機能の効果的遂行の確保」（〔 〕は佐藤）というもう1つの要請[23]とも調和しなければならない。そうであるならば、「ニュルンベルク原則」の部分的否定も、国際社会の実情に照らしたうえでの修正として、積極的に評価しうるのではないかと思われる。

3　国家免除と、国家行為免責理論の否定

他方、この属人的免除（手続き的免除）と別に考える必要があるのが、機能的免除の問題である。機能的免除に関するICJ多数意見の見解は、大多数の論者が指摘しているように[24]、ニュルンベルク以降の実行を反映しているとは言い難い。

国際法の下での直接の訴追が予定されている「国際法違反の犯罪[25]」については、多国間条約による関連法規の整備は必ずしも十分に行われてはいない。しかし、そのような中であっても、例えば先に触れたジェノサイド条約は、国家元首も含めて免除を全般的に否定している。同条約第4条は、「集団殺害又は第3条に列挙する他の行為のいずれかを犯す者は、憲法上の責任のある統治者であるか、公務員であるか又は私人であるかを問わず、処罰する」と定めている[26]。また、1973年に国連総会で採択されたアパルトヘイト条約についても、その第3条が国家代表の国際刑事責任を定めている。さ

らに、これらの諸実行を国際刑法典という形に発展させるために起草された、国連ILCの「人類の平和と安全に対する罪に関する法典草案」についても同様である。同法典草案第7条は、「人類の平和と安全に対する罪を犯した個人の公的地位は、たとえ彼が国家あるいは政府の長として行動したのだとしても、その刑事責任を免れさせるものではなく、また刑を減軽するものでもない」と定めている[27]。

「国際法違反の犯罪」との関連ではすべての国家機関について実体法的免除を認めないとする見解は、最近の国際刑事裁判所の判例においても幾度か表されている。例えば、ICTYのブラスキッチ事件判決である[28]。同判決は、国家元首を含めた国家機関の免除について[29]次のように述べている。

> 問題になっている一般規則は国際法上十分確立しており、諸国家の主権平等に基づいている (*par in parem non habet imperium*)。この規則のある特定の帰結については、わずかの例外しかない。これらの例外は、戦争犯罪、人道に対する罪、そして集団殺害罪を禁ずる国際刑事法の諸規範から生じる。これらの規範の下では、そのような犯罪に責任を有する者は、その公的資格においてそのような犯罪を犯したとしても、国内的・国際的裁判権からの免除を主張することはできない[30]。

また、同裁判所はフルンディヤ事件判決[31]で、国家元首等の免責について次のように明確にこれを否定している。

> ニュルンベルクの国際軍事裁判所が一般的な文言で示したように、「国際法違反の犯罪」は人間によって行われる。それは、抽象的なものにより行われるのではない。そして、そのような犯罪を犯した個人を処罰することによってのみ、国際法の諸規定は履行されうる。個人は、たとえ国家の元首や政府の閣僚であったとしても、その公的地位の如何を問わず個人的に責任を負う。〔ICTYの〕規程第7条2項と、ルワンダのための国際刑事裁判所、以下「ICTR」の規程第6条2項は、議論の余地なく慣習国際法を宣言したものである[32]。(〔 〕は佐藤)

これらの諸実行が示しているように、人道に対する罪のような「国際法違反の犯罪」が問題になる場合には、上級国家機関についても、少なくとも機能的免除は否定される。問題の行為が国家のそれであったという事実は、国際法上、いかなる場合であっても行為者個人の免責事由とは認められない。従って、上級国家機関も、辞任後は外国における訴追の対象となりうる。
　既にみたように、ベルギー逮捕状事件判決は、この点について議論していない。判決は、外務大臣が辞職後に訴追されうる行為として、「私人の資格で行った行為」を挙げるにとどまっている。ICJは、免除の例外について述べる中で、重大な国際犯罪のケースに言及しなかった。この事実は、以上のような諸実行に照らしてどのように評価すべきであるか。少なくとも、この判決に現れた「沈黙」は、ニュルンベルク以来積み重ねられてきた多くの国際文書や判例の内容に、根本的な変化をもたらすほどの効果はもち得ないものと思われる。仮に、ICJに従前の実行や学説を覆す意図があったとしたならば、それらを否定するための論拠を示す必要があったであろう。
　深刻な国際犯罪の場合には、国家行為免責の理論[33]は否定される。この原則は、ニュルンベルク後の国際社会においても広く支持されている。ICJの判決は、この状況に変化をもたらすものとはなっていないと言えるだろう。

II　上官命令抗弁

1　ニュルンベルクと上官命令抗弁

　国際的な戦争犯罪人処罰に際して、国家免除と並び実体法上の大きな障害としてとらえられてきたのが、上官命令抗弁の問題である。同抗弁は、上官の命令に従って行動したという事実を根拠とした免責の主張である。これは、先述の通り、上級国家機関の国家免除、特に主権者無問責の概念と結びついて戦犯処罰を事実上不可能にするものとして、問題視されてきた。
　上官命令の問題に関する国際立法作業は、ニュルンベルク前の段階では未だその最初期段階にあった。1922年に署名された「戦時における潜水艦およ

び毒ガスの使用に関する条約」は、違反者による上官命令抗弁を全般的に否定していた。それに対し、翌1923年に成立した「戦時無線電信取締規則」案は、無線通信士による同抗弁を無条件に認めていた。関係条約及び条約案の内容は、錯綜していた[34]。

このように国際的な立法作業が混沌としている中で、上官命令抗弁に関する規則を一般的な形で定立しようとしたのが、ニュルンベルク憲章第8条であった。

　　被告人が政府や上官の命令に従って行動したという事実は、その者の責任を免除するものではない。ただし、裁判所はそれが正義の要請であると判断した場合には、当該事実を刑の減軽のために考慮することができる[35]。(訳は佐藤)

同規定の内容は、命令の事実に無条件で免責効果を認めることを否定する、という点では明確である。これは、従来の国際立法作業に現れていた混乱に一応の終止符を打つべきものとして、評価しうるものであった。確かに、ジャクソンが述べたように、同条は主権者無問責の否定とともに、「国家主権を突き抜ける」[36]効果をもたらす。上官命令抗弁についてニュルンベルク憲章と同裁判判決が示した規則は、先の上級国家機関の国家免除の場合と同じ様に、その後国連ILCの審議を経て「ニュルンベルク原則」の1つとして定式化された[37]。

2　ニュルンベルク後の議論

しかし、それ以降今日までに至る様々な国際立法の過程は、上官命令抗弁に関する国際規則の内容が未だ総体的には確定されていないことを示している。1948年採択のジェノサイド条約と1977年採択のジュネーヴ諸条約第1追加議定書の起草作業ではそれぞれ、この問題について最後まで議論の対立が収拾せずに、関連規定は未成立のまま終わった[38]。国連ILCによる「人類の平和と安全に対する罪に関する法典草案」も、上官命令の扱いについては最終的に明確な結論を示すに至っていない[39]。特に、命令に伴い部下に

加えられた強迫の要素をどのように考慮するかという点は、大きな問題として残されている。この強迫の問題については、ICTYが、特に深刻な犯罪については強迫抗弁を認めないという判断を示している[40]。他方で、1998年採択のICC規程は、一定の要件の下でこれを認める立場を示している[41]。

もっとも、今日までの国際立法作業にみられる議論の対立は、上官命令抗弁についてニュルンベルクが打ち出した考え方の否定、あるいはその評価の揺らぎを示すものとは必ずしも言えない。

「ニュルンベルク原則」の構成要素の1つであるニュルンベルク裁判判決は、ニュルンベルク憲章第8条について次のように述べている。

　　同条〔第8条〕の規定はあらゆる諸国の法に適合している。兵士が戦争に関する国際法に反する殺害や拷問を命じられたということは、そのような残虐な行為への抗弁として認められたことは決してなかった。ただ憲章がここで規定するように、その命令をもって刑の減軽を主張することができるだけである。程度の差こそあれ、ほとんどの諸国における刑法が置く真実の基準は、<u>命令が存在していたかどうかということではなく</u>、道義的選択 (moral choice) が実際に可能であったかどうかということである[42]。（下線は佐藤）

判決文は、純然たる命令の事実とは別に、「道義的選択」の余地という基準を付加的に提示している。しかし、「道義的選択」とは具体的に何を意味するのか。この基準により認められるのは、免責、減刑のいずれであるのか。これらの点について、判決は立ち入った説明をしていない。上官命令抗弁に関する裁判所の見解は、命令の事実を無条件で免責事由として認めない、という点では確実な規則を示していた。しかし、命令に伴う強迫などの扱いについては、不明な要素を残すものであった[43]。

ニュルンベルク後の国際立法作業に現れた議論の対立は、主として、「ニュルンベルク原則」にみられるこのような不確定要素をそのまま反映している。各作業における論争の内容には、相互にいくらかのズレがみられる。しかし、今日に至るまで一貫した争点となっているのは、命令に伴う法の錯誤や強迫

の要素をどのように扱うのかという問題である[44]。命令の事実が無条件の免責事由ではないという点は確実だが、付加的な諸要素の扱いについては不明確である。このような問題のあり方は、ニュルンベルク裁判以降、一連の国際立法作業に総体的に引き継がれていると言える[45]。

3　上官命令抗弁と、国家行為免責の理論の否定

　ニュルンベルク憲章と同裁判が明示し、その後の国際立法作業の全体を通じて支持されている規則は、命令の事実を無条件では免責事由として認めないというものである。この規則は、国際刑事法の理論においてどのような意味を有するか。ニュルンベルク憲章の起草過程では、この点はほとんど意識されることはなかった。同憲章第8条の規定も、専ら戦犯処罰の障害を取り除くという目標の下で作成された[46]。

　そもそも、上官命令抗弁の理論的な根拠についても、これまでに様々な説明がなされてきている。この点については一貫した理論が確立しているわけではない。

　上官命令抗弁の理論的根拠に関する議論は、第二次大戦以前の時期も含めて大きく2つに分かれて展開してきた。1つは、国家の命令下で行われた行為について行為者個人の責任を追及するのは諸国家の独立という原則に反するという、国家行為免責の理論にもとづいた議論である[47]。この見解は、命令の事実に無条件で免責の効果を認める立場と結びつく。いま1つの議論は、軍律の維持を強調する立場から上官命令抗弁をとらえるものである[48]。軍律の維持という要請は、特に武力紛争時において軍人を事実上の強制下に置くことになる。軍律を強調する論者には、上官命令抗弁を本質的には強制の抗弁としてとらえるものが多い[49]。

　このように、上官命令抗弁の成立根拠に関する議論は、論者により大きく異なっている。しかし、ニュルンベルク裁判とそれ以降の国際立法作業を通じて維持されている立場、即ち、命令の事実は無条件の免責事由とはならないという立場は、少なくとも客観的には次のような帰結を導く。即ち、同抗弁を国家行為免責の観念と結びつける見解、あるいは軍律を抽象的なレベルで絶対視して部下の責任を全否定する見解を、合わせて完全に斥けるという

帰結である。

　特に本稿では、前者の、「国家行為免責の理論の否定」という側面に注目したい。「ニュルンベルク原則」は、国家行為についても例外なく個人の国際刑事責任の成立を認める。この「原則」は、国内法秩序への国際法の介入範囲を拡大するという点で、確かに国際刑事法に構造的な変化をもたらすものであった。そして、そのような「原則」の核心部分は、関連する諸問題がいまだ解決をみない中、現在に至るまで広い支持を受け続けていると言うことができる。

おわりに

　以上簡略なスケッチではあるが、本稿でみたように、ニュルンベルクで打ち出された「国家行為免責の理論の否定」という重要な要素は、現在においても堅持されていると考えられる。これは、国家免除、上官命令抗弁に関する「原則」のいずれとの関連でも言えることである。

　確かに、国家免除について、上級国家機関に在任中の属人的免除（手続的免除）を全般的に認める近年の傾向は、国際刑事責任追及の幅を大きく狭める結果をもたらしている。しかし、これは実体法的な側面において当該国家機関の国際刑事責任を消滅させるものではない。国家行為についても免責を認めないという規則が支持されている限り、一定の国家行為を国際刑事法のコントロール下に置くというニュルンベルクの基本的な理念は、大きな修正を受けつつも確実に受け継がれていると言うことができる。

　他方で、上官命令抗弁の問題については、議論の対立はより顕著なものとなっている。しかし、今日では、命令の事実は無条件では免責事由とならない、という点を争う見解はほとんど前面に出てこない。主な争点は、命令に伴う錯誤や強制の要素をどのように斟酌するかという問題に移行してきている。これらの付帯的要素のうち、特に強迫の問題に関する議論は混迷を深めているようにもみえる。しかし、少なくとも命令の無条件な免責効果が否定されたことにより、ここでも国家行為免責という考え方は確実に斥けられて

いると評価することができるだろう。

　国家免除、上官命令抗弁のいずれの問題についても、いまだ重要な問題について十全な結論が出されていない。国家免除については、国際刑事責任の追及と国際関係の安定という2つの要請を調整するという問題が残されている。そして、上官命令抗弁については、強迫の扱いをめぐる議論を通じて、諸国の国内刑法原則が多様性を示している中で国際規則のあり方をどのように打ち出すかという問題が問われている(50)。もっとも、ここで留意すべきは、これらの諸問題は、ニュルンベルク以来一応の解決をみていると言いうる課題と、その性格を異にしていることである。即ち、現存の諸問題は、国家行為免責の理論を否定することにより実体法的側面で国家行為を国際刑事法のコントロール下に置く、という課題とは離れたところにある。その意味において、現在の国際刑事法関連の国際立法作業は、ニュルンベルク前後におけるそれとは異なった、新たな段階に入っていると言うことができるであろう。

　国家免除や上官命令抗弁をめぐる近年の議論をもって、これらが「ニュルンベルク原則」を総体的に揺るがしている、あるいは同「原則」を総体的に否定していると評することは適切ではない。もっとも、他方で、「ニュルンベルク原則」が部分的に否定され、あるいは再検討の対象となっていることも、また事実である。国際刑事法の整備作業が新たな局面を迎えている現在においては、ニュルンベルクの遺産を過小評価することなく、しかしその限界を的確に見極めつつ、あるべき方向性を模索する必要があると思われる。

〔注〕

(1) Formulation of the Nürnberg Principles, *YILC*, (1950), Vol.II, pp.374-378. なお、ILCにより定式化された「原則」は、特に上官命令抗弁との関連では必ずしもニュルンベルクでの議論を総体的にとらえたものとは言い難い（本稿、注43参照）。本稿では、同委員会による定式を「ニュルンベルク原則」とカギ括弧付で表記する。

(2) 大沼保昭『戦争責任論序説』(東京大学出版会、1975年)、171頁。

(3) Report to the President by Mr. Justice Jackson, 6 June 1945, *Report of Robert H. Jackson, United States Representative to the International Conference on Military Trials: London, 1945* (1949) (hereinafter, *Jackson Report*), p.47. 日本語訳として、法務大臣官房司法法制調査部『R.H.ジャクソン報告書―1945年6月から8月までのロンドンにおける軍事裁判に関する国際会議―』(1965年)。

(4)　もっとも、主権者無問責の観念については、ニュルンベルク憲章の起草に先立ち、米国政府がこれを否定し「指導者責任観」を採用していく過程は複雑であった。米国政府は戦間期に「指導者責任観」を主張し、米国世論による支持を受けた。ところが大戦終結時には、この世論がむしろ米国政府の立場を「拘束」していったのである。「指導者責任観」の成立過程については、大沼、前掲書（注2）、374-377頁を参照。

(5)　Scott, J., *Resolutions of the Institute of International Law* (1916), pp.41-42. その他にも、Oppenheim, L., *International Law, Vol.2, War and Neutrality* (1906), pp.263-264 （同書のこれ以降の版も同旨）; Lauterpacht, H., "The Law of Nations and the Punishment of War Crimes," *BYIL*, Vol.21 (1944), pp.61-62 等の学説を参照。もっとも、第二次大戦前の段階では依然として、Colby, E., "War Crimes and Their Punishment," *Minnesota Law Review*, Vol.8 (1923), pp.44-45 のように敵国軍隊構成員の訴追を認めない有力な見解もあった。

(6)　ヴェルサイユ条約における「カイザー訴追条項」の意義と限界、戦間期における主権者無問責の観念のあり方については、大沼、前掲書（注2）、37-69頁を参照。

(7)　Agreement and Charter, *Jackson Report*, pp.423-424.

(8)　*YILC*, (1950), Vol.II, p.375.

(9)　同条約第4条。

(10)　同法典草案第7条 (*YILC*, (1996), Vol.II, Part 2, p.26)。

(11)　*Case Concerning the Arrest Warrant of 11 April 2000 (Democratic Republic of the Congo v. Belgium)*, International Court of Justice, 14 February 2002 (hereinafter *Arrest Warrant*). 同事件判決については、植木俊哉「個人による国際人道法違反の行為の処罰と国際法上の特権免除―最近の国際判決の動向とその分析」村瀬信也・真山全編『武力紛争の国際法』（東信堂、2004年）、769-777頁を参照。

(12)　*Arrest Warrant*, paras.51-55.

(13)　*Ibid.*, paras.51-58.

(14)　*Ibid.*, para.60.

(15)　*Ibid.*, para.61.

(16)　例えば、Brownlie, I., *Principles of Public International Law,* Sixth ed. (2003), pp.326-327; Cassese, A., "When may Senior State Officials be Tried for International Crimes? Some Comments on the Congo v. Belgium Case," *EJIL*, Vol.13 (2002), pp.862-864; Fox, H., *The Law of State Immunity* (2002), pp.478-479。

(17)　判決が、人道に対する罪を判決中の「私人の資格で行った行為」と解することを前提としたものであるならば、その帰結は、同罪の場合には実体法的免除が否定され外務大臣の辞任後の国際的訴追は可能ということになる。しかし、判決が人道に対する罪は私的行為であると明記していない点に鑑みるならば、そのような理解は不自然さを免れない。またそもそも、国家機関の犯した人道に対する罪を「私的行為」としてとらえるのは適切ではない。この点については、Cassese, *supra* note 16, pp.866-870;

Spinedi, M., "State Responsibility v. Individual Responsibility for International Crimes: tertium non datur?" *EJIL*, Vol.13 (2002), pp.897-899 を参照。

⒅　例えば、同事件判決におけるブラウン・ウィルキンソン卿 (Lord Browne-Wilkinson) の意見 (*R. v. Bow Street Stipendiary Magistrate and Others, ex parte Pinochet Ugarte* (2000), 1 A.C. 147, 201-202)。

⒆　*Bulletin des arrêts de la Cour de Cassation, Chambre criminelle, Janvier 2001*, pp.218-219.

⒇　この時期に注目された戦犯裁判のほとんどは、第二次大戦中のナチスの戦争犯罪に関するものであった。これらについては、佐藤宏美「最近のナチス戦犯裁判と国際刑事法の発展過程」『防衛学研究』31号 (2004年)、36-48頁を参照。

㉑　ニュルンベルク主要戦犯裁判判決を参照 (Judgment, *Trial of the Major War Criminals Before the International Military Tribunal* (hereinafter, *IMT*), Vol.1 (1947), p.223)。

㉒　学説については、Cassese, *supra* note 16, pp.853-875; Gaeta, P., "Official Capacity and Immunities," in Cassese, A., Gaeta, P. and Jones, P., *The Rome Statute of the International Criminal Court: A Commentary*, Vol.1 (2002), pp.975-1002; Wirth, S., "Immunity for Core Crimes? The ICJ's Judgment in the Congo v.Belgium Case," *EJIL*, Vol.13 (2002), pp.877-893; Akande, D., "International Law Immunities and the International Criminal Court," *AJIL*, Vol.98 (2004), pp.407-433 等。

㉓　*Arrest Warrant*, para.53.

㉔　本稿、注22の論文を参照。

㉕　用語の定義については、山本草二『国際刑事法』(三省堂、1991年) 8-9頁。「国際法違反の犯罪」は、手続き的な面で、その履行に当たり国内刑法の介在を必要とする「諸国の共通利益を害する犯罪」に多くの場合移行していると言えるが (同上書、12-13、109-122頁)、国際法の下での直接の訴追が少なくとも「予定」されているという点で、両者は理念上なお区別されうる。

㉖　なお、「処罰する」という表現を用いている同条は、属人的免除 (手続き的免除) も否定したものと解釈できよう。

㉗　*YILC*, (1996), Vol.II, Part 2, p.26. さらに、そのコメンタリーでは、同条が属人的免除 (手続き的免除) をも否定するものであることが明示されている (*Ibid.*, pp.26-27)。

㉘　Judgment on the Request of the Republic of Croatia for Review of the Decision of Trial Chamber II of 18 July 1997 (Appeals Chamber), *Prosecutor v. Tihomir Blaskic*, IT-95-14 (29 October, 1997).

㉙　*Ibid.*, para.38, n.52 を参照。

㉚　*Ibid.*, para.41.

㉛　Judgment (Trial Chamber), *Prosecutor v. Anto Furundzija*, IT-95-17/1 (10 December 1998).

㉜　*Ibid.*, para.140.

㉝　国家行為免責の理論は、いわゆる国家行為論 (act of state doctrine) とは異なる。前

者は、訴訟の対象が国家行為であることを理由として、裁判管轄権を否定する。後者は、主に私人間訴訟において、管轄権行使を前提としつつ国家行為の司法判断適合性を否定するものである。三橋弘一「国家行為論」国際法学会編『国際関係法辞典(第2版)』(三省堂、2005年)、382-383頁、松井芳郎「国際法における国家行為理論」『法政論集(名古屋大学法学部)』44巻(1968年)、1-51頁を参照のこと。

(34) この時期の国際立法の状況については、佐藤宏美「上官命令抗弁をめぐる国際法状況―ニュルンベルク憲章成立前―」『新防衛論集』28巻1号(2000年)、99-111頁を参照。

(35) 英語正文は、以下の通り。

"The fact that the Defendant acted pursuant to order of his Government or of a superior shall not free him from responsibility, but may be considered in mitigation of punishment if the Tribunal determines that justice so requires." (Agreement and Charter, *Jackson Report*, p.424).

(36) *Jackson Report*, p.ix.

(37) *YILC*, (1950), Vol.II, p.375.

(38) 佐藤宏美「国際法における強迫の抗弁と『政策的考慮』」山口厚・中谷和弘編『安全保障と国際犯罪』(東京大学出版会、2005年)、51-55頁を参照。

(39) 同上論文、55-59頁を参照。

(40) Judgment (Appeals Chamber), *Prosecutor v. Drazen Erdemovic*, IT-96-22-A (7 October 1997).

(41) ICC 規程第31条1項(d)を参照。

(42) 原文は以下の通り。

"The provisions of this article are in conformity with the law of all nations. That a soldier was ordered to kill or torture in violation of the international law of war has never been recognized as a defense to such acts of brutality, though, as the Charter here provides, the order may be urged in mitigation of the punishment. The true test, which is found in varying degrees in the criminal law of most nations, is not the existence of the order, but whether moral choice was in fact possible." (Judgment, *IMT*, Vol.1, p.224).

(43) 国連 ILC による「ニュルンベルク原則」は、「道義的選択」の基準による免責の可能性を明確に認めている。しかし、この点に関するニュルンベルク裁判判決の内容は不明瞭であり、また、ニュルンベルク憲章の起草過程では同「原則」に反する見解が示されている。この点については、佐藤宏美「上官命令の抗弁―『ニュルンベルク原則』の形成」『防衛大学校紀要(社会科学篇)』82号(2001年)、119-150頁を参照。

(44) 佐藤、前掲論文(注38)、51-60頁。

(45) ジェノサイド条約やジュネーヴ諸条約第1追加議定書の起草作業では命令の事実に無条件に免責効果を認めるべきとの主張もあったが、その後の議論においては無条件の免責を支持する立場は前面には出てきていない。

(46) Report to the President by Mr.Justice Jackson, 6 June 1945, *Jackson Report*, p.47.

(47) 例えば、Wright, Q., "The Outlawry of War," *AJIL*, Vol.19 (1925), p.79; Wright, Q., "War Criminals," *AJIL*, Vol.39 (1945), pp.272-273; 信夫淳平『戦時国際法講義』第3巻（丸善、1941年）、406頁。その他、Appleman, J., *Military Tribunals and International Crimes* (1954), p.54; Woetzel, R., *The Nuremberg Trials in International Law with a Postlude on the Eichmann Case* (1962), p.68, note 31 も、上官命令抗弁と国家行為をめぐる理論とが密接に関連しているとの見解を表している。

(48) Poljokan, I., *La responsabilité pour les crimes et délits de guerre* (1923), pp.154-165; Lauterpacht, *supra* note 5, p.71; Dunbar, N., "Some Aspects of the Problem of Superior Orders in the Law of War," *Juridical Review*, Vol.63 (1951), p.234.

(49) 例えば、ダンバー等の論者は、上官命令抗弁の問題を軍律と法の至高性との調和に関するそれとしてとらえると同時に、強制の要素を検討することの重要性を強調している (Dunbar, *supra* note 48, pp.234, 255-256)。このような考え方は、第二次大戦前の米国の国内判例にもみられる（佐藤宏美「上官命令の抗弁に関する一考察―ニュルンベルク憲章成立前における、憲章起草国の関連国内法状況―」『防衛大学校紀要（社会科学篇）』81号 (2000年)、25-26頁）。もっとも、例えばジュネーヴ諸条約第1追加議定書の起草作業では、軍律についてはその維持を国家利益の観点から強調する見解も特に第三世界の諸国から多く示されていた。佐藤、前掲論文(注38)、52-55頁を参照。なお、上官命令抗弁を直接に強制の抗弁と結びつけるものとして、Bartlett, C., "Liability for Official War Crimes," *LQR*, Vol.35 (1919), p.191。グリーンもその著書の中で、上官命令抗弁は強迫 (duress) や緊急避難 (necessity) の抗弁と分かち難く関連していると述べている (Green, L., *Superior Orders in National and International Law* (1976), p.viii)。

(50) この点については、佐藤宏美「国際刑事法の解釈・適用の実際と課題―国際規則の『欠缺』と国際刑事法の機能範囲」『世界法年報』25号 (2006年)、88-110頁を参照。

大沼保昭『戦争責任論序説』：
そのアンソロジー的書評

米田　富太郎

簡潔なプロローグ

　本書の出版は、1975年である[1]。したがって、今回の書評は、32年後の書評ということになる。書評は、本そのものの主張と読者の関心が湯気を上げている時にするのが、まっとうである。同時代のもとで書評をするのがあるべき姿勢である。評価がそれなりに固まった著作を、評者の勝手な関心から常に書評の対象にされるのでは、著者もこれに答えようがないからである。また、著者が、その書評を自らのその後に反映させるには遅すぎることにもなるからでもある。事実、古典の書評など聞いたことも読んだこともない。

　しかし、同じ本であっても、読み手の読書力や人生経験に応じて、全く新しい本のように蘇ることもある。著者や読者にとってあらためて意味のある存在になる場合である。読み手のその後の一切が、その本の頁をさらに捲らせ、新しい刺激を与え、理解を深めさせるからである。また、状況全般が、ある本の再書評を求めるような場合もある。だから"蘇る書評"などありそうな気もする。実際、本記念論集にあえて本書の書評を組み込む着想もこのあたりにあるのだろう。本書が著者の代表的作品であること。また、現代における戦争を含めた多様・新奇な暴力の出現や、その常態化が国際法的規制の無力を伴って目の前に横たわっていること。そして、これらを、読み込んでいるから敢えての書評ということになったに違いない。だとしたら、この周りを踏まえて、どのような再書評を行なったらよいのだろうか。

　書評論文という手もないわけではない。しかし、この大著の書評論文は、手にあまるものがある。また、日本のアカデミズムにおいては、書評論文と

いうジャンルはなじみがない。したがって、そのノウハウが蓄積され洗練されているとは言いがたい。思いついたのは、この著作のアンソロジー的書評を編むことである。しかし、これでは、いかなる意味でも書評にならない。かといって、書評にこだわれば、本書については、すでに多くの書評がなされている。その内容の紹介はもちろん、評者の問題意識を背景にし、的確な問題点の指摘や議論は、出揃っている[2]。その上での書評の類では、それこそ屋上屋を架すことになる。そこで、書評を取り入れた着想を読み込みながら、これをより豊かに実現する"書評的"な方法を工夫せざるを得なくなる。実際に、社会構造全体の戦争化や常態化の中で、戦争の規制に関する国際法学の忸怩・怯懦や婉曲な回避・逃避という否定できない現実がある。この現実への果敢な挑戦としての本書のモチーフを活かせさえすれば、オーソドックスな書評のスタイルに拘らなくてもよいように思える。本書のモチーフを現代に蘇えさせる色々な書評の方法が工夫されてもよいであろう。アンソロジー的書評が、その結論である。

とはいっても、アンソロジーはともかく、アンソロジー的書評という仕事は聞いたことがない。アンソロジーとは、原著者の作品に込められている思想と理論を根本で捉え、きるだけ多角的かつ全面的にその本質を再現するものだとしよう。多角的かつ全体的とは、評者ないしは編者の関心などに関係なく、その作品に含まれている一切の思想と理論を捉えることである。また、その思想と理論がもつ可能性の一切を捉えることでもある。すなわち、評者が、その見識と解釈によって原著書に入り込み、著書の全体像を的確に表し、別のひとつの作品に仕上げることである。これに書評を加味するとでもしておこう。大逸れた目論見だが、困った時の"ゴルディオスの結び目[3]"の故事よろしく、この大著にアンソロジー的書評という一刀を振り下ろすことにした。これをやってみることにする。

その一刀を振り下ろす前に、大まかにこの仕事の前提について概観を示しておきたい。"国家による物理的強制力（国際法上の戦争概念に限定されない）の国際法的規制は、あるのかないのか。また、その有効性はどうか。"本書のこの簡明で的をついた問いは、本書が対象とする期間、すなわち、国家による暴力が完全に違法化されていない時代。また、国家による暴力が現実的

に国家間の戦争だけに凝縮されていた時代。さらには、規制のみが対処可能な時代においてのみ成り立つ問いのように見える。実際、第二次世界戦争終了後、戦争の違法化は確定し、さらに、その対象は武力一般やその脅威にまで拡張され、規制の発展はもとより廃絶は"外堀が埋められる"までに変化している。この変化を見れば、本書の問いは、その前提としての"革命"の発生の魁けという"限られた時代における変化のもとでの作品"であることは否めない[(4)]。

　しかし、これは、著者のこの作品を、限られた時代の"作品"としてだけで理解することから出てくるものである。本書は、国家暴力の規制に対する"ある時代の作品"でありながら、これを超えた"超時代的作品"である。国家による暴力に対する国際法学の理想の伝承とその発展を表す作品である。すなわち、本書は、ウエストファリアを端緒に、国際法学の深奥に灯されてきた国家による暴力の廃絶という"国際法学の理想"を時代を超えて喚起させる作品である。さらに、ウエストファリア神話への懐疑という実証主義陣営の"完全主義症"が、国際法学に決して与えることができない理想という知的エネルギーを喚起する作品である。神話という言葉は、人々の精神にひそむ無形の想いが凝縮され、所与の時代にうかびでてきたものである。ウエストファリア神話は、国際法学や国際法学者の精神的財産である。

I　理想＝国家による暴力の規制から廃絶へ

　読者が、本の性質を捉えるポイントは色々にある。しかし、著者の理想やその使い方ほど重要なものはない。理想は、あらゆる知的営みの前提ないしは羅針盤だからである。したがって、本書のアンソロジー的書評の切り口として、その理想を探るのが適切であろう。ついでに前もって指摘しておくと、理想は、一種の現実である。つまり、理想とは、高度に精練された現実ともいえる。
　さて、全ての本に、著者の理想が表されているとは思えない。また、理想が表されていたとしても、それらは単なる考え方で、理想の名に値するもの

かどうかは疑わしい場合も多々ある。ましてや、理想と思想を結節して何かの理論にまで高める技量をもった著書にめぐり合うことは稀有である。本書は、評者から見てその稀有の一例である。本書は、"国家による暴力の廃絶[5]"という国際法学の世界で神棚に祭り上げられてしまっていた理想を喚起させ、実証として理論化することに成功しているからである。

では、なぜこの理想を国際法学において喚起させる必要があるのだろうか。ひとつは、国際法学内部の要請によるものである。国家による暴力を規制や廃絶するにしろ、法技術的対処では限界があるからである。したがって、法技術的対処の有効性のためにもまず、その理想を徹底化させる必要があったからである。さらに、その理想のもつ力を認める故に、時代にあった再編制を行い理想のパワーを高める必要があるからである。もうひとつは、国際法学への外部的要請によるものである。周知のように、第一次世界戦争以降の国家による暴力は、総力戦として展開されはじめた。ルソーのいうように、戦争は、国家のもの、戦闘は兵士のもの、市民は戦争の圏外に置かれるということではなくなった[6]。すなわち、第一次世界戦争以降の国家による暴力は、その関係域を国家社会全体に広げ、また、その暴力の種類の多様化をももたらした[7]。この中で発明された暴力規制の法は、同時にその数と同じだけの抜け穴を容認する結果をもたらすことになった。この抜け穴を塞ぐために、国家暴力の廃絶という理想が、思想としてはもちろん、実践的に徹底的にされて、国際法学の基底に置かれなければならない。戦争の世界規模化や大量破壊の危険が現実になると、誰もがするように、それぞれの原点への回帰を指向するようになる。国家による暴力の廃絶という国際法学の原点への回帰である。国際法学の理想への回帰とも言える[8]。本書は、この原点回帰の表像である。

ところで、国家暴力に対する国際法学の理想中芯とは何なのだろうか。まず、理想を、"存在すべき（存在すべきでない）だが、存在していない（存在している）ので、存在するよう（存在しないように）にする理念"としておこう。これを、国家暴力に対する国際法学の理想との関係で考えれば、"国家による暴力の廃絶"であろう。これは、実現すべきだが、実現していない。しかし、その実現は強く意識されている。もし、廃絶という理想が断念されれば、規

制などのその他の措置などは、国家暴力を行使する口実を増やすようなものに堕する。最悪の場合は、国家暴力を多発させるようになる。たとえば、ヨーラム・ダーンスタインは、"人間の行為としての殺人や強盗は、国内法によって（国内社会の持続のために）禁止されている。同様に、人間行為としての戦争も国際法によって禁止できる"と述べている[9]。この言葉をここで引用した理由は、広範に実行されている殺人や強盗を禁止することは、社会の維持や発展のために必要であることを指摘するためである。しかし、これを禁止する社会的手段はなく、しかも、これらを理想とすることすら冷笑をあびるものであった。こうであるにもかかわらず、これらを理想とすることは、宗教的な禁止として存在していた。もちろん、宗教的言説の全ては理想の表示ではない。たとえば、"モーゼの十戒"(旧約聖書の「出エジプト記」第20章)には、殺人や盗みの禁止がある。現実に存在してはいけないが、存在している。しかし、その存在は認められるべきでないものとして殺人や盗みの廃絶が示されている。殺人や盗みが横行していた時代での廃絶は、理想としての意味しかもっていなかったであろう。しかし、現代では殺人や盗みの廃絶という理想は当然のこととして法によって禁止されるようになっている。デュルケムの顰(ひそみ)にならって言えば殺人や盗みは廃絶されるべきとの理想や必要があっての法的規制ある。

　戦争も同じように、過去の時代では、主権国家の自由であった。この時代を通して、戦争の廃絶は、理想としてしか存在していなかった。しかし、廃絶すべきとの理想は、複雑な現実的利害との妥協の中で、19世紀中葉から21世紀の現代に至るまで、多様な規制の仕組みを作り上げるまでになっている。廃絶という理想がなければ、法的規制という措置は生まれてこなかったと言える。

　他方、暴力に訴えるという行為は、半面で一定の共感を受ける行為[10]であるから、その廃絶は、限りなく不可能に近い。実際、現代の閉塞された情況の下で社会の流動化には、戦争が必要だとの見解すらあるからである。つまり、皆が平等に豊かになることはできない。しかし、戦争によって皆が平等に不幸になることはできる。平等を求めるなら戦争しかないという意見すら出されている始末である[11]。とにかく、暴力の廃絶が目標とされなければ、

社会は結果として破局に至る暴力を許容する機会を増やすことになる。したがって、この不可能に何らかの挑戦がなされなければならない。国家の暴力に対する国際法学の姿勢も同じである。"不可能な仕事だが必要な仕事"の実行である。この実行による国家暴力の廃絶こそ、国際法学の理想である。

　すなわち、"不可能な仕事だが必要な仕事"とは、永遠になくならない国家暴力の廃絶という仕事を人類全体のためにしようとすることである。この仕事は、児島襄の"戦争は、所詮は阻止する決め手を欠くままに、こんごとも避け難い人類の不幸のひとつとして認識されなければならないのかもしれない[12]"という嘆息のもとで行う仕事になるだろう。また、国家と国際法の暴力をめぐる位置関係のパラドックスからも出てくる。すなわち、国際法は、国際政治の被創造物である。国際政治において国家の自由を究極に担保するのは、暴力の自由である。この自由を規制や廃絶に対峙させるのは、被創造物である国際法にとって"不可能な仕事"である。しかし、これができなければ国際法の存在理由がなくなるという意味で"必要な仕事"である。"違法であるが、必要である"という意味での必要ではないことをつけくわえておきたい。

　もっとも、国際法学の歴史は、国家暴力の行使による惨禍の極小化という実践的意図に貫かれているから、この理想は、祭壇に祭り上げられ、国際法の存在意義も確保されてきたと言えなくもない[13]。したがって、この問題で理想の現実場面への降臨は、国際法学の理論や実践の局面ではなくとも差し支えなかったのかもしれない。規制より以上には進んでいないことがその論証である。しかし、そうとはいえ、廃絶への意思がない規制では、国家暴力についての現在の展望を開くことにならなかったのも確かである。国際法学は、国家暴力に対する対処の理想とその追究の暗黙の要請をDNAとして認めていたからこそ、ウエストファリア以来のこの理想のトーチを受け継ぐことができたといえる。理想の間断なき喚起と追究こそ、この問題に対する国際法学の基本的姿勢であったのではないのだろうか。

　では、理想を追究する現実は、どのような状況にあるのだろうか。理想の追求の歴史パノラマは、それこそ、研究者の絶望や諦観という知の屍の累々たる観を呈している。歴史の女神である"髑髏の上を疾走するクリオの馬車[14]"

の顰(ひそみ)があてはまる凄惨である。というのは、法も暴力の一種であると言う言説からくる自責。また、戦争の規制は、人間の生物的・文化的本性を由来とするので、国際法学だけでは手に負えないという言説から来る自粛。戦争は、被害と加害とのクロスオーバーという言説から来る虚無。戦争は、必然としての変革の最終手段という回答から来る欺瞞。これらのネガティブな括りは、戦争の常態化の中で、これを批判的に問う知的緊張感の麻痺の証明である。現代世界における戦争は、考えに考えた挙句の戦争への口実探しなど子供だましと笑い飛ばすように実行されている。こうした、国際法無視ないしは機会主義的利用のもとで、戦争に対する原理的国際法研究の精神はおろか、実利的意慾が減退ないし弛緩するのは、国際法学者にとって悲しいかな自然のなりゆきであろう[15]。

反面、国家暴力に関する法技術的研究は、国際法学の分野でも賑やかである。国家暴力への国際法的規制というテーマが、安全保障論や国際貢献論に変っている。日本に限って言えば、技術論的戦争論は、60数年の歴史経過の意味を忘却させるほど賑やかである。すなわち、国家の暴力への原理的な問いかけは、ベンヤミンが警告する暴力に関する法の位置の説明にそっくりにしかなされていない[16]。暴力の廃絶を論じるのではなく、その方法による抑制だけを論じることから抜け出す努力すらいやがっているように見える。とにかく、国際法研究における国家暴力への原理的問いかけの蒸発という進行内定者を押さえておこう。原理的問いかけの死屍が見えれば、その死の理由を問い掛ける契機になる。現実には屍すらなく、この問題への国際法学的契機それ自体が蒸発しており、その研究は断絶したと言ってもいいくらいである。こうした中で、本書は、その"佇立しているその精神の種火"である。32年経った現在において、本書を再読することはもちろん、机の近くにあるだけで、近現代国際法学の精神のオーラを感じ取ることができる。

上に指摘したように国際法学の世界で増殖しているのは、戦争への原理的＝知的追究の精神の蒸発である。特に、グローバリゼーションの浸透による経済、開発、資源、刑事、環境、人権、航空、宇宙や紛争等々の問題の噴出は、戦争を見えにくくしている。そして、多くの国際法研究者は、カール・マンハイムが命名する"連字符の社会学"[17]よろしく最後に国際法を連字し

た分野に特化した研究を行なっている。古い問題は、さておいて新しい問題に関心が移るのは、技術者が病気のようにひたすら開発にのめりこむのと同じである。したがって、これを否定するのは無理であろう。肯定しなければ、国際法もその研究者も怠慢や没感性として、存在意義を疑われるからである。国際法は、こんな走り続けなければならない状況にもあるということだ。

たとえば、「鏡の国のアリス」には、「赤の女王」というチェスの駒が登場する。競走の達人が跋扈する赤の女王の国では、どんなに一生懸命走っても体が前に進まない。それは、周囲の世界も一緒に前に走っているからである。そして、赤の女王はアリスに「よいか、ここではじゃな、同じ場所にいるだけでも、あらんかぎりの速さで走らねばならぬ．どこか他の場所に行きたければ、少なくともその二倍の速さで走らねばならぬ」と語りかける。生物学における「赤の女王仮説」というものである。リーヴァン・ヴェーレンが着想した生物進化説である[18]。

現代がそうである以上、国際法も、そうであらざるを得ない。実際、走っているのは、環境、経済や人権等々の問題ばかりではない。宇宙の軍事化や兵器化[19]であれ、武力行使形態の新しい形であるコアリッション[20]であれ、戦争も走っているのである。その走っている戦争を国際法の枠組でとらえる難しさは十分あるが、戦争研究の国際法の歴史を回避してこれを行なうことは上手なやり方とは思えない。主権国家の物理的強制力の法的規制に関する法的成果が、不十分であっても、この不十分は重要な意味を含んだそれである。この姿勢がなければ、近現代の国際法は、あり得なかったと思っている。

国家暴力の法的規制に関する研究は、「戦争研究の高度化による国際法による単独研究の困難」・「戦争の常態化による知的関心の弛緩と諦観の一般化」・「国際社会の激しい変化への対応としての国際法の細分化という分散」[21]により、絶滅のテーマとなっている。しかし、現代という世界は、人類史上、全体が走っている社会である。このテーマも当然走っている。変化している。このテーマの研究は、33年前の大沼先生の研究以降、走ってはいるのだろうが、追いついていないどころか休んでしまっているとしか評者には思えない。

33年前に、今とは全く正反対の方向に向けられて建てられたこのテーマの動機は、何処にあったのだろうか。このテーマは、国際法の研究者として、

歴史的かつ原理的問題だから、これに挑戦するのは自然であるという見解もあるであろう。もし、そうであったら、先に述べた戦争への原理的研究の絶滅ともいえる現在は、単なる評者の取り越し苦労というものになる。K. ポパーではないが、科学研究は、ただ反証可能性がある作品を作りあげればいいこと。また、国際法学も科学の一翼にあること。これらをつなげれば、動機などどうでもいいことかもしれない[22]。

しかし、本書の場合、評者の勝手な要望だが、動機を知ることはもちろん、これを推察することは不可欠だと思っている。なぜならば、評者に限ることではないと思うが、単なる学問上の技術の操作だけでは、この作品が世に出て、国際法研究の教範になるとは思えないからである。教範一般は、堅苦しく味のない記述の羅列であるが、その底には、煮えたぎるような情念という"思想の前の思想[23]"があるものだからである。その思想に動機があるなら、それを知るか探ることができればいいと思うのは自然であろう。

今のご時世では、国家暴力の法的規制問題は、教科書的叙述は別にして、知力、体力、そして何よりも煮え繰り返るような"思想の前の思想＝理想"が不可欠である。この作品は、大きな対象に単騎突撃するような行動とそれを駆動させる精神の存在を推定させる。というと、すぐに、あのラマンチャの男を思い浮かべるかもしれないが、全くそうだとは思わない。ここで、あのウナ・ムーノに登場してもらおう。彼に言わせると、ドン・キ・ホーテによって体現させたかったのは、幻想もしくは思想という情熱の力である[24]。それは、能率といった近代主義と対蹠的なそれではなく、完全性を目指すゆえの幻想なのだと言う。

学部の教養課程時代、選択した西洋哲学史の講義が、ヨーロッパ中世哲学で、一年中、天使論をやっていただいたような気がする。うろ覚えなので、稲垣良典『天使論序説』と山内志朗『普遍論争』を読み返してみた。中世における「普遍」とは、比較と一般化を通して到達される「普遍」ではなく、高度の完成としての「普遍」という個所に偶然ぶつかった[25]。ウナ・ムーノのいうイベリア的情熱は、効率の欺瞞を超越したところに完成される精神としての完全＝理想への情熱である。ドン・キ・ホーテは、この完全に向かっての勤行であったと彼は言う。国際法学の理想の追究の一面は、間違いなくこれ

と同じ心性であろう。

II 理論＝歴史的な見方の有効性と課題

　本書が、歴史的な捉え方をするのは、歴史を方法とすることにより、より実証的で他の専門諸学と共軛し、より全体的な理論を作ることのためである。著者の方法である歴史に定位して見るということは、「平和に対する罪」の形成の時系列を歴史的研究と称するのではない。また、利用した歴史資料の評価や検証を抜きにして、ただ"資料をもって語らしめる"といったようなものでない。評者は、著者の歴史に定位するという意味に含まれる方法は多くあるが、特に、"歴史の部分だけを語りながら、これを歴史の全体に係らせるアートと歴史理論との結節の卓越"としたい。すなわち、戦間期という限られた歴史、また、「平和に対する罪」という限られた問題を、近現代史、国際法学の歴史と国際法学の理論に共軛して、実態を明らかにし、ここから現代に通じる問題を示唆することにあると思われる。

　まず、本書の構成を簡単に述べる必要がある。本書は、1919年のヴェルサィユ講和会議から1945年の国際軍事裁判所条例制定のためのロンドン会議までの歴史を対象にしている。そして、この歴史における戦争違法観と指導者責任観の形成と相関性の分析を前提にして、その歴史における前者の継続性と後者の孤立性を指摘しながら、ロンドン会議の国際軍事裁判所条例第6条に結晶していく歴史とその意味を論証する。そして、国際法学の視点から見て、諸国家や諸団体の活動が、国際法の特質である拘束性とイデオロギー性を必要に応じて柔軟に利用していることが歴史的に論証され、そして、活動のそれぞれに国際法学的視点からの評価がつけ加えられる。

　この歴史的叙述は、外形的には、第3章で終っている[26]。実際、ここまでは、戦争違法観とその継続性、指導者責任とその孤立性についての国際法学的論証が行なわれている。歴史を離れて国際法学的分析が行なわれている。しかし、方法としての歴史は、理論の構造や働きに何らかの影響を与える。ここでは、戦争違法観とその継続性、指導者責任とその孤立性が、理論として歴

史の産物であることを読み取る必要がある。著者は、国際法学の観念や理論が、それ自体歴史から自由な存在性をもつと同時に、歴史と離れて存在しないことを前提的な理解としているように思える。したがって、本書の理論を理解する場合、歴史と理論との結節が、どのようになされているのかという視点が重要になるのではないのだろうか。

　この簡単な構成を述べた後で、本書のメインテーマである「平和に対する罪」について理論の描写をはじめてみよう。著者の問題提起は、こうである。現代の国際法の観念は、拘束性とイデオロギー性をもっている。その論拠は、これら観念の歴史的形成と実践を見ることによって論証される。その論証は、「歴史的検証枠組」と「国際法学的検証枠組」と呼ぶべきものの内部的検証と相互関係の検証によって可能になるというものである[27]。「平和に対する罪」の「歴史的検証要素」はふたつある。そのひとつは、「戦争違法観の継続性」である。もうひとつは、「指導者責任の孤立性」である。

　「戦争違法観の継続性」とは、1919年のカイザー訴求条項（ヴェルサイユ条約第227条）から1945年のロンドン会議に至る過程で、この観念の形成過程と条件を論証しようとするものである[28]。「戦争違法観の継続性」における起点としてのカイザー訴求条項の意義は、これを戦争それ自体との関係でとらえたことにある。つまり、戦争遂行過程における戦時国際法違反行為による訴求ではない。「条約の尊厳及び国際道徳に対する重大な犯罪」との絡みで、この訴求がとらえられたことに意味がある。「戦争違法観」の萌芽として評価される理由がここにある。その後の経過が示すように、公的レベルでは、国際連盟における戦争の違法化に関する理論的立場の確立や不十分ながらも実践面での進展があった。さらに、相互援助条約案、ジュネーブ議定書、米州諸国の決議等々の次元での進展もあった。また、民間レベルでの国際主義的平和運動を通して、戦争違法化の流れは維持されてきた。

　1928年の「不戦条約」の制定は、「戦争違法観」の継続性に、実定法的要素を加えることに貢献した。"何よりも、戦争という国家行動に対して否定的評価を下し得る評価基準がほとんど全世界の国々を網羅する普遍条約として確立され、戦争を開始、遂行する国家に対する制裁発動の前提が形成された点にある"という決定的な意味付与があったということである。かくして、

本条約は、"「平和に対する罪」の形成過程上、まさに *conditio sine qua non*（必須条件）たる意味を有した"のである[29]。

おなじように、1939年のドイツによるポーランド侵攻（第二次世界大戦の開始）までの「危機の時代」においてもこの流れは断絶することはなかった。しかし、1939年から41年の2年間にこの観念を支える環境に大きな変化が生まれた。そして、この環境の変化は、この観念の内容にも大きな変化を与えた。その環境の変化とは、大きくは、ヨーロッパの戦争に対する米国の姿勢の変化である。特に、中立に関する姿勢の変化である。これは、国際法上の中立という役に立つフィクションと事実上の参戦との理論的乖離を、自国の政策に適合させる形で埋め、参戦自体を正当化する操作の必要の発生を意味する。そして、この環境の変化によるこの観念の内容の変化は、自国の従事する戦争を国際社会全体の利害に関する問題として把握することにつながっていった。

当時、現に遂行されている第二次世界大戦を、国際社会全体の利害に関する戦争として把握する理解は、この観念の形成過程の最終局面であるロンドン会議において変化した。その変化の底流には、「指導者責任」との結合がある。実際、ロンドン会議参加国それぞれの国際関係の相違を複雑に調整して、この観念が作られていった。その結実は、「国際条約、協定、保証に違反する戦争」と「侵略戦争」の開始、遂行が犯罪として規定されるようになった。これが、国際軍事裁判条例第6条の具体的に表現されている。すなわち、「国際条約に違反する戦争」と「侵略戦争」とを違法行為類型とし、戦争の一般的禁止、すなわち、戦争違法観を明確にしたこと。そして、国際軍事法廷の裁判が単なる個別行為でなく、国際社会全体の利益を侵害する行為であることが確証されたのである。

もうひとつは、「指導者責任の孤立性」である。これは、ヴェルサイユ条約第227条にその観念の始原を置くとされる。しかし、ここでは、国家行為全体に対する問責を明らかに概念を訴訟根拠として採用されていない。したがって、事後の指導者責任の発展に関するエネルギーは、脆弱であった。もちろん、このことは、ヴェルサイユ条約における指導者責任が瑣末なものであったことを言うのではない。相対的に国民責任観の方がより現実的であっ

たからに他ならない。それゆえに、指導者責任は、ロンドン会議まで、無視され続けられるという状況に置かれていた。

しかし、第二次世界戦争の勃発と展開は、20年間無視され続けられて来た指導者責任にスポットライトを与えるようになった。すなわち、連合国は、枢軸国側軍民による戦時法規違反に関して、枢軸国指導者と実行者双方の責任を追及する意思を明確にするようになった。また、第二次世界戦争そのものへの否定的評価とされる全現象や行為が、枢軸国指導者にあり、したがって指導者に厳しい責任を追及する意思を明確に示すようになった。すなわち、対国家制裁の観念を脱却し、国家の枠組を論理的に解体し、一般国民から指導者を切り離し、指導者を処罰するという観念を主張するようになった。

この転換は、連合国の戦争遂行における政治戦術上の考慮が大きく作用していた。特に、指導者責任を追及し、戦争指導者と国民との分断を図り、戦争の帰趨を連合国に有利なようにするという文化戦術的意図があった。しかし、連合国内部における戦争に対する条件の相違やその貫徹の反射が自国指導者への責任に跳ね返ってくることの危惧から徹底したものにはならなかった。しかしながら、戦争違法観との結合によって、ヴェルサイユ条約における指導者責任に比べて重要な地位を占めるようになった。

では、この転換は、何を意味しているのだろうか。まず挙げられるべきことは、主権者や元首の「無問責」という前近代的遺制を打破したことである[30]。次に、これは、近代国際法そのものを超克する可能性を含む概念でもあるということである。また、これは、従来の国際法の前提である国民的統一体としての主権国家の枠組を論理的に解体する可能性を孕むということである。以上を総括すると、この指導者責任という観念は、自らの貫徹が招く論理的必然性の故に、自己を含む国際法の全体構造の否定につながる契機を孕んだ問題提起的観念ということである。

この観念の問題提起的側面の重要性は、「平和に対する罪」の形成に、いかに貢献したかにばかりあるのではない。近代国際法の発展を促進させてきた多様な観念を、いかに国際法それ自体の解体につなげないようにするかに絡んでいることである。合成の誤謬論[31]ではないが、国家による暴力を規制したり廃絶することが、国際法の近代化や現代化に貢献し、「平和に対す

る罪」の観念が重要な役割を果たすこと。この中で、指導者責任観念がこの実現を促進させること。しかし、このコンテクストが、国際法そのものの解体の契機を孕むこと。この逆説への直面が現実化した場合、どのような対処が考え得るであろうか。

例として適切でないかもしれないが、たとえば、「自治」という観念と近代的国家制度との関係を考えてみよう。同様の逆説についての調整の巧妙性が見出されるからである。この点について想起するのは、明治期における日本の地方自治制度をデザインした井上毅の「自治」論である[32]。井上は、「地方自治制度」を設計したこと以上に、「自治」の本質ないしは原理を見通していた。「自治」は、地方自治制度内におけるような「手なずけられた自治」ではないこと。場合によっては、その母体である国家制度を解体するようなアナーキーな観念であり、地方自治制度は、まさに、これを、国家がどのように手なずけていくかの問題だとの指摘している。

西尾勝は、『行政学の基礎概念』で「自治は、それ自体対抗的関係を前提にした概念」としている[33]。そして、「自治」概念が一種の対抗性をもって、憲法制度内に位置付けられていることを指摘する。そしてさらに、この対抗性を、近現代国家における地方自治制度の本質と喝破している。このように近代国家における「自治」は、一種の時限起爆可能な爆弾である。だから、問題は、その装置の起動を封じる理論的、実践的手法である。

実践的手法はともかく、理論的手法を見ておこう。J. ルソーに登場願おう。ルソーは、『社会契約論』の中で、「自治」の共和制国家への原理的危険を理解し、その対処を論じている。共和制国家の安定のために「自治」の自制をキリスト教的自制の原理の縛りで行なうというアイデアである。権力や法でなくてである[34]。国際法におけるこうした逆説への叡智に富んだ処方には何があるのだろうか。こうした逆説を誘発させる理想など持ち出さないのがいいのだろうか。

次は、「平和に対する罪」の「国際法学的検証枠組」の検討である。その対象は、「イデオロギー性」と「拘束性」である。特に、国際法が現実の政治にかかわる場合(大抵は、そうであるが)、国際法は、イデオロギーとして、また、拘束的に機能することが通常である。批判法学は、法全体が法という名前の

イデオロギー化、すなわち、"権威のロンダリング[35]"とするが、大沼先生の取り上げるイデオロギー観念は、批判法学のイデオロギーでないことはもちろんである。しかし、イデオロギーとして機能する面の叙述を見ると、批判法学と全く異なるものではないことも頭に入れておくことがよいかもしれない。

　さて、国際法観念の一般的機能を概観すれば、「イデオロギー」と「拘束性」として機能するのは容易に理解できることである。ここでいう「イデオロギー性」とは、以下のようなものである。すなわち、ある国家機関が、特定の現実的利益を目指して行動する場合、これらを隠蔽して行動することを説得的にしたり、場合によっては、正当化すら可能にする機能を言う。これは、意図的に使われる場合ばかりでなく、イデオロギー操作の意識を喪失しながら、結果としてイデオロギーとして機能することも多々存在し得る。国家機関の国際法遵守の意思や実態の有無に関係なく、国際法を戦略・戦術的に利用することを可能にする国際法の機能属性のひとつでもある。もちろん、これは国際法からの逸脱を隠蔽するばかりでなく、遵守の強調も含まれている。

　「拘束性」とは、国家機関が、特定の国際法の観念を意識して、それに合致する行動をとるようにする機能を言う。つまり、ある国際法の観念が、国家機関をこの観念に合致するように駆り立てたり、これに反する行動を断念させることにする機能である。

　「平和に対する罪」という観念の形成に当たって、重要な役割を果たしたそのサブ観念ともいうべき「戦争違法観」と「指導者責任観」がある。問題は、現実の場面でこの国際法の一般的機能である「拘束性」と「イデオロギー性」の面で、どのような根拠でどのように機能し、結果として「平和に対する罪」の形成にどのように作用したかを論証することである。すなわち、「平和に対する罪」のサブ観念である「戦争違法観」と「指導者責任観」が「拘束性」や「イデオロギー性」の体現としてたち現われ「平和に対する罪」にどのような国際法的意味をもたらしているかの論証である。

　ただ、誤解はあり得ないが注意しておくことは、大沼先生の「イデオロギー性」は、国際法的範疇外のものであるとはいっていないことである。国際法の法観念それ自体がもっている機能的特性であり、国際法学は、それぞれの

機能が、どのような条件で、どちらの機能として現れているかを論証するということである。これが、大沼先生のいうところの国際法学研究である。もちろん、国際法についての研究が、こうした作られた理論的条件を与件として行なう姿勢を広くとらえれば、ニューヘブン学派の"国際法"研究[36]につなげるような錯覚に陥るが、本書の注 (27頁) にも書かれているように、つなげる問題意識は観られない。

さて、回り道をしたが、「平和に対する罪」の形成にかかわる「戦争違法観」と「指導者責任観」が、「拘束性」と「イデオロギー」の平面で、どのように機能したかを検証する場面になってくる。

まず、双方の「拘束性」の機能の具体的働きの事例を見てみよう。「平和に対する罪」の形成過程において、この観念は、次の3つの事例において機能したとして記されている。

その第1は、「戦争違法観」に対する現状変更を要求し行動した国との関係においてである。たとえば、不戦条約以降の事例を見ると、このことが理解できる。すなわち、この条約成立以降の武力行使国は、その武力行使を自衛権の行使と抗弁した。この論法は、条約が禁止する違法な戦争への禁止の承認を前提にした対応である。つまり、正当化の論理を用いださなければならないほど、不戦条約の戦争違法観は、拘束的に機能したということである。

第2は、戦時中、米国首脳 (ローズヴェルト大統領) が表明した指導者責任観の首脳自身に対する関係においてである。これは、米国政府が指導者責任観に反する政策の採用を断念したことに現れている。第二次世界戦争中、米国は、集団問責よりも指導者問責の政策をとっていた。実際、この見解は、世論からも支持されていた。先にも示したように、枢軸国側内部における戦争遂行指導者層と国民との離反による戦争の早期決着から出てきた得意の分断政策である。このように、米国の国内世論の支持を構造化した指導者責任観は、大統領の行動を拘束し、米国の行動をも拘束するようになったのである。このことに、指導者責任の拘束性が見られる

第3は、戦間期から戦時中、特に、事実上の参戦期における米国が主張した侵略戦争観との関係においてである。特に、ロンドン会議におけるジャクソン米国代表の行動の拘束とし機能した事例である。まず、侵略戦争の違法

性は、ロンドン会議の当初においては危機的状況に置かれていた。ロンドン会議参加国自体への跳ね返りが危惧されたからである。しかし、侵略戦争が国際犯罪であるという命題は、米国の一貫した姿勢であった。彼は、ロンドン会議の最終局面で、これに懐疑ないしは批判的な他の参加国に対し、この姿勢を強硬に貫いた。「侵略戦争は国際犯罪である」との公式を是が非にでも実現しなければならないという考えが彼の行動を拘束した。このことに、戦争違法観の拘束性が見られる。

次に、2つのサブ観念の「イデオロギー性」としての機能の実例を観ていこう。最初に「指導者責任観」の「イデオロギー性」についてである。「平和に対する罪」の形成過程における"指導者責任観"のイデオロギー的機能"の特質は、現実の政治的要請に使える観念として考案されたことにある。それは、以下のような背景をもっていた。

第1に、総力戦下における国民の復讐心の効用と非効用との均衡である。言うまでもなく、国民の敵国に対する復讐は、総力戦においては、戦争の遂行の重要な効果を双方に与える。しかしながら、過剰な復讐は双方に効果的な結果をもたらさない。なぜなら、最終的に殲滅戦や戦争自体の長期化による消耗を引き起こすからである。自国民の報復意識を考慮しながら、これを満足させるような対処がなされなければならない。このためには憎しみの転換がなされなければならない。ここに特定の指導者に憎しみが集中する回路が開かれ、復讐の効用と非効用の均衡が図られる[37]。

第2に、指導者責任の追及は、自国民に対する自国の戦争への正当化である。戦争には、何らかの大義を必要とする。特に、総力戦における国民の動員には、大義は不可欠である。その大義は、敵国による国際的な否定的評価を受ける行動への責任追究が基礎に置かれる必要がある。この場合、敵国国民総体への憎悪や責任追及よりも、特定の個人への憎悪の転換の方が容易である。これは、また敵国の戦意を削ぐうえでも有効である。こうした政治的に要請のイデオロギー的表現が、カイザー訴追の実態であった。

しかし、第二次世界戦争の場合、指導者責任観は、現実政治との関係において複雑であった。たとえば、ソ連の場合は、第一次的には、ドイツ軍の戦闘意欲を削ぐことによる戦闘力の低下への要請であった。副次的には、ヒト

ラーに対抗する政治勢力の助長という政治的要請のイデオロギーとして使われた。米英両国においては、戦争の終局面において、「敵」の象徴的存在、つまり、敵国の主要な指導者を国際裁判という舞台で裁き、枢軸国側の邪悪さ、及び、その反射的効果として連合国の行動の正当化というイデオロギーであった。

　他方、"「戦争違法観」のイデオロギー的機能"は、どのように観られるだろうか。第1は、カイザー訴追に見られるイデオロギー的機能である。それは、カイザーが遂行した戦争に対して一般的な否定的評価を与えることに機能した。すなわち、ヴェルサイユ条約においては、戦争が違法化されておらず、違法な戦争の行使というコンテクストではカイザーの指導者責任を追及することはできなかった。しかし、戦争それ自体への否定的評価は、条約で表現されており、これが戦争違法観の萌芽的表現を見出すことができる。これが、カイザー訴追に作用しているのは事実である。

　第2に、ドイツの賠償責任の論拠に観られるイデオロギー機能である。つまり、ドイツの全額賠償の正当化のイデオロギーとして機能したことである。特に、全額賠償を主張する根拠としてドイツの責任を断罪する論理として使用された。

　第3は、ベルサイユ体制における現状維持を願う国家による現状変更を求める国家への対応というイデオロギーとして機能した。侵略戦争は、国際共同体の構成員の連帯を侵害する行為であり、国際犯罪である。この条件を充足しているのが第一次世界大戦であり、ドイツの敗北によって構築された体制の変更の視角をもたないという主張として機能した。

　第4は、第二次世界大戦への参戦と遂行のイデオロギーとして機能した。特に、総力戦の様相が顕著な第二次世界大戦においては、人的物的動員には、高度な動員イデオロギーが必要であった。その際、自国の参戦は、正義に適った、合法的な、普遍的価値を実現するためのものであるとのイデオロギー操作が必要であり、違法な戦争のイデオロギー的利用が行なわれた。

　第5に、ロンドン会議においても、戦争違法観のイデオロギー的機能が作用した。たとえば、米国代表のジャクソンは、侵略戦争を犯罪と規定することが、米国政府の国内的立場上の要請にもとづくものであることを認めてい

たことに見られる。米国自身は、侵略戦争違法観を、それ自身価値のあるものと見なしていなかった。実際は、国民の政府に対する信頼や正当性を獲得するための道具として戦争違法観をつかっていたにすぎなかった。以下その事例は数点あるが、ここでは省略しておく。

　長々と本書の背骨の構造を述べてきた。過去の書評が、本書の出版直後であるという事情を配慮しても、多くが本書の論理展開の積極的な意味での複雑性を指摘している。しかし、33年前の書評というハンディを差し引いても、論理構成の複雑であるとの指摘は納得できない。書評の書評をしても意味がないが、これほど大部の本で、つまり、説明的部分を除いて、これほど論理というか背骨の簡明さをもっている本は稀である。研究ならびに著作が丁寧に準備されている証拠である。この構造さえ掴めば、これほど理解を素直にできる大著はない。

　後世に評価される古典の類は、何世代にもわたる文献学的ないしは理論史学的研究によってその背骨が明らかにされてきている。もっとも、この明らかにする過程で、研究者や評者の勝手な関心で、その背骨が曖昧にされてしまう場合もないわけではない。特に、ある思想家の研究を独占したいばかりに、意外と簡明な背骨をわざわざ複雑にしてしまうことも観られる。簡明なのに、その体系が体系的でないとの指摘は、読書や評者の読解力の未熟はさておき、対象を自分の専門だけに引き寄せる精神の狭窄だと思わずにいられない。普通の努力によって、背骨、すなわち、論旨が簡明に把握できる著作は、名著としての条件を備えてると認めざるを得ない。

　しかし、歴史的な見方とその目的が理論の構築に大きな役割を果たすにしても、ここに陥穽がないわけではない。歴史的に見るということの意義についてである。周知のように、どのような専門分野でも、その研究方法のひとつとして歴史的に見るという手法がある。しかし、歴史的に見ると言っても、特定の専門分野での歴史的見方は、歴史学一般のそれとは異なったものである。特定の専門分野での歴史的見方は、個別専門分野の視点から歴史の個別を剥ぎ取り、これを可能な限り歴史全体に係らせようとする。これはそうあるべきだということで、実際は不可能に近い仕事である。個別専門分野の問題を歴史的に見れば、歴史の全体像は、捉えることはできない。歴史の全体

という視点から見れば、個別専門分野の歴史は、よほどの大きな歴史的事件や事象でない限りその歴史的意味は、見えてこない。無理して見ようとすれば、何らかの"演出"を誘発するだけである。個別専門分野において歴史的見方を行なう研究者は、個別と全体との統一の必要を熟知している。ただ、成功の事例が多くないだけのことである。

さて、もうひとつの課題がある。それは、個別専門分野の個別的歴史と全体としての歴史をどのように統一させるかから出てくる課題である。国際法学にとって国際法や国際法学史という個別の歴史の把握は比較的に容易である。しかし、国際法学者は、全体としての歴史を把握する知的装置や能力をもっているだろうか。能力は、ともかく、全体としての歴史把握の装置を国際法学者を共有しているとは思えない。かつて、評者は、故田中忠先生の「大沼保昭の『東京裁判・戦争責任』観——『国際シンポジュームー東京裁判を問う』を読んで」を読みショックを覚えた経験がある[38]。そのくだりはこうである。"……国際法のプロであることにどこまでこだわり切れるか"である。個別学問の学際化や総合化が云々されている時代で、田中のこの言葉をどう理解したらいいのか困惑した。全体としての歴史把握は、歴史学におけるアナール派旋風[39]と結果を待つまでもなく、困難な作業である。この言葉は、国際法学の革新に関心をもつ研究者はもちろん、プロに徹する研究者にとっても無縁の言葉ではないであろう。

III　簡潔なエピローグ＝国際法学研究に与えた影響

主権国家による物理的強制力に関する法的規制という本書の題目に力点を置いて読むか。あるいは、国際法研究の指南書として読むか。二者択一とはいかないが、この本を読みながら、どちらか一方の方に関心が引き裂かれるのを感じる。それは、まさしく33年前に初めて読んだ（読んだうちにははいらないが、今は、少し違うと思う）時も、いまも同じ感覚を感じる。この2つの選択に対する正しい姿勢は、前者を理解しながら後者の実践を考えるというのがそれであろう。実際、大沼先生の国際法研究の実相（？）を観れば、こ

の2つのテーマを軸に大沼ワールドが回っていることがわかる。

　たとえば、2004年に東京大学の大沼ゼミ30周年記念事業実行委員会による『2004　戦後　共生　文明』というパンフレットの終わりに1995年から2004年までの著作活動のリストがある。さらに、1994年の同趣のパンフレットに10年間のリストがある。これらのリストの著作のいくつかを読み、かつ読むことができない著作をその表題から推測すると、大沼ワールドが、この2つを軸に回っていることがわかる[40]。そのワールドの太陽に相当するのが本書である。

　もちろん、太陽の太陽たる所以は、この2つの選択以上に多様なエレメンツを放射することにある。であるから、その知的フレーアーは、国際法学の理論や実践の多様な方向に拡散していく力を秘蔵させている。この秘蔵の発見が必要なのは、本書の出版時になされた多くの評者が、"わかり難いとか独自の概念を作り上げている"といったような批評の中に見られる課題の提起であろう。

　同じ専門分野の研究者としての立場から見れば、2つの軸のうち、後者の軸に関心が惹かれてやまない。なぜなら、「赤の女王」の比喩に則って言えば、主権国家による物理的強制力の常態化による規範意識や規範研究の麻痺からの離脱は、結局のところ、国際法学それ自体の転換をなしたうえでのことからしかありえないと思うからである。どのように転換するのか。答えは、問いを発する以上に難しいのは、誰もが理解していることである。本書には、著者が意図して作り上げた転換のためのヒント以上のヒントが仕掛けられている。宝探しではないが、この発見という知的快楽を味わえた幸甚を著者に感謝したい。

　最後に、国際法を含めた法一般による暴力の規制という問題への取り組みをスマートに避ける傾向についてひとつのジョークを言っておきたい。「街路灯下の酔っぱらい」である。暗夜の中である酔っぱらいが街路灯の明かりの中で鍵を探していた。そこに友人がやってきて、何処に落としたのかと訪ねた。その酔っぱらいは、そっちの暗い方に落としたと言った。友人が、では、なぜ暗い所を捜さないかと訪ねた。酔っぱらい曰く"こっちの方があかるいから"と答えた。国際法の研究者は、法による暴力の規制という暗い問

題領域にはいりこむのではなく、自らの精神を患わすような問題を避けて、"健康な問題"にばかり集中しているのではないのだろうか。

〔注〕
(1) 本書は、著者が1973年に東京大学法学部の提出した助手論文に「『平和に対する罪』の形成過程」『国家学会雑誌』第87第3・4号から第88巻第1・2号で発表したものを補筆、修正を加えたものである。
(2) たとえば、奥原敏雄による書評。『法律時報』第48巻3号 (1976年)、145-147頁、安藤仁介による書評。『国際法外交雑誌』第57巻5、6合併号 (1976年)、108-112頁。
(3) アレクサンドロスがペルシャ領であるリュディア王国の首都ゴルディオンを占領した時 (紀元前333年) にしたあの決断。すなわち、"運命とは、伝説によってもたらされるものではなく、自らの剣によって切り拓くものである"としてアジアの門を剣により一断した故事。ただし、剣での解決や決断のみを言うのではない。決断の一選択のあり方を示唆する。
(4) 戦間期における戦争規制や平和運動、特に、米国における諸運動の実態や意義については篠原初枝『戦争の法から平和の法へ 戦間期のアメリカ国際法学者』(東京大学出版会、2003年) を参照。たとえば、J.G. メルリス (長谷川正国訳)『国際法の解剖』(敬文堂、1984年)、1頁において、国際法を学ぶうえで、法と政治との関係を学ぶ必要を指摘したうえで、法は政治の創作物だと述べている。法にとって政治との緊張関係の認識の必要を示唆するものである。こうした緊張の一変型事例として、Kairys, D. (ed.), *The Politics of Law: A Progressive Critique* (1990), pp.411-452。
(5) 国家による暴力の"規制"は、国際法による規制条件による法技術的規制を意味する。"廃絶"は、暴力の全般的行使の禁止を意味する。"ヴァイオレンスを手なずけ、ゲヴァルトを打ち立てたが、……. もはやヴァイオレンスがゲヴァルトへと回収しきれなくなっている"から国際法学は、この視点で"廃絶"を射程に入れざるを得なくなっている。上野成利『思考のフロンティア 暴力』(岩波書店、2006年)、ⅲ - ⅷ頁。
(6) J-J. ルソー (井上幸治訳)「社会契約論」『世界の名著 30 ルソー』(中央公論社、1966年)、238-239頁。
(7) 米田富太郎「国際連合憲章第2条4項の"戦争から武力"への『拡張』が提起する問題」『中央学院大学社会システム研究所 紀要』第3巻1・2号合併号 (2003年)、229-244頁。
(8) Allot, P., *Eunomia: New Order for A New World* (2001), pp.xix-xxiv (尾崎重義監訳『ユーノミア』(木鐸社、2007年)、25-31頁)。
(9) Dinstein, Y., *War Aggression and Self-Defense*, 3rd ed. (2001), pp.70-71.
(10) 中見真理「戦略としての非暴力へ」歴史科学評議会編『歴史評論』No.688 (2007年)、64-72頁。
(11) 赤木智弘「『丸山真男』をひっぱたきたい」『論座』(2007年1月号)、53-59頁。
(12) 児島譲「戦争は不可避ではないのか」『日米中国際シンポジウム 人類は戦争を防げ

るか』(文藝春秋社、1996年)、18-32頁。
⒀　国家による暴力の廃絶は、国家間関係における平等システムのもとでは現実化しない。国家間システム自体の変容が必要である。国際法がこのシステムにその存在根拠をもっている限り、廃絶はあくまで理想の次元に留まる。"惨禍の極小化"は国際法の現実的対処であるが、これは廃絶という理想に繋げてより実践的な意味をもつ。
⒁　クリオは、ミューズ（女神）の1人である。歴史の女神「クリオ」はたしかに優しい。しかし、もう1つの顔として「骸骨を踏み砕いて走り進む」顔をもつそうだ。これは、マルクスの言葉だそうだが、E・H・ノーマン（大窪愿二編訳）「詩神の苑にたって」『クリオの顔』(岩波書店、1956年)。ノーマンについての評価については、色川大吉『新編　明治精神史』(中央公論社、1973年)等の見解や評価が、彼の自殺や都留重人の沈黙との関係で議論されはじめている。
⒂　国際法の観念がもつ拘束機能とイデオロギー機能を使い分け得る状況が国際社会にあれば、それなりに国際法の働く余地はあるであろう。しかし、たとえば、イラク戦争に見られるように、現代国際法の骨格である国際安全保障体制の崩壊ないしはコアリッション化という現状では、国際法を拘束規範としてはもちろん、イデオロギーとして使う意思すら見られない。国際法学における戦争研究の理論的研究ないしは基礎的研究の衰退が、戦時と平時や戦争と平和という閾値の消滅ないしは低下にあることは間違いないことである。こうした戦争の常態化については、西谷修『戦争論』(岩波書店、1992年)、8-44頁。同『「テロとの戦争」とは何か　9・11以後の世界』(以文社、2002年)、3-33頁、同『夜の鼓動にふれる　戦争論講義』(東京大学出版会、1995年)。
⒃　ヴァルター・ベンヤミン（野村修編訳）『暴力批判論』(岩波文庫、1994年)、31-33頁。
⒄　特定の専門学の名前の前に特定の名称を付け加えて自立的な専門学をアッピールすること。たとえば国際法の場合では"国際何々法"（国際宇宙法とか国際環境法）と言うようにである。社会学の分野では連字符の位置が逆になっている（環境社会学、音楽社会学、知識社会学）と言うようにである。これらを専門の細分化として積極的に評価するか、答えは出されていない。
⒅　ルイス・キャロル（柳瀬尚紀訳）『鏡の国のアリス』(筑摩文庫、1988年)、47頁。「女王仮説」は、進化に関する仮説のひとつである。リーヴァン・ヴェーレンによって1973年に提唱された。すなわち、種・個体・遺伝子が生き残るためには進化し続けなければならないことの比喩として用いられている。生物学的な過程が国家間の軍拡競争と類似しているところから着想されたものである。マット・リドレー（長谷川真里子訳）『赤の女王』(翔泳社、1995年)。
⒆　軍事化 (militarisation) と兵器化 (weaponarisation) は微妙に違う。たとえば、宇宙の軍事化というと宇宙空間や天体における軍事活動を言うが、兵器化という場合、宇宙の物理的性質を軍事的に利用することを言う。
⒇　コアリッションとは、必要に応じて複数の国家が特定の目的を実現するために特別の協定を締結して共同して行なう軍事作戦である。国際連合体制下での国際安全保障

システムとは異質の集団的武力行使という実態を持つ。平和・安全保障研究所『米国の安全保障政策とコアリッションに関する調査』(平和・安全保障研究所、2005年)。

(21)　Brownlie, I., "Problems of Specialisation," in Chen, B. (ed.), *International Law: Teaching and Practice* (1982), pp.109-113.

(22)　K・R・ポパー (大内義一・森博訳)『科学的発見の理論 (上・下)』(恒星社厚生閣、1993年)、59-68頁。

(23)　思想は、直観とは区別される。直観で得たものを言語・言葉として論証することだが、その前提にある情念の中で思想に上昇させなければならないと決意する決意を言う。情念は、無方向性を本質とするが、一定の方向を目指す情念もある。

(24)　ミゲル・デ・ウナムーノ (アンセルモ・マタイス／佐々木孝訳)「ドン・キホーテとサンチョの生涯」『ウナムーノ著作集2.』(法政大学出版局、1972年)。ちょうど、彼が、ドン・キホーテの狂気 (大沼先生が国際法による主権国家の物理的強制力を規制しようと考えるように) と憂愁の中にスペイン精神の本質と不滅 (戦争に対する国際法学の精神) を見てとったように。

(25)　稲垣良典『講談社学術文庫 天子論序説』(講談社、1996年)、山内志朗『普遍論争 近代の源流として』(哲学書房、1992年)。

(26)　たとえば、奥原、前掲書評 (注2) 参照。

(27)　国際法観念の「拘束性」と「イデオロギー性」の存在と機能を確証する枠組を言う。

(28)　国際法観念の「戦争違法観の継続性」と「指導者責任観」の存在と機能を確証する枠組を言う。著者は、この歴史的検証期間を、いわゆる戦間期においている。ある設定された歴史的期間の意義は、当然、設定された問題と関係の中で評価される。その意味で、「平和に対する罪」にとって、戦争期が歴史的に重要な意味をもったことは言うまでもない。実際、E・H・カー (衛藤瀋吉・斉藤孝訳)『両大戦間における国際関係史』(弘文堂、1959年) やS・ノイマン (曾村保信訳)『現代史—未来への道標—(上・下)』(岩波書店、1956年) という戦間期についての代表的著作においても、この問題は、時代の個性として取り扱われている。北原敦・木村靖二・福井憲彦・藤本和貴夫編『ヨーロッパ近代史再考』(ミネルヴア書房、1983年)、147-235頁。第一次世界大戦が欧米に与えたショックをここから読み取ることができる。この期間日本において、なぜ、「統帥権干犯」問題しか議論されなかったのだろうか。このあたりの事情については、讀賣新聞戦後責任検証委員会『検証Ⅰ戦争責任』(中央公論社、2006年) を参照。

(29)　柳原正治編『日本立法資料集101、102 国際法先例資料集 不戦条約(1)(2)』(信山社、1997年)。特に、(2)の889-897頁。

(30)　「指導者責任」との関係で主権者や元首の「無問責」が、前近代的遺構の打破という意味をもつ場合、2つの相があると思われる。1つは、「無問責」される範囲が、当該戦争の指導者層というように拡張されたことである。もう1つは、「無問責」そのものが否定されたことである。

(31)　D.N. マクロスキー (赤羽隆夫訳)『ノーベル賞経済学者の大罪』(筑摩書房、2002年)、

6-8頁や小野善康『誤解だらけの構造改革』(日本経済新聞社、2001年)、8-9頁。

(32) 嘉戸一将「井上毅と自治―明治期における〈政治的理性〉」京都大学大学院人間・環境学研究科 京都大学総合人間学部 社会システム研究刊行会『社会システム研究』第5号 (2002年)、39-55頁。

(33) 西尾勝『行政学の基礎概念』(東京大学出版会、1990年)、1-3頁。

(34) ルソー、前掲書 (注6)、第8章、346-356頁。

(35) "一定の理論ないしは思想 (したがって、法も) が、実は一定の仮定ないし想定にもとづいており、その仮定ないし想定自身決して自明のものでなければ、それ以外のものでもないことを明らかにして、理論ないしは思想が実は依存 (権威) 的であることを明確にすること"というJ・デリダの脱構築を引用しているが、批判法学は、こうして法の権威化というロンダリングを実践している。松浦好治・松井茂記編訳『政治としての法―批判法学入門―』(風行社、1991年)、291頁。

(36) ニューヘブン学派に対するひとつの視点として、法の科学化というものがあり得ると思われる。もちろん、多くの論者が指摘しているように、その基底にイデオロギーというエレメンツがある。しかし、ポパーのいう検証可能性は、他のいかなる法学に比べてあるように思える。

(37) 国民の総動員に大義が不可欠なのは事実である。そして、その大義の内容も、自国の政治的環境や必要に左右されるものの、一般的な道徳や倫理に近ければ近いほど説得性は増すであろう。しかし、大義の細分化というか文化的切断が顕著になる中で、高度な政治的操作によって一般化よりも特殊化が説得性をもちはじめている。

(38) 田中忠「大沼保昭の『東京裁判・戦争責任』観―『国際シンポジューム―東京裁判を問う』『東京裁判から戦後責任の思想』を読んで」『法律時報』第57巻10号 (1985年)、138-144頁。この指摘に類するものとして、たとえば、前掲注2の奥原敏夫は、本書に高い評価を与えながらこのように指摘している。"ただこうした作業を行なう場合に注意すべきことは、既存の国際法上の概念と自己によって創造的に設定される概念上の用語との相違、同一性の程度、新たな概念を使用するためのメリットとデメリット、対立する概念との比較検討を綿密に行なうことの必要"を指摘している。評者は、著者が、その理論を方法としての歴史を用いることの決定で、こうした批判や指摘を充分に自覚していたと思う。

(39) 現代歴史学の革新に中心的な役割を果たしたフランスの研究集団。細分化され、事件史に矮小化された実証主義的歴史学を批判し、「生きた歴史」を目標にした。対象の全体構造的把握を指向する。

(40) 大沼ゼミ同窓会編『「戦後」と「共生」の間』(東信堂、1994年)、大沼ゼミ同窓会編「戦後 共生 文明」(東信堂、2004年)。

大沼保昭先生略歴

1946年 3月8日	山形市に生まれる
1965年 4月	東京大学教養学部文科一類入学
1969年 6月	東京大学法学部公法コース卒業
1970年 3月	東京大学法学部政治コース卒業
1970年 4月	東京大学法学部助手
1973年11月	東京大学法学部助教授
1975年	第8回安達峰一郎記念賞(「『平和に対する罪』の形成過程」(1)〜(6・完)『国家学会雑誌』87巻3・4、5・6、7・8、9・10、11・12号、88巻1・2号に対して)
1976年 4月	科目別研究専門委員会委員(政治・経済)(国立大学協会)(〜1977年3月)
1979年 8月	ハーバード大学ロー・スクール客員研究員(1980年7月まで)
1980年 8月	プリンストン大学国際研究センター客員研究員(1981年5月まで)
1981年 6月	マックスプランク国際刑法研究所客員研究員(7月まで)
1984年 7月	東京大学法学部教授昇任
1987年	第8回石橋湛山賞(「歴史と文明のなかの経済摩擦」「経済摩擦の歴史的定位」『中央公論』1986年8、9月号に対して)
1988年 8月	シドニー大学法学部客員研究員(9月まで)
1988年 9月	オーストラリア国立大学社会科学研究所客員研究員
1989年 8月	エディンバラ大学モンターグ・バートン国際関係講座客員教授講演
1989年10年	産業構造審議会臨時委員(1990年9月まで)
1991年 1月	朝日新聞社「21世紀の日本」委員会委員(1993年1月まで)
1991年 4月	東京大学大学院法学政治学研究科教授(現在に至る)
1991年 8月	イェール大学ロー・スクール客員研究員(1992年6月まで)
1992年 1月	同 客員講師(〜6月)
1994年10月	国際法学会理事(現在に至る)
1994年11月	アジア歴史資料センター(仮称)設立検討のための有識者会議委員(〜95年6月)
1995年 7月	財団法人女性のためのアジア平和国民基金理事(2007年3月まで)
1996年10月	お茶の水女子大非常勤講師(97年3月まで)
1997年 3月	コロンビア大学ロー・スクール客員教授(4月まで)
1997年 4月	国際高等研究学院(ジュネーヴ)客員教授(6月まで)
1999年 3月	ミシガン大学ロー・スクール客員教授(4月まで)
1999年 5月	法学博士授与(東京大学大学院法学政治学研究科、『人権、国家、文明』(筑摩書房、1998年)に対して)
2002年 3月	カルフォルニア大学(バークレー校)ロー・スクール、第2回リーゼンフェルト賞受賞記念講演(国際法学の研究業績に対して)
2002年 3月	コロンビア大学ロー・スクール客員教授
2002年 9月	ゲンティリス国際研究センター(イタリア)第10回ゲンティリス・シンポジウム基調講演

2003年 3月	パリ第一大学客員教授（4月まで）
2003年 4月	ケンブリッジ大学ローターパクト国際法研究センター客員研究員（7月まで）
2004年 3月	ミシガン大学ロー・スクール客員教授
2004年 5月	アシュビー・レクチャー（ケンブリッジ大学クレア・ホール）
2005年 9月	トヨタ・レクチャー（オーストラリア国立大学）
2005年10月	北京大学法学院客員教授（11月まで）
2006年 3月	ミシガン大学ロー・スクール客員教授
2007年 4月	アジア国際法学会副会長（現在に至る）
2007年 8月	ハーグ国際法アカデミー講義
2007年 9月	清華大学法学院客員教授
2008年 3月	コレージュ・ドゥ・フランス講義

大沼保昭先生著作目録

- 2008年3月までに公刊された単著、編著、共編著を含む「著書」と学術論文、研究ノート、講演記録などを含む「論文等」に分けた。
- 新聞その他一般の読者を対象とした論説や随想などについては編者の責任で割愛したものもある。

【1971】
(著書)
- (共編著) 東大法共闘編『告発・入管体制』(亜紀書房)
- (共編著) 東大法共闘編『入管体制資料集』(亜紀書房)

【1972】
(論文等)
- 「紹介 William J. Bosch, *Judgement on Nuremberg—American attitude towards the major German war crime trials, 1970*」『国際法外交雑誌』71巻2号

【1974】
(論文等)
- 「平和に対する罪の形成過程(1) − (6・完)」『国家学会雑誌』87巻3・4号−88巻1・2号(1974年−1975年)

【1975】
(著書)
- 『戦争責任論序説―「平和に対する罪」の形成過程におけるイデオロギー性と拘束性―』(東京大学出版会)

(論文等)
- 「スティムソン・ドクトリン」、「亡命政府」国際法学会編『国際法辞典』(鹿島出版会)

【1977】
(著書)
- (寺沢一、山本草二、波多野里望、筒井若水との共編著)『国際法学の再構築 上・下』(東京大学出版会)

(論文等)
- 「出入国管理法制の成立過程―1952年体制の前史―」(寺沢一、山本草二、波多野里望、筒井若水との共編著)『国際法学の再構築 下』(東京大学出版会)

【1978】
(論文等)
- 「〈資料と解説〉出入国管理法の成立過程 (1) − (15・完)」『法律時報』50巻4号−51巻6

号（1978年－1979年）
・「国家、戦争そして人間―故大熊信行博士における戦争責任論と国家的忠誠拒否の思想―」『国家論研究』15号

【1979】
（論文等）
・「在日朝鮮人の法的地位に関する一考察 (1) －(6・完)」『法学協会雑誌』96巻3, 5, 8号、97巻2－4号（1979年－1980年）
・「出入国管理行政を論じ合う」（藤岡晋氏との対談）『世界』401号

【1980】
（論文等）
・「外国人教授と国際性」日高六郎、徐龍達編『大学の国際化と外国人教員』（第三文明社）

【1981】
（論文等）
・"Nationality and Territorial Change: in Search of the State of the Law," *Yale Journal of World Public Order*, Vol.8, No.1
・「『非政治的』思い込みと学問的認識―桑田教授の批判〔「ジュリスト」731号所収〕に答える」『ジュリスト』737号
・「在日韓人 法的地位」『国際法学論叢』（大韓国際法学会）26巻1号

【1982】
（論文等）
・「『国際化』時代の陥穽」『中央公論』6月号
・「在日朝鮮人の法的地位―原理的考察―」『在日朝鮮人と強制送還』（アジア人権センター）
・「変わったもの 変わらぬもの―在日韓国、朝鮮人問題の現状と将来」『朝鮮研究』225号
・「苦い自己教育の挺子」『季刊三千里』32号
・「『戦争と平和の法』の研究 1」『法律時報』54巻11号
・「学会展望〈国際法〉」「Louis Henkin *et al.* (eds.), *International Law—Cases and Materials*, 1980, Burns H. Weston *et al.* (eds.), *International Law and World Order—A Problem Oriented Coursebook,* 1980, Myres S. McDougal and W. Michael Reisman (eds.), *International Law in Contemporary Perspective—The Public Order of the World Community—Cases and Materials,* 1981」『国家学会雑誌』95巻7・8号

【1983】
（論文等）
・「『戦争と平和の法』の研究 4 戦争（一）―定義と合法性―」『法律時報』55巻2号
・「『戦争と平和の法』の研究 5 戦争（二）―正当因」同55巻3号
・「『戦争と平和の法』の研究 6 戦争（三）―主体」同55巻4号
・「『戦争と平和の法』の研究 11 合意（一）」同55巻9号

- 「『戦争と平和の法』の研究 12 合意（二）」同55巻10号
- 「『戦争と平和の法』の研究 13 合意（三）」同55巻11号
- 「『外国人の人権』論再構成の試み」『法学協会百年記念論文集』第2巻（有斐閣）
- 「日本社会と国際意識」『東京大学公開講座36「世界と日本」』
- 「『文明の裁き』『勝者の裁き』を超えて」『中央公論』8月号
- 「『戦後責任』という考え方」『戦後責任』創刊0号

【1984】
（著書）
- （細谷千博、安藤仁介との共編著）『国際シンポジウム　東京裁判を問う』（講談社；英語版は1986年（Kodansha International)、1989年に講談社学術文庫に収録（『東京裁判を問う』）

（論文等）
- "Pitfalls of Internationalisation," *IHJ Bulletin*, Vol.4, No.4
- "Beyond Victors' Justice," *Japan Echo,* Vol.11, Special Issue
- "Au–dela de la justice du vainqueur," *Cahiers du Japon,* Numéro special
- "Promoting, Training and Awareness—the Tasks of Education in International Law," Remarks (The Problem of Eurocentric Education in International Law), American Society of International Law, *Proceedings of the 75th Anniversary Convocation of the American Society of International Law, April 23-25,1981*
- 「東京裁判、戦争責任、戦後責任」『思想』5月号
- 「深海底開発活動に関する国際法的評価—その総論的考察—」『新海洋法条約の締結に伴う国内法制の研究』第3巻（日本海洋学会）
- 「『ひとさし指の自由』のために」『中央公論』8月号
- 「『戦争と平和の法』の研究 23 まとめ（一）—『愛とソロバン』の伴奏で舞うプリマドンナ『法』」『法律時報』56巻11号
- 「『戦争と平和の法』の研究 24 まとめ（二）—『戦争と平和の法』の国際法史上の地位—」同56巻12号
- 「外国人登録制度と指紋押捺問題」（芦部信善、黒木忠正、橋本公旦との座談会）『ジュリスト』826号

【1985】
（著書）
- 『ドリアンの国、ロームシャの影』（リブロポート社）
- 『東京裁判から戦後責任の思想へ』（有信堂高文社；以下東信堂：増補版1987年、第3版1993年、第4版1997年）

（論文等）
- "The Historical Change in International Legal Order: With Special Reference to the Ideological Function of the Concept of Civilization," Yong Sang Cho (ed.), *Conflicts and Harmony in Modern Society* (The Research Institute for Special Sciences, Keimyung Univ., Koria)
- 「国籍とその機能的把握」『法学教室』55号

・「単一民族社会の神話を超えて」『中央公論』8月号
・(座談会 (司会役)、今村嗣夫氏、殷宗基氏、徐龍達氏、荻野芳夫氏と)「人権論における定住外国人」『法律時報』57巻5号
・(秋本英男氏、鶴見俊輔氏との鼎談)「アジアに対する戦後責任」『季刊三千里』41号
・(李承牧氏、全在紋氏との座談会)「日韓条約20年、残された課題」『経済評論』34巻6号
・(衛藤瀋吉氏、田中宏氏、須之部量三氏との座談会)「未決の戦後」(座談会)『世界』9月号
・(李恢成氏、金秀一氏、戴国煇氏、黄美和氏、田中宏氏との座談会)「ひとさし指の思想」『戦後責任』第3号、1985

【1986】
(著書)
・『単一民族社会の神話を超えて―出入国管理体制と在日韓国・朝鮮人―』(東信堂；新版1993年、新版の韓国語版は1993年)
・(徐龍達との共編著)『在日韓国・朝鮮人と人権』(有斐閣)

(論文等)
・「歴史と文明の中の経済摩擦」『中央公論』8月号
・「経済摩擦の歴史的定位」『中央公論』9月号
・"'Japanese International Law' in the Prewar Period: Perspectives of the Teaching and Research of International Law in Prewar Japan," *Japanese Annual of International Law*, No.29
・「人道援助機能 (難民救援活動)」財団法人佐藤栄作記念国連大学協賛財団編『国連を改造する』(世界の動き社)
・「『戦争と平和』への規範主義的アプローチ―グロティウスにおける課題・解決の試みとその『継承』の問題性―」歴史学研究会編集『歴史学研究』560号
・(佐藤勝巳氏、林三鎬氏ほかとの座談会)「在日韓国・朝鮮人、いま何が問題なのか」『現代コリア』12月号
・(永井陽之助氏、山本満氏ほかとのシンポジウム)「国際政治における平和と戦略の条件」『法学セミナー増刊総合特集シリーズ』32号
・「経済摩擦の歴史的定位」『国際経済法研究会 報告書』(外務省条約局法規課)
・(裵載湜氏との特別対談)「특별대담 지문날인제는 폐지돼야 한다」(「指紋捺印制度は廃止されるべき」)『新東亜』10月1日号

【1987】
(著書)
・(編著)『戦争と平和の法―フーゴー・グロチウスにおける戦争、平和、正義―』(東信堂；英訳 (ed.) *A Normative Approach to War: Peace, War and Justice in Hugo Grotius* (Oxford Univ. Press, 1993); 補正版1995年)
・(編著)『高野雄一先生古希記念論文集―国際法、国際連合と日本―』(弘文堂；韓国語版1997年)
(論文等)

- 「フーゴー・グロチウスにおける『一般国際法』の概念」『国家学会百周年記念―国家と市民―』第2巻（有斐閣）
- 「遙かなる人種平等の理想」（編著）『高野雄一先生古希記念論文集－国際法、国際連合と日本－』(弘文堂)
- 「『国際化』時代の陥穽」日高六郎編『現代日本を考える』(筑摩書房)
- （宮島喬氏、江橋崇氏、五阿弥宏安氏との討論、司会役）「外国人労働者と日本の対応」『法律時報』59巻7号（6月号）
- 「일본 지문날인제도 철폐하는 것이 마땅」（日本の指紋捺印制度、撤廃すべき）『湖南教育』1987年11月23日

【1988】
（著書）
- 『倭国と極東のあいだ―歴史と文明の中の「国際化」』（中央公論社）
- 『週刊朝日百科 日本の歴史125 東京裁判』（朝日新聞社）
- （編著）『国際条約集』(有斐閣；2000年から2007年まで編集代表)

（論文等）
- 「外国人労働者論議に欠けるもの―"多民族社会"日本の夢と憂鬱」『中央公論』5月号
- "Forty Years after the Nuremberg and Tokyo Tribunals (Remakes)," American Society of International Law, *Proceedings of the 80th Annual Meeting, April 9-12, 1986*
- 「『韓国ブーム』を考えるヒント」『毎日新聞』1月13日
- 「在日外国人の人権と自治体」『地方自治通信』219号
- 「ここに、共に生きるということ」『思想の科学』100号
- 「異文化との共生」『総評新聞』8月19日
- 「『東京裁判』40年目の戦争責任」（座談会）『朝日ジャーナル』11月18日号
- 「不条理へのこだわり」『木下順二著作集第7巻月報1』(岩波書店)
- 「サハリンの朝鮮人と日本の戦後責任」『望星』2月号
- （講演）「外国人労働者の受け入れをどう考えるか」（調研談話会シリーズ講演）第4回『調研室報』75号（朝日新聞社調査研究室）
- 「脱亜入欧の様相」『日本とリビア』23号（日本リビア友好協会）
- （木下順二氏との対談）「東京裁判の受けとめ方」『週刊朝日百科 日本の歴史125 現代④ 東京裁判―十五年戦争の責任』（朝日新聞社）
- 「波紋よぶ入管法改正素案 本格的な法制づくりを」『統一日報』4月20日
- 「姓が先か名が先か」『山形新聞』9月22日

【1989】
（論文等）
- "Between Natural Rights of Man and Fundamental Rights of States," N. MacCormick & Z.Bankowski (eds.), *Enlightenment, Rights and Revolution* (Aberdeen Univ. Press)
- 「国際法史上の欧米中心主義―法学における欧米中心主義克服のひとつの試みとして」桂木隆夫、森村進編『法哲学的思考』(平凡社)
- The Montague Burton Lecture, University of Edinburgh, Aug. 28, "Eurocentrism in the

History of International Law"
- (平川祐弘氏、鶴田欣也氏、西尾幹二氏と討論)「『人種間摩擦』の時代」『諸君！』2月号
- 「外国人労働者流入は、もはや不可避！」『THE 21』4月号
- 「選択は二律背反の中に」『中央公論』5月号
- (角田房子氏、大江志乃夫氏との座談会)「国際社会の中の天皇制」『文藝春秋』5月号
- 「日本の『ヒト』の国際化」『Big A』5月号
- (猪木正道氏、和田春樹氏、内海愛子氏との座談会)「戦後責任―十五年戦争と植民地支配責任の受けとめ方」『法律時報』61巻9号
- (李斗勲氏、金昌郁氏、全祐潤氏との座談会)「좌담／사할린 동포 귀환 정착문제, 범국민 귀환운동을 벌이자」(座談／サハリン同胞帰還定着問題　全国民的帰還運動をすすめよう)『月刊 朝鮮』10巻8号 (朝鮮日報社)
- 「国際法からみた東京裁判」『別冊歴史読本 特別増刊1989冬号 未公開写真に見る東京裁判』(新人物往来社)
- 「韓日韓国民사이 감정해소가 선결과제」(韓日国民の間の感情解消が先決課題)『東亞日報』12月8日

【1990】
(著書)
- (編著)『国際化：美しい誤解が生む成果』(東信堂)
- (編著)『週刊朝日百科 世界の歴史77号 (戦争と平和)』(朝日新聞社)

(論文等)
- "'Japanese International Law' in the Postwar Period–Perspective on the Teaching and Research of International Law in Postwar Japan," *Japanese Annual of International Law*, No.33
- "Between Natural Rights of Man and Fundamental Rights of States," *Philosophy of Law and Social Philosophy East and West*, (Festschrift for Dr. Ton-kak SUH's 70th Birthday) (法文社)
- (シンポジウムの司会、総括報告)「在日韓国・朝鮮人と日本人が共に生きる日本社会を考えるシンポジウム」『法律時報』62巻7号
- 「在日韓国・朝鮮人『協定三世』問題」『外交フォーラム』21号
- 「自衛隊とは別個にPKO部隊を創設せよ」『月刊Asahi』2巻11号
- 「外国労働者受入と単一民族神話の克服」『経済倶楽部講演4』(社団法人 経済倶楽部)
- (須之部量三氏、金敬得氏との座談会)「在日韓国・朝鮮人の法的地位―『協定3世』問題と開かれた日本社会への展望 (在日韓国・朝鮮人の法的状況〈特集〉)」『法律時報』第62巻7号
- 「李漢基先生のこと」『季刊 民涛』第10号
- 「日本側に道徳的に負い目」『朝日新聞』7月28日『東亞日報』7月31日
- (山本草二氏ほかとの共同討議)「新海洋法条約の締結に伴う国内法制の研究」『〈共同討議〉新海洋法制と国内法』(日本海洋協会)
- 「反差別と市民運動のあり方」『地方自治ジャーナル』1990年10月号

【1991】

(論文等)
- 「国際法学の国内モデル思考―その起源、根拠そして問題性―」広部和也、田中忠編『山本草二先生還暦記念論文集―国際法と国内法』(勁草書房)
- 「社会の国際化と人権」『人権通信』149号
- (和田春樹氏、姜在彦氏との鼎談)「冷戦体制崩壊と朝鮮半島」『季刊青丘』7号
- 「連帯を、そして持続を―在日韓国・朝鮮人問題の現状と今後の課題―」『季刊青丘』7号
- (リー・クアンユー、矢野暢、田中豊蔵との討論(司会))「〈討論〉文化の土台と政治制度の制約」朝日新聞社「21世紀の日本」委員会フォーラム編『世界が求める「日本改造」』(朝日新聞社)
- (緒方貞子氏、田中宏氏ほかとのシンポジウム、総合司会役)「在日韓国・朝鮮人と日本人が共に生きる日本社会」『法律時報』63巻1号
- 「『21世紀の日本』委員会 世界の明日を見すえて」『朝日新聞』1月5日
- 「『湾岸』をどう総括するか」『朝日新聞』3月9日夕刊
- 「『21世紀の日本』委員会創設記念フォーラム」『朝日新聞』4月10日
- "'Challenges for 21st Century' Forum Gets Under Way in Tokyo," *Asahi Evening News*, May 9
- 「『21世紀の日本』委員会創設記念フォーラム開幕」『朝日新聞』5月10日
- 「『21世紀の日本』委員会 討論 過去を反省しアジアの代表として発言を」」『朝日新聞』5月18日
- 「『21世紀の日本』委員会 アジアと日本―信頼を築く道」(広島フォーラム)『朝日新聞』7月12日
- 「平和の価値観」『毎日新聞』8月10日
- 「過ちの歴史率直に反省 新たな視点で近隣関係」(座談会)『朝日新聞』8月12日
- 「PKO法案 煩雑な制約はPKOの活動を縛り逆効果」『公明新聞』10月4日
- 「米上院公聴会の残したもの」『朝日新聞』10月29日夕刊

【1992】
(著書)
- 『サハリン棄民―戦後責任の点景』(中公新書；韓国語版は1993年)

(論文等)
- "Interplay Between Human Rights Activities and Legal Standards of Human Rights: A Case Study on the Korean Minority in Japan," *Cornell International Law Journal,* Vol.25, No.3
- (旗田巍氏との対談)「日本の戦後責任を考える」旗田巍『新しい朝鮮史像をもとめて』(大和書房)
- 「『民』の側の自己責任にも目を」『毎日新聞』10月5日
- 「独善の国アメリカと受信型ニッポン」『エコノミスト』10月13日号
- 「価値観の違いをみつめ世界を結ぶ新秩序模索」(朝日新聞シンポジウム、11月20日)『朝日新聞』11月23日
- 「なぜ戦争責任を問うか」『歴史地理教育』496号
- 「資料から見るサハリン棄民 (1)」『季刊青丘』14号
- 「単純な『開国論』『鎖国論』では流れ出る血は抑えられない」『SAPIO』4巻23号(12月10日)
- (長尾龍一氏と対談)「ノモスとしてのヨーロッパ」『現代思想』20巻12号(12月)

・「本モノの知伯派とは」『サンパウロ新聞』7月23日
・「朝鮮『氏』への振り仮名拒否」『朝日新聞』(福岡版) 8月7日
・「天皇訪中を考える」『北日本新聞』8月26日
・「『サハリン棄民』基金へ一里塚に」『統一日報』11月6日
・「『サハリン棄民』帰還の一歩」『朝日新聞』1992年11月21日
・「戦後責任という考え方」『ジャーナリスト』11月号
・「第2回セミナー続き『事実の発掘が下地に』」『ジャーナリスト』12月号

【1993】
(論文等)
・「『平和憲法』と集団安全保障―国際公共価値志向の憲法を目指して― (1) (2・完)」『国際法外交雑誌』92巻1, 2号
・(R. フォーク氏、田中豊蔵氏と鼎談)「近代文明は深刻な試練に直面」『月刊 Asahi』5巻1号
・「観光掲示板に英語とハングル語」『朝日新聞』2月4日
・「未来志向での改憲論」『読売新聞』4月8日
・「『昭和憲法』考―その継承と新世紀への対応と」『毎日新聞』4月27, 28日夕刊
・「憲法9条論への問い―国際公共価値どう実現」『信濃毎日新聞』5月1日ほか
・「国連のジレンマ 日本の進路―われわれはボスニアに何ができるか」『現代』5月号
・「欧文での日本人の姓名―本来の順序で表記を」『朝日新聞』5月17日夕刊
・「国連の集団安保と軍縮の本格的推進へ」『月刊社会党』6月号
・「戦争責任の自覚」『朝日新聞』9月26日
・「経済協力の進展 平和保障に重要」(ロシア大統領訪日に際して)『朝日新聞』10月14日
・「『日韓』今後の日本の義務」『読売新聞』11月9日
・「戦後補償果たし、積極的に平和の追求を」『朝日新聞』12月13日
・「日米関係における人種問題」『アフリカン・アメリカン―日本人とのよりよい関係を築くために―』(日本協会) (英訳は、D.J. Keyser (ed.) New Directions: *Reshaping African-American/Japanese Relations* に所収)
・「資料から見るサハリン棄民 (2)」『季刊青丘』15号
・「資料から見るサハリン棄民 (3)」『季刊青丘』16号
・ "War admissions alleviate guilt, release Japan," *Asahi Evening News,* Oct. 10-11
・ "Beyond the Myth of Monoethnic Japan," The Committee to Commemorate the Sixtieth Birthday of Prof. Su Yong-Dal (ed.), *Asian Citizens and Koreans in Japan* (Nihon hyoronsha)
・ "Prof. Yasuaki Advises DIPLOMACY: Trilateral Efforts to Help Sakhalin Koreans," *Diplomacy,* Vol.XIX, No.9
・(田中宏氏、金敬得氏との鼎談)「問われている戦後補償」『季刊青丘』18号
・「지문날인 강제퇴거 폐지운동 『日人과 동등권리 누릴 자격있어』」(指紋捺印・強制退去廃止運動、日本人と同等な権利を享有する資格がある)『朝鮮日報』9月4日
・「사할린 영구귀국위해 계속 노력」(サハリン永久帰国のために継続的に努力)『東亞日報』9月8日

【1994】
(論文等)
- 「人権は主権を超えるか」山本武彦他編『国際化と人権』(国際書院)
- "Norm Setting: A Challenging Role for Japan in the Global Community," Sakio Takayanagi and Katsuya Kodama (eds.), *Japan and Peace,* (Mie Academic Press)
- "Peacekeeping and Penance," *Japan Views*, Vol.4, No.10, (The Asia Foundation Translation Series)
- 「戦後補償と国家の品格」『諸君』26巻11号
- 「米国の独善と日本の立場」『毎日新聞』3月8日夕刊
- 「国内法整備進める必要」(「『有事立法』議論、専門家こうみる」)『朝日新聞』4月21日
- 「資料から見るサハリン棄民 (4・完)」『季刊青丘』20号
- 「欧文氏名は姓が先か、名が先か」文藝春秋編『日本の論点 1994』(文藝春秋)
- 「戦後責任と日本外交」『読売新聞』8月2日

【1995】
(論文等)
- "In Quest of Intercivilizational Human Rights," *Legal Culture: Encounters and Transformations*, (1995 Annual Meeting, Research Committee on Sociology of law, International Sociological Association) (Japanese Association of Sociology of Law)
- 「欲しかった骨太の国際主義」朝日新聞論説委員室編『国際協力と憲法』(朝日新聞社)
- 「裁判結果と企業の責任は別問題」『週刊ダイヤモンド』83巻30号 (7月22日特大号、週刊ダイヤモンド社)・
- (倉田保雄氏との対談)「国際情報秩序と日本」『諸君』27巻4号
- 「過ちを認め、国際的信用を」(国会の不戦決議に関して)『朝日新聞』3月18日
- 「欲しかった骨太の国際主義」『朝日新聞』5月5日
- 「国際社会の信頼と尊敬かちうる道を」(上原康助社会党副委員長との4月24日の対談)『社会新報』5月12日
- "Bear the burdens emerging from active pacifism," *Asahi Evening News,* May 17
- "Bear the burdens of active pacifism," *Bangkok Post,* May 26
- 「元慰安婦への償い4つの柱」『読売新聞』6月28日
- 「新しい公共性の創出 国民・地球市民として厳しい自己責任の自覚を」『毎日新聞』8月8日夕刊
- 「日 "과거사直視" 가 화해 열쇠」(日、「過去史直視」が和解の鍵) (崔相龍高麗大学教授との対談)『東亞日報』8月17日

【1996】
(著書)
- (編著)『資料で読み解く国際法』(東信堂；改訂版、2002年)

(論文等)
- "Japanese War Guilt, the 'Peace Constitution,' and Japan's Role in Global Peace and Security," Michael K. Young and Yuji Iwasawa (eds.), *Trilateral Perspectives on International Legal*

Issues (Transnational Publishers)
- "Seeking a Better Life: Challenges of International Migration," E. Shan Correa (ed.), *The Official Proceedings of the 1995 International Symposium of Japan–America Societies "Learning From Each Other"*
- "In Quest of Intercivilizational Human Rights," Asia Foundation, *Occasional Paper*, No.2
- 「『アジア女性基金』の願いと現実」(三木睦子、大鷹淑子との共同論文)『毎日新聞』3月14日夕刊
- 「突出は近隣諸国不安に。憲法解釈、国民規範で。」『毎日新聞』4月28日
- 「"아시아 여성 기금"에 대한 일본의 생각」(「アジア女性基金」に対する日本の考え方)『東亞日報』7月20日
- 「政府と財界は日本の名誉を真剣に考えて欲しい(特集51年目の戦後責任)―従軍慰安婦問題を背負った"国民基金"の厳しい前途」『週刊ダイヤモンド』84巻30号
- 「歴史認識を投票のよりどころに」(論壇)『朝日新聞』10月15日
- 「日 政府 지금도 잘못—기금은 국민의 뜻」(日本政府、未だに過ち、基金は国民の意思)『문화일보』(文化日報) 10月7日

【1997】
(論文等)
- 「文際的人権を目指して」渡邊昭夫編『アジアの人権』(日本国際問題研究所)
- "In Quest of Intercivilizational Human Rights: Universal vs. Relative Human Rights Viewed from an Asian Perspective," D.Warner (ed.), *Human Rights and Humanitarian Law* (Kluwer Law International)
- "The Quest for Intercivilizational Human Rights: Japan's Task in the Twenty-first Century," *Japan Review of International Affairs*, Vol.11, No.3
- "The Need for an Intercivilizational Approach to Evaluating Human Rights," *Human Rights Dialogue*, Series 1, No.10
- 「日韓両国の深い溝を埋める道」『朝日新聞』1月23日
- 「『公』は政府の独占物か? 国民意識問う『慰安婦』論議」『毎日新聞』1月26日
- 「戦争責任は時代に残る戒め」『朝日新聞』8月13日
- 「サハリンと永田町の距離」『文藝春秋』8月号
- "Confronting Japan's postwar responsibilities," *Asahi Evening News*, Aug. 19
- 「創立百年の国際法学会と『国際』観 欧米モデル化を離れ、秩序構築への参加を」『朝日新聞』9月11日
- 「『戦後責任』という考え方 傍観することの罪と俗人にも可能な倫理」『山形新聞』12月2日
- 「『脱亜入欧』の克服を 侵略戦争生んだ精神 負の遺産継承の責任」『山形新聞』12月3日

【1998】
(著書)
- 『人権,国家,文明―普遍主義的人権観から文際的人権観へ―』(筑摩書房、1998年;中国語版、2003年)

- (下村満子、和田春樹との共編著)『「慰安婦」問題とアジア女性基金』(東信堂；韓国語版、2001年)

(論文等)
- 「文際的人権論の構築に向けて」(1) －(3・完)『国家学会雑誌』第111巻3・4号，9・10号，11・12号
- "An Intercivilizational Approach to Human Rights," *INEF Report,* Heft 30 (The International Debate on Human Rights and the Right to Development) (Gerhard–Mercator–Universität Gesamthochschule Duisburg)
- 「『普遍的価値』超えて 近代化の実相、認識を」『日本経済新聞』1月5日
- "Modernization without Americanization," *The Nikkei Weekly*, Feb. 16
- 「戦後責任担う『女性基金』」『読売新聞』7月22日
- 「金大統領来日と日韓の和解」『毎日新聞』9月12日夕刊
- 「日本側の努力にも理解を 責任大きい両国メディア」『毎日新聞』10月6日夕刊
- 「日韓宴のあとの重い課題」『朝日新聞』10月21日
- 「国際法という学問の面白さ」『毎日新聞』10月24日夕刊
- "History's issues won't go away without talk," *Asahi Evening News*, Nov. 6
- 「『文際的』人権観のすすめ」『毎日新聞』11月28日夕刊
- 「戦後体制 東京裁判②」『読売新聞』12月8日
- 「きょう世界人権宣言採択50年 国際的視点から見直しを 大沼保昭氏に聞く」『朝日新聞』12月10日

【1999】
(論文等)
- "Towards an Intercivilizational Approach to Human Rights," Joanne Bauer and Daniel Bell (eds.), *The East Asian Challenge for Human Rights* (Cambridge University Press)
- "Moderator's Introduction (First Session: War and Peace)," Nisuke Ando (ed.), *Japan and International Law Past, Present and Future: International Symposium to Mark the Centennial of the Japanese Associaion of International Law* (Kluwer Law International)
- (河竜出氏、五十嵐武士氏との)「第4セッション 東北アジアと朝鮮半島〔含 討論〕(特集 東京大学・ソウル大学 フォーラム1998 日韓関係の展望と大学の協力)」『社会科学研究』50巻6号
- 「『普遍』的人権とはアメリカ的人権ですか」『ちくま』5月号
- 「序文～『20世紀 どんな時代だったのか』第4巻の刊行に寄せて～」読売新聞社編『20世紀 どんな時代だったのか 戦争編 大戦後の日本と世界』(読売新聞社)
- 「『道義的問題』なお消えず」『読売新聞』1月6日
- 「『文際的』人権観のすすめ 文明の共存を前提に」『日本経済新聞』2月22日
- 「サハリンから韓国への帰還」『読売新聞』3月11日
- 「憲法論議が不十分」『毎日新聞』5月3日
- 「『人道的介入』がはらむ歴史性 NATO空爆が問いかけるもの」『毎日新聞』9月9日夕刊

【2000】

(著書)
- (編著)『東亜の構想―21世紀東アジアの規範秩序を求めて―』(筑摩書房)

(論文等)
- "When was the Law of International Society Born?" *Journal of the History of International Law*, Vol.2, No.2
- "In Quest of Intercivilizational Human Rights: 'Universal' vs. 'Relative' Human Rights Viewed from an Asian Perspective," *Asia Pacific Journal on Human Rights and the Law*, Vol.1, No.1
- "Towards an Intercivilizational Approach to Human Rights. For Universalization of Human Rights Through Overcoming West–centric Notions of Human Rights," W. Krull (ed.), *Debates on Issues of Our Common Future* (Velbrück Wissenschaft)
- (松本健一氏、入江昭氏との鼎談)「『東アジアはひとつ』なのか―地域圏構想とグローバル化をめぐる文明論的な討論」『論座』65号 (韓国語版は『일본포럼』12巻4号、英語版は *Japan Echo* Feb. 2001)
- 「21世紀のアジアと『文際的視点』」『ジェトロセンサー』601号
- 「政治不信と政治家イメージ」『朝日新聞』2月11日
- (インタビュー)「징용한인후손에 국제사회가 관심을」(徴用韓国人の子孫に国際社会が関心を)『朝鮮日報』2月28日

【2001】

(論文等)
- "Towards an Intercivilizational Approach to Human Rights," *Asian Yearbook of International Law*, Vol.7
- "In Their Hearts Many Japanese People Say, 'Koizumi, You Did Good'," *Far Eastern Economic Review*, Aug. 16
- 「『人道的干渉』の法理―文際的視点からみた『人道的干渉』」『国際問題』493号
- 「日本の戦争責任と戦後責任」『国際問題』501号
- 「国際社会における法と政治―国際法学の『実定法主義』と国際政治学の『現実主義』の呪縛を超えて」国際法学会編『日本と国際法の100年 第1巻 国際社会の法と政治』(三省堂)
- 「文際的視点からみた『人道的干渉 humanitarian intervention』」『国際人権』12号
- 「国際法史再構成の試み―文際的視点から見た眺め」比較法史学会編『文明と法の衝突 (比較法史研究 第9号)』
- (インタビュー)「国際法の歴史と未来 (特集 国際法を学ぼう)」『Securitarian』515号
- (船橋洋一氏との対談)「『教科書』と『靖国』―日本の針路を問う。」『潮』10月号
- (インタビュー) "Die Kalten Krieger. Welche Nation bestimmt das 21. Jahrhundert?" *Kultur*, Apr. 21/22.
- 「靖国参拝 総理、まずアジアで慰霊を」『朝日新聞』7月2日
- (インタビュー)「戦争責任で孤立する日本」『公明新聞』8月2日
- 「テロ集団と同一視し国家反撃は問題」『朝日新聞』9月24日
- 「文明の違い超え対テロ連合を」『読売新聞』11月16日

- 「テロ報道に欠けた視座 法の意義と第三世界の声」『毎日新聞』11月18日
- 「文明は衝突していないか」『朝日新聞』11月30日夕刊

【2002】
(論文等)
- "Japanese War Guilt and Postwar Responsibilities of Japan," *Berkeley Journal of International Law*, Vol.20, No.3
- "The ICJ: An Emperor Without Clothes?" N.Ando *et al.* (eds.), *Liber Amicorum Judge Shigeru Oda* (Kluwer Law International)
- "Is the International Court of Justice an Emperor Without Clothes?" *International Legal Theory*, Vol.8 No.1
- (討論参加者として) 佐々木毅、金泰昌編『公共哲学5 国家と人間と公共性』(東京大学出版会)
- 「在日韓国・朝鮮人の国籍と参政権」『在日コリアン人権協会ニュース』70号
- 「インドネシアを訪ねて—『償い事業』の現状」『アジア女性基金ニュース』19号
- 「『安達の舌は国宝だ』」『山形新聞』4月17日
- 「再評価願う『市民の償い』アジア女性基金の光と影」『毎日新聞』7月21日
- 「慰安婦問題 被害者の境遇と思いは多様」『朝日新聞』9月7日
- 「元『慰安婦』へ届いた拠金の心」『山形新聞』10月18日

【2003】
(論文等)
- "International Law in and with International Politics: The Functions of International Law in International Society," *European Journal of International Law*, Vol.14, No.1
- 「『法の実現過程』という認識枠組み」日本法社会学会編『法の構築 (法社会学 第58号)』
- 「国際法における文際的視点」日本国際連合学会編『国際社会の新たな脅威と国連 (国連研究 第4号)』
- 「地球環境問題の規範的フレームワーク—近代的秩序原理の再編と転換」第11回地球環境財団研究奨励金『研究成果報告書 (1)』
- 「連続討論 戦後責任—私たちは戦争責任、植民地支配責任にどう向きあってきたか」『世界』1、2、3、5、8月号
- 「米の理性呼び覚ませ」『毎日新聞』3月17日
- 「米国の覇権 力の支配は長続きせず」『朝日新聞』7月11日

【2004】
(著書)
- 『在日韓国・朝鮮人の国籍と人権』(東信堂)

(論文等)
- 「護憲的改憲論」『ジュリスト』1260号
- (和田春樹氏、荒井信一氏、上野千鶴子氏、日下公人氏、橋爪大三郎氏とのシンポジウム)「『慰安婦』問題再考」『論座』2月号

- （井上ひさし氏との対談）「東京裁判―2人の接点に」『山形新聞』1月1日
- 「苦渋を米国に伝えよ」『毎日新聞』3月8日
- 「問題山積の法科大学院」『山形新聞』4月8日
- 「『自己責任』論『保守主義の知恵』どこへ」『朝日新聞』4月24日
- 「現憲法の基本精神重要 対立克服し、最大限の合意を」『公明新聞』4月26日

【2005】

（著書）
- 『国際法：はじめて学ぶ人のための』（東信堂）

（論文等）
- "A Transcivilizational Perspective on Global Legal Order in the Twenty-First Century: A Way to Overcome West-centric and Judiciary-centric Deficits in International Legal Thoughts," Ronald St. John Macdonald and Douglas M. Johnston (eds.), *Towards World Constitutionalism* (Martinus Nijhoff Publishers)
- （船曳建夫氏との対談）「憲法対論 "護憲的改憲" を目指せ 今の日本には護憲が得策」『論座』3月号

【2006】

（論文等）
- 「人権の国内的保障と国際的保障―より普遍的な認識を求めて」『国際人権』17号
- （長谷川三千子氏との対談）「左右の論客による徹底検証 欧米流『人権』概念の欺瞞」『諸君』10月号

【2007】

（著書）
- 『東京裁判、戦争責任、戦後責任』（東信堂）
- 『「慰安婦」問題とは何だったのか』（中央公論新社）
- （編著）『慰安婦問題という問い』（勁草書房）

（論文等）
- "Hugo Grotius," *Encyclopaedia Britannica* (Encyclopaedia Britannica Inc.)
- （連続対談 21世紀の国際社会と法―国際法の生きた姿を考える―）
- （最上敏樹氏との対談）「第1回 国際法学への誘い」『法学セミナー』9月号
- （佐藤哲夫氏との対談）「第2回 国際法の生きた姿をどう認識するか」『法学セミナー』11月号
- 「歴史認識と愛国心 国民の感覚を大事に」『朝日新聞』2月12日
- 「9条『大人の知恵』論に疑問 現政権見れば護憲姿勢理解」『朝日新聞』5月20日
- （秦郁彦、荒井信一氏との鼎談）「『従軍慰安婦』置き去りにされた真実」『諸君』7月号
- （アジア女性基金シンポ）「戦後責任、どう果たす アジア女性基金シンポ『過去へのまなざし、未来への構想』」『朝日新聞』7月31日
- （小和田恆氏、原壽氏、吾郷眞一氏、鈴木五十三氏、高柴優貴子氏との座談会）「アジア国際法学会の設立と今後の展望」『法律時報』11月号

【2008】
(論文等)
・(棚瀬孝雄氏との対談)「第3回 国際法の法的性質を探る―法社会学からの視点」『法学セミナー』1月号
・(井上達夫氏との対談)「第4回 国際法の規範的基礎―法哲学からの視点」『法学セミナー』3月号
・「日韓和解 朴裕河氏が込めた思いとは」『朝日新聞』1月31日

編者紹介

中川淳司（東京大学社会科学研究所教授）
東京大学法学部卒業、同大学院博士課程修了。
主著
『資源国有化紛争の法過程』（国際書院、1990年）、『国際経済法』（共著、有斐閣、2003年）、『経済規制の国際的調和』（有斐閣、2008年）。

寺谷広司（東京大学大学院法学政治学研究科准教授）
東京大学法学部卒業。
主著
『国際人権の逸脱不可能性』（有斐閣、2003年）。

大沼保昭先生記念論文集
国際法学の地平──歴史、理論、実証

2008年11月28日　初　版第1刷発行　　〔検印省略〕

定価はカバーに表示してあります。

編者ⓒ中川淳司・寺谷広司／発行者　下田勝司　　　印刷・製本／中央精版印刷

東京都文京区向丘1-20-6　郵便振替00110-6-37828
〒113-0023　TEL(03)3818-5521　FAX(03)3818-5514
Published by TOSHINDO PUBLISHING CO., LTD.
1-20-6, Mukougaoka, Bunkyo-ku, Tokyo, 113-0023 Japan
E-mail : tk203444@fsinet.or.jp　http://www.toshindo-pub.com

発行所　株式会社 東信堂

ISBN978-4-88713-870-4 C3032　　Ⓒ J.Nakagawa, K.Teraya

東信堂

国際法新講〔上〕〔下〕	田畑茂二郎	〔上〕二九〇〇円 〔下〕二七〇〇円
ベーシック条約集（二〇〇八年版）	編集代表 松井芳郎 編集 薬師寺・小原・小畑・徳川	二六〇〇円
国際人権条約・宣言集〔第3版〕	編集代表 松井芳郎 編集 薬師寺・小原喜・小畑・徳川	三八〇〇円
国際経済条約〔第2版〕	編集代表 松井芳郎 編集 山手治之夫	三八〇〇円
国際経済条約・法令集〔第2版〕	編集代表 松井芳郎	三九〇〇円
国際機構条約・資料集〔第2版〕	編集代表 香西茂 編集 安藤・位田	三三〇〇円
判例国際法〔第2版〕	編集代表 松井芳郎	三八〇〇円
国際立法──国際法の法源論	村瀬信也	六八〇〇円
条約法の理論と実際	坂元茂樹	四二〇〇円
武力紛争の国際法	真山全編	一二八六〇円
国際経済法〔新版〕	山本信也編	三八〇〇円
国際法から世界を見る──市民のための国際法入門〔第2版〕	小室程夫	二八〇〇円
東京裁判、戦争責任、戦後責任	松井芳郎	二八〇〇円
国際法／はじめて学ぶ人のための	大沼保昭	三六〇〇円
資料で読み解く国際法〔第2版〕〔上〕〔下〕	大沼保昭編著	〔上〕三六〇〇円 〔下〕三八〇〇円
グローバル化する世界と法の課題──平和・人権・経済を手がかりに	大沼保昭編	一二〇〇〇円
21世紀の国際機構：課題と展望	中川淳司 編著	七一四〇円
国際法学の地平──歴史、理論、実証	編集委員 薬師寺・山形・松井・位田・中谷・寺谷	八二〇〇円
在日韓国・朝鮮人の国籍と人権	大沼保昭	三八〇〇円
国際社会の法構造──その歴史と現状	編集代表 香西茂 編集 山手治之	五七〇〇円
現代国際法における人権と平和の保障（21世紀国際社会における人権と平和）〔上・下巻〕	編集代表 香西茂 編集 山手治之	六三〇〇円
国際社会と法	大壽堂鼎	四五〇〇円
国際法における承認──効果の再検討	王志安	五二〇〇円
国際社会と法	高野雄一	四三〇〇円
集団安保と自衛権	高野雄一	四八〇〇円
領土帰属の国際法	中村耕一郎	三〇〇〇円
国際「合意」論序説──法的拘束力を有しない国際「合意」について	中村耕一郎	三〇〇〇円
法と力──国際平和の模索	寺沢一	五二〇〇円

〔現代国際法叢書〕

〒113-0023 東京都文京区向丘1-20-6
TEL 03-3818-5521　FAX 03-3818-5514　振替 00110-6-37828
Email tk203444@fsinet.or.jp　URL:http://www.toshindo-pub.com/

※定価：表示価格（本体）＋税